मानस रोग

असामान्य मनोविज्ञान

एक संक्षिप्त परिचय

PSYCHOPATHOLOGY

ABNORMAL PSYCHOLOGY

An Introduction

डॉ. ब्रज कुमार मिश्र

एम.ए. (प. वि.), पीएच.डी.
प्राचार्य एवं अध्यक्ष (सेवानिवृत)
मनोविज्ञान विभाग, डोरण्डा महाविद्यालय
राँची विश्वविद्यालय, राँची

PHI Learning Private Limited

Delhi-110092
2016

₹ 395.00

मानस रोग असामान्य मनोविज्ञान : एक संक्षिप्त परिचय
(PSYCHOPATHOLOGY ABNORMAL PSYCHOLOGY : AN INTRODUCTION)

ब्रज कुमार मिश्र

ISBN-978-81-203-5123-3

Published by Asoke K. Ghosh, PHI Learning Private Limited, Rimjhim House, 111, Patparganj Industrial Estate, Delhi-110092 and Printed by Rajkamal Electric Press, Plot No. 2, Phase IV, HSIDC, Kundli-131028, Sonepat, Haryana.

हमारे सतत् प्रेरणा स्रोत
स्वर्गीय
अंबिका मिश्र ब्रह्मचारी (पिताश्री)
की
स्मृति में सादर समर्पित

— व्यक्ति का 'स्व' न तो कोई मिथक है और न रहस्य। यह एक जटिल मानसिक प्रक्रिया है जो व्यवहार का प्रेरक, निर्देशक एवं संचालक होता है।

विषय सूची
(Contents)

खण्ड II : मनोगतिकी (Psychodynamics)

खण्ड III : समायोजन की माँगें (Adjustive Demands)

खण्ड IV : मनोरोगों का वर्णन (Descriptions of Mental Disorders)

खण्ड VII : बौद्धिक दुर्बलता (Intellectual Deficiency)

प्राक्कथन
(Preface)

प्रस्तुत पुस्तक स्नातक एवं स्नातकोत्तर (graduate and post-graduate) छात्रों के लिए यू.जी.सी. द्वारा प्रस्तावित पाठ्यक्रम को ध्यान में रखकर लिखी गई है। अतः महाविद्यालयों, विश्वविद्यालयों एवं मनोविज्ञान क्षेत्र के व्यावसायिक नैदानिक (professional clinical) स्कूलों के छात्रों की पाठ्यपुस्तक (textbook) के रूप में यह पुस्तक उपयोगी सिद्ध हो सकेगी। इस पुस्तक को तैयार करने में लेखक ने स्नातक प्रतिष्ठा एवं स्नातकोत्तर छात्रों हेतु अपने अध्यापन अनुभवों से प्राप्त समस्याओं को हल करने का भरपूर प्रयास किया है।

पिछले कुछ दशकों से वैज्ञानिक एवं दुनिया के तमाम बुद्धिजीवीयों ने मानव व्यवहार (human behaviour) की असंगतता (incongruency), असामान्यता (abnormality) एवं मनोव्याधियों (psychic disorders) के प्रति गंभीर चिंता प्रकट करते आ रहे हैं। प्रस्तुत पुस्तक में मानव व्यवहार की अंतःक्रियाओं (behavioural interactions), अंतःपारस्परिक संबंधों (interpersonal relations) एवं वातावरण की प्रतिकूलताएँ (avertive environments) किस प्रकार व्यक्ति के 'मानस' (mind) को प्रभावित कर सामान्य मनोदशा (normal mental state) को असामान्य (abnormal) रूप प्रदान करती है तथा व्यक्ति का व्यवहार कुसमायोजित (maladaptive) होता है और वह विविध प्रकार के मनोरोगों (psychic disorders) का शिकार होता है, के बारे में विस्तृत परिप्रेक्ष्य (wider context) में वर्णन करने का प्रयास किया गया है।

आधुनिक समय में जिस द्रुत गति से दुनियाभर में परिवर्तन हो रहे हैं, प्रत्येक व्यक्ति तीन तरह की सामंजन (adjustment) संबंधी समस्याओं से घिरा है—प्रथमतः गरीबी (poverty), पूर्वाग्रह (prejudices), पारस्परिक विभेद (interpersonal discrimination) एवं सामाजिक प्रतिबल (social stress) के कारण व्यक्ति कुसमायोजन एवं मानसिक व्यथा (maladjustment and mental distress) का शिकार हो रहा है। द्वितीयतः आधुनिक समय में मादक द्रव्यों एवं मद्यपान सेवन भी अति तीव्र रूप में प्रचलन में है। इसके कारण वैयक्तिक स्वास्थ्य (मानसिक एवं शारीरिक (mental and physiological health) के साथ–साथ सामाजिक संबंध भी बिगड़ रहे हैं। साथ ही, संपूर्ण सामाजिक व्यवस्था भी कुप्रभावित हो रही है, क्योंकि इन व्यसनों के कारण अपराध, बाल अपराध, समाज–विरोधी व्यवहार आदि में भी काफी वृद्धि देखी जा रही है जो नित–प्रतिदिन बढ़ती ही जा रही है। तृतीयतः हम सभी एक सुस्वस्थ वैयक्तिक विकास एवं सामाजिक संरचना पर ध्यान केंद्रित करना चाहते हैं। ये सभी समस्याएँ मानव व्यवहार की संगतता (consistency of human behaviour) से जुड़ी हैं जिनके मनोवैज्ञानिक पक्षों (psychological aspects) को जानना अपेक्षित है। प्रस्तुत पुस्तक में इन समस्याओं के मनोवैज्ञानिक पक्षों का सविस्तार वर्णन किया गया है। साथ ही, इनके उपचारात्मक उपायों (therapeutic measures) की भी चर्चा की गई है। अतः आशा की जाती है कि छात्र इन समस्याओं के मनोवैज्ञानिक पक्षों एवं उपचारात्मक प्रक्रियाओं के बारे में सम्यक् जानकारी प्राप्त कर सकेंगे तथा इन समस्याओं के निदान (diagnosis) एवं चिकित्सा (treatment) पर नई दृष्टि प्राप्त कर सकेंगे।

प्रस्तुत पुस्तक को लिखने की प्रेरणा मुझे मेरी पत्नी 'ममता' से मिली जिसकी चाहत थी कि हमारे अध्यापन अनुभव कलमबद्ध हो जाएँ ताकि भावी पीढ़ी के छात्र लाभान्वित हो सकें। इससे प्रेरित होकर ही लेखक ने इस पुस्तक की रचना की रूपरेखा तैयार की जो साकार रूप में आपके हाथों में है।

मैं अपने समस्त परिजनों—पुत्र 'शशिरंजन', पुत्रवधु 'सुधा', पौत्र आदित्य एवं श्रेयांस तथा ह्रदयानंद पांडे (गुल्लु) जी का आभारी हूँ जिन्होंने पांडुलिपि तैयार करने हेतु प्रोत्साहित कर मनोबल को बढ़ाया तथा भरपूर सहयोग प्रदान किया है।

मैं 'कोलेमन', 'पेज', 'किस्कर', 'फिश' आदि महोदयों के प्रति भी आभार प्रकट करता हूँ जिनकी रचनाओं एवं पुस्तकों की सहायता से प्रस्तुत पुस्तक की पांडुलिपि तैयार हो सकी।

इस पुस्तक की रचना में पी.एच.आई. लर्निंग दिल्ली के प्रबंधन समूहों का भी अत्यंत ही महत्वपूर्ण योगदान रहा है जो एक लंबे अर्से से इस विषय पर पुस्तक प्रकाशित करने का आग्रह करते रहे हैं। लेकिन वैयक्तिक स्वास्थ्य की सीमाओं के कारण पुस्तक की रचना में अप्रत्याशित विलंब हुआ जिसके लिए लेखक क्षमा प्रार्थी है।

अंत में मैं अपनी पुत्री प्रिया, अर्चना; दामाद मनीष एवं मदन तथा हमारे दौहित्र अंशुमन, अमन एवं दौहित्री आयुषी के प्रति भी अपनी आभारोक्ति ज्ञापित करता हूँ तथा उनके उज्ज्वल भविष्य की कामना करता हूँ। पुस्तक की रचना के दरम्यान नवजात लक्ष्मी स्वरूपा दौहित्री ***'ऐंजिल'*** के उज्जवल भविष्य की हार्दिक शुभकामनाएँ।

डॉ. ब्रज कुमार मिश्र

खण्ड I

विषय प्रवेश
(Introduction)

---

1. मानस रोग विज्ञान : स्वरूप एवं विशेषताएँ
   (Psychopathology : Nature and Characteristics)
2. मानस रोग विज्ञान का संक्षिप्त इतिहास
   (A Brief History of Psychopathology)
3. मानस रोग (असामान्यता) का मूल्यांकन अथवा निदान
   (Assessment or Diagnosis of Psychopathology/Abnormality)
4. मानस रोग या असामान्यता के प्रतिमान
   (Models of Psychopathology or Abnormality)

1

मानस रोग विज्ञान : स्वरूप एवं विशेषताएँ
(Psychopathology : Nature and Characteristics)

अध्याय रूपरेखा (Chapter Outline)

1.1 स्वरूप (Nature)

मानव व्यवहार (human behaviour) विविध रूपों (various forms) के होते हैं। इन विविध रूप के व्यवहारों को सामान्यतः 'सामान्य' (normal) एवं 'असामान्य' (abnormal) के वर्गों में बाँटा जाता है। मानसिक स्वास्थ्य (mental health) की दृष्टि से इन्हें ही मानसिक रूप से स्वस्थ (mentally healthy) एवं मनोरोगी अर्थात् मानस रोगी (mentally ill or psychopathologics) कहा जाता है।

सामान्य आबादी (general population) से यदि अक्रमिक ढंग से (in random order) कुछ हजार लोगों के प्रतिदर्श समूह (sample) का चयन किया जाए एवं उनके व्यवहारों की भिन्नता एवं मानसिक स्वास्थ्य की जाँच कर एक सतत् मानदंड (continuum scale) पर वितरित (distribute) किया जाए तो स्पष्ट होगा कि अधिकांश लोग (majority of people) बीच के क्षेत्र में स्थापित (located) होते हैं जो सामान्य अर्थात् मानसिक रूप से स्वस्थ कहे जाते हैं और जो लोग इस केंद्र (centre) से क्रमशः दूरी पर स्थापित होते हैं, उन्हें विचलित (deviated) यानी मानसिक रूप से अस्वस्थ (mentally ill) अथवा असामान्य (abnormal) कहा जाता है। इस तरह के वितरण का यदि अच्छी तरह विश्लेषण किया जाए तो यह भी स्पष्ट होगा कि जो लोग सामान्य से जितनी दूरी पर स्थित होते हैं, मानसिक अस्वस्थता या असामान्यता (abnormality) की मात्रा उतनी ही अधिक होती जाती है। दूसरे शब्दों में विचलन (abnormality) अथवा मानसिक विकृति की गंभीरता (severeness) भी उतनी ही अधिक होती है। विचलन की इसी दूरी के आधार पर मनोरोगियों को अलग–अलग प्रकारों में बाँटा तथा मनश्चिकित्सकीय सहायता निर्धारित की जाती है। अतः स्पष्ट है कि 'सामान्य' से कम या अधिक की दिशाओं में व्यवहार के विचलन को ही 'असामान्य' (abnormal) अथवा 'मानस रोगी' (psychopathologic) कहा जाता है। ऐसे विचलित व्यक्तियों के व्यवहारों में कुसमायोजन (maladjustment), सामाजिक अपरिपक्वता (social immaturity), अनियंत्रित संवेग (uncontrolled emotions), अस्थिरता (instability), चिंता (anxiety), अवसाद (depression), अजीबोगरीब यानी बेतुके व्यवहार (bizarre behaviour) आदि के लक्षण देखे जाते हैं।

मानव व्यवहार के ऐसे ही विचलित रूपों (deviated forms) का अध्ययन 'मानस रोग विज्ञान' (psychopathology) अर्थात् 'असामान्य मनोविज्ञान' (abnormal psychology) के अंतर्गत किया जाता है।

1.2 मानस रोग विज्ञान क्या है? (What is Psychopathology?)

'सायकॉपैथॉलॉजी' ग्रीक (Greek) के 'सायकॉ' (psycho) + 'पैथॉलॉजी' (pathology) के योग से बना है जिसका अर्थ विज्ञान की एक ऐसी शाखा से है जो मानसिक विसंतुलन (mental imbalance) एवं व्यवहार संबंधी त्रुटिपूर्ण या दोषपूर्ण कार्यप्रणाली (behavioural dysfunction) के बारे में अध्ययन करता है। ऐसी त्रुटियाँ मानसिक विकृति (mental disorder), कुव्यवस्थित व्यक्तित्व (disordered personality), सामाजिक अव्यवस्था (social disorganisation) आदि रूपों में परिलक्षित होती हैं। ऐसे लोगों को असामान्य (abnormal) की भी संज्ञा दी जाती है। वस्तुतः मानस रोग और असामान्य एक दूसरे के पर्यायवाची हैं। लेकिन, मानस रोग एक नकारात्मक संप्रत्यय (negative concept) है जिससे आंगिक गड़बड़ी (organic disturbance) का बोध होता है। असामान्य व्यवहार प्रतिरूप (abnormal behaviour pattern) से सही अर्थ में 'सामान्य' से विचलन (deviation from normal) का बोध होता है जो नकारात्मक (negative) या सकारात्मक (positive) दोनों दिशाओं में हो सकता है। इसीलिए, अधिकांश मनोवैज्ञानिक विज्ञान की इस शाखा को 'मानस रोग विज्ञान' (psychopathology) की जगह 'असामान्य मनोविज्ञान' (abnormal psychology) कहना अधिक उपयुक्त समझते हैं।

'असामान्य' अंग्रेजी के 'एबनॉर्मल' (abnormal) का हिंदी रूपांतर है। इसमें 'एब' (Ab) एक उप–पद (prefix) है जो 'नोर्मल' (normal) के पहले लगा होता है। 'Ab' का अर्थ 'alter' यानी किसी विशेषता में सामान्य (normal) से परे या भिन्न (away or distinct) होता है।

'सामान्य से परे या भिन्न' को समझने के लिए सामान्य किसे कहते हैं? यह समझना आवश्यक है। 'सामान्य' शब्द की उत्पत्ति लैटिन के 'नॉर्मा' (norma) शब्द से हुई है जिसका अर्थ किसी समाज विशेष के 'मान्य स्तरमान या आदर्श' (accepted standard or ideal or norm) से होता है। यह 'स्तरमान' व्यक्ति के चरित्र (conduct)

नैतिकता (morality), व्यवहार प्रतिरूपों के आदर्श (ideals of behaviour patterns), सोच (thought), विचार (ideas), व्यक्तित्व का संतुलन (balance of personality) आदि के बारे में निर्धारित किया जाता है। इसे ही 'सही व्यवहार का प्रतिमान' (correct behaviour model) कहते हैं। इस 'प्रतिमान' (model) के अनुरूप व्यवहार प्रतिरूप को 'सामान्य' (normal) कहा जाता है तथा इससे परे या भिन्न व्यवहार प्रतिरूप को 'असामान्य' (abnormal) कहा जाता है।

'सामान्य' (normal) को सांख्यिकीय आधार (statistical basis) पर भी समझा जा सकता है। सांख्यिकीय आधार पर 'माध्य' या 'मध्यांक' (mean or median) को सामान्य यानी 'मान्य आदर्श या स्तरमान' (accepted norm or standard) माना जाता है। इस मूल्य पर स्थापित व्यक्तियों को 'सामान्य' (normal) कहा जाता है तथा इस माध्य मूल्य (median value) से दूर यानी परे या भिन्न बिंदुओं पर स्थापित लोगों को 'असामान्य' (abnormal) कहा जाता है।

उदाहरण के लिए मान लें व्यक्तित्व का एक प्रमुख शीलगुण (important personality trait) 'बुद्धि' है जिसका लब्धांक (quotient) यानी I.Q. ज्ञात कर बौद्धिक प्रखरता का पता लगाया जाता है। आमतौर पर 100 I.Q. या इसके निकटस्थ ± 5 I.Q. को 'सामान्य बुद्धि' (normal in intelligence) माना जाता है जो बुद्धि की मात्रा का मान्य मानक या आदर्श (norm) है। अब यदि किसी की बुद्धि लब्धि (I.Q.) 100 या इसके निकटस्थ ± 5 से कम या अधिक है तो इस प्रकार का विचलन बौद्धिक योग्यता की मंदता (inferior) अथवा श्रेष्ठता (superiority) का सूचक होगा। सामान्य से कम दिशा का विचलन बौद्धिक मंदता या न्यूनता (intellectual deficiency) का सूचक है जबकि सामान्य से अधिक दिशा का विचलन बौद्धिक श्रेष्ठता (intellectual superiority) को इंगित करता है। इस प्रकार इन दोनों दिशाओं के विचलन को 'असामान्य' (abnormal) कहा जाएगा। परंतु, चूंकि श्रेष्ठ बौद्धिक क्षमता सामाजिक दृष्टि से वांछनीय (desirable) मानी जाती है, इसलिए प्रायः ऐसे लोगों को असामान्य नहीं माना जाता है। फिर भी, श्रेष्ठ बुद्धि या मेधावी (superior or genius) व्यक्तियों का सामाजिक सामंजन (social adjustment) प्रायः कठिन होता है। अतएव सामाजिक सामंजन (social adjustment) की दृष्टि से ऐसे व्यक्ति भी असामान्य की श्रेणी में आते हैं। अर्थात् इन्हें भी सामान्य से 'परे' या भिन्न (away or altered) माना जाता है।

सामान्यता के उपर्युक्त दोनों आधार (सामाजिक आदर्श एवं सांख्यिकीय आधार) उपयुक्त हैं। समाज विशेष द्वारा मान्य स्तरमान (accepted standard) का उपयोग व्यवहार में विचलन की गुणात्मक (qualitative) विश्लेषण हेतु किया जाता है, जैसे—व्यवहार की स्थिरता (stability of behaviour), तर्क संगतता (rationality), सुसंगति (consistency), एकरूपता (uniformity) आदि विशेषताओं का गुणात्मक विवेचन कर असामान्य व्यक्तियों की पहचान की जाती है। सांख्यिकीय औसत स्तरमान (statistical average) का उपयोग विभिन्न विशेषताओं, शील गुणों (traits), योग्यताओं (abilities), सक्षमताओं (capabilities) आदि का परिगणनात्मक (quantitative) रूप से मापकर औसत स्तरमान से कम या अधिक की दिशाओं में विचलन (deviations) के आधार पर असामान्य व्यक्तियों की पहचान की जाती है।

अस्तु, मानस रोग विज्ञान यानी असामान्य मनोविज्ञान में इन दोनों आधारों पर असामान्य व्यक्तियों का अध्ययन किया जाता है।

1.2.1 परिभाषा (Definition)

मानस रोग विज्ञान (असामान्य मनोविज्ञान) के स्वरूप से यह स्पष्ट विदित होता है कि यह 'सामान्य मनोविज्ञान' की एक प्रमुख शाखा (branch) है जिसके अंतर्गत व्यक्ति के विचलित व्यवहारों (deviated behaviours) तथा मानसिक प्रक्रियाओं (mental processes) की विकृतियों (pathologies) का अध्ययन किया जाता है। व्यक्ति का विचलित व्यवहार प्रतिरूप (deviated behaviour pattern) एवं मानसिक विकृतियाँ (psychic pathologies) उसे

कुसमायोजित (maladapted) बनाता है जिसके कारण वह सामान्य से 'परे' (away from normal) के रूप से पहचाना जाता है। साथ ही उसका कुसमायोजित व्यवहार प्रतिरूप (maladapted behaviour pattern) व्यक्ति स्वयं तथा दूसरों—दोनों के लिए हानिकर होता है।

मानस रोग विज्ञान (psychopathology) की एक और खासियत यह है कि मनुष्य के विकृत व्यवहार प्रतिरूपों एवं मनोवैज्ञानिक कार्य प्रणालियों का क्रमबद्ध (systematic) रूप से समर्थक विज्ञान (positive science) के रूप में अध्ययन करता है।

उपर्युक्त तथ्यों के आलोक में इसकी निम्न परिभाषा दी जा सकती है—

"मानस रोग (असामान्य) विज्ञान वस्तुतः एक समर्थक विज्ञान है जो सभी प्रकार के विचलित एवं कुसमायोजित व्यवहार प्रतिरूपों का अध्ययन करता है तथा जिसकी अभिरुचि का मुख्य उद्देश्य खासकर व्यक्ति विशेष एवं सामाजिक हितों के प्रति रहता है।"[1]

इस परिभाषा से निम्न बातें स्पष्ट होती है—

(i) यह मनोविज्ञान, जो एक व्यवहारपरक विज्ञान (behavioural science) है, की ही एक शाखा (offshoot) है। अर्थात् यह कोई अलग नया विज्ञान नहीं है।
(ii) इस विज्ञान के अंतर्गत सभी प्रकार के विचलित (deviated) या कुसमायोजित (maladjusted) व्यवहारों का अध्ययन किया जाता है, चाहे विचलन नकारात्मक (negative) अथवा सकारात्मक (positive) किसी भी दिशा में हो।
(iii) मानस रोग विज्ञान केवल असामान्य या कुसमायोजित व्यक्तियों का ही अध्ययन नहीं करता, अपितु उनकी असामान्यताओं के कारणों का पता लगाकर उनमें सुधार के उपायों से भी संबंध रखता है।
(iv) इस विज्ञान का उद्देश्य व्यक्ति एवं समाज—दोनों का कल्याण अर्थात् उन्हें मानसिक रूप से स्वस्थ (healthy) बनाना होता है। इस प्रकार मानस रोग विज्ञान **'healthy mind, healthy find'** के सिद्धांत (principle) का अनुसरण करता है।

अतएव, मानस रोग विज्ञान की उपर्युक्त परिभाषा उपुक्त प्रतीत होती है।

1.3 असामान्य अथवा मनोरोगियों के व्यवहार की विशेषताएँ (Characteristics of Abnormal or Psychopathologic Behaviour)

'असामान्य' (abnormal) अथवा 'मानस रोग' (psychopathologic) के स्वरूप को और अच्छी तरह समझने के लिए विचलित व्यवहारों (deviated behaviours) की कुछ विशेषताओं को जानना जरूरी है। ऐसे व्यवहारों की विशेषताओं को समझने के लिए सामान्य व्यक्ति के व्यवहारगत विशेषताओं के साथ तुलनात्मक (comparative) ढंग से चित्रण करना उचित होगा जिसका वर्णन आगे किया जा रहा है—

(i) असामान्य व्यवहार परिस्थिति के अनुकूल नहीं होता (Abnormal behaviour is not according to situation)

व्यक्ति के व्यवहार एवं उसके समक्ष उपस्थित परिस्थिति के बीच निकट संबंध (close relationship) होता है। सामान्य व्यवहार उपस्थित परिस्थिति की माँगों (demands of present situation) के अनुरूप (in accordance with) होता है। ठीक इसके विपरीत, विचलित व्यवहार या असामान्य व्यवहार (deviated or abnormal behaviour) का

1. "Psychopathology (abnormal) is in fact, a positive science that studies all types of deviant and maladjusted behaviour patterns and that aims at the welfare of the individual in particular and society as a whole."

उपस्थित परिस्थिति से कुछ भी लेना–देना नहीं (no concern) रहता। वस्तुतः असामान्य व्यक्ति यानी मानसिक रूप से विकृत व्यक्ति (psychopathogenic) का वास्तविकता से संबंध विच्छेद रहता है। यही कारण है कि इनका व्यवहार परिस्थिति के अनुकूल नहीं होता। उदाहरण के लिए यदि कोई व्यक्ति भीषण गर्मी में भी वुलेन कोट–पैंट पहनकर सड़क पर चलता है तो निश्चित रूप से हम उसे असामान्य (abnormal) कहेंगे। इसी तरह सामान्य (normal) लोग सुखद परिस्थिति में आनंद और खुशी (pleasure) व्यक्त करते हैं और दुःख की अवस्था में दुःखी होते हैं (feel sorry), जबकि असामान्य व्यक्ति सुखद स्थिति में दुःखी और दुःखद स्थिति में सुख या आनंद की अभिव्यक्ति (express) करता है। इस प्रकार, असामान्य व्यक्ति में सुख और दुःख का अनुभव बिना उपयुक्त परिस्थिति (without proper situation) के होता है।

अभिप्राय यह है कि सामान्य व्यक्ति का वास्तविकता (reality) से संबंध बना रहता है जबकि असामान्य व्यक्ति का वास्तविकता से असंबंधित रहता है।

(ii) सूझ की कमी (Abnormal behaviour is not according to situation)

'सामान्य' व्यक्ति का व्यवहार 'सूझपूर्ण' (insightful) होता है। उसे कब, क्या और कैसे कोई प्रतिक्रिया (when, what and how to react) करनी है, इसकी परख यानी सूझ या समझ (insight) अच्छी रहती है। यही कारण है कि एक सामान्य व्यक्ति को सही–गलत (right-wrong) नैतिक–अनैतिक (moral-immoral), उचित–अनुचित (proper-improper), आदि का ज्ञान रहता है तथा इन्हीं कसौटियों पर अपनी प्रतिक्रियाओं (reactions) के बारे में निर्णय (decision) कर व्यवहार करता है। वह 'सही' क्रिया करने का प्रयास करता है तथा गलत क्रिया से दूर रहने की चेष्टा करता है।

'असामान्य' व्यक्ति में सूझ की कमी पायी जाती है। उसे सही–गलत, उचित–अनुचित, नैतिक–अनैतिक आदि का ज्ञान नहीं रहता। असामान्य व्यक्ति को कभी–कभी खुद अपने 'स्वयं' (self) के अस्तित्व (existence) की सूझ भी नहीं रहती है। यही कारण है कि वह अपनी स्वयं की योग्यता (ability), सक्षमता (capability) आदि का सही मूल्यांकन नहीं कर पाता है तथा इन सबके प्रति वह लापरवाह (careless) रहता है। लेकिन सामान्य व्यक्ति में ये कमियाँ नहीं पायी जातीं। अतएव वह अपनी योग्यता, सक्षमता, धन–दौलत और जिम्मेवारियों के प्रति सचेत (conscious) रहता है।

(iii) अभियोजन या सामंजन की योग्यता (Inadequacy of adjustment)

'सामान्य' व्यक्ति का सामंजन (adjustment) उपयुक्त होता है। ऐसे लोग हर तरह की अनुकूल या प्रतिकूल परिस्थितियों में अपने को 'फिट–इन' (fit-in) कर लेने की क्षमता रखते हैं। लेकिन, 'असामान्य' या 'असंतुलित मानस' (imbalanced mind) के लोगों का सामंजन खराब (poor) रहता है। इस प्रकार के व्यवहार को अनाभियोजित (maladaptive) व्यवहार कहते हैं। अभिप्राय यह है कि असामान्य व्यक्ति परिस्थितियों के साथ अपने को 'फिट–इन' (fit-in) कर सकने में विफल होते हैं इसलिए कुसमायोजन (maladjustment) के शिकार होते हैं। अर्थात् इनका सामंजन अनुपयुक्त (improper) होता है, दूसरे शब्दों में वे 'अनफिट' (unfit) होते हैं।

(iv) असंगत एवं असंगठित व्यक्तित्व (Non-coherent and disintegrated personality)

एक सामान्य स्वरूप (normal nature) के व्यक्तित्व (personality) में बिखराव नहीं पाया जाता, अपितु उनका व्यक्तित्व संगठित स्वरूप (integrated nature) का होता है। व्यक्तित्व के ज्ञानात्मक (cognitive) भावात्मक (affective) एवं क्रियात्मक (motor) पक्षों में यथोचित समन्वय (good coordination) पाया जाता है। अर्थात् व्यक्तित्व के सभी घटक (components) संतुलित और सुसंगठित (balanced and well co-ordinated) होते हैं। इसीलिए इनके विचार एवं क्रियाएँ तर्कसंगत (rational) तथा उपस्थित परिस्थिति (present situation) की माँगों (demands) के अनुरूप होती हैं।

ठीक इसके विपरीत, असामान्य व्यक्ति का व्यक्तित्व छिन्न–भिन्न या खंडित (split) होता है। अर्थात् व्यक्तित्व के विभिन्न घटक, जैसे—ज्ञानात्मक, भावात्मक एवं क्रियात्मक पक्षों में संतुलन एवं समन्वय (balance and coordination) का अभाव (lack) पाया जाता है। इस प्रकार इनके व्यक्तित्व के घटक एक–दूसरे से पृथक (disintegrated) हो जाते हैं। फलस्वरूप असामान्य व्यक्ति में ताल–मेल का अभाव, तार्किक रूप से असंगत (rationally non-coherent) बेतुकापन (bizarreness), विसंतुलन (imbalance) आदि गुण (features) मुख्य रूप से पाए जाते हैं।

(v) संवेगात्मक अपरिपक्वता (Emotional immaturity)

सामान्य लोग सांवेगिक (emotionally) रूप से परिपक्व (matured) होते हैं। विविध संवेगों, यथा—भय (fear), क्रोध (anger), ईर्ष्या (jealousy), प्रेम (love), घृणा (hate) आदि पर इनका नियंत्रण (control) रहता है। ऐसे लोग अपने संवेगों का प्रकाशन बिना यथोचित कारण के नहीं करते तथा संवेगों की अभिव्यक्ति करते समय अपने आवेशों यानी वेग (impulses) पर पर्याप्त नियंत्रण रखते हैं।

लेकिन, असामान्य व्यक्ति में सांवेगिक परिपक्वता (emotional maturity) का अभाव पाया जाता है। संवेगों के प्रकाशन (expression of emotions) पर कोई नियंत्रण नहीं रहता। फलस्वरूप बेवजह (without any reason) इनके संवेग फूट (out burst) पड़ते हैं। इसका बुरा प्रभाव (bad effect) इनके सामंजन (adjustment) पर पड़ता है तथा मानसिक रूप से परेशान रहते हैं।

(vi) सामाजिक कल्याण की दृष्टि से अहितकर व्यवहार (Behaviours not in keeping with social welfare)

चूँकि सामान्य व्यवहार (normal behaviour) समाज विशेष द्वारा निर्धारित 'मानदंडों' एवं 'आदर्श प्रतिमान' (ideal model) के अनुरूप होता है। इसलिए समाज के सुसंगठन (social integration) उन्नति (progress) और मान–मर्यादा (prestige) की अभिवृद्धि में सहायक (facilitating) होता है।

परंतु असामान्य व्यवहार (abnormal behaviour) सामाजिक आदर्शों एवं मान्यताओं के विपरीत होता है। फलस्वरूप, सामाजिक प्रतिष्ठा, उन्नति, सुसंगठन बाधित (hindered) होता है। ऐसे व्यवहारों से समाज विघटित (disintegrated) होता है तथा विकास अवरुद्ध होता है। अशांति, दंगा–फसाद, लड़ाई–झगड़े का वातावरण, आदि में कुव्यवस्था एवं कुप्रथा का साम्राज्य होता है। अतएव, असामान्य व्यवहार सामाजिक कल्याण (social welfare) की दृष्टि से अहितकर (non-beneficial) होता है।

(vii) व्यक्ति स्वयं के लिए अहितकर होना (Non-helpful for the individual himself)

सामान्य व्यवहार के कारण आत्मनिर्भरता (self dependence) आत्मविश्वास (self confidence) तथा वास्तविकता की परख (understanding of reality) का विकास (development) होता है। सामान्य व्यक्ति स्वावलंबी (self dependent) होता है। 'परनिर्भरता' (dependence on others) न्यूनतम (minimum) होती है।

परंतु, असामान्य व्यक्ति आत्मनिर्भर नहीं होते। छोटी–मोटी आवश्यकताओं के प्रति भी वह बे–परवाह होता है तथा उदासीन रहता है। फलतः ऐसा व्यक्ति अपनी सहायता स्वयं कर पाने में असमर्थ रहता है। उसमें 'परनिर्भरता' (dependency) पायी जाती है। यहाँ तक कि अपनी दिनचर्या (daily routine), जैसे—स्नान करना, कपड़े पहनना, भोजन करना, पैखाना–पेशाब करना आदि सरल कार्यों के लिए भी परिवार के दूसरे सदस्यों पर निर्भर होना पड़ता है। अस्तु, स्पष्ट है कि असामान्य व्यवहार व्यक्ति स्वयं के लिए भी अहितकर यानी अकल्याणकारी होती है।

(viii) सामाजिक अभियोजन की योग्यता का अभाव (Lack of social adaptability)

सामान्य व्यक्ति (normal people) मिलनसार होते हैं। वे परस्पर मेल–जोल तथा अपने संवेगों पर पर्याप्त नियंत्रण

(adequate control) रखते हैं। इसलिए अपने परिवार के सदस्यों, पड़ोसियों, मित्रों व सहयोगियों के साथ यथोचित संबंध बनाए रखने में सक्षम होते हैं। इस प्रकार उनका सामाजिक सामंजन सामान्य स्तर (normal level) पर बरकरार रहता है।

लेकिन, असामान्य व्यक्ति (abnormal person) में मेल–जोल बनाने या बनाए रखने की क्षमता का अभाव रहता है। अनियंत्रित संवेग (uncontrolled emotions) के कारण परिवार के सदस्यों, पड़ोसियों, मित्रों, सहयोगियों आदि के साथ संबंध बिगड़ जाता है। फलतः सामाजिक सामंजन असंतुलित और कठिन (difficult) होता है।

(ix) बेतुका व्यवहार (Bizarre behaviour)

सामान्य और असामान्य व्यक्तियों की पहचान उनके व्यवहार प्रतिरूपों (behaviour patterns) की विशेषताओं (features) के आधार पर आसानी से की जा सकती है। सामान्य व्यक्ति के व्यवहार में एकरूपता (uniformity) स्थिरता (stability) संगतता (consistency) जैसी विशेषताएँ पायी जाती हैं जो उनके बोलने–चालने के ढंग, किसी काम को करने के तौर–तरीके आदि में परिलक्षित होता है। उनकी प्रतिक्रियाओं में तर्कसंगतता (rationality), नियमितता (regularity), प्रासंगिकता (relevancy) आदि के गुण (attributes) पाए जाते हैं।

लेकिन, असामान्य व्यक्ति का व्यवहार उट–पटांग यानी बेतुका (bizarre) होता है। एकरूपता, तर्कसंगतता, नियमितता, संगतता, प्रासंगिकता आदि के गुण नहीं पाए जाते। इनका व्यवहार समाज के मान्य आदर्श प्रतिमान (ideal model) के विपरीत तथा असंतुलित स्वरूप (imbalanced nature) का होता है। समन्वय (coordination) का भी अभाव पाया जाता है।

(x) पश्चाताप का अनुभव नहीं होना (No feeling of remorse)

एक सामान्य व्यक्ति से जब कभी कोई गलती या त्रुटि होती है, तो उसमें अफसोस या पश्चाताप का भाव उत्पन्न होता है (feels sorry) और अपनी गलतियों के लिए वह स्वयं को जिम्मेवार (responsible) मानता है। इसलिए वह अपनी गलतियों को सुधारने का प्रयास करता है।

लेकिन, असामान्य व्यक्ति न तो अपनी गलतियों को स्वीकार करता है और न ही सुधार सकता है। उसे इसके लिए अफसोस या पश्चाताप (remorse) का भी अनुभव नहीं होता।

(xi) सहकारिता एवं सामाजिक बुराइयों के प्रति जागरूकता (Cooperativeness and awareness of social evils)

जैसा कि पहले बतलाया जा चुका है, सामान्य व्यक्ति सामाजिक मान्यताओं, आदर्शों (norms) एवं सांस्कृतिक परंपराओं (cultural traditions) के अनुसार कार्य करता है। वह इन आदर्शों का उल्लंघन नहीं करना चाहता क्योंकि वह सामाजिक प्रतिबंधों (social censures) से अवगत (aware) रहता है तथा ऐसे प्रतिबंधों से वह डरता है।

लेकिन, एक असामान्य व्यक्ति ऐसी परंपराओं, सामाजिक प्रतिबंधों तथा आदर्शों से अनभिज्ञ (unaware) होता है। इसलिए वह इन मान्यताओं या आदर्शों अथवा परंपराओं से भयभीत नहीं होता तथा इनके विपरीत कार्य करता है। इतना ही नहीं, एक सामान्य व्यक्ति सामाजिक कुप्रथाओं (social evils) के प्रति जागरूक भी रहता है तथा इन बुराइयों को दूर करने की दिशा में दूसरों के साथ मिलकर सहयोग करता है। परंतु असामान्य व्यक्ति चूंकि इन बुराइयों के प्रति जागरूक नहीं होता, इसलिए दूसरों के साथ मिलकर इन बुराइयों को दूर करने हेतु सहयोगात्मक रवैया नहीं अपना पाता है।

ऊपर जिन विशेषताओं का वर्णन किया गया है, उनके आधार पर 'सामान्य' (normal) एवं 'असामान्य' (abnormal) अथवा मानस रोगियों (psychopathologies) की पहचान की जा सकती है। अतः कौन 'सामान्य' है या कौन 'असामान्य' (who is normal and who is abnormal)?—इसे जानने के लिए व्यक्ति के व्यवहार प्रतिरूपों को इन विशेषताओं के आलोक में अंतर कर पहचान की जा सकती है।

1.4 मानस रोग या असामान्यता के संबंधों में प्राचीन एवं वैज्ञानिक धारणाएँ (Old and Scientific Concepts of Psychopathology or Abnormality)

मनोविज्ञान की एक शाखा (offshoot of Psychology) के रूप में मानस रोग विज्ञान एक युवा विज्ञान है। प्राचीन समय में मानस रोग के बारे में प्रचलित धारणाएँ या विचार (concepts or ideas) अवैज्ञानिक (unscientific) एवं अंधविश्वासों (superstitions) पर आधारित थी। लेकिन जब मनोविज्ञान एक विज्ञान के रूप में विकसित हुआ तो प्राचीन मान्यताएँ विलुप्त हो गईं और अब वैज्ञानिक कसौटियों पर असामान्य व्यवहारों का वर्णन किया जाने लगा। इन दोनों प्रकार की धारणाओं (concepts) का अलग–अलग वर्णन करना उचित प्रतीत होता है।

1.4.1 असामान्य (मानस रोग) मनोरोग के संबंध में प्राचीन धारणा (Old Concept of Abnormality or Psychopathology)

प्राचीन समय के दार्शनिकों (philosophers), धर्मावलंबियों (religious people) तथा सर्वसाधारण लोगों (common people) की दृष्टि में असामान्य व्यवहार प्रतिरूपों (abnormal behaviour patterns) को असाधारण (uncommon), भयानक (terrible), भूत–प्रेत की देन (contributed by demons), पाप (sin) जैसे विचार प्रचलित थे। इसी तरह के विचारों के आधार पर असामान्य और सामान्य व्यवहार को एक–दूसरे से बिल्कुल पृथक प्रकारों में बाँटा जाता था तथा उसी के अनुरूप उनके साथ सलूक किया जाता था। अर्थात् प्राचीन समय में असामान्य व्यक्तियों के उपचार (treatment) हेतु झाड़–फूंक, जादू–टोना या विविध प्रकार के कष्टप्रद तरीकों का उपयोग होता था। सामाजिक स्तर पर प्रायः असामान्य व्यक्तियों की उपेक्षा की जाती थी तथा विविध मानवीय सुविधाओं से वंचित (deprived) रखा जाता था। भयंकर दंड प्रक्रियाएँ भी अपनायी जाती थीं जैसे–भूखा रखना (starving), कमरे में बंद रखना (in caging), कोड़े लगाना (flogging) आदि।

साधारणतः असामान्यता और सामान्यता के बीच स्पष्ट अंतर मानकर उन्हें अलग–अलग प्रकारों में बाँटा जाता था तथा असामान्यता को एक असाध्य (incurable), खतरनाक (dangerous), आनुवंशिक दोष (hereditary stigma) माना जाता था। अर्थात् प्राचीन समय में यह समझा जाता था कि कोई व्यक्ति निश्चित रूप से 'सामान्य' या 'असामान्य' होता है और वह जैसा होता है, सदैव वैसा ही रहता है। असामान्य लोगों को उस जमाने में लोग घोर संकट या आफत मानते थे। अनेकों के लिए असामान्य व्यक्ति हास्यास्पद या मजाक उड़ाने की वस्तु होते थे। प्राचीन समय में कुछ ऐसे उदाहरणों के उल्लेख मिले हैं कि कई परिवारों में असामान्यता की घटना पीढ़ी–दर–पीढ़ी चलती आयी है। ऐसे उदाहरणों के कारण लोगों को यह भ्रांति होती थी कि यदि किसी परिवार में एक व्यक्ति पागल (insane) या मनोरोगी हो गया है तो उसके भावी बच्चे भी प्रभावित होंगे। फलतः ऐसे लोगों से दूरी बनाकर रखने तथा वैवाहिक संबंध बनाने से परहेज करते थे।

उपर्युक्त धारणा का वैज्ञानिक आधार नहीं है। लेकिन ऐसी धारणा एक लंबे समय तक चलती रही। इस प्राचीन धारणा के अनुसार पागल (insane), मानसिक रूप से दुर्बल (mentally deficient) तथा अपराधी (criminal) प्रवृत्ति के लोगों को 'सामान्य से निम्न' (below normal) की कोटि के एक विशेष वर्ग में रखा जाता था। इसी तरह श्रेष्ठ या विशिष्ट रूप से प्रतिभाशाली (genius) को सामान्य से ऊपर की कोटि में रखा जाता था। ऐसे लोगों को धार्मिक पुरुष (religious man) समझा जाता था तथा उन्हें श्रद्धायुक्त विस्मय और आदर (aware and respect) के साथ देखा जाता था। इस प्रकार प्राचीन धारणा के अनुसार 'सामान्य से नीचे' और 'सामान्य से ऊपर' व्यक्तित्व के तीनों प्रकारों (three kinds of types) को एक–दूसरे से पूर्णतः अलग–अलग श्रेणियों में बाँटा जाता था। इन तीनों प्रकारों को रेखाचित्र 1.1 में दिखाया गया है।

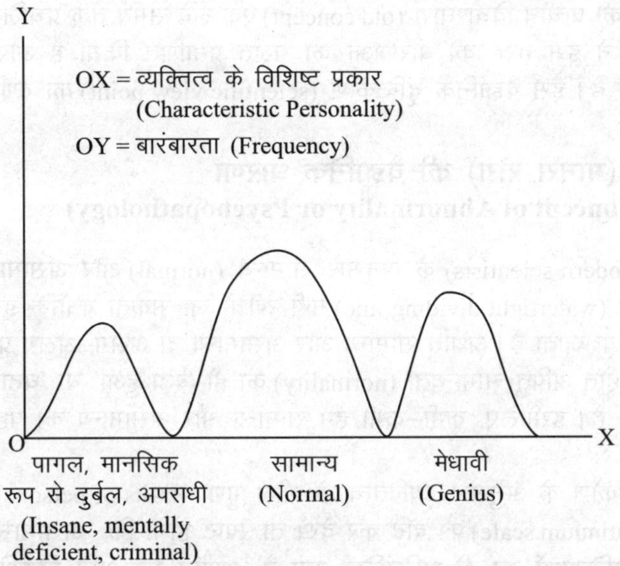

चित्र 1.1 प्राचीन अवैज्ञानिक धारणा पर आधारित व्यक्तित्व का वर्गीकरण।

'असामान्यता' (abnormality) से संबंधित उपर्युक्त प्राचीन और अवैज्ञानिक धारणा निम्नांकित कुछ कारणों से बहुत लंबे समय तक (for a longer period of time) प्रचलन में रहा (remained prevalent) —

(i) लगभग 19वीं शताब्दी तक शिक्षित लोगों (literate people) के बीच भी अवैज्ञानिक विचारधारा एवं अंधविश्वास विद्यमान था। खासकर अंधविश्वास की जड़ें इतनी मजबूत थीं कि आधुनिक समय में भी भारी तायदाद में लोग इस तरह के विचारों की गिरफ्त से अपने को मुक्त नहीं कर पाए हैं। चूंकि शिक्षित लोगों के बीच इस प्रकार का अवैज्ञानिक विचार कायम रहा, इसलिए असामान्यता का वैज्ञानिक (scientific) पक्ष उपेक्षित रहा। फलस्वरूप, अंधविश्वासों पर आधारित प्राचीन अवैज्ञानिक धारणा में एक लम्बे समय तक कोई खास परिवर्तन नहीं लाया जा सका जिसके कारण लंबी अवधि तक यही दृष्टिकोण प्रचलित रहा।

(ii) इस विचारधारा के फैलने और व्यापक होने का एक दूसरा कारण धार्मिक मान्यताओं और विश्वासों का बड़े पैमाने पर व्याप्त होना था। लोगों की धर्म के प्रति दृढ़ आस्था के संदर्भ में पागलपन (insanity) या व्यवहार का विचलन (deviation of behaviours), पाप (sin) या दुष्कर्मों की उपज माना जाता था। आगे चलकर इसे वंशानुगत (hereditary) दोष भी माना जाने लगा।

(iii) प्राचीन समय के विचारकों की दृष्टि में 'व्यक्तित्व' (personality) अचल (constant) होता है। इसीलिए 'सामान्य' (normal) और असामान्य (abnormal) को दो भिन्न व्यक्तित्व की श्रेणियों में रखा जाता था। व्यक्तित्व की रचना (structure of personality) को ईश्वरीय देन (gift of God) अथवा वंशानुक्रम (heredity) माना जाता था। लोगों की धारणा थी कि व्यक्ति का 'स्व' यानी 'अहं' (self or ego) उसके भीतर के व्यक्तित्व का प्रतिरूप (inner picture) होता है जिसमें बदलाव संभव नहीं है। इसीलिए, पागलपन (insanity) को 'मानस की क्षति' (losing the mind) अथवा अपने 'स्व से पृथक होना' (beingout of one's self) कहा जाता था। यह विचार अत्यंत ही गहरे रूप से (deeply) व्याप्त था। अतएव इस तरह के विचारों में संशोधन (modification) अथवा बदलाव लाना (to change) बहुत कठिन था।

अस्तु, असामान्यता की प्राचीन विचारधारा (old concept) एक लंबे समय तक प्रचलित रही। लेकिन, आधुनिक समय के मनोवैज्ञानिकों ने इस तरह की धारणाओं को गलत प्रमाणित किया है और इसकी जगह वैज्ञानिक धारणा का प्रादुर्भाव हुआ है। इस वैज्ञानिक दृष्टिकोण (scientific view point) का वर्णन आगे किया गया है।

1.4.2 असामान्यता (मानस रोग) की वैज्ञानिक धारणा (Scientific Concept of Abnormality or Psychopathology)

आधुनिक वैज्ञानिकों (modern scientists) के अनुसार सामान्य (normal) और असामान्य (abnormal) के बीच कोई दृढ़ विभाजक रेखा (watertight dividing line) नहीं खींची जा सकती क्योंकि इनके बीच सापेक्षिक अंतर (relative difference) पाया जाता है। अर्थात् सामान्य और असामान्य दो अलग–अलग प्रकार के व्यक्ति (distinct types of persons) नहीं होते अपितु सामान्यता (normality) का ही 'बढ़ा हुआ' या 'घटा हुआ' रूप 'असामान्यता' (abnormality) कहलाता है। इसीलिए, कभी–कभी हम सामान्य और असामान्य की पहचान करने में भी गलती कर बैठते हैं।

इस आधुनिक दृष्टिकोण के अनुसार, व्यक्तित्व के शील गुणों (traits of personality) को यदि एक सतत् यानी निरंतर स्केल (continuum scale) पर बाँट कर देखें तो स्पष्ट होगा कि **"असामान्य मनोवैज्ञानिक प्रक्रियाएँ सामान्य मनोवैज्ञानिक प्रक्रियाओं का ही अतिरंजित रूप है, अर्थात् यह अति विकसित या अविकसित यानी अल्प विकसित अथवा छद्म (अर्थात् विकृत) विकास की स्थिति को इंगित करता है।"**[2]

अर्थात् असामान्यता सामान्यता का ही अतिरंजित रूप है (abnormality is an exaggerated form of normality)। असामान्यता की इस वैज्ञानिक धारणा की कुछ महत्वपूर्ण बातें निम्नांकित हैं—

(क) इस धारणा के अनुसार 'असामान्य', 'सामान्य' और 'प्रतिभाशाली' के बीच स्पष्ट अंतर नहीं है। वस्तुतः सामान्य व्यक्तियों की सोच (thought), भाव (feelings) और क्रियाओं (activities) का ही बढ़ा हुआ या घटा हुआ रूप असामान्यता कहलाती है। अस्तु, सामान्य और असामान्य के बीच 'मात्रात्मक अंतर' पाया जाता है, न कि 'प्रकारात्मक' (difference between normal and abnormal is that of degree and not of kind).

(ख) जिस प्रकार सामान्य व्यक्ति की मनोवैज्ञानिक प्रक्रियाओं के स्वाभाविक कारण (natural cause) होते हैं, उसी तरह असामान्य व्यक्ति की मनोवैज्ञानिक प्रक्रियाएँ भी स्वाभाविक कारणों से प्रभावित होती हैं, अभिप्राय यह है कि सामान्य व्यक्ति की ही तरह असामान्य व्यक्ति के मानस गोचर (mental phenomenon) स्वाभाविक नियमों (natural laws) द्वारा शासित (govern) होते हैं। अतः असामान्यता कारण दैविक प्रकोप (punishment by God), अथवा भूत–प्रेत का प्रभाव (possession by devils), अथवा आध्यात्मिक उत्प्रेरण (spiritual inspiration) नही है, अपितु साधारण मनोवैज्ञानिक नियमों द्वारा शासित (governed by psychological principles) हैं। अतः जिस प्रकार सामान्य व्यवहार अर्थपूर्ण (meaningful) और महत्वपूर्ण (significant) होता है, उसी प्रकार असामान्य व्यवहार भी अर्थपूर्ण और महत्वपूर्ण होता है। अर्थात् जिस प्रकार एक सामान्य व्यक्ति की तार्किकता (rationality) और संगत चिंतन प्रक्रिया (coherent thought process) का अपना महत्व होता है, उसी प्रकार एक असामान्य व्यक्ति के बे–सिर–पैर की बातों (ravings of the insane) का भी महत्व होता है।

(ग) यदि हम असामान्य व्यक्ति के जीवन–वृत्त (life history) एवं उसके समक्ष उपस्थित परिस्थितियों (present-situations) पर दृष्टि डालें तो स्पष्ट होगा कि जिस प्रकार सामान्य व्यक्ति अपने जीवन की

2. Abnormal Psychological phenomena are simply exaggerations (i.e., over development or underdevelopment) or disguised (i.e., perverted) development of the Normal Psychological phenomena.—Brown J.F.

विविध एवं चुनौतीपूर्ण परिस्थितियों के साथ सामंजन हेतु (for the sake of adjustment) सोच–विचार या कोई क्रिया करते हैं, उसी प्रकार मानस रोगियों के व्यवहार भी सामंजन से संबंधित (related to adjustment) होते हैं। इस प्रकार सामान्य एवं असामान्य–दोनों का लक्ष्य (goal) सामंजन स्थापित करना (to adjust) होता है। अंतर केवल उनके व्यवहारों की तीव्रता (intensity), बारंबारता (frequency) और अवधि (duration) में होता है।

अस्तु, आधुनिक दृष्टिकोण के अनुसार, असामान्य व्यक्ति सामान्य व्यक्ति से मात्रा में भिन्न होते हैं, न कि अलग–अलग प्रकार के रूप में **(Abnormals differ from normals in degree rather than in kind)**।

आधुनिक वैज्ञानिक दृष्टिकोण की एक और खासियत यह है कि सामान्य (normal), असामान्य (abnormal) एवं प्रतिभाशाली (genius or superior) वर्गों (categories) में 'निरंतरता' (continuity) की स्थिति पाई जाती है जिसे रेखाचित्र 1.2 द्वारा स्पष्ट किया जा सकता है।

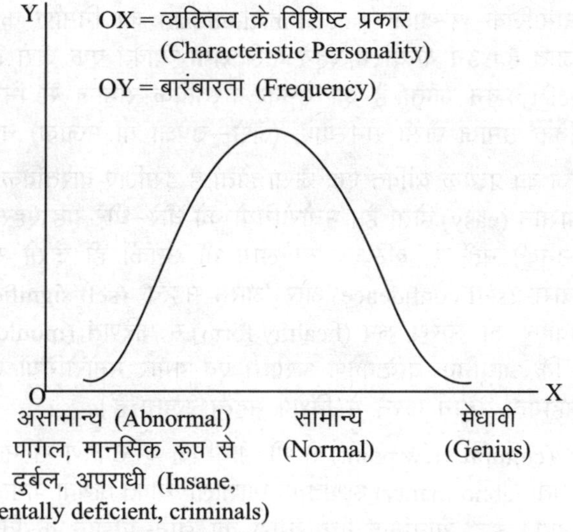

चित्र 1.2 आधुनिक वैज्ञानिक धारणा पर आधारित व्यक्तित्व का वर्गीकरण।

1.4.3 आधुनिक वैज्ञानिक धारणा का महत्व (Significance of Modern Scientific Concept)

असामान्यता (abnormality) का आधुनिक वैज्ञानिक दृष्टिकोण निम्नलिखित तीन प्रधान कारणों से विशेष महत्व का है–

(i) इस दृष्टिकोण का पहला महत्व सैद्धांतिक (theoretical) है। आधुनिक विचारधारा के अनुसार असामान्यता (abnormality) सामान्यता (normality) का ही अतिरंजित (exaggerated) रूप है। इसलिए, सामान्य व्यक्ति के व्यवहारों का अध्ययन कर असामान्य व्यक्ति के व्यवहारों के बारे में क्रमबद्ध तरीके से प्रयोगात्मक अध्ययन कर निश्चित निष्कर्ष (definite conclusion) निकाला जा सकता है। इस प्रकार, असामान्य व्यवहारों के संबंध में प्रायोगिक आधारों (experimental basis) पर महत्वपूर्ण सिद्धांत (important principles) का प्रतिपादन संभव है। कहने का अभिप्राय यह है कि आधुनिक विचारों को प्रयोगात्मक ढंग से जाँचा जा सकता है और ऐसे अध्ययनों से प्राप्त आँकड़ों (records) के आधार पर सिद्धांतों का प्रतिपादन किया जा सकता है। यही, इस दृष्टिकोण का सैद्धांतिक महत्व (theoretical significance) है।

(ii) असामान्यता के वैज्ञानिक दृष्टिकोण का व्यावहारिक महत्व (practical significance) भी है। चूंकि, यह दृष्टिकोण मानता है कि असामान्य एवं सामान्य में मात्रात्मक भिन्नता (difference in degree) पाई जाती है, इसलिए किसी असामान्य व्यक्ति को पुनः सामान्य अवस्था की ओर लाना संभव है। अर्थात् अनाभियोजित को अभियोजित योग्य बनाया जा सकता है (maladjusted can be made adjustable)।

प्राचीन दृष्टिकोण के अनुसार हाल के वर्षों तक यह माना जाता था कि एक बार यदि कोई मानसिक दुर्बलता यानी असामान्यता का शिकार हो जाए तो उसके पुनर्लाभ (recovery) की संभावना बिल्कुल नहीं रह जाती (if one has lost his mind, he has lost it forever)। परंतु, आधुनिक वैज्ञानिक दृष्टिकोण इस विश्वास या मत (notion) को अस्वीकार करता है। इन दिनों देखने में भी आता है कि गंभीर–से–गंभीर मनोरोगी (psychopathologies) की भी चिकित्सा करना संभव है। तथा यदि ऐसे रोगी पूर्णतः चंगे नहीं हो सकते तो कम–से–कम उन्हें भी सामाजिक पुनर्लाभ (social recovery) जैसी सहायता देकर उनके पुनर्वास (rehabilitation) की व्यवस्था की जा सकती है। अर्थात् ऐसे रोगियों के कल्याणार्थ (for welfare) सामाजिक संस्थाओं (social institutions) का निर्माण कर उनके लिए पुनर्वास केन्द्र संचालित किए जाते हैं। इन केन्द्रों में रहने वाले सभी व्यक्ति एक जैसे होते हैं और इस तरह उनका एक समाज (society) बन जाता है जो उनके वास्तविक समाज से भिन्न होता है। उनके इस नए समाज में वास्तविक समाज जैसी समस्याएँ, (जैसे—उपेक्षा या मजाक) नहीं रहती।

चूंकि इनके समाज का प्रत्येक व्यक्ति एक जैसा होता है इसलिए वास्तविक समाज की उपेक्षा समायोजन (adjustment) आसान (easy) होता है। मनोरोगियों को धीरे–धीरे यह एहसास होने लगता है कि उनकी समस्या केवल उनकी नहीं है, बल्कि अन्य लोग भी उनकी ही जैसी समस्याओं से घिरे हैं। इससे उनमें 'आत्मविश्वास' (self confidence) और 'आत्म महत्व' (self significance) के भाव पनपने लगते हैं जो उनके व्यवहार को स्वस्थ रूप (healthy form) में परिणत (mould) करने में सहायक होता है। अतएव स्पष्ट है कि आधुनिक दृष्टिकोण असाध्य एवं गंभीर मनोरोगियों को सामाजिक सुरक्षा (social security) एवं सहायता प्रदान करने में विशेष महत्व रखता है।

(iii) सांस्कृतिक दृष्टि (cultural view point) से भी आधुनिक दृष्टिकोण से महत्वपूर्ण है। इस दृष्टिकोण के अनुसार, असामान्यता (abnormality) अर्थात् प्रतिभाशाली व्यक्ति अथवा पागलपन अब कोई रहस्य (mystry) का विषय नहीं रहा। अतः आधुनिक विचारधारा का ज्ञान–विज्ञान के विकास एवं प्रसार में महत्वपूर्ण योगदान (contribution) है। आधुनिक समय में ज्ञान–विज्ञान के विभिन्न क्षेत्रों, जैसे—चिकित्साशास्त्री, मनश्चिकित्सक, समाजशास्त्री, मानवविज्ञानी, समाजसेवक, मानवाधिकार इत्यादि सभी क्षेत्रों के विशेषज्ञ एवं संस्थाएँ इस महत्वपूर्ण समस्या पर शोधकार्य में लगे हुए हैं तथा प्रायः सभी एक साथ मिलकर एक दल (team) के रूप में कार्य कर रहे हैं। इस प्रकार आधुनिक समय में असामान्यता का अध्ययन 'ग्रहणशील दृष्टिकोण' (eclectic approach) अर्थात् 'सर्वतत्व दृष्टिकोण' से किया जाने लगा है जो असामान्य व्यक्तियों के कल्याण के साथ–साथ सामाजिक और सांस्कृतिक विकास की दृष्टि से भी मनोरोग के संबंध में आधुनिक विचारधारा विशेष महत्व की है।

इस प्रकार, यह स्पष्ट है कि प्राचीन विचारधारा समाज में व्याप्त अंधविश्वास (superstitious beliefs), और धार्मिक मान्यताओं (religiousity) पर आधारित था, जबकि आधुनिक विचारधारा वैज्ञानिक अध्ययनों एवं शोधों से प्राप्त वस्तुपरक तथ्यों (objective facts) पर आधारित है। इस आधुनिक धारणा के अनुसार सामान्य और असामान्य के बीच कोई सुस्पष्ट विभाजन रेखा नहीं है, अपितु इनके बीच मात्रात्मक विचलन (quantitative deviation) पाया जाता है।

1.4.4 प्राचीन एवं आधुनिक दृष्टिकोणों में अंतर (Differences between Old and Modern Viewpoints)

प्राचीन और आधुनिक दृष्टिकोणों में मुख्य अंतर निम्नलिखित हैं–

(i) प्राचीन दृष्टिकोण अवैज्ञानिक (unscientific) है यह दृष्टिकोण प्राचीन समय के विचारों, धार्मिक मान्यताओं एवं अंधविश्वासों पर आधारित है।

परंतु, आधुनिक दृष्टिकोण वैज्ञानिक है। इस दृष्टिकोण का मुख्य आधार आधुनिक समय के शिक्षा के प्रसार से परिष्कृत विचार एवं तथ्यपूर्ण प्रायोगिक अध्ययनों से प्राप्त सामग्रियाँ हैं।

(ii) प्राचीन समय के चिंतकों के अनुसार असामान्यता एवं सामान्यता के बीच प्रकार (quality types) का अंतर है, जबकि आधुनिक वैज्ञानिक अध्ययनों के परिप्रेक्ष्य में इनके बीच मात्रा (degree) का अंतर पाया जाता है।

(iii) प्राचीन विचारधारा के अनुसार मानस रोगियों का उपचार अपेक्षाकृत कष्टप्रद प्रविधियों द्वारा किया जाता था। ऐसे लोग अत्याचार एवं कठोर दंड के भागी होते थे। लेकिन आधुनिक विचारधारा में उपचार की विभिन्न प्रविधियाँ मानवीय दृष्टिकोण (human approach) पर विकसित की गई हैं। फलस्वरूप इनकी चिकित्सा में आरामदायक एवं सहायतापरक प्रविधियों पर जोर दिया जाता है।

(iv) आधुनिक दृष्टिकोण एक प्रगतिशील (progressive) दृष्टिकोण है। यही कारण है कि असामान्यता या मानस रोगों से संबंधित विभिन्न क्षेत्रों के विशेषज्ञों द्वारा बड़े व्यापक पैमाने पर शोधकार्य हो रहे हैं जिसके फलस्वरूप इस विज्ञान में दिन–प्रतिदिन विकास का मार्ग प्रशस्त हो रहा है।

1.5 असामान्यता या मानस रोग की कसौटियाँ (Criteria of Abnormality or Psychopathologies)

असामान्यता के संबंध में आधुनिक वैज्ञानिक दृष्टिकोण के संदर्भ में यह स्पष्ट किया गया है कि सामान्य (normal) और असामान्य (abnormal) के बीच सापेक्षिक रूप से (relatively) मात्रा (degree) का अंतर पाया जाता है। अतः असामान्यता की सही पहचान करना मुश्किल होता है। आमतौर पर असंतुलित व्यवहार प्रतिरूप (imbalanced behaviour pattern) को ही विचलित व्यवहार (decided behaviour) माना जाता है। ऐसे विचलनों के अंतर्गत समाजविरोधी व्यवहार (antisocial behaviours), मानसिक रूप से विसंतुलित (mentally imbalanced), मानसिक रूप से अस्वस्थता की स्थिति (unhealthy mental state), समायोजन की योग्यता का अभाव (lack of ability to adjust or cope) आदि प्रतिरूपों को असामान्यता के लक्षण माने जाते हैं और इन्हीं कसौटियों पर सामान्य से विचलन (deviations from normals) की पहचान की जाती है। लेकिन, यदि ध्यानपूर्वक देखें तो हम में से अधिकतर लोगों में कभी–न–कभी ये लक्षण थोड़े समय के लिए देखे जाते हैं। अतः किन परिस्थितियों में कब कोई सामान्य व्यवहार प्रदर्शित करेगा और कब असामान्य, इसका निर्णय करना आसान प्रतीत नहीं होता। इसलिए प्रस्तुत खण्ड (section) में कुछ महत्वपूर्ण कसौटियों (criterias) का वर्णन किया जा रहा है।

1. सांख्यिकीय कसौटी (Statistical criteria or approach)

असामान्यता का यह एक प्रचलित दृष्टिकोण है। इस दृष्टिकोण में व्यक्तित्व के शील गुणों (traits of personality) अथवा व्यवहारगत विशेषताओं (behavioural characteristics), मानसिक योग्यताओं (mental abilities) आदि का औसत मान (average value) निर्धारित किया जाता है जो 'आदर्शमान' (norm) होता है। इस 'आदर्शमान' से भिन्न या परे (away or different) लोगों को असामान्य (abnormal) की श्रेणी में रखा जाता है। इस दृष्टिकोण के

अनुसार जो व्यक्ति सामान्य से जैसे–जैसे कम या अधिक दिशाओं की ओर बढ़ेगा, वह व्यक्ति उतना ही अधिक विचलित (deviated) यानी असामान्य होगा। व्यक्तित्व अथवा व्यवहारगत प्रायः सभी विशेषताओं का सांख्यिकीय औसत (statistical average) निर्धारित किया जा सकता है तथा इस 'औसत' को एक निरंतर मापनी (continuum) के मध्य भाग में दर्शाया जा सकता है जिसके एक छोर पर सबसे कम और दूसरे छोर पर सबसे ज्यादा या अधिक विचलन की मात्रा (degree or distance of deviation) होगी। औसत से कम मात्रा वाले छोर की ओर जो लोग होंगे उन्हें 'असामान्य' और अधिक छोर की ओर जो लोग होंगे उन्हें श्रेष्ठ या प्रतिभाशाली (superior or genius) माना जाता है। इसे रेखाचित्र 1.3 में दर्शाया गया है।

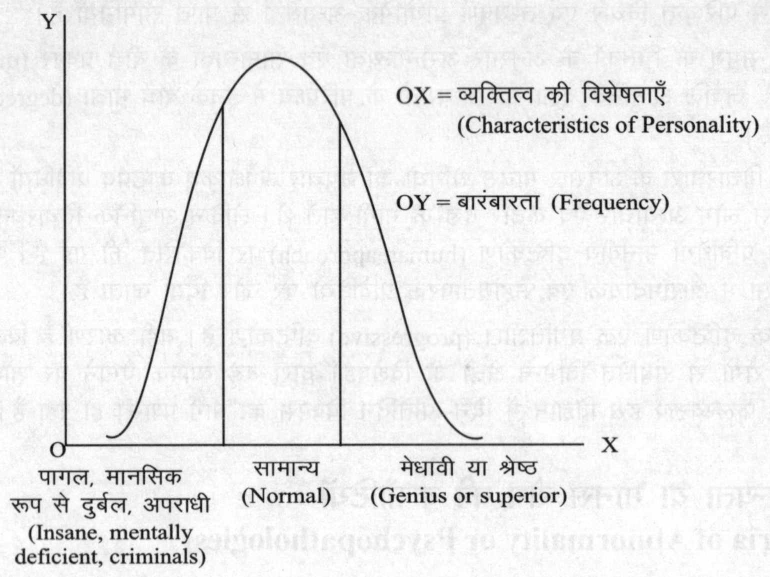

चित्र 1.3 व्यक्तित्व की विशेषताओं में मात्रात्मक अंतर।

यह एक 'प्रसामान्य वितरण वक्र' (normal distribution curve) है जो 'घंटी के आकार' (bell shaped) का होता है। इस वक्र के ठीक बीचोंबीच शीर्ष (apex) से एक लंबवत रेखा (perpendicular line-OY) आधार रेखा-OX (base line) के जिस बिंदु (point) पर गिरती है वही औसत (average) माना जाता है। इस औसत मात्रा या इसके निकटस्थ मात्राओं के क्षेत्र में जो लोग आयेंगे, अर्थात् जिन व्यक्तियों में गुण विशेष की वे मात्राएँ पाई जाएँगी, वे 'सामान्य व्यक्ति' (normal person) कहलाएँगे। इस सामान्य स्तर से बाईं ओर और दाईं ओर जैसे–जैसे दूरियाँ बढ़ती जाएँगी, सामान्यता की मात्रा (degree of normality) क्रमशः कम या अधिक होती जाएँगी।

असामान्यता की यह कसौटी कुछ मान्यताओं पर आधारित है जो निम्नलिखित हैं—

(i) सामान्यता के क्षेत्र यानी प्रसार (range) में जनसंख्या के अधिकांश लोग (majority of people) आते हैं तथा उससे कम या अधिक की दिशाओं (directions) में विचलन की मात्रानुसार जनसंख्या (population) में असामान्य लोगों (abnormal cases) की संख्या क्रमशः कम होती जाती है। अर्थात् कुल आबादी में असामान्य लोगों की संख्या सामान्य लोगों से कम होती है।

(ii) सामान्यता और असामान्यता में मात्रात्मक भिन्नता पायी जाती है (normals differ from abnormals in degree)।

(iii) सामान्य से कम अथवा अधिक, दोनों दिशाओं के विचलन की स्थिति असामान्यता का सूचक है।

यद्यपि आधुनिक मनोवैज्ञानिकों की दृष्टि में असामान्यता की यह कसौटी श्रेष्ठतम है, फिर भी इस कसौटी में चंद महत्वपूर्ण कमियाँ या त्रुटियाँ पायी जाती हैं, जो निम्नलिखित हैं—

(i) इस कसौटी में व्यक्ति की व्यवहारगत एवं व्यक्तिगत विशेषताओं या गुणों को मापकर (measure) सामान्यता का स्तर यानी आदर्श प्रतिमान (ideal model of normality) निर्धारित किया जाता है। लेकिन, व्यक्ति की सभी विशेषताओं का मात्रात्मक मापन (qualitative measurement) संभव नहीं है। जैसे—सच्चाई (truthfulness), ईमानदारी (honesty), सामंजन की क्षमता (adjustment capacities) आदि गुणात्मक विशेषताएँ (qualitative features) हैं जिनका मात्रात्मक मापन मुश्किल है।

(ii) इस कसौटी में असामान्यता की एकपक्षीय भिन्नता यानी विचलन (single aspect of difference or deviation) पर जोर दिया गया है। यह एकल पक्ष मात्रात्मक भिन्नता (quantitative difference) का है। लेकिन, वस्तुतः असामान्य व्यक्ति सामान्य में मात्रात्मक एवं गुणात्मक यानी प्रकारात्मक (quantity and kind) दोनों तरह से अंतर देखा जाता है। उदाहरणार्थ—निरोग (without any disease) और रुग्ण व्यक्ति (diseased person) को लें। इन दोनों प्रकार के व्यक्तियों में प्रकार का अंतर भी पाया जाता है न कि केवल शारीरिक रसायनों की मात्रा का (the two differ in kind and not only in the quantity of different chemical components)। यहाँ निरोग को 'स्वस्थ' (healthy) और 'रुग्ण' को 'अस्वस्थ' (ill healthy) दो प्रकार के व्यक्तियों की श्रेणी में रखा जाता है। इसी तरह मानसिक रूप से अस्वस्थ एवं स्वस्थ—दो प्रकार के व्यक्ति होते हैं जिन्हें असामान्य एवं सामान्य की संज्ञा दी जाती है।

(iii) तीसरी महत्वपूर्ण बात यह है कि सांख्यिकीय औसत के आधार पर अनेक ऐसे भी विचलन (deviation) होते हैं, जिन्हें साधारणतः 'असामान्य' कहना उचित नहीं जँचता। जैसे—असाधारण शारीरिक शक्ति (unusual physical strength), असाधारण आयु (unusual longivity), बुद्धि की श्रेष्ठता (superiority of intelligence), असाधारण लंबाई (unusual height), अतिसहनशीलता (over tolerance), कम उम्र में ही विलक्षण परिपक्वता (higher level maturity) आदि औसत या सामान्य से परे या भिन्न होते हुए भी आवश्यक रूप से किसी बीमारी या मानसिक रूप से अस्वस्थता (ill health mind) का सूचक नहीं है।

(iv) स्वास्थ्य की कुछ ऐसी भी स्थितियाँ होती हैं जो बार—बार होती रहती हैं (occurs again and again)। अतः बारंबारता की दृष्टि से ऐसी स्थितियाँ सामान्यता के करीब होती हैं। फिर भी, इन स्थितियों को सामान्य स्वास्थ्य नहीं कहा जा सकता। जैसे—दाँत का सड़ना (dental caries), साधारण सर्दी जुकाम (common cold), अथवा पेट की गड़बड़ी (stomach upset) आदि सामान्य रोगों से आजकल अधिकतर लोग पीड़ित पाए जाते हैं। ये स्थितियाँ निश्चित रूप से असामान्य स्वास्थ्य की सूचक हैं, न कि सामान्य स्वास्थ्य की।

अतः स्पष्ट है कि असामान्यता की सांख्यिकीय कसौटी पूर्णतः सही नहीं है। इसलिए, किसी दूसरी कसौटी पर विचार करना आवश्यक है।

2. अभियोजन की उपयुक्तता की कसौटी (Criteria of adequacy of adjustment)

'असामान्यता' (abnormality) की दूसरी प्रमुख कसौटी सामंजन या अभियोजन की उपयुक्तता है। इस कसौटी के अनुसार जो व्यक्ति अपनी आंतरिक आवश्यकताओं (inner needs) और भौतिक एवं सामाजिक वातावरण (physical and social environment) की मांगों (demands) के साथ अनुकूल सामंजन (adjustment) स्थापित करने में समर्थ होता है, उसे सामान्य (normal) कहा जाता है। लेकिन, जब यह सामंजन त्रुटिपूर्ण यानी सामंजस्य स्थापित करने में विफल होता है तो उसे असामान्य (abnormal) कहा जाता है। सामंजन की विफलता के कारण व्यक्ति का आंतरिक संतुलन (inner harmony) बिगड़ (यानी असंतुलित imbalanced) हो जाता है। जिसके

फलस्वरूप, व्यक्ति अनाभियोजन या कुसमायोजन (maladjustment) का शिकार होता है और इस प्रकार वह मानसिक क्लेश या रोग से ग्रस्त होता है। इसलिए, अभियोजन की अयोग्यता ही असामान्यता है (inadequacy of adjustment is abnormality)।

प्रायः यह देखा जाता है कि व्यक्ति की निजी इच्छाएँ (personal desires) और उसके आस–पास के वातावरण की अपेक्षाएँ या मांगें (expectations or demands) परस्पर विरोधी (contrasting) होती हैं। वातावरणीय अपेक्षाओं के अनुरूप उपयुक्त समायोजन (proper adjustment) संबंधी नियंत्रण व्यक्ति का 'स्व' (self or ego) के जिम्मे रहता है। लेकिन, कभी–कभी व्यक्ति के स्व का नियंत्रण वातावरणीय अपेक्षाओं के साथ अभियोजन के क्रम में ढीला पड़ जाता है और व्यक्ति का समायोजन विसंतुलित (imbalanced) हो जाता है। यह स्थिति असामान्यता की जनक होती है और ऐसे ही अनाभियोजन की अनुपयुक्तता को 'असामान्य' (abnormal) या 'मानस रोगी' (psychopathologic) की संज्ञा दी जाती है। इस प्रकार की स्थिति में चूंकि वातावरणीय परिस्थितियों या अपेक्षाओं (environmental situations expectations) और व्यक्ति की आवश्यकताओं या इच्छाओं (needs or desires of the individual) के बीच का संतुलन बिगड़ जाता है, इसलिए व्यक्ति आंतरिक रूप से निराश या कुंठित (frustrated), दुःखी (miserable) अनुभव करता है। अनेक अवसरों पर कुंठा या निराशा की इस स्थिति में व्यक्ति बाह्य रूप से (externally) समायोजित दीखता है, लेकिन आंतरिक रूप से (internally) वह असंतुलित (imbalanced) और असंगठित (disorganised) रहता है। इससे उपयुक्त समायोजन की क्षमता में कमी आती है और उसका व्यवहार कुसमायोजित स्वरूप का हो जाता है। ऐसे कुसमायोजित व्यवहार (maladjusted behaviours) को ही असामान्यता (abnormality) कहते हैं।

असामान्यता की यह कसौटी भी आंशिक रूप से (partially) सही है। इस कसौटी के आधार पर असामान्यता की पहचान करने में कुछ कठिनाइयाँ हैं। सबसे महत्वपूर्ण कठिनाई यह है कि 'समायोजन' (adjustment) अपने–आप में एक व्यापक (pervasive) शब्द है। व्यक्ति का कौन–सा व्यवहार समायोजित (adjusted) और कौन–सा कुसमायोजित (maladjusted) है, इसका निर्णय करना आसान नहीं है। उदाहरण के लिए, गरीबी से त्रस्त (poverty striken) एक व्यक्ति को लें, जो अपनी मूलभूत आवश्यकताओं की पूर्ति हेतु चोरी कर धन लाता है ताकि दो जून की रोटी एवं आवश्यक वस्त्र जैसी आवश्यकता को संतुष्ट कर सके। इस तरह के कार्य के माध्यम से वह वैयक्तिक रूप से अपने को समायोजित (adjust) करने में समर्थ है। लेकिन, उसके इस व्यवहार से समाज के दूसरे लोगों को क्षति या हानि होती है। अतः सामाजिक कल्याण की दृष्टि से उसका व्यवहार अनुचित है और उसे समायोजित (well adjusted) नहीं कहा जा सकता। अतएव उसे 'सामान्य' (normal) भी नहीं कहा जा सकता।

3. परिपक्वता की कसौटी (Criteria of maturity)

'परिपक्वता' (maturity) असामान्यता की तीसरी प्रमुख कसौटी है। व्यक्ति का सामान्य रूप से परिपक्व (mature) होना सामान्यता का सूचक है। ठीक इसके विपरीत, परिपक्वता का अभाव (lack of maturity) असामान्यता का सूचक है। परिपक्वता स्तर (maturity level) का निर्धारण व्यक्ति की उम्र (age), लिंग (gender), और सामाजिक एवं शैक्षणिक स्तर (social and educational level) के आधारों पर किया जाता है। अतएव, किसी व्यक्ति के सोचने–विचारने (thought), या किसी प्रकार की प्रतिक्रिया (reaction) करने का ढंग यदि उसकी उम्र, लिंग और सामाजिक–शैक्षिक स्तर के अनुरूप होता है तो उसे सामान्य कहेंगे जबकि विपरीत होने पर असामान्य। उदाहरण के लिए, प्रत्येक उम्र के व्यक्तियों से विशेष प्रकार की योग्यता (ability), संवेगों पर नियंत्रण (control over emotions), शिष्टाचार (manners), बोलने–चालने या प्रतिक्रिया करने के ढंग आदि की अपेक्षा की जाती है। यों तो सभी उम्र के लोगों के व्यवहार, प्रतिक्रियाओं या संवेगों पर नियंत्रण अथवा शिष्टाचार आदि में थोड़ी बहुत कमी–बेशी संभव है तथा इन कमियों को सामान्यतः स्वीकार भी कर लिया जाता है। लेकिन यदि कोई वयस्क

व्यक्ति एक 5 वर्ष के बालक जैसा आचरण करता हो तो उसकी ऐसी बचकानी हरकतों को निश्चित रूप से असामान्य कहा जाएगा। इसी तरह, लड़के और लड़कियों से भी अलग–अलग प्रकार की सामाजिक भूमिकाओं (social roles) की अपेक्षा की जाती है। लेकिन यदि लड़के लड़कियों की तरह आचरण करने लगें तो उन्हें भी असामान्य की श्रेणी में रखा जाएगा।

इसी तरह, व्यक्ति का सामाजिक स्तर (social status) पर भी परिपक्वता का स्तर (maturity level) निर्धारित किया जाता है। प्रत्येक व्यक्ति एक–ही–साथ कई अलग–अलग समूहों के सदस्य होते हैं तथा प्रत्येक समूह में वे अलग–अलग महत्व की स्थिति (positions) में होते हैं। जिस समूह विशेष में व्यक्ति की जैसी सामाजिक स्थिति होती है, उसी के अनुरूप उसे आचरण भी करना होता है। जैसे—एक व्यक्ति अपने दफ्तर में एक अधिकारी (officer) की हैसियत से कार्य करता है जिसके अधीन कुछ निम्न वर्ग के कर्मचारी (employees) होते हैं। उसी व्यक्ति को अपने परिवार में एक मुखिया (head of the family) के रूप में भूमिका निभानी होती है। फिर, उसी व्यक्ति को अपने पड़ोसियों, हम उम्र साथियों, किसी क्लब के सदस्य आदि के रूप में भी सामाजिक अंतःक्रिया (social interaction) करनी पड़ती है। इस प्रकार, अलग–अलग स्थितियों में उसका सामाजिक स्तर (social status) भी भिन्न होता है और उसी के अनुसार, अलग–अलग ढंग की प्रतिक्रिया भी करनी होती है। इसे ही सामाजिक भूमिका (social role) कहते हैं। एक सामान्य व्यक्ति (normal person) समाज में विभिन्न परिस्थितियों में अपने सामाजिक स्तर (social status) के अनुकूल व्यवहार करता है। लेकिन, यदि उसका व्यवहार उसके सामाजिक स्तर के प्रतिकूल हो तो उसे निराशा (frustration) और कष्ट होता है। निराशा और कष्ट (frustration and stress) का अनुभव जब तीव्रतर रूप का होता है तो व्यक्ति का व्यवहार कुसमायोजन स्वरूप का हो जाता है जो असामान्यता का सूचक होता है।

अतएव, इस कसौटी (criteria) के अनुसार जिस व्यक्ति का शारीरिक (physical), संवेगात्मक (emotional) एवं सामाजिक (social) प्रतिक्रियाएँ उसकी उम्र (age), लिंग (gender), तथा सामाजिक स्तर (social status) के अनुरूप होती है उसे परिपक्व (matured) तथा परे या भिन्न यानी प्रतिकूल होती है तो उसे अपरिपक्व (immatured) कहा जाता है। ऐसे ही लोगों को क्रमशः सामान्य एवं असामान्य की श्रेणियों में रखा जाता है।

असामान्यता के संबंध में यह एक उपयुक्त कसौटी मानी जा सकती है, क्योंकि इस कसौटी के अनुसार, परिपक्व व्यक्ति का व्यक्तित्व संगठित (organised) एवं संगत (coherent) स्वरूप का होता है जो सामान्य व्यक्तित्व (normal personality) का सूचक है। व्यक्तित्व का बिखर जाना (breaking up or split of personality) अथवा व्यक्तित्व का विछिन्न होना (dissociation of personality) अस्वस्थ मानसिक स्थिति (unhealthy mental state) का सूचक होता है। अपरिपक्वता के कारण व्यक्तित्व का विकास अवरुद्ध (inhibited) होता है। फलस्वरूप, उसका व्यक्तित्व असंगठित (disintegrated) हो जाता है जिसे असामान्य कहते हैं।

लेकिन, इस कसौटी में भी एक कमी नजर आती है। प्रायः परिपक्वता का उपयुक्त स्तर (optimum level of maturity) सुनिश्चित करना कठिन होता है। ऐसी स्थिति में असामान्यता की पहचान करने में दिक्कत होती है।

4. सामाजिक कल्याण की कसौटी (Criteria of social welfare)

उपर्युक्त सभी कसौटियाँ मूल रूप से व्यक्ति के मूल्यांकन (evaluation of the individual) पर जोर देती हैं। लेकिन, असामान्यता की पहचान करने में केवल व्यक्ति के व्यक्तित्व को समझना उचित नहीं है। असामान्यता को व्यक्ति के सामाजिक संदर्भों (social reference) में ही समझना और परखना श्रेयकर है। यदि ठीक से गौर करें तो सामान्यता और असामान्यता का सही निर्णय व्यक्ति जिस समाज विशेष में रहता है—उसी समाज द्वारा सुनिश्चित होता है। प्रत्येक समाज के अपने रीति–रिवाज (customs), परंपराएँ (traditions) तथा आदर्श प्रतिमान (ideal model) होते हैं। जिनके संदर्भ में ही असामान्यता को परखना और समझना चाहिए। इस दृष्टिकोण से समाज विशेष द्वारा निर्धारित स्तरमान (norm) के अनुरूप व्यक्ति का व्यवहार, उसकी प्रतिक्रियाएँ, सांवेगिक

नियंत्रण, अंतःपारस्परिक, अंतःक्रियाएँ (interpersonal reactions), तथा पारस्परिक संबंध सामान्य होते हैं जबकि इसके विपरीत व्यावहारिक क्रियाओं को असामान्य कहा जाता है। चूंकि सामान्य व्यवहार समाज के आदर्श प्रतिमानों (ideal models), रीति–रिवाजों (customs), नियम (rules) आदि के अनुरूप होता है, इसलिए सामाजिक व्यवस्था बरकरार रहती है तथा सामाजिक नियमों का उल्लंघन नहीं होता तथा सामाजिक व्यवस्था भी बाधित नहीं होती। इसलिए सामाजिक आदर्शों के अनुरूप व्यवहार सामाजिक कल्याण की दृष्टि से सामान्य होता है। परंतु सामाजिक आदर्शों (social norms) से भिन्न या परे व्यवहार समाज की उन्नति और प्रगति में बाधक होता है जिसका बुरा प्रभाव सामाजिक व्यवस्था (social organisation) पर पड़ता है। इसीलिए, 'सामाजिक आदर्श' के विपरीत व्यवहार असामान्य होते हैं (behaviours that are different from social norms are abnormal)।

यहाँ यह स्मरणीय होना चाहिए कि सामाजिक मान्यताएँ एवं आदर्श अलग–अलग समाजों के भिन्न–भिन्न हुआ करते हैं। अतएव इस कसौटी (criteria) के आधार पर असामान्यता का सार्वजनीन (universal) स्वरूप स्पष्ट नहीं किया जा सकता।

5. दैहिक कसौटी (Physiological criteria)

इस कसौटी (criteria) में 'सोमा' (soma) अर्थात् शारीरिक बनावट, गठन और विभिन्न शारीरिक अवयवों (physiological organs) के सुचारू रूप से कार्य करने की स्थिति को सामान्यता का सूचक माना जाता है। इस प्रकार, शारीरिक गठन (physiological constitution) गड़बड़ी, दुर्बलता, अवयवों की खराबी (जैसे–गूँगा होना, लँगड़ा होना अथवा अन्यान्य ढंग से विकलांगता की स्थिति) को असामान्य कहा जाएगा। इसी प्रकार सामान्य से कम (नाटा) या अधिक लंबा व्यक्ति असामान्य कहलाएगा।

असामान्यता की यह कसौटी त्रुटिपूर्ण है, क्योंकि औसत से कम या अधिक कद का व्यक्ति भी समुचित सामंजन स्थापित करने में सफल हो सकता है, अथवा पर्याप्त परिपक्व (optimal mature) व्यक्ति हो सकता है। इसी तरह की बात गूँगे, बहरे या लँगड़े व्यक्ति के साथ भी पायी जा सकती है। अतः शारीरिक व्याधि से पीड़ित या विकलांग सभी व्यक्तियों को असामान्य कहना गलत होगा।

6. मनोव्याधिमीय कसौटी (Psychopathological criteria)

असामान्यता की यह कसौटी अस्वस्थ मानसिक अवस्था (unhealthy mental state) या मानसिक रूप से विकृत (mentally disordered or psychopathologic) को असामान्यता का आधार मानती है। इस दृष्टिकोण के अनुसार जो लोग किसी प्रकार की मानसिक व्याधि (mental disorders) से ग्रस्त होते हैं उनका वैयक्तिक एवं सामाजिक (personal and social) समायोजन की प्रक्रिया असंतुलित (imbalanced) हो जाती है। अतएव उनका व्यवहार सामान्य से परे या भिन्न यानी विचलित स्वरूप (deviated form) का हो जाता है। अतः ऐसे लोगों को असामान्य या मानस रोगी (abnormal or psychopathologic) की श्रेणी में रखा जाता है।

इस कसौटी की विशेषता यह है कि सामान्यता और असामान्यता के बीच मात्रात्मक (quantitative) एवं गुणात्मक (qualitative) दोनों प्रकार के अंतर को स्वीकार करता है। अतः यह कसौटी (criteria) अपेक्षाकृत अधिक मान्य है। परन्तु, इस कसौटी में भी एक कमी है। मनोव्याधि (psychopathology) सही अर्थ में सामान्य से नीचे यानी कम मात्रा की ओर के व्यवहार विचलन (behaviour deviation) को इंगित करता है। ऊपर की दिशा के विचलन को नहीं। लेकिन यदि हम सांख्यिकीय कसौटी (statistical criteria) पर दृष्टिपात करें तो यह स्पष्ट होगा 'औसत माध्य' (mean average) के नीचे एवं ऊपर यानी ऋणात्मक (negative) एवं धनात्मक (positive) –दोनों दिशाओं के व्यवहार विचलन (behaviour deviation) को 'असामान्य' (abnormal) कहा जाता है। लेकिन, साधारणतः सामान्यता से ऊपर यानी धनात्मक दिशा के व्यवहार विचलन को व्याधि (pathlogy) की श्रेणी में नहीं रखा जाता। फिर भी, चूंकि सामान्य स्तर से ऊपर या श्रेष्ठ दिशा में व्यवहार का विचलन होने पर व्यक्ति को अपने सामान्य वातावरण में सामान्य ढंग से अभियोजित होने में कठिनाई होती है जिसे अनाभियोजन का

कुसमायोजन कहते हैं। इसलिए ऐसे विचलनों को भी असामान्यता की श्रेणी में रखा जाता है क्योंकि अनाभियोजन के फलस्वरूप इनका व्यक्तित्व असंतुलित हो जाता है और असामान्यता के लक्षण (symptoms) पनपते हैं।

ऊपर असामान्यता की जिन कसौटियों (criterias) का वर्णन किया जाता है, उससे यह स्पष्ट होता है कि कोई भी कसौटी पूर्णतः संतोषजनक (completely satisfactory) नहीं है। लेकिन यह भी सही है कि किसी भी कसौटी की अवहेलना नहीं की जा सकती। असामान्यता में वस्तुतः कई तत्व कार्यशील रहते हैं। अतः असामान्यता की किसी एकल कसौटी (single criteria) के आधार पर असामान्यता में सक्रिय सभी पहलुओं की समुचित व्याख्या करना संभव नहीं है। अतएव ऊपर वर्णित सभी कसौटियों को एक साथ मिलाकर समग्र रूप से (as a whole) विचार करना उचित है। अर्थात् असामान्यता की पहचान करने हेतु सभी कसौटियों पर व्यक्ति का मूल्यांकन कर ही सही निष्कर्ष पर पहुँचा जा सकता है। समग्रता पर आधारित कसौटी को **'सर्वदर्शनग्राही कसौटी या दृष्टिकोण'** (eclectic criteria or approach) कहते हैं जिसमें सांख्यिकीय औसत (statistical average), समायोजन की योग्यता (ability to adjust), परिपक्वता (maturity), सामाजिक कल्याण (social welfare), दैहिक (physiological) एवं व्याधीय (pathological)—सभी दृष्टिकोणों एवं कसौटियों को समान महत्व (equally significant) दिया जाता है तथा इन सभी दृष्टिकोणों पर मूल्यांकन (evaluation) कर ही सामान्य और असामान्य व्यक्तियों की पहचान की जाती है।

1.6 सामान्य और असामान्य में अंतर (Differences between Normal and Abnormal)

साधारणतः सामान्य, असामान्य एवं श्रेष्ठ के बीच अंतर स्पष्ट करने हेतु तीनों प्रकारों का अलग–अलग वर्णन किया जाता है। लेकिन, चूंकि असामान्यता के ये तीनों प्रकार परस्पर एक–दूसरे से संबंधित रहते हैं इसलिए, इनके बीच कोई सुस्पष्ट, दृढ़ विभाजन रेखा (watertight division) नहीं खींची जा सकती। बहुधा इनके बीच अंतर बताना कठिन होता है क्योंकि सामान्य और असामान्य व्यक्तियों के व्यवहारों के स्वरूप प्रायः एक जैसे ही होते हैं।

जैसा कि पिछले उपखण्ड (subsection) पृ. सं. 15, 16 में बतलाया गया है, सांख्यिकीय कसौटी (statistical criteria) के अनुसार, सामान्य और असामान्य के बीच मात्रा (degree) का अंतर पाया जाता है। इससे यह अर्थ निकलता है कि औसत या सामान्य स्तर की बुद्धि की मात्रा (average or normal level or amount of intelligence), व्यक्तित्व की स्थिरता (personality stability) अथवा सामाजिक रूप से समायोजन की क्षमता (social adjustment capacity), परिपक्वता का स्तर (level of maturity) जिसमें पायी जाती है वह **सामान्य** (normal) तथा जिस व्यक्ति में इन गुणों की मात्रा कम होगी, वह **असामान्य** (abnormal) कहलाएगा। इसी तरह जिस व्यक्ति में ये गुण अधिक मात्रा में पाए जाएँगे, उसे **'श्रेष्ठ'** (superior) की श्रेणी में रखा जाएगा। इस प्रकार, सांख्यिकीय दृष्टि से अधिकतर लोग (majority of people) सामान्य की श्रेणी में आते हैं जो वितरण (distribution) के बीच में पड़ते हैं। इस केन्द्र से जैसे–जैसे ऊपर या नीचे (वक्र के दायीं ओर या बायीं ओर) की ओर बढ़ते जाते हैं, सामान्य स्तर से विचलन की मात्रा (degree of deviation) बढ़ती जाती है। सामान्य स्तर के रूप से ऊपरी छोर पर जो पड़ते हैं वे अति मेधावी या श्रेष्ठ कहे जाते हैं तथा सबसे नीचे के छोर पर पड़ने वाले को गंभीर रूप से असामान्यता से ग्रस्त यानी मनोविकृति (psychotics) की श्रेणी में रखा जाता है।

दूसरी ओर विकृति या मनोव्याधि (pathological) की कसौटी यह मानती है कि सामान्य और असामान्य के बीच गुणात्मक अंतर (qualitative difference) पाया जाता है। अर्थात् जिस प्रकार शारीरिक व्याधि या रोगों (physiological diseases) से ग्रस्त व्यक्ति को रोगी और स्वस्थ व्यक्ति को निरोगी—दो अलग–अलग प्रकारों में बाँटा जाता है, उसी प्रकार मानसिक रूप से रुग्ण और स्वस्थ व्यक्तियों को भी अलग–अलग प्रकारों में बाँटा जाता है। उदाहरण के लिए मानस रोगियों में संवेगात्मक विकृति (emotional disorder), चिंतन विकृति (thought disorder), वाणी विकृति (speech disorder) इत्यादि के लक्षण पाए जाते हैं जबकि मानसिक रूप से स्वस्थ व्यक्तियों में ऐसे लक्षण नहीं पाए जाते।

उपर्युक्त दोनों प्रकार के विचारों से यह स्पष्ट होता है कि सामान्य से विचलित व्यक्तित्व (deviated personality) को ही असामान्य कहते हैं जो मात्रात्मक (quantitative) और गुणात्मक (qualitative) दोनों तरह से हो सकता है। मात्रात्मक विचलन को व्यक्तित्व एवं समायोजन से संबंधित परीक्षणों (tests) का उपयोग कर मापा (measure) जा सकता है। साथ ही गुणात्मक विचलन को व्यक्तित्व के रचनात्मक (structural) एवं क्रियात्मक (functional) पक्षों के आधार पर निर्धारित किया जाता है। इस संबंध में मनोवैज्ञानिकों (psychologists) एवं मनश्चिकित्सकों (psychotherapists) ने कुछ कसौटियों के आधार पर मानसिक स्वास्थ्य (mental health) एवं मानसिक रोग (mental disease) के बीच के अंतर को स्पष्ट किया है जिसे क्रमशः सामान्य (normal) एवं असामान्य (abnormal) कहते हैं। इन आधुनिक कसौटियों (criteria) में सांख्यिकीय (statistical) एवं गुणात्मक (qualitative) दोनों विचारधाराओं (viewpoints) को शामिल (include) किया गया है। इस प्रकार से सामान्य एवं असामान्य व्यक्तियों की पहचान (अंतर) निम्नांकित कुछ विशेषताओं (characteristics) के आधार पर की जाती है—

(i) **परिस्थिति के अनुकूल व्यवहार (Behaviour according to situation):** एक सामान्य व्यक्ति उपस्थित परिस्थिति की माँगों (demands of the present situation) के अनुसार व्यवहार या प्रतिक्रिया करता है, जबकि असामान्य व्यक्ति का व्यवहार या प्रतिक्रिया उपस्थित परिस्थिति के विपरीत होता है। अर्थात् परिस्थिति और प्रदर्शित व्यवहार (exhibited behaviour) के बीच कोई ताल–मेल नहीं रहता। जैसे–एक सामान्य व्यक्ति सुखद परिस्थिति में हर्ष और दुःखद परिस्थिति में दुःख व्यक्त करता है तथा उसी के अनुरूप उसमें भाव (feelings) भी उत्पन्न होते हैं। लेकिन एक असामान्य व्यक्ति सुखद परिस्थिति में दुःख व्यक्त करता है अथवा दुःखी होता है जबकि दुःखद परिस्थिति में हर्ष व्यक्त करता है अथवा हर्षित होता है।

(ii) **संतुलित सामाजिक समायोजन (Harmonious social adjustment):** सामान्य व्यक्ति का सामाजिक सामंजन संतुलित रहता है। वह सामाजिक नियमों, परंपराओं आदि का सम्मान करता है तथा उसका अनुपालन करता है। वह परस्पर मिल–जुल कर रहता है और दूसरों को सहयोग करता है। असामान्य व्यक्ति सामाजिक नियमों, परंपराओं या आदर्शों की अवहेलना करता है। उसका पारस्परिक सामाजिक संबंध (interpersonal social relations) अच्छा नहीं रहता तथा उसमें सहयोग की भावना और मिल–जुल कर रहने की प्रवृत्ति का अभाव रहता है।

(iii) **सूझ (Insight):** सामान्य व्यक्तियों की सूझ (insight) ठीक रहती है। कोई काम कब और कैसे करना है, इसका निर्णय आसानी से कर लेते हैं। असामान्य व्यक्ति को सही और गलत का ज्ञान नहीं रहता। वे प्रायः निर्णय की स्थिति में (in a state of indecision) रहते हैं।

(iv) **वास्तविकता का ज्ञान (Knowledge of reality):** सामान्य व्यक्ति का वास्तविकता के साथ संबंध कायम रहता है। वह यह समझता है कि कौन–सा काम सामाजिक आदर्श (social norm), परंपरा (tradition), नैतिकता (morality), धार्मिक मान्यताओं (religious beliefs) के अनुकूल तथा प्रतिकूल है। इसलिए वह इन मानकों (standards) को ध्यान में रखकर अनुकूल कार्यों को करता है तथा प्रतिकूल कार्यों से दूर रहता है। असामान्य व्यक्ति का वास्तविकता के साथ संबंध टूट जाता है। फलस्वरूप, उसके कार्य या व्यवहार अयथार्थ (unreal), असामाजिक (non social) और धार्मिक मान्यताओं के विपरीत हुआ करते हैं।

(v) **संवेगात्मक नियंत्रण (Emotional control):** सामान्य व्यक्ति अपने संवेगों पर यथोचित नियंत्रण रखता है। इसलिए, वह बिना किसी पर्याप्त कारण के भय (fear), क्रोध (anger), प्रेम (love), स्नेह, ईर्ष्या

(jealousy) आदि संवेगों का प्रदर्शन नहीं करता और यदि संयोगवश कभी–कभार प्रदर्शन करता भी है तो उसकी तीव्रता (intensity) सीमित होती है। असामान्य व्यक्ति में संवेगात्मक उपद्रव एवं असंतुलन की स्थिति पाई जाती है। फलस्वरूप, उसमें तीव्र स्वरूप का अकारण भय, क्रोध, प्रेम आदि संवेगों की अभिव्यक्ति (manifestation) होती रहती है तथा इस प्रकार के संवेगात्मक उपद्रव (emotional disturbance) उसके व्यक्तित्व का लगभग स्थायी गुण हो जाता है।

(vi) **व्यवहार संबंधी विचित्रता (Strange behaviour):** सामान्य व्यक्ति का व्यवहार संगत (consistent), नियमित (regular in nature) और तार्किक (logical or rational) स्वरूप का होता है। असामान्य व्यक्ति का व्यवहार असंगत (inconsistent), अतार्किक (illogical or irrational), अनियमित (irregular) स्वरूप का होता है। फलस्वरूप, उसका व्यवहार बे–सिर–पैर का यानी बेतुके ढंग का हो जाता है। वह बेमतलब घंटों भगवान की पूजा करता है, एक पैर उठाकर खड़ा रहता है, अचानक बिना किसी कारण के आक्रामक व्यवहार (aggressive behaviour) करने लगता है। इस प्रकार उसके व्यवहार में विचित्रता की विशेषता पाई जाती है।

(vii) **अपनी (स्वयं की) देखभाल (Self management):** सामान्य व्यक्ति अपनी यानी स्वयं की देखभाल तथा सुरक्षा स्वयं करता है। वह जो कुछ भी करता है, उसमें उसका स्वयं का हित एवं सुरक्षा निहित रहती है। खुद अपने व्यक्तित्व को संतुलित (balanced) एवं आदर्श परक (ideal) बनाने या बनाए रखने के प्रति सचेत रहता है तथा निराशा या कुंठा (frustration) से बचाव हेतु उदात्रीकरण (sublime) करने का प्रयास करता है अर्थात् निराशाओं को उन्नत और प्रभावशाली विचारों के माध्यम से उसके कुप्रभावों से स्वयं की रक्षा करता है। लेकिन, असामान्य व्यक्ति की जीवन पर निर्भरता (dependence on others) पर निर्भर करता है। वह अपनी स्वयं की देखभाल और सुरक्षा स्वयं करने में अयोग्य (unable) रहता है। इस प्रकार, वह दूसरों पर बोझ बन जाता है। वह अपनी निराशाओं को सकारात्मक दिशाओं की ओर मोड़ने (to sublime, i.e., to turn in a positive direction) में विफल रहता है जिसका कुप्रभाव उसके व्यक्तित्व पर पड़ता है और इस प्रकार वह कुसमायोजन का शिकार होता है।

(viii) **व्यक्तित्व का संगठन (Integration of personality):** असामान्य व्यक्ति के अहं (ego) उपाहं (id) एवं पराहं (super ego) के बीच का संतुलन कुव्यवस्थित रहता है जबकि सामान्य व्यक्ति के व्यक्तित्व की ये तीनों शक्तियाँ (forces) परस्पर समन्वित एवं संगठित (coordinated and organised) रहती हैं। इनकी संगठित इकाई (integrated whole) को 'अहं' अर्थात् 'स्व' या 'मैं' ('ego' or 'self' or 'I') नियंत्रित (control) करता है। लेकिन, कुंठा या निराशा अथवा किसी प्रकार के तनाव (tension) की स्थिति में ये शक्तियाँ बिखर जाती हैं। फलस्वरूप ये तीनों शक्तियाँ अलग–अलग ढंग से कार्य करने लगती हैं। इससे व्यक्तित्व असंगठित (disintegrated) हो जाता है और इनके पारस्परिक अंतःसंबंध (interrelations) टूट जाते हैं यही कारण है कि असामान्य लोगों का व्यवहार सामान्य लोगों की तुलना में असंतुलित और विचलित (imbalanced and deviated) हो जाता है। इस प्रकार, इनके बीच संगठित और असंगठित (organised and disorganised) व्यक्तित्व का अंतर पाया जाता है।

(ix) **मनश्चिकित्सकीय दृष्टिकोण (Psychotherapeutic view):** मनश्चिकित्सक (Psychotherapists) प्रयुक्त मनोवैज्ञानिक (applied psychologists) होते हैं जो सामान्य मनोवैज्ञानिक सिद्धांतों (principles of general psychology) का उपयोग, यानी प्रयोग कर असामान्य व्यक्तियों का निदान एवं चिकित्सा के क्षेत्र में कार्य करते हैं। इनके अनुसार 'सांख्यिकीय औसत' (statistical average) की कसौटी सैद्धांतिक रूप से सही होते हुए भी व्यावहारिक दृष्टि से उपयुक्त नहीं है। इनका मानना है कि मानसिक स्वास्थ्य (mental health) का औसत मान या मूल्य (average value) निर्धारित करना मुश्किल है। **'रेडलिच'** (Redlich, F.C. 1957) ने यह स्पष्ट कहा है—**"जिन व्यवहारों में मनश्चिकित्सक रुचि**

रखते हैं, जैसे–चिंता, अवसाद, विभ्रम–उनकी संपूर्ण जनसंख्या के बारे में हम कुछ नहीं जानते"।[3] अर्थात् मनश्चिकित्सक के लिए यह कोई मायने नहीं रखता कि किसी के व्यवहार में विचलन औसत (average) या सामान्य (normal) की तुलना में है या नहीं, अपितु उनके लिए मानस रोगियों के कुछ विशिष्ट लक्षणों (symptoms) पर गौर करना ज्यादा महत्वपूर्ण होता है और इन्हीं लक्षणात्मक विशेषताओं (symptomatic characteristics) के आधार पर मानसिक रूप से स्वस्थ (mentally healthy) या रोगी के बीच अंतर करना होता है। यदि इन लक्षणों के औसत मूल्य पर जानकारी प्राप्त करना चाहे तो उसमें त्रुटि होने की संभावना रहती है। अतः जिन लोगों में विकृति (disorder) के लक्षण पाए जाते हैं उन्हें असामान्य तथा इन लक्षणों से मुक्त लोगों को सामान्य कहा जाना चाहिए।

(x) **मनोविश्लेषणात्मक मनोवैज्ञानिकों** (psychoanalysts) के अनुसार, 'अचेतन मन' (unconscious mind) की सक्रियता के कारण मानसिक स्तर पर होने वाले संघर्षों (conflicts), ज्ञानात्मक एवं क्रियात्मक पहलुओं के बीच समन्वय का अभाव (lack of co-ordination between cognitive and motor aspects) काम इच्छा के परावर्तन (regression of libidinous desires) आदि व्यक्ति के व्यवहार को 'असामान्य' (abnormal) के रूप में परिवर्तित (alter) करते हैं जिसके परिणामस्वरूप उसके व्यवहार में विचलन (deviations) देखे जाते हैं। ये विचलन प्रायः वैयक्तिक एवं संवेगात्मक अपरिपक्वता (personal and emotional immaturity), समायोजन की अयोग्यता (incapacity to adjust) एवं विकृत चरित्र (character pathology) के रूप में देखे जाते हैं और इन्हें ही असामान्य (abnormal) कहते हैं।

ऊपर के वर्णन से यह स्पष्ट है कि सामान्य तौर पर सामान्य और असामान्य के बीच अंतर स्पष्ट करना एक दुरुह कार्य है क्योंकि इस संबंध में अनेक कसौटियाँ (criterias) एवं दृष्टिकोण (viewpoints) हैं, लेकिन कोई भी कसौटी या विचार पूर्णतः सही नहीं है। अतएव इन सभी कसौटियों को मिलाकर एक समग्र दृष्टिकोण (wholistic approach) के आधार पर ही सामान्य एवं असामान्य की पहचान की जानी चाहिए। अर्थात् व्यक्ति के क्रियात्मक एवं ज्ञानात्मक पक्षों, मानसिक संघर्षों, व्यवहारगत लक्षणों, सांवेगिक एवं वैयक्तिक परिपक्वता सामान्य स्तरमानों से विचलन आदि का वस्तुपरक ढंग से अध्ययन एवं मापन कर ही व्यवहार प्रतिरूपों की सामान्यता एवं असामान्यता (normality and abnormality) का निर्णय करना श्रेयष्कर है।

1.7 असामान्यता के संबंध में कुछ आम भ्रांतियाँ या गलत अनुमान (Some Common Misconceptions about Abnormality)

जैसा कि आगे के अध्याय 2 में वर्णन किया गया है, अति प्राचीन समय से लेकर हाल तक असामान्यता को भूत–प्रेत या दैविक शक्ति का प्रभाव माना जाता रहा है तथा आम लोगों के सिर यह भय का विषय रहा है। यद्यपि, हाल के वैज्ञानिक अध्ययनों के फलस्वरूप ऐसी भ्रांतियाँ बहुत हद तक दूर हुई हैं, फिर भी आज के समय में भी ये भ्रांतियाँ पूर्णतः समाप्त नहीं हुई हैं। वर्तमान 21वीं सदी में भी असामान्यता के संबंध में सर्वसाधारण के बीच बहुत सी भ्रांतियाँ विद्यमान हैं जिन पर संक्षेप में प्रकाश डालना उचित है।

(i) वर्तमान समय में भी किसी व्यक्ति को जैसे ही पता चलता है कि कोई असामान्य है, तत्काल यह सोचता है या एक धारणा पनपती है कि निश्चित रूप से वह व्यक्ति पागल (insane) हो गया है तथा वह उग्र और आक्रामक (aggressive) व्यवहार कर सकता है। वह किसी का गला घोंट सकता है अथवा

3. "We know nothing of the distribution in the total population of those behaviour variables in which psychiatrists are particularly interested such as anxiety, depression, hallucinations."—Redlich, F.C. (1957), The Concept of Health in Psychiatry

आत्महत्या (suicide) कर सकता है तथा अनैतिक कामुक व्यवहार, जैसे—बलात्कार कर सकता है। परिणामस्वरूप, ऐसे व्यक्ति के निकट जाने में वह भय खाता है, इसलिए दूर रहने का प्रयास करता है। परिवार के दूसरे सदस्यों के लिए यह आज भी एक अभिशाप (curse) माना जाता है तथा ऐसे लोगों को आज भी विभिन्न तरह की यातनाओं (exortions) का शिकार होना पड़ता है। लेकिन आधुनिक समय में असामान्यता को वैज्ञानिक दृष्टि से एक व्याधि माना जाता है। भूत–प्रेत संबंधी धारणा गलत है।

(ii) दूसरी प्रमुख भ्रांति यह है कि सामान्य और असामान्य दो अलग–अलग प्रकार के व्यक्ति होते हैं। अर्थात् इनके बीच प्रकारात्मक अंतर पाया जाता है (they differ in kind)। जबकि, वास्तविकता यह है कि इनके बीच सापेक्षिक अंतर पाया जाता है। इस तरह की भ्रांति के कारण ही आज भी साधारण लोगों का मत होता है कि असामान्यता असाध्य (incurable) है। अर्थात् असामान्य व्यक्ति को पुनर्लाभ (recover) होने की संभावना नहीं रहती। लेकिन, आधुनिक शोधों एवं वैज्ञानिकों द्वारा विकसित मनश्चिकित्सकीय प्रविधियों (psycho therapeutic techniques) द्वारा असामान्य व्यक्तियों को सामान्य बनाया जाना संभव हो गया है।

(iii) आधुनिक समय में एक भ्रांति यह भी व्याप्त है कि असामान्यता वंशानुगत दोष (hereditary stigma) है। अतः आज भी यदि किसी परिवार में कोई मानसिक रोग से ग्रस्त पाया जाता है तो उस परिवार में लोग शादी–संबंध यह मानकर स्थापित नहीं करते कि उस परिवार में होने वाली संतानें भी मानसिक रोग (mental disorder) से पीड़ित होंगी। अनेक अवसरों पर तलाक (divorce) की घटनाएँ भी इसी आधार पर होती रही हैं। लेकिन, वैज्ञानिक दृष्टिकोण के आधार पर इस तरह के विचार खंडित किए जा चुके हैं।

आम लोगों में व्याप्त इन भ्रांतिमूलक विचारों और धारणाओं के मूल (root) में वैज्ञानिक एवं तकनीकी शिक्षा (scientific and technical education) का अभाव है। शारीरिक चिकित्सा विज्ञान (medical science) के क्षेत्र में वैज्ञानिक प्रगति जितने बड़े पैमाने पर हुई है, मानसिक रोगों के क्षेत्र में उतनी प्रगति नहीं हो सकी है। कुछ विकसित देशों (developed countries) को छोड़कर अविकसित या अन्य विकासशील देशों में असामान्य या मानस रोगियों के उपचार की दिशा में पर्याप्त व्यवस्था का आज भी सर्वथा अभाव है। शिक्षा का अपर्याप्त प्रसार तथा मानसिक चिकित्सा संस्थानों या मार्गदर्शन केन्द्रों के अभाव के कारण आज भी जागरूकता (awareness) की भारी कमी है। फलस्वरूप, आज भी धार्मिक अंधविश्वासों और भूत–प्रेत पर आस्था का साम्राज्य बरकरार है। यही कारण है कि असामान्यता के बारे में आधुनिक दृष्टिकोण प्रचलित नहीं हो पा रहा है।

अतएव जरूरत इस बात की है कि मानसिक स्वास्थ्य के प्रति अधिक–से–अधिक लोगों को जागरूक किया जाए तथा मानसिक रोगियों के सहायतार्थ शिक्षा का प्रचार एवं प्रसार, उपचार केन्द्रों (खास कर सामुदायिक उपचार केन्द्रों) की स्थापना हो ताकि मानसिक चिकित्सा सुलभ हो सके।

1.8 सारांश (Summary)

1. मानव व्यवहार के विविध रूपों को सामान्यतः 'सामान्य' (normal) एवं 'असामान्य' (abnormal)—दो वर्गों में बाँटा जाता है।
2. समाज विशेष के स्वीकृत या सामान्य आदर्श (norm) अथवा सांख्यिकीय वितरण के आधार पर औसत मूल्य (avereage value)—दोनों दृष्टिकोणों से विचलित व्यवहार को ही असामान्य यानी मानस विकृति (psychopathologic) की संज्ञा दी जाती है।

3. मानस विकृति से तात्पर्य मनोविज्ञान की एक ऐसी शाखा से है जो मानसिक विसंतुलन (mental imbalance) एवं व्यवहार के त्रुटिपूर्ण कार्य प्रणाली (behavioural disfunctions) के बारे में अध्ययन करता है।
4. मानसिक विसंतुलन एवं व्यवहार की त्रुटिपूर्ण कार्यप्रणाली के फलस्वरूप व्यक्ति का व्यवहार सामान्य आदर्श (norm) से विचलित (deviated) हो जाता है। अर्थात् उसके व्यवहार का स्वरूप सामान्य आदर्श से 'परे' या भिन्न (away from normal) अर्थात् पृथक होता है। इसीलिए विज्ञान की इस शाखा को 'असामान्य' (abnormal) मनोविज्ञान भी कहते हैं। Ab का अर्थ परे या भिन्न होता है तथा normal का अर्थ सामान्य। इस प्रकार, सामान्य से पृथक, विचलित व्यवहार को ही असामान्य अर्थात् विकृत व्यवहार कहते हैं।
5. असामान्य या मानस विकृति मनोविज्ञान को विभिन्न विद्वानों ने कई तरह से परिभाषित किया है। लेकिन प्रायः सभी परिभाषाओं में कुछ–न–कुछ समानता पायी जाती है। इसे सर्वोत्तम रूप से एक समर्थक विज्ञान के रूप में इस प्रकार परिभाषित किया जा सकता है–

   मानस रोग (असामान्य) विज्ञान वस्तुतः एक समर्थक विज्ञान है जो सभी प्रकार के विचलित एवं कुसमायोजित व्यवहार प्रतिरूपों का अध्ययन करता है तथा जिसकी अभिरुचि का मुख्य उद्देश्य खासकर व्यक्ति विशेष एवं सामाजिक हितों के प्रति रहता है।
6. मानस रोग व्यवहार की अनेक विशेषताएँ हैं जिनमें परिस्थितियों के प्रतिकूल व्यवहार, सूझ की कमी, सामंजन की अयोग्यता, व्यक्तित्व का असंगठित स्वरूप, सांवेगिक अपरिपक्वता, सामाजिक एवं वैयक्तिक दृष्टि से अकल्याणकारी होना, सामाजिक समायोजन की अयोग्यता, बेतुका व्यवहार, पश्चाताप न होना, सहकारिता एवं सामाजिक बुराइयों के प्रति जागरूकता का न होना आदि प्रमुख हैं।
7. असामान्यता यानी मानस रोग के बारे में प्राचीन समय के लोग भूत–प्रेत, धार्मिक मान्यताओं, अंधविश्वासों, दैविक प्रकोपों आदि के प्रभावों के आधार पर वर्णन करते थे जो अवैज्ञानिक धारणा थी। लेकिन आधुनिक समय में इसका वर्णन वैज्ञानिक अध्ययनों के आधार पर किया जाता है।
8. प्राचीन समय के लोग असामान्यता और सामान्यता को दो अलग–अलग प्रकारों में बाँटते थे जबकि आधुनिक धारणा के अनुसार असामान्यता और सामान्यता में मात्रात्मक विभिन्नता मानते हैं, प्रकारात्मक नहीं।
9. असामान्यता की पहचान की कई कसौटियाँ, जैसे–सांख्यिकीय कसौटी (statistical criteria), अभियोजन की उपयुक्तता (adequacy of adjustment), परिपक्वता (maturity), सामाजिक कल्याण (social welfare), दैहिक कसौटी (physiological criteria), मनोव्याधकीय कसौटी (psychopathological criteria) आदि आधारों पर की जाती है।
10. सामान्य और असामान्य में गुणात्मक एवं मात्रात्मक–दोनों प्रकार से अंतर किया जाता है।
11. असामान्यता के संबंध में कुछ आम भ्रांतियाँ (misconceptions) हैं जिसका मुख्य कारण मानस रोग विज्ञान के क्षेत्र में वैज्ञानिक प्रगतियों के बारे में व्यापक प्रचार एवं प्रसार के साथ–साथ जागरूकता का अभाव है।

2

मानस रोग विज्ञान का संक्षिप्त इतिहास (A Brief History of Psychopathology)

अध्याय रूपरेखा (Chapter Outline)

2.1 पत्थर युग (Stone Age)

मानस रोग विज्ञान का इतिहास अत्यंत ही रोचक है। यद्यपि इस धरा पर मानवों की सृष्टि लाखों वर्ष पहले हुई है, लेकिन उनके बारे में अति प्राचीन समय के ऐतिहासिक उल्लेख की उपलब्धता संभव नहीं है। जो भी साहित्य (literature), किंवदतियाँ, या वैचारिक आँकड़े उपलब्ध हैं, उनके आधार पर आदिम मानवों के बारे में हमारा ज्ञान कुछ हजार वर्षों तक ही सीमित है।

मानस रोग विज्ञान की ऐतिहासिक पृष्ठभूमि (historical background) का प्रारंभ 'पत्थर युग' (the stone age) के आदिम मानवों से मानी जा सकती है। इस युग में मानस रोगों के बारे में अनेक भ्रांतिमूलक विचारों, अंधविश्वासों एवं क्रूर उपचारात्मक उपायों की भरमार थी।

पत्थर युग में एक आम धारणा थी कि विसंतुलित मानसिक स्थिति (imbalanced mental state) असामान्यता या मानस रोगों का मुख्य कारण बुरी आत्मा (evil spirit) से प्रभावित होना है। इनके अनुसार जब कोई अच्छी

आत्मा (good spirit) व्यक्ति को प्रभावित करती है, तो व्यक्ति में आध्यात्मिक (supernatural) प्रवृत्ति का जन्म होता है जिसके परिणामस्वरूप व्यक्ति का व्यवहार धार्मिक (religious) स्वरूप का होता है। ऐसे लोगों को पुण्यात्मा, महात्मा, चमत्कारिक व्यक्ति आदि विशेषणों के माध्यम से जाना जाता था। अतएव ऐसे लोग श्रद्धायुक्त विस्मय (awe) एवं आदर (respect) की नजर से देखे जाते थे। ठीक इसके विपरीत, जब व्यक्ति किसी 'बुरी आत्मा' (evil spirit) से प्रभावित होता है तो व्यक्ति के व्यवहार में धार्मिक और नैतिक दृष्टि से अवांछनीय (undesirable) परिवर्तन होता है। इसीलिए उसका व्यवहार उत्तेजनापूर्ण (excited) अतिसक्रियता (over activity) तथा धार्मिक मापदंडों (religious measures) के विपरीत स्वरूप का हो जाता है। ऐसे लोगों को ही असामान्य (abnormal) अथवा मानस रोगी (psycho pathologic) माना जाता था।

ऐसे मानस रोगियों के उपचार हेतु एक विशेष प्रकार की शल्य चिकित्सा (surgery treatment) उपयोग में लायी जाती थी जिसे 'ट्रेफाइनिंग' (trifining) कहते हैं। इस शल्य क्रिया (surgical operation) में एक नुकीले पत्थर (pointed or sharp ended stone) से बुरी आत्मा से प्रभावित लोगों की खोपड़ी (skull) में मारकर (by hitting) छेद बना दिया जाता था। उपचार की यह प्रक्रिया इस विश्वास पर आधारित थी कि खोपड़ी में बनाए गए छेद (hole) के माध्यम से 'बुरी आत्मा' (evil spirit) प्रभावित व्यक्ति के मस्तिष्क से बाहर निकल जाएगी और अच्छी आत्मा (good spirit) को प्रवेश करने का अवसर प्राप्त होगा। इस प्रकार व्यक्ति चंगा हो जाएगा और अच्छा यानी सुसंगत व्यवहार करने लगेगा।

प्राचीन हेब्रयूज के विचार (Ancient Hebrews thought)

प्राचीन हेब्रयूज के निवासियों का भी मत पत्थर युग में प्रचलित मान्यताओं से मिलते–जुलते थे। इनके अनुसार मानसिक विकृति दैविक प्रकोप (wrath) के कारण होता है। अर्थात् व्यक्ति के दुष्कर्मों या पापों के दंड के रूप में ईश्वर द्वारा दंडित किया जाता है। अतएव असामान्यता या मानस रोग दैविक अभिशाप (curse) या दंड के रूप में विकसित होता है। इस संबंध में 'बाइबिल' (Bible) में एक उल्लेख मिलता है–"The Lord shall smite thee with madness..." अर्थात् बुरे कर्म करने वाले के प्रति ईश्वर की कृपा नहीं रह जाती। फलस्वरूप, ईश्वर अपनी कृपा दृष्टि से उसे वंचित कर देता है और व्यक्ति बुरी आत्माओं की गिरफ्त में आ जाता है। इस प्रकार के व्यक्तियों की चिकित्सा प्रायः अपदूत–निसारण (exorcism) अथवा झाड़–फूँक की विधियों द्वारा की जाती थी ताकि अपदूत यानी भूत–प्रेत या जिन इन विधियों द्वारा होने वाले कष्टों या यातनाओं से भागने के प्रयास में व्यक्ति के शरीर का त्याग कर दे और वह ईश्वरीय कृपा का पात्र बन सके।

अपदूत–निसारण (exorcism) की कई प्रणालियाँ उपयोग में लाई जाती थीं जिनमें ईश्वर की प्रार्थना, अनुष्ठान, जादू–टोना (incantation), शोरगुल मचाने (noise making) के साथ–साथ विविध प्रकार की कष्टदायक प्रविधियाँ, जैसे–कोड़े लगाना (flogging), भूखा रखना (starving), भेड़ की लेंड़ी और शराब मिला कर तैयार किया गया शोधक (purgative) खिलाना आदि प्रविधियाँ (techniques) उपयोग में लाई जाती थीं।

आगे चलकर अपदूत–निसारण (exorcism) ग्रीस (Greece), चीन (China), मिस्त्र (Egypt) आदि देशों के पुजारियों, पुरोहितों या पादरियों में भी प्रचलित हो गई और ये पुजारी (priests) ही उक्त समय के मनश्चिकित्सक (psychotherapist) हुआ करते थे। ये मनश्चिकित्सक रूपी पुजारी मानस रोगों का मूल कारण बुरी आत्मा (evil spirit) ही मानते थे तथा अपदूत–निसारण (exorcism) विधि ही उपयोग में लाते थे। किंतु इनमें मानवीय भावना (human feelings) भी पायी जाती थी। इन पुजारियों में एक चिकित्सक (physician), मनोवैज्ञानिक (psychologist), एवं जादूगरी (magician) की विशेषताओं का अद्भुत संयोग (curious mixture) होता था। फलस्वरूप, मानस रोगों की चिकित्सा की दिशा में वैज्ञानिक मानवीय तरीकों से उपचार करने के प्रयासों का प्रारंभ होने लगा। इस सिलसिले में 860 ई.पू. के आस–पास ग्रीस में 'एस्क्लेपियस' (Asclepius) के देवस्थानों (temples) के पुरोहितों (priests) द्वारा प्रार्थना (prayer), दया (kindness) और सहानुभूति (sympathy) के साथ–साथ जादू–टोना, संसूचन

(suggestion), मनोरंजन (recreation) इत्यादि का भी उपयोग किया जाता था। लेकिन, उद्‌दंड (violent) रोगियों को संकल में बाँधने (chains), कोड़े लगाने (flogging), भूखा रखने (starving) आदि का भी उपयोग किया जाता था ताकि उनकी उद्‌दंडता, जिद्दीपन और अवज्ञा जैसी हरकतों को शांत किया जा सके।

2.2 प्रारंभिक दार्शनिकों के विचार (Early Philosophical Concepts)

प्राचीन दार्शनिकों में 'हिपोक्रेट्स' (Hippocrates) का नाम सर्वाधिक प्रचलित है। इन्होंने आदि मानवों एवं 460-357 BC हेब्रयूज के अंधविश्वासी विचारों के प्रतिकूल चिकित्सकीय दृष्टिकोण (medical viewpoint) के आधार पर 'असामान्यता' अथवा मानस रोगों को बीमारी (disease) बतलाया तथा उनकी चिकित्सा हेतु जड़ी–बूटियों से बनी औषधियों (herbal medicines), स्वस्थकर वातावरण, विशेष प्रकार के आहार, स्नान आदि के उपयोग पर बल दिया। इन्होंने असामान्यता के नैदानिक लक्षणों (clinical symptoms) के अनुसार विभिन्न प्रकारों में भी बाँटा है, जैसे—उन्माद (hysteria), विषाद रोग (melancholia) तथा उन्मुक्ता (phrenities)। हिस्टीरिया के संबंध में इनका मानना था कि 'यह गर्भधारण की कामना' से अभिप्रेरित रोग है जिसमें गर्भाशय विचरण करता है (wandering of uterus)। इस प्रकार यह औरतों की बीमारी है।

'हिपोक्रेट्स' ने मानस रोगों के विकास में आनुवंशिकता (heredity) एवं पूर्वप्रवृत्ति (predisposition) के महत्व को भी स्पष्ट किया है। साथ ही इन्होंने मानसिक आघात के कारण व्यक्ति की ज्ञानात्मक (sensory) एवं गतिवाही (motor) क्रियाओं में बदलाव की धारणा भी प्रस्तुत की है।

असामान्य अथवा मनोरोगियों के चिकित्सार्थ इन्होंने नियमित जाँच एवं निरीक्षण के साथ–साथ नियत दिनचर्या की आवश्यकता पर जोर दिया है।

'हिपोक्रेट्स' का यह भी मानना था कि मानव शरीर में चार प्रकार के जलद्रव (fluid) पाए जाते हैं—'रक्त' (blood), काला पित्त (black bile), पीला पित्त (yellow bile) तथा फलेग्म (phlegm)। इन द्रवों के संतुलन पर ही मानसिक संतुलन निर्भर करता है। अतः इन जलद्रवों में किसी प्रकार के विसंतुलन के कारण ही शारीरिक या मानसिक विकृति उत्पन्न होती है।

अरस्तु (Aristotle, 384-322 BC), प्लेटो (Plato, 429-347 BC) आदि दार्शनिकों ने भी असामान्यता अथवा मानस रोगों के बारे में मानवीय दृष्टिकोण पर आधारित विचार प्रस्तुत किए हैं। प्लेटो ने अपनी प्रसिद्ध पुस्तक 'The Republic' में 'बुद्धि' एवं 'वैयक्तिक विभिन्नता' जैसे संप्रत्ययों (concepts) पर भी अपने विचार प्रस्तुत किए हैं जो आधुनिक मनोविज्ञान का एक महत्वपूर्ण शोध क्षेत्र (research field) है।

बाद के ग्रीक एवं रोमन विचार (Later Greek and Roman's thought)

हिपोक्रेट्स (Hippocrates) के विचारों को बाद के ग्रीक एवं रोमन विचारकों ने भी जारी रखा। 'एलेक्जेंडर द ग्रेट' (Alexander the Great) के जमाने में चिकित्साशास्त्र (medical science) बहुत ऊँचे शिखर पर पहुँच चुकी थी और अनेक पूजा स्थलों, मंदिरों, धार्मिक आश्रमों आदि को प्रथम दर्जे (first rate) के 'सेनिटोरियमों' (sanitoriums) के रूप में परिवर्तित किया गया जहाँ मनोरोगियों को स्वस्थकर एवं आनंदमय वातावरण में रखा जाता था तथा उनकी देखभाल की जाती थी। रोगियों के लिए विविध प्रकार के व्यवसायों (occupations) की भी व्यवस्था की जाती थी जिसमें उन्हें लगाया जाता था। इस प्रकार 'व्यावसायिक चिकित्सा' (occupational therapy) की बुनियाद इसी जमाने में पड़ी। साथ ही रोगियों के लिए मनोरंजन, व्यायाम और संगीत की भी व्यवस्था की जाती थी।

इसी तरह रोमन चिकित्सकों में 'एस्क्लेपियड्स' (Asclepiades), 'ओर्टियस' (Arteus) और गैलेन (Gallen) के नाम प्रमुख हैं। 'एस्क्लेपियड्स' मानस रोग विज्ञान के इतिहास का पहला ऐसा मनश्चिकित्सक था जिसने तीव्र (acute) और असाध्य (chronic) मानस रोगों के बीच अंतर स्पष्ट किया है। साथ ही, इन्होंने विभ्रम (hallucination), व्यामोह (delusion) एवं भ्रम (illusion) में भी अंतर स्पष्ट किया है। इन्होंने मनोरोगियों के लिए आरामदेह बिस्तर,

सफाई एवं स्वस्थकर वातावरण पर जोर दिया। रोगियों के लिए आरामदेह बिस्तर के रूप में 'झूलानुमा बेड' (suspended hammock) का उपयोग किया जाता था।

प्रथम शताब्दी के अंतिम वर्षों में 'ऑर्टियस' (Arteus) ने सर्वप्रथम यह संकेत दिया कि मनोरोग वस्तुतः सामान्य मनोवैज्ञानिक प्रक्रियाओं का ही अतिरंजित (exaggerated or extended) रूप है। इन्होंने मनोरोग की उत्पत्ति में सांवेगिक अभिव्यक्तियों (emotional expressions) का महत्वपूर्ण स्थान बतलाया है। साथ ही, उन्माद (mania) एवं विषाद (melancholia) की विभिन्न अवस्थाओं पर भी प्रकाश डाला है तथा यह स्पष्ट किया है कि किस प्रकार के व्यक्ति इन बीमारियों के प्रति संवेदनशील (sensitive) यानी उद्‌यत (prone) होते हैं। इनके अनुसार जो लोग चिड़–चिड़े स्वभाव के होते हैं तथा शीघ्र ही आनंद विभोर होते हैं वे उनमें उन्माद (mania) से ग्रसित होने की संभावना प्रबल होती है। ठीक इसके विपरीत जो लोग गंभीर (serious) गुम–सुम रहते हैं, उनके विषाद (melancholia) से ग्रस्त होने की संभावना प्रबल रहती है।

रोमन चिकित्सकों में गैलेन (Gallen, 130-200 ई.) का भी अत्यंत महत्वपूर्ण स्थान है। इन्होंने स्नायुमंडल (nervous system) की संरचना (anatomy) संबंधी विचारों के माध्यम से मानस रोगियों को वैज्ञानिक तरीके से समझने तथा वैज्ञानिक दृष्टिकोण अपनाने की दिशा में महत्वपूर्ण योगदान किया है। इन्होंने मनोरोगों के प्रमुख कारणों में मस्तिष्क का दुर्घटनाग्रस्त होना (brain injury), अति मद्यपान (excess alcohol), आघात यानी सदमा (shock), रजःस्राव में परिवर्तन (menstral changes), आर्थिक विपन्नता (economic hardship), प्रेम में निराशा (frustration in love affairs) आदि को महत्वपूर्ण बतलाया है।

2.3 मध्य युग (The Middle Age)

ग्रीक एवं रोम की सभ्यता का पतन (collapse of Greek and Roman civilization) होते ही चिकित्सा एवं दूसरे वैज्ञानिक क्षेत्रों के विज्ञानों पर संपूर्ण यूरोपीय देशों में एक तरह से पूर्ण ग्रहण (complete eclipse) लग गया। फलस्वरूप, प्राचीन समय के भूत–प्रेत या शैतान संबंधी एवं अंधविश्वासी विचारधाराएँ पुनर्जीवित (revive) होने लगीं। इस युग का प्रारंभ 40वीं शताब्दी के आस–पास हुआ और अंधविश्वासी धारणाओं का साम्राज्य लगभग आने वाले चार–पाँच शताब्दियों तक कायम रहा। इसका एक प्रधान कारण ईसाइयत (Christianity) का बढ़ता प्रभाव था। ईसाई धर्मावलंबियों ने यह प्रचार करना शुरू कर दिया कि प्रत्येक मनुष्य का शरीर आत्मा (soul) से शासित (govern) होता है जो ईश्वर प्रदत्त (God gifted) है। जब आत्मा पर शैतान (demons) या बुरी आत्मा (evil spirit) का कब्जा होता है तो व्यक्ति का आचरण अपवित्र, असंगत और नास्तिक स्वरूप का हो जाता है। इस प्रकार व्यक्ति दैविक और शैतानी शक्तियों का संग्रामस्थल (battleground of demons and spirits) बन जाता है। यह संघर्ष शाश्वत (eternal) स्वरूप का और अंतहीन होता है। जब तक मनुष्य दैविक शक्तियों के प्रभाव में रहता है, उसका आचरण पवित्र, शुद्ध और आस्तिक स्वरूप का होता है। फलतः उसके द्वारा अच्छे कर्म किए जाते हैं। लेकिन, जैसे ही कोई आसुरी शक्ति (शैतान या जिन) से वह प्रभावित होता है, व्यक्ति का व्यवहार बुरे कर्मों की ओर प्रवृत होने लगता है जो आधुनिक मनोवैज्ञानिक भाषा में असामान्यता या मानस रोग यानी अस्वस्थ मानसिकता कहलाती है। इस प्रकार, हम देखते हैं कि मध्य युग में संपूर्ण यूरोप में अगाध अज्ञानता का साम्राज्य छाया रहा। इसीलिए इस युग को 'अंधकार युग' (Dark Ages) भी कहते हैं।

'अंधकार युग' के उत्तरार्ध (later parts of dark age) में 'सामूहिक पागलपन' (mass madness) का उल्लेख भी मिलता है जो एक महामारी (epidemic) के रूप में फैलती थी। इस महामारी में जैसे ही किसी एक व्यक्ति में हिस्टीरिया (hysteria) के लक्षण दिखते थे, देखते–ही–देखते सामूहिक रूप से दूसरे लोग भी प्रभावित होने लगते थे। इस संबंध में चिकित्साशास्त्र के एक इतिहासवेत्ता (medical historian) सिगरिस्ट, एच. ई. (Sigerist, H.E.) ने लिखा है—"एक क्षेत्र में जैसे ही कोई व्यक्ति अचानक उछलने लगता, दूसरे लोग भी अपने घरों से बाहर आकर

उसके साथ हो जाते थे और सामूहिक रूप में बे–सिर–पैर के व्यवहार करने लगते थे। सब एक साथ मिलकर कूदते–फाँदते, नाचते–गाते, कपड़े फाड़ने लगते, रोने लगते या इसी तरह के अनोखे आचरण करने लगते थे।"

14-15वीं शताब्दी तक 'हिस्टीरिया' (hysteria) के अनेक रूप महामारी की तरह फैलने के दृष्टांत मिलते हैं। इनमें, नृत्योन्माद (tantism or dancing mania) औद वृकोन्माद (lycanthropy) प्रमुख हैं—नृत्योन्माद (tantism) में लोगों को ऐसा भास होता था जैसे किसी जहरीले कीड़े ने उन्हें डंक मार दिया है और अचानक वे नाचने–कूदने लगते थे। धीरे–धीरे समुदाय के दूसरे लोग भी प्रभावित होकर उनके साथ नाचने–कूदने लगते थे और इस प्रकार यह उन्माद महामारी का एक रूप ले लेता था। वृकोन्माद (lyconthropy) में रोगी को ऐसा भास होता था कि वह एक भेड़िया (wolf) के रूप में परिणत हो गया है और वह भेड़िया की ही तरह बोलना, खाना–पीना और चलना शुरू कर देता था। जिसमें उसके आस–पास के लोग भी शामिल हो जाते थे।

इस युग में संपूर्ण यूरोप में एक और भयंकर महामारी का दृष्टांत देखने को मिलता है जो "ब्लैक डेथ" (Black Death) के नाम से जाना जाता है। इस महामारी में करोड़ों की संख्या में लोगों की जानें गईं और संपूर्ण सामाजिक व्यवस्था अस्तव्यस्त हो गई।

मध्य युग में संपूर्ण सामाजिक–सांस्कृतिक व्यवस्था का ठेकेदार पादरी या पुरोहित वर्ग के लोग ही हुआ करते थे। इसलिए, मानस रोगियों की चिकित्सा की जिम्मेदारी भी इन्हीं ठेकेदारों की थी। ये लोग मुख्य रूप से विविध प्रकार के 'अपदूत निसारन' (exorcism) प्रविधियों का ही उपयोग करते थे। साथ–ही–साथ, प्रार्थना, पवित्र जल से स्नान, झाड़–फूँक, सजा या दंड आदि का भी उपयोग किया जाता था।

2.4 मानवीय दृष्टिकोण का विकास (Development of Humanitarian Approach)

कुछ बुद्धिजीवियों (intellectuals), मानवीय विचारकों (humanistic thinkers) को मध्य युग में व्याप्त अंधविश्वासी दृष्टिकोण मान्य नहीं था। इनमें कुछ धार्मिक (religious), एवं भौतिक और चिकित्सा (physical and medical) क्षेत्रों में कार्यरत लोग थे। इन्होंने पादरियों, पंडितों, मुल्लाओं एवं पुजारियों के अमानवीय दृष्टिकोण (inhumanistic approach) के विरुद्ध 16वीं शताब्दी के आरंभ में ही आवाज उठानी शुरू कर दी थी। फलस्वरूप, मानवीय दृष्टिकोण (humanistic approach) का उदय (emergence) होने लगा और मानस रोग के संबंध में वैज्ञानिक एवं मानवीय सिद्धांतों का प्रचार एवं प्रसार होने लगा। इस दृष्टिकोण के विकास में निम्नलिखित के योगदान (contribution) महत्वपूर्ण हैं—

(i) 'पारसेल्सस' (Paracelsus, 1493-1541) ने 16वीं शताब्दी के प्रारंभ में मध्य युग में व्याप्त महामारी 'नृत्योन्माद' (dancing mania) के बारे में बताया कि यह एक प्रकार की बीमारी है, न कि किसी दुरात्मा (bad soul or demons) का प्रभाव। अतएव, इस बीमारी की चिकित्सा मानवीय ढंग से की जानी चाहिए। इन्होंने मानवीय मूलप्रवृत्तियों (human instincts) के बीच की संघर्षमय स्थिति (conflicting situation) के संबंध में स्वतः सिद्ध कल्पना (postulation) की और मानस रोगों के मनोवैज्ञानिक पहलुओं के महत्व पर प्रकाश डाला। साथ ही, इन्होंने ऐसे रोगियों की चिकित्सा हेतु 'शारीरिक चुंबकीय विधि' (bodily magnetism) के उपयोग पर बल दिया। यही विधि आगे चलकर 'मेस्मरिज्म' (mesmerism) एवं 'सम्मोहन' (hypnosis) विधि के नाम से विख्यात हुई।

यद्यपि, 'पारसेल्सस' ने शैतान या दुरात्मा संबंधी विचारों को अस्वीकार किया है, फिर भी, असामान्य व्यवहारों की व्याख्या के क्रम में सौरमंडल (solar system) के प्रभावों की भी चर्चा की है। इनके जमाने में असामान्य या मानस रोगियों को 'लूनाटिक' (lunatic) कहा जाता था। 'लूनाटिक' लैटिन के 'लूना'

(luna) शब्द से बना है जिसका अर्थ सौरमंडल में स्थित चंद्रमा (moon) होता है। 'पारसेल्सस' का मानना था कि चंद्रमा का मनुष्य के मस्तिष्क पर अलौकिक प्रभाव (supernatural influence) पड़ता है।

(ii) **'जॉन वेयर'** (John Wayer, 1515-1558) एक प्रसिद्ध चिकित्सक (physician) थे। इन्होंने विभिन्न स्थानों पर बंदी मानसिक रोगियों (captive mental patients) की दुर्दशा तथा अमानवीय रवैया से क्षुब्ध होकर उनके प्रति होने वाले अत्याचारों एवं दुरात्मा संबंधी धारणाओं के विरोधस्वरूप एक पुस्तक लिखी। इस पुस्तक में इन्होंने तथाकथित दुरात्मा से प्रभावित लोगों को बंदी, बनाने, उनके प्रति अत्याचार करने तथा जलाए जाने संबंधी घटनाओं का उल्लेख करते हुए यह बतलाने की चेष्टा की कि वस्तुतः ये लोग मानसिक या शारीरिक रूप से बीमार हैं। लेकिन, 'वेयर' के इस विचार से अधिकतर लोग असहमत थे अतएव इनका कड़ा विरोध हुआ। इसलिए चर्च प्रतिष्ठानों के अनुयायियों (followers) द्वारा इनकी पुस्तक पर रोक लगा दी गई। फलतः 'वेयर' का प्रगतिशील विचार सुप्रसिद्ध नहीं हो सका।

(iii) बाद में 'रेजिनाल्ड स्कॉट' (Reginald Scott, 1538-1599) ने भी दुरात्मा संबंधी अंधविश्वासी विचारों का खण्डन किया और 1584 में एक पुस्तक प्रकाशित की। लेकिन, इंगलैंड के राजा 'जेम्स 1' ने स्कॉट के पुस्तक की सभी प्रतियों को जब्त कर जला डाली। लेकिन, इस समय तक चर्च के अधीन कार्यरत कर्मचारियों द्वारा भी दुरात्मा संबंधी विचारों के प्रति असहमति प्रकट की जाने लगी और 'संत विनसेंट डी पाल' (St. Vincent de Paul, 1576-1660) ने अपने जीवन को दाँव पर लगाकर यह घोषणा की कि शारीरिक रूप से बीमार लोगों की ही तरह मानसिक रोग भी बीमारी है, इसलिए उनके कल्याणार्थ ईसाई धर्मावलंबियों को मानवीय दृष्टिकोण अपनाना चाहिए।

इन विरोधों के आलोक में धीरे–धीरे अज्ञानता का अंधकार छँटने लगा और मानस रोगों के संबंध में नए–नए प्रयोगों का प्रचलन बढ़ने लगा। इसके परिणामस्वरूप, 16वीं सदी के मध्य से अनेक गिरजाघरों, मंदिरों, अनाथालयों आदि को मानसिक स्वास्थ्य केन्द्रों (mental health centers) के रूप में परिवर्तित किया जाने लगा। 1547 में हेनरी VIII (Henry VIII) ने 'संत मेरी ऑफ बेथलहेम' (St. Mery of Bethlehem) नामक मठ/आश्रम (Monastry) को मानसिक चिकित्सालय के रूप में परिणत कर दिया। कुछ दूसरे देशों में भी इस तरह के मानसिक चिकित्सालयों का प्रादुर्भाव होने लगा जहाँ मानसिक रोगियों को देखभाल के निमित्त रखा जाता था। उदाहरण के लिए 'मेक्सिको' (Mexico) में 'द सैन हिपोलिटो' (The San Hipolito, 1556) एवं फ्रांस (France) में 'ला मेयसन डी चॉरटन' (La Maison de Charinton, 1641) नामक शरणस्थलों (asylums), की स्थापना की गई जहाँ मानस रोगियों को रखा जाता था।

लेकिन, इन केन्द्रों की स्थापना के बावजूद मानस रोगियों के प्रति मानवीय व्यवहार नहीं किया जाता था। उन्हें इन शरणस्थलियों में भी बंदी के रूप में रखा जाता था तथा वे दुर्व्यवहार एवं अत्याचार के शिकार होते थे। इन केन्द्रों में रखे गए मानस रोगियों के प्रति दुर्व्यवहार एवं अत्याचार का सिलसिला लगभग 18वीं शताब्दी तक चलता रहा। वस्तुतः ये शरणस्थली दंड से संबंधित संस्थाओं का मात्र रूपांतर (modification) यानी बदला हुआ रूप था जहाँ रखे गए रोगियों के प्रति पशुओं के समान व्यवहार किया जाता था। उन्हें दिवालों के सहारे जंजीरों से बाँधकर रखा जाता था जहाँ मात्र थाली से भोजन करने या इसी तरह की सीमित गति करने भर की छूट मिलती थी। इनके चारों ओर प्रकाश की कमी रहती थी तथा रात्रि में जंजीरों से बंधे रूप में ही जमीन एवं दिवाल के सहारे लेट सकते थे। इस प्रकार इनके साथ अमानवीय व्यवहार का सिलसिला 18वीं शताब्दी के मध्य तक जारी रहा।

(iv) मानस रोगियों के प्रति मानवीय दृष्टिकोण से सुधार (reform) का प्रारंभ 'फिलिप पिने' (Phillippe Pine, 1745-1826) के कार्यों से माना जा सकता है। फ्रांस की क्राति (French revolution) के बाद

'पिने' को पेरिस के 'ला बिस्टरे' (La Bicetre) नामक आरोग्यशाला का प्रभारी (in-charge) बनाया गया। इस आरोग्यशाला का कार्यभार ग्रहण करने के बाद 'पिने' ने वहाँ रखे गए कुछ रोगियों को साँकलों से मुक्त कर उचित देख–भाल, सहानुभूति और दया के भाव से उपचार करने का प्रयास किया। इस प्रकार के मानवीय दृष्टिकोण से प्राप्त चिकित्सकीय सफलता से 'पिने' का हौसला बढ़ा और वे अन्य सभी रोगियों को भी साँकलों से मुक्त कर मानवीय दृष्टि से चिकित्सा करने लगे। ऐसे सद्भावपूर्ण व्यवहार एवं रोगियों के रहन–सहन में लाए गए सुधारों के बेहतर परिणाम निकले। अतः पिने को मानवीय दृष्टिकोण का जनक माना जाने लगा। बाद में पिने को 'सालपेटिर अस्पताल' (Salpetriere Hospital) का कार्यभार सौंपा गया। इस अस्पताल में भी पिने ने उसी तरह की व्यवस्था दी। इस प्रकार ये दोनों चिकित्सा केन्द्र प्रथम आधुनिक मानसिक आरोग्यशाला के रूप में विकसित हुए। पिने के बाद 'जीन एस्क्यूरोल एटिने' (Jean Esquirol Etienne, 1772-1840) ने पिने द्वारा किए गए सुधार कार्यों की देख–रेख की तथा उनकी देख–रेख यानी मार्ग निर्देशन (guidance) में 10 नई आरोग्यशालाओं की भी स्थापना हुई। इस प्रकार मानवीय दृष्टिकोण से मानस रोगियों की चिकित्सा करने की दिशा में फ्रांस अग्रणी बना।

लगभग इसी अवधि में इंगलैंड निवासी शांतिदूत (quaker) के नाम से विख्यात 'विलियम ट्यूक' (William Tuke) ने 'यार्क रिट्रीट' नामक चिकित्सालय की स्थापना की जहाँ इन्होंने मानस रोगियों को सुखद (pleasant), आरामदेह (comfortable) एवं सौहार्दपूर्ण (kindly religious) वातावरण (atmosphere) में रखने की व्यवस्था प्रदान की। यद्यपि 'ट्यूक' के जमाने में भी दुरात्मा से संबंधित विचार विद्यमान थे, इसलिए 'ट्यूक' को अनेक प्रकार की कठिनाइयों का सामना करना पड़ा था। लेकिन, समकालीन कुछ ख्याति प्राप्त मनश्चिकित्सक, जैसे—'जॉन कॉनॉली' (John Connolly), 'सैमुएल हिच' (Samuel Hitch) आदि ने 'विलियम ट्यूक' के कार्यों की सराहना की तथा समर्थन दिया। 1841 में 'हिच' ने मानसिक चिकित्सालय में कुछ महिला नर्सों की भी बहाली की।

मानसिक चिकित्सालयों में किए गए इन सुधार कार्यों के परिणामस्वरूप अज्ञानता (ignorance), आध्यात्मिक अंधविश्वास (religious superstitious) एवं शैतानी हरकतों (demenological influences) संबंधी विचार धीरे–धीरे लुप्त होने लगे तथा वैज्ञानिक एवं मानवीय दृष्टिकोण की स्थापना का मार्ग प्रशस्त हुआ। फलतः 19वीं शताब्दी के आगमन के साथ मानस रोगियों की स्थिति में सुधार होने लगा तथा बड़े पैमाने पर वैज्ञानिक शोध एवं विचार का प्रचार और प्रसार होने लगा। मानस रोग विज्ञान के इतिहास (history of psychopathology) में इस अवधि को 'पुनर्उद्बोधन का युग' (The Age of Reawakening) के नाम से जाना जाता है।

2.5 दैहिक दृष्टिकोण अथवा मेडिकल मॉडेल (Somatic Viewpoint or Medical Model)

19वीं शताब्दी के प्रारंभ से ही आधुनिक प्रायोगिक विज्ञान (modern experimental science) के विभिन्न क्षेत्रों में उल्लेखनीय प्रगति का इतिहास मिलता है। इसलिए इतिहासकारों की दृष्टि में यह वैज्ञानिक प्रगति का युग माना जाता है। इस शताब्दी में भौतिकी (Physics), रसायन (Chemistry), जीव विज्ञान (Biology), चिकित्सा विज्ञान (Medical Science), स्नायु विज्ञान (Neurology) आदि क्षेत्रों में अत्यंत ही द्रुत गति से प्रगति होने लगी। इन क्षेत्रों में हो रहे अनुसंधानों एवं प्रयोगों के परिणामों से मनोविज्ञान (psychology) और खासकर मानस रोग विज्ञान (psychopathology) के क्षेत्र में कार्यरत वैज्ञानिकों को पर्याप्त सहायता मिली। विज्ञान के विविध क्षेत्रों में होने वाली प्रगति के परिणामस्वरूप मानसिक रोगियों को समझने एवं उनकी सहायता करने के संबंध में एक नए दृष्टिकोण का उदय हुआ जो **'दैहिक दृष्टिकोण'** (somatic viewpoint) के नाम से जाना जाता है।

इस दृष्टिकोण में शारीरिक एवं मानसिक–दोनों प्रकार की बीमारियों को समान धरातल पर समझने की चेष्टा की गई है। अर्थात् यह दृष्टिकोण यह मानता है कि जिस प्रकार शरीर के किसी अवयव में किसी रोगाणु के संक्रमण के कारण शारीरिक संतुलन में गड़बड़ी आती है, और व्यक्ति अस्वस्थ (ill healthy) हो जाता है, उसी प्रकार मानस रोग भी मानसिक अस्वस्थता (mental ill health) का सूचक होता है जो मुख्यतः मानसिक विसंतुलन (mental imbalance) की स्थिति को दर्शाता है। अतएव मानस रोग भी मस्तिष्कीय विकृति (brain disorder) का ही प्रतिफल है। इसीलिए यह दृष्टिकोण मानस रोग का **'अवयवी दृष्टिकोण'** (organic viewpoint) अथवा **'मेडिकल मॉडेल'** (medical model) के नामों से भी जाना जाता है।

(i) इस दृष्टिकोण की पृष्ठभूमि वस्तुतः 1757 में ही बन गई थी। इसी वर्ष **'अलब्रेक्ट वॉन हालर'** (Albrect von Haller, 1708-1777) ने **Elements of Physiology** नाम की एक पुस्तक प्रकाशित की जिसमें मानस की कार्यवाही को समझने के लिए मस्तिष्क (brain) का अध्ययन करने की महत्ता बताई तथा मस्तिष्क का अध्ययन करने हेतु 'शव परीक्षण' (post-mortem) द्वारा बारीकी से अध्ययन करने की आवश्यकता बताई।

'हॉलर' (Haller) के बाद 1845 में **'विलियम ग्रिसिंगर'** (William Grisinger, 1817-1868) ने भी एक पुस्तक–Pathology and Therapy of Psychic Disorder प्रकाशित की। 'ग्रिसिंगर' के अनुसार सभी प्रकार के मानस रोगों का मुख्य आधार शारीरिक विकृति (physiological disorder) होता है। अतएव, मनश्चिकित्सकों को शारीरिक जाँच–पड़ताल कर ही मानस रोगियों की चिकित्सा करनी चाहिए।

इस अवधि में स्नायुमंडल (nervous system) संबंधी अध्ययनों में एक अत्यंत ही लम्बी छलांग (tremendous strides) का उल्लेख मिलता है। ऐसे अध्ययनकर्ताओं में **'गोल्गी'** (Golgi), **'काजल'** (Cajal), **'ब्रोका'** (Broca), **'जेक्सन'** (Jackson) आदि का महत्वपूर्ण योगदान है। इनके अध्ययनों से अनेक मानस रोगों के बारे में मस्तिष्कीय विकृति (brain pathlogy) संबंधी विवरण प्राप्त हुए हैं। उदाहरण के लिए मस्तिष्क संबंधी विकृति (brain pathology) का संबंध उपदंशीय रोग (syphilitic) एवं सामान्य पक्षाघात (general paresis) में पाया गया है। उसी तरह मस्तिष्क की विकृति के कारण मस्तिष्क की धमनियों की मांसपेशियों का कड़ा होने (cerebral arteriosclerosis) में भी पाया जाता है। इसी तरह अलजाइमर (Alzheimer) एवं कुछ दूसरे वैज्ञानिकों ने 'जरावस्था की मनोविकृति' (senile psychosis) में मस्तिष्कीय क्षति संबंधी प्रमाण एकत्र किए हैं। इनके अतिरिक्त मानसिक दुर्बलता के कुछ प्रकारों (certain types of mental deficiencies) एवं 'टॉक्सिक सॉयकोसिस' (toxic psychosis) के संदर्भ में भी मस्तिष्कीय विकृति के उदाहरण मिले हैं।

अस्तु, उपरोक्त अध्ययनों से यह स्थापित हो जाता है कि मानस रोगों में मस्तिष्कीय विकृति भी एक महत्वपूर्ण कारण है। अतएव मानस रोगियों के उपचार में मस्तिष्क एवं शरीर की जाँच–पड़ताल कर समुचित उपचार किया जाना चाहिए।

(ii) दैहिक दृष्टिकोण का प्रारंभ सही अर्थ में 'ग्रिसिंगर' की पुस्तक के प्रकाशन से मानी जाती है। लेकिन इस दिशा में 'एमिल क्रेपलिन' (Emil Kreplin, 1856-1926) का योगदान सर्वाधिक महत्वपूर्ण माना जाता है। 1883 के 'क्रेपलिन' की एक पुस्तक प्रकाशित हुई, जिसमें उन्होंने मस्तिष्कीय विकृति को मानस रोगों का सबसे महत्वपूर्ण कारण बतलाया है। 'क्रेपलिन' का दूसरा महत्वपूर्ण योगदान मानस रोगों के वर्गीकरण (classification of mental disorders) से संबंधित है। 'केपलिन' ने विभिन्न लक्षणों (symptoms) के आधार पर मानस रोगों को अलग–अलग प्रकारों में बाँटा और प्रत्येक वर्ग के रोगियों में पाए जाने वाले लक्षणों, उनकी उत्पत्ति के कारणों आदि का विस्तृत विवरण प्रस्तुत किया है। 'क्रेपलिन' के अनुसार प्रत्येक वर्ग के मानसिक रोग एक–दूसरे से बिल्कुल अलग और भिन्न स्वरूप

के होते हैं तथा इनके विकास का क्रम (course) ठीक 'मिजल्स' (measles) के विकास क्रम के समान होता है जो पूर्वनिर्धारित (predetermined) एवं पूर्व आभासी (predictable) स्वरूप के होते हैं। क्रेपलिन के इन निष्कर्षों के फलस्वरूप मानस रोगों के सही चित्रण या वर्णन करने की दिशा में व्यापक रूप से दूसरे वैज्ञानिकों के बीच प्रचार और प्रसार हो पाया। इसीलिए इनके बाद के युग को 'वर्णनात्मक युग' (descriptive era) के नाम से जाना जाता है।

क्रेपलिन ने कुछ अन्य प्रकार के स्वाभावजन्य चरित्रों, जैसे–औषधि व्यसन (drug addiction), अथवा चारित्रिक विकृति (character disorder) को भी असामान्यता का एक प्रकार बताया और ऐसे लोगों की मानसिक चिकित्सा की आवश्यकता पर बल दिया है।

'क्रेपलिन' के अतिरिक्त जर्मनी के **'क्राफ्ट एबिंग'** (Kraft-Ebbing, 1840-1902) का नाम भी दैहिक दृष्टिकोण मानने वाले लोगों में प्रसिद्ध है। इन्होंने यौन विकृति (sexual disorder) के संबंध में एक पुस्तक लिखी तथा इसे भी चिकित्साशास्त्र (medical science) का एक प्रमुख विषय बतलाया।

उपर्युक्त वर्णित दैहिक दृष्टिकोण अथवा मेडिकल मॉडेल (somatic approach or medical model) के कारण जो तीव्रतर तरीके से वैज्ञानिक सोच में प्रगति आई। फलस्वरूप प्रारंभिक जमाने के शैतान या भूत–प्रेत संबंधी दृष्टिकोण पूर्णतः विलुप्त हो गए और मानस रोगों के मेडिकल मॉडेल अर्थात् दैहिक या अवयवी दृष्टिकोण (somatic or organic viewpoint) पूर्ण रूप से स्थापित हो पाया।

2.6 मनोवैज्ञानिक दृष्टिकोण (Psychogenic Viewpoint)

19वीं–20वीं शताब्दी के प्रारंभ तक दैहिक यानी अवयवी अथवा मेडिकल मॉडेल पर आधारित अनेक अध्ययन हुए तथा नए–नए तथ्य प्रकाश में आए। इसीलिए इस अवधि को 'वैज्ञानिक क्रांति का युग' (The Age of Scientific Revolution) कहा जाता है। इस युग में वैज्ञानिक धरातल पर अध्ययनों की बाढ़ लग गई। फलस्वरूप, वैज्ञानिकों ने इस विचारधारा पर आधारित निष्कर्षों (conclusions) में कुछ महत्वपूर्ण त्रुटियाँ पाईं। सबसे महत्वपूर्ण त्रुटि यह पाई गई कि अनेक रोगियों में शारीरिक अवयवी (physiological organic) विकृति नहीं पाए जाने के बावजूद उनमें असामान्यता या मानस रोगों के लक्षण पाए जाते हैं। साथ–ही, कुछ रोगियों की शारीरिक या अवयवी स्थितियों में थोड़ा–बहुत विचलन (some minor deviations) भी पाए जाते हैं, लेकिन इस प्रकार के हल्के–फुल्के विचलन (minor deviations) कभी–कभी सामान्य व्यक्तियों (normal persons) में भी पाए जा सकते हैं।

दूसरी महत्वपूर्ण त्रुटि यह पाई गई कि अनेक ऐसे भी मानसिक रोगी होते हैं जिनमें मानस रोगों के लक्षण तो समान स्वरूप के होते हैं, लेकिन, उनके अवयवी लक्षण भिन्न पाए जाते हैं। अर्थात मानसिक रोग के लक्षण (symptoms of mental disorders) एवं अवयवी विचलन (organic deviations) समान नहीं होते।

यद्यपि, दैहिक दृष्टिकोण के समर्थक कुछ वैज्ञानिकों का मत था कि ऐसी विभिन्नताओं को दूर करने हेतु (to rule out) गहन और तीक्ष्ण अध्ययन करने की आवश्यकता है। इसके लिए प्रयोगशालाओं को भलीभाँति सुसज्जित करना होगा। परंतु, इसी अवधि में एक नए दृष्टिकोण (new approach) का उदय होने लगा जो अवयवी दृष्टिकोण की प्रभावशीलता का पुरजोर विरोध कर चुनौती दे रहा था। निःसंदेह यह उमड़ता नया दृष्टिकोण एक क्रांतिकारी विचार था जो यह मानता था कि कुछ मानसिक विकृतियाँ ऐसी होती हैं जिनके मूल कारण मनोवैज्ञानिक (psychological) होते हैं न कि अवयवी (organic)। अतः मनोवैज्ञानिक दृष्टि से ही मानस रोगियों का परीक्षण (examination), निदान (diagnosis) एवं उपचार (treatment) किया जाना चाहिए। इस प्रकार मनौवैज्ञानिक दृष्टिकोण (psychological viewpoint) का उदय हुआ।

इस दृष्टिकोण के आविर्भाव में निम्नलिखित घटनाएँ महत्वपूर्ण हैं—

1. मनोवैज्ञानिक दृष्टिकोण के आविर्भाव का इतिहास हिस्टीरिया और सम्मोहन (hysteria and hypnotism) पर 'मेसमर' (Mesmer) द्वारा किए गए कार्यों से माना जा सकता है।

'एंटोन मेसमर' (Anton Mesmer, 1734-1815) ने पारसेल्सस (Parcelsus) के ग्रहों के प्रभाव संबंधी विचारों को स्वीकार करते हुए इस विचारधारा को आगे बढ़ाया। 'मेसमर' का मानना था कि मानव शरीर पर विभिन्न ग्रहों के प्रभाव एक प्रकार के चुंबकीय प्रवाह (magnetic current) के रूप में पड़ता है। इस चुंबकीय प्रवाह से तरल द्रव (fluid) उत्पन्न होता है जो मानव शरीर में अलग–अलग परिमाण (quantity) में वितरित होकर संचारित होता है। चुंबकीय तरल द्रव के वितरण में अंतर होने के परिणामस्वरूप मनुष्य शारीरिक अथवा मानसिक रूप से अस्वस्थ (ill health) होता है। मेसमर का यह भी मानना था कि प्रत्येक मनुष्य में चुंबकीय शक्ति (magnetic force) पाई जाती है। अतः इन शक्तियों का उपयोग कर चुंबकीय द्रव के विचरण या संचारण की भिन्नता को नियंत्रित किया जा सकता है और ऐसा करने पर अस्वस्थ व्यक्ति पुनः स्वास्थ्य लाभ (recovery) प्राप्त कर लेता है। उपचार की इस प्रविधि को 'एनिमल मैगनेटिज्म' (animal magnetism) कहते हैं।

मेसमर ने अपने विचारों को सबसे पहले 'वियाना' (Vienna) में कार्य रूप में परिणत किया। बाद में 1778 में वह पेरिस (Paris) चला गया जहाँ उसे अच्छी सफलता मिली। यहाँ उसने एक क्लिनिक (clinic) भी खोला जहाँ सभी प्रकार के रोगी आते थे और चिकित्सकीय सहायता प्राप्त करते थे। इन सभी रोगियों पर 'मेसमर' 'एनिमल मेगनेटिज्म' की प्रविधि का उपयोग करता था। वह रोगियों को एक अंधेरे कमरे में ले जाता था। कमरे में एक टब (tub) में कुछ रासायनिक द्रवों के मिश्रण से बना तरल रखा होता था जिसमें लोहे का एक छड़ निकला होता था। रासायनिक द्रव के संपर्क से लोहे का छड़ चुंबकीय शक्ति से युक्त हो जाती थी। चुंबकीय शक्ति से युक्त छड़ को शरीर के रुग्ण भाग से स्पर्श कराया जाता था जिसके फलस्वरूप रोगी का वह रुग्ण भाग ठीक हो जाता था। 'मेसमर' एक जादूगर (magician) के वेश में क्रमशः एक रोगी से दूसरे रोगी के सामने से गुजरते हुए अपने हाथ या छड़ से रोगी को स्पर्श करते थे। ऐसा करने से हिस्टीरिया (hysteria) के लक्षण दूर हो जाते थे। मेसमर की इस विधि को 'मेसमरिज्म' (mesmerism) कहते हैं। यही मेसमरिज्म बाद में चलकर 'हिप्नोटिज्म' (hypnotism) प्रविधि के रूप में विकसित हुआ जो आज भी मनश्चिकित्सका की एक प्रमुख प्रविधि के रूप में उपयोग में लाई जाती है।

चूंकि मेसमर वस्तुतः एक मायावी या अनाड़ी चिकित्सक के रूप में रोगियों की चिकित्सा करते थे, इसलिए अंततः चिकित्सा क्षेत्र से जुड़े वैज्ञानिकों ने उसे पेरिस छोड़ने पर विवश कर दिया और वह गुम हो गया। लेकिन मेसमरिज्म यानी मेसमर की विधि वैज्ञानिकों के बीच विवाद का विषय बनी रही तथा वैज्ञानिकों ने पुनः इस विधि पर कार्य करना प्रारम्भ किया। इसके परिणामस्वरूप 'हिपनोटिज्म' विधि प्रस्तावित की गई जो मेसमरिज्म का ही एक संशोधित मनश्चिकित्सा प्रविधि (psychotherapeutic technique) है।

2. मेसमर के कार्यों से प्राप्त सामग्री और परिणाम चूंकि विवाद का विषय बना रहा, इसलिए वैज्ञानिकों की रुचि इस ओर बढ़ी। फलतः नैन्सी (Nancy) के **लिबिऑल्ट** (Liebeault, 1823-1904) तथा **बर्नहिम** (Burnheim, 1840-1919) का ध्यान हिस्टीरिया और सम्मोहन के बीच के संबंधों को जानने की ओर आकर्षित हुआ। इनके बीच के संबंधों के बारे में इन दोनों वैज्ञानिकों ने दो प्रकार के मुख्य तथ्य प्राप्त किए—

(क) सम्मोहन विधि द्वारा किसी सामान्य व्यक्ति में हिस्टीरिया के विशिष्ट लक्षणों, जैसे—किसी अंग का पक्षाघात (paralysis of a particular body), बेहोशी (anaesthesia), बाँह का दर्द (arm-pain) इत्यादि उत्पन्न किया जा सकता है।

(ख) यदि किसी व्यक्ति (रोगी) में ये लक्षण विद्यमान हैं तो सम्मोहन विधि द्वारा उन्हें दूर भी किया जा सकता है।

उपर्युक्त तथ्यों के आलोक में नैन्सी स्कूल के वैज्ञानिक इस निष्कर्ष पर पहुँचे कि हिस्टीरिया और सम्मोहन के बीच गहरा संबंध है अथवा यह कहें कि हिस्टीरिया एक तरह से आत्म हिपनोटिज्म है (hysteria is a sort of self hypnosis)।

3. इसी बीच 'जीन शारकॉट' (Jean Charcot, 1825-1893) पेरिस के एक अस्पताल के प्रधान (head) थे। वे अपने समय के एक सुविख्यात स्नायुरोग विज्ञानी (neurologist) थे। इन्होंने मेसमरिज्म पर प्रयोगात्मक अध्ययन कर लिबिऑल्ट और बर्नहिम के विचारों का खण्डन किया। इनके अनुसार, हिस्टीरिया वस्तुतः एक मर्ज है जिसके अनेकों लक्षण होते हैं तथा यह मर्ज मस्तिष्क की कमजोरी के कारण होता है (changes of a degenerative nature in the brain)। यद्यपि 'शारकॉट' का यह विचार बाद के अनुसंधानों एवं शोधों के आधार पर गलत साबित हुआ, फिर भी वे अपने समय के एक जाने–माने वैज्ञानिक थे। अतः अनेक वैज्ञानिक उनके विचारों से प्रभावित होकर शोधकार्य में रुचि लेने लगे।

4. 'शारकॉट' के बाद उनका एक अत्यंत ही प्रिय शिष्य 'पीरे जैने' (Pierre Janet, 1859-1947) ने भी मानस रोग संबंधी आधुनिक विचारों की प्रगति में महत्वपूर्ण योगदान दिया है। जैने ने शारकॉट के बाद सालपेट्रिर अस्पताल (Salpetriere hospital) के निदेशक का कार्यभार संभाला। यह अस्पताल पेरिस के बड़े अस्पतालों में से एक था और जैने एक मेधावी स्नायुरोग विज्ञानी थे। इसीलिए उन्हें इस अस्पताल के निदेशक के रूप में बहाल किया गया।

'जैने' ने शारकॉट के उत्तरदायी के रूप में हिस्टीरिया एवं सम्मोहन (hysteria and hypnosis) पर अनुसंधान कार्य जारी रखा, जिसके फलस्वरूप इस विषय से संबंधित अनेक तथ्य प्रकाश में आए। 'जैने' ने मनःस्नायु विकृति (psycho-neurosis) के रोगियों के व्यक्तित्व के संबंध में एक नए तथ्य का उद्‌घाटन किया। उनके विचार में इस प्रकार की विकृति से ग्रस्त व्यक्तियों का व्यक्तित्व दोहरे (double) अथवा बहुव्यक्तित्व (multiple personality) स्वरूप का होता है। अर्थात् उनका व्यक्तित्व दो या दो से अधिक खंडों में विभाजित होकर एक–दूसरे से पृथक यानी असंबंधित (disassociated) हो जाता है। फलस्वरूप, अलग–अलग परिस्थितियों में अलग–अलग ढंग से उनके व्यक्तित्व का प्रदर्शन होता है।

इन अध्ययनों के परिणामस्वरूप असामान्य मानसिक अवस्था के मनोवैज्ञानिक पक्षों (psychological aspects) को जानने–समझने तथा मनोवैज्ञानिक विधियों से उपचार करने की दिशा में नए–नए तथ्य प्रकाश में आने लगे और इस प्रकार मानस रोगों के संबंध में मनोवैज्ञानिक दृष्टिकोण (psychological viewpoint) व्यापक रूप से फैलने लगा।

19वीं शताब्दी के अंतिम वर्षों तक मनोवैज्ञानिक विचारधारा पर किए गए शोध कार्यों से यह सुस्पष्ट हो चुका था कि मानस विकृतियों (mental disorders) में मनोवैज्ञानिक कारक (psychological factors) कार्यशील रहते हैं। साथ ही, यह भी स्पष्ट हुआ था कि जैविक विकारों (organic disorders) में भी मनोवैज्ञानिक प्रक्रियाओं (psychological processes) की महत्वपूर्ण भूमिका होती है। लेकिन, अभी भी एक प्रश्न अनुत्तरित रहा कि आखिर ये मनोवैज्ञानिक प्रक्रियाएँ या कारक किस प्रकार मानस या जैविक विकारों के उत्पन्न होने में सहायक होते हैं? अर्थात् किस प्रकार ये मानस को प्रभावित (operate) करते हैं?[1]

5. इस प्रश्न का उत्तर ढूंढ़ने का क्रमबद्ध प्रयास सबसे पहले वियाना के प्रखर युवा स्नायुरोग विज्ञानी (brilliant young neurologist) डॉ. **'सिगमंड फ्रायड'** (Dr. Sigmund Freud, 1856-1939) ने किया है। इसीलिए 'फ्रायड' को आधुनिक मनोविज्ञान का जनक (father of modern psychology) कहा जाता है। इन्होंने स्नायु रोग से संबंधित महत्वपूर्ण पहलुओं पर अनेक व्याख्यान दिए हैं। व्याख्यान के क्रम में एक अवसर पर 'फ्रायड' ने श्रोताओं के समक्ष एक ऐसे स्नायुरोगी (neurotic patient) के बारे में बताया जो कई वर्षों से सिर में दर्द (headache) से परेशान था तथा चिकित्सकों ने गलती से उसे 'मेनिन्जाइटिस' (meningitis) से पीड़ित बताया था। इसी तरह के एक और मरीज को भी गणमान्य चिकित्सक 'सेरेब्रल ट्यूमर' (cerebral tumor) से पीड़ित समझकर चिकित्सा करते रहे। परंतु मरीज के ठीक होने की बजाय उसकी स्थिति बिगड़ती चली गई। इन दृष्टांतों के सहारे फ्रायड ने स्पष्ट किया कि इन रोगियों की शारीरिक व्याधि के लक्षण मानसिक कारणों से उत्पन्न होते हैं। फ्रायड 1885

---

1. "How the psychological processes or factors operate upon the psyche of the individual."

में 'शारकॉट' (Charcot) के अधीन अध्ययन करने हेतु पेरिस गए। पेरिस में वे 'लिबिऑल्ट' और 'बर्नहिम' द्वारा किए गए कार्यों से बहुत प्रभावित हुए तथा सम्मोहन (hypnosis) के संबंध में अध्ययन करने लगे। वे इस निष्कर्ष पर पहुँचे कि हिस्टीरिया के मरीजों में चेतन स्तर की प्रबल शक्तियाँ कहीं–न–कहीं छिपी रहती हैं जिनकी छद्म सक्रियता मरीज की मानस स्थिति को कुप्रभावित करती रहती हैं और इस प्रकार व्यक्ति मानस रोगी हो जाता है तथा उसका व्यवहार असामान्य हो जाता है।

पेरिस से वापस वियाना आकर फ्रायड ने 'जॉसेफ ब्रियुअर' (Joseph Breur) के साथ मिलकर कार्य करने लगे। 'ब्रियुअर' अपने न्यूरॉटिक के रोगियों (psycho-neurotic patients), खासकर महिला रोगियों पर 'हिप्नोसिस' (hypnosis) के उपयोग संबंधी रोचकपूर्ण अनुसंधान कार्य (research work) कर रहे थे। 'फ्रायड' (Freud) ने इस प्रकार के रोगियों पर 'हिपनोसिस' का अद्भुत चमत्कार देखा। उन्होंने देखा कि रोगी स्वतंत्रतापूर्वक (freely), अर्थात् बिना किसी हिचकिचाहट (reluctance) के अपने विचारों, भावनाओं तथा संवेगों को प्रकट करता है जिसका संबंध रोगी की रुग्णावस्था से रहता है। उन्होंने देखा कि सम्मोहन की अवस्था में रोगी द्वारा विचारों, भावनाओं और संवेगों को स्वतंत्र रूप से प्रकट करने के फलस्वरूप इस अवस्था के समाप्त होने पर उसे आराम (relief) मिलता है तथा असामान्यता के लक्षण भी विलीन होने लगते हैं। **ब्रियुअर** ने इसे **कैथारटिक विधि** (Cathartic method) कहा है।

ब्रियुअर के साथ काम करने के क्रम में फ्रायड को असामान्य व्यवहार (abnormal behaviour) को उत्पन्न करने में अचेतन (unconscious) की महत्वपूर्ण भूमिका का पता चला। 1893 में फ्रायड एवं ब्रियुअर ने संयुक्त रूप से 'Psychical Mechanism of Hysterical Phenomenon' नामक पुस्तक की रचना की। इस पुस्तक का प्रकाशन मानस रोग (psychopathology) के इतिहास में एक महत्वपूर्ण घटना मानी जाती है।

कुछ दिनों तक ब्रियुअर के साथ काम करने के बाद फ्रायड ब्रियुअर का साथ छोड़कर स्वतंत्र रूप से (independently) कार्य करने लगे। उन्होंने यह अनुभव किया कि सम्मोहन (hypnosis) की जगह यदि 'स्वतंत्र साहचर्य' प्रविधि (free association technique) का सहारा लिया जाए तो रोगी के अचेतन (unconscious) मन में दमित (repressed) इच्छाओं की अभिव्यक्ति अपेक्षाकृत अधिक कारगर सिद्ध हो सकती है। इस प्रकार, **मनोविश्लेषणात्मक विचार** (psycho-analytic point of view) का प्रदुर्भाव हुआ।

मनोविश्लेषणात्मक दृष्टिकोण के अनुसार असामान्यता या मानस रोगों का मुख्य कारण अचेतन (unconscious) में दबी यानी दमित (repressed) अतृप्त इच्छाओं की सक्रियता है तथा स्वंतत्र साहचर्य (free association) प्रविधि द्वारा जब ये अतृप्त इच्छाएँ (unfulfilled desires) चेतन स्तर (conscious level) पर प्रकट होती हैं तो व्यक्ति आराम (relieved) अनुभव करता है। इस प्रकार नियमित रूप से कई सत्रों (sessions) में स्वतंत्र साहचर्य प्रविधि को दोहराए जाने के परिणामस्वरूप मरीज चंगा हो जाता है। इस सिलसिले में 'फ्रायड' ने मन के 'गत्यात्मक' और 'अकारात्मक' (dynamic and topographical) पहलुओं (aspects), 'स्वप्न विश्लेषण' (dream analysis) 'मनोलैंगिक विकास' (psycho-sexual development), एवं 'अहं सुरक्षा' (ego defences) का भी विस्तृत वर्णन प्रस्तुत किया है और असामान्य व्यक्तित्व एवं मानस रोगों के उत्पन्न होने में इन मनोवैज्ञानिक प्रक्रियाओं (psychologial process) की महत्वपूर्ण भूमिका पर प्रकाश डाला है। मनोविज्ञान के इतिहासकारों का मत है कि आधुनिक मनोविज्ञान एवं खासकर मानस रोग विज्ञान के उत्थान में 'फ्रायड' (Freud) का जितना महत्वपूर्ण योगदान (contribution) है, उतना किसी और का नहीं। फ्रायड के महत्वपूर्ण योगदानों में निम्नलिखित विशेष रूप से महत्वपूर्ण हैं—

(i) फ्रायड ने मानसिक रोगियों के निदान एवं कारणों का पता लगाने हेतु एक सामान्य प्रविधि (common technique) का विकास किया जिसे **'स्वतंत्र साहचर्य प्रविधि'** (free association technique) कहते हैं। साथ ही, उन्होंने स्वप्न विश्लेषण (dream analysis) करने पर भी जोर दिया है ताकि व्यक्ति के अचेतन (unconscious) एवं चेतन (conscious) स्तरों की मनोवैज्ञानिक प्रक्रियाओं के बारे में समुचित ढंग से जाँचा और परखा जा सके। इन दोनों प्रकारों की प्रविधियों द्वारा फ्रायड ने जो सामग्री एकत्र की, उसके आधार पर निम्नलिखित महत्वपूर्ण निष्कर्ष निकाले गए—

(क) व्यक्ति का असामान्य या सामान्य (abnormal and normal) होना अचेतन (unconscious) एवं अहं (ego) के सुरक्षात्मक (defencive) प्रबंधों पर निर्भर करता है।

(ख) जीवन के प्रारंभिक वर्षों के अनुभवों का महत्वपूर्ण प्रभाव समायोजन योग्य व्यवहारों के सीखने (learning of adjustable behaviours) पर पड़ता है।

(ग) व्यवहार का सामान्य या असामान्य रूप में विकास पर यौन संबंधी तत्वों (sex related factors) का विशेष महत्व होता है।

(ii) 'फ्रायड' ने अपने अध्ययनों से प्राप्त अनुभवों के आधार पर यह भी सिद्ध किया है कि व्यवहारों की असामान्यता (behaviour abnormality) वस्तुतः सामान्य अवस्था का ही अतिरंजित रूप (exoggerated form) है। अतएव, सामान्य और असामान्य के बीच प्रकारात्मक अंतर नहीं होता।

(iii) 'फ्रायड' का तीसरा महत्वपूर्ण योगदान मनोविश्लेषण विधि (psycho-analytic method) का अविष्कार है। इस विधि द्वारा रोगी के मन की भीतरी तहों में दमित इच्छाओं को कुरेदकर (by digging) चेतन स्तर पर लाया जाता है, जिससे असंगत मानसिक प्रक्रियाओं (irrational mental processes) के विश्लेषण में पर्याप्त मदद मिलती है तथा मरीज के व्यक्तित्व को और बेहतर तरीके से सुसंगठित (well organized) एवं समायोजन के योग्य (adjustable) बनाया जाता है।

(iv) मनोविश्लेषणात्मक विधि का आविष्कार इसलिए भी विशेष महत्व रखता है कि व्यक्तित्व की संरचना (structure of personality) एवं कार्यशैली (functional style) का सविस्तार वर्णन करने हेतु यह एक व्यक्तित्व सिद्धांत (theroy of personality) के रूप में भी मनोवैज्ञानिकों के बीच प्रसिद्ध है। साथ ही, मानस रोगों के निदान (diagnosis) की दृष्टि से भी यह प्रविधि विशेष रूप से कारगर सिद्ध हुई है।

(v) उपर्युक्त महत्वपूर्ण योगदानों के अतिरिक्त फ्रायड के विचारों से सामान्य मनोवैज्ञानिक प्रक्रियाओं (general psychological processes) एवं व्यवहारों, व्यक्तित्व के विकास एवं दैनिक जीवन की मनोविकृतियाँ या सामान्य भूलों में निहित मनोवैज्ञानिक कारकों (psychological factors) को समझने में भी पर्याप्त मदद मिली है। अतएव, मानस रोग विज्ञान (psychopathology) या असामान्य मनोविज्ञान (abnormal psychology) के अलावा, मनोविज्ञान की अन्य शाखाओं में भी फ्रायड का योगदान महत्वपूर्ण माना जाता है।

'फ्रायड' (Freud) के उपर्युक्त महत्वपूर्ण योगदानों के फलस्वरूप उनकी प्रसिद्धि दिन–प्रतिदिन बढ़ने लगी और कई सहयोगी उनके साथ मिलकर काम करने में रुचि रखने लगे। उनके सहयोगियों में **'कार्ल मेनिंजर'** (Karl Meninger), **'सी.जी. जंग'** (C.G. Jung), एवं **'अल्फ्रेड एडलर'** (Alfred Adler) के नाम विशेष रूप से उल्लेखनीय हैं। कार्ल मेनिंजर अमेरिका के रहने वाले थे तथा जहाँ वे मनोविश्लेषणात्मक दृष्टिकोणों के मुख्य प्रवर्तक बने। उन्होंने अपने क्लिनिक (clinic) में फ्रायड द्वारा प्रस्तावित विचारों के समर्थन में अनेक प्रदत्त (data) संग्रह कर The Human Mind and Man Against Himself) नामक पुस्तक भी लिखी।

6. सी.जी. युंग (C.G. Jung) शुरू में फ्रायड के सहयोगी के रूप में कार्य करते रहे और बाद में कुछ बिंदुओं पर असहमत होकर अपना एक नया दृष्टिकोण प्रस्तावित किया। युंग के इस नए दृष्टिकोण को 'विश्लेषणात्मक दृष्टिकोण' (analytical view point) कहते हैं। युंग ने अपने अध्ययनों के आधार पर व्यक्तित्व को दो प्रमुख वर्गों—बहिर्मुखी (extrovert) एवं अंतर्मुखी (introvert) में बाँटा। इसके अतिरिक्त युंग ने 'अचेतन' एवं 'स्व' के संबंध में भी फ्रायड से भिन्न विचार प्रस्तावित किया है। अचेतन के संबंध में युंग का मानना है कि यह दो प्रकारों—वैयक्तिक (personal) एवं सामूहिक (collective) का होता है। वैयक्तिक अचेतन में व्यक्ति के ऐसे अनुभव संचित रहते हैं जो कभी चेतन स्तर पर थे और दमित होकर अचेतन स्तर पर एकत्र हो गए हैं। लेकिन, सामूहिक अचेतन में वंशानुगत संचारण (hereditary transmission) द्वारा पूर्वजों की स्मृतियाँ परंपरागत प्रतिमाओं के रूप में (in the form of premordial images) जमा रहती है। ऐसी प्रतिमाओं को युंग ने 'आर्केटाइप्स' (archetypes) कहा है।

युंग के मतानुसार मानस व्यवहारों पर वैयक्तिक एवं सामूहिक–दोनों प्रकार के अचेतन की सामग्रियों का प्रभाव पड़ता है तथा असामान्यता या मानस रोगों का कारण शक्ति इच्छा (will to power) की असंतुष्टि एवं वैयक्तिक एवं सामूहिक अचेतन के बीच संबंध का टूटना या विच्छेद (dissociate) होना है।

'एल्फ्रेड एडलर' (Alfred Alder) प्रारंभ में फ्रायड के शिष्य (pupil) थे। लेकिन, बाद में चलकर वे भी फ्रायड से असहमत होकर अपना एक अलग विचार प्रस्तुत किया। 'एडलर' ने हीनता की भावना (feeling of inferiority) को ही असामान्यता का मुख्य कारण बताया तथा व्यक्ति के सभी प्रकार के व्यवहारों को हीनता की भावना पर विजय पाने हेतु उच्चता की भावना (feeling of superiority) से प्रेरित माना है।

'युंग' और 'एडलर' का फ्रायड के साथ मतभेद 'यौन प्रेरणा' से संबधित है। फ्रायड ने मानव व्यवहार को यौन प्रेरणा से प्रेरित माना है। यद्यपि युंग ने यौन प्रेरणा की महत्ता स्वीकार तो की है लेकिन फ्रायड की तरह सर्वाधिक महत्वपूर्ण मानने से इंकार किया है। 'युंग' के अनुसार स्व की आंतरिक अनुभूति (innter experience of the self) तथा शक्ति की चाह या इच्छा (will to power) की प्रेरणा को ही सर्वाधिक महत्वपूर्ण बतलाया है।

7. 'एडलर' का दृष्टिकोण फ्रायड और युंग–दोनों से भिन्न था। एडलर के अनुसार "व्यवहार का मुख्य प्रेरक तत्व या कारक हीनता की भावना है।" एडलर का मानना है कि प्रत्येक व्यक्ति एक–दूसरे पर आधिपत्य (dominance) या प्रभुत्व स्थापित करने की प्रेरणा से व्यवहार करता है। इस प्रेरणा के संतुष्ट होने पर श्रेष्ठता या उच्चता की भावना (feeling of superiority) विकसित होती है और जब यह भावना असंतुष्ट या बाधित होती है तो हीनता या अयोग्यता की भावना (feeling of inferiority) पनपती है। इस हीनता की भावना पर विजय पाने की दृष्टि से व्यक्ति किसी दूसरे क्षेत्र में श्रेष्ठता (superiority) तथा सफलता (success) हासिल कर क्षतिपूर्ति (compensate) करने का प्रयास करता है। इस प्रकार, मानव जीवन 'हीनता' एवं 'श्रेष्ठता' (inferiority vs superiority) के बीच का संघर्ष स्थल होता है। इस प्रकार के संघर्ष के परिणामस्वरूप प्रत्येक व्यक्ति में एक विशिष्ट या अपूर्व (unique) 'जीवनशैली' (life style) विकसित होती है। इस जीवनशैली द्वारा व्यक्ति का उद्देश्य, मूल्य तथा समायोजन के तौर–तरीका की झलक मिलती है। एक सामान्य व्यक्ति अपनी हीनता की भावना की क्षतिपूर्ति करने में सफल होता है। लेकिन जब यह भावना गहरी (deep) होती है तो वह एक ग्रंथि (complex) के रूप में विकसित होती है जिसके कारण व्यक्ति असामान्यता या मानस रोग का शिकार होता है।

हालाँकि 'युंग' और 'एडलर' ने फ्रायड से भिन्न अपना दृष्टिकोण प्रस्तावित किया है, लेकिन इनके दृष्टिकोणों को उतनी ख्याति नहीं मिल सकी जितनी 'फ्रायड' के विचारों को। इसका मुख्य कारण यह था कि फ्रायड के विचारों का प्रायोगिक अध्ययन करना संभव है जबकि युंग और एडलर के विचार मात्र सैद्धांतिक महत्व के हैं।

ऐतिहासिक पृष्ठभूमि में यदि देखें तो हम पाएँगे कि मनोविश्लेषणात्मक विचारधारा को प्रथम क्रमबद्ध मनोवैज्ञानिक प्रतिमान (systematic psychological model) माना जा सकता है जो मानस रोगों में मनोवैज्ञानिक प्रक्रियाओं को कारण के रूप में प्रतिबिंबित करता है। जिस प्रकार, मेडिकल प्रतिमान (medical model) प्राचीन समय के शैतान, भूत–प्रेत एवं अंधविश्वासी विचारों की जगह अवयवी विकृति (organic disorder) या मस्तिष्कीय विकृति (brain pathology) संबंधी विचारों को स्थापित किया है, उसी प्रकार मनोविश्लेषणात्मक विचारधारा मस्तिष्कीय विकृति के स्थान पर अहं सुरक्षा को दुश्चिंता (anxiety) अथवा दूसरे मानस रोगों (विशुद्ध रूप से जैविक विकृति की घटनाओं को छोड़कर) का कारण बतलाया गया है।

2.7 व्यवहारवादी मनोवैज्ञानिकों का योगदान (Contributions of Behaviouristic Psychologists)

20वीं शताब्दी के आरंभिक वर्षों में जहाँ असामान्यता अथवा मानस रोग से संबंधित मनोवैज्ञानिक विचारों पर आधारित दृष्टिकोण का प्रचार एवं प्रसार व्यापक पैमाने पर हो रहा था, इसकी प्रधानता (Supremacy) को चुनौती

देते हुए **'व्यवहारवादी दृष्टिकोण'** (behaviouristic viewpoint) का उदय होना प्रारंभ हो चुका था। इस नए व्यवहारवादी दृष्टिकोण के विचारकों का तर्क था कि 'स्वतंत्र साहचर्य' एवं 'स्वप्न विश्लेषण' की प्रविधियों द्वारा आत्मगत अनुभव (subjective experiences) प्राप्त होते हैं जिन्हें किसी दूसरे व्यक्ति द्वारा सत्यापित (verify) नहीं किया जा सकता। अतः इन विधियों द्वारा प्राप्त तथ्यों या सामग्रियों का कोई वैज्ञानिक आधार नहीं है। वैज्ञानिक कसौटी (scientific criteria) पर ऐसे तथ्य खरे नहीं उतरते। अतएव, इन आधारों पर निकाले गए निष्कर्ष स्वीकार करने योग्य नहीं हैं। इनके मतानुसार, मानव व्यवहारों के बारे में वैज्ञानिक सिद्धांतों (scientific principles) का प्रतिपादन व्यवहार के केवल ऐसे तथ्यों के आधार पर ही संभव है जिनका प्रत्यक्ष निरीक्षण (direct observation) और व्यवहारों को प्रभावित करने वाले यानी प्रबलित (reinforce) करने वाली उत्तेजनाओं (stimulus) को नियंत्रित करना संभव हो सके। 'व्यवहारवाद' (behaviourism) की नींव इसी तर्क पर आधारित है।

व्यवहारवादी विचारधारा से संबंधित अध्ययनों की शुरुआत 20वीं शताब्दी के प्रारंभिक वर्षों में **'पावलव'** (Pavlov), **'वाटसन'** (Watson), **'स्किनर'** (Skinner), एवं **'बंदुरा'** (Bandura) द्वारा मानव प्रकृति से संबंधित प्रयोगात्मक अध्ययनों (experimental studies) से मानी जाती है। व्यवहारवादियों ने इनके अध्ययनों से प्राप्त तथ्यों के आधार पर भी सामान्य एवं असामान्य व्यवहारों की व्याख्या प्रस्तुत की है।

व्यवहारवादियों (behaviourists) के अनुसार मानस रोग वस्तुतः समायोजन की विफलता है जो व्यक्ति के असामान्य व्यवहारों के माध्यम से दृष्टिगत होता है। व्यक्ति के असामान्य व्यवहार का मुख्य कारण समायोजी व्यवहार (adjustive behaviour) को सीखने की विफलता है। समायोजन योग्य व्यवहार को न सीखने के कारण व्यक्ति जीवन की संघर्षमय परिस्थितियों (conflicting situations) में सही निर्णय (decision) कर सकने में असमर्थ होता है। फलतः उसका व्यवहार कुसमायोजित या अनाभियोजित (maladaptive) स्वरूप का हो जाता है और वह विविध प्रकार के मानस रोगों यथा—कुंठा (frustration), दुश्चिंता (anxiety), अवसाद (depression) आदि से ग्रसित होता है। अस्तु, स्पष्ट है कि व्यवहारवादियों ने असामान्यता या मानस रोगों की व्याख्या शिक्षण सिद्धांतों (learning principles) के आधार पर की है।

व्यवहारवादियों ने असामान्य व्यवहारों के उपचार (treatment) हेतु व्यवहार परिमार्जन की प्रविधियाँ (behaviour modification techniques) विकसित की है। ऐसी प्रविधियों में वातावरण की परिस्थिति में परिमार्जन (modification in the environmental conditions), विमुख अनुकूलन (aversive conditioning), सरल विलोपन (simple extinction), क्रमबद्ध असंवेदीकरण (systematic desensitization), रोगी को शांत रहने का प्रशिक्षण देना (training to relax), श्रृंखला निर्माण (construction of hierarchies) आदि प्रविधियाँ प्रमुख हैं। इन प्रविधियों को आज भी उपयोग में लाया जाता है।

2.8 मनो-जैविक दृष्टिकोण (Psycho-biological Viewpoint)

अब तक के ऐतिहासिक उल्लेखों से यह स्पष्ट होता है कि 19वीं शताब्दी के अंतिम वर्षों तथा 20वीं शताब्दी के मध्य मानस रोगों के संबंध में दैहिक या जैविक (somatic or biological) दोनों पक्षों के वैज्ञानिक अनुसंधान कार्य में लगे रहे। इन दोनों क्षेत्रों में सतत् अध्ययन के फलस्वरूप मनश्चिकित्सा विज्ञान (Science of Psychiatry) का उदय हुआ और इस क्षेत्र में भी अनेक उल्लेखनीय कार्य हुए। इन्हीं दिनों अमेरिका निवासी 'एडॉल्फ मेयर' (Adolf Mayer, 1866–1950) ने भी महत्वपूर्ण योगदान किया है। मेयर के विचारानुसार, असामान्यता या मानस रोगों की उत्पत्ति शारीरिक (psychological) एवं मनोवैज्ञानिक (psychological) दोनों कारणों से होती है। अतः मानस रोगों का निदान एवं उपचार दैहिक यानी जैविक एवं मानसिक—दोनों आधारों पर किया जाना चाहिए। मेयर की इस सोच में 'फ्रायड' (Freud) एवं 'क्रेपलिन' (Kreplin) दोनों के दृष्टिकोणों या मॉडेल्स का मिश्रण (mixture) है। इसीलिए, मेयर के इस दृष्टिकोण को 'मनोजैविक दृष्टिकोण' (Psycho-biological viewpoint) यानी मॉडेल (model) कहते हैं।

आगे चलकर 'मेयर' ने अपने दृष्टिकोण या मॉडेल में सामाजिक पक्षों (social aspects) के महत्व को भी शामिल किया। अमेरिका के विभिन्न ख्याति प्राप्त अस्पतालों में उच्चाधिकारी की हैसियत से सेवा प्रदान करने के क्रम में यह एहसास किया कि व्यक्ति के मानसिक और शारीरिक स्वास्थ्य (mental and physiological health) पर मानसिक, शारीरिक या दैहिक एवं सामाजिक, तीनों पहलुओं का प्रभाव पड़ता है। इसी एहसास से प्रभावित होकर उन्होंने 1904 में अपनी पत्नी को एक मरीज के घर पर व्यक्तिवृत्त (case study) तैयार करने हेतु भेजा ताकि उस मरीज के पारिवारिक परिवेश (family environment) के बारे में ठोस जानकारी प्राप्त की जा सके। 1910 में मेयर 'जॉन हॉपकिन्स' विश्वविद्यालय के प्रोफेसर बने और दो वर्ष बाद 'फिप्स मनश्चिकित्सालय' (Phipps Psychiatric Clinic) के निदेशक (director) बने और अवकाश ग्रहण करने तक मनोजैविक सिद्धांत पर चिकित्सकीय कार्य करते रहे तथा अपने दृष्टिकोण को आगे बढ़ाते रहे। 'मेयर' ने चिकित्सा में मरीज और चिकित्सक के बीच सौहार्दपूर्ण वातावरण में वार्तालाप तथा अच्छे संबंधों (rapport) की आवश्यकता पर भी बल दिया है। इसके लिए साक्षात्कार (interview) एवं पारस्परिक शैक्षणिक प्रक्रिया (mutual process of education) के माध्यम से चिकित्सकीय सहायता प्रदान करने की विधि इजाद की, जो आज भी बहुत अधिक उपयोग में लाई जाती है।

चूंकि 'मेयर' में मनोजैविक पक्षों के साथ–साथ सामाजिक वातावरण को भी महत्वपूर्ण बतलाया है, इसलिए कुछ मनोवैज्ञानिक इस दृष्टिकोण को **'मनोजैविक या दैहिक–सामाजिक मॉडेल'** (Psycho-bio Social Model) कहना अधिक उपयुक्त समझते हैं। इस मत को मानने वालों में 'रेनी' (Rannie) का नाम मुख्य रूप से लिया जा सकता है। 'रेनी' मेयर के विचारों के अनुयायी (follower) थे। इनका मानना था कि मानस रोगियों के उपचारार्थ जैविक पदार्थों, जैसे–हार्मोन, विटामिन आदि के असंतुलन (imbalance) को संतुलित (balance) करना जितना आवश्यक है, उतना ही आवश्यक मरीजों के घरेलू वातावरण के अंतःपारस्परिक संबंधों में भी सुधार लाना जरूरी है। इसका कारण यह है कि घरेलू अंतःपारस्परिक संबंधों का मरीज के संवेगात्मक (emotional), प्रेरणात्मक (motivational) तथा अन्यान्य मनोगत्यात्मक (psychodynamic) की प्रक्रियाओं पर महत्वपूर्ण प्रभाव पड़ता है।

मेयर का विचार आधुनिक प्रगति की दृष्टि से विशेष महत्व रखता है। आधुनिक मनश्चिकित्सक एवं मनोवैज्ञानिक भी 'मेयर' के विचारों का समर्थन करते हैं। सही अर्थ में यदि देखें तो मेयर का मॉडेल एक समग्र मॉडेल है जिसमें दैहिक, जैविक, मनोवैज्ञानिक एवं सामाजिक, प्रत्येक पहलू का समागम है। इसीलिए इस दृष्टिकोण को **'संपूर्ण सिद्धांतों का एक मूल सिद्धांत'** (holistic approach) अथवा **'बहुतत्व दृष्टिकोण'** (multifactor approach) भी कहते हैं।

20वीं शताब्दी के प्रथम दशक (first decade) के बाद के मनोवैज्ञानिकों ने यह महसूस किया कि प्रत्येक जैविक प्राणी (biological organism) गर्भावस्था से लेकर मृत्युपर्यंत वंशानुक्रम (heredity) और सामाजिक–सांस्कृतिक वातावरण (socio-cultural environment) के सतत् अंतःक्रिया (continuous interaction) के फलस्वरूप विकसित और पल्लवित होता है। साथ ही, वातावरण के गत्यात्मक सामाजिक–सांस्कृतिक अंतःपारस्परिक संबंधों (dynamic, socio-cultural interpersonal relationships) का व्यक्ति के व्यवहारों पर बहुत अधिक प्रभाव पड़ता है। इसलिए मानस रोग या असामान्यता को समझने के लिए 'संपूर्ण दृष्टिकोण' (holistic approach) से विचार करना अति आवश्यक है। अर्थात् मानस रोग या असामान्यता का अध्ययन जैविक, मनोवैज्ञानिक और सामाजिक–सांस्कृतिक, प्रत्येक दृष्टिकोण से संपूर्ण रूप में (as a whole) करने की शुरुआत हुई।

2.9 संपूर्ण दृष्टिकोण (Holistic Viewpoint)

संपूर्ण दृष्टिकोण (Holistic approach) की पृष्ठभूमि 'मेयर' (Mayer) ने तैयार कर दी थी। इस दृष्टिकोण में जैविक (biological), मनोवैज्ञानिक (psychological) एवं सामाजिक–सांस्कृतिक (Socio-cultural) सभी कारकों

(factors) को एक साथ मिलाकर (by integrating) व्यक्ति के व्यवहार एवं मानस रोगों का अध्ययन करने पर जोर (emphasis) दिया गया है। 'मेयर' द्वारा इस नये दृष्टिकोण की जो आधारशिला (ground stone) रखी गई थी, उसे बाद के वैज्ञानिकों ने आगे बढ़ाते हुए इस नवीनतम दृष्टिकोण की स्थापना की। इस नए दृष्टिकोण में सर्वप्रथम **'हॉर्ने'** (Horney), **'फ्रॉम'** (Fromm) एवं **'सुलिवन'** (Sullivan) का योगदान सर्वाधिक महत्वपूर्ण है। ये मनोवैज्ञानिक **'नव-फ्रायडवादी'** (neofreudian) के नाम से जाने जाते हैं। इन्हें नवफ्रायडवादी इसलिए कहते हैं कि, इनके और मनोवैज्ञानिक विचारधारा के प्रवर्तक 'सिगमण्ड फ्रायड' (Sigmund Frued) के विचारों में बहुत–कुछ समानताएँ (similarities) हैं। लेकिन, फ्रायड के कुछ विचारों को इन्होंने अस्वीकार किया है और उनकी जगह अपने अलग विचार रखे हैं। इस समूह के मनोवैज्ञानिकों के विचारों को एक–एक कर प्रस्तुत किया गया है—

1. करेन हॉर्ने (Karen Horney) ये जर्मनी की रहने वाली थीं। इन्होंने फ्रायड के अचेतन और दमन (unconscious and repression) संबंधी विचारों एवं उनके महत्व को तो स्वीकार किया है, लेकिन हॉर्ने ने व्यवहार को प्रेरित करने की दृष्टि से यौन प्रेरणा को उतना महत्वपूर्ण नहीं माना है जितना महत्वपूर्ण 'फ्रायड' ने बतलाया है। साथ ही, 'हॉर्ने' ने सामाजिक (social) एवं सांस्कृतिक (cultural) वातावरण को भी अत्यंत महत्वपूर्ण माना है। हॉर्ने के अनुसार, सामाजिक एवं सांस्कृतिक आदर्शों (socio-cultural norms) के अनुरूप व्यवहार को सामान्य (normal) माना जाता है, जबकि प्रतिकूल व्यवहार को ही असामान्य (abnormal) कहते हैं। हॉर्ने ने सामाजिक, सांस्कृतिक आदर्शों एवं मूल्यों (norms and values) की जटिलताओं (complexities) की भी चर्चा की है। इनके अनुसार, जिस समाज के आदर्श एवं मूल्य बहुत अधिक जटिल (complex) और दृढ़ (rigid) होते हैं, वहाँ समायोजन योग्य (adjustable) व्यवहारों को सीखना अपेक्षाकृत कठिन होता है। फ़लतः कुसमायोजन (maladjustment) की स्थिति उत्पन्न होती है। अतः कुसमायोजित व्यक्तित्व (maladjusted personality) का विकास सामाजिक वातावरण की जटिलता पर निर्भर करता है। उदाहरणार्थ—जिस समाज में बच्चों के पारस्परिक द्वन्द्व (conflicts) या द्वेष (hostility) की भावना प्रकट करने पर प्रतिबंध रहता है अथवा सदैव परिवार के बड़े सदस्यों के कथनानुसार ही विविध प्रकार के क्रिया–कलापों को करने का प्रशिक्षण दिया जाता है, उस समाज के बालकों की मूल प्रवृत्तियाँ कुंठित होकर मनःस्नायु विकृति (psychoneurosis) के रूप में प्रकट होती है।

2. फ्रॉम (Fromm) एवं **सुलिवन** (Sullivan) ने भी सामाजिक–सांस्कृतिक तत्वों के महत्व पर प्रकाश डाला है। साथ–ही–साथ, इन लोगों ने 'फ्रायड', 'मेयर' तथा 'ह्वाइट' के विचारों से प्रभावित होकर अनेक महत्वपूर्ण कार्य किए हैं। इन्होंने फ्रायड के अचेतन के महत्व (importance of unconscious), चिंता की धारणा (concept of anxiety), तथा व्यक्तित्व के विकास में बाल्यावस्था के महत्व (significance of childhood in the development of personality) को स्वीकार किया है। लेकिन, यौन की मूल प्रवृत्ति का सार्वजनिक होना (universality of sex instinct), मातृ–पितृ प्रेम ग्रंथी संबंधी सिद्धांत (theory of oedipus complex), बाल्यावस्था की लैंगिकता (infantile sexuality), अहं, उपाहं एवं पराहं के शोधन (rectification of ego, id and superego) से संबंधित फ्रायड के विचारों का खण्डन किया है। इनकी जगह इन लोगों ने समाज और संस्कृति का प्रभाव तथा अंतःपारस्परिक संबंधों का महत्व बतलाया है। इस प्रकार, इनके विचार मेयर और फ्रायड—दोनों के विचारों का सम्मिलित रूप है।

जहाँ तक असामान्यता का प्रश्न है, इन मनोवैज्ञानिकों का मत है कि जब सामाजिक संचार (social communication) त्रुटिपूर्ण या अंतःपारस्परिक संबंध संतोषप्रद नहीं रहता है तो कुसमायोजित व्यवहार एवं मानसिक विकास या विकृति (unadjustable behaviour and mental disorder) उत्पन्न होता है। अतः इन्होंने चिकित्सा हेतु जैविक दोषों के निराकरण (removal of biological defects), एवं मनोवैज्ञानिक संतुष्टि (psychological satisfaction) के साथ–साथ सामाजिक संबंधों में सुधार लाने (improving the social relations), सामाजिक वातावरण में परिवर्तन लाने (changing the social environment) एवं सूझ–बूझ की योग्यता का विकास करने (developing the capacity of insight) की जरूरत बतलाई। सुलिवन (Sullivan) ने स्पष्ट रूप से कहा है—"मनश्चिकित्सा विज्ञान वस्तुतः अंतःपारस्परिक संबंधों का अध्ययन करता है (Psychiatry is in deed a study of interpersonal social relationships)।"

नवफ्रायडवादियों के उपर्युक्त विचारों से मानवविज्ञानी (anthropologists) भी प्रभावित हुए। फलतः **'मलिनॉस्की'** (Milinowski), **मीड** (Mead), **बेनेडिक्ट एवं बेनेडिक्ट** (Benedict and Benedict) जैसे प्रसिद्ध मनोविज्ञानियों ने भी आदिम जातियों (primitive people) का अध्ययन किया। इन मानवविज्ञानियों के अध्ययनों से भी मानस रोग विज्ञान के विकास पर अनुकूल प्रभाव पड़ा।

अस्तु, स्पष्ट है कि असामान्यता या मानस रोग के कारण शारीरिक या जैविक (physiological or somatic or biological), मानसिक (psychic), अथवा सामाजिक–सांस्कृतिक (socio-cultural) में से किसी एक पहलू से संबंधित न होकर सभी पहलुओं से संबंधित होते हैं। अतः असामान्य व्यक्तियों की पहचान, निदान एवं उपचार हेतु हमें व्यक्ति के संपूर्ण पहलुओं (whole aspects) पर दृष्टिपात करना होगा। इसे ही **'संपूर्ण प्राणी का दृष्टिकोण'** (Organismic point of view) कहते हैं। यह भी सुस्पष्ट है कि असामान्य या मानस रोग विज्ञान सही अर्थ में विभिन्न क्षेत्रों में किए गए अध्ययनों का प्रतिफल है। इसीलिए मानस रोग विज्ञान में व्यक्ति के सभी पहलुओं का समान महत्व स्वीकार किया गया है। अतएव वर्तमान समय में मानस रोगियों का अध्ययन इसी **'संपूर्ण प्राणी दृष्टिकोण'** के आधार पर किया जाता है।

2.10 असामान्य या मानस रोग विज्ञान की वर्तमान स्थिति (Present Status of Abnormal Psychology or Psychopathology)

मानस रोग विज्ञान (Psychopathology) के विकासात्मक इतिहास पर दृष्टिपात करने से यह विदित होता है कि प्राचीन समय से क्रमशः अंधविश्वास (superstitions) से प्रारंभ होकर जादू–टोना (magic), दार्शनिकों के मत, दैहिक (somatic), मानसिक या मनोवैज्ञानिक (psychic or psychological) और मनोजैविक (psycho-biology) दृष्टिकोणों से होते हुए आधुनिक संपूर्णवाद के दृष्टिकोण (holisticism) तक की यात्रा की है। इन दिनों इस क्षेत्र में अनुसंधान एवं शोध कार्यों में अनेक वैज्ञानिक लगे हुए हैं। परिणामस्वरूप दिन–प्रतिदिन ढेर सारे तथ्य प्रकाशित हो रहे हैं जो मानस रोग विज्ञान के प्रगतिशील विकास में सहायक सिद्ध हो रहा है। अनुसंधानकर्ताओं का यह प्रयास 'संपूर्ण प्राणी के दृष्टिकोण' पर आधारित है। इसलिए, ज्ञान की प्रायः सभी शाखाओं के वैज्ञानिक मानस रोग के बारे में जानने और समझने में रुचि रखते हैं। वैज्ञानिकों की इस रुचि का यह परिणाम है कि आधुनिक समय में शरीर रचना विज्ञान (anatomy), जीवन रसायनशास्त्र (biochemistry), स्नायुविज्ञान (neurology), मनोविज्ञान (psychology), मानव विज्ञान (anthropology), समाजशास्त्र (sociology) आदि सभी क्षेत्रों में तीव्रतर गति से मानव व्यवहारों का अध्ययन किया जाने लगा है।

विभिन्न चिकित्सा केन्द्रों में भी मानस रोगियों के उपचार हेतु सामूहिक रूप से विभिन्न क्षेत्रों के विशेषज्ञों की सम्मिलित सहमति ली जाती है। इसे **'टीम स्टडी'** या **'टीम वर्क'** (team study or team work) कहते हैं। टीम वर्क यानी दलगत कार्यों के फलस्वरूप मानस रोगों के कारणों, निदान एवं चिकित्सकीय सहायता प्रदान करने की दिशा में महत्वपूर्ण सहायता मिलती है। इसीलिए, आजकल टीम वर्क पर विशेष जोर दिया जा रहा है।

आधुनिक युग प्रयोग का युग (age of experimentation) है। अतः मनश्चिकित्सा विज्ञान के वैज्ञानिक मानस रोग विज्ञान की विषयवस्तुओं (subject matters) का प्रायोगिक अध्ययन (experimental study) करने लगे हैं। इन दिनों सम्मोहन (hypnosis), स्वप्न (dream), स्वतंत्र साहचर्य (free association), प्रक्षेपण (projection), दमन (repression) इत्यादि अनेक विषयों पर प्रायोगिक अध्ययन (experimental study) किए जा रहे हैं। फलतः विज्ञान की दुनिया में मनोविज्ञान एवं खासकर मानस रोग विज्ञान एक विशिष्ट स्थान रखता है। किसी भी विज्ञान की यह सर्वाधिक महत्वपूर्ण विशेषता होती है। अतः कहा जाता है कि आधुनिक वैज्ञानिकों के प्रयास से मानस रोग विज्ञान प्रगतिशील दिशा की ओर तेजी से बढ़ रहा है।

सारांश रूप में हम देखते हैं कि यद्यपि इसका इतिहास काफी पुराना है। इसके विकास का प्रारंभ जादू–टोना (magic), अंधविश्वासों (superstitions), धार्मिक मान्यताओं (religious beliefs) से हुई है। किन्तु इस विज्ञान का क्रमबद्ध इतिहास 19वीं और 20वीं शताब्दी से मिलता है। आधुनिक मानस रोग विज्ञान गत्यात्मक स्वरूप का है जिसमें वैयक्तिक और सामाजिक, दोनों पक्षों का अध्ययन किया जाता है।

वर्तमान में असामान्य अर्थात् मानस रोग विज्ञान के क्षेत्र में बहुत तेजी से विकास हो रहा है। इसका प्रमाण संपूर्ण विश्व में मानसिक चिकित्सालयों (mental hospitals) की बढ़ती हुई संख्या, उसमें भर्ती होने वाले मरीजों की बाढ़ तथा चिकित्सा की नई–नई तकनीकों के विकास एवं प्रयोगात्मक अध्ययनों पर आधारित शोधकार्यों से मिलता है।

अस्तु, हम कह सकते हैं कि असामान्यता एवं मानस रोगियों से संबंधित वैचारिक दृष्टिकोण का प्रारंभ भूत–प्रेत, अंधविश्वास तथा धार्मिक मान्यताओं से हुआ है तथा दैहिक, मनोवैज्ञानिक और मनोजैविक दृष्टिकोणों से होते हुए यह विज्ञान का आधुनिक विकास की ओर अग्रसर है, और विकास की यह गति आगे भी जारी है।

2.11 सारांश (Summary)

1. असामान्य मनोविज्ञान का इतिहास ही मानस रोग विज्ञान (psychopathology) का इतिहास है।
2. मानस रोग विज्ञान की ऐतिहासिक पृष्ठभूमि का प्रारंभ 'पत्थर युग' (stone age) के आदिम मानवों से मानी जाती है। इस युग में भूत–प्रेत संबंधी अंधविश्वासी विचारों का बोलबाला था तथा इसी आधार पर मानस रोगियों के बारे में विचार और उपचार किया जाता था।
3. इस युग में एक विशेष प्रकार की शल्य चिकित्सा के प्रचलन का भी उल्लेख मिलता है जिसे 'ट्रिफाइनिंग' कहते हैं। इस शल्यक्रिया में नुकीले पत्थर से खोपड़ी में मारकर छेद बनाया जाता था। ऐसा करने के पीछे यह सोच थी कि इसी छेद के माध्यम से बुरी आत्मा बाहर आ जाएगी और अच्छी आत्मा प्रवेश कर सकेगी।
4. मोटे तौर पर कुछ इसी तरह के विचार प्राचीन हेयब्रुज एवं ग्रीस और रोम की सभ्यताओं में भी प्रचलित रहा।
5. प्राचीन दार्शनिकों में हिपोक्रेटस, प्लेटो एवं अरस्तु के जमाने में भी प्राचीन अंधविश्वासी धारणा प्रचलित थी, लेकिन हिपोक्रेटस ने पहली बार मानस रोगों को शारीरिक रोगों के समान बीमारी बताया तथा उनकी चिकित्सकीय प्रविधि में सुधार लाने की वकालत की। इन्होंने मानस रोगों का वर्गीकरण भी किया और प्रत्येक वर्ग के रोगों के लक्षणों का भी वर्णन किया है। साथ ही, उपचार की कष्टप्रद विधियों की जगह नई विधियाँ भी प्रस्तावित कीं।
6. प्राचीन पत्थर युग के बाद रोमन सभ्यता में विचारधाराओं में थोड़ा संशोधन तो हुआ लेकिन तत्काल बाद एक बार पुनः पुरानी विचारधारा स्थापित होने लगी। यह समय ईसाइयत का बढ़ता प्रभाव था जिसके चलते वैज्ञानिक सोच बाधित हुई। अतएव एक बार पुनः अज्ञानता एवं अंधकार का साम्राज्य स्थापित हो गया। इसीलिए इस युग को 'अंधकार युग' (dark age) के नाम से जाना जाता है। इस अवधि में अनेक प्रकार के महामारी रूपी मानस रोगों के भी दृष्टांत मिलते हैं।
7. मध्य युग के बाद एक बार पुनः वैज्ञानिक जागरण (scientific awakening) का युग प्रारम्भ हुआ जिसमें मानवीय दृष्टिकोण का विकास हुआ। इन दृष्टिकोणों को मानने वालों में पारसेल्सस, वेयर, स्कॉट, पिने, कॉनॉली आदि वैज्ञानिकों के नाम उल्लेखनीय हैं। इस दृष्टिकोण को अपनाने पर जोर दिया गया तथा अनेक गिरजाघरों, पूजास्थलों, मंदिरों आदि को मानस रोगियों के लिए शरणस्थली के रूप में खोला गया।

8. वैज्ञानिक पुनर्जागरण के बाद क्रमशः दृष्टिकोण, मनोवैज्ञानिक दृष्टिकोण, मनोजैविक एवं मनोजैविक सामाजिक दृष्टिकोणों का विकास द्रुतगति से होने लगा। ऐतिहासिक दृष्टि से यह अवधि 19वीं शताब्दी से 20वीं शताब्दी तक का है जिसमें क्रमबद्ध अध्ययनों का तांता लगा तथा आधुनिक दृष्टिकोण की ओर वैचारिक दृष्टिकोणों में क्रमशः विकास होता गया।
9. 19वीं शताब्दी से 20वीं शताब्दी तक में सिगमण्ड फ्रायड, शारकॉट, नवफ्रायडवादी मनोवैज्ञानिक, मेयर, वाटसन, स्किनर एवं पावलव आदि वैज्ञानिकों के योगदान महत्वपूर्ण हैं।
10. आधुनिक समय में मानस रोगों के संबंधों में संपूर्णवादी दृष्टिकोण प्रचलित है जिसमें दैहिक, मनोजैविक एवं सामाजिक–सांस्कृतिक सभी पक्षों पर विचार करते हुए मानसिक रोगियों की जाँच पड़ताल, निदान एवं चिकित्सा पर बल दिया जाता है।

3

मानस रोग (असामान्यता) का मूल्यांकन अथवा निदान
(Assessment or Diagnosis of Psychopathology/Abnormality)

अध्याय रूपरेखा (Chapter Outline)

3.1 मूल्यांकन या निदान का अर्थ एवं स्वरूप (Meaning and Nature of Assessment or Diagnosis)

कुसमायोजित व्यवहार (non adaptive behaviours), असामान्यताएँ (abnormalities) अथवा व्यक्तित्व संबंधी विकृतियाँ (personality disorders) विविध रूपों (forms) के होते हैं। इन विविध रूपों की परख अथवा समझ के लिए तथा उन्हें चिकित्सकीय सहायता पहुँचाने की दृष्टि से उनकी पहचान करना (to identify) एवं वर्गीकृत (classify) करना नितांत आवश्यक है।

मानसिक विकार अथवा असामान्यता के संलक्षणों (syndromes) की पहचान कर उन्हें विशिष्ट वर्गों (specific category) में वर्गीकृत करने (to classify) की प्रक्रिया को ही 'निदान' (diagnosis) कहते हैं। यह वर्गीकरण (classification) विशिष्ट वैकृतिक वर्गों (pathological categories) में किया जाता है। अर्थात् "निदान से तात्पर्य रोग या विकृति की पहचान कर वर्गीकृत करना तथा संबंधित दूसरी अवस्थाओं की पहचान करना होता है। (Diagnosis means to identify a disorder by symptoms or syndromes and other some distinguishing or related characteristics)।"

निदान में भिन्नात्मक निदान की प्रक्रिया (differential diagnostic process) स्वाभाविक रूप से सन्निहित रहती है। भिन्नात्मक निदान से तात्पर्य विकृतियों के लक्षणात्मक संकेतों (symptomatic signs) के आधार पर विकृति विशेष को दूसरी समान स्वरूप की अवस्थाओं से पृथक करना होता है।

जिस प्रकार भिन्न–भिन्न शारीरिक रोगों के संकेतों या लक्षणों (symptomatic signals) एवं रोग जनक परीक्षणों (pathogenic tests) के आधार पर रोग विशेष की पहचान कर विशिष्ट वर्ग में वर्गीकृत किया जाता है, ठीक उसी तरह नैदानिक मनोवैज्ञानिक (clinical psychologist) एवं मनश्चिकित्सक (psychiatrists) मानस रोगियों के लक्षणात्मक संकेतों (symptomatic signals) एवं नैदानिक परीक्षणों (diagnostic tests) के आधार पर मानस रोगियों का नैदानिक वर्गीकरण (diagnostic classification) कर उपयुक्त चिकित्सा प्रविधि का चयन एवं चिकित्सकीय यंत्रों का संचालन करते हैं। इस प्रकार मानस रोगियों की विक्षुब्धता (distortions) को दूर करने का प्रयास किया जाता है। इसीलिए, इन प्रविधियों को 'मनोनैदानिक प्रविधियाँ' (psychodiagnostic techniques) कहते हैं।

मानसिक विकारों को वर्गीकृत करने हेतु प्रायः उसके लक्षणों पर ध्यान दिया जाता है। लेकिन, प्रायः ऐसा देखा जाता है कि एक ही तरह के लक्षण विभिन्न मानसिक रोगियों में पाए जाते हैं। इसलिए, नैदानिक कार्यों के लिए रोगियों के व्यक्तिगत लक्षणों के स्थान पर लक्षणों के विशिष्ट समूह यानी सिंड्रोम (syndrome) पर ध्यान देना ज्यादा श्रेयष्कर माना जाता है। सिंड्रोम लक्षणों के समूह या गुच्छ (group of bunch of symptoms) को कहते हैं।

मानस रोगियों के वर्गीकरण के कई तरीके इस्तेमाल में लाए जाते हैं। लेकिन, इन दिनों दो प्रणालियाँ विशेष रूप से प्रचलन में हैं। ये प्रणालियाँ निम्नलिखित हैं–

3.1.1 व्याधियों का अंतर्राष्ट्रीय वर्गीकरण (International Classification of Diseases—ICD)

वर्गीकरण का यह 'मॉडेल' विश्व स्वास्थ्य संगठन (World Health Organisation—WHO) द्वारा जारी किया गया है जिसमें मानसिक और शारीरिक–दोनों प्रकार के विकारों का विवरण है तथा इसका उपयोग विश्व स्तर पर किया जाता है। नैदानिक वर्गीकरण का यह मानक वर्गीकरण (normative classification) है, इसलिए इस मानक का अनुसरण विश्वभर के चिकित्सक करते हैं। वर्तमान में इसका दसवाँ संस्करण (ICD-10) प्रचलन में है।

3.1.2 मानसिक विकारों की नैदानिक एवं सांख्यिकीय निर्देशिका (Diagnostic and Statistical Manual of Mental Disorders—DSM)

मानसिक विकारों (mental disorders) के वर्गीकरण हेतु यह निर्देशिका (manual) सर्वाधिक लोकप्रिय है। इस मैनुअल का प्रकाशन 'अमेरिकन मनोचिकित्सक परिषद' (American Psychiatrists Association—APA) द्वारा किया गया है और वर्तमान में इसका चौथा संस्करण (DSM-IV) प्रचलन में है।

DSM प्रणाली से व्यक्ति के निदान (diagnosis), उपचार (therapy), पूर्वानुमान (prognosis) एवं प्रबंधन (management) में चिकित्सा मनोवैज्ञानिकों (psychotherapists) को काफी सहायता मिलती है। इस प्रणाली द्वारा मनोविकारों का निदान रोगियों के विचारों, संवेगों और व्यवहारों के आधार पर किया जाता है। निदान की यह प्रणाली निदान का व्यापक अथवा विस्तृत आधार अपनाती है। अतः यह **'बहुअक्षीय निदान प्रणाली'** (multiaxial diagnostic system) है। अर्थात् यह प्रणाली केवल लक्षणों पर आधारित नहीं है अपितु, रोगी के लक्षणों की बारंबारता (frequency), निरंतरता (consistency), विकासात्मक पक्षों से संबंधित सूचनाएँ, दैहिक अस्वस्थता, चिकित्सा, औषधीय समस्या, वर्तमान प्रतिबल (present stress) आदि विविध पक्षों को शामिल किया गया है।

DSM-IV के विभिन्न 'अक्ष' (axis) या धुरियाँ इस प्रकार हैं—

अक्ष-I (Axis-I): इसमें रोगी के वैचारिक, सांवेगिक एवं व्यवहारगत लक्षणों से संबंधित सूचनाएँ हैं जिनकी बारंबारता, निरंतरता एवं अन्यान्य विशेषताओं का निरूपण किया जाता है।

अक्ष-II (Axis-II): इसमें रोगी के विकासात्मक पक्षों से संबंधित सूचनाएँ या समस्याएँ प्राप्त की जाती है। जैसे—रोगी के समक्ष क्या कभी विकास संबंधी समस्या आई थी।

अक्ष-III (Axis-III): इसमें रोगी की दैहिक अस्वस्थता, चिकित्सा, औषधीय समस्या से संबंधित सूचना प्राप्त की जाती है।

अक्ष-IV (Axis-IV): इसमें वर्तमान प्रतिबल (stress) क्या है? इसका स्वरूप, इसकी भयंकरता या गंभीरता एवं समायोजन संबंधी समस्याओं के बारे में जानकारी प्राप्त की जाती है।

आजकल DSM प्रणाली में एक और नया अक्ष-V (Axis-V) जोड़ दिया गया है। अक्ष-V (Axis-V) में DSM-IV में से समायोजन संबंधी समस्याओं को अलग कर एक स्वतंत्र अक्ष (independent axis) के रूप में सम्मिलित किया गया है।

इस प्रकार DSM-IV अलग–अलग धुरियों या अक्षों पर व्यक्ति के बारे में निर्णयों को प्रकट करता है। इस प्रणाली (system or scheme) के अंतर्गत सभी प्रकार की मनोविकृतियों (mental disorders) के मुख्य नैदानिक स्वरूप (clinical picture) अथवा लक्षण/विशेषताओं (symptoms/features) का विस्तृत विवरण प्रस्तुत किया गया है। साथ ही, नैदानिक मार्गदर्शन (diagnostic guidelines) भी दिए गए हैं।

(**नोटः** DSM-IV—का विस्तृत वर्गीकरण प्रणाली परिशिष्ट–'ए' में दिया गया है।)

3.2 मनोनैदानिक प्रविधियाँ (Techniques of Psychodiagnosis)

मानस रोगों या विकारों के निदान हेतु कई प्रकार की मनोनैदानिक प्रविधियाँ (psychodiagnostic technique) उपयोग में लाई जाती हैं जिनमें निम्नांकित कुछ प्रविधियाँ महत्वपूर्ण हैं—

(i) सम्मोहन विधि (Hypnosis Method)

(ii) जीवन–इतिहास विधि (Case-History Method)

(iii) मनोविश्लेषणात्मक विधि (Psychoanalytic Method)

(iv) नैदानिक साक्षात्कार विधि (Clinical Interview Method)

(v) व्यवहार निरीक्षण की प्रविधियाँ (Behaviour Observation Techniques)

(vi) मनोवैज्ञानिक परीक्षणों द्वारा नैदानिक जाँच (Diagnostic Testing through Psychological Tests)

(vii) मनोनैदानिक विधियाँ (Psycho-diagnostic Methods)

3.3 सम्मोहन विधि (Hypnosis Method)

यह एक प्राचीन विधि है। 19वीं शताब्दी में वियाना (Vienna) निवासी 'मेसमर' (Mesmer) ने इस विधि का उपयोग सबसे पहले किया था। उस जमाने में यह 'मेसमरिज्म' (Mesmerism) के नाम से जाना जाता था तथा इसका उपयोग हिस्टीरिया (hysteria) के रोगियों पर किया जाता था। आगे चलकर इसका उपयोग हिस्टीरिया के अतिरिक्त मद्यव्यसनिता (alcoholism), यौन आदतों (sexual habits), आदि दुर्गुणों को दूर करने तथा अच्छी आदतों को सीखने के लिए भी किया जाने लगा। मेसमर के अतिरिक्त इस विधि का उपयोग **शारकॉट** (Charcot), बर्नहिम (Bernheim) एवं जैने (Janet) आदि मनोवैज्ञानिकों द्वारा भी किया गया है।

इस विधि में रोगी को सम्मोहक (hypnotizer) संसूचन (suggestion) द्वारा मोह निद्रा या मोहावस्था (trance) में निमग्न कर देता है। फलस्वरूप वह अचैतन्य हो जाता है और वह केवल सम्मोहक के निर्देशानुसार ही क्रिया करता है। **जेम्स डी. पेज** (James, D. Page) ने सम्मोहन की परिभाषा इन शब्दों में दी है–"सम्मोहन एक प्रकार कृत्रिम मोहावस्था है, जिसमें संसूचनशीलता के गुण की प्रधानता रहती है।"[1] अर्थात् सम्मोहन एक प्रकार की कृत्रिम मोहजनित अवस्था है जिसमें व्यक्ति की चेतना शून्य हो जाती है तथा उसके स्वयं की 'सूझ' (insight) या सोच–समझ कर क्रिया करने की शक्ति जड़वत हो जाती है। फलस्वरूप, दूसरे (सम्मोहक) के कथनानुसार ज्यों का त्यों करने की प्रवृत्ति हावी हो जाती है। अतएव सम्मोहक जैसा कहता है, रोगी उसे ही सत्य या सही मानकर उसके आदेशों, निर्देशों का हू–ब–हू अनुपालन करता है।

इस अवस्था को कृत्रिम ढंग से उत्पन्न करने का मुख्य आधार संसूचन (suggestion) है जिसके लिए कई तरीकों (techniques) का उपयोग किया जाता है। इन तरीकों में विश्राम (relax) एवं मौखिक संसूचन (verbal suggestion) का तरीका ज्यादा प्रचलन में हैं। कभी–कभी रोगी यानी क्लायंट (patient or client) को विश्रामावस्था में लाने के लिए औषधियों (medicines) का भी उपयोग किया जाता है। क्लायंट को एक आराम कुर्सी (easy chair) पर आरामदेह स्थिति में लेटने को कहा जाता है। इसके बाद सम्मोहन मौखिक रूप से (verbally) उसे निद्रा की अवस्था (sleeping state) की ओर मोहित करता है। जैसे वह कहता है–

"विश्राम की मुद्रा में आ जाएँ, मेरी आवाज सुनें–केवल मेरी आवाज ही सुनें–आप आराम से सोने की चेष्टा करें, आपको तंद्रा आ रही है–आप उनींदा हो रहे हैं और आप सोना चाहते हैं–आपकी पलकें भारी हो गई हैं और वे बंद हैं–आराम से सोने की चेष्टा करें–बिल्कुल शिथिल हो जाएँ–अब आपकी पलकें और भी उनींदी हो गई हैं–अब आप थकान और नींद की गोद में हैं–आप आँखें बंद कर लें और अब सो जाएँ, आपको नींद आ रही है–नींद आ रही है–नींद आ रही है–लीजिए, नींद आ गई–सचमुच नींद आ गई है और अब आप गहरी नींद में सो गए हैं–आप गहरी नींद में सो गए हैं।"

("Relax, let yourself go—Listen only to my voice—Relax and go to sleep—You are feeling drowsy and sleepy—Yours eyes are feeling heavy—Relax and go to sleep—Your eyes are heavy and

---

1. "Hypnosis is an artificially induced tranced state, characterized by hightened suggestibility."—James D. Page, Abnormal Psychology, Tata McGraw Hill, 1970, p. 161.

sleepy—Relax—Close your eyes and go to sleep—You are drowsy and tired—Go to sleep—You are fast asleep—You are fast asleep."[2]

सम्मोहक उपर्युक्त तरीका का संसूचन (suggestion) रोगी के पूर्ण रूप से निद्रावस्था में आने तक जारी रखता है तथा बीच–बीच में सम्मोहक चेक टेस्ट (check test) कर इस बात की भी जाँच कर लेता है कि रोगी सही में सम्मोहन की अवस्था (hypnotic state) में आ रहा है या नहीं। इसके लिए वह संसूचित करता है–"आपकी आँखें नींद से बोझिल हो चुकी हैं। आप अपनी आँखें खोलकर देखें–आपकी आँखें नहीं खुलेंगी।" रोगी जब आँखों को खोलने में कठिनाई का अनुभव करता है तब सम्मोहक दूसरी तरह से भी उसकी सम्मोहनावस्था की जाँच करता है। जब रोगी पूर्णतः सम्मोहन की अवस्था को प्राप्त कर लेता है तब सम्मोहक जैसा कहता है, रोगी वैसा ही करता है। कुछ देर तक सम्मोहन की अवस्था में रोगी को रखने के बाद उसे पुनः मौखिक संसूचन (verbal suggestion) द्वारा ही जागृत अवस्था (dehypnotic state) में लाया जाता है। अर्थात् उसकी सम्मोहनावस्था भंग की जाती है।

3.3.1 सम्मोहन विधि के गुण या लाभ (Merits of Hypnosis Method)

(i) नैदानिक दृष्टि से (from clinical point of view) सम्मोहन एक बहुत ही उपयोगी विधि है। खासकर, इसका उपयोग हिस्टीरिया (hysteria), अवसाद (depression), मद्यव्यसनिता (alcoholism), बुरी आदतों (bad habits) आदि सरल मानसिक विकारों (simple mental disorders) के लक्षण को समझने एवं निदान करने में सफलतापूर्वक किया जाता है।

(ii) सम्मोहन की अवस्था में व्यक्ति सम्मोहक द्वारा कही गई बातों को पूर्णतः सत्य और सही मानता है तथा उस पर पूरी तरह से भरोसा करता है। इसलिए उसके निर्देशों के प्रति अचैतन्य (enchanted) होकर आकर्षित होता है। इसलिए वह मानस स्तर पर विभिन्न प्रकार के परस्पर विरोधी विचारों से मुक्त (free from conflicting mental ideas) रहता है। फलस्वरूप, विस्मृत घटनाओं की स्मृति पुनर्जीवित (revive) होने लगती हैं। अतएव स्मृति लोप (loss of memory) के मनोवैज्ञानिक पहलुओं के बारे में सम्मोहन विधि द्वारा अध्ययन करना सुगम होता है।

(iii) वाक्शून्यता (aphasias), अकारण भय यानी दुर्भिती (phobia), मनोवैज्ञानिक कारणों से होने वाले पक्षाघात (psychological paralysis) इत्यादि विकारों के लक्षणों का अध्ययन करने में भी सम्मोहन विधि विशेष रूप से उपयोगी सिद्ध हुआ है।

(iv) सम्मोहनावस्था का प्रायोगिक अध्ययन करना भी संभव है। **नैन्सी स्कूल** (Nancy School) और **बर्नहिम** (Bernheim) ने पाया कि प्रायोगिक तरीके से हिस्टीरिया के मरीजों के लक्षणों को दूर करना एवं सामान्य व्यक्तियों में इन लक्षणों को विकसित करना–दोनों संभव हैं। इस प्रकार, सम्मोहन विधि को प्रयोगात्मक विधि से शोधमूलक अध्ययन कर सम्मोहन के आधारभूत तथ्यों को संतुष्ट करना तथा कुछ नए तथ्यों को प्राप्त कर आवश्यक संशोधन करना संभव है।

3.3.2 सम्मोहन विधि के अवगुण या त्रुटियाँ (Demerits of Hypnosis Method)

यद्यपि सम्मोहन विधि एक उपयोगी विधि है, लेकिन इसकी कुछ कमियाँ भी हैं जिनके कारण इस विधि की कड़ी आलोचना (criticism) की जाती है। मनश्चिकित्सकों (psychotherapists) एवं नैदानिक मनोवैज्ञानिकों (clinical psychologists) की दृष्टि में इस विधि की प्रस्तुत त्रुटियाँ महत्वपूर्ण हैं–

2. James D. Page, Abnormal Psychology, 1970, p. 161.

(i) इस विधि का पहला अवगुण या कमी यह है कि मरीज में निर्भरता (dependency) की प्रवृत्ति पनपती है। वह जो कुछ भी करता है उसके लिए सम्मोहक को ही उत्तरदायी (responsible) मानता है। फलस्वरूप, वह बच्चों की तरह दूसरों पर ही आश्रित (dependent) रहना चाहता है। इस प्रकार, एक विकार दूर होने के साथ दूसरे प्रकार की असामान्यता के विकसित होने की संभावना रहती है।

(ii) सम्मोहन विधि द्वारा न तो रोगी का गहराई के साथ (deeply) अध्ययन करना संभव है और न गहराई के साथ उपचार। इसके द्वारा हम केवल सतही तौर पर (superfacially) रोगी के लक्षणों (symptoms) को ही जान और दूर कर सकते हैं। अतः मरीज की चिकित्सा जड़ (root treatment) करना संभव नहीं है।

(iii) सम्मोहन का प्रभाव अस्थायी (temporary) होता है। अतः इस विधि से स्थायी परिणाम नहीं प्राप्त किए जा सकते हैं।

(iv) सम्मोहन विधि का उपयोग सीमित है। इसका उपयोग केवल सरल प्रकार के मानस रोगों पर ही किया जा सकता है। मनोविकृति (psychosis) जैसे जटिल एवं दूरूहपूर्ण रोगों में इस विधि का उपयोग करना संभव नहीं है।

(v) इस विधि की उपयोगिता मरीजों के सहयोग पर निर्भर करती है। अतः यदि मरीज पूर्णरूप से सहयोग न करे तो उसे सम्मोहित नहीं किया जा सकता।

(vi) सभी प्रकार के व्यक्तियों पर सम्मोहन विधि का उपयोग नहीं किया जा सकता। कुछ लोग आलोचनात्मक मानसिकता (critical mind) के होते हैं। इसलिए, उन पर इस विधि का सफलतापूर्वक उपयोग करना मुश्किल होता है। साथ ही अधिक जटिल विकृति वाले रोगियों के लिए इस विधि का कुछ भी महत्व नहीं रह जाता है। इसीलिए **पेज** (Page) ने स्पष्ट लिखा है कि इस विधि का उपयोग मात्र 20% मानस रोगियों पर ही किया जा सकता है और शेष 80% रोगियों पर इस विधि का उपयोग सफलतापूर्वक नहीं किया जा सकता है।

(vii) कुछ मानस रोगी अपनी गलत क्रियाओं के लिए सम्मोहक को दोषी मानकर कानूनी कार्रवाई कर देते हैं। उनकी आपत्ति यह होती है कि सम्मोहक उनके मस्तिष्क पर हावी हो गया है और इस प्रकार वह वशीभूत होकर उसके निर्देशानुसार उसने अनैतिक या गैरकानूनी क्रियाएँ की हैं। इसलिए इस विधि का व्यक्त रूप में उपयोग में लाना कठिन है।

(viii) सम्मोहन विधि का उपयोग सभी लोग नहीं कर सकते। इसके लिए पर्याप्त प्रशिक्षण (training) और दक्षता (efficiency) का होना अनिवार्य है।

3.4 मनोविश्लेषणात्मक विधि (Psychoanalytic Method)

इस विधि का इजात 'डॉ. सिगमण्ड फ्रायड' (Dr. Sigmund Freud) ने किया है। इन्होंने असामान्य व्यक्तित्व अथवा मानस रोगों के निदान (diagnosis of abnormal personalities and psychopathologies) हेतु मन के गत्यात्मक (dynamic) पहलुओं की आंतरिक कार्यप्रणाली (internal functional systems) को जानने और समझने पर बल दिया है। इसमें उन्होंने मन की गतिकी (dynamics) के तीन प्रधान पक्षों का उल्लेख किया है—मन के आकारीय पहलू (topographical aspects of mind), गत्यात्मक पहलू (dynamic aspect) एवं व्यक्तित्व का विकास (development of personality)। इनका मानना है किस मन के 'अकारात्मक पहलू' के अचेतन भाग (unconscious part) में ही असामान्य व्यवहारों, कुसमायोजन अथवा मानस रोगों के कारण दमित अतृप्त इच्छाओं (repressed unsatisfied desires) के रूप में पाए जाती हैं। अतः सामान्य व्यक्तियों के निदान हेतु यह आवश्यक

है कि इनके अचेतन मन को कुरेदा (digout) जाए और ऐसी अतृप्त इच्छा शक्तियों को चेतन स्तर पर लाने का प्रयास किया जाए।

मन के गत्यात्मक पहलू के अंतर्गत अहं, उपाहं एवं पराहं (ego, id and super ego) की गत्यात्मक शक्तियाँ कार्यशील रहती हैं। इन तीनों का कार्यस्थल क्रमशः अचेतन एवं चेतन स्तरों पर (ego), अचेतन स्तर पर (id) तथा चेतन स्तर पर (super ego) की शक्तियाँ सक्रिय रहती हैं। ये तीनों शक्तियाँ परस्पर विरोधी स्वरूप की होती हैं तथा इनके बीच सदैव संघर्ष चलता रहता है। इन संघर्षों (conflicts) का सुप्रबंधन सामान्यता (normality) का सूचक होता है। लेकिन, यदि इनके प्रबंधन में किसी प्रकार की दिक्कत हो तो इसका बुरा प्रभाव व्यक्तित्व पर पड़ता है और व्यक्ति का सामंजन (adjustment) बिगड़ जाता है जो असामान्यता (abnormality) का सूचक है। अतः नैदानिक दृष्टि से इन संघर्षमय स्थितियों की जानकारी महत्वपूर्ण होती है।

इसी तरह व्यक्ति के विकास के क्रम में बाल्यावस्था में ही अनेक प्रकार की ग्रंथियों (complexes) पनपती हैं जो बाद में प्रकट होकर व्यवहार के प्रतिरूपों को असामान्य बना देती है। अतएव, नैदानिक मनोवैज्ञानिकों के लिए इन ग्रंथियों (जो अचेतन रूप से कार्य करते हैं) की भी जानकारी प्राप्त करनी जरूरी होती है। असामान्यता या मानसिक रोगों के अनेक लक्षणों या लक्षणों के समूह (symptoms or syndromes) के कारणों को इन ग्रंथियों को कुरेदने एवं विश्लेषण करने पर पता चलता है।

निदान की इस प्रविधि में स्वप्न विश्लेषण' (dream analysis) पर भी बल दिया गया है। 'फ्रायड' के अनुसार स्वप्न वस्तुतः अतृप्त इच्छाओं की पूर्ति (wishful filment) का माध्यम होता है। अतः स्वप्न के विश्लेषण से अचेतन में दमित अतृप्त इच्छाओं, प्रवाहों (impulses), विचारों आदि की जानकारी प्राप्त कर मानस रोगियों के लक्षणों के विशिष्ट कारणों का पता लगाया जा सकता है। इसी तरह सामान्य जीवन की भूलों (everyday psychopathology) का विश्लेषण भी नैदानिक दृष्टि से महत्वपूर्ण होता है।

फ्रायड ने अचेतन में दमित इच्छाओं और प्रवाहों को कुरेदने हेतु 'स्वतंत्र साहचर्य' (free association) एवं 'स्वप्न विश्लेषण' (dream analysis) की प्रविधियाँ (techniques) प्रस्तावित की है। फ्रायड का मानना है कि मानस रोगों का मुख्य कारण बाल्यावस्था की यौन इच्छा (infantile sexual desires) या संवेगों (emotions) एवं वास्तविकता (reality) के बीच संघर्ष (conflict) होता है। 'स्वतंत्र साहचर्य' के क्रम में रोगी इन विगत अनुभूतियों को व्यक्त करता है जिसके आधार पर उसका निदान संभव होता है तथा उसके संवेगों की तीव्रता (intensity of emotions) में भी कमी आती है। साथ ही, इन अनुभूतियों के व्यक्त होने से रोगी को वास्तविकता के साथ अनुकूल ढंग से समायोजन स्थापित करने की सूझ या समझ (insight) स्वतः मिल जाती है और वह स्वस्थ हो जाता है।

'स्वतंत्र साहचर्य' के क्रम में रोगी अपने स्वप्नों की भी चर्चा करता है जिसके माध्यम से अचेतन में संचित दमित इच्छा प्रवाह प्रतीकों (symbols) के रूप में प्रकट होती है। इसलिए रोगी जिन स्वप्नों की चर्चा करता है, उनका विश्लेषण करने पर अचेतन में दमित रोग के कारणों का पता लगाया जा सकता है। इससे व्यक्तित्व संबंधी विकृति एवं दूसरी तरह की असामान्यता को समझने में मदद मिलती है।

इस प्रविधि में रोगी और मनोविश्लेषक के बीच घनिष्ठ सह–संबंध (rapport) की स्थापना होती है जिसके फलस्वरूप इनके बीच संकोच का भाव नहीं रह जाता। मनोविश्लेषक रोगी का विश्वासपात्र बन जाता है। अतः निःसंकोच भाव से अचेतन की गुप्त बातें प्रकट करने हेतु मनोविश्लेषक द्वारा प्रोत्साहित किया जाता है तथा रोगी भी मनोविश्लेषक को अपना आदमी समझकर अचेतन की गुप्त बातों को बिना संकोच के प्रकट करता है। अर्थात् सौहार्दपूर्ण आपसी संबंध के कारण पारस्परिक संवेगात्मक संबंध (interpersonal emotional relationship) प्रगाढ़ होता है जिससे अचेतन की बातों यानी असामान्यता के कारणों का पता लगाना आसान हो जाता है।

3.4.1 मनोविश्लेषणात्मक प्रविधि के गुण (Merits of Psychoanalytic Techniques)

(i) अचेतन में संचित अतृप्त इच्छा प्रवाहों एवं उनकी सक्रियता का पता लगाने की यह सर्वोत्तम प्रविधि है।

(ii) व्यक्तित्व की विशेषताओं, मानसिक रोगों के कारणों एवं चिकित्सा–तीनों दृष्टि से यह प्रविधि उपयोगी है।

(iii) इस प्रविधि द्वारा मानस रोगों के कारणों का गहराई से अध्ययन कर उसकी चिकित्सा भी जड़ से की जा सकती है। अतः इस प्रविधि से की गई चिकित्सा अपेक्षाकृत स्थायी स्वरूप की होती है।

3.4.2 मनोविश्लेषणात्मक प्रविधि के अवगुण (Demerits of Psychoanalytic Techniques)

(i) इस प्रविधि का उपयोग कर मानस रोगों या असामान्यता का अध्ययन करने में समय अधिक लगता है। किसी एक ही रोगी पर इस प्रविधि का प्रयोग महीनों किया जाता है। अतः रोगी और विश्लेषक, दोनों को धैर्य (patience) रखना मुश्किल होता है।

(ii) इस प्रविधि का उपयोग केवल प्रशिक्षित (trained) एवं अनुभवी (experienced) विश्लेषक ही कर सकते हैं, अन्यथा इस प्रविधि का उपयोग हानिकर सिद्ध हो सकता है।

(iii) जटिल मानसिक रोगों के निदान एवं उपचार के लिए यह प्रविधि उपयुक्त नहीं है। खासकर मनोविदालिता (Schizophrenia) स्थिर व्यामोह (paranoia) इत्यादि मानसिक रोगों के लिए यह प्रविधि अनुपयुक्त है, क्योंकि ऐसे रोगियों से विश्लेषक को अपेक्षित सहयोग प्राप्त करना मुश्किल होता है जबकि रोगी का सहयोग महत्वपूर्ण होता है।

(iv) स्वतंत्र साहचर्य (free association) के क्रम में रोगी और विश्लेषक के बीच जो संवेगात्मक संबंध स्थापित होता है, उससे उत्पन्न आत्मीयता के स्थानांतरित (transfer) होने की संभावना रहती है। इसीलिए रोगी का मनोविश्लेषण करने से पूर्व विश्लेषक को स्वयं अपना मनोविश्लेषण करवा लेना आवश्यक होता है।

(v) यह एक खर्चीली प्रविधि है। अतः साधारण रोगी इस प्रविधि का लाभ नहीं उठा सकते।

(vi) वृद्ध रोगियों पर इस प्रविधि का सफल प्रयोग नहीं हो पाता, क्योंकि वृद्धावस्था के कारण बाल्यावस्था की अनुभूतियों को व्यक्त करने में कठिनाई होती है।

3.5 जीवन इतिहास विधि (Case History Method)

नैदानिक दृष्टि से जीवन–इतिहास विधि (case history method) वस्तुतः नैदानिक मूल्यांकन (diagnostic assessment) का प्रारंभिक बिंदु (starting point) है क्योंकि रोगियों के लक्षणों, गत इतिहास एवं सामान्य व्यक्तित्व के बारे में सामान्य जानकारी प्राप्त करना अत्यंत आवश्यक होता है। इस प्रकार की जानकारी के बिना नैदानिक कार्य प्रारंभ नहीं हो सकता। अतः नैदानिक उद्देश्य से जीवन–इतिहास विधि का अत्यंत ही महत्वपूर्ण स्थान होता है।

जीवन–इतिहास द्वारा मानस रोगियों की जीवन संबंधी हर प्रकार की महत्वपूर्ण सूचनाएँ प्राप्त की जाती हैं। इस विधि द्वारा रोगी के जीवन की प्रत्येक परिस्थिति से अवगत होने के साथ–साथ नैदानिक साक्षात्कार (diagnostic initerview) की दिशा भी तय करने में सहूलियत होती है।

जीवन–इतिहास विधि द्वारा रोगी के बारे में प्राप्त होने वाली सूचनाओं को कुछ प्रमुख वर्गों (major categories) में रखा जा सकता है–

(i) **रोगी के बारे में परिचयात्मक सूचनाएँ (Identifying information about patients):** जैसे–रोगी का नाम, पता, उम्र, यौन, धर्म, पेशा, वैवाहिक स्थिति आदि।

(ii) **रोगी द्वारा व्यक्त समस्या का विवरण (Statement of the problem by the patient)**।

(iii) **नैदानिक केन्द्र में पेशी का कारण (Reason for being referred to a clinical centre)**।

(iv) **परिवार की ऐतिहासिक पृष्ठभूमि (Historical background of the family):** इस प्रकार की सूचनाओं में माता–पिता (parents), पति अथवा पत्नी, पितामह (grand parents) भाई–बहन (brothers and sisters) बच्चे (children) आदि से संबंधित जरूरी सूचनाएँ एकत्र की जाती हैं।

(v) **स्वास्थ्य एवं चिकित्सा संबंधी इतिहास (Health and Medical History):** इसके अंतर्गत बाल्यावस्था से लेकर अद्यतन (from childhood till date) स्वास्थ्य एवं चिकित्सा संबंधी सूचनाएँ, दुर्घटना, चोट अथवा शल्य चिकित्सा से संबंधित सूचना प्राप्त की जाती है।

(vi) **शैक्षणिक पृष्ठभूमि (Educational background):** इसके अंतर्गत रोगी की अद्यतन शैक्षणिक स्तर (uptodate educational level), विगत समय की अनुत्तीर्णता, (यदि कभी हुई हो) (past failures, if any), विशिष्ट शैक्षणिक समस्या (specific educational problem, if any) स्कूल के साथियों के साथ के पारस्परिक संबंध आदि महत्वपूर्ण सूचनाएँ एकत्र की जाती हैं।

(vii) **वैयक्तिक एवं सामाजिक समायोजन (Personal and social adjustment):** बाल्यावस्था से लेकर अद्यतन समायोजन संबंधी विवरण (adjustment related problem, if any)।

(viii) **कार्य से संबंधित सूचनाएँ (Information related to work):** कार्य का स्वरूप, कार्य के प्रति रुचि, संतुष्टि, कार्य स्थल के साथ समायोजन आदि।

(ix) **वैवाहिक इतिहास एवं समायोजन (Marital history and adjustment):** प्रणय (courtship), पारिवारिक परिवेश (family surrounding), दाम्पत्य संबंध (relationship with married partner), बच्चों के साथ संबंध इत्यादि।

(x) **व्यक्तित्व विवरण (Personality description)**।

3.5.1 गुण (Merits)

1. इस विधि की नैदानिक सफलता (diagnostic success) दो प्रमुख बातों पर निर्भर करती है। प्रथमतः जीवन–इतिहास का विवरण कितनी सावधानी और सफलतापूर्वक तैयार की गई है। साथ ही, सूचनाओं की सत्यता या शुद्धता पर भी इस विधि की सफलता निर्भर करती है। सामान्यतः जिन अस्पतालों (hospitals) में सामाजिक सेवा का विभाग (department of social service) अलग से स्थापित है, वहाँ जीवन–इतिहास विधि ज्यादा बेहतर ढंग से तैयार की जाती है, क्योंकि इस विभाग में दक्ष (efficient) और विशेषरूप से प्रशिक्षित (specially trained) 'सामाजिक कार्यकर्ता' (social worker) नियुक्त होते हैं जो जीवन–इतिहास से संबंधित सूचना या विवरण अपेक्षाकृत कुशलतापूर्वक तैयार कर सकते हैं।

2. इस विधि की एक महत्वपूर्ण विशेषता यह होती है कि इस विधि द्वारा विस्तृत विवरण तो प्राप्त किए ही जाते हैं, साथ–ही–साथ, विवरण तैयार करने के क्रम में परस्पर अंतःपारस्परिक संपर्क (interpersonal contact) के माध्यम से रोगी के साथ सौहार्दपूर्ण (rapport) संबंध स्थापित करने में आसानी होती है। यह निदान (diagnosis) एवं चिकित्सा (treatment) दोनों दृष्टियों से लाभकारी सिद्ध होता है।

3.5.2 अवगुण (Demerits)

1. जीवन–इतिहास वृत्त तैयार करना एक दुरुहपूर्ण कार्य (difficult task) है तथा इसमें समय की बर्बादी होती है।
2. जीवन–इतिहास तैयार करने में दक्षता अनुभव और पर्याप्त प्रशिक्षण आवश्यक होता है अन्यथा इस विधि से प्राप्त सूचनाओं में त्रुटि की संभावना रहती है।
3. जीवन इतिहास वृत्त प्राप्त करने में रोगी या उसके परिजन कुछ महत्वपूर्ण बातों की जानकारी छिपा सकते हैं, जो निदान की दृष्टि से महत्वपूर्ण हो सकते हैं। अतएव ऐसे वृत्तों की यथार्थता या परिशुद्धता संदेहास्पद हो सकती है।
4. रोगी से संबंधित घटनाओं का ऐतिहासिक विवरण रोगी एवं उससे संबंधित परिजनों की स्मृति पर निर्भर करता है। किन्तु विगत समय की कुछ घटनाओं की स्मृति नहीं रहने के कारण कुछ महत्वपूर्ण सूचनाएँ प्रकाश में नहीं आ पातीं इसलिए प्राप्त विवरण त्रुटिपूर्ण हो जाता है।
5. रोगी के जीवन की घटनाओं का अर्थ (interpretation) विभिन्न मनोवैज्ञानिक अलग–अलग ढंग से लगाते हैं। कुछ फ्रायड के मत को मानते हैं तो कुछ एडलर के विचारों के समर्थक हैं। अतः अध्ययनकर्ता की व्याख्या भी उसी परिप्रेक्ष्य में होती है जिस दृष्टिकोण का वह पोषक या समर्थक होता है। इसलिए, इसमें यथार्थता (exactness) की कमी रहती है।
6. जीवन–इतिहास में प्राप्त सूचनाएँ व्यवस्थित ढंग से नहीं मिलतीं। अतः रोगी के बारे में सही जानकारी प्राप्त करने में कठिनाई होती है।

3.6 नैदानिक साक्षात्कार विधि (Clinical Interview Method)

नैदानिक प्रविधियों में यह एक सर्वाधिक प्रचलित प्रविधि है। जैसा कि हम भलीभाँति जानते हैं कि साक्षात्कार (interview) का अर्थ आमने–सामने का वार्तालाप (face-to-face conversation) है। लेकिन जब यही वार्तालाप नैदानिक उद्देश्य से (for diagnostic purpose) नैदानिक केन्द्रों (diagnostic centres or clinics) में उपयोग में लाया जाता है तो उसे 'नैदानिक साक्षात्कार' (diagnostic interview) कहते हैं। इस प्रकार के साक्षात्कार में नैदानिक मनोवैज्ञानिक और मानस रोगी परस्पर कुसमायोजित व्यवहार (nonadaptive behaviour) अथवा व्यक्तित्व संबंधी विकृति (personality related disorders) से संबंधित समस्याओं पर आमने–सामने (face-to-face) स्थिति में वार्तालाप करते हैं।

यह साक्षात्कार रचित (structural) या अरचित (unstructured) दोनों तरह का हो सकता है। अर्थात् निदानकर्ता दोनों में से किसी भी एक प्रकार के साक्षात्कार का उपयोग कर रोगी की समस्या पर निर्णय करता है। चिकित्सक या निदान कार्य से संबंधित व्यक्ति इनमें से किस साक्षात्कार प्रविधि का उपयोग करेगा, यह उसकी निपुणता, दक्षता या समस्या की मांग एवं समय की उपलब्धता पर निर्भर करता है। परंतु, समय की बचत (economy of time), प्रामाणिकता (standardization), एवं वस्तुनिष्ठता (objectivity) के संदर्भ में रचित साक्षात्कार (structured interview) का उपयोग अधिकतर किया जाता है।

नैदानिक साक्षात्कार की एक और महत्वपूर्ण विशेषता यह होती है कि एक नैदानिक मनोवैज्ञानिक (a clinical psychologist) भिन्न–भिन्न रोगों से ग्रस्त व्यक्तियों का बार–बार गहन साक्षात्कार (repeated and intense interview) लेता रहता है। इस कारण उसकी दक्षता और कुशलता बढ़ती है। साथ ही नित–प्रतिदिन नई–नई समस्याओं से संबंधित ढेर सारे 'रेकर्ड' एकत्र होते जाते हैं जो भविष्य में किसी रोगी के निदान हेतु 'मानक' (standard or norm) का काम करते हैं। इसके आधार पर किसी रोगी की तुलनात्मक विवेचना कर निष्कर्ष पर

पहुँचने में सहूलियत होती है। इस प्रकार चिकित्सक या निदानकर्ता का निर्णय (judgement of the clinician) क्रमशः परिष्कृत होता जाता है और उसके अनुभव की तीक्ष्णता (sharpness) में बढ़ोतरी होती है।

नैदानिक साक्षात्कार का एक और लाभ यह है कि सामंजन संबंधी व्यवहार की समस्या से पीड़ित व्यक्ति के व्यक्तित्व का मूल्यांकन (assessment of personality) करने में साक्षात्कार एक 'निर्देश पट्ट' (guide post) की तरह काम करता है। साक्षात्कारकर्ता (interviewer) साक्षात्कार कक्ष (interview room) में साक्षात्कार की प्रक्रिया के दरम्यान कुछ अन्य विशेष बातों का भी पैनी दृष्टि से निरीक्षण करता है, जैसे–रोगी का कक्ष में प्रवेश करते समय का हाव–भाव, मुद्रा, भाव–भंगिमा, वार्तालाप के दरम्यान बात करने का ढंग आदि का बारीकी से निरीक्षण (minute observation) करता है जो उसके व्यक्तित्व के नेत्र पत्रक (guide card) होते हैं। ये नेत्र पत्रक उसकी समस्या के निदान में काफी सहायक होते हैं। उदाहरण के लिए, एक रोगी साक्षात्कार कक्ष में प्रवेश करते समय आत्मविश्वास (self confidence) का भाव प्रदर्शित करता है, दूसरा शर्मीलापन (shyness), तीसरा हिचकिचाहट (reluctance) चौथा घबराहट (embarrassment) पाँचवाँ संदेही (suspicious) भाव–भंगिमा का प्रदर्शन करता है। इसी प्रकार कोई आक्रामक मुद्रा (aggressive gesture) का भी प्रदर्शन कर सकता है। रोगी की इन सभी प्रकार की मुद्राओं के प्रदर्शन को चिकित्सक सूक्ष्मता से निरीक्षण (fine observation) कर उसकी आधारभूत समस्याओं (basic problems) के बारे में प्राथमिक आकलन कर लेता है तथा साक्षात्कार से प्राप्त तथ्यों द्वारा अपने आकलन का मिलानकर परिशुद्ध निदान यानी दुरुस्त निदान (accurate diagnosis) करने में समर्थ होता है।

नैदानिक साक्षात्कार (diagnostic interview) में साक्षात्कारकर्ता (interviewer) का अनुभव एवं उसकी दक्षता अत्यंत महत्वपूर्ण होते हैं। इसका एक प्रमुख कारण यह है कि साक्षात्कार की संपूर्ण अवधि में रोगी का स्वर (voice), ध्वनि (tone), मुद्रा (posture), मुखाकृतिक व्यंजन (facial expression) गति (movement) आदि बहुत कुछ प्रकट होता है–जो पूछे जाने वाले प्रश्नों के उत्तरों से मेल (match) नहीं करते हों। संभव है कि रोगी जो कुछ भी कहता है, वह उतना महत्वपूर्ण न हो जितना उसके द्वारा प्रकट की गई मुद्राएँ। अतः एक कुशल साक्षात्कारकर्ता इन महत्वपूर्ण संकेतों (signals) के वास्तविक अर्थों को समझ सकता है। इसलिए यदि साक्षात्कारकर्ता कुशल, दक्ष और अनुभवी हो तो मानस रोगियों के असंगठित व्यवहार (disorganised personality) का मनोनिदान (psychodiagnosis) करने में मात्र यही एक विधि (this single method only) पर्याप्त होगा।

3.7 व्यवहार निरीक्षण की प्रविधियाँ (Behaviour Observation Techniques)

असामान्य अथवा मानसिक रूप से विक्षुब्ध व्यक्तियों के निदान के लिए व्यवहारवादी मनोवैज्ञानिकों (behaviourist psychologists) ने व्यवहार निरीक्षण की प्रविधियों (behaviour observation techniques) के उपयोग पर जोर दिया है। उनके अनुसार ये प्रविधियाँ व्यवहार के वस्तुपरक (objective) एवं माप्य (measurable) पक्षों का विश्लेषण करता है। अतः ये प्रविधियाँ वस्तुनिष्ठ या निष्पक्ष (objective or imipartial), प्रामाणिक (standardized) एवं परिगणनात्मक (quantitative) ढंग से व्यवहार एवं व्यक्तित्व का मूल्यांकन (assessment) करता है, जो संक्षिप्त (precise) एवं ठोस (concrete) होता है। इस प्रकार की अनेक प्रविधियाँ इस्तेमाल में लाई जाती हैं, जैसे–प्रत्यक्ष निरीक्षण (direct observation), रेटिंग स्केल्स (rating scales), व्यक्तित्व आविष्कारिकाएँ (personality inventories), मनोवैज्ञानिक परीक्षण (psychological tests), मनोशारीरिक मापें (psychophysiological measures) इत्यादि। यहाँ कुछ ऐसी प्रविधियों के बारे में संक्षेप में वर्णन किया जा रहा है–

3.7.1 प्रत्यक्ष निरीक्षण (Direct Observation)

रोगियों के व्यवहारों का प्रत्यक्ष निरीक्षण काफी लंबे समय से ही एक महत्वपूर्ण पद्धति के रूप में स्वीकार किया गया है तथा बड़े पैमाने पर यह प्रचलन में भी है। खासकर मनो–सामाजिक (psychosocial) मूल्यांकन (assessment)

संबंधी कार्यों में इसका प्रचलन बहुतायत है। विगत काल में क्लिनिक या अस्पतालों में यह बहुधा इस्तेमाल में लाया जाता था जिसका मुख्य उद्देश्य मरीजों के मनोवैज्ञानिक पक्षों एवं कार्यात्मक स्तर (functional levels) को जानना होता था। उदाहरण के लिए अस्पतालों में रोगी जब भती होने के लिए आता है तो प्राथमिक रूप से उस समय के उसके व्यवहारों का संक्षिप्त विवरण तैयार किया जाता है। इसके बाद 'वार्ड' में भर्ती होने के पश्चात् आवधिक रूप से (periodically) ज्यादा विस्तृत निरीक्षण किया जाता है तथा उसका लेखा–जोखा तैयार कर विश्लेषणात्मक विवेचना की जाती है। यह निरीक्षण उसके वैयक्तिक स्वास्थ्य संबंधी (personal hygiene), संवेगात्मक व्यवहार (emotional behaviour), व्यामोह (delusions), विभ्रम (hallucinations), गतिवाही क्रियाएँ (motor activity), यौन व्यवहार (sexual behaviour) आक्रामक अथवा आत्महत्या की प्रवृत्ति (aggressive or suicidal tendency) इत्यादि का निरीक्षण के आधार पर लेखा–जोखा तैयार किया जाता है।

प्रारंभिक दौर में क्लिनिसियन रोगी से बातें कर बातचीत का ढंग (the manner he/she talks), व्यक्त किए गए भाव एवं संवेग (expressed feelings and emotions), उसके विचार (ideas), सोच (thoughts), बाह्य दिखावा (external appearance), कार्य व्यापार (dealings) आदि का निरीक्षण करता है और किसी निर्णय पर पहुँचने का प्रयास करता है। इसके बाद ही किसी प्रकार की जाँच या अनुसंधान (investigation) संबंधी निर्णय लेता है। इस निरीक्षण के क्रम में कुछ विशेष प्रकार के उपकरणों की सहायता से रोगी की शारीरिक क्रियाओं, जैसे–श्वसन–गति, हृदय की गति, रक्तचाप आदि का भी क्लिनिकल निरीक्षण किया जाता है।

प्रत्यक्ष निरीक्षण (direct observation) प्रत्यक्षतः (यानी सीधे तौर पर) क्लिनिसियन के विवेक, उसकी सतर्कता, क्षमता, अनुभव, कुशलता से संबंधित होता है। अतः इस प्रविधि की प्रभावशीलता (effectiveness) अथवा सफलता (success) क्लिनिसियन की योग्यता (ability) पर निर्भर करती है। क्लिनिसियन जितना ही कम कुशल, प्रशिक्षित और अनुभवी होगा, उसका निरीक्षण भी उसी अनुपात में कम प्रभावशाली (effective) होगा।

प्रत्यक्ष निरीक्षण की पद्धति (procedure of direct observation) को अधिकाधिक कुशल और प्रभावी बनाने हेतु आजकल नियंत्रित निरीक्षण (controlled observation) की प्रविधि का उपयोग होने लगा है। इस प्रविधि की एक महत्वपूर्ण विशेषता यह होती है कि विशिष्ट रूप से निर्मित परिस्थिति में (in a specialized structural situation) रोगी को पूर्वनिर्धारित (predetermined) अवधि के लिए रखा जाता है और उक्त अवधि तक विशेषज्ञ द्वारा रोगी का निरीक्षण किया जाता है।

इस प्रकार के निरीक्षण में रोगी का अध्ययन करने (to study), व्यवहारों का वर्णन करने (to describe his behaviours) तथा तुलना करने (to compare) के क्रम में व्यवहारों का एक क्रमबद्ध प्रतिदर्श (systematic sample) उपलब्ध होता है। अतः निष्पक्ष (unbiased), वस्तुपरक (objective) एवं सटीक निदान (exact diagnosis) का निर्णय करना अधिक सुगम यानी आसान होता है। एक और खास बात यह है कि इसमें अनियंत्रित निरीक्षण (uncontrolled observation) से संबंधित शंकाओं (apprehensions) की कोई गुंजाइश नहीं रह जाती।

3.7.2 रेटिंग स्केल्स (Rating Scales)

प्रत्यक्ष निरीक्षण की प्रभावशीलता को बढ़ाने और अधिकाधिक कुशल बनाने के उद्देश्य से 'रेटिंग स्केल्स' (Rating scales) का उपयोग किया जाता है। रेटिंग स्केल्स द्वारा रोगी में किसी व्यक्तित्व संबंधी शीलगुण (traits of personality) या व्यवहार (behaviour) है अथवा नहीं, के साथ–साथ किसी शीलगुण व्यवहार की प्रमुखता (prominence) का भी आकलन किया जाता है। इस प्रकार, रेटिंग स्केल्स निरीक्षण की प्रभावशीलता को बढ़ाने में सहायक सिद्ध होता है। इसके द्वारा किसी शीलगुण, जैसे—आक्रामकता (aggressiveness), ईमानदारी (honesty), सहयोगिता (co-operativeness), सहनशीलता (tolerance), आत्माधिपत्य (self possessiveness), आत्मविश्वास (self confidence) आदि शीलगुणों को मात्रात्मक श्रेणियों (graded ratings) में माप या मूल्यांकन (measure or assessment) कर रोगी की विक्षुब्धता (disturbance) में इनकी प्रमुखता (prominance) का पता लगाया जाता है।

रेटिंग स्केल में विभिन्न शीलगुणों को मात्रात्मक श्रेणियों में व्यवस्थित कर रोगी को निकट से जानने वाले को 'चेक' करने हेतु दिया जाता है और चेक करने वाला व्यक्ति संबंधित शीलगुण को व्यक्ति में जिस मात्रात्मक श्रेणी में पाया जाता है—उसी श्रेणी के खाना (column) में चिह्न या निशान लगाकर बतलाता है। नमूना के तौर पर रेटिंग स्केल का एक उदाहरण नीचे दिया जा रहा है—

शीलगुण (Traits)	बिल्कुल नहीं (Not at all)	साधारण (Moderate)	बहुत अधिक (Very much)
1. यौन विषयक आक्रमणशीलताः यौन इच्छा के उद्देश्य से आक्रामक रूप से पुरुष या स्त्री के निकट जाना (Sexually assultative: aggressively approaches males or females with sexual intent)			
2. यौन संबंधी विषयों में याचकः जननेन्द्रियों को यौन इच्छा के उद्देश्य से दिग्दर्शन करने की प्रवृत्ति, खुले रूप में हस्त मैथुन करना। (Sexually soliciting: exposes genitals with sexual intent musturbates openly)			
3. व्यक्त रूप से यौन व्यवहार नहीं करना। यौन संबंधी विषयों पर बातचीत नहीं करना। (No overt sexual behaviour not preoccupied with discussion of sexual matters)			
4. यौन संबंधी विषयों से दूर रहना। यदि दूसरा कोई उसके निकट यौन दृष्टि से पहुँचता है तो वह विक्षुब्धता अनुभव करता है। (Avoids sex topics: made uneasy by discussion of sex, becomes disturbed if approached sexually)			
5. यौन संबंधी अतिपाखंडताः यौन क्रिया को गंदा समझना, दूसरों से यौन संबंधी व्यवहार की निंदा करता है और यदि कोई यौन आचरण के साथ निकट जाता है तो आतंकित हो जाता है। (Excessive prudishness about sex: considers sex filthy, condemns sexual behaviour in others becomes panic stricken if approached sexually)			

रेटिंग स्केल का सबसे बड़ा लाभ यह है कि यह एक अत्यंत ही सरल प्रविधि है। इस प्रविधि द्वारा साधारण रूप से भी प्रशिक्षित व्यक्ति व्यक्तित्व अथवा असामान्यता का मूल्यांकन असानी से कर सकता है, बशर्ते कि रेटिंग स्केल का निर्माण वैज्ञानिक मापदंडों (scientific criteria) के अनुरूप हुआ हो।

लेकिन इस प्रविधि में एक कमी भी है। शील गुणों का मात्रात्मक श्रेणीकरण चेक करने वाले व्यक्ति की निष्पक्षता पर निर्भर करता है। कभी–कभी चेक करने वाला व्यक्ति वैयक्तिक अंकन (personal impression) के प्रभाव में गलत चेकिंग कर सकता है अथवा जान–बूझकर (deliberately) सहानुभूति का भाव रखते हुए गलत चेकिंग कर सकता है। फलस्वरूप, इस प्रविधि द्वारा किया गया मूल्यांकन त्रुटिपूर्ण हो सकता है। लेकिन, यदि चेकिंग करने वाला व्यक्ति निष्पक्षता के साथ चेकिंग करे तो इस प्रकार की त्रुटि नहीं होगी।

3.7.3 नैदानिक वैयक्तिक आविष्कारिकाएँ (Clinical Personality Inventions)

नैदानिक दृष्टि से व्यक्तित्व की संगठनात्मक संरचना (organisational structure of personality) एवं कार्यात्मक शैली (functional style) संबंधी प्रणाली (system) का मूल्यांकन हेतु मनोवैज्ञानिकों ने व्यक्तित्व आविष्कारिकाओं (personality inventories) का भी निर्माण किया है। यह भी एक सरल और वस्तुपरक प्रविधि है।

आविष्कारिकाओं का निर्माण प्रथम विश्वयुद्ध के तत्काल बाद से प्रारंभ हुआ। उस समय सबसे पहली आविष्कारिका का निर्माण विक्षुब्ध सैनिकों की मानसिकता (disturbed mental state of souldiers) का पता लगाने हेतु किया गया था। उक्त आविष्कारिका द्वारा अस्थिर (unstable) सैनिकों की पहचान कर स्थिर (stable) युवाओं को सेना में बहाल करने हेतु चयन किया जाता था।

वर्तमान में अनेक व्यक्तित्व आविष्कारिकाएँ उपलब्ध हैं जिनका उपयोग व्यक्तित्व से संबंधित शोधकार्यों (research works), मार्गदर्शन एवं परामर्श (guidance and counselling) नैदानिक उद्देश्यों (clinical purposes) आदि के लिए किया जाता है। लेकिन, नैदानिक उपयोगिता (clinical use) की दृष्टि से ये आविष्कारिकाएँ बहुत ज्यादा उपयोगी सिद्ध नहीं हो सकीं। फिर भी एक आविष्कारिका अपवाद है—MMPI (Minnesota Multiphasic Personality Inventory) जिनका निर्माण 'हाथवे' (Hathway) ने 1945 में किया था। नैदानिक दृष्टि से आज भी यह अविष्कारिका उपयोगी मानी जाती है। इसमें कुल 550 कथन (statements) हैं जिनका उत्तर 'सही' (true), 'गलत' (false) या 'कह नहीं सकता' (can not say) में से किसी एक वर्ग (category) का चयन कर देना होता है। उत्तर का चयन करते समय उत्तरदाता (respondent) को उसी वैकल्पिक उत्तर चयन करने का निर्देश दिया जाता है जो उसकी समझ से उसके साथ सही अर्थ में लागू होता है। यदि वह सही निर्णय कर सही या गलत विकल्पों में से किसी एक विकल्प का चयन कर सकने में असमर्थ होता है तो वह तीसरा विकल्प—'कह नहीं सकता' (can not say) का चयन का उत्तर देता है। इस तरह से प्राप्त सभी उत्तरों (responses) का अंक प्रदान (scoring) करने पर जो आँकड़े प्राप्त होते हैं उन्हें अपरिष्कृत अंक (raw scores) कहते हैं जिन्हें पुनः प्रामाणिक अंक (standard score) में परिणत कर व्यक्तित्व का मूल्यांकन (assement of personality) किया जाता है।

MMPI में कुल 10 नैदानिक मापनियाँ (clinical scales) हैं जिनके द्वारा रोगात्मक शीलगुणों का मापन किया जाता है। साथ ही, इसमें 4 वैधता मापनियाँ (validity scales) हैं जिनके द्वारा व्यक्ति के उत्तरों की वैधता एवं विश्वसनीयता (validity and reliability of responses) जाँची जाती है।

बाद में 'डाहस्ट्रोम' एवं 'डाहस्ट्रोम' (Dahlstrom and Dahlstrom) ने 1980 में MMPI का संशोधित प्रारूप (revised form)—MMPI-2 प्रस्तुत किया है।

MMPI के 10 नैदानिक मापनियों (clinical sacles) में जिन मानस रोगों का मापन किया जाता है, वे निम्नलिखित हैं—

(i) रोगभ्रम (Hypochondriasis or Hs)

(ii) विषाद (Depression or D)

(iii) रूपांतर उन्माद (Conversion Hysteria or Hy)

(iv) मनोविकृत विचलन (Psychopathic deviation or Pd)

(v) पुरुषत्व–नारीत्व (Mascularity-faminity or Mf)

(vi) स्थिर व्यामोह (Paranoia or Pa)

(vii) मनोदौर्बल्यता (Psychoesthenia or Pt)

(viii) मनोविदालिता (Schizophrenia)

(ix) अत्योन्माद (Hypomania or Ha) एवं

(x) सामाजिक अंतर्मुखता (Social Introversion or SI)

वैधता मापनी (Validity scales) निम्नलिखित चार प्रकार के हैं—

? : कह नहीं सकता (can not say)
L : झूठ (Lie)
F : बारंबारता अथवा विरलता (Frequency or infrequency)
K : संशुद्धि (Correction)

उपर्युक्त वैधता मापनियों द्वारा परीक्षार्थी (testee) के सहयोगात्मक मनोवृत्ति (co-operative attitude) अथवा रक्षात्मक (defensive) मनोवृत्ति, गलत या झूठ बोलने की प्रवृत्ति (tendency to lie), परीक्षण के प्रति लापरवाही। व्यक्ति का सुरक्षात्मक दृष्टिकोण (defensive outlook) अथवा अपनी समस्या को बढ़ा–चढ़ाकर यानी अतिरंजित (exaggerated) ढंग से प्रकट करने संबंधी त्रुटियों का पता चलता है।

इस आविष्कारिका की एक अहम विशेषता यह है कि इसके द्वारा रोगी के व्यक्तित्व संबंधी कई प्रकार के विकारों (disorders or pathologies) का वस्तुपरक एवं वैज्ञानिक (objective and scientific) तरीके से पता लगाकर वर्णन किया जा सकता है।

परंतु, इस विधि की कुछ सीमाएँ भी हैं जिनके कारण अनेक अवसरों पर इसका इस्तेमाल मुश्किल होता है। सबसे बड़ी कठिनाई यह है कि इस आविष्कारिका द्वारा निर्धारित व्यक्तित्व संबंधी रूपरेखा (profile) स्थायी (stable) या स्थिर नहीं होते। इसका संभावित कारण संभवतः आविष्कारिका की विश्वसनीयता (reliability) का संदिग्ध होना हो सकता है।

इस कठिनाई के बावजूद यह आविष्कारिका अन्य आविष्कारिकाओं की तुलना में नैदानिक केन्द्रों में आज भी एक सर्वाधिक उपयोगी आविष्कारिका के रूप में इस्तेमाल की जाती है।

MMPI के अतिरिक्त **कैटेल** (Cattell 1950) का 16 व्यक्तित्व कारक प्रश्नावली (16 Personality factor—PF Questionnaire) भी एक प्रमुख नैदानिक आविष्कारिका/प्रश्नावली है। इस प्रश्नावली द्वारा व्यक्तित्व के 16 शीलगुणों (traits) का मूल्यांकन (assessment) किया जाता है। इसके निर्माण में मनोमितिकी (psychometric) के कारक विश्लेषण (factor analysis) से संबंधित आधारभूत सिद्धांतों का अनुपालन किया गया है। इसलिए यह एक सर्वाधिक विश्वसनीय (reliable) एवं वैध (valid) आविष्कारिका मानी जाती है तथा मनोनैदानिक उद्देश्यों (psycho diagnostic purposes) के लिए बड़े पैमाने पर उपयोग में लाया जाता है।

अतः स्पष्ट है कि मानस रोगियों के निदान हेतु उनके व्यक्तित्व का मूल्यांकन व्यक्तित्व आविष्कारिकाओं द्वारा भी किया जाता है। इन आविष्कारिकाओं द्वारा व्यक्तित्व संबंधी विकृतियों के विभिन्न आयामों (dimensions) का पता लगाकर रोगियों के विकारों (disorders) की पहचान एवं वर्गीकरण (identification and classification) किया जाता है।

3.8 मनोवैज्ञानिक परीक्षणों द्वारा नैदानिक जाँच (Clinical Testing through Psychological Tests)

जिस प्रकार आधुनिक चिकित्सा प्रणाली में एक्सरे (X-ray), अल्ट्रासाउण्ड (ultrasound), अथवा स्कैनिंग/एम.आर.आई. (scanning/MRI) आदि आधुनिकतम 'टेक्नॉलॉजी' (technology) अत्यंत आवश्यक और महत्वपूर्ण मानी जाती है, ठीक उसी प्रकार मनोनैदानिक कार्यों (psychodiagnostic functions) में भी मनोवैज्ञानिक परीक्षणों (psychological tests) का उपयोग आवश्यक एवं महत्वपूर्ण माना जाता है। मनोवैज्ञानिक परीक्षणों की महत्ता **मेनिन्जर** एवं उनके सहयोगियों (Meninger *et al.*, 1947) की इस टिप्पणी से सुस्पष्ट है—

"बिना आधुनिक मनोवैज्ञानिक परीक्षणों के किसी मनश्चिकित्सक का व्यवसाय या पेशा उतना ही प्राचीन एवं दिनातीत रिवाज माना जा सकता है जितना पुराने समय के हड्डी रोग चिकित्सक अपना व्यवसाय बिना एक्स–रे के किया करते थे।"[3]

यद्यपि मनोवैज्ञानिक परीक्षणों की प्रामाणिकता (standardization), विश्वसनीयता (reliability) एवं वैधता (validity) के संबंध में प्रश्न उठाए जाते हैं, क्योंकि शत–प्रतिशत विश्वसनीयता एवं वैधता प्राप्त नहीं की जा सकती। फिर भी, 95% से 99% तक के विश्वसनीय एवं वैध परीक्षणों द्वारा व्यक्ति की विभिन्न प्रकार की क्षमताओं (competencies), योग्यताओं (abilities) आदि के बारे में मूल्यांकन संकेत (valuable signals) प्राप्त किए जा सकते हैं।

3.8.1 बुद्धि परीक्षण (Intelligence Tests)

मनोनैदानिक दृष्टि से मनोवैज्ञानिक परीक्षण में बुद्धि परीक्षणों (intelligence tests) का सर्वाधिक उपयोग किया जाता है। इसका कारण यह है कि बौद्धिक योग्यताओं के संगठनात्मक कारकों (factors of intellectual abilities) के संगठन की मात्रा (degree of organisation) एवं उसका स्तर (level) क्लिनिसियन के लिए महत्वपूर्ण संदर्भ बिंदु (reference point) का काम करता है। इसीलिए बौद्धिक कार्यों (intellectual functions) का मूल्यांकन (evaluation) मनोनैदानिक कार्यों (psychodiagnostic functions) की आधारशिला (corner stone) होती है।

बुद्धि परीक्षण नैदानिक कार्यों में निम्नलिखित ढंग से सहायक होता है—

(i) बुद्धि परीक्षणों द्वारा क्लिनिसियन को यह पता चलता है कि किस प्रकार और किस सीमा तक (how and up to what limit) व्यक्तित्व के बिखराव (disorganisation of personality) के कारण रोगी का बौद्धिक कार्य अवरुद्ध (interfered) हुआ है।

(ii) मानसिक दुर्बलता (mental deficiency) के निदान के लिए बुद्धि परीक्षण नितांत आवश्यक है।

(iii) किसी रोगी का मानक अवस्थाओं (standard conditions) में निरीक्षण करने हेतु बौद्धिक योग्यताओं की जाँच महत्वपूर्ण होती है।

(iv) मनोविकृति (psychosis) के विभिन्न प्रकारों (different kinds) में बौद्धिक कार्य भिन्न–भिन्न तरह से प्रभावित होता है। इसलिए उसकी वर्तमान बौद्धिक क्षमता की जानकारी महत्वपूर्ण होती है। हालाँकि यह सत्य है कि किसी मानस रोगी वर्तमान की सामान्य बौद्धिक क्षमता से उसकी वास्तविक बौद्धिक क्षमता (real intellectual capacity) का संकेत नहीं मिल पाता है, फिर भी वर्तमान बौद्धिक स्तर की जानकारी महत्वपूर्ण होती है। अध्ययनों से यह सिद्ध हुआ है कि प्रायः उदासीनता (state of apathy), विद्वेष की भावना (hostility feelings), अभिरुचि का अभाव (lack of interest), स्मृति दोष (impairment of memory), प्रेरणा स्तर में कमी (poor motivation), ध्यान में कमी (less in attention) आदि स्थितियाँ व्यक्ति की वास्तविक योग्यता (real ability) को प्रभावित कर आच्छादित (mask) कर देता है। अतः वर्तमान बौद्धिक क्षमता के आधार पर उपर्युक्त वर्णित मनोदशाओं (mental states) के बारे में अनुमान लगाना अपेक्षाकृत सुगम होता है।

(v) बौद्धिक योग्यताओं का मापन कर रोगी की सहनशीलता (tolerance), दृढ़ता (perservance) अवधान को बरकरार रखने की योग्यता, सांवेगिक स्थिरता (emotional stability) बलाघात या दबाव के प्रति

3. "The practice of psychiatrist without the assistance of modern psychological testing is as old fashioned out of date as would be the practice of orthopaedics without X-ray."—Meninger, *et al.*, 1947.

की जाने वाली प्रतिक्रिया (reaction to stress) एवं इसी प्रकार के दूसरे वैयक्तिक संघटकों (personal components) के बारे में अनुमान लगाने में क्लिनिसियन सक्षम होता है। इससे नैदानिक कार्यक्रमों एवं चिकित्सकीय प्रबंधन में सहूलियत होती है।

बुद्धि परीक्षण अनेक प्रकार के हैं। इनकी उपयोगिता व्यक्ति विशेष एवं क्लिनिसियन की जरूरतों के अनुसार अलग–अलग है। विभिन्न बुद्धि परीक्षणों के गुण एवं सीमाएं भी अलग–अलग हैं। अतएव क्लिनिसियन अपनी जरूरत एवं सूझ के साथ परीक्षण विशेष का चयन करता है। इन सभी बुद्धि परीक्षणों का वर्णन करना यहाँ अभीष्ट नहीं है। विभिन्न बुद्धि परीक्षणों का सविस्तार वर्णन सामान्य मनोविज्ञान (general psychology) की पुस्तकों में किया गया है। लेखक की पुस्तक **मनोविज्ञान : व्यवहार का अध्ययन**, पी.एच.आई. द्वारा प्रकाशित पुस्तक में भी कुछ महत्वपूर्ण बुद्धि परीक्षणों का वर्णन किया गया है। विद्यार्थी जरूरत के अनुसार उक्त पुस्तक का अवलोकन कर सकते हैं।

3.8.2 मन:शारीरिक परीक्षण (Psychophysical Tests)

शरीर क्रिया विज्ञानियों (physiological scientists) का एक बड़ा समूह व्यक्तित्व संबंधी विकृतियों (personality related disorders) के निदान हेतु विद्युत प्रवाहों (electric currents) द्वारा मनोदशाओं (mental states) का अध्ययन करने में रुचि रखते हैं। इस रुचि के फलस्वरूप ही हाल के कुछ दशकों में मन:शारीरिक परीक्षणों (psychophysical tests) का निर्माण हुआ है। ऐसे परीक्षणों में निम्नलिखित दो प्रकार के परीक्षण अधिकतर उपयोग में लाए जाते हैं—

(क) मस्तिष्क तरंगों का मापन (Measurement of Brain Waves)

(ख) साइकोगैल्वेनिक रेस्पॉन्स (Psychogalvanic Response, PGR)

3.8.2.1 मस्तिष्क तरंगों का मापन (Measurement of Brain Waves)

आधुनिक समय में नैदानिक कार्यों में लगे मनोवैज्ञानिक व्यक्तित्व संबंधी विकारों (personality related disorders) के निदान के लिए शरीर क्रिया विज्ञानी (physiological scientist) 'क्रियाशक्ति आलेख' (action potential) का प्रयोग करने लगे हैं। इस विधि में 'मस्तिष्कीय कोशों' (brain cells) अथवा उनके तंतुओं (tissues) में अपने आप होने वाले विद्युतीय परिवर्तनों (spontaneous electrical changes) का मापन किया जाता है। इसके लिए EEG (electroencephalogram) नामक यंत्र का उपयोग किया जाता है।

नैदानिक उद्देश्य से इस उपकरण का सबसे पहले जर्मनी के चिकित्सक 'हंस बर्जर' (Hans Berger) 1920 में उपयोग में लाया था और अपने अध्ययनों पर आधारित एक रिपोर्ट भी प्रस्तुत की थी। इन्होंने अपने अध्ययनों के आधार पर सिद्ध किया है कि यदि खोपड़ी (skull) पर इलेक्ट्रोड्स (electrods) लगाकर मशीन से जोड़ (connect) दिया जाये तो मस्तिष्कीय विद्युत प्रवाहों का एक ग्राफ (graph) मशीन अंकित कर लेती है। इस ग्राफ की निरंतरता (continuity), विस्तार (amplitude), दाब (depression), ग्राफ चक्रों की संख्या (number of graph cycles) एवं ग्राफ के स्वरूप (nature of graph) आदि का विश्लेषण कर किसी समय विशेष में व्यक्ति की सामान्य अथवा असामान्य मनोदशा (normal and abnormal mental states), संवेगों के प्रभाव (effects of emotions), वैचारिक एवं चिंतन प्रक्रियाओं (ideational and thought processes) आदि के बारे में पता लगाया जा सकता है।

EEG परीक्षण खासकर ऐसे 'केसेज' (cases) के लिए विशेष रूप से लाभकारी है जो खुद अपने अनुभवों को व्यक्त करने में समर्थ नहीं है, जैसे—मूर्च्छा या बेहोशी की अवस्था (fainting state or state of being unconscious)।

3.8.2.2 साइकोगैल्वेनिक रेस्पॉन्स (Psychogalvanic Response—PGR)

शरीर क्रिया विज्ञानी (physiological scientists) त्वचा विद्युतीय प्रतिरोधक क्षमता (electrical resistance of the skin) का भी प्रयोग मनोनैदानिक कार्यों (psychodiagnosis works) हेतु करते हैं। प्रायः यह देखा गया है कि भय (fear), चिंता (anxiety), क्रोध (anger) एवं अन्य दूसरे प्रकार की संवेगात्मक स्थितियों में त्वचा की विद्युतीय प्रतिरोध (electrical resistance) की क्षमता में परिवर्तन होता है। अतः त्वचा के विद्युतीय प्रतिरोध की क्षमताओं में होने वाले परिवर्तनों द्वारा व्यक्ति की सांवेगिक स्थितियों का मूल्यांकन किया जाता है। इस प्रकार के मूल्यांकन से असामान्यता के लगभग संपूर्ण क्षेत्र (entire range of abnormality) का निदान संभव है।

लेकिन साइकोगैल्वेनिक रेस्पॉन्स प्रविधि के उपयोग में कुछ कठिनाइयाँ भी हैं। पहली कठिनाई यह है कि त्वचा के विद्युतीय प्रतिरोध में परिवर्तन अनेक बाह्य एवं आंतरिक कारणों (external and internal causes) से होते हैं। इन सभी कारकों को नियंत्रित (control) करना संभव नहीं है। फलस्वरूप, त्वचा विद्युतीय प्रतिरोध में होने वाले परिवर्तनों को किसी अवस्था विशेष से जोड़कर निश्चित निदान करना संभव नहीं है।

दूसरी कठिनाई यह है कि इस तरह के प्रदत्त आँकड़े (data) अत्यंत ही जटिल (complex) स्वरूप के होते हैं। अतः उनका अर्थपूर्ण विश्लेषण (meaningful analysis) करना एक दूभर (difficult) कार्य है।

3.9 मनोगत्यात्मक नैदानिक विधियाँ (Psychodynamic Diagnostic Methods)

यद्यपि मानस रोगों एवं समायोजन संबंधी समस्याओं के निदान हेतु व्यवहारपरक नैदानिक प्रविधियाँ (behavioural diagnostic techniques) काफी प्रचलित है। लेकिन, नैदानिक कार्यों में लगे मनोवैज्ञानिकों एवं मनश्चिकित्सकों (psychologists and psychiatrists) की राय में व्यवहारपरक प्रविधियाँ अथवा सामान्य नियंत्रित निरीक्षण की प्रविधियों द्वारा केवल सतही (superficial) निदान ही संभव है। अतः 'फ्रायड' (Freud) के 'मनोगत्यात्मक प्रतिमान' (psychodynamic model) के अनुसार अचेतन (unconscious) में छिपे भावों (feelings), संवेगों (emotions), प्रेरणाओं (motives), जो असामान्यता अथवा मानस रोगों के महत्वपूर्ण कारण हैं, का निदान व्यवहारपरक नैदानिक प्रविधियों द्वारा संभव नहीं है। अतः मनोगतिकी (psychodynamic) सिद्धांतों (principles) में आस्था रखने वाले मनोवैज्ञानिक मनोगत्यात्मक नैदानिक विधियों (psychodynamic diagnostic methods) के इस्तेमाल पर ही जोर देते हैं।

हालाँकि मनोगत्यात्मक नैदानिक प्रविधियाँ अपेक्षाकृत कम विश्वसनीय (less reliable), वैध (less valid) एवं वस्तुपरकता (objectivity) के गुण में भी कम है। तथापि, इन प्रविधियों के उपयोग में क्लिनिसियन की अंतर्दृष्टि (insight), अंतर्बोध (intuition) एवं प्रवीणता (ingenuity) को सर्वाधिक महत्व दिया जाता है। अतएव, क्लिनिसियन अपने अनुभव एवं निपुणता के आधार पर इन प्रविधियों का उपयोग कर सटीक निदान करने में सफल होते हैं। इन प्रविधियों द्वारा जो तथ्य प्राप्त होते हैं उनका विश्लेषण कर अचेतन में छिपे मानसिक प्रवाहों की व्याख्या (explaining the psychic impulses of unconscious) नैदानिक दृष्टि से विशेष महत्व के होते हैं। अतः इसके उपयोग पर अधिक बल दिया जाता है।

इन प्रविधियों को तीन प्रमुख वर्गों में बाँटा जा सकता है—

(क) व्यक्त व्यवहारों का विश्लेषण (Analysis of Expressive Behaviours)

(ख) कलाकृतियों का नैदानिक महत्व (Diagnostic Significance of Art) एवं

(ग) प्रक्षेपण प्रविधियाँ (Projective techniques)

इन तीनों प्रविधियों का संक्षेप में वर्णन किया जा रहा है—

3.9.1 व्यक्त व्यवहारों का विश्लेषण (Analysis of Expressive Behaviours)

यह मनोगत्यात्मक दृष्टिकोण (psychodynamic approach) पर आधारित एक महत्वपूर्ण प्रविधि है। व्यक्ति द्वारा अभिव्यक्त होने वाले व्यवहार (expressive behaviour) व्यक्तित्व के भावपूर्ण आत्म प्रदर्शन (self expression) का एक सहज माध्यम होता है। जैसे—व्यक्ति की लिखावट (writings), पारस्परिक संवाद (interpersonal communication), वार्तालाप या बातचीत (conversation or talking), रेखांकन (drawings), कलात्मक एवं सांस्कृतिक प्रदर्शन (artistic and cultural expressions), आदि अंतःमन यानी अचेतन (inner mind or unconscious) में संचित भावों (feelings), संवेगों (emotions), प्रेरकों (motivations), संघर्षों (conflicts), इरादों (intentions), इत्यादि के दर्पण (mirror) होते हैं। इसी प्रकार, दैनिक जीवन के सामान्य व्यवहार, जैसे—विभिन्न स्थितियों की शारीरिक मुद्राएँ (body postures of different situations), उठने—बैठने के तरीके, बातों को प्रस्तुत करने के तरीके (presentation matters) एवं अन्यान्य विविध प्रकार की मुद्राएँ (various forms of postures), चेष्टाएँ (gestures) आदि अंतःमन की शारीरिक भाषाएँ (body language) होती हैं। इन शारीरिक भाषाओं द्वारा भी व्यक्ति अचेतन के प्रवाहों, इच्छाओं, संघर्षों, प्रेरणाओं आदि को व्यक्त करता है। मनोगत्यात्मक मनोवैज्ञानिक इन अभिव्यक्त व्यवहारों का विश्लेषण कर व्यक्तित्व को विक्षुब्ध करने वाले कारक तत्वों (disturbing factors of personality) का निदान करने पर जोर देते हैं। उनका मानना है कि इस प्रकार के अभिव्यक्त व्यवहारों (expressive behaviours) द्वारा अचेतन मन में दमित इच्छा प्रवाहों, मनोवृत्तियों आदि के बारे में महत्वपूर्ण संकेत (important clues) प्राप्त होते हैं जिनसे व्यक्ति की विकृति से संबधित आंतरिक गत्यात्मकताओं (inner dynamics of disorders) का पता चलता है। कभी—कभी ये शरीर गतियाँ (body movements) प्रतीकात्मक अर्थ (symbolic meaning) वाले भी होते हैं जो उपचार की दृष्टि से महत्वपूर्ण होते हैं।

कुछ लोगों का विचार है कि इस प्रकार की व्यक्त शारीरिक भाषाओं (expressed body languages) द्वारा होने वाले भाव केवल तात्कालिक महत्व (immediate importance) के होते हैं। लेकिन 'मनोगत्यात्मक मॉडेल' में आस्था रखने वाले मनोवैज्ञानिकों का मानना है कि शारीरिक गतियों (body movements) का संबंध केवल तात्कालिकता से ही नहीं है, अपितु ये गतियाँ गत जीवन (past life) के अनुभवों के प्रति की जाने वाली प्रतिक्रियाओं (reactions to former life experiences) का भी प्रतिनिधित्व (representation) करती है। 'फ्रायड' का स्पष्ट मानना है कि शारीरिक गतियाँ सही अर्थ में दमित कल्पनाओं (repressed fantacies), स्मृतियों (memories) एवं अन्यान्य अनुभवों को चेतन स्तर पर (on conscious level) पुनः आविर्भावित (reappear) करने का माध्यम होती हैं। मनोगत्यात्मक दृष्टिकोण से भाषा या वक्तव्य (speech) के विषय एवं रूप (content and form) भी अचेतन की अभिव्यक्ति के महत्वपूर्ण माध्यम होते हैं। यह माना जाता है कि व्यक्ति अपनी भाषा में जिन मुहावरों (phrases), रूपक अलंकारों (metaphors) आदि का प्रयोग करता है, वे व्यक्ति के गत जीवन के ठोस एवं जादुई अर्थ (concrete and magical meaning) वाले होते हैं। अतः निदान की दृष्टि से इनकी अवहेलना करना उचित नहीं है।

अस्तु, स्पष्ट है कि व्यक्त व्यवहार, शारीरिक मुद्राएँ, चाल (gait) अभिनय (role) आदि महत्वपूर्ण नैदानिक संकेत (diagnostic signal) होते हैं जिनका विश्लेषण कर मानसिक विक्षुब्धता (mental disorders) के महत्वपूर्ण छिपे कारणों को जाना जा सकता है।

3.9.2 कलाकृतियों का नैदानिक महत्व (Clinical Significance of Arts)

मनोगत्यात्मक दृष्टि से निदान (diagnosis on psychodynamic approach) करने में मनोवैज्ञानिक कलात्मक कौशलों (artistic skills) का विश्लेषण करने में दिलचस्पी रखते हैं। कलात्मक शैली (artistic style) अचेतन के भावों (unconscious feelings), प्रेरणाओं (motives), संघर्षों (conflicts) आदि के प्रकटीकरण के माध्यम या

साधन (medium) होते हैं। अतः रेखांकन (drawings), चित्रकारी, मूर्ति निर्माण (sculpture), मिट्टी से मूर्ति बनाना (clay modeling), पेंटिंग (painting) आदि द्वारा व्यक्तित्व संबंधी समस्याओं को जाना जा सकता है।

बहुधा ऐसा पाया गया है कि कलात्मक उत्पादों (artistic products) के रूपाकृति (form) में मानसिक रूप से अस्वस्थ व्यक्ति कई प्रकार की त्रुटियाँ करते हैं जैसे—संपूर्णता का अभाव (lack of integration), विरूपण (distortion), अनुपात की असंगतता (disproportion) दृढ़ता से चिपका रहना (preservation) रिक्त स्थानों को भरने की बाध्यता (compulsive filling of space), समरूपता का अभाव (lack of symmetry) आदि विशेषताएँ पायी जाती हैं। ये विशेषताएँ प्रायः सामान्य व्यक्तियों के रेखांकन में नहीं पाई जातीं।

चित्रों अथवा अन्यान्य कलात्मक वस्तुओं (उत्पादों) में निहित विषयों (contents of artistic products) का विश्लेषण करने पर मानसिक विकृतियों की प्रक्रियाओं में निहित स्वरूप (underlying nature of pathological process) संबंधी महत्वपूर्ण संकेत प्राप्त होते हैं। उदाहरण के लिए मनोविकृति के रोगियों (psychotics) के रेखा चित्रों में व्यामोह (delusion) से संबंधित विचारों (ideas) अथवा विभ्रमात्मक अनुभवों (hallucinatory experiences) की झलक मिलती है। रेखांकित चित्रों में कामुक (sexual), धार्मिक विषयों (religious theme) की भी अभिव्यक्ति देखने को मिलती है। इसी तरह स्थिर व्यामोह (paranoid) के रोगियों की चित्रकला के विषयों में महत्वाकांक्षी योजनाओं (ambitious plans), रूपरेखा (design), नक्शा (maps) एवं यौन–संबंधी विषयों का प्रदर्शन होता है। इन योजना रूपी तस्वीरों में रोगी मनोलैंगिक विकास संबंधी विकारों को भी प्रदर्शित करता है।

उपर्युक्त वर्णन से स्पष्ट है कि असामान्य या मानस रोगों के अचेतन कारणों की अभिव्यक्ति उनके द्वारा प्रस्तुत कलात्मक उत्पादों (artistic products) के रूप एवं विषयों में होती है।

3.9.3 प्रक्षेपण प्रविधियाँ (Projective Techniques)

मानस रोगों अथवा असामान्य व्यक्तित्व के निदान के लिए प्रक्षेपण प्रविधियों (projective techniques) का प्रचलन बहुत अधिक है। इस प्रकार के परीक्षणों में अस्पष्ट (ambiguous) और अपरिभाषित (undefined) अथवा अरचित (unstructured) परिस्थितियों के माध्यम से व्यक्ति के विचारों, दृष्टिकोणों, अभिरुचियों, कल्पनाओं आदि का पता लगाया जाता है। इन परिस्थितियों में रोगियों को अनुक्रिया (response) प्रकट करने के लिए उत्साहित (encourage) किया जाता है तथा रोगी द्वारा व्यक्त अनुक्रियाओं की व्याख्या (interpret) कर उसके व्यक्तित्व के ढाँचे (personality makeup or framework) एवं उसके भीतर छिपी हुई (hidden) संघर्षों (conflicts), प्रेरणाओं (motives), मनोवृत्तियों (attitudes) तथा इसी प्रकार के अन्यान्य मनोगत्यात्मक शक्तियों (psychodynamic forces) की सक्रियता का पता लगाया जाता है।

प्रक्षेपण प्रविधियाँ कई हैं। इनमें से निम्नलिखित दो प्रविधियाँ प्रधान हैं जिनका नैदानिक कार्यों में सर्वाधिक उपयोग किया जाता है—

(क) रोशार्क परीक्षण (Rorschach Test)
(ख) थिमेटिक एपरसेप्शन परीक्षण (Thematic Apperception Test)

3.9.3.1 रोशार्क परीक्षण (Rorschach Test or R.T.)

इस परीक्षण का नाम स्विस के मनश्चिकित्सक (Swiss psychiatrist) **हर्मन रोशार्क** (Herman Rorschach) के नाम पर पड़ा है जिन्होंने 1911 में व्यक्तित्व की जाँच हेतु स्याही के धब्बे (inkblot) जैसे चित्रों के कार्ड का उपयोग प्रयोगात्मक अध्ययन के लिए आरंभ किया था। बाद में चलकर यह परीक्षण नैदानिक उद्देश्य के लिए किया जाने लगा और आजकल इस परीक्षण का सर्वाधिक उपयोग किया जा रहा है। यह एक उत्कृष्ट परीक्षण माना जाता है और संभवतः इसीलिए यह सबसे ज्यादा प्रचलित परीक्षण है।

इस परीक्षण में कुल 10 चित्रों [स्याही के धब्बों (inkblot)] के कार्ड होते हैं जिन्हें क्रमशः बारी–बारी से दिखला कर व्यक्ति के अर्थपूर्ण अनुक्रिया (meaningful response) प्रकट करने के लिए उत्साहित किया जाता है (अर्थात् कहा जाता है)। व्यक्ति बारी–बारी से उन धब्बों जैसे चित्रों का अवलोकन कर यह बतलाता है कि वह इन धब्बों में किस प्रकार की वस्तु को चित्र या कार्ड के किस भाग और कितने हिस्सों में देखता है। चित्रों को किसी भी तरह (सीधे, कोना–तीरछा करके अथवा उलट–पलट कर) अवलोकन करने की इजाजत रहती है। साथ ही अनुक्रिया करने की संख्या की भी कोई सीमा नहीं होती। एक सामान्य व्यक्ति साधारणतः प्रत्येक चित्र का अवलोकन कर 2 से 3 वस्तुओं को अपनी अनुक्रिया में प्रकट करता है। इस प्रकार, सभी चित्रों को मिलाकर यानी संपूर्ण परीक्षण में उसकी अनुक्रियाओं (responses) की संख्या 20-30 के बीच होती है।

इस परीक्षण का संचालन या क्रियान्वयन (administration) आसान और सरल है लेकिन अंकन (scoring) और व्याख्या (interpretation) की प्रक्रिया थोड़ी जटिल है। इसके लिए परीक्षक (tester) का भलीभाँति रूप से प्रशिक्षित (well trained) एवं पर्याप्त अनुभव (adequate experience) का होना अनिवार्य है। एक अनुभवी क्लिनिसियन एवं व्यवहारपरक मनोमिति की (behavioural psychometric) का जानकार व्यक्ति ही इस परीक्षण का सफलतापूर्वक क्रियान्वयन (administration) एवं व्याख्या (interpretation) कर नैदानिक उद्देश्यों की पूर्ति कर सकता है, अन्यथा नैदानिक उद्देश्य विफल हो सकता है।

3.9.3.2 थिमेटिक एपरसेप्शन (Thematic Apperception Test—TAT)

हार्वर्ड साइकॉलॉजिकल क्लिनिक (Harvard Psychological Clinic) के **मॉर्गन** (Morgan) एवं **मर्रे** (Murray) ने 1935 में इस परीक्षण को प्रस्तावित किया है। मॉर्गन मर्रे के सहलेखक थे। इस परीक्षण के कुल 20 चित्रों के अलग–अलग कार्ड हैं जिन्हें परीक्षार्थी (tetee) के समक्ष परीक्षक (tester) बारी–बारी से एक–एक कर थोड़े समय (लगभग 5 मिनट) के लिए दिखलाता है और परीक्षार्थी को उन चित्रों के आधार पर एक काल्पनिक लघु कहानी लिखनी होती है। उक्त कहानी में क्या है? (अर्थात् चित्र में किस प्रकार की परिस्थिति चित्रित की गई है), क्यों है? (अर्थात् जो परिस्थिति चित्रित है उसके संभावित कारण क्या हैं), तथा इसका परिणाम (outcome) क्या होगा?—इन बातों का वर्णन उसे कहानी में करना होता है। परीक्षार्थी द्वारा वर्णित कहानी का विश्लेषण कर उसके व्यक्तित्व का मूल्यांकन (assessment) किया जाता है।

इस परीक्षण द्वारा व्यक्तित्व का मूल्यांकन करने हेतु परीक्षार्थी द्वारा प्रस्तुत कहानी में निम्नलिखित तथ्यों का विश्लेषण किया जाता है—

(i) **नायक (Hero):** कहानी में जिस व्यक्ति की भूमिका को प्रधान रूप में प्रस्तुत किया जाता है, वही नायक या नायिका होते हैं। ऐसा माना जाता है कि परीक्षार्थी उसी नायक या नायिका के साथ अपना तादात्म्य यानी स्वरूपता (identification) स्थापित कर लेता है।

(ii) **आवश्यकता (Need):** कहानी में परीक्षार्थी नायक की प्रमुख आवश्यकताओं (needs) की भी चर्चा करता है जो तादात्म्य के परिणामस्वरूप उसकी स्वयं की आवश्यकता (need) या प्रेरणा (motive) का संकेत देता है।

(iii) **प्रेस (Press):** प्रेस से तात्पर्य दाब से है। अर्थात् कहानी में वर्णित वे परिस्थितियाँ या शक्तियाँ (forces) प्रेस हैं जिनके कारण नायक की आवश्यकता या तो पूरी होती है अथवा पूर्ति बाधित होती है।

(iv) **थीम (Theme):** प्रत्येक कहानी में आवश्यकता (need) एवं प्रेस (press) के अंतःपारस्परिक क्रिया से उत्पन्न घटनाक्रम कहानी का थीम होता है जिससे व्यक्तित्व की निरंतरता (continuity) का पता चलता है।

(v) प्रत्येक कहानी का अंत किस प्रकार होता है? इससे निश्चित या अनिश्चित दिशा का पता चलता है इसके विश्लेषण से व्यक्ति की परिपक्वता स्तर (level of maturity) का पता चलता है।

इस प्रकार, टी.ए.टी. की कहानियों का विश्लेषण पर व्यक्तित्व के संघटकों (components) संगठनों (organisations) एवं प्रभावी प्रेरणाओं (effective motives) का पता चलता है जो मानस रोगों के निदान के लिए महत्वपूर्ण होता है।

3.10 सारांश (Summary)

1. निदान (diagnosis) का अर्थ रोग या विकृति यानी विकारों (diagnosis) के स्वरूप की पहचान कर वर्गीकृत करना होता है।
2. मानस रोगों या असामान्यता की पहचान एवं वर्गीकरण रोगी के लक्षणात्मक संकेतों (symptomatic signals) एवं नैदानिक परीक्षणों (diagnostic tests) के आधार पर किया जाता है।
3. नैदानिक वर्गीकरण के लिए इन दिनों दो प्रकार की प्रणालियाँ उपयोग में लाई जाती हैं—
   (क) व्याधियों का अंतर्राष्ट्रीय वर्गीकरण—आई.सी.डी.
   (International Classification of Diseases—ICD)
   (ख) मानसिक विकारों की नैदानिक एवं सांख्यिकी निर्देशिका—डी.एस.एम
   (Diagnostic and Statistical Manual of Mental Disorders—DSM)
4. **ICD:** WHO द्वारा जारी की गई सूचियाँ हैं। आजकल ICD-10 प्रचलन में है।
   DSM: अमेरिकन मनोचिकित्सक परिषद (APA) द्वारा जारी निर्देशिका है। आजकल DSM-IV प्रचलन में है।
5. नैदानिक उद्देश्यों की पूर्ति हेतु कई प्रविधियाँ उपयोग में लाई जाती हैं, जैसे—
   (i) सम्मोहन विधि (Hypnosis method)
   (ii) जीवन–इतिहास विधि (Case history method)
   (iii) मनोविश्लेषणात्मक विधि (Psychoanalytic method)
   (iv) नैदानिक साक्षात्कार विधि (Clinical interviewed method)
   (v) व्यवहार निरीक्षण प्रविधियाँ (Behaviour observation techniques)
   (vi) मनोवैज्ञानिक परीक्षण (Psychological tests)
   (vii) मनोनैदानिक विधियाँ (Psychodiagnostic methods)
   (viii) मनोगत्यात्मक नैदानिक विधियाँ (Psychodynamic diagnostic methods)
6. उपर्युक्त सभी विधियों का उपयोग क्लिनिसियन अपनी सूझ, दक्षता एवं मरीज की आवश्यकता को ध्यान में रखकर करता है।

4

मानस रोग या असामान्यता के प्रतिमान
(Models of Psychopathology or Abnormality)

अध्याय रूपरेखा (Chapter Outline)

4.1 स्वरूप (Nature)

प्रस्तुत अध्याय में 'मानस रोग' अथवा 'असामान्यता' से संबंधित कुछ अंतरिम अवधारणाओं (tentative assumptions) का वर्णन किया जा रहा है, जिसे 'प्रतिमान' (models) कहते हैं।

'प्रतिमान' एक प्रकार के 'सादृश्य' (analogy) को कहते हैं जिसकी मदद से वैज्ञानिक अपने अध्ययन परिणामों (findings) को क्रमानुसार (in order) रखकर उनके बीच के पारस्परिक संबंधों को जानने–समझने का प्रयास करता है। वस्तुतः प्रतिमान कोई सिद्धांत (theory) नहीं होता, अपितु मानस व्यवहार की प्रकृति (nature)

के संबंध में एक अंतरिम अवधारणा (tentative assumption) होती है जिसके माध्यम से व्यवहार की संगतता या असंगतता (consistency or inconsistency) की व्याख्या करने में मदद मिलती है।

'मानस रोग विज्ञान' (psychopathology) के अंतर्गत ऐसे कई प्रतिमान (models) प्रस्तावित किए गए हैं जिनमें कुछ बृहद (comprehensive) तो कुछ अत्यंत ही सीमित (limited) क्षेत्र विस्तार (scope) वाले हैं।

यद्यपि, मानस रोग या मनोविकृति के भिन्न–भिन्न प्रतिमानों में संगतता (consistency) का अभाव है, फिर भी मनोविकृति या असामान्य व्यवहारों की गत्यात्मकता (dynamics) एवं उनमें अंतर्निहित प्रक्रियाओं (underlying processes) को समझने की दृष्टि से इनका वर्णन करना महत्वपूर्ण और सार्थक है।

असामान्यता के कई प्रतिमान हैं। इनमें से कुछ प्रतिमान (some models) विशेष रूप से महत्वपूर्ण हैं, जो निम्नलिखित हैं–

1. व्यवहारवादी प्रतिमान (Behaviouristic model)
2. संज्ञानात्मक प्रतिमान (Cognitive model)
3. मनोगत्यात्मक प्रतिमान (Psychodynamic model)
4. अस्तित्ववादी प्रतिमान (Existential model)
5. मानवतावादी प्रतिमान (Humanistic model) एवं
6. सामाजिक–सांस्कृतिक प्रतिमान (Socio-cultural model)

इन सभी प्रतिमानों (models) का एक–एक कर वर्णन आगे किया जा रहा है।

4.2 व्यवहारवादी प्रतिमान (Behavioural Model)

व्यवहारवादी मनोवैज्ञानिक (behaviouristic psychologists) मानस रोग या असामान्यता के आंतरिक पक्षों या कारकों (internal aspects or factors) के बजाय शिक्षण प्रक्रिया (learning process), जो बाह्य कारकों (external factors) द्वारा प्रभावित होती है, पर बल देते हैं। इन्होंने व्यवहार के अर्जन (acquisition), व्यवहार में संबोधन (modification) अथवा व्यवहार का विलोपन (extinguishing of behaviour) आदि सभी प्रकार के व्यवहारों की व्याख्या इसी शिक्षण प्रक्रिया के आधार पर की है। इनके अनुसार कुसमायोजित व्यवहार (maladaptive behaviour) निम्नांकित के प्रतिफल हैं–

(a) समायोजी व्यवहार के अर्जन में विफलता (failuire in acquisition of adaptive behaviours) अथवा उपयुक्त यानी सक्षम व्यवहारों के अर्जन की विफलता, जैसे–संतोषप्रद पारस्परिक संबंध स्थापित करने में विफल होना,

(b) अकुशल या कुसमायोजित व्यवहार सीखना (learning ineffective or maladaptive behaviour) एवं

(c) प्रतिबलात्मक परिस्थिति जिसके साथ उपयुक्त ढंग से सामना कर सकने में विफल होना। जहाँ तक कुसमायोजित व्यवहार (maladaptive behaviour) का प्रश्न है, इनके अनुसार यह एक विशिष्ट अनुक्रिया (specific response) है जो त्रुटिपूर्ण शिक्षण के कारण अवांछित प्रतिक्रिया (undesirable reaction) अथवा अति प्रतिबलात्मक स्थिति (excessive stress) का प्रतिफल होता है।

अस्तु, स्पष्ट है कि व्यवहारवादियों के अनुसार समायोजित या कुसमायोजित, दोनों प्रकार के व्यवहार उत्तेजना–अनुक्रिया (stimulus-responses or S-R) व्यापार है और व्यक्ति का व्यवहार ही उसके समायोजी अथवा कुसमायोजी व्यक्तित्व का भी सूचक है। अर्थात् जिस प्रकार कोई व्यवहार किसी उत्तेजना विशेष से अनुबंधन

(conditioning) के आधार पर अर्जित (acquire) किया जाता है, उसी तरह व्यक्तित्व संबंधी विशेषताओं या गुणों को भी अर्जित किया जाता है। यह अर्जन या शिक्षण 'पुनर्बलन प्रतिमान' (reinforcement model) द्वारा निर्धारित होता है। इनका मानना है कि चूंकि व्यवहार उत्तेजना–प्रतिक्रिया के बीच जटिल संबंधों का प्रतिफल है (B = f(S-R)), इसलिए समायोजित अथवा कुसमायोजित व्यवहारों की व्याख्या के लिए S-R संबंधों के सिलसिले में जो तथ्य संकलित किए गए हैं, उन पर ध्यान देना आंतरिक संरचनात्मक तत्वों की अपेक्षा ज्यादा श्रेयष्कर है।

'व्यवहारवादियों' के अनुसार 'पॉवलव' (Pavlov) एवं 'स्किनर' (Skiner) के प्रयोगात्मक तथ्यों के आधार पर सामान्य व्यवहार (normal behaviours) की ही तरह कुसमायोजित व्यवहार भी 'प्रबलन' (reinforcement), 'उत्तेजना सामान्यीकरण' (stimulus generalisation) एवं 'विलोपन' (extinction) के नियमों द्वारा अर्जित किए जाते हैं। जैसे—'प्रबलन' (reinforcement) को ही लें। प्रबलन प्रत्यक्ष (direct) अथवा अप्रत्यक्ष (indirect) दोनों तरह का हो सकता है। मान लें एक किशोर उम्र का लड़का बात–बात में गुस्सा करता है और माता–पिता चुप रहते हैं अथवा उस पर विशेष ध्यान देते हैं ताकि वह गुस्सा न हो। इस प्रकार उसका व्यवहार (गुस्सा करना) अप्रत्यक्ष रूप से प्रबलित (reinforced) होता रहता है, इसलिए उसका यह व्यवहार बार–बार होता है जो बाद में चलकर बलिष्ठ (strong) हो जाता है, क्योंकि उसका यह व्यवहार उसके लिए लाभकारी (beneficial) अर्थात् पुरस्कारी (rewarding) सिद्ध होता है।

इसी तरह कुसमायोजित व्यवहार के संदर्भ में उत्तेजना सामान्यीकरण (stimulus generation) का नियम भी लागू होता है। अकारण भय (phobia), घृणा के भाव (hatred feelings), ईर्ष्या (jealousy) का प्रकाशन एवं चिंता का विकास में 'उत्तेजना सामान्यीकरण' का नियम लागू होता है। इस नियम के अनुसार, जब किसी एक परिस्थिति में किसी प्रकार का कुसमायोजित व्यवहार विकसित होता है तो यह अर्जित व्यवहार दूसरी संबंधित परिस्थितियों में हो सकता है। यहाँ उत्तेजना का समान होना जरूरी नहीं है, अपितु एक परिस्थिति का दूसरी परिस्थिति से संबंधित होना जरूरी होता है। जैसे—किसी व्यक्ति को एक बार किसी कुत्ता विशेष से भय हुआ तो वह किसी दूसरे कुत्ते को देखकर भी भयभीत हो सकता है। यहाँ यह भी उल्लेखनीय है कि यदि सामान्यीकृत व्यवहार (generalised behaviour) किसी तरह से प्रबलित (reinforced) होता है तो उसका सामान्यीकृत व्यवहार और अधिक गहराई से स्थापित (established) हो जाता है। अतः भविष्य में उस तरह के व्यवहार के दोहराए जाने की संभावना (probability) भी प्रबल हो जाती है।

प्रबलन का नियम यह भी बताता है कि जिस प्रकार प्रबलन (reinforcement) के कारण किसी व्यवहार का अर्जन (acquisition) होता है, उसी प्रकार प्रबलन हटा लेने पर अर्जित व्यवहार लुप्त (extincted) हो जाती है। अतः कुसमायोजित व्यवहार (maladaptive behaviour) को यदि प्रबलित न किया जाए तो कुसमायोजित व्यवहार भी लुप्त हो जाएगा। इसी अवधारणा (concept) के आधार पर कुसमायोजन की चिकित्सा हेतु व्यवहारवादियों ने उपचार की प्रविधियाँ भी विकसित की हैं जिनका उपयोग कुसमायोजित व्यवहार की चिकित्सा हेतु बड़े पैमाने पर किया जाता है।

कुसमायोजित व्यवहारों की व्याख्या में उपर्युक्त नियमों की सार्थकता पॉवलव (Pavlov) द्वारा कुत्ता पर किए गए प्रयोगात्मक तथ्यों से सिद्ध हो जाती है। पॉवलव प्रयोग से प्राप्त अनुक्रियाएँ इस प्रकार हैं—

एक कुत्ता को कार्ड पर बना हुआ वृत्त (circle) दिखलाया गया और उस वृत्त को बार–बार दिखलाने के बाद भोजन (reward) प्रस्तुत कर वृत्त को देखने के साथ ही भोजन प्रत्याशा में लार टपकाने (to salivate) की अनुक्रिया (response) के लिए प्रशिक्षित किया गया। उसी कुत्ता को यह भी प्रशिक्षण (training) दिया गया कि यदि कार्ड पर वृत्त (circle) की जगह कोई दीर्घ वृत्त (ecleptic circle) हो तो लार टपकाने की अनुक्रिया नहीं करनी है। जब दोनों अनुक्रियाएँ अच्छी तरह स्थापित (well established) हो गईं तब दीर्घ वृत्त (ecleptic circle) को क्रमशः वृत्त (circle) के समान रूप बनाकर प्रस्तुत किया जाने लगा। देखा गया कि जब 'दीर्घ वृत्त' (ecleptic circle) और वृत्त (circle) में बहुत कम अंतर रह गया तो कुत्ता को इन दोनों में अंतर (differentiate) करने में

कठिनाई होने लगी। इस दुविधा के कारण कुत्ता के व्यवहार में उतावलापन, विक्षुब्धता एवं असहयोगशीलता के लक्षण देखे गए। भोजन को अस्वीकार करने, चीखने (howling) एवं पैर पटकने (धक्का–मुक्की अर्थात् हाथ–पैर मारने जैसा व्यवहार) आदि व्यवहार करने लगा। इस प्रकार, शांत कुत्ता अप्रत्याशित रूप से विक्षुब्ध व्यवहार (जो न्यूरॉसिस के लक्षण होते हैं) करने लगा।

इसी तरह, कुसमायोजित व्यवहार क्रिया–प्रसूत (operant conditioning) के सिद्धांत पर भी अर्जित किए जाते हैं। जैसे–'रोगभ्रम' (hypochondria) नामक न्यूरॉसिस के विकास में परिवार के निकट संबंधियों, मित्रों आदि द्वारा अप्रत्यक्ष रूप से प्रबलन (reinforcement) का हाथ होता है। ऐसे रोगियों के प्रति परिजनों को चिंतित होने, बीमार व्यक्ति की तरह विशेष देखभाल करने तथा कुछ विशेष रियायतें देने की कोशिश होती है। ऐसे प्रबलनों के कारण रोगी का रोगभ्रम और व्यवहार बलिष्ठ होता जाता है।

कुसमायोजित व्यवहारों के अर्जन में सामाजिक शिक्षण (social learning) की भी भूमिका होती है। जैसे–बाल्यावस्था में बच्चे अपने माता–पिता को ही प्रतिमान (model) समझते हैं। अतः जिनके माता–पिता स्वयं सुसमायोजित नहीं होते तो उनके बच्चे भी माता–पिता के कुसमायोजित व्यवहार प्रतिरूपों का अनुकरण कर अर्जित कर लेते हैं। इस प्रकार के शिक्षण को 'निरीक्षणात्मक शिक्षण' (observational learning) भी कहते हैं 'बंदुरा' (Bandura) ने अपने अध्ययनों द्वारा इस तथ्य की पुष्टि की है।

'व्यवहारवादियों' (behaviourists) ने मानसिक रोगियों अथवा कुसमायोजित व्यवहारों की चिकित्सा हेतु शिक्षण सिद्धांतों पर आधारित 'व्यवहार परिमार्जन' (behaviour modification) की प्रविधियाँ भी विकसित की हैं।

4.3 संज्ञानात्मक प्रतिमान (Cognitive Model)

'पियाजे' (Piaget), कॉमस्की (Chomsky), सेलफ्रिज एवं निसर (Selfridge and Neisser, 1960), न्यूवेल एवं साइमन (Newwell and Simon, 1956), आदि ने बौद्धिक घटनाओं (intellectual events) एवं चेतन नियंत्रण (conscious control) को केन्द्रबिंदु (central point) मानते हुए व्यावहारिक घटनाओं का वर्णन किया है। इस प्रकार ये मनोवैज्ञानिक **'संज्ञानात्मक मॉडेल'** (Cognitive Model) की मान्यताओं का समर्थन करते हैं।

'संज्ञानात्मक मॉडेल' संज्ञान (cognition) के शाब्दिक अर्थ के आलोक में असामान्य व्यवहारों, व्यक्तित्व संबंधी विक्षुब्धताओं (personality disturbances) अथवा अन्यान्य प्रकार की मानसिक विकृतियों (mental disorders) की व्याख्या करता है। 'संज्ञान' (cognition) का अर्थ अवगत होने की बौद्धिक प्रक्रिया (intellectual process) से है जिसके द्वारा व्यक्ति स्वयं अपने बारे में प्रत्यक्षीकरण (perception) कर सकता है तथा अपने विचारों को जान पाता है। अतएव संज्ञानात्मक मॉडेल इस बात को स्वीकार करता है कि एक असामान्य या मानस रोगी अपनी प्रेरणाओं (motives) से भिज्ञ (known) रहता है तथा अपने प्रतिबल या बलाघात (stress) को भी पहचानता है। अतः स्वयं की प्रेरणाओं की जानकारी (awareness of self motives) एवं बलाघात (stress) को उत्पन्न करने वाले तत्वों की पहचान (recognition of stress generation) के आलोक या संदर्भ (reference) में स्वयं की व्यक्तिगत (personal) एवं सामाजिक (social) समायोजन योग्य (adjustable) व्यवहार का निर्णय (decision) लेने में समर्थ होता है।

'संज्ञानात्मक मॉडेल' (cognitive model) की कुछ मान्यताएँ निम्नलिखित रूप से हैं–

(i) विक्षुब्ध व्यवहार प्रतिरूपों (disturbed behaviour patterns) पर विचार करते समय हमें इस बात पर ध्यान देना चाहिए कि व्यक्ति किसी घटना, परिस्थिति आदि के बारे में किस ढंग का प्रत्यक्षीकरण करता है (how he perceives the situations or events) अर्थात् वह स्वयं अपने बारे में (about the self) तथा अपने आस–पास के भौतिक जगत (physical world around him) किस तरह से प्रत्यक्षीकरण करता है अथवा क्या और कैसे सोचता है (What and how he thinks)। इन मौलिक प्रश्नों का उत्तर 'सूचना संसाधन प्रणाली' (information processing system) द्वारा ही प्राप्त हो सकते हैं। लेकिन यह मानव

व्यवहार का सर्वाधिक जटिल (most complex) और सबसे कम समझा हुआ (least understood) पक्ष (aspect) है। मानव व्यवहार के इस पक्ष के बारे में सीमित ज्ञान के बावजूद यह प्रतिमान इस बात पर बल देता है कि **व्यक्ति की आंतरिक मनोवैज्ञानिक विक्षुब्धता की स्थिति** (the state of internal psychological disturbance) सही अर्थ में व्यक्तित्व एवं व्यवहारगत विकृतियों (personality and behavioural disorders) के कारण हैं, प्रतिफल नहीं (and not the result)।

(ii) इस मॉडेल की दूसरी प्रमुख मान्यता यह है कि प्रत्येक व्यक्ति की एक **'विशिष्ट संज्ञानात्मक शैली'** (specific cognitive style) होती है और उसी संज्ञानात्मक शैली के अनुरूप व्यक्ति स्वयं अपने को अथवा दूसरों को एवं आस–पास के भौतिक जगत (physical world) का प्रत्यक्षीकरण (perception) करता है। अर्थात् व्यक्ति किसी वस्तु या परिस्थिति का प्रत्यक्षण ठीक वैसा ही करता है, जैसा वह है, न कि वस्तु या परिस्थिति जैसी है (he perceives the things as he is and not as the thing is)। अतः माना जाना चाहिए कि यदि व्यक्ति की संज्ञानात्मक शैली सुसंगत (consistent) और वास्तविक (realistic) स्वरूप की होती है तो उसका व्यवहार सुसमायोजित (well adjustive) ढंग का होता है। और जब उसकी संज्ञानात्मक शैली किसी तरह से विकृत (disordered) या वास्तविकता से भिन्न (परे) (unrealistic) होता है तो व्यवहार का प्रतिरूप भी विकृत या कुसमायोजित स्वरूप का होता है। अतएव, मनश्चिकित्सकों (psychiatrists or psychotherapists) के लिए यह जानना महत्वपूर्ण होता है कि वातावरण के किस संकेत (signal of the environment) के कारण व्यक्ति के प्रत्यक्षण (percepts) से संबंधित सूचना संसाधन (information processing) में असामान्यता (abnormality) आई है।

(iii) तृतीय मॉडेल मानता है कि व्यक्ति समायोजन संबंधी समस्याओं (adjustment related problems) के दबाव (stress) को कम करने हेतु निपटने (to cope) का प्रयास करता है। इस प्रकार, व्यक्ति अपने कुसमायोजित व्यवहार (maladaptive behaviour) में परिवर्तन लाने या उसमें सुधार लाने (to change or modify) का निर्णय सोच समझ कर लेता है (deliberate decision is made)। एक अर्थ में 'संज्ञानात्मक मॉडेल' में व्यवहारवादी एवं मनोगत्यात्मक (behaviouristic and psychodynamic) मॉडेल्स (models) की मान्यताओं में सुसंगति (consistency) देखने को मिलती है, क्योंकि इन दोनों प्रतिमानों (models) में भी व्यक्ति की सचेष्ट चेष्टा (intended effort) की चर्चा है। लेकिन संज्ञानात्मक मॉडेल में केवल चेतन स्तर पर किए जाने वाले प्रयासों (efforts on conscious level) पर ही बल दिया गया है और अचेतन (unconscious) पक्ष की अवहेलना (ignore) की गई है। इस अर्थ में 'संज्ञानात्मक प्रतिमान' (cognitive model) उपर्युक्त दोनों प्रतिमानों से भिन्न है।

(iv) **पहचान की खोज (Search for identity):** प्रत्येक मनुष्य की अपनी एक 'पहचान' (identity) होती है जिससे उसे स्वयं अपने अस्तित्व (existence) का बोध होता है। आधुनिक शिल्प वैज्ञानिकों (technological) एवं अवैयक्तिक (impersonal) सामाजिक संरचना में **'हम क्या और कौन हैं'** (what or who we are)—यह प्रत्येक व्यक्ति के लिए एक यक्ष प्रश्न हो गया है। अर्थात् हर व्यक्ति 'आत्मबोध' (self identity) के संकट (crisis) से गुजर रहा है। 'आत्मबोध' का अर्थ अपने बारे में समझना यानी 'स्व का बोध' (knowing the self) होता है। **'विलियम जेम्स'** (William James) ने अपनी पत्नी के नाम एक पत्र में लिखा था—"अंदर से एक आवाज आती है जो बोलता और कहता है—असल में यही मैं हूँ।" ("There is a voice inside which speaks and says—This is real me.")

प्रायः जब 'स्व के भाव' (feeling of self) से संबंधित संघर्ष की स्थिति उत्पन्न होती है, तब 'आत्मबोध' (self identify) का संकट उपलब्ध होता है। अर्थात् जब 'स्व' की पहचान धुंधली या धूमिल (blurring of self identity) अथवा 'स्व के बोध' (sense of self) को किसी प्रकार से खतरा या क्षति का सामना करना पड़ता है।

यही स्थिति आत्मबोध के संकट का कारण बनती है तथा व्यक्ति तनाव (tension), प्रतिबल (stress), दबाव (pressure), चिंता (anxiety) आदि का शिकार होता है। आत्मबोध से संबंधित संघर्ष या दुविधा (conflict or confusion) मूर्त (concrete) अथवा अमूर्त (abstract) दोनों तरह का हो सकता है। उदाहरणार्थ—एक गोद लिया हुआ बच्चा (adopted child) जब अपने जैविक माता–पिता (biological parents) के बारे में जानना चाहता है तो यहाँ मूर्त स्वरूप की 'स्व की पहचान' संबंधी संघर्ष का उदाहरण मिलता है। इसी तरह यदि कोई दार्शनिक संपूर्ण ब्रह्मांड के संदर्भ में 'मै कोन हूँ' (who I am), जानने की जिज्ञासा रखता है तो यहाँ अमूर्त स्वरूप की 'स्व बोध' संबंधी संघर्ष का उदाहरण मिलता है।

'स्व बोध' संबंधी संघर्षमय स्थितियाँ बाल्यावस्था में प्रारंभ होकर निरंतर चलती रहती हैं। इस प्रकार के संघर्षों की अभिव्यक्ति समय–समय पर विविध रूपों में (in various forms) होती रहती है, जैसे—स्वतंत्रता–निर्भरता (independence-dependence), माता–पिता एवं बालक की भूमिका (parent-child role), यौन–भूमिका संघर्ष (sex-role conflict), समाज में महिलाओं के स्थान से संबंधित संघर्ष (conflicts relating to position and status of women in society) इत्यादि।

मानसिक रोगियों में पाए जाने वाले कुछ लक्षण, जैसे—विभ्रम (hallucinations), व्यामोह (delusions), चिंतन विकृति (thought disorders), वाक् विकृतियाँ (speech disorders) आदि संज्ञानात्मक विकृति (cognitive disorders) से संबंधित होती है। संज्ञानात्मक मनोवैज्ञानिकों (cognitive psychologists) के मतानुसार, ये सभी विकृतियाँ सूचना संसाधन (information processing) में गड़बड़ी अथवा विफलताओं के कारण होती है।

इस प्रतिमान को आधार मानते हुए संज्ञानात्मक मनिश्चिकित्सक (cognitive psychotherapists) रोगी को संघर्ष के स्वरूप (nature of conflicts) एवं उसके परिणामों (consequences) से अवगत, अर्थात् 'चेतन बोध' (conscious awakening) कराने का प्रयास करते हैं। चिकित्सक, इन समस्याओं का समाधान कैसे करना है—इसके बारे में सुझाव (suggestion) भी देता है, जैसे—संसूचन (suggestion), प्रवचन (instructional lessions) इत्यादि।

इस प्रकार यह प्रतिमान 'सूचना संसाधन प्रक्रिया' में त्रुटि को असामान्यता का कारण मानता है, तथा संज्ञानात्मक स्वास्थ्य पर ध्यान देकर उपचार करने पर जोर देता है।

4.4 मनोगत्यात्मक प्रतिमान (Psychodynamic Model)

'मनोगतिकी' (Psychodynamics) व्यक्तित्व का सर्वाधिक महत्वपूर्ण दृष्टिकोण है। इस दृष्टिकोण के मुख्य जनक **'डॉ. सिगमंड फ्रायड'** (Sigmund Freud) थे जो एक स्नायुरोग विज्ञानी (neurologist) एवं चिकित्सक (physician) के रूप में अपने जमाने में जाने–माने व्यक्ति थे। इन्होंने अपने चिकित्सकीय अनुभवों से प्रेरित होकर इस प्रतिमान को प्रस्तुत किया है जो उनके द्वारा प्रतिपादित मनोविश्लेषणात्मक सिद्धांत (psychoanalytic theory) से व्युत्पन्न (derived) है।

इस प्रतिमान में मन के अचेतन पहलू (unconscious aspect) को ही सर्वाधिक महत्व दिया गया है और इस स्तर पर गत्यात्मक कार्यशैली (dynamic functions) के माध्यम से असामान्य व्यवहारों को जानने–समझने का प्रयास किया गया है।

मनोगतिकी की कुछ मूलभूत अवधारणाएँ (basic concepts) हैं जो अत्यंत ही जटिल हैं। इन सभी अवधारणाओं का संक्षेप में वर्णन करना एक दुष्कर कार्य है। फिर भी मानस रोगों एवं असामान्य व्यक्तित्व से संबंधित कुछ मौलिक अवधारणाओं का वर्णन यहाँ प्रस्तुत किया जा रहा है। इस प्रतिमान की मूल धारणाओं में मन के 'अकारात्मक पक्ष' (topographical aspects) एवं 'गत्यात्मक पक्ष' (dynamic aspects) पर विशेष जोर दिया गया है। साथ ही, मन के अचेतन स्तर पर होने वाले संघर्षों (mental conflicts on unconscious level of mind), एवं इन संघर्षों से निपटने हेतु मानसिक मनोरचनाओं (mental mechanisms) की भी चर्चा की गई है जो विक्षुब्ध

व्यक्तित्व (disturbed personality) को समझने की दृष्टि से महत्वपूर्ण है। इन सभी मूल धारणाओं का संक्षिप्त विवरण प्रस्तुत किया जा रहा है—

4.4.1 मन की गत्यात्मक शक्तियाँ (Dynamic Forces of Mind)

'फ्रायड' (Freud) के अनुसार व्यक्तित्व की तीन उपप्रणालियाँ (three subsystems of personality) होती हैं जिन्हें क्रमशः उपाहं (id), अहं (ego) एवं पराहं (super ego) कहते हैं। मानव व्यवहार इन्हीं तीनों प्रणालियों की अंतः पारस्परिक क्रियाओं (interpersonal action) का प्रतिफल है। इनमें दो प्रणालियाँ—उपाहं (id) एवं पराहं (super ego) परस्पर विरोधी स्परूप (antagonistic) की हैं जबकि अहं (ego) इन दोनों के बीच सामंजन (adjustment) की भूमिका में रहता है।

फ्रायड के अनुसार मन की ये तीनों प्रणालियाँ वस्तुतः आंतरिक शक्तियाँ (internal forces) हैं जिनके प्रभाव में ही व्यक्ति क्रिया व्यवहार करने हेतु उत्प्रेरित होता है। उपाहं (id) की आंतरिक शक्ति मन के अचेतन भाग (unconscious segment) पर क्रियाशील (active) होती है,? अहं (ego) आंशिक रूप से चेतन एवं अचेतन दोनों स्तरों पर कार्यशील रहता है जबकि पराहं (super ego) विशुद्ध रूप से चेतन स्तर पर कार्यशील रहता है।

उपाहं (id): उपाहं (id) मूल प्रवृत्तियों (instincts) यानी आदिम या मूल आवश्यकताओं (primitive needs), लैंगिक इच्छाओं (sexual desires), आवेगों (जैसे—आक्रामकता), प्रवाहों आदि का भंडार होता है तथा इन्हीं प्रणोदनों (drives) से निर्देशित एवं संचालित होता है। आधारभूत या मौलिक मूल प्रवृत्तियाँ दो प्रकारों की होती हैं—कामुक एवं रचनात्मक प्रकृति की मूल प्रवृत्तियाँ तथा विध्वंसात्मक एवं आक्रामक प्रवृत्तियाँ। पहले प्रकार की प्रवृत्तियाँ जीवन के लिए आधारभूत ऊर्जा (basic energy) प्रदान करती हैं, अतः इन्हें 'जीवन की मूल प्रवृत्ति' (life instinct or Eros) कहते हैं। दूसरे प्रकार की प्रवृत्तियाँ धुंधला या अस्पष्ट अर्थात् निराशाजनक (obscure) होती हैं तथा 'स्व विनाश' (self destruction) या मृत्यु (death) की प्रवृत्ति उत्पन्न करती है। इसलिए, इसे 'मृत्यु की मूल प्रवृत्ति' (death instinct or thanatos) कहते हैं। व्यक्ति का संपूर्ण जीवन इन्हीं दोनों मूलप्रवृत्तियों के पारस्परिक संघर्षों के बीच व्यतीत होता है। उपाहं केवल सुख के नियमों (pleasure principles) से निर्देशित होता है। अतः इसका मुख्य ध्येय उपाहं की प्रवृत्तियों की तात्कालिक संतुष्टि से रहता है। यह किसी भी प्रकार के रोक–टोक, वास्तविकता या समय बंधन की परवाह नहीं करता है तथा नैतिकता से भी कोई संबंध नहीं रखता है। उपाहं द्वारा किसी भी प्रकार की इच्छा (wish) या प्रतिमा (image) की उत्पत्ति संभव है जिसकी संतुष्टि के लिए प्रत्यक्ष प्रयास (direct effort) नहीं किया जाता। इसीलिए इसे 'इच्छाओं के उदगम की प्रारंभिक प्रक्रिया' (primacy process of origin) कहते हैं। यह मन के अचेतन भाग (unconscious segment) में वास करता है।

अहं (Ego): विकास के क्रम में उपाहं (id) का ही एक अंश 'अहं' (ego) के रूप में विकसित होता है जो एक तरफ अचेतन में स्थित उपाहं (id) और दूसरी तरफ चेतन भाग के पराहं (super ego of the conscious segment) के संपर्क में रहता है। 'पराहं' (super ego) के संपर्क में रहने के कारण 'अहं' वास्तविकता के सिद्धांतों का अनुसरण करता है तथा 'उपाहं' (id) के संपर्क में रहने के कारण 'अहं' अधिकाधिक सुख प्राप्ति के प्रबंधन का प्रयास करता है। इस प्रकार अहं उपाहं एवं परांह—दोनों की सेवा करता है तथा इन दोनों विरोधी स्वरूपों की भक्तियों के बीच सामंजन (adjustment) का कार्य कर व्यक्तित्व को विखंडित होने से बचाने की भूमिका का निर्वहन करता है।

पराहं (Super ego): यह सामाजिक अपेक्षाओं, आदर्शों, नैतिक नियमों और वास्तविकता के प्रतिनिधि के रूप में कार्य करता है। सामाजिक–सांस्कृतिक (socio-cultural) एवं नैतिक आदर्शों (moral ideals) का उल्लंघन होने पर व्यक्ति में अपराध–बोध की भावना उत्पन्न कर उसे दंडित भी करता है। यह मन के चेतन भाग (conscious segment) पर कार्यशील रहता है।

वस्तुतः उपाहं (id) एवं अहं (ego) के बीच कार्य साधक यानी इष्ट सिद्धि (expediency) का संबंध होता है। इसलिए, नैतिक मूल्य की गुंजाइश नहीं रहती। लेकिन 'पराहं' चूँकि सामाजिक एवं सांस्कृतिक मूल्यों एवं आदर्शों तथा वास्तविकता (reality) से अनुकूलित (conditioned) रहता है, इसलिए यह उपाहं एवं पराहं की प्रवृत्तियों पर लगाम रखने की भूमिका में होता है।

अस्तु, स्पष्ट है कि ये तीनों गत्यात्मक शक्तियाँ परस्पर विरोधी स्वरूप (mutually antagonistic) की हैं, इसलिए इनके बीच सदैव संघर्ष की स्थिति उत्पन्न होती रहती है। 'मनोगत्यात्मक दृष्टिकोण' (psychodynamic approach) के अनुसार एक सामान्य व्यक्ति में इन तीनों शक्तियों या प्रतिनिधियों के बीच संतुलन कायम रहता है तथा उसका व्यक्तित्व भी संगठित (organised) स्वरूप का होता है। अतएव सामंजन संबंधी समस्या उत्पन्न नहीं होती। लेकिन, जब इनके बीच के क्रिया व्यापार (interplay) असंतुलित (imbalanced) होता है तब व्यक्ति के व्यक्तित्व में बिखराव आता है और वह कुसमायोजन (maladjustment) का शिकार होता है।

अचेतन (unconscious) 'फ्रायड' (Freud) के मनोगतिकी दृष्टिकोण का मूलाधार 'अचेतन' (unconscious) ही है। इन्होंने संपूर्ण मन के आकारीय क्षेत्र (topographical area) को तीन भागों (segments) में बाँटा है—चेतन (conscious), अवचेतन (subconcious) एवं अचेतन (unconscious)। मन का 'चेतन' भाग छोटे आकार का है तथा इसमें वर्तमान विचारों की जानकारी रहती है। 'अवचेतन' की चेतना (जानकारी) तत्काल उपलब्ध नहीं रहती, लेकिन प्रयास द्वारा प्राप्य है। 'अचेतन' के बारे में व्यक्ति बिल्कुल अंधेरे में रहता है क्योंकि इस खंड (segment) की विषयवस्तु के बारे में कोई जानकारी नहीं रहती है। इसमें 'दमित आवेग' या इच्छाएँ संचित रहते हैं। यह मूल–प्रवृत्तियों (basic instincts) का भंडार होता है जो चेतन अनुभूति (conscious experience) से ओझल रहती हैं क्योंकि इनसे मानसिक द्वंद्व (mental conflicts) पैदा होते हैं। लेकिन, अचेतन मन में संचित विचार, प्रवाह, प्रेरणा आदि चेतनाभिव्यक्ति (conscious expression) के लिए सदैव सक्रिय रहती हैं जबकि चेतन मन उन्हें रोकता है क्योंकि अचेतन के विषय वास्तविकता से परे होते हैं, जिनकी अभिव्यक्ति सामाजिक, सांस्कृतिक आदर्शों से मेल नहीं खातीं। इसके बावजूद हमारा मन लगातार इन अचेतन आवेगों को व्यक्त (manifest) करने के उपयुक्त अवसर और मान्य तरकीब ढूंढ़ने अथवा इन आवेगों को प्रकट होने से रोकने के प्रयास में लगा रहता है। हमारे जीवन की कुछ साधारण प्रतीत होने वाली घटनाएँ, जैसे—भुलक्कड़पन, गलत लिखावट या उच्चारण, हँसी मजाक एवं स्वप्न आदि अचेतन तक पहुँचने का मार्ग प्रशस्त करते हैं।

'फ्रायड' का मानना है कि अचेतन में दमित इच्छा प्रवाहों की सक्रियता (unconscious strivings), विशेषकर कामुक एवं आक्रामक प्रवृत्तियाँ (sexual and aggressive tendencies) व्यक्ति के अंतर्मन (pysche) में चल रहे संघर्षों (conflicts) के सूचक (indicator) होते हैं। यह संघर्ष व्यक्ति की आधारभूत मूल प्रवृत्तियों (basic instincts) और सामाजिक नियामक अवरोधों (social regulatory inhibitions) के बीच होता है और यही मानस रोगों (psychopathologies) का मूल कारण भी है।

इस मॉडेल से एक और बात यह स्पष्ट होती है कि व्यक्ति मूल प्रवृत्यात्मक जैविक प्रणोदनों (instinctual biological drives) एवं अचेतन इच्छाओं एवं प्रवाहों (unconscious desires and motives) के प्रभावाधीन (dominance) कार्य करता है।

अचेतन के ये प्रेरक रचनात्मक एवं आनंददायक (constructive and libidinal) और विध्वंसात्मक एवं आक्रामक (destructive and aggressive), दोनों तरह के होते हैं। विध्वंसात्मक एवं आक्रामक प्रवृत्तियाँ विनाशकारी होने के कारण 'मृत्यु' (death) की ओर अग्रसर करती है। इस प्रकार अंतः मानसिक संघर्ष (interpsychic conflicts) की स्थितियाँ उत्पन्न होती हैं। सुरक्षात्मक तंत्र (defence mechanisms) एवं अचेतन की प्रवृत्तियाँ (unconscious tendencies) चूंकि अविवेकी (irrational) स्वरूप की होती हैं, इसलिए इस प्रकार के संघर्षों की दिशा भी अविवेकी और असामान्य दिशा की ओर प्रवृत्त रहती हैं। लेकिन, 'अहं' विवेक का सहारा लेकर संतुलन (balance) बनाए रखने की चेष्टा करता है। यह संतुलन जब तक कायम रहता है, व्यक्ति का व्यवहार समायोजी स्वरूप

(adjustive nature) का रहता है और जब संतुलन विभंजित (balance breakdown) होता है तो व्यक्ति का व्यवहार कुसमायोजित स्वरूप (maladaptive in nature) का होता है और व्यक्ति मानसिक रोग (mental disorder) से पीड़ित होता है।

4.4.2 चिंता, सुरक्षात्मक रचनाएँ एवं अचेतन (Anxiety, Defence Mechanisms and Unconscious)

4.4.2.1 चिंता (Anxiety)

'फ्रायड' (Freud) ने 'चिंता' (anxiety) के लिए 'साइकिक पेन' (psychic pain) शब्द का इस्तेमाल किया है। इनके अनुसार चिंता तीन प्रकारों के होती हैं—

(क) **वास्तविक चिंता (Real anxiety):** इस प्रकार की चिंता बाहरी कारणों (external factors) से होने वाले खतरों (dangers), या धमकी (threat) के कारण उत्पन्न होती है। जैसे—जंगली जानवरों या बाहरी दुश्मनों से खतरा।

(ख) **न्यूरॉटिक चिंता (Neurotic anxiety):** इस प्रकार की चिंता की उत्पत्ति तब होती है जब उपाहं (id) अहं (ego) के नियंत्रणाधीन (under control) नहीं रह पाता और ऐसा व्यवहार होता है जिसके लिए दंडित (punished) होने का खतरा रहता है। जैसे—बलात्कार, चोरी आदि करने के फलस्वरूप दंडित होने का खतरा।

(ग) **नैतिक चिंता (Moral anxiety):** इस प्रकार की चिंता तब उत्पन्न होती है जब व्यक्ति 'पराहं' (super ego) मूल्यों या मानदंडों (values or criteria) से असंगत या विपरीत (consistent or contrary) कोई व्यवहार करता या करने की सोच रखता है। फलस्वरूप मानसिक संघर्ष (mental conflict) की स्थिति बनती है। जैसे—माँ, बहन या पुत्री के साथ यौन संबंध बनाने की कामना करना।

4.4.2.2 सुरक्षात्मक रचनाएँ (Defence Mechanism)

चूंकि चिंता की स्थिति दुःखद होती है इसका दुष्प्रभाव व्यक्ति के स्वास्थ्य पर भी पड़ता है। अतः व्यक्ति इसका समाधान ढूंढने हेतु विवश या बाध्य होता है। इस प्रकार की स्थितियों से निपटने के लिए 'अहं' (ego) कोई तर्कसंगत तरीका (rational way) अपनाता है। इसमें विफल होने पर अहं अविवेकी सुरक्षात्मक उपायों (irrational measures) का सहारा लेता है जैसे—युक्तिकरण (rationalisation), दमन (repression) आदि। इन्हें अहं सुरक्षा (ego defences) भी कहते हैं। ऐसी अनेक मनोरचनाएँ हैं जिनके बारे में इस पुस्तक के अध्याय 5 में विस्तृत विवरण प्रस्तुत किया गया है।

मनोगत्यात्मक मॉडेल के अनुसार मानस रोगियों के उपचार हेतु ऐसी प्रविधि (technique) का उपयोग किया जाना चाहिए जो व्यक्ति के अंतःमन (inner mind or psyche) की गहराई में अवस्थित अंतःमानसिक संघर्ष प्रवाहों (inter psychic conflicting impulses) को कुरेदकर (by digging out) चेतन स्तर पर (on conscious level) ला सके जिसमें विक्षुब्ध करने वाले प्रवाहों (disturbing impulses) का निष्कासन (outlet) हो सके। इसके लिए 'स्वतंत्र साहचर्य प्रविधि' (free association technique) के उपयोग पर जोर दिया गया है जो एक जटिल (complex), किंतु कारगर (effective) प्रविधि है।

अस्तु, इस मॉडेल के उपर्युक्त वर्णन से यह स्पष्ट है 'असामान्यता' (abnormality) अथवा 'मानस विकृति' (mental disorder) से तात्पर्य 'अहं' के संतुलनकारी कार्य में खराबी, अर्थात् अहं (ego) का विभंजन (breakdown) या छिन्न–भिन्न होना है जो अंतः मानसिक संघर्षों (intra psychic conflicts) का प्रतिफल है तथा इसमें 'अचेतन' (unconscious) का सर्वाधिक महत्वपूर्ण स्थान है।

4.5 अस्तित्ववादी प्रतिमान (Existential Model)

सही अर्थ में यदि देखें तो 'अस्तित्ववाद' (existentialism) से संबंधित विचारों एवं उन विचारों पर आधारित मानस रोग संबंधी 'प्रतिमान' (model of psychopathology) दर्शन (philosophy) और साहित्य (literature) से हुआ है। अतः इस मॉडेल का कोई 'वैज्ञानिक आधार' (scientific base) नहीं है। साथ ही किसी वैचारिक मंच या दृष्टिकोण (school of thought) से भी इसका कोई निकट का संबंध नहीं है। यूरोपियन दार्शनिकों का एक समूह तत्कालीन विश्वयुद्ध के तुरंत बाद 20वीं शताब्दी में 'सामाजिक परिवर्तन' (social change) के संदर्भ में 'मानव अस्तित्व' (existence of mankind) से संबंधित समस्याओं पर एक आंदोलन (movement) के रूप में अस्तित्ववादी विचारधारा (existential thought) को दुनिया के समक्ष रखने का प्रयास किया है। इन दार्शनिकों में 'हेडेगर' (Heidegger), 'जास्पर्स' (Jaspers), 'केर्केगार्ड' (Kierkegaard) एवं 'सार्टे' (Sarte) के नाम उल्लेखनीय हैं। इनके अतिरिक्त अमेरिकन मनोवैज्ञानिक 'रॉलॉ मे' (Rollo May) का भी नाम लिया जा सकता है जिन्होंने संयुक्त राष्ट्र अमेरिका (United States of America) में अस्तित्ववादी दृष्टिकोण का प्रचार एवं प्रसार प्रभावशाली ढंग से किया है।

अस्तित्ववादी (existentialists) तत्कालीन 'सामाजिक परिवर्तन' (social change) के कारण व्यक्ति की दुर्दशा (predicament) के प्रति काफी गंभीर थे। उन दिनों एक नई संस्कृति पनप रही थी। इस संस्कृति को **'मानकीकृत व्यापक संस्कृति'** (Standard Mass Culture) का नाम दिया जा सकता है। इस प्रकार के परिवर्तन के कारण मानवीय एवं सामाजिक मूल्य (human and social values) टूट (breakdown) रहे थे। परंपराओं में लोगों का विश्वास (traditional faith) समाप्तप्राय हो रहा था। इस प्रकार के परिवर्तन के संदर्भ में 'मानवीय अस्तित्व' (human existence) का अर्थ (meaning) भी लुप्त या गुम हो रहा था। अर्थात् व्यक्ति का 'स्व व्यक्तित्व' लुप्त होने लगा था (a state of depersonalisation occurred)। परिणामस्वरूप व्यक्ति का अपना 'आत्मबोध' (sense of self or self identity) नहीं रह गया था और वह अपने को 'अस्तित्वहीन' (non existent) समझने लगा था। इस तरह की स्थितियों में यह आवश्यक जान पड़ा की प्रत्येक व्यक्ति को उसके 'अस्तित्व' यानी वह एक 'अर्थपूर्ण व्यक्ति' (meaningful being) है—इसका एहसास कराया जाए। इसी आवश्यकता को ध्यान में रखकर, 'अस्तित्ववादियों' (existentialists) ने 'अस्तित्ववादी विचार' (existential thought) दुनिया के सामने रखा जो कोई विचारधारा (school of thought) नहीं है, अपितु मात्र एक 'थीम' (विषयवस्तु) है।

अस्तित्ववादियों के मतानुसार व्यक्ति कोई ठोस वस्तु (concrete object) नहीं है और न ही पेड़–पौधों या जानवरों की तरह मात्र एक प्राणी (only an organism) है। बल्कि वह इन सबसे पृथक या भिन्न प्राणी है जिसकी अपनी एक 'सत्ता' या 'हस्ती' (entity) होती है। इसलिए उसका अपना एक अस्तित्व (existence) है—जो तभी तक बना या कायम रहता है जब तक व्यक्ति अपनी 'सत्ता' (entity or being) का अनुभव करता है। तात्पर्य यह है कि वह (व्यक्ति) कौन है?, किसलिए है?, उसके कर्तव्य और उत्तरदायित्व (duties and responsibilities) क्या हैं? आदि का अनुभव होने पर ही किसी व्यक्ति का अपने अस्तित्व का बोध या अनुभव हो सकेगा, अन्यथा वह अपने को अस्तित्वहीन (non existent) समझेगा। इससे व्यक्ति में हताशा या निराशा (despair or frustration) की स्थिति उत्पन्न होगी।

अस्तित्ववादी यह भी मानते हैं कि इस अस्तित्ववादी जगत (existential world) में प्रत्येक मनुष्य को अर्थपूर्ण तरीके से (meaningfully) 'सत्ता' में बने रहने की आवश्यकता है। जिस तरह बिना व्यक्ति के इस संसार का कोई अस्तित्व (existence) नहीं रह जाता है, उसी तरह व्यक्ति का इस संसार में पृथक रूप में कोई अस्तित्व नहीं हो सकता। इसका कारण यह है कि इन दोनों में एक तरह का स्वतः संबंध (automatic relationship) है। यह संबंध तीन तरह से स्थापित होता है—(क) भौतिक या दैहिक (physical), (ख) दूसरों को मिलाकर सामाजिक वातावरण (social environment of others) एवं (ग) उसके भीतरी स्वभाव के साथ व्यक्ति का अपना संबंध (individual's own inner relations)।

इस मॉडेल में **'being in the world'** के संप्रत्यय (concept) पर सर्वाधिक बल (emphasis) दिया गया है। 'Being in the World' का तात्पर्य यह है कि व्यक्ति किस प्रकार अपने अस्तित्व को प्राप्त करेगा तथा संसार (world) की माँगों को पूरा करने हेतु व्यक्ति स्वयं उत्तरदायी (responsible) है। इन दोनों अर्थों का सार (essence) यही है कि मनुष्य स्वयं किस प्रकार का व्यक्ति बनना चाहता है तथा अर्थपूर्ण तरीके से कैसे अपने अस्तित्व को कायम रख सकता है, इसका निर्णय करने के लिए व्यक्ति स्वयं जिम्मेवार (responsible) है।

अस्तित्ववादी विचारकों ने अपने मॉडेल में अस्तित्वहीन होने (being non existent) एवं दोष की भावना (guilt feeling) की भी चर्चा की है। इनके अनुसार, अस्तित्व को कायम रखने की स्वतंत्रता (freedom of choosing one's existence) के बावजूद प्रत्येक व्यक्ति अस्तित्वहीन (non existent) होने, यानी मृत्यु (death) की संभावना से अवगत रहता है जिसके फलस्वरूप **चिंता** (anxiety) उत्पन्न होती है और वह इस चिंता का सामना करने (to encounter anxiety) का प्रयास करता है। इस प्रकार, पुनः चयन कर अपने अस्तित्व को बनाए रखने हेतु प्रयत्न करता है। व्यक्ति को जब अपने जीवन में 'कुछ भी नहीं' (nothingness) यानी अस्तित्वहीनता का अनुभव होता है तो वह इसे (कुछ भी नहीं) को नकारता (negate) है और ऐसा जीवन जीने की सोच विकसित करता है (चयन करता है) जो उसे 'कुछ भी नहीं' की जगह ज्यादा भाग्य निर्णायक (fateful) हो सकता है तथा जिसमें उसे 'कुछ' (something) का बोध होता है।

अतएव स्पष्ट है कि अस्तित्ववादियों के अनुसार व्यक्ति के लिए उसकी 'सारसक्ता' (essence) या अस्तित्व (existence) का महत्व सर्वोपरि होता है जिसका निर्माण (creation) 'चयन' (choice) पर निर्भर करता है क्योंकि 'सारतत्व' (essence) जीवन को व्यवस्थित करने वाले मूल्य (value that orders life) का सूचक होता है। 'सार्टे' (Sarte) ने स्वयं कहा है—**'I am my choice.'**

'मे' (May) ने भी व्यक्ति के भीतर दो प्रकार के संवेगों (emotions) की चर्चा की है—चिंता (anxiety) एवं 'दोष की भावना' (guilt feeling)। साथ ही, इन्होंने व्यक्तित्व के सकारात्मक (positive) पक्ष और इच्छा प्रदर्शित करने की क्षमता (capacity of express desires) की भी चर्चा की है। इन्हीं में विभिन्न संभावनाओं में से सबसे बेहतर संभावना (choice of the best possible) भी सम्मिलित है। व्यक्तित्व (personality) के सकारात्मक पक्ष में चार तत्व शामिल हैं—'यौन (sex), 'इरोज' (eros)—अर्थात् महत्वपूर्ण लोगों के संपर्क में आने की इच्छा, 'फिलिया' (philia)—अर्थात् दूसरों के कल्याणार्थ चिंता करना एवं 'अगेप' (agape)—अर्थात् सभी के साथ मधुर एवं स्नेहपूर्ण संबंध (lovely and affectionate relations) बनाने की इच्छा।

अस्तित्ववादी न्यूरॉसिस (Existential neurosis): अस्तित्ववादियों ने न्यूरॉसिस के विभिन्न प्रकारों में एक और प्रकार की परिकल्पना की है जिसे **'अस्तित्ववादी न्यूरॉसिस'** (existential neurosis) कहते हैं।

'माडी' (Maddy) ने 1967 में सर्वप्रथम इस शब्द का प्रयोग किया है जो अस्तित्वहीन हो जाने की चिंता (anxiety of becoming non existent) के कारण होता है न्यूरॉसिस के इस प्रकार में निम्नलिखित लक्षण देखे जाते हैं—

(i) प्रत्याहार (with drawal) की प्रवृत्ति (tendency) की अधिकता
(ii) 'स्व पहचान' (self identity) में कमी
(iii) दैनिक जीवन के कार्यों में रुचि का अभाव
(iv) सच्चाई में विश्वास की कमी
(v) भावात्मक रूप से 'ऊब' का अनुभव
(vi) यदा–कदा विषाद (depression) का अनुभव

इस प्रकार के न्यूरॉसिस के रोगियों में अपनी जिदंगी का अर्थ उनकी समझ से परे होता है। इसीलिए इनके जीवन में उदासीनता आती है तथा अपने को निरुत्साहित महसूस करते हैं। व्यक्ति जब एक लंबे अरसे

तक निरंतर तनाव (tension) में रहता है तो इस प्रकार के न्यूरॉसिस (neurosis) के लक्षण पनपने लगते हैं। खासकर, सामाजिक परिवर्तन के दौर में प्रायः व्यक्ति लंबी अवधि तक इस प्रकार के तनाव में रहता है। फलतः अस्तित्ववादी न्यूरॉसिस (existential neurosis) से पीड़ित होने की संभावना प्रबल रहती है।

अस्तित्ववादी मॉडेल में उपचार हेतु ऐसी प्रविधियों का उपयोग किया गया है जिसमें व्यक्ति अपने अस्तित्व के बारे में अर्थपूर्ण समझ (meaningful understanding of his own existence) विकसित कर सके। इस प्रविधि में इस बात पर बल देने की आवश्यकता बताई गई है जिसमें व्यक्ति यह समझ सके कि उसके सामने चयन के विकल्प विद्यमान हैं (He is still having his choice) ताकि व्यक्ति अपने भावी भाग्य पर नियंत्रण पा सके। इस दिशा में 'फ्रैंकेल' (Frankel, 1975)—'विरोधाभासी दृढ़ता या तीव्रीकरण' (paradoxical intensification) प्रविधि का सफलतापूर्वक प्रयोग किया है। इस प्रविधि में मानस रोगी जिस शिकायत हेतु चिकित्सक की सहायता प्राप्त करना चाहता है, चिकित्सक उस शिकायत को और तीव्रतर (intense) करने पर जोर देता है। ऐसा करने पर रोगी को यह विश्वास होता है कि उस स्थिति को नियंत्रित करने की क्षमता उसमें हैं। जैसे—मान लें एक रोगी यह कहता है कि वह दिनभर में 25 बार हाथ–पैर धोता है (बाध्यता, compulsiveness का लक्षण)। चिकित्सक की सलाह होती है कि उसे 50 बार या 75 बार हाथ–पैर धोना चाहिए। इससे रोगी में यह विश्वास जागृत होता है कि स्व नियंत्रण (self control) से जब वह अधिक बार हाथ–पैर धो सकता है तो कम बार करने की क्षमता भी उसमें है। नियंत्रण संबंधी उसका यह विश्वास उसके अस्तित्व के अंतःशक्ति (inner force of existence) को उत्साहित कर उसके 'स्व की पहचान' (self identity) को मजबूती प्रदान करता है।

इस प्रकार, अस्तित्ववादी विचार यद्यपि एक दार्शनिक विषयवस्तु (philosophical theme) है, फिर भी, मानव प्रकृति (human nature) को समझने, उसके व्यवहारों को नियंत्रित करने तथा 'स्व अस्तित्व' का बोध कराने में महत्वपूर्ण मनोवैज्ञानिक विषयवस्तु (psychological theme) की भूमिका का निर्वहन करता है।

4.6 मानवतावादी प्रतिमान (Humanistic Model)

वस्तुतः 'मानवतावादी प्रतिमान' की नींव 'एडॉल्फ मेयर' (Adolf Mayer) ने बहुत पहले अपने 'मनोजैविक दृष्टिकोण' (psychobiological view point) में ही रख दी थी जिसमें 'मानवतावादी प्रतिमान' निहित (inherent) था लेकिन, इस प्रतिमान के प्रवर्तक के रूप में 'कर्ट गोल्डस्टेन' (Kurt Goldstein) एवं कार्ल रोजर्स (Carl Rogers) के नाम सुविख्यात हैं। इन लोगों ने 'जीववाद' (organismic point of view) की पृष्ठभूमि में प्राणी के स्वभाव एवं व्यवहारों का अध्ययन की दृष्टि से 'हॉलिस्टिक' (holistic) यानी संपूर्णवाद का दृष्टिकोण अपनाने की आवश्यकता पर बल दिया है। 'मानवतावादी मॉडेल' इसी 'हॉलिस्टिक दृष्टिकोण' से पनपा और विकसित हुआ है।

सही अर्थ में यह मॉडेल मानव या मनुष्य के बारे में धनात्मक दृष्टिकोण है जिसका आधार मानव में 'स्वनिर्देशन' (self direction) का विकास है। मनोविज्ञान की ऐतिहासिक पृष्ठभूमि में यह प्रतिमान या दृष्टिकोण तीसरी शक्ति (third force) के नाम से जाना जाता है। इसका विकास 1960 के दशक में हुआ। मनोविज्ञान की अन्य दो शक्तियाँ (two other forces) क्रमशः मनोविश्लेषण (psycho analysis) को प्रथम शक्ति और व्यवहारवाद (behaviourism) को दूसरी शक्ति (second force) कहा जाता है।

यद्यपि, मनोविज्ञान की इस तीसरी शक्ति का विकास अन्य दो शक्तियों—मनोविश्लेषण एवं व्यवहारवाद के विरोध में हुआ है, फिर भी, इस प्रतिमान में इन दोनों दृष्टिकोणों के कुछ तत्व शामिल हैं। मानवतावादी प्रतिमान के प्रवर्तकों ने यह महसूस किया था कि अन्य दोनों शक्तियों (forces)—मनोविश्लेषणात्मक एवं व्यवहारवाद, में मानव के कुछ महत्वपूर्ण विवेचनात्मक बिंदुओं की अवहेलना या उपेक्षा की गई है। इन महत्वपूर्ण बिंदुओं में 'प्रेम' (love) सृजनात्मकता (creativity), वैयक्तिक विकास से संबंधित मूल्य (personal values relating to personal growth) एवं उनकी पूर्ति (fulfilment) आदि पक्ष हैं, जिन पर भी ध्यान देना महत्वपूर्ण है। इसकी आवश्यकता को ध्यान में रखकर 'मानवतावादी प्रतिमान' (humanistic model) की प्रस्तावना की गई।

मानवतावादी प्रतिमान के कुछ आधारभूत संप्रत्यय (concept) निम्नलिखित हैं—

4.6.1 मानव का 'स्व' एक एकीकृत विषयवस्तु है (Human Self is an United Theme)

मानवतावादी मनोवैज्ञानिकों का मानना है कि मानव व्यवहार को समझने के लिए केवल उत्तेजना परिस्थिति (simulating situations) ही पर्याप्त नहीं है, अपितु उसकी आंतरिक मनोवैज्ञानिक संरचनात्मक प्रक्रियाओं (inner psychological process) का भी अध्ययन किया जाना चाहिए, क्योंकि, इन प्रक्रियाओं का भी आकस्मिक प्रभाव (casual influence) व्यक्ति की सोच (though), भाव (feelings) एवं क्रियाओं (actions) पर पड़ता है। हालाँकि 'विलियम जेम्स' (William James) ने व्यक्ति के 'स्व' (self) की चर्चा की है, किंतु बाद में व्यवहारवादियों ने इसे अपने वैचारिक संप्रत्यय से हटा दिया। इनके अनुसार चूँकि यह एक वैयक्तिक या आत्मगत (personal and subjective) संप्रत्यय (concept) है, इसलिए वैज्ञानिक कसौटियों पर इनके बारे में विचार करना संभव नहीं है। किंतु, आगे चलकर व्यक्तित्व के 'एकीकृत सिद्धांत' (united principle of personality) में इसकी आवश्यकता का एहसास हुआ जिसके परिणामस्वरूप ही 'मानवतावादी प्रतिमान' (humanistic model) का आविर्भाव (emergence) हुआ।

मानवतावादी प्रतिमान के कार्यक्षेत्र में मानस रोगियों के व्यवहारों (behaviours of psychopathologies) की व्याख्या के प्रसंग में **'कार्ल रोजर्स'** (Carl Rogers) का योगदान विशेष रूप से उल्लेखनीय है। इन्होंने वर्षों तक अपने नैदानिक अनुभवों (clinical experiences of years) के आधार पर 1959 में व्यक्तित्व संबंधी सिद्धांत प्रतिपादित किया है 'रोजर्स के सिद्धांत में अन्यान्य बातों के अलावा तीन प्रमुख बिन्दुओं पर प्रकाश डाला है, जो निम्नलिखित हैं—

- व्यक्तित्व एक संगठित समष्टि (Organised whole) है जो निरंतर बदलती दुनिया का केन्द्र (centre) है। इसमें संपूर्ण प्रत्यक्षीकरण क्षेत्र (perception field) समाहित है।
- दैनिक जीवन में वातावरण के साथ अंतःक्रिया (interaction) के परिणामस्वरूप व्यक्ति अपने 'स्व' यानी 'I' या 'me' को वातावरणीय प्रत्यक्षीकरण (environmental perceptions) से अलग (differentiate) करता है। वातावरण से पृथक यानी अलग 'I' या 'me' को 'स्व' (self) कहते हैं। व्यक्ति का यह 'स्व' ही वह केन्द्र (centre) है जिसके चारों ओर (around) व्यक्ति का व्यक्तित्व संघटित होता है। व्यक्ति उसी व्यवहार को अपनाता (adopt) है जो उसके 'स्व' के साथ सुसंगत प्रतीत होता है (that which appears consistent with his self)। व्यक्ति जब इस प्रकार के सुसंगत व्यवहार का चयन (selection) करने में समर्थ होता है तो वह स्वस्थ (healthy) और सामान्य (normal) रहता है। लेकिन, वास्तविकता यह है कि स्वस्थ व्यक्तित्व (healthy personality) सदा स्थिर (always static) नहीं रह पाता है। इसलिए व्यक्ति के संपूर्ण जीवनकाल तक पूर्ण व्यक्ति (whole person) बने रहने की प्रक्रिया निरंतर चलती रहती है।
- व्यक्ति की आधारभूत प्रेरणा (basic motive) सिद्धि प्राप्त करना (acquisition of actualisation), उसे बरकरार रखना (to maintain that) एवं अनुभवों में अभिवृद्धि (enhancing) करना है। इन प्रक्रियाओं के परिणामस्वरूप ही व्यक्ति 'आत्म सिद्धि' (self actualisation) की आवश्यकता (need) की पूर्ति के उद्देश्य से 'लक्ष्य निर्दिष्ट व्यवहार' (goal directed behaviour) करता है।

'रोजर्स' (Rogers) के अनुसार, कुसमायोजित (maladaptive) व्यवहार का मुख्य कारण महत्वपूर्ण सांवेदनिक (sensory) एवं अंतरावयवी (visceral) अनुभवों की अनभिज्ञता (awareness) है इन महत्वपूर्ण अनुभवों को अस्वीकार करने (deny) के कारण जेस्टाल्ट संगठन (gestalt organisation) में इनका प्रतीकीकरण (symbolization) बाधित

या अवरुद्ध होता है। यह स्थिति मानसिक तनाव (mental tension) उत्पन्न करता है जो व्यक्ति के 'स्व रचना' (self structure) के लिए संकटपूर्ण होता है फलस्वरूप, व्यक्ति चिंतित (anxious) होता है। इससे अपना बचाव या सुरक्षा (defense) के लिए वह वास्तविकता (reality) को अस्वीकार (deny) करता है अथवा वास्तविकता भंगित होती है (reality is distorted) तथा व्यक्ति अपनी स्व रचना के प्रति दृढ़ (rigid) रहता है। संकट या धमकी (threat), चिंता (anxiety) और सुरक्षा (defense) का यह क्रम (sequence) एक दूषित घेरा (viscious circle) उत्पन्न करता है और व्यक्ति कुसमायोजन (maladjustment) के दलदल में फँस जाता है (trapped and mired in maladjustive behaviour)।

'रोजर्स' ने ऐसे असामान्य या कुसमायोजित व्यक्तियों के उपचार हेतु रोगी में 'आत्मबोध' (knowleged of the self) को विकसित करने पर जोर दिया है। इसीलिए चिकित्सा के संपूर्ण सत्र काल (session) में चिकित्सक को अपना ध्यान रोगी पर ही केन्द्रित रखना पड़ता है। रोगी को स्वयं अपनी समस्या को समझने एवं संघर्षों की गुत्थियों (knots of conflicts) को सुलझाने हेतु चिकित्सक को प्रोत्साहित करना चाहिए तथा पूर्ण सहयोगात्मक रवैया अपनाना चाहिए। चिकित्सा की इस प्रविधि को **"रोगी केंद्रित उपचार"** अथवा **"अनिर्देशित चिकित्सा प्रविधि"** (non-directive therapeutic technique) कहते हैं।

अतएव मानवतावादी प्रतिमान (humanistic model) में व्यक्ति के 'स्वबोध' की अवधारणा के माध्यम से व्यक्तित्व की व्याख्या प्रस्तुत की गई है। 'स्व बोध' व्यक्ति के व्यक्तित्व का एक अपूर्व या अनोखा (unique) पक्ष होता है तथा व्यक्तित्व के समस्त संरचनात्मक तत्व उसके 'स्व' के चारों ओर संघटित रहते हैं। अर्थात् 'स्व' ही व्यक्तित्व का केन्द्रबिंदु होता है।

4.7 सामाजिक-सांस्कृतिक प्रतिमान (Socio-cultural Model)

मनुष्य का सार तत्व (essence) यह है कि वह एक **"जैविक सामाजिक प्राणी"** (bio-social being) है। अर्थात् वह जैविक प्राणी के साथ–साथ एक सामाजिक प्राणी भी है। मनुष्य का जन्म समाज में ही होता है तथा सामाजिक वातावरण में ही विकसित भी होता है। ध्यानपूर्वक यदि देखें तो कुछ अपवादों को छोड़कर प्रत्येक व्यक्ति मानसिक और शारीरिक रूप से (mentally and physically) एक सुस्वस्थ शिशु (healthy infant) के रूप में जन्म लेता है। इसलिए जैविक रूप से (biologically) प्रत्येक शिशु का विकास समान रूप से होने की संभावना बनती है। लेकिन वास्तविकता यह नहीं है। प्रत्येक शिशु का विकास भौतिक (physical), सामाजिक (social) एवं सांस्कृतिक (cultural) तीनों दृष्टियों से भिन्न रूप में होता है। इसका कारण विकासशील शिशुओं के भौतिक, सामाजिक एवं सांस्कृतिक (physical, social and cultural) वातावरण (environment) में भिन्नता है। इसीलिए प्रत्येक व्यक्ति के व्यक्तित्व एवं व्यवहार प्रतिरूपों में उसके समाज विशेष की छाप रहती है। प्रत्येक समाज एवं भौतिक–सांस्कृतिक (social and physical cultural) वातावरण का अपना एक स्वतंत्र मानदंड (standard), आदर्श (norm) और मूल्य (value) होता है जिसके अनुसार ही अंतःपारस्परिक क्रियाओं (interpersonal activities) का विकास होता है। इस प्रकार व्यक्ति के व्यवहार प्रतिरूपों (behaviour patterns), व्यक्तित्व के शील गुण (traits of personality) आदि के विकास में सामाजिक–सांस्कृतिक वातावरण का महत्वपूर्ण स्थान या भूमिका रहती है। इससे यह भी स्पष्ट होता है कि व्यक्तित्व का संतुलित या असंतुलित विकास भी (balanced or imbalanced development of personality) व्यक्ति के सामाजिक–सांस्कृतिक परिवेश (socio-cultural environment) पर निर्भर करता है। प्रत्येक विकासशील बालक (developing child) अपने परिवार समाज और संस्कृति के प्रचलित नियमों, मूल्यों व आदर्शों का पालन करना सीखता है ताकि सामाजिक–सांस्कृतिक वातावरण के नियमों, मूल्यों और परंपराओं आदि के साथ उसका व्यवहार सुसंगत हो सके। अतएव, व्यवहार एवं व्यक्तित्व संबंधी असामान्यता (abnormality) त्रुटिपूर्ण सामाजिक–सांस्कृतिक वातावरण की देन होती है। इन्हीं तथ्यों के आधार पर मानस रोग या असामान्यता के संबंध में **'सामाजिक-सांस्कृतिक प्रतिमान'** (socio-cultural model) की नींव पड़ी है।

व्यक्तित्व संबंधी असंतुलन (imbalance) अथवा असामान्य व्यवहार (abnormal behaviour) के विकास में समाज की कुछ प्रक्रियाओं (social processes) का महत्वपूर्ण योगदान (contribution) होता है। इन प्रक्रियाओं में—समाजीकरण की प्रक्रिया (process of socialism), सामाजिक विघटन (social disorganisation) एवं संस्कृति (culture) हैं।

4.7.1 समाजीकरण की प्रक्रिया (Process of Socialisation)

सामाजिक शिक्षण (social learning) की प्रक्रिया को ही समाजीकरण (socialisation) कहते हैं। इस प्रकार के शिक्षण द्वारा ही व्यक्ति के व्यक्तित्व में सामाजिक चेतना (social consciousness) एवं सामाजिक आदर्शों एवं मूल्यों के अनुरूप व्यवहार का विकास होता है। वास्तविकता यह है कि समाजीकरण की प्रक्रिया द्वारा ही नवजात शिशुओं की क्रियात्मक क्षमताओं को सामाजिक साँचे में ढाला जाता है (behavioural capabilities are shaped)। व्यक्ति की सोच (thought), व्यवहार (behaviour) एवं प्रत्यक्षण (perceptions) आदि सभी प्रकार की मानसिक क्रियाओं या प्रक्रियाओं (mental activities or processes) पर सामाजिक शिक्षण का प्रभाव पड़ता है। सामाजिक शिक्षण अथवा समाजीकरण की प्रक्रिया शिशु के जन्म के साथ ही (right from the birth of a neonate) प्रारंभ हो जाती है जो निरंतर व्यक्ति की मृत्यु तक (till death) चलती रहती है। इस प्रक्रिया में माता–पिता की मनोवृत्ति (parental attitude), पालन पोषण की प्रणाली (child rearing processes), पारिवारिक विकृति (family pathology) अंतःपारस्परिक संबंध (interpersonal relationships), सामाजिक भूमिका (social role) इत्यादि का बालकों के संवेगात्मक विकास (emotional development) में महत्वपूर्ण प्रभाव पड़ता है।

अब हम इन सभी का वर्णन एक–एक कर करेंगे।

4.7.1.1 माता-पिता की मनोवृत्तियाँ (Parental Attitudes)

बालकों के शारीरिक विकास के साथ–साथ मानसिक एवं संवेगात्मक विकास में माता–पिता की मनोवृत्ति (parental attitudes) का सर्वाधिक महत्वपूर्ण स्थान है। इसके दो मुख्य कारण हैं–(क) एक नवजात शिशु का प्राथमिक यानी पहला संपर्क (primary contact) उसके माता–पिता (parents) से होता है, तथा उसकी देख–रेख (care), आवश्यकताओं की पूर्ति (satisfaction of needs) एवं सामाजिक चेतना की नींव डालने (foundation of social consciousness) का मुख्य उत्तरदायित्व भी माता–पिता पर ही होता है। (ख) माता–पिता से बच्चों को प्रेम और स्नेह (love and affection), सुरक्षा (security or protection) और सहानुभूति (sympathy) मिलती है। माता–पिता द्वारा इन दायित्वों के निर्वहन में भिन्नता पाई जाती है। जिसका प्रभाव बालकों द्वारा समायोजनशील (adjustable) व्यवहारों के शिक्षण पर पड़ता है। प्रायः यह देखा जाता है कि एक ही समाज के विभिन्न परिवारों अथवा एक ही परिवार के अलग–अलग माता–पिता के स्नेह (love), सुरक्षा (security) एवं आवश्यकताओं की पूर्ति के ढंग, उनकी मनोवृत्ति के अनुसार अलग–अलग होती है। किसी परिवार या माता–पिता द्वारा बच्चों को अति स्नेह या दुलार एवं अतिसुरक्षा में बच्चों का पालन–पोषण (rearing) होता है तो कहीं बिल्कुल कम। अधिक दुलार एवं सुरक्षा मिलने पर बच्चों में 'परनिर्भरता' (dependency) की प्रवृत्ति पनपती है और जिस परिवार में दुलार एवं सुरक्षा बहुत ही कम मिलती है, वहाँ बच्चों में हीनता की भावना (feding of inferiority) एवं कुंठा (frustration) का जन्म होता है। ये दोनों प्रकार की स्थितियाँ कुसमायोजन (maladjustment) का कारण बनती हैं।

माता–पिता की मनोवृत्ति से संबंधित विभिन्न शोधपरक अध्ययनों (research studies) से प्राप्त परिणामों से यह स्पष्ट संकेत मिलते हैं कि माता–पिता के दृष्टिकोण, विश्वास और मनोवृत्ति के अनुसार ही बच्चों की विविध योग्यताओं (various abilities), व्यवहारपरक क्षमताओं (behavioural competencies) एवं दिशा–निर्देश (direction) का विकास होता है जो आगे चलकर उसके भावी जीवन को समायोजी या कुसमायोजी बनाता है। इन अध्ययनों में सामान्यतः निम्नलिखित प्रतिरूप पाए गए हैं—(क) माता–पिता द्वारा अस्वीकार करने तथा उपेक्षा करने की

मनोवृत्ति (attitude of rejection and negligence by the parents), (ख) अयथार्थ अपेक्षाएँ करने (unrealistic demands or expectations), (ग) अतिसुरक्षा (over protection) एवं (घ) कठोर अनुशासन (rigid discipline)। ये मनोवृत्तियाँ समायोजी या कुसमायोजी व्यवहार प्रतिरूपों के प्रमुख सामाजिक कारण हैं। अब हम एक–एक कर इन सभी कारक तत्वों का संक्षेप में वर्णन करेंगे।

(क) माता-पिता द्वारा अस्वीकार तथा उपेक्षा करने की मनोवृत्ति (Attitude of rejection and negligence by the parents)

माता–पिता द्वारा अस्वीकार करने (to reject) तथा उपेक्षा या अवहेलना (to neglect or ignore) करने की मनोवृत्ति का प्रदर्शन (expression) प्रायः उनका बच्चों के साथ के 'संपर्क सुख' (contact comfort) का अभाव, स्नेह में कमी (lack of love and affection) बच्चों के क्रियाकलापों अथवा उपलब्धियों के प्रति रुचि न दिखाना, छोटी–मोटी गलतियों के लिए कठोर दंड देना, बच्चों की भावनाओं एवं इच्छाओं को तरजीह न देना आदि व्यवहारपरक विशेषताओं (behavioural characteristics) के रूप में होता है। माता–पिता द्वारा यह उपेक्षा आंशिक (parental) या पूर्ण (complete), सक्रिय (active) या निष्क्रिय (passive), व्यक्त या अव्यक्त (manifest or latent), नियमित या आवधिक (regular or periodical) में से किसी भी स्वरूप का हो सकता है जिसका प्रभाव बालकों के समायोजी व्यवहारों के शिक्षण (learning of adaptive behaviours) पर पड़ता है। प्रायः यह देखा जाता है कि एक ही समाज के विभिन्न परिवारों या एक ही परिवार के अलग–अलग माता–पिता (different parents) के स्नेह, सुरक्षा एवं आवश्यकताओं की पूर्ति के ढंग भिन्न होते हैं। यह भिन्नता माता–पिता की मनोवृत्ति के कारण देखी जाती है। कहीं बच्चे को स्नेह एवं सुरक्षा अधिक मिलती है तो कहीं कम। अधिक दुलार एवं अति सुरक्षा के कारण बच्चों में 'परनिर्भरता' (dependency) की प्रवृत्ति का विकास होता है, जबकि स्नेह एवं दुलार में कमी होने पर हीनता की भावना एवं कुंठा (inferiority feeling and frustration) अंकुरित होता है। ये दोनों प्रकार की स्थितियाँ बच्चों के भावी व्यवहार को असामान्य अथवा कुसमायोजित स्वरूप प्रदान करती हैं।

इस दिशा में किए गए अध्ययनों में यह पाया गया है कि बच्चों में विभिन्न प्रकार की योग्यताओं (various abilities), व्यवहारात्मक क्षमताओं (behavioural competencies) एवं दिशा–निर्देशन (direction) के विकास में माता–पिता की मनोवृत्ति, दृष्टिकोण एवं विश्वास का बच्चों के भावी जीवन को समायोजनशील बनाने में महत्वपूर्ण स्थान होता है। सामान्य तौर पर यह पाया गया है कि माता–पिता द्वारा अस्वीकार करने (to reject), उपेक्षा या अवहेलना करने (to neglect), या पारस्परिक संचार–संवाद का अभाव (poor communication) आदि मनोवृत्तियाँ बच्चों के व्यक्तित्व के समुचित विकास को अवरुद्ध करती हैं और इस प्रकार आगे चलकर बच्चे कुसमायोजन के शिकार होते हैं। उदाहरणस्वरूप **'मेकॉबी' एवं 'लेविन'** (Maccoby and Levin, 1957) ने अपने एक अध्ययन में पाया की स्नेह के अभाव (lack of love and affection) अथवा निरुत्साहित ढंग से बच्चों की देखभाल करने पर बच्चों में अंतरात्मा का विकास बहुत ही धीमी गति से होता है (slow development of conscience) तथा उनमें आक्रामकता (aggressiveness), बिस्तर पर पेशाब करने (bed-wetting) , एवं भोजन कराने से संबंधित समस्याएँ (feeding problems) उत्पन्न होती हैं।

इस तरह के बच्चों में ध्यान आकृष्ट करने की प्रवृत्ति (attention seeking tendencies), घृणा के भाव एवं अकेलापन का अनुभव उत्पन्न होता है जिसके परिणामस्वरूप व्यक्तित्व कुंठित होता है। 'प्रिगल' (Prigle, 1965) ने भी अध्ययन में पाया कि जिन बच्चों का पालन–पोषण अनाथालय या इसी तरह की किसी अन्य संस्था में होता है (अर्थात् माता–पिता के स्नेह से वंचित बच्चे), उनमें दूसरों के प्रति आस्था एवं प्रेम (loyality and love) की भावना उत्पन्न नहीं होती । इसी प्रकार 'हर्ले' (Hurley, 1965) ने भी पाया है कि माता–पिता द्वारा अस्वीकृत करने की मनोवृत्ति के कारण बच्चों की बौद्धिक क्षमता (intellectual capacities) का विकास अवरुद्ध होता है। अतएव 'हर्ले' के अनुसार बौद्धिक क्षमताओं के विकास हेतु बच्चों को पर्याप्त उत्साहवर्धक एवं सुखद संवेगात्मक वातावरण का होना आवश्यक होता है।

(ख) अयथार्थ अपेक्षाएँ (Unrealistic demands or expectations)

अपने बच्चों से कुछ अपेक्षाएँ (expectations) रखना प्रायः प्रत्येक माता–पिता के लिए एक सामान्य बात है। सामान्य स्तर की अपेक्षाएँ (normal level expectations) बच्चों में सामान्य समायोजी व्यवहारों के अर्जन में सहायक होती हैं। लेकिन, कुछ माता–पिता अपने बच्चों से उनकी वास्तविक या स्वाभाविक क्षमता के विपरीत ऊँची अपेक्षाएँ (higher expectations) रखते हैं। ऐसी ऊँची अपेक्षाएँ बच्चों के लिए भार स्वरूप हो जाती हैं। उदाहरणार्थ–स्कूल में सदा अच्छे अंक प्राप्त करना, बहुत अधिक बुद्धिमान बनना अथवा दूसरी विविध क्रियाओं में श्रेष्ठता प्राप्त करना इत्यादि। यद्यपि, प्रायः सभी बच्चे अपने माता–पिता की अपेक्षाओं के अनुरूप सफलता प्राप्त करने हेतु प्रयास करते हैं, पर अनेक अवसरों पर वे विफल हो जाते हैं, जिसके कारण उन्हें माता–पिता की ओर से डाँट–फटकार मिलती है। इस तरह की स्थिति बच्चों में अयोग्यता की भावना (feelings of adequacy) उत्पन्न होती है और यही भावना धीरे–धीरे असामान्यता का रूप ग्रहण कर लेता है।

(ग) अति सुरक्षा (Over protection)

माता–पिता द्वारा बच्चों को अति सुरक्षा (over protection) प्रदान करने, अथवा उनके प्रत्येक क्रियाकलापों पर अति नियंत्रण (over restriction) रखने की मनोवृत्ति का भी प्रभाव कुसमायोजित व्यवहारों के विकास में सहायक होती है। कुछ माता–पिता अपने बच्चों को सदैव छोटे–मोटे जोखिमों (minor risks) के प्रति भी सचेत करते रहने की आदत रखते हैं तथा उनके प्रत्येक क्रियाकलाप पर सुरक्षा की दृष्टि से नजर रखते हैं। ऐसे बच्चों में पर–निर्भरता (dependency) की प्रवृत्ति उत्पन्न होती है। फलस्वरूप वे न तो स्वावलंबी बन पाते हैं और न ही स्वतंत्रतापूर्वक किसी प्रकार का निर्णय कर सकने में सक्षम होते हैं। इनकी यह अयोग्यता वयस्क जीवन की वास्तविकताओं (realities of adult life) के साथ समायोजन स्थापित करने के क्रम में चिंता (anxiety) का प्रधान कारण बनता है। फलस्वरूप, ऐसे बच्चों में मानसिक अस्वस्थता के लक्षण पनपने लगते हैं।

(घ) कठोर अनुशासन (Rigid discipline)

अति दुर्बल या कठोर अनुशासन भी बच्चों के व्यक्तित्व की संगठनात्मक संरचना एवं कार्यशैली पर बुरा असर डालती है, जो व्यक्ति को असामान्य या मानस रोगों का शिकार बनाती है। अति कठोर अनुशासन में बच्चे सहमे रहते हैं, उनकी सामान्य प्रतिक्रियाएँ बाधित होती हैं जिसके परिणामस्वरूप बच्चों का स्वाभाविक विकास नहीं हो पाता। उनमें अकारण भय, चिंता एवं उदासी के भाव आते हैं। उन्हें किसी दूसरे से मिलने, अपने भावों एवं संवेगों का प्रकाशन करने में कठिनाई और हिचकिचाहट होती है। अति दुर्बल अनुशासन में बच्चों पर नियंत्रण ढीला हो जाता है, फलस्वरूप स्वेच्छाचारी बन जाते हैं और आत्म नियंत्रण का सर्वथा अभाव रहता है।

इसी तरह परस्पर संचार का अभाव (lack of interpersonal communication) अथवा दोषपूर्ण संचार व्यवस्था (faulty communication system)। जैसे–बच्चों द्वारा जिज्ञासापूर्ण प्रश्न पूछने पर माता–पिता द्वारा डाँटना या मना करना, सहोदरों के बीच भेदभाव करना (discrimination between the siblings) इत्यादि माता–पिता की विकृत मनोविकृति (pathogenic attitude) के सूचक हैं जो कुसंगत के व्यवहारों (inconsistent behaviours) को विकसित करते हैं।

4.7.1.2 पालन-पोषण की प्रणाली (Child Rearing Practices)

सामाजिक शिक्षण में पालन–पोषण (child rearing practices) की अत्यंत ही प्रमुख भूमिका होती है। पालन–पोषण की प्रणाली समाज विशेष अथवा पारिवारिक परंपराओं (social or family traditions) के अनुसार ही होती है। पालन–पोषण के माध्यम से ही विकासशील बच्चों (developing children), सामाजिक एवं पारिवारिक परंपराओं, रीति–रिवाजों (customs), आदर्शों या मानदंडों (norms or standards), तौर–तरीकों व शिष्टाचार आदि को

अपनाते हैं अथवा उन्हें ग्रहण करते हैं। बहुतायत अध्ययनों में यह देखा गया है कि स्तनपान के अभाव (lack of breast feeding), बच्चों की सेवा सुश्रूषा की अवधि में कमी (curtailed period of nursing), अचानक स्तनपान छुड़ाना (abrupt weaning), बालकों की सेवा सुश्रूषा की तालिका या समय–सारणी (time-table) में अनियमितता (irregularity) अथवा अति लचीला या अति कठोर (too much flexible or rigid) होना, मल–मूत्र परित्याग संबंधी प्रशिक्षण संबंधी अनियमितता (irregularity in toilet training), कुपोषण (malnutrition), कठोर अनुशासनात्मक दंड आदि के कारण बच्चे कुसमायोजन से ग्रस्त होते हैं (become victims of maladjustment)।

4.7.1.3 पारिवारिक विकृति (Family Pathology)

स्वाभाविक रूप से प्रत्येक व्यक्ति का जन्म परिवार में ही होता है। इस प्रकार, एक नवजात शिशु के सामाजिक जीवन का प्रारंभ परिवार से ही होता है और जीवनपर्यंत वह परिवार की प्राथमिक सदस्यता को बरकरार (maintain) रखता है। अतएव, नवजात शिशु के शारीरिक, मानसिक, सांवेगिक, सामाजिक व सांस्कृतिक विकास में परिवार एक सामाजिक संस्था (social institution) के रूप में कार्य करता है। अतः बच्चों के सर्वांगीण विकास (over all development of personality) में पारिवारिक वातावरण (family environment) का अति महत्वपूर्ण योगदान (very significant contribution) होता है। सामान्यतः बच्चों के व्यक्तित्व के विकास पर परिवार या पारिवारिक वातावरण का प्रभाव समाज विशेष की 'सांस्कृतिक प्रतिमान' (cultural model) के अनुसार ही पड़ता है। यही कारण है कि भारतीय संस्कृति के परिवार में पले बच्चों और पाश्चात्य संस्कृति (western culture) के परिवार में पले बच्चों के व्यक्तित्व में स्पष्ट अंतर देखने को मिलता है लेकिन, किसी एक ही संस्कृति के विभिन्न परिवारों में पले बच्चों के व्यक्तित्व में अंतर देखा जा सकता है। इस प्रकार के अंतर का प्रमुख कारण पारिवारिक वातावरण में अंतर (difference in family environment) है। यह अंतर परिवार के विभिन्न सदस्यों के व्यक्तिगत व्यक्तित्व (individual personality) एवं पारस्परिक संबंधों (interpersonal relationship) में देखा जाता है। जिसका प्रभाव विकासशील बच्चों के व्यक्तित्व के विकास एवं व्यवहार (development of personality and behaviour of developing children) पर पड़ता है।

'फिशर' एवं अन्य (Fisher et al., 1959) ने अपने अध्ययनों से प्राप्त परिणामों के आधार पर बच्चों के व्यक्तित्व के विकास में पारिवारिक वातावरण के प्रभाव के संबंध में तीन मुख्य निष्कर्ष निकाले हैं, जो इस प्रकार हैं—

(i) जो माता–पिता वैयक्तिक रूप से (personally) स्वयं समायोजन (adjustment) स्थापित करने में सक्षम होते हैं तथा जिनका अंतःपारस्परिक संबंध (interpersonal relationship) अच्छा रहता है, उनके बच्चों का विकास भी सामान्यतः समायोजन योग्य (normally adjustable) होता है।

(ii) जो माता–पिता वैयक्तिक रूप से स्वयं सामान्य समायोजन (normal adjustment) स्थापित करने में सक्षम नहीं होते, लेकिन उनका पारस्परिक संबंध लगभग सामान्य स्तर (normal level) का होता है, उनके बच्चों में बहुधा मनःस्नायु विकृति (neurotic) के लक्षण पनपते हैं।

(iii) जो माता–पिता वैयक्तिक रूप से कुसमायोजन (maladjustment) के शिकार होते हैं तथा जिनका पारस्परिक संबंध भी छिन्न–भिन्न (distorted) होता है, उनके बच्चों में मनोविदालिता (schizophrenia) के लक्षणों के विकसित होने की प्रबल संभावना रहती है।

इसी तरह, पारिवारिक कलह के कारण परिवार में टूट यानी बिखराव (broken homes) वाले परिवारों के बच्चों में बाल–अपराध (juvenile delinquency) की प्रवृत्ति विकसित होती है जो कालांतर में उन्हें 'अपराधी' (criminal) बनाती है। इसका कारण यह है कि टूटे परिवारों में (in broken homes) बच्चों को असुरक्षा (insecurity) एवं स्नेह की कमी (lack of love and affection) की अनुभूति होती है। पारिवारिक कलह के कारण संवेगात्मक असुरक्षा (emotional insecurity) की स्थिति उत्पन्न होती है, बच्चे अपने को उपेक्षित (neglected) अनुभव करते हैं, एवं

माता–पिता द्वारा वांछित कर्तव्यों (desired duties or responsibilities) का निर्वहन बाधित होता है। फलतः बच्चों में अपराध की प्रवृत्ति पनपती है।

परिवार के सदस्यों का समायोजित या कुसमायोजित स्वरूप (adaptive or maladaptive nature) का व्यक्तित्व भी पारिवारिक वातावरण को प्रभावित करता है। यदि परिवार के सदस्यों का व्यक्तित्व कुसमायोजित स्वरूप का है तो ऐसा परिवार विकारयुक्त (pathogenic) स्वरूप का होता है। इसलिए, किसी परिवार में यदि कोई सदस्य किसी प्रकार के मानस रोग से ग्रस्त होता है, तो पारिवारिक वातावरण दूषित या विकारयुक्त होता है। ऐसे परिवारों में बच्चे मानस रोग से पीड़ित व्यक्ति के साथ तादात्म्य (identification) स्थापित कर लेते हैं और इस प्रकार वे असामान्य व्यवहार (abnormal behaviour) अथवा मानसिक रोग के लक्षणों का अनुसरण करते हैं।

साथ–ही–साथ परिवार की सामाजिक–आर्थिक स्थिति (socio-economic status—SES), समाज के दूसरे समूहों के साथ परिवार का संबंध (relationship of family with other groups of the society), परिवार का शैक्षणिक स्तर (educational status) आदि बातों का भी असामान्य व्यवहार के विकास में महत्वपूर्ण स्थान होता है।

4.7.2 सामाजिक विघटन या असंगठन अथवा सामाजिक विकृति का प्रतिमान (Social Disorganisation or Social Pathology Model)

मनोवैज्ञानिकों ने व्यक्तित्व संबंधी शोधपरक अध्ययनों से यह सिद्ध किया है कि व्यक्तित्व के विकास में सामाजिक स्वास्थ्य (social health) का भी महत्वपूर्ण योगदान होता है। सामाजिक या सामुदायिक जीवन (community life) की कुछ परिस्थितियाँ जैसे–सामाजिक विभेद (social discrimination), गरीबी (poverty), जातीय पूर्वाग्रह (racial prejudices), सामाजिक वंचना (social deprivation), अपराध में अभिवृद्धि (increase in crimes), कानून और व्यवस्था का उपद्रव (disturbed law and order) इत्यादि का कुप्रभाव व्यक्ति के सामान्य विकास पर पड़ता है। ये स्थितियाँ सामाजिक विकृति (social pathology) अथवा अस्वस्थकर सामाजिक वातावरण (ill health social environment) के लक्षण होती हैं। इन परिस्थितियों में विकासशील बच्चों का व्यक्तित्व भी अस्वस्थकर (ill healthy) हो जाता है। वस्तुतः व्यक्ति का व्यवहार उसके सामाजिक स्वास्थ्य का दर्पण होता है अर्थात् सामाजिक स्वास्थ्य का प्रतिनिधित्व करता है।

मानस रोग अथवा असामान्य व्यवहार के विकास में निम्नलिखित सामाजिक अवस्थाएँ महत्वपूर्ण हैं—

(i) सामाजिक भेदभाव एवं जातीय पूर्वाग्रह (Social discrimination and racial prejudices)
(ii) गरीबी या आर्थिक विषमता (Poverty or economic disparity)
(iii) सामाजिक वंचना (Social deprivation)
(iv) सामान्य सामाजिक व्यवस्था में गिरावट (Deterioration in general social order)
(v) सामाजिक गतिशीलता एवं स्थानांतरण (Social mobility and Migration)
(vi) शहरी क्षेत्र का प्रभाव (Effect of urban areas)

अब एक–एक कर इनका वर्णन किया जा रहा है—

4.7.2.1 सामाजिक भेदभाव एवं जातीय पूर्वाग्रह (Social Discrimination and Racial Prejudices)

प्रायः प्रत्येक सामाजिक संरचना में जाति (caste), धर्म (religion), प्रजाति (race) एवं संप्रदाय (community) के आधार पर परस्पर भेदभाव (discrimination) एवं पूर्वधारणाएँ (prejudices) पायी जाती हैं। समाज में विद्यमान ये स्थितियाँ पारस्परिक ईर्ष्या (jealousy) एवं संघर्ष (conflict) के साथ–साथ अनेक प्रकार के अमानवीय कृत्यों (inhuman acts) का आधार बनती हैं। इसका सीधा प्रभाव विकासशील बच्चों के व्यक्तित्व के निर्माण एवं

कार्यशैली (action style) पर पड़ता है। इन स्थितियों के फलस्वरूप बच्चों में सांवेगिक अस्थिरता (emotional stability) के लक्षण पनपने लगते हैं। विकासशील बच्चों में ईर्ष्या (jealousy), घृणा (hatred), द्वेष (rivalry) आदि की भावनाएँ (feelings) विकसित होती हैं। जो उनके असंगत एवं असामान्य व्यवहारों के कारण बनती हैं। बच्चों में विकसित होने वाली ये भावनाएँ संतुलित व्यक्तित्व (harmonious personality) के विकास के मार्ग को अवरुद्ध (inhibit) करती हैं और इस प्रकार, व्यक्ति कुसमायोजन (maladjustment) का शिकार (victim) होता है। **'क्लार्क'** (Clark) ने सामाजिक भेद–भाव का व्यक्तित्व पर पड़ने वाले कुप्रभावों का वर्णन निग्रो (Negro) प्रजाति के संदर्भ में निम्न शब्दों में किया है–

"निग्रो प्रजाति के लोगों को चूंकि गौर वर्ण (white class) की दूसरी प्रजाति द्वारा निकृष्ट एवं हीन समझा जाता है, इसलिए वे अनादर (disrespect) एवं हीनता की भावना (feeling of inferiority) से ग्रस्त रहते हैं। वे अपने–आपको महत्वहीन (worthless) एवं अनादर का पात्र समझते हैं।" स्पष्ट है कि इस तरह के वातावरण में पलने वाले बच्चों में भी स्वाभाविक रूप से भावना पनपती है कि वे अथवा उनका परिवार या समुदाय सही मायने में आदर या सम्मान पाने का अधिकारी नहीं है। बच्चों की ये भावनाएँ उनके 'स्व' (self) को कुंठित (frustrate) कर देती है। फलतः उनका व्यक्तित्व भी कुसमायोजित (maladaptive) हो जाता है। इस प्रकार, सामाजिक भेद–भाव या पूर्वाग्रह के कारण व्यक्तित्व में असामान्यता आती है तथा व्यक्ति 'मानस रोग' का शिकार होता है।

4.7.2.2 गरीबी या आर्थिक विषमता (Poverty or Economic Disparity)

आर्थिक रूप से संपन्नता एवं विपन्नता सामाजिक परिवेश का एक अहम हिस्सा है। इन स्थितियों का भी महत्वपूर्ण प्रभाव व्यक्तित्व के संगठनात्मक विकास पर पड़ता है। समाज के ऐसे लोग जो आर्थिक रूप से अति कमजोर होते हैं, वे अपनी आर्थिक कठिनाइयों की दुश्चिंता से ग्रस्त रहते हैं। उनके बच्चों को सामान्य शिक्षा की सुविधा एवं सामान्य जीवन–यापन संबंधी आवश्यक सुविधाओं का अभाव रहता है। फलस्वरूप, ऐसे परिवार के बच्चों को शिक्षा द्वारा व्यवहार परिमार्जन का अवसर अपर्याप्त रहता है। उनके माता–पिता बच्चों के समक्ष तादात्म्य (identification) हेतु कोई प्रभावी मॉडल (effective model) प्रस्तुत नहीं कर पाते तथा पारस्परिक संचार (interpersonal communication) की प्रणाली भी दूषित या त्रुटिपूर्ण (faulty) रहती है। फलस्वरूप, व्यक्तित्व का संतुलित विकास नहीं हो पाता और उनके व्यवहार में असामान्यता आती है। ऐसे परिवारों में नशाखोरी (alcoholism), हल्ला–गुल्ला (noise), गाली–गलौच (abusive language), पारिवारिक असंगठन (family disorganisation), अति भीड़ (overcrowding) इत्यादि का वातावरण रहता है जिसके कारण स्वस्थ मानसिकता (healthy mind) का विकास नहीं हो पाता। अध्ययनों से ऐसा पता चलता है कि मानसिक दुर्बलता (mental retardation) से ग्रस्त 75% बच्चे प्रायः ऐसे परिवारों से आते हैं जो आर्थिक रूप से कमजोर यानी विपन्न होते हैं तथा उनका सामाजिक स्तर (social status) भी निम्न श्रेणी का होता है।

इसी तरह सामाजिक रूप से उपेक्षित एवं आर्थिक कठिनाइयों के बीच पलने वाले बच्चों के विकास के क्रम में साधारणतः कुछ विकृतियों (pathologies) का विकास देखा गया है जो निम्नलिखित हैं— (क) भाषा की अयोग्यता (inadequacy of language) (ख) समस्या समाधान की योग्यता का अभाव (deficiency in problem solving) (ग) प्रेरणा का अभाव (lack of motivation), जैसे—उदासीनता (apathy), निराशा (lack of hope), वैयक्तिक उन्नति की इच्छा का अभाव (lack of desire for personal growth), (घ) आत्मनियंत्रण का अभाव (lack of self control), (ङ) आत्ममहत्ता का अवमूल्यन (devaluation of self importance) एवं शिक्षण संबंधी अयोग्यता (learning disability)।

4.7.2.3 सामाजिक वंचना (Social Deprivation)

पहले बतलाया जा चुका है कि व्यक्ति का सामाजिक स्तर (social status) भी असामान्य व्यक्तित्व के विकास का महत्वपूर्ण कारक तत्व होता है। सामाजिक प्राणी के रूप में प्रत्येक व्यक्ति में सामाजिकता (sociability) का

गुण पाया जाता है तथा वह अपने समूह (group) में मान और मर्यादा के साथ रहना चाहता है। लेकिन जब वह अपने को सामाजिक रूप से उपेक्षित (ignored) अनुभव करता है, अथवा उसे अपेक्षित मान–सम्मान (expected respect) नहीं मिलता है, सामान्य सामाजिक स्तर (general or normal social status) से वंचित (deprived) होना पड़ता है तो वह हीनता (inferiority) एवं उपेक्षा (ignore) की भावना से ग्रसित होता है। परिणामस्वरूप प्रतिक्रिया निर्माण (reaction formation) के रूप में उसके व्यवहार एवं व्यक्तित्व की कार्यशैली (behaviour and functional style of personality) में असामान्यता (abnormality) का विकास होता है और वह मानस रोगी बन जाता है। विभिन्न अध्ययनों से ऐसे साक्ष्य मिले हैं जिनसे यह स्पष्ट होता है कि जिन बच्चों का लालन–पालन (rearing) पारिवारिक वातावरण (family environment) में नहीं होता, अर्थात् पारिवारिक स्नेह एवं सुरक्षा से वंचित होते हैं, अपने समाज में पर्याप्त मर्यादा नहीं मिलती, पारिवारिक सान्निध्य से वंचित (deprived of family contacts) रहना पड़ता है, ऐसे बच्चे वयस्क होने पर असामाजिक कृत्य (anti social acts) करने लगते हैं। इन स्थितियों में सामाजिक वंचना (racial deprivation) की भावना पनपती है और व्यक्ति का व्यवहार समाज के सर्वमान्य आदर्शों (accepted norms), नियमों (rules), परंपराओं (traditions), मूल्यों (values) आदि के प्रतिकूल होने लगता है। इस प्रकार उनका व्यक्तित्व असंतुलित व्यवहार स्वयं तथा सामाजिक कल्याण—दोनों दृष्टियों सें अहितकर होता है।

'ब्रेनर' (Brenner, 1973) ने अपने एक अध्ययन में आर्थिक एवं सामाजिक विषमता (economic and social disparity) तथा मानस रोगों (psychopathologies) के बीच घनिष्ठ सहसंबंध (high correlation) पाया है तथा यह निष्कर्ष निकाला कि उच्च वर्ग की अपेक्षा निम्न वर्ग के लोगों में मानसिक रोगों से पीड़ित होने की घटना अधिक पायी जाती है। इसका मुख्य कारण निम्न वर्ग के लोगों में शिक्षा एवं भौतिक सुविधाओं का अभाव है। वे अभाव के कारण अपने बच्चों का न तो पालन पोषण भलीभाँति कर पाते हैं और न उन्हें सामंजन योग्य उपयुक्त व्यवहारों को सीखने का पर्याप्त अवसर प्रदान कर पाते हैं। साथ ही, अपने समाज के उच्च वर्ग के लोगों को हर तरह की सुख–सुविधा से सुसंपन्न और सम्मानजनक ढंग से अपना जीवन निर्वाह करते देखने से हीनता (inferiority) एवं ईर्ष्या (jealousy) की भावना का उदय होता है और उनका स्वयं का 'स्व' (self) महत्वहीन (workless) प्रतीत होता है। इन भावनाओं के फलस्वरूप वे अयोग्यता (inadequacy) एवं कुसमायोजन (maladaptation) का शिकार होते हैं। यह भी देखा गया है कि सामाजिक भिन्नता का अनुभव होने के फलस्वरूप उत्पन्न मानसिक संघर्षों (mental conflicts) का समाधान करने हेतु उपयोग में लाई जाने वाली मनोरचनाओं (mental mechanisms) में भी अंतर होता है। निम्नवर्ग के लोग मानसिक संघर्षों का समाधान हेतु बहुधा ऐसी मनोरचनाओं को उपयोग में लाते हैं जो व्यक्तित्व को असंतुलित बनाने में सहायक होते हैं, जैसे—प्रतिगमन (regression), अति–क्षति पूर्त्यात्मक प्रतिक्रियाएँ (over compensatory reactions), रूपांतरण (conversion) आदि।

उपर्युक्त वर्णन से स्पष्ट है कि 'सामाजिक वंचना' (social deprivation) वस्तुतः असामान्य यानी मानस रोगों की जननी होती है।

4.7.2.4 सामान्य सामाजिक व्यवस्था में गिरावट (Deterioration of General Social Order)

जब समाज की सामान्य व्यवस्था में उथल–पुथल की स्थिति आती है तो सामाजिक नियंत्रण (social control) की व्यवस्था ढीली (loose) पड़ जाती है। यह स्थिति अराजकता (anarchism) उत्पन्न करती है। इस तरह की स्थिति में सामान्य विश्वास लुप्त होने लगता है और लोगों में असुरक्षा की भावना (feeling of insecurity) व्याप्त होने लगती है। इसका सामाजिक जीवन पर बुरा प्रभाव पड़ता है। समाज के प्रचलित आदर्श (norm), मूल्य (values), नियम (laws), आदि बेकार (worthless) एवं अर्थहीन (meaningless) प्रतीत होने लगते हैं, इसलिए, इन आदर्शों व नियमों का कोई नियंत्रण नहीं रह जाता। फलस्वरूप, समाज बिखर (disintegrated) जाता है। इस बिखराव (disintegration) के फलस्वरूप व्यक्ति दुविधा (confusion) एवं द्वंद्व (conflict) में पड़ जाता है। यह दुविधा और द्वंद्व की स्थिति व्यक्ति को उपयुक्त प्रतिक्रिया (proper reaction) की चयन प्रक्रिया (choose process) को बाधित करती है जिसके कारण वह सही प्रतिक्रिया का चयन कर सकने में विफल होता है। व्यक्ति की यह विफलता उसके व्यवहार को असंगत (inconsistent) एवं समाज के प्रचलित आदर्शों (popular norms) से विचलित (deviant) बना देती है। अर्थात् उसका व्यवहार 'एबनॉर्मल' यानी सामान्य से 'परे' या भिन्न (away from normal) हो जाता है और वह मानस रोग (psychopathologic) से पीड़ित होता है।

'सिमैन' (Seaman, 1966) एवं दूसरे शोध वैज्ञानिकों (research scientists) ने 'सामाजिक विघटन' (social disorganisation) के कुप्रभावों का वर्णन करते हुए बतलाया है कि समाज की ये स्थितियाँ सही अर्थ में जातीय एवं धार्मिक पूर्वधारणाओं (racial and religious prejudices) के कारण बनती हैं जो सामाजिक व्यवहार (social behaviour) को विचलित (deviant) बनाता है। विद्रोह, अपराध एवं मानसिक उपद्रव की स्थितियाँ इन्हीं कारणों से उत्पन्न होती हैं। 'मे' (May) ने भी वर्तमान समकालीन समाज को मनोविदालता पीड़ित समाज की संज्ञा दी है (present contemporary society is schizoid world)। ऐसे समाजों में शक्तिहीनता (powerlessness) एवं हिंसा (violence) के उपद्रव देखे जाते हैं। जो असामान्य या विचलित व्यवहार के सूचक होते हैं।

4.7.2.5 सामाजिक गतिशीलता एवं स्थानांतरण (Social Mobility and Migration)

जब किसी समूह के लोग अपना मौलिक निवास स्थान (native place) छोड़कर किसी दूसरे स्थान या समूह के सदस्यों के बीच रहने लगते हैं तो इस स्थानांतरित निवास की स्थिति को ही सामाजिक गतिशीलता (social mobility) कहते हैं। इस प्रकार की गतिशीलता दो प्रकार की होती है—(क) कुछ लोग सदैव अपना निवास एक स्थान से दूसरे स्थान में बदलते रहते हैं। अर्थात् वे किसी एक ही स्थान या व्यक्तियों के बीच सदा निवास नहीं करते अपितु थोड़े–थोड़े समय अंतराल (time gap) पर अपना निवास स्थान बदलते रहते हैं। ऐसे लोगों को **'चलवासी'** (nomad) कहते हैं। वे भ्रमणशील रहते हैं जिनका अपना कोई स्थायी निवास नहीं होता। जैसे–खानाबदोश (nomadic)।

सामाजिक गतिशीलता का एक दूसरा प्रकार भी होता है जिसे **'शरणार्थी'** (refugee) कहते हैं। ऐसे लोग कतिपय कारणों से अपना मौलिक निवास स्थान अस्थायी रूप से बदल देते हैं, जैसे दंगा (riots) या बाढ़ की विभीषिका से बचने के लिए अस्थायी तौर पर निवास स्थान का स्थानांतरण करना।

इन दोनों प्रकारों के अतिरिक्त निवास स्थान का स्थायीरूप से स्थानांतरण करना भी सामाजिक गतिशीलता का एक प्रकार है। ऐसे लोगों को **'प्रवासी'** (migrants) कहते हैं। जैसे–अनेक लोग अपना देश छोड़कर दूसरे देश में स्थायी रूप से निवास करने लगते हैं।

इन सभी प्रकार की सामाजिक गतिशीलता का प्रभाव व्यक्ति के मानसिक स्वास्थ्य पर पड़ता है, क्योंकि इन सभी स्थितियों में समायोजन संबंधी कठिनाइयाँ उत्पन्न होती हैं। विशेषकर, भाषा, धर्म, परंपरा, जलवायु एवं रहन–सहन के तरीके इत्यादि में सामंजन स्थापित करना मुश्किल होता है। विभिन्न मानसिक चिकित्सालयों से प्राप्त विवरणों से यह विदित होता है कि इन अस्पतालों में भर्ती होने वाले रोगियों में चलवासियों (nomads), या शरणार्थियों (refugee) एवं प्रवासियों (migrants) की अच्छी–खासी संख्या होती है। इसका मुख्य कारण एक समाज के लोगों को दूसरे समाज के लोगों द्वारा स्वीकार करने मे हिचकिचाहट एवं एक–दूसरे के प्रति व्याप्त जातीय एवं स्थानीयता से संबंधित पूर्वाग्रह के बलाघात (stress) होते हैं।

4.7.2.6 शहरी क्षेत्र का प्रभाव (Effect of Urban Areas)

अनेक शोधपरक अध्ययनों से यह पता चलता है कि मानसिक अस्वस्थता की घटना में शहरी क्षेत्र (urban areas) एवं ग्रामीण क्षेत्र (rural areas) के निवासियों में अंतर होता है। साथ–ही–साथ एक ही शहर के विभिन्न क्षेत्रों के निवासियों में भी अंतर पाया जाता है। **'फारिस'** एवं **'डनहैम'** (Faris and Dunham) ने काफी पहले एक अध्ययन में पाया कि शहर के जिस क्षेत्र में आबादी का केन्द्रीकरण (concentration of population) अधिक होता है, वहाँ मानसिक रूप से विक्षिप्त लोगों की संख्या अधिक होती है। इसी तरह शहर के उन क्षेत्रों में जहाँ

निम्न श्रेणी एवं गरीब लोगों की तायदाद अधिक होती है, वहाँ भी मानसिक रूप से अस्वस्थ व्यक्तियों की संख्या अधिक होती है। शहर के केन्द्रीकृत आबादी वाले क्षेत्र से हम जैसे–जैसे उपनगरीय क्षेत्र (sub-urban areas) की ओर बढ़ते हैं, मानसिक रूप से विक्षिप्त लोगों की संख्या क्रमशः घटती जाती है।

लेकिन, हाल के अध्ययनों द्वारा उपर्युक्त प्रारम्भिक अध्ययनों से प्राप्त तथ्यों की पुष्टि नहीं होती। उदाहरणार्थ–**'लेवि'** एवं **'रोविज'** (Lavy and Rowitz) ने 1973 में शिकागो नगर का अध्ययन किया और पाया कि नगर के विभिन्न क्षेत्रों में मानसिक रोगियों का अनियमित वितरण (random distribution) है।

इन तथ्यों की व्याख्या अनेक प्रकार से दी जा सकती है। कुछ लोगों का मत है कि चूंकि मानस रोगी अपने जीवन के विभिन्न क्षेत्रों में प्रायः विफल और अयोग्य होते हैं, इसलिए वे निम्न सामाजिक एवं आर्थिक स्तर के लोगों के बीच रहना चाहते हैं। इसलिए नगर का क्षेत्र–विशेष अपने–आप में उतना महत्व नहीं रखता जितना मानस रोगियों के लिए क्षेत्र विशेष का आकर्षण महत्वपूर्ण होता है। इसीलिए नगर के किसी क्षेत्र विशेष में मानस रोगियों की संख्या अधिक पाया जाना संभव होता है।

इसकी दूसरी व्याख्या इस प्रकार से भी दी जा सकती है कि मानस रोगी प्रायः उन स्थानों में रहना पसंद करते हैं जहाँ और भी मानस रोगी रहते हैं, क्योंकि उन स्थानों में वे अपेक्षाकृत अधिक संतुष्ट रह सकते हैं। मानस रोगी अपने समान तरह के दूसरे रोगियों के साथ सहजतापूर्वक साहचर्य (association) बना सकने में सफल हो सकते हैं क्योंकि इनकी समस्याएँ समान होती हैं, इसलिए इन्हें समायोजन करने में सहजता का अनुभव होता है।

इसकी एक तीसरी व्याख्या भी दी जा सकती है। शहर के विभिन्न क्षेत्रों के निवासियों द्वारा मानसिक रोगियों के व्यवहार, उनके रहन–सहन के तौर–तरीकों आदि के प्रति सहनशीलता (tolerance) की क्षमता में भिन्नता पाई जा सकती है। उदाहरण के लिए शहर के जिन क्षेत्रों में श्रेष्ठ या विशिष्ट वर्ग (elites) के लोग रहते हैं, उन स्थानों या क्षेत्रों में मानस रोगियों, समाज विरोधियों, अपराध प्रवृत्ति के लोगों आदि के व्यवहारों के प्रति अपेक्षाकृत कम सहनशील (tolerant) हो सकते हैं। असामान्य व्यवहारों के कारण अनेक प्रकार की सामाजिक समस्याएँ उत्पन्न होती हैं जिससे वे ऊबकर उन्हें निष्कासित करने हेतु दबाव डाल सकते हैं। इसलिए इन क्षेत्रों में इनकी संख्या अपेक्षाकृत कम हो सकती है। दूसरी ओर जिन स्थानों में अशिक्षित लोग बहुतायत रहते हैं, वहाँ के लोग मानस रोगियों अथवा असामान्य लोगों के व्यवहारों के प्रति कम संवेदनशील (sensitive) होते हैं। फलतः उन क्षेत्रों में इनकी संख्या अपेक्षाकृत अधिक हो सकती है।

4.7.3 सांस्कृतिक विघटन का प्रतिमान (Cultural Disintegration Model)

20वीं शताब्दी के प्रारंभ तक समाजशास्त्र (sociology) एवं मानवशास्त्र (anthropology) का स्वतंत्र विज्ञान के रूप में उदय हो चुका था जो मानव यानी व्यक्ति के व्यवहार के विकास में सामाजिक–सांस्कृतिक कारकों के योगदान का अध्ययन करने की दिशा में एक क्रांति का काम किया। इन क्षेत्रों से जुड़े वैज्ञानिकों की भी रुचि मनुष्यों के सुसंगत एवं कुसंगत व्यवहार प्रतिरूपों को जानने और समझने में होने लगी।

20वीं शताब्दी के प्रारंभ में वर्षों यानी 1927 में **'मॉलिनॉस्की'** (Malinowski) ने एक 'Sex and Savage' नामक पुस्तक प्रकाशित की जिसमें तत्कालीन अति प्रभावशाली 'मनोविश्लेषणात्मक सिद्धांत' (psychoanalytic principles) की मान्यताओं से संबंधित तथ्यों पर उन्होंने टिप्पणी की है। उनका मानना है कि मनोविश्लेषण की मान्यताएँ सभी संस्कृतियों पर लागू नहीं होतीं। उदाहरणस्वरूप 'ट्रॉब्रियांड द्वीप' (Troibriand Island) की प्रजातियों में मातृ–पितृ द्वंद्व (oedipus conflict) से संबंधित कोई प्रमाण नहीं मिलता है। अतः इस प्रकार के गोचर (phenomenon) सार्वजनीन (universal) नहीं हैं। आगे चलकर सुविख्यात मानवविज्ञानी **'रथ बेनेडिक्ट'** (Ruth Benedict) ने 1934 में यह सुस्पष्ट किया कि मनोविश्लेषण की ये सीमाएँ असामान्यता की परिभाषा में भी लागू होती हैं क्योंकि व्यवहार के जिस प्रतिरूप को किसी संस्कृति विशेष में 'असामान्य' माना जाता है, उसी व्यवहार

प्रतिरूप को दूसरी संस्कृति में 'सामान्य' कहा जाता है। इस प्रकार असामान्यता या मानस विकृति की परिभाषा में भी एक संस्कृति से दूसरी संस्कृति में भिन्नता पाई जाती है।

मानव विज्ञानियों का यह भी मत है कि केवल असामान्यता की परिभाषा या उसके बारे में समझ में ही सांस्कृतिक विभिन्नता नहीं पाई जाती, अपितु कुछ विशेष प्रकार की विकृतियाँ (disorders) भी संस्कृति विशेष में पाई जाती हैं जो उस संस्कृति विशेष की 'विशेषता' के रूप में जानी जाती है। इस प्रकार की अलग–अलग 'मानवजातीय विकृतियों' (ethnic psychoses) की पहचान की गई है। उदाहरण के लिए 'अमोक' (amok) नामक विकृति 'मलयाज' (Malays) नामक संस्कृति की विकृति के रूप में रेखांकित की गई है जिसमें व्यक्ति अनायास भीषण या अत्युत्तेजित रूप से अपने आक्रोश को प्रस्फुटित कर नरसंहार (homicidal killing) करता है अथवा किसी को घायल (injure) करता है। इसी मानसिक विकृति के नाम पर एक प्रचलित मुहावरा–'to run amoke' का भी प्रयोग किया जाता है।

इसी तरह ऑलगॉनक्विन भारतीय शिकारियों (Algonquin Indian hunters) की एक जंगली प्रजाति है। इस प्रजाति के लोग जब अति चिंता और आक्रोश की स्थिति में आते हैं तो उन्हें ऐसा प्रतीत होता है मानो कोई अलौकिक (supernatural) दुष्टात्मा (monster) उन पर हावी है जिसके प्रभावाधीन वे 'नरभक्षण' (cannibal or windigo) जैसा आचरण करते हैं। यह विकृति भी उक्त संस्कृति विशेष की निजी विशेषता होती है।

इसी तरह 'बोरगोरस' (Borgoras, 1904–1909) ने उत्तरी साइबेरिया के निवासियों में 'आर्कटिक हिस्टीरिया' (arctic hysteria) नामक विकृति पाई। इसके मरीज अति संसूचनशील (highly suggestible) होते हैं जैसा कि हिप्नोसिस के प्रभाव में व्यक्ति संसूचनशील होता है (similar to hypnotic effect)। इनकी गति यानी क्रियात्मक योग्यता भी सीमित हो जाती है।

'ब्रिल' (Brill, 1913) ने भी इस्कीमो जाति की स्त्रियों में 'पिबुलोक्टोक' (Pibloktoq) नामक मनो विकृति का उल्लेख किया है। इस विकृति से पीड़ित स्त्रियाँ अनायास घर से बाहर निकल जाती हैं और उत्तेजित (highly excited) मालूम पड़ती हैं। उनका व्यवहार आवेशपूर्ण होता है और बिना किसी स्पष्ट कारण के अचानक चिल्लाने (shouting), एवं कपड़े फाड़ने (tearing off the clothes) की प्रतिक्रियाएँ करती हैं। इस मर्ज का प्रभाव प्रायः एक–से–दो घंटे तक रहता है और बाद में पीड़ित स्त्री सो जाती है। कभी–कभी उनमें चेतना के लोप (loss of consciousness) का लक्षण भी देखा जाता है। इस रोग का कारण सांस्कृतिक वातावरण से उत्पन्न असुरक्षा की भावना एवं संवेगात्मक तनाव बताया जाता है। इस प्रजाति की सांस्कृतिक मान्यतानुसार स्त्रियाँ पुरुषों की संपत्ति मानी जाती थीं जिन्हें पुरुष दूसरी वस्तुओं की तरह आसानी से जब चाहे खरीद या बेच सकता था। फलतः स्त्रियाँ अपने को असुरक्षित (insecured) महसूस करती थीं जिसकी अभिव्यक्ति असामान्य व्यवहार के माध्यम से होती है।

परंतु 20वीं शताब्दी के उत्तरार्ध में **'लेग्हन' एवं अन्य** (Leighton et al., 1963), **एटकेसन** (Atckeson, 1972) आदि कुछ वैज्ञानिकों के अध्ययनों के संदर्भ में 'सांस्कृतिक प्रतिमान' से संबंधित तथ्यों की सत्यता को प्रमाणित करना संभव नहीं है क्योंकि, इन अध्ययनों से यह स्पष्ट संकेत मिलता है कि प्रायः प्रत्येक संस्कृति के लोगों में कुछ लोग मानसिक रोगों से ग्रस्त होते हैं।

उपर्युक्त वर्णित मानवशास्त्रीय परिणामों (anthropological findings) के आधार पर असामान्य व्यवहार या मानस रोग के संबंध में **'सांस्कृतिक सापेक्षवाद'** (cultural relativism) का संप्रत्यय उदित हुआ है। इस संप्रत्यय (concept) के अनुसार असामान्यता या मानव विकृति (abonormality or psychopathologies) से संबंधित ऐसा कोई मानक (standard) या प्रतिमान (model) नहीं है जो सार्वजनीन रूप से (universally) स्वीकार्य (acceptable) हो। इसमें सांस्कृतिक विभिन्नता (cultural differences) का पाया जाना निश्चित है। इसलिए 'संस्कृति पार' (cross cultural) अध्ययन करना श्रेयष्कर है।

हाल के संस्कृति पार अध्ययनों से यह स्पष्ट हुआ है कि असामान्य व्यवहार या व्यक्तित्व संबंधी असंतुलन, जैविक एवं मनोवैज्ञानिक (biological and psychological) प्रक्रियाओं की विकृति (pathologies) के साथ–साथ

सामाजिक एवं सांस्कृतिक विकृति (socio-cultural pathologies) को भी दर्शाता है। इसका कारण यह है कि व्यक्ति समायोजन संबंधी प्रतिक्रियाओं (adjustment related processes) को सामाजिक एवं सांस्कृतिक परिवेश में ही अर्जित (acquire) करता है। इसीलिए, प्रत्येक समाज एवं संस्कृति में व्यक्तियों की जैविक एवं मनोवैज्ञानिक समानता के बावजूद उनके समायोजन संबंधी व्यवहारों में सामाजिक–सांस्कृतिक विभिन्नता पाई जाती है। इसलिए कहा जा सकता है कि–**'व्यक्तित्व की असामान्यता असामान्य सामाजिक एवं सांस्कृतिक वातावरण को इंगित करता है'** (Abnormality of personality is indicative of abnormal socio-cultural environment)।

अतएव, निष्कर्ष रूप से यह माना जा सकता है कि व्यक्तित्व का संतुलित अथवा असंतुलित विकास मनोजैविक, सामाजिक एवं सांस्कृतिक सभी पक्षों से संबंधित कारकों पर निर्भर करता है। अतः कोई एकल प्रतिमान (any single model) असामान्यता या मानसिक रोगों की व्याख्या करने में सफल नहीं है।

4.8 असामान्यता या मानस रोग के विभिन्न प्रतिमानों (मॉडेल्स) में कुछ सर्वनिष्ठ बातें (Some Common Points in Different Models of Abnormality or Psychopathology)

भौतिक (Physical), जैविक (biological) एवं मनोवैज्ञानिक (psychological) सभी अपने–अपने क्षेत्र से संबंधित आलोच्य विषय (subject matter) की व्याख्या **'ऊर्जा प्रणाली'** (energy system) के माध्यम से करते हैं। व्यवहारपरक विज्ञानों में भी (in behavioural sciences also) व्यवहार घटनाओं (behaviour events) की व्याख्या ऊर्जा प्रणाली (energy system) के प्रसंग में ही की जाती है–जिसमें विज्ञान की अन्य सभी शाखाओं से प्राप्त तथ्यों की मदद ली जाती है। इसका कारण यह है कि व्यवहार घटनाएँ जैविक (biological), भौतिक (physics), मनोवैज्ञानिक (psychological), सामाजिक (social), सांस्कृतिक (cultural) एवं अंतरिक्षी (cosmic)–सभी प्रकार की परिस्थितियों (ecologies) की ऊर्जाओं (energies) से प्रभावित होकर समय–समय पर परिमार्जित या संशोधित (modify) होती रहती हैं। इसलिए मनोवैज्ञानिक एवं मनश्चिकित्सक सामान्य या असामान्य व्यवहार घटनाओं के वर्णन में संपूर्ण पारिस्थितिकी (ecology) यानी वातावरण (environment) को प्रासंगिक (relevant) मानते हैं।

मानस रोगियों के व्यवहारों की व्याख्या के क्रम में व्यवहार के आधारभूत स्वरूप (basic nature of behaviour) को भिन्न–भिन्न तरीकों से समझने का प्रयास किया गया है जिसके परिणामस्वरूप अनेक 'मॉडेल्स' उद्घोषित हुए हैं।

यद्यपि, मानस रोग के विभिन्न प्रतिमानों में एक–दूसरे से भिन्न दृष्टिकोण की वकालत की गई है, तथापि सभी प्रतिमानों में एक सर्वमान्य (common) प्राक्कल्पना (hypothesis) भी है। वह यह है कि व्यक्ति की क्रियाएँ (actions) आंतरिक एवं बाह्य (internal and external) शक्तियों (forces) की उपज होती हैं और व्यक्ति के व्यवहार को प्रभावित करती है। अतएव आधुनिक मनोवैज्ञानिकों का मानना है कि व्यक्ति के समायोजी या कुसमायोजी व्यवहार (adjustive or maladjustive behaviours) जैविक (biological), भौतिक (physical), मनोवैज्ञानिक (psychological), सामाजिक (social) एवं सांस्कृतिक (cultural) वातावरणों की माँगों (demands) द्वारा निर्धारित एवं निर्देशित (determined and directed) होता है। अर्थात् इन पारिस्थितिकी (ecology) माँगों के अनुरूप ही व्यक्ति का आंतरिक व्यवहार यानी अनुभव (internal behaviour or experience) और वातावरण के बीच अंतःक्रियात्मक (interplay) प्रक्रिया द्वारा उसका प्रत्यक्षात्मक संगठन (perceptual organisation), चिंतन (thought) एवं शिक्षण (learning) की प्रक्रियाएँ निर्देशित होती हैं। अतः व्यक्ति की उत्पत्तिमूलक बनावट (genetic make-up), शारीरिक गठन (physiological constitution), जैव–रसायन (biochemistry), एवं अन्यान्य जैविक प्रक्रियाएँ (biological processes) वातावरण (भौतिक या सामाजिक–सांस्कृतिक) के संकेतों (signals) को ग्रहण करते हैं, जो व्यक्ति के व्यवहार को वातावरणीय माँगों के अनुरूप सुनिश्चित करते हैं।

विभिन्न मॉडेल्स में इस बात पर भी मतैक्य है कि व्यक्ति का व्यवहार प्रेरणा (motivation) एवं संवेग के भाव (emotional feelings) से संबंधित होते हैं 'फ्रायड' (Freud) का मानना है कि जब अचेतन की प्रेरणाएँ (unconscious motives) एवं भाव (feelings) कुंठित (frustrated) होते हैं अथवा इन प्रेरणाओं के बीच संघर्ष की स्थिति (conflicting situation) उत्पन्न होती है तो व्यक्ति तनाव (tension) का अनुभव करता है और बिना चेतना के (without being conscious) चिंताग्रस्त (anxious) होता है। फलतः व्यक्ति इस चिंता को कम करने के उद्देश्य से बृहत्तर रूप से (at greater length) कुछ करता है। इसी तरह संज्ञानात्मक मॉडेल (cognitive model) में अचेतन की जगह चेतन स्तर (conscious level) पर अधिक बल दिया गया है। कुछ सिद्धांतों में सामाजिक प्रेरणा (social motives) को अधिक महत्व देते हुए व्यवहार की संगतता एवं असंगतता (consistency and inconsistency) के लिए इन्हीं प्रेरणाओं को केन्दीय बिन्दु (central point) माना गया है।

विभिन्न मॉडेल्स में 'स्व' (self) को भी व्यक्तित्व का केन्द्र बिंदु माना गया है जिसके अस्तित्व (existence) को बनाए रखने अथवा वातावरणीय बाधाओं (environmental obstacles) के कारण कुंठित होने पर उससे राहत पाने हेतु व्यक्ति द्वारा व्यवहार की समायोजी या कुसमायोजी स्वरूप धारण करता है। इसी 'स्व' को self या ego जैसे शब्दों द्वारा प्रकट किया गया है।

इसके अतिरिक्त 'स्व' या 'अहं' (self or ego) की सुरक्षा हेतु सुरक्षात्मक मनोरचनाओं में भी विभिन्न प्रतिमानों में सर्वनिष्ठता (commonness) का बोध होता है। अंतर केवल इनकी व्याख्या संदर्भों (interpretative reference) में हैं।

अस्तु, स्पष्ट है कि मानस रोगों के विभिन्न प्रतिमानों में विभिन्नता के बावजूद कुछ मूलभूत केंदीय बिंदुओं पर परस्पर सहमति है।

4.9 सारांश (Summary)

1. मानस रोगियों और सामान्य व्यक्तियों के व्यवहार प्रतिरूपों (behaviour patterns of psychopathologies and normal persons) को जानने–समझने का प्रयास करने के क्रम में व्यवहारों में अंतर्निहित प्रक्रियाओं (underlying processes) को जानना आवश्यक समझा गया। इसी आवश्यकता के संदर्भ में मनोवैज्ञानिकों ने कुछ अंतरिम धारणाओं (tentative assumptions) का सहारा लिया है। इन्हीं अंतरिम धारणाओं के फलस्वरूप अनेक प्रतिमान स्थापित हुए हैं, जैसे–व्यवहारवादी प्रतिमान (behaviouristic model), संज्ञानात्मक प्रतिमान (cognitive model), मनोगत्यात्मक प्रतिमान (psychodynamic model), अस्तित्ववादी प्रतिमान (existential model), मानवतावादी प्रतिमान (humanistic model) एवं सामाजिक–सांस्कृतिक प्रतिमान (socio-cultural model) आदि प्रमुख हैं।

2. 'व्यवहारवादी प्रतिमान' (behaviouristic model) 'पावलव' (Pavlov), 'थार्नडाइक' (Thorndike) एवं 'स्किनर' (Skinner) द्वारा शिक्षण क्रिया पर किए गए प्रयोगों पर आधारित अवधारणा है। इन्हें 'व्यवहारवादी' (behaviouristic) मनोवैज्ञानिक के रूप में जाना जाता है। इनकी धारणा है कि 'सामान्य व्यवहार' भी सीखा हुआ होता है। असामान्य व्यवहारों के अर्जन (acquisition of abnormal behaviours) में अनुबंधन सिद्धांत (conditioning principle) पूरी तरह लागू होता है, क्योंकि 'कुसमायोजित व्यवहार (maladaptive behaviour) सही अर्थ में जाने या अनजाने प्रबलित (reinforced) होकर विकसित होता है। इस प्रकार, कुसमायोजन त्रुटिपूर्ण शिक्षण (faulty learning) का परिणाम होता है। इस मान्यता के आधार पर व्यवहारवादियों ने असामान्य व्यवहारों को सामान्य व्यवहार में परिणत करने अर्थात् असामान्यता का परिशोधन (modify) करने हेतु अनुबंधन सिद्धांत (conditioning principle) पर आधारित 'व्यवहार परिमार्जन' (behaviour modification) की कई प्रविधियाँ (techniques) विकसित की हैं जो काफी प्रभावकारी (effective) चिकित्सा विधि साबित हुई हैं।

3. 'संज्ञानात्मक प्रतिमान' (cognitive model) 'पियाजे' (Piaget) एवं उनके समर्थकों के विचारों पर आधारित है। इस प्रतिमान में व्यवहार घटनाओं का वर्णन बौद्धिक क्षमताओं एवं चेतन नियंत्रण (intellectual capacities and conscious control) को केन्द्र में रखकर किया गया है। इसलिए, असामान्य व्यवहारों को जानने और समझने के लिए व्यक्ति का प्रत्यक्षीकरण (perceptions), चिंतन शैली (style of thinking), संज्ञानात्मक शैली (cognitive style), निर्णय करने की क्षमता (capacity of decide) जैसी मानसिक संगठनात्मक प्रक्रियाओं को समझना आवश्यक है। इसका कारण यह है कि संज्ञानात्मक प्रक्रियाओं द्वारा ही समायोजी या कुसमायोजी (adaptive or maladaptive) व्यवहार प्रतिरूपों (behaviour patterns) का निर्धारण होता है जिसके आधार पर व्यक्ति को सामान्य (normal) या असामान्य (abnormal) समझा जाता है।
4. 'मनोगत्यात्मक प्रतिमान' (psychodynamic model) की जड़ में 'फ्रायड' (Freud) का मनोविश्लेषणात्मक सिद्धांत है। इस प्रतिमान का केन्द्र (centre) अचेतन (unconscious) है जो मन के आकारीय क्षेत्र का बृहद् और जटिल क्षेत्र है। अचेतन स्तर पर मन की विभिन्न गत्यात्मक शक्तियाँ (dynamic forces) —उपाहं (id), अहं (ego) एवं पराहं (super ego) के बीच भी संघर्षमय स्थितियाँ (conflicting situations) ही व्यक्ति के सामान्य एवं असामान्य व्यवहारों का निर्धारण होता है। जब ये तीनों गत्यात्मक शक्तियाँ परस्पर संतुलित रहती हैं तो व्यक्ति की सोच, संवेगात्मक स्थिति, व्यवहार प्रतिरूप इत्यादि सब कुछ सामान्य (normal) रहता है। लेकिन जब इनके बीच का संतुलन बिगड़ जाता है तो व्यक्ति में असामान्यता के लक्षण पनपते हैं।

   'फ्रायड' ने इस प्रतिमान में असामान्य या मानस रोगियों के चिकित्सार्थ 'स्वतंत्र साहचर्य' (free association) की प्रविधि का विकास किया है जो मन की गहराइयों में दमित इच्छा प्रवाहों, संघर्षों, ग्रंथियों आदि को कुरेदकर बाहर व्यक्त करता है।

5. अस्तित्ववादी प्रतिमान (existential model) सही अर्थ में दार्शनिक ज्यादा और वैज्ञानिक कम है। इस प्रतिमान में व्यक्ति के 'स्व' के अस्तित्व (existence of the self) पर जोर दिया गया है अर्थात्, जब तक व्यक्ति अपनी सत्ता यानी (being in the world) को बरकरार रखने में समर्थ रहता है, वह एक सामान्य व्यक्ति की तरह जीवन व्यतीत करता है तथा उसका व्यवहार समायोजी होता है। लेकिन, जब किसी परिस्थितिवश व्यक्ति का आत्मबल एवं आत्म परिचय (self identity) डाँवाडोल होता है तो वह अपने को अस्तित्वहीन मान लेता है और यही भाव असामान्यता का मूल कारण बनता है। ऐसे असामान्य व्यक्तियों की चिकित्सा हेतु उसके स्व की पहचान एवं सारसक्ता को बनाए रखने की आवश्यकता पर बल दिया गया है। एतदर्थ कुछ ऐसी प्रविधियाँ यथा समूह चिकित्सा, एवं संसूचन विधि का उपयोग कर व्यक्ति के अस्तित्व की अंतःशक्ति (innerforce of existence) को उत्साहित किया जाता है।

6. मानवतावादी प्रतिमान (humanistic model) की नींव 'मेयर' (Mayer) ने रखी थी। यह जीववाद (organismic point of view) पर आधारित हॉलिस्टिक दृष्टिकोण (holistic view) से विकसित होकर एक प्रशाखा (off shoot) के रूप में असामान्यता की धारणा को स्पष्ट करता है। मनोविज्ञान के इतिहास में मानवतावादी दृष्टिकोण को तीसरी शक्ति (Third force) माना जाता है। यह मनुष्य के विवेचनात्मक पक्षों (critical points) जैसे—प्रेम (love), सृजनात्मकता (creativity), व्यक्तिगत मूल्य (personal values), व्यक्तिगत विकास (personal growth) आदि के अध्ययन पर बल देता है। साथ ही व्यक्ति की आंतरिक संरचनाओं, 'स्व' की संगति, आधारभूत प्रेरणा यानी 'आत्मसिद्धि' की प्रेरणा (self actualisation motive) आदि को व्यक्तित्व की संगतता या असंगतता को जानने—समझने हेतु महत्वपूर्ण बतलाया है। इसी आलोक में सामान्य और असामान्य की विवेचना पर बल दिया गया है।

7. सामाजिक एवं सांस्कृतिक प्रतिमान में विकासशील बालकों के दोषपूर्ण समाजीकरण की प्रक्रिया (socialisation process), पालन–पोषण की प्रणाली (rearing system), सामाजिक एवं सांस्कृतिक आदर्श (norms) एवं मूल्यों (values), सामाजिक दुर्व्यवस्था आदि को ही कुसमायोजित व्यवहार अर्थात् असामान्यता का मुख्य कारण बतलाया गया है।

8 हालाँकि असामान्यता के अलग–अलग प्रतिमानों में मनुष्य के व्यवहार के आधारभूत स्वरूप (basic nature of behaviour) को अलग–अलग तरीकों से समझने का प्रयास किया गया है, फिर भी, प्रायः सभी प्रतिमानों में (almost in all models) कुछ बातें सर्वमान्य या सर्वनिष्ठ (common) हैं। प्रायः सभी प्रतिमानों में यह स्वीकार किया गया है कि व्यक्ति के व्यवहार पर आंतरिक एवं बाह्य–दोनों प्रकार की शक्तियों (forces) का प्रभाव पड़ता है जिनके पारस्परिक संतुलन पर ही व्यवहार का समायोजित या कुसमायोजित (adaptive or maladaptive) स्वरूप निर्भर करता है। विभिन्न प्रतिमानों में इस बात पर भी मतैक्य है कि व्यक्ति का व्यवहार प्रेरणा (motive) एवं संवेग (emotion) संबंधित होता है। अतः प्रेरणा और संवेगों के कुंठित होने पर व्यवहार में असामान्यता का आना स्वाभाविक है। इन सबके अतिरिक्त प्रायः सभी प्रतिमानों में व्यक्ति के 'स्व' (self) या अहं (ego) के अस्तित्व पर महत्व दिया गया है।

9. इस प्रकार, विभिन्न प्रतिमानों में विभिन्नता के बावजूद कुछ मूलभूत केन्द्रीय बिंदुओं (central points) पर पारस्परिक सहमति भी है।

खण्ड II

मनोगतिकी
(Psychodynamics)

5

मनोगत्यात्मक (मनोगतिकी) दृष्टिकोण
(Psychodynamic Approach)

अध्याय रूपरेखा (Chapter Outline)

5.1 स्वरूप (Nature)

मनोगतिकी (psychodynamics) एक दृष्टिकोण है जो सर्वाधिक लोकप्रिय (most popular) है। मनोगतिकी वस्तुतः 'मनोविश्लेषणात्मक सिद्धांत' (psychoanalytic theory) की उपज है जिसके प्रणेता **'डॉ. सिगमंड फ्रायड'** (Dr. Sigmund Freud) हैं। 'फ्रायड' (Freud) वियाना (Vienna) के एक जाने–माने स्नायुरोग चिकित्सक (neurophysician) थे। रोगियों की चिकित्सा के क्रम में इन्होंने अनुभव किया कि अनेक रोगी ऐसे होते हैं जो शारीरिक रूप से तो अस्वस्थ रहते हैं किन्तु शारीरिक अस्वस्थता का कोई स्पष्ट अवयवी कारण नहीं होता। इसी अनुभव से प्रेरित होकर इन्होंने इस प्रकार की अस्वस्थता की अवस्था (ill health conditions) के मानसिक कारणों (mental causes) को जानने तथा उस दृष्टिकोण से रोगियों की समस्याओं को समझने में रुचि लेने लगे। 'मनोविश्लेषणात्मक या मनोगतिकी दृष्टिकोण' (psychoanalytic or psychodynamic approach) इसी अभिरुचि का प्रतिफल है।

'फ्रायड' (Freud) के मनोविश्लेषण अर्थात् मनोगतिकी (psychoanalytic or psychodynamics) का मूल आधार 'प्रवृत्तियाँ' (instincts) एवं प्रेरणाएँ (motivations) हैं। मनोगतिकी (psychodynamics) का अर्थ व्यवहार प्रतिरूपों (behaviour patterns) को मानसिक अथवा सांवेगिक शक्तियों (mental or emotional forces) के आलोक या संदर्भ में व्याख्या करना होता है। व्यक्ति की मूलभूत प्रवृत्तियाँ (basic instincts), प्रेरणाएँ (motives) एवं सांवेगिक स्थितियाँ (emotional states) मनुष्य की मानसिक प्रक्रियाओं (mental processes) जैसे—संज्ञानात्मक (cognitive), भावात्मक (affective) एवं संयोजक (connative) प्रक्रियाओं को सदैव प्रभावित करती रहती हैं। जिनके पारस्परिक समन्वय (inter co-ordination) पर व्यक्ति का व्यवहार सामान्य (normal) अथवा असामान्य (abnormal) यानी व्याधिजनक (pathogenic) होता है। सामान्य व्यवहार के फलस्वरूप व्यक्तित्व सुसंगठित रहता है अन्यथा व्यक्तित्व विघटित (distorted) होता है और व्यक्ति मानसिक रोगों (mental disorders) का शिकार होता है। अतः 'फ्रायड' (Freud) ने असामान्य या व्यक्तित्व के विघटन को जानने और समझने हेतु मनोगतिकी शक्तियों को जानने और समझने पर बल दिया है जिसके बारे में प्रस्तुत अध्याय में वर्णन किया जा रहा है। इसके अंतर्गत मूल प्रवृत्तियों का संप्रत्यय (the concept of instinct), मानसिक पहलू (mental aspects), मानसिक संघर्ष (mental conflicts) एवं संघर्ष समाधान की मनोरचनाएँ (mental mechanisms), मनोलैंगिक विकास (psychosexual development) एवं स्वप्न विश्लेषण (dream interpretations) महत्वपूर्ण विषय हैं। अब इन सभी अंतर्विषयों (contents) का वर्णन एक–एक कर आगे किया जा रहा है—

5.2 मूल प्रवृत्तियाँ (Instincts)

'फ्रायड' (Freud) के मनोगतिकी दृष्टिकोण (psychodynamic point of view) का मुख्य आधार 'मूल प्रवृत्तियाँ' (instincts) है जो जन्मजात (inborn) होती हैं तथा मानसिक संघर्ष या द्वंद्व (mental conflicts) का आधार (base) होती हैं। प्रत्येक मनुष्य में जन्मजात दो परस्पर विरोधी (antagonistic) मूल प्रवृत्तियाँ (instincts) रहती हैं—(क) 'जीवन की मूल प्रवृत्ति' (life instinct) और (ख) 'मृत्यु की मूल प्रवृत्ति' (death instinct)। इन मूल प्रवृत्तियों को ग्रीक भाषा में क्रमशः 'इरोज' (eros) और 'थानाटॅस' (thanatos) कहा जाता है। 'फ्रायड' (Freud) के विचारानुसार, ये दोनों 'मूल प्रवृत्तियाँ' साथ–साथ रहती हैं तथा मनुष्य की सभी प्रकार की क्रियाओं—सृजनात्मक (creative) अथवा विध्वंसात्मक (destructive), की प्रेरणा शक्ति (as a motivating force) के रूप में कार्य करती है। इतना ही नहीं, अपितु व्यक्तित्व के विकास में भी इन विरोधी स्वरूप की मूल प्रवृत्तियों के कारण उत्पन्न द्वंद्वों (conflicts) में भी एक शक्तिगर्भित (potential) कारक के रूप में विद्यमान रहता है। ये मूल प्रवृत्तियाँ किस प्रकार से मानसिक द्वंद्वों (mental conflicts) की उत्पत्ति का मुख्य स्रोत होते हैं, इसके बारे में आगे मानसिक संघर्षों के वर्णन के संदर्भ में किया गया है। (देखें पृ. 126)

5.3 मानसिक पहलू (Mental Aspects)

5.3.1 मानसिक पहलू का अर्थ एवं मन का गत्यात्मक पहलू (Meaning of Mental Aspects and Dynamic Aspects)

'मन' (mind) शब्द का व्यवहार कई अर्थों में किया जाता है, लेकिन मनोविज्ञान की भाषा में व्यक्ति की अंतरात्मा (inner self) अर्थात् 'I' or 'Psyche' को ही 'मन' कहते हैं और यही 'अंतर आत्मा' (inner self) व्यक्तित्व का मूल होता है जिसके फलस्वरूप व्यक्तित्व संगठित रूप में (in organised form) विकसित होता है तथा समायोजन (adjustment) या कुसमायोजन (maladjustment) की प्रक्रिया पर निर्भर करती है।

'फ्रायड' (Freud) ने इस 'अंतरात्मा' (innerself) यानी 'मन' (mind) के दो पहलुओं (aspects) पर प्रकाश डाला है—(क) 'गत्यात्मक पहलू' (dynamic aspect) एवं (ख) 'आकारात्मक पहलू' (topographical aspect)। मन के इन्हीं दोनों पहलुओं के कारण किसी व्यक्ति का व्यक्तित्व (personality) अपूर्व या अनोखा (unique) होता है। अतः किसी व्यक्ति के व्यक्तित्व को जानने या समझने के लिए इन दोनों पहलुओं पर प्रकाश डालना आवश्यक है।

5.3.1.1 'मन' का गत्यात्मक पहलू (Dynamic Aspect of Mind)

'फ्रायड' ने व्यक्तित्व संबंधी मनोविश्लेषणात्मक सिद्धांत (psychoanalytic theory) के अंतर्गत व्यक्तित्व के परस्पर विरोधी ध्रुवों (antagonistic polarities) की चर्चा की है। इन ध्रुवों में 'जीवन और मृत्यु' की मूल प्रवृत्ति (life and death instincts), सक्रियता और निष्क्रियता (activity and passivity), स्त्रीत्व और पुरुषत्व (faminity and mascularity), सुख और दुख (pleasure and pain), प्रेम और घृणा (love and hate), सुख और यथार्थता (pleasure and reality) आदि के सिद्धांत प्रमुख हैं। प्रत्येक व्यक्ति के व्यक्तित्व में ये परस्पर विरोधी प्रवृत्तियाँ साथ–साथ सक्रिय रहती हैं जिनके कारण संघर्ष की परिस्थितियाँ (conflicting situations) उत्पन्न होती रहती हैं। इन संघर्षमय परिस्थितियों के साथ अनुकूल ढंग से समायोजन करने हेतु व्यक्ति का मन या अंतरात्मा (innerself) गत्यात्मक रूप से परिवर्तित होता रहता है। इस प्रकार मन का स्वरूप 'गत्यात्मक' (dynamic) अर्थात् परिवर्तनीय है तथा इसके कई पहलू भी हैं। इसके गत्यात्मक स्वरूप की स्पष्ट झाँकी हमें तब देखने को मिलती है जब व्यक्ति एक से अधिक समान और विरोधी स्वरूप के प्रेरकों का शिकार होता है। इस तरह की स्थिति में व्यक्तित्व में परिवर्तन की संभावना अधिक होती है और परिवर्तन की इसी संभावना को 'गत्यात्मकता' (dynamism) कहते हैं।

'फ्रायड' के अनुसार, मन के गत्यात्मक पहलू से तात्पर्य "मन के उन प्रतिनिधियों से है जिनके द्वारा मूल प्रवृत्तियों से उत्पन्न संघर्षों का समाधान होता है।"[1] ये प्रतिनिधि क्रमशः 'उपाहं' (id), 'अहं' (ego) एवं 'पराहं' (super ego) हैं जिनके बीच सदा संघर्ष चलता रहता है क्योंकि ये तीनों प्रतिनिधियाँ एक दूसरे की विरोधी हैं। साथ ही, इन तीनों प्रतिनिधियों द्वारा संघर्षों का समाधान भी होता रहता है। एक सामान्य वयस्क व्यक्तित्व (normal personality) के इन प्रतिनिधियों के बीच सामंजस्ययुक्त संतुलन (harmonious balance) बना रहता है। लेकिन, जब इनके बीच का संतुलन बिगड़ता है तब व्यक्ति कुसमायोजन (maladjustment) का शिकार होता है। अब हम इन तीनों प्रतिनिधियों की मुख्य विशेषताओं पर विचार करेंगे।

(क) 'उपाहं' (id): 'उपाहं' (id) मन के गत्यात्मक पहलू का पहला प्रतिनिधि है जो जन्मजात (inborn) तथा पूर्णतः 'अचेतन' (unconscious) रहता है। इसलिए इसकी विशेषताओं को समझना मुश्किल है। लेकिन, जब हम छोटे शिशुओं (infants) की स्वभावगत विशेषताओं (characteristic nature) पर ध्यान देंगे तो उपाहं (id) की विशेषताओं का समझने में कोई कठिनाई नहीं होगी। इसका कारण यह है कि नवजात शिशु में केवल उपाहं (id)

---

1. By dynamic aspects of mind Freud means "the agents through which conflicts arising in the instincts are worked out".

की प्रवृत्तियों (tendencies) की भरमार रहती है और यही प्रवृत्ति उनके व्यवहार प्रतिरूपों (behaviour patterns) को निर्देशित (direct) करती है।

अतः एक शिशु की समस्त विशेषताएँ उपाहं की विशेषताओं (characteristics of id) को इंगित करती हैं जो निम्नलिखित हैं–

(i) **उपाहं जीवन और मृत्यु की मूल प्रवृत्तियों का भंडार है (id is the reservoir of both—life and death instincts):** हर प्रकार की मनोजैविक (psychobiological) इच्छाओं की उत्पत्ति उपाहं (id) द्वारा होती है। इन इच्छाओं की प्रेरक 'जीवन और मृत्यु की मूल प्रवृत्तियाँ' (life and death instincts) होती हैं जिनके द्वारा हर प्रकार की रचनात्मक (constructive) एवं विध्वंसात्मक (destructive) क्रियाओं की उत्पत्ति होती है। 'उपाहं' इन दोनों प्रकार की मूल प्रवृत्तियों का भंडार या खजाना होता है। इसलिए व्यक्ति की प्रत्येक रचनात्मक एवं विध्वंसात्मक क्रियाओं को करने की इच्छा उपाहं (id) द्वारा उत्पन्न होती है। नवजात शिशु (newly born child) में केवल उपाहं की प्रवृत्तियाँ पाई जाती हैं। 'अहं' (ego) एवं 'पराहं' (super ego) का विकास बाद में होता है। इसीलिए शिशु कभी खिलौनों के साथ खेलता और आनंद लेता है (रचनात्मक क्रिया जिसकी प्रेरक जीवन की मूल प्रवृत्ति होती है), तो कभी खिलौनों को पटककर तोड़ देता है और रोने लगता है (विध्वंसकारी क्रिया जिसकी प्रेरक मृत्यु की मूल प्रवृत्ति होती है।)

(ii) **उपाहं सुख के नियम से संचालित होता है (id is regulated by pleasure principle):** उपाहं (id) सुख के नियम का अनुसरण करता है। इसलिए उपाहं उसी क्रिया को करना चाहता है जिस क्रिया को करने से आनंद प्राप्त करने की आशा रहती है। साथ ही, जिस क्रिया को करने से दुख या कष्ट का अनुभव होता है, उससे बचने का प्रयास करता है। यह विशेषता शिशुओं में प्रधान रूप से पाई जाती है।

(iii) **उपाहं का जीवन की वास्तविकता से संबंध नहीं रहता (id is not concerned with realistics of life):** उपाहं का वास्तविकता से कोई संबंध नहीं रहता। इसका संबंध केवल व्यक्ति के 'स्व' (self) से रहता है। अतः संभव–असंभव, परिस्थिति की अनुकूलता–प्रतिकूलता, सामयिक–असामयिक आदि का ज्ञान इसे नहीं रहता। फलतः उपाहं द्वारा वास्तविक परिस्थितियों पर बिना विचार किए किसी भी प्रकार की इच्छा कभी भी उत्पन्न होती रहती है। छोटी उम्र के बच्चों में भी यह विशेषता सामान्य तौर पर पाई जाती है।

(iv) **उपाहं में तार्किक दोष पाया जाता है (id suffers from logical fallacy):** बच्चों की ही तरह उपाहं इच्छाओं की पूर्ति के प्रसंग में तर्क (logic) को कोई स्थान नहीं देता है। उपाहं केवल 'स्व' (self) की संतुष्टि से मतलब रखता है, वे चाहे तार्किक हो या न हो।

(v) **उपाहं स्वकीय होता है (id is ego centric):** उपाहं का एकमात्र उद्देश्य या लक्ष्य (goal) इच्छाओं की तुष्टि करना होता है। इस अर्थ में यह स्वकीय यानी स्वार्थी (ego centric or selfish) होता है। बच्चों में भी स्वार्थी होने का गुण सामान्य तौर पर पाया जाता है। अर्थात् बच्चों की ही तरह उपाहं केवल अपनी ही सोचता है, दूसरों की नहीं।

(vi) **उपाहं नैतिकता से परे है (id is 'amoral'):** उपाहं 'नैतिकता से परे' (a-moral) है। अतः नैतिक (moral) और अनैतिक (immoral) में कोई फर्क नहीं करता। यह न तो नैतिक है और न अनैतिक। उपाहं की ही तरह बच्चे भी नैतिक और अनैतिक में कोई अंतर नहीं समझते। इसीलिए बच्चे उचित–अनुचित, सही–गलत कारणीय और अकारणीय आदि में भेद नहीं कर पाते। अतएव बच्चे भी उपाहं की ही तरह नैतिकता से परे (amoral) होते हैं।

(vii) **उपाहं निषेध को नहीं पहचानता (id does not recognize 'negation'):** उपाहं अपने लक्ष्य की प्राप्ति में किसी प्रकार का निषेध (negation) अर्थात् 'न' (no) को नहीं पहचानता। इसका संबंध केवल इच्छाओं

की पूर्ति से रहता है। उपाहं की यह विशेषता भी बच्चों में पाई जाती है। बच्चे भी अपनी इच्छा की पूर्ति में किसी प्रकार का संशय (doubt) या अनिश्चितता अथवा 'नहीं' (no) आदि पसंद नहीं करते। उपाहं भी किसी प्रकार का निषेध नहीं पसंद करता।

(vii) **उपाहं पूर्णतः अचेतन रहता है (id is wholly unconscious):** उपाहं पूर्णरूपेण 'अचेतन' रहता है। यही कारण है कि इसे वास्तविकता (reality) का ज्ञान नहीं रहता। फलतः सामाजिकता, नैतिकता आदि का भी ज्ञान इसे नहीं रहता। बच्चों में भी यह विशेषता प्रधान रूप से पाई जाती है, क्योंकि बच्चों में 'चेतना' (consciousness) का अभाव पाया जाता है।

(ख) 'अहं' (Ego): नवजात शिशु की उम्र जैसे–जैसे बढ़ती जाती है, वह इर्द–गिर्द के वातावरण से धीरे–धीरे परिचित होने लगता है और इसके साथ उसके 'स्व' (self) का ज्ञान भी विकसित होने लगता है। विकास के इसी क्रम में उपाहं का थोड़ा–सा अंश (ego) के रूप में विकसित होता है। अहं के विकास के कारण ही शिशु वातावरण की वास्तविकता से परिचित होता है एवं उसमें अपने 'स्व' के अस्तित्व की चेतना (यानी 'मैं' का ज्ञान) उत्पन्न होती है। अर्थात् 'स्व' का बोध और वास्तविकता का ज्ञान होता है। 'फ्रायड' (Freud) ने इसी 'स्व की चेतना' (consciousness of the self) को 'अहं' (ego) की संज्ञा दी है।

व्यक्तित्व के समुचित एवं सुगठित विकास की दृष्टि से 'अहं' का विकास महत्वपूर्ण होता है ताकि व्यक्ति अपने वातावरण की वास्तविकता से परिचित हो सके। अन्यथा व्यक्ति उपाहं (id) की स्वच्छंद प्रवृत्तियों (free tendencies) के अधीन अनियंत्रित रूप से उसकी तात्कालिक पूर्ति के लिए प्रयत्नशील रहेगा। इस प्रकार व्यक्ति का संपूर्ण जीवन क्लेश एवं कष्टों का सागर हो जाएगा। फलस्वरूप, न तो वह समय और परिस्थिति को पहचान पाएगा और न समायोजी व्यवहार ही सीख सकेगा।

'अहं' के विकास में वातावरण द्वारा उपाहं की प्रवृत्तियों की पूर्ति में उत्पन्न बाधाओं व विलंब आदि की महत्वपूर्ण भूमिका होती है। इस प्रकार की बाधाओं के कारण शिशु अपने 'भीतर के स्व' (innerself) के प्रति जागरूक होने लगता है। इसी जागरूकता को 'फ्रायड' ने 'चेतना बुद्धि' (conscious intelligence) की संज्ञा दी है क्योंकि 'अहं' (ego) भौतिक वास्तविकता (physical realities) के संपर्क में रहता है।

'अहं' के वास्तविक स्वरूप को इसकी निम्नांकित विशेषताओं के आलोक में अच्छी तरह समझा जा सकता है—

(i) **अहं चेतन और अचेतन दोनों है (Ego is both—conscious and unconscious):** 'अहं' की यह सर्वाधिक प्रमुख विशेषता है। अहं दो भागों में बँटा है। इसका एक भाग आकारात्मक पहलू (topographical aspect) के चेतन भाग (conscious part) में तथा दूसरा भाग अचेतन (unconscious) में अवस्थित रहता है। चेतन भाग का अहं बाह्य जगत की वास्तविकता के संपर्क में रहता है, जबकि अचेतन भाग का अहं उपाहं (id) के संपर्क में रहता है। इस प्रकार अहं बाह्य जगत (outer world) की वास्तविकताओं (realities) एवं उपाहं (id) की प्रवृत्तियों के बीच सामंजन (adjustment) यानी ताल–मेल बैठाने में सहयोग करता है।

(ii) **अहं तार्किक दोष से मुक्त रहता है (Ego is free from logical fallacies):** अहं (ego) को उपाहं (id) की इच्छाओं के अच्छे–बुरे स्वरूप एवं उनकी संतुष्टि के परिणामों की जानकारी रहती है। फिर भी, चूंकि 'अहं' का उद्देश्य 'उपाहं' द्वारा प्रकट की गई इच्छाओं को प्रत्यक्ष या अप्रत्यक्ष रूप से संतुष्ट होने देने के लिए मार्ग प्रशस्त करना होता है, वह इसके भले–बुरे परिणामों को बिना सोचे–विचारे प्रकट होने के उपयुक्त अवसर की प्रतीक्षा करता है तथा उपयुक्त अवसर मिलते ही प्रत्यक्ष अथवा अप्रत्यक्ष रूप से उन इच्छाओं की पूर्ति की व्यवस्था करता है। इस प्रकार, यह 'तार्किक दोष' से अपने को मुक्त रखते हुए 'उपाहं' (id) की मदद करता है। अतः अहं 'तार्किक दोष' (logical fallacy) से स्वतंत्र यानी मुक्त रहता है।

(iii) **अहं व्यक्ति और वातावरण के बीच अभियोजक का काम करता है (Ego functions as adjuster between the individual and his environment):** 'अहं' (ego) एक कुशल प्रबंधक (skilled manager) के रूप में कार्य करता है। यह वास्तविक परिस्थितियों का आकलन कर उपयुक्त अवसर की प्रतीक्षा में उपाहं के प्रवाहों (id impulses) को नियंत्रित करता है तथा अवसर प्राप्त होते ही उनकी अभिव्यक्ति के माध्यम (medium) का चयन करता है। जरूरत के अनुसार उपाहं की प्रवृत्तियों का दमन (repression) भी करता है अथवा उनके मौलिक स्वरूप (original nature) को बदलकर (छद्म वेश में) स्वप्न (dream), दिवा स्वप्न (day dreaming), स्वैर कल्पना (fantasies) आदि माध्यमों द्वारा व्यक्त भी करता है। इस प्रकार, यह व्यक्ति और वातावरण के बीच अभियोजक या समायोजक (adjuster) के रूप में कार्य करता है।

(iv) **अहं का संबंध नैतिकता से नहीं है (Ego is not concerned with reality):** 'अहं' का संबंध नैतिक, सामाजिक या सांस्कृतिक मूल्यों (moral, social or cultural values) से नहीं रहता। इसलिए अच्छा–बुरा, पाप–पुण्य, आदि विचारों से अहं का कोई वास्ता नहीं रहता। वह केवल उपयुक्त अवसर की प्रतीक्षा में रहता है और जैसे ही उपयुक्त अवसर दीखता है, असामाजिक, अनैतिक, घृणित प्रवृत्तियों को व्यक्त (manifest) करने में सहयोग करता है। इस अर्थ में 'फ्रायड' (Freud) के अनुसार 'अहं' को अवसरवादी (opportunist) भी कहा जा सकता है।

(v) **अहं को समय और वास्तविकता का ज्ञान रहता है (Ego has the knowledge of time and reality):** 'अहं' का चेतन भाग (conscious part of ego) बाह्य जगत की वास्तविकता के संपर्क में रहने के कारण वास्तविकता से परिचित रहता है। अतः इसे समय और वास्तविकता का ज्ञान रहता है। यही कारण है कि कौन–सा काम कब (when) और कैसे (how) करना है, इसका ज्ञान अहं को रहता है। इसका ध्यान रखते हुए ही 'अहं' उपाहं (id) की प्रवृत्तियों की संतुष्टि में सहयोग प्रदान करता है।

(ग) 'पराहं' (Super ego): विकास के क्रम में बच्चा जब कुछ और बड़ा होता है तो विद्यालयी शिक्षा ग्रहण करने लगता है तथा समाजीकरण की प्रक्रिया एवं पारिवारिक संस्कारों (यथा—चूड़ाकरण, मुंडन, विवाह आदि) के माध्यम से सामाजिक और सांस्कृतिक मूल्यों, मानदंडों, आदर्शों आदि को सीखता है। ऐसे ही शिक्षण को 'सामाजिक शिक्षण' (social learning) कहते हैं जिसके फलस्वरूप 'अहं' (ego) का एक भाग 'पराहं' (super ego) के रूप में विकसित होता है। यह आदर्शों का जनक (father of norms and ideals) होता है तथा सामाजिक और सांस्कृतिक वातावरण से अनुकूलित (socially and culturally conditioned) रहता है।

पराहं मुख्य रूप से 'चेतन' (conscious) रहता है तथा यह व्यक्ति की न्याय संबंधी प्रक्रियाओं की प्रमुख कार्यशाला (workshop) होती है। व्यक्तित्व रचना का यह प्रतिनिधि (agent) एक न्यायाधीश (judge), न्यायतन्त्र (judiciary) एवं पुलिसमैन (police man) की तरह कार्य करता है। इसकी प्रमुख विशेषताएँ निम्नलिखित हैं—

(i) **पराहं पूर्णतः चेतन रहता है (Super ego is wholly conscious):** 'पराहं' (Super ego) मन के आकारात्मक पहलू के चेतन भाग (conscious segment) में रहता है। अतः यह पूर्णतः चेतन प्रतिनिधि (conscious agent) के रूप में वास्तविकता (realities) से संबंध रखता है। वस्तुतः चेतन मन में संचित सामाजिक, सांस्कृतिक आदर्श (socio-cultural ideals) एवं बाह्य जगत की वास्तविकता (realities of outer world) ही 'पराहं' (super ego) के रूप में विकसित होता है।

(ii) **पराहं आदर्शों का भंडार है (Super ego is the reservoir of ideals):** चूंकि 'पराहं' का विकास सामाजिक एवं सांस्कृतिक अनुकूलन (social and cultural conditioning) का प्रतिफल होता है, इसलिए यह आदर्शों का भंडार (reservoir of ideals) है। यह रूढ़िगत, परंपरावादी एवं विवेकी (conventional, traditional and rational) होता है। इस प्रकार यह वास्तविकता एवं आदर्शों—दोनों का प्रतिनिधित्व करता है।

(iii) **परांह समाजीकरण की प्रक्रिया में प्रमुख शक्ति के रूप में कार्य करता है (Super ego plays chief role as a force in the process of socialisation):** 'पराहं' का विकास सामाजिक–सांस्कृतिक मूल्यों एवं आदर्शों (socio-cultural values and ideals or norms) के कारण होता है। अतः व्यक्ति के समाजीकरण की प्रक्रिया में पराहं की प्रमुख भूमिका रहती है। 'पराहं' जितना सबल रूप से विकसित होता है, व्यक्ति का समाजीकरण (socialisation) भी उतना ही सबल रूप से होता है। अतः कहा जा सकता है कि पराहं समाजीकरण की प्रक्रिया में एक प्रमुख शक्ति के रूप में कार्य करता है।

(iv) **पराहं से दोष और पश्चाताप की भावना उत्पन्न होती है (Super ego originates feelings of guilt and remorse):** 'पराहं' उपाहं की प्रवृत्तियों पर प्रतिबंधक (censorship) के रूप में कार्य करता है। इसके प्रतिबंध के फलस्वरूप 'उपाहं' (id) की जो प्रवृत्तियाँ सामाजिक और सांस्कृतिक मानदंडों के प्रतिकूल होती हैं, उनकी अभिव्यक्ति पर नियंत्रण यानी 'लगाम' लगाता है तथा ऐसी प्रवृत्तियों के लिए व्यक्ति में दोष (guilt) एवं पश्चाताप (remorse) की भावना उत्पन्न कर दंडित (punish) भी करता है। इसीलिए 'पराहं' की कार्यशैली के बारे में कहा जाता है—''यह एक पुलिसमैन, जज एवं ज्यूरी की तरह कार्य करता है''।[2] पराहं पर सामाजिक एवं सांस्कृतिक मूल्यों की छाप रहती है (super ego is socially and culturally conditioned)। चूंकि पराहं का विकास सामाजिक एवं सांस्कृतिक वातावरण के प्रभाव से होता है, इसलिए इस पर सामाजिक रीति–रिवाजों, परंपराओं एवं सांस्कृतिक मूल्यों की छाप रहती है।

(v) **पराहं का संबंध नैतिकता से है (Super ego is concerned with reality):** चूंकि 'पराहं' पूर्णतः चेतन होता है इसलिए यह 'उपाहं' के बिल्कुल विपरीत है। यह 'अहं' से भी भिन्न है, क्योंकि 'अहं' नैतिकता से भिज्ञ (aware) होते हुए भी नैतिकता का अनुसरण नहीं करता है (it does not follow morality)। लेकिन 'पराहं' नैतिकता के सिद्धांतों पर चलता है। अर्थात् यह सही–गलत, अच्छा–बुरा, उचित–अनुचित आदि सापेक्षिक मूल्यों (relative values) का विचार करते हुए 'अहं' (ego) एवं 'उपाहं' (id) की प्रवृत्तियों पर नियंत्रण रखता है। व्यक्ति के भीतरी मन का 'पराहं' (super ego) ही उसके झूठ बोलने या किसी प्रकार के अनैतिक क्रियाओं को 'पाप' बताकर इन्हें करने से प्रतिबंधित (restain) करता है। नैतिकता का यह ज्ञान परिवार, पड़ोस एवं समाज द्वारा समाजीकरण की प्रक्रिया (socialisation process) के माध्यम से ग्रहण और अर्जित किया जाता है जो 'पराहं' (super ego) में संचित रहता है।

5.3.2 उपाहं, अहं एवं पराहं के बीच अंतर्संबंध (Interrelationship between Id, Ego and Super ego)

'फ्रायड' (Freud) के अनुसार व्यक्तित्व रचना की इन तीनों शक्तियों (forces) के बीच परस्पर घनिष्ठ, लेकिन विरोधी स्वरूप का संबंध पाया जाता है। 'उपाहं' (id) जैविक (biological) होती है जिसमें 'जीवन एवं मृत्यु की मूल प्रवृत्तियाँ' (life and death instincts) संचित रहती हैं। 'अहं' (ego) का विकास भौतिक वातावरण (physical environment) से प्रभावित होता है और 'पराहं' (super ego) समाज और संस्कृति (socially and culturally) द्वारा अनुकूलित (conditioned) रहती है। इसलिए एक जन्मजात शिशु जैविक इकाई उपाहं (id) के रूप में जन्म लेता है और बाद में भौतिक वातावरण के प्रभावाधीन अहं (ego) का विकास होता है और तब अंत में व्यक्ति सामाजिक एवं सांस्कृतिक मानदंडों से अनुकूलित होकर सामाजिक व्यक्ति के रूप में विकसित होता है। स्पष्ट है कि चूंकि इन तीनों शक्तियों का विकास क्रमशः जैविक भौतिक एवं सामाजिक–सांस्कृतिक मानदंडों द्वारा

2. "It functions like a policeman, a judge and a jury."

अलग–अलग होता है, इसलिए इन तीनों की प्रमुख विशेषताएँ परस्पर विरोधी (antagonistic) स्वरूप की होती है। व्यक्तित्व के एक छोर पर उपाहं की स्वच्छंद प्रवृत्तियाँ (free techniques of id) तो दूसरे छोर पर नैतिक एवं सांस्कृतिक मूल्यों से बंधा हुआ 'पराहं' (super ego) की प्रवृत्तियाँ रहती हैं तथा इन दोनों के बीच 'अहं' (ego) समायोजक (adjuster) की भूमिका में रहता है। इन तीनों शक्तियों के बीच जब तक संतुलन (equilibrium) कायम रहता है, व्यक्तित्व संतुलित और संघटित (balanced and organised) रहता है। लेकिन, जब इनके बीच का संतुलन बिगड़ता है तब व्यक्ति मानस रोग (psychopathology) का शिकार होता है तथा व्यक्तित्व में विघटन यानी विखंडन की स्थिति आती है। इस प्रकार व्यक्ति कुसमायोजन (maladjustment) का शिकार होता है। अर्थात् वह mad, sad और bad होता है।

5.3.3 उपाहं, अहं एवं पराहं के बीच तुलनात्मक अंतर (Comparative Differences between Id, Ego and Super ego)

उपाहं (id)	अहं (Ego)	पराहं (Super ego)
1. इसका विकास जन्म के साथ ही होता है अतः यह जन्मजात है। वातावरण एवं सामाजिक परिवेश का इसके विकास में कोई हाथ नहीं रहता।	उपाहं का ही एक अंश बच्चों के विकास के क्रम में वातावरण के संपर्क से अहं के रूप में विकसित होता है।	अहं का ही कुछ अंश आगे चलकर सामाजिक एवं सांस्कृतिक मूल्यों के प्रभाव से पराहं के रूप में विकसित होता है।
2. उपाहं पूर्णतः अचेतन होता है।	अहं आंशिक रूप से चेतन और आंशिक रूप से अचेतन रहता है।	पराहं नैतिक मूल्यों एवं आदर्शों का जनक होता है।
3. उपाहं जीवन और मृत्यु की मूल प्रवृत्तियों का भंडार है इसका वास्तविकता से कोई संबंध नहीं रहता।	अहं, उपाहं एवं पराहं के बीच मध्यस्थता या अभियोजक का काम करता है।	पराहं को वास्तविकता का ज्ञान रहता है तथा उसी से संचालित होता है।
4. उपाहं न तो नैतिक है और न अनैतिक। यह नैतिकता से परे (a-moral) है।	अहं को नैतिकता की पहचान रहती है परंतु नैतिक दोष से मुक्त रहता है।	पराहं पूर्णतः नैतिक रहता है।
5. उपाहं स्वकीय (ego centric) स्वरूप का होता है अतः सुख के नियमों से संचालित होता है।	अहं 'स्व' (self) की रक्षा में जुटा रहता है। अतः सुख और आनंद की प्राप्ति का उपाय करता है।	पराहं सांस्कृतिक एवं सामाजिक मूल्यों से संचालित होता है। फलतः असामाजिक कृत्यों (unsocial acts) के लिए दोष और पश्चाताप की भावना से दंडित करता है।
6. उपाहं निषेध नहीं जानता। इसलिए इच्छापूर्ति में कोई बाधा स्वीकार नहीं करता।	अहं निषेध (negation) से वाकिफ रहता है। लेकिन कुशलतापूर्वक निषेध की अवहेलना कर उपाहं की इच्छाओं की पूर्ति का कुशल प्रबंध करता है।	पराहं निषेध पूर्णतया परिचित रहता है। इसीलिए उपाहं की प्रवृत्तियों पर यह प्रतिबंधक का काम करता है।
7. उपाहं की तुलना एक शैतान बालक से की जा सकती है। अतः यह असभ्य और कुसंस्कृत है।	अहं की तुलना एक धूर्त और चालाक बालक से की जा सकती है।	पराहं की तुलना एक सभ्य ज्ञानी या विवेकी मनुष्य से की जा सकती है। अतः यह सुसंस्कृत है।

5.3.4 'मन' का आकारात्मक पहलू (Topographical Aspects of Mind)

'फ्रायड' (Freud) ने व्यक्तित्व के विभिन्न ध्रुवों (polarities) की कार्यवाही और मन की गत्यात्मकता (dynamism of psyche or self) की व्याख्या मन के आकारात्मक पहलू (topographical aspects of mind) द्वारा की है। इन्होंने मन के इस पहलू या पक्ष के अंतर्गत गत्यात्मक शक्तियों (dynamic forces) यथा उपाहं (id), अहं (ego) एवं पराहं (super ego) के बीच की संघर्षमय परिस्थितियों (conflicting situations) के कार्यस्थल (venue) की परिकल्पना की है। इनके अनुसार "मन के आकारात्मक पहलू का अर्थ उस पहलू से है, जहाँ संघर्षमय परिस्थिति की गत्यात्मकता उत्पन्न होती है।"[2]

अस्तु, स्पष्ट है कि 'फ्रायड' ने व्यक्तित्व की गत्यात्मक शक्तियों (dynamic forces) के बीच के संघर्षमय परिस्थितियों का कार्यस्थल मन का आकारात्मक पहलू को बताया है।

फ्रायड ने इस पहलू को तीन मुख्य खंडों में बाँटा है जिन्हें क्रमशः 'चेतन' (conscious), 'अर्धचेतन' (subconscious) अथवा अवचेतन (pre-conscious) तथा 'अचेतन' (unconscious) कहते हैं। इनमें मन के 'अचेतन पक्ष' (unconscious aspect) पर 'फ्रायड' (Freud) ने विशेष जोर दिया है तथा सर्वाधिक महत्वपूर्ण पहलू (most important aspect) माना है। मन के इन तीनों खण्डों या भागों को नीचे दिए गए एक काल्पनिक चित्र में दिखलाया गया है–

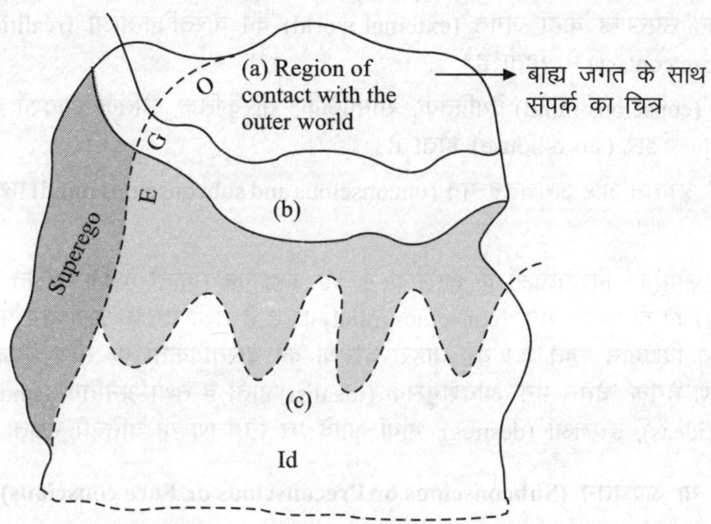

चित्र 5.1 व्यक्तित्व का मनोविश्लेषणात्मक दृष्टिकोण (Psychoanalytic conception of personality) मन का आकारात्मक (topographical) एवं गत्यात्मक (dynamic) पहलू—A = चेतन (conscious), B = अर्द्धचेतन या अवचेतन (subconscious or preconscious), and C = रंगा हुआ क्षेत्र = अचेतन (unconscious)।

सही अर्थ में मन के अचेतन भाग को ही 'फ्रायड' ने सर्वाधिक महत्वपूर्ण माना है और उनकी यही देन मनोविज्ञान एवं मनोरोग विज्ञान की दुनिया में सर्वाधिक महत्व की मानी जाती है। अतः 'आकारात्मक पहलू' (topographical aspects) के तीनों खण्डों की समुचित व्याख्या आवश्यक है।

---

3. "Topographical aspect of mind is that where does the dynamics of conflicting situation occur."

5.3.4.1 चेतन (Conscious)

'फ्रायड' के अनुसार चेतन मन (conscious mind) का सीधा संबंध तात्कालिक प्रत्यक्ष ज्ञान (percept) से है। अतएव इसका संबंध वर्तमान (present) से रहता है। फलस्वरूप मन के इस स्तर की इच्छाएँ या विचारों या अनुभवों के बारे में व्यक्ति को तात्कालिक ज्ञान (immediate awareness) रहता है। **'ब्राउन'** (Brown) ने इसके बारे में कहा है,"चेतन मन का वह खण्ड या भाग है जिसका संबंध तात्कालिक ज्ञान से रहता है।"[4]

इस परिभाषा से यह स्पष्ट होता है कि वर्तमान समय में (तत्काल) व्यक्ति जिन इच्छाओं (wishes or desires), अनुभवों (experiences), विचारों (ideas) इत्यादि से अवगत (aware) होता है (अर्थात् जिनका ज्ञान तत्काल रूप से होता है) वे सब 'चेतन मन' (conscious mind) के विषय (contents) होते हैं। जैसे—क्लास में उपस्थित शिक्षक के बारे में जो अनुभव एक विद्यार्थी को होता है, वह चेतन है। इसकी निम्नलिखित विशेषताएँ हैं—

(i) यह संपूर्ण मन का सबसे छोटा उपखंड (smallest segment of the mind's topography) है।

(ii) मन के इस उपखण्ड की विषयवस्तु (contents) अर्थात् इच्छाएँ, अनुभव, विचार आदि के बारे में व्यक्ति को जानकारी रहती है।

(iii) इनमें वर्तमान की घटनाओं (events of the present time) के स्मृति चिह्न विद्यमान रहते हैं जिन्हें व्यक्ति आसानी से पुनःस्मरण (recall) कर सकता है।

(iv) मन का यह उपखण्ड बाह्य जगत (external world) की वास्तविकताओं (realities) के साथ निकट संपर्क (close contact) में रहता है।

(v) चेतन मन (conscious mind) वैयक्तिक, सामाजिक, सांस्कृतिक, नैतिक आदर्शों (ideals) एवं मूल्यों (values) का भंडार (store-house) होता है।

(vi) 'चेतन मन' अचेतन और अर्धचेतन मन (unconscious and subconscious mind) पर प्रतिबंधक का कार्य करता है।

'चेतन मन' की उपर्युक्त विशेषताओं के आलोक में यह कहा जा सकता है कि व्यक्ति की 'वर्तमान चेतना' (present awareness) को ही 'चेतन मन' (conscious mind) कहते हैं तथा मन के इस भाग में वर्तमान के अनुभव, इच्छा प्रवाह एवं भाव विद्यमान रहते हैं। यह बाहरी दुनिया की वास्तविकता के साथ निकट का संबंध बनाए रखता है। यही कारण है कि 'चेतन मन' आदर्शमूलक (idealist) होता है तथा अनैतिक (immoral), असामाजिक (unsocial) विचारों (ideas), इच्छाओं (desires), भावों आदि पर नियंत्रण या प्रतिबंध रखता है।

5.3.4.2 अर्धचेतन या अवचेतन (Subconscious or Preconscious or Fore conscious)

चेतन (conscious) और अचेतन (unconscious) के बीच के भाग को अर्धचेतन या अवचेतन अथवा पूर्वचेतन (subconscious or preconscious or fore conscious) कहते हैं। मन के इस भाग के विषय न तो चेतन और न अचेतन (neither conscious or nor unconscious) ही रहते हैं। वस्तुतः यह इन दोनों उपखण्डों (segments) का 'सीमांत उपखण्ड' (border segment) होता है जिसके विषय थोड़ा प्रयास करने पर चेतन मन (conscious mind) में प्रकट हो सकते हैं। यह केवल व्यक्ति के तत्काल ज्ञान (immediate awareness) से किसी प्रकार के मानसिक व्यवधान के कारण थोड़े समय के लिए हट जाता है। यह व्यवधान अचेतन मन की सक्रियता के कारण उत्पन्न हिचकिचाहट (reluctance) अनिच्छा (not desired) आदि के कारण हो सकता है। उदाहरण के लिए—यदि हम किसी मित्र का नाम याद करना चाहते हैं। लेकिन तत्काल उसका नाम याद नहीं होता, लेकिन

4. "Conscious is that segment of mind which is concerned with immediate awareness."—Brown

थोड़ा प्रयास करने पर याद पड़ जाता है। साधारण बोल–चाल की भाषा में हमारे दैनिक जीवन में अनेक बार ऐसे अवसर आते हैं जबकि हमें लगता है–"अमुक बात पेट में है लेकिन जुबान पर नहीं आ पा रही है।" अर्थात् व्यक्ति को ऐसा प्रतीत होता है कि जिस घटना (event) या बात का वह प्रत्याह्वान (recall) करना चाहता है वह उसे याद है लेकिन उसका प्रत्याह्वान कर सकने में वह विफल होता है। इसका तात्पर्य यह है कि वह घटना या बात उसकी चेतना (consciousness) में थी लेकिन अब वह अर्द्धचेतन (subconscious) में है जिसे वह पूरी तरह भुला नहीं पाया है। उसकी धुंधली स्मृति (dim memory) अभी भी बनी हुई है जिसकी याद थोड़ा प्रयास करने पर संभव है। अर्थात् उसको याद आ सकता है। **'ब्राउन'** (Brown) के अनुसार, 'अर्धचेतन मन का वह भाग है जिसके विषय को प्रयत्न करके याद किया जाता है।'[5]

अस्तु, अर्द्धचेतन (subconscious) चेतन और अचेतन के बीच की सीमा रेखा है।

अर्द्धचेतन की विशेषताएँ (Characteristics of subconscious)

(i) यह चेतन (conscious) और अचेतन (unconscious) के बीच का सीमांत (border segment) क्षेत्र है।

(ii) यह मन का छोटा भाग है (It is a small segment of mind)।

(iii) इसके विषय का तात्कालिक ज्ञान (immediate awareness) व्यक्ति को नहीं रहता लेकिन प्रयास द्वारा आसानी से उनका पुनःस्मरण किया जा सकता है।

(iv) अर्द्धचेतन (subconscious) और चेतन (conscious) के बीच का प्रतिबंधक (censor) कमजोर होता है। इसीलिए थोड़ा प्रयत्न करने पर इसके विषय (contents) याद हो आते हैं।

5.3.4.3 अचेतन (Unconscious)

व्यक्ति अपने आस–पास के वातावरण में अनेक प्रकार के अनुभवों को प्राप्त करता है। इनमें कुछ अनुभव ऐसे होते हैं जो हमारी चेतना (consciousness) में रहते हैं। अतः व्यक्ति इनके बारे में अवगत (aware) रहता है। लेकिन अनेक अनुभव ऐसे होते हैं जो न तो हमारी 'चेतना' में रहते हैं और न 'अर्द्धचेतन' (subconscious) में अतः व्यक्ति प्रयास करके भी इस उपखण्ड (segment) की विषयवस्तुओं (contents) के बारे में अवगत नहीं हो पाता है। यह अव्यक्त (latent) होता है। इसे ही 'अचेतन' (unconscious) कहते हैं। अर्थात् इसकी विषयवस्तु हमारी 'चेतना' में नहीं रहती (the contents which are not in our consciousness)।

'अचेतन' के स्वरूप की तुलना पानी मे डूबे बर्फ के एक विशाल टुकड़े (iceberg) से की जा सकती है। जिस प्रकार बर्फ के एक विशाल टुकड़े का विशाल भाग पानी में डूबे रहने के कारण दिखाई नहीं पड़ता, उसी प्रकार, 'अचेतन' (unconscious) की चेतना (awareness) व्यक्ति को नहीं रहती अतः वह इसके बारे में कुछ भी नहीं जानता (knows nothing about it)।

अचेतन के संबंध में प्राचीन दार्शनिकों यथा–**'डेकार्ट'** (Descart), **'लीबनीज'** (Leebnitz), **'हार्टमैन'** (Hartman) आदि ने भी चर्चा की है। लेकिन, 'फ्रायड' (Freud) ने अचेतन के संबंध में सर्वोत्तम वैज्ञानिक और विस्तृत व्याख्या प्रस्तुत की है तथा व्यक्तित्व के संगठन एवं कार्यशैली की दृष्टि से सर्वाधिक महत्वपूर्ण बतलाया है। उनके अनुसार 'अचेतन' (unconscious) मन के आकारीय पहलू (topographical aspect of mind) का विशालतम भाग (largest segment) है जिसकी विषयवस्तु (contents) को ऐच्छिक रूप से (voluntarily) चेतना (consciousness) में नहीं लाया जा सकता। वे या तो स्वतः (automatically) अर्थात् अनैच्छिक रूप से (involuntarily) हमारे दैनिक क्रियाकलापों में अचेतन रूप से (unconsciously) प्रकट होते रहते हैं (जिसके बारे में व्यक्ति भिज्ञ नहीं रहता) अथवा इनके बारे में 'सम्मोहन' (Hypnosis) या 'मनोविश्लेषण' (psychoanalysis)

5. "That segment of mind where the readily recallable is to be located is called fore consciousness." —Brown

जैसी विशिष्ट प्रविधियों द्वारा जानकारी प्राप्त की जा सकती है। 'ब्राउन' (Brown) ने 'फ्रायड' के अचेतन संबंधी विचारों को इस प्रकार व्यक्त किया है—

"अचेतन मन का वह भाग है, जिसमें अनुभव की हुई ऐसी विषयवस्तुएँ रहती हैं जिन्हें व्यक्ति अपनी इच्छानुसार याद नहीं कर पाता। ये अनुभव या तो स्वयं व्यक्ति के क्रियाकलापों में अनजाने में प्रकट होते हैं अथवा सम्मोहन या अन्य प्रायोगिक तरीकों द्वारा जाना जा सकता है।"[6]

5.3.4.4 अचेतन की विषयवस्तु (Contents of Unconscious)

'फ्रायड' (Freud) के अनुसार 'अचेतन' (unconscious) एक विशाल जंगल के समान है जहाँ घोर अंधेरा रहता है, ऊबड़–खाबड़, टेढ़े–मेढ़े रास्ते होते हैं। ठीक इन्हीं टेढ़े–मेढ़े और ऊबड़–खाबड़ यानी बेतरतीब ढंग से जीवन के अनगिनत अनुभव, इच्छा, प्रवाह, संवेग, विचार, 'स्व' की अवधारणा आदि संचित रहते हैं तथा व्यक्ति को इन संचित इच्छा प्रवाहों के बारे में कुछ भी जानकारी नहीं रहती। अचेतन के ये विषय अव्यक्त (latent) रहते हैं परंतु ये सदैव विभाजन रेखा (demarcated line) को पार करके चेतन अभिव्यक्ति (conscious expression) के लिए सक्रिय रहते हैं।

'फ्रायड' ने अचेतन में संचित सभी प्रकार के अव्यक्त विषयों (latent contents) के बदले एक शब्द 'प्रवाह' (impulse), संवेग (emotion) या इच्छाएँ (desires or wishes) दिया है। इनके अनुसार, अचेतन में ये प्रवाह (impulses) दो स्रोतों (sources) से आते हैं—

(क) अचेतन के कुछ विषय ऐसे होते हैं जो कभी चेतना (consciousness) में नहीं थे। उनकी उत्पत्ति अचेतन स्तर पर ही 'उपाहं' (id) द्वारा होती है और चेतना में आने के पूर्व ही 'अहं' (ego) द्वारा अचेतन में ही 'दमित' (repress) कर दिया जाता है। दमन की इस प्रक्रिया को **'प्राथमिक दमन'** (primary repression) कहते हैं।

(ख) अचेतन में कुछ ऐसे भी विषय या प्रवाह संचित रहते हैं जो कभी चेतना में थे, परंतु अब उन्हें अहं द्वारा अचेतन में दमित कर दिया गया है क्योंकि, वे सामाजिक, सांस्कृतिक एवं नैतिक कसौटियों के विरुद्ध स्वरूप के थे। दमन की इस प्रक्रिया को 'द्वितीयक या गौण दमन' (secondary repression) कहते हैं।

उपर्युक्त दोनों तरह से दमित किए गए विचार (ideas), इच्छाएँ (wishes or desires) असामाजिक (unsocial), अनैतिक (immoral) एवं घृणित (hateful) होते हैं जिसे व्यक्ति का 'पराहं' (super ego) स्वीकार नहीं करता। अतः चेतन स्तर (conscious level) के पराहं के कड़े प्रतिबंध (censorship of super ego) के कारण अहं (ego) द्वारा अचेतन स्तर (unconscious level) में दमित (repress) कर दिया जाता है। दमन की इस प्रक्रिया द्वारा व्यक्ति के मानसिक स्तर पर उपाहं (id) और पराहं (super ego) के बीच की संघर्षमय परिस्थितियों (conflicting situations) एवं उससे उत्पन्न तनाव (tension) की स्थिति का निराकरण होता है। इसीलिए, मनोवैज्ञानिक दृष्टि से 'अचेतन' का विशेष महत्व है।

'फ्रायड' के अनुसार अचेतन में दमित सभी प्रकार के अनुभव एवं इच्छा प्रवाह कामुक स्वरूप (libidinal nature) के होते हैं। व्यक्ति में कामुक भावनाएँ (sexual feelings) बाल्यावस्था (childhood) से ही पाई जाती है, इसलिए अचेतन में बाल्यकालीन यौनेच्छाएँ (childhood sexual desires) ही रहती हैं। ये इच्छाएँ अचेतन में निष्क्रिय (passive) रूप में नहीं रहती हैं। इनका स्वभाव गत्यात्मक (dynamic) होता है। इसलिए, ये इच्छाएँ प्रवाह सदैव चेतनाभिव्यक्ति (conscious expression) हेतु सक्रिय (active) रहती हैं। इस तरह अचेतन में दमित इच्छा प्रवाह या विषय व्यक्ति के जीवन और उसके व्यवहार को सदा प्रभावित करते रहते हैं।

---

6. "...But we all have experienced material which we can not recall at will, but which may occur to us automatically and which we know is present in our minds through hypnosis and other experimental procedures. This segment of mind is to the Freudian unconscious." —Brown, G.W., Psychodynamics of Abnormal Behaviour.

5.3.4.5 अचेतन की विशेषताएँ (Characteristics of Unconscious)

'फ्रायड' के अनुसार, अचेतन (unconscious) की निम्नलिखित विशेषताएं होती हैं–

(i) **अचेतन गत्यात्मक स्वरूप का होता है (Unconscious is dynamic in nature):** 'अचेतन' वस्तुतः असंतुष्ट या अतृप्त (unsatisfied or unfulfilled) इच्छाओं का भंडार होता है। ये इच्छाएँ अचेतन से चेतन मन में आने हेतु सदा सक्रिय रहती हैं। लेकिन, चेतन मन के प्रतिबंधकों (censorship of conscious mind) की प्रबलता के कारण दमित इच्छाओं (desires) की सहज अभिव्यक्ति संभव नहीं होती। इस विकट स्थिति (critical situation) से निबटने के प्रयास में व्यक्ति का अहं (ego) इन सक्रिय इच्छाओं के मौलिक रूप को बदलकर (छद्म वेष (in disguised form)) दैनिक जीवन की सामान्य भूलों (psychopathologies of everyday life) अथवा स्वप्न (dream) के माध्यम से प्रकट होने देता है। अचेतन इच्छाओं की यही सक्रियता इसके गत्यात्मक स्वरूप (dynamic nature) को स्पष्ट करती है।

(ii) **अचेतन शैशव स्वरूप का होता है (Unsconscious infintie in nature):** 'अचेतन' और शिशुओं के स्वभाव में समानता (similarity) पाई जाती है। इसीलिए 'फ्रायड' ने अचेतन को शैशवरूप (infantile nature) कहा है। जिस प्रकार एक शिशु किसी भी इच्छा को बिना समय, परिस्थिति, स्थान आदि का विचार किए व्यक्त करता है, अचेतन की प्रवृत्तियाँ भी इसी प्रकार उत्पन्न होती रहती हैं और अविलंब उनकी संतुष्टि के लिए आतुर रहती है। अतः अचेतन (unconscious) शैशव स्वरूप का होता है।

(iii) **यह कामुक स्वरूप का होता है (It is sexual in nature):** अचेतन में दमित इच्छा प्रवाह 'कामुक प्रकृति' (sexual nature) के होते हैं। 'फ्रायड' (Freud) ने 'काम' या 'यौन' (sex) शब्द का प्रयोग साधारण अर्थ से हटकर किया है। साधारणः यौन शब्द का अर्थ दो विषमलिंगियों (opposite sex) के सहभागियों के पारस्परिक शारीरिक संबंध [संभोग–(intercourse)] से लिया जाता है। लेकिन 'फ्रायड' के अनुसार यौन का अर्थ 'प्रेम प्रवृत्ति की शक्ति' (energy or impulse of love tendencies) से है और साधारण अर्थ में 'संभोग' जैसा व्यवहार उसी सामान्य प्रवृत्ति (प्रेम प्रवृत्ति की शक्ति) की अभिव्यक्ति (manifestation) है। इस दृष्टि से मित्रों के साथ पारस्परिक प्रेम, भाई–बहनों के बीच स्नेह, मता–पिता का संतान के प्रति पारस्परिक स्नेह आदि सभी 'प्रेम प्रवृत्ति शक्ति' (energy or impulse of love tendencies) के ही परिचायक हैं। अतः इनका स्वरूप 'कामुक' है। यह प्रवृत्ति सभी व्यक्तियों में जन्म से ही विद्यमान रहती है तथा इसकी अभिव्यक्ति उसकी प्रत्येक सृजनात्मक (constructive) क्रियाओं में होती है। व्यक्ति की इन समस्त प्रवृत्तियों को 'फ्रायड' ने 'लिबिडो प्रवृत्ति' (libidinal urges) का नाम दिया है जिनकी उत्पत्ति 'अचेतन' (unconscious) के उपाह (id) से होती है। इनमें प्रवृत्तियों की संतुष्टि चेतन प्रतिबंधकों (conscious censorship) के कारण नहीं हो पाती, वे दमन (repression) की प्रक्रिया द्वारा अचेतन में दमित होकर अचेतन में ही ढकेल दी जाती हैं (pushed back)। इस प्रकार अचेतन इन्हीं दमित इच्छा प्रवाहों (repressed desires or impulses) का भंडार घर (store house) होता है। अस्तु, अचेतन के संपूर्ण विषय (contents) 'कामुक स्वरूप' (sexual nature) के होते हैं।

(iv) **अचेतन सुख-दुःख के नियम से निर्देशित होता है (Unconscious is guided by pleasure-pain principle):** 'अचेतन' का उद्देश्य केवल सुख या आनंद प्राप्त करना तथा दुःख से बचना (to seek pleasure and avoid pain) होता है। वह किसी इच्छा या क्रिया के परिणाम (consequencies) के बारे में कुछ भी विचार नहीं करता। वह सदा उस कार्य को करना चाहता है जिससे उसे सुख की प्राप्ति हो सकती है। इसका कारण यह है कि अचेतन बाह्य जगत की वास्तविकता (realities of the external world) के संपर्क में नही रहता। अतः 'जीवन की मूल प्रवृत्ति' (life instinct) जो उपाहं (id) द्वारा अचेतन में उत्पन्न होती है, वह केवल सुख के नियमों द्वारा संचालित और निर्देशित

(regulated and guided) होती है। अतः इसका मूल उद्देश्य सुख या आनंद (pleasure) की प्राप्ति करना होता है। अतः स्पष्ट है कि अचेतन केवल 'सुख के नियमों' (hedonistic principle) द्वारा ही संचालित होता है।

(v) **अचेतन में उपाहं की प्रवृत्तियाँ रहती हैं (Unconscious contains id tendencies):** उपाहं (id) का कार्यस्थल (venue) अचेतन है। अतः उपाहं की सभी विशेषताएँ अचेतन में विद्यमान हैं, जैसे—स्वकीय (egocentric) होना, नैतिकता से परे (amoral) होना, अतार्किक (illogical) होना, निषेध (negation) को नहीं पहचानना, समय का विचार न करना इत्यादि। अर्थात् अचेतन उपाहं (id) की समस्त प्रवृत्तियों (all tendencies) से परिपूर्ण रहता है।

(vi) **अचेतन में बिना संघर्ष के परस्पर विरोधी इच्छाएँ, विचार आदि रहते हैं (Unconscious is the store house of mutually contradictory and antagonistic wishes and ideas without any conflict):** अचेतन की यह एक प्रमुख विशेषता है। चेतन मन में एक साथ दो परस्पर विरोधी विचारों को रखना संभव नहीं होता। लेकिन, अचेतन में दमित इच्छाएँ परस्पर विरोधी (antagonistic to each other) हुआ करती हैं जो एक साथ बिना पारस्परिक संघर्ष के संचित रहती हैं। जैसे—एक ही समय में प्रेम और घृणा के भाव (feelings of love and hate) एक ही साथ अचेतन में रह सकते हैं। इसी तरह सफलता और विफलता के भाव (feeling of success and failure), आकर्षण (attachment) और विकर्षण (detatchment) के भाव या विचार साथ–साथ रह सकते हैं तथा एक ही साथ संगठित रूप में (in an organized form) चेतनाभिव्यक्ति (conscious expression) हेतु सक्रिय रूप से प्रयत्नशील भी रहते हैं। वस्तुतः अचेतन के विचारों में निरंतरता (continuity) पाई जाती है, इसलिए विरोधी विचारों में कोई अंतर नहीं रहता। इसीलिए, दो परस्पर विरोधी विचार या इच्छा एक ही साथ अचेतन में संचित रह सकते हैं। इसे ही 'संक्षेपीकरण की मनोरचना' (mechanism of condensation) कहते हैं।

(vii) **यह व्यक्ति के नियंत्रण से परे है (Unconscious is beyond the control of the individual):** चूँकि अचेतन व्यक्ति की चेतन परिधि से बाहर है, इसलिए व्यक्ति का इस पर कोई नियंत्रण नहीं रहता। अचेतन की इच्छा प्रवाहों से व्यक्ति अनजान (unaware) रहता है, इसका वास्तविकता से भी कोई संबध नहीं रहता। इसलिए व्यक्ति का इस पर कोई नियंत्रण संभव नहीं है। वास्तविकता से संबंध नहीं होने के कारण अचेतन कल्पना (fantasy) और वास्तविकता (reality) के बीच भी भेद नहीं कर पाता। अचेतन की दृष्टि में 'हवाई किले बनाना' (building castles in the air) भी उतना ही वास्तविक (real) प्रतीत (real) होता है जितना 'धरती पर मकान बनाना'। इसलिए व्यक्ति अचेतन पर कोई नियंत्रण नहीं रख पाता। यह व्यक्ति के नियंत्रण के अभाव का ही परिणाम है कि अचेतन की इच्छाएँ रूप बदलकर स्वप्न (dream) या दैनिक जीवन की साधारण भूलों (common mistakes of everyday life) के माध्यम से व्यक्त होती रहती हैं।

(viii) **अचेतन अपनी इच्छाओं की पूर्ति छद्म रूप में करता है (Unconscious satisfies its desires in disguised form):** 'अचेतन' में दमित इच्छाएँ चेतन रूप में प्रकट होकर निष्काषित होने के लिए सदैव सक्रिय रहती हैं। परंतु 'चेतन मन' के प्रतिबंधकों के सबल नियंत्रण के कारण इनकी सहज अभिव्यक्ति नहीं हो पाती। फलतः अप्रत्यक्ष रूप से (indirectly) ये इच्छाएँ अपना वास्तविक रूप बदलकर स्वप्न (dream), कल्पना (fantasy) या मनोरोग (mental disorders) के लक्षण के रूप में व्यक्त होती है।

5.3.4.6 चेतन, अर्धचेतन और अचेतन के बीच तुलना (Comparison between conscious, subconscious and unconscious)

	चेतन (Conscious)	अर्धचेतन (Subconscious)	अचेतन (Unconscious)
1.	चेतन मन का वह भाव है जिसके बारे में व्यक्ति पूर्ण रूप से भिज्ञ (aware) रहता है।	अर्धचेतन मन का वह भाग है जिसके बारे में व्यक्ति न तो पूर्ण रूप से भिज्ञ रहता है, न पूर्ण रूप से अनभिज्ञ (unware)।	अचेतन मन का वह भाग है जिसके बारे में व्यक्ति पूर्णतः अनभिज्ञ (unaware) रहता है।
2.	चेतन मन का 1/8 भाग है, अर्थात् आकार (size) में यह बहुत छोटा होता है।	चेतन मन का ही थोड़ा–सा अंश अर्धचेतनावस्था (subconsciousness) में रहता है। यह चेतन और अचेतन के बीच सीमा रेखा (border line) के रूप में काम करता है। इसका आकार चेतन से भी कम होता है।	संपूर्ण मन का सबसे बड़ा भाग अचेतन होता है। इसका आकार संपूर्ण मन का लगभग 7/8 भाग होता है। इस प्रकार, चेतन और अचेतन के आकार का अनुपात $\frac{1}{8}:\frac{7}{8}$ होता है।
3.	चेतन मन के विषय व्यक्त (manifested) रहते हैं। चूंकि ये विषय व्यक्ति की चेतना में रहते हैं, अतः व्यक्ति आसानी से उन्हें इच्छानुसार पुनः स्मरण (recall) कर सकता है।	अर्धचेतन के विषय आंशिक रूप से दमित (partially repressed) रहते हैं। इसलिए प्रयास करने पर उनका पुनः स्मरण संभव है।	अचेतन के विषय पूर्णतः दमित (completely repressed) रहते हैं फलतः उनका पुनः स्मरण बहुत प्रयास करने पर भी नहीं होता लेकिन, वे स्वतः छद्म रूप में (in disguised form) प्रकट होते रहते हैं।
4.	मन के चेतन भाग में मुख्य रूप से पराहं (super ego) की प्रवृत्तियाँ रहती हैं, लेकिन अहं (ego) का भी आधा अंश चेतन स्तर पर पाया जाता है।	अर्धचेतन अहं के चेतन और अचेतन भागों के बीच संपर्क मार्ग (link) का काम करता है।	अचेतन में मुख्य रूप से अपाहं (id) की प्रवृत्तियाँ (id tendencies) रहती हैं लेकिन अहं का भी थोड़ा अंश रहता है।
5.	चेतन मन में परोपकारी भावनाएँ जन्म लेती हैं तथा व्यक्ति के व्यवहारों को इसी भावना से प्रेरित करती है।	अर्धचेतन का परोपकारी भावनाओं से कोई लगाव नहीं रहता।	अचेतन मन स्वकीय (egocentric) स्वरूप होता है। अतः यह दूसरों के हित की परवाह न कर अपने हित की ही परवाह करता है।
6.	चेतन मन का संबंध वास्तविकता एवं सामाजिक आदर्श के साथ रहता है।	अर्धचेतन का वास्तविकता के साथ आंशिक संबंध रहता है।	अचेतन का वास्तविकता और सामाजिक आदर्श के साथ कोई संबंध नहीं रहता।
7.	चेतन मन में केवल वर्तमान तात्कालिक अनुभूतियों की स्मृतियाँ रहती हैं।	अर्धचेतन स्तर पर वर्तमान और विगत दोनों तरह के अनुभवों की स्मृतियाँ रहती हैं, लेकिन वर्तमान अनुभूतियाँ तात्कालिक स्वरूप (immediate nature) की नहीं होती। इसलिए, वे चेतन मन की सीमा से बाहर रहती हैं, किंतु वे पूर्णतया अचेतन नहीं होती।	अचेतन में केवल विगत (past) की अनुभूतियाँ रहती हैं। इसका संबंध तत्काल (यानी हाल के) अनुभवों से नही रहता।

(क्रमशः)

	चेतन (Conscious)	अर्धचेतन (Subconscious)	अचेतन (Unconscious)
8.	चेतन 'मन' का अग्रभाग होता है जिसका वातावरण के साथ सीधा संपर्क एवं संबंध (direct contact and relation) रहता है।	अर्धचेतन, चेतन और अचेतन के बीच का भाग होता है।	अचेतन संपूर्ण मन का भीतर का छिपा हुआ विशाल भाग होता है जिसका वातावरण के साथ कोई संबंध नहीं होता।
9.	मन के चेतन स्तर पर प्रतिबंधक शक्तियाँ (censor forces) पाई जाती हैं। इन्हीं प्रतिबंधक शक्तियों के कारण अचेतन के भावों, विचारों आदि का सहज प्रकाशन नहीं हो पाता।	अर्धचेतन आंशिक रूप से चेतन प्रतिबंधकों के प्रभाव में रहता है। इसीलिए इस खंड के विषयों के प्रकाशित होने के लिए प्रयास की जरूरत पड़ती है।	अचेतन स्वतंत्र होता है। इसीलिए इसके विषय चेतन अभिव्यक्ति के लिए सदैव सक्रिय रहते हैं। लेकिन चेतन मन के प्रतिबंधकों के कारण इनकी अभिव्यक्ति छद्‌म रूप में होती है।

5.3.4.7 अचेतन के अस्तित्व के प्रमाण (Proofs of existence of unconscious)

'अचेतन' (unconscious) के स्वरूप एवं विशेषताओं के वर्णन से यह स्पष्ट है कि अचेतन के विषय अव्यक्त होते हैं (the contents of unconscious are latent) जिसे न तो बाह्य निरीक्षण (observation) द्वारा और न आत्मनिरीक्षण अथवा अंतर्निरीक्षण (introspection) द्वारा ही प्रमाणित किया जा सकता है। फलस्वरूप, इनका अस्तित्व (existence) संदिग्ध रहता है। परंतु, जिस प्रकार विद्युत प्रवाह (electric current) अथवा पारा बैंगनी (ultra violet) अथवा पारा लाल (infra red) किरणों को प्रत्यक्ष रूप से निरीक्षण करना संभव नहीं होता, फिर भी इनके प्रभावों के आधार पर इनके अस्तित्व को सिद्ध किया जा सकता है, ठीक उसी प्रकार अचेतन के अस्तित्व को भी व्यक्ति के व्यवहारों पर पड़ने वाले प्रभावों के आधार पर प्रमाणित या सिद्ध किया जा सकता है। 'फ्रायड' (Freud) ने ऐसे कई आधारों का उल्लेख किया है जिसमें निम्नांकित कुछ आधार महत्वपूर्ण हैं।

(i) **सम्मोहन (Hypnosis):** 'सम्मोहन' (Hypnosis) एक प्रकार की 'भावसमाधि' यानी 'मोहावस्था' (state of trance) है, जिसमें व्यक्ति की चेतना शून्य होकर निष्क्रिय (inactive) हो जाती है। फलतः व्यक्ति की समालोचन–योग्यता (critical ability) सुषुप्त हो जाती है। इस अवस्था के प्राप्त होने पर अचेतन के विषय (unconscious contents) बिना किसी प्रकार की रोक–टोक या प्रतिबंध (censorship) के आसानी से चेतन मन में आकार प्रकट होते हैं। इस तथ्य का निरीक्षण एवं परीक्षण स्वयं 'फ्रायड' ने हिस्टीरिया (hysteria) के रोगियों पर किया है। इन्होंने अपने परीक्षण में पाया कि रोगी सम्मोहन की अवस्था में कुछ ऐसी बातें या कार्य करता है जिसे वह सम्मोहित होने (being hypnotized) के पहले या बाद की अवस्थाओं में नहीं कर सकता था। इससे यह स्पष्ट संकेत मिलता है कि मन का कोई ऐसा खंड या भाग (segment) अवश्य है जो 'चेतन' की निष्क्रियता की अवस्था में भी व्यक्ति को प्रभावित करता है। परंतु व्यक्ति उसके बारे में पूर्णतः अनभिज्ञ (unaware) रहता है। अतः सम्मोहन की अवस्था में अचेतन के अस्तित्व का स्पष्ट प्रमाण मिलता है।

(ii) **सम्मोहन के बाद की अवस्था (Post hypnostic stage):** 'सम्मोहन' पर किए गए अध्ययनों से कुछ ऐसे तथ्य प्राप्त हुए हैं जिनसे भी अचेतन के अस्तित्व (existence) के बारे में प्रमाण मिलते हैं। उदाहरण के लिए, सम्मोहन की अवस्था में यदि किसी व्यक्ति को निर्देश दिया जाय कि दूसरे दिन वह ठीक 7 बजे किसी के घर जाएगा और उसके यहाँ चोरी करेगा तो वह व्यक्ति निर्देशानुसार दूसरे दिन ठीक 7 बजे निर्दिष्ट घर में जाकर चोरी करता हुआ पाया जाएगा। इसका कारण यह है कि सम्मोहन की अवस्था में उसके मन का अचेतन भाग सक्रिय रहता है जिसका प्रभाव सम्मोहावस्था की समाप्ति के बाद भी कुछ समय के लिए बरकरार रहता है। इससे भी अचेतन के अस्तित्व का प्रमाण मिलता है।

(iii) **स्वप्न (Dream):** 'फ्रायड' (Freud) के अनुसार 'स्वप्न' अचेतन के इच्छा प्रवाहों, विचारों, भावों या संवेगों के छद्म रूप में (in a disguised form) प्रकाशन का सुनहरा अवसर प्रदान करता है। इसीलिए 'स्वप्न' को 'अचेतन का शाही मार्ग' कहा गया है (dream is a royal road to unconscious)। निद्रावस्था (during sleep) में चेतन (conscious) मन भी सुषुप्त रहता है। अतः चेतन मन के प्रतिबंधक (censorship) भी उनींदा (drowsy) या सुषुप्तावस्था में रहते हैं। इस अवसर का लाभ उठाते हुए अचेतन के अव्यक्त विषय (latent contents of unconscious) वेश बदलकर (छद्म वेश) प्रकट होते हैं। यही अनुभव 'स्वप्न' होता है। अतः स्पष्ट होता है कि स्वप्न के रूप में व्यक्ति जो कुछ भी देखता या अनुभव करता है वह सब अचेतन के विषय होते हैं। इससे अचेतन के अस्तित्व का स्पष्ट प्रमाण मिलता है।

(iv) **दैनिक जीवन की साधारण भूलें (Common mistakes of everyday life):** प्रायः ऐसा देखा जाता है कि प्रत्येक व्यक्ति अपने दैनिक जीवन के क्रिया–कलापों में छोटी–मोटी गलतियाँ करता रहता है। जैसे–लिखाट की भूलें (slip of pen), बोलने की भूलें (slip of tongue), चीजों को इधर–उधर रखकर भूल जाना (mislaying and forgetting of objects), महत्वपूर्ण तिथियों या घटनाओं को भूलना आदि। आमतौर पर आदमी इन भूलों या गलतियों पर ध्यान नहीं देता अथवा यदि गलती मालूम भी पड़ती है तो वह इसे 'संयोग मात्र' (by chance) मानकर टाल देता है। परंतु 'फ्रायड' ने ऐसी छोटी–मोटी गलतियों को भी महत्वपूर्ण (significant) एवं सकारण (with cause) माना है। इन्होंने कई ऐसे मामलों का मनोविश्लेषण कर उनकी महत्ता और कारणों का पता लगाया है। उदाहरण के लिए, इन्होंने एक नर्स का उदाहरण प्रस्तुत किया है। उस महिला नर्स का किसी युवा डाक्टर से प्रेम हो गया था। एक रोज डाक्टर अस्पताल ड्यूटी के बाद घर पर विश्राम कर रहे थे। इसी बीच अस्पताल में किसी मरीज की हालत गंभीर (serious) हो गई। उस वक्त वही नर्स ड्यूटी पर थी। कॉल बुक (call book) पर डाक्टर को बुलाने हेतु 'अरजेंट कॉल' (urgent call) लिखना था। इसके लिए कॉल बुक पर उसे डाक्टर (Doctor) संबोधन लिखना था। परंतु उसने 'डियर' (dear) संबोधन लिख कर 'कॉल बुक' भेज दिया। बाद में डाक्टर ने जब उसकी गलती की ओर ध्यान आकृष्ट किया तो नर्स झेंप गई। परंतु मनोविश्लेषण के बाद पता चला कि वस्तुतः वह नर्स उस डाक्टर से प्रेम करती थी और अपने प्रेम को जताने के लिए उससे अचेतन रूप से (unconsciously) 'डाक्टर' शब्द लिखने की जगह 'डीयर' शब्द लिखने की भूल हो गई। इस प्रकार स्पष्ट होता है कि हमारे दैनिक जीवन की छोटी–छोटी गलतियों के कारण भी अचेतन मन में अतृप्त इच्छा (unsatisfied desire) के रूप में विद्यमान रहते हैं। इससे भी अचेतन के अस्तित्व का प्रमाण मिलता है।

(v) **निद्राभ्रमण या स्वप्नचारिता (Somnambulism):** कुछ लोगों में एक विशिष्ट प्रकार का असामान्य लक्षण (abnormal symptom) पाया जाता है। वे नींद की अवस्था में जागकर कुछ विशेष प्रकार की क्रियाएँ (activities) करते हैं और पुनः वापस आकर सो जाते हैं। प्रातः उठने के बाद उन्हें इस प्रकार की घटनाओं की बिल्कुल जानकारी नहीं रहती। इसे ही 'निद्राभ्रमण' या 'स्वप्नचारिता' (somnambulism) कहते हैं। उदाहरण के लिए, एक प्रोफेसर रात में पढ़ते–पढ़ते सो जाते थे। चूंकि वे पढ़ते–पढ़ते सो जाते थे, इसलिए किताबें, कलम, कागज आदि सब उनके अध्ययन कक्ष में बिखरे पड़े रहते थे। परंतु कभी–कभी रात्रि में वे निद्रावस्था में ही उठकर बिखरी हुई चीजों को यथा स्थान रखकर पुनः सो जाते थे और सुबह उठने पर उन्हें बिल्कुल जानकारी नहीं होती थी। अपितु वे अपने परिवार के सदस्यों से पूछते थे कि चीजों को किसने व्यवस्थित किया है? वे ऐसा अनजाने में ही अचेतन रूप में करते थे।

(vi) **एनेस्थेसिया का प्रभाव (Effect of Anesthesia):** एनेस्थेसिया (anesthesia) एक प्रकार का रासायनिक द्रव्य (chemical material) है जिसका प्रयोग प्रायः शल्यक्रिया (surgery) में व्यक्ति को 'बेहोश' करने हेतु किया जाता है। इस द्रव्य के प्रभाव से व्यक्ति की चेतना (consciousness) शून्य हो जाती है, फिर भी

प्रायः देखा जाता है कि वह कुछ अन्य प्रकार की क्रियाएँ करता है। जैसे—वह कुछ बोलता है अथवा अन्य प्रकार की कुछ क्रियाएँ करता है। एनेस्थेसिया की दशा में जब उसकी चेतना शून्य हो जाती है तो फिर वह बोलने या किसी तरह की अन्यान्य क्रियाएँ कैसे करता है? वस्तुतः इस अवस्था में उसका व्यवहार अचेतन (unconscious) द्वारा संचालित होता है। अतः अचेतन मन (unconscious mind) का यह भी एक प्रमाण है।

(vii) **ठीक समय पर नींद का अचानक टूट जाना (State of awakeness at appropriate time):** सामान्य जीवन में प्रायः प्रत्येक व्यक्ति के सोने और जागने का समय निश्चित रहता है। लेकिन, कभी–कभी ऐसे अवसर भी आते हैं जब व्यक्ति सोने से पूर्व नियमित रूप से निश्चित समय के पूर्व ही जग जाने का निश्चय करता है। ऐसे अवसरों पर प्रायः देखा जाता है कि व्यक्ति निश्चित किए गए ठीक समय पर स्वतः (अपने–आप) जग जाता है। जैसे मान लें कोई व्यक्ति प्रतिदिन नियमित रूप से 9 बजे रात्रि में सो जाता है और प्रातः 5 बजे उठ जाता है। परंतु जब उसे किसी रोज रात्रि 2 बजे गाड़ी पकड़ने हेतु उठना होता है तो वह बिना 'अलार्म' (alarm) के ही ठीक निर्धारित समय पर स्वयं जग जाता है। सुप्तावस्था में सही समय पर नींद का टूटना 'अचेतन मन' की सक्रियता को सिद्ध करता है। अतः अचेतन के अस्तित्व का यह भी एक महत्वपूर्ण प्रमाण है।

(viii) **किसी समस्या का अचानक और स्वतः समाधान हो जाना (Sudden and automatic solution of problem):** कभी–कभी व्यक्ति किसी जटिल समस्या का समाधान करने की कोशिश करता है, लेकिन समस्या का उपयुक्त समाधान ढूँढ़ पाने में वह असमर्थ रहता है। अंततः वह निराश होकर उक्त समस्या पर सोच–विचार करना बंद कर देता है। फिर, कुछ समय बाद उस समस्या का सही समाधान अपने–आप 'सूझ' जाता है अर्थात् अचानक 'अंतर्दृष्टि' (insight) मिलती है। जैसे—कोई गणितज्ञ गणित के किसी कठिन प्रश्न का सही हल ढूँढ़ने का भरपूर प्रयास करने के बावजूद विफल रहता है। अंतत निराश होकर वह उस प्रश्न पर माथा–पच्ची करना छोड़ देता है। लेकिन कुछ समय बाद अचानक और स्वतः (बिना चेतन प्रयास के) उस प्रश्न का सही समाधान 'सूझ' जाता है। मनोवैज्ञानिक भाषा में इसे 'अंतर्दृष्टि' (insight) कहते हैं। ऐसा इसलिए होता है कि व्यक्ति जब समस्या पर चेतन रूप से सोचना–विचारना बंद कर देता है तो थोड़े समय के लिए उसकी चेतना (consciousness) निष्क्रिय हो जाती है। तब 'अचेतन' (unconscious) सक्रिय होकर उस समस्या के उपयुक्त हल का मार्ग प्रशस्त कर देता है। इससे भी अचेतन के अस्तित्व का प्रमाण मिलता है।

(xi) **मानसिक रोग (Mental disease):** आधुनिक मनोवैज्ञानिकों एवं मनश्चिकित्सकों (psychologists and psychotherapists) के अनुसार मानसिक रोगों की उत्पत्ति का सबसे महत्वपूर्ण कारण 'अचेतन' में दमित इच्छा, विचार या भाव होते हैं जो चेतन मन के प्रतिबंधकों (censors) को कमजोर बनाकर मानसिक रोगों के लक्षण के रूप में प्रकट होते हैं। जैसे—'रूपांतर हिस्टीरिया' (conversion hysteria) में अचेतन मन की निराशाएँ (frustrations) एवं इच्छाएँ (desires) शारीरिक व्याधि के लक्षण के रूप में रूपांतरित (converted) होकर प्रकट होती हैं। अतः यह भी अचेतन के अस्तित्व का एक प्रमाण है।

(x) **घबराहट की अवस्था (State of nervousness):** कभी–कभी किसी विशेष परिस्थिति में व्यक्ति जब घबरा (nervous) जाता है तो उस समय उसके 'चेतन मन' की स्थिति असंतुलित (imbalance) हो जाती है। इससे चेतन के प्रतिबंधक (conscious censorship) सुस्त पड़ जाते हैं। इस स्थिति में व्यक्ति कुछ अजब–गजब की बातें बोलता या क्रियाएँ करता है जो सामान्यतः दूसरों के लिए आश्चर्य का विषय होता है। घबराहट की अवस्था समाप्त होने के बाद व्यक्ति इन्हें भूल जाता है। इसका कारण यह है कि चेतन मन की सुस्ती के कारण अचेतन की दमित इच्छाओं (repressed desires of unconscious) के प्रकाशन पर लगा प्रतिबंध ढीला पड़ जाता है। इस अवसर का लाभ उठाकर अचेतन की दमित

इच्छा प्रवाह प्रकट होने लगती है। घबराहट की अवस्था समाप्त होने पर चेतन मन संतुलित हो जाता है जिससे चेतन प्रतिबंधकों की सुस्ती भी समाप्त हो जाती है। फलतः व्यक्ति को अचेतन की उक्त बातों की चेतना नहीं रह पाती और व्यक्ति उन्हें भूल जाता है।

(xi) **मनोविश्लेषण की सफलता (Success of psychoanalysis):** मनोविश्लेषण विधि (Psychoanalytic method) का आधार अचेतन ही है। इस विधि के अंतर्गत स्वतंत्र साहचर्य (free association) एवं स्वप्न विश्लेषण (dream analysis) की प्रविधियों द्वारा मानसिक रोगियों के अचेतन में दमित प्रवाहों, संवेगों, या अतृप्त इच्छाओं को कुरेदकर (by digging out) चेतना में लाने का प्रयास किया जाता है। मनोरोगियों की चिकित्सा में ये प्रविधियाँ अत्यंत ही प्रभावी (effective) सिद्ध हुई हैं इस प्रकार, मानसिक रोगियों के उपचारार्थ यह विधि काफी सफल विधि मानी जाती है। स्पष्ट है कि चूंकि मनोविश्लेषण विधि का आधार अचेतन है और इस विधि द्वारा अचेतन मन के अव्यक्त विषयों को चेतन स्तर पर लाकर रोगी को चंगा किया जाता है, इसलिए मनोविश्लेषण विधि की सफलता अचेतन के अस्तित्व को प्रमाणित करती है।

5.3.4.8 अचेतन के संबंध में युंग का दृष्टिकोण (Jung's point of views regarding unconscious)

'अचेतन' (unconscious) के संबंध में 'फ्रायड' (Freud) का विचार निःसंदेह एक वैज्ञानिक दृष्टिकोण है। लेकिन, कुछ मनोवैज्ञानिक फ्रायड के विचारों से असहमति रखते हैं। इनमें **'एडलर'** (Adler) एवं **'युंग'** (Jung) के नाम विशेष रूप से उल्लेखनीय हैं। एडलर एवं युंग—दोनों प्रारंभ में 'फ्रायड' के सहयोगी थे। लेकिन, बाद में वे फ्रायड से अलग हो गए तथा अपने अलग विचार प्रस्तावित किए।

'एडलर' 'फ्रायड' के अचेतन से संबंधित विचारों को बिल्कुल नकारते हुए स्पष्ट किया है कि मन के 'चेतन' (conscious) एवं अचेतन (unconscious) में कोई खास अंतर नहीं है। अतः अचेतन में दमित यौनेच्छाओं (sexual desires) अथवा अन्य प्रेरणाओं (other motives) को व्यक्तित्व का स्रोत मानना व्यर्थ है। दूसरी ओर 'युंग' (Jung) ने अपने 'विश्लेषणात्मक दृष्टिकोण' (analytical view point) में 'अचेतन' के अस्तित्व एवं महत्ता (existence and significance) को स्वीकार तो किया है, परंतु इस संबंध में इन्होंने 'फ्रायड' से हटकर अपना स्वतंत्र विचार रखा है। इनके अनुसार, 'फ्रायडियन अचेतन' (Freudian unconscious) में अचेतन के एक छोटे से अंश पर बल दिया गया है, जबकि इसके एक विशाल भाग की व्याख्या फ्रायडियन मॉडेल पर उपेक्षित रह जाती है।

'युंग' (Jung) के अनुसार 'अचेतन' अत्यंत ही विस्तृत और व्यापक है जिसे समझने की सुविधा के लिए दो प्रकारों में बाँटा जा सकता है—'व्यक्तिगत अचेतन' (personal unconscious) एवं 'जातीय' या 'सामूहिक अचेतन' (racial or collective unconscious)।

(क) 'व्यक्तिगत अचेतन' (Personal unconscious): 'युंग' ने 'व्यक्तिगत अचेतन' (personal unconscious) के अंतर्गत ऐसे विचारों, अनुभवों व इच्छा प्रवाहों को रखा है जिन्हें व्यक्ति अपने जीवनकाल में वातावरण के संपर्क से अर्जित (acquire) करता है। 'फ्रायड' के अनुसार व्यक्तिगत अचेतन के विषय दो तरह से जमा होते हैं—(i) दमन (repression) द्वारा तथा (ii) अचेतन में ही इच्छाओं की उत्पति द्वारा। पहले प्रकार की श्रेणी में ऐसे असामाजिक और अनैतिक विचार आते हैं जिनकी चेतनाभिव्यक्ति (conscious expression) के कारण व्यक्ति में 'दोष की भावना' (sense of guilt) उत्पन्न होती है। दोष की भावना उत्पन्न होने के फलस्वरूप व्यक्ति असंतुलित होता है जिससे बचने हेतु ऐसे विचारों को दमित (repress) कर दिया जाता है। दूसरी श्रेणी के अंतर्गत कुछ ऐसे विचार आते हैं जो अचेतन में ही उत्पन्न होते हैं और चेतनाभिव्यक्ति (conscious expression) हेतु प्रयत्नशील रहते हैं। इस प्रकार 'युंग' ने वस्तुतः 'फ्रायडियन अचेतन' को ही 'व्यक्तिगत अचेतन' कहा है। अतः इन दोनों के विचारों में यहाँ समानता पाई जाती है।

(ख) जातीय या सामूहिक अचेतन (Racial or collective unconscious): 'युंग' (Jung) ने वैयक्तिक अचेतन के अतिरिक्त 'सामूहिक या जातीय अचेतन' (collective or racial unconscious) का अस्तित्व भी बतलाया है। अचेतन का यह भाग विशाल होता है और इसमें मानव जाति के 'पूर्वजों के संस्कार' (ancestral sanskar's) जमा रहते हैं 'युंग' ने इस संचित संस्कार को 'आर्केटाइप्स' (archetypes) की संज्ञा दी है जो वंशानुगत (hereditary) ढंग से एक पीढ़ी से दूसरी पीढ़ी में अपने मौलिक रूप में (in it's original form) संचारित होते रहते हैं। इस तरह के संस्कार या 'आर्केटाइप्स' मानव जाति की ऐतिहासिक स्मृतियाँ (historical memories of human races) होती हैं जो स्वप्नों (dreams) कल्पनाओं (fantasies) सांस्कारिक एवं सामाजिक व्यवहारों, परंपराओं के निर्वाह आदि में प्रकट होती रहती हैं तथा इसी पर व्यक्ति का पारस्परिक संबंध और संस्कृति का विकास निर्भर करता है। 'युंग' ने 'सामूहिक अचेतन' का वर्णन इन शब्दों में किया है–

"प्रत्येक व्यक्ति में 'आदिकालीन विंब' (primordial images) पाए जाते हैं जो मानव जाति का प्रतिनिधित्व करने की क्षमताओं के रूप में मस्तिष्क रचना द्वारा एक पीढ़ी से दूसरी पीढ़ी में वंशानुगत ढंग से प्राप्त होते रहते हैं।"[7]

इस तरह प्रत्येक व्यक्ति के पूर्वजों के अचेतन की अतृप्त इच्छाएँ, विचार और प्रेरणा उसके अचेतन के इस भाग (सामूहिक अचेतन) में विद्यमान रहते हैं जो स्वप्न, कल्पना, संस्कारों आदि में व्यक्त होते रहते हैं।

सामूहिक अचेतन में संचित ये ऐतिहासिक स्मृतियाँ वस्तुतः व्यक्ति के सामाजिक और सांस्कृतिक विकास के लिए महत्वपूर्ण होती हैं क्योंकि अचेतन के ये संस्कार ही चेतन रूप में विचार बन जाते हैं जो उसकी सामाजिक परंपराओं के प्रतिनिधि होते हैं।

'युंग' ने मानसिक रोगियों की चिकित्सा में व्यक्तिगत अचेतन के साथ–साथ सामूहिक अचेतन के विश्लेषण पर भी जोर दिया है।

5.3.4.9 'फ्रायड' और 'युंग' के अचेतन मन के सिद्धांत की तुलना (Comparison between Freudian and Jungian unconscious theories)

'फ्रायड' और 'युंग' के अचेतन संबंधी विचारों की विवेचना करने पर यह स्पष्ट होता है कि इनके विचारों में कुछ समानताएँ (similarities) और कुछ अंतर (differences)–दोनों होते हैं। इनके विचारों में निम्नलिखित कुछ समानताएँ पाई जाती हैं–

समानताएँ (Similarities)

(i) 'फ्रायड' और 'युंग' दोनों अचेतन के महत्व को स्वीकार करते हैं। दोनों इस बात पर सहमति रखते हैं कि व्यक्ति के अधिकांश व्यवहार (सामान्य या असामान्य) ऐसे होते हैं जिनकी व्याख्या 'अचेतन मन' के आधार पर ही की जा सकती है।

(ii) 'फ्रायड' और 'युग' दोनों इस बात पर भी सहमत दीखते हैं कि व्यक्ति की जो इच्छाएँ समाज और संस्कृति के मान्य आदर्शों (accepted norms) के प्रतिकूल होते हैं वे अचेतन में दमित होकर संचित रहते हैं तथा सदैव चेतनाभिव्यक्ति के लिए सक्रिय रहते हैं।

(iii) इन दोनों के अनुसार, अचेतन के विषय (contents) परस्पर विरोधी स्वरूप (mutually antagonistic) होते हुए भी बिना किसी प्रकार के संघर्ष के अचेतन में विद्यमान रहते हैं तथा वे संगठित रूप में संतुष्टि हेतु सक्रिय होते हैं।

(iv) 'फ्रायड' और 'युंग' दोनों यह मानते हैं कि अचेतन न तो नैतिक है और न अनैतिक। अर्थात् नैतिकता से इनका कोई संबंध नहीं होता क्योंकि अचेतन नैतिकता से परे (amoral) है।

---

7. "In every individual there are present the great 'premordial images', those potentialities of human representations of things as they have always been inherited through the brain structure from one generation to the next."

(v) दोनों का यह भी मानना है कि अचेतन के विषय अपने मौलिक रूप को बदलकर छद्म रूप में (in disguised form) हमारे जीवन के क्रियाकलापों, जैसे–दिवास्वप्न (daydreaming), स्वप्नों (dreams) अथवा मनोरोगों के लक्षणों के रूप में प्रकट होते हैं।

अंतर (Differences)

(i) 'फ्रायड' (Freud) और 'युंग' (Jung) के विचारों में मुख्य अंतर यह है कि फ्रायड ने केवल 'वैयक्तिक अचेतन' (personal unconscious) का अस्तित्व बतलाया है, जबकि 'युंग' ने वैयक्तिक अचेतन के साथ–साथ 'सामूहिक अचेतन' (collective unconscious) या 'जातीय अचेतन' (racial unconscious) का भी अस्तित्व बतलाया है। जहाँ तक वैयक्तिक अचेतन का प्रश्न है, फ्रायड और युंग–दोनों के विचारों में समानता है। लेकिन, सामूहिक अचेतन के बारे में युंग के विचारानुसार व्यक्ति के परिवार, समुदाय, राष्ट्र और संपूर्ण मानव जाति के विचार, अनुभव, संस्कार आदि संचित रहते हैं। इसे ही युंग ने 'आर्कटाइप्स' (archetypes) कहा है।

(ii) 'फ्रायड' ने अचेतन में दमित सभी प्रकार के विषयों को यौन स्वरूप (sexual nature) माना है। इनके अनुसार विशेषकर बाल्यावस्था की लैंगिक इच्छाएँ (libidinal urges of the childhood) अचेतन में दमित रहती है। लेकिन, युंग के अनुसार अचेतन में 'कामुक' और 'अकामुक' (sexual and nonsexual) दोनों प्रकार की इच्छाएँ दमित रहती हैं। इन्होंने यौन प्रेरणा (sex motive) की जगह 'जीने की चाह' (will to live) को ही मनुष्य प्रेरक शक्ति (motivating force) माना है जिसमें कामुक और अकामुक–दोनों प्रकार की प्रवृत्तियाँ (tendencies) रहती हैं। इनमें से किसी भी प्रवृत्ति की संतुष्टि नहीं होने पर व्यक्ति को कुंठा और निराशा होती है जो दमन की प्रक्रिया (process of repression) द्वारा अचेतन में संचित होती है। अतः अचेतन में संचित इच्छा, प्रवाह या विचार कामुक (sexual) एवं अकामुक (nonsexual) दोनों प्रकार के हो सकते हैं।

(iii) 'फ्रायड' के अनुसार अचेतन का संबंध केवल 'अतीत' (past) से रहता है क्योंकि अचेतन में केवल ऐसी इच्छाएँ या विचार दमित होते हैं जो गत काल (past time) में उत्पन्न हुए और संतुष्टि न होने के कारण वे अचेतन में दमित हो गए। लेकिन, युंग का मानना है कि अचेतन का संबंध अतीत के साथ–साथ वर्तमान (present) और भविष्य (future) से भी रहता है। इस प्रकार अचेतन गत, वर्तमान और भविष्य–तीनों कालों से संबंधित रहता है।

(iv) 'फ्रायड' के अनुसार अचेतन में संचित विषय मुख्य रूप से अनैतिक (immoral), असामाजिक (unsocial) तथा घृणित (hatred) स्वरूप के होते हैं। लेकिन, युंग के अनुसार व्यक्ति के नैतिक एवं सामाजिक विचार भी कुंठाग्रस्त होकर अचेतन में दमित होकर संचित रहते हैं।

(v) 'फ्रायड' के अनुसार अचेतन में एकत्र विचार कभी–न–कभी व्यक्ति की चेतना में रहे होते हैं जो चेतन प्रतिबंधकों (conscious censorship) के कारण अतृप्त होकर अचेतन में दमित हुए रहते हैं। 'युंग' के अनुसार यह आवश्यक नहीं है। इसके दो मुख्य कारण हैं–

(क) 'सामूहिक अचेतन' (collective unconscious) का संबंध वंश परंपरा से रहता है शिक्षण या वैयक्तिक रूप से अर्जित अनुभव का कोई प्रभाव नहीं रहता । वे जन्मजात (inborn) होते हैं तथा वंशानुगत नियमों द्वारा संचालित होते हैं।

(ख) 'वैयक्तिक अचेतन' (personal unconscious) के भी कुछ विषय ऐसे होते हैं जो अचेतन की सीमा को पार कर बिना चेतनाभूति (without conscious experience) के ही अचेतन में दमित हो जाते हैं। 'युंग' ने ऐसे विचारों की अनुभूतियों को 'सीमांत अनुभव' या 'छाप' (marginal impression) कहा है।

इस प्रकार स्पष्ट है कि 'फ्रायड' और 'युंग' के अचेतन संबंधी विचारों में कुछ समानताएँ हैं तो कुछ असमानताएँ भी हैं। लेकिन, यदि ध्यानपूर्वक देखा जाए तो स्पष्ट होगा कि फ्रायड का दृष्टिकोण सीमित होते हुए भी मनोरोगियों के निदान एवं चिकित्सा की दृष्टि से अत्याधुनिक है जबकि व्यापकता की दृष्टि से युंग का विचार अधिक व्यापक और मूल्यवान है। युंग का विचार सामान्य एवं असामान्य दोनों प्रकार के व्यक्तियों के व्यवहारों का अध्ययन में उपयोगी है। इसलिए, युंग का अचेतन संबंधी विचार अधिक व्यापक और मूल्यवान है।

5.3.4.10 अचेतन का महत्व (Significance of Unconscious)

मनोवैज्ञानिक एवं मनश्चिकित्सकीय दृष्टि से अचेतन का अत्यंत ही महत्वपूर्ण स्थान है (unsconscious occupies the most significant place in psychology and psychotherapy)। इसकी महत्ता निम्नांकित कुछ बिंदुओं द्वारा स्पष्ट की जा सकती है—

(i) **आधुनिक मनोविज्ञान के विकास का मूलाधार अचेतन ही है (Unconscious is the mainbasis for the development of modern psychology):** 'अचेतन' संबंधी अवधारणा (the concept of unconscious) का मनोविज्ञान के आधुनिकतम स्वरूप के विकास में महत्वपूर्ण योगदान रहा है। वस्तुतः आधुनिक मनोविज्ञान (modern psychology) का मूल आधार 'अचेतन' ही है। जिसके आधार पर व्यक्ति के अनेक व्यवहारों की व्याख्या करना तथा उनके कारणों को जानना संभव हो सका है। उदाहरणार्थ—दिवास्वप्न (day dreaming), स्वप्न (dreams), स्वैरकल्पनाएँ (fantasies), दैनिक जीवन की साधारण भूलें (common mistakes of everyday life) मानसिक द्वन्द्व (mental conflicts) आदि की सटीक व्याख्या 'अचेतन' के आधार पर ही संभव है। चेतन मन (conscious mind) के आधार पर इन व्यवहार घटनाओं (behaviour events) के बारे में यथेष्ट ज्ञान (adequate knowledge) प्राप्त करना संभव नहीं है।

(ii) **मानसिक रोगों की गत्यात्मकता समझने में सहायक (Helpful in the understanding of dynamics of mental disorders):** मानसिक रोगियों के लक्षणों (symptoms) एवं कारणों (causes) का पता लगाने, इनकी गत्यात्मकता को समझने, निदान (diagnosis) करने तथा उपयुक्त ढंग से चिकित्सा करने की दृष्टि से भी 'अचेतन' का अध्ययन करना विशेष महत्व रखता है। इसका कारण यह है कि मानसिक व्याधियों (mental disorders) के कारण मुख्य रूप से अचेतन में ही रहते हैं तथा इनकी गत्यात्मक कार्यशैली (dynamic functional style) ही विभिन्न मानसिक रोगों या व्याधियों के लक्षण के रूप में प्रकट होते हैं। अतः नैदानिक दृष्टि से इसका विश्लेषण करना विशेष महत्व रखता है।

(iii) **मनश्चिकित्सा में सहायक (Helpful in psychotherapy):** मनश्चिकित्सा (psychotherapy) की दृष्टि से भी अचेतन विशेष महत्व रखता है। मनश्चिकित्सा का मूल उद्देश्य मानसिक व्याधियों के वास्तविक कारण जो अचेतन में संचित रहते हैं, को कुरेदकर चेतन मन में लाना होता है। इसी अवधारणा पर मनश्चिकित्सा की 'मनोविश्लेषणात्मक विधि' (psychoanalytic method) का विकास हुआ है जो आज भी एक सफल मनश्चिकित्सा की विधि के रूप में जानी जाती है।

(iv) **व्यक्तित्व एवं व्यवहार को समझने में सहायक (Helpful in understanding personality and balance):** अचेतन द्वारा सामान्य व्यक्तियों के व्यवहारों एवं व्यक्तित्व को समझने में भी सहायता मिलती है। प्रायः यह देखा जाता है कि अचेतन मन में अवस्थित उपाहं (id) की प्रवृत्तियों एवं चेतन मन के पराहं (super ego) के बीच के संघर्ष के कारण ही व्यक्ति सामान्यता से असामान्यता (from normality to abnormality) की ओर उन्मुख होता है। अतः व्यक्ति के अचेतन मन के बारे में सम्यक् जानकारी के आधार पर उसे नियंत्रित कर व्यक्ति की व्यक्तित्व संबंधी विकृतियों (personality disorders) एवं कुसमायोजित व्यवहारों (maladjustive behaviours) की संभावना को नियंत्रित किया जा सकता है।

(v) **समस्याओं के समाधान में सहायक (Helpful in solving problems):** अभिक्षमता (aptitude) की वृद्धि में रुकावट (blockage), शैक्षणिक पिछड़ापन (educational backwardness), सामंजन जैसी समस्याओं (problems relating to adjustment), अपराध एवं बाल अपराध नियंत्रण (crime and delinquency control), सामाजिक विकास (racial development), चारित्रिक विकृतियों की रोकथाम (controllilng or preventing character disorders) जैसी महत्वपूर्ण समस्याओं के समाधान में भी अचेतन का सम्यक् ज्ञान लाभकारी है।

अस्तु, स्पष्ट है कि अचेतन का हमारे वैयक्तिक एवं सामाजिक जीवन में अत्यंत ही महत्वपूर्ण स्थान है जिसके आधार पर सामान्य एवं असामान्य दोनों प्रकार के व्यक्तियों के व्यवहारों की व्याख्या करने में सहायता मिलती है।

5.4 दैनिक जीवन की मनोविकृतियाँ (Psychopathologies of Everyday Life)

भूलें या गलतियाँ सभी से होती हैं। यह प्रत्येक मनुष्य की स्वाभाविक विशेषता है। इसीलिए प्रायः कहा जाता है–'टू अर इज ह्यूमन' (to err is human) यानी गलतियाँ करना मानव प्रकृति की एक सर्वनिष्ठ (common) विशेषता है। हमारी कुछ भूलें अज्ञानतावश तथा अनायास होती हैं और कुछ भूलें ऐसी होती हैं जिनका ज्ञान हमें रहता है जिसे हम शीघ्र ही सुधार सकते हैं। इसका कारण यह है कि ऐसी भूलों के बारे में हमें 'चेतना' रहती है, इसलिए इन भूलों को हम चेतन प्रयास (conscious effort) द्वारा सुधार सकते हैं। लेकिन हमसे अनेक प्रकार की भूलें अनजाने (unknowingly) में होती हैं। अर्थात् इन गलतियों (भूलों) की हमें चेतना नहीं रहती। ऐसी भूलों पर हम प्रायः ध्यान भी नहीं देते और 'संयोगवंश' (by chance) मान बैठते हैं। अतः इस प्रकार भूलों को हम अकारण (without any cause), निरुद्देश्य (purposeless) और महत्वहीन (insignificant) समझने की भूल (error) करते हैं। इस प्रकार की भूलें सामान्य (common) भी हैं क्योंकि प्रायः प्रत्येक व्यक्ति अपने रोजमर्रा के जीवन में ऐसी गलतियाँ करता है।

अनजाने में होने वाली साधारण या सामान्य भूलों को प्रायः निरुद्देश्य (unpurposefully), असावधानी (carelessness), थकान (fatigue), रक्त संचालन में गड़बड़ी (disorder of blood circulation), शारीरिक अस्वस्थता (physiological ill health) अथवा मात्र संयोग (just chance) का प्रतिफल माना जाता है। लेकिन, बहुधा यह देखा जाता है कि इन कारणों के नहीं रहने पर भी साधारण भूलें हुआ करती हैं। 'फ्रायड' (Freud) ने अपनी पुस्तक Psychopathology of Everyday Life, 1914 में ऐसी भूलों के बारे में विस्तार से वर्णन किया है और बतलाया है कि प्रत्यक्ष रूप से दैनिक जीवन में संयोगवश (by chance) प्रतीत होने वाली आम भूलें (common errors) वस्तुतः अकारण (without any cause) नहीं होतीं, अपितु ऐसी भूलें भी सकारण (with cause) अथवा सोद्देश्य (purposeful) होती हैं। लेकिन, इन त्रुटियों या भूलों के वास्तविक कारण हमारे 'अचेतन' (unconscious) में रहते हैं। चूंकि इनके कारण अचेतन में (यानी व्यक्ति की चेतना में नहीं) रहते हैं, व्यक्ति इनके वास्तविक कारणों के बारे में अवगत (aware) नहीं हो पाता है। 'फ्रायड' का स्पष्ट मानना है कि व्यक्ति जो कुछ भी करता है (गलत या सही), उसके पीछे कोई–न–कोई कारण जरूर होता है। बिना कारण के किसी भी प्रकार की क्रिया अथवा घटना के घटित होने का प्रश्न ही नहीं उठता। उनके अनुसार दैनिक जीवन की साधारण भूलों के कारण व्यक्ति के 'अचेतन' में विद्यमान दमित इच्छाएँ या विचार होते हैं जिनकी अभिव्यक्ति (manifestations) हमारी साधारण भूलों के माध्यम से दैनिक जीवन के क्रिया–कलापों में होती रहती है। अतः 'फ्रायड' ने इन भूलों को भी सकारण, महत्वपूर्ण और लाभकारी (with a cause, significant and economical) बतलाया है। चूंकि हमारी साधारण भूलें अचेतन में दमित इच्छा प्रवाहों के निष्कासन (outlet) का माध्यम होती हैं अर्थात् इन दमित इच्छाओं की चेतनाभिव्यक्ति (conscious expression) होती है, अतः दैनिक जीवन की साधारण भूलों के माध्यम से अचेतन में दमित अतृप्त इच्छाओं, प्रवाहों एवं विचारों को जाना जा सकता है। इस प्रकार, दैनिक जीवन की

साधारण भूलें महत्वपूर्ण (significant) होती हैं। साथ ही, व्यक्ति द्वारा होने वाली इन भूलों के माध्यम से अचेतन स्तर पर होने वाले मानसिक संघर्षों (mental conflicts) का समाधान सहज ढंग से हो सकता है, क्योंकि ये साधारण गलतियाँ 'अहं' (ego) की रक्षा युक्तियों (defense mechanism) द्वारा होता है। इसलिए, इन भूलों को मितव्ययी या लाभकारी (economical) कहा गया है।

दैनिक जीवन की सर्वसाधारण भूलों में कुछ भूलें निम्नलिखित हैं जिनका संक्षेप में वर्णन किया जा रहा है—

5.4.1 नामों को भूलना (Forgetting of Names)

हम अपने दैनिक जीवन में प्रायः पूर्वपरिचित व्यक्तियों, स्थानों अथवा किसी के जन्मदिन जैसी महत्वपूर्ण तिथियों को अचेतन रूप से (unconsciously) भूल जाते हैं। ऐसी भूलों के कोई स्पष्ट कारण नहीं मालूम पड़ते। लेकिन, 'फ्रायड' का मानना है कि भूलना एक चयनात्मक प्रक्रिया है (forgetting is a selective process)। हम प्रायः उन्हीं बातों या विषयों अथवा घटनाओं को भूलते हैं जिन्हें हम भूलना चाहते हैं। 'भूलना चाहना' (desire to forget) हमारे अचेतन (unconscious) मन में अवस्थित 'अहं' (ego) के कारण होता है। अर्थात् इस प्रकार की भूलने की घटना सकारण (with a cause) होती है। वस्तुतः अचेतन में दमित दुखद या किसी अप्रिय अनुभव अथवा आक्रामक एवं कामुक इच्छाओं के कारण हम किसी व्यक्ति के नाम, घटना, तिथि आदि को अचेतन रूप से (unconsciously) भूल जाते हैं क्योंकि हम ऐसी अप्रिय बातों से उत्पन्न संघर्ष (conflict) से मुक्ति पा सकें। इस तरह से भूलने की घटना क्षणिक (अस्थायी) अथवा स्थायी दोनों तरह की हो सकती है। जिन घटनाओं को हम क्षणिक रूप से (temporarily) भूलते हैं उनके कारण 'अर्धचेतन' (subconscious) में रहते हैं। अतः उन्हें तत्काल रूप से हम याद नहीं कर पाते लेकिन थोड़ा प्रयास करने पर उन्हें याद करना संभव होता है। स्थायी रूप से भूलने अथवा कुछ लंबी अवधि के लिए भूलने के कारण हमारे 'अचेतन मन' (unconscious mind) में रहते हैं, इसीलिए, ये बातें जल्दी याद नहीं आती हैं।

चूंकि भूलने की क्रिया 'अर्धचेतन' (subconscious) अथवा 'अचेतन' (unconscious) दोनों कारणों से होती है, इसलिए व्यक्ति को इनके कारणों का कोई स्पष्ट कारण नहीं मालूम पड़ता। सही अर्थ में भूलने की इस क्रिया में अहं की रक्षा युक्ति (ego defense mechanism) 'दमन' (repression) का मुख्य हाथ होता है। अतः, भूलने की इस क्रिया द्वारा अचेतन में दमित इच्छाएँ प्रकट होती है।

'फ्रायड' ने अपनी पुस्तक में एक घटना का जिक्र किया है। 'क' नाम का एक व्यक्ति किसी 'ख' नाम के मित्र के नाम को भूल गया था। यद्यपि 'ख' 'क' का अच्छा दोस्त था, फिर भी वह उसका नाम भूल गया था। इसका कारण यही था कि 'क' किसी 'ग' नाम की युवती से प्रेम करता था और उससे वह शादी करना चाहता था। लेकिन 'क' का यह प्रेम प्रसंग 'एकतरफा' था। अर्थात् 'ग' नाम की युवती उससे प्रेम नहीं करती थी। संयोगवश 'ग' नाम की युवती की शादी 'ख' नाम के व्यक्ति (जो 'क' नाम के व्यक्ति का अच्छा मित्र था) से हो गई। इस घटना के कुछ ही समय बाद 'क' 'ख' के नाम को भूल गया था। 'फ्रायड' (Freud) के अनुसार 'क' का 'ग' नाम की युवती से प्रेम प्रसंग (love affair) में उत्पन्न 'निराशा' का भाव अचेतन में दमित हो गया जो अचेतन रूप से अपने दोस्त 'ख' के नाम को भूल जाने के रूप में हुई। 'क' द्वारा 'ख' के नाम को भूल जाने से दो तरह से लाभ मिला। प्रथमतः 'ख' 'क' के प्रेम प्रसंग में एक प्रतिद्वंद्वी (competitor) था। अतः उसके नाम को भूल जाने के फलस्वरूप निराशा का भाव संतुष्ट होता है (यह संतुष्टि इस रूप में होती है कि 'क' द्वारा 'ख' के नाम को भूल जाने के फलस्वरूप 'क' उस युवती 'ग' को अब भी अपनी संभावित पत्नी के रूप में देख सकता था)। दूसरा लाभ यह हुआ कि व्यक्ति के मन में उत्पन्न निराशा एवं द्वेष की भावना के कारण उत्पन्न तनाव (tension) की स्थिति का निराकरण हो जाता है। इस प्रकार, यह साधारण भूल सकारण (with cause), महत्वपूर्ण (significant) एवं लाभकारी (beneficial) सिद्ध होती है।

ऐसी भूलों में सही नाम की जगह गलत नाम याद आना (wrong recall of names), किसी उद्देश्य (purpose), किसी कार्य को करने का निश्चय या संकल्प (intention) इत्यादि को भूल जाने की घटनाओं की भी गणना होती है। सामान्य जीवन में अनेक अवसरों पर हम इस प्रकार की गलतियों के शिकार होते हैं। जैसे किसी व्यक्ति द्वारा प्रेमिका का किसी दूसरे से विवाह हो जाने के बाद उसके सही उपाधिनाम (surname) की जगह विवाह से पूर्व के उपाधिनाम का ही बार–बार याद आना गलत नाम याद होने का उदाहरण है। यहाँ भी व्यक्ति अचेतन रूप से विवाहेत्तर (post marriage) उपाधिनाम को भूलकर विवाह के पूर्व के उपाधि नाम को याद रखकर अचेतन रूप से उस युवती को अपनी संभावित पत्नी के रूप में देखता है। इसीलिए सही नाम की जगह गलत नाम ही उसकी चेतना (consciousness) में बार–बार आता है।

इसी तरह हम उन व्यक्तियों या स्थानों के नाम को भी भूल जाना चाहते हैं जिसके साथ कोई दुखद घटना संबंधित होती है। इसके अतिरिक्त हम उन नामों को भी भूल जाते हैं जिनके साथ आक्रामक (aggressive) और कामुक इच्छाएँ (libidinal urges) अथवा घृणा (hatred) के भाव जुड़े होते हैं। लेखक को एक ऐसे ही युवक से भेंट हुई। कुछ देर की बात–चीत से पता चला कि उसकी एक सौतेली माँ (step mother) थी जिसका नाम वह भूल गया था। उसकी सौतेली माँ एक क्रूर महिला थी जो उसे कई बार जहर देकर मार डालना चाहती थी। अतः वह अपनी सौतेली माँ से घृणा करता था। सौतेली माँ के प्रति घृणा का भाव उसके अचेतन मन (unconscious mind) में दमित हो गया था जिसके कारण वह नाम भूल गया था।

हम अपने दैनिक जीवन में अनेक बातों को भूलते रहते हैं जैसे—पत्र को पत्र की पेटी में डालना भूलना, किसी से ली गई वस्तु को लौटाना भूलना, किसी चीज को सुरक्षित रखकर ढूँढ़ सकना, अपने वायदों (promises) को भूल जाना, किसी के जन्मदिन, वैवाहिक दिन अथवा अन्य महत्वपूर्ण तिथियों को भूल जाना आदि। इन सभी प्रकार की भूलों के कोई–न–कोई कारण अवश्य होते हैं जो अचेतन मन में दमित हो जाते हैं।

अस्तु, किसी महत्वपूर्ण विषय, व्यक्ति, स्थान, तिथि, वस्तु आदि के नामों को भूलने के कारण हमारे अचेतन में संचित रहते हैं तथा इनके कारण दैनिक जीवन के हमारे व्यवहार, कार्य, पारस्परिक संबंध आदि भी प्रभावित होते हैं। इस अर्थ में दैनिक जीवन की साधारण भूलें मनोविकृत मनोदशा को इंगित करते हैं।

5.4.2 लिखने की भूलें (Slip of Pen)

हमारे दैनिक जीवन की सामान्य भूलों में लिखाट की भूलें (slip of pen) भी आम बात है। ऐसी गलतियों में हिज्जे (spellings) की गलती, संबोधन की गलती, गलत शब्दों का प्रयोग, व्याकरण संबंधी गलतियाँ, लिफाफे पर गलत पता लिखना आदि भूलें हमारे दैनिक जीवन में प्रायः सभी से होती हैं उदाहरणार्थ—एक व्यक्ति ने अपनी साली (sister in law) को 'प्रिय' की जगह, मेरी प्राण प्यारी' संबोधन लिखकर पत्र लिखा। मनोविश्लेषण द्वारा पता चला कि वह व्यक्ति अपनी साली से प्रेम करता था और शादी करना चाहता था। 'मेरी प्राण प्यारी' संबोधन द्वारा उसके अचेतन में दमित यह इच्छा प्रकट हुई। इसी प्रकार 'ब्राउन' (Brown) ने अपने एक मित्र का उदाहरण दिया है जिन्हें अपने किसी निजी कार्यवश शिकागो (Chicago) जाने की इच्छा थी। संयोगवश उन्हें उसी अवधि में किसी जरूरी काम से इंगलैंड जाने की विवशता हो गई। उन्होंने इंगलैंड स्थित अपने किसी मित्र को इंग्लैंड जाने की सूचना दी। लेकिन, लिफाफा पर पता लिखते समय 'इंग्लैंड' की जगह 'शिकागो' लिखकर डाकखाने में डाल दिया। बाद में जब उन्हें पता चला तो उन्होंने पुनः दूसरा पत्र लिखा। इस उदाहरण से हमारे दैनिक जीवन में लिखावट संबंधी त्रुटियों में अचेतन का महत्व बिल्कुल स्पष्ट हो जाता है।

लिखावट की भूलों में कई प्रकार की त्रुटियाँ शामिल हैं, जैसे—किसी महत्वपूर्ण शब्द का छूट जाना, अधिक शब्द लिख देना या सही शब्द के बदले कोई अन्य शब्द लिखना, बाद के शब्दों को पहले लिखना आदि गलतियाँ शामिल हैं। प्रायः इन गलतियों का कारण भाषा संबंधी ज्ञान का अभाव या लिखते समय ध्यान का बँट जाना समझा जाता है। लेकिन, मनोविश्लेषणात्मक विश्लेषणों से यह सिद्ध हुआ है कि ऐसी गलतियाँ 'अचेतन

मन' (unconscious mind) में दमित प्रवृत्तियों के कारण होती हैं उदाहरणस्वरूप, एक बार 'डॉ'. कार्ल मेनिंजर' (Dr. Karl Meninger) अपने पेशे के कार्य से एक व्यक्ति से मिलने गए। परंतु उस व्यक्ति ने उनके प्रति कोई विशेष रुचि नहीं दिखलाई, मात्र औपचारिक सामान्य आतिथ्य ही किया। 'मेनिंजर' ने वापस आने के बाद उस व्यक्ति को अपना धन्यवाद पत्र लिखा और जब उन्होंने दुबारा पढ़ा तो दिखा कि उन्होंने भयंकर गलती की है। उन्होंने अपने पत्र में लिखा था–'I wish to thank you for any courtesies which you extended to me.' जबकि वे लिखना चाहते थे–'I wish to thank you for many courtesies you extended to me.' यहाँ स्पष्ट है कि 'डॉ. मेनिंगर' उस व्यक्ति के उदासीन शिष्टाचार के प्रति कोई आभार व्यक्त नहीं करना चाहते थे। इसलिए अचेतन रूप से (unconsciously) उन्होंने 'many courtesies' की जगह 'any courtesies' लिख दिया था।

'संगीता' और 'श्रेया' नाम की दो सहेलियाँ थीं। संगीता का विवाह जिस युवक से हुआ था, श्रेया उससे प्रेम करती थी, परंतु वह अपने प्रेम में विफल रही। फलस्वरूप उसमें 'द्वेष' (jealousy) की भावना उत्पन्न हुई। एक लंबे अरसे के बाद श्रेया ने संगीता को एक पत्र लिखा, लेकिन उस पत्र में उसने उसके पति के बारे में कोई जिक्र नहीं किया। सांथ ही, उसने संगीता को श्रीमती (Mrs.) की जगह संगीता कुमारी (Miss Sangita) शब्द से ही संबोधित किया। यहाँ श्रेया द्वारा संगीता के पति का कोई जिक्र न करना और Mrs. Sangita की जगह Miss Sangita संबोधन लिखना श्रेया के अचेतन मन में दमित द्वेष का भाव (feeling of jealousy) था जिसकी अभिव्यक्ति इस प्रकार की भूलों द्वारा हुई।

उपर्युक्त उदाहरणों से स्पष्ट है कि लिखावट संबंधी साधारण त्रुटियों से व्यक्ति के अचेतन में दमित मनोविकारों के संकेत मिलते हैं।

5.4.3 बोलने की भूलें (Slip of Tongue)

हम अपने दैनिक जीवन में बोलने के क्रम में प्रायः छोटी–मोटी गलतियाँ कर बैठते हैं। जैसे–किसी विवाहित महिला को गलती से 'सुश्री' या 'कुमारी' का संबोधन करना, किसी की प्रशंसा करते समय एक–आध शब्द अप्रशंसा के बोल देना, आदि गलतियाँ होती हैं जिनके लिए हम चेतन रूप से तैयार नहीं रहते। ऐसी गलतियों के लिए हम खुद भी आश्चर्य करते हैं। इस संबंध में 'मेरिंगर' और 'मेयर' (Meringer and Mayer) ने बतलाया है कि 'बोलने की भूलें' प्राय ध्वनियों में समानता (similarities in sounds of words) के कारण होती हैं। लेकिन, 'फ्रायड' (Freud) ने ऐसी गलतियों को भी अचेतन से प्रभावित माना है। 'फ्रायड' के अनुसार इस प्रकार की त्रुटियाँ भी सकारण, महत्वपूर्ण और लाभकारी या मितव्ययी होती हैं। इनके अनुसार, ऐसी अशुद्धियों के कारण भी अचेतन में दमित प्रवाह के रूप में विद्यमान रहते हैं तथा व्यक्ति इन गलतियों द्वारा मानसिक स्तर पर उत्पन्न तनाव (tension) से निजात पाता है। 'ब्राउन' (Brown) ने अपने एक मित्र का उदाहरण दिया है। उनके मित्र को अपने ऊपर बड़ा गर्व था। इसलिए वह अपने को दूसरे मित्रों की तुलना में श्रेष्ठ समझता था। एक बार वैज्ञानिकों की एक सभा में उन्हें अपने एक मित्र के लेख पर बधाई देनी थी। सामान्य रूप से उन्हें कहना था–'क्या मैं इस महान लेख पर अपना साधारण विचार दे सकता हूँ' (May I offer a few moderate remarks on this very brilliant paper?)। लेकिन, उन्होंने गलती से कहा–'इस निम्न कोटि के निबंध पर क्या मैं अपना महान विचार प्रकट कर सकता हूँ' (May I offer a few brilliant remarks on this very modest paper?)।

सामान्य जीवन में ऐसी गलतियों के अनेक उदाहरण प्रायः प्रतिदिन मिलते रहते हैं। जैसे–नेताओं द्वारा भाषण, वकीलों की जिरह, व्याख्याताओं के व्याख्यान आदि पर यदि ध्यान दिया जाए तो ऐसी अशुद्धियाँ प्रायः मिलेंगी। इन गलतियों का मनोविश्लेषण करने पर इनके वास्तविक कारण जो अचेतन में दमित होकर संचित रहते हैं, का पता आसानी से चल जाता है। उदाहरणस्वरूप 'फ्रायड' (Freud) ने एक युवा चिकित्सक का उदाहरण दिया है। इस युवा चिकित्सक ने एक बार किसी सभा में 'डा. विर्कोव' (Dr. Virchow) के प्रति सम्मान प्रकट करने के क्रम में अपने नाम की जगह अपने को 'डा. विर्कोव' कह कर संबोधित किया। जब उपस्थित लोगों ने उससे

जानना चाहा कि क्या उसका भी नाम 'विर्कोव' है, तो तुरंत ही उसे अपनी गलती का एहसास हुआ। 'फ्रायड' ने इस गलती की व्याख्या करते हुए बतलाया कि वस्तुतः वह युवा चिकित्सक स्वयं अपने को 'डॉ. विर्कोव' के समकक्ष सिद्ध करना चाहता था, इसीलिए अचेतन रूप से अपने को 'विर्कोव' कह कर संबोधित किया।

इसी तरह एक युवक 'रीता' नाम की एक सहपाठिनी के घर मिलने गया। उसने उस लड़की की माँ से पूछा—'मैं 'रति' से मिलना चाहता हूँ'। वस्तुतः वह युवक 'रीता' से प्रेम करता था तथा उसके साथ 'कामेच्छा' की चाह रखता था। उसकी यह चाहत 'रीता' की जगह 'रति' शब्द के उच्चारण द्वारा प्रकट हुई। इसी तरह एक नेता को किसी कार्यक्रम सभा का उद्घाटन करना था। लेकिन नेताजी उक्त कार्यक्रम के विरुद्ध थे। सभा की कार्यवाही की उद्घोषणा करते समय उन्होंने कह दिया—'चूंकि कोरम पूरा है, इसलिए मैं सभा की कार्यवाही बंद करने की घोषणा करता हूँ', जबकि उन्हें कहना था—'चूंकि कोरम पूरा है, मैं सभा की कार्यवाही आरंभ करने की घोषणा करता हूँ'। यहाँ नेताजी चूंकि इस सभा के विरुद्ध थे इसलिए इस सभा का कोई औचित्य नहीं समझते थे। इसीलिए उन्होंने 'सभा को आरंभ करने' की घोषणा की जगह 'सभा को बंद करने की घोषणा' के रूप में गलती की।

इस प्रकार, स्पष्ट है कि सामान्य जीवन में बोलने की गलतियों से अचेतन में दमित इच्छा, विरोध, ईर्ष्या आदि भावों के संकेत मिलते हैं जो विकृत मानसिकता के द्योतक होते हैं।

5.4.4 छपाई की भूलें (Misprints)

पुस्तकों, समाचार पत्रों, पत्र पत्रिकाओं आदि में छपाई संबंधी भूलें तथा 'भूल–सुधार' आदि अक्सर देखे जाते हैं। कई बार तो भूल–सुधार में भी गलतियाँ देखने को मिलती हैं। इस प्रकार की गलतियों में 'प्रूफ रीडर', 'कंपोजिटर', 'लेखक' आदि कई लोग शामिल रहते हैं। अतः किसी एक को इसके लिए जिम्मेदार नहीं ठहराया जा सकता। लेकिन, ऐसी गलतियों के कारण भी अचेतन (unconscious) में विद्यमान रहते हैं जो इन गलतियों के माध्यम से प्रकट होते रहते हैं। एक बार एक 'सोशल डेमोक्रेटिक' अखबार में किसी उत्सव का समाचार छपा जिसमें 'हिज हाइनेस क्राउन प्रिंस' (His Highness Crown Prince) के उपस्थित होने का समाचार था। अखबार में 'क्राउन' (Crown) शब्द की जगह 'क्लाउन' (Clown) शब्द छप गया जिसका अर्थ 'गँवार' होता है। बाद में इस भूल का सुधार किया गया, लेकिन इस बार भी गलती से 'क्रो प्रिंस' (Crow Prince) छप गया। विश्लेषण करने पर पता चला कि उस प्रेस के प्रायः सभी कर्मचारी एवं अधिकारी राजकुमार (Crown Prince) से असंतुष्ट रहते थे। उनकी असंतुष्टि का यह भाव छपाई में गलती के माध्यम से बार–बार प्रकट हुआ।

अस्तु, यद्यपि छपाई की भूलों को प्रायः छापने वाले की असावधानी माना जाता है, लेकिन वस्तुतः यह भी व्यक्ति के अचेतन में दमित इच्छाओं की ओर संकेत करते हैं।

5.4.5 पहचानने की भूलें (Mistakes of Recognition)

दैनिक जीवन की अनेक गलतियों में किसी व्यक्ति, स्थान या वस्तु की सही पहचान करने में होने वाली गलतियाँ भी शामिल हैं। अक्सर हम सुपरिचित व्यक्ति या स्थान को अपरिचित अथवा अपरिचित को सुपरिचित के रूप में पहचान करने की भूलें करते हैं।

ऐसी गलतियाँ प्रायः सबसे हुआ करती हैं। आमतौर पर ऐसी गलतियों का कोई स्पष्ट कारण नहीं दिखता। लेकिन, 'फ्रायड' (Freud) ने इन गलतियों को भी सकारण (with a cause) बताया है तथा इसमें अचेतन की प्रवृत्तियों, इच्छाओं या प्रवाहों की भूमिका स्पष्ट की है। 'पहचान संबंधी त्रुटियाँ वस्तुतः मानसिक अंतर्द्वंद्वों (mental conflicts) के कारण होती हैं'। जैसे—जब कोई व्यक्ति किसी प्रिय वस्तु या अपने प्रिय पात्र को देखना चाहता है तो वह अपरिचित को अपनी प्रिय वस्तु या प्रेम पात्र समझ बैठता है और इस प्रकार की भूलों से प्रेम पात्र से मिलने की इच्छा संतुष्ट होती है।

पहचान संबंधी भूल (erroneous recognition) का एक और रूप (form) है जिसमें व्यक्ति उपस्थित व्यक्ति या वस्तु को अनुपस्थित रूप में पहचान करता है। जैसे—सामने टेबल पर घड़ी पड़ी है और व्यक्ति को घड़ी नहीं दिखती। इसी तरह, हमारे सामने से कोई परिचित मित्र गुजर जाता है और व्यक्ति उसे नहीं देख पाता है। ऐसा इसलिए होता है कि हम उसे देखना नहीं चाहते। उसके प्रति अचेतन (unconscious) में घृणा या आक्रामक भाव दमित रहते हैं, उदाहरण के लिए किसी ऑफिस में एक कर्मचारी को अपने अधिकारी के पास कोई जरूरी फाइल उपस्थित करनी थी। उस फाइल में रखे गए एक जरूरी कागज नहीं मिल रहा था। वह कर्मचारी भयभीत हो गया। इधर बार–बार अधिकारी की ओर से फाइल की माँग हो रही थी। अंततः वह भयभीत कर्मचारी फाइल के साथ उक्त अधिकारी के चैंबर के पास गया जहाँ पहले से कई लोग बैठे थे। कर्मचारी ने उन उपस्थित लोगों से पूछा—साहब कहीं गए हैं क्या? इस पर अधिकारी चकित हुआ। शीघ्र ही उस कर्मचारी को अपनी गलती का बोध हो गया और उसने क्षमा याचना की। स्पष्ट है कि फाइल में जरूरी कागजात नहीं रहने के कारण वह अपने अधिकारी से मिलना नहीं चाहता था, इसलिए उपस्थित अधिकारी को उसने पहचानने में गलती की।

इसी तरह, सड़क पर जाते हुए किसी अपरिचित को अपना परिचित मित्र समझना, अपनी बगल से किसी परिचित मित्र को गुजरते हुए न देख सकना, समाचार पत्रों में किसी समाचार के रहते हुए भी नहीं देख पाना इत्यादि गलतियों के पीछे भी अचेतन में दमित इच्छाओं की सक्रियता रहती है।

इसी प्रकार 'चीजों को इधर–उधर रखने की गलती', 'सांकेतिक क्रियाओं की आदत', 'अनजाने में की गई क्रियाएँ' आदि सामान्य भूलों की व्याख्या भी अचेतन में दमित इच्छाओं, प्रवाहों या विचारों के आधार पर मनोविश्लेषकों द्वारा की जाती है जो मनोवैज्ञानिक दृष्टि से लाभकारी, मितव्ययी एवं महत्वपूर्ण होती हैं।

5.4.6 आलोचना (Criticism)

सामान्य जीवन की साधारण भूलों से संबंधित फ्रायड के विचार प्रत्यक्ष रूप से बेतुके और अनर्गल प्रतीत होते हैं। कुछ लोगों के अनुसार फ्रायडियन व्याख्या सार्वजनीन (universal) नहीं हो सकती। इस प्रकार की गलतियों की व्याख्या किसी व्यक्ति विशेष के संदर्भ में सही हो सकती है, लेकिन वही व्याख्या दूसरों के साथ भी लागू हो—यह आवश्यक नहीं है। अतः यह वैज्ञानिक विचार नहीं है।

लेकिन, मनोविश्लेषण द्वारा प्राप्त तथ्यों तथा दैनिक जीवन में इस प्रकार की गलतियों की घटनाओं से फ्रायडियन विचार सही मालूम पड़ता है। ऐसी गलतियाँ निश्चित रूप से व्यक्ति के व्यक्तिगत अनुभवों से जुड़े होते हैं। अतः मनोवैज्ञानिक दृष्टि से इनकी महत्ता को अस्वीकार नहीं किया जा सकता।

5.5 मानसिक संघर्ष एवं प्रतिरक्षा तंत्र (Mental Conflicts and Defense Mechanisms)

मानव जीवन संघर्षों की लंबी श्रृंखला (long chain of conflicts) होती है। प्रत्येक मनुष्य किसी–न–किसी रूप में मानसिक संघर्ष या अंतर्द्वंद्व की स्थिति का शिकार होता रहता है। वास्तविकता तो यह है कि मानव–जीवन का प्रारंभ ही 'जीवन और मृत्यु की मूल प्रवृत्तियों' (life and death instincts) के पारस्परिक संघर्ष से होता है जो जीवनपर्यंत चलता रहता है तथा मनुष्य की मृत्यु भी इसी संघर्ष को झेलते हुए होती है। इसीलिए 'ब्राउन' (Brown) ने कहा है—'जीवन का निर्माण संघर्षों की श्रृंखला से हुआ है' (life is made up of a series of conflicting situations)।

मानसिक संघर्ष की स्थिति तब उत्पन्न होती है जब परस्पर दो या दो से अधिक विरोधी इच्छाएँ या प्रवृत्तियाँ एक ही साथ उत्पन्न होती हैं। इस तरह की स्थिति में दोनों प्रवृत्तियाँ एक दूसरे की संतुष्टि में बाधक होती हैं।

फलतः व्यक्ति संघर्ष या अंतर्द्वंद्व की स्थिति का अनुभव करता है और किसी एक के पक्ष या विपक्ष में निर्णय लेने में कठिनाई होती है।

मानसिक संघर्ष के स्वरूप को स्पष्ट करते हुए 'बोरिंग', 'लैण्डफिल्ड' एवं 'वेल्ड' (Boring, Landfield and Weld) ने इसकी परिभाषा इस प्रकार दी है–

"मानसिक संघर्ष व्यक्ति की उस मनोदशा को कहते हैं जिसमें दो या दो से अधिक परस्पर दो विरोधी (प्रतिकूल) प्रवृत्तियाँ एक साथ अपनी संतुष्टि चाहती हैं, जब कि व्यक्ति उन्हें एक साथ संतुष्ट करने में असमर्थ रहता है"।[8]

इस परिभाषा से स्पष्ट होता है कि–

(i) दो या दो से अधिक इच्छाओं के एक साथ उत्पन्न होने पर संघर्ष होता है।

(ii) ये इच्छाएँ या प्रवृत्तियाँ एक दूसरे की विरोधी होती हैं, इसलिए दोनों की संतुष्टि एक साथ संभव नहीं होती।

(iii) यह असमंजस की स्थिति होती है जो तनाव का कारण बनता है जिसके कारण व्यक्ति का मानसिक संतुलन बिगड़ जाता है।

इस तीसरी विशेषता को ध्यान में रखते हुए 'पेज' (Page) ने मानसिक संघर्ष को इस प्रकार परिभाषित किया है–

"जब दो प्रतिकूल प्रेरणाओं की उपस्थिति में किसे संतुष्ट किया जाए, ऐसा निर्णय करने में व्यक्ति असमर्थ होता है तो उसका मानसिक संतुलन बिगड़ जाता है और संघर्ष की स्थिति उत्पन्न होती है"[9]

5.5.1 मानसिक संघर्ष के प्रकार (Types of Mental Conflicts)

संघर्षात्मक परिस्थिति के स्वरूप (nature of conflicting situations) के आधार पर मानसिक संघर्ष को निम्नलिखित प्रकारों में बाँटा जाता है–

(i) अभिगम–अभिगम संघर्ष (Approach-approach Conflicts)

(ii) अभिगम–परिहार संघर्ष (Approach-avoidance Conflicts)

(iii) परिहार–परिहार संघर्ष (Avoidance-avoidance Conflicts)

5.5.1.1 अभिगम-अभिगम संघर्ष (Approach-approach Conflicts)

जब समान आकर्षण वाली दो या दो से अधिक इच्छाएँ एक ही साथ उत्पन्न होती हैं जिनमें किसी भी एक की उपेक्षा या अवहेलना कर दूसरे को संतुष्ट करने का निर्णय करना मुश्किल होता है, तब 'अभिगम–अभिगम संघर्ष' (approach-approach conflict) की स्थिति उत्पन्न होती है। इस प्रकार के संघर्ष में चूकि दोनों इच्छाएँ समान रूप से आकर्षक होती हैं, व्यक्ति दोनों की संतुष्टि यानी दोनों लक्ष्यों (goals) के प्रति आकर्षित (attract) होता है क्योंकि दोनों लक्ष्य व्यक्ति के लिए सकारात्मक मूल्य (positive value) के होते हैं। लेकिन, कुछ वास्तविकता संबंधी (reality related) सीमाओं (limitations) के कारण दोनों लक्ष्यों को एक साथ प्राप्त करना संभव नहीं

8. "Conflicts has been defined as state of mind in which two or more than two incompatible behaviour trends are evoked that can not be satisfied at the same time".—Boring, Landfiled and Weld

9. "Individual's state of indecision as to which of the two antagonistic motives should be satisfied, destroys mental equilibrium and gives rise to conflict." —Page

होता। अतः किसी एक की उपेक्षा या अवहेलना (neglect or ignore) करना आवश्यक हो जाता है। ऐसी स्थिति में व्यक्ति असमंजस यानी दुविधा में पड़ता है। वह किस इच्छा को संतुष्ट करे और किसे छोड़े—यह निर्णय करना मुश्किल होता है। उदाहरणार्थ—एक युवक अपनी पसंद की लड़की से विवाह करना चाहता है, परंतु उसके माता–पिता किसी दूसरी लड़की से विवाह करना चाहते हैं। यहाँ द्वंद्व की स्थिति उत्पन्न होती है क्योंकि युवक अपने माता–पिता की इच्छा को ठुकराकर उन्हें निराश करना नहीं चाहता। साथ ही वह अपनी पसंद का बलिदान (sacrifice) कर स्वयं को भी निराश करना नहीं चाहता। इसका अर्थ हुआ कि युवक दोनों में से किसी भी एक की पसंद का त्याग नहीं करना चाहता। परंतु उसे किसी एक का त्याग करना आवश्यक होता है जो उसके लिए मुश्किल होता है। अतः दोनों परिस्थितियाँ समान रूप से आकर्षक एवं सकारात्मक लक्ष्य (attractive and positive goal) की हैं। संघर्ष की यह स्थिति 'अभिगम–अभिगम संघर्ष' (approach-approach conflict) है। इस प्रकार के संघर्ष को 'अपसारित संघर्ष' (divergent conflict) भी कहते हैं।

5.5.1.2 अभिगम-परिहार संघर्ष (Approach-avoidance Conflicts)

जब व्यक्ति के समक्ष किसी एक ही लक्ष्य (goal) को प्राप्त करने हेतु दो परस्पर विरोधी भाव (mutually contradictory or antagonistic) एक साथ उत्पन्न होते हैं तो व्यक्ति 'अभिगम–परिहार' (approach-avoidance) संघर्ष की स्थिति में होता है। जैसे—कोई युवक किसी धनी घर की लड़की से प्रेम करता है। लेकिन, उसे इस बात का भय है कि यदि उस लड़की के माता–पिता से विवाह का प्रस्ताव रखता है तो वे उस लड़के निर्धनता के कारण उसे अपमानित कर सकते हैं। इस भय के कारण वह अपने लक्ष्य को प्राप्त करने की दिशा में पहल करने में संकोच करता है। साथ ही वह उस लड़की से विवाह करने की इच्छा का त्याग करना नहीं चाहता। यहाँ वह युवक उस लड़की के प्रति आकर्षित तो है। अर्थात् उसका यह लक्ष्य सकारात्मक (positive) है। परंतु अपने आकर्षण का साकार रूप देने हेतु अपमानित होने के भय से कोई पहल भी करना नहीं चाहता। अतः यहाँ 'अभिगम–परिहार संघर्ष' (approach-avoidance conflict) की स्थिति उत्पन्न होगी। इस प्रकार के संघर्ष को 'अभिसारित संघर्ष' (convergent conflict) भी कहते हैं क्योंकि संघर्ष की इस स्थिति में परस्पर दो विरोधी इच्छाएँ एक दूसरे से बिल्कुल भिन्न या अलग (exclusive) होते हुए भी उनका लक्ष्य बिंदु (goal point) एक ही होता है। अर्थात् दोनों परस्पर विरोधी इच्छाओं में एक का उद्देश्य लक्ष्य को प्राप्त करना होता है जबकि दूसरे का उद्देश्य लक्ष्य का तिरस्कार करना होता है। मानसिक संघर्ष के इस प्रकार को एक दूसरे उदाहरण द्वारा भी स्पष्ट किया जा सकता है। मान लें कोई व्यक्ति मैच में भाग लेना चाहता है, लेकिन मैच खेलने के क्रम में चोट लगने के भय से भाग नहीं लेना चाहता।

स्पष्ट है कि अभिगम–परिहार संघर्ष की स्थिति में व्यक्ति को एक इच्छा आकर्षित (attract) करती है तो दूसरी इच्छा उसे दूर रहने (to avoid) के लिए प्रेरित (motivate) करती है।

5.5.1.3 परिहार-परिहार संघर्ष (Avoidance-avoidance Conflicts)

कभी–कभी व्यक्ति के समक्ष दो ऐसी इच्छाएँ एक साथ उत्पन्न होती हैं जिनमें किसी भी एक इच्छा की संतुष्टि करना वह नहीं चाहता है क्योंकि दोनों इच्छाएँ निषेधात्मक मूल्य (negative value) की होती हैं। अर्थात् दोनों व्यक्तियों के लिए अनाकर्षणीय (inattractive) होती हैं। लेकिन व्यक्ति के लिए इनमें किसी एक इच्छा का चयन (selection) करने की विवशता होती है। इस प्रकार की स्थिति में 'परिहार–परिहार संघर्ष' (avoidance-avoidance conflict) उत्पन्न होती है। उदाहरणार्थ—कोई व्यक्ति काम नहीं करना चाहता लेकिन 'कामचोर' भी नहीं कहलाना चाहता। इसी तरह मान लें किसी को ऐसी बीमारी हो गई है जिसमें शल्य चिकित्सा (surgery) अपेक्षित है। लेकिन बीमारी ऐसी है जिसमें शल्यक्रिया से भी जीवन का खतरा बढ़ता है। अब यह दुविधा की एक ऐसी स्थिति है जिसमें शल्य चिकित्सा कराने अथवा नहीं कराने—दोनों ही स्थितियाँ रोगी के जीवन के लिए

खतरनाक हैं। अतः व्यक्ति भारी दुविधा या असमंजस में पड़ता है। इस तरह के संघर्ष को 'इधर खंदक–उधर खाई' (between the devil and the blue sea) की स्थिति से तुलना की जा सकती है।

इस प्रकार के संघर्ष का निवारण प्रायः दोनों में जिस इच्छा की पूर्ति अपेक्षाकृत कम होने की संभावना दीखती है, उसके पक्ष में निर्णय कर संघर्षों का समाधान कर लिया जाता है। लेकिन, अनेक अवसरों पर यह देखा जाता है कि इस प्रकार के संघर्ष काफी घातक होते हैं और व्यक्ति लंबे समय तक द्वंद्व में रहता है।

व्यक्ति के जीवन में बहुधा ऐसे अवसर आते हैं जब वह उपर्युक्त सभी प्रकार के संघर्षों का अनुभव कभी–न–कभी जरूर करता है। एक सामान्य व्यक्ति इन संघर्षों का उपयुक्त समाधान कुछ समय के भीतर खोज लेता है। लेकिन, जब कभी समाधान नहीं हो पाता तो संघर्ष की स्थिति हमेशा बनी रहती है जो तनाव (tension) एवं चिंता (anxiety) की अवस्था का कारण बनता है और व्यक्ति असामान्य (abnormal) अथवा मनोरोगी बन जाता है। यही कारण है कि मानस रोग विज्ञान (psychopathology) के अंतर्गत केवल मनोगत्यात्मक विरोधी शक्तियों (antagonistic psychodynamic forces) का अध्ययन करने तक ही सीमित नहीं है, अपितु मनोरोगियों के मानसिक संघर्षों पर भी विचार करना आवश्यक होता है ताकि रोगी की चिंता, तनाव आदि के मनोवैज्ञानिक कारकों को भलीभाँति जाना और समझा जा सके।

5.5.2 संघर्ष के आधार (Bases of Conflicts)

उपाहं (id), अहं (ego) एवं पराहं (super ego) की प्रवृत्तियों का वर्णन करने के क्रम में यह स्पष्ट किया जा चुका है कि 'मानसिक संघर्षों' (mental conflicts) की उत्पत्ति इन मानसिक वृत्तियों की पारस्परिक विरोधी सक्रियता (antagonistic activity) के कारण होती है। मनोवैज्ञानिकों ने ऐसे संघर्षों के अलग–अलग आधारों (separate bases) का वर्णन किया है जैसे–जीवन और मृत्यु की मूल प्रवृत्तियाँ (life and death instincts), हीनता की भावना (feeling of inferiority) एवं सामाजिक एवं सांस्कृतिक बाधाएँ (socio-cultural obstacles)।

5.5.2.1 जीवन और मृत्यु की मूल प्रवृत्तियाँ (Life and Death Instincts)

मनोविश्लेषणात्मक दृष्टिकोण से मानसिक संघर्ष की जड़ में जीवन और मृत्यु की मूल प्रवृत्तियाँ (life and death instincts) रहती हैं जो जन्मजात होती हैं। जीवन की मूल प्रवृत्ति को Eros तथा मृत्यु की मूल प्रवृत्ति को Thanatos कहते हैं ये दोनों प्रवृत्तियाँ परस्पर विरोधी स्वरूप (mutually antagonistic nature) की होती हैं, फिर भी दोनों प्रवृत्तियाँ साथ–साथ रहती हैं तथा मनुष्य के व्यवहार की मूल प्रेरक के रूप में कार्य करती हैं।

प्रत्येक मनुष्य में जीवित रहने की इच्छा बलबती होती है। इस इच्छा का मूल प्रेरक 'जीवन की मूल प्रवृत्ति' (life or eros instinct) है। परंतु 'मृत्यु' (death) एक अवश्यंभावी घटना है जिससे 'जीने की इच्छा' (will to live) जोखिम में पड़ जाती है। इस प्रकार, 'जीवन और मृत्यु' के बीच संघर्ष की स्थिति जन्म से लेकर मृत्यु तक सदा बनी रहती है। इस संघर्ष में जीवन की मूल प्रवृत्ति (life instinct) जब तक बलवान (stronger) रहती है, व्यक्ति सुख, आनंद और प्यार का अनुभव करता है तथा उसका व्यवहार तर्कसंगत (logical), सृजनात्मक (creative) एवं संगठित (organized) स्वरूप का होता है। परंतु, बीच–बीच में कभी 'मृत्यु की मूल प्रवृत्ति' (death instinct) जीवन की मूल प्रवृत्ति पर भारी पड़ती है, अर्थात् अधिक बलवान हो जाती है। इस स्थिति में व्यक्ति, दुख, पीड़ा और तिरस्कार का अनुभव करता है तथा वह उदास रहता है। इस अनुभव की प्रतिक्रिया में उसका व्यवहार विध्वंसकारी (destructive) स्वरूप का हो जाता है जिसका प्रदर्शन तोड़–फोड़, मार–पीट, चीजों को अव्यवस्थित करने, चीखने–चिल्लाने जैसे प्रतिरूपों में होता है। इस संघर्षमय स्थिति में जब मृत्यु की प्रवृत्ति बहुत अधिक प्रभावशाली और बलवान होती है तो जीवन की मूल प्रवृत्ति का 'क्षय' (destruction) हो जाता है और तब व्यक्ति की मृत्यु हो जाती है।

जीवन और मृत्यु की प्रवृत्ति की संघर्षमय स्थिति का वर्णन **'ब्राउन'** (Brown) ने एक सूत्र के सहारे किया है। उनके अनुसार $B = f(L \gtrless D)$[10] अर्थात् मानव व्यवहार (B) जीवन (life or 'L') एवं मृत्यु (death or 'D') की मूल प्रवृत्तियों (instincts) के सापेक्षिक बल (relative strength) द्वारा निर्धारित होता है। अतः यदि $L > D$ हो तो व्यक्ति का व्यवहार सृजनात्मक (constructive), संगठित (organized) और तर्कसंगत (logical) होता है। ठीक इसके विपरीत यदि $L < D$ तो व्यक्ति का व्यवहार विध्वंसक स्वरूप (destructive nature) का होता है और जब $L << D$ तो व्यक्ति के जीवन का पूर्णतः विनाश यानी मृत्यु होती है।

इन दोनों मूल प्रवृत्तियों का कार्यस्थल (venue) अचेतन (unconscious) है। लेकिन, इन पर चेतन मन (conscious mind) के पराहं (super ego) का प्रतिबंध (censorship) रहता है जिसके परिणामस्वरूप अचेतन की प्रवृत्तियों एवं चेतन के प्रतिबंधकों के बीच संघर्ष रहता है।

इस प्रकार स्पष्ट है कि मानसिक संघर्षों का मूलाधार जीवन एवं मृत्यु की मूल प्रवृत्तियाँ हैं।

5.5.2.2 हीनता बनाम श्रेष्ठता की भावना (Inferiority vs. Superiority Feeling)

मानसिक संघर्षों (mental conflicts) का एक दूसरा आधार 'हीनता बनाम श्रेष्ठता की भावना' (inferiority vs. superiority feeling) है। 'एडलर' (Adler) ने इसी भावना को मानसिक संघर्ष का मूल आधार बतलाया है। इनके अनुसार प्रत्येक व्यक्ति में 'श्रेष्ठ' (superior) बनने की जन्मजात प्रवृत्ति (inborn tendency) पाई जाती है। लेकिन व्यक्ति की यह प्रवृत्ति या इच्छा पूर्णतः संतुष्ट नहीं होती, फलतः हीनता की भावना (feeling of inferiority) पनपने लगती है जिसकी क्षतिपूर्ति (compensation) वह किसी अन्य क्षेत्र में 'श्रेष्ठता' (superiority) प्राप्त करने का प्रयास करता है। इस तरह, 'हीनता' और 'श्रेष्ठता' की भावना के कारण ही मानसिक संघर्ष या द्वंद्व की स्थिति उत्पन्न होती है। एडलर का मानना है कि प्रत्येक व्यक्ति का व्यक्तित्व इसी संघर्ष के फलस्वरूप संगठित (organized) और विकसित (develop) होता है। इसे ही 'एडलर' ने 'जीवन शैली' (life style) कहा है जो प्रत्येक व्यक्ति में अपने ढंग का अनोखा या अपूर्व (unique) होता है। सामान्य अवस्था में यह संघर्ष संतुलित और नियमित (balanced and regular) होता है जो 'सामान्य व्यक्तित्व' (normal personality) का सूचक है। लेकिन, जब यह संघर्ष असंतुलित (imbalanced) और तीव्र स्वरूप (intense nature) का होता है तब व्यक्ति में असामान्यता एवं मनोरोगों (abnormality and mental diseases) के लक्षण विकसित होने लगते हैं।

5.5.2.3 सामाजिक एवं सांस्कृतिक बाधाएँ (Socio-cultural Obstacles)

मानसिक संघर्ष का एक और आधार सामाजिक या वातावरण–संबंधी बाधाएँ या रुकावटें हैं। प्रत्येक व्यक्ति में इच्छाएँ उसके भीतर यानी मन में उत्पन्न होती हैं तथा इच्छाओं की पूर्ति या संतुष्टि का भाव (feelings of fulfilment) भी भीतर ही महसूस किया जाता है। लेकिन, इच्छाओं की पूर्ति वातावरण में उपलब्ध संसाधनों (available resources in the environment) द्वारा होती है। वातावरण के संसाधन सीमित और अनेकानेक कारणों से प्रतिबंधित (environmental resources are limited and censored/restricted by several reasons) होता रहता है। इस प्रकार व्यक्ति की सभी प्रकार की इच्छाओं की पूर्ति बाधित (obstackled) होती हैं जो संघर्ष का आधार होता है। वस्तुतः व्यक्ति और वातावरण के विभिन्न पहलुओं के बीच सदा अंतःक्रिया (interaction) होती रहती है। व्यक्ति का वातावरण विशाल (vast) और जटिल (complex) होता है। वातावरण की कुछ परिस्थितियाँ व्यक्ति की इच्छाओं की संतुष्टि के लिए अनुकूल (favourable) होती हैं तो कुछ प्रतिकूल (unfavourable)। प्रतिकूल परिस्थितियों में भी अनेक परिस्थितियाँ विकट और अत्यंत ही विषम होती हैं। इन विषम परिस्थितियों के कारण व्यक्ति की इच्छाओं की संतुष्टि बाधित होती है जिसके कारण संघर्षमय स्थिति (conflicting situation) एवं निराशा (frustrations) उत्पन्न होती है। **'फ्रॉम'** (Fromm), **'सुलिवन'** (Sulivan) एवं **'हार्ने'** (Horney) ने

10. B = behaviour, f = function of $(L \gtrless D)$ = relative strength of life (L) and death (D) is stincts.

मानसिक संघर्षों का मूल आधार सामाजिक और सांस्कृतिक बाधाओं (social and cultural obstacles) को ही माना है। इन नवफ्रायडवादियों (neoFreudians) के अनुसार व्यक्ति की इच्छाओं का संतुष्ट होना या न होना सामाजिक–सांस्कृतिक मूल्यों (socio-cultural values) पर निर्भर करता है। व्यक्ति की जो इच्छाएँ सामाजिक एवं सांस्कृतिक मूल्यों के विपरीत होती हैं, उनकी संतुष्टि में बाधा उत्पन्न होती है जिसके फलस्वरूप व्यक्ति संघर्ष और तनाव का अनुभव करता है। इन मनोवैज्ञानिकों का स्पष्ट मानना है कि व्यक्ति के सामाजिक जीवन (social life of a man) का आधार ही उसकी जैविक (biological) एवं मानसिक माँगों (mental demands) और वातावरण (environment) की जटिल एवं विषम परिस्थितियों के बीच का संघर्ष होता है। संघर्ष का आधार सामाजिक परिस्थितियों की कठिनाइयाँ होती हैं। उदाहरणार्थ—व्यक्ति की 'कामेच्छा' (sexual desire) को लें। इस इच्छा की उत्पत्ति जैविक आवश्यकता (biological need) से होती है। लेकिन, इसकी पूर्ति का तरीका समाज द्वारा निर्धारित होता है। यह इच्छा यदि निर्धारित मार्ग से विचलित (aberrant) ढंग से उत्पन्न होती है (अर्थात् सामाजिक दृष्टि से अनुचित या अवांछित ढंग से) तो सामाजिक बंधनों द्वारा इसकी अभिव्यक्ति पर रोक लगाई जाती है। इसके फलस्वरूप व्यक्ति संघर्ष और तनाव का अनुभव करता है।

उपर्युक्त विवेचन से स्पष्ट होता है कि मानसिक संघर्ष का आधार व्यक्ति के जीवन के समस्त पहलुओं जैसे—मनोवैज्ञानिक प्रक्रियाएँ (psychological processes), हीनता की भावना (feelings of inferiority) सामाजिक एवं सांस्कृतिक बाधाएँ (socio-cultural obstacles) इत्यादि हैं।

5.5.3 मानसिक संघर्षों के समाधान (Resolution of Mental Conflicts)

'मानसिक संघर्ष' मन के चेतन एवं अचेतन—दोनों स्तरों पर होता है। चेतन स्तर के संघर्षों का समाधान व्यक्ति चेतन रूप से प्रयास द्वारा कर लेता है क्योंकि व्यक्ति को ऐसे संघर्षों की चेतना अर्थात् भिज्ञता (awarenss) रहती है। लेकिन, अचेतन स्तर पर होने वाले संघर्षों के प्रति व्यक्ति 'अचेत' अर्थात् अनभिज्ञ (unaware) रहता है। अतः ऐसे संघर्षों का समाधान चेतन प्रयास द्वारा संभव नहीं होता।

अचेतन स्तर के मानसिक संघर्षों का समाधान अहं (ego) द्वारा कुछ मनोरचनाओं द्वारा स्वतः होता रहता है। इन्हीं मनोरचनाओं (mechanisms) को अहं के सुरक्षात्मक तंत्र (ego defense mechanisms) कहते हैं अथवा संक्षेप में 'अहं सुरक्षा' (ego defenses) कहते हैं।

5.5.3.1 अहं सुरक्षा का अर्थ (Meaning of Ego Defences)

"'अहं सुरक्षा' (ego defense) का तात्पर्य अहं द्वारा अपनाए जाने वाले उन उपायों से है जिनका उपयोग कर अहं 'उपाहं एवं पराहं' के बीच के संघर्षों से उत्पन्न तनाव को दूर करता है अथवा उसके प्रभाव को कम करता है।"[11]

पहले यह बतलाया जा चुका है कि मन के विभिन्न गत्यात्मक प्रतिनिधियों (dynamic agents of mind), यथा—'उपाहं' (id), 'अहं' (ego) एवं 'पराहं' (super ego) की प्रवृत्तियाँ परस्पर विरोधी स्वरूप की होती हैं जिनके बीच सदैव संघर्षमय स्थितियाँ बनती रहती हैं। इस संघर्ष के कारण व्यक्ति का अहं (ego) कुंठित होता है तथा सामान्य सामंजन विसंतुलित होता है। लेकिन, संतुलन के नियम (principle of equilibrium) के अनुसार व्यक्ति का मन (psyche) तनाव को दूर कर पुनर्संतुलन स्थापित करना चाहता है। इसके लिए 'अहं' (ego) कुछ विशेष प्रकार के सुरक्षात्मक उपायों (defense mechanism) का सहारा लेता है। अहं (ego) द्वारा अपनाए जाने वाले इन्हीं सुरक्षात्मक (उपायों) को 'अहं सुरक्षा' अथवा 'अहं सुरक्षा तंत्र' (ego defenses or ego defense mechanisms) कहते हैं जिनकी परिभाषा ऊपर दी गई है।

11. "Ego defenses (defense mechanisms) are those protective mechanisms applied by ego either to resolve or reduce tension arising out of conflicts between id and super ego."

अहं सुरक्षा तंत्रों (मानसिक मनोरचनाओं) के प्रकार **(Kinds of ego defense (mental) mechanisms):** अहं सुरक्षा तंत्र (ego defenses) दो प्रकार के होते हैं–प्राथमिक (primary) एवं द्वितीयक (secondary)। प्राथमिक मनोरचनाओं से तात्पर्य ऐसे सुरक्षा तंत्रों (ego defenses) से है जो स्वतंत्र रूप से स्वयं मानसिक संघर्षों का समाधान या उसकी तीव्रता को कम करते हैं। इन्हें मुख्य (major) मनोरचनाएँ (mental mechanisms) भी कहते हैं। ऐसी मनोरचनाओं में 'दमन' (repression), रूपांतर (conversion), 'उदात्तीकरण' (sublimation), युक्त्याभास' (rationalisation), 'प्रतिगमन' (regression), 'प्रतिक्रिया निर्माण' (reaction formation) आदि प्रमुख मनोरचनाएँ हैं।

द्वितीयक (secondary) मनोरचनाओं से तात्पर्य अहं के ऐसे 'सुरक्षात्मक तंत्रों' से है जो स्वयं संघर्षों का समाधान करने की क्षमता नहीं रखते, अपितु प्राथमिक मनोरचनाओं (primary mechanisms) को सहायता प्रदान करते हैं। ऐसी मनोरचनाओं में 'प्रक्षेपण' (projection), 'तादात्मीकरण' (identification), 'अंतःक्षेपण' (introjection), विस्थापन (displacement), 'क्षतिपूर्ति' (compensation), 'प्रतिक्रियात्मक विस्फोट' (acting out) आदि महत्वपूर्ण हैं।

यहाँ यह स्पष्ट होना चाहिए कि प्राथमिक एवं द्वितीयक मनोरचनाएँ पूर्णतः एक दूसरे से भिन्न नहीं हैं, अपितु दोनों एक दूसरे की पूरक (complementary) होती हैं। कभी–कभी द्वितीयक मनोरचनाएँ ही प्राथमिक मनोरचना के रूप में कार्य करती हैं।

अब यहाँ कुछ महत्वपूर्ण मनोरचनाओं (mental mechanisms) का संक्षेप में वर्णन किया जा रहा है–

दमन (Repression): अहं सुरक्षा तंत्रों (ego defense mechanisms) में 'दमन' (repression) सर्वाधिक महत्वपूर्ण एवं सार्वजनीन (universal) मनोरचना है। यह एक अचेतन (unconscious) प्रक्रिया है जिसके द्वारा अवांछनीय (undesirable), अनैतिक (immoral), अव्यावहारिक (impracticable), असामाजिक (unsocial) एवं घृणित (hatred) भाव (feelings), विचार (ideas), इच्छा (desires) प्रवाह (impulses) या प्रवृत्तियाँ (tendencies) चेतन प्रतिबंधकों (conscious censorship) के कारण स्वतः अचेतन में दमित हो जाती हैं (repressed into unconscious)। चूंकि यह अचेतन रूप में होती है, इसलिए व्यक्ति इसके बारे में अनभिज्ञ (unknown) रहता है। मनोविश्लेषक (psycho analysts) इसे 'चयनित विस्मरण' (selective forgetting) के नाम से भी संबोधित करते हैं। इसका कारण यह है कि जो इच्छा या प्रवाह चेतन मन के अनुसार अवांछनीय (undesirable) या अस्वीकार्य (unacceptable) होता है उसे 'अहं' (ego) चयनित कर (by selection) अचेतन रूप से (unconsciously) अचेतन में ही (in the unconscious it self) ढकेल (pushed back) देता है। फलस्वरूप, व्यक्ति को इसके बारे में लेशमात्र भी जानकारी नहीं रहती (स्मृति नहीं रहती)।

'दमन' (repression) से मिलती–जुलती ही 'दलन' (supression) एवं 'अवरोधन' (inhibition) की प्रतिक्रियाएँ भी हैं। परंतु दमन की प्रतिक्रिया इन दोनों से भिन्न है। 'दलन' की क्रिया (suppression) सप्रयास (with effort) होती है। अर्थात् व्यक्ति जान–बूझकर चेतन रूप से (consciously) अपनी निराशा या किसी इच्छा को दबाता है अर्थात् चेतना से हटाता है। उदाहरण–किसी दुःखद घटना की अनुभूति को प्रयत्नपूर्वक भूलने हेतु किसी रुचिकर उपन्यास पढ़ने का प्रयास करना अथवा कोई मनोरंजक फिल्म देखने जाना। इस प्रकार चेतनरूप से इसे व्यक्ति तिरस्कृत करने का प्रयास करता है।

'अवरोधन' (inhibition) की क्रिया में भी व्यक्ति किसी इच्छा या प्रवाह को जानबूझकर (चेतन रूप से) चेतन स्तर पर ही अवरुद्ध यानी रोके रखता है। जैसे–जब एक ही साथ कॉलेज जाने और सिनेमा देखने की इच्छा उत्पन्न होती है तब व्यक्ति कॉलेज जाने का निश्चय कर सिनेमा देखने की इच्छा को अवरुद्ध करता है।

दमन की प्रक्रिया दो तरह से होती है–प्राथमिक (primary) एवं द्वितीयक (secondary)।

(क) **प्राथमिक दमन (Primary repression):** 'प्राथमिक दमन' (primary repression) में कोई इच्छा अचेतन में उत्पन्न होती है और बिना चेतनाभूति (without conscious expression) अचेतन में ही दमित हो जाती है। ऐसी इच्छाएँ कभी चेतन स्तर पर आती ही नहीं है। ऐसी इच्छाओं का संबंध प्रायः बाल्यावस्था की अनुभूतियों (childhood experiences) से रहता है। इसीलिए, इसे 'बाल्यावस्था की विस्मृति' (inifantile amnesia) भी कहते हैं।

(ख) **द्वितीयक दमन (Secondary repression):** 'द्वितीयक दमन' (secondary repression) से तात्पर्य अचेतन में दमित ऐसी इच्छाओं से है जो विगत समय में (in the past) कुछ समय (क्षण) के लिए चेतनावस्था (conscious state) में प्रकट हुई रहती हैं, लेकिन, वर्तमान में दमित होकर अचेतन (unconscious) में संचित रहती हैं।

कुछ मनोवैज्ञानिक दमन को पूर्ण (complete) और अपूर्ण (incomplete) प्रकारों में बाँटते हैं। **'पूर्ण दमन'** से तात्पर्य ऐसी दमित इच्छाओं से है जो हमेशा के लिए अचेतन में दमित कर दी जाती हैं। ऐसी इच्छाएँ निष्क्रिय (inactive) हो जाती हैं। अतः उनकी पुनः चेतनाभिव्यक्ति बिल्कुल नहीं हो पाती। चूंकि ऐसी इच्छाएँ पूर्णरूप से दमित होकर निष्क्रिय हो जाती हैं, इसलिए व्यक्ति के व्यक्तित्व पर कोई प्रभाव नहीं पड़ता।

'अपूर्ण दमन' (Incomplete repression) से तात्पर्य वैसे दमित विचारों या इच्छा प्रवाहों से है जो अचेतन में रहते हुए भी सक्रिय (active) रहती हैं तथा चेतनाभिव्यक्ति (conscious expression) के लिए सदा प्रयत्नशील रहती हैं। इसलिए इस प्रकार की दमित इच्छाओं विचारों का व्यक्ति के व्यक्तित्व पर निरंतर प्रभाव पड़ता रहता है।

लेकिन, दूसरे मनोवैज्ञानिक दमन के इन प्रकारों से सहमत नहीं दिखते। उनके अनुसार, 'पूर्ण' और 'अपूर्ण' दमन का कोई ठोस आधार नहीं है।

5.5.3.2 दमन का महत्व (Importance of Repression)

'दमन' (repression) एक मुख्य (major) मनोरचना है जो व्यक्तित्व को संगठित रखने (keeping personality intact) एवं संतुलन (balance) को बनाए रखने में महत्वपूर्ण होता है। यह 'उपाहं' (id), 'अहं' (ego) एवं 'पराहं' (super ego) की शक्तियों (forces) के बीच चेतन (conscious), अर्धचेतन (subconscious) एवं अचेतन (unconscious) स्तरों पर होने वाले मानसिक संघर्षों से उत्पन्न तनाव (tension) को दूर कर मानसिक संतुलन (mental equilibrium) कायम रखने में महत्वपूर्ण योगदान देता है।

दमन के कारण अहं अथवा व्यक्तित्व की रक्षा दो तरह से होती है—एक तरफ दमन की प्रक्रिया द्वारा अवांछनीय इच्छा प्रवाह एवं प्रवृत्तियों को चेतन स्तर से हटाकर अचेतन में ढकेल दिया जाता है (pushed back to unconscious)। इससे चेतन स्तर पर उत्पन्न संघर्ष और मानसिक तनाव दूर होता है। दूसरी तरफ, दमित इच्छाएँ या प्रवृत्तियाँ अचेतन में निष्क्रिय (inactive) नहीं रहतीं, अपितु ये इच्छाएँ मौलिक रूप (original form) को बदलकर छद्म रूप में (in disguised form) दैनिक जीवन की साधारण भूलों (psychopathologies of everyday life), स्वप्न (dreams), कल्पना (fantasies) आदि माध्यमों द्वारा प्रकट होकर अप्रत्यक्ष रूप से (indirectly) संतुष्ट होती हैं। इस प्रकार दमन (repression) अतृप्त इच्छाओं की पूर्ति एवं अचेतन संघर्षों के समाधान का एक प्रत्यक्ष माध्यम (indirect means) है।

5.5.3.3 रूपांतरण (Conversion)

'रूपांतरण' (conversion) का अर्थ 'रूप का अंतरण' अर्थात् बदलाव या परिवर्तन होता है। इस अर्थ में 'रूपांतरण' (conversion) से तात्पर्य किसी मानसिक संघर्ष (mental conflict) के कारण उत्पन्न तनाव (tension) का अप्रत्यक्ष रूप से (indirectly) शारीरिक व्याधि के रूप (symptoms of physiological diseases) में रूपांतरित (convert) होकर प्रकट होना होता है। इस रूपांतरण के फलस्वरूप संघर्ष से उत्पन्न तनाव (tension) का निराकरण यानी निष्कासन (outlet) हो जाता है तथा व्यक्तित्व संतुलित और अखंडित (intact) रहता है। यह रूपांतरण अचेतन स्तर पर 'अहं' (ego) शक्ति (force) द्वारा होता है। **'ब्राउन'** (Brown) के अनुसार, "रूपांतरण वह मनोरचना है जिसके द्वारा निराशाओं से संबंधित दमित मौलिक इच्छाएँ शारीरिक व्याधि के लक्षणों के रूप में परिवर्तित (रूपांतरित) होती हैं।"[12]

12. "Conversion is the mechanism through which repressed energy connected with the frustration of basic drives is changed (converted) into functional symptoms of bodily disease." —Brown

इस प्रकार 'रूपांतर' या 'रूपांतरण' एक ऐसी मनोरचना है जिसके द्वारा दमित इच्छा प्रवाहों (repressed wishes or impulses) का निष्कासन (outlet) शारीरिक रोगों के लक्षणों (जैसे—मिथ्या पक्षाघात pseudo paralysis), संवेदन शून्यता (anesthesia), हृदय की धड़कन में वृद्धि (increase in heart beats), शारीरिक कमजोरी (bodily weaknesses) आदि माध्यमों से होती है। इस प्रकार वह शारीरिक रूप से रुग्ण होने के कारण वास्तविकता का सामना करने से बचता है। साथ–ही–साथ वह दूसरों के लिए दया और सहानुभूति का पात्र भी बनता है। इससे उसे मनोवैज्ञानिक संतुष्टि (psychological satisfaction) मिलती है। हिस्टीरिया के रोगियों में रूपांतर का मुख्य हाथ रहता है।

उदाहरण–'एक युवती की जाँघ (thigh) में संवेदन शून्यता (anesthesia) की शिकायत हो गई। वह युवती एक डॉक्टर से प्रेम करती थी जो उसके बीमार पिता की चिकित्सा करता था। युवती उस डाक्टर के साथ कामवासना की इच्छा रखती थी। लेकिन, साथ–ही–साथ उसमें यह दोष भावना (guilt feeling) भी उत्पन्न हुई कि एक तरफ उसके बीमार पिता मरणासन्न स्थिति में है और दूसरी तरफ वह काम वासना की तृप्ति की इच्छा रखती है। डाक्टर के साथ कामवासना की तृप्ति की इच्छा और दोष–भाव की प्रवृत्ति के बीच मानसिक संघर्ष (mental conflict) उत्पन्न हुआ। यह मानसिक संघर्ष उस समय अपनी चरम सीमा (climax) पर पहुँच गया जब उसकी जाँघ का स्पर्श डाक्टर के हाथ से हो गया। इस स्पर्श (touch) के कारण उस युवती में तीव्र लैंगिक स्फुरण (sexual thrill) का अनुभव हुआ और उसका संपूर्ण शरीर सिहरने लगा। इस प्रकार वह युवती मानसिक द्वंद्व का शिकार होकर चिंता और घबराहट में जकड़ गई। इसी समय, उसे एक क्षणिक विचार आया कि यदि उसकी जाँघ शून्य होती तो 'लैंगिक स्फुरण' (sexual thrill) का अनुभव नहीं होता। उसने संकल्प लिया कि अब ऐसा नहीं होगा। उसका यह विचार तत्क्षण अचेतन में दमित हो गया जो जाँघ में शून्यता (anesthesia in the thigh) के लक्षण में रूपांतरित हो गया। इसका पता मनोविश्लेषण से चला। रूपांतर के अनेक उदाहरण हमारे दैनिक जीवन में भी देखने को मिलते हैं जैसे—परीक्षा के भयभीत छात्र का ठीक परीक्षा के दिन ज्वराक्रांत होना, किसी कर्मचारी पर लगाए गए आरोप की जाँच के दिन ही बीमार हो जाना, संतानहीन माँ के पेट का बढ़ना और दर्द का अनुभव होना (बिना किसी अवयवी गड़बड़ी के कारण) आदि रूपांतर के उदाहरण हैं।

5.5.3.4 उदात्तीकरण (Sublimation)

उदात्तीकरण (sublimation) एक मुख्य (major) एवं सर्वव्यापी मनोरचना है जिसका उपयोग प्रायः सभी व्यक्ति अपने दैनिक जीवन में अचेतन रूप में करते हैं। इस मनोरचना द्वारा अचेतन (unconscious) में दमित मौलिक इच्छाओं (urges) को समाज द्वारा किसी स्वीकृत कृत्य (socially acceptable deeds) अथवा सामाजिक दृष्टि से किसी प्रतिष्ठित (prestigious) या प्रशंसनीय (appreciable) लक्ष्यों (goals) में स्थानापन्न (substitute) किया जाता है। **'ब्राउन'** (Brown) ने इस मनोरचना को परिभाषित करते हुए कहा है,–''उदात्तीकरण से तात्पर्य उस मनोरचना से है जिससे व्यक्ति निराशाजनक मौलिक इच्छाओं का समाधान उसके बदले समाज के स्वीकृत लक्ष्यों या उद्देश्यों को प्रतिस्थापित करके करता है।''[13]

इस परिभाषा से स्पष्ट है कि उदात्तीकरण की प्रक्रिया वस्तुतः स्थानापन्न की क्रिया है जिसमें व्यक्ति की जो इच्छा बाह्य वातावरण के अवरोधों (external obstacles) अथवा आंतरिक संघर्षों (internal conflicts) के कारण असंतुष्ट होकर अचेतन में दमित रहती है, उस इच्छा के बदले समाज द्वारा स्वीकृत लक्ष्यों को प्राप्त कर संतुष्ट किया जाता है। इस प्रकार असंतुष्ट दमित इच्छाओं या प्रेरणाओं (unsatisfied repressed desires or motives) के निष्कासन (outlet) का माध्यक सामाजिक कृत्य (social acts) हो जाता है। उदाहरणार्थ–एक संतानहीन व्यक्ति द्वारा अतिथिशाला, सराय, धर्मशाला, मंदिर, बाल भोज, स्कूल की स्थापना आदि सामाजिक

13. "By sublimation we mean the resolution of basic urge frustrations through substitution of a socially acceptable goal."—Brown

कल्याणकारी कार्यों द्वारा संतानहीन होने के कारण उत्पन्न तनाव एवं क्षोभ का निष्कासन किया जाता है जिससे उसके तनाव में कमी आती है।

'फ्रायड' (Freud) का मानना है किस कला (art), साहित्य (literature), धर्म (religion), संगीत (music) अथवा इसी तरह के अन्यान्य ललित कार्य (aesthetic activities), समाज द्वारा स्वीकृत और प्रतिष्ठित कृत्य (socially acceptable and prestigious acts) उदात्तीकरण (sublimation) के उदाहरण हैं जो व्यक्ति की असंतुष्ट लैंगिक इच्छाओं की पूर्ति के माध्यम बनते हैं।

इस मनोरचना का उपयोग करने से व्यक्ति दो तरह से लाभान्वित होता है—(i) अचेतन में दमित असंतुष्ट इच्छाएँ (निराशा के भाव) समाज द्वारा स्वीकृत व्यवहार या कार्य के माध्यम से निष्कासित होती है। इससे व्यक्ति तनावमुक्त होता है और अहं भी विखंडित होने से बच जाता है। (ii) चूंकि ऐसी इच्छाएँ समाज द्वारा स्वीकृत और प्रशंसनीय लक्ष्यों में स्थानापन्न होती हैं, व्यक्ति की प्रतिष्ठा बढ़ती है तथा वह प्रशंसा और आदर का पात्र बनता है। इससे उसका अहं गर्वित (inflated) होता है। जैसे—प्रेम में निराश व्यक्ति द्वारा कविता की रचना करना, समाज या परिवार द्वारा तिरस्कृत होने पर एक विख्यात फिल्मी अभिनेता बन जाना आदि।

सामान्य जीवन में उदात्तीकरण के अनेक उदाहरण हमें कवियों की कविताओं में, उपन्यासकारों के उपन्यासों में, चित्रकारों के चित्रों में अथवा विभिन्न सामाजिक कार्यों में देखने को मिलते हैं।

इस प्रकार, उदात्तीकरण भी एक मुख्य मनोरचना है जिसमें व्यक्ति का मानसिक संघर्ष एवं तनाव का निष्कासन सामाजिक सृजनात्मक एवं प्रशंसनीय कृत्यों द्वारा होता है।

5.5.3.5 युक्तयाभास (Rationalisation)

'युक्तयाभास' (rationalization) मानसिक संघर्षों के समाधान का एक प्रत्यक्ष तरीका है जिसका उपयोग प्रायः सभी व्यक्ति अपने दैनिक जीवन में करते हैं। इस मनोरचना द्वारा व्यक्ति अपने भूत (past), वर्तमान (present) एवं भविष्य (future) के व्यवहारों अथवा प्रवृत्तियों के बारे में तार्किक कारणों के संदर्भ में विचार कर अपनी प्रवृत्तियों के औचित्य को साबित करता है। जब व्यक्ति की कोई अभिलाषा वास्तविकता के प्रतिबंधों (censorship of the realities) के कारण पूरी नहीं हो पाती तो व्यक्ति मानसिक संघर्ष (mental conflict) एवं तनाव (tension) का अनुभव करता है। इस तनाव के कारण 'अहं' (ego) के विखंडित (split) होने का खतरा रहता है। इस खतरे से सुरक्षा प्रदान करने की दृष्टि से 'अहं' किसी तर्क (logic) या विवेक (rational) का सहारा लेकर निराशा या विफलता पर पर्दा डालने का प्रयास करता है। इससे व्यक्ति दो तरह से लाभान्वित होता है—(i) तर्क और विवेकपूर्ण व्याख्या द्वारा व्यक्ति अपने को निर्दोष (innocent) साबित करता है तथा तर्क एवं विवेक की पृष्ठभूमि में अनुचित या असामाजिक व्यवहारों का समर्थन हासिल करता है। (ii) अप्राप्य लक्ष्यों (unattainable goals) के कारण उत्पन्न निराशा दूर या कम होती है। **'जोन्स'** (Jones) के अनुसार यह एक प्रकार की 'प्रदर्शन कला' (window dressing) है, क्योंकि इस मनोरचना द्वारा व्यक्ति वास्तविक प्रेरणा (real motive) को विवेकपूर्ण ढंग से (rationally) प्रदर्शित करता है जो तर्कयुक्त (logical) एवं सामाजिक रूप से मान्य (socially acceptable) होता है। 'ब्राउन' (Brown) के अनुसार, ''युक्तयाभास' से अभिप्राय अहं द्वारा चेतनरूप से स्वीकृत प्रेरकों के आविष्कार से है जिनका उपयोग अचेतन प्रेरकों पर पर्दा डालने के लिए किया जाता है।''[14]

अतः स्पष्ट है कि 'युक्तयाभास' द्वारा व्यक्ति ऐसी युक्तियों (rationals) की खोज करता है जिनसे अवांछनीय प्रेरणाओं के अधीन किए गए वास्तविक व्यवहार को वह युक्तिपूर्ण और विवेकशील सिद्ध करता है। इस प्रकार, वास्तविक प्रेरकों पर युक्तियों के माध्यम से एक ऐसा झूठा आवरण चढ़ा दिया जाता है जिससे वह झूठा आवरण सही प्रतीत होने लगता है और वास्तविकता अव्यक्त रहती है।

14. "By rationalisation we mean the invention of consciously acceptable motive by the ego to coverup these unconscious motives." —Brown

'युक्तयाभास' की मनोरचना का उपयोग प्रायः दैनिक जीवन की विफलताओं में भी किया जाता है। जैसे—परीक्षा में असफल होने पर छात्र यह युक्ति देता है कि परीक्षा के समय वह बीमार हो गया था, अथवा प्रश्न पाठ्यक्रम से बाहर के थे, प्रश्न अत्यंत कठिन थे इत्यादि। इसी प्रकार धीमी गति से काम करने वाला कहता है—'जल्दी का काम शैतान का होता है' या 'धीमी और स्थिर चाल से ही दौड़ में विजय प्राप्त होती है' इत्यादि। इन युक्तियों की आड़ में वस्तुतः व्यक्ति अपनी कमजोरियों को छिपाने यानी ढँकने (to cover up) का प्रयास करता है। साथ ही इन युक्तियों के सहारे व्यक्ति अपनी निराशाओं से उत्पन्न तनाव को भी दूर करने का प्रयास करता है, जैसे—'खट्टे अंगूर कौन खाए'।

'युक्तयाभास' दो प्रकार के होते हैं—(क) 'सावर ग्रेप्स टाइप' (sour grapes type) एवं (ख) 'स्वीट लेमन टाइप' (sweet lemon type)।

(क) **'सावर ग्रेप्स टाइप' (sour grapes type):** 'युक्तयाभास' के इस प्रकार के अंतर्गत व्यक्ति में कमी या त्रुटि ढूँढ़ता है जिसे वह प्राप्त करने में विफल रहता है। जैसे—'खट्टे अंगूर कौन खाए' की कहानी युक्तयाभास के अंतर्गत आती है। इसी तरह शिक्षित पत्नी नहीं मिलने पर शिक्षित युवतियों की आलोचना करना, अथवा यह कहना कि शिक्षित पत्नी हमें पसंद नहीं है, पढ़ने में कम रुचि रखने वाले का यह कहना है कि अधिक पढ़ने से स्वास्थ्य पर बुरा असर होता है इत्यादि सावर ग्रेप्स टाइप के युक्तयाभास के उदाहरण हैं।

(ख) **'स्वीट लेमन टाइप' (sweet lemon type):** 'युक्तयाभास' के इस प्रकार के अंतर्गत व्यक्ति अपनी तुच्छ या कम मूल्यवान चीजों को दूसरों की चीजों से बेहतर या मूल्यवान बताने हेतु कुछ युक्तियाँ गढ़ता है। जैसे—'अपनी सूखी रोटी दूसरों के हलवे से अधिक स्वादिष्ट होती है', 'अमीर के महल से अपनी झोपड़ी भली', हर बुराई में कोई—न—कोई अच्छाई जरूर छिपी रहती है।

'बैग्वी' (Bagby) ने अपनी पुस्तक 'द सायकॉलॉजी ऑफ पर्सनाल्टी' में एक संगीत अध्यापक का उदाहरण उद्धृत किया है। एक लड़के का कान गधे के कान की तरह बड़ा था। वह अपनी इस कुरूपता के कारण मित्रों एवं दूसरे लोगों के बीच सामंजन में कठिनाई का अनुभव करता था। कुछ समय बाद उसने एक युक्ति का आविष्कार किया और यह प्रचार करने लगा—'मैं अपने इन बड़े—बड़े कानों की सहायता से संगीत ध्वनियों में सूक्ष्म अंतर को आसानी से समझ सकता हूँ।' इस प्रकार, इस युक्ति के सहारे वह अपनी शारीरिक कुरूपता को ढँकने का प्रयास करता था। इसी युक्ति से प्रेरित होकर उसने संगीत की शिक्षा ग्रहण की और संगीत का विशेषज्ञ प्रोफेसर बन गया।

अस्तु, 'युक्तयाभास' एक मुख्य मनोरचना है जिसके द्वारा व्यक्ति अपनी विफलताओं, निराशाओं आदि को तर्कसंगत एवं विवेकपूर्ण तथ्यों की आड़ में छिपाने तथा तनाव से मुक्त होने का प्रयास करता है।

5.5.3.6 प्रतिगमन (Regression)

'प्रतिगमन' (regression) का अर्थ पीछे की ओर पलटना (reversion) होता है। मनोविज्ञान की भाषा में विकास के सामान्य क्रम में पूर्व की प्राथमिक अवस्था यानी 'बाल्यावस्था' की ओर पलटने की प्रवृत्ति (going back to childhood) को 'प्रतिगमन' (regression) कहते हैं।

मौलिक रूप से (fundamentally) व्यक्ति 'सुख के नियमों' द्वारा निदेर्शित होता है। इसलिए वह सदा अपनी इच्छाओं को संतुष्ट कर सुख प्राप्त करना चाहता है। लेकिन, व्यक्तिगत अयोग्यता (personal inability) अथवा वातावरण के प्रतिबंधों (environmental restrictions) के कारण व्यक्ति की अनेक इच्छाएँ पूरी नहीं हो पातीं जिससे मानसिक संघर्ष और तनाव की स्थिति उत्पन्न होती है। यह स्थिति दुःख का कारण होती है। अतः 'अहं' (ego) अपनी रक्षा हेतु बाल्यावस्था की प्रारंभिक प्रवृत्तियाँ (primary tendencies of childhood) को अपनाकर बच्चों की तरह आचरण करने लगता है। अर्थात् व्यक्तित्व का प्रारंभिक अवस्था की ओर 'प्रतिगमन' (regression) होता

है। यह प्रतिगमन का ही परिणाम है कि एक वृद्ध और बच्चों के व्यवहारों में बहुत कुछ समानताएँ पाई जाती हैं। इसलिए प्रायः यह कहा जाता है कि बच्चे और बूढ़े एक समान होते हैं। परीक्षा में विफल होने पर छात्रों द्वारा बच्चों की तरह–तरह फूट–फूट कर रोना अथवा बच्चों की तरह चिड़–चिड़ा होना, आवेश का अकारण वेग (temper tantrum) प्रकट करना आदि 'प्रतिगमन' के ही सूचक हैं।

अतः 'प्रतिगमन' का अर्थ जीवन की समस्याओं के समाधान हेतु बाल्यावस्था की ओर पलटने की प्रवृत्ति (reversion tendency) से है। **'मॉर्गन'** एवं **'फिस्टर'** (Morgan and Pfister) के अनुसार,—''प्रतिगमन सदा शैशवावस्था की ओर लौटने को कहते हैं जिसमें सदा बच्चों जैसी कल्पनाओं, भावनाओं अथवा लालसाओं का प्रतिनिधित्व होता है, अथवा ऐसे व्यवहार दुहराए जाते हैं जो विकास की शैशवावस्था के अनुकूल (वर्तमान अवस्था के अनुकूल नहीं) होते हैं।''[15]

अतः स्पष्ट है कि प्रतिगमन की प्रक्रिया में व्यक्ति का व्यक्तित्व प्रारंभिक बाल्यावस्था की ओर प्रतिगमित होता है।

प्रतिगमन दो रूपों के होते हैं—'अहं का प्रतिगमन' (ego regression) एवं 'यौन प्रतिगमन' (libido regression)

(क) **'अहं प्रतिगमन' (Ego regression):** अहं प्रतिगमन का अर्थ बाल्यावस्था की अभिरुचियों के जागृत होने से है। उदाहरण के लिए पूर्णरूप से परिपक्व (matured) एवं वयस्क (adult) व्यक्ति द्वारा बच्चों की तरह पतंग उड़ाना, गुल्ली–डंडे से खेलना, बच्चे की तरह रूठना या जिद्द करना आदि 'अहं प्रतिगमन' (ego regression) के उदाहरण हैं। वयस्क व्यक्ति जब जीवन की कठिन एवं जटिल परिस्थितियों का सामना करने में असमर्थ होता है तो उसके 'अहं' (ego) को ठेस पहुँचती है जिससे सुरक्षा के लिए उन वस्तुओं के प्रति बालकों की तरह रुचि तथा व्यवहार करने लगता है, क्योंकि वह सरल होता है और सुखद अनुभूति प्रदान करता है। ऐसा करने से उसे निराशा के भाव से उत्पन्न दुख का एहसास नहीं होता।

(ख) **यौन प्रतिगमन (Libido regression):** 'यौन प्रतिगमन' का अर्थ बाल्यावस्था अथवा शैशवावस्था की लैंगिक प्रवृत्तियों की ओर पलटने (reversion of libidinal tendencies to infancy) से हैं। जैसे–अंगूठा चूसना (thumb sucking), नाखून को दाँत से काटना (nail cutting by teeth), हस्तमैथुन करना (masturbation), टॉफी खाना इत्यादि। स्पष्ट है कि यौन प्रतिगमन (libido regression) में यौनेच्छा संबंधी प्रवाहों (sexual impulses) के निष्कासन (outlet) हेतु प्रारंभिक अवस्था के तरीकों को अपनाया जाता है।

उपर्युक्त दोनों रूपों के प्रतिगमनों में घनिष्ठ संबंध पाया जाता है। प्रायः यह देखा गया है कि अहं प्रतिगमन (ego regression) होने पर यौन प्रतिगमन (libido regression) भी होता है। लेकिन, 'यौन प्रतिगमन' होने पर 'अहं प्रतिगमन' का होना आवश्यक नहीं है।

यहाँ प्रश्न उठता है कि प्रतिगमन किस प्रकार मानसिक संघर्ष को दूर करने में सहायक होता है? मनोवैज्ञानिकों का मानना है कि बाल्यावस्था जीवन की सबसे सुखद अवस्था होती है। इस अवस्था में उत्तरदायित्व (responsibility) की कोई चिंता नहीं रहती। अतः सुख और आनंद की प्राप्ति में किसी प्रकार की बाधा भी नहीं होती। लेकिन, व्यक्ति जब वयस्क अवस्था में आता है तब उसे जीवन की वास्तविकताओं (realities) का सामना करना पड़ता है तथा अनेकानेक प्रकार की कठिनाइयों से भी मुकाबला होता है। व्यक्ति जब इन कठिनाइयों का मुकाबला करने में विफल होता है तो वह अज्ञात रूप से अपनी बाल्यावस्था की ओर मुड़ने लगता है तथा बचकानी हरकतों द्वारा सुखद अनुभव प्राप्त करने लगता है। इस प्रकार, बाल्यावस्था की ओर पलटने से उसे जीवन की कठिनाइयों के कारण उत्पन्न तनाव को कम करने में सुविधा होती है।

---

15. "Regression is always reversion to the infantile, and it is either a representation of childish fancies, feelings, strivings, or a renewal of a type of a behaviour which are adapted to an infantile stage of development." —Morgan and Pfister

5.5.3.7 प्रतिक्रिया निर्माण (Reaction Formation)

'प्रतिक्रिया निर्माण' (reaction formation) एक प्राथमिक और मुख्य मनोरचना है जिसके द्वारा व्यक्ति अचेतन में दमित इच्छा, भाव या प्रेरणा के ठीक विपरीत इच्छा, भाव या प्रेरणा का प्रदर्शन कर वास्तविक इच्छा या प्रेरणा पर पर्दा डालने का प्रयास करता है। जैसे घृणा के भाव (hatred feeling) की जगह प्रेम का भाव (feeling of love) का प्रदर्शन करना। इस अर्थ में हम कह सकते हैं कि 'प्रतिक्रिया निर्माण से तात्पर्य ऐसे व्यवहार के विकास से है जो अचेतन की इच्छाओं (unconscious desires) के ठीक विपरीत होते हैं।' अतः स्पष्ट है कि प्रतिक्रिया निर्माण (reaction formation) की मनोरचना में अचेतन की वास्तविकता (realities of unconscious) को उसके ठीक विपरीत इच्छा या प्रेरणा द्वारा गुप्त (secret) रखा जाता है और इस प्रकार अचेतन में दमित आवंछनीय प्रेरणा (undersirable motive) और प्रबल रूप से दमित हो जाती है।

'ब्राउन' (Brown) के अनुसार, "'प्रतिक्रिया निर्माण' से तात्पर्य ऐसे व्यवहारों के विकास से है जो व्यासीय रूप से अचेतन की इच्छाओं के ठीक विपरीत होते हैं।"[16]

'ब्राउन' की परिभाषा से भी यह स्पष्ट होता है कि प्रतिक्रिया निर्माण की मनोरचना का मुख्य उद्देश्य अचेतन की प्रेरणाओं, इच्छाओं या भावों को 'गुप्त' (secret) रखना होता है क्योंकि वास्तविक जगत में ये प्रेरणाएँ, इच्छाएँ या भाव अवांछनीय (undesirable) होती हैं।

प्रतिक्रिया निर्माण से संबंधित अनेक उदाहरण हम अपने दैनिक जीवन में प्रतिदिन अनुभव करते हैं, जैसे—निर्दयता के बदले बनावटी दया का प्रदर्शन करना, भ्रष्ट नेता द्वारा भ्रष्टाचार के विरुद्ध जोरदार भाषण देना, घृणा के भाव की जगह प्रेम भाव का प्रदर्शन करना आदि। इस मनोरचना पर आधारित कुछ प्रचलित लोकोक्तियाँ भी हैं जैसे—'मुँह में राम बगल में छुरी' या 'इन्सान की शक्ल में शैतान' (a wolf in lamb's clothing), 'गुड़ खाए गुलगुल्ले से परहेज', 'बगुला भगत', 'सौ चूहे खाकर बिल्ली चली हज को' इत्यादि।

इस प्रकार, 'प्रतिक्रिया निर्माण' की मनोरचना द्वारा व्यक्ति अचेतन में दमित इच्छा को अधिक प्रबल रूप से दमित करने का प्रयास करता है ताकि वास्तविकता गुप्त और दमित रहे।

5.5.3.8 द्वितीयक मनोरचनाएँ (Secondary Mental Mechanisms)

'द्वितीयक मनोरचनाओं' से तात्पर्य अहं के ऐसे सुरक्षात्मक तंत्रों से है जो मानसिक संघर्षों के समाधान में मुख्य (major) अर्थात् प्राथमिक (primary) मनोरचनाओं को सहायता प्रदान करते हैं। इन मनोरचनाओं में स्वयं संघर्षों के समाधान की क्षमता नहीं रहती। ऐसी मनोरचनाओं में 'प्रक्षेपण' (projection), 'आत्मीकरण' (identification), 'अंतःक्षेपण' (introjection), 'विस्थापन' (displacement), 'स्थानांतरण' (transference), 'क्षतिपूर्ति' (compensation), 'प्रतिक्रियात्मक विस्फोट' (acting out) इत्यादि आते हैं।

यहाँ यह स्पष्ट होना चाहिए कि प्राथमिक एवं द्वितीयक मनोरचनाएँ पूर्णतः एक–दूसरे से भिन्न नहीं हैं। ये दोनों प्रकार की मनोरचनाएँ एक–दूसरे की पूरक होती हैं। कभी–कभी द्वितीयक मनोरचनाएँ ही प्राथमिक मनोरचना के रूप में काम करती हैं।

'द्वितीयक मनोरचनाएँ' कई हैं। इनमें कुछ प्रमुख मनोरचनाओं का वर्णन प्रस्तुत किया जा रहा है—

5.5.3.9 प्रक्षेपण (Projection)

'प्रक्षेपण' (projection) एक साधारण मनोरचना है जिसका उपयोग प्रायः प्रत्येक व्यक्ति—(बच्चा, युवा, वयस्क, बूढ़ा) करता है। प्रक्षेपण का अर्थ दूसरों पर आरोपित करना होता है। अर्थात् व्यक्ति अपनी विफलताओं, कमजोरियों एवं निराशा के भावों को दूसरों पर प्रक्षेपित (project) करता है। 'पेज' (Page) के अनुसार, 'अपनी प्रवृत्तियों

16. "By reaction formation we mean the development of behaviours which are diametrically opposed to the unconscious wish."
—Brown

तथा शीलगुणों को दूसरों पर आरोपित करना अथवा दूसरों में देखना प्रक्षेपण कहलाता है।'[17] जैसे—कोई व्यक्ति किसी को घृणा की दृष्टि (feelings of hatred) से देखता है, परंतु वह अपने इस भाव को दूसरों पर आरोपित करते हुए कहता है—'वह मुझसे घृणा करता है' या 'हमें नापसंद करता है'। इसी मनोरचना के संदर्भ में 'फ्रायड' (Freud) ने कहा है,—"आप हमें दूसरों के बारे में बताएँ, मैं बता दूँगा—आप क्या हैं?" (You tell me about others, I will tell what you are?)।

प्रक्षेपण की प्रतिक्रिया दो तरह की होती है—(क) व्यक्ति अपनी विफलताओं या कमजोरियों (failures and weaknesses) के कारणों को दूसरों पर प्रक्षेपित या आरोपित (project) करता है या थोपता है। जैसे शरारती बच्चे मारपीट या झगड़ा करने पर प्रायः यह कहते हैं कि—'उसने पहले मारा है', बाल अपराधियों (delinquents) अपने अपराधी कृत्यों (criminal acts) के लिए प्रायः माता–पिता द्वारा प्रेम न मिलने अथवा उपेक्षा किए जाने संबंधी शिकायतें करते हैं। इसी तरह छोटी उम्र का बच्चा जब खिलौना रूपी घोड़े से गिर जाता है तो वह घोड़े को मारता या डाँटता है और कहता है कि 'यह घोड़ा बहुत बदमाश है, उसने गिरा दिया'। प्रक्षेपण की ऐसी प्रतिक्रियाओं द्वारा व्यक्ति अपनी त्रुटियों के लिए दूसरों को दोषी ठहराकर स्वयं को दोष भाव (guilt feeling) से उत्पन्न कुंठा से मुक्त अनुभव करता है और इस तरह उसका अहं (ego) कुंठित होने से बच जाता है। (ख) प्रक्षेपण प्रतिक्रिया के दूसरे प्रकार में व्यक्ति अपनी घृणित, अनैतिक या अस्वीकार्य भावों या विचारों को दूसरों में देखता है। इससे व्यक्ति में उत्पन्न मानसिक तनाव कम होता है। जैसे वह स्वयं किसी से घृणा करता है किंतु कहता है—'वह मुझसे घृणा करता है' (he hates me)। इसी तरह अविवाहित माँ द्वारा अपने बच्चे को 'खच्चर' गाली देना भी प्रक्षेपण है। वह अविवाहित माँ चरित्रहीन पति द्वारा अपनी पत्नी में चारित्रिक दोष बतलाता है। इसी तरह स्वयं चोरी करने वाला दूसरे को चोर कहता है। ये सभी दूसरे प्रकार के प्रक्षेपण के उदाहरण हैं।

इस प्रकार, प्रक्षेपण (projection) की मनोरचना द्वारा व्यक्ति अपने दोषों, घृणित विचारों, कमजोरियों आदि को दूसरों पर आरोपित कर स्वयं को दोषमुक्त समझता है तथा आत्मसंतोष (self satisfaction) एवं शांति का अनुभव करता है।

5.5.3.10 आत्मीकरण (Identification)

'आत्मीकरण' या 'तादात्म्य' (identification) की मनोरचना द्वारा व्यक्ति अपने को दूसरों के अनुरूप बनाता है। अर्थात् अपने 'स्व' (self) को दूसरों के सांचे में ढालने का प्रयास ही 'आत्मीकरण' कहलाता है। जैसे किसी प्रसिद्ध शिक्षक, सिनेमा के हीरो, किसी बड़े नेता आदि के शीलगुणों, वेशभूषा, हेयर स्टाइल आदि का अनुसरण कर उसके जैसा ही बनना तादात्म्य या आत्मीकरण (identification) कहलाता है। अतः कहा जा सकता है कि 'आत्मीकरण' की मनोरचना द्वारा व्यक्ति अपने स्व या अहं को दूसरों के व्यक्तित्व के साँचे में ढालता है तथा विश्वास करता है कि उसमें दूसरे के व्यक्तित्व के गुण हैं। दूसरे के व्यक्तित्व के साँचे में अपने को ढालने का काम 'अचेतन' (unconscious) रूप से होता है। इसलिए 'आत्मीकरण' एवं अनुकरण (identification and imitation) में अंतर है। अनुकरण की प्रक्रिया चेतन रूप से (consciously) होती है। फलतः अनुकरण किया गया व्यवहार बनावटी या कृत्रिम स्वरूप का प्रतीत होता है। अर्थात् इसमें स्वाभाविकता (naturality) का अभाव रहता है। किंतु, आत्मीकरण में व्यक्ति अचेतन रूप से (unconsciously) दूसरे के व्यक्तित्व को अपना आदर्श या प्रतिमान (model) बना लेता है। जैसे बच्चे प्रायः अपने माता–पिता को ही प्रतिमान बना लेते हैं और इस प्रकार उनके स्वाभाविक गुण उसमें भी आ जाते हैं (पूर्णतः नहीं तो आंशिक रूप से ही)। इसी तरह छात्र अपने किसी प्रिय शिक्षक को अपना आदर्श या प्रतिमान बनाकर उनके साथ 'आत्मीकरण' स्थापित करते हैं। कुछ लोग किसी बड़े अभिनेता, नेता, सुप्रसिद्ध प्रशासक आदि को प्रतिमान मानकर उनके साथ 'आत्मीकरण' या तादात्म्य (identification) स्थापित करते हैं। ऐसा करने से व्यक्ति दूसरे की प्रसिद्धि, मान–सम्मान, प्रतिष्ठा, योग्यता

17. "Attributing to or observing in others one's own impulse and traits is called projection". —Page, J.D.

आदि को अपने व्यक्तित्व में स्थानापन्न कर आत्म संतुष्टि प्राप्त करता है और इस प्रकार अपनी कमजोरियों, या अयोग्यताओं के कारण उत्पन्न चिंता, हीनता की भावना एवं तनाव पर विजय प्राप्त करता है।

5.5.3.11 अंतःक्षेपण (Introjection)

'अंतःक्षेपण' (introjection) का अर्थ अपने अंदर (within the self) दूसरों के गुणों को क्षेपित करना होता है। अर्थात् इस मनोरचना में व्यक्ति दूसरों के गुणों को अपने में देखता है। इस प्रकार अंतःक्षेपण (introjection) 'प्रक्षेपण' (projection) के ठीक विपरीत मनोरचना है। प्रक्षेपण में स्वयं के अवगुणों या दोषों को दूसरों पर क्षेपित यानी दूस्रों में देखा जाता है। **'एच.सी. मिलर'** (H.C. Miller) ने इसकी परिभाषा देते हुए कहा है,–"व्यक्ति द्वारा अपने वातावरण के गुणों को अपने व्यक्तित्व में एकाकार करने या शामिल करने की प्रवृत्ति को अंतःक्षेपण कहते हैं।"[18]

'अंतःक्षेपण' की मनोरचना द्वारा व्यक्ति अपनी निराशा एवं कुंठा के भावों को दूर करने हेतु दूसरे के ऐसे गुणों–जिसका वह अपने में अभाव पाता है, को अपने में देखता है अथवा उसे अपने व्यक्तित्व का एक अंग बना लेता है। उदाहरण के लिए कोई व्यक्ति भारतीय प्रशासनिक सेवा (Indian Administrative Service—IAS) में असफल होने के बाद शिक्षक की नौकरी करने लगता है। बाद में उस शिक्षक का पुत्र भारतीय प्रशासनिक सेवा में सफल हो जाता है। इस सफलता को शिक्षक पिता द्वारा स्वयं अपनी सफलता मानना और कहना–'आखिरकार वह मेरा पुत्र है'–अंतःक्षेपण का उदाहरण है। इसी प्रकार 'आप सदा हमारे हृदय में वास करते हैं' (You are always in my heart), या 'आप ही हमारे जीवन के स्रोत हैं' (You are the only source of my life) आदि कथन अंतःक्षेपण के ही परिचायक हैं।

यहाँ अंतःक्षेपण (introjection) और आत्मीकरण या तादात्म्य (identification) में अंतर स्पष्ट कर लिया जाना चाहिए। ये दोनों मनोरचनाएँ लगभग समान स्वरूप की हैं। लेकिन इनमें मुख्य अंतर यह है कि आत्मीकरण या तादात्म्य (identification) में व्यक्ति दूसरों की तरह बनना चाहता है (wants to be like others), जबकि अंतःक्षेपण (introjection) में व्यक्ति दूसरों के गुणों को अपने व्यक्तित्व का ही एक अंग मानता है (he considers the attributes of others as part of himself)।

'फ्रायड' (Freud) ने मनोविदालिता (Schirophrenia) के रोगियों में अंतःक्षेपण (introjection) की मनोरचना का महत्वपूर्ण स्थान बतलाया है। 'मनोविदालता' का रोगी किसी दूसरे के गुणों को अपने व्यक्तित्व का अंग समझने लगता है। इसीलिए कभी–कभी वह अपने को किसी महान नेता, वैज्ञानिक, दार्शनिक या ईश्वर का दूत बतलाता है। यह प्रक्रिया अचेतन रूप से होती है। इसलिए व्यक्ति इनके बारे में अनभिज्ञ (unaware) रहता है।

5.5.3.12 विस्थापन (Displacement)

'विस्थापन' (displacement) भी एक सामान्य और साधारण सुरक्षात्मक मनोरचना है जिसका उपयोग प्रायः सभी व्यक्ति अपने दैनिक जीवन में करते हैं। इस मनोरचना में व्यक्ति किसी व्यक्ति या वस्तु के प्रति अचेतन में वास करता हुआ संवेग (emotions) को उस व्यक्ति या वस्तु से हटाकर (by displacing) किसी दूसरे व्यक्ति या वस्तु से संबंधित (associate) कर देता है। विस्थापन (displacement) का यह कार्य अचेतन रूप से (unconsciously) होता है। 'ब्राउन' (Brown) ने विस्थापन की परिभाषा इस प्रकार से दी है–''विस्थापन का अर्थ संवेगों का एक वस्तु से दूसरी वस्तु पर स्थानांतरित करने से है।''[19]

वातावरण की माँगों (environmental demands) के साथ उपयुक्त समायोजन (adjustment) के क्रम में व्यक्ति अनेक प्रकार की संवेगात्मक प्रतिक्रियाओं (emotional reactions) का अनुभव करता है। लेकिन वातावरणीय

18. "Introjection is a tendency of the individual to incorporate his environmental traits in to his own personality."—Miller, H.C.
19. "Displacement refers to the transference of emotion from one object of another." —Brown, J.F.

सीमाओं (environmental limitations), वास्तविक (realities) एवं अन्यान्य प्रतिबंधों (other restrictions) के कारण व्यक्ति के सभी संवेगों का प्रकाशन नहीं होता। अनेक ऐसी भाव प्रतिक्रियाएँ दमित होती हैं जिनके कारण मानसिक द्वंद्व उत्पन्न होता है। 'अहं' ऐसे संघर्षों से उत्पन्न तनाव को संबंधित व्यक्ति या वस्तु से हटाकर किसी दूसरे तटस्थ (neutral) वस्तु या व्यक्ति पर प्रदर्शित करता है और इस प्रकार स्वयं का तनाव दूर करता है।

विस्थापन के अनेकों उदाहरण हमारे दैनिक जीवन में देखने को मिलते हैं। जैसे–पत्नी के ऊपर उत्पन्न क्रोध के भाव का बच्चों या पालतू कुत्ते पर प्रकट होना, कार्यालय में अधिकारी द्वारा डाँट खाने पर घर पर पत्नी पर बरस पड़ना, आदि विस्थापन के अत्यंत ही सामान्य उदाहरण हैं। इसी तरह किसी संतानहीन महिला का दूसरे बच्चे से बहुत अधिक रागात्मक संबंध बनाना भी 'अतृप्त मातृत्व प्रेम' के विस्थापन का उदाहरण है।

'विस्थापन' (displacement) की प्रक्रिया चेतन (conscious) और अचेतन (unconscious) दोनों स्तरों पर होती है। पिता के प्रति घृणा के भाव का प्रदर्शन उनके किसी काम की चीज को क्षति पहुँचाकर अचेतन रूप से किया जाता है। इसी तरह अपने माता–पिता के प्रति आक्रामक भावों का प्रदर्शन भी अचेतन रूप से क्रांतिकारी विचारों (revolutionary ideas) के माध्यम से होता है। लेकिन, अधिकारी द्वारा डाँट खाने पर पत्नी को डाँटना, या पत्नी के प्रति क्रोध के भाव को बच्चों पर या किसी वस्तु को क्षति पहुँचाकर प्रकट करना चेतन स्तर पर विस्थापन के उदाहरण हैं।

इस प्रकार, विस्थापन की मनोरचना भी व्यक्ति के भावात्मक या संवेगात्मक भावों को निष्कासित (outlet) करने का माध्यम है जो प्रायः व्यक्ति या वस्तुओं पर किया जाता है।

5.5.3.13 स्थानांतरण (Transference)

'स्थानांतरण' (transference) का अर्थ स्थान का परिवर्तन से हैं। यहाँ स्थानांतरण से तात्पर्य किसी व्यक्ति विशेष के प्रति प्रेम या घृणा के भावों को हटाकर किसी दूसरे व्यक्ति या वस्तु पर केन्द्रित करना होता है। जैसे एक माँ किसी कारणवश अपने बच्चे से एक लंबे समय तक दूर रहती है तो वह उस बच्चे द्वारा इस्तेमाल किए गए उन खिलौनों से प्यार करने लगती है जो उस बच्चे को सबसे अधिक प्रिय था।

'स्थानांतरण' और 'विस्थापन' (displacement) की मनोरचनाओं में साधारणतः कोई अंतर नहीं मालूम पड़ता। लेकिन इनमें सूक्ष्म अंतर यह है कि विस्थापन में संवेगों का प्रकाशन किस व्यक्ति या वस्तु पर होगा–यह ज्ञात नहीं रहता जबकि स्थानांतरण जिस व्यक्ति या वस्तु पर होता है, यह ज्ञात रहता है। दूसरा अंतर यह है कि विस्थान सदा दूसरे व्यक्ति या वस्तु पर होता है जबकि स्थानांतरण कभी–कभी स्वयं व्यक्ति पर भी होता है। **'ब्राउन'** (Brown) ने स्थानांतरण की परिभाषा देते हुए कहा है–

''स्थानांतरण' का अर्थ उस मनोरचना से है जिसमें 'कामुक कैथेक्सिस' (अर्थात् प्रेम की भावना) संबंधित व्यक्ति से हटकर दूसरे व्यक्ति पर स्थानांतरित हो जाती है।''[20] ''कामुक कैथेक्सिस' (erotic cathexis) का अर्थ प्रेम या घृणा की मूल प्रवृत्ति (instinct) से है जो बाह्य रूप से किसी व्यक्ति या वस्तु से तथा आंतरिक रूप से व्यक्ति के 'स्व' ('self' of the person) से संबंधित हो जाती है।''[21]

स्थानांतरण दो प्रकार के होते हैं–'धनात्मक स्थानांतरण' (positive transference) तथा 'निषेधात्मक स्थानांतरण' (negative transference)। 'धनात्मक स्थानांतरण' में व्यक्ति अपने अचेतन में दमित प्रेम के भाव को किसी दूसरे व्यक्ति या वस्तु पर प्रकट करता है। जैसे–दादाजी का अपने पौत्र या पौत्री के प्रति प्रेम और स्नेह का भाव, उसकी अनुपस्थिति में उसके द्वारा इस्तेमाल किए गए खिलौनों पर प्रकट होता है। 'निषेधात्मक स्थानांतरण' में व्यक्ति अपनी नफरत या घृणा के भावों को दूसरे व्यक्ति या वस्तु पर प्रकट करता है।

---

20. "Transference signifies shifting of the feelings of love—the erotic cathexis—from one object or person to another". —Brown, J.F.
21. "Erotic cathexis refers to the process by which the love or hate instincts become attached out wordly to object in the environment or inwardly to the self."

मनोविश्लेषणात्मक मनश्चिकित्सा प्रविधि (psycho-analytic therapeutic techniques) का इस्तेमाल करने के क्रम में 'स्थानांतरण' (transference) की घटना प्रायः देखी जाती है जो मनश्चिकित्सा (psychotherapy) की दृष्टि से अत्यंत महत्वपूर्ण होती है तथा इसके प्रबंधन में काफी सतर्कता बरतनी पड़ती है। सामान्य दैनिक जीवन में भी स्थानांतरण के उदाहरण देखने को मिलते हैं। जैसे–किसी युवती से प्रेम के भावों का उसके पालतू कुत्ते के साथ लगाव के रूप में प्रकट होना, अथवा किसी व्यक्ति के प्रति घृणा के भाव उसके बच्चों से नफरत करने के रूप में प्रकट होना स्थानांतरण के उदाहरण हैं।

5.5.3.14 क्षतिपूर्ति (Compensation)

'क्षतिपूर्ति' (compensation) भी अहं सुरक्षा (ego defenses) की एक साधारण किंतु महत्वपूर्ण मनोरचना है। अनेक लोग किसी वास्तविक (real) या काल्पनिक (imagined) अयोग्यताओं के भावों (feelings of inadequacies) की क्षतिपूर्ति विभिन्न क्रियाओं द्वारा करते हैं।

क्षतिपूर्त्यात्मक प्रतिक्रियाएँ (compensatory reactions) 'प्रत्यक्ष' अथवा 'अप्रत्यक्ष' (direct or indirect) दोनों प्रकारों की हो सकती हैं। उदाहरण के लिए शारीरिक रूप से दुर्बल व्यक्ति द्वारा स्वास्थ्यवर्धक आहार लेना, कमजोर विद्यार्थी द्वारा कड़ी मेहनत करना आदि प्रत्यक्ष क्षतिपूर्ति (direct compensation) के उदाहरण हैं। लेकिन, जब कोई पढ़ाई में कमजोर विद्यार्थी अपनी कमजोरी या अयोग्यता से उत्पन्न हीनता के भावों को किसी दूसरे क्षेत्र में 'श्रेष्ठता' (superiority) प्राप्त कर क्षतिपूर्ति करता है तो यह अप्रत्यक्ष क्षतिपूर्त्यात्मक प्रतिक्रिया (indirect compensatory reaction) का उदाहरण मिलता है। जैसे–पढ़ाई में कमजोर विद्यार्थी द्वारा तैराकी में श्रेष्ठता प्राप्त करना, अच्छा खिलाड़ी होना, संगीत में नाम कमाना आदि। इसी तरह शारीरिक रूप से विकलांग व्यक्ति द्वारा बौद्धिक क्षमता में विशिष्टता प्राप्त करना भी 'अप्रत्यक्ष क्षतिपूर्ति' (indirect compensation) का ही उदाहरण है।

क्षतिपूर्त्यात्मक प्रतिक्रियाएँ (compensatory reactions) उचित या अनुचित भी हो सकती हैं। यह इस बात पर निर्भर करता है कि कोई क्षतिपूर्त्यात्मक प्रतिक्रिया व्यक्ति विशेष के लिए किस हद तक संतोषप्रद है तथा वह सामाजिक समायोजन (social adjustment) के लिए कितना उपयोगी है। उदाहरणार्थ–किसी महत्वपूर्ण क्षेत्र की विफलता अपेक्षाकृत कम महत्वपूर्ण क्षेत्र में प्राप्त सफलता निश्चित रूप से व्यक्ति विशेष के लिए बहुत अधिक संतोषदायी नहीं होगा। इसलिए यह सफलता कोई खास अर्थ नहीं रखती अतः अनुचित है। इसी तरह, पढ़ाई में खराब प्रदर्शन की क्षतिपूर्ति यदि असामाजिक कृत्यों द्वारा की जाती है तो सामाजिक समायोजन की दृष्टि से यह भी अवांछनीय (undesirable) एवं अनुचित है।

कभी–कभी व्यक्ति 'अतिक्षतिपूर्त्यात्मक प्रतिक्रिया' (over compensatory reaction) भी करता है। इस प्रकार की क्षतिपूर्ति के कारण व्यक्ति में घमंड विकसित होता है और उसका व्यवहार आक्रामक होने लगता है। इसके कारण असामान्यता (abnormality) यानी व्यक्तित्व संबंधी विकृतियों (personality disorders) के पनपने की संभावना रहती है। अतः यह भी अनुचित या अवांछनीय होता है।

लेकिन यदि क्षतिपूर्त्यात्मक प्रतिक्रियाएँ (compensatory reactions) संतुलित रूप में तथा वांछित दिशा में होती है तो यह सामान्य व्यक्तित्व के विकास में सहायक होता है।

5.5.3.15 प्रतिक्रियात्मक विस्फोट (Acting Out)

यह भी एक मनोरचना है जिसका उपयोग इच्छा पूर्ति में होने वाली बाधाओं (obstacles) से उत्पन्न चिंता और तनाव को दूर करने हेतु किया जाता है। इस मनोरचना में व्यक्ति अपने मन के भावों को प्रकट करने हेतु व्यग्र दिखता है और अवसर मिलते ही उन्हें प्रकट करने लगता है। उदाहरणार्थ–युद्ध क्षेत्र में कभी–कभी सैनिक अपने सुरक्षा शिविरों से अचानक बाहर आ जाते हैं और अंधाधुंध फायरिंग (indiscriminate firing) करने लगते हैं। सामान्य दैनिक जीवन में भी बहुधा यह देखा जाता है कि जब कोई व्यक्ति किसी तरह से दुर्व्यवहार का शिकार होता है अथवा किसी तरह से भेद–भाव या पक्षपात का शिकार होता है, तो इसके लिए वह प्रत्यक्ष या

अप्रत्यक्ष रूप से जिम्मेदार व्यक्ति पर हिंसात्मक आक्रमण कर बैठता है। अर्थात् अचानक गुस्सा फूट पड़ता है। तोड़–फोड़ (vandalism), आगजनी (arson), संपत्ति नष्ट करना (destroying or damaging of property) इत्यादि 'प्रतिक्रियात्मक विस्फोट' (acting act) के ही उदाहरण हैं। इस प्रकार प्रत्यक्ष रूप से व्यक्ति अपनी निराशा एवं घृणा के भावों का निष्कासन (outlet) कर संतुष्टि का अनुभव करता है। यद्यपि ऐसी प्रतिक्रियाओं के बुरे परिणाम भी लोगों को भुगतने पड़ते हैं, लेकिन तत्काल में व्यक्ति संयम खो बैठता है और विस्फोटक प्रतिक्रिया द्वारा अपने कुंठित भावों को संतुष्ट करने का प्रयास करता है।

उपर्युक्त वर्णित मनोरचनाओं के अतिरिक्त और भी कई मनोरचनाएँ हैं जैसे—नकारात्मकता (negativism) यानी नकारना (denial), प्रत्याहार (withdrawal), पश्चाताप (atonement), कल्पना (phantasy), दिवास्वप्न (day dreaming) इत्यादि। इन सभी मनोरचनाओं का उद्देश्य मानसिक संघर्षों से उत्पन्न चिंताएँ तनाव को दूर करना अथवा कम करना तथा मनोभावों का निष्कासन करना होता है ताकि अहं कुंठित या विखंडित न हो। अर्थात् अहं की सुरक्षार्थ ही इन सभी मनोरचनाओं का उपयोग किया जाता है। लेकिन, इन सभी मनोरचनाओं का वर्णन करना यहाँ अभीष्ट नहीं है।

5.6 सारांश (Summary)

1. मनोगतिकी (psychodynamics) एक दृष्टिकोण है, जो मनोविश्लेषणात्मक सिद्धांत की उपज है जिसके मुख्य प्रणेता डा. सिगमंड फ्रायड (Dr. Sigmund Freud) हैं।
2. मनोगतिकी सिद्धांत या दृष्टिकोण का मुख्य आधार जन्मजात मूल प्रवृत्तियाँ (inborn instincts) हैं जो परस्पर विरोधी स्वरूप की होती हैं। ऐसी मूल प्रवृत्तियों में 'फ्रायड' ने जीवन और मृत्यु की मूल प्रवृत्तियों (Life or Eros and death or thanatos) को ही मूल आधार बतलाया है जिनके बीच के अंतर्द्वंद्वों (conflicts) द्वारा ही व्यक्ति के व्यवहार संचालित और निर्देशित होते रहते हैं।
3. इस क्रम में 'फ्रायड' ने मन के पहलुओं की चर्चा की है।
4. 'मन' (mind) की अंतरात्मा (inner self) अर्थात् 'I' or Psyche को ही मन कहते हैं जो व्यक्ति के व्यक्तित्व का मूल (root) होता है तथा जिसके संगठनात्मक रचना (organised structure) एवं कार्यशीलता की गत्यात्मकता (dynamics of functions) पर समायोजी (adjustive) या कुसमायोजी (maladjustive) व्यक्तित्व का विकास निर्भर करता है।
5. 'फ्रायड' ने मन के दो पहलुओं की चर्चा की है—

   गत्यात्मक (dynamic) एवं आकारात्मक (topographical) पहलू।
6. 'फ्रायड' ने मन के 'गत्यात्मक पहलू' (dynamic aspect of mind) के अंतर्गत तीन मुख्य प्रतिनिधियों की चर्चा की है जो वस्तुतः तीन प्रकार की परस्पर विरोधी शक्तियाँ (antagonistic forces) हैं। इन्हीं तीनों शक्तियों के पारस्परिक संतुलन (equilibrium) पर व्यक्तित्व की कार्यशीलता निर्भर करती है।
7. ये तीनों प्रतिनिधियाँ क्रमशः 'उपाहं' (id), 'अहं' (ego) एवं 'पराहं' (super ego) हैं।
8. 'उपाहं' (id) पूर्णतः अचेतन होता है तथा हर तरह की इच्छाओं का भंडार होता है। यह सुख के नियमों द्वारा संचालित होता है तथा असामयिक होता है। यह 'न' को नहीं जानता है।
9. 'अहं' (ego) आंशिक रूप से अचेतन और आंशिक रूप से चेतन होता है जिसका विकास बाद में उपाहं का ही एक अंश के रूप में होता है। यह एक तरफ (चेतन भाग) बाह्य जगत की वास्तविकताओं (realities of outer world) एवं दूसरी तरफ (अचेतन भाग) उपाहं (id) के संपर्क में रहता है। 'अहं'

उपाहं एवं चेतन स्तर के 'पराहं' दोनों प्रवृत्तियों के बीच सामंजक के रूप में (as an adjuster) दोनों मालिकों की सेवा करता है (renders its services between the two masters—id and super ego)।

10. 'परांह' (super ego) पूर्णतः चेतन (conscious) होता है तथा सामाजिक एवं सांस्कृतिक मूल्यों द्वारा अनुकूलित (conditioned) होता है यह वास्तविकता के संपर्क में रहता है। पराहं का विकास भी 'अहं' के एक अंश के रूप में वास्तविक वातावरण के संपर्क से होता है। यह 'उपाहं' की प्रवृत्तियों पर लगाम यानी प्रतिबंध लगाने का मुख्य काम करता है। इस प्रकार, 'पराहं' उपाहं की प्रवृत्तियों पर प्रतिबंधक (censorship) का काम करता है।
11. 'आकारात्मक पहलू' (topographical aspect) वस्तुतः मन के गत्यात्मक पहलुओं के प्रतिनिधियों का कार्यस्थल (venue) होता है।
12. आकारात्मक पहलू के अंतर्गत 'चेतन', 'अर्धचेतन' और 'अचेतन' (conscious, subconscious and unconscious) की परिकल्पना की गई है।
13. चेतन भाग का सीधा संबंध तात्कालिक प्रत्यक्ष ज्ञान (immediate percept) से रहता है। संपूर्ण मन का यह सबसे छोटा भाग होता है जिसमें वर्तमान की घटनाओं की स्मृतियाँ रहती हैं, तथा बाह्य जगत की वास्तविकताओं से निकट का संबंध रहता है।
14. अर्धचेतन (subconscious) चेतन और अचेतन के बीच सीमांत भाग है जो न तो पूर्णतः अचेतन (unconscious) रहता है और न पूर्णतः चेतन (conscious)।
15. अचेतन पूर्णतः अचेतन होता है तथा संपूर्ण मन का सबसे बड़ा भाग होता है। इसमें व्यक्ति की दमित अतृप्त इच्छाएँ संचित रहती हैं तथा वे सदैव चेतनाभिव्यक्ति के लिए सक्रिय रहती हैं। यह स्वभावतः स्वकीय (ego centric) होता है तथा वास्तविकता, नैतिकता, सामाजिकता आदि से कोई संबंध नहीं रहता है।
16. अचेतन का व्यक्ति के व्यक्तित्व, व्यवहार एवं सामंजन में अत्यंत ही महत्वपूर्ण भूमिका होती है।
17. चूंकि अचेतन की चेतना हमें नहीं रहती, इसलिए इसके अस्तित्व को प्रत्यक्ष रूप से प्रमाणित नहीं किया जा सकता। लेकिन हमारे व्यवहारों पर पड़ने वाले प्रभावों द्वारा इसके अस्तित्व (existence) को सिद्ध किया जा सकता है।
18. इसके अस्तित्व को कुछ महत्वपूर्ण गोचरों (phenomenon) जैसे—सम्मोहन (hypnosis), सम्मोहन के बाद की अवस्था (past hypnotic stage), स्वप्न, दैनिक जीवन की सामान्य भूलें (common mistakes of every life), निद्राभ्रमण (somnambulism), एनेस्थेसिया का प्रभाव (effect of anesthesia) इत्यादि द्वारा प्रमाणित किया जा सकता है।
19. अनजाने में दैनिक जीवन में होने वाली भूलें या त्रुटियाँ प्रायः सबसे से होती हैं जिनके प्रत्यक्ष कोई कारण प्रतीत नहीं होते। आमतौर पर ऐसी भूलों को संयोग वश होने वाली भूले मान लिया जाता है।
20. लेकिन इन भूलों या त्रुटियों के वास्तविक कारण हमारे अचेतन में विद्यमान रहते हैं। इन त्रुटियों के माध्यम से अचेतन में संचित अतृप्त इच्छाएँ एवं मनोविकारी भावों का निष्कासन (outlet) होता है। इसीलिए इन्हें 'दैनिक जीवन की सामान्य मनोविकृतियाँ' (psychopathology of every day life) कहते हैं।
21. ऐसी भूलों में व्यक्ति, वस्तु या स्थान के नामों को भूलना, लिखावट की भूलें, बोलने की भूलें, पहचान संबंधी भूलें आदि सामान्य भूलें हैं।
22. जब दो या दो से अधिक परस्पर विरोधी इच्छाएँ या प्रेरणाएँ एक ही साथ उत्पन्न होती हैं तो मानसिक संघर्ष (mental conflict) की स्थिति उत्पन्न होती है।

23. यह संघर्ष मन के चेतन (conscious) और अचेतन (unconscious)—दोनों स्तरों पर उत्पन्न होता है। लेकिन चेतन स्तर के संघर्षों का समाधान थोड़े तर्क–वितर्क के आधार पर शीघ्र और आसानी से कर लिया जाता है।
24. अचेतन संघर्ष से चूंकि व्यक्ति वाकिफ नहीं रहता, अतः अचेतन संघर्षों (unconscious conflicts) का समाधान चेतन रूप से (consciously) संभव नहीं होता। यद्यपि ये संघर्ष ही सही अर्थ में हमारे समायोजी एवं कुसमायोजी व्यवहारों (adjustive and maladjustive behaviours) के मुख्य निर्धारक होते हैं।
25. फ्रायड के अनुसार अचेतन मानसिक संघर्षों के मुख्य आधार 'जन्मजात जीवन और मृत्यु की मूल प्रवृत्तियाँ' (in born life and death instincts) होती हैं। लेकिन, कुछ लोगों के अनुसार इन संघर्षों के आधार 'हीनता की भावना' (feeling of inferiority) बनाम 'श्रेष्ठता की भावना' (feeling of superiority) तथा 'सामाजिक–सांस्कृतिक बाधाएँ' (socio-cultural obstacles) होती हैं।
26. सामान्यतः अचेतन स्तर के संघर्षों के समाधान के लिए 'अहं' (ego) स्वयं अचेतन रूप से कुछ युक्तियों (strategies) का उपयोग करता है जिसे 'मनोरचनाएँ' (mental mechanisms) कहते हैं।
27. इन मनोरचनाओं को 'अहं' सुरक्षात्मक मनोरचनाएँ' (ego defensive mechanisms) भी कहते हैं क्योंकि इन मनोरचनाओं द्वारा संघर्ष के कारण उत्पन्न तनाव या चिंता को कम या दूर किया जाता है। ऐसा करने से 'अहं' कुंठित या विखंडित (split) होने से बच जाता है। इसीलिए इसे 'अहं सुरक्षा' (ego defense) कहते हैं।
28. अहं द्वारा उपयोग में लाई जाने वाली मनोरचनाएँ दो तरह की होती हैं—प्राथमिक (primary) एवं द्वितीयक (secondary)।
29. प्राथमिक मनोरचनाएँ वृहद (major) मनोरचनाएँ हैं जिसके अंतर्गत 'दमन' (repression), 'प्रतिक्रिया निर्माण' (reaction formation), 'प्रतिगमन' (regression) आदि मुख्य मनोरचनाएँ आती हैं।
30. गौण या द्वितीयक मनोरचनाएँ प्राथमिक मनोरचनाओं की सहयोगी मनोरचनाएँ हैं जिसके अंतर्गत 'प्रक्षेपण' (projection), 'अंतःक्षेपण' (introjection) आदि मनोरचनाएँ आती हैं।

6

मनोलैंगिक विकास
(Psychosexual Development)

अध्याय रूपरेखा (Chapter Outline)

6.1 स्वरूप (Nature)

'फ्रायड' (Freud) के मनोविश्लेषणात्मक सिद्धांत (psychoanalytic thoery) की एक सर्वाधिक महत्वपूर्ण अभिधारणा (postulate) यानी आधार तत्व 'मनोलैंगिक विकास' (psychosexual development) है। यह अभिधारणा व्यक्तित्व के निर्माण एवं विकास के मूलभूत तथ्यों पर आधारित है।

'मनोलैंगिक विकास' की अभिधारणा (postulate) दो प्रकार के दृष्टिकोणों पर आधारित है–(क) पहला दृष्टिकोण इस बात पर जोर देता है कि बाल्यावस्था की अनुभूतियाँ (childhood experiences) वयस्क व्यक्तित्व को नियंत्रित और निर्देशित करती है। (ख) दूसरा दृष्टिकोण 'लैंगिक ऊर्जा' (sexual energy) यानी 'लिबिडो' (Libido) के विकास की अवस्थाओं से संबंधित है।

पहले दृष्टिकोण के अनुसार **'फ्रायड'** का मानना है कि व्यक्तित्व नामक इमारत की नींव (foundation) बाल्यावस्था में ही पड़ती है। इसीलिए इन्होंने जीवन के प्रारंभिक पाँच वर्षों को 'व्यक्तित्व निर्माण की अवधि' (period of personality formation) कहा है। इस अवधि में बच्चों पर दुःखद, हताश अथवा आघातपूर्ण घटनाओं के साथ–साथ सुखद अनुभवों के भी दूरगामी प्रभाव पड़ते हैं। उन्होंने यह भी स्पष्ट किया है कि वयस्क या प्रौढ़ावस्था में होने वाले मनो रोग के पीछे बाल्यावस्था की अनुभूतियों की महत्वपूर्ण भूमिका रहती है।

दूसरे दृष्टिकोण में **'फ्रायड'** ने व्यक्तित्व के विकास में यौनेच्छा (sexual desires) की संतुष्टि या असंतुष्टि को सर्वाधिक महत्व दिया है। साधारणतः दो विपरीत लिंगों (opposite sexes) के प्राणियों के बीच 'रति क्रिया' (sexual intercourse) से संबंधित आकर्षण (attraction), आलिंगन, प्रेम व्यापार आदि को यौन से संबधित क्रिया माना जाता है, जो एक 'जैविक वृत्ति' (biological urge) है। लेकिन, 'फ्रायड' ने यौन शब्द का प्रयोग अत्यंत ही व्यापक अर्थ में किया है। उनके अनुसार, यौन के अंतर्गत प्राणी की वे सभी क्रियाएँ शामिल हैं, जिससे प्राणी को सुख या संतुष्टि तथा तनाव से मुक्ति मिलती है। 'फ्रायड' का मानना है कि व्यक्तित्व के विकास (development of personality), रूपीकरण (shaping) एवं रंजन (colouring) में लैंगिक इच्छाओं (sexual desires) के विकास की विभिन्न अवस्थाओं का ही अधिक महत्व है। इसे ही 'मनोलैंगिक विकास की अवस्था' (Stages of psychosexual development) कहते हैं।

यौन–वृत्ति के संबंध में एक भ्रांति (misconception) यह है कि इस वृत्ति का प्रादुर्भाव 'वयः संधि के स्तर' (stage of puberty) के बाद अर्थात् किशोरावस्था में होता है। लेकिन, 'फ्रायड' ने इसका प्रादुर्भाव शैशवकाल (infancy period) ही माना है जो बच्चे के शारीरिक और मानसिक विकास के साथ–साथ होती है। उन्होंने 1909 में व्यक्तित्व के विकास की प्रक्रिया में 'मनोलैंगिक विकास' की महत्ता पर प्रकाश डाला। उन्होंने मनोलैंगिक विकास को कई अवस्थाओं में बाँटा है तथा प्रत्येक अवस्था की प्रमुख विशेषताओं को व्यक्तित्व के विकास के साथ संबंधित किया है। इन्होंने मनोलैंगिक विकास की विभिन्न अवस्थाओं को कई वर्गों में बाँटा है जैसा कि नीचे की तालिका में दर्शाया गया है–

6.2 मनोलैंगिक विकास की अवस्थाएँ (Stages of Psychosexual Development)

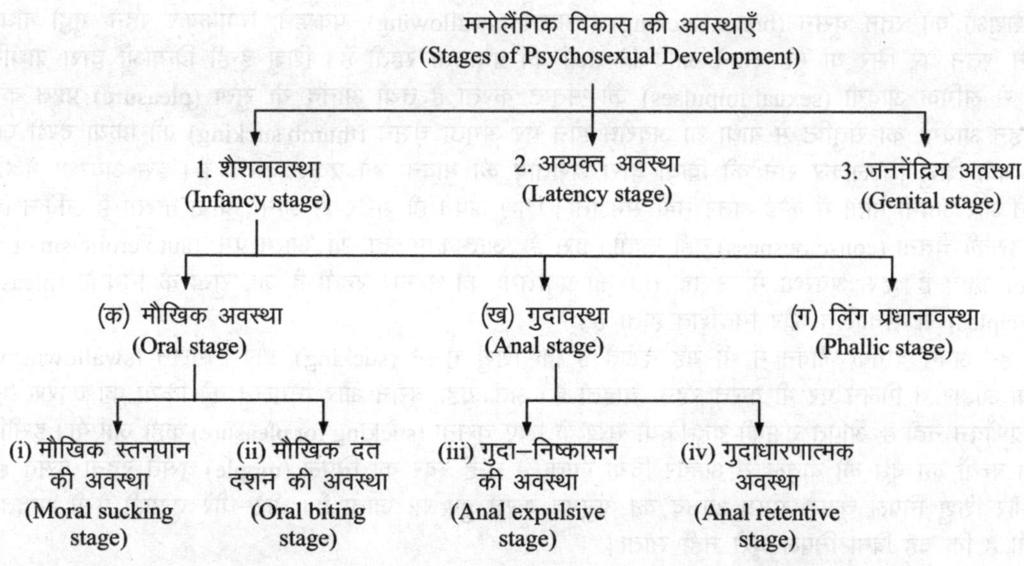

नोटः ऊपर की तालिका में मनोलैंगिक विकास को मुख्यतः तीन अवस्थाओं में दिखलाया गया है—शैशवकालीन अवस्था, अव्यक्त अवस्था एवं जननेंद्रिय अवस्था।

उपर्युक्त तालिका से स्पष्ट है कि मनोलैंगिक विकास की मुख्यतः पाँच अवस्थाएँ होती हैं और शेष दो अवस्थाएँ उपअवस्थाएँ हैं जो शैशवकालीन (infancy period) की दो अवस्थाओं के उपभाग (subparts) हैं। ये पाँच अवस्थाएँ निम्नलिखित हैं—

(i) मौखिक अवस्था (Oral stage)
(ii) गुदावस्था (Anal stage)
(iii) लिंग प्रधानावस्था (Phallic stage)
(iv) अव्यक्त अथवा निलीनावस्था (Latency stage) एवं
(v) जननेंद्रिय अवस्था (Genital stage)

6.3 मौखिक अवस्था (Oral Stage)

मनोलैंगिक विकास की यह प्रारंभिक अवस्था है जो व्यक्तित्व के विकास की दृष्टि से प्राथमिक महत्व (primary significance) की होती है। इस अवस्था की प्रमुख विशेषताओं के आधार पर इसे दो अलग–अलग उपभागों (subdivisions) में बाँटा जाता है—

(i) मौखिक स्तनपान या चूषण की अवस्था (Oral sucking stage or phase) एवं
(ii) मौखिक दंत–दंशन की अवस्था (Oral biting stage or phase)

6.3.1 मौखिक स्तनपान या चूषण की अवस्था (Oral Sucking Stage or Phase)

यह अवस्था जन्म से प्रारंभ होकर लगभग 6 से 8 महीने तक चलती है। इस अवस्था में शिशु का मौखिक प्रदेश (oral region) ही 'काम जनक क्षेत्र' (erotic zone) होता है। इसीलिए इसे मौखिक अवस्था कहते हैं। इस अवस्था में शिशुओं को स्तन चूसने (breast sucking), निगलने (swallowing), पकड़ने, चिपककर रहने, मुट्ठी बाँधकर रखने, स्तन पर सिर या मुँह रखने आदि क्रियाओं की प्रधानता रहती है। शिशु इन्हीं क्रियाओं द्वारा प्राथमिक रूप से लैंगिक आवेगों (sexual impulses) को संतुष्ट करता है तथा आनंद या सुख (pleasure) प्राप्त करता है। इन आवेगों की संतुष्टि में बाधा या अवरोध होने पर अंगूठा चूसने (thumb sucking) की क्रिया देखी जाती है अथवा शिशु चिल्लाकर रोने की क्रिया द्वारा असंतोष की भावना को प्रकट करता है। इस अवस्था में शिशु अपने और अपनी माता में कोई अंतर नहीं समझता। शिशु अपने ही शरीर से आनंद प्राप्त करता है लेकिन शिशु को इसकी चेतना (consciousness) नहीं रहती। इसे ही 'आत्मकामुकता' या 'आत्म प्रेम' (auto eroticism or self love) कहते हैं। इस अवस्था में 'उपाहं' (id) की प्रवृत्तियों की भरमार रहती है जो 'सुख के नियमों' (pleasure principles) से संचालित और निर्देशित होता है।

हम अपने दैनिक जीवन में भी यह देखते हैं कि शिशु चूसने (sucking) और निगलने (swallowing) की क्रिया आहार न मिलने पर भी करते रहना चाहता है। अतः यहाँ चूसने और निगलने की क्रिया का कारण 'भूख' का प्रणोदन नहीं है, अपितु उसकी यह क्रिया सुख के लिए चूसना (sucking for pleasure) कही जाएगी। इसीलिए जिन बच्चों को दूध की बोतल से आहार दिया जाता है उन्हें रबर का निपल (nipple) चूसते रहना पसंद होता है और शिशु निपल चूसते समय आनंद का अनुभव करते हुए सो जाता है। धीरे–धीरे उसकी ऐसी आदत हो जाती है कि वह बिना निपल चूसे नहीं सोता।

इस अवस्था की एक और विशेषता यह है कि शिशु का संपूर्ण शरीर संवेदनशील होता है, इसलिए शरीर के किसी भी भाग को स्पर्श करने अथवा थपथपाने पर उसे सुख और आनंद का अनुभव होता है। अर्थात् इस अवस्था में यौन–सुख शिशु के संपूर्ण शरीर में फैला हुआ रहता है। लेकिन कुछ भाग अतिसंवेदनशील होते हैं जैसे—ओंठ, जिह्वा, गला इत्यादि।

6.3.2 मौखिक दंत-दंशन की अवस्था (Oral Biting Stage or Phase)

लगभग 8 महीने के आस–पास शिशुओं को स्तन–पान की आदत छोड़ने हेतु प्रक्रिया का आरंभ होने लगता है (the process of weaning begins)। इस उम्र के आस–पास ही दाँत (teeth) निकलने शुरू हो जाते हैं। नतीजा यह होता है कि शिशु को अपने पोषण और आहार के लिए 'स्वनिर्देशित क्रिया' (self directed activity) की खोज करनी पड़ती है जो शिशु के लिए आघातपूर्ण होता है। साथ ही इस उम्र में जच्चा और बच्चा (the infant and mother) के बीच संपर्क की अवधि में भी थोड़ी कमी आती है। ये दोनों स्थितियाँ (दूध छुड़ाना एवं संपर्क की अवधि में कमी) शिशु के लिए आघातपूर्ण होती है। इस आघात के प्रति प्रतिक्रिया स्वरूप (as a reaction) शिशु में माँ के प्रति घृणा के भाव एवं आक्रामक प्रवृत्तियों (feelings of hatred and aggressive tendencies) का प्रादुर्भाव होता है जिसकी अभिव्यक्ति (manifestation) दाँत काटने अथवा दंत–दंशन (biting) की क्रिया द्वारा होती है। इस क्रिया द्वारा शिशु लैंगिक सुख (sexual pleasure) प्राप्त करता है तथा आक्रामक प्रवृत्तियों (aggressive tendencies) का निष्कासन (outlet) भी करता है। इसीलिए इसे 'दंत–दंशन' (biting) की अवस्था कहा जाता है। इस अवस्था में 'स्वनिर्देशित क्रिया' (self directed activity) की तलाश करने के क्रम में शिशु को अस्पष्ट रूप से 'स्व' (self) एवं बाह्य जगत की वास्तविकता (reality of the external world) का भी बोध होने लगता है। दंत–दंशन की अवस्था लगभग 18 महीने की आयु तक चलती रहती है। लेकिन, इस अवस्था में चूसने तथा निगलने की क्रिया समाप्त नहीं होती, लेकिन दाँत से काटने की क्रिया की प्रधानता रहती है। मौखिक अवस्था की इस विशेषता को 'मौखिक आक्रामकता' (oral aggressiveness) अथवा 'मौखिक परपीड़न' (oral sadistic) की अवस्था भी कहते हैं। क्योंकि शिशु स्तन–पान से वंचित होने की स्थिति से उत्पन्न असंतोष की भावना को दाँत काटने की क्रिया द्वारा व्यक्त करता है और इस प्रकार दंत–दंशन द्वारा दूसरों को होने वाली पीड़ा (pain) से लैंगिक सुख का अनुभव होता है। अतः स्पष्ट है कि इस अवस्था में 'कामुक प्रवृत्ति' (erotic urges) की अभिव्यक्ति दाँत काटकर छिन्न–भिन्न करने की आक्रामक प्रवृत्तियों (aggressive tendencies) द्वारा होती है। साथ ही, इस अवस्था में शिशुओं को कुछ अंशों में अपनी माँ से स्वतंत्र रहने (यानी संपर्क से विलग रहने) के कारण घृणा का भाव (feeling of hatred) उत्पन्न होता है। लेकिन, उसकी आवश्यकताओं की पूर्ति का मुख्य स्रोत माँ ही रहती है। इसीलिए वह माँ से प्रेम भी करता है। इस प्रकार माँ के प्रति विरोधी भाव (ambivalent feelings) का उदय होता है। इस अवस्था के प्रारंभ में शिशु 'आत्मकामुक' (autoerotic) रहता है, लेकिन बाद में उसमें 'आत्ममोह' (narcissism) के भाव पनपने लगते हैं। अर्थात् वह अपने शरीर से प्रेम नहीं करता अपितु उसे अपने आप का ज्ञान भी होने लगता है जिसके कारण वह अपने आपको प्रेम भी करने लगता है।

मौखिक दंत–दंशन की अवस्था के समाप्त होने तक शिशु स्तन पान से प्रायः पूर्णतः वंचित हो जाता है। फलस्वरूप, स्तन पान या बोतल द्वारा पोषण लेने की जगह शिशु को पोषण प्राप्त करने हेतु स्वयं सक्रिय रूप से क्रियाशील होना पड़ता है। इसके अतिरिक्त, साफ–सुथरा रहने की आदत का निर्माण प्रारंभ हो जाता है तथा शिशु के इस उम्र के आस–पास दूसरे शिशु के आगमन की भी संभावना रहती है। इस प्रकार, स्तन पान से पूर्णतः वंचित रहने (final weaning), व्यक्तिगत सफाई की आदत का निर्माण (formation of cleaning habits), एवं अन्य शिशु के आगमन की सभावना (possibility of a second child) के कारण शिशु घोर निराशा के भाव से ग्रस्त होता है जिससे उसका 'अहं' (ego) और अधिक प्रबल (stronger) रूप से विकसित होने लगता है।

यद्यपि, इस अवस्था में 'सुख का नियम' (pleasure principle) प्रभावी रहता है, फिर भी अहं के सबल होने के कारण 'वास्तविकता के नियम' (reality principle) से प्रेरित व्यवहार दिखने लगते हैं। **'मेलानी क्लाइन'** एवं **'ई. ग्लोवर'** (Melanie Klein and E. Glover) के अनुसार 'पराहं' (super ego) का भी विकास इसी अवस्था में प्रारंभ हो जाता है।

मनोलैंगिक विकास की इस प्रारंभिक अवस्था के संबंध में कुछ मनोवैज्ञानिक 'फ्रायड' के विचारों से सहमत नहीं दिखते। उदाहरणस्वरूप, 'युंग' (Jung) ने 'कामशक्ति' (libidinal force) के बदले 'जीने की इच्छा' (will to live) के महत्व पर जोर दिया है। उनके अनुसार 'स्तन चूषण' या 'दंत–दंशन' की क्रिया लैंगिक तृप्ति की क्रिया नहीं है, बल्कि पोषण (nutrition) एवं विकास (development) हेतु की जाने वाली प्रतिक्रियाएँ हैं।

इसी तरह 'नवफ्रायडवादी' (neofreudians) भी 'फ्रायड' से भिन्न मत रखते हैं। 'नवफ्रायडवादी' लैंगिक पहलू (sexual aspects) को गौण (secondary) मानते हैं। इनके अनुसार, प्रारंभिक मौखिक अवस्था की प्रतिक्रियाएँ मूलरूप से पोषण से संबंधित (nutrition related) आवश्यकताओं (needs) द्वारा निर्धारित होती हैं जिसकी संतुष्टि होने पर आनंद और सुख का स्वाभाविक रूप से अनुभव होता है। अतः मौखिक अवस्था (oral stage) की प्रतिक्रियाएँ (reactions) शारीरिक पोषण एवं जैविक विकास (bodily nutrition and biological development) के नियमों द्वारा निर्धारित होती हैं, न कि लैंगिक इच्छाओं (sexual desires) द्वारा।

विभिन्न मनोवैज्ञानिकों के विचारों में भिन्नता के बावजूद 'फ्रायड' ने मौखिक अवस्था को 'कामशक्ति' (libidinal urges) से प्रेरित अवस्था बतलाया है जो बच्चों का इलाज करने वाले वयोवृद्ध डॉक्टर 'लिंडनर' (Lindner) के निरीक्षण तथा उनकी देखभाल करने वाली नर्सों के अनुभव के आधार पर सही प्रतीत होता है। इतना ही नहीं, वयस्क व्यक्तियों में भी कुछ मौखिक लैंगिक प्रतिक्रियाएँ (oral sexual reactions) पाई जाती हैं, जैसे–चुबंन (kissing) और दाँत काटने (biting) की प्रतिक्रियाएँ देखी जाती हैं। ये प्रतिक्रियाएँ मौखिक अवस्था के शिशुओं की प्रतिक्रियाओं के ही परिमार्जित रूप (modified form) हैं। अतः स्पष्ट है कि मनोलैंगिक विकास की प्राथमिक अवस्था मौखिक अवस्था है जिसमें चूषण (sucking) एवं दंत–दंशन (biting) की भी प्रतिक्रियाएँ प्रधान रूप से पाई जाती हैं।

6.4 गुदावस्था (Anal Stage)

शैशव लैंगिकता (infantile sexuality) की यह दूसरी प्रधान अवस्था होती है। यह अवस्था लगभग 18 महीने से 4 वर्ष की उम्र तक रहती है। इस अवस्था में 'कामुकक्षेत्र' (erotic zone) मौखिक प्रदेश (oral region) से हटकर (विस्थापित होकर) गुदा क्षेत्र (anal region) में केंद्रित हो जाता है। इस अवस्था के भी दो पक्ष (phases) होते हैं–(i) गुदानिष्कासन की अवस्था एवं (ii) गुदा धारण की अवस्था (anal retentive phase)।

6.4.1 गुदा निष्कासन की अवस्था (Anal Expulsion Phase)

गुदावस्था की यह प्रारंभिक अवस्था है जो डेढ़ वर्ष की आयु के आस–पास प्रारंभ होकर ढाई वर्ष की उम्र तक रहती है। इस उम्र में शिशु मल–मूत्र का परित्याग कर लैंगिक सुख या आनंद प्राप्त करता है। इसके दो कारण हैं–

(क) मल–मूत्र के एकत्र होने से तनाव और बेचैनी का अनुभव होता है जिसके दाब (pressure) के कारण परित्याग (evacuation) की इच्छा उत्पन्न होती है। परित्याग (evacuation) के फलस्वरूप उत्पन्न तनाव और बेचैनी में कमी आती है जो सुखद अनुभव (pleasurable experience) प्रदान करता है।

(ख) मल–मूत्र परित्याग संबंधी प्रशिक्षण के फलस्वरूप बच्चों में यह समझ विकसित होने लगती है कि ये गंदी चीजें हैं। अतः इनका परित्याग करना चाहिए। साथ–ही–साथ बच्चे इसके धारण करने के महत्व

को भी समझने लगते हैं। इसीलिए कभी–कभी वे मल–मूत्र को थोड़े समय तक रोक कर रखने के बाद परित्याग (evacuation) की प्रवृत्ति रखते हैं। इससे उन्हें अधिक आनंद मिलता है।

गुदावस्था की इस प्रारंभिक अवस्था में शिशु का 'अहं' (ego) और अधिक स्पष्ट रूप से भिन्न (differentiated) हो जाता है जिससे वह अपने को अधिक शक्तिशाली समझने लगता है। उसे यह अच्छी तरह विदित होने लगता है कि मल–मूत्र का त्याग करने से व्यक्तिगत आनंद के अतिरिक्त उसे पुरस्कृत (rewarded) भी किया जाता है। अतः वह अपनी आक्रामकता (aggressiveness) को प्रदर्शित करने तथा माता–पिता को अपमानित या परेशान करने हेतु मल–मूत्र के परित्याग का उपयोग करता है। बच्चों द्वारा बिछावन पर मूत्र परित्याग (bed wetting) करने से उनकी आक्रामक प्रवृत्ति (aggressive tendency) एवं व्यक्तिगत आनंद (personal pleasure) —दोनों की अभिव्यक्ति होती है।

इस अवस्था में 'आत्मप्रेम' (narcissism) की भावना अत्यधिक स्पष्ट एवं सबल रूप में विकसित होती है जो 'सुख के नियमों' (pleasure principles) से निर्देशित होती है। इस अवस्था के शिशुओं में 'आत्मकामुकता' (auto eroticism) भी वर्तमान रहती है, लेकिन उसका स्वरूप मुख्यरूप से गुदात्मक रहता है। 'आत्मप्रेम' की भावना यद्यपि सुख के नियमों से निर्देशित होता है किंतु 'अहं' (ego) के विकास के कारण उसका व्यवहार 'वास्तविकता के नियमों' (reality principles) द्वारा निर्धारित होता है। इसके बावजूद 'सुख के नियमों' की प्रधानता रहती है। कभी–कभी शिशु 'वास्तविकता' (reality) की रक्षा की भावना से प्रेरित होकर 'सुख के सिद्धांत' (pleasure principle) को ठुकराता भी है और आगे चलकर उन्हीं सुखद क्रियाओं को करता है जिससे वास्तविकता के साथ उसका संबंध बना रहे।

इसी अवस्था में 'पराहं' (super ego) का भी विकास होता है तथा बच्चों को 'लिंग भेद' (sex difference) का ज्ञान होना प्रारंभ हो जाता है। अर्थात् उसे यह समझ होने लगती है कि लड़के और लड़कियों के जननेंद्रियों (genitals) की बनावट में अंतर होता है तथा उसे एक खास लिंग का व्यक्ति (male or female) बनना है।

6.4.2 गुदा-धारणात्मक अवस्था (Anal Retentive Phase)

यह गुदा निष्कासन (anal expulsive phase) के बाद की अवस्था है जो प्रायः ढाई वर्ष से चार वर्ष की उम्र के बीच रहती है। बच्चों में मल–मूत्र परित्याग (evacuation) संबंधी प्रशिक्षण (समय, स्थान, सफाई आदि का प्रशिक्षण) तथा इन्हें नियमित करने की आवश्यकता पर माता–पिता द्वारा जोर देने के फलस्वरूप बच्चों में यह भावना विकसित होती है कि मल–मूत्र निश्चय ही महत्वपूर्ण चीजें हैं। इसकी महत्ता को परखने, तथा माता–पिता द्वारा इनके निगमन संबंधी प्रशिक्षण की अवहेलना या अवज्ञा (disobey) करने के उद्देश्य से बच्चों में मूल–मूत्र को संचित रखने की प्रवृत्ति (retention tendency) पनपती है। मल–मूत्र को रोके रखने से मलोत्सर्जन अवयवों के श्लैष्मिक झिल्ली (mucus membrane) में सांवेदनिक उत्तेजना का अनुभव होता है जो 'इंद्रियगत आनंद' (sensuous pleasure) प्रदान करता है। साथ ही, ऐसा करने से माता–पिता के प्रति आक्रामक प्रवृत्तियों (aggressive tendencies) का भी प्रदर्शन होता है। बच्चों द्वारा मल–मूत्र को रोके रखने की प्रवृत्ति के कारण माता–पिता परेशान होते हैं, झल्लाते हैं। इससे बच्चों को प्रसन्नता होती है तथा बच्चों की आक्रामक प्रवृत्तियों के इस प्रकार के प्रकट होने से उन्हें संतुष्टि और खुशी मिलती है।

इस अवस्था की एक और खूबी यह होती है कि बच्चे मुँह (mouth), गुदा (anus) और योनी (vegina) में कोई अंतर नहीं समझते। इसी तरह स्तन (breast), शिश्न (penis) और मल (farces) को भी बच्चे अचेतन रूप से समान समझते हैं।

'सुलिवन' (Sullivan) के अनुसार बच्चों की गुदात्मक क्रियाएँ (anal activities) 'शक्ति और सुरक्षा' की इच्छाओं द्वारा निर्धारित होती है। जिस प्रकार एक नवजात शिशु (neonate) चिल्लाकर अपनी शक्ति का प्रदर्शन

करता है और माता–पिता का ध्यान अपनी ओर खींचता (attract) है, बच्चा मल–मूत्र को रोककर (कब्जियत) इसे अपनी शक्ति प्रदर्शन का साधन बनाता है। वह अनुभव करता है माता–पिता उसकी ओर कम ध्यान देते हैं। इसलिए वह मल–मूत्र का त्याग करना बंद कर देता है। ऐसा करने से माता–पिता अपेक्षाकृत अधिक ध्यान देने लगते हैं। वे उसकी खुशामद करते हैं तथा उसे पुचकारते हैं। इस प्रकार बच्चे कब्जियत (constipation) को माता–पिता को आकृष्ट करने का एक साधन (means) के रूप में उपयोग करते हैं।

6.5 लिंग प्रधानावस्था (Phallic Phase)

लगभग चार वर्ष की उम्र होने पर बच्चों की यौन अभिरुचियाँ गुदा क्षेत्र से हटकर जननेंद्रियों (genitals) में स्थापित हो जाती हैं। यह अवस्था 5 से 6 वर्ष की उम्र तक चलती रहती है। इस अवस्था के आगमन तक बच्चों में यौन भेद (gender difference) यौन इंद्रियों की रचना (structure of sex organs) आदि का ज्ञान सुस्पष्ट होने लगता है। इतना ही नहीं, नन्हें बच्चे यदा–कदा अपने माता–पिता को रतिक्रिया (intercourse) में संलग्न भी देखते हैं अथवा यदि वे प्रत्यक्ष रूप से इसे नहीं देख पाते हैं तो वे उस समय महसूस करते हैं जब उन्हें माता–पिता कमरे से बाहर जाने, सो जाने अथवा खेलने जाने हेतु प्रेरित करते हैं और स्वयं शयनकक्ष में बंद हो जाते हैं। इन परिस्थितियों में बच्चे अनुभव करते हैं कि जरूर उनके माता–पिता कोई रुचिपूर्ण क्रिया करते हैं। परंतु चूंकि जननेंद्रियों (genitals) की क्रिया के संबंध में उन्हें कोई विशेष जानकारी नहीं रहती, फलतः वे इनके बारे में अधिक से अधिक जानकारी प्राप्त करने की जिज्ञासा (curiosity) रखते हैं। इसी जिज्ञासा के कारण बच्चे बार–बार जननेंद्रियों को स्पर्श करने, मलने आदि हरकतें करते हुए पाए जाते हैं और धीरे–धीरे हस्तमैथुन (masturbation) जैसी आदतें विकसित होती हैं जो सुख और आनंद की अनुभूति प्रदान करती हैं।

लिंग प्रधानावस्था के प्रारंभिक कुछ वर्षों को कुछ मनोवैज्ञानिक 'मूत्र मार्ग स्तर' (urethral stage) कहना अधिक उपयुक्त मानते हैं। इसका कारण यह है कि 'लिंग प्रधानावस्था' (phallic stage) के प्रारंभिक अवस्था में बच्चे मूत्र रोककर लैंगिक सुख का अनुभव प्राप्त करते हैं। मूत्र को रोकने से मूत्र–मार्ग में तनाव होता है जो 'काम' (sex) संबंधी उत्तेजना उत्पन्न करती है तथा कुछ देर तक मूत्र रोके रखने के बाद परित्याग करने पर अधिक आराम और सुख मिलता है। लेकिन, 'फ्रायड' (Freud) के अनुसार इस अवस्था में बच्चे विपरीत लिंग (opposite sex) के प्रति अधिक आकर्षित होते हैं तथा विपरीत लिंग के साथ शारीरिक संपर्क की इच्छा से प्रेरित होकर 'हस्तमैथुन' की रुचियों का प्रदर्शन करते हैं। अतः 'लिंग प्रधानावस्था' से 'मूत्र–मार्ग स्तर' अलग मानना ठीक नहीं है।

इस अवस्था में 'प्रदर्शन कामना' (exhibitionism) की प्रवृत्ति भी प्रधान रूप से देखी जाती है। इसीलिए, इस अवस्था के लड़के प्रायः अपने शिश्न (penis) के आकार की तुलना दूसरे के शिश्न से करते हैं। लड़कियाँ भी इस अवस्था में परस्पर जननेंद्रियों की तुलना करती हैं। साथ ही, लड़के एवं लड़कियाँ प्रायः अपनी जननेंद्रियों को हाथ से छूते, मलते और खींचते हैं। घर के बड़े लोग उन्हें ऐसा करते समय डाँटते और डराते हैं। डराते समय वे यह कहते भी है कि यदि वे वैसा करेंगे तो उनके जननेंद्रियों को काट दिया जाएगा और कभी–कभी चाकू या कैंची दिखाकर सचमुच काटने की धमकी भी देते हैं। इस प्रकार की धमकियों के कारण उनमें अपनी 'जननेंद्रियों से वंचित हो जाने का भय' (castration fear) समा जाता है, फलस्वरूप वे अपनी जननेंद्रियों के साथ 'आत्मीकरण' (identification) स्थापित कर लेते हैं। मनोविश्लेषकों (psychoanalysts) ने इसे 'बधिया होने की चिंता' (castration anxiety) कहा है। अर्थात् इस अवस्था के बच्चों में अपनी जननेंद्रियों (sex organ) के खो जाने अथवा क्षतिग्रस्त (damage) हो जाने का भय उत्पन्न होता है।

इस अवस्था के लड़के और लड़कियों में 'लैंगिक ईर्ष्या' (sexual jealously) भी होती है। लड़के को अपने शिश्न (penis) का अभिमान होता है, जबकि लड़कियों में यह विश्वास होता है कि उन्हें भी शिश्न था परंतु

उसे काट दिया गया है। लड़के परस्पर एक–दूसरे के शिश्न को देखते और दिखाते हैं तथा मूत्र त्याग करते समय यह तुलना करते हैं कि कौन कितनी दूर तक पेशाब कर सकता है। लड़कियाँ यह सब नहीं कर पातीं, फलस्वरूप उन्हें शिश्न का अभाव खटकता है। इससे **'शिश्न ईर्ष्या'** (penis envy) उत्पन्न होती है–और **'हीनता की ग्रंथि'** (inferiority complex) पनपती है। मनोविश्लेषकों के अनुसार, हीनता की इस भावना के कारण ही अधिकतर लड़कियों में लड़का कहलाने, लड़कों जैसा वस्त्र पहनने की इच्छा प्रबल होती है तथा वे साहस, बल आदि पुरुषोचित गुणों (masculine attributes) का प्रदर्शन करती हैं। इसी तरह लड़के भी लड़कियों के वस्त्र पहनने, गुड्डे–गुड़ियों से खेलने आदि की क्रियाएँ करते हैं। इस प्रकार वे अपनी हीनता की भावना को दूर करने का प्रयास करते हैं। साथ ही, लड़कियाँ यह भी सोचती हैं कि जब वे बड़ी होंगी तो माँ की तरह स्तन (breast) होंगे। इस विचार के माध्यम से भी उनकी हीनता की भावना बहुत दूर होती है लेकिन जब हीनता की भावना अति प्रबल होती है तब इस भावना की क्षतिपूर्ति (compensation) अवांछनीय आचरण (undesirable conduct) के रूपों में होती है, जैसे–वेश्यावृत्ति अपना कर समस्त पुरुष जाति की जननेंद्रियों को अपने में विलीन कर लेने की भावना का उत्पन्न होना, पुरुषों का विरोध करना, पुरुषों की इच्छा के विरुद्ध संतान न पैदा करने का संकल्प लेना आदि।

इस अवस्था की एक प्रधान विशेषता 'मातृ–पितृ प्रेम ग्रंथि' (Oedipus and Electra complexes) है इस प्रकार की ग्रंथियाँ मनोवैज्ञानिक दृष्टि से काफी महत्व की होती हैं क्योंकि, इन ग्रथियों के स्थिरीकरण (fixation) होने पर व्यक्तित्व प्रभावित होता है। ये ग्रंथियाँ किस प्रकार पनपती हैं तथा इनका समाधान कैसे होता है, इस बारे में वर्णन किया जा रहा है–

6.5.1 मातृ-पितृ प्रेम ग्रंथि (Oedipus and Electra Complexes)

'फ्रायड' (Freud) के अनुसार मनोलैंगिक विकास के लैंगिक प्रधानावस्था (phallic stage) में लड़के और लड़कियों में एक महत्वपूर्ण ग्रंथि का विकास होता है। लड़कों में पनपने वाली इस ग्रंथि को 'ऑडिपस ग्रंथि' (Oedipus complex) कहते हैं तथा लड़कियों में पनपने वाली इस ग्रंथि को 'एलेक्ट्रा ग्रंथि' (Electra complex) कहते हैं। ये दोनों नाम ग्रीक के दो ऐतिहासिक चरित्रों (historical characters) के नाम पर दिए गए हैं। ये दोनों असामान्य लैंगिक प्रेम और घृणा कि स्थितियाँ होती हैं जो शैशव–लैंगिकता (infantile sexuality) की चरम सीमा होती है। इन ग्रंथियों का अलग–अलग वर्णन करना उचित प्रतीत होता है।

(i) ऑडिपस ग्रंथि (Oedipus Complex)

लड़कों का माता के प्रति लैंगिक प्रेम तथा उसके साथ वैवाहिक संबंध बनाने की इच्छा को 'आडिपस ग्रंथि' (Oedipus complex) कहा जाता है। ठीक इसके विपरीत, पुत्री का पिता के प्रति यौन प्रेम और उसे लैंगिक साथी बनाने की इच्छा को 'एलेक्ट्रा ग्रंथि' (Electra complex) कहते हैं।

'ऑडिपस' (Oedipus) ग्रीक के एक अति प्राचीन नायक (hero) का नाम है। एक दंत कहानी है कि उसका जन्म एक राजा के यहाँ हुआ था। उसके जन्म लेने के बाद यह भविष्यवाणी की गई कि 'ऑडिपस' जब बड़ा होगा तो पिता की हत्या कर अपनी माँ से विवाह कर लेगा। राजा ने ऑडिपस को एक मनहूस बालक मानकर एक बक्से में बंद करके नदी में फिकवा दिया। संयोग से वह बक्सा दूसरे प्रदेश के राजा की सीमा में चला गया जहाँ के निवासियों ने उसे बक्सा से निकालकर अपने यहाँ पालन पोषण किया। ऑडिपस बाल्यावस्था से ही अति वीर और साहसी था। संयोग से उसके जैविक राजा पिता (जहाँ उसका जन्म हुआ था) और पालक पिता जिस प्रदेश में उसका पालन–पोषण हुआ)–वहाँ के राजा के बीच लड़ाई छिड़ गई। यह लड़ाई 'वार ऑफ ट्रॉय' (War of Troy) के नाम से प्रसिद्ध है। इस लड़ाई में 'ऑडिपस' (Oedipus) भी शरीक था और बहादुरी के साथ लड़ते हुए प्रतिपक्ष राजा (ऑडिपस के पिता) की हत्या कर वह विजयी हुआ था परंपरा के अनुसार (रानी),

अपनी जैविक माँ से शादी कर ली। इस प्रकार, जन्म के समय की भविष्यवाणी सत्य हुई। इसी दंत कथा के हीरो—ऑडिपस के नाम पर 'फ्रायड' ने इस ग्रंथि (complex) का नाम 'ऑडिपस कंपलेक्स' (Oedipus complex) रखा। ऑडिपस को विवाह के पूर्व इस बात की जानकारी नहीं थी कि जिस राजा की वह हत्या कर रहा है, वह वस्तुतः उसका जैविक पिता (biological father) है तथा जिससे वह शादी कर रहा है, वह उसकी जैविक माँ (biological mother) है। बाद में जब उसे इस वास्तविकता का पता चला तो उसने पश्चाताप वश हथियार द्वारा अपनी आँखें फोड़ डालीं और अंधा (blind) हो गया।

(ii) एलेक्ट्रा ग्रंथि (Electra Complex)

इसी तरह 'एलेक्ट्रा' नाम की एक लड़की थी जिसने अपने भाई से माँ की हत्या कराई और अपने पिता से वैवाहिक संबंध बना लिए थे।

लड़के और लड़कियों में इन ग्रंथियों का विकास शिश्न ईर्ष्या (penis envy) माता–पिता द्वारा संभव लैंगिक व्यापार पर नियंत्रण के प्रति प्रतिशोध की भावना, माता–पिता द्वारा लड़के–लड़कियों में भेद की मनोवृत्ति आदि के कारण ही इस प्रकार की ग्रंथियों (complexes) का विकास होता है। 'फ्रायड' के अनुसार, लड़कों में जब पहली बार यौन संबंधी विचार एवं उसकी महत्ता की चेतना का विकास होता है, उस समय लड़का अपनी माँ को प्रेम पात्र (sex object) के रूप में चयन करता है। उसे यह भी पता होता है कि उसकी माँ पर उसके पिता का आधिपत्य है (mother is possessed by father), इसलिए पिता उसका प्रतिद्वंद्वी (competitor) होता है। इस प्रकार, पिता के प्रति बदले की भावना के रूप में 'घृणा का भाव' और माता के प्रति 'प्रेम का भाव' उत्पन्न होता है।

लड़कियों के संबंध में 'फ्रायड' का मानना है कि लड़कियाँ शुरू में अपनी माँ से प्रेम करती हैं। लेकिन, जब वह माँ से निराश होती हैं तो अपने पिता की ओर आकृष्ट होती हैं। खासकर दूध छुड़ाए जाने (weaning) अथवा किसी भाई या बहन के जन्म लेने की स्थिति में यह परिस्थिति उत्पन्न होती है। साथ ही, उसके मन में यह भी विचार आता है कि उसे भी शिश्न था जिसे माँ ने ईर्ष्यावश (out of jealousy) उसे काटकर फेंक दिया है क्योंकि उसे भी शिश्न (penis) नहीं है। इसलिए, उसका मातृ–प्रेम के रूप में स्थानांतरित होकर बदल जाता है। उसमें अपने खोए हुए शिश्न (penis) को पिता से प्राप्त करने की आशा रहती है और इस प्रकार वह पिता की ओर आकृष्ट होती है। इस प्रकार पितृ प्रेम ग्रंथि (electra complex) का विकास होता है।

'लिंग प्रधानावस्था' में 'पराहं' (super ego) का भी विकास होना प्रारंभ हो जाता है जिसके फलस्वरूप शैशवावस्था की लैंगिक इच्छाओं (infantile sexual desires) का दमन (repression) होता है और इस प्रकार, 'मातृ–पितृ ग्रंथि' का समाधान होता है। लड़कों में पराहं के विकास के फलस्वरूप यह भय होने लगता है कि 'मातृ–प्रेम' रहने पर उसका पिता उसका वास्तविक प्रतिद्वंद्वी (real competitor) हो जाएगा। साथ ही वह अपने को पिता के साथ आत्मीकरण (identification) भी करता है। वह सोचता है कि जब वह बड़ा हो जाएगा तब उसका शिश्न भी पिता की तरह हो जाएगा। इस तरह वह अपने पिता के साथ कुछ अंशों में अंतःक्षेपण (introjection) कर लेता है तथा माता–पिता द्वारा 'हस्तमैथुन' की आदत छोड़ने, अर्थात् लैंगिकता का परित्याग करने की चेतावनी को भी अपने में अंतःक्षेपण (introject) करता है। इस तरह 'पराहं' (super ego) का विकास होता है। लेकिन, कभी–कभी 'मातृ प्रेम' का समाधान (resolution) विकृति के रूप में भी होता है। लड़का अपने पिता को ही प्रेम पात्र (sex object) मान लेता है और अपना आत्मीकरण या तादात्म्य (identification) माँ के साथ करता है। इस स्थिति में वयस्क होने पर 'समलैंगिकता' (homosexuality) की प्रवृत्ति का विकास होता है।

इसी तरह लड़कियों में भी 'पराहं' (super ego) का विकास होता है जिसके फलस्वरूप शैशवकाल (infancy period) की हस्तमैथुन (masturbation) की प्रवृत्ति का तब तक के लिए दमन (repression) होता है जब तक समाज द्वारा यौनानंद (sexual pleasure) की स्वीकृति नहीं मिल जाती। यहाँ माँ द्वारा दी गई चेतावनी और मनाही को ही लड़कियाँ अपने में अंतःक्षेपित (introject) करती हैं जिसका 'पराहं' के विकास में मुख्य हाथ होता

है। लेकिन, लड़कियों में पितृ प्रेम का दमन लड़कों की अपेक्षा धीमी गति से होता है। यहाँ ध्यान देने योग्य बात यह है कि लड़कों की तरह ही लड़कियों में भी 'पितृ–प्रेम ग्रंथि' का समाधान सामान्य और असामान्य—दोनों तरह से हो सकता है। इस प्रकार, व्यक्तित्व के विकास में शैशवकाल की लैंगिक प्रवृत्तियों का अत्यंत ही महत्वपूर्ण स्थान होता है।

मातृ–पितृ ग्रंथि (oedipus and electra complexes) के संबंध में अनेक मनोवैज्ञानिक भिन्न विचार रखते हैं। **'युंग'** (Jung) का मानना है कि मातृ–पितृ ग्रंथि वस्तुतः एक प्रकार के 'आधिपत्य की ग्रंथि' (possessive complex) है। शैशवावस्था में बच्चे माँ को प्रसन्नता (pleasure), रक्षा (security) एवं पोषण (nutrition) का साधन मानते हैं। इसलिए, बच्चे अपने पिता से छुटकारा पाने और माँ पर अधिकार जमाने की प्रवृत्ति रखते हैं। इसी प्रवृत्ति के कारण उनमें 'लैंगिक' सुख के बीज अंकुरित होने लगते हैं।

'फेनिकल' (Fenickle) का मत है कि इन ग्रंथियों के विकास में पारिवारिक, सामाजिक तथा सांकृतिक वातावरण का प्रभाव पड़ता है। अतः वातावरण के इन पहलुओं में परिवर्तन लाकर इस ग्रंथि के स्वरूप में भी जरूरी परिवर्तन लाया जा सकता है।

'थॉम्पसन' (Thompson) ने इस ग्रंथि के पनपने में अंतःपारस्परिक संबंधों (interpersonal relationships) को आधार बतलाया है। उनका मत है कि माता–पिता जब बच्चे की किसी अभिरुचि के विकास में बाधक बनते हैं तब बच्चे संघर्ष (conflict) की स्थिति में आते हैं जिसका समाधान माता या पिता में से किसी एक पर अपना अधिकार प्राप्त करने की कोशिश करते हैं और यही मातृ–पितृ ग्रंथि के विकास का कारण होता है।

'एडलर' (Adler) ने इस ग्रंथि के विकास की व्याख्या पालन–पोषण (rearing) के आधार पर की है। इनका मानना है कि प्रारंभ में बच्चों की मनोवृत्तियाँ (attitudes) माता पिता के प्रति सामान्य रहती हैं। लेकिन कुछ विशिष्ट परिस्थितियों में बाध्य होकर किसी एक के प्रति आकृष्ट होते हैं। जैसे, यदि बच्चा लंबे समय तक बीमार रहा और माँ उसकी सेवा करती रही तो स्वाभाविक रूप से वह माता के प्रति अधिक आकृष्ट होगा और उससे प्रेम करने लगेगा तथा जो कोई भी इसमें बाधक होगा उससे वह घृणा करने लगेगा। इस प्रकार, एडलर ने इस ग्रंथि के पनपने में 'लैंगिक सुख' संबंधी विचारों का खंडन किया है।

इसी तरह **'रैंक'** (Rank), **'फ्रॉम'** (Fromm) एवं **'सुलिवन'** (Sullivan) ने भी अपने–अपने ढंग से इस ग्रंथि की व्याख्या की है। इस तरह स्पष्ट है कि विभिन्न मनोवैज्ञानिकों के विचारों में मतैक्य नहीं है। लेकिन इस ग्रंथि के महत्व को सभी ने स्वीकार किया है।

6.6 अव्यक्त अथवा निलीनावस्था (Latency Stage)

अव्यक्त अथवा निलीनावस्था (latency stage) का प्रादुर्भाव लैंगिक अवस्था (phallic stage) के बाद होता है जो 5 से 7 वर्ष की उम्र में प्रारंभ होकर लगभग वयः संधि (puberty) अर्थात् 12 वर्ष की उम्र तक रहती है। इस अवस्था में सामाजिक परिणामों के भय के कारण लैंगिक प्रवृत्तियों (sexual tendencies) का दमन (repression) हो जाता है। फलतः चेतन रूप से लैंगिक अभिरुचियाँ नहीं रहतीं दमन की यह प्रक्रिया एकाएक नहीं होती अपितु क्रमिक रूप से होती है। साथ ही 'दमन' पूर्णरूप (complete) से नहीं होता।

इस अवस्था के बच्चों की अभिरुचियाँ विविध प्रकार के क्रिया–कलापों (varied activities) की ओर बढ़ती हैं, जैसे विद्यालयी शैक्षणिक कार्य, हम उम्र के साथियों के साथ बाहर रहना और खेलना आदि। विद्यालयी शिक्षा के माध्यम से बच्चों को सामाजिक (social), नैतिक (moral) और सांस्कृतिक (cultural) आदर्शों का पाठ पढ़ाया जाता है जिससे 'पराहं' (super ego) अधिक सबल (strong) होता है। फलस्वरूप, बच्चों की अभिरुचियाँ, प्रवृत्तियाँ एवं व्यवहार सामाजिक–सांस्कृतिक एवं नैतिक आदर्शों द्वारा निर्देशित एवं संचालित होती हैं। इसके अतिरिक्त उनका अधिकतर समय स्कूल, खेल के साथियों के बीच भाग–दौड़, खेलने और हम उम्र के बच्चों

के दलों में बीतता है। इस प्रकार, सामाजिक प्राणी बनने के क्रम में उनकी लैंगिक इच्छाओं का **'उदात्तीकरण'** (sublimation) हो जाता है।

चूँकि इस अवस्था में लैंगिक अभिरुचियों एवं इच्छाओं का पूर्णरूप से दमन नहीं होता है, इसलिए, इनकी अभिव्यक्ति अचेतन रूप से (unconsciously) अप्रत्यक्ष माध्यमों (indirect means) से होती रहती है। जैसे–माता–पिता से लगाव (attachment) का होना, हम उम्र के साथियों के साथ चुंबन जैसी क्रियाओं, हाथा–पाई (rough-housing), या अन्यान्य प्रकार के सांकेतिक खेलों में लैंगिक इच्छाओं की संतुष्टि होती है। इस प्रकार छद्म रूप में (in a disguised manner) उनकी 'कामशक्ति' (libidinal energy) प्रकट होती रहती है। कुछ बच्चे शैशवकाल के हस्तमैथुन (infantile masturbation) की आदत का परित्याग नहीं करते। लेकिन, प्रत्यक्ष रूप से उनकी लैंगिक इच्छाएँ दमित रहती हैं।

जहाँ तक मातृ–पितृ प्रेम संबंधी ग्रंथि का प्रश्न है, सामाजिक विकास (social development) के फलस्वरूप बच्चे घर से बाहर दूसरे लोगों के साथ संबंध की स्थापना करते हैं। अतः माता–पिता के प्रति उनके प्रेम में स्वाभाविक रूप से कमी आती है तथा उसकी जगह भक्ति, आदर और सम्मान का भाव विकसित होता है। कभी–कभी वे अपने माता–पिता की आलोचना भी करते हैं तथा उनकी बातों की अवहेलना भी करते हैं।

शैक्षणिक कार्यों द्वारा बच्चों में सामाजिकता (sociability) सहयोग (co-operation) एवं प्रतिस्पर्द्धा (rivalry) का विकास होता है।

मनोविश्लेषकों (psychoanalysts) के अनुसार मनोलैंगिक विकास में यह अवस्था **'संडे स्कूल माइंड'** (Sunday school mind) की तरह होता है। अर्थात् जिस प्रकार स्कूलों के प्रत्येक रविवार को छुट्टियाँ रहती हैं, उसी तरह 'अव्यक्त अवस्था' (latent stage) विकास की विभिन्न अवस्थाओं के बीच में लैंगिक अभिरुचियों एवं क्रियाओं के लिए अवकाश (holiday) की तरह होती है। अर्थात् बच्चों की लैंगिक प्रवृत्तियाँ सुस्त पड़ जाती हैं। इस अवधि में शैशवकाल (infancy period) में खपत हुई कामशक्ति को पुनः अर्जित किया जाता है जो प्रायः वयः संधि (puberty) के बाद किशोरावस्था में (in adolescent stage) जागृत होती हैं। लड़कों की अपेक्षा लड़कियाँ इस अवस्था में कुछ देर से प्रवेश करती हैं और पहले जागृत होती हैं। साथ ही, इस अवस्था में लड़कियाँ लड़कों की अपेक्षा ज्यादा स्नेहशील (affectionate) होती हैं। इसका कारण यह है कि लड़कियाँ 'बधियाकरण' (castration) को स्वीकार कर लेती हैं, जबकि लड़कों में इसका भय बना रहता है। अतः लड़कियाँ बधियाकरण की चिंता से मुक्त रहती है जबकि लड़कों में यह चिंता बनी रहती है।

सार तत्व के रूप में कहा जा सकता है कि 'अव्यक्त अवस्था' में बच्चे शक्तिहीन पवित्र (good-goody) छद्म रूप से लज्जालु (prudish) और सामाजिक दृष्टि से माता–पिता के किसी भी अवांछनीय क्रियाकलाप (social vices) जैसे–सिगरेट पीना, शराब पीना, मेक–अप करना आदि की आलोचना करते हैं। वे नैतिक एवं सामाजिक आदर्शों के अनुरूप व्यवहार करना सीखते हैं जिससे नैतिक (moral) बल का बोध होता है।

6.7 जननेंद्रियावस्था (Genital Stage)

लगभग 12 से 13 वर्ष की उम्र तक अव्यक्त अवस्था (latency stage) समाप्त हो जाती है और 'जननेंद्रिय अवस्था' (genital stage) प्रारंभ होता है जो पूर्ण वयस्क होने, अर्थात् 20 वर्ष की उम्र तक चलती रहती है। यह अवस्था किशोर एवं किशोरियों के लिए लैंगिक अभिरुचियों (sexual interests) में उफान (storm) की अवस्था होती है जिन्हें सावधानीपूर्वक संचालित एवं नियमित (regulate) करने की आवश्यकता होती है। इसी अवस्था में पुरुषत्व एवं स्त्रीत्व (manhood and womanhood) की भावनाओं का विकास होता है तथा भावी जीवन की तैयारियाँ प्रारंभ होती हैं। इस अवस्था में अनेक प्रकार की संघर्षमय परिस्थितियाँ (conflicting situations) भी उत्पन्न होती हैं जिनका व्यक्ति के व्यक्तित्व, चरित्र आदि के गठन पर महत्वपूर्ण प्रभाव पड़ता है। अतः यह अवस्था भी विशेष महत्व की होती है।

किशोरावस्था का प्रारंभ तरुणावस्था (puberty stage) अथवा वयः संधि की अवस्था से जाना जाता है। इस अवस्था के बालकों एवं बालिकाओं के जननेंद्रियों (genitals) एवं काँखों (shoulder pits) में बाल (pubic hair) का विकास होने लगता है जो उनके लिए विशेष कौतुहल का विषय होता है और इस प्रकार वे जननेंद्रियों में अभिरुचि लेने लगते हैं। इस प्रकार, अव्यक्त अवस्था की सुप्त लैंगिकता (sexuality) पुनर्जागृत (revive) होने लगती है। प्रारंभ में वे समजातीय लैंगिक (homosexual) होते हैं तथा हस्तमैथुन (masturbation), अश्लील मजाक (vulgar jokes), मनगढ़ंत यौन–व्यापार संबंधी कहानियाँ (concoted stories relating to sex-activities), चुंबन (kissing) और गले लगाकर खेले जाने वाले खेलों में रुचि लेने लगते हैं। कुछ बच्चे 'सामूहिक हस्तमैथुन' (group masturbation) की ओर प्रवृत्त दिखते हैं। इस अवस्था में बालकों एवं बालिकाओं को अपने–अपने लिंग अवयवों (sex organs) का स्पष्ट ज्ञान हो जाता है। इसलिए, समाज प्रायः इनके परस्पर मेल–जोल को प्रतिबंधित करता है। इसलिए, इस अवस्था में विषम लैंगिकता (hetrosexuality) की जगह समलैंगिकता (homosexuality) की प्रवृत्ति विकसित होती है। लेकिन, विषम लिंग (opposite sex) के प्रति उनका आकर्षण बरकरार रहता है।

इस अवस्था के किशोर एवं किशोरियों में भावी पारिवारिक जीवन (future family life) संबंधी तैयारियाँ (preparations) एवं प्रशिक्षण (training) भी प्रारंभ हो जाता है। इस अवस्था में भी लिंग प्रधानावस्था (phallic stage) की ही तरह प्रेम क्रियाएँ होती हैं। इसलिए किशोर अपने–आपको अधिक प्यार करता है, लेकिन उसका प्यार यौन की वास्तविक वस्तु (real sex object) पर केंद्रित हो जाता है। किशोर उम्र में व्यक्ति दूसरे को प्रेम नहीं करता अपितु वह अपने यौन को संतुष्ट करता है।

किशोर उम्र की लड़कियों को भी यह ज्ञान हो जाता है कि उनकी योनि ही लैंगिक आनंद का मुख्य साधन है। पहली बार जब ऋतुस्राव (menstruation) होता है तो उनमें संतानोत्पत्ति तथा गर्भाधान (conception) की कल्पनाओं का 'आविर्भाव' होता है और इस प्रकार, धीरे–धीरे वे अपने स्त्रीत्व (womanhood) को स्वीकार करने लगती हैं। इस समय उनकी देखभाल (proper care) तथा मार्ग निर्देशन (guidance) जरूरी होता है। अन्यथा वे दोष भाव (guilt feeling) से ग्रस्त हो सकती हैं।

लगभग 18 से 20 वर्ष की उम्र में किशोर एवं किशोरियाँ (adolescents) वयस्कावस्था (adulthood) में प्रवेश करती हैं और तब समाज द्वारा स्वीकृत तरीके से सामान्य यौन क्रिया का अनुमोदन मिल जाता है और इस प्रकार व्यक्ति सामाजिक रूप से स्वीकृत पारिवारिक जीवन (socially acceptable family life) प्रारंभ करता है।

6.8 मनोलैंगिक विकास का व्यक्तित्व एवं चरित्र-निर्माण में महत्त्व (Importance of Psychosexual Development in the Personality and Formation of Character)

'मनोलैंगिक विकास' (psychosexual development) का विभिन्न अवस्थाओं एवं चरित्र के निर्माण या विकास पर महत्वपूर्ण प्रभाव पड़ता है। 'फ्रायड' (Freud) के अनुसार मनोलैंगिकता (psychosexuality) का सामान्यरूप में विकास होने पर व्यक्तित्व का विकास भी सामान्य रूप में होता है। अनेक अध्ययनों में देखा गया है कि असामान्य व्यक्तित्व का 'कारण' विकास की किसी अवस्था विशेष में किसी लैंगिक प्रवृत्ति (sexual tendency) का स्थिरीकरण (fixation) या आबद्धता (attachment) अर्थात् दृढ़ीकरण होता है। स्थिरीकरण के कारण अनेक तरह की व्यक्तिगत कमजोरियाँ (personal weaknesses), विकृतियाँ (disorders), मनोरोग (psychopathologies) एवं समायोजन संबंधी कठिनाइयाँ (difficulties in adjustment) उत्पन्न होती हैं। इतना ही नहीं, अपितु अनेक प्रकार की आदतों (habits), जैसे—सिगरेट पीना (smoking), पान चबाना (betel chewing), विशेष प्रकार के आहार से आसक्ति, शारीरिक सफाई पर अधिक जोर देना आदि प्रवृत्तियों (tendencies) का विकास भी मनोलैंगिक विकास की विभिन्न अवस्थाओं की ही देन होती है।

मनोलैंगिक विकास की विभिन्न अवस्थाओं का व्यक्ति एवं चरित्र निर्माण पर पड़ने वाले प्रभावों का वर्णन अलग–अलग अवस्थाओं के अनुसार किया जा रहा है–

(i) मौखिक अवस्था (Oral Stage)

मनोलैंगिक विकास की यह प्रारंभिक अवस्था है। इस अवस्था में 'कामजनक क्षेत्र' (erotic zone) मौखिक प्रदेश (oral region) होता है तथा चूसने, निगलने, गाल थपथपाने की क्रिया की प्रधानता रहती है। सामान्य शिशु लालन–पालन (rearing) की सामान्य प्रक्रिया द्वारा इस अवस्था को सामान्य ढंग से पार कर विकास के अगले चरण में प्रवेश करता है। लेकिन, लालन–पालन की प्रक्रिया में जो माता–पिता पूर्णरूप से सचेत नहीं रहते, उनके शिशुओं में इस अवस्था की प्रमुख क्रियाएँ सामान्य अवधि (normal period) से अति अधिक या अति न्यून (much more or less) समय तक जारी रहती है। फलस्वरूप शिशुओं की लैंगिक अभिरुचियाँ (sexual interests) स्थिर या दृढ़ हो जाती है (gets fixed)। यह स्थिरीकरण (fixation) किसी क्रिया के अति संतुष्टि (over satisfaction) या अति निराशा (over frustration) की स्थितियों के कारण होती है। कभी–कभी अति संतुष्टि एवं अति निराशा की स्थितियाँ वैकल्पिक रूप से (alternatively) भी होती हैं। इन सभी स्थितियों का प्रभाव भावी व्यक्तित्व के निर्माण एवं विकास पर पड़ता है। यह प्रभाव स्थिरीकरण की मात्रा (degree of fixation) पर निर्भर करता है। इसके प्रभाव के परिणामस्वरूप वयस्क व्यक्ति का यौन आचरण में विचलन (deviation in sexual conducts or behaviours) देखी जाती है। जैसे कुछ लोग ऐसे होते हैं जो यौन सुख (sexual pleasure) प्राप्त करने हेतु केवल मौखिक प्रदेश (oral region) का ही उपयोग करते हैं। वे सामान्य लैंगिक समागम में दिलचस्पी नहीं रखते। जिन लोगों के स्थिरीकरण या दृढ़ीकरण की मात्रा कुछ कम होती है, वे कुछ ऐसी आदतें विकसित कर लेते हैं जिसमें उनका मुख सदा चलायमान रह सके, जैसे–पान चबाने की आदत, सिगरेट पीने की आदत, कुछ चूसते रहना, बातूनी होना आदि।

मौखिक अवस्था के दूसरे चरण–दंत–दंशन (oral biting) की अवस्था में स्थिरीकरण होने पर आक्रामक प्रवृत्तियाँ (aggressive tendencies) पनपती हैं जिसका प्रकाशन (expression) प्रायः परपीड़न (sadism), कटुभाषी (sarcastic) एवं कटाक्षपूर्ण व्यवहारों के माध्यम से होता है।

मौखिक अवस्था में दृढ़ीकरण के फलस्वरूप कुछ अन्यान्य असामान्यताएँ (abnormalities) भी विकसित होती हैं जैसे–शराब का व्यसनी (alcohol addict) होना, शिश्न को मुँह में लेकर चूसना, पुरुषमुख यौन विकृति (fellatio), स्त्रीमुख यौन विकृति (cunnilingus), ,मनोविदालता (schizophronia), उत्साह–विवाद मनोविकृति (manic-depressive psychosis) इत्यादि।

(ii) गुदावस्था (Anal Stage)

इस अवस्था में कामुक क्षेत्र (erotic zone) गुदा (anus) में केंद्रित रहता है और शिशु मलमूत्र का निष्कासन (expulsion) करने अथवा धारण करने (to retain) की क्रिया द्वारा लैंगिक सुख का अनुभव करता है। इस अवस्था में शिशुओं को निश्चित समय और स्थान पर मल–मूत्र का परित्याग करने की आदत पर जोर दिया जाता है। इससे शिशु में संकोच नियंत्रण (sphincter control) का विकास होता है। इस अवस्था की मूल प्रवृत्तियाँ अपने परिमार्जित रूप में वयस्क व्यक्तियों में भी देखी जाती हैं, जैसे–गुदात्मक व्यवहारों से संबंधित मजाक (humour) अंतड़ी की गति में रुचि (interest in intestinal movements), पेट की बीमारी की चिंता, मल–मूत्र परित्याग से संबंधित कामोत्तेजना का अनुभव इत्यादि।

गुदावस्था में मल–मूत्र परित्याग संबंधी प्रशिक्षण के अनुभव वयस्क होने पर प्रायः प्रतिक्रिया निर्माण (reaction formation) के रूप में प्रकट होता है, जैसे–मल–मूत्र से असामान्य रूप से घृणा या नफरत करना, इस अवस्था में काम शक्ति (libidinal urges) के स्थिर या दृढ़ या दृढ़ होने पर सम जाति लैंगिकता (homosexuality),

गुदा यौन विकृति (sexual analism), बाध्यता (compulsiveness), स्थिर व्यामोह (paranoia) आदि विकृतियाँ (pathologies) से व्यक्ति पीड़ित होता है।

(iii) लिंग प्रधानावस्था (Phallic Stage)

शैशवकालीन (infantile sexuality) अवस्था में 'लिंग प्रधानावस्था' (phallic stage) का विशेष महत्व है। इस अवस्था के बालकों में शिश्न ईर्ष्या (penis envy), यौन भेद (gender difference), बधिया होने का भय (castration fear), मातृ–पितृ प्रेम ग्रंथियाँ (oedipus and electra complexes), आदि पनपते हैं जिनका महत्वपूर्ण प्रभाव व्यक्तित्व के निर्माण एवं विकास पर पड़ता है। उदाहरण के लिए वयस्क व्यक्ति में 'श्रेष्ठता का भाव' (feeling of superiority) आधिपत्य की भावना (feeling of dominance), अहंकार (pride) आदि शीलगुणों का विकास 'लिंग प्रधानावस्था' में पनपने वाली ग्रंथियों के फलस्वरूप ही होता है।

लड़कियों में लज्जाशीलता (shyness), अधीनता (submissiveness), हीनता की भावना (inferiority feeling) आदि के विकास में भी इस अवस्था की प्रवृत्तियों का महत्वपूर्ण योगदान रहता है। इस अवस्था में पनपने वाली मातृ–पितृ प्रेम ग्रंथियों (oedipus and electra complexes) को यदि अच्छी तरह संभाला न जाए तो बालक या बालिका के आगे का विकास अवरुद्ध हो सकता है। 'फ्रायड' (Freud) के अनुसार, इन ग्रंथियों का समाधान (resolution) उदात्तीकरण (sublimiation) एवं तादात्म्य (identification) की मनोरचनाओं (mental mechanisms) द्वारा होता है। 'उदात्तीकरण' के फलस्वरूप बालकों में माँ के प्रति कामुकता के भाव का दमन (repression) होता है और उसकी जगह भावात्मक स्नेह श्रृद्धा, आदर और प्रेम का विकास होता है। 'तादात्म्य' की मनोरचना द्वारा लड़कों के लिए पिता और लड़कियों के लिए माँ उनके प्रतिमान (model) बन जाते हैं जिनका अनुसरण कर वे उनके जैसा बनने का प्रयास करते हैं। परंतु, इस ग्रंथि के स्थिर (fixated) होने पर असामान्य व्यवहार एवं मानसिक रोग उत्पन्न होते हैं, जैसे—हिस्टीरिया, यौन सहभागी के प्रति अत्याचार, स्वाभाविक रतिक्रिया के प्रति भय इत्यादि।

इस अवस्था में बालकों एवं बालिकाओं—दोनों को निराशा (frustrations) एवं संघर्ष की स्थितियों (conflicting situations) के अनुभव भी होते हैं जिनका प्रभाव उनके व्यक्तित्व एवं चरित्र पर पड़ता है। इस अवस्था में 'अहं' के विकास (development of ego) के कारण वैयक्तिक कामुक इच्छाओं (personal libidinal urges) एवं अहं के उत्तरदायित्वों (ego responsibilities) की 'चेतना' तो रहती है, किंतु सामाजिक उत्तरदायित्वों (social responsibilities) का अभाव रहता है। इस अवस्था में बच्चों का संपर्क मुख्य रूप से पारिवारिक वातावरण से ही रहता है। अतः सामाजिकता (sociability) एवं सामाजिक वास्तविकताओं (social realities) का आंशिक ज्ञान (partial knowledge) रहता है, पूर्ण ज्ञान का अभाव रहता है। पारिवारिक वातावरण में इस अवस्था की 'कामुक प्रवृत्तियों' (libidinal urges) के स्वतंत्र प्रकाशन एवं संतुष्टि पर सामाजिक नियमों एवं आदर्शों के आलोक में प्रतिबंध (restrictions) लगाए जाते हैं। यह स्थिति द्वंद्वात्मक (conflicting) होती है। अतः समायोजन (adjustment) हेतु नए तरीकों की तलाश करनी पड़ती है। अतः समायोजन संबंधी कठिनाइयाँ उत्पन्न होती हैं। लेकिन, इस अवस्था के बच्चों में सामाजिक चेतना (social consciousness) का विकास धीरे–धीरे होने लगता है जिसके फलस्वरूप सामाजिक आदर्शों (norms), नियमों (laws), एवं मूल्यों (values) से बच्चे धीरे–धीरे अवगत होने लगते हैं और इस प्रकार, उनमें 'पराहं' (super ego) का विकास होने लगता है। इस प्रकार यह कहा जा सकता है कि इस अवस्था में 'पराहं' (super ego) का विकास मानसिक संघर्षों (mental conflicts) की उपज होती है।

(iv) अव्यक्त अवस्था (Latent Stage)

यह अवस्था बच्चों की शैशवकालीन लैंगिक प्रवृत्तियों (infantile sexual tendencies) के लिए अल्पकालिक अवकाश (short term holiday) की अवस्था होती है, क्योंकि इस अवस्था में ये प्रवृत्तियाँ दमित (repressed) रहती हैं। साथ

ही, बच्चों के सामाजिक संपर्क (social contacts) का दायरा विस्तृत होता है। इनमें सामाजिकता (sociability) के विकास का सुनहरा अवसर (golden opportunity) रहता है। इसी अवधि में प्रारंभिक शिक्षा की भी शुरुआत होती है तथा अनुशासन (discipline) की नींव पड़ती है। फलस्वरूप बच्चे सामाजिक आदर्शों एवं नियमों के अनुरूप नए व्यवहार सीखते हैं तथा अपने आचरण को संयमित रखने का प्रयास करते हैं। इस प्रकार, बच्चों के व्यक्तित्व एवं चरित्र के निर्माण (formation of character) पर व शिक्षा का गहरा प्रभाव पड़ता है। यद्यपि, इस अवस्था में 'कामुक प्रवृत्तियाँ' (sexual tendencies) तो दमित (repressed) रहती हैं, लेकिन 'पराहं' (super ego) पूरी तरह परिपक्व नहीं रहता जो बाह्य जगत के साथ बढ़े हुए संपर्क (extended contacts with outer world) एवं स्कूली शिक्षा (school education) के फलस्वरूप परिपक्व (matured) होता जाता है। परंतु, इस अवस्था में नियंत्रण कमजोर पड़ने, त्रुटिपूर्ण शिक्षा मिलने, कठोर अनुशासन रहने, कुसंगति (bad company) के कारण इनके व्यक्तित्व एवं चरित्र में अनेक प्रकार की त्रुटियाँ विकसित होती हैं। इन त्रुटियों के कारण मनोविकारी व्यक्तित्व (psychopathic personality), चारित्रिक दुर्बलता (character disorders) एवं सामंजन संबंधी कठिनाइयों (problematic adjustment) के उत्पन्न होने की संभावना रहती है।

(v) जननेंद्रियावस्था (Genital Stage)

'मनोलैंगिक विकास' (psychosexual development) की यह अंतिम और अत्यंत ही महत्वपूर्ण अवस्था होती है। सबसे महत्वपूर्ण तथ्य यह है कि इस अवस्था का विस्तार शैशवकालीन लैंगिकता (infantile sexuality) एवं अव्यक्त अवस्था (latent stage) की तुलना में अधिक रहती है (लगभग 8 वर्ष)। अतः यह अवस्था अपेक्षाकृत अधिक विस्तृत है। विकासशील बच्चों का सामाजिक संपर्क भी बड़ा अर्थात् विस्तृत होता है। इस अवस्था में पूर्व की लैंगिक प्रवृत्तियाँ (sexual tendencies) पुनर्जागृत (revive) होने लगती हैं। इस अवस्था के किशोर एवं किशोरियों की दमित कामुकता (repressed libidinal urges) उफान पर रहती हैं जिन्हें सावधानीपूर्वक संचालित एवं नियमित करने की आवश्यकता पड़ती है। इसी अवस्था में पुरुषत्व (mascularity) एवं स्त्रीत्व (femininity) की भावनाओं का विकास होता है तथा भावी पारिवारिक जीवन की तैयारी होती है। इस अवस्था में अनेक प्रकार की संघर्षमय परिस्थितियाँ उत्पन्न होती हैं जिनका चरित्र और व्यक्तित्व के गठन पर महत्वपूर्ण प्रभाव पड़ता है। इस अवस्था में लैंगिक प्रवृत्तियों का अनेक सामाजिक सृजनात्मक कार्यों (creative activities) में उदात्तीकरण (sublimation) होता है, जैसे—चित्रकारी, मूर्तिकला, साहित्यिक रुचि इत्यादि।

किशोरावस्था की प्रवृत्तियाँ (adolescent tendencies) वस्तुतः बाल्यकालीन लैंगिक प्रवृत्तियों (childhood sexual tendencies) का ही परिमार्जित रूप होता है। इस प्रकार, लैंगिक प्रवृत्तियों में निरंतरता पाई जाती है। अतएव उचित मार्ग निर्देशन नहीं मिलने पर व्यक्तित्व एवं चरित्र के कुप्रभावित होने की प्रबल संभावना रहती है। उचित मार्गोपदेशन के अभाव में व्यक्तित्व संबंधी अनेक विकृतियाँ जैसे—मनोविदालता (schizophrenia), हिस्टीरिया (hysteria) अकारणभय (phobic reactions) आदि पनप सकती हैं जो इस अवस्था के संघर्षों का समुचित समाधान नहीं होने का प्रतिफल होती हैं। साथ ही चारित्रिक त्रुटियाँ भी हो सकती हैं जैसे—जुए की बाध्यता (compulsive gambling), मादक द्रव्यों का व्यसनी होना (drug addict) बाल अपराधी व्यवहार (delinquent behaviours) इत्यादि।

इस प्रकार स्पष्ट है कि सामान्य व्यक्तित्व के विकास में जिन शीलगुणों (personality traits) का विकास होता है, वे शैशवकाल की विभिन्न अवस्थाओं के अवशेष (residues) होते हैं जो सामाजिक आदर्शों के अनुरूप परिमार्जित (modified) स्वरूप होते हैं। एक सामान्य व्यक्ति बाल्यावस्था की निराशाओं एवं कुंठाओं पर विजय पाने के क्रम में बचकानी मनोलैंगिक प्रतिक्रियाओं (childish psychosexual reactions) का प्रदर्शन लघुरूप में (in an attenuated form) करता है। इनमें कुछ का उदात्तीकरण (sublimation) करता है तो कुछ प्रतिक्रिया निर्माण (reaction formation) कर अपने व्यक्तित्व को कुंठित होने से बचाता है। अतएव मनोवैज्ञानिक दृष्टि से यह कहा जा सकता है कि 'बालक ही मनुष्य का पिता है' ('The child is the father of man')।

6.9 सारांश (Summary)

1. 'फ्रायड' (Freud) ने व्यक्तित्व के विकास के सिलसिले में 'मनोलैंगिक विकास' (psychosexual development) की प्रक्रिया को अत्यंत ही महत्वपूर्ण सिद्ध करने का प्रयास किया है।
2. 'फ्रायड' ने व्यक्तित्व को एक विकासशील प्रक्रिया बतलाया है तथा इस संपूर्ण प्रक्रिया को पाँच विभिन्न अवस्थाओं में बाँटा है—मौखिक अवस्था (oral stage), गुदावस्था (anal stage), लिंग प्रधानावस्था (phallic stage), अव्यक्त अवस्था (latency stage) एवं जननेंद्रियावस्था (genital stage)।
3. मौखिक अवस्था जन्म से लगभग 2½ वर्षों तक रहती है इस अवस्था में कामुक क्षेत्र (erotic zone) मौखिक प्रदेश (oral region) में केंद्रित रहता है। इस अवस्था को भी दो उपअवस्थाओं में बाँटा गया है—'मौखिक चूषण की अवस्था' (oral sucking stage) एवं 'मौखिक दंत–दंशन की अवस्था' (oral biting stage)। पूर्व की अवस्था में चूसने और निगलने जैसी क्रियाओं द्वारा लैंगिक सुख की प्राप्ति की जाती है जबकि बाद की अवस्था में शिशु दंत–दंशन द्वारा परपीड़न (sadism) का अनुभव कर अपनी लैंगिक कामनाओं की संतुष्टि करता है। इस अवस्था में 'अहं' (ego) का विकास प्रारंभ हो जाता है।
4. मौखिक अवस्था के बाद गुदावस्था (anal stage) का आगमन होता है जो लगभग चार वर्षों तक चलता है। इस अवस्था के भी दो उपभाग हैं—गुदा निष्कासन एवं गुदा धारण की अवस्थाएँ (anal expulsion and anal retention stage)। इस अवस्था में कामुक क्षेत्र गुदा प्रदेश में केंद्रित होता है तथा लैंगिक आनंद की प्राप्ति इन्हीं प्रदेशों द्वारा मल निष्कासन अथवा धारण की क्रिया द्वारा होती है।
5. लिंग प्रधानावस्था (pubic stage) लगभग 4 से प्रारंभ होकर 6 वर्षों तक चलती रहती है। इस उम्र के बालक एवं बालिकाओं की अभिरुचियाँ उनकी जननेंद्रियों में रहती है जिसे स्पर्शकर और मलकर यौन सुख प्राप्त करती हैं। इसी उम्र में ऑडिपस एवं एलेक्ट्रा ग्रंथियाँ भी पनपती हैं जो मनोवैज्ञानिक दृष्टि से विशेष महत्व की होती हैं। इस अवस्था में 'अहं' (ego) थोड़ा और अधिक बलिष्ठ होता है और इस प्रकार 'स्व' की पहचान होने लगती है। साथ ही पराहं (super ego) का भी विकास प्रारंभ हो जाता है।
6. लगभग 7 से 12 वर्ष तक की उम्र में बच्चों की लैंगिक इच्छाएँ दमित होकर लुप्त हो जाती हैं। इसे अव्यक्त या निलीनावस्था (latency stage) कहते हैं। इस अवस्था में बच्चों में पराहं (super ego) का विकास तेज गति से होता है जो उनकी शैक्षणिक कार्यविधियों एवं सामाजिक शिक्षण का प्रतिफल होता है।
7. जननेंद्रियावस्था का प्रारंभ प्रायः वयः संधि (puberty) की अवस्था से प्रारंभ होकर पूर्ण किशोरावस्था तक विद्यमान रहता है। इस अवस्था में विषम लिंग के प्रति आकर्षण एवं अभिरुचियाँ स्पष्ट रूप से देखी जाती हैं। वस्तुतः इस अवस्था में वयस्कों की तरह लैंगिक कामनाएँ उफान पर रहती हैं जिन्हें संयमित करना आवश्यक होता है। साथ ही, यह भावी जीवन की तैयारी की भी अवस्था होती है।
8. व्यक्तित्व के विकास में उपर्युक्त सभी अवस्थाओं का महत्वपूर्ण स्थान होता है। साथ ही चरित्र के निर्माण में भी इन अवस्थाओं की अत्यंत ही महत्वपूर्ण भूमिका होती है।

7

स्वप्न
(Dream)

अध्याय रूपरेखा (Chapter Outline)

7.1 स्वरूप (Nature)

स्वप्न (dream) सामान्य जीवन की एक आम घटना है। सभी व्यक्ति स्वप्न देखते हैं। कुछ स्वप्न प्रिय (pleasurable) तो कुछ अप्रिय (unpleasurable) होते हैं। कुछ स्वप्न आनंददायक होते हैं तो कुछ भयावह। स्वप्न प्रायः सभी व्यक्तियों के जीवन का एक आवश्यक अंग जैसा हो गया है। संभवतः यही कारण है प्रायः प्रत्येक व्यक्ति स्वप्नों के अर्थों को जानने की जिज्ञासा (curiosity) रखते हैं। इसीलिए सर्वसाधारण (most common) लोगों से लेकर विभिन्न क्षेत्र के विद्वान तथा वैज्ञानिक आदि सभी स्वप्नों की व्याख्या करने में दिलचस्पी रखते हैं।

स्वप्न सुप्तावस्था (sleeping state) की एक अनोखी अनुभूति (unique experience) है जो लगातार चलते रहने वाली मानसिक क्रियाओं की एक विशिष्ट अवस्था (a specific state or condition of continuous mental activities) है। इसकी कुछ विशेषताएँ बड़ी विचित्र (peculiar) हैं।

पहली बात तो यह है कि स्वप्न नींद की अवधि का एक 'मानसिक जीवन' (mental life of sleeping period) है जो व्यक्ति की जागृत अवस्था (awakened state) के समान होता है और साथ–ही–साथ भिन्न भी। दूसरी महत्वपूर्ण विशेषता यह होती है कि स्वप्न की अधिकतर बातें हमें याद नहीं रहतीं कुछ छोटी–मोटी बातों को छोड़कर बाकी सारी बातें हम भूल जाते हैं। इस प्रकार स्वप्न एक पहेली (quiz) जैसा प्रतीत होता है जिसके सही अर्थ का ठीक–ठीक पता करना मुश्किल होता है। यही कारण है कि किसी एक स्वप्न का अर्थ अलग–अलग लोगों द्वारा अलग–अलग लगाया जाता है।

इतिहास के पन्नों में प्राचीन दार्शनिकों (ancient philosophers) के अनुसार सुप्तावस्था (during sleep) में व्यक्ति की आत्मा (soul) इधर–उधर विचरण करती है और विचरण करते समय वह जो कुछ भी देखती या सुनती है, वही स्वप्न है। **'हिपोक्रेटस'** (Hippocrates), **'ल्यूक्रिटियस'** (Lucretius), **'अरस्तु'** (Aristotle) इत्यादि प्राचीन दार्शनिकों ने स्वप्न को आत्मा की 'अलौकिक शक्ति' का परिणाम बतलाया है। अतः 'व्यक्ति की आत्मा जो कुछ भी विचित्र कार्य करती है, उसी की अनुभूति 'स्वप्न' है।' संभवतः यही कारण है कि प्रायः सोए हुए व्यक्ति को एकाएक अनायास ढंग से उठाने के लिए मना किया जाता है। अर्थात् सोए हुए व्यक्ति को धीरे–धीरे उठाना चाहिए ताकि उसकी विचरणशील 'आत्मा' सोए हुए व्यक्ति के स्थूल शरीर मे पुनः समा सके। अचानक या एकाएक उठाने पर उसकी विचरणशील आत्मा बाहर ही सकती है और इस प्रकार व्यक्ति की मृत्यु संभव है।

इसी तरह कुछ लोग स्वप्न को 'दैविक शक्ति' (divine force) का नतीजा मानते हैं। इनका मानना है कि भगवान जब किसी व्यक्ति विशेष से प्रसन्न रहता है तो व्यक्ति सुखद या आनंददायक (pleasurable) स्वप्न देखता है और जब वह नाखुश या कुपित होता है तो व्यक्ति दुःखद या भयावह स्वप्न देखता है। इनका यह भी मानना है कि स्वप्नों के माध्यम से ईश्वर भविष्य में घटित होने वाली घटनाओं का भी संकेत देता है।

शरीरशास्त्रियों (physiologists) के अनुसार स्वप्न कोई मानसिक प्रक्रिया (mental process) नहीं है, अपितु यह शारीरिक उत्तेजनाओं की अभिव्यक्ति (manifestation of physiological stimulation) है जो निद्रावस्था में किन्हीं बाह्य उत्तेजनाओं के प्रभाववश उत्पन्न 'स्नायु प्रवाह' (nerve impulse) के कारण होता है। चूँकि निद्रावस्था में मस्तिष्क के उच्च केन्द्र (higher centres of brain) बहुत अधिक सक्रिय नहीं रहते, अतः स्नायु प्रवाहों का सुस्पष्ट अर्थ (clear meaning) स्पष्ट नहीं होता। फिर भी, इन उत्तेजनाओं का अर्थ स्पष्ट करने का प्रयास किया जाता है और 'हम जो भी अर्थ समझ पाते हैं, वही स्वप्न है।'

लेकिन, मनोवैज्ञानिक दृष्टि से 'स्वप्न' एक 'मानसिक प्रक्रिया' (mental process) है। मानसिक प्रक्रियाएँ सदैव चलती रहती हैं (निद्रावस्था में भी) और इन्हीं लगातार चलती रहने वाली मानसिक प्रक्रिया की एक अवस्था विशेष को स्वप्न कहते हैं।

'फिशर' (Fisher) के अनुसार, ''स्वप्न सुप्तावस्था में लगातार चलते रहने वाली मानसिक प्रक्रियाओं की एक अवस्था मात्र है।''[1]

इसी तरह **'ब्राउन'** (Brown) ने भी स्वप्न की निम्नलिखित परिभाषा दी है–

''स्वप्न विभ्रम होते हैं जिनका अनुभव हम सभी को प्रत्येक रात्रि में होता है और जब हम जागते हैं तो इसका विभ्रामक स्वरूप बिल्कुल स्पष्ट हो जाता है''[2]

इन परिभाषाओं के आलोक में यह स्पष्ट होता है कि–

(i) स्वप्न निद्रावस्था में होने वाली मानसिक प्रक्रिया की एक अवस्था है।

1. "There is continuity of mental activities during sleep and dream is merely a phase of this continuity of activities."—Fisher
2. "Dreams are hallucinations which we experience every night, when we awake their hallucinatory nature is obvious to us."
—Brown

(ii) स्वप्न की अनुभूति विभ्रामक स्वरूप (hallucinatory nature) की होती है।

(iii) जागृत होने पर इसका विभ्रामक स्वरूप बिल्कुल स्पष्ट हो जाता है।

अतः संक्षेप में हम कह सकते हैं कि—"स्वप्न निद्रावस्था में होने वाली मानसिक क्रिया का प्रतिफल है।"[3]

7.2 स्वप्न की विशेषताएँ (Characteristics of Dream)

स्वप्नों की व्याख्या करने का प्रयास आदिकाल से ही चला आ रहा है। कुछ लोगों के विचार में स्वप्न निरर्थक (meaningless) होते हैं। लेकिन, इतना सत्य है कि स्वप्न का मानव जीवन के साथ गहरा संबंध (deep relationship) है। इसीलिए मनोवैज्ञानिक दृष्टि से स्वप्न अर्थहीन नहीं अपितु अर्थपूर्ण (meaningful) होते हैं। स्वप्नों के विश्लेषण से मानव जीवन से संबंधित महत्वपूर्ण तथ्यों का पता चलता है। अतएव, सामान्य (normal) एवं असामान्य (abnormal) दोनों तरह के व्यक्तियों के स्वप्नों का विश्लेषण करना महत्वपूर्ण होता है। खासकर मनोरोगियों के स्वप्नों का अध्ययन करने तथा उनके अर्थों को जानना विशेष महत्व का होता है क्योंकि स्वप्नों के माध्यम से उनके मनोरोगों के विशिष्ट कारणों का पता चलता है।

मनोवैज्ञानिकों द्वारा किए गए अब तक के अध्ययनों के आधार पर स्वप्नों की कुछ महत्वपूर्ण विशेषताओं का पता चला है जो निम्नलिखित हैं—

1. स्वप्न सार्थक होते हैं (Dreams are Meaningful)

'स्वप्नों' का स्वप्न दृष्टा (dreamer) के व्यक्तिगत जीवन के अनुभवों और समस्याओं के साथ गहरा संबंध (deep relation) रहता है। अतः स्वप्नों के विश्लेषण से स्वप्न दृष्टा के जीवन की महत्वपूर्ण घटनाओं (events), अनुभवों (experiences), विचारों (ideas) अचेतन में दमित प्रवाहों (repressed unconscious impulses) आदि के बारे में महत्वपूर्ण जानकारी मिलती है। मान लें एक स्त्री स्वप्न देखती है कि उसके पति की मृत्यु हो गई है। इस स्वप्न का मनोविश्लेषण (psychoanalysis) करने पर पता चलता है कि वह स्त्री अपने पति से घृणा करती है और उससे पिंड छुड़ाना चाहती है। उसकी यह इच्छा उसके अचेतन मन (unconscious mind) में संचित थी जो स्वप्न के माध्यम से प्रकट हुआ। इससे यह स्पष्ट होता है कि उस स्त्री का यह स्वप्न निरर्थक (meaningless) नहीं अपितु अर्थपूर्ण है। अतः स्वप्न सार्थक होता है।

2. स्वप्न प्रतीकात्मक होते हैं (Dreams are Symbolical)

स्वप्न अचेतन में दमित भावों, विचारों व इच्छाओं आदि की चेतनाभिव्यक्ति (conscious expression) के माध्यम होते हैं। अतः स्वप्न में हम जो कुछ भी देखते हैं, वे अचेतन में दमित प्रवाहों (repressed impulses of unconscious) के प्रतीक (symbols) होते हैं। इन प्रतीकों के अर्थ अलग–अलग व्यक्तियों के लिए अलग–अलग होते हैं और जब तक इन प्रतीकों के अर्थ समझ में नहीं आते, तब तक स्वप्न निरर्थक प्रतीत होते हैं।

स्वप्नों के प्रतीक वैयक्तिक (individual) एवं विश्वजनीन (universal) दोनों प्रकार के होते हैं। वैयक्तिक प्रतीकों का संबंध व्यक्ति के आत्मगत साहचर्यों (subjective associations) के साथ रहता है। इसलिए, उनके अर्थ भिन्न–भिन्न व्यक्तियों के लिए अलग–अलग होते हैं। लेकिन, विश्वजनीन प्रतीकों के अर्थ प्रायः सभी के लिए एक जैसे होते हैं। जैसे—माता–पिता को सम्राट और साम्राज्ञी, राजा और रानी या अन्य किन्ही ऊँचे व्यक्तियों के प्रतीक के रूप में देखना। बच्चों, भाइयों या बहनों के प्रतीक पशु या कीड़े होते हैं। इसी प्रकार, लाठी, छड़ी, पेड़, छतरी इत्यादि पुरुष लिंग के प्रतीक होते हैं जबकि गड्ढे, खोखली जगह, गुफा, बोतल इत्यादि स्त्रीलिंग के प्रतीक होते हैं।

3. "Dreams are the consequences of mental activities during sleep".

3. स्वप्न विभ्रामक होते हैं (Dreams are Hallucinatory)

स्वप्न देखते समय स्वप्न की घटनाएँ (events) एवं दृश्य (scene) बिल्कुल वास्तविक (real) जैसे प्रतीत होते हैं। लेकिन, इनका कोई प्रत्यक्ष आधार नहीं होता। जिस प्रकार विभ्रम (hallucination) बिना किसी प्रत्यक्ष आधार (direct or real base) के होता है, उसी तरह स्वप्न भी बिना किसी वस्तुगत (objective) या प्रत्यक्ष आधार (direct base) के होता है। अतः इसका स्वरूप विभ्रामक (hallucinatory) होता है।

4. स्वप्न में दृश्य प्रतिमाओं की प्रधानता रहती है (Dreams are made of Visual Images)

स्वप्नों के अनुभव अधिकतर दृश्य प्रतिबिंबों (अर्थात् आँखों में देखने वाले प्रतिबिंबों—images) के रूप में होते हैं। हालाँकि, इनके साथ भाव या विचार भी मिले रह सकते हैं तथा अन्य ज्ञानेंद्रियाँ (other sensory organs) भी कार्यशील प्रतीत हो सकती हैं। लेकिन, दृश्य प्रतिबिंबों (visual images) की प्रधानता रहती है। इसीलिए स्वप्न दृष्टा (dreamer) कभी–कभी कहता है—"मैं स्वप्नों के अनुभवों की तस्वीर बना सकता हूँ, लेकिन शब्दों में व्यक्त नहीं कर सकता।"[4] इससे यह स्पष्ट होता है कि स्वप्नों की दृश्य प्रतिमाओं (visual images) की भरमार रहती है।

5. स्वप्न इच्छापूर्ति का प्रयास है (Dreams are Attempted Wishfulfilment)

स्वप्नों द्वारा अचेतन में दमित अतृप्त इच्छाएँ एवं प्रवाह छद्म रूप में (indisguised form) प्रकट होकर संतुष्ट होती हैं। इसीलिए मनोविश्लेषकों ने स्वप्न को **'अचेतन का शाही मार्ग'** (Dreams are royal road to unconscious) कहा है। स्वप्नों में ये दमित इच्छाएँ चेतन मन के प्रतिबंधों (censorship of conscious mind) के कारण सांकेतिक रूपों में (symbolically) प्रकट होती हैं लेकिन, बच्चों में अतृप्त इच्छाओं की अभिव्यक्ति अधिकतर प्रत्यक्ष रूप (direct form) में होती है। उदाहरणार्थ—यदि किसी बच्चे को वास्तविक जीवन में (in realistic) इच्छित खिलौने (desired toys) नहीं मिलते तो वे प्रायः स्वप्नों में उसी तरह के खिलौने से अपने को खेलते हुए देखते हैं। इसका कारण यह है कि बाल्यावस्था में चेतन प्रतिबंधक (censorship) कमजोर (weak) होते हैं। अतः अतृप्त इच्छाओं की अभिव्यक्ति प्रत्यक्ष रूप में संभव है। लेकिन वयस्क व्यक्तियों में ये प्रतिबंधक सबल होते हैं। अतः कड़े प्रतिबंधों के कारण अतृप्त इच्छाओं की अभिव्यक्ति सांकेतिक रूप में होती है।

6. स्वप्न आत्मगत और आत्मकेंद्रित होते हैं (Dreams are Subjective and Egocentric)

स्वप्न वैयक्तिक अनुभवों से संबंध रहता है। साथ ही आत्मकेंद्रित (egocentric) भी होता है क्योंकि स्वप्नों का मूल उद्देश्य व्यक्ति की व्यक्तिगत (personal), अतृप्त दमित इच्छाओं (unfulfilled repressed desires) को छद्म रूप में (in disguised form) प्रकट कर संतुष्ट करना होता है। इसलिए, स्वप्न वैयक्तिक अनुभवों का प्रतिरूप होते हैं। अर्थात् ये आत्मगत (subjective) होते हैं तथा स्वप्नों में वह जो कुछ भी करता है या देखता है उन सबका केन्द्र (centre) व्यक्ति (स्वप्न दृष्टा) स्वयं होता है। अतः यह आत्मकेंद्रित (egocentric) भी होता है।

7. स्वप्न अचेतन होते हैं (Dreams are Unconscious)

स्वप्न के पीछे व्यक्ति की अचेतन अवस्था (unconscious stage) कार्य करती है। निद्रावस्था (during sleep) में चेतन के प्रतिबंधक तत्व शिथिल (relaxed) या सुप्त रहते हैं। इस अवसर का लाभ उठाते हुए 'अचेतन' दमित अतृप्त इच्छा प्रवाहों या भावों को छद्म रूप में चेतन स्तर पर व्यक्त यानी प्रकट करता है तथा इस प्रकार स्वप्न उन्हें संतुष्टि प्रदान करने का एक माध्यम (medium) बनता है।

---

4. "I can picturise dream experiences but can't express in words".

8. स्वप्न नींद का रक्षक होता है (Dreams are Preserver of Sleep)

'फ्रायड' (Freud) के अनुसार स्वप्न नींद के रक्षक होते हैं। स्वप्नों के माध्यम से अतृप्त दमित इच्छाएँ प्रकट होकर संतुष्ट होती हैं। इस उद्देश्य की प्राप्ति तभी संभव होगी जब व्यक्ति की चेतना (consciousness) सुप्त रहे। अतः 'अहं' (ego) का चेतन भाग व्यक्ति की नींद पर प्रहरी (guard) के रूप में कार्य करता है जिससे अचेतन की दमित इच्छाएँ बिना किसी बाधा या रोक–टोक के चेतन स्तर पर व्यक्त हो सकें। इसीलिए प्रायः यह देखा जाता है कि स्वप्नों का अनुभव तभी होता है जब व्यक्ति गहरी नींद (deep sleep) की अवस्था में रहता है।

इस प्रकार हम देखते हैं कि स्वप्न एक विभ्रामक अनुभव (hallucinatory experience) है जो उपर्युक्त अनेक विशेषताओं से परिपूर्ण रहता है।

7.3 स्वप्न के सिद्धांत (Theories of Dream)

स्वप्न के कई सिद्धांत प्रतिपादित हुए हैं। इनमें से कुछ सिद्धांत अति प्राचीन (very old) हैं तो कुछ आधुनिक। यहाँ हम कुछ आधुनिक सिद्धातों का वर्णन करेंगे–

आधुनिक सिद्धांत भी दो तरह के हैं–(i) 'दैहिक सिद्धांत' (physiological theory) एवं (ii) 'मनोवैज्ञानिक सिद्धांत' (psychological theory)। दैहिक सिद्धांत भी दो तरह के हैं–(i) 'प्रत्यक्षीकरण–विपर्यय सिद्धांत' (perception-illusion theory) एवं (ii) 'प्रबोध–प्रयत्न और भूल का सिद्धांत' (apperceptive trial and error theory)। स्वप्न की इन सिद्धांतों को नीचे की नमूना तालिका (paradigm) में दर्शाया गया है–

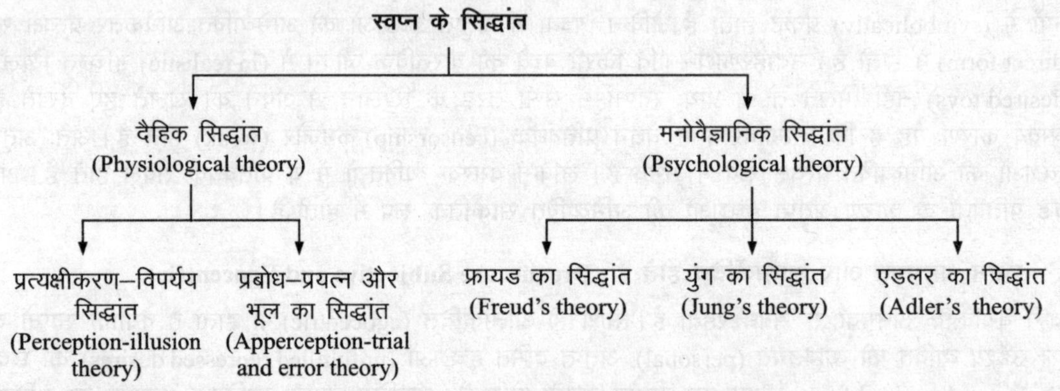

मनो रोग विज्ञान (psychopathology) की दृष्टि से दैहिक सिद्धांतों की कोई खास प्रासंगिकता नहीं है। लेकिन, मनोवैज्ञानिक सिद्धांतों (psychological theories) का वर्णन ही मुख्य केंद्रबिंदु (main focus) है जिनके बारे में एक–एक कर वर्णन किया जा रहा है।

आधुनिक मनोवैज्ञानिक सिद्धांतों में निम्नलिखित तीन सिद्धांत सर्वाधिक लोकप्रिय (popular) हैं–

(i) फ्रायड का इच्छा पूर्ति सिद्धांत (Freud's wishfulfilment theory)
(ii) युंग का स्वतः प्रतीकात्मक सिद्धांत (Jung's autosymbolic theory)
(iii) एडलर का सिद्धांत (Adler's theory)

7.4 फ्रायड का इच्छापूर्ति सिद्धांत (Freud's Wishfulfilment Theory)

'फ्रायड' (Freud) ने अपनी प्रसिद्ध पुस्तक 'इंटरप्रेटेशंस ऑफ ड्रीम्स' (Interpretations of Dreams) में अपने सिद्धांत का सविस्तार वर्णन किया है। 'फ्रायड' के सिद्धांत का मूल आधार 'कारण–प्रभाव' (cause-effect) से संबंधित परिकल्पना (assumption) है। फ्रायड के अनुसार, ''प्रत्येक शारीरिक या दैहिक क्रिया का निश्चित कारण (या अर्थ), महत्व और मितव्ययी होता है।''[5] अतः स्वप्न भी एक मानसिक घटना अर्थात् किसी प्रकार की मानसिक क्रिया का प्रभाव (effect) है जिसका निश्चित कारण यानी अर्थ होता है, तथा वह महत्वपूर्ण और मितव्ययी (significant and economical) भी है। यही परिकल्पना 'फ्रायड' के सिद्धांत का मूल आधार है। उनका मानना है कि ''स्वप्न बाह्य उत्तेजनाओं के प्रभावों का अनुभव नहीं (जैसा कि दैहिक सिद्धांत—physiological theory की कल्पना है), अपितु यह हमारी आंतरिक या मानसिक क्रियाओं द्वारा उत्तेजित अनुक्रिया है।''[6] अतः स्वप्नों के विश्लेषण द्वारा मानसिक अवस्थाओं या मनोदशाओं को जाना जा सकता है। इस अर्थ में स्वप्न सकारण (with a cause) एवं अर्थपूर्ण (meaningful) है।

स्वप्न महत्वपूर्ण (significant) भी है क्योंकि यह एक 'सुरक्षा वाल्व' (safety valve) के रूप में कार्य करता है। 'अचेतन' (unconscious) का वर्णन करते समय यह बतलाया जा चुका है कि हमारे अचेतन भाग में ढेर सारी अतृप्त, अवांछनीय इच्छाएँ, भाव एवं विचार संचित होते हैं जो चेतनाभिव्यक्ति के लिए सदैव सक्रिय रहते हैं। अतः अचेतन पर दमित इच्छा शक्तियों (energies) का भारी दबाव पड़ता है। इस दबाव के कारण मनःस्थिति खराब होती है। अतः अचेतन में संचित इच्छा शक्तियों का धीरे–धीरे निष्कासन जरूरी होता है ताकि भारी दबाव से उत्पन्न तनाव (tension) कम हो। स्वप्न चूँकि अतृप्त दमित अचेतन की इच्छाओं के निष्कासन (outlet) का एक सुंदर साधन के रूप में कार्य करता है, अचेतन का दबाव (pressure) कम होता है और तनाव (tension) से राहत (relief) मिलती है। साथ ही यह नींद का रक्षक भी है। इस प्रकार स्वप्न 'सुरक्षा वाल्व' (safety valve) के रूप में कार्य कर महत्वपूर्ण दायित्व का निर्वाह करता है। अतः स्वप्न महत्वपूर्ण (significant) होता है।

'स्वप्न' मितव्ययी भी है क्योंकि स्वप्न संघर्ष के तनाव से बिना किसी प्रकार की हानि के मुक्ति पाने का एक मितव्ययी (economical) अर्थात् आसान तरीके के रूप में कार्य करता है।

1. इच्छापूर्ति का माध्यम (Wishfulfilment)

'फ्रायड' (Freud) के अनुसार स्वप्न इच्छापूर्ति का एक सुंदर माध्यम है (a good medium of wishfulfilment)। इनके अनुसार स्वप्न अचेतन में दमित इच्छा प्रवाहों को छद्म रूप में (in a disguised form) प्रकट कर उन्हें संतुष्ट या तृप्त (satisfy) करने का एक सुरक्षित साधन (secured means) है। इसकी व्याख्या करते हुए उन्होंने बतलाया है कि जागृत अवस्था में (in awaken state) चेतन स्तर के आदर्शमूलक भाग प्रतिबंधक (censor) का काम करते हैं। अतः आदर्श (norm) या नैतिक मानदंडों (moral standards) के विपरीत भाव, संवेग, विचार, प्रवाह आदि इन प्रतिबधकों (censors) के कारण व्यक्त नहीं हो पाते तथा वे अचेतन में ही दमित रहते हैं। किंतु अचेतन में दमित ये 'प्रवाह' निष्क्रिय (passive) नहीं रहते अपितु, चेतनाभिव्यक्ति (conscious expression) के लिए सदा सक्रिय (active) रहते हैं। नींद की अवस्था में चेतन प्रतिबंधक शिथिल यानी उनींदा या सुप्तावस्था में (in drousing or sleeping state) रहती हैं। इसका लाभ उठाते हुए अचेतन की दमित इच्छाएँ अपने 'वास्तविक स्वरूप' (real nature) को बदलकर (छद्म रूप में) प्रकट होती है। इसलिए स्वप्न को **'अचेतन का राजकीय या शाही मार्ग'** (royal road to unconscious) कहा गया है। इसे 'राजकीय या शाही मार्ग' (royal road) इसलिए कहा जाता है कि नींद की अवस्था में चेतन प्रतिबंधकों की निष्क्रियता या शिथिलता के कारण अचेतन में दमित

---

5. "All physical or mental activity has a cause (meaning), significance and economy".
6. "Dreams are not externally stimulated but a response aroused by internal or mental activities".

इच्छाओं के प्रकट होने का सुनहरा अवसर (golden opportunity) प्राप्त होता है। अतः बिना किसी प्रकार की रोक–टोक या बाधा के ऐसी इच्छाएँ मुक्त रूप से प्रकट होती हैं। इस प्रकार अचेतन में दमित इच्छाओं की अभिव्यक्ति (manifestations) के लिए स्वप्न एक सुरक्षित माध्यम (secured means) बनता है क्योंकि स्वप्नों में दमित इच्छाएँ अयथार्थ रूप में (in unreal form) परिणत होकर प्रतीकों (symbols) के रूप में बे–रोक–टोक आसानी से प्रकट होती हैं और व्यक्ति इनके तनाव से मुक्त होता है।

2. स्वप्न नींद का रंक्षक है (Dreams a Represerver of Sleep)

'फ्रायड' के अनुसार स्वप्न 'नींद का रंक्षक' है। इसका कारण यह है कि नींद की अवस्था में भी 'उपाहं' (id) की दमित प्रवृत्तियाँ (repressed tendencies) संतुष्टि के लिए प्रयत्नशील रहती हैं। 'अहं' (ego) उपाहं और पराहं (id and super ego) के बीच सामंजन (adjustment) का काम करता है। सामंजन के उद्देश्य से 'अहं' उपाहं की प्रवृत्तियों को व्यक्त होने में मदद करता है। साथ ही, वह 'पराहं' (super ego) की प्रवृत्तियों द्वारा पकड़े जाने (fear of being caught) से भी बचना चाहता है। अतः अहं चेतना की सुप्तावस्था को कायम रखने (बरकरार रखने) की ओर केंद्रित रहता है। अहं की इस भूमिका के फलस्वरूप व्यक्ति की नींद बरकरार रखते हुए उपाहं की दमित इच्छाओं को स्वप्न के रूप में प्रकट होने में मदद मिलती है। इस प्रकार नींद बिना खराब हुए, अचेतन की इच्छाएँ प्रकट होकर संतुष्ट होती हैं। इसे इस उदाहरण द्वारा भी समझा जा सकता है।

उदाहरण : "मान लें, एक व्यक्ति ने रात्रि भोजन के समय अनेक प्रकार की नमकीन चीजें खाई हैं। फलस्वरूप नींद की हालत में उसे प्यास लगती है। उसकी यह इच्छा तभी पूरी हो सकती है जब वह सोया हुआ व्यक्ति जाग जाए और पानी पिए। लेकिन जागने की नौबत आने से पूर्व ही वह व्यक्ति स्वप्न देखता है—वह अपने को किसी बड़े होटल में बैठा देखता है जहाँ मेज पर शराब की बोतलें और कुछ खाने की चीजें भी रखी हुई हैं। लेकिन वह व्यक्ति कुछ खाने से पहले कुछ पीने लगता है जो स्वादिष्ट, ठंडा और संतुष्टिदायक लगता है।"

निःसंदेह इस स्वप्न का उद्देश्य नींद में बिना व्यवधान डाले 'प्यास' की आवश्यकता को पूरा करना है। इससे स्पष्ट होता है कि स्वप्न 'नींद का रक्षक' होता है।

'फ्रायड' (Freud) ने अपने सिद्धांत में विशेष रूप से दो महत्वपूर्ण तथ्यों की चर्चा की है—स्वप्न के विषय (contents of dream) एवं स्वप्न कार्य (dream work)।

3. स्वप्न के विषय (Contents of Dream)

'फ्रायड' के अनुसार स्वप्न में हम जो कुछ भी देखते हैं, वे सभी अचेतन इच्छाओं के प्रतीक (symbols) होते हैं। अतः स्वप्नों के वास्तविक अर्थ को समझने के लिए हमें इन प्रतीकों के अर्थों को समझना होगा। कहने का अभिप्राय यह है कि स्वप्न में हम जो कुछ भी देखते हैं वे अचेतन में दमित इच्छाओं के बदले हुए रूप होते हैं जिनके वास्तविक रूप अचेतन में दमित रहते हैं। अतः स्वप्न के इन छद्म रूपों (disguised forms) के वास्तविक रूपों को जानने और समझने हेतु इनका विश्लेषण करना आवश्यक होता है। इस प्रकार स्वप्न के दो विषय होते हैं—व्यक्त (manifest) और अव्यक्त (latent)।

(i) स्वप्न के व्यक्त विषय (Manifest content of dream): स्वप्न दृष्टा (dreamer) स्वप्न में प्रत्यक्ष रूप से जो कुछ भी देखता है (परिस्थिति, वस्तु, दृश्य, व्यक्ति आदि) तथा जागने पर उनका वर्णन करता है, उन्हें स्वप्न का 'व्यक्त विषय' (manifest content) कहते हैं। जैसे वह देखता है—कोई बड़े होटल में अपने को खाने की जगह बैठा हुआ, मेज पर रखी हुई शराब की बातलें, सामने स्टेज पर कैबरे डांसर के आगमन की सूचना इत्यादि। ये व्यक्त विषय वस्तुतः वास्तविक विषय के छद्म रूप (disguised form) होते हैं। इनके वास्तविक रूप अव्यक्त (latent) रूप में अचेतन में ही रहते हैं। अतः इन छद्म

रूपी व्यक्त विषयों के विश्लेषण के उपरांत ही इनके वास्तविक रूप यानी 'गुप्त' या 'अव्यक्त विषय' के बारे में जाना जा सकता है। अतः "स्वप्न के व्यक्त विषय के अंतर्गत वे सारी बातें आती हैं जिन्हें स्वप्न दृष्टा प्रत्यक्ष रूप में देखता है तथा जागने पर वर्णन करता है।"[7]

(ii) स्वप्न के अव्यक्त विषय (Latent content of dreams): अव्यक्त विषय स्वप्न की गुप्त बातों को कहते हैं। स्वप्न की व्यक्त वस्तु का विश्लेषण करने पर अचेतन में दमित जिन इच्छाओं या उद्देश्यों का पता चलता है, उसे ही स्वप्न का अव्यक्त विषय (latent content) कहते हैं। जैसे—'समजातीय लैंगिक' (homosexuality) की कामना रखने वाली युवती देखती है—"वह किसी घने जंगल में है, अचानक बादल घिर आते हैं और बारिश शुरू हो जाती है, बारिश से बचने हेतु किसी बड़े पेड़ के नीचे जाती है, इसी बीच दूसरी ओर से एक दूसरी युवती को आते हुए देखती है जो छाता लगाए हुए है। उसके साथ एक बैग भी है जिस पर लिखा है—'लेडिज ऑनली' (ladies only)। वह युवती भी पेड़ के निकट आती है और दोनों युवतियाँ साथ हो जाती है।"

इस स्वप्न का विश्लेषण करने पर स्वप्न दृष्टा की समजातीय मैथुन (homosexual intercourse) की कामना व्यक्त होकर संतुष्ट होती है जो इस स्वप्न का व्यक्त विषय (manifest content) है। अस्तु, "स्वप्न के व्यक्त विषय के विश्लेषण के फलस्वरूप अचेतन की जिन इच्छाओं (या कामनाओं) का पता चलता है, वही स्वप्न के अव्यक्त विषय होते हैं।"[8]

इस प्रकार स्पष्ट है कि स्वप्न के 'व्यक्त विषय' अव्यक्त विषय के स्थानापन्न (substitute) होते हैं। अतः स्वप्न अचेतन के विचारों या इच्छाओं को चेतन में लाने के उपाय बनते हैं और स्वप्न के व्यक्त विषय अचेतन के वास्तविक विचारों या इच्छाओं के बिगड़े हुए (distorted) या अयथार्थ (unreal) रूप होते हैं, जबकि स्वप्न के अव्यक्त विषय वास्तविक (real) होते हैं।

4. स्वप्न कार्य (Dream work)

स्वप्न कार्य से तात्पर्य स्वप्न के तंत्रों (mechanisms) द्वारा गुप्त या अव्यक्त विषय को व्यक्त विषय में परिणत करने संबंधी क्रिया से हैं। इन तंत्रों द्वारा स्वप्न के वास्तविक स्वरूप संक्षिप्त प्रतिरूपों (condensed symbols) के रूप में परिवर्तित होते हैं तथा उनकी अभिव्यक्ति (manifestations) भी नाटकीय ढंग से (dramatically) कुछ असंदर्भिक (irrelevant) तथ्यों के बीच मिले-जुले रूपों में होती है। इस प्रकार इन तंत्रों की मदद से स्वप्न का अव्यक्त विषय छद्म रूप में (वेश बदलकर) व्यक्त विषय के रूप में परिणत होकर प्रकट होता है।

'ब्राउन' (Brown) ने 'स्वप्न कार्य' (dream work) के स्वरूप को स्पष्ट करते हुए कहा है—"फ्रायड ने स्वप्न कार्य के नाम का उपयोग ऐसे तंत्रों के लिए किया है जिनके द्वारा स्वप्न के अव्यक्त सोच या विचार स्वप्न के व्यक्त विषय के रूप में परिवर्तित होते हैं।"[9]

'फ्रायड' के अनुसार स्वप्न की व्यक्त और अव्यक्त विषयवस्तु एक ही सिक्के के दो पहलू (two sides of the same coin) हैं। अव्यक्त विषय स्वप्न के मौलिक विषय (original material) हैं, जबकि व्यक्त विषय उस मौलिक विषय का अनुवाद (translation) होता है तथा यह अस्पष्ट (vague), निरर्थक (meaningless) और महत्वहीन (insignificant) प्रतीत होता है। यह बात प्रायः सभी स्वप्नों में पाई जाती है। अनुवाद का यह कार्य स्वप्न के कुछ तंत्रों (mechanisms) की सहायता से होता है, जिसे 'स्वप्न तंत्र या स्वप्न रचना' (dream mechanisms)

---

7. "Manifest contents of dreams are those which the dreamer views and describes after he wakes up."
8. "The latent contents of dreams are those which remain hidden and can be known only after an analysing the manifest contents of dreams."
9. "Dream work is the name given by Freud to the mechanisms by which the latent dream thoughts are converted to the manifest contents of the dream." —Brown, J.F.

कहते हैं। 'फ्रायड' ने स्वप्न तंत्र की परिभाषा देते हुए कहा है—"जिन प्रक्रमों से गुप्त स्वप्न को व्यक्त स्वप्न में बदला जाता है, उसे स्वप्न तंत्र या स्वप्न रचना कहते हैं।"[10]

'फ्रायड' ने ऐसी पाँच स्वप्न रचनाओं (dream mechanisms) का वर्णन किया है जो निम्नलिखित हैं—

(i) संक्षेपीकरण या संघनन (condensation)
(ii) विस्थापन (displacement)
(iii) प्रतीकीकरण (symbolisation)
(iv) नाटकीयकरण (dramatisation) एवं
(v) पश्चात् विस्तारण (secondary elaboration)

अब इन सभी रचनाओं का वर्णन एक–एक कर प्रस्तुत किया जा रहा है—

1. संक्षेपीकरण या संघनन (Condensation)

'संक्षेपीकरण' का अर्थ एक से अधिक विचारों या इच्छाओं को प्रतीकात्मक रूप में संक्षेप में प्रस्तुत या प्रकाशित करना होता है। इस अर्थ में संक्षेपीकरण वस्तुतः 'संघनन' (condensation) की रचना या तंत्र (mechanism) है। इस स्वप्न रचना (तंत्र) द्वारा स्वप्न के अव्यक्त विषय (latent content) के अनेक तथ्यों का प्रकाशन होता है। इस प्रकार गुप्त विषय लघु रूप में संघटित होकर (by condensing) व्यक्त विषय में रूपांतरित या परिवर्तित होते हैं। इसीलिए इसे संघनन (condensation) की क्रिया भी कहा जाता है, जो तीन तरह से होता है—

(i) गुप्त विषय के कुछ तत्व गायब या लुप्त हो जाते हैं।
(ii) गुप्त विषय की अनेक ग्रंथियाँ (complexes) आंशिक रूप में (partially) व्यक्त विषय में आती हैं।
(iii) व्यक्त विषय की सामान्य विशेषता के आधार पर एक से अधिक गुप्त विषयों के तत्व (elements) एक साथ मिलकर प्रकट होते हैं।

उदाहरण के लिए मान लें कोई व्यक्ति किसी नवयुवती को स्वप्न में देखता है जिसके होठों के रंग और चेहरे की आकृति किसी 'क' नाम की युवती से मिलते हैं, पोषाक किसी 'ख' नाम की युवती से, शारीरिक रंग (complexion) किसी 'ग' नाम की युवती से मिलते हैं, किंतु इन चारों विशेषताओं को मिलाकर स्वप्न दृष्टा (dreamer) किसी 'च' नाम की युवती के रूप में देखता है।

संघनन (यानी संक्षेपीकरण) की क्रिया उद्देश्य एक से अधिक अचेतन में दमित इच्छाओं को संक्षिप्त यानी संघटित रूप में गुप्त विषय को गुप्त रखते हुए न्यूनतम प्रतीकों के माध्यम से व्यक्त करना होता है। 'संघनन' की क्रिया अचेतन रूप से (unconsciously) होती है, अतः व्यक्ति (स्वप्न दृष्टा) को इसकी कोई चेतना नहीं रहती।

अतः संघनन की रचना (condensation mechanism) को इस प्रकार से परिभाषित (define) किया जा सकता है—

"संघनन उस स्वप्न रचना को कहते हैं जिसमें व्यक्त विषय के एक ही तथ्य द्वारा गुप्त या अव्यक्त विषयों के अनेक तथ्यों का प्रकाशन होता है।"[11]

10. "Those mechanisms which converts the latent contents in to the manifest contents of the dreams are called dream mechanisms." —Freud
11. "Condensation is that mechanism of the dream in which many facts or events of the latent contents get expression through single fact or event of the manifest content."

2. विस्थापन (Displacement)

विस्थापन तंत्र द्वारा गुप्त या अव्यक्त विषय सामग्री (latent contents) के व्यक्ति या घटना (character or event) के बदले कोई दूसरा व्यक्ति या घटना व्यक्त विषय (manifest content) की सामग्री बनते हैं। अर्थात् अचेतन की इच्छाएँ (unconscious desires) स्वप्न दृष्टा (dreamer) के वास्तविक जीवन (real life) के जिस व्यक्ति (पात्र) या घटना (character or event) के साथ संबद्ध होती हैं, उसके स्थान पर किसी और व्यक्ति या घटना से संबद्ध (विस्थापित) हो जाती हैं। ऐसा होने से स्वप्न की वास्तविकता विकृत (distorted) हो जाती है। जैसे—वास्तविक व्यक्ति की जगह किसी दूसरे व्यक्ति जो किसी–न–किसी रूप से वास्तविक के सदृश (similar) होता है, को देखना या किसी वास्तविक स्थान के बदले दूसरे स्थान को देखना।

विस्थापन (displacement) दो तरह से होता है—

(क) अव्यक्त विषय (गुप्त विषय) की वस्तु के स्थान पर समान तरह की किसी दूसरी वस्तु या परिस्थिति को देखना। इसमें अव्यक्त विषय का कोई भी अंश दिखाई नहीं पड़ता। इस प्रकार अव्यक्त विषय की सामग्री पूर्णतः लुप्त रहती है और उसकी जगह किसी अपरिचित (unfamiliar or unacquainted) सामग्री को स्वप्न के व्यक्त विषय के रूप में दिखाई पड़ती है। अर्थात् विस्थापन की प्रक्रिया द्वारा अव्यक्त विषय का किसी दूसरे विषय द्वारा स्थानापन्न (substitution) की प्रक्रिया होती है।

(ख) किसी महत्वपूर्ण अव्यक्त विषय (latent content) के बदले कोई महत्वहीन विषय व्यक्त विषय (manifest content) के रूप में प्रकट होता है। ऐसा होने से स्वप्न का वास्तविक रूप बदल कर अनजाना (अपरिचित) प्रतीत होता है और इस प्रकार स्वप्न के वास्तविक रूप परदा में (under curtain) रहता है। विस्थापन की इस प्रक्रिया को रूपांतर (conversion) भी कहा जा सकता है क्योंकि परिचित या जानी पहचानी विषय सामग्री अनजानी या अपरिचित विषय सामग्री के रूप में रूपांतरित (convert) होकर व्यक्त विषय (manifest content) के रूप में प्रकट होती है। इसे ही छद्म रूप (disguised form) अर्थात् वेश बदलना कहते हैं।

3. प्रतीकीकरण (Symbolisation)

स्वप्न के व्यक्त विषय के रूप में हम जो कुछ भी देखते हैं वे सही अर्थ में अचेतन के प्रतीकात्मक प्रतिनिधि (symbolic representative) होते हैं। अर्थात् स्वप्न के अव्यक्त विषय विभिन्न प्रतीकों के रूप में प्रकट होते हैं। ऐसा होने से अचेतन के अव्यक्त विषय की गोपनीयता बरकरार रहती है। वस्तुतः संघनन (condensation) और विस्थापन (displacement) की प्रक्रियाओं द्वारा अव्यक्त विषय पूर्णतः छद्म रूप (disguised form) में परिवर्तित नहीं हो पाता, इसलिए 'अहं' (ego) का चेतन अंश उसकी अभिव्यक्ति को रोकता है क्योंकि पकड़े जाने (चेतना के जागृत हो जाने) का भय बरकरार रहता है। अतः इनके मौलिक रूप को अच्छी तरह छद्म रूप बनाने के उद्देश्य से अव्यक्त सामग्रियों को प्रतीकों (symbols) के रूप में प्रकट या व्यक्त किया जाता है। इस प्रकार स्वप्नों के प्रतीक अचेतन की दमित इच्छाओं (repressed desires), भावनाओं (feelings) या विचारों (ideas) तथा इससे संबंधित वस्तुओं के प्रतिनिधि (representative) होते हैं। अस्तु, प्रतीकीकरण की परिभाषा इन शब्दों में दी जा सकती है—

"प्रतीकीकरण वह स्वप्न रचना है जिसके द्वारा अचेतन के अव्यक्त (गुप्त) विषय अपने प्रतिनिधि, अर्थात् प्रतीकों द्वारा व्यक्त विषय के रूप में परिवर्तित होकर प्रकट होते हैं।"[12]

'फ्रायड' ने स्वप्न के प्रतीकों को विश्वजनीन या सार्वजनिक (universal) कहा है। अर्थात् स्वप्नों के प्रतीक सभी के लिए एक जैसे ही होते हैं। उनमें वैयक्तिक विभिन्नता नहीं होती। 'फ्रायड' ने ऐसे कई प्रतीकों के उदाहरण दिये हैं तथा उनके सार्वजनीन अर्थों को भी स्पष्ट किया है, जैसे—

---

12. "Symbolisation refers to the representative symbols of the latent contents which transform them into manifest content."

	प्रतीक (Symbols)	अर्थ (Meaning)
(i)	बंदूक, साँप, पैर, पेड़, हथियार, खंभा, छाता, डंडा या इसी तरह की लंबी वस्तुएँ	• पुल्लिंग के प्रतीक (symbols of male sex organ)
(ii)	बोतल, नाव, जहाज, संदूक, डिब्बा, गुफा, मुँह इत्यादि	• स्त्रीलिंग के प्रतीक (symbols of female sex organ)
(iii)	चढ़ना, उतरना, गाड़ी चढ़ना, यात्रा करना, तैरना, नाचना इत्यादि	• रतिक्रिया के प्रतीक (symbols of sexual intercourse)
(iv)	आम, अमरूद, सेब, नासपाती, गेंद या गोल एवं मुलायम वस्तुएँ	• स्तन के प्रतीक (symbols of breast)
(v)	छोटे जीव–जंतु, कीड़े–मकोड़े (small animals and instincts)	• सहोदर भाई बहन के प्रतीक (symbols of siblings)
(vi)	ईश्वर, राजा या और कोई महान व्यक्ति	• माता–पिता के प्रतीक (symbols of parents)
(vii)	घर	• प्राणी के शरीर का प्रतीक (symbols of animal's body)
(viii)	दिल, गंजापन (baldness), बाल काटना, दाँत का गिरना इत्यादि	• बधियाकरण की चिंता का प्रतीक (symbols of castration anxiety)

4. नाटकीयकरण (Dramatisation)

स्वप्न के व्यक्त विषय (manifest content) मूर्तरूप (concrete form) के होते हैं। फलस्वरूप स्वप्न दृष्टा उन्हें गतिशील चित्र की भाँति देखता है। ऐसा प्रतीत होता है, मानो वह किसी थियेटर या रंगमंच पर कोई नाटक देख रहा है। अभिप्राय यह है कि स्वप्न की घटनाएँ दृश्य चल–चित्र की भाँति नाटकीय रूप में प्रकट होती हैं। साथ ही, विभिन्न स्वप्न की घटनाएँ बीच–बीच में बदलती हुई प्रतीत होती हैं। जैसे–अदृश्य रूप से पुकारने, गुनगुनाने की आवाज को सुनना, किसी एक स्थान से दूसरे स्थान की ओर प्रस्थान करते हुए देखना इत्यादि। इस प्रकार नाटकीयकरण की प्रक्रिया द्वारा स्वप्न के अव्यक्त विषय वास्तविक जीवन की प्रत्यक्ष घटनाओं के रूप में प्रकट होते हैं। इसलिए अव्यक्त विषयों के वास्तविक अर्थों को समझ पाना कठिन होता है।

5. पश्चात् विस्तारण (Secondary Elaboration)

स्वप्नानुभूतियाँ (dream experiences) विचित्रताओं (peculiarities) से भरी होती हैं। इनमें कुछ तर्कहीन (illogical), असंगत (incongruent), निरर्थक (meaningless) बातें शामिल रहती हैं। परंतु स्वप्न दृष्टा (dreamer) इन्हें अपनी ओर से तर्कसंगत (logical), सार्थक (meaningful) और प्रासंगिक (relevant) रूप में वर्णन करता है जिससे उसके स्वप्नों के गुप्त विषयों की गोपनीयता बरकरार रह सके। इसे ही 'पश्चात् विस्तारण' (secondary elaboration) कहते हैं। अर्थात् स्वप्न के वास्तविक स्वरूप पर पर्दा डालने के उद्देश्य से कुछ नई बातों को जोड़ना, उनमें तारतम्य बैठाना, घटनाओं के क्रम को व्यवस्थित करना एवं सार्थक रूप में प्रस्तुत करना ही 'पश्चात् विस्तारण' कहलाता है। ऐसा करने से स्वप्न के असंगठित तथ्य संगठित हो जाते हैं जिससे स्वप्न का मौलिक रूप गुप्त रहता है।

उपर्युक्त स्वप्न रचनाओं के आधार पर 'फ्रायड' ने यह स्पष्ट किया है कि किस प्रकार स्वप्न के अव्यक्त विषय (latent contents of dream) व्यक्त विषय (manifest content) के रूप में बदल जाता है, जिसके फलस्वरूप स्वप्न के वास्तविक स्वरूप को समझना कठिन होता है।

इन स्वप्न रचनाओं द्वारा अव्यक्त विषय का व्यक्त विषय के रूप में बदलाव की प्रक्रिया को अच्छी तरह समझने हेतु एक उदाहरण लें—

उदाहरण : एक बहुत ही आकर्षक एवं सुंदर अंग्रेज युवती थी, जो विगत कुछ समय से यौन–उदासीनता (sexual frigility) से पीड़ित थी। उसकी यौन–उदासीनता रूपांतर उन्माद (conversion hysteria) के रूप में त्वचा के फटे–फटे (rashes) रूप में प्रकट हुई थी। उसने एक स्वप्न की चर्चा की, जो इस प्रकार है–

"स्वप्न में मैं अपने सोने के कमरे (bedroom) में थी और मैंने देखा कि कमरे के फर्श पर एक तरफ बेशकीमती और अच्छे किस्म के धागों से बुना हुआ एक धूस या कालीन (rag) पड़ा है। कमरे के एक भाग में आग जलाने का नियत स्थान भी है। लेकिन मैं यह देखकर हतप्रभ (shocked) हो गई कि आग के स्थान को पूरा भरने पर आग उस बेशकीमती धूस (कालीन) के पास है, जबकि आग का नियत स्थान बिल्कुल खाली है। ऐसा लग रहा था मानो वहाँ आग कभी जलाई ही नहीं गई है। मैंने उसी क्षण यह निर्णय किया कि उस आग को धूस के पास से हटाकर आग के नियत स्थान पर ला देना चाहिए।"

इस स्वप्न का विश्लेषण (Interpretation of this dream): इस स्वप्न में उक्त युवती की यौन–उदासीनता (sexual frigidity) और त्वचा पर उसके रूपांतरित लक्षणों (converted symptoms on the skin) की अभिव्यक्ति हुई है। यहाँ युवती का यौन अवयव (genitalia) का प्रतीक आग का स्थान है; क्योंकि घर या कमरा साधारणतः मानव शरीर का प्रतीक होता है और उस शरीर (कमरा) आग के स्थान का होना कामुक उत्तेजना से संबंधित अवयव (erotic organ) का प्रतिनिधित्व करता है। आग के स्थान में आग का अभाव उस युवती की यौन–उदासीनता (sexual frigidity) को प्रकट करता है। आग (fire) यौन (sex) का प्रतीक है। इस स्वप्न में रोगी की यह इच्छा कि उसकी यौन–वासना उपयुक्त अवयव (proper organ) के साथ संबंधित होनी चाहिए, न कि उसकी मुलायम त्वचा के साथ (कालीन)–की भी पूर्ति हुई है। इसीलिए स्वप्न में युवती यह विचार प्रकट करती है कि आग को धूस (कालीन) के पास से हटाकर आग के नियत स्थान पर ला दिया जाना चाहिए।

7.4.1 फ्रायड के स्वप्न सिद्धांत का मूल्यांकन (Evaluation of Freud's Dream Theory)

'फ्रायड' के स्वप्न सिद्धांत का मूल आधार मानसिक संघर्ष (mental conflict) और दमन (repression) है। मानसिक संघर्ष के कारण व्यक्ति की किसी इच्छा का दमन हो जाता है, जो छद्म वेश में (in disguised form) स्वप्नों के माध्यम से प्रकट होती हैं। इसलिए स्वप्न दमित इच्छाओं की पूर्ति है (dreams are wishfulfilment)। इससे यह स्पष्ट होता है कि स्वप्न अर्थहीन अथवा बेकार नहीं होते, अपितु स्वप्न सार्थक और महत्वपूर्ण होते हैं। स्वप्न के माध्य से यदि दमित इच्छाओं की पूर्ति न हो तो व्यक्ति असंतुलित हो जाएगा। अतः व्यक्ति को संतुलित बनाए रखने में स्वप्न का महत्वपूर्ण स्थान है।

'फ्रायड' ने स्वप्नों के विश्लेषण हेतु एक ऐसी विधि बतलाई है जो मनोवैज्ञानिक दृष्टि से सुविधाजनक, उपयुक्त एवं वैज्ञानिक विधि है। इस प्रकार, स्वप्न की घटनाओं का वैज्ञानिक ढंग से अध्ययन की परंपरा प्रारंभ करने में 'फ्रायड' का महत्वपूर्ण योगदान माना जाता है।

लेकिन, अनेक मनोवैज्ञानिक 'फ्रायड' के विचारों से सहमत नहीं दिखते। उनकी आलोचना के निम्नलिखित बिंदु महत्वपूर्ण हैं–

(i) 'फ्रायड' के अनुसार स्वप्न अचेतन में दमित इच्छाओं की पूर्ति का माध्यम है। यदि यह सत्य है तो फिर व्यक्ति दुःखद या दंडात्मक स्वप्न क्यों देखता है? इन स्वप्नों द्वारा व्यक्ति की किस प्रकार की अचेतन इच्छाओं की पूर्ति होती है?

इसके उत्तर में 'फ्रायड' का कहना है कि दंड स्वप्नों द्वारा वस्तुतः 'पराहं' (super ego) की इच्छाओं की पूर्ति होती है। अर्थात् इस प्रकार के स्वप्नों द्वारा उपाहं (id) की मूल प्रवृत्तियाँ प्रकट होती हैं। पराहं का मुख्य कार्य दंड देना, आलोचना करना अथवा दोषी ठहराना होता है जो दंड या चिंता से संबंधित स्वप्नों के माध्यम से प्रकट होते हैं। इसीलिए 'फ्रायड' ने स्वप्नों को 'इच्छा स्वप्न' (wish dream), 'चिंता स्वप्न' (anxiety dream) एवं 'दंड स्वप्न' (punishment dream)–तीन अलग–अलग प्रकारों में बाँटा है।

(ii) 'फ्रायड' के सिद्धांत में 'काम' (यौन) संबंधी इच्छाओं (sexual desires) पर ही मुख्य जोर दिया गया है। यद्यपि फ्रायड ने काम अर्थात् यौन शब्द का उपयोग व्यापक और विस्तृत अर्थ में किया है, फिर भी अनेक मनोवैज्ञानिक इससे सहमत नहीं हैं। दूसरे मनोवैज्ञानिकों का मानना है कि अचेतन की सभी इच्छाएँ आवश्यक रूप से 'कामुक' स्वरूप की नहीं होतीं। इसमें दूसरे प्रकार के वैयक्तिक (personal) एवं सामाजिक (social) क्षेत्र से संबंधित भी अनेक प्रकार की इच्छाएँ दमित होती हैं जो स्वप्नों के माध्यम से प्रकट होती हैं। जैसे–कोई व्यक्ति महान दार्शनिक या वैज्ञानिक बनने की इच्छा रखता है जो किसी कारणवश पूरी नहीं होने के कारण दमित हो जाती हैं और उसकी यह दमित इच्छा स्वप्नों के माध्यम से व्यक्त हो सकती हैं।

(iii) 'फ्रायड' द्वारा वर्णन किए गए प्रतीक (symbols) भी कटु आलोचना के विषय रहे हैं। फ्रायड के अनुसार प्रायः सभी प्रतीक सार्वजनीन (universal) स्वरूप के होते हैं। लेकिन 'युंग' (Jung) का मानना है कि प्रतीक व्यक्तिगत होते हैं। अतः किसी एक ही प्रतीक (symbol) का अर्थ अलग–अलग व्यक्तियों के लिए अलग–अलग हो सकता है जिसे व्यक्ति विशेष के जीवन इतिहास (life history of the person) द्वारा प्राप्त सूचनाओं द्वारा जाना जा सकता है।

(iv) 'फ्रायड' के अनुसार स्वप्न में व्यक्ति के विगतकाल की दमित अनुभूतियों, इच्छाओं, विचारों आदि की अभिव्यक्ति होती है। लेकिन, सभी स्वप्न विगत काल (past) से संबंधित नहीं होते। 'युंग' (Jung) और 'एडलर' (Adler) के अनुसार व्यक्ति के स्वप्न वर्तमान (present) एवं भविष्य (future) से भी संबंधित होते हैं।

(v) 'फ्रायड' के स्वप्न सिद्धांत का मुख्य आधार मनोरोगियों के स्वप्न हैं, अतः केवल मनोरोगियों के स्वप्नों के आधार पर सामान्य व्यक्तियों के स्वप्नों की व्याख्या करना उचित नहीं है।

फ्रायड के स्वप्न सिद्धांत के संबंध में उपर्युक्त आलोचनात्मक टिप्पणियों के बावजूद, फ्रायड का सिद्धांत सर्वाधिक लोकप्रिय (popular) एवं मनोरोगियों के निदान एवं उपचार की दृष्टि से काफी महत्वपूर्ण है।

7.5 युंग का सिद्धांत (Jung's Theory)

'युंग' (Jung) 'फ्रायड' (Freud) के शिष्य तथा सहकर्मी थे। लेकिन, बाद में चलकर वे फ्रायड से असहमत होकर 'विश्लेषणात्मक मनोविज्ञान' (Analytical Psychology) नाम से अलग दृष्टिकोण प्रस्तावित किया । 'युंग' का 'फ्रायड' से मतभेद मुख्य रूप से 'काम वासना' (libido), अचेतन (unconscious) और स्वप्न की व्याख्या (interpretation of dream) से संबंधित विचारों से है।

'युंग' ने स्वप्न की व्याख्या 'फ्रायड' से भिन्न प्रकार से दी है। 'युंग' के स्वप्न के सिद्धांत को 'स्वतः प्रतीकात्मक सिद्धांत' (auto-symbolic theory) के नाम से जाना जाता है।

'युंग' (Jung) के अनुसार प्रत्येक व्यक्ति में 'कामुक कामनाओं' (libidinal urges) की जगह 'जीने की इच्छा' (will to live) की मूल इच्छा शक्ति होती है जो व्यक्ति की गतिशीलता (mobility) का मुख्य प्रेरक (motivation) होता है। अर्थात् 'जीने की इच्छा' की मूल प्रवृत्ति ही व्यक्ति को कार्यशील बनाती है। परंतु, वातावरण की जटिलताओं (complexities of environment), बाधाओं (inhibitions), अवरोधों (obstacles) आदि के कारण व्यक्ति की जीने की इच्छा अवरुद्ध होती है। फलतः उसकी कार्यशीलता प्रतिगमित (regressed) होती है और मौलिक इच्छा (जीने की इच्छा) चेतन (conscious) से हटकर अचेतन (unconscious) में दमित हो जाती है। स्वप्न में व्यक्ति की यही दमित इच्छा (repressed desire) अपना वेश बदलकर प्रकट होती है। इसलिए 'स्वप्न'

केवल कामुक स्वरूप (sexual nature) के ही नहीं होते, अपितु अन्य प्रकार की इच्छाएँ भी स्वप्नों के माध्यम से प्रकट होती हैं।

'युंग' का यह भी मानना है कि स्वप्न का संबंध केवल व्यक्ति के अतीत (past) से ही नहीं रहता, अपितु इसका संबंध वर्तमान (present), भविष्य (future) एवं अतीत (past) तीनों से रहता है। अर्थात् स्वप्नों के माध्यम से व्यक्ति के जीवन के तीनों कालों (वर्तमान, भविष्य एवं अतीत) की घटनाओं की प्रतीकात्मक अभिव्यक्ति (symbolic expression) होती है। भविष्य के संबंध में भविष्यवाणी का संकेत इस सिद्धांत की अत्यंत ही महत्वपूर्ण विशेषता है।

'एडवर्ड ग्लोवर' (Edward Glover) ने युंग के सिद्धांत की प्रसिद्धि का सर्वाधिक महत्वपूर्ण कारण इसी विशेषता को बताया है। उन्होंने कहा है—"इस बात को बिल्कुल अस्वीकार नहीं किया जा सकता है कि युंग के स्वप्न सिद्धांत की ख्याति का सबसे बड़ा रहस्य उसके इस विचार में निहित है कि स्वप्न में ऐसे विवरण होते हैं जिनके द्वारा वर्तमान एवं भविष्य दोनों को पढ़ा या जाना जा सकता है।"[13]

'फ्रायड' की ही तरह 'युंग' ने भी 'अचेतन' के महत्व को स्वीकार किया है। लेकिन, युंग के अनुसार अचेतन दो प्रकार के होते हैं। फ्रायड ने अचेतन के जिस स्वरूप का वर्णन किया है वह 'वैयक्तिक अचेतन' (personal unconscious) है। लेकिन, युंग ने व्यक्तिगत अचेतन के साथ–साथ 'सामूहिक या जातीय अचेतन' (collective or racial unconscious) की भी परिकल्पना की है। 'व्यक्तिगत अचेतन' व्यक्ति के 'वैयक्तिक जीवन' (personal life) से संबंधित होता है तथा इसमें व्यक्ति की वैयक्तिक दमित इच्छाएँ (वर्तमान, भविष्य या विगत कालों की) संचित रहती हैं जबकि सामूहिक या जातीय अचेतन में मानव जाति के संस्कार, पूर्वजों की इच्छाओं के प्रभाव आदि जमा रहते हैं। इसे ही 'आर्केटाइप्स' (archetypes) कहा गया है। जातीय या सामूहिक अचेतन व्यक्ति के वैयक्तिक अचेतन का नीचे की सतह (bottom surface) होती है। अतः स्वप्नों में व्यक्ति के 'वैयक्तिक' (personal) एवं 'जातीय' (racial) दोनों प्रकार के अचेतन (unconscious) में संचित इच्छा प्रवाहों की अभिव्यक्ति होती है। इसलिए, स्वप्न के विषय कभी–कभी असंगत और विचित्र (inconsistent and strange) प्रतीत होते हैं।

स्वप्न के प्रतीकों (symbols of dream) के संदर्भ में, यद्यपि युंग एवं फ्रायड दोनों ने इसके महत्व को स्वीकार किया है, लेकिन युंग के अनुसार प्रतीक सार्वजनीन (universal) नहीं होते, अपितु वैयक्तिक (individual) हुआ करते हैं। उदाहरण के लिए सीढ़ियाँ चढ़ना किसी व्यक्ति विशेष के लिए सफलता का प्रतीक (symbol of success) है तो दूसरे के लिए आकांक्षा का, फिर किसी तीसरे व्यक्ति के लिए यह संभोग का प्रतीक हो सकता है। इस प्रकार स्वप्न के प्रतीकों के अर्थ व्यक्ति विशेष के संदर्भ में भिन्न–भिन्न हुआ करते हैं। अर्थात् प्रतीकों के अर्थों में वैयक्तिक विभिन्नता पाई जाती है।

'युंग' ने अपने सिद्धांतों में 'पश्चात् विस्तारण' (secondary elaboration) पर भी प्रकाश डाला है। इनके अनुसार पश्चात् विस्तारण स्वप्न का अंग नहीं होता, अपितु यह स्वप्न के बाद का 'स्वप्न चिंतन' (dream thought) की उपज होती है। इस प्रक्रिया द्वारा स्वप्न के बिखरे तत्व परस्पर संगठित होकर तर्कसंगत (logical) और सार्थक हो जाते हैं। अर्थात् इसकी बिखरी कड़ियों को एक साथ मिलाकर परस्पर संबंधित किया जाता है जिससे वे संगठित (organised), तार्किक (logical) और सार्थक (meaningful) हो जाते हैं। इस प्रकार 'पश्चात् विस्तारण' एक प्रकार की 'पॉलिश' (varnish) होती है जिससे स्वप्न के गूढ़ और गुप्त रहस्य गुप्त ही रहते हैं तथा वे अयथार्थ रूप में बिना किसी व्यवधान के प्रकट होते हैं।

'युंग' के सिद्धांत को भलीभाँति समझने हेतु एक उदाहरण का सहारा लिया जा सकता है—

'युंग' (Jung) ने अपने सिद्धांत को अपनी प्रसिद्ध पुस्तक 'द मॉडर्न मैन इन द सर्च ऑफ सोल' (The Modern Man in the Search of Soul) में अपने एक मित्र के स्वप्न का उदाहरण दिया है जिसे यहाँ उद्धृत किया जा रहा है—

---

13. "...for it will scarcely be denied that the popularity of Jung's dream psychology hangs on his conviction that dreams have a prospective tendency that they can read the future as well as the present."—Edward Glover

'युंग के एक निकट के मित्र, जो जूरिख विश्वविद्यालय के एक प्रोफेसर थे, ने युंग को अपना एक रोचक स्वप्न बताया। स्वप्न इस प्रकार था—"मैं (युंग के मित्र प्रोफेसर) एक ऊँचे पहाड़ पर सीधी चट्टानों से होते हुए चढ़ता जा रहा हूँ। पहाड़ की चोटियाँ बर्फ से ढकी हुई हैं और मैं ऊपर की ओर चढ़ता हुआ जा रहा हूँ। यह हमें अनोखा, किंतु आनंददायक लगा और मैं आकाश को छूने की कल्पना करने लगा। हमें ऐसा अनुभव हुआ, जैसे मैं आकाश के काफी निकट हूँ और इतने में मेरी नींद खुल गई।"'

युंग के मित्र पहाड़ की सैर करने के शौकिन थे। युंग ने इस स्वप्न का वृत्तांत सुनने के बाद अपने मित्र को चेतावनी दी कि वे बिना 'गाइड' की सहायता के अकेले पहाड़ की सैर न किया करें। युंग के मित्र ने इस चेतावनी को नजरअंदाज किया और मजाक भी उड़ाया। ठीक दो महीने बाद पहाड़ की सैर करते समय एक चट्टान के खिसक जाने से वे गिर पड़े। संयोग से वहाँ कुछ सैनिक थे जिन्होंने सहायता की और वे बच गए। कुछ समय बाद पुनः पहाड़ की सैर करते वक्त वे दुर्घटनाग्रस्त हो गए और उनकी मृत्यु हो गई। इस वक्त दुर्घटना के समय उन्हें ठीक वैसा ही अनुभव हुआ जैसा उन्होंने अपने स्वप्न वृत्तांत में बतलाया था। **'युंग'** के अनुसार उनके मित्र का स्वप्न भविष्य में घटने वाली घटना का पूर्वाभास था।

इस उदाहरण से स्पष्ट है कि स्वप्न के विषय में केवल अतीत की घटनाएँ ही नहीं रहतीं, अपितु स्वप्न वर्तमान और भविष्य की घटनाओं से भी संबंधित रहता है।

इस प्रकार, युंग ने स्वप्न का फ्रायड से भिन्न एक स्वतंत्र सिद्धांत का प्रतिपादन किया जो स्वप्न की मनोवैज्ञानिक व्याख्या प्रस्तुत करता है।

7.5.1 मूल्यांकन (Evaluation)

'युंग' का सिद्धांत अत्यधिक गहन (deep) और ऊँचे यानी अक्खड़ (loftier) किस्म का है। इनके अनुसार स्वप्न केवल भविष्यदर्शी (prospective) ही नहीं है बल्कि यह तो व्यक्ति की सेवा का साज है। इनके अनुसार स्वप्नों में गत समय के अविनाशी, विवेकी तत्व विद्यमान रहते हैं। साथ ही स्वप्न वर्तमान और भविष्य—दोनों का मार्गदर्शक होता है।

इसके बावजूद, स्वप्न विश्लेषण के संदर्भ में 'फ्रायड' को जितनी सफलता मिली, युंग को उतनी सफलता नहीं मिल सकी। इसका मुख्य कारण यह है कि 'युंग' का सिद्धांत तार्किक आधारों पर ज्यादा सटीक है। वस्तुपरकता (objectivity) एवं प्रायोगिक प्रामाणिकता (experimental proofs) के आधार पर यह सिद्धांत उतना खरा नहीं उतरता। अतः इस संबंध में प्रामाणिकता संबंधी अध्ययनों द्वारा आगे खोज जारी रखने की आवश्यकता है।

7.5.2 फ्रायड एवं युंग के स्वप्न सिद्धांतों की तुलना (Comparison between Freud's and Jung's Theories of Dream)

'फ्रायड' (Freud) एवं 'युंग' (Jung) दोनों ने स्वप्न की मनोवैज्ञानिक व्याख्या प्रस्तुत की है तथा इन दोनों के सिद्धांतों में बहुत कुछ समानताएँ (similarities) देखने को मिलती हैं। लेकिन, साथ–ही–साथ इनके सिद्धांतों के मूलभूत तथ्यों में कुछ विभिन्नताएँ (differences) भी हैं। इनके सिद्धांतों में पाए जाने वाली समानताओं एवं विभिन्नताओं के चंद महत्वपूर्ण बिंदुओं को नीचे स्पष्ट किया गया है।

A. समानताएँ (Similarities)

1. दोनों ने स्वप्न की मनोवैज्ञानिक व्याख्या (psychological interpretation) प्रस्तुत की है। अतः मनोवैज्ञानिक दृष्टि से दोनों के सिद्धांत महत्वपूर्ण हैं।

2. दोनों सिद्धांतों के अनुसार स्वप्न अचेतन (unconscious) में दमित इच्छाओं, भावों, विचारों, प्रवाहों, संवेगों की अभिव्यक्ति का माध्यम या साधन है।
3. 'फ्रायड' एवं 'युंग'—दोनों ने स्वप्न के अस्तित्व यानी सत्ता एवं महत्व को स्वीकार किया है। इसलिए स्वप्नों के विश्लेषण (analysis) पर जोर दिया है।
4. स्वप्नों द्वारा इच्छाओं की पूर्ति (wishfulfilment) होती है—इस बात को दोनों ने स्वीकार किया है।
5. स्वप्न के व्यक्त (manifest) तथा अव्यक्त (latent) विषय संबंधी धारणा (assumption) एक जैसे ही हैं।
6. इन दोनों के 'पश्चात् विस्तारण' (secondary elaboration) संबंधी विचारों में भी बहुत कुछ समानता है।
7. इन दोनों ने स्वप्नों में 'प्रतीकों' (symbols) से संबंधित प्रत्यय (concept) को स्वीकार किया है।

B. अंतर (Differences)

उपर्युक्त समानताओं के बावजूद इनके सिद्धांतों में कुछ विभिन्नताएँ भी हैं जिनके आधार पर दोनों सिद्धांतों में अंतर किया जाता है। इनके सिद्धांतों में अंतर के कुछ प्रमुख बिंदु निम्नलिखित हैं—

1. 'फ्रायड' ने अपने सिद्धांत में कामुक इच्छाओं (sexual desires) पर बहुत अधिक जोर दिया है। 'युंग' ने कामुक इच्छाओं की महत्ता तो स्वीकार की है, लेकिन साथ ही जीवन की अन्य इच्छाओं की अहमियत भी मानते हैं। अर्थात् स्वप्न द्वारा केवल दमित कामुक इच्छाओं की ही अभिव्यक्ति नहीं होती, अपितु जीने की चाह (will to live) से संबंधित अन्य इच्छाओं की भी अभिव्यक्ति होती है।
2. 'फ्रायड' के अनुसार स्वप्न में 'दमन' (repression) का बहुत अधिक महत्व होता है। सही अर्थ में दमन स्वप्न का एक आवश्यक अंग है क्योंकि स्वप्नों द्वारा अचेतन में दमित इच्छाओं की ही अभिव्यक्ति होती है। युंग के अनुसार स्वप्न एक सामान्य मानसिक क्रिया है जिसमें बिना दमन के भी अचेतन में संचित पूर्वजों के संस्कार भी प्रकट होते हैं। इसके लिए दमन का होना आवश्यक नहीं है, बल्कि इन संस्कारों को व्यक्ति पीढ़ी–दर–पीढ़ी वंशगत तरीके से प्राप्त करता है।
3. यों तो 'फ्रायड' एवं 'युंग'—दोनों ने स्वप्न में अचेतन के महत्व को स्वीकार किया है। फिर भी, जहाँ फ्रायड ने केवल वैयक्तिक अचेतन (personal unconscious) की धारणा को स्वीकार किया है, युंग ने वैयक्तिक अचेतन के साथ–साथ सामूहिक यानी जातीय अचेतन (collective or racial unconscious) की धारणा भी बतलाई है तथा स्वप्नों में दोनों प्रकार के अचेतनों के विषयों की अभिव्यक्ति की चर्चा की है।
4. 'फ्रायड' ने स्वप्नों के प्रतीकों को सार्वजनीन (universal) माना है जबकि युंग ने स्वप्न के प्रतीकों को वैयक्तिक बतलाया है।
5. 'फ्रायड' के अनुसार स्वप्न का संबंध व्यक्ति का केवल अतीत की घटनाओं (past events) से रहता है, जबकि 'युंग' के अनुसार स्वप्न का संबंध अतीत (past) वर्तमान (present), एवं भविष्य (future) तीनों कालों से रहता है।
6. 'फ्रायड' के स्वप्न सिद्धांत को 'इच्छा पूर्ति का सिद्धांत' (wishfulfilment theory) के नाम से जाना जाता है जबकि युंग का स्वप्न सिद्धांत 'स्वतः प्रतीकात्मक सिद्धांत' (auto symbolic theory) के नाम से जाना जाता है।

इस प्रकार स्पष्ट है कि 'फ्रायड' (Freud) एवं 'युंग' (Jung) दोनों ने स्वप्न सिद्धांतों में बहुत कुछ समानताएँ हैं तो बहुत कुछ विभिन्नताएँ भी हैं।

7.6 एडलर का सिद्धांत (Adler's Theory)

'अल्फ्रेड एडलर' (Alfraid Adler) भी 'फ्रायड' (Freud) के कनीय सहायक के रूप में सहकर्मी थे। किंतु कुछ समय बाद वे 'फ्रायड' के विचारों से असहमत होकर अलग हो गए और अपना स्वतंत्र दृष्टिकोण प्रस्तुत किया। इनका यह दृष्टिकोण 'व्यक्तिवादी मनोविज्ञान' (individual psychology) के नाम से जाना जाता है। इस दृष्टिकोण में इन्होंने स्वप्न के संबंध में भी अपना नया विचार प्रस्तुत किया है। यद्यपि, 'फ्रायड' का अनुसरण करते हुए इन्होंने भी अचेतन संघर्ष (unconscious conflict) एवं 'दमन' (repression) संबंधी विचारों के महत्व को स्वीकार किया है, किंतु 'कामुक प्रवृत्तियों' (libidinal urges) की महत्ता को नकारा है। स्वप्न के संबंधों में इनका मानना है कि चूँकि प्रत्येक व्यक्ति की 'जीवनशैली' (lifestyle) में आधिपत्य की भावना (feeling of dominance) का सर्वोपरि स्थान होता है, इसलिए स्वपनों में इन्हीं भावनाओं की अभिव्यक्ति होती है। अर्थात् स्वप्न आधिपत्य की भावना की अभिव्यक्ति (manifestation of feeling of dominance) का साधन है। इनके अनुसार "स्वप्न में उन समस्याओं के समाधान का प्रयास किया जाता है जो जीवन की दो आधारभूत प्रवृत्तियों–श्रेष्ठता की भावना एवं हीनता की भावना के संघर्षों के कारण उत्पन्न होती हैं।"[14]

एडलर के इस विचार का अर्थ यह है कि प्रत्येक व्यक्ति में श्रेष्ठ या उच्च (superior) बनने की स्वाभाविक प्रवृत्ति पाई जाती है। किंतु वातावरण की सीमाओं (limitations of environment), कठिनाइयों (difficulties) एवं जटिलताओं (complexities) के कारण व्यक्ति की यह मौलिक इच्छा पूरी नहीं हो पाती। फलतः 'हीनता की भावना' (inferiority feeling) उत्पन्न होती है और व्यक्ति निराशा और कुंठा (frustration) का शिकार होता है। लेकिन, जीवन की वास्तविकता (realities of life) इन दोनों प्रकार की भावनाओं से भिन्न होती है। स्वप्न इन वास्तविकताओं (realities) एवं श्रेष्ठता तथा हीनता की भावनाओं (superiority and inferiority feelings) से उत्पन्न संघर्षों (conflicts) का समाधान कर समायोजन (adjustment) लाने का प्रयास करता है। इस प्रकार, स्वप्नों के माध्यम से व्यक्ति की 'जीवन शैली' (life style) की अभिव्यक्ति होती है। 'एडलर' के अनुसार स्वप्न 'जीवनशैली' और उसकी वर्तमान समस्याओं के बीच एक पुल (bridge) की तरह काम करता है।

'एडलर' ने 'युंग' की तरह स्वप्न को अतीत (past), वर्तमान (present) और भविष्य (future)–तीनों कालों से संबद्ध बतलाया है। इनके अनुसार स्वप्नों के माध्यम से अतीत की कुंठित भावनाएँ तो उत्पन्न होती ही हैं, साथ–ही–साथ वर्तमान की समस्याओं एवं भविष्य का पूर्वाभास भी होता है। यहाँ स्पष्ट होना चाहिए कि 'एडलर' के दृष्टिकोण में 'युंग' के विचारों के कुछ तत्व शामिल तो हैं परंतु उनकी व्याख्या के दृष्टिकोण में अंतर है। 'एडलर' ने स्वप्न के सभी घटकों एवं तत्वों (components) की व्याख्या श्रेष्ठता एवं हीनता (superiority and inferiority) के संदर्भ में की है और यही संदर्भ एडलर की अलग पहचान बनाती है।

'एडलर' के दृष्टिकोण को स्वप्न के एक उदाहरण द्वारा अच्छी तरह समझा जा सकता है।

उदाहरण : एक व्यक्ति है जिसकी जीवनशैली (lifestyle) ऐसी है कि वह किसी भी काम को करने में हिचकिचाता है। उसकी शादी ठीक हुई जिसमें उसे कुछ शक होता है और शादी करे या न करे–द्वंद्व में पड़कर चिंतित रहने लगा। इन्हीं दिनों वह एक स्वप्न देखता है–"वह कहीं यात्रा कर रहा है। जाते–जाते वह दो देशों की सीमा में पहुँच जाता है। वह स्वप्न में भी द्वंद्व का अनुभव करता है–सीमा को पार करे या नहीं। यदि वह सीमा पार करता है तो वह दूसरे देश में पहुँच जाएगा। इसी बीच कोई आकर धमकी देता है कि यदि वह सीमा पार करने की कोशिश करेगा तो उसे गिरफ्तार कर बंदी बना लिया जाएगा।"

'एडलर' के अनुसार स्वप्न दृष्टा (dreamer's) का यह स्वप्न उसकी वर्तमान समस्या से संबद्ध है। 'धमकी' (threat) और सीमा पार करे या नहीं (whether to cross the border or not) का द्वंद्व उसके संदेह और हिचकिचाहट

14. "Dream is an attempted solution of problem arising from conflict between life's two basic principles—superiority striving and inferiority feeling". —Adler, A.

का द्योतक है। अतः इस स्वप्न के माध्यम से शादी करे या नहीं (whether to marry or not)—इस समस्या का समाधान प्रतीकात्मक पूर्वाभ्यास (symbolic rehearsal) द्वारा होती है।

उपर्युक्त उदाहरण से स्पष्ट हो जाता है कि स्वप्नों का संबंध जीवनशैली की श्रेष्ठता एवं हीनता की भावनाओं (superiority and inferiority feelings of lifestyle) से रहता है और स्वप्न इन भावनाओं से उत्पन्न संघर्षों (conflicts) एवं वातावरण की जटिलताओं (complexities of environment) व समस्याओं के समाधान (solution of problems) का एक उपक्रम (mechanism) है।

7.6.1 मूल्यांकन (Evaluation)

'एडलर' का दृष्टिकोण 'फ्रायड' के दृष्टिकोण से बिल्कुल भिन्न है। हालाँकि एडलर ने अचेतन के महत्व को न तो स्वीकार किया है और न अस्वीकार। इन्होंने स्वप्नों को 'जीवनशैली' (lifestyle) से संबद्ध बतलाया है। लेकिन, इस जीवनशैली के निर्माण में जिस आधारभूत भावना—श्रेष्ठता एवं हीनता (superiority and inferiority) का महत्व बतलाया है, वह पूर्णतया सही नहीं है। व्यक्ति की जीवनशैली में श्रेष्ठता एवं हीनता के भाव का महत्व होता है, लेकिन कुछ अन्य तत्व, जैसे—बाल्यकालीन कामुकता (childhood sexuality), पूर्व संस्कार, अतीत के अनुभव आदि का भी महत्वपूर्ण स्थान है। वस्तुतः व्यक्तित्व की जीवनशैली (lifestyle of personality) इन सभी तत्वों के योग (sum of all these) से निर्मित होती है। अतः यदि स्वप्न व्यक्ति की जीवनशैली के प्रकाशन (expression of lifestyle) का माध्यम है तो निश्चित रूप से कामुक भावों (sexual feelings) का भी प्रकाशन स्वप्नों के माध्यम से होता है।

'युंग' की तरह 'एडलर' ने भी स्वप्नों को अतीत, वर्तमान एवं भविष्य से संबंधित बतलाया है जो सही प्रतीत होता है। लेकिन, इस संबंध में ठोस प्रमाण का अभाव है। अतएव इसकी प्रामाणिकता संदिग्ध है।

7.7 स्वप्न विश्लेषण (Dream Analysis)

स्वप्न के अर्थों को जानने—समझने की जिज्ञासा मानव जाति में प्रारंभ से ही रही है। प्रायः हम सब लोग अपने या दूसरों के स्वप्नों के विश्लेषण में कमोबेश दिलचस्पी रखते हैं। लेकिन, स्वप्नों का सटीक अर्थ ज्ञात करना एक दुष्कर कार्य है।

स्वप्न विश्लेषण (dream analysis) से तात्पर्य स्वप्न के व्यक्त विषय (manifest content) के पीछे गुप्त या अव्यक्त (latent) विषय (content) को ज्ञात करने या जानने से है। इस कार्य के लिए 'फ्रायड' (Freud) ने 'स्वतंत्र साहचर्य विधि' (free association method) का उपयोग किया है। यह एक तकनीकी (technical) विधा है जिसका उपयोग पूर्णरूप से प्रशिक्षित तकनीशियन ही कर सकता है। यह तकनीक 'फ्रायड' के मनोविश्लेषणात्मक सिद्धांत (psychoanalytic principles) पर आधारित है। इसी तरह 'युंग' (Jung) ने अपने दृष्टिकोणों पर आधारित 'संश्लेषणात्मक विधि' (synthetical method) का उपयोग किया है। लेकिन, 'युंग' 'स्वतंत्र तकनीक' का भी उपयोग करते थे।

यहाँ हम एक स्वप्न का वर्णन कर 'फ्रायड', 'युंग' एवं 'एडलर'—तीनों के सिद्धांतों के अनुरूप अलग–अलग विश्लेषण प्रस्तुत कर स्वप्न विश्लेषण की प्रक्रिया को समझने का प्रयास करेंगे।

एक व्यक्ति ने स्वप्न देखा—"मैं अपनी माँ और बहन के साथ किसी पहाड़ पर चढ़ रहा हूँ। पहाड़ पर चढ़ने के लिए सीढ़ियाँ बनी हुई थीं और इन्हीं सीढ़ियों के रास्ते हम लोग ऊपर चढ़ रहे थे। जैसे ही हम सब ऊपर पहुँचे, मेरी बहन, जो गर्भवती थीं, को एक बच्चा हुआ।"

'फ्रायड' के सिद्धांत के अनुसार विश्लेषण करने पर यह अर्थ निकलता है कि युवक के बाल्यावस्था की दमित कामेच्छा (repressed sexual desire) की संतुष्टि होती है। सीढ़ी पर चढ़ना रतिक्रिया (sexual intercourse)

का प्रतीक है, माँ और बहन का साथ होना बाल्यावस्था की लैंगिक प्रवृत्तियों (childhood sexual tendencies) का प्रतीक है तथा ऊपर पहुँचने और बच्चा होने की बातों को उसकी यौन क्रिया के परिणाम (outcome) का संकेत मिलता है।

'युंग' के विचारानुसार, माँ और बहन का साथ होना प्रेम का प्रतीक है, सीढ़ी पर चढ़ना सफलता प्राप्त करने की इच्छा तथा बच्चे के जन्म लेने वाली बात से सुखमय भावी जीवन की कामना का संकेत मिलता है।

'एडलर' (Adler, A.) के विचार से नवयुवक के इस स्वप्न का अर्थ बिल्कुल ही भिन्न है। इनके अनुसार, सीढ़ी पर चढ़ना जीवन की कठिनाइयों पर विजय प्राप्त करने की इच्छा का प्रतीक है तथा माँ और बहन का साथ होना युवक में आत्मविश्वास (self confidence) एवं स्वावलंबी होने की भावना के अभाव का द्योतक है। अर्थात् वह व्यक्ति बिना दूसरों की मदद के अपना कार्य सफलतापूर्वक नहीं कर सकता। बच्चे का जन्म लेना लक्ष्य की प्राप्ति और श्रेष्ठता की पूर्ति का प्रतीक है।

इस प्रकार हम देखते हैं कि एक ही स्वप्न का तीनों दृष्टिकोणों से किया गया विश्लेषण अलग–अलग किया गया है। इनमें कौन–सा विश्लेषण सही या गलत है, इसका निर्णय करना कठिन है।

वास्तविकता तो यह है कि इन तीनों दृष्टिकोणों द्वारा व्यक्ति के जीवन के विभिन्न पहलुओं (different aspects of life) पर यथेष्ट प्रकाश पड़ता है। अतः इस दिशा में और आगे शोधकार्य (research work) करने की जरूरत है। लेकिन, इतना तो बिल्कुल स्पष्ट है कि स्वप्न निरर्थक (meaningless) नहीं होते, अपितु सार्थक (meaningful) होते हैं। साथ ही, स्वप्नों के माध्यम से व्यक्ति के गत (past), वर्तमान (present) और भविष्य (future) जीवन के संबंध में महत्वपूर्ण जानकारियाँ मिलती हैं। अतः व्यक्ति के व्यक्तित्व को जानने और समझने की दृष्टि से स्वप्न महत्वपूर्ण भी है।

7.8 सारांश (Summary)

1. स्वप्न एक सामान्य घटना है जिसका अनुभव प्रायः सभी (सामान्य एवं असामान्य) करते हैं। स्वप्न वस्तुतः विभ्रामक अनुभव (hallucinatory experience) को कहते हैं।
2. स्वप्न की अनेक विशेषताएँ है जैसे–स्वप्न इच्छापूर्ति (wishfulfilment) का साधन है, स्वप्न नींद का रक्षक (preserver of sleep), प्रतीकात्मक (symbolic), विभ्रामक (hallucinatory), दृश्य प्रतीमाओं की प्रधानता (mainly made of visual images) इत्यादि अनेक विशेषताएँ हैं।
3. 'फ्रायड' के अनुसार स्वप्न अचेतन में दमित अतृप्त इच्छा प्रवाहों की संतुष्टि यानी चेतनाभिव्यक्ति का एक सुंदर माध्यम होता है।
4. स्वप्न के विषय (contents) दो तरह के होते हैं–व्यक्त और अव्यक्त (manifest and latent)।
5. व्यक्ति स्वप्न के विभिन्न दृश्यों अथवा घटनाओं को प्रत्यक्षतः जिस रूप में देखता और जागने पर जो वर्णन करता है, उसे स्वप्न का व्यक्त विषय (manifest content) कहते हैं तथा इन व्यक्त विषयों का विश्लेषण करने पर जिन छिपे गुप्त बातों का पता चलता है, उसे स्वप्न का अव्यक्त विषय (latent content) कहते हैं।
6. स्वप्न कार्य (dream work) एक मानसिक उपक्रम है जिसके द्वारा स्वप्न के अव्यक्त विषय छद्म रूप में परिणत होते हैं। अर्थात् अव्यक्त विषयों के रूप परिवर्तन का कार्य जिस मानसिक क्रिया द्वारा होती है उसे ही स्वप्न कार्य कहते हैं।
7. स्वप्न कार्य में संलग्न मानसिक रचनाओं को स्वप्न–रचना (dream mechanisms) कहते हैं। ये रचनाएँ संघनन (condensation), विस्थापन (displacement), प्रतीकीकरण (symbolism), नाटकीयकरण (dramatisation) एवं पश्चात् विस्तारण (secondary elaboration) हैं।

8. 'युंग' (Jung) एवं 'एडलर' (Adler) ने भी 'फ्रायड' से भिन्न अपना अलग सिद्धांत प्रस्तुत किया है। युंग के सिद्धांत को 'स्वतः प्रतीकात्मक सिद्धांत' (auto symbolic theory) कहते हैं।
9. युंग के अनुसार प्रत्येक व्यक्ति में 'जीने की इच्छा' (will to live) प्रबल होती है और स्वप्नों में इसी मूलभावना से संबंधित इच्छाएँ प्रकट होती हैं। साथ ही इन्होंने स्वप्न को अतीत, वर्तमान एवं भविष्य तीनों कालों से संबंधित बतलाया है।
10. 'एडलर' ने भी अपना एक अलग दृष्टिकोण रखा है। एडलर के अनुसार स्वप्नों में श्रेष्ठता बनाम हीनता की भावना (superiority vs. inferiority) के कारण उत्पन्न संघर्ष (conflicts) ही स्वप्नों के माध्यम से प्रकट होते हैं।
11. युंग की तरह एडलर ने भी स्वप्नों को भूत, वर्तमान और भविष्य—तीनों कालों से संबंधित बतलाया है।
12. एक ही स्वप्न का विश्लेषण उपर्युक्त तीनों दृष्टिकोणों—फ्रायड, युंग एवं एडलर के दृष्टिकोणों से करने पर अलग–अलग अर्थ स्पष्ट होते हैं। लेकिन तीनों दृष्टिकोणों से स्वप्न सार्थक सकारण एवं महत्वपूर्ण सिद्ध होते हैं।

खण्ड III

समायोजन की माँगें
(Adjustive Demands)

---

8. प्रतिबल या बलाघात
   (Stress)

8

प्रतिबल या बलाघात (Stress)

अध्याय रूपरेखा (Chapter Outline)

आप उस दिन को याद करें, जब आप अपने स्कूल या कॉलेज अथवा पेशे से संबंधित कार्यस्थल पर पहली बार आए थे। उस दिन आपके लिए वहाँ का वातावरण बिल्कुल नया था। कुछ भी परिचित नहीं था। आप अपने को अपरिचितों के बीच अकेला और असहाय (alone and helpless) महसूस कर रहे होंगे। आप संपूर्ण वातावरण को विस्मय भरी निगाहों से देखते होंगे। आपके मन में कई प्रकार की आशंकाएँ उठती होंगी और प्रत्येक आशंका के समाधान के लिए उपयुक्त अनुक्रिया (proper response) की मानसिक तलाश (mental search) में व्यस्त होंगे। किसी तरह हिम्मत जुटा कर वहाँ के किसी कर्मचारी से कुछ पूछने हेतु पहुंचे होंगे, लेकिन ठिठक गए होंगे। आपको आशंका हो रही होगी कि कहीं वह आपसे ठीक से बात करेगा या नहीं। आपको हिम्मत जुटाने में थोड़ा समय लगा होगा। किसी तरह आप जो पूछना चाहते थे, उसके बारे में पूछ सके। उसने आपके साथ अच्छा व्यवहार किया होगा, फलतः आपको राहत मिली होगी। फिर भी, कुछ आशंकाएँ विद्यमान होंगी। अतः जब तक आप एक–दो रोज में उक्त नये वातावरण से अभ्यस्त नहीं हो गए, आप अपने को सहज नहीं महसूस कर पाए होंगे। आप में घबराहट के लक्षण भी विद्यमान रहे होंगे।

इस प्रकार का अनुभव प्रायः सभी को होता है। हम सभी को जीवन में ऐसी घबराहट, आशंकाएँ, भय अथवा अनहोनी परिस्थितियों का सामना करना पड़ता है। बहुधा ये परिस्थितियाँ चुनौतीपूर्ण (challenging) होती हैं, जिनसे निबटना मुश्किल होता है। हकीकत तो यह है कि हमारा संपूर्ण जीवन संकट एवं संघर्ष से युक्त है। उदाहरणार्थ—दैनिक जीवन में कभी माता–पिता की इच्छा और बच्चों की चाह में टकराव होता है, कभी प्रतिस्पर्द्धा का मुकाबला करना होता है, कभी अपने प्रियजनों के चिंताजनक स्वास्थ्य के कारण गंभीर चिंता होती है, कभी कोई व्यक्ति की योग्यता या मंशा को चुनौती देता है आदि। ये सभी स्थितियाँ दबावपूर्ण (pressureful) होती हैं। अतः 'बलाघात' या 'प्रतिबल' (stress) का अनुभव होता है तथा इस प्रकार के बलाघातक परिस्थिति (stressing situation) के साथ समायोजन की समस्या (problem of adjustment) उत्पन्न होती है। समायोजन की समस्या इसलिए उत्पन्न होती है कि इन तनावपूर्ण परिस्थितियों के कारण व्यक्ति का सामान्य समायोजन (normal adjustment) विसंतुलित (imbalanced) हो जाता है और नई समायोजी अनुक्रियाएँ (new adjustive responses) आवश्यक हो जाती हैं, जिसकी तलाश करनी पड़ती है और इसे ही समायोजन की माँग (adjustive demand) कहते हैं।

अतः प्रस्तुत अध्याय में प्रतिबल यानी बलाघात (stress) के स्वरूप, सामना करने के तरीके (ways to cope with), तथा व्यक्ति के मानसिक एवं शारीरिक स्वास्थ्य पर पड़ने वाले प्रभावों का विवेचन किया जाएगा। इससे जीवन की चुनौतियों के संकेतों को समझने में सहायता मिलेगी।

8.1 स्वरूप एवं अर्थ (Nature and Meaning)

"चाहे सांवेगिक या दैहिक (शारीरिक), स्वाभाविक या मानव निर्मित, सार्वजनिक या निजी, बलाघात हमारे जीवन को प्रभावित करता है ... और ... किसी भी दूसरे कारकों से कहीं ज्यादा ... यह हमारे जीवन के उस क्षण विशेष को रेखांकित या चिह्नित करता है जहाँ से हमारी तंदुरूस्ती की ढाल नीचे की ओर सरकती हुई प्रतीत होती है।"... (Whether emotional or physical, natural or man made, public or private, stress exerts an influence on our lives ... (and) ... more than any other factor ... determines the point at which we find ourselves sliding down the slope from health ... Lamott, 1975, pp. 8–9.

ऊपर के उद्धृत अंश से यह स्पष्ट होता है कि बलाघात (stress) और व्यक्ति के शारीरिक और मानसिक (physiological and mental) स्वास्थ्य के बीच गहरा संबंध है। बलाघात हमारे जीवन का एक चिरंतन सत्य (indispensable truth) है इसलिए यह अपरिहार्य (inescapable) भी है। संभवतः यही कारण है कि सुप्रसिद्ध चिकित्साशास्त्री **'हंस सेली'** (Hans Selye, 1976) ने माना है—**"बलाघात से मुक्ति का अर्थ मृत्यु है"** (freedom from stress is death)। इस प्रकार स्पष्ट है कि दबाव या बलाघात हमारे जीवन का एक ऐसा पक्ष है जिसे टाला नहीं जा सकता (can not avoid), अपितु सामना किया जा सकता है (rather, we can meet with it).

'बलाघात' अंग्रेजी के 'स्ट्रेस' शब्द का हिंदी रूपांतरण है। 'स्ट्रेस' (stress) शब्द की व्युत्पत्ति (origin) लैटिन (Latin) के 'स्ट्रीक्टस' (Strictus) शब्द से हुई है। स्ट्रीक्टस का अर्थ 'जकड़ना' (to tighten) या 'कसा हुआ', यानी 'बँधा हुआ' (stringere) अथवा 'संकीर्ण' (narrow) होता। किसी बलाघातक (stressful) परिस्थिति में व्यक्ति के मन में उत्पन्न होने वाले भावों के प्रसंग में यह अर्थ सार्थक (meaningful) प्रतीत होता है, क्योंकि बलाघात का सामना होने पर व्यक्ति उसके घातक (threatening) या हानिकर (harmful) प्रभावों की आशंकाओं (apprehensions) की गिरफ्त में अपने को 'जकड़ा हुआ' या 'बँधा हुआ' (tighten with apprehension) अनुभव करता है।

वस्तुतः 'बलाघात' (stress) की धारणा (concept) को शरीरशास्त्र (physiology) और मनोविज्ञान (psychology) में अभियांत्रिकी (engineering) से लिया गया है। अभियांत्रिकी में प्रतिबल या बलाघात का अर्थ उस बल या शक्ति (force) से है जिसके दबाव (pressure) के कारण किसी भौतिक वस्तु (physical object) में विकृति अथवा विरूपण (distortion or disformation) होता है। यह विरूपण किसी बाह्य शक्ति (external force) दबाव (pressure) से उत्पन्न 'तनाव' (tension) के कारण होता है। अर्थात् वह शक्ति या बल (force) आघात पहुँचता है जिससे तनाव की स्थिति उत्पन्न होती है। इसीलिए इसे 'बलाघात' (यानी बल + आघात) कहते हैं 'बलाघात' (stress) के इसी आशय (meaning) को मनोवैज्ञानिकों ने स्वीकार किया है। इस अर्थ में बलाघात एक बाह्य शक्ति या उत्तेजना (external force or stimulus event) है, जिसका प्रतिफल (outcome) 'तनाव की स्थिति' (state of tension) है। प्रायः उच्चस्तरीय या गंभीर बलाघात (severe stress) के कारण उत्पन्न तनाव की स्थिति में ही 'व्यथा' (distress) का अनुभव होता है। यही कारण है कि बलाघात से प्रभावित व्यक्ति माँसपेशियों में कसाव (muscular constriction) एवं श्वसन क्रिया में बदलाव (changes in respiratory functions), जैसे—श्वास का रुकना, जोर–जोर से श्वास लेना, श्वसन गति का धीमा पड़ना आदि से संबंधित अनुभव बतलाता है।

'बलाघात' का सीधा संबंध समायोजन की माँग (adjustive demands) से है जिसे हम आवश्यकताओं (needs) या प्रेरणाओं (motivations) की संतुष्टि कर प्राप्त कर सकते हैं। लेकिन, जीवन के विभिन्न क्षणों में इन प्रेरणाओं की संतुष्टि में विलंब (delay), क्षति (loss) या अवरोध (blockings) उत्पन्न होते रहते हैं। इन अवरोधों के फलस्वरूप उत्पन्न कठिनाइयों (difficulties) के कारण 'दाब' (pressure) या 'चाप' की स्थिति उत्पन्न होती है। इन दाबों के कारण हमारी समायोजन की माँगें (adjustive demands) बाधित होती हैं। इस बाधा के फलस्वरूप मनुष्य की स्वाभाविक प्रवृत्ति—**"संतुष्ट होने की चाह"** (desire to be satisfied) कुंठित (frustrated) होती है और व्यक्ति 'बलाघात की स्थिति' का अनुभव करता है (the individual feels stressed)।

चूँकि व्यक्ति 'बलाघात' में दबाव की स्थिति (stressful situation) का अनुभव करता है, यह व्यक्ति की आंतरिक अवस्था (internal state) होती है। इस स्थिति की उत्पत्ति में बाह्य वातावरण की माँगें (demands of external world) [जैसे—रुग्णावस्था (diseased conditions), कठिन परिश्रम (hard labour), तापमान की अतिशयता (extremeness of temperature, i.e. too hot, too cold etc.) एवं भौतिक तथा सामाजिक वातावरण (physical and social environment) अर्थात् ऐसी परिस्थितियाँ जिसे व्यक्ति सशक्त रूप से हानिकर या घातक (potentially harmful or threatening), अनियंत्रित (uncontrollable) अथवा सामना करने के सीमित संसाधनों से परे (exceeding the resources for coping) रूपों में मूल्यांकित (evaluate) करता है] का मुख्य हाथ (main role) रहता है।

बलाघात को शारीरिक प्रतिक्रिया (body reactions) के रूप में भी समझा जा सकता है। इस संदर्भ में सोलोमॉन (Solomon, 1981) ने एक युवा स्त्री (young lady) का उदाहरण दिया है वह स्त्री गठिया या संधिवात (rhematoid arthritis) रोग से पीड़ित थी। इस रोग में जोड़ों में सूजन एवं दर्द होता है, जिसके कारण उस स्त्री की सामान्य गतिशीलता (normal mobility) बाधित या अवरुद्ध (inhibited or blocked) थी। साथ ही, उसका दामपत्य जीवन (conjugal life) भी खुशहाल नहीं था। वह अपने पति को गैर जिम्मेदार (irresponsible) समझती थी। इस बीच अप्रत्याशित रूप से (unexpectedly) युवती गर्भवती (pregnant) हो गई और जब शिशु का जन्म हुआ तब पति बहुत खुश हुआ। इस घटना से उक्त युवती के जीवन में एक नया मोड़ (new turning in life) आया। अब वह अपने पति को एक जिम्मेवार (responsible) और परिपक्व (matured) समझने लगी (अर्थात् मूल्यांकन (evaluation) करने लगी।) साथ ही, उसकी व्याधि भी दूर हो गई और इस प्रकार, उस महिला के शारीरिक एवं मानसिक क्लेश भी दूर हो गए।

ऊपर के उदाहरण के 'बलाघात' (stress) का प्रतिक्रियात्मक स्वरूप (reactionary nature) स्पष्ट हो जाता है। यह प्रतिक्रिया किसी बलाघातक स्थिति या उत्तेजना (stressor stimulus) के प्रति की जाती है जो अविशिष्ट (unspecific) स्वरूप की होती है। **'सेली'** (Selye) महोदय ने बलाघात की परिभाषा में इसी स्वरूप की चर्चा की है। उनके अनुसार, "किसी समायोजी माँग के उपस्थित होने पर उवके प्रति की जाने वाली अविशिष्ट अनुक्रिया या प्रतिक्रिया को बलाघात कहते हैं।"[1]

इसे अविशिष्ट अनुक्रिया या प्रतिक्रिया (unspecific response) इसलिए कहा जाता है कि किसी भी बलाघातक (stressor) के प्रति व्यक्ति की प्रतिक्रिया एक जैसी ही होती है। अर्थात् किसी बलाघातक विशेष (specification stressor) के प्रति की जाने वाली प्रतिक्रिया विशिष्ट (sepcific) प्रकार की नहीं होती, अपितु हर तरह के बलाघातक उत्तेजना (stressor stimulus of any kind) के प्रति शारीरिक या मानसिक प्रतिक्रिया या अनुक्रिया (reaction or response) समान तरह की (similar) यानी एक जैसी ही होती है।

बेरॉन (Baron, 1992) ने भी बलाघात को किसी बलाघातक परिस्थिति (stressor situation) के प्रति की जाने वाली प्रतिक्रिया के रूप में ही परिभाषित किया है। इनके अनुसार "बलाघात एक बहुपक्षीय प्रक्रिया है जिसमें ऐसी घटनाओं के प्रति अनुक्रिया उत्पन्न होती है जो व्यक्ति के दैहिक या मनोवैज्ञानिक (मानसिक) कार्यों को विघटित (भंगित) करती है अथवा विघटन या भंजन का खतरा विद्यमान रहता है।"[2]

बलाघात को कुछ मनोवैज्ञानिकों ने इस तरह से भी परिभाषित करने की कोशिश की है—"बलाघात किसी असाधारण घटना या परिस्थिति के प्रति की जाने वाली असाधारण प्रतिक्रिया करने की बाध्यता को कहते हैं।"[3] जैसे—भूकंप (earthquake), आगजनी (arson), प्रियजनों की मृत्यु (death of loved ones), प्राकृतिक विपदाएँ

1. "Stress refers to non-specific reaction to any adjustive demand placed upon it" Selye, H., 1976.
2. "Stress is a many faceted process that occurs in us in response to events that disrupt or threaten to disrupt the physical or psychological functioning."
3. "Stress is an unusual compelling reaction to an uneven even situation."

(natural calamities) इत्यादि कुछ ऐसी असाधारण एवं अप्रत्याशित घटनाएँ हैं जो व्यक्ति को असाधारण ढँग से प्रतिक्रिया करने हेतु बाध्य करती हैं। ऐसी बाध्य प्रतिक्रियाएँ ही बलाघात की स्थिति कही जाती हैं।

उपर्युक्त सभी परिभाषाओं में बलाघात को किसी बलाघातक परिस्थिति या घटना के प्रति की जाने वाली प्रतिक्रिया या अनुक्रिया (reaction or response) के रूप में परिभाषित किया गया है।

परंतु, अनेक जैववैज्ञानिक एवं मनश्चिकित्सक बलाघात के मनोगत्यात्मक दृष्टिकोण (psychodynamic approach) पर आधारित परिभाषा से संतुष्ट नहीं दिखते। उनके अनुसार, वस्तुतः बलाघात अनेकानेक प्रकार के बलों या शक्तियों (forces) का अधिकत्व (अधिकाधिक तत्व यानी योग) है जो व्यक्ति को तोड़–मरोड़ कर देता है। इस आशय के आधार पर प्रतिबल को निम्नलिखित ढंग से परिभाषित किया जा सकता है–

"बलाघात उन सभी शक्तियों (चाहे किसी भी स्वरूप की हों) के योगफल को कहते हैं जो प्राणीगत प्रणाली का अतिक्रमण करता है और जो इतना तीव्र स्वरूप का होता है कि व्यक्ति तनावग्रस्त होता है अथवा उसकी प्राणीगत प्रणाली विकृत या विरूपित हो जाती है।"[4] स्टर्न, पी.जे.

सही अर्थ में बलाघात की यही परिभाषा उपयुक्त जँचती है क्योंकि बलाघात एक तरह से प्राणी यानी व्यक्ति को संपूर्ण रूप से झकझोर कर रख देता है। अति तीव्र बलाघात के परिणामस्वरूप व्यक्ति का शारीरिक, मानसिक और सामाजिक–सभी पक्ष विरूपित हो जाते हैं। परंतु यह केवल अति तीव्र बलाघात के संदर्भ में ही उपयुक्त है। प्राणीगत प्रणाली का टूटना बलाघात की तीव्रता पर निर्भर करता है। साधारण बलाघाती परिस्थितियाँ प्रायः क्षणिक होती हैं तथा तीव्रता भी अपेक्षाकृत मध्यम श्रेणी की होती है जिनका इतना खराब असर प्रायः नहीं होता।

उपर्युक्त सभी परिभाषाओं में बलाघात को केवल किसी बलाघातक उत्तेजना (stressor stimulus) के प्रति की जाने वाली शारीरिक या मानसिक अनुक्रिया (physiological or mental response) के रूप में चित्रित किया गया है। लेकिन इसके वास्तविक स्वरूप को और अधिक सुस्पष्ट करने हेतु इसकी चंद विशेषताओं का उल्लेख करना आवश्यक प्रतीत होता है। जिसका वर्णन नीचे किया जा रहा है–

8.1.1 बलाघात की विशेषताएँ (Characteristics of Stress)

बलाघात के उपर्युक्त वर्णित स्वरूप का विश्लेषण करने पर इसकी कुछ विशेषताएँ स्पष्ट होती हैं जो निम्नलिखित हैं–

(क) बलाघात एक बहुपक्षीय (multifacted) प्रक्रिया है जिसमें बलाघातक उत्तेजना (stressor stimulus) का मूल्यांकन (evaluation) गंभीर खतरे के रूप में किया जाता है।

(ख) चूँकि बलाघात का मूल्यांकन गंभीर रूप से घातक या हानिकर (severely threatening or harmful) रूप में किया जाता है, इसलिए व्यक्ति उसके प्रति असाधारण (unusual) प्रतिक्रिया या अनुक्रिया करने हेतु बाध्य (compelled) होता है।

(ग) बलाघात की स्थिति में व्यक्ति की बाध्य प्रतिक्रिया शारीरिक एवं मानसिक (physiological and mental) दोनों तरह की होती हैं।

(घ) बलाघात की स्थिति में व्यक्ति द्वारा की जाने वाली प्रतिक्रिया अविशिष्ट (unspecific) स्वरूप की होती है। अतः सभी प्रकार के बलाघातकों (stressors) के प्रति की जाने वाली प्रतिक्रियाएँ एक जैसी होती हैं।

(ङ) बलाघात यानी दबाव का संबंध समायोजन की माँग (adjustive demand) से रहता है जिसकी संतुष्टि नहीं होने पर कुंठा (frustration) का भाव उत्पन्न होता है और यही कुंठा बलाघात का कारण बनती है।

4. "Stress is the sum total of all forces, whatever their nature, which impinge upon the organism and which are intense enough to cause strain or distortion in the organismic system."—Stern, P.J.

(च) बलाघात की शक्ति अथवा उसकी गंभीरता (degree or severity of stress) बलाघातक की शक्ति (potentiality of stressor) एवं उसका मुकाबला करने हेतु (to meet with) उपलब्ध संसाधनों (available resources) की अपर्याप्तता (inadequacy) पर निर्भर करता है।

(छ) आमतौर पर बलाघात को जीवन की दुर्भाग्यपूर्ण घटनाओं (unfortunate events of life) का परिणाम माना जाता है। लेकिन अनेक अवसरों पर बलाघाती प्रतिक्रियाएँ (stressful reactions) जीवन की सकारात्मक घटनाओं (positive events of life) से भी जुड़ी रहती हैं; जैसे—किसी लड़का या लड़की का किसी ऊँचे कुल में विवाह का होना, बड़े ओहदे पर नियुक्ति या पदोन्नति पाना, लंबी प्रतीक्षा के बाद शिशु का जन्म लेना, अचानक गड़े हुए धन की प्राप्ति आदि। यद्यपि ये घटनाएँ सकारात्मक (positive) एवं सुखद (pleasant) हैं, फिर भी बलाघातपूर्ण (stressful) हो सकती हैं। इसलिए 'सेली' (Selye) ने 'बलाघात' (stress) को दो भागों में बाँटा है—'यूस्ट्रेस' (eustress) एवं 'डिस्ट्रेस' (distress)। 'यूस्ट्रेस' (eustress) सुखद एवं सकारात्मक स्वरूप के बलाघात को कहते हैं, जबकि 'डिस्ट्रेस' (distress) जीवन के दुर्भाग्यपूर्ण या निषेधात्मक (unfortunate and negative) घटनाओं का प्रतिफल होता है।

चूँकि 'यूस्ट्रेस' एवं 'डिस्ट्रेस' दोनों स्थितियों में समायोजन की असाधारण माँग (unusual adjustive demands) उत्पन्न होती है, इसलिए व्यक्ति दोनों स्थितियों में बलाघात का अनुभव करता है (the individual feels stressed)।

बलाघात की उपर्युक्त स्वरूप एवं वर्णन के आधार पर इसकी परिभाषा इस प्रकार से दी जा सकती है—

"किसी प्रकार के बल के प्रयुक्त होने के कारण उत्पन्न 'दाब' या 'चाप' का व्यक्ति के शरीर अथवा व्यक्तित्व प्रणाली पर पड़ने वाले प्रभाव को बलाघात कहते हैं"[5]

8.2 कुछ शब्दावलियाँ (Some Terminologies)

(i) बलाघात एवं तनाव (Stress and Tension): प्रायः बलाघात (stress) एवं तनाव (tension) शब्दों का प्रयोग पर्यायवाची (synonym) शब्द के रूप में किया जाता है। लेकिन, यह सही नहीं है। इन दोनों शब्दों के बीच सूक्ष्म भेद (fine difference) पाया जाता है।

जब व्यक्ति के शरीर अथवा व्यक्तित्व प्रणाली (body or personality system) पर किसी बल या शक्ति (force) के प्रयुक्त (apply) होने के कारण 'दाब' (pressure) के फलस्वरूप उत्पन्न आंतरिक अवस्था (internal state) को 'बलाघात' (stress) कहा जाता है। यहाँ बलाघात को उत्पन्न करने वाला कोई बल (force) होता है जिसे 'बलाघातक' (stressor) कहते हैं। यह बलाघातक वास्तविक (real) या काल्पनिक (imagined), दोनों तरह का हो सकता है।

दूसरी ओर तनाव (tension) एक प्रकार का संवेगात्मक भाव (emotional feel) है जो किसी प्रकार की बलाघातक परिस्थिति (stressor situation) के कारण उत्पन्न स्ट्रेन (strain) के परिणामस्वरूप होता है। इस 'भाव' की अवस्था में व्यक्ति पूर्णरूप से क्षोभ (wholly disturbed), अशांति और बेचैनी (restlessness) महसूस करता है। इस प्रकार के भावों की अभिव्यक्ति (expression) प्रायः कुसमायोजित व्यवहार के प्रतिरूपों (maladaptive behaviour patterns), के रूप में होती है; जैसे—आक्रामकता (aggression), क्रोध (anger), भय (fear), आतंक (panic), आशंका (apprehension), शंका (doubts) अथवा मनोदैहिक (psychosomatic) या दूसरे प्रकार के मानस रोगों (psychopathologies) के संलक्षण (syndromes) के रूप में होती है।

---

5. "The pressure produced due to application of any kind of force, which exerts influence over the body and/or personality system of an individual, is called stress."

(ii) बलाघातक (Stressor): "बलाघातक उस घटना या परिस्थिति को कहते हैं जिसके कारण बलाघात उत्पन्न होता है (Stressor are those events or conditions that cause stress)।" इस अर्थ में 'बलाघातक' (stressor) उत्तेजना (stimulus) है जिसके प्रति की जाने वाली प्रतिक्रिया या अनुक्रिया (reaction or response) को बलाघात (stress) कहते हैं।

(iii) बलाघात एवं स्ट्रेन (Stress and Strain): 'बलाघात' (stress) वस्तुतः भौतिक विज्ञान (physical science) से लिया गया शब्द (borrowed term) है जिसका उपयोग शरीर विज्ञान (physiology), सामाजिक विज्ञान (social science) एवं व्यवहारपरक विज्ञान (behavioural science) में भी किया जाता है। भौतिक विज्ञान, जैसे—अभियंत्रण के क्षेत्र (engineering field) में बलाघात का अर्थ उस बल या शक्ति (force) से लिया जाता है जिसके 'दाब' (pressure) यानी 'चाप' के कारण किसी वस्तु (object) में विकृति (distortion) अथवा विरूपण (disformation) आता है।

'स्ट्रेन' (strain) बलाघातक (stressor) के 'दाब' या 'चाप' (pressure) के फलस्वरूप वस्तु पर पड़ने वाले प्रभाव (effects) को कहते हैं। जैसे—किसी सतह पर दरार (fissure) पड़ना, टूट-फूट होना या तोड़-मोड़ का होना आदि। अभिप्राय यह है कि बलाघात (stress) के कारण किसी वस्तु का स्वरूप बिगड़ जाता है।

उपर्युक्त अर्थ में 'बलाघात' से व्यक्ति की उस अवस्था का बोध होता है जिसमें व्यक्ति किसी समायोजन की माँग (adjustive demand) के दाब या चाप (pressure) के कारण उत्पन्न भार (load) का अनुभव करता है तथा इस 'दाब' के फलस्वरूप व्यक्ति की शारीरिक या मानसिक अवस्था (physiological or mental conditions) पर जो विसंतुलनकारी प्रभाव (disequilibrating effect) पड़ता है, उसे 'स्ट्रेन' (strain) यानी एक प्रकार की खींचतान की स्थिति कहते हैं।

'सारबिन' (Sarbin, 1968) ने मनुष्यों के संदर्भ में 'स्ट्रेन' की जगह 'संज्ञानात्मक स्ट्रेन' (cognitive strain) शब्द का उपयोग किया है। इनके अनुसार, समायोजन की माँग (adjustive demand) के फलस्वरूप चयन की समस्या (problem of choice), संघर्ष (conflict) अवरोध या हस्तक्षेप (interference), अतिभार (overloading) एवं इसी तरह की दूसरी मानवीय स्थितियाँ (human conditions) उत्पन्न होती हैं और इन्हीं स्थितियों को 'स्ट्रेन' (strain) कहते हैं।

चूँकि 'स्ट्रेस' एवं 'स्ट्रेन' शब्दों को भौतिक विज्ञान (physical science) से आधार रूप में लिया गया (borrowed) है, इसलिए इनके अर्थ निर्जीव पदार्थों (inanimate objects) के संदर्भ में सही है। परंतु, सजीवों (living beings)—खासकर मनुष्यों के संदर्भ में हम देखें तो पाएँगे कि मनुष्य समायोजन की माँगों से निबटने में सक्षम है, इसलिए एक तरह से वह लाभप्रद (advantageous) स्थिति मे रहता है, क्योंकि वह 'स्ट्रेस' से उत्पन्न 'स्ट्रेन' की प्रत्याशा करने (to anticipate), उससे निबटने हेतु तत्परता (preparedness to cope with), निबटने के तरीकों में बदलाव लाने (to change in coping strategies) अथवा गंभीर दबाव की स्थिति में अपने को विलग करने या हटा लेने (leaving the field in severe stress situation) आदि में सक्षम होता है।

अतएव, व्यवहारपरक विज्ञानियों (behavioural scientists) के अनुसार 'स्ट्रेन' (strain) स्ट्रेस की स्थिति से उत्पन्न उस अवस्था विशेष को कहते हैं जिसमें व्यक्ति स्ट्रेस के प्रभावाधीन संघर्ष (conflict) अथवा अतिभार (overloading) के भाव से ग्रस्त होता है तथा 'समायोजन की माँग' (adjustive demands) से निबटने हेतु तत्पर (ready to cope with) होता है।

अस्तु, स्पष्ट है कि स्ट्रेन स्ट्रेस के पड़ने वाले प्रभाव को कहते हैं (the effects resulting from stress is strain)। दूसरे शब्दों में बलाघात की स्थिति से स्ट्रेन की अवस्था उत्पन्न होती है (the state of stress leads to the state of strain)।

8.3 बलाघात के स्रोत (Sources of Stress)

जैसा कि हमने देखा, 'बलाघात' (stress) का सीधा संबंध 'समायोजन की माँग' (adjustive demand) से है और जब समायोजन की माँग कुंठित (frustrated) या बाधित (obstructed) होती है, व्यक्ति बलाघात का अनुभव करता है (feels stress)। अतएव स्पष्ट है कि 'बलाघात' का मुख्य स्रोत (main sources) हमारी 'समायोजन की माँग' है।

समायोजन की माँग अथवा समस्या के अनेक प्रकार हैं, लेकिन, अध्ययन की सुविधा के लिए इन्हें तीन मुख्य वर्गों में बाँटा जा सकता है–

1. निराशा (Frustration)
2. संघर्ष (Conflict) एवं
3. दाब या चाप (Pressure)

यहाँ ध्यान देने योग्य है कि इन तीनों प्रकार के स्रोतों के तत्व (elements of sources of the three categories) किसी बलाघातक स्थिति (stressing situation) में एक ही साथ पाए जा सकते हैं। फिर भी इन तीनों प्रकार के स्रोतों का अलग–अलग वर्णन करना अपेक्षित है।

8.3.1 निराशा या कुंठा (Frustration)

किसी आवश्यकता या प्रेरणा के बाधित होने अथवा संतुष्ट नहीं होने पर कुंठा या निराशा उत्पन्न होती है। प्रेरणा की संतुष्टि के मार्ग में उत्पन्न अवरोध के अतिरिक्त 'वांछित लक्ष्य' (desired goal) की अनुपस्थिति भी निराशा उत्पन्न करती है। उदाहरण के लिए मान लें कोई छात्र स्कूल द्वारा आयोजित पिकनिक पर जाना चाहता है। लेकिन, माता–पिता के कठोर अनुशासनात्मक बंधन (disciplinary restrictions) के कारण उसकी यह 'चाह' (desire) बाधित (obstruct) होती है जिसके कारण वह छात्र पिकनिक का आनंद उठाने से वंचित (deprived) होता है। यह स्थिति उस छात्र के लिए निराशाजनक (frustrating) होगी। दूसरी ओर रेगिस्तान में एक प्यासे व्यक्ति के लिए पानी की अनुपलब्धता (unavailability or absence of water) भी निराशाजनक स्थिति होगी। कुंठा यानी निराशा की तीव्रता पर प्रतिबल की गंभीरता (severity of stress) निर्भर करती है। निराशा यदि कम महत्व या तीव्र की है तो इसका अनुभव प्रतिबल यानी बलाघात के रूप में नहीं भी हो सकता है अथवा अति दुर्बल यानी हल्के ढंग के बलाघात का अनुभव होगा। लेकिन, यदि निराशा गंभीर स्वरूप की होती है तो व्यक्ति की तंदुरुस्ति (well being) अथवा उसके हित के लिए खतरनाक हो सकती है। इस प्रकार की निराशा से उत्पन्न 'बलाघात' काफी प्रचंड (severe) रूप में अनुभूत होगा।

निराशा के भी अनेक स्रोत हैं जिन्हें तीन प्रमुख वर्गों में रखा जा सकता है–

(क) बाह्य यानी वातावरणीय स्रोत (External or environmental sources)

(ख) आंतरिक यानी वैयक्तिक स्रोत (Internal or personal sources) एवं

(ग) सामाजिक एवं सांस्कृतिक स्रोत (Social and cultural sources)

(क) बाह्य यानी वातावरणीय स्रोत (External or environmental sources): वातावरणीय स्रोतों की निश्चित कोई सूची नहीं बनाई जा सकती। बाह्य यानी वातावरणीय निराशा के स्रोत भौतिक एवं सामाजिक (physical and social) दोनों तरह के वातावरणों से संबंधित होते हैं। जैसे–प्राकृतिक आपदाएँ (natural calamities)–(भूकंप, अकाल, आगजनी, दुर्घटना, किसी प्रिय व्यक्ति की मृत्यु, महामारी आदि)। भौतिक वातावरण से संबंधित निराशा के स्रोत हैं। इसी तरह एक छात्र के लिए परीक्षा में अचानक रिफिल का समाप्त हो जाना, बच्चों को ठीक स्कूल

पहँचाते समय गाड़ी में पेट्रोल का खत्म हो जाना, दफ्तरों में लालफीताशाही के कारण कार्य में विलंब होना, न्यायालय से फैसले में विलंब होना आदि अनेक वातावरणीय कठिनाइयाँ हैं, जो निराशा के प्रमुख वातावरणीय स्रोत हैं।

(ख) आंतरिक यानी वैयक्तिक स्रोत (Internal or personal sources): आंतरिक स्रोत मुख्यतः व्यक्ति से संबंधित होते हैं। उदाहरणार्थ शारीरिक विकलांगता (physical disability) व्यक्तिगत अक्षमता (personal incapabilities), किसी घातक रोग से ग्रसित होना, बौद्धिक एवं संज्ञानात्मक दुर्बलता (intellectual and cognitive weaknesses), स्वानुशासन, धैर्य एवं संयम का अभाव आदि निराशा के आंतरिक स्रोत हैं जिनके कारण व्यक्ति प्रतिबल यानी बलाघात से पीड़ित होता है।

वैयक्तिक स्रोतों में कुछ मनोवैज्ञानिक अवरोध भी शामिल हैं। जैसे—नैतिक बंधनों के कारण यौनाचार की स्वच्छंदता का बाधित होना, गर्भ की अवधि में पति–पत्नी के बीच यौन समागम में होने वाली कठिनाइयाँ, कही अकेले जाने से चिंतित होना आदि प्रमुख मानसिक बाधाएँ हैं जो बलाघात की उत्पत्ति (origin of stress) में सहायक होती हैं।

(ग) सामाजिक एवं सांस्कृतिक वातावरणीय स्रोत (Social and cultural environmental sources): आधुनिक वैश्वीकरण (globalisation) एवं तकनीकी प्रगति (technological progress) की दुनिया में समकालिक सामाजिक एवं सांस्कृतिक गतिविधियाँ भी निराशा के प्रमुख स्रोत हैं। जैसे—वर्तमान समय प्रतिस्पर्द्धा का युग है। इस युग में भौतिकवादिता (materialism), एवं उपभोक्तावाद (consumerism) भी संस्कृति द्रुतगति से पनप रही है। इस संस्कृति में दुनिया की लगभग 75% की आबादी भौतिक सुख–सुविधाओं (material comforts) को हासिल करने की होड़ में परेशान है। इस होड़ में अनेकानेक कारणों से निराशाएँ भी पनप रही हैं।

यद्यपि इस वर्ग के अंतर्गत भी निराशाओं के स्रोत बहुतायत हैं। लेकिन कुछ स्रोत अत्यंत महत्वपूर्ण हैं जैसे—विलंब (delays), संसाधनों की कमी (lack of resources), क्षति या हानि (losses), विफलताएँ (failures), निरर्थकता (meaninglessness) आदि महत्वपूर्ण स्रोत हैं।

(a) **विलंब (delay):** आधुनिक युग को 'फास्टेस्ट युग' (fastest age) की संज्ञा दी जाती है। इसलिए इस युग में 'समय' (time) की अहमियत बहुत अधिक है। व्यक्ति के लिए एक–एक मिनट का प्रत्येक क्षण (every moment of a minute) का महत्व है। दूसरी ओर आम लोगों का संकेन्द्रीकरण (concentration of people) भी द्रुतगति से बढ़ रहा है। परिणामस्वरूप हर जगह—अस्पताल, स्कूल, रेलवे स्टेशन, बाजार, कचहरी आदि सभी स्थानों में हमें घंटों कतार में खड़ा रहना पड़ता है तथा अपनी बारी (turn) की प्रतीक्षा में समय गँवाना पड़ रहा है। इस तरह की परिस्थिति में विलंब (delay) का होना अपरिहार्य है। इस प्रकार विलंब के कारण व्यक्ति निराश और परेशान होता है तथा इससे उत्पन्न तनाव (tension) प्रतिबल (stress) का कारण बनता है।

(b) **संसाधनों का अभाव (Lack of resources):** प्रायः प्रत्येक व्यक्ति अपनी आवश्यक आवश्यकताओं की पूर्ति हेतु आवश्यक संसाधन (धन) का उपार्जन कर लेता है। लेकिन, हमारी अन्यान्य आवश्यकताएँ अनंत हैं जिनकी पूर्ति हेतु पर्याप्त धन–दौलत की आवश्यकता होती है। जैसे—बड़ा सा महल (palacial building) की चाह, नई गाड़ी, मँहगे कपड़े, ढेर सारे जेवरात, सामाजिक प्रतिष्ठा की चाहत, शादी–ब्याह जैसे उत्सवों में जरूरत से ज्यादा खर्च करने की चाहत इत्यादि। ऐसी आरामदेह एवं विलासिता संबंधी आवश्यकताओं की पूर्ति हेतु ढेर सारे धन–दौलत चाहिए। किंतु प्रत्येक व्यक्ति के धनोपार्जन की एक निश्चित सीमा होती है। इस सीमा के कारण व्यक्ति की अनेक लालसाओं, आवश्यकताओं, चाहतों या इच्छाओं की पूर्ति बाधित होती है तो निराशा उत्पन्न करती है तथा व्यक्ति बलाघात एवं तनाव की स्थिति में आता है। अतएव संसाधनों की कमी भी निराशा का एक महत्वपूर्ण स्रोत होता है।

(c) **क्षति या हानि (Loss):** किसी भी प्रकार की क्षति या हानि स्वाभाविक रूप से निराशा का स्रोत होती है क्योंकि क्षति (loss) से व्यक्ति में रिक्तता का अनुभव होता है। साथ–ही–साथ क्षति की भरपाई भी दूभर होती है। जैसे—गाढ़ी कमाई से बचाया हुआ धन या अर्जित संपत्ति की हानि, ठगी का शिकार होने, चोरी, आगजनी के कारण होने वाली क्षति, परिवार के किसी सदस्य की मृत्यु, शारीरिक विकलांगता, दुर्घटना आदि द्वारा होने वाली क्षति निःसंदेह निराशा और बलाघात या प्रतिबल का स्रोत होता है।

(d) **विफलताएँ (Failures):** जीवन के विभिन्न क्षेत्रों, जैसे—पढ़ाई, प्रतियोगिता, नौकरी, बच्चों के भविष्य का निर्माण, दाम्पत्य जीवन, आदि में सफलता प्राप्त करने की चाहत प्रत्येक व्यक्ति को होती है। लेकिन, अनेक अवसरों पर कतिपय कारणों से व्यक्ति की ये चाहतें विफल हो जाती हैं जिसके कारण व्यक्ति में कुंठा या निराशा का भाव पनपता है। इसी तरह प्रोन्नति पाने में विफल होना, न्यायालय में न्याय पाने में विफल होना आदि भी घोर निराशा के स्रोत हैं। विफलताओं के कारण व्यक्ति के अंतःमन में एक प्रकार का नैराश्य भाव (feeling of desperation) एवं दोष की भावना (guilt feeling) का उदय होता है जो मानसिक ग्रंथियाँ हैं। इस प्रकार की ग्रंथियाँ (complexes) व्यक्ति को भीतर से तोड़ देती हैं (the individual is psychologically broken down) और उसका 'स्व' (self) निष्फल (thwarted) होता है जो अत्यंत ही प्रतिबलकारी यानी बलाघाती (stressing) होता है।

(e) **निरर्थकता (Meaninglessness):** वर्तमान समय में होने वाले सामाजिक एवं सांस्कृतिक परिवर्तनों के कारण संकटकालीन स्थिति (critical situation) उत्पन्न हो रही है। इस स्थिति में जीवन की सार्थकता (meaning of life) एवं संतुष्ट होने की प्रवृत्ति (tendency of remain satisfied) निष्फल (thwarted) हो रही है। पुश्त–अंतराल (generation gap) एवं वृहद पैमाने पर हो रहे परिवर्तनों के आलोक में वर्तमान समय के युवा एवं किशोर उम्र के लोग एक तरफ परंपरागत सामाजिक–सांस्कृतिक मूल्यों (traditional socio-cultural values), आदर्शों (norms), परंपराओं (traditions), रीति–रिवाजों (customs) आदि को निरर्थक एवं पाखंड (meaningless and hypocracy) तथा दकियानूसी समझते हैं तो दूसरी ओर वर्तमान परिवर्तनशील सांस्कृतिक जीवनशैली (changing cultural lifestyle) की सार्थकता (meaning) भी संदिग्ध (doubtful) प्रतीत होती है। फलतः आज का युग दिशाहीन होकर परंपराओं की दुविधा के घने जंगलों में संतुष्ट होने तथा जीवन की यथार्थता (realities of life) को ढूँढ़ने में भटक रहा है। अतएव सांस्कृतिक मानदंडों में उथल–पुथल की वर्तमान अवस्था की भयानकता अपने–आप में वृहद निराशा का स्रोत है। व्यक्ति अपने में खोखलापन (emptiness), परायापन (alienation) एवं जीवन की निरर्थकता (meaninglessness) का अनुभव कर रहा है।

निराशा के उपर्युक्त स्रोतों के अतिरिक्त अन्य और भी कई स्थितियाँ निराशा और प्रतिबल (बलाघात) के महत्वपूर्ण स्रोत हैं, जैसे—पढ़ाई का छूट जाना, अथक प्रयास के बावजूद नौकरी नहीं मिलना, प्रेम–प्रसंग की विफलता, रुचिहीन नौकरी, पारिवारिक झगड़े, पारस्परिक मन–मुटाव, तलाक, परित्यक्त होने, दैनिक जीवन की उलझनें आदि नैराश्य भाव के अनेक स्रोत हैं।

8.3.2 द्वंद्व (Conflicts)

यहां द्वंद्व से तात्पर्य मानसिक संघर्ष (mental conflicts) अर्थात् प्रेरणाओं, इच्छाओं या रुचियों के द्वंद्व से है। प्रेरणाओं के द्वंद्व मनोवैज्ञानिक प्रतिबल (बलाघात) के बड़े एवं प्रमुख स्रोत हैं। उदाहरण के लिए कोई विद्यार्थी किसी अमुक कॉलेज में प्रवेश ले अथवा किसी और कॉलेज में—यह द्वंद्व उत्पन्न कर सकता है। इसी तरह कोई व्यक्ति एक तरफ पढ़ाई पूरी करना चाहता है और दूसरी ओर उसे एक नौकरी भी मिल रही है। यह स्थिति भी

द्वंद्वात्मक स्थिति (conflicting situation) उत्पन्न कर सकती है क्योंकि किसी एक इच्छा का परित्याग करना आवश्यक होता है जबकि व्यक्ति के लिए दोनों इच्छाएँ समान रूप से आकर्षक हैं अतः वह दोनों इच्छाओं को संतुष्ट करना चाहता है।

"मानसिक संघर्ष अभिगम–अभिगम (approach-approach), अभिगम–परिहार (approach-avoidance) एवं परिहार–परिहार (avoidance-avoidance), तीन प्रकारों में से किसी भी प्रकार का हो सकता है।"[6] इन तीनों प्रकार की संघर्षमय परिस्थितियों में निर्णय लेना मुश्किल होता है जिससे तनाव उत्पन्न होता है जो प्रतिबल (stress) का स्रोत बनता है। ये द्वंद्व कई बार पारिवारिक, वैयक्तिक, सामाजिक स्रोतों से उत्पन्न होते हैं। जैसे–परिवार के अंदर या बाहर, मूर्त या अमूर्त पुरस्कार को लेकर दूसरे व्यक्तियों से द्वंद्व हो सकता है। मूल्यों को लेकर भी द्वंद्व होता है। खासकर जब किसी स्थापित मूल्य के विपरीत कुछ करने को विवश होना पड़े। इसी तरह समूह की सदस्यता, अध्ययन, विषय का चुनाव, वैवाहिक रिश्ता हेतु उपयुक्त जीवन–साथी का चयन आदि अनेक द्वंद्व मूलक स्थितियाँ (conflicting situations) हैं। इन द्वंद्वों का उपयुक्त समाधान नहीं होने तथा निरंतर लंबे समय तक द्वंद्व रहने के कारण उत्पन्न तनाव प्रतिबल को बढ़ाता है।

प्रतिबल (बलाघात) के संदर्भ में हमारे दैनिक जीवन से संबंधित कुछ ऐसी द्वंद्वात्मक स्थितियाँ हैं जिनका सामना प्रायः सभी को करना पड़ता है। ऐसी ही कुछ सामान्य संघर्षात्मक परिस्थितियों के बारे में नीचे वर्णन किया जा रहा है–

(क) उपलब्धि बनाम विफलता का भय (Achievement vs fear of failure)

(ख) सहयोग बनाम प्रतियोगिता (Co-operation vs. competition)

(ग) स्वतंत्रता बनाम निर्भरता (Freedom vs. dependence)

(घ) घनिष्ठता बनाम पृथकता (Intimacy vs. isolation) एवं

(ङ) आवेग अभिव्यक्ति बनाम नैतिक प्रतिबंध (Impulse expression vs. moral restrain)

अब हम इन सर्वसामान्य संघर्षों का भी वर्णन एक–एक करगें–

(क) उपलब्धि बनाम विफलता का भय (Achievement vs. fear of failure): आधुनिक युग प्रतियोगिता एवं प्रतिस्पर्धा (competition) का युग है। प्रत्येक व्यक्ति विविध प्रतियोगिताओं में सफलता (success) एवं उत्कृष्ट उपलब्धियाँ (excellent achievements) हासिल कर अपनी व्यक्तिगत एवं सामाजिक प्रतिष्ठा बढ़ाने की चाह रखता है। यह 'चाह' (desire) व्यक्ति की स्वाभाविक प्रवृत्ति होती है जिसकी पूर्ति हेतु वह प्रयास भी करता है। लेकिन, जब किसी व्यक्ति की यह 'चाहत' (desire) उसकी व्यक्तिगत अयोग्यता (personal inability) अथवा अन्यान्य किसी बाह्य बाधा (external obstacle) के कारण संतुष्ट नहीं होती तो उसमें 'विफलता का भय' (fear of failure) विकसित होता है और इस प्रकार वह 'उपलब्धि बनाम विफलता का भय' के बीच मानसिक संघर्ष की स्थिति में आता है। आधुनिक समय में बलाघात का यह एक अत्यंत ही महत्वपूर्ण स्रोत है जिससे अधिकतर युवा वर्ग के लोग आक्रांत हो रहे हैं। आए दिन दैनिक समाचार पत्रों में विभिन्न तकनीकी संस्थानों (technical institutes) में पढ़ने वाले छात्र–छात्राओं द्वारा उत्कृष्ट सफलता नहीं प्राप्त कर सकने के कारण उत्पन्न बलाघात (stress) से उद्विगन होकर आत्महत्या संबंधी समाचार प्रकाशित होते रहते हैं। इस प्रकार के घातक परिणाम उपलब्धि बनाम विफलता (achievement vs. fear of failure) से उत्पन्न बलाघात के कारण होते हैं।

(ख) स्वतंत्रता बनाम निर्भरता (Freedom vs. dependence): यह एक सर्वसाधारण मानसिक संघर्ष है (most common conflict) है। प्रत्येक व्यक्ति स्वयं स्वतंत्र होना चाहता है। छोटी उम्र के बच्चे भी परनिर्भरता या आश्रितता

6. मानसिक संघर्ष में इन तीनों प्रकारों का सविस्तार वर्णन अध्याय 5 पृ. 127 में किया गया है।

(dependency) से मुक्त होने की उत्कट इच्छा रखता है। इस प्रकार, एक तरफ 'स्वतंत्रता की प्रबल चाहत' (strong desire of freedom) रहती है तो दूसरी तरफ वह असुरक्षा की भावना (feeling of insecurity) से भी ग्रस्त रहता है। खासकर वर्तमान समय में यह भावना भी काफी प्रबल है। इसके साथ–साथ आधुनिक समय का युवा वर्ग 'दिशा भ्रांति' (illusion of direction) से भी आक्रांत है। फलतः आज का युवा किसी भी प्रकार के 'स्व जिम्मेवारी' (self responsibility) से भी घबराता है। इसका कारण यह है कि उसे 'स्वनिर्देशन' (self direction) का कोई सुस्पष्ट रेखा या खाका (clear picture) नहीं मिल पाता है। फलस्वरूप, उसे दूसरों के मार्गनिर्देशन (guidance) के अनुसार चलने के लिए (to follow) विवश होना पड़ता है। इस तरह स्वतंत्रता (freedom) और परनिर्भरता (dependence) के बीच टकराव यानी संघर्ष होता है। अक्सर माता–पिता के आदर्शमूलक सुझाव (normative suggessions), बड़े–बुजुर्गों के मार्गोपदेशन (guidance by elderly persons), वर्तमान एवं परंपरागत मूल्यों (present and traditional values), और स्वयं के विरोधाभासी विचारों (self contradictory thoughts) के कारण व्यक्ति टूट सा जाता है (feels torn)। इसी तरह समवयस्क उम्र के साथियों (peers), अधिकारियों (officers) आदि की परस्पर विरोधी माँगों (contradictory demands) के कारण भी स्वतंत्रता बनाम आश्रितता (freedoms vs. dependency) का संघर्ष होता है जो बलाघाती परिणामों (stressing outcomes) का एक प्रमुख स्रोत बनता है।

(ग) सहयोग बनाम प्रतियोगिता (Co-operation vs. competition): मनुष्य एक सामाजिक प्राणी (social animal) है। इसलिए, स्वाभाविक रूप से वह परस्पर सहयोग (co-operate) की चाहत (desire) रखता है। लेकिन, आधुनिक प्रगतिशील समाज में प्रतियोगिता (competition) की अहमियत बहुत ज्यादा है। इस प्रकार, व्यक्ति अपने 'स्व' की प्रगति (self progress) की मंशा से प्रतियोगिता की भावना (feeling of being competitive) भी रखता है। किंतु प्रतियोगिता की यह भावना परस्पर सहयोग की भावना को बाधित करती है। इस प्रकार इन दो परस्पर विरोधी भावनाओं के बीच टकराव या संघर्ष की स्थिति उत्पन्न होती है और व्यक्ति कुंठित या निराश होता है। उसकी यह निराशा उसके लिए बलाघाती (stressful) सिद्ध होती है।

(घ) घनिष्ठता बनाम पृथकता (Intimacy vs. isolation): घनिष्ठता (intimacy) एवं पृथकता (isolation) भी एक सर्वसाधारण (common) प्रेरणात्मक संघर्ष (motivational conflict) है जो बलाघाती प्रभाव (stressing effect) डालता है। दूसरों के साथ घनिष्ठ संबंध (intimate relations) बनाना मनुष्य की स्वाभाविक प्रवृत्ति (natural tendency) है। जैसे–घनिष्ठ मित्र बनाना (intimate friendship), पति–पत्नी के बीच की घनिष्ठता को बरकरार रखना (maintaining the intimacy between husband and wife), रिश्तेदारों, पड़ोसियों, सहकर्मियों, अधिकारियों आदि से भी घनिष्ठ संबंध बनाना आदि प्रत्येक मनुष्य की स्वाभाविक प्रवृत्ति या चाह होती है। लेकिन, व्यावहारिक जीवन में एक–दूसरे के विचारों, मनोवृत्तियों, सोंच, भाव आदि में वैयक्तिक विभिन्नता (individual differences) के कारण घनिष्ठता कायम रखने अथवा बनाने में कठिनाइयाँ (difficulties) उत्पन्न होती है जिसका सामान्य जीवन पर प्रतिकूल प्रभाव पड़ता है। फलस्वरूप, पारस्परिक संबंधों को तोड़कर एक–दूसरे से पृथक (isolated from one another) रहने के विचार पनपने लगते हैं। लेकिन, पृथकता भी सहज नहीं होती। जैसे–दाम्पत्य जीवन में पति–पत्नी का विलगाव (separation), पिता–पुत्र के संबंधों में बिखराव, पारस्परिक तलाक आदि की घटनाएँ, अत्यंत की दुखद और बलाघातक (stressful) होती हैं। इसके फलस्वरूप अंतःपारस्परिक सामंजन (interpersonal adjustment) दूभर होता है जो गंभीर बलाघात (severe stress) का कारण बनता है।

(ङ) आवेग अभिव्यक्ति बनाम नैतिक प्रतिबंध (Impulse expression vs. moral restrain): व्यक्ति अपने दैनिक जीवन में अक्सर आवेशमय स्थितियों (impulsive situations) से गुजरता है। कभी यौनाचार संबंधी आवेग (sexual impulses), कभी आक्रामकता का आवेग (aggressive impulses) यदा–कदा उत्पन्न होता रहता है। लेकिन इन आवेशों की स्वछंद अभिव्यक्ति (freedom of expression) नैतिक (moral), सामाजिक आदर्शों (social norms), कानूनी प्रावधानों (legal provisions), परंपरागत मूल्यों (traditional values) आदि के कारण प्रतिबंधित

(restrained) रहती हैं। अतः जब कभी भी मनुष्य की ये स्वाभाविक आवेगों की अभिव्यक्ति विविध प्रतिबंधों से टकराती है तो मानसिक द्वंद्व यानी संघर्ष (conflict) उत्पन्न होता है और व्यक्ति अशांति व बेचैनी का अनुभव करता है जो बलाघात (stress) से प्रभावित होने का लक्षण (symptom) हैं। इस प्रकार, 'आवेगों की स्वतंत्रता बनाम प्रतिबंध' (freedom impulse vs. restrain) भी आधुनिक समय में बलाघात का एक महत्वपूर्ण स्रोत (source) है।

इसी तरह, कुछ और भी सर्वसाधारण प्रेरणात्मक संघर्ष (common conflicts of motives) है, जैसे—वादा बनाम वादाखिलाफी (commitment vs. non commitment), वास्तविकता का सामना करना बनाम उससे मुँह मोड़ना (facing reality vs. avoiding to face reality), न्याय निष्ठा बनाम स्वलाभ (integrity vs. self interest) इत्यादि। लेकिन इन सभी संघर्षों का वर्णन करना प्रस्तुत पुस्तक की सीमा में अभीष्ट नहीं है।

जीवन के सर्वसाधारण प्रेरणात्मक संघर्ष इसलिए बलाघातक (stressful) होते हैं कि व्यक्ति को पारस्परिक विरोधी प्रेरणाओं में से किसी एक का चयन (choice) करना होता है जब कि दूसरे का परित्याग या बलिदान (sacrifice) करना जरूरी होता है। यह स्थिति दूभर (difficult) एवं संकटकालीन (critical) होती है, क्योंकि सही निर्णय (decision) करना सहज (simple) नहीं होता। फलस्वरूप व्यक्ति मानसिक रूप से अशांत और बेचैन अथवा व्यग्र होता है। व्यक्ति की यही बेचैनी बलाघात (stress) का कारण होती है।

8.3.3 दाब या चाप (Pressure)

समायोजन की माँग (demand for adjustment) केवल बाह्य या आंतरिक कारकों द्वारा उत्पन्न निराशा अथवा मानसिक संघर्षों के कारण ही नहीं उत्पन्न होता, अपितु 'दाब' या 'चाप' (pressure) भी महत्वपूर्ण कारक तत्व होता है। 'दाब' या चाप के कारण समायोजन के मार्ग (path of adjustment) को जटिल बना देता है (complicates) तथा कुछ अतिरिक्त माँगें (additional demands) भी रखता है जिसका मुकाबला करना होता है। उदाहरण के लिए एक माता–पिता का त्याग (sacrifice) एक विद्यार्थी के लिए 'दाब' (pressure) हो सकता है। विद्यार्थी का अपने माता–पिता का त्याग व्यर्थ न जाए, इसका ख्याल रखते हुए कठोर परिश्रम और अतिसक्रिय प्रयास करना पड़ता है जिससे उसके अध्ययन में तीव्रता आ सके। इस दाब के कारण विद्यार्थी कभी–कभी अतिव्याकुलता या बेचैनी (higher degree of uncomfortableness) की स्थिति तक पहुँच जाता है, जो 'बलाघात' (stress) का कारण बनता है।

निराशा के विविध स्रोतों की ही तरह 'दाब' (pressure) के भी आंतरिक एवं बाह्य (internal and external) स्रोत होते हैं। आंतरिक स्रोत के केन्द्र में व्यक्ति स्वयं रहता है। जैसे, व्यक्ति की उत्कृष्ट स्तर की आकांक्षाएँ (higher level of aspirations) एवं स्वार्थपरक आदर्श (ego ideal)। ऐसी आकांक्षाओं की पूर्ति हेतु व्यक्ति अति उच्चस्तरीय लक्ष्य (goal) निर्धारित करता है जिसकी प्राप्ति हेतु भरपूर प्रयास करता है। इस तरह के लक्ष्य एवं आकाक्षा के कारण व्यक्ति निरंतर और प्रचंड (severe) 'दाब' (pressure) का अनुभव करता है जो बलाघाती (stressing) होता है। इस प्रकार के 'दाब' (pressure) को 'आत्मजुल्म' अथवा 'चाह का जुल्म' (tyrany of soul) की संज्ञा दी जा सकती है।

'दाब' के बाह्य स्रोत (external sources) वातावरण की माँगों (environmental demands) से संबंधित हैं, जैसे—प्रतिस्पर्धा (competition) के वर्तमान युग में उत्कृष्टतम उपलब्धि (highest order achievement) की अनिवार्यता, किसी लक्ष्य को प्राप्त करने के उद्देश्य से लंबे समय तक एकाग्रचित्त होकर लगातार प्रयास करते रहना (sustained concentration of effort), तीव्रगति से होने वाले परिवर्तनों के कारण उत्पन्न उलझनें या जटिलताएँ (complexities due to rapid change), परिवार या अन्य रिश्तेदारों का 'दाब' (pressure from family and other relatives), काम का बोझ (burden of work), आर्थिक तंगहाली (economic scarcity), दैनिक जीवन की विभिन्न उलझनें (daily hassles) इत्यादि।

इस प्रकार हम देखते हैं कि बलाघात के अनेकानेक स्रोत हैं।

8.4 बलाघात के प्रति प्रतिक्रियाएँ (Reactions to Stress)

एक न्यूनतम सीमा के बलाघातक (minimal level of stress) स्थितियों से हम सभी जूझते रहते हैं तथा हमारी प्रतिक्रियाएँ (reactions) भी सामान्य स्तर (normal level) की होती हैं। लेकिन, जब बलाघात इस न्यूनतम सीमा के ऊपरी छोर की होती है तो वह व्यक्ति की तंदुरुस्ती (well being) के लिए घातक या खतरा (threat) पैदा करती है। ऐसी स्थिति में व्यक्ति में स्वतः स्फूर्त ढंग से दृढ़तापूर्वक (persistently) उसका मुकाबला करने हेतु डटे रहने की प्रवृत्ति उत्पन्न होती है। वह उसका समाधान करने हेतु प्रतिक्रिया (react) करने के लिए मजबूर (forced) होता है। इस तरह की स्थिति में व्यक्ति किस तरह की प्रतिक्रिया करेगा, यह उसकी मनोदशा या भाव (frame of reference), उसकी प्रेरणा (motivation), सक्षमता (competency), सहनशीलता (tolerance) वातावरणीय सीमाएँ (environmental limitations), अवलंब या सहारा (support), पूर्व मानसिक वृत्ति (prior mental set), समाज की माँगें (demands) एवं अपेक्षाएँ (expectations) आदि पर निर्भर करता है। बलाघात के प्रति की जाने वाली प्रतिक्रिया वस्तुतः आंतरिक एवं बाह्य (internal and external) दोनों तरह के निर्धारकों (determinants) की पारस्परिक अंतःक्रिया (interplay) का प्रतिफल होता है जिसमें कभी आंतरिक तो कभी बाह्य वातावरणीय निर्धारकों की महत्वपूर्ण भूमिका होती है।

आमतौर पर बलाघात की स्थिति में व्यक्ति द्वारा की जाने वाली प्रतिक्रियाओं (reactionists stress) को दो प्रमुख वर्गों में बाँटा जा सकता है।

(i) मनोवैज्ञानिक प्रतिक्रियाएँ (Psychological reactions) एव

(ii) शारीरिक प्रतिक्रियाएँ (Physiological reactions)

8.4.1 मनोवैज्ञानिक प्रतिक्रियाएँ (Psychological Reactions)

बलाघात (stress) का व्यक्ति की मनःदशा (mental state) पर महत्वपूर्ण ढँग से प्रभाव पड़ता है। सही अर्थ में यदि देखें तो बलाघात की स्थिति में व्यक्ति की मनोदशा ही सर्वप्रथम प्रभावित होती है जिसके फलस्वरूप मानसिक धैर्य या स्थिरता (mental steadiness) नहीं रह जाती। अतः व्यक्ति अनेकानेक तरीकों से बलाघात की परिस्थिति के प्रति प्रतिक्रिया करता है। यद्यपि, व्यक्ति की मनोवैज्ञानिक प्रतिक्रियाओं (psychological reactions) में वैयक्तिक विभिन्नता (individual differences) पाई जाती है, क्योंकि वे शिक्षण (learning), प्रेरणाओं की सक्रियता (active motives), व्यक्तित्व विन्यास (personality disposition) प्रवृत्ति (tendencies) चित्तवृत्ति (mood), स्वभाव (nature) आदि में एक–दूसरे से भिन्न होते हैं। फिर भी, आमतौर पर बलाघात के प्रति की जाने वाली मानसिक प्रतिक्रियाओं (mental reactions to stress) को दो प्रमुख वर्गों में बाँटा जा सकता है—(i) संज्ञानात्मक विकृतियाँ (cognitive impairments) एवं (ii) संवेगात्मक प्रतिक्रियाएँ या अनुक्रियाएँ (emotional reactions or responses)।

8.4.1.1 संज्ञानात्मक विकृतियाँ (Cognitive Impairments)

संज्ञानात्मक विकृति (cognitive impairment) का अर्थ व्यक्ति की मानसिक संगठनात्मक रचना (organisational structure of the mind) तथा उसके कार्यों (functions) में होने वाली गड़बड़ी या दुर्बलता है। बलाघात के कारण व्यक्ति की एकाग्रता (concentration), की क्षमता क्षीण (weak) हो जाती है। फलस्वरूप मानसिक विचलन (mental variations), अवधान की अस्थिरता (instability of attention), चिंतन का असंगठन (unorganised thought), चिंतन में तर्क का अभाव (lack of logic or reasoning), क्रबद्धता का अभाव (lack of systematisation) आदि संज्ञानात्मक विकार (cognitive impairments) के लक्षण पाए जाते हैं। स्मृति शक्ति में गिरावट (deterioration of memory power)। अवधान–विस्तार की सीमा का संकीर्ण होना (narrowing of attention span), अति सतर्कता

(over alertness) आदि के लक्षण भी देखे जाते हैं। इस तरह बलाघातक स्थिति (stressful situation) में मानसिक संगठन (mental organisation) एवं संज्ञानात्मक कार्य प्रणाली (cognitive functional systems) असंतुलित (imbalanced) हो जाता है। व्यक्ति में आक्रामकता (aggressiveness) के बढ़ने की प्रवृत्ति और धैर्य (patience) में कमी देखी जाती है। इन संज्ञानात्मक त्रुटियों (cognitive defects) के कारण व्यक्ति को समस्या के समाधान के वैकल्पिक संसाधनों (alternative resources) का चयन करने की सूझ (insight) अथवा संसाधनों का प्रत्यक्ष बोध (perception of resources) ठीक से नहीं हो पाता है तथा उसके व्यवहार में दृढ़ता (rigidity) पाई जाती है।

8.4.1.2 संवेगात्मक प्रतिक्रियाएँ या अनुक्रियाएँ (Emotional Reactions or Responses)

बलाघात के कारण संज्ञानात्मक विकास से संबंधित अनुक्रियाओं (responses relating to cognitive impairments) के साथ–साथ अनेक प्रकार की संवेगात्मक अनुक्रियाएँ (emotional reactions) भी उत्पन्न होती हैं। ये सांवेगिक प्रतिक्रियाएँ सकारात्मक (positive) एवं निषेधात्मक (negative) दोनों तरह की होती हैं। लेकिन ज्यादातर मामलों में निषेधात्मक स्वरूप की सांवेगिक प्रतिक्रियाएँ ही देखी जाती हैं जो अनुकूल समायोजन (proper adjustment) की प्रक्रिया को बाधित करती है। ऐसी प्रक्रियाओं में दुश्चिंता (anxiety), क्रोध (anger), आक्रामकता (aggressiveness), भावशून्यता (empathy), विषाद (depression) आदि महत्वपूर्ण हैं।

8.4.2 शारीरिक (दैहिक) प्रतिक्रियाएँ या अनुक्रियाएँ (Physiological Reactions or Responses)

बलाघाती उत्तेजना (stressing stimulus) के प्रति व्यक्ति शारीरिक प्रतिक्रियाओं अथवा अनुक्रियाओं का भी प्रदर्शन करता है। ये शारीरिक प्रतिक्रियाएँ (bodily reactions) वस्तुतः आपातकालीन अनुक्रियाएँ (emergency responses) होती हैं। बलाघातक प्रतिक्रियाओं में 'उद्वेलन' (arousal) का महत्वपूर्ण स्थान होता है। अर्थात् बलाघातक उत्तेजनाओं का सामना या मुकाबला होते ही हाइपोथैलेमस (hypothalamus) उद्वेलित (aroused) होता है जिसके कारण व्यक्ति में अतिरिक्त ऊर्जा (additional energy) का उत्सर्जन (secretion) प्रारंभ होने लगता है। जैसे—लिवर (liver) द्वारा अतिरिक्त मात्रा में चीनी (sugar), एड्रिनल ग्लैंड (adrenal gland) द्वारा अधिक मात्रा में 'कैटेकोलमाइन्स' (catecholamines) का स्राव होता है। इन स्रावों के कारण व्यक्ति में बलाघात का मुकाबला करने (to face) अथवा पीछे हट जाने (to withdraw) की प्रतिक्रिया अर्थात् 'सामना या पलायन' (fight or flight) संबंधी अनुक्रिया (response) दैहिक परिवर्तन (bodily changes) में देखे जाते हैं। अतिरिक्त ऊर्जा (energy) शरीर की विभिन्न कर्मेन्द्रियों (motor organs) को अधिक शक्ति या बल प्रदान करती है जिसके परिणामस्वरूप 'स्वतः संचालित स्नायुमण्डल' (autonomic nervous system—ANS) द्वारा संचालित रक्तचाप (blood pressure), हृदय की गति (heart beat), श्वसन गति (respiration rate) आदि की क्रियाओं में महत्वपूर्ण परिवर्तन देखे जाते हैं।

दूसरी महत्वपूर्ण उत्सर्जन क्रिया (secretion activity) 'एड्रिनल ग्लैंड' (adrenal gland) से संबंधित है। इस ग्रंथि द्वारा 'कार्टिकोस्टेरॉयड' (carticosteroid) नामक हार्मोन का स्राव होता है, जो अतिरिक्त ऊर्जा प्रदान करता है। इसके फलस्वरूप, बलाघात के कारण सांवेगिक क्रियाएँ, जैसे—भय, दुख, नाराजगी आदि अवरुद्ध होती हैं। इन अवरोधों का सामना या मुकाबला करने में इस स्राव की अहम भूमिका होती है।

कुछ अन्यान्य शारीरिक परिवर्तन भी देखे जाते हैं। जैसे—लारश्लेष्मा (mucus) में कमी के कारण मुँह का सूखना (dryness of mouth), प्लीहा (spleen) से लाल रक्त कण (RBC) एवं हड्डी मज्जा (bone marrow) द्वारा श्वेत रक्त कण (WBC) का उत्सर्जन भी बढ़ता है ताकि अधिकाधिक मात्रा में ऑक्सीजन (oxygen) प्राप्त हो सके जो बलाघात जैसी संकटकालीन अवस्था से निबटने हेतु महत्वपूर्ण होता है।

इन शारीरिक परिवर्तनों का मूल उद्देश्य आपातकालीन रूप से घातक या खतरनाक बलाघातकों (stressors) के साथ अनुकूल ढंग से समायोजन स्थापित करना होता है। ये सभी प्रतिक्रियाएँ स्वतः संचालित स्नायुमण्डल

(ANS) एवं अतःस्रावी ग्रंथियों (नालिका विहीन ग्रंथियों—endocrine glands) के उद्वेलन (arousal) के परिणामस्वरूप होती हैं जो हाइपोथेलेमस (hypothalamus) के नियंत्रणाधीन होती हैं तथा इन शारीरिक प्रतिक्रियाओं के प्रतिरूप (pattern) जटिल स्वरूप (complex nature) की होती हैं। 'कैनन' (Canon, 1920) ने इन शारीरिक प्रतिक्रियाओं के प्रतिरूपों को ही 'भिड़ो या भागो' (fight or flight) प्रतिक्रिया कहा है। अर्थात् इन शारीरिक अनुक्रियाओं द्वारा व्यक्ति बलाघातक परिस्थिति (stressful situation) का मुकाबला यानी समायोजन (to fight or to cope with) अथवा पीछे हटने यानी पलायन करने (to flight) हेतु तत्पर होता है।

इसी 'भिड़ो या भागो' (fight or flight) को **'सेली'** (Selye) ने 'चेतावनी प्रतिक्रिया' (alram response) की संज्ञा दी है जिसका वर्णन करने हेतु उन्होंने **सामान्य समंजन संलक्षण** (general adaptation syndrome—GAS) का नियम प्रतिपादित किया है जिसका वर्णन निम्न प्रकार है—

8.5 सामान्य समंजन संलक्षण (General Adaptation Syndrom—GAS)

प्रतिबल यानी बलाघात (stress) के कारण व्यक्ति मानसिक एवं शारीरिक रूप से थकान, कमजोरी एवं ऊर्जा में कमी (lowering of energy) का अनुभव करता है। क्षीणता की इन स्थितियों को 'बर्नआउट' (burnout) कहते हैं जो दीर्घकालिक एवं निरंतर प्रतिबल के अनुभव का प्रतिफल होता है। इससे स्वभाव में चिड़चिड़ापन, निराशा, असहाय तथा अपने को अंधी गली में (in blind alleys) जैसे अनुभव होते हैं। इसका प्रतिकूल प्रभाव हमारे प्रतिरक्षा तंत्र (immune system) पर भी पड़ता है। फलतः ऐसे लोग बार–बार बीमार पड़ते हैं, हृदय रोग, उच्च रक्तचाप, अल्सर, दमा, सिर दर्द, एलर्जी आदि की शिकायतें भी होती हैं।

प्रश्न है कि ऐसा क्यों व किस प्रकार होता है? चिकित्साशास्त्रियों एवं मनोवैज्ञानिकों ने इस प्रश्न का उत्तर ढूँढ़ने का प्रयास किया है और कई तरह की व्याख्याएँ प्रस्तुत की गई हैं। इस संबंध में **'हंस सेली'** (Hans Selye) ने 1976 में एक 'सामान्य नियम' प्रतिपादित किया है। इसे 'सामान्य समंजन संलक्षण' (General Adaptation Syndrome—GAS) कहते हैं। यह प्रतिबल के प्रति होने वाली अनुक्रियाओं (responses) के तीन चरणों वाला सैद्धांतिक नियम प्रस्तुत करता है, जो निम्नलिखित हैं—

(i) चेतावनी या संकट सूचना की अवस्था (Alarm stage – A)
(ii) प्रतिरोध की अवस्था (Resistance stage – R)
(iii) क्लांति या निःशेषावस्था (Exhaustion stage – E)।

अर्थात् A R E

(i) चेतावनी या संकट सूचना की अवस्था (Alarm Stage – A)

जब भी कोई प्रतिबल या बलाघात उपस्थित होता है, सबसे पहले हमारा शरीर उक्त प्रतिबल के साथ निबटने हेतु संघटित होना प्रारंभ करता है। इसके लिए मानसिक एवं शारीरिक अवयवों को आवश्यक संकेत प्राप्त होते हैं। इन संकेतों (signals) से प्रतिबल का अनुभव होता है और साथ–ही–साथ शरीर के विभिन्न अवयवों के कार्य वर्द्धित (step up) होने लगते हैं। अर्थात् अवयवों (organs) के कार्य की गति सामान्य से तेज हो जाती है, जैसे—हृदय की धड़कन और श्वसन क्रिया में तेजी का होना (quickening of heart beat and respiration), मांसपेशियों में तनाव का होना (tensing of muscles), आँखों की पुतलियों का विस्तारण (dilation of pupils), अतःस्रावी ग्रंथियों द्वारा हार्मोन्स के स्राव में वृद्धि (exceleration of harmonic secretions of endocrine glands) आदि। साथ ही, कुछ अन्य अवयवों (other organs) की सक्रियता थोड़ी मंद यानी धीमी भी होने लगती है। यह एक तरह से स्वतः संचालित स्नायुमंडल (autonomic nervous system) का पारस्परिक समंजन (adjustment)

है, जिसका उद्देश्य प्रतिबल के कारण उपस्थित आपात की स्थिति (emergency situation) से निबटने हेतु ऊर्जा को केंद्रीकृत (concentrate) करना होता है ताकि संकेंद्रित ऊर्जा (concentrated energy) का उपयोग कर समायोजन की माँग (adjustive demand) का मुकाबला या सामना (cope) किया जा सके। अतः स्पष्ट है कि चेतावनी (alarm) के संकेत के फलस्वरूप बलाघात या प्रतिबल का प्रतिरोध करने हेतु (to resist) शरीर अपने को तैयार करता है।

चेतावनी या चौकसी (alertness) की प्रारंभिक अवस्था मनोवैज्ञानिक प्रतिक्रियाओं (psychological reactions) में भी देखी जाती है। प्रतिबल (stress) की स्थिति से निबटने हेतु (to cope with) व्यक्ति अपने संसाधनों (resources) को लामबंद (mobilize) करना शुरू कर देता है तथा व्यक्ति में सांवेगिक उद्वेलन (emotional arousal) एवं तनाव (tension) में वृद्धि देखी जाती है। व्यक्ति अति संवेदनशील और चौकस (highly sensitive and vigilent) रहता है। वह आत्मनियंत्रण के साथ बलाघात से निबटने हेतु प्रयत्नशील भी दिखता है। साथ ही कुसमायोजन के भी लक्षण देखे जाते हैं।

(ii) प्रतिरोध की अवस्था (Resistance Stage – R)

प्रतिबल अर्थात् बलाघात (stress) के प्रति समायोजन की दूसरी अवस्था प्रतिरोध की होती है। इस अवस्था में बलाघातक (stressor) का सामना करने हेतु शरीर में उपलब्ध सुरक्षित ऊर्जा (preserved energy) सक्रिय होती है। इसके परिणामस्वरूप बलाघात के जारी रहने के कारण उत्पन्न प्रभाव से शरीर की प्रतिरक्षा का प्रयास किया जाता है। जैसे कोई विद्यार्थी जब परीक्षा की तैयारी में लगा होता है, तो उस समय उसका ध्यान मात्र अध्ययन पर ही केंद्रित रहता है तथा आस–पास के किसी दूसरे पक्ष या पहलू पर उसका ध्यान नहीं जाता है। इसका कारण यह है कि शरीर की समस्त सुरक्षित ऊर्जा (preserved energy) संकेंद्रित (concentrate) होकर अन्य बाधक तत्वों का लगातार प्रतिरोध (resist) करती है।

'प्रतिरोध' का मूल उद्देश्य व्यक्ति को टूटने (break down) से बचाना (to defend) होता है। इस अवस्था में पीयूष ग्रंथि (pituitary gland) द्वारा एडेनोकॉर्टिकोट्रोफिक (adenocorticotrophic—ATCH) नामक हार्मोन का स्राव होता है जो रक्त में मिलकर बलाघात के प्रभाव को अवरुद्ध (instinct) करता है। ATCH नामक स्राव आंशिक रूप से हाइपॉथैलेमस के नियंत्रणाधीन CRF (Corticotrophin-releasing factor) द्वारा उत्सर्जित (secreted) होता है। CRF के कारण रक्त में ACTH की मात्रा में बढ़ोत्तरी होती है जिसके फलस्वरूप एड्रिनल ग्रंथि का कॉर्टेक्स भी उत्तेजित होता है और कॉर्टिसॉल (cortisol) नामक हॉर्मोन स्रावित होकर रक्त में मिलता है। कॉर्टिसॉल के कारण शरीर की प्रतिरोधात्मक शक्ति (resistance power) में वृद्धि होती है जो प्रतिबलक (stressor) से निबटने की क्षमता को बढ़ाता है। यद्यपि चिकित्सा विज्ञान (medical science) के अनुसार इस हार्मोन की बढ़ी हुई मात्रा का लंबे समय तक शरीर में बना रहना हानिकर होता है।

प्रतिरोध की अवस्था की एक महत्वपूर्ण विशेषता यह होती है कि इस प्रतिरोध की अवस्था में यदि कोई दूसरा नया बलाघातक (new stressor) उपस्थित होता है तो इस नए बलाघातक के प्रति प्रतिरोधात्मक क्षमता (resistance power) काफी दुर्बल (weak) पड जाती है।

प्रतिरोध की क्षमता प्रायः क्षणिक होती है। इसे स्थायी बनाने हेतु दूसरे संसाधनों या अहं–सुरक्षात्मक मनोरचनाओं का सहारा लेना आवश्यक होता है।

यहाँ यह भी स्मरणीय होना चाहिए कि प्रतिरोध की अवस्था में भी व्यक्ति में आंतरिक स्ट्रेन (internal strain) की स्थिति बरकरार रहती है। इस प्रकार के स्ट्रेन की अभिव्यक्ति मनोदैहिक व्याधियों (psychosomatic disorders) के माध्यम से होती है। 'सेली' (Selye) के अनुसार इस प्रकार की मनोदैहिक व्याधियों को **'समायोजन की बीमारी'** (disease of adaptation) कहा जाता है।

(iii) क्लांति अर्थात् निःशेषावस्था यानी परिश्रांति की अवस्था (Stage of Exhaustion – E)

क्लांति (exhaustion) प्रतिरोध समापन की अवस्था को कहते हैं। जब प्रतिरोध (resistance) की स्थिति बार–बार उत्पन्न होती रहती है अथवा समस्या लगातार लंबे समय तक बनी रहती है तो प्रतिरोध की क्षमता में अपूरणीय क्षति होती है। इसके फलस्वरूप ही क्लांति अर्थात् निःशेषावस्था (exhaustion stage) आती है। इस अवस्था में संरक्षित ऊर्जा (preserved energy) समाप्त हो जाती है और व्यक्ति शिथिल (exhausted) हो जाता है। उसमें बलाघात (प्रतिबल) का सामना करने का सामर्थ्य नहीं रह जाता। इसे ही दूसरे शब्दों में 'बर्न आउट' (burn out) भी कहा जाता है। इसके परिणामस्वरूप व्यक्तित्व में विघटन (disorganisation of personality) एवं वास्तविकता के संबंध विच्छेद (dissociation from reality) होता है। इस प्रकार प्रभावित व्यक्ति बीमार यानी मानस रोग (psychopathology) का शिकार होता है।

'सेली' के सामान्य समायोजन संलक्षण (GAS) को निम्नांकित चित्र द्वारा स्पष्ट किया जा सकता है–

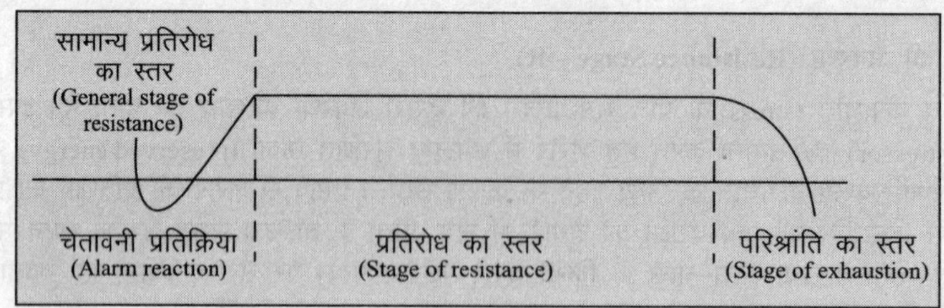

चित्र 8.1 सेली का सामान्य अनुकूलन संलक्षण (Selye's General Adaptation Syndrome—GAS)

ऊपर के चित्र में समायोजन की माँग उपस्थित होने पर चेतावनी का संकेत (Alarm signal) प्राप्त होता है। इस समय प्रतिरोध (resistance) सामान्य स्तर के नीचे की ओर गिरी होती है। लेकिन, चेतावनी का संकेत मिलते ही प्रतिरोध सामान्य से ऊपर की ओर बढ़ता है जो क्लांति (exhaustion) की अवस्था आने तक बरकरार रहता है तथा क्लांति की अवस्था आने पर प्रतिरोध पुनः सामान्य स्तर से नीचे गिर जाता है जिसके फलस्वरूप व्यक्ति mad, bad और sad होता है।

'सेली' द्वारा प्रस्तावित GAS Model के प्रमुख चरणों (stages) को संक्षेप रूप में तालिका 4.1 में दर्शाया गया है।

तालिका 8.1 सामान्य समायोजन संलक्षण की अवस्थाएँ

अवस्थाएँ (Stages)	व्याख्या (Interpretations)
1. चेतावनी या चौकसी (Alarm – A)	बलाघातक के उपस्थित होते ही व्यक्ति का शरीर तुरंत दैहिक क्रिया करने हेतु तैयार (ready) हो जाता है। स्नायुमंडल (nervous system – NS) सक्रिय हो जाता है तथा बलाघात हार्मोन (कॉर्टिसोल, एपिनेफ्राइन, नेरेपिनेफ्राइन) का स्राव अधिक मात्रा में होने लगता है।
2. प्रतिरोध (Resistance – R)	बलाघात के लगातार बने रहने पर शरीर में मध्यम स्तर का शारीरिक उद्वेलन (arousal) बना रहता है। व्यक्ति में मूल बलाघातक का सामना करने की क्षमता में बढ़ोत्तरी होती है, जो चेतावनी की प्रतिक्रिया के समय उपलब्ध होती है।
3. क्लांति (Exhaustion – E)	बलाघात की वृद्धि अथवा प्रतिरोध की क्षमता में कमी के कारण शरीर इस अवस्था में पहुँच जाता है कि वह कई तरह की बीमारियों का शिकार हो जाता है अथवा कभी–कभी व्यक्ति की मृत्यु भी हो जाती है। मृत्यु का कारण आत्महत्या भी हो सकता है।

8.6 बलाघात का मापन (Measurement of Stress)

बलाघात से संबंधित अध्ययनों में बलाघात (stress) के अनुभवों का पता लगाना तथा उसकी तीव्रता को मापना (to measure the intensity) एक केंद्रीय समस्या (central problem) रही है। इस दृष्टि से कुछ शारीरिक स्थितियों (bodily states), जैसे—तापमान (temperature), रक्तचाप (blood pressure), हृदय की धड़कन (heart beats), श्वसन गति (respiration rates) आदि को मापकर बलाघात की तीव्रता (intensity of stress) का अनुमान लगाने का प्रयास किया जाता है। लेकिन क्या इस प्रकार के मापों से बलाघात का सही अर्थ में अनुमान लगाना मुमकिन है? इस प्रश्न का उत्तर ढूँढ़ने के क्रम में मनोवैज्ञानिकों ने कुछ प्रयास किए हैं। मनोवैज्ञानिकों द्वारा आमतौर पर जो प्रविधियाँ उपयोग में लायी जाती हैं, वे निम्नलिखित हैं—

(i) आत्म रिपोर्ट विधि (Self report method)
(ii) व्यवहारपरक विधि (Behavioural method)
(iii) दैहिक सूचकांक विधि (Physiological indicator method) एवं
(iv) जैव–रासायनिक सूचकांक विधि (Bio-chemical indicator method)

अब हम इन विधियों का वर्णन एक–एक कर करेंगे—

8.6.1 आत्म रिपोर्ट विधि (Self Report Method)

इस विधि में मनोवैज्ञानिको ने कुछ ऐसी प्रविधियों (techniques) का विकास किया है जिनके आधार पर दबाव से ग्रस्त व्यक्ति (the individual in stress) की संवेगात्मक तकलीफ (emotional difficulties), जीवन में घटित कुछ महत्वपूर्ण घटनाओं (important life events) के प्रभावों को गंभीरता आदि को मात्रात्मक (quantitative) ढँग से पता लगाया जा सकता है।

1960 के दशक में दो मनोवैज्ञानिकों—'**हॉल्मस** तथा **राहे**' (Holms and Rahe) ने 'सामाजिक पुनर्समायोजन रेटिंग मापनी' (Social Readjustment Rating Scale—SRRS) का निर्माण किया है। इस मापनी को 'जीवन घटना मापनी' (Live Events Scale—LES) भी कहते हैं। यह एक प्रामाणिक मापनी (standard scale) के रूप में प्रचलित है। इस मापनी द्वारा मनोसामाजिक दबाव (psycho-social stress) को जीवन परिवर्तन इकाई (life change unit—LCU) के रूप में मापा जाता है। यह एक स्वमूल्यांकन प्रश्नावली का सेट (set of self evaluation questionnaire) है जिसमें 43 प्रमुख जीवन घटना परिवर्तनों को अति दबावपूर्ण अथवा बलाघाती (most stressful) से न्यूनतम दबावपूर्ण (minimum stressful) के क्रम में व्यवस्थित किया गया है और प्रत्येक घटना परिवर्तन के लिए 'मानक अंक' (standard score) अंकित किए गए हैं। यह 'मानक अंक' मध्यमान मूल्य (median value) के रूप में दशार्या गया है, जैसे—पति या पत्नी (spouse) की मृत्यु के लिए 100 अंक, विवाह विच्छेद के लिए 73 अंक, वैयक्तिक बीमारी या खतरे के लिए 53 अंक आदि जीवन परिवर्तन इकाइयों का उपयोग किया गया है। इनमें धनात्मक (positive) एवं ऋणात्मक (negative) दोनों तरह की जीवन घटनाओं को शामिल किया गया है, क्योंकि माना गया है कि दोनों तरह के परिवर्तन बलाघाती स्वरूप के होते हैं। इस मापनी के सभी 43 जीवन परिवर्तन इकाइयों और उनके मानक अंकों को तालिका 8.2 में दर्शाया गया है—

तालिका 8.2 The Social Readjustment Rating Scale (SRRS) for the measurement of psycho-social stress. The mean values represent life change units in terms of the relatives stressfulness of each life event.

A			B		
Rank	**Life events**	**Mean value**	**Rank**	**Life events**	**Mean value**
1.	Death of spouse	100	23.	Son/daughter leaving home	29
2.	Divorce	73	24.	Trouble with in-laws	29
3.	Marital separation	65	25.	Outstanding personal achievements	28
4.	Jail term	63	26.	Wife begins or stops work	26
5.	Death of close family members	63	27.	Beginning or end of school	26
6.	Personal injury or illness	53	28.	Change in living conditions	25
7.	Marriage	50	29.	Revision of personal habits	24
8.	Fired at work	47	30.	Trouble with boss	23
9.	Marital reconciliation	45	31.	Change in work hours or conditions	20
10.	Retirement	45	32.	Change in residences	20
11.	Change in health of family members	44	33.	Change in schools	20
12.	Pregnancy	40	34.	Change in recreations	19
13.	Sex difficulties	39	35.	Change in Church activities	19
14.	Gain of new family members	39	36.	Change in social activities	18
15.	Business readjustment	39	37.	Mortgage or loan less than $10,000	17
16.	Change in financial state	38	38.	Change in sleeping habits	16
17.	Death of close friend	37	39.	Change in number of family get together	15
18.	Change to different line of work	36	40.	Change in eating habits	15
19.	Change in number of arguments with spouse	35	41.	Vacation	13
20.	Mortgage over $10,000	31	42.	Christmas	12
21.	Fore closure of marriage or loan	30	43.	Minor violations of law	11
22.	Change in responsibilities at work	29		*Source:* G.W. Kisker—The Disorganised Personality, 1977, p. 116, McGraw Hill Kogakusha	

इसी तरह, हॅसेल्स मापनी (Hussles scale) का 'नवीन अनुभूतियों का शिड्यूल (new experiences schedule) द्वारा भी बलाघात का मापन (stress measurement) किया जाता है। इन मापनियों के अतिरिक्त 'प्रश्नावली विधि' (questionnaire method) का उपयोग कर भी बलाघात का मापन किया जाता है।

8.6.2 व्यवहारपरक विधि (Behavioural Method)

बलाघात की अवस्था में व्यक्ति की कार्यात्मक क्षमता प्रभावित होती है। अत: किसी कार्य के निष्पादन (work or task performance) में होने वाली त्रुटियों (errors) एवं कार्य उत्पादन (work output) में होने वाली गिरावट को आधार मानकर बलाघात की गंभीरता (severity of stress) का पता लगाया जा सकता है। इसके अतिरिक्त,

व्यवहारपरक अध्ययनों में प्रतिक्रियात्मक प्रतिरूपों (reaction patterns) का विश्लेषण (analysis) एवं प्रयोगात्मक निरीक्षण (experimental observation), परिस्थिति निरीक्षण (situational observation) जैसी प्रविधियों का उपयोग किया जाता है।

8.6.3 दैहिक सूचकांक विधि (Physiological Indicator Method)

इस विधि में बलाघात के प्रभावित (affected with a stress) व्यक्तियों के शरीर के आंतरिक अवयवों (internal organs of the body) के कार्यों में होने वाले परिवर्तनों (changes in the functions) से संबंधित प्रविधियाँ उपयोग में लायी जाती हैं तथा इन परिवर्तनों के आधार पर बलाघात की गंभीरता (severity of stress) का पता लगाया जाता है। जैसे—त्वचा की चालकता (skin conduction), हृदय की गति में परिवर्तन (changes in heart beat), रक्तचाप में परिवर्तन (changes in blood pressure), मूत्रीय स्तर (urinary level), श्वसन गति में परिवर्तन (changes in respiratory rate), मस्तिष्कीय तरंगों में परिवर्तन (changes in brain waves) आदि बलाघात के मूहत्वपूर्ण सूचकांक (indicators) हैं जिनके आधार पर बलाघात की गंभीरता (severity of stress) का पता लगाया जाता है।

8.6.4 जैव-रासायनिक सूचकांक विधि (Bio-chemical Indicator Method)

इस विधि में शरीर के जैव–रसायनों (bio-chemicals) में होने वाले परिवर्तनों का पता लगाया जाता है। इन रासायनिक तत्वों का पता लगाने हेतु रक्त विकार संबंधी जाँच (pathological tests of blood) की जाती है। जैसे—रक्त से 17 हाइड्रॉक्सीकॉर्टिकॉस्टेरिऑइड (17 hydroxycorticosteroids) का स्तर (level), रक्त में चीनी की मात्रा (level of blood glucose) विभिन्न अंतःस्त्रावी ग्रंथियों के हॉर्मोन्स का स्तर (hormone levels of different glands) आदि जैविक रसायनों द्वारा भी बलाघात (stress) की गंभीरता अथवा तीव्रता (severity or intensity) का संकेत मिलता है।

यद्यपि उपर्युक्त सभी विधियों में कुछ गुण और दोष पाए जाते हैं, फिर भी इन विधियों द्वारा बलाघात का मापन (measurement) किया जाता है।

8.7 बलाघात की प्रचंडता या गंभीरता (Severity of Stress)

बलाघात की गंभीरता या प्रचंडता (severity of stress) से तात्पर्य बलाघात के प्रभाव के कारण किसी व्यक्ति में 'स्ट्रेन' (strain) एवं विसंतुलन (disequilibrium) के स्तर (level) से है। मामूली बलाघात (mild stress) की स्थिति में समायोजन की माँगों के प्रति क्रियात्मक एवं विसंतुलन (functional and disequilibrium) का स्तर (level) मामूली अर्थात् न्यूनतम स्तर का होता है। जबकि मामूली से थोड़ा अधिक यानी मॉडरेट (moderate) बलाघात की स्थिति में यह विसंतुलन थोड़ा अधिक स्तर का रहता है जिसका कुप्रभाव अपेक्षाकृत साधारण रूप से पड़ता है। किंतु गंभीर (severe) बलाघात की स्थिति में व्यक्ति का संतुलन काफी बिगड़ जाता है और अति गंभीर बलाघात (excess severe stress) में व्यक्ति बिल्कुल ही टूट (breakdown) जाता है। इस प्रकार की स्थिति अत्यंत ही घातक सिद्ध होती है। इस तरह यदि बलाघात की गंभीरता के स्तर को हम किसी निरंतर मानदंड (continuum scale) पर दर्शाएँ तो न्यूनतम छोर पर मामूली स्तर का बलाघात (mild stress) से प्रारंभ होकर मॉडरेट लेवल, फिर गंभीर और तब अति प्रचंड स्तर की ओर इसका ग्राफ बढ़ेगा।

बलाघात की प्रचंडता (severity of stress) कई बातों पर निर्भर करती है। मोटे तौर पर इसके निम्नलिखित कारक प्रमुख हैं—

- अतिमहत्वपूर्ण प्रेरणाओं का बाधित होना तथा आवश्यकता से वंचित होना (The more important the motives being blocked and the needs deprived)।
- बलाघातक परिस्थिति का लंबे समय तक बने रहना (The longer the stress situation continues)।
- एक ही साथ अथवा अल्प–आवधिक अंतरालों पर समायोजन की माँगों की अधिकाधिक संख्या का दबाव (The greater the number of adjustive demands placed on the individual at once or during short-interval of times)।
- समस्या का अपरिचित और अप्रत्याशित होना (The more unfamiliar and unexpected the problem)।
- समस्या का सामना करने हेतु वैयक्तिक संसाधनों के साथ–साथ सामाजिक अवलंबन जैसे संसाधनों की अपर्याप्तता (Inadequacy of individual's resources including social support to meet with the problem)।
- द्वंद्वात्मक स्थिति में परस्पर दो विरोधी शक्तियों की प्रबलता में सफलता (equality in strength of two opposing forces in conflicting situations)।
- अभिगम–परिहार की संघर्षमय परिस्थितियों में लक्ष्य के निकट पहुँचना (Closer one gets to the goal in approach-avoidance conflitcts)।
- जीवन जोखिम का प्रत्यक्षीकरण (Perceiving the imminent threat)।
- व्यक्ति का किसी प्रतिबल स्तर के प्रति सहनशीलता का अभाव (Lack of tolerance to the degree of stress)।
- प्रत्याशित बलाघात की सन्निकटता (Imminence of anticipated stress)।

प्रतिबल यानी बलाघात (stress) की प्रचंडता (severity) उपर्युक्त कारकों के अतिरिक्त व्यक्ति द्वारा बलाघातक परिस्थिति के प्रत्यक्षीकरण एवं मूल्यांकन (perception and evaluation of stressing situation) पर भी निर्भर करता है जिसके बारे में क्रमशः वर्णन किया जा रहा है—

8.7.1 बलाघातक परिस्थिति का प्रत्यक्षीकरण एवं मूल्यांकन (Perception and Evaluation of Stressing Situation)

बलाघात के प्रति व्यक्ति की प्रतिक्रिया सबसे पहले इस बात पर निर्भर करती है कि वह बलाघातक परिस्थिति को किस रूप में देखता यानी प्रत्यक्षण (perceive) करता है तथा वह परिस्थिति को कितना साधारण या तीव्र (simpler or intense) रूप में मूल्यांकन (evaluate) करता है। साथ ही वह इस बात का भी मूल्यांकन करता है कि उपस्थित परिस्थिति का मुकाबला करने हेतु उपलब्ध संसाधन कितना पर्याप्त या अपर्याप्त (adequate or inadequate) है, यदि अतिरिक्त संसाधनों की आवश्यकता (requirement of additional resources) है तो उसके उपलब्ध कर सकने की गुंजाइश है अथवा नहीं तथा उपस्थित बलाघात उसके बर्दाश्त करने यानी सहनशीलता की सीमा (tolerance limit) के भीतर है अथवा नहीं?

कोई घटना या समस्या किस हद तक बलाघाती (stressful) है, इसका मूल्यांकन (evaluation) व्यक्ति के संपूर्ण विश्वास प्रणाली (belief system) पर निर्भर करता है। यदि व्यक्ति संपूर्ण जगत को घातक (dangerous) या वैरपूर्ण (hostile) समझता है तो उसके लिए प्रत्येक छोटी–छोटी घटना या समस्या बलाघात की तीव्रता को उत्कर्षित (hightened) करने वाली प्रतीत होगी। ठीक इसके विपरीत यदि व्यक्ति का विश्वास सकारात्मक (positive) स्वरूप का है तो वह इस जगत को मैत्रीपूर्ण (friendly), उत्साहवर्धक (supportive) और सुन्दर रूप

में अनुभव करेगा। फलस्वरूप, अत्यधिक दबावपूर्ण परिस्थितियाँ (excessive pressuring situations) भी हल्की प्रतीत होंगी और व्यक्ति के लिए बहुत ज्यादा बलाघाती (stressing) नहीं मालूम पड़ेगा। इस प्रकार व्यक्ति किसी बलाघातक परिस्थिति को किस रूप में (हल्की या भारी) अनुभव करता है—इस बात पर निर्भर करता है। व्यक्ति का यह अनुभव या प्रत्यक्षण (perception) उसकी स्वयं की मनोवृत्ति (attitude) एवं विश्वास (belief) प्रणाली (system) पर निर्भर करता है।

कोई समस्या कितनी घातक या हानिकर अथवा खतरनाक है, इसका मूल्यांकन (evaluation) भी व्यक्ति के 'स्व के मूल्यांकन' (self evaluation) पर निर्भर करता है। जो व्यक्ति अपने को कमजोर (weak), असहाय (helpless), अथवा अक्षम (incompetent) समझता है, उसे साधारण घटनाएँ भी दूभर प्रतीत होंगी और ठीक इसके विपरीत सोच वाले व्यक्ति दूभर यानी कठिन परिस्थितियों को भी चुनौती (challenge) के रूप में स्वीकार कर डटकर मुकाबला करने में समर्थ होता है। इसलिए, उसके लिए ऐसी कठिन परिस्थितियाँ भी तीव्र बलाघाती (intense stressing) नहीं प्रतीत होती हैं।

'लेजारस' (Lazarus) ने 'मूल्यांकन' (evaluation) की प्रक्रिया को दो प्रकारों में बाँटा है—

(क) प्राथमिक मूल्यांकन (Primary evaluation)

(ख) द्वितीयक मूल्यांकन (Secondary evaluation)

(क) प्राथमिक मूल्यांकन (Primary evaluation): जैसे ही कोई बलाघातक स्थिति (stressing situation) उपस्थित होती है, व्यक्ति आरंभिक रूप से उसकी प्रासंगिकता (relevance) सुनिश्चित करता है तथा यह आँकने का प्रयास करता है कि उपस्थित समस्या या घटना घातक (threatening) है या नहीं?

(ख) द्वितीयक मूल्यांकन (Secondary evaluation): 'प्राथमिक मूल्यांकन' कर लेने के पश्चात् द्वितीयक मूल्यांकन (secondary evaluation) की प्रक्रिया प्रारंभ होती है जिसमें व्यक्ति अपने पास उपलब्ध संसाधनों की पर्याप्तता (adequacy of available resources) का मूल्यांकन (evaluation) करता है अर्थात् यह आँकने का प्रयास करता है कि उसके पास जो भी मानसिक (mental), भौतिक (physical), शारीरिक (bodily) या सामाजिक (social) संसाधन उपलब्ध हैं वे उपस्थित समस्या से निबटने हेतु पर्याप्त हैं या नहीं।

उपर्युक्त दोनों प्रकार का मूल्यांकन व्यक्ति के प्रत्यक्षण, उसकी मनोवृत्ति, दृष्टिकोण, आत्मविश्वास आदि गुणों पर निर्भर करता है तथा उसी पर बलाघात की गंभीरता या तीव्रता या प्रचंडता (severity) निर्भर करती है।

यहाँ यह उल्लेखनीय है कि चूँकि वैयक्तिक विशेषताओं में 'वैयक्तिक विभिन्नता' (individual differences in personal characteristics) एक सार्वजनीन तथ्य (universal fact) है, इसलिए 'बलाघाती उत्तेजना' (stressful stimulus) एवं उसके प्रति की जाने वाली प्रतिक्रिया (response to that stimulus) के बीच सही सह–संबंध (exact correlation) अर्थात् बिंदुगत संबंध (point to point relationship) स्थापित करना मुश्किल है। इसका कारण यह है कि प्रत्येक व्यक्ति का आत्मविश्वास, प्रत्यक्षण, मूल्यांकन आदि एक–दूसरे से भिन्न हैं। उदाहरणार्थ—एक छात्र जब किसी परीक्षा में असफल होता है तो उसका आत्मविश्वास टूट जाता है और वह फिर सफल नहीं हो पाता है। लेकिन एक दूसरा छात्र एक बार असफल होने के बाद पूर्ण आत्मविश्वास के साथ कठोर परिश्रम करता है और वह अपेक्षाकृत बहुत अच्छी सफलता प्राप्त कर लेता है।

8.7.2 सक्षमता की मात्रा (Degree of Competence)

किसी व्यक्ति की वैयक्तिक सक्षमता (personal competency) के स्तर (level) पर भी बलाघात की गंभीरता निर्भर करती है। साधारणतः सक्षमता का स्तर जितना अधिक होगा, बलाघात की गंभीरता भी उतनी ही कम होगी (greater the competence, less severe the stress)।

'सक्षमता का स्तर' (degree of competence) व्यक्ति विशेष स्वयं के प्रत्यक्षीकरण (self perception of the individual) पर निर्भर करता है। कभी–कभी एक सक्षम व्यक्ति भी अपना आत्मविश्वास खो देता है। अतः वह अपनी सक्षमता का मूल्यांकन (evaluation of the self competence) कम करता है, फलतः वह मुकाबला कर सकने में विफल (unsuccessful) होता है। दूसरी ओर, अपेक्षाकृत कम सक्षम व्यक्ति अपना आत्मविश्वास (self confidence) कायम रखता है जिसके कारण समान परिस्थिति में सफल हो जाता है। यही कारण है कि प्रतियोगिता परीक्षाओं (competitive examinations), नौकरी के लिए साक्षात्कार (interview for job), स्कूल या कालेजों की परीक्षाओं में ऊँचे स्थान प्राप्त करने, वाद–विवाद प्रतियोगिताओं आदि में अनेक अवसरों पर अपेक्षाकृत एक मध्यम श्रेणी का सक्षम व्यक्ति भी अपने आत्मविश्वास को बरकरार रखने के कारण अच्छी सफलता प्राप्त करने में समर्थ होता है जबकि तुलनात्मक रूप से अधिक सक्षम व्यक्ति भी प्रायः विफल हो जाता है, क्योंकि उसका आत्मविश्वास (self confidence) बरकरार या सबल नहीं होता। इस प्रकार, सक्षमता का स्तर सही अर्थ में (the competence level in actuality) व्यक्ति विशेष के स्वयं के आत्मविश्वास (self confidence) को कायम रखने अथवा उसकी सबलता–दोनों बलाघात की गंभीरता को निर्धारित करते हैं।

8.7.3 सहनशीलता (Tolerance)

बलाघात की सहनशीलता (tolerance) यानी उसे बर्दाश्त करने या सहने की सीमा में भी वैयक्तिक विभिन्नता पाई जाती है। उदाहरण के लिए लंबे समय तक किसी कार्य में व्यस्त रहने के कारण मानसिक और शारीरिक रूप से थकान का अनुभव करना स्वाभाविक (natural) है। लेकिन कुछ लोग लंबे समय तक निरंतर कार्यशील रहने के बावजूद मानसिक या शारीरिक रूप से थकान महसूस नहीं करते जबकि कुछ लोग अपेक्षाकृत काफी कम समय की कार्यशीलता में भी थकान का अनुभव करने लगते हैं। इसी तरह बलाघात (stress) को बर्दाश्त करने की क्षमता में भी वैयक्तिक विभिन्नता पाई जाती है। बलाघात को बर्दाश्त करने की क्षमता से अभिप्राय यह है कि कोई व्यक्ति किस सीमा तक के बलाघात की गंभीरता के साथ मुकाबला करने अथवा उससे निबटने हेतु डटे (with stand) रहने की क्षमता रखता है। निश्चित रूप से यह क्षमता अलग–अलग व्यक्तियों में भिन्न–भिन्न होती है। कुछ लोग ऐसे होते हैं जो गंभीर से गंभीर बलाघात परिस्थितियों (stressing situations) के साथ जूझते रहते हैं, वे न तो टूटते हैं और न ही विचलित होते हैं। दूसरी ओर कुछ ऐसे व्यक्ति भी देखे जाते हैं जो अति संवेदनशील (sensitive) होने के कारण हिम्मत हार जाते हैं। फलतः ऐसे लोग मामूली बलाघात (mild stress) को भी बर्दाश्त नहीं कर पाते जिसके परिणामस्वरूप या तो टूट जाते (break down) हैं अथवा कभी–कभी आत्महत्या (suicide) भी कर लेते हैं। यही कारण है कि कभी–कभी साधारण घटनाएँ भी हृदयातिपात (heart attack) का कारण बन जाती है।

8.7.4 बाह्य संसाधन एवं अवलंबन (External Resources and Support)

बलाघातक स्थिति (stressing situation) की गंभीरता (severity) का अनुभव उपलब्ध बाह्य अवलंबन (external support) एवं उससे निबटने के लिए बाह्य संसाधनों की उपलब्धता (availability of external resources) पर भी निर्भर करता है। उदाहरणार्थ–जब कोई व्यक्ति किसी गंभीर बीमारी से ग्रस्त होता है तो परिवार एवं रिश्तेदारों का संवेगात्मक समर्थन (emotional support), उनके द्वारा देख–भाल की तत्परता (readiness to take due care) चिकित्सकीय सहायता संबंधी संसाधनों की उपलब्धता (availability of medical help), आवश्यक खर्च वहन करने हेतु आर्थिक संसाधन (economical reasons to bear medical expends) आदि उत्पन्न बलाघात से निबटने में सहायक होते हैं। अतः व्यक्ति को हिम्मत और साहस मिलता है जिससे वह उपस्थित बलाघात से निबटने का

भरपूर प्रयास करता है। लेकिन, बाह्य अवलंबन (external support) एवं संसाधनों के अभाव (lack of resources) में व्यक्ति की हिम्मत हार जाती है। फलतः बलाघात अति प्रचंड प्रतीत होता है।

इस संबंध में 'फ्रॉम' एवं 'रिचमैन' (Fromm and Richman, 1954) ने एक अध्ययन में पाया है कि 'तलाक' (divorce) अथवा जीवन–साथी की मृत्यु (death of life partner) की अवस्था में परिजनों, रिश्तेदारों, सहयोगियों अथवा मित्रों से घिरा रहने पर बलाघात से प्रभावित व्यक्ति को उक्त बलाघात का सामना करने की हिम्मत स्वतः (automatically) आ जाती है। लेकिन, जब इन स्थितियों में व्यक्ति अपने को बिल्कुल अकेला (alone) अनुभव करता है तो इस प्रकार के बलाघात (stress) का गहरा सदमा (deep shock) पहुँचता है।

यद्यपि सामाजिक अवलंबन (social support) अपने आप में जटिल (complex) बात है। कभी–कभी दूसरों का अवलंबन (support of others) भी बलाघातक (stressful) सिद्ध होता है। ऐसा इसलिए होता है कि दूसरों का अवलंबन या संवेगात्मक समर्थन (emotional support) निःस्वार्थ (selfless) नहीं होता। इस तरह की स्थिति में अवलंबन प्राप्त करने वाले को कभी–कभी मँहगी कीमत भी चुकानी पड़ती है। तथापि, इतनी बात तो तय है कि बाह्य संसाधनों एवं सामाजिक अवलंबन से बलाघात की स्थिति का मुकाबला करने में पर्याप्त सहायता मिलती है तथा यह सहयोग महत्वपूर्ण होता है।

8.8 बलाघात का प्रभाव या कीमत (Effect or Cost of Stress)

बलाघात (stress) मानव जीवन का एक चिरंतन सत्य है। जन्म लेना (taking birth) स्वयं अपने आप में एक बलाघातक घटना (stressful event) है जो व्यक्ति के जीवन पर्यंत अवश्यंभावी घटना होती है। प्रत्येक व्यक्ति और दूसरे प्राणियों को भी अपने जीवन में बलाघातक परिस्थितियों (stressful situations) का सामना करना पड़ता है। यद्यपि अनेक अवसरों पर व्यक्ति स्वयं कुछ बलाघात (stress) को आमंत्रित भी करता है। अतएव प्रत्येक बलाघात को बाहर से थोपा गया (imposed) नहीं कहा जा सकता। जैसे–पर्वतारोहण (moutaineering), रेस ड्राइविंग (race driving) अथवा अन्यान्य साहसिक एवं जोखिम भरे कार्यों का व्यक्ति स्वयं अपनी इच्छा से चयन करता है जो बलाघातपूर्ण (stressful) होते हैं। लेकिन, जीवन में कई ऐसी घटनाएँ भी अनायास रूप से घटती हैं जिसके लिए न तो व्यक्ति इच्छा रखता है और न उसके लिए पहले से वह तैयार रहता है। इसके बावजूद इन परिस्थितियों का मुकाबला करना उसकी विवशता होती है। जैसे–दाम्पत्य जीवन की असफलता (unsuccessfulness of conjugal life), पति या पत्नी की अचानक मृत्यु (suffering death of spouse), किसी घातक बीमारी से पीड़ित होना (suffering from a dreaded disease) आदि। जीवन में कुछ प्रत्याशित घटनाएँ (anticipated events) भी होती हैं जिनका मुकाबला करने हेतु हम पहले से ही तैयार रहते हैं। जैसे–परीक्षाओं में ऊँचे अंकों से सफलता करने का दबाव, नौकरी प्राप्त करने का दबाव, किसी व्यक्ति का किसी बीमारी के कारण प्रत्याशित मृत्यु का सदमा (shock) आदि। इस प्रकार, व्यक्ति का संपूर्ण जीवन दबाव (pressure) और चुनौतियों (challenges) से भरा रहता है। यही कारण है कि सुप्रसिद्ध चिकित्साशास्त्री–हंस सेली (Hans Selye, 1974) ने कहा है–"बलाघात (प्रतिबल) से पूर्ण मुक्ति का अर्थ मृत्यु है" (Complete freedom from stress is death)।

बलाघात यदि अल्पकालिक (short lived), साधारण (mild) हो और व्यक्ति उसका मुकाबला करने में सक्षम (competent to cope with) हो तो बलाघात का कोई खास प्रतिकूल प्रभाव (adverse effect) नहीं पड़ता है। लेकिन, यदि बलाघात दीर्घकालिक और गंभीर (long lived and severe) हो तथा व्यक्ति के लिए उससे निबटना अत्यंत ही मुश्किल हो तो ऐसे बलाघात के लिए व्यक्ति को भारी कीमत चुकानी पड़ती है, क्योंकि ऐसे बलाघातों के परिणाम अत्यंत गंभीर और घातक सिद्ध होते हैं।

प्रस्तुत अनुच्छेद में ऐसे परिणामों के बारे में संक्षेप में दो शीर्षकों के अंतर्गत किया जा रहा है—

1. समायोजन के संसाधनों में कमी (Reduction in adaptive resources) एवं
2. शारीरिक एवं मानसिक विकृति या गड़बड़ी उत्पन्न करने में बलाघात की भूमिका (Role of stress in physical and mental disorders)।

8.8.1 समायोजन के संसाधनों में ह्रास या कमी (Reduction in Adaptive Resources)

गंभीर बलाघात की स्थिति में समायोजन के संसाधनों (adaptive resources) की भारी क्षति यानी गिरावट होती है। इस प्रकार की क्षति का अनुमान निम्नलिखित सूचकों (indicants) के आधार पर लगाया जा सकता है—

(i) समायोजन की कुशलता में गिरावट (Lowering of Adaptive Efficiency)
(ii) किसी दूसरे बलाघात के प्रति प्रतिरोधात्मक क्षमता में कमी (Lowering of resistance to other stress) एवं
(iii) प्रणाली का अस्त–व्यस्त या टूट–फूट होना (Wear and tear of the system)

8.8.1.1 समायोजन की कुशलता में गिरावट (Lowering of Adaptive Efficiency)

बलाघात जितना अधिक प्रचंड होता है, व्यक्ति की शारीरिक और मानसिक दोनों स्तरों पर उसकी समायोजन की कुशलता (efficiency of adaptation) उतनी ही अधिक बाधित होती है। शारीरिक स्तर पर हेर–फेर की प्रक्रिया (process of alteration) दुर्बल पड़ जाती है। इसके परिणामस्वरूप जीवाणुओं (bacteria) से लड़ने (fighting) की क्षमता में भारी कमी आती है। शारीरिक सुरक्षा तंत्र (physiological defence mechanism) कमजोर पड़ जाती है। नतीजतन जीवाणु काफी तेजी से सक्रिय होकर व्यक्ति की रुग्णावस्था को गंभीर बना देती है। इस तरह की स्थिति में व्यक्ति की मृत्यु तक की संभावना प्रबल हो जाती है।

मानसिक अर्थात् मनोवैज्ञानिक स्तर पर (on mental or psychological level) व्यक्ति के प्रत्यक्षीकरण (perception), समस्या समाधान करने (solving the problem) एवं निर्णय की योग्यता (decision taking ability) में उत्तरोत्तर गिरावट आती है। इसका दुष्प्रभाव व्यक्ति के कार्य निष्पादन (work performance) की कुशलता पर भी पड़ता है। उसकी संज्ञानात्मक प्रक्रियाएँ (cognitive process) दृढ़ (rigid) हो जाती हैं। फलतः बलाघात स्थिति (stress situation) का मूल्यांकन (evaluation) करने में व्यक्ति किसी एक ही दृष्टिकोण से चिपका रहता है। वैकल्पिक सोच (alternative thought) की कोई गुंजाइश नहीं रह पाती। इसलिए, बलाघात से निबटने के वैकल्पिक उपायों पर वह विचार नहीं कर पाता है।

गंभीर बलाघात से प्रभावित व्यक्ति का संवेगात्मक पक्ष (emotional aspect) तीखे स्वरूप का हो जाता है। कभी–कभी अचानक या अनायास कोई घोर संकट या विपदा आ जाती है तो व्यक्ति अतिशय भय (excess fear) का अनुभव करता है, वह शिथिल (freezed) पड़ जाता है। उदाहरणार्थ—कभी–कभी छात्र परीक्षा भवन में इतना अधिक घबरा जाता है कि परीक्षा की अच्छी तैयारी के बावजूद वह पूरी परीक्षा अवधि में शिथिल होकर बैठ जाता है। कुछ छात्र बिना किसी प्रश्न का उत्तर लिखे ही रिक्त उत्तर पुस्तिका (blank answer sheet) जमा कर वापस आ जाते हैं। इसी तरह किसी प्रिय जन की अचानक मृत्यु हो जाने पर उसकी पत्नी या पति इतना शिथिल, हक्का–बक्का हो जाता है कि उसे रुलाई तक नहीं आती और वह अतिशय शिथिलता (excessive freeziness) की स्थिति में आ जाता है।

उपर्युक्त उदाहरणों से स्पष्ट होता है कि प्रचंड बलाघात की स्थिति में सदमा इतना भयंकर होता है कि व्यक्ति की समायोजी क्षमता (adjustive efficiency or competency) नगण्य स्तर पर पहुँच जाती है, अर्थात् दक्षता में भारी गिरावट होती है।

8.8.1.2 किसी दूसरी बलाघातक उत्तेजना के प्रति प्रतिरोधात्मक क्षमता में कमी (Lowering of Resistance to other Stressing Stimuli)

बहुधा देखा जाता है किसी एक बलाघातक स्थिति (stressful situation) से निबटने के क्रम में व्यक्ति की संपूर्ण प्रतिरोधात्मक क्षमता (resistance capacity) अथवा शक्ति (or energy) पूरी तरह खपत (exhaust) हो जाती है। विशेषकर लंबे समय तक बलाघातक स्थिति का दबाव बने रहने पर इस तरह की बात की संभावना अधिक प्रबल रहती है। फलतः तत्काल यदि किसी दूसरी तरह की बलाघातक स्थिति का दबाव उत्पन्न होता है तो व्यक्ति उसका प्रतिरोध करने में असमर्थ रहता है (he becomes incapacited to resist)। ऐसा इसलिए होता है कि व्यक्ति की प्रतिरोधात्मक क्षमता (resistance capacity) अथवा उससे निबटने के संसाधन (resources to cope with) सीमित (limited) होते हैं जो तत्कालपूर्व के दीर्घकालिक बलाघात से निबटने के क्रम में पूरी तरह खपत हो चुकी होती है। अतः नई किसी दूसरी बलाघातक स्थिति से निबटने या उसका प्रतिरोध करने हेतु कुछ भी शेष नहीं रहता।

उपरोक्त तथ्य की पुष्टि 'सेली' (Selye, 1976) ने चुहियों पर किए गए प्रयोग के आधार पर की है। उन्होंने लंबी अवधि तक चुहियों को अत्यंत ही शीत तापमान (extremely cold temperature) में रखकर सहनशील (tolerant) बनाने का प्रयास किया। इस असहनीय ठंडे (intolerable cold) तापमान को बर्दाश्त करने के क्रम में चुहियों की प्रतिरोधात्मक ऊर्जा (resistance energy) पूरी तरह खत्म हो चुकी थी। इसका नतीजा यह हुआ कि चुहियाँ 'एक्सरे' (X ray) के प्रति अतिसंवेदनशील (highly sensitive) पाई गईं।

हम अपने रोजमर्रे के जीवन में भी इस तरह की स्थितियों का अनुभव करते हैं। जैसे कोई सैनिक युद्ध क्षेत्र में लंबे समय तक रहता है तो युद्ध से संबंधित दबाव के प्रति उसमें सहनशीलता विकसित हो जाती है। लेकिन जब इसी क्रम में उसे अपने परिवार के किसी प्रिय जन के बारे में कोई बुरी खबर मिलती है तो वह इस प्रकार के सदमा (shock) को बर्दाश्त करने में असमर्थ होकर बीमार पड़ जाता है। वह हक्का–बक्का हो जाता है और कुछ भी सोच नहीं पाता। इसी तरह यदि कोई व्यक्ति अपने कार्य स्थल पर कार्य के बोझ का दबाव लंबे समय तक झेलता है तो घर आने पर बच्चों की छोटी–मोटी शरारतों को भी बर्दाश्त नहीं कर पाता।

अभिप्राय यह है कि किसी दीर्घकालिक बलाघात्मक स्थिति का सामना करने के क्रम में व्यक्ति की संपूर्ण प्रतिरोधी ऊर्जा (resistance energy) पूरी तरह खपत (exhaust) हो जाती है। फलस्वरूप किसी दूसरे प्रकार के बलाघात का प्रतिरोध कर सकने की क्षमता गिर कर शून्य स्तर पर आ जाती है। इसका परिणाम यह होता है कि व्यक्ति की सामान्य अभियोजनशीलता (normal adjustability) क्षीण (weak) पड़ जाती है जिसके कारण उसके व्यवहार में असामान्यता (abnormality) देखी जा सकती है।

8.8.1.3 प्रणाली का अस्त-व्यस्त या टूट-फूट होना (Wear and Tear of the System)

व्यक्ति जब निरंतर ढँग से एक बलाघात से दूसरे बलाघात का सामना करते–करते टूट–सा जाता है (he breaks down)। यह टूट (break down) सतत् बलाघात के दाब (pressure of stress) के कारण होता है। उसकी समस्त जीवन प्रणाली (entire life system) टूट–फूट कर (by wearing and tearing) बिखर या छितरा जाती है। हालाँकि सामान्यतः ऐसा माना जाता है कि प्रचंड बलाघातक स्थिति (stressful situation) के बावजूद भी यदि व्यक्ति को थोड़े समय के लिए राहत यानी शांति और विश्राम मिलता है तो प्रचंड बलाघात के दुष्परिणामों से राहत मिल सकती है और कुछ समय बाद व्यक्ति मौलिक स्वास्थ्य (original health) को पुनःप्राप्त (restore) कर सकता है। किंतु **'सेली'** (Seyle, 1976) ने अपने किए गए अध्ययनों के आधार पर इस सामान्य मान्यता का खंडन किया है। उनका मानना है कि चूँकि व्यक्ति सदा किसी–न–किसी प्रकार की बलाघातक स्थिति (stressful situation) के 'दाब' के आगोश में रहता है, इसलिए दिन–प्रतिदिन विभिन्न दाबों (pressures) का सतत् प्रतिरोध (continuous resistance) के क्रम में खपत होने वाली ऊर्जा (exhausted energy) में भी उत्तरोत्तर वृद्धि होती रहती है। अर्थात्

खपत होने वाली ऊर्जा (exhausted energy) दिन–प्रतिदिन क्रमशः जुड़ती (add-on) चली जाती है। इसलिए, बीच में थोड़े समय के विश्राम (rest) का कोई खास अनुकूल असर नहीं पड़ता है।

हाल में कुछ गंभीर घातक रोगों, जैसे—हृदयादिपात से संबंधित बीमारियाँ (cardio vascular diseases), तथा इसी प्रकार के कुछ दूसरे प्रकार के ह्रासी रोगों (degenerative diseases) पर किए गए अध्ययनों द्वारा भी 'सेली' (Selye) के विचारों की पुष्टि होती है।

अस्तु, स्पष्ट है कि प्रचंड बलाघात की स्थिति के कारण हमारी अभियोजन की क्षमता (शारीरिक एवं मानसिक—दोनों) दुर्बल होती हैं और इस प्रकार व्यक्ति को इन स्थितियों की भारी कीमत (cost) चुकानी पड़ती है।

8.8.1.4 शारीरिक एवं मानसिक विकृति या गड़बड़ी उत्पन्न करने में बलाघात की भूमिका (Role of Stress in Producing Physical and Mental Disorders)

बलाघात (stress) का मानसिक एवं शारीरिक स्वास्थ्य पर पड़ने वाले प्रभावों के संबध में अनेक अध्ययन किए गए हैं। इन अध्ययनों से इस बात के प्रमाण प्राप्त हुए हैं कि मनुष्य के मानसिक एवं शारीरिक स्वास्थ्य को हानि पहुँचाने में बलाघात का बहुत अधिक महत्वपूर्ण स्थान है। बलाघात अनेक प्रकार के शारीरिक रोगों (physiological disorders) को जन्म देती है। जैसे—हृदयवाहिका विकृतियाँ (cardiovascular disorders—CVD), उच्च रक्तचाप (hypertension), डायबिटीज (diabetes), गुर्दे से संबंधित गड़बड़ियाँ (kidney disorders), पेप्टिक अल्सर (peptic ulcer), ब्रेन ट्यूमर (brain tumour), कैंसर (cancer) आदि प्राणघातक रोगों (life threatening diseases) की उत्पत्ति में बलाघात का महत्वपूर्ण योगदान होता है। पूर्व समय में इन रोगों को पूर्णतः जैविक या अवयवी (biological or organic) बीमारी माना जाता था। लेकिन, वर्तमान समय में ऐसे रोगियों में से अधिकतर रोगियों की पहचान 'मनोदैहिक रोगी' (psychosomatic patients) के रूप में की जाने लगी है। इसका कारण यह है कि 'बलाघात' (stress) के कारण सांवेगिक प्रतिक्रियाएँ (emotional reactions) एवं तनाव और इस प्रकार की बीमारियों के बीच निकट का धनात्मक सह–संबंध (close positive correlation) पाया गया है।

बलाघात का घातक प्रभाव हमारे मानसिक स्वास्थ्य (mental health) पर भी पड़ता है। गंभीर स्वरूप के मानसिक रोग जैसे—मनोविदालता (schiophrenia), मनोविकृति अवसाद (psychotic depression), व्यामोह (paranoiad) के अतिरिक्त साधारण स्वरूप की मानसिक व्याधियाँ। जैसे—उन्माद (hysteria), दुश्चिंता (anxiety), न्यूरॉटिक डिप्रेशन (neurotic depression), मनोग्रहित (obsession) आदि मूलतः बलाघात जनित (stress originated) मानसिक रोग ही है।

बलाघात का प्रभाव केवल शारीरिक एवं मानसिक स्वास्थ्य पर ही नहीं पड़ता, अपितु इसका प्रभाव हमारे व्यवहार पर भी पड़ता है। बलाघात (stress) के कारण व्यक्ति का व्यवहार सामान्य नहीं रह जाता तथा वह कुसमायोजन (maladjustment) का शिकार होता है। साथ ही, आत्महत्या (suicide), अपराध (crime), बाल अपराध (juvenile delinquency), मद्यव्यसनिता एवं मादक द्रव्य व्यसनिता (alcoholism and drug addiction), विभिन्न प्रकार की चारित्रिक विकृतियाँ (character disorders of different kinds), यौन विकृतियाँ (sex perversions) आदि के पीछे भी बलाघात (stress) या निराशा (frustration) मुख्य कारक तत्व के रूप में विद्यमान रहता है। साथ ही, अनेक प्रकार की सामाजिक समस्याओं या मुद्दों (social problems or issues) का भी मनोवैज्ञानिक विश्लेषण (psychological analysis) करने पर इनके पनपने में बलाघात की महत्वपूर्ण भूमिका स्पष्ट होती है। इन मुद्दों (issues) में वर्ग संघर्ष (class conflict), सांप्रदायिक एवं जातिगत तनाव (communal and caste tensions), उग्रवाद की समस्या (problem of extremism), आतंकवाद (terrorism), अंतर्राज्य संघर्ष (interstate conflicts) आदि महत्वपूर्ण हैं।

निःसंदेह, प्रचंड या दीर्घकालिक बलाघात की स्थितियाँ अत्यंत ही घातक होती हैं तथा व्यक्ति को इसकी भारी कीमत चुकानी पड़ती है। अतः इन स्थितियों से निबटने अर्थात् अनुकूल ढँग से समायोजन स्थापित करने हेतु समायोजी व्यवहार (adaptive behaviour) की कला को अर्जित करने की आवश्यकता है। इसके लिए

प्रशिक्षण लेना आवश्यक है। इस उद्देश्य से अनेक संस्थाओं द्वारा 'आर्ट ऑफ लिविंग' (art of living—AOL) संबंधी प्रशिक्षण शिविर लगाए जाने लगे हैं।

8.9 बलाघात के सकारात्मक प्रभाव (Positive Effects of Stress)

यद्यपि बलाघात (stress) के कारण अभियोजन की क्षमता में कमी (lowered adaptive efficiency), जीवन–प्रणाली का अस्त–व्यस्त या टूट–फूट (wearing and tearing of life system) जैसे निषेधात्मक या घातक प्रभाव (negative or threatened effects) पड़ते हैं, लेकिन, बलाघात के अच्छे या सकारात्मक (good or positive) परिणाम (consequences) भी संभव हैं। बलाघात के कुछ सकारात्मक प्रभाव निम्नलिखित हैं—

(i) 'स्व' की नई दृष्टि या समझ (New self understanding): बलाघात की स्थिति में व्यक्ति को कठिन अर्थात् दूभर अनुभव प्राप्त होते हैं। इन अनुभवों के आधार पर व्यक्ति को अपनी क्षमता (potentiality), योग्यता (ability), दायित्व (responsibility), संचित शक्ति (stored energy) संसाधनों (resources), परिसंपत्ति (assets) आदि का स्पष्ट खाका (clear picture) मिलता है जो भविष्य के लिए लाभकारी हो सकता है।

(ii) सक्षमता स्तर में वृद्धि (Increase in competency): बलाघातक स्थितियाँ वस्तुतः व्यक्ति की सक्षमता स्तर को जाँचने–परखने का एक अवसर प्रदान करती हैं। इस जाँच–परख के आधार पर व्यक्ति भविष्य के लिए अपनी सक्षमता स्तर (comptency level) को बढ़ाने का उपयुक्त तरीका ढूँढ़ निकालने के लिए प्रेरित (motivated) हो सकता है। इस प्रकार वह अपनी सक्षमता स्तर में अभिवृद्धि कर सकता है।

(iii) समस्याओं की नई दृष्टि (New approaches to the problem): बलाघात का मुकाबला करने के क्रम में व्यक्ति यदि अनुभव करता है कि बलाघात से निबटने हेतु जिस समायोजन प्रविधि (adaptive technique) उपयोग में लाया गया है, वह कारगर (effective) नहीं है, तो व्यक्ति किसी दूसरी नई प्रविधि की तलाश हेतु उद्यत (impelled) हो सकता है जो पूर्व की तुलना में ज्यादा कारगर (more effective) सिद्ध हो सकता है। इस प्रकार, व्यक्ति को समस्याओं को समझने हेतु नई दृष्टि या सूझ प्राप्त हो सकती है।

(iv) ज्यादा वास्तविक लक्ष्य एवं प्रत्याशाओं का निर्धारण (Determination of more realistic goal and expectations): बलाघात (stress) से निबटने के क्रम में व्यक्ति को जब लगातार निराशा एवं विफलता का सामना करना पड़ता है तो इन निराशाओं के आलोक में व्यक्ति अन्य कुछ विकल्पों (alternatives) की खोज करने की दिशा में अग्रसर हो सकता है जो वास्तविकता एवं प्रत्याशाओं के अनुरूप हो सकते हैं।

(v) बलाघात के प्रति सहनशीलता की क्षमता में वृद्धि (Increase in stress tolerance): किसी बलाघातक परिस्थिति (stressful situation) का सामना करने के क्रम में जब व्यक्ति को सफलता मिलती है तो वह उत्साहित होता है। इस प्रकार, उसमें कठिन परिस्थितियों के साथ जीने की हिम्मत और उत्साह में वृद्धि होती है। साथ–ही–साथ उसका आत्मविश्वास (self confidence) भी बढ़ता है।

इस प्रकार बलाघात के निषेधात्मक एवं सकारात्मक दोनों प्रकार के प्रभाव पड़ते हैं।

8.10 समायोजी व्यवहार (Adaptive Behaviour)

अभी–अभी अनुच्छेद 8.1 (Section 8.1) में हमने देखा कि बलाघात यानी प्रतिबल (stress) का व्यक्ति के मानसिक एवं शारीरिक स्वास्थ्य (mental and physical health) पर घातक प्रभाव पड़ता है। अतः इसके घातक

प्रभावों से बचने (to salvage) के लिए अर्थात् उससे निबटने के लिए (to cope with) व्यक्ति कुछ विशेष प्रकार की नीतियों (strategies) को अपनाता है ताकि उसका व्यवहार यथा संभव समायोजी (adaptive) हो सके। इस प्रकार, "बलाघात की स्थिति से उत्पन्न चुनौतियों (challenges of stress) से बचने हेतु जिन उपायों द्वारा व्यवहार को समायोजी बनाने का प्रयास करता है, उसे ही 'सामना करने की नीति' या 'योजना कौशल' (coping strategies) कहते हैं।"

बलाघात से निबटने की दृष्टि से व्यक्ति जिस नीति (strategy) को अपनाता है (follows) उसे "बलाघात के प्रति की जाने वाली प्रतिक्रिया" (reaction to stress) कहते हैं तथा इस प्रकार की योजना कौशल या नीति (strategy) को 'प्रतिक्रिया' या 'अनुक्रिया' (reaction or response) भी कहते हैं।

समायोजी व्यवहार (adjustive behaviour) की नीतियों (strategies) को तीन प्रमुख वर्गों में रखा जा सकता है—

(i) कार्याभिमुख नीतियाँ (Task-oriented strategies)
(ii) सुरक्षाभिमुख नीतियाँ (Defense-oriented strategies)
(iii) वैयक्तिक प्रतिक्रियात्मक नीतियाँ (Personal reactive strategies)

8.10.1 कार्याभिमुख नीतियाँ या युक्तियाँ (Task Oriented Strategies)

यह कार्य (task) की माँग या अपेक्षाओं (expectations) के अनुरूप वास्तविकता (reality) के साथ समायोजन (adjustment) की युक्ति यानी नीति है। व्यक्ति प्रत्यक्ष रूप से कार्य की माँगों को पूरा करने का प्रयास करता है। अर्थात् वह बलाघातक के साथ यथार्थ रूप से निपटने (to cope with readily) का प्रयास करता है। इस प्रयास में वह बलाघातक स्थिति (stressful situation) का वस्तुपरक ढँग से (objectively) मूल्यांकन (evaluation), एवं चेतन स्तर पर (at conscious level) विवेकपूर्ण निर्णय (rational decision) लेता है जिसके आधार पर कार्य व्यापार (action) को रचनात्मक दिशा (constructive direction) प्रदान किया जाता है। इस नीति का मूल उद्देश्य (objective) परिस्थिति में ही सकारात्मक परिवर्तन (positive change) लाना अथवा स्वयं की मनोवृत्ति में परिवर्तन लाकर परिस्थिति की माँग के साथ अनुरूपता लाना होता है। जैसे—परीक्षा में असफल होने पर छात्र स्वयं की अध्ययन आदतों में सुधार लाकर सफल होने का प्रयास करता है। अथवा प्रत्यक्ष रूप से (directly) अध्ययन विषय की जटिलताओं यानी कठिनाइयों को प्राथमिकता के क्रम व्यवस्थित कर क्रमशः एक—एक कठिनाइयों का समाधान करने का प्रयास करता है। इस प्रकार, व्यक्ति कार्याभिमुख तरीके से (in a task-oriented way) बलाघातक परिस्थिति से निबटने का प्रयास करता है।

कार्याभिमुख योजना या युक्ति (task-oriented strategy) दो प्रकार की होती हैं—

(क) प्रकट योजना (overt strategy) एवं
(ख) अप्रकट योजना (covert strategy)

(क) प्रकट योजना (Overt strategy): इस योजना में व्यक्ति बलाघातक (stressor) के प्रति सीधा आक्रमण (direct attack) करता है। अर्थात् बलाघातक की माँगों के अनुरूप अपने व्यवहारों में परिवर्तन लाता है। जैसे—असफल होने वाला विद्यार्थी अध्ययन की आदतों (study habits) में सुधार लाकर सफल होने का प्रयास करता है।

(ख) अप्रकट योजना (Covert strategy): इस योजना के अंतर्गत व्यक्ति स्वयं अपनी मनोवृत्ति (attitude) में परिवर्तन लाता है। जैसे कोई छात्र अपनी आकांक्षा स्तर (aspiration level) में कमी लाकर (by lowering down) अपनी वास्तविक उपलब्धि क्षमता (real attainment level) को स्वीकार कर संतुष्ट रहने की आदत का निर्माण कर लेता है और इस प्रकार बलाघात के दबाव (pressure) से अपने को मुक्त (free) करने का प्रयास करता है। उसका यह प्रयास अप्रकट स्वरूप (covert nature) का है।

'कार्याभिमुख योजना' (task oriented strategy) के अंतर्गत तीन तरह की प्रतिक्रियाएँ या अनुक्रियाएँ (reactions or responses) शामिल हैं—

(i) आक्रमण (Attack)

(ii) वापसी या पलायन (Withdrawal or escape)

(iii) समझौता (Compromise)

यद्यपि इन तीनों प्रकार की अनुक्रियाओं के स्वरूप अलग–अलग हैं, लेकिन कभी–कभी व्यक्ति एक ही साथ इन तीनों के मिले–जुले रूपों का उपयोग कर बलाघातक परिस्थिति से निबटने का प्रयास करता है। जैसे कोई छात्र इस बात से परेशान है कि उसका 'कैरियर' (career) कैसे उज्ज्वल हो। इसके लिए वह किसी तकनीकी पाठ्यक्रम (technical course) में प्रवेश लेता है। यह 'आक्रमण' (attack) स्वरूप की प्रतिक्रिया है। लेकिन इस क्रम में वह कंप्यूटर शाखा का परित्याग कर किसी दूसरे कोर्स का चयन करता है क्योंकि कंप्यूटर उसके लिए कठिन मालूम पड़ता है। यहाँ कोर्स का परिवर्तन 'वापसी' की प्रतिक्रिया का सूचक है। पुनः वह पाठ्यक्रम के कठिन अंशों के लिए किसी प्राइवेट कोचिंग का सहारा लेता है। यहाँ 'समझौता' (compromise) का उदाहरण मिलता है।

यहाँ एक और बात उल्लेखनीय है। व्यक्ति आक्रमण, वापसी समझौता की प्रतिक्रियाओं का चयन अपनी सहूलियत के आधार पर करता है। अर्थात् व्यक्ति उसी प्रतिक्रिया का चयन करता है जो उसके लिए सर्वाधिक सहज या सुविधाजनक होता है।

अब उपर्युक्त तीनों प्रकार की प्रतिक्रियाओं का संक्षेप में अलग–अलग वर्णन किया जा रहा है—

8.10.1.1 आक्रमण (Attack)

बलाघात की स्थिति (stressful situation) से समंजन स्थापित करने अर्थात् उससे निबटने (to cope with) का यह एक सीधा तरीका है। जैसे—जब हम किसी दुश्मन को हथियारों से लैस अपनी ओर आते देखते हैं तो हम पूरी शक्ति लगाकर उसे मार भगाने का प्रयास करते हैं। इसी तरह कोई व्यक्ति 'भारतीय प्रशासनिक सेवा' (Indian Administrative Services—ISA) की परीक्षाओं से संबंधित दबाव (pressure) से निबटने के लिए दिन–रात संकल्पित होकर घोर परिश्रम (hard labour with determination) करना प्रारंभ कर देता है। (अर्थात् पूरी शक्ति लगाकर विजय पाना चाहता है), तो उसकी यह प्रतिक्रिया 'आक्रमण' (attack) स्वरूप की कही जाएगी। इन दोनों उदाहरणों में व्यक्ति लक्ष्य (goal) के मार्ग की बाधाओं (obstacles) पर सीधा आक्रमण (direct attack) कर विजय पाने (to surmount or win over) अथवा उसे दूर करने (to remove) का प्रयास करता है ताकि लक्ष्य की प्राप्ति (attainment of goal) सुलभ हो सके।

आक्रमण की प्रतिक्रिया (attack reaction) में संवेगात्मक आवेश या आक्रोश के तत्व (elements of aggression) भी शामिल रहते हैं। इस प्रकार के तत्व की मौजूदगी वस्तुतः समायोजन का निषाधात्मक पक्ष (negative aspect of adaptation) है क्योंकि सामाजिक, नैतिक तथा कानूनी दृष्टि से यह वांछनीय (desirable) नहीं है। लेकिन, **'बंदुरा'** (Bandura, 1971, 1973) एवं **'मॉनटेग्यू'** (Montague, 1976) ने अपने अध्ययनों के आधार पर यह स्पष्ट किया है कि चूँकि आवेशपूर्ण प्रतिक्रिया (aggressive reaction) मूलतः निराशाजनक बाधाओं को दूर करने हेतु की जाती है, इसलिए ऐसी प्रतिक्रियाएँ 'धनात्मक कर्षण शक्ति' (positive valence) की होती हैं, क्योंकि इस तरह की प्रतिक्रियाओं द्वारा व्यक्ति अपने को संरक्षित (to salvage or to protect or to defend) करने का प्रयास

करता है इसलिए **'बंदुरा'** का मानना है कि व्यक्ति की ये प्रतिक्रियाएँ कानूनी या नैतिक अथवा सामाजिक दृष्टि से प्रतिकूल होने के बावजूद लक्ष्य प्राप्ति की ओर आगे ढकेलती यानी अग्रसरित करती है (aggressiveness pushes an individual towards attainment of goals despite oppositions)। अतएव व्यक्ति अपनी समस्या का समाधान करने हेतु इस तरह की युक्ति (strategy) का उपयोग करता है।

8.10.1.2 वापसी या पलायन (Withdrawal or Escape)

कार्याभिमुख समायोजी व्यवहार (task-oriented adjustive behaviour) की यह दूसरी प्रमुख नीति या युक्ति (strategy) है। इसमें व्यक्ति बलाघातक स्थिति (stressing situation) से दूर भागने की युक्ति का सहारा लेता है। व्यक्ति जब उपस्थित परिस्थिति का मूल्यांकन अत्यंत कठिन या दूभर अर्थात् निबटने (to cope) में अपने को पूरी तरह असमर्थ अनुभव करता है तो उसे उक्त परिस्थिति से भाग जाना था, पलायन (to escape or withdrew) ही ज्यादा श्रेयष्कर (more appropriate) समझता है और इस प्रकार व्यक्ति अपने को दूर कर लेता है। बलाघातक परिस्थिति (stressing situation) की भारी माँगों (heavy demands) के आलोक में पलायन की नीति या युक्ति (escape strategy) सबसे बेहतर और कारगर (best and effective) भी सिद्ध होती है। जैसे—किसी उबाऊ (boring) एवं अलाभकारी नौकरी या पेशा (unrewarding job or profession) से पलायन कर दूसरी रुचिकर और अपेक्षाकृत बेहतर संभावना (better prospect) वाली नौकरी या पेशा अपनाकर निराशाओं पर विजय प्राप्त करना व्यक्ति के लिए ज्यादा बेहतर हो सकता है। इसी प्रकार असफल विवाह (unsuccessful marriage) से उत्पन्न निराशा का निराकरण तलाक (divorce) लेकर किसी दूसरे संगी के साथ पुनर्विवाह (remarriage with some another partner) करना भी वापसी या पलायन का उदाहरण है। यद्यपि दाम्पत्य प्रेम के प्रसंग में संवेगात्मक उलझन (emotional involvement) के कारण पलायन की नीति थोड़ी जटिल (complex) होती जाती है, फिर भी, यदि दंपति किसी भी प्रकार से अपने वैवाहिक जीवन को सुखद बनाए रखने में सफल नहीं होते हैं तो पलायन की नीति के अलावा कोई और बेहतर विकल्प शेष नहीं रह जाता है। यही कारण है कि इन दिनों अनेक ऐसे जोड़े अपने दुःखद वैवाहिक जीवन (unhappy marriage life) से परेशान होकर वापसी (withdrawal or escape) का मार्ग चयन करने हेतु विवश होते हैं।

8.10.1.3 समझौता (Compromise)

बलाघातक परिस्थितियों (stressing situations) के साथ निबटने के लिए 'समझौता' (compromise) की युक्ति (strategy) भी कार्याभिमुख प्रतिक्रिया (task-oriented reaction) का एक महत्वपूर्ण युक्ति है। यह एक सर्वसाधारण (common) तरीका है जिसका उपयोग प्रायः सब लोग अपने दैनिक जीवन की विविध समस्या मूलक परिस्थितियों (problematic situations) के साथ निबटने के क्रम में करते हैं। समझौता की प्रतिक्रिया में दो तरह की प्रतिक्रियाएँ आती हैं—(क) प्रतिस्थानापन्न की प्रतिक्रिया (substitution reaction) एवं (ख) अनुकूलन या समायोजन की प्रतिक्रिया (accommodation reaction)।

(क) प्रतिस्थानापन्न की प्रतिक्रिया (substitution reaction): जब बलाघातक स्थिति (stressing situation) दीर्घकाल तक बरकरार रहती है (sustainable) अथवा बलाघात से उबर पाने (निबटने) की संभावना अति दुर्बल या क्षीण हो तो व्यक्ति मौलिक लक्ष्य (original goal) के स्थान पर कोई दूसरा लक्ष्य (another goal) को प्रतिस्थापित (substitute) कर संतुष्ट होने का प्रयास करता है। यह प्रतिस्थापित लक्ष्य (substituted goal) वास्तविक (real) के समानुरूपी (similar) अथवा प्रतीकात्मक (symbolic) दोनों तरह का हो सकता है। उदाहरणार्थ—एक भूख से पीड़ित व्यक्ति अखाद्य (inedible) वस्तुओं को खाकर पेट भरने का प्रयास कर सकता है। इसी तरह किसी युवती को अपने सपनों का राजकुमार पति के रूप में (dream image husband) नहीं मिलता है तो वह किसी

ऐसे व्यक्ति से प्रेम करने लगती है जो उसके स्वप्नों के प्रतिरूप (dream image) के अनुरूप सटीक (fits well) प्रतीत होता है।

कभी–कभी प्रतिस्थानापन्न (substitution) की प्रतिक्रिया प्रतीकात्मक ढँग (symbolically) से भी व्यक्त की जाती है। जैसे–व्यक्ति अपने यौन जीवन (sex life) की निराशाओं को कामोत्तेजक साहित्य, पत्र–पत्रिकाओं को पढ़कर अथवा यौन व्यापार (sexual affairs) से संबंधित स्वैर कल्पनाओं (sexual fantasies) आदि के माध्यम से संतुष्ट होने का प्रयास करता है।

अस्तु, स्पष्ट है कि प्रतिस्थानापन्न की प्रतिक्रिया में मौलिक लक्ष्य की जगह समानुरूपी दूसरे वास्तविक या प्रतीकात्मक लक्ष्य को प्रतिस्थापित कर संतुष्टि प्राप्त की जाती है और निराशाओं या बाधाओं को दूर करने का प्रयास किया जाता है।

(ख) अनुकूलन या समायोजन की प्रतिक्रिया (Accommodation reaction): अनुकूलन (accommodation) शब्द का उपयोग कई अर्थों में किया जाता है। लेकिन, यहाँ अनुकूलन का तात्पर्य पारस्परिक समझौता (mutual compromise) से हैं। दैनिक जीवन की अनेक समस्याओं का समाधान करने में हम इस पारस्परिक समझौता (mutual compromise) की युक्ति (strategy) का इस्तेमाल करते हैं। उदाहरण के लिए पति–पत्नी के पारस्परिक संबंध को ही लें। यहाँ जीवन के दोनों संगी (both the partners) एक–दूसरे के साथ 'लेन–देन' (give and take) की नीति के आधार पर परस्पर समझौता (mutual compromise) रखते हैं जो उनके बीच के रिश्ते का स्तंभ (pillar) होता है। अर्थात् इसी नीति पर इनके बीच का रिश्ता कायम रहता है इस प्रकार का समझौता परस्पर संधिवार्ता (negotiation) अथवा मोल–तोल (bargaining) के माध्यम से किया जाता है। फलस्वरूप, दोनों संगी (both the partners) एक–दूसरे से कुछ प्राप्त करते हैं तो एक–दूसरे को कुछ देते भी हैं। इस प्रकार, पारस्परिक सहमति (mutual compromise) अथवा समझौता (compromise) का मूल आधार अंतःपारस्परिक स्तर पर लेन–देन व्यापार (give and take affair on an interpersonal level) होता है।

इस प्रकार की समझौता नीतियाँ प्रायः सामाजिक वर्ग संघर्षों (social class conflicts), श्रम प्रबंधन झगड़ों (labour-management disputes), छात्र संगठनों के मुठभेड़ (students faculty conflicts) आदि परिस्थितियों में भी उपयोग में लाई जाती हैं जहाँ पारस्परिकता के आधार पर इन विवादों से निबटा जाता है।

समझौता की नीति यदि सफल होती है तो बलाघात का दाब (pressure of stress) समाप्त हो जाता है, लेकिन, अनेक अवसरों पर केवल समझौता ही पर्याप्त नहीं होता क्योंकि समझौता के बावजूद कुछ महत्वपूर्ण आवश्यकताओं की पूर्ति बाधित रहती है। ऐसी स्थिति में कुछ दूसरे प्रकार की नीतियों को अपनाना अथवा कुछ अतिरिक्त कार्य करना आवश्यक हो जाता है।

8.10.2 सुरक्षाभिमुख नीतियाँ या युक्तियाँ (Defensive Oriented Strategies)

प्रायः गंभीर बलाघातक स्थितियाँ (stressing situations) व्यक्ति के समक्ष दो तरह की समस्याएँ प्रस्तुत करती हैं–(क) समायोजन की माँगों को पूरा करना (meeting the adjustive demands) एवं (ख) मनोवैज्ञानिक रूप से अपने 'स्व' (self) को सुरक्षित रखना (to protect one's self psychologically)। समायोजन की माँगों को पूरा करने हेतु व्यक्ति कार्याभिमुख युक्तियों (task oriented strategies) का सहारा लेता है जबकि अपने 'स्व' को मनोवैज्ञानिक रूप से सुरक्षित रखने के उद्देश्य से व्यक्ति सुरक्षाभिमुख युक्तियों (defense-oriented strategies) का सहारा लेता है। अतः इस युक्ति या नीति के तहत व्यक्ति की ऐसी प्रतिक्रियाओं को सम्मिलित किया जाता है जो बलाघात के कारण उत्पन्न तनाव एवं चिंता (tension and anxiety) का शमन (alleviation) करता है तथा संवेगात्मक आघातों (emotional shocks) से व्यक्ति का 'स्व' यानी 'अहं' (self or ego) विघटित (disintegrated) होने से बचता है।

सुरक्षाभिमुख नीतियों को हम अहं सुरक्षा की मनोरचनाओं (ego defensive mechanisms) के नाम से जानते हैं तथा ये मनोरचनाएँ सही अर्थ में अर्जित (acquired) अथवा शिक्षण (learning) द्वारा विकसित होती हैं। साधारणतः व्यक्ति इन मनोरचनाओं के बारे में अनभिज्ञ (unaware) रहता है क्योंकि ये मनोरचनाएँ या तो आदतजन्य स्वरूप (habitual nature) की होती हैं अथवा ये अचेतन स्तर पर (at unconscious level) पर कार्यशील (active) होती है।

यद्यपि अहं सुरक्षात्मक मनोरचनाओं का उपयोग कर व्यक्ति अपने 'स्व' को व्यथित या भंगित (distortion) होने से रक्षा करता है, फिर भी इन मनोरचनाओं को समायोजी स्वरूप (adjustive nature) के रूप में स्वीकार नहीं किया जा सकता क्योंकि इन मनोरचनाओं का उपयोग बलाघात से निबटने हेतु वास्तविकता के धरातल पर (on reality ground) नहीं किया जाता है। सही अर्थ में व्यक्ति इन मनोरचनाओं द्वारा स्वयं अपने को भुलावे (self deception) में रखता है अथवा वास्तविकता (reality) को तोड़–मरोड़कर (distort) वर्णन करता है। इसीलिए, सुरक्षात्मक मनोरचनाओं को समयोजी स्वरूप (adaptive nature) का नहीं माना जाता है। लेकिन, इसके बावजूद व्यक्ति अपनी विफलताओं से उत्पन्न निराशा के भावों को हल्का करने (softening of frustrating feelings due to failure) के उद्देश्य से ये मनोरचनाएँ उपयोगी होती हैं। साथ ही, संवेगात्मक आघात (emotional shock) से बचाव करने, संज्ञानात्मक असंगति (cognitive dissonance) से संरक्षित करने एवं चिंता के तनाव को दूर करने (alleviation of anxiety) की दृष्टि से भी अहं सुरक्षा की मनोरचनाएँ लाभप्रद हैं। इन मनोरचनाओं द्वारा व्यक्ति अपनी सक्षमता (competency) एवं व्यक्तिगत महत्ता (personal worth) के भावों की रक्षा (protect) करता है। अतएव, मनोवैज्ञानिक दृष्टि से अहं सुरक्षा की मनोरचनाओं को सामान्य समायोजी नीति (normal coping strategies) की श्रेणी में रखा जा सकता है।

अहं सुरक्षा (ego defences) की मनोरचनाएँ अनेक हैं, जैसे—वास्तविकता को नकारना (denial of reality), स्वैर कल्पना (fantasy), युक्तिकरण (rationalisation), दमन (repression), प्रक्षेपण (projection), विस्थापन (displacement), प्रतिगमन (regression), क्षतिपूर्ति (compensation), प्रतिक्रिया निर्माण (reaction formation), अंतःक्षेपण (introjection) आदि।[7]

8.10.3 वैयक्तिक प्रतिक्रियात्मक नीतियाँ या युक्तियाँ (Personal Reactive Strategies)

बलाघातक परिस्थिति का मुकाबला करने हेतु व्यक्ति कुछ विशिष्ट प्रतिक्रियाओं (some specific reactions) का भी उपयोग करता है जो व्यक्ति विशेष की निजी (personal) प्रतिक्रियाएँ होती हैं। चूँकि इन प्रतिक्रियाओं में वैयक्तिक विभिन्नता (individual differences) पाई जाती हैं, इसलिए इन प्रतिक्रियाओं या अनुक्रियाओं (reactions or responses) को 'वैयक्तिक' (personal) अथवा आत्मगत (subjective) प्रतिक्रिया कहते हैं।

वैयक्तिक प्रतिक्रियाओं (personal reactions) में निम्नलिखित विशेषताएँ पाई जाती हैं—

(i) वैयक्तिक बलाघाती प्रतिक्रियाएँ स्वचालित (automatic) अथवा नियोजित (planned) दोनों तरह की हो सकती हैं।

(ii) इसमें संवेग सम्मिलित रहते हैं (emotions are involved) एवं

(iii) ये सभी प्रतिक्रियाएँ बाह्य (external) अथवा आंतरिक (internal)—दोनों तरह से निर्धारित (determine) होती हैं।

---

7. कुछ महत्वपूर्ण अहं सुरक्षात्मक मनोरचनाओं के बारे में खण्ड II के अध्याय 5 पृ. संख्या 132-143 पर बताया गया है।

8.10.3.1 वैयक्तिक बलाघाती प्रतिक्रियाएँ स्वचालित अथवा नियोजित दोनों तरह की हो सकती हैं। (Personal Stress Reactions may be both Automatic and Planned)

बलाघातक परिस्थिति (stressing situations) के प्रति व्यक्ति विशेष द्वारा की जाने वाली प्रतिक्रिया (personal reactions to stress) पूर्णतः सचेतन (with consciousness) अर्थात् सुनियोजित (well planned) अथवा आंशिक रूप से चेतन भिज्ञता (partially conscious awareness) या पूर्णतः अचेतन (wholly unconscious) यानी बिना चेतन रूप से नियोजन के (without any conscious planning) अर्थात् स्वचालित (automatic) स्वरूप की हो सकती हैं। साधारणतः वैयक्तिक प्रतिक्रियात्मक क्षमता (individual reaction potential) चाहे चेतन रूप से नियोजित (consciously planned) हो अथवा स्वतः चालित स्वरूप का हो, समायोजन की माँगों (adjustive demands) से निबटने हेतु पूरक संसाधन (complementary resource) का कार्य करती हैं।

शारीरिक या जैविक स्तर पर (on physiological or biological level) क्षतिग्रस्त टिशूज (damaged tissues) का अपने आप जीर्णोद्धार (repair) होना, किसी बीमारी से प्रतिरक्षा संबंधी तंत्रों की कार्यशीलता (immunological mechanisms against disease) आते हैं जो एक 'स्वतः चालित' शारीरिक रचनातंत्र (built-in mechanism of the body) हैं। अतएव इनकी प्रतिक्रियाएँ स्वचालित (automatic) होती हैं।

मनोवैज्ञानिक स्तर पर (on psychological level) भी व्यक्ति स्वरचित (in-built) प्रक्रियाओं द्वारा अपने तनाव (tension), स्ट्रेन (strain), पीड़ा या दुःख के भार को हल्का (soften) अथवा कम (reduce) करता है। ऐसी प्रक्रियाओं में रोना (crying), हँसी में टाल देना (laughing it off), पुनर्चिंतन (rethinking), बार–बार बातें करना (repetitive talking) आदि मनोवैज्ञानिक स्तर पर होने वाले स्वरचित (in-built) प्रतिक्रियाएँ हैं। यद्यपि व्यक्ति को इस बात की चेतना रहती है कि वह क्या कर रहा है (रो रहा है, अथवा हँस रहा है)। इसके बावजूद, इस तरह की प्रतिक्रियाएँ सामान्यतः अनियोजित (usually unplanned) होती हैं क्योंकि व्यक्ति चेतन रूप से सोच–विचार कर ऐसी प्रतिक्रियाएँ नहीं करता।

8.10.3.2 इसमें संवेग सम्मिलित रहते हैं (Emotions are Involved in It)

बलाघाती अवस्थाओं की स्थिति में व्यक्ति की वैयक्तिक प्रतिक्रियाओं (personal reactions) के साथ धनात्मक अथवा निषेधात्मक (positive or negative) अथवा 'उभयभावी' संवेगात्मक भाव (ambivalent emotional feelings) भी निश्चित रूप से पाई जातीं है। जैसे–'उल्लास' (elation) अथवा 'हताशा' (despair) के भाव। संवेगात्मक भावों (emotional feelings) का धनात्मक या निषेधात्मक स्वरूप (position or negative nature) होना व्यक्ति की वैयक्तिक विशेषताओं (personal characteristics of the individual) एवं बलाघातक परिस्थिति के स्वरूप (nature of stressing situation) पर निर्भर करता है। अर्थात् संवेगात्मक भावों में वैयक्तिक विभिन्नता पाई जाती है। उदाहरण के लिए यदि व्यक्ति किसी परिस्थिति का आकलन या मूल्यांकन (evaluation) खतरा (threat) के रूप में करता है तो उसमें 'भय' (fear) संवेग के भाव उत्पन्न होगा जो उसकी प्रतिक्रियाओं में प्रकट होगी। इसी तरह यदि कोई व्यक्ति निराशा (frustration) के रूप में उपस्थित परिस्थिति का आकलन करता है तो वह आक्रामक प्रतिक्रिया (aggressive reaction) कर सकता है जिसमें क्रोध (anger) का भाव सम्मिलित (involve) होगा। 'घातक' (threatening) बलाघातक स्थिति (stressing situation) में व्यक्ति में भय (fear) के साथ–साथ चिंता (anxiety) के भाव भी सम्मिलित पाए जा सकते हैं। अर्थात् क्रोध (anger), भय (fear), चिंता (anxiety) आदि संवेगात्मक भाव एकल रूप में (singly) अथवा संयुक्त या मिश्रित (combined or mixed) रूप–दोनों तरह से उत्पन्न हो सकते हैं। जैसे–भय की अवस्था में क्रोध भी सम्मिलित (anger is also involved in fear) होता है। कभी–कभी व्यक्ति अपने निषेधात्मक संवेगों (negative emotions) को छिपाने के उद्देश्य से अथवा उस पर पर्दा डालने हेतु धनात्मक संवेगों (positive emotions) का भी सहारा लेता है। जैसे–सास–बहू के कटु संबंधों

अथवा माता–पिता के साथ बच्चों के संवेगात्मक भावों (emotional feelings) में उभयभावी संवेग (ambivalent emotions) देखे जाते हैं।

8.10.3.3 वैयक्तिक बलाघाती प्रतिक्रियाएँ बाह्य अथवा आंतरिक–दोनों प्रकार से निर्धारित हो सकती हैं (Personal Stress Reactions are Determined by Both—Inner as well as Outer Determinants)

बलाघात यानी प्रतिबल के प्रति की जाने वाली वैयक्तिक प्रतिक्रियाओं (personal reactions) के निर्धारण में व्यक्ति स्वयं की प्रकृति (nature) एवं वातावरण की माँग (environmental demands), दोनों की पारस्परिक अंतःक्रिया (mutual interaction) निहित होती है। वैयक्तिक प्रकृति (personal nature) के अंतर्गत मनोवृत्ति (attitude), विश्वास (belief), योग्यता (ability), सक्षमता (competency), संवेगात्मक परिपक्वता (emotional maturity) एवं व्यक्तित्व के दूसरे शीलगुण महत्वपूर्ण निर्धारक होते हैं।

वातावरणीय निर्धारकों (environmental determinants) के अंतर्गत सामाजिक माँगें (social demands), प्रतिबलक का स्वरूप (nature of stressor), अंतर्वैयक्तिक एवं सामूहिक संसाधन (interpersonal and group resources) आदि महत्वपूर्ण हैं।

प्रतिबल (stress) के प्रति की जाने वाली वैयक्तिक प्रतिक्रियाएँ (personal reactions) स्वचालित (automatic) अथवा अनियोजित (unplanned) अथवा सुनियोजित (well planned) दोनों तरह की हो सकती हैं।

'स्वचालित वैयक्तिक प्रतिक्रियाएँ' अपने–आप अर्थात् स्वतः होने लगती हैं, जैसे–रोना (crying), दूसरों से दुखों को बाँटना (sharing grief by talking it out), हँस कर टाल देना (laughing it off), चिंतामग्न रहना (thinking it through), सो जाना (to sleep) और स्वप्न देखना (dreaming) इत्यादि।

'सुनियोजित वैयक्तिक प्रतिक्रियाओं' में व्यक्ति चेतन रूप से बलाघात यानी प्रतिबल (stress) का सामना करने हेतु कुछ नीतियों या युक्तियों (strategies) का निर्धारण करता है तथा उस पर अमल करने का प्रयास करता है। जैसे–लक्ष्यों को प्राथमिकता के क्रम में रखना (prioritising goals), सकारात्मक मनोवृत्ति का विकास (developing positive attitude), संसाधनों को बढ़ाना (enhancing resources), जीवन को नियंत्रित कर संपोषित करना (maintaining some control over life) इत्यादि।

इस प्रकार व्यक्ति स्वयं अपनी स्वरचित रचनाओं (in-built mechanisms) एवं नियोजित (planned) दोनों तरह की वैयक्तिक प्रतिक्रियाओं (personal reactions) द्वारा प्रतिबल (stress) का सामना यानी सामंजन करने का प्रयास करता है।

8.11 सारांश (Summary)

1. किसी समायोजन की माँग के प्रति की जाने वाली अविशिष्ट प्रतिक्रिया (nonspecific reaction to adjustive demands) को बलाघात (stress) कहते हैं। यह किसी असाधारण परिस्थिति के प्रति असाधारण प्रतिक्रिया है।
2. बलाघात (stress) की कई विशेषताएँ हैं, जैसे–यह एक बहुपक्षीय प्रक्रिया (multifaceted process) है, इसमें असाधारण प्रतिक्रिया की बाध्यता (compulsion to make unusual reaction) होती है, प्रतिक्रिया अविशिष्ट स्वरूप (unspecific reaction nature) की होती है, बलाघातक की प्रचंडता (severity of stress) से निबटने के उपलब्ध संसाधनों से संबंधित होती है, इत्यादि।
3. बलाघात (stress), स्ट्रेन (strain) एवं तनाव (tension) यद्यपि समानार्थक हैं, फिर भी इनमें सूक्ष्म अंतर है।

4. बलाघात के स्रोत अनेक हैं– इनमें बाह्य एवं आंतरिक स्रोतों से उत्पन्न निराशा के भाव, संसाधनों का अभाव, क्षति या हानि, जीवन की अर्थहीनता का भाव, मानसिक संघर्ष आदि प्रमुख हैं।
5. बलाघात के प्रति की जाने वाली प्रतिक्रियाएँ शारीरिक (physiological) एवं मनोवैज्ञानिक (psychological)—दोनों स्तरों पर की जाती हैं। अतएव स्पष्ट है कि बलाघात से व्यक्ति का 'शरीर' और 'मन'—दोनों प्रभावित होते हैं।
6. बलाघात को मापने (to measure stress) हेतु कई प्रकार की प्रविधियाँ उपयोग में लाई जाती हैं। जैसे—आत्म रिपोर्ट विधि (self report method), व्यवहारपरक विधि (behavioural method), दैहिक–सूचकांक विधि (physiological indicator method), जैव–रासायनिक सूचकांक विधि (bio-chemical indicator method) आदि।
7. बलाघात की प्रचंडता (severity of stress) कई बातों पर निर्भर करती है, जैसे—समायोजन की माँग की विशेषताएँ (characteristics of adjustive demands), वैयक्तिक विशेषताएँ (personal characteristics), संसाधनों की उपलब्धता (availability of resources) आदि।
8. बलाघात का प्रभाव आमतौर पर नकारात्मक (negative) पड़ता है जिसमें व्यक्ति की शारीरिक एवं मानसिक स्थिति छिन्न–भिन्न या अस्त–व्यस्त हो जाती है। लेकिन इसके कुछ सकारात्मक प्रभाव (positive effect) भी हो सकते हैं जो व्यक्ति के लिए नई दृष्टि को विकसित करने में सहायक होते हैं।
9. बलाघात से निबटने (to cope with stress) हेतु व्यक्ति आमतौर पर कार्याभिमुख (task oriented), सुरक्षाभिमुख (defense oriented) एवं वैयक्तिक प्रतिक्रियात्मक युक्तियों (personal reaction strategies) का सहारा लेता है।

खण्ड IV

मनोरोगों का वर्णन
(Descriptions of Mental Disorders)

9

मानस रोग (असामान्यता) के कारण
(Causes of Psychopathology/Abnormality)

अध्याय रूपरेखा (Chapter Outline)

9.1 मनोरोगों के कारणों का परिदृश्य (Perspectives on Causation of Mental Disorders)

मानस अर्थात् मनोरोगों के संबंध में भिन्न–भिन्न दृष्टिकोण अथवा उपागम (approaches) हैं जिनके बारे में अध्याय 4 में वर्णन किया गया है। अलग–अलग दृष्टिकोणों या उपागमों में मानस रोगों के कारणों का वर्णन संबंधित उपागमों (models) की आधारभूत मान्यताओं के अनुरूप किया गया है फलतः मानस रोगों के बारे में मनोवैज्ञानिकों के बीच मतैक्य नहीं है। उदाहरणार्थ–

1. 'मेडिकल मॉडेल' (medical model) में मानस रोगों (psychopathologies) के विकास में अवयवी गड़बड़ी (organic pathology) से संबंधित स्थितियों को ही प्रधान कारण माना गया है।

2. 'मनोविश्लेषणात्मक' (psychoanalytic) एवं 'मानवतावादी' (humanistic) मॉडेल या उपागम के अनुसार मानस रोगों की उत्पत्ति का मूल आधार बलाघाती आघात (stressing shock) है जिसके कारण व्यक्ति का 'स्व' (self) अथवा 'अहं' (ego) कुंठित होता है और व्यक्ति दुश्चिंता (anxiety) का शिकार होता है जो आगे चलकर व्यक्तित्व को खंडित (disintegrated) करता है और व्यक्ति mad, sad एवं bad होता है।
3. व्यवहारवादी मॉडेल (behaviouristic model) के अनुसार त्रुटिपूर्ण शिक्षण (faulty learning) ही मानस रोगों अथवा असामान्यता का मुख्य केंद्रीय कारण (key causes) है।
4. अस्तित्ववादी मॉडेल (exhistential model) में व्यक्ति के वैयक्तिक उत्थान (personal growth) पर जोर दिया गया है। अतः जब व्यक्ति का वैयक्तिक विकास या उत्थान किसी तरह से बाधित होता है अथवा वह विरूपित (distort) होता है तो व्यक्ति मानसिक रोग अथवा कुसमायोजन का शिकार होता है।
5. अंतःपारस्परिक मॉडेल (interpersonal model) असंतोषप्रद अंतःपारस्परिक संबंधों (unsatisfactory interpersonal relations) पर केंद्रित मॉडेल है। इस मॉडेल की मान्यता है कि कुसमायोजित व्यवहार (maladaptive behaviour) की जड़ में असंतोषप्रद पारस्परिक संबंध होते हैं जिसकी जड़ें बाल्यावस्था में ही माता–पिता के दुत्कार या तिरस्कार, निंदा आदि के कारण गहरे रूप में बैठ जाती हैं और बालक अपने को व्यर्थ समझने लगता है। फलतः उसकी 'स्वधारणा' (self concept) में 'bad me' से संबंधित विचार उसे कुसमायोजित बनाते हैं।
6. सामाजिक–सांस्कृतिक मॉडेल (socio-cultural model) में मनोविकारी सामाजिक स्थितियों (psychopathic social and cultural conditions) पर फोकस (focus) किया गया है। जैसे—गरीबी (poverty), जातीय पूर्वाग्रह (racial prejudices) हिंसात्मक घटनाएँ (violent incidents) आदि के कारण कुसमायोजित व्यवहार पनपते हैं।
7. इन सबके अतिरिक्त सभ्यता के विकास के क्रम में होने वाले परिवर्तन, तकनीकी विकास, सामाजिक व्यवस्था में परिवर्तन आदि का भी अनुकूल समायोजन की प्रक्रिया को प्रभावित कर व्यक्ति को कुसमायोजित बनाने में महत्वपूर्ण योगदान होता है।

उपर्युक्त सभी मॉडेल्स में अंतर्निहित तथ्य (implicit fact) यह है कि अति प्रतिबलकारी अर्थात् बलाघातक स्थिति (excessive stressing situation) के कारण मनोवैज्ञानिक अपघटन या वियोजन (psychological decompansation) की प्रक्रिया होती है और व्यक्ति मानस रोगों का शिकार होता है।

इस प्रकार विभिन्न मॉडेल्स में मानस रोगों के कारणों से संबंधित भिन्नताओं के संदर्भ में यह आवश्यक है कि 'क्लिनिसियन' (clinician) को सभी कारणों की भूमिका पर ध्यान देना चाहिए, क्योंकि मानस रोगों के कारण एक नहीं अपितु अनेक हैं।

9.2 मानस रोगों के कारणों के स्वरूप (Nature of Causes of Mental Disorders)

मानस रोगों के कारण मूलतः चार स्वरूपों के होते हैं—(i) प्राथमिक (Primary causes), (ii) पूर्व प्रवृत्त (Predisposing causes), (iii) अवक्षेपी या प्रवाही (Precipitating causes) एवं (iv) प्रबलनकारी (Reinforcing causes)।

(i) **प्राथमिक कारण (Primary causes):** प्राथमिक कारणों से तात्पर्य उन परिस्थितियों से है जो किसी मानसिक व्याधि के लिए जमीन (ground) यानी आधार तैयार करते हैं जैसे—आंशिक घात (general paresis) की संभावना उन लोगों में अधिक प्रबल होती है जो पहले से ही मस्तिष्कीय उपदंश (brain syphilis) से पीड़ित होते हैं।

(ii) **पूर्व प्रवृत्त कारण (Predisposing causes):** वैसी परिस्थितियाँ जिनके कारण मानसिक व्याधि के उत्पन्न होने की स्थिति पहले से ही बनी रहती हैं। जैसे—माता–पिता द्वारा स्वीकार या नामंजूर (rejection) करने की मनोवृत्ति।

(iii) **प्रवाही या अवक्षेपी कारण (Precipitating causes):** वर्तमान समय की वैसी परिस्थितियाँ जो व्यक्ति के लिए अत्यंत ही दूभर होती है जो कुसमायोजित व्यवहार को अवक्षेपित यानी प्रेरित (precipitate) करता है। जैसे—प्रेम प्रसंग में होने वाली चरम निराशा की स्थिति।

(iv) **प्रबलनकारी कारण (Reinforcing causes):** प्रबलनकारी कारण से तात्पर्य उन अवस्थाओं से हैं जो पहले से विद्यमान कुसमायोजित व्यवहार (maladaptive behaviour) को कायम रखने में (in maintaining) सहायक होता है। जैसे—किसी बीमार व्यक्ति को एक 'शय्याग्रस्त रोगी' (bed ridden patient) की भूमिका में रहने की सलाह देना तथा उसे साधारण से साधारण जिम्मेवारियों (responsibilities) से भी मुक्त रखना।

यहाँ स्मरणीय होना चाहिए कि किसी मानसिक व्याधि के प्राथमिक कारणों (primary causes) की जानकारी होना प्रायः मुश्किल होता है। पूर्व प्रवृत्त (predisposing), प्रवाही (precipitating) एवं प्रबलनकारी (reinforcing) कारणों के प्रतिरूप भी प्रायः अस्पष्ट होते हैं। बहुधा देखा जाता है कि किसी एक समय में जो परिस्थिति प्रवाही (precipitating) होता है वह दूसरे समय में पूर्व प्रवृत्त (predisposing) कारण प्रतीत होता है। जैसे—जो व्यक्ति आज 'मनोविदाली' (schizophrenic) है वही बाद में पुनः मनोविदाली बनने के लिए पूर्व प्रवृत्त (predisposing) कारण बन जाता है। इस अस्पष्टता की स्थिति में आधुनिक समय में प्रबलनकारी कारकों (reinforcing factors) पर ही अधिक जोर दिया जाता है।

9.3 मानस रोगों के विविध कारणों का वर्णन (Description of Different Causes of Mental Disorders)

मानसरोग अथवा कुसमायोजित व्यवहार के विविध कारणों को मोटे तौर पर तीन प्रमुख वर्गों में बाँटा जा सकता है—

(क) जैविक कारण (Biological causes)

(ख) मनो–सामाजिक कारण (Psycho-social causes)

(ग) सामाजिक–सांस्कृति कारण (Socio-cultural cauess)

अब उपर्युक्त सभी वर्गों के कारणों का सविस्तार वर्णन आगे किया जा रहा है—

9.3.1 जैविक कारण (Biological Causes)

9.3.1.1 आनुवंशिकी दोष (Genetic Defects)

मानसिक विकारों के जैविक कारण (biological causes) विविध प्रकारों के हैं जैसे—आनुवंशिक दोष (genetic defects), गुण सूत्रीय गड़बड़ियाँ (chromosomal defects), अंतःस्रावी दुष्क्रिया (dysfunction of endocrines), शरीर रचना की दुर्बलताएँ (constitutional weaknesses) मस्तिष्क की दुष्क्रिया (brain dysfunctions) एवं शारीरिक वंचना (physiological deprivation) आदि। ये सभी स्वतंत्र रूप से अकेले या सम्मिलित रूप से व्यवहार को कुसमायोजित (maladaptive) बना सकते हैं।

अध्ययनों में पाया गया है कि यदि माता–पिता के दोषपूर्ण 'जीन' (genes) बच्चों को प्राप्त होते हैं तो शारीरिक या मानसिक विकार उत्पन्न होते हैं। कुछ विकारों, जैसे–मनोविदालता (schizophrenia), उत्साह–विषाद (manic-depression) आदि मनोव्याधियों में आनुवंशिकता के कारक (heredity or genetic factors) विद्यमान पाए गए हैं। इसी तरह 'डाउन सिंड्रोम' (down syndromes), जो एक तीव्र प्रकार की मानसिक मंदता (mental deficiency) है, का महत्वपूर्ण कारण गुणसूत्रों का विपथगामी (aberration of chromosomes) होना है। इसमें 21वें गुणसूत्र में एक अतिरिक्त गुणसूत्र का जोड़ा संयुक्त हो जाता है। बच्चों में एक विशेष प्रकार की मानसिक मंदता 'क्रेटेनिज्म' (cretenism) भी पाई जाती है जो थॉयराइड ग्रंथि से अल्प मात्रा में 'थायरॉक्सिन' (thyroxin) नामक हार्मोन के स्राव के कारण होती है।

आनुवंशिकी कारणों का अध्ययन करने हेतु प्रायः 'परिवार इतिहास विधि' (family history method) का उपयोग किया जाता है। इस संबंध में **'कालमैन'** (Kallman, 1953, 1958) का एक अध्ययन महत्वपूर्ण है। इनके अध्ययनों से यह निष्कर्ष निकाला गया है कि आनुवंशिकी संबंधों की निकटता जैसे–जैसे बढ़ती जाती है, मनोव्याधि से पीड़ित होने की संभावना भी वैसे–वैसे ही बढ़ती जाती है। इस बात की पुष्टि निम्नलिखित सांख्यिकीय ब्यौरा (statistical details) के आधार पर हो जाती है–

मनोविदालता से संबंध की निकटता का स्तर (Degree of relationship to Schizophrenia)	मनोविदालता के विकास का प्रतिशत (% of who develop Schizophrenia)
1. समरूप जुड़वा (समलिंगी) (Identical — one egg twins)	86.2%
2. भ्रात्रीय जुड़वा (विषमलिंगी) (Fraternal — one egg twins)	14.5%
3. सहोदर (Sibling)	14.2%
4. अर्ध सहोदर (Half sibling)	7.1%
5. सामान्य आबादी (General population)	0.85%

उपर्युक्त तालिका से यह बिल्कुल स्पष्ट हो जाता है कि जनसाधारण की तुलना में मनोविदालता (schizophrenia) जैसी मानसिक व्याधि के विकास की संभावना प्रायः रक्त संबंधों (blood relations) की निकटता (closeness) के अनुसार ज्यादा होती है। अर्थात् जो निकटता के स्तर में जितना अधिक होते हैं उनमें इस प्रकार की मनोव्याधि की संभावना सर्वाधिक होती है तथा जैसे–जैसे निकटता दूर (remote) होती जाती है, संभावना क्षीण होती जाती है।

शरीर रचना बलाघात (stress) के प्रति प्राथमिक अनुक्रिया (primary response) का निर्धारण करती है जिसके फलस्वरूप बलाघात के प्रति समायोजन (adjustment) की प्रतिक्रिया (reaction) का भी निर्धारण होता है। लेकिन, शरीर रचना में किसी प्रकार की गड़बड़ी समायोजन की प्रतिक्रिया (adjustive reaction) को बाधित करती है। इसी तरह मस्तिष्क संबंधी क्षति (damage) अथवा स्नायु संचारण संबंधी अक्षमता (neuro-transmitter dysfunction) भी बहुत अंशों में विभिन्न प्रकार के लक्षणों एवं मानसिक विकारों को उत्पन्न करने हेतु उत्तरदायी होते हैं। अंत में कुपोषण (malnutrition), शारीरिक अस्वस्थता (physiological ill health), अत्यधिक परिश्रम और विश्राम का अभाव (excess labour and lack of adequate rest) आदि कुछ ऐसी शारीरिक अवस्थाएँ (physiological states) हैं जिनके कारण शारीरिक संतुलन (homeostasis) भंगित होती है जो व्यक्ति के सामान्य व्यवहार एवं मानसिक स्थिति को विक्षुब्ध करती है और व्यक्ति मनोव्याधि से ग्रस्त होता है।

जैविक विज्ञानियों (biological scientists) ने अपने कुछ महत्वपूर्ण शोध अध्ययनों में मनोवैज्ञानिक विकारों (psychological disorders) एवं स्नायु तंतुओं (neurons) के माध्यम से संचालित होने वाले संवादों (transmission of messages) में गड़बड़ी के बीच भी सह–संबंध (correlation) पाया है। हम जानते हैं कि हमारे स्नायुमंडल (nervous system) में संधि स्थल होते हैं, जो दो स्नायुओं के बीच का अति सूक्ष्म रिक्त स्थान होता है। अतः

शारीरिक संवाद (जो स्नायुप्रवाह के रूप में सांकेतिक—encoded) होता है), को एक स्नायु तंतु से दूसरे स्नायु तंतु तक जाने हेतु इस संधि स्थल को पार करना होता है। इस क्रिया में स्नायु तंतु (nerve fibre) के अंतिम छोर पर स्नायु संचारक रसायन द्रव्य (neurotransmitting chemical substance) पाए जाते हैं जिनके उत्तेजित होने पर 'संवाद' का गमन एक तंतु से दूसरे तंतु की ओर होता है। अध्ययनों में पाया गया है कि इस तरह के संचारक द्रव्यों (transmitting substances) में यदि किसी द्रव्य विशेष की कार्यशीलता मंद (slow) या बाधित होती है तो इसके कारण कुछ खास प्रकार के मानस रोग उत्पन्न होते हैं। उदाहरणार्थ, 'गामा एमिनो ब्यूटिरिक एसिड' (Gamma amino butyric acid—GABA) नामक स्नायु संचारक तत्व की क्रियाशीलता में कमी (low activity level) के कारण चिंता (anxiety) होती है, 'डोपामाइन' (dopamine) नामक द्रव्य की अधिकता (excess) के कारण 'मनोविदालता' (schizophrenia) और 'सेरोटोनिन' (serotonin) नामक द्रव्य की सक्रियता स्तर में कमी (low level activity) के कारण अवसाद की स्थिति (depression state) उत्पन्न होती है।

9.3.1.2 शारीरिक गठन (Physical Constitution)

शारीरिक गठन का तात्पर्य जैविक रूप से शारीरिक बनावट (biological make-up) से है जो अपेक्षाकृत स्थायी होता है तथा यह बनावट जैविक एवं वातावरणीय (biological and environmental) दोनों कारकों (factors) से प्रभावित होता है। इस श्रेणी के अंतर्गत शरीर (physique), शारीरिक विकलांगता (physical handicaps) एवं बलाघात के प्रति संवेदनशीलता (vulnerability to stress) जैसे शीलगुण (traits) शामिल हैं। यहाँ कुसमायोजित व्यवहारों में इन शारीरिक तत्वों के कारण संबंधी संबंधों पर वर्णन करना मुख्य ध्येय है।

9.3.1.3 शारीरिक बनावट (Physique)

इस संबंध में प्रारंभिक रूप से 'शेल्डन' (Sheldon, 1954) ने शारीरिक बनावट के आधार पर व्यक्तित्व को अलग–अलग प्रकारों में बाँटा है तथा प्रत्येक प्रकार की स्वभावगत विशेषताओं (temperaments) की चर्चा की है। यद्यपि व्यक्तित्व के ये प्रकार सीधे तौर पर किसी मनोव्याधि (psychopathology) से संबंधित नहीं है, फिर भी, यह माना जा सकता है कि शारीरिक बनावट के ये प्रकार बलाघात (stress) की स्थिति में किसी प्रकार की मनोव्याधि से पीड़ित हो सकते हैं। लेकिन, 'शेल्डन' के इन विचारों से वैज्ञानिक सहमत नहीं हैं। इसके बावजूद हम अपने दैनिक जीवन की विविध परिस्थितियों पर यदि गौर करें तो एहसास होगा कि शारीरिक गठन, जिसमें शारीरिक रूप–रंग भी शामिल है, का व्यक्तित्व एवं समायोजन संबंधी व्यवहारों में महत्वपूर्ण भूमिका होती है। उदाहरण के लिए सुंदरता (beauty) को ही लें। विभिन्न सामाजिक मिलन समारोहों के अवसर पर किसी की सुंदरता की चर्चा हम सब लोग करते हैं, सौंदर्य प्रसाधनों (cosmetics) पर प्रत्येक वर्ष अरबों रुपये खर्च किए जाते हैं। जिसका उद्देश्य सुंदर दिखना और सुंदरता की प्रशंसा सुनना होता है। यहाँ तक कि 'लैंडी' (Landy) एवं 'सिगल' (Sigal) ने 1974 में अपने एक अध्ययन में पाया कि किसी निबंध प्रतियोगिता के निर्णायक मंडल में सुंदर और आकर्षित करने वाली महिला के निबंध को अपेक्षाकृत कम सुंदर महिला के निबंध की तुलना में ज्यादा अंक दिये। इसी प्रकार, लंबाई या नाटापन एवं इसी तरह के अन्यान्य बनावट संबंधी विशेषताओं के आधार पर व्यक्ति की समायोजी प्रतिक्रिया अथवा दूसरों के प्रति की जाने वाली प्रतिक्रिया प्रभावित होती है।

इस संबंध में महत्वपूर्ण बात यह है कि व्यक्ति स्वयं अपनी शारीरिक बनावट के आधार पर गर्व या हीनता की भावना विकसित करता है जो कुसमायोजित व्यवहार का कारण बनता है। खासकर तरुणावस्था (puberty stage) एवं वृद्धावस्था (old age) में शारीरिक बनावट संबंधी महत्वपूर्ण परिवर्तन होते हैं जो इन अवस्थाओं में दुश्चिंता (anxiety) का कारण बनता है।

9.3.1.4 शारीरिक अपंगता या विकलांगता (Physical Handicap)

'राबर्ट बर्टन' (Robert Burton, 1577-1640) ने अपनी पुस्तक—Anatomy of Melancholy) में अत्यंत ही मर्मस्पर्शी शब्दों में अपनी भावना प्रकट की है—"हमारे शरीर की कुरूपता एवं अपूर्णता (deformities and imperfections), यथा—लंगड़ापन (lameness), टेढ़ापन (crookedness), बहरापन (deafness), अंधापन (blindness), चाहे जन्मजात अथवा दुर्घटना के कारण हो, व्यक्ति को जबर्दस्त तरीके से प्रताड़ित करता है।"[1] इस प्रकार की शारीरिक विकलांगता आनुवंशिकी दोष (genetic defect) अथवा जन्म से पूर्व या बाद में वातावरणीय प्रभावों के कारण हो सकती है।

शारीरिक अपंगता के कारण दो तरह की दबावपूर्ण स्थितियाँ उत्पन्न होती हैं—(क) बच्चे दूसरे सामान्य बच्चों की तुलना में अपनी अपंगता अथवा विकलांगता के कारण 'हीनता की भावना' से ग्रसित होते हैं जिसके फलस्वरूप कुंठाग्रस्त होकर मानसिक व्याधि का शिकार होते हैं। खासकर अवसाद (depression) की स्थिति देखी जाती है।

(ख) कुछ लोग अपनी अपंगता यानी हीनता की भावना के कारण क्षतिपूर्त्यात्मक (compensatory) व्यवहार करते हैं। इन दोनों प्रकार के लोगों का सामान्य सामंजन (normal adjustment) विसंतुलित होकर कुसमायोजित (maladapted) स्वरूप का हो जाता है।

गंभीर शारीरिक विकारों (physical impairments) के प्रभावों का वर्णन **'मिंडे'** (Minde), **'हैकेट'** (Hacket), **'किलू'** (Killou) एवं **'सिल्वर'** (Silver) ने अपने अध्ययनों के आधार पर किया है। इनके अनुसार बच्चों में शिक्षण निर्योग्यता (learning disability), अवधान संबंधी त्रुटियाँ जैसे—'अटेंशन डेफिसियेन्सी हाइपर एक्टीविटी सिंड्रोम' (Attention deficiency hyperactivity syndrome—ADHAS) जैसी असामान्यताएँ विकसित होती हैं।

शारीरिक विकलांगता अथवा अपंगता के संदर्भ में एक विशेष रूप से उल्लेखनीय तथ्य यह है कि कुछ अति गंभीर शारीरिक अयोग्यताओं (severe physical disabilities) को छोड़कर अन्य मामलों में अपंगता की महत्ता (significance) इस बात पर निर्भर करती है कि व्यक्ति अपनी अपंगता का मूल्यांकन (evaluation) किस तरह से करता है? कुछ लोग अपनी अपंगता को अत्यंत संगीन समझकर अशक्त (cripple) की भूमिका (role) अपना लेते हैं तथा उनकी अशक्त स्थिति को परिवार या समाज के दूसरे लोग भी प्रोत्साहित (reinforce) करते हैं। यह स्थिति चितोत्पादक होती है तथा व्यक्ति अपने को पूर्णतः दीन–हीन समझने लगता है और कालांतर में वह मनोव्याधि से ग्रस्त होता है। इसका ज्वलंत उदाहरण लेखक की माताजी का है। वह काफी लंबे समय से अपने को अनेकानेक प्रकार की शारीरिक बीमारियों से घिरी मानती थीं। यह एक प्रकार की मानसिक बीमारी है जिसे 'रोगभ्रम' (hypochondria) कहते हैं। इसलिए वह सदैव अपने परिजनों, रिश्तेदारों आदि से विविध असामान्य संलक्षणों (syndromes) की चर्चा करती रहती थीं। कालांतर में उन्हें मधुमेह (sugar) एवं उच्चरक्त चाप की बीमारी हो गई। कुछ समय बाद वह अपने को इतना अशक्त (crippled) समझने लगीं और बिस्तर पर लेटी रहने लगीं। यहाँ तक कि दैनिक दिनचर्या—शौच, स्नान आदि के लिए भी दूसरों की मदद का इंतजार करने लगीं और परिवार के दूसरे सदस्यों की सहायता के बिना भोजन भी नहीं करती थीं। धीरे–धीरे उनके हाथ–पैर भी टेढ़े–मेढ़े हो गए और वह बिल्कुल अशक्त हो गईं तथा चिकित्सकीय सहायता से भी कोई लाभ नहीं हुआ। अंततः बिस्तर पर पड़े रहने के फलस्वरूप रीढ़ की हड्डी में घाव हो गया और एक दिन अचानक बिस्तर पर पड़े–पड़े मृत्यु भी हो गई।

इस प्रकार स्पष्ट है कि शारीरिक अपंगता अपने–आप में मनोव्याधि का कारण नहीं है, अपितु इस अपंगता के बारे में व्यक्ति स्वयं (individual himself) तथा समाज के दूसरे लोगों के मूल्यांकन (evaluation) का प्रभाव मानसिक रूप से प्रत्यक्षीकरण पर पड़ता है जो मनोव्याधि का कारण बनता है।

---

1. "Deformities and imperfections of our bodies, as lameness, crookedness, deafness blindness be they innate or accidental, torture many men ..." —Robert Burton, 1577

9.3.1.5 बलाघात के प्रति संवेदशीलता (Vulnerability to Stress)

हमने देखा कि आनुवंशिकी (genetic) एवं शारीरिक अपंगता (physical disabilities) की स्थिति व्यक्ति की प्राथमिक अंतःक्रिया (primary interactions), संवेदशीलता (sensitivity), धातु स्वभाव (temperaments), मूल्यांकन (evaluation), कार्यात्मक क्षमता का स्तर (activity level) आदि वातावरण के साथ अंतःक्रिया (interaction to environment) को प्रभावित करती है। हाल के कुछ अध्ययनों से इस बात के भी साक्ष्य मिले हैं कि ये स्थितियाँ व्यक्ति को बलाघात (stress) के प्रति भी अतिसंवेदनशील (highly vulnerable) बनाते हैं। बहुधा यह देखा गया है कि कुछ व्यक्ति स्वभावतः साधारण बलाघातक झटकों के प्रति भी इतना अधिक संवेदी (vulnerable) हो जाते हैं कि उनमें पाचन क्रिया संबंधी गड़बड़ी (digestive disorders), ह्रदय की धड़कन (heart beat), अनिद्रा (sleeplessness), अतिशय भय (excessive fear) से आक्रांत होते हैं। फलस्वरूप उपलब्ध संसाधनों (available resources) का भी उपयोग कर बलाघात से निबटने की चेष्टा नहीं कर पाते। वे निस्तेज होकर चिंतित हो जाते हैं और कुसमायोजन के शिकार हो जाते हैं। कई अवसरों में बुखार का होना भी देखा जाता है। अध्ययनों से यह पता चलता है कि कुछ व्यक्ति शारीरिक प्रणाली में कुछ विशेष अवयव बलाघात के प्रति विशेष रूप से संवेदनशील होता है और व्यक्ति में उसी अवयव से संबंधित लक्षण (symptoms) विकसित होता है।

इस प्रकार, व्यक्ति की शारीरिक संवेदनशीलता भी कुसमायोजन (maladaptation) का कारण बनता है।

इसी प्रकार शारीरिक वंचना (physical deprivation) खासकर कुपोषण की स्थिति (malnutrition) एवं निद्रा संबंधी गड़बड़ी (sleep disturbances) के कारण शारीरिक विकास एवं शारीरिक बीमारी के प्रति प्रतिरोधक क्षमता (resistance) के साथ–साथ मानसिक कार्यों (mental functions) जैसे—संज्ञानात्मक क्रियाएँ (cognitive functions) बौद्धिक योग्यता (intellectual abilities), चिंतन प्रक्रिया (thought processes) को भी प्रभावित करती है। व्यक्ति में असंतुष्ट रहने की प्रवृत्ति, चिड़चिड़ापन, थकान, समायोजन की क्षमता (adjustability), में कमी अंतःपारस्परिक संबंधों का खराब होना आदि के लक्षण पनपते हैं जो व्यक्ति को कुसमायोजन (maladaptation), दुश्चिंता (anxiety), अवसाद (depression) की ओर अग्रसरित करता है।

9.3.2 मनोसामाजिक कारण (Psycho-social Causes)

यद्यपि सामान्य एवं असामान्य व्यवहारों में लगभग समान तरह के मनोवैज्ञानिक सिद्धांत (psychological principles) लागू होते हैं, लेकिन कुछ विशेष प्रकार की मनो–सामाजिक परिस्थितियों (specific psycho-social situations) के कारण व्यक्ति का विकास सामान्य अथवा असामान्य के रूप में होता है। ऐसी परिस्थितियों में 'मातृ–सुलभ वंचना' (maternal deprivation), पारिवारिक प्रतिरूप का विकृत होना (pathological family pattern) प्राथमिक मानसिक आघात (primary psychic trauma), खराब अंतःपारस्परिक संबंध (bad interpersonal relationships), आधुनिक जीवन की बलाघातक स्थितियाँ (key stressing situations of modern life) आदि प्रमुख हैं जो व्यक्ति को कुसमायोजित बनाते हैं। ये परिस्थितियाँ मनोव्याधि के प्राथमिक (primary), पूर्व प्रवृत्त (predisposing), अवक्षेपी या प्रवाही (precipitating) एवं प्रबलनकारी (reinforcing) कारक के रूप में कार्य करती हैं।

9.3.2.1 संस्थागत पालन-पोषण (Institutionalisation)

सामान्य घरेलू वातावरण की अपेक्षा जिन बच्चों को किसी संस्था (institutions) में रखा जाता है, वहाँ बच्चों को वह हार्दिकता या उत्साह (warmth) नहीं मिलता जो उन्हें घरों में मिलता है। ऐसे बच्चे अपनी माँ के संपर्क सुख (contact comfort) से भी वंचित (deprived) होते हैं। फलस्वरूप, उन्हें माँ की निकटता, बौद्धिक (intellectual), सांवेगिक (emotional), एवं सामाजिक (social) प्रेरण (stimulus) एवं उत्साह (encouragement) का सर्वथा अभाव रहता है और इस प्रकार सकारात्मक शिक्षण (positive learning) की सुविधा से वंचित रहना पड़ता है।

'प्रोवेन्स' एवं 'लिप्टन' (Provence and Lipton, 1962) ने संस्थागत बच्चों (institutional children) एवं परिवार में रहने वाले बच्चों (children living in families) का तुलनात्मक अध्ययन किया है। एक वर्ष की अवधि के बाद उन्होंने पाया कि संस्थागत बच्चे दूसरे लोगों के साथ सामान्य संबंध बनाने में विफल रहे, वे दूसरों की सहायता लेने में संकोच करते थे, तथा वे सुखी नहीं दिखे। इन्होंने इन बच्चों में वाचालता (talkativeness) संबंधी त्रुटि भी पाई तथा सामान्य भाषा का विकास भी बाधित था।

इसी तरह और भी अनेक अध्ययन हुए हैं जिनके आधार पर इस बात के पर्याप्त साक्ष्य प्राप्त हुए हैं कि सामान्यतः संस्थागत बच्चों में 'स्नेह वंचित मनोविकार' (affectionless psychopathy) होते हैं जिसमें बच्चों का अंतःपारस्परिक संबंध खराब होता है तथा ऐसे बच्चों में असामाजिक व्यवहार भी विकसित होते हैं। अतः संस्थागत पालन–पोषण की प्रणाली कुसमायोजित व्यवहार को जन्म देती है।

9.3.2.2 छद्म वंचना (Masked Deprivation)

बहुसंख्य बच्चे केवल माता–पिता से विलग (संस्थागत बच्चे) होकर ही माँ के स्नेह से वंचित नहीं होते, अपितु अपने घरों में भी माँ द्वारा अपर्याप्त देखभाल (inadequate care) एवं विरूपित अर्थात् विकृत देखभाल (distorted care) के शिकार होते हैं। ऐसी माताएँ बच्चों की देखभाल में लापरवाही बरतती हैं, उनकी उपेक्षा या अवहेलना (neglect) करती हैं। ऐसी माताएँ बच्चों को नजरअंदाज कर अस्वीकार (reject) करती हैं। इस प्रकार अनेक बच्चे माँ के स्नेह, दुलार या उत्साह (warmth) से वंचित रहते हैं। इसका कुप्रभाव बच्चों के सामान्य विकास पर पड़ता है। ऐसे परिवार के बच्चों में तनाव (tension), असंतुष्टि (dissatisfaction), एवं नकारात्मक व्यवहार पनपते हैं जो कालांतर में बच्चों को जड़िमा (भावशून्यता—stuporous) बना देता है जिससे निजात पाना प्रायः मुश्किल होता है। 'बुलार्ड' (Bullard) एवं उनके सहयोगियों के अनुसार ऐसे बच्चे दुर्भाग्यपूर्ण होते हैं क्योंकि वे प्रगति में विफल (failure to thrive) होते हैं। उनका सांवेगिक विकास रुक जाता है तथा मानसिक मंदता (mental retardation) के भी शिकार होते हैं।

9.3.2.3 उपेक्षा (Rejection)

माता–पिता द्वारा बच्चों की उपेक्षा या अवहेलना का सीधा अर्थ छद्म वंचना (masked deprivation) है जो कई तरह से प्रकट होता है। जैसे—भौतिक रूप से अवहेलना करना (physical neglect), प्यार एवं स्नेह नहीं करना (denial of love and affection), बच्चों के क्रिया–कलापों एवं उपलब्धियों में रुचि न लेना (showing no interest in the activities and achievements of children), रूखा एवं अनियमित ढँग का अनुशासन (harsh and inconsistent discipline), बच्चों के साथ समय न देना (giving no time to children), उनके अधिकारों एवं भावनाओं की कद्र न करना (disrespect for their rights and feelings), अपमानजनक या क्रूरतापूर्ण व्यवहार करना (abusive and cruel treatment) आदि। बच्चों की उपेक्षा या अवहेलनापूर्ण (complete), आंशिक (partial), सक्रिय (active) या निष्क्रिय (passive) में से किसी भी प्रकार से किया जाए, इसका बुरा प्रभाव बच्चों के सामान्य विकास एवं व्यवहार प्रतिरूपों (behaviour patterns) पर पड़ता है। इस संबध में 'हार्ले' (Harle, 1965) ने एक अध्ययन में पाया है कि उपेक्षित बालकों को जो सांवेगिक माहौल मिलता है तथा उनके प्रति किए जाने वाले निरुत्साहित व्यवहार के फलस्वरूप उनका बौद्धिक विकास अवरुद्ध होता है। माता–पिता की उपेक्षा या अवहेलना के फलस्वरूप बच्चे आगे चलकर आक्रामक प्रवृत्ति (aggressive tendency) के हो जाते हैं इसी तरह **'पॉजनास्कि'** (Poznaski, 1976) ने भी यह स्पष्ट किया है कि माता–पिता की अवहेलना बच्चों में भय (fear) के विकास का सर्वाधिक महत्वपूर्ण कारक (key factor) होता है। ऐसे बच्चों में घर से भागे रहने, घर का परित्याग करने, कुसंगति में पड़ने, विविध प्रकार के व्यसनों (addictions) का सेवन करने की आदत पड़ने जैसी घटनाएँ देखी जाती हैं। इनमें आत्मसम्मान (self esteem) की भावना निम्नस्तर की हो जाती है। इस प्रकार, इनके व्यवहार में असंगतता, मानसिक क्लेश और आत्महत्या करने की भी प्रवृत्ति विकसित होती है।

9.3.2.4 अतिसुरक्षा एवं निरोध (Over Protection and Restrictiveness)

यह एक प्रकार का 'मॉमिज्म' है जिसमें माँ अपने बच्चों को अपनी नजर से बिल्कुल ओझल नहीं होने देना चाहती तथा हर पल उस पर कड़ी निगरानी रखती है। हल्के जोखिमों से भी उसे बचाने का प्रयास करती है और हर समय मामूली रूप की अस्वस्थता के प्रति दवाइयों का सेवन करने की आदतों का निर्माण करती है। इनके बीच की शारीरिक सन्निकटता भी सामान्यतः असामान्य ढँग की होती है। यहाँ तक कि दोनों लंबे समय तक चिपक कर हम बिस्तर भी होते हैं। इनके बीच की सन्निकटता वस्तुतः चालाकीपूर्ण सम्मोहक या विमोहक (subtly seductive) स्वरूप का होता है।

माता की अतिसुरक्षा मनोवृत्ति के प्रेरक भिन्न–भिन्न माताओं में अलग–अलग हो सकते हैं। किंतु 'लेवी' (Levy, 1945) ने अपने एक प्रायोगिक अध्ययन में पाया है कि 75% प्रयोगात्मक समूह की माताओं का अपने पति के साथ का सान्निध्य संबंध अच्छा नहीं था जिसके फलस्वरूप उनमें अतिसुरक्षा की भावना एवं व्यवहार का विकास हुआ जो क्षतिपूर्त्यात्मक व्यवहार (compensatory behaviour) था। ऐसी अनेक माताएँ अपने बच्चों को अपना प्रेमी (lover) मान लेती है।

इसी तरह निरोध की प्रवृत्ति भी बच्चे को कुसमायोजित रूप में ढालती है। अतिशय निरोध के कारण बच्चे को जब वास्तविक जीवन की वास्तविकताओं का सामना करना होता है तो उन्हें समायोजन संबंधी कठिनाइयाँ झेलनी पड़ती हैं। इस संबंध में **'बेकर'** (Becker, 1964) का मानना है कि यद्यपि निरोध (restrictiveness) के माध्यम से समाजीकरण एवं संयमित व्यवहार पल्लवित होता है, फिर भी, अतिशय निरोध के कारण भय (fear), परनिर्भरता (dependency), अधीनता (submissiveness), विद्वेष की भावना का दमन (repression of hostility) एवं बौद्धिक प्रतिस्पर्द्धा (intellectual striving) का मंद होना आदि विशेषताओं का विकास होता है जो सामान्य समायोजन की प्रक्रिया को कुंठित (frustrate) करती है और व्यक्ति कुसमायोजित (maladaptive) होता है।

9.3.2.5 अति अनुमति एवं स्वीकृति (Over Permissiveness and Indulgence)

यद्यपि सामान्यतः ऐसा होता नहीं है, फिर भी कुछ माता–पिता दोनों अथवा दोनों में कोई एक अपने बच्चे की हर इच्छा की पूर्ति सदैव करते रहते हैं। इस प्रकार वे बच्चे को पुरस्कृत व्यवहारों का प्रशिक्षण दे पाने में विफल होते हैं। इस प्रकार बच्चों को झक्की, मनमौजी बनाने में अप्रत्यक्ष रूप से सहयोग करते हैं। आगे चलकर ऐसे बच्चे ऊटपटाँग और बेतुके ढँग के हो जाते हैं जिसके फलस्वरूप समायोजन संबंधी कठिनाइयों का सामना करना पड़ता है। **'पोलक'** (Pollack, 1968) ने एक पिता के बागी तेवर का उदाहरण दिया है जिसमें एक 9 वर्षीय बच्ची के पिता ने झल्लाकर यह कहा–"एक बात अच्छी तरह समझ लो–आखिर मैं भी इसी घर में रहता हूँ" पिता की यह झल्लाहटपूर्ण उक्ति से उस बच्ची की हरकतों की झलक मिलती है जो पिता द्वारा अति अनुमतिदायक आचरण का प्रतिफल था।

अतिस्वीकृति (over indulgence) की स्थिति में जिन बच्चों का पालन–पोषण (rearing) होता है, वैसे बच्चों में व्यक्तित्व में कुछ खास विशेषताएँ देखी जाती हैं। वे प्रायः सिर चढ़े (spoiled), स्वार्थी (selfish), अविचारी (inconsiderate) और अधिक अभियाची (over demanding) प्रकृति के होते हैं **'सियर्स'** (Sears, 1961) ने पाया है कि अति स्वीकृति के कारण किशोरावस्था की उम्र में समाजविरोधी आक्रामक प्रवृत्ति के हो जाते हैं तथा दूसरों का शोषण करने की प्रवृत्ति रखते हैं। इसका कारण यह है कि बचपन की अवस्था से ही वे अपने माता–पिता का शोषण करते रहने के फलस्वरूप सीखी गई प्रवृत्ति समाज के दूसरे लोगों का शोषण करने में उपयोग में लाते हैं। लेकिन जब वास्तविकता का सामना करना होता है तो ऐसे लोगों को समायोजन संबंधी कठिनाइयाँ झेलनी पड़ती हैं तथा निराशाओं को वे सहज ढँग से पचा नहीं पाते और समाज विरोधी व्यक्तित्व (anti social personality) के हो जाते हैं।

9.3.2.6 अवास्तविक अपेक्षाएँ (Unrealistic Demands)

कुछ माता–पिता अपने बच्चों से भारी उम्मीदें या प्रत्याशा (expectations) रखते हैं। वे चाहते हैं, कि उनका बच्चा स्कूल में ऊँची सफलता प्राप्त करे। इस प्रकार बहुत ऊँचे मानदण्डों (high standards) को प्राप्त करने की अपेक्षाएँ रखते हैं। बच्चा अपनी क्षमता भर माता–पिता की अभिलाषा पूरा करने हेतु प्रयत्न भी करता है। लेकिन हर बच्चे की क्षमता स्तर सीमित होती है। लेकिन माता–पिता की अपेक्षाएँ असीमित होती हैं। उदाहरणार्थ–कोई बच्चा कक्षा में C ग्रेड लाता था बाद में सुधरकर B ग्रेड से उत्तीर्ण होने लगा। लेकिन माता–पिता संतुष्ट नहीं होते। वे बच्चे को फटकारते हैं और 'A' लाने के लिए कहते हैं। A ग्रेड लाने पर भी A+ या A++ ग्रेड नहीं ला पाने के लिए फटकारते हैं। इस प्रकार बच्चे पर लगातार 'दीर्घकालिक दबाव' (sustained pressure) बना रहता है। फलस्वरूप उसकी व्यक्तिगत यानी खुद की स्वाभाविकता (spontaneity) प्रभावित होती है। फलतः एक स्वतंत्र व्यक्ति के रूप में उसका विकास बाधित होता है। इस प्रकार के दीर्घकालिक दबाव की स्थिति से जूझते हुए अंततः वह थक जाता है और अपने को माता–पिता की नजरों में गिरा हुआ समझने लगता है। साथ ही स्वयं अपनी नजरों में भी अपने को असफल समझने लगता है। इस तरह की स्थिति में 'हीनता की भावना' से वह घिर जाता है और कुसमायोजन की ओर बढ़ने लगता है।

इस तरह की अपेक्षाएँ नैतिक आचरणों खासकर यौन संबंधी मामलों में भी देखी जाती है। बच्चों को इतनी कड़ी हिदायत दी जाती है कि वे किसी भी प्रकार का अनैतिक कृत्य करता है तो उसे भारी दंड (heavy punishment) भुगतना पड़ेगा। इस प्रकार की स्थिति उसके व्यक्तित्व को अतिरेक ढँग से प्रतिबंधित (restrict) करता है तथा दोष की भावना या आत्म अवमूल्यन (self devaluation) के भाव पनपते हैं। फलस्वरूप व्यक्तित्व का समुचित विकास नहीं हो पाता।

कुछ ऐसे भी मामले देखे जाते हैं जहाँ माता–पिता की अपेक्षाएँ अत्यंत ही निम्नस्तर (low level) की होती हैं। ऐसे माता–पिता जब तक कोई समस्या नहीं आती, बच्चों की उपलब्धियों व सफलताओं आदि के प्रति असावधान (careless) रहते हैं। ऐसे बच्चों की उपलब्धि एवं आत्मसम्मान (self esteem) उनकी क्षमता से नीचे के स्तर पर रुक जाती है।

इस प्रकार, अतिशय अपेक्षा एवं सामान्य रूप से अपेक्षा नहीं रखना–दोनों प्रकार की स्थितियाँ दोषपूर्ण विकास एवं कुसमायोजन का कारण होता है। अतः वास्तविक धरातल पर अपेक्षा रखना श्रेयष्कर होता है।

9.3.2.7 दोषपूर्ण अनुशासन (Faulty Discipline)

हाल के वर्षों में प्रायः यह देखा जा रहा है कि माता–पिता वस्तुतः अनुशासन के उपयुक्त (समुचित) रूप के संबंध में दुविधाजनक (confused) स्थिति में होते हैं। कभी–कभी हम यह मान लेते हैं कि मनोवैज्ञानिक अध्ययनों और सिद्धांतों के आलोक में बच्चे को किसी भी प्रकार से दंड देने से परहेज करना चाहिए अन्यथा दंड से उत्पन्न भाव बच्चे के विकास के क्रम में गाँठ की तरह बैठ जाएगा (will be fixated) जिसके फलस्वरूप बच्चे का समुचित विकास नहीं हो सकेगा। फिर कुछ माता–पिता इस बात पर यकीन करते हैं कि "स्पेयर द रॉड स्पॉयल द चाइल्ड" (spare the rod, spoil the child)। फिर कुछ ऐसे भी माता–पिता हैं जो कभी किसी गलती के लिए बच्चों को क्रूरतम सजा देते हैं तो दूसरे अवसर पर समान गलती की अवहेलना (ignore) भी करते हैं।

लेकिन, यहाँ उल्लेखनीय है कि अति दंडात्मक कार्रवाई अथवा निष्ठुरतापूर्वक बच्चे को अनुशासित करने के अनेक दुष्परिणाम होते हैं। जैसे, दंड देने वाले के प्रति घृणा एवं भय के भाव का विकास, उपक्रम शक्ति की दुर्बलता (initiative) स्वेच्छा का अभाव तथा दूसरों के साथ मित्रवत संबंधों का अभाव आदि। कठोर अनुशासन के साथ कठोर नैतिक मानदंडों का अनुपालन कराए जाने के परिणाम अत्यंत ही गंभीर हो सकते हैं। ऐसे बच्चे अपनी स्वतंत्र भावनाओं का दमन (repression) करते हैं तथा स्वयं को काल्पनिक (imagined) अथवा वास्तविक (real) अपकर्मों (misdeeds) के लिए दंडित भी करते हैं। प्रतिबंधन मिश्रित कठोर अनुशासन के परिणामस्वरूप

भी विद्रोहपूर्ण व्यवहार (rebellion behaviour) एवं सामाजिक विचलन (social deviant) व्यवहार को उभारता (incite) है। **'लेफकोविज'** (Lefkowitz, 1973) एवं दूसरे सहयोगियों के अनुसार, "बच्चों द्वारा अनुशासन से संबंधित नियमों का उल्लंघन करने के फलस्वरूप स्वीकृति या सुविधाओं में कमी लाने की.जगह यदि शारीरिक रूप से दंडित किया जाता है (मारना–पीटना) तो ऐसे बच्चों में आक्रामक व्यवहार पनपता है क्योंकि शारीरिक दंड आक्रामकता (aggressiveness) का प्रतिमान (model) होता है।"

इसी तरह अनियमित अनुशासन की स्थिति में बच्चे अपने व्यवहार प्रतिरूपों में स्थायी मूल्यों (stable values) को स्थापित नहीं कर पाते। जैसे–यदि किसी बच्चे को एक बार किसी व्यवहार के लिए डाँटा जाय या दंडित किया जाए और दूसरी बार समरूपी व्यवहार के लिए पुरस्कृत किया जाए अथवा उसे नजरअंदाज किया जाए तो बच्चा दुविधा में पड़ जाता है। फलस्वरूप उपयुक्त व्यवहार का निर्णय करना मुश्किल होता है। ऐसे बच्चों में अपराध की प्रवृत्ति, आक्रोशमय व्यवहार, एवं अंतःपारस्परिक संबंधों में त्रुटियाँ आती हैं।

9.3.2.8 संचार की विफलता (Communication Failure)

व्यक्तित्व के समुचित विकास के लिए बच्चों के साथ माता–पिता या अन्य सदस्यों के बीच मित्रभाव (cordial) से विचारों का आदान–प्रदान (exchange of views) स्वस्थ माहौल प्रदान करता है। लेकिन, यदि बच्चों द्वारा पूछे गए प्रश्नों को माता–पिता निरुत्साहित (discourse) करते हैं तो इस प्रकार का वातावरण सूचना विनिमय की प्रक्रिया (information exchange process) को बाधित करती है जो बच्चों के मानसिक स्वास्थ्य को कुप्रभावित कर व्यक्तित्व के समुचित विकास को अवरुद्ध करता है।

संचार की विफलता के अनेक प्रतिरूप संभव हैं। जैसे–कोई माता–पिता स्वयं अपनी समस्याओं से इतने घिरे होते हैं कि बच्चों के लिए अलग समय निकालना संभव नहीं होता। यहाँ तक कि कभी–कभी संकटपूर्ण स्थिति में भी बच्चों के लिए उनके पास समय नहीं होता। फिर, कुछ माता–पिता स्वयं भी जानकारी के अभाव में बच्चों को समुचित मार्ग निर्देशन नहीं दे पाते और बच्चों द्वारा पूछे गए प्रश्नों के उत्तर के लिए या तो टाल जाते हैं अथवा मास्टर जी से पूछने की सलाह देते हैं। ऐसा भी देखा जाता है कि जब बच्चे अपनी माँ या पिता से कुछ जानकारी हासिल करना चाहते हैं तो वे स्वयं को थका हुआ बताकर यह कह देते हैं कि अभी हमसे कुछ नहीं पूछो, हमें आराम करने दो। इन सभी स्थितियों में बच्चों की स्वाभाविक जिज्ञासा मार खाती है और उनका विकास त्रुटिपूर्ण होता है।

संचार की विफलता के परिणामस्वरूप बाल अपराध, अपराध की प्रवृत्ति, नशाखोरी, सामाजिक अंतःक्रियात्मक संबंध विकसित होते हैं। **'बीविन' एवं 'जैक्सन'** (Beavin and Jackson, 1967) ने 'Through the Looking Glass' नामक पुस्तक में वर्णित उद्धरण के माध्यम से संचार विफलता (communication failure) से संबंधित दृष्टांत उद्धृत किया है। इस कहानी में 'ऐलिस' (Elis) नाम का एक पात्र (character) है जिस पर 'रेड एण्ड ह्वाइट क्वीन' (Red and white queen) यह आरोप लगाती है कि 'ऐलिस' की मनोदशा घिनौनी (nasty) दूषित (vicious) हो गई है क्योंकि उसकी सीधी और सरल ढँग की संचार (straight forward communication) भी मत–आरोपण (brain-washing) की नीति के कारण विकृत (pathological) हो चुकी है। इस उद्धरण से स्पष्ट है कि संचार विनिमय में विफलता के कारण व्यक्ति की मनोदशा प्रभावित होती है।

9.3.2.9 माता-पिता का अवांछित प्रतिमान (Undesirable Parental Model)

बच्चों में सामान्य प्रवृत्ति पाई जाती है कि वे अपने माता–पिता को अपना आदर्श या प्रतिमान (model) मानकर उनके व्यवहारों का निरीक्षण कर अनुकरण करते हैं। अतः यह स्पष्ट है कि माता–पिता के व्यवहार का लाभप्रद या हानिकर (beneficial or detrimental) प्रभाव बच्चों पर भी पड़ेगा। यह प्रभाव बच्चों के प्रत्यक्षीकरण (perception), सोच (thought), भावना (feelings), एवं क्रियाकलापों (activities) पर पड़ता है। अतएव जो माता–पिता बच्चों के समक्ष अवांछित तरीके से व्यवहार करते हैं, (यथा–उनकी वास्तविकता, संभावना एवं मूल्यों का दोषपूर्ण

होना), उनके बच्चे उन्हीं अवांछित व्यवहारों का अनुकरण करते हैं। इतना ही नहीं, अपितु अपनी या पारिवारिक समस्याओं से निबटने हेतु जिन सुरक्षात्मक मनोरचनाओं का उपयोग करते हैं, बच्चे भी उन्हीं मनोरचनाओं का उपयोग करना सीख लेते हैं।

जो माता–पिता संवेगात्मक विकारों (emotional pathologies) से पीड़ित होते हैं, नशाखोरी या मादक द्रव्य का सेवन करते हैं अथवा इसी प्रकार के अन्यान्य कुसमायोजित व्यवहार (maladaptive behaviours) करते हैं, वे अपने बच्चों के लिए अवांछित प्रतिमान (undesirable model) प्रस्तुत करते हैं जिसका अनुकरण बच्चे भी करने लगते हैं। इस प्रकार त्रुटिपूर्ण मॉडेल का बच्चों को कुसमायोजित (maladapted) बनाने में महत्वपूर्ण भूमिका होती है। **'जेनक्निस'** (Jenkins, 1966) ने बड़े पैमाने पर किए गए एक अध्ययन में पाया कि अध्ययन समूह के अधिकांश (लगभग आधे) बच्चे अतिशय दुश्चिंता (over anxious) नामक न्यूरॉटिक (neurotic) बीमारी से ग्रस्त थे। इसका कारण यह था कि इन बच्चों की माताएँ भी घोर चिंता (extreme anxiety), घबराहट (nervousness) एवं इसी प्रकार के अन्यान्य मानस रोगों के लक्षणों से पीड़ित थीं। इसी तरह जिन बच्चों में बाल–अपराध (juvenile delinquency) की आदतें थीं, उनकी पृष्ठभूमि भी ऐसे परिवारों की थी जिनके पिता अत्यंत गरीबी के कारण चोरी, लूटमार करते थे तथा अपने बच्चों के प्रति लापरवाह थे।

इसी प्रकार, कुछ अध्ययनों (एंथॉनी–Anthony, 1969) में यह भी देखा गया कि जो बच्चे कुसमायोजन के शिकार थे। उनके माता या पिता स्वयं भी मनोविकृति (psychosis) के रोगी थे। कुछ माता–पिता अपने बच्चों के साथ अपमानजनक व्यवहार (abusive behaviour) करते हैं। बहुधा ऐसा पाया गया है कि ऐसे माता–पिता स्वयं भी अपने माता–पिता द्वारा प्रताड़ित या उनके कुव्यवहारों (mistreatment) के शिकार रहे थे। इस प्रकार माता–पिता का अवांछित प्रतिमान (undesirable model) किसी–किसी परिवार की परंपरागत विशेषता हो जाती है।

अतः यह स्पष्ट है कि माता–पिता का अवांछित प्रतिमान (undesirable model) मानसिक विकृति (mental disorder), बाल अपराध (delinquency), अपराध (crime) या दूसरे प्रकार के कुसमायोजित व्यवहार पारिवारिक वातावरण में पनपते हैं। लेकिन यहाँ यह भी स्मरणीय होना चाहिए कि कुछ विकृत परिवारों के बच्चे स्वयं अथवा दूसरों द्वारा ज्ञान देने के परिणामस्वरूप सुसमायोजित व्यक्तित्व एवं व्यवहार (well adjustable personality and behaviour) का विकास कर पाने में सफल भी होते हैं।

9.3.3 कुसमायोजित पारिवारिक संरचना (Maladaptive Family Structure)

पिछले अनुच्छेद (section) में बच्चों का माता–पिता के साथ के अंतःपारस्परिक संबंधों की त्रुटियों का असामान्य व्यवहार या मनोव्याधि के विकास पर पड़ने वाले प्रभावों का वर्णन किया गया है। लेकिन, माता–पिता के साथ बच्चों के पारस्परिक रिश्तों के अतिरिक्त परिवार की संरचना संबंधी विकृतियाँ भी कुसमायोजित व्यवहार को पोषित या प्रोत्साहित करती हैं।

यद्यपि, आदर्श परिवार (ideal family) का कोई प्रतिमान (model) नहीं होता, फिर भी कुछ शोधकर्ताओं ने चार मुख्य प्रकार के परिवारों की पहचान की है जो बच्चों के व्यवहार को विकृत यानी भ्रष्ट करने की भूमिका अदा करते हैं। ये चारों प्रकार के परिवार निम्नांकित हैं—

(i) अपर्याप्त परिवार (Inadequate family)
(ii) विक्षुब्ध परिवार (Disturbed family)
(iii) समाज विरोधी परिवार (Anti-social family) एवं
(iv) विघटित परिवार (Disrupted family)

9.3.3.1 अपर्याप्त परिवार (Inadequate Family)

अपर्याप्त परिवार से तात्पर्य ऐसे परिवारों से है जो अपने पारिवारिक जीवन की सर्वसाधारण (ordinary) माँगों को भी पूरा कर सकने में अयोग्य (unable) होता है। एक सामान्य परिवार पारिवारिक माँगों को संतोषजनक ढँग से अच्छी तरह पूरा करने में समर्थ होता है। लेकिन, अपर्याप्त परिवारों में भौतिक (physical) या मनोवैज्ञानिक (psychological) संसाधनों (resources) की भारी कमी रहती है। फलतः ऐसे परिवार सामान्य परिवारों की तरह पारिवारिक माँगों को संतुष्ट करने में असमर्थ होते हैं। फलस्वरूप अपर्याप्त परिवार (incomplete family) के लोग अपनी साधारण–से–साधारण आवश्यकताओं की पूर्ति के लिए भी बाहरी सहायता (external help) पर निर्भर करते हैं। इनकी असमर्थता की जड़ें अपरिपक्वता (immaturity), शिक्षा का अभाव (lack of education) एवं मानसिक मंदता (mental deficiency) से संबंधित होता है। जो परिवार अपर्याप्त साधनों के कारण विषम परिस्थितियों से निबटने हेतु लड़खड़ाता रहता है, ऐसे परिवार के माता–पिता अपने बच्चों में न तो सुरक्षा की भावना का विकास कर पाते हैं और न आवश्यक सुरक्षा (security) प्रदान कर पाते हैं। साथ ही पर्याप्त (proper) मार्ग निर्देशन (guidance) भी अवरुद्ध होता है। फलस्वरूप, आवश्यक सक्षमताओं (essential competencies) का विकास नहीं हो पाता। बच्चों को उनके भाग्य के भरोसे छोड़ दिया जाता है। पर्याप्त शिक्षा भी नहीं मिल पाती। फलतः ऐसे बच्चे कुसमायोजन (maladaptation) के शिकार होते हैं।

9.3.3.2 विक्षुब्ध परिवार (Disturbed Families)

प्रायः सभी सामाजिक–आर्थिक स्तर (socio-economic level) के परिवारों में कुछ माता–पिता वैयक्तिक अस्थिरता (personal instability) के होते हैं। अर्थात् वे शान्त, और स्थिर नहीं रहते। दूसरों से प्रायः झगड़े होते रहते हैं। यहाँ तक कि परस्पर पति और पत्नी के बीच भी सौहार्दपूर्ण संबंध नहीं रहते। ऐसे पारिवारिक माहौल को 'टूटा परिवार' (broken family) की संज्ञा दी जाती है जिसके परिणामस्वरूप स्वयं एवं दूसरे लोग भी विक्षुब्ध होते हैं। माता–पिता की इन व्यक्तित्व संबंधी विशेषताओं के कारण संपूर्ण परिवार निरंतर संवेगात्मक विक्षुब्धता (emotional turmoil) की स्थिति में रहता है।

इस प्रकार के विक्षुब्ध परिवारों के अनेकानेक प्रकार के विकृत प्रतिरूप (pathogenic patterns) पाए जाते हैं, लेकिन तीन प्रकार की विकृतियाँ (pathologies) इनकी मुख्य विशेषताएँ होती हैं—(क) ऐसे माता–पिता जो स्वयं परस्पर संतुलन (equilibrium) के लिए झगड़ते रहते हैं, वे अपने बच्चों को आवश्यक प्यार और स्नेह (love and affection) से वंचित रखते हैं तथा सही मार्ग निर्देशन (guidance) देने में भी विफल रहते हैं। (ख) ऐसे बिखरे परिवार के बच्चे सदैव अतार्किकता (irrationality), और त्रुटिपूर्ण प्रतिमान (faulty model) का सामना करते हैं (ग) ऐसे परिवारों के बच्चे अपने माता–पिता के सांवेगिक संघर्षों (emotional conflicts) में लगभग अपरिहार्य (unavoidably) रूप से उलझे रहते हैं।

सामान्यरूप से विक्षुब्ध परिवार के बच्चों और किशोरों में मनोवैज्ञानिक रूप से बीमार रहने की घटनाएँ देखी जाती हैं माता–पिता के पारस्परिक झगड़े, पारस्परिक संघर्ष एवं तनाव की स्थितियाँ वस्तुतः विकासशील बच्चों के लिए दुर्भाग्यपूर्ण स्थिति होती है जिसके परिणामस्वरूप बच्चों का आधार (base) ही प्रभावित होता है। अतएव वे कुसमायोजन के मकड़जाल में फँस जाते हैं।

9.3.3.3 समाज विरोधी परिवार (Anti Social Family)

कुछ परिवार ऐसे होते हैं जो समुदाय द्वारा सर्वमान्य मूल्यों के विपरीत आचरण करते हैं। अर्थात् ऐसे परिवारों के सदस्य प्रकट या अप्रकट रूप से कुछ ऐसे व्यवहार करते हैं जिससे समाज द्वारा स्थापित मानदंडों (standards) का उल्लंघन होता है अथवा सामाजिक रूप से अहितकर होता है और इस प्रकार वे सदैव कानूनी रूप से असुविधाजनक स्थिति में होते हैं। इस प्रकार के व्यवहारों के कारण उनके दाम्पत्य रिश्तों में कटुता पैदा होती

है तथा परिवार के बच्चों के लिए अवांछित प्रतिमान (undesirable models) प्रस्तुत होता है। ऐसे परिवार के बच्चों में बेइमानी (dishonesty), छल–कपट (deceit) जैसे व्यवहार करने हेतु बढ़ावा (encouragement) मिलता है अथवा वे परिवार के बड़े सदस्यों के अवांछित व्यवहारों या मनोवृत्तियों का स्वयं निरीक्षण कर अपना लेते हैं। कुछ मामलों में बच्चे परिवार के साथ तादात्म्य (identification) कर सामाजिक हितों की अवहेलना भी करते हैं जो सामाजिक दृष्टि से अपरिपक्वता एवं स्वार्थपरकता को इंगित करता है। इस प्रकार, उनकी सामाजिक अंतःक्रिया छिछले (shallow) एवं छलयोगित (manipulative) स्वरूप की होती है। जैसे–लोगों को बेवकूफ बनाकर ठगना, दूसरों को अपने फायदे के लिए लड़वाना, भ्रम फैलाकर अव्यवस्था पैदा करना आदि व्यवहार करते हैं। अध्ययनों में यह पाया गया है कि प्रायः स्लम क्षेत्रों, अति घने यानी संकुलित क्षेत्रों (congested areas) में इस तरह के लोग अधिकतर पाए जाते हैं।

9.3.3.4 विघटित या भंगित परिवार (Disrupted Family)

भंगित परिवार (disrupted family) से तात्पर्य ऐसे परिवारों से है जहाँ माता–पिता या दोनों में किसी एक की मृत्यु, तलाक, विलगाव या इसी तरह की किसी दूसरी परिस्थितियों के कारण परिवार छिन्न–भिन्न हो जाता है। ऐसे परिवारों में बच्चे घोर निराशा या मानसिक आघात (trauma) का अनुभव करते हैं जिसके फलस्वरूप असुरक्षा एवं उपेक्षा का भाव पनपता है। खासकर तलाक की स्थिति अत्यंत आघातपूर्ण (shocking) होती है और बच्चों में आक्रामक तेवर (aggressiveness) बढ़ते हैं जिसके कारण वे कुसमायोजित व्यवहार करने लगते हैं। ऐसे बच्चों में सदमा (shock) इतना गहरा होता है कि उनमें बाल अपराध की प्रवृत्ति विकसित होती है, गुस्से में माता या पिता की हत्या तक कर बैठते हैं अथवा स्वयं आत्महत्या कर लेते हैं। कुछ बच्चे घर छोड़कर भाग जाते हैं और इधर–उधर भटकते हुए असामाजिक तत्वों के चंगुल में फँस कर अपने को बर्बाद कर लेते हैं।

यहाँ यह स्मरणीय होना चाहिए कि उपर्युक्त पारिवारिक प्रतिरूपों को 'विकारी' (pathogenic) की संज्ञा इसलिए दी जाती है कि ऐसे पारिवारिक माहौल में बच्चों के विकास के क्रम में अनेक समस्याएँ आती हैं जिनका प्रभाव बच्चों के व्यक्तित्व एवं व्यवहार दोनों पर पड़ता है और इस प्रकार बच्चों में कुसमायोजित व्यवहार विकसित होने की संभावना बनती है। लेकिन, यह देखा गया है कि अनेक बच्चे स्वस्थ पारिवारिक वातावरण के बावजूद कुसमायोजित व्यवहार करते हैं। ऐसी स्थिति में माता–पिता यह सोचने को विवश होते हैं–"हमसे कहाँ चूक हुई है?" (Where did we go wrong?)। अतएव, इस संदर्भ में यह विचारणीय है कि विकारयुक्त अंतःपारस्परिक संबंध (pathogenic interpersonal relationships) या कुसमायोजित व्यक्तित्व का विकास (development of maladaptive personality) केवल पारिवारिक वातावरण तक ही सीमित नहीं है, अपितु बच्चों के हमउम्र के साथियों (peergroups) या परिवार के बाहरी व्यक्तियों का भी योगदान होता है। खासकर किशोर उम्र के बच्चे या बच्चियाँ जब माता–पिता के नियंत्रण से मुक्त होकर स्वतंत्र होते हैं, उस समय उनके संगी साथियों या बाहरी लोगों का प्रभाव उन्हें सुसमायोजित या कुसमायोजित बनाने में बहुत अधिक महत्व रखता है।

9.4 प्रारंभिक मानसिक आघात (Early Psychic Trauma)

मानसिक आघात (psychic trauma) से तात्पर्य ऐसे अनुभव (experience) से है जो व्यक्ति की मनःस्थिति को गंभीर क्षति या हानि (damage) पहुँचाती है। इस प्रकार का अनुभव व्यक्ति को विमुख (aversive) बनाता है तथा इस प्रकार के अनुभवों को वह कभी भी भूलता नहीं है। इस प्रकार के अनुभव का एक काल्पनिक दृष्टांत (imaginary example) नीचे दिया जा रहा है–

"यद्यपि हमें कई बार कतिपय कारणों से मानसिक चोट पहुँची है। लेकिन, गत अप्रैल माह की एक घटना का अत्यंत ही हृदयविदारक स्मृति सदैव बनी रहेगी। मैं अपने पड़ोस में किसी से मिलने गई थी। लगभग एक घंटे बाद जब मैं वापस अपने घर आई तो देखा–घर धूँ–धूँ कर जल रहा है। हमारे दो बच्चे घर में सो रहे थे।

आग बुझाने वाले लोग अपनी जान की परवाह न करते हुए आग बुझाने में जुटे थे। मैं चीख मारते हुए घर के अंदर जाना चाहती थी। लेकिन लोगों ने मुझे जाने नहीं दिया। हमारे दोनों बच्चे जलकर राख हो गए थे। मैं जानती हूँ—यह घटना एक इतिहास बन चुकी है। लेकिन मैं इसे कदापि नहीं भूल सकूँगी। मैं कभी भी अपने को माफ नहीं कर सकती। हमें अपने बच्चों को अकेला नहीं छोड़ना चाहिए था।"

इस तरह के मानसिक आघात के घाव (wounds) मानस पटल पर इतने गहरे होते हैं जो कभी भरते (heal) नहीं। फलस्वरूप, बाद में कोई थोड़ा भी आघात पूर्व के आघात को इस प्रकार पुनर्जीवित कर देता है कि व्यक्ति उसे बर्दाश्त नहीं कर पाता और वह मानसिक रूप से विक्षुब्ध रहने लगता है, उसके व्यवहार अस्थिर (unstable) हो जाते हैं और बीमार रहने लगता है। इस प्रकार के आघातों के असर को निम्न कुछ बिंदुओं के माध्यम से समझा जा सकता है—

(क) आघात के कारण व्यक्ति की अनुक्रिया (responses) अनुकूलित (conditioned) हो जाती है और अनुकूलित अनुक्रियाएँ (conditioned responses) सहज ही सुस्थापित (readily established) होती हैं जो विलोपन प्रतिरोधी होने के कारण (being extinction resistent) विलुप्त नहीं होतीं। इस प्रकार आघातपूर्ण अनुभव (traumatic experience), जैसे—तालाब में किसी को तैरते समय डूबने के कारण उत्पन्न सदमा (shock) इतना गहरा बैठ जाता है कि व्यक्ति किसी भी तरह के पानी के बहाव (जैसे—नल से पानी का गिरना, भारी वर्षा के कारण सड़कों पर पानी का जमाव आदि) से वह भयभीत होने लगता है जिसे 'अकुआ फोबिया' (Aqua fobia) कहते हैं।

(ख) किसी एक परिस्थिति का आघातपूर्ण अनुभव (traumatic experience) दूसरी परिस्थितियों से सामान्यीकृत (generalise) हो जाता है। जैसे—यदि कोई बालक नदी के पानी से आघातपूर्ण अनुभव के कारण भयभीत होता है तो वह नाव पर चढ़ने, पानी जहाज की सवारी करने अथवा नदी या समुद्र के किनारे जाने से भी भय खाने लगता है।

(ग) चूँकि आघातपूर्ण अनुभव के कारण हमारा सांवेगिक अनुकूलन (emotional conditioning) होता है, इसलिए, अनुक्रियाओं को सीखने में तर्कणापरक (rationality) या समस्या समाधान (problem solving) जैसी मानसिक प्रक्रियाओं का कोई हाथ (role) नहीं होता। फलस्वरूप जब कभी समान तरह की परिस्थिति उत्पन्न होती है तो व्यक्ति की अनुकूलित सांवेगिक अनुक्रियाएँ (conditioned emotional responses) पुनःसक्रिय (reactivate) हो उठती हैं। फलस्वरूप, व्यक्ति तर्कणापरक (rational) मूल्यांकन (appraisal) कर किसी दूसरी प्रकार की अनुक्रिया, जो अपेक्षाकृत अधिक समायोजी (adaptive) सिद्ध हो सके, का निर्णय करने में असमर्थ हो जाता है।

इस प्रकार, स्पष्ट है कि आघातपूर्ण अनुभवों और खासकर जीवन के प्रारंभिक वर्षों के आघातपूर्ण अनुभवों के कारण हमारे व्यवहार प्रभावित होते हैं जो सांवेगिक रंगों से रंजित (emotionally coloured) होते हैं।

लेकिन, प्रारंभिक आघातों के भावी प्रभाव में वैयक्तिक विभिन्नता भी पाई जाती है। यह बच्चों की संवेदशीलता (sensitivity) पर निर्भर करता है। ऐसा देखा जाता है कि कुछ बच्चों में उत्पन्न ऐसे अनुभवों के भावी प्रभाव माता–पिता अथवा इसी तरह के दूसरे किसी महत्वपूर्ण व्यक्ति के अवलंबन (support) पर निर्भर करता है। खासकर जब इस प्रकार के अनुभवों के कारण बच्चों में अयोग्यता या स्वयं के अवमूल्यन (self inadequacy or devaluation) की भावना उत्पन्न हो तो दूसरों का अवलबन (support) के फलस्वरूप बच्चे धीरे–धीरे अपनी भावना को सार्थक दिशा देने में समर्थ हो जाते हैं। इसके अतिरिक्त कुछ बच्चे ऐसे भी होते हैं जिन पर आघातपूर्ण अनुभवों का भावी प्रभाव क्षणिक (temporary) काल के लिए होता है। लेकिन, यह भी देखा गया है कि यदि इस प्रकार के अनुभव बार–बार होते हैं, तो बच्चों के व्यक्तित्व का सामान्य विकास बुरी तरह प्रभावित होता है जिसके फलस्वरूप व्यक्तित्व विघटित यानी टूट (disrupted) सा जाता है, क्योंकि ऐसे अनुभवों की छाप पूरी तरह से मिट नहीं पाती।

यहाँ यह भी ध्यान देने योग्य है कि यद्यपि उपरोक्त अनुच्छेदों में प्रारंभिक आघातों के विकृत प्रभावों पर बल दिया गया है, लेकिन आघातपूर्ण अनुभव जीवन के किसी भी मोड़ पर व्यक्ति के व्यक्तित्व एवं समायोजन को कुप्रभावित कर सकते हैं जैसा कि पृ. 238 पर दिए गए एक महिला के काल्पनिक दृष्टांत में वर्णन किया गया है। इसके बावजूद, सामान्यतः यह देखा जाता है कि प्रारंभिक आघातपूर्ण अनुभवों के कुप्रभाव दूरगामी होते हैं। इसका कारण यह है कि बचपन की अवस्था में समीक्षात्मक या आलोचनात्मक मूल्यांकन (critical evaluation) की योग्यता, विमर्श क्षमता (reflection) एवं आत्म सुरक्षा के तंत्र (self defensive mechanisms) अविकसित रहते हैं। जबकि किशोर या युवावस्था तक इनका विकास हुआ रहता है। फलस्वरूप, व्यक्ति समान तरह के पूर्व अनुभवों एवं उनकी सीमाओं से अवगत रहने के कारण उसी संदर्भ में आघाती अनुभवों का प्रत्यक्षण करता है तथा अपनी तर्कणा शक्ति, समीक्षात्मक योग्यता, वैचारिक विमर्श एवं आत्मसुरक्षा तंत्रों का उपयोग कर सकने के कारण इनके कुप्रभाव अपेक्षाकृत क्षणिक होते हैं।

9.5 विकृत अंतःपारस्परिक संबंध (Psychopathic Interpersonal Relationships)

"हमारी संस्कृति में जीवन को प्रभावित करने के समस्त प्रयत्नों में अंतरंग संबधों की तलाश (quest for intimate relationship) सर्वाधिक महत्वपूर्ण होती है—जिसके लिए व्यक्ति लालायित रहता है (longed for), स्वप्न देखता है (dreamed about), चहकता है (sung about), दिल्लगी करता है (joked about), तथा जिसे अभिशप्त (ecstasies) भी समझता है। मानव के चंद ही ऐसे अनुभव होते हैं जो कसक उत्प्रेरक हों (inspire the pangs), आह्लादिक (joyous) करने वाले हों, आशंका (fears) एवं विदारक (tears) होते हों तथा अंतरंगता (intimacy) के विकास एवं वृद्धि (development and growth) के साथ–साथ चलते हों। ऐसे रिश्तों को आवश्यकता की पूर्ति (fulfilment of needs), बलाघात या प्रतिबल (stress) एवं चुनौतियों (challenges) के बृहद स्रोत (major source) के रूप में पहचान की जाती है।"

उपरोक्त उक्ति से स्पष्ट है कि अंतरंग संबंध मानव जीवन का एक अपरिहार्य संबंध है, क्योंकि व्यक्ति की आवश्यकताओं की पूर्ति का यह एक बृहद जरिया या माध्यम होता है। लेकिन, एक–दूसरे से प्रेम एवं स्नेह (love and affection) साझेदारी (share) करने में वैयक्तिक विभिन्नता (individual differences) पाई जाती है। साथ ही, इस रिश्ते में मोहभंग (disillusionment), चोट (hurt) एवं आघात (trauma) की घटनाएँ भी होती हैं जो व्यक्ति की मनोदशा को प्रभावित कर बीमार कर डालती हैं। अतः प्रस्तुत अनुच्छेद में वैवाहिक अस्थिरता (marital instability) एवं अन्यान्य तरीकों से समायोजी व्यवहारों को बिगाड़ने (damage) में इसके हानिकर प्रभावों का वर्णन किया जा रहा है।

9.5.1 वैवाहिक अस्थिरता (Marital Instability)

प्रायः हम सभी अपने अंतरंग संबंधों की तलाश को 'दाम्पत्य जीवन' यानी विवाह (marriage) के माध्यम से पूरा करते हैं और प्रत्येक व्यक्ति अपने जीवन के किसी–न–किसी उम्र में वैवाहिक बंधन को स्वीकार करते हैं तथा एक सुखद घरेलू जीवन की कामना करते हैं। लेकिन, इस लक्ष्य (goal) की प्राप्ति कभी–कभी दुर्ग्राह्य (elusive) प्रतीत होती है जब व्यक्ति के समक्ष तलाक (divorce) अथवा पारस्परिक विलगाव (separation) की नौबत आती है। यदि संपूर्ण भारत में इस तरह के आँकड़ों को एकत्र करें तो लगभग आधी आबादी (50%-60%) के समक्ष इस तरह की परिस्थितियाँ आती हैं जिसमें तलाक, विलगाव, दहेज प्रताड़ना, घरेलू हिंसा (domestic violence), परस्पर झगड़े, मनोव्यथा (heart ache), पारस्परिक मनमुटाव (bickering feelings of wasted opportunity), आदि से संबंधित मामले शामिल हैं। प्रतिशत के आँकड़े इससे अधिक भी संभव है, क्योंकि अनेक ऐसे मामले प्रकाश में आते ही नहीं हैं।

इस प्रसंग में यह भी विचारणीय है कि आधुनिक समय में वैवाहिक संबंधों की परंपरा में काफी परिवर्तन हुए हैं। पूर्व समय में वैवाहिक रिश्तों की बुनियाद आर्थिक जरूरतों की पूर्ति हुआ करती थी जिसमें पुरुष प्रधान व्यवस्था के कारण सभी प्रकार के अधिकार पति को ही प्राप्त थे और स्त्रियों के हिस्से में केवल कर्तव्य या फर्ज था। लेकिन, आधुनिक समय में यह परंपरा बदली है। आजकल पति और पत्नी के रिश्ते पारस्परिक सहयोग तथा अधिकार एवं कर्तव्यों में बराबर की हिस्सेदारी होती है। लेकिन, आधुनिक समय में परस्पर साझेदारी का निर्वहन, एक–दूसरे को प्यार एवं स्नेह देने और लेने की कला, परस्पर संवेगात्मक सहयोग एवं अवलंबन (emotional support) तथा एक सुरक्षित घरेलू आधार (secured home base) बनाना अत्यंत ही दुष्कर (difficult) हो गया है।

आधुनिक समय में शहरीकरण (urbanisation) की पनपती संस्कृति (emerginig culture) भी एक अतिरिक्त समस्या बनती जा रही है। वर्तमान समय में संयुक्त परिवार की जगह 'एकल परिवार' (single family) का प्रचलन बढ़ता जा रहा है। इसलिए आधुनिक समय में संबंधों का जाल (network) अपेक्षाकृत 'लघु' और 'अस्थिर' (unstable) ढँग का हो गया है। संवेगात्मक अवलंबन अत्यंत ही सीमित होता जा रहा है। ऐसे में वैवाहिक परंपरा में भी विविध परिवर्तन देखे जा रहे हैं। आज के समय में स्थायी विवाह से पूर्व 'लिव–इन रिलेशनशिप' (live-in-relationship) अर्थात् 'ट्रायल मैरेज' (trial marriage) की परिपाटी चल पड़ी है। इस प्रकार, यह एक प्रकार का आधुनिक असमंजस (modern dilemma) की स्थिति है जिसमें एक तरफ वैवाहिक स्थिरता (marital stability) घटती जा रही है, और दूसरी तरफ इस तरह के संबंध बनाने की माँग बढ़ती जा रही है। इसलिए यह एक संकटपूर्ण स्थिति है जिसके कारण अनेक समस्याएँ उत्पन्न हो रही हैं।

रुग्ण संबंधों के प्रकार (Types of pathogenic relationships): यों तो अंतःपारस्परिक संबंधों में विकृति के अनेक प्रकार हो सकते हैं क्योंकि प्रत्येक अंतःपारस्परिक संबंध के आधार भिन्न–भिन्न होते हैं। फिर भी, अंतरंग पारस्परिक संबंधों की रुग्णावस्था (pathogenic conditions) के तीन प्रकारों की पहचान विशेष रूप से की गई है जो कुसमायोजन को पल्लवित एवं पोषित करने की दृष्टि से महत्वपूर्ण होते हैं। ये तीन प्रकार निम्नलिखित हैं–

(क) कपटी अंतःपारस्परिक अनुबंध (Fraudulant interpersonal contract)

(ख) साँठ–गाँठ (Collusion) एवं

(ग) कोलाहलपूर्ण अंतःपारस्परिक प्रतिरूप (Discordant interpersonal pattern)

(क) कपटी अंतःपारस्परिक अनुबंध (Fraudulant interpersonal contract): इस प्रकार के अंतःपारस्परिक रिश्तों की बुनियाद वैयक्तिक हितों की पूर्ति की दृष्टि से रखी जाती है। इसमें इकरारनामा की शर्तों में भी इच्छानुसार बदलाव या उल्लंघन किया जाता है। जैसे मान लें A और B में अंतरंग संबंध की स्थापना हेतु कुछ शर्तें हों जिसे A B की शर्तों को स्वीकार कर संबंध बनाने को तैयार होता है। लेकिन, बाद में B कुछ नयी शर्त जोड़ देता है और A उसे भी स्वीकार कर लेता है। लेकिन, कुछ समय बाद जब A वास्तविक लक्ष्य प्राप्त कर लेता है तब वह B को कुछ विशेष शर्त मानने के लिए विवश करता है। इसी तरह B भी कुछ समय बाद A के समक्ष कुछ और शर्त रखता है। इस प्रकार इकरारनामा की शर्तों में सदैव हेर–फेर होते रहने के कारण–संबंध कटु हो जाता है तथा टूट जाता है।

इस संबंध में एक वास्तविक उदाहरण देना उचित प्रतीत होता है। लेखक के एक परिचित व्यक्ति हैं जो काफी धनी एवं सरकार के उच्चपदस्थ सेवा में रहे हैं। दुर्भाग्य से हाल ही में उनकी मृत्यु हो गई। सन 2003 में उनकी इकलौती पुत्री, जो अच्छी खासी शिक्षित लड़की है, ने एक लड़के के साथ वैवाहिक रिश्ता के लिए अनुबंध किया। दोनों पक्ष के अभिभावकों ने उनके रिश्ते की मंजूरी दे दी। कुछ ही समय पश्चात् लड़की ने लड़के से शर्त रखी कि उसे एक खास शहर में नौकरी करनी होगी जहाँ रहने के लिए लड़की के माता–पिता एक सुंदर–सा फ्लैट खरीदेंगे तथा लड़की भी वहीं नौकरी करेगी और इस प्रकार दोनों की आय अधिक और आवासीय व्यय की बचत होगी। लड़के ने यह शर्त मान ली। फिर कुछ समय बाद लड़की ने पुनः एक प्रस्ताव दूसरी नौकरी

की तलाश करने की रखी इस तरह बार–बार नई–नई शर्तों से आजीज आकर लड़के ने दूसरे महानगर में कम मासिक पर नौकरी स्वीकार कर ली और पत्नी से कहा–इसी आय में हम रिश्तों का निर्वाह करने का प्रयास करें। लड़की को यह पसंद नहीं आया और उसने तलाक लेने हेतु याचिका दायर कर दी। अब वह लड़की अपने माता–पिता से अपने व्यक्तिगत खर्च के लिए अच्छी–खासी राशि की माँग रखती है तथा उनके साथ ही रहती भी है। यद्यपि उसके परिजन रिश्ते का अनुबंध जारी रखने का भरपूर प्रयास कर रहे हैं, लेकिन, स्थिति अभी भी जस–की–तस ही है। यदि इनके बीच का रिश्ता टूटता है तो दोनों को क्षति उठानी पड़ेगी, साथ–ही–साथ दोनों के परिवारों से भी लोगों को भारी बलाघातक स्थिति (stressful situation) से गुजरना पड़ रहा है।

(ख) साँठ-गाँठ के रिश्ते (Collusion relationships): इस प्रकार के रिश्तों में दोनों संगी (both the partners) अनकहे रूप से (tacitly) कुछ कुसमायोजित व्यवहार प्रतिरूपों (maladaptive behaviour patterns) का अनुसरण करने हेतु परस्पर सहमति रखते हैं जिसके लिए आदर्श (norms) या मानदंड (standard) का खुद चयन करते हैं, और इस प्रकार समाज द्वारा सुस्थापित सुसमायोजन के आदर्शों (well established norms of the society) का उल्लंघन करते हैं, इस प्रकार दोनों संगी एक तरह से कपट संधि (conspiracy) के आधार पर रिश्ता बनाते हैं। उदाहरण के लिए, मान लें कोई व्यक्ति बहुत अधिक शराब पीता है और वह किसी लड़की से अंतरंग संबंध इस समझौता के तहत कायम करता है कि वह उसके शराब पीने की आदत को सामान्य और सहज ढँग से स्वीकार कर लेगी। वह इसे इसलिए स्वीकार करती है कि उसे यह महसूस होता है कि इस रिश्ते से वह फायदे में रहेगी, अथवा यह उम्मीद रखती है कि शायद बाद में वह इस आदत को छोड़े सकता है। फायदा से तात्पर्य उसकी प्रोपर्टी को हथियाना, दूसरों से रिश्ता को जारी रखना आदि कुछ भी हो सकता है। निःसंदेह इस प्रकार का कपट संधि के आधार पर स्थापित अंतरंग संबंध कुसमायोजित स्वरूप (maladaptive nature) के होते हैं क्योंकि समाज के नियमों एवं आदर्शों के प्रतिकूल रिश्ते असामान्य हैं तथा ऐसे रिश्ते टिक नहीं पाते। इस प्रकार के रिश्तों को कानूनी रूप से भी नाजायज माना जाता है क्योंकि समाज पर इसका बुरा प्रभाव पड़ता है तथा संधि के तहत जो फायदे होते हैं वे गैरकानूनी होते हैं। इसका कुप्रभाव साझेदारों के वैयक्तिक समंजन, यौन क्रिया से संबंधित समंजन और सामाजिक व्यवस्था पर भी पड़ता है। उदाहरणार्थ–इस तरह के रिश्तों के कारण अनेक अवसरों पर सामाजिक उपद्रव जैसी स्थितियाँ भी उत्पन्न होती हैं। इसका ताजा उदाहरण भारत के कई राज्यों में हाल में भी देखने को मिले हैं जहाँ अंतरंग संबंध स्थापित करने हेतु कपट संधि करने के बाद एक संगी दूसरे पर धर्म परिवर्तन या आंतकी बनने से संबंधित कुछ षड्यंत्रों का पता चला है। इस तरह के षड्यंत्र में कई गणमान्य लोगों की अंतःलिप्तता के भी संकेत मिले हैं जिनकी पड़ताल की प्रक्रिया अभी तक चल रही है।

इस प्रकार के रिश्तों में कभी एक संगी प्रस्ताव रखता है जिसे दूसरा स्वीकार करता है या कभी–कभी दोनों संगी एक–दूसरे को प्रस्ताव रखते हैं जिन्हें दोनों चुपचाप चालाकी यानी धूर्ततापूर्वक स्वीकार कर लेते हैं। इस प्रकार के रिश्ते कुछ समय बाद दोनों के लिए समस्यामूलक हो जाते हैं जिसके परिणामस्वरूप इनके रिश्ते को बरकरार रखना मुश्किल होता है।

(ग) मतभेद पूर्ण अंतःपारस्परिक प्रतिरूप (Discordant interpersonal pattern): अंतरंग संबंधियों के बीच एक–दूसरे से मतभेद (dessention), असहमति (disagreement), विरोध (contradiction) और अंतःपारस्परिक संघर्ष (interpersonal conflict) रिश्तों की गुणवत्ता (quality of relationships) एवं स्थिरता (stability) के साथ–साथ रिश्ते से जुड़े संगियों (patterns) के लिए भी हानिकर है। इस प्रकार का मतभेद प्रायः उस स्थिति में उत्पन्न होता है जब दोनों संगी एक–दूसरे के प्रति प्रत्याशित भूमिका (expected roles) नहीं कर पाते अथवा रिश्तों के सहमत बिंदुओं (agreed upon points) से भिन्न या 'परे' आचरण करते हैं। इस प्रकार की असहमति या मतभेद के कारण निराशा के भावों की अभिव्यक्ति तंग करने (nagging), अनादर करने (belittling), या जान–बूझकर (purposively) एक–दूसरे को खिजाने (annoy) हेतु विशेष प्रकार की हरकतें की जाती हैं।

इस प्रकार के अंतःपारस्परिक संघर्ष दोनों के मूल्यों में भिन्नता के कारण होते हैं। मूल्यगत भिन्नता (values differences) विविध विषयों से संबंधित असहमति (disagreement) के रूप में प्रकट होती है। ऐसे विषयों में यौन संबंधी व्यवहार (sex related behaviour), पैसों का व्यय किस प्रकार से किया जाता है आदि भी शामिल रहते हैं।

असहमति चाहे जिस कारण से भी हो, निःसंदेह ऐसे संबंध निराशाजनक होते हैं तथा उनके व्यवहारों पर इसके विकृत प्रभाव (pathogenic effect) पड़ता है।

साधारणतः वैवाहिक रिश्तों के निर्वहन में अपरिपक्व व्यक्ति (immature person) अथवा कुसमायोजित व्यक्ति (maladjusted person) ही विफल होते हैं।

9.6 गंभीर बलाघात/प्रतिबल (Severe Stress)

विकृत व्यवहारों के विविध कारणों का वर्णन किया गया है जिसमें मानसिक आघात (psychic trauma), वैवाहिक रिश्तों से संबंधित विकार आदि की चर्चा की जा चुकी है। लेकिन, इस क्रम में गंभीर बलाघात या प्रतिबल (severe stress) की भी महत्वपूर्ण भूमिका होती है इसके घातक प्रभावों का वर्णन अध्याय 8 में पृ. सं. 198-199 पर किया गया है। अतः यहाँ उनकी पुनरावृत्ति नहीं की जा रही है।

9.7 सामाजिक-सांस्कृतिक कारक (Socio-cultural Factors)

मनोविकारी व्यवहारों (psychopathogenic behaviours) के विकास में सामाजिक एवं सांस्कृतिक तत्वों का भी महत्वपूर्ण हाथ रहता है। यद्यपि सामाजिक–सांस्कृतिक प्रतिमान (socio-cultural model), आदर्श (norms), मूल्य (values), मानदंड (standard) आदि में विभिन्नता पाई जाती है, फिर भी प्रत्येक समाज में कुछ कुरीतियाँ पाई जाती हैं जिनका प्रभाव व्यक्ति के सामान्य समायोजन पर पड़ता है। उदाहरणार्थ–गरीबी एक सामाजिक–आर्थिक स्तर (socio-economic status) है। इस स्तर के विकासशील बच्चों को सामान्य विकास एवं वृद्धि (normal development and growth) के लिए आवश्यक संसाधनों (resources) से वंचित (deprived) होना पड़ता है। फलतः ऐसे बालक 'मनोविकार' के प्रति अधिक संवेदनशील (more sensitive) होते हैं। इसी तरह पूर्वाग्रह (prejudices), सामाजिक भेदभाव (social discrimination), बेरोजगारी (unemployment), लैंगिक विषमता या भेदभाव (gender discrimination), तीव्र गति से सामाजिक–सांस्कृतिक परिवर्तन (rapid-socio-cultural changes), तकनीकी परिवर्तन (technological changes), बढ़ती हुई प्रतिस्पर्धाएँ (increasing competitions) आदि कुछ ऐसी स्थितियाँ हैं जो गहरे स्तर पर और जटिल ढँग से व्यक्ति के व्यवहारों पर प्रतिकूल प्रभाव डालती हैं और मनोविकारों को जन्म देती हैं। हमारे समाज में असामान्यता के ऐसे अनेक उदाहरण उग्रवाद (extremism) एवं आतंकवाद (terrorism) की समस्या के रूप में, बढ़ते हुए अपराधी व्यवहार (criminal behaviour) के रूप में, व्यसन में (addictions) में बढ़ोत्तरी, आत्महत्या (suicide) की घटनाओं आदि रूपों में प्रकट होते हैं। यद्यपि, इन गोचरों (phenomenon) के बारे में प्राप्त जानकारी अपर्याप्त है, फिर भी आजकल इन घटनाओं एवं इनके असामान्य व्यवहारों के बीच के संबंधों के बारे में नकारा (negate) नहीं जा सकता। यही कारण है कि आधुनिक समय में मनोवैज्ञानिक, मनश्चिकित्सक एवं सामाजिक कार्यकर्ता मानस रोगों एवं असामान्य व्यवहारों के बारे में भलीभाँति ढँग से समझने हेतु, इनके सामाजिक–सांस्कृतिक पहलुओं के बारे में जानकारी प्राप्त करने पर जोर देते हैं।

इसका कारण यह है कि सामाजिक एवं सांस्कृतिक परिस्थितियाँ हमारे व्यवहारों को आकार (shape) प्रदान करती हैं। सामाजिक–सांस्कृतिक कारणों में सामाजिक संरचना (social structure), सामाजिक संबंधों के जाल (network of social relationships), सामाजिक संवाद (social communication), सामाजिक भूमिका (social roles), सामाजिक परिस्थितियाँ (social situations), युद्ध एवं हिंसा (war and violence), सांप्रदायिक तनाव (commercial tensions) आदि महत्वपूर्ण हैं।

अध्ययनों में देखा गया है कि कुछ परिवार ऐसे होते हैं जहाँ असामान्यता के पनपने की संभावना प्रबल होती है जैसे—उलझन भरी पारिवारिक संरचनाओं (enmeshed family structure) में परिवार के सदस्य सदैव दूसरों की गतिविधियों पर नजर रखने में अतिशय दिलचस्पी रखते हैं। फलस्वरूप, ऐसे परिवार के बच्चों को स्वतंत्र जीवनयापन करने में कठिनाई होती है। इसी तरह अकेलापन (isolation), या सामाजिक समर्थन का अभाव (lack of social support) भी अवसाद (depression) का कारण बनता है। कुछ अध्ययनों में यह भी देखा गया है कि कुछ समाजों में प्रत्येक सदस्य को विशिष्ट वर्ग नाम (label) प्रदान किए जाते हैं और जब वे वर्ग नाम के लिए निर्धारित सामाजिक मानदंडों (standards) का उल्लंघन करते हैं तो ऐसे लोगों को 'विचलित' (deviant) अथवा मानसिक रूप से अस्वस्थ (mentally ill) कहा जाता है। इस प्रकार का लेबल उनके साथ इस तरह चिपक जाता है कि ऐसे लोगों को सब लोग सनकी या पागल (crazy) की दृष्टि से देखने लगते हैं और अंततः वह व्यक्ति खुद भी एक अस्वस्थ व्यक्ति की भूमिका (role) करने लगता है और उसकी सामान्य क्रियाएँ भी दूषित रूप ही होने लगती हैं।

9.8 प्रवृत्ति-प्रतिबल प्रतिमान (Diathesis-stress Model)

इस प्रतिमान (model) का मानना है कि 'मनोविकार' कुछ 'पूर्व प्रवृत्त' (predisposed) कारणों द्वारा भी विकसित होता है। ये पूर्व प्रवृत्त कारण व्यक्ति में जैविक रूप से (biologically) पहले से ही विकार (disorder) को प्रवृत्त करने की वृत्ति (tendency) के रूप में विद्यमान रहते हैं जो बाद में किसी प्रतिबलकारी या बलाघातक स्थिति (stressing situation) के उत्पन्न होने पर स्वाभाविक रूप से (naturally) विकारयुक्त भाव, संवेग या व्यवहार प्रतिरूप (disordered feelings, emotions or behaviour patterns) उत्पन्न होते हैं। इस प्रकार, यह एक अंतर्निहित प्रवृत्ति है जो अवसर मिलते ही किसी प्रवाही कारण (precipitating factor) से प्रेरित होकर उत्पन्न होती है। किसी मनोविकार की ओर पहले से ही प्रवृत्त (पूर्व प्रवृत्त—predisposed) होने की स्वाभाविक प्रकृति को ही 'डाइथेसिस' (diathesis) कहते हैं जिसका अर्थ 'रोगोन्मुख' (disorder oriented) होना होता है। कहने का अभिप्राय यह है कि कुछ लोगों के व्यक्तित्व में कुछ ऐसे गुण होते हैं जो किसी मनोरोग (psychic disorder) के प्रति संवेदनशील (sensitive) बनाते हैं। फलतः ऐसे व्यक्तियों में उक्त मनोरोग से पीड़ित होने की संभावना बढ़ जाती है। वातावरण की कुछ परिस्थितियाँ भी ऐसी होती हैं जो व्यक्ति पर अतिरिक्त माँग (additional demand) का दबाव (pressure) बनाए रखती हैं। इन अतिरिक्त माँगों के कारण व्यक्ति प्रतिबल यानी बलाघात (stress) का अनुभव करता है तथा उसका सामना करते रहने के फलस्वरूप एक समय ऐसा आता है जब व्यक्ति अपने को 'टूटा हुआ' (broken) अनुभव करता है। इस प्रकार की अनुभूति की अभिव्यक्ति मनोविकार के लक्षणों के माध्यम से होती है। इस 'मॉडेल' के आधार पर मनोविदालता (schizophrenia), चिंता (anxiety), अवसाद (depression) आदि रोगों की व्याख्या की गई है।

यहाँ यह उल्लेखनीय होना चाहिए कि मनोविकार के विभिन्न कारकों का प्रभाव स्वतंत्र रूप से अलग–अलग नहीं पड़ता है अपितु, विभिन्न कारकों की पारस्परिक अंतःक्रिया (mutual interaction) महत्वपूर्ण होती है। इसलिए मनोविकारों के निदान एवं चिकित्सा हेतु सभी कारकों पर ध्यान देने की जरूरत पड़ती है।

9.9 सारांश (Summary)

1. मानस रोगों अर्थात् मनोरोगों (psychic disorders) के कारणों के संबंध में जो अलग–अलग मॉडेल्स प्रस्तावित किए गए हैं उनमें मतैक्य का अभाव है इसका कारण यह है कि विभिन्न मॉडेल्स अलग–अलग आधारभूत मान्यताओं (basic assumptions) के अनुरूप विकसित किए गए हैं।

2. फिर भी, ये 'मॉडेल्स' मनोरोगों के कारणों के बारे में जानने या समझने हेतु महत्वपूर्ण हैं क्योंकि मनोरोगियों की चिकित्सा में ये मॉडेल्स काफी मददगार सिद्ध होते हैं।
3. विभिन्न मॉडेल्स में मतैक्य के अभाव के बावजूद, एक महत्वपूर्ण अंतर्निहित तथ्य (implicit fact) यह है कि अतिबलाघातक स्थिति (excessive stressful situation) के कारण मनोवैज्ञानिक वियोजन या अपघन (psychological decomposition) की प्रक्रिया होती है और इस प्रकार व्यक्ति मनोरोग का शिकार होता है।
4. मानस रोगों के कारण—प्राथमिक (primary), पूर्व प्रवृत्त (predisposing), प्रवाही या अवक्षेपी (precipitating) एवं प्रबलनकारी (reinforcing) वर्गों के हो सकते हैं।
5. मानस रोगों के कारणों की एक मुख्य विशेषता यह होती है कि ये कारण जटिल स्वरूप के होते हैं, अतः क्लिनिसियन को इनके दुश्चक्रों (viscious circles) को भलीभाँति ढँग से समझने की जरूरत पड़ती है।
6. मनोव्याधि के कारणों को मौटे तौर पर तीन श्रेणियों में बाँटा जा सकता है—जैविक कारण (biological causes), मनोसामाजिक कारण (psycho-social causes) तथा सामाजिक–सांस्कृतिक कारण (socio-psychological causes) |
7. जैविक कारणों में आनुवंशिक दोष (genetic defects), गुणसूत्रीय गड़बड़ियाँ (chromosomal defects), अंतःस्त्रावी दुष्क्रिया (dysfunctions of endocrines), शरीर रचना की दुर्बलता (constitutional weakness), मस्तिष्कीय दुष्क्रिया (dysfunction of brain), एवं शारीरिक वंचना (physiological deprivation) महत्वपूर्ण हैं।
8. मनोसामाजिक कारणों में मातृसुलभ वंचना (maternal deprivation), पारिवारिक प्रतिरूप का विकृत होना (pathogenic family pattern), प्राथमिक मानसिक आघात (early psychological trauma), खराब अंतःपारस्परिक संबंध (bad interpersonal relationships), आधुनिक जीवन की बलाघातक स्थितियाँ (stressing situations of modern life) आदि महत्वपूर्ण कारक हैं जो व्यक्ति को मनोरोगी बनाते हैं।
9. मनोविकारी व्यवहारों के विकास में सामाजिक एवं सांस्कृतिक कारकों का भी महत्वपूर्ण योगदान होता है। ऐसे कारकों में सामाजिक कुरीतियाँ, गरीबी, बेरोजगारी, द्रुतगति से सामाजिक परिवर्तन, तकनीकी परिवर्तन, युद्ध एवं हिंसा आदि कारकों का व्यक्ति के समायोजी व्यवहारों पर कुप्रभाव पड़ता है।
10. मनोविकार के कुछ प्रवृत्त कारक (predisposing factor) व्यक्ति के व्यक्तित्व में पहले ही विद्यमान रहते हैं। ऐसे कारकों को 'डायथेसिस' (Diathesis) कहते हैं जो किसी प्रवाही कारक (precipitating factor) के उपस्थित होने पर स्वतःस्फूर्त ढँग से व्यक्ति को मनोरोगी बनाता है।

10

मनःस्नायुविकृति या न्यूरॉसिस[1] (Psychoneurosis or Neurosis)

अध्याय रूपरेखा (Chapter Outline)

1. 'न्यूरॉसिस' (neurosis) शब्द का इजात (coin) इंगलिश मैन 'विलियम गुलेन' (Willium Gullen) ने अपनी पुस्तक "Systems of Nosology," जो 1769 में प्रकाशित हुई थी, में किया है जिसका अर्थ स्नायुतंत्र (nervous system) की विकृत संवेदना (disordered sensation) होता है।

नोटः इस अनुच्छेद में 'मनःस्नायुविकृति के बदले अंग्रजी के शब्द न्यूरॉसिस अथवा न्यूरॉटिक शब्दों का ही प्रयोग किया गया है।

10.1 स्वरूप (Nature)

हम अपने दैनिक जीवन में अनेक ऐसे लोगों को पाते हैं जो या तो अधिक दुखी हैं या अति प्रसन्न। हम ऐसे और भी अन्य लोगों को पाते हैं जो किसी–न–किसी प्रकार की मनोवैज्ञानिक (मानसिक) समस्याओं से ग्रस्त हैं, जैसे–आतंकित, आशंकित और चिंतित रहना, विफलता और निराशा से ग्रस्त रहना, क्रोध और विषाद से परेशान रहना, वास्तविकता का सामना करने से घबराना तथा अपने को अक्षम समझना आदि हमारे दैनिक जीवन की सामान्य अनुभूतियाँ हैं। ऐसी समस्याओं से ग्रस्त व्यक्ति को सामाजिक संबंध बनाने अथवा उन्हें बनाए रखने में कठिनाइयाँ होती हैं। कुछ अपने परिजनों, रिश्तेदारों या जान–पहचान वाले मित्रों को दोषी ठहराते हैं तो कुछ स्वयं को दोषी मानकर भारी कुंठा का शिकार होते हैं। ऐसी सभी समस्याएँ मूलतः मनोवैज्ञानिक या मानसिक स्वरूप की होती हैं तथा आमतौर पर इन्हें 'पागल' (mad), या 'सनकी' (eccentric) कह कर संबोधित किया जाता है।

तेज रफ्तार से हो रहे सामाजिक एवं तकनीकी परिवर्तनों के कारण इस प्रकार की समस्याएँ भी तेजी से बढ़ रही हैं। जिसके परिणामस्वरूप चिंता, विषाद, अकारण भय एवं अन्यान्य व्यक्तित्व संबंधी विकार का भी विस्तार हो रहा है लेकिन, यदि इन समस्याओं पर वैज्ञानिक ढँग से विचार किया जाए तो हम पाएँगे कि वास्तव में ऐसे लोग वैसे नहीं है, जैसा वे दिखते हैं। वास्तव में वे मानसिक रूप से बीमार हैं जिनके कारण वे दुखी और चिंतित रहते हैं तथा सामान्य रूप से समायोजन (adjustment) की समस्याओं से ग्रसित हैं। कुछ लोगों में ये समस्याएँ साधारण (minor) स्वरूप की होती हैं जिन्हें 'न्यूरॉटिक' (neurotic) कहते हैं तो कुछ लोगों की समस्याएँ काफी गंभीर स्वरूप (severe nature) की होती हैं जिन्हें मनोविकृतिक (psychotics) कहते हैं।

प्रस्तुत अध्याय में 'न्यूरॉटिक्स' (neurotics) के विविध प्रतिरूपों (patterns) का वर्णन किया जा रहा है। मनोविकृति (psychosis) के बारे में अगले अध्याय में वर्णन किया जाएगा।

व्यक्ति न्यूरॉटिक व्यवहार का प्रदर्शन प्रायः उस परिस्थिति में करता है, जब वह समायोजन की माँगों का सही मूल्यांकन (correct evaluation) करने में बार–बार विफल रहता है। इससे उसमें चिंता (anxiety) उत्पन्न होती है जबकि एक सामान्य व्यक्ति इस प्रकार की स्थिति को खतरनाक या जोखिम भरा नहीं समझता। लेकिन, न्यूरॉसिस का रोगी आमतौर पर ऐसी परिस्थितियों में ऐसे व्यवहार प्रतिरूप (behaviour pattern) की ओर उन्मुख होता है जो 'समायोजन' के बजाय उस परिस्थिति का परिहार (avoid) करने वाला होता है।

न्यूरॉसिस किसे कहते हैं? (What we call Neurosis?)

'न्यूरॉसिस' (neurosis) साधारण (mild) एवं साध्य (curable) मानसिक विकृति को कहते हैं, जिसमें आंतरिक संघर्ष (inner conflicts) एवं असंगत सामाजिक संबंध (incoherent social relationships) की विशेषता प्रधान रूप से पाई जाती है। न्यूरॉसिस की सर्वाधिक महत्वपूर्ण विशेषता यह होती है कि इसकी उत्पत्ति किसी संवेगात्मक एवं संघर्षमय परिस्थिति तथा निराशा के कारण होती है। ऐसे रोगियों का उपचार मनश्चिकित्सकीय (psychotherapeutic) प्रविधियों (techniques) द्वारा किया जाता है। **'हॉर्ने'** (Horney) ने अपनी पुस्तक 'The Neurotic Personality of Our Times' में न्यूरॉसिस से पीड़ित रोगियों की तीन मुख्य विशेषताओं का उल्लेख किया है–

(i) कठिन परिस्थितियों का सामना करते समय व्यक्ति का अनम्य (rigid) हो जाना।

(ii) वास्तविक उपलब्धि और क्षमता में बहुत अधिक अंतर का होना, एवं

(iii) जीवन से सदा असंतुष्ट एवं दुखी रहना।

इन विशेषताओं के अतिरिक्त न्यूरॉसिस के रोगियों में हीनता (inferiority) की भावना एवं शक्की स्वभाव का होना भी पाया जाता है।

न्यूरॉसिस का विकास अचानक नहीं होता, बल्कि इसका विकास क्रमिक रूप से (gradually) होता है। इसमें व्यक्तित्व का विकास त्रुटिपूर्ण ढँग से होता है, जिसके फलस्वरूप व्यक्तित्व के विविध संरचनात्मक तत्व

कमजोर पड़ जाते हैं। अतः व्यक्ति जीवन की मामूली कठिनाइयों को भी अत्यंत खतरनाक और जोखिम भरा समझ कर सुरक्षा हेतु विकृत उपायों (pathological measures) का सहारा लेता है। इन रोगियों के सामान्य लक्षणों में अकारण थकान और असंतोष की भावना बहुत अधिक रहती है।

संक्षेप में, "मनःस्नायुविकृति से तात्पर्य ज्ञानात्मक, संवेगात्मक और क्रियात्मक प्रक्रियाओं की मध्यम या मंद असामान्यता से है जो अक्सर व्यक्ति को केवल कुछ अंशों में अयोग्य बना देती है तथा जिनके मुख्य लक्षण किसी–न–किसी रूप में चिंता से संबंधित रहते हैं।"[2]—ब्राउन, जे.एफ.

10.2 सर्वनिष्ठ नैदानिक स्वरूप (Common Clinical Picture)

न्यूरॉसिस के सामान्य स्वरूप के बारे में उपरोक्त वर्णन से यह स्पष्ट होता है कि 'न्यूरॉटिक्स' की परेशानियों में अत्यंत ही विस्तृत क्षेत्र के व्यवहार प्रतिरूप शामिल हैं जिनका सार तत्व (core point) **'कुसमायोजित जीवन शैली'** (maladaptive life style) है। इस 'जीवन शैली' की मुख्य विशेषता चिंता (anxiety) एवं सुरक्षोन्मुख व्यवहार (defense oriented behaviour) है।

इस 'जीवन शैली' की दो प्रमुख विशेषताएँ होती हैं—(क) न्यूरॉटिक न्यूक्लियस (Neurotic neucleus) एवं (ख) न्यूरॉटिक पैराडॉक्स (Neurotic paradox)।

10.2.1 न्यूरॉटिक न्यूक्लियस (Neurotic Neucleus)

यह एक वृत्तीय प्रक्रिया (circular process) है जिसमें मूलरूप से व्यक्ति अपने को अपर्याप्त (inadequate) महसूस करता है, किसी समस्या का मूल्यांकन (evaluation) अशुभ या जोखिम (threatening) के रूप में करता है तथा इससे उत्पन्न चिंता (anxiety) का सामना करने के बजाय बचने (to avoid) अर्थात् सुरक्षोन्मुख (defense oriented) प्रतिक्रिया करता है। इस प्रकार की जीवनशैली (lifestyle) की अंतिम परिणति (outcome) 'आत्म पराजय' (self defeating) होती है क्योंकि, इससे व्यक्ति का वैयक्तिक विकास (personal growth) एवं आत्मपूर्ति (self fulfilment)—दोनों बाधित होते हैं। इस प्रकार के व्यक्ति को अंतःपारस्परिक संबंध (interpersonal relationships) स्थापित करने (to establish) एवं उसे बनाए रखने (to maintain) में परेशानियाँ होती है। व्यक्ति अपने को धुंधले रूप में (vaguely) दोषी (guilty) समझता है, क्योंकि वह उपस्थित समस्या का सामना करने की अपेक्षा समस्या का परिहार करने की प्रवृत्ति रखता है, वह असंतुष्ट (dissatisfied) और दुःखी (unhappy) रहता है।

'न्यूरॉटिक न्यूक्लियस' (neurotic nucleus) के तीन केन्द्रीय पहलू (key facets) होते हैं—

(क) अपर्याप्तता का भाव एवं दुश्चिंता (Feelings of inadequacy and anxiety)

(ख) समस्या का सामना करने के बजाय परिहार करना (Avoidance instead of coping)

(ग) आत्म पराजय संबंधी व्यवहार (Self defeating behaviour)

(क) अपर्याप्तता का भाव एवं दुश्चिंता (Feelings of inadequacy and anxiety): मूलरूप से 'न्यूरॉटिक्स' अपर्याप्तता के भाव (feeling of inadequacy) एवं इस जगत में अपने को असुरक्षित (insecure) समझता है क्योंकि वह दुनिया को खतरनाक (dangerous) एवं वैरपूर्ण (hostile) मानता है। यही कारण है कि दैनिक जीवन की अनेक परिस्थितियों का मूल्यांकन (evaluation) खतरा या जोखिम (threatening) के रूप में करता है जो

2. "By psychoneurosis we mean the milder abnormalities of the cognitive, emotional and motor processes, which usually only partially in capacitate the individual and where the basic symptoms are somehow concerned with anxiety."—Brown, J.F.

एक सामान्य व्यक्ति नहीं करता। इस खतरा संबंधी दोषपूर्णता (threat vulnerability) के परिणामस्वरूप व्यक्ति प्रतिस्पर्द्धात्मक परिस्थितियों (competitive situations) से भयभीत होकर हल्के–फुल्के गतिरोधों (minor set backs) एवं विफलताओं (failures) के प्रति भी अतिरेक स्वरूप की प्रतिक्रियाएँ (over reactions) करता है। यहाँ तक कि सफलताओं को भी वह भय की आशंका से देखता है, जैसे–पदोन्नति से उसे यह आशंका होती है कि उसकी योग्यता या क्षमता की अपर्याप्तता उजागर हो सकती है। इस प्रकार के खतरों से उसे चिंता (anxiety) होने लगती है जो मनःस्नायुविकृति (neurosis) की विशेषता होती है।

(ख) सामना करने के बजाय परिहार करना (Avoidance instead of coping): प्रारूपिक रूप से 'न्यूरॉटिक्स' एक ऐसी जीवनशैली (lifestyle) बना लेते हैं जिसके कारण वह बचाव या परिहार (avoidant) एवं सुरक्षात्मक (defensive) व्यवहार करने लगते हैं जिससे किसी दबावपूर्ण परिस्थिति (stressing or pressing situation) से उत्पन्न चिंता से वह पलायन (escape) करने का प्रयास करता है। जैसे–किसी परीक्षा में अच्छा प्रदर्शन नहीं करने हेतु वह अपनी अस्वस्थता (ill health) का बहाना (excuse) बनाता है अथवा किसी उपलब्धि को हासिल नहीं करने पर वह अपने अकारण भय (baseless fear) का सहारा लेता है। इस प्रकार, वह उक्त परिस्थिति के प्रत्यक्षीकृत खतरों (perceived threat) से अपने को बचाने का प्रयास करता है, यद्यपि, इस प्रकार के सुरक्षात्मक उपाय शायद ही पर्याप्त होते हैं। फलतः काफी मात्रा में चिंता बरकरार रहती है। यह चिंता तब और अधिक बढ़ जाती है जब 'न्यूरॉटिक' को अपने व्यवहारों की अतार्किकता (irrationality of his behaviour) का बोध होता है, अर्थात् महसूस करता है।

(ग) आत्म पराजित व्यवहार एवं अवरुद्ध विकास (Self defeating behaviour and blocked growth): न्यूरॉटिक्स का सार तत्व यह है कि वह अपने पर पर्दा डालने (to coverup) हेतु मिथ्या बचाव (defending), पलायन (escaping), तथा परिहार (avoiding) के दल–दल (quagmire) में फँस जाता (enmeshed) है। यद्यपि, उसके द्वारा अपनाए गए ये व्यवहार अपनी समस्या से निबटने का उपाय होते हैं लेकिन वस्तुतः इन उपायों के कारण उसका व्यक्तित्व आत्मकेन्द्रित (ego centric), दृढ़ (rigid) एवं 'आत्म पराजय' (self defecting) स्वरूप का हो जाता है। फलतः उसके व्यवहार प्रतिरूप भी तदनुरूप होते हैं। न्यूरॉटिक व्यक्ति यह सोचता है कि इस जालिम और वैरपूर्ण जगत में वह अपने जीवन का संघर्ष (fight for life) कर रहा है, इसलिए अपनी सुरक्षा के लिए जो उपाय निकालता है, उससे दृढ़तापूर्वक चिपका (clinging rigidly) रहता है। अर्थात् उसकी समस्त ऊर्जा उसी 'मिथ्या सुरक्षात्मक तंत्र' (false defensing mechanism) में लगी होती है। फलस्वरूप उसमें दूसरों के बारे में सोचने या विचारने की ऊर्जा शेष नहीं रह जाती। इसीलिए वह दूसरों से अंतःपारस्परिक संबंध (interpersonal relationship) बनाने एवं बनाए रखने में विफल होता है। इस प्रकार उसकी परेशानियाँ कम होने के बजाय बढ़ती जाती है। इस प्रकार, संक्षेप में कहा जा सकता है कि 'न्यूरॉटिक्स' की जीवन शैली (life style of neurotics) एवं उसके द्वारा निर्मित या रचित जटिलताएँ (created complications) आत्म पराजय (self defeat) एवं कुसमायोजन (maladaptation) के साथ–साथ उसके वैयक्तिक विकास को (personal growth) भी बाधित करता है।

10.2.2 न्यूरॉटिक पैराडॉक्स (विरोधाभास) (Neurotic Paradox)

प्रायः प्रत्येक व्यक्ति सामाजिक रूप से व्यावहारिक (pragmatic) होना चाहता है। इसलिए वह समायोजन की माँग (adjustive demand) के अनुसार अपने व्यवहार में परिवर्तन या परिमार्जन (modification) लाने का प्रयास करता है तथा नए व्यवहारों को सीखने का प्रयास करता है। लेकिन, एक 'न्यूरॉटिक' व्यक्ति अपने अकुशल (ineffective) सामना के तरीकों (coping ways) से चिपका होता है। फलतः वह दुखित होता है तथा असंतुष्टि होती है। यहाँ प्रश्न उठता है कि आखिर उसकी 'न्यूरॉटिक जीवन शैली' (neurotic life style) क्यों बरकरार

रहती है? इसी 'दुबध स्थिति' (puzzling situation) को 'न्यूरॉटिक पाराडॉक्स' (neurotic paradox) कहते हैं। न्यूरॉटिक पाराडॉक्स के आधार प्रतिरूपों को दो तरह से समझा जा सकता है—(क) जिस परिस्थिति को वह भयानक या खतरनाक रूप से प्रत्यक्षीकरण (perceive) करता है, उससे उत्पन्न चिंता से उसे 'तात्कालिक राहत' (immediate relief) मिलती है तथा (ख) वह अपने प्रत्यक्षीकरण को बनाए रखता है। इन प्रतिरूपों के सम्मिश्रण (combination) एवं मात्रा के स्तर (degree) में भिन्नता पाई जाती है। लेकिन, असलियत में इन न्यूरॉटिक समायोजन की तरकीबों को प्रभावहीन होने के बावजूद बरकरार रखा जाता है। वस्तुतः एक न्यूरॉटिक व्यक्ति में उपस्थित परिस्थिति की वास्तविकता की परख का सामर्थ्य नहीं होता। इसीलिए वह अकारण चिंता, भय या आशंका को बरकरार रखता है इसे एक काल्पनिक उदाहरण से समझने का प्रयास करें—मान लें एक युवती किसी व्यक्ति से बहुत अधिक प्रेम करती है। दोनों एक सच्चे साथी के रूप में लंबे समय से रहते आ रह हैं। दोनों अंततः शादी करने हेतु राजी हो जाते हैं। लेकिन ऐन वक्त पर युवती शादी से मना कर देती है और रिश्ता तोड़ देती है। फिर वह अपने पड़ोस के किसी युवक से संपर्क साधती है। संयोगवश इन दोनों में भी प्यार हो जाता है। कुछ समय बाद ये दोनों भी परस्पर शादी करने को राजी होते हैं। लेकिन ठीक समय पर वह युवती इस नए प्रेमी से भी संबंध तोड़ लेती है क्योंकि उसे संदेह होता है शायद यह व्यक्ति भी उसका सच्चा जीवन साथी नहीं हो सकता। अतः वह पुनः पूर्व प्रेमी से संपर्क साधती है। यही सिलसिला लगातार कई वर्षों तक चलता रहा, लेकिन वैवाहिक बंधन नहीं बन पाया। इसका कारण यह था कि उस युवती को वैवाहिक बंधन की जटिलताओं से भय होता था और इस प्रकार वह दुविधापूर्ण रवैया अपनाती रही। वैवाहिक संबंध की निकटता से उत्पन्न चिंता (anxiety) और उससे बचने की प्रतिक्रिया (defending reaction) के कारण वह इस तथ्य का मूल्यांकन नहीं कर पाती थी कि शायद यह भय वास्तविक न हो। इस प्रकार, उस युवती का परिहारात्मक व्यवहार (avoidant behaviour) इसलिए कायम रहा कि इससे उसे चिंता की स्थिति से तात्कालिक राहत मिलती थी और इस प्रकार उस की परिहारात्मक व्यवहार बार–बार प्रबलित (reinforced) होती रही।

'न्यूरॉटिक्स' (neurotics) के नैदानिक स्वरूपों (clinical pictures) का विकास अचानक नहीं होता, बल्कि इसका विकास क्रमिक रूप से (gradually) होता है। इसके रोगियों में व्यक्तित्व का विकास त्रुटिपूर्ण ढँग से होता है जो अपरिपक्वता (immaturity) एवं व्यक्तित्व की विकृति (personality disorder) को इंगित करता है। इसके परिणामस्वरूप, व्यक्तित्व के विभिन्न रचनात्मक तत्व (structural elements) कमजोर पड़ जाते हैं। यही कारण है कि 'न्यूरॉटिक्स' जीवन की मामूली कठिनाइयों को भी अत्यंत कठिन, खतरनाक एवं जोखिमपूर्ण रूप में प्रत्यक्षीकरण करता है तथा इनसे अपनी सुरक्षा हेतु विकृत उपायों (disordered ways) का सहारा लेता है। इसके रोगियों में अकारण थकान और असंतोष की भावना बहुत अधिक पाई जाती है।

अस्तु स्पष्ट है कि न्यूरॉटिक्स (neurotics) की आधारभूत प्रकृति (basic nature) एक विशेष प्रकार की जीवन शैली (life style) होती है जिसमें न्यूरॉटिक न्यूक्लियस (neurotic nucleus) एवं न्यूरॉटिक पाराडॉक्स (neurotic paradox) के मूल तत्व पाए जाते हैं।

10.3 न्यूरॉसिस के सामान्य कारण (Common Causes of Neurosis)

आमतौर पर यह समझा जाता है कि 'न्यूरॉसिस' (neurosis) का मूल कारण 'चिंता' (anxiety) है। जब व्यक्ति अपने दैनिक जीवन की विविध संघर्षमय स्थितियों यानी समायोजन की माँगों (conflicting situations or adjustive demands) से चिंतित (anxious) होता है, जो लंबे समय तक बरकरार रहती है (sustains for long), तब उसकी चिंता 'न्यूरॉसिस' के विभिन्न रूपों (forms) के लक्षणों (symptoms) के माध्यम से प्रकट होती है और व्यक्ति का व्यवहार कुसमायोजित (maladaptive) स्वरूप का हो जाता है। इस प्रकार 'न्यूरॉसिस' (neurosis) का एकल प्रधान कारण 'चिंता' (anxiety) है।

'न्यूरॉसिस' कई प्रकार की होती है और विभिन्न प्रकारों के कारण भी अलग–अलग हैं। साथ ही, इनमें वैयक्तिक विभिन्नता (individual differences) भी पाई जाती है। अतः इस विकृति को न्यूरॉसिस के स्वरूप, प्रकार एवं व्यक्ति विशेष के संदर्भ में ही पता लगाया जाना चाहिए। इसके बावजूद, न्यूरॉसिस के प्रायः सभी प्रकारों में कुछ सर्वनिष्ठ कारण होते हैं जिनका वर्णन नीचे किया जा रहा है—

1. चिंता और उस पर नियंत्रण पाने की असमर्थता (Anxiety and inability to control): प्रायः सभी प्रकार के 'न्यूरॉसिस' (neurosis) के सर्वनिष्ठ कारक के रूप में 'चिंता' की प्रधानता रहती है। मनोवैज्ञानिक दृष्टि से जब व्यक्ति की किसी समस्या या स्थिति का मूल्यांकन (evaluation) अपने अस्तित्व के लिए (for the sake of existence of the individual) खतरे (danger) के रूप में करता है तो यह स्थिति स्वाभाविक रूप से 'चिंतोत्पादक' (anxiety arousing) होती है। इस प्रकार, 'चिंता खतरे की संकेतक होती है जिससे पलायन करने अथवा चिंता से राहत पाने हेतु व्यक्ति सुरक्षातंत्र (defense mechanism) के विकृत रूपों (pathogenic forms) का उपयोग करता है जिसके फलस्वरूप, उसका व्यवहार कुसमायोजित स्वरूप (maladjustive nature) का हो जाता है। अतएव 'न्यूरोसिस' 'चिंता' की उपज होती है।

'चिंता' (anxiety) भी तीन प्रकार की होती है—(i) कुछ चिंताएँ वास्तविक स्वरूप (real in nature) होती हैं जो बाह्य वातावरण (external environment) में उत्पन्न किसी प्रकार के खतरे को इंगित करती हैं। इस प्रकार की चिंता को अपेक्षाकृत सरलता से नियंत्रित (control) किया जा सकता है अथवा समायोजन का कारगर उपाय (effective method to cope with) आसानी से ढूँढ़ लिया जाता है। जैसे—बाहरी दुश्मनों के आक्रमण से उत्पन्न चिंता, आवश्यक वस्तुओं के अभाव से उत्पन्न चिंता, आर्थिक संसाधनों की अपर्याप्तता से होने वाली चिंता आदि। (ii) दूसरे प्रकार की चिंता नैतिक स्वरूप (moral nature) की होती है जिसका उद्‌गम स्रोत (source of origin) 'पराहं' (super ego) होता है। (iii) तीसरे प्रकार की चिंता को 'न्यूरॉटिक चिंता' (neurotic anxiety) कहते हैं। इस प्रकार की चिंता का मुख्य स्रोत (main source) अचेतन मन (unconscious mind) में दमित इच्छा या प्रेरणा (desire or motive) होती है जो व्यक्ति के 'अहं' (ego) के लिए खतरा (danger) का संकेत देती है। 'न्यूरॉसिस' के कारण के रूप में 'न्यूरॉटिक चिंता' (neurotic anxiety) की ही मुख्य भूमिका होती है।

2. जन्मजात प्रतिरोध की क्षमता (Inborn resistance capacity): बलाघात या प्रतिबल की सहनशीलता (stress tolerance) की क्षमता में जन्मजात रूप से वैयक्तिक विभिन्नता (inborn individual differences) पाई जाती है। कुछ लोग अत्यंत ही सरल बलाघाती परिस्थिति (stressing situation) के प्रति भी उच्चस्तरीय संवेदशील (high level sensitive i.e., hyper sensitivity) होते हैं। फलतः साधारण आघात (shock) से भी बहुत अधिक विचलित (deviant) हो जाते हैं और कुसमायोजित प्रतिक्रियाएँ (maladaptive reactions) करने लगते हैं। ऐसे लोग जब 'न्यूरॉसिस' (neurosis) से ग्रस्त होते हैं तब उनकी उच्च संवेदनशीलता (hyper sensitivity) पूर्वप्रवृत्त कारक (predisposing factor) के रूप में कार्य करता (operate) है। इस संबंध में 'फ्रायड' (Freud) ने भी माना है—"There must be a favourable biological soil if a neurotic reaction is to flourish"। अर्थात् न्यूरॉटिक प्रतिक्रिया के फलने–फूलने के लिए **'जैविक जमीनी अनुकूलता'** होनी ही चाहिए। इस संबंध में पारिवारिक एवं जुड़वां बच्चों पर किए गए अध्ययनों से इस बात के यथेष्ट प्रमाण मिले हैं कि 'न्यूरॉसिस' के विकास में वंशगत (hereditary) एवं जैविक (biological) प्रतिरोधात्मक क्षमता (resistance capacities) का महत्वपूर्ण योगदान होता है।

3. सामाजिक एवं सांस्कृतिक कारण (Social and cultural causes): 'न्यूरॉसिस' का एक सर्वसामान्य एवं अत्यंत ही महत्वपूर्ण (most significant) कारण सामाजिक एवं सांस्कृतिक मॉडेल (Socio-cultural model) भी है। वस्तुतः प्रत्येक व्यक्ति का समायोजी व्यवहार (adjustive behaviour) उसके सामाजिक एवं सांस्कृतिक

नियमों (rules) परंपराओं (traditions), रीति–रिवाजों (customs), आदर्शों (norms), मानदंडों (standards) एवं प्रतिमान (models) द्वारा निर्धारित होते हैं। अतएव यदि सामाजिक एवं सांस्कृतिक व्यवस्था असंतुलित हो जाए तो समायोजन की माँग (adjustive demands) में भी बदलाव आता है। इस प्रकार की स्थिति संकटपूर्ण (critical) होती है, जिसमें व्यक्ति कुसमायोजन (maladjustment) का शिकार होता है क्योंकि उसे समायोजी व्यवहार प्रतिरूपों (adjustive behaviour patterns) में भी बदली हुई परिस्थिति (changed situation) की माँगों (demands) के अनुरूप बदलाव (change) लाना आवश्यक होता है। व्यवहार प्रतिरूपों में इस प्रकार का अपेक्षित बदलाव (expected change) लाना प्रायः कठिन (difficult) होता है। जैसे—समाज के बदलते मूल्य (changing values), अराजकता की स्थिति (anarchic situation), भ्रष्टाचार (corruption) की व्यापकता, कानून एवं व्यवस्था (law and order) का ढीलापन, बेरोजगारी (unemployment) की समस्या, गरीबी (poverty), सामाजिक संबंधों में गिरावट (declining social relations) आदि—अनेक ऐसी स्थितियाँ हैं जो दुविधाजनक होती हैं और व्यक्ति अनेक तरह से कुंठा, निराशा एवं असफलता का शिकार होकर 'न्यूरॉटिक प्रतिक्रिया' (neurotic reaction) करने लगता है।

4. वैयक्तिक कारण (Personal causes): 'न्यूरॉसिस' (neurosis) के विकास में व्यक्ति की विशेषताओं (characteristics) का भी महत्वपूर्ण हाथ होता है। ऐसी विशेषताओं में संवेगात्मक अपरिपक्वता (emotional immaturity), सूझ की कमी (lack of insight), आक्रामक व्यक्तित्व (aggressive personality), व्यक्तिगत अयोग्यता (personal incompetency) आदि महत्वपूर्ण हैं। व्यवहारवादी (behaviourists) यह मानते हैं कि व्यक्ति इन विशेषताओं को त्रुटिपूर्ण शिक्षण (faulty learning) के माध्यम से अर्जित (acquire) करता है। अतः 'न्यूरॉसिस' का सर्वाधिक महत्वपूर्ण कारण 'त्रुटिपूर्ण शिक्षण' (faulty learning/training) है।

इस प्रकार, 'न्यूरॉसिस' (neurosis) के सर्वनिष्ठ कारण मनोवैज्ञानिक कारकों (psychological factors) से उत्पन्न चिंता (anxiety), जैविक आधार (biological base), सामाजिक, सांस्कृतिक कारण तथा वैयक्तिक विशेषताएँ (personal characteristics) हैं।

10.4 न्यूरॉसिस के विभिन्न प्रकारों का वर्णन (Description of Different Types of Neurosis)

प्रस्तुत अनुच्छेद में 'न्यूरॉसिस' के विभिन्न प्रतिरूपों (different patterns) का वर्णन किया जा रहा है। इन्हीं प्रतिरूपों को प्रकार (types) भी कहा जाता है। यहाँ 8 विभिन्न प्रतिरूपों के स्वरूपों (natures), नैदानिक स्वरूप (clinical natures), कारण (causes) एवं उपचार की विधियों (therapeutic methods) या पहलुओं (aspects) का वर्णन अलग–अलग किया जाएगा।

इन प्रतिरूपों (patterns) या प्रकारों (types) की केन्द्रीय विशेषताओं (key characteristics) को निम्नलिखित तालिका में दर्शाया गया है—

	न्यूरॉटिका पैटर्न (Neurotic Patterns)	केन्द्रीय विशेषताएँ (Key Characteristics)
1.	संत्रास न्यूरॉसिस (Panic neurosis)	यह एक प्रकार की दहशत की यंत्रणा (agony of terror) है जिनके लक्षण बहुआयामी होते हैं।
2.	चिंता न्यूरॉसिस (Anxiety neurosis)	असंगठित (diffuse) लेकिन बहुधा गंभीर या प्रचंड चिंता (severe anxiety) की स्थिति जो किसी खास परिस्थिति या खतरा से संबंधित नहीं होता।

(क्रमशः)

न्यूरॉटिका पैटर्न (Neurotic Patterns)	केन्द्रीय विशेषताएँ (Key Characteristics)
3. दुर्भीति न्यूरॉसिस (Phobic neurosis)	विविध प्रकार की वस्तुओं या परिस्थितियों से डरना जिसे रोगी स्वयं भी अतार्किक (irrational) मानता है लेकिन वह उस भय से अपने को मुक्त (free) नहीं कर पाता।
4. मनोग्रस्ति–बाध्यता न्यूरॉसिस (Obsessive-compulsive neurosis)	यह एक प्रकार की वैचारिक (thought) एवं कार्यात्मक बाध्यता (motor compulsion) है जिसकी अतार्किकता (irrationality) से व्यक्ति परिचित होते हुए भी, वे निरंतर कायम रहते हैं (still persists)।
5. हिस्टेरिकल न्यूरॉसिस (Hysterical neurosis)	इसके दो प्रकार हैं—रूपांतर हिस्टेरिया (conversion hysteria) एवं विच्छेदी हिस्टेरिया (dissociative hysteria)। रूपांतर प्रकार में व्यक्ति बिना किसी शारीरिक गड़बड़ी के शारीरिक रुग्णता का लक्षण प्रदर्शित करता है, जैसे—पक्षाघात (paralysis), श्रवण की क्षति (loss of hearing) आदि। विच्छेदी प्रकार के रोगी में विस्मरण (amnesia), बहुव्यक्तित्व (multiple personality) जैसी प्रतिक्रियाएँ (reactions) पाई जाती हैं।
6. रोगभ्रम न्यूरॉसिस (Nypochondrical neurosis)	इस प्रतिरूप में व्यक्ति में कुछ विशेष प्रकार के रोगों का भ्रम रहता है। अर्थात्, शारीरिक कार्य संबंधी गड़बड़ियों की शिकायत रहती है।
7. मनःस्नायु दुर्बलता (Near asthenic nerurosis)	इस प्रतिरूप के न्यूरॉसिस के प्रधान लक्षणों में चिरकालिक थकान (chronic fatigue), दुर्बलता (weakness), एवं उत्साह की कमी (lack of enthusiasm) पायी जाती है।
8. अवसादक न्यूरॉसिस (Depressive neurosis)	दीर्घकालिक उदासीपन या विषाद की अवस्था (prolonged dejection), जो आंतरिक संघर्षों (internal conflicts), अंतःपारस्परिक क्षति (interpersonal loss) अथवा वातावरण से प्राप्त धक्का (environmental set back) से संबंधित होते हैं।

अब आगे के अनुच्छेद में उपर्युक्त सभी न्यूरॉटिक प्रतिरूपों (neurotic patterns) का वर्णन थोड़ा विस्तार से किया जा रहा है।

नोटः अमेरिकन मनोवैज्ञानिक संघ (APA) ने एक नवें न्यूरॉटिक प्रतिरूप—**'निर्वैयक्तिकरण'** (depersonalisation) को भी अपनी सूची में शामिल किया है। किन्तु, इसके बारे में विशेष जानकारी उपलब्ध नहीं है, अतः उसकी चर्चा यहाँ नहीं की गई है।

10.5 संत्रास या आतंक (Panic Neurosis)

'संत्रास' (panic) एक दैहिक स्वरूप की विकृति (somatoform disorder) है। 'न्यूरॉसिस' (neurosis) समूह के अंतर्गत 'चिंता' (anxiety) से संबंधित (associated) यह आतंक की स्थिति (state of panic) का संकेतक है।

संत्रास को भगदड़ की स्थिति भी कहा जा सकता है क्योंकि 'संत्रास' या आतंक की स्थिति जनसमूह से संबंधित एक असामान्य कानून और व्यवस्था (law and order) संबंधी अवस्था है जिसमें भगदड़ और अफवाहों का बोलबाला रहता है। जैसे—दो समुदायों के बीच हंगामा या मारपीट (हिंसा, दंगा—violence, riot) विस्फोट (outburst), जुलूस का हो—हल्ला, सार्वजनिक बैठकों या राजनीतिक रैलियों में होने वाली भगदड़ आदि स्थितियाँ 'संत्रासमयी' (panicky) होती हैं।

इस तरह की स्थितियों में व्यक्ति का 'संत्रासित' होकर 'आतंकित' होना एक आम बात है। परंतु किसी–किसी व्यक्ति में इस प्रकार की घटनाओं का अत्यंत ही गहरा प्रभाव (severe effect) पड़ता है और व्यक्ति 'संत्रास की विकृति' (panic disorder) से पीड़ित रहने लगता है। फलस्वरूप, शांति बहाल हो जाने के पश्चात् भी (even after restoration of peace) उनका 'आतंक' (panic) बना रहता है। कभी–कभी यह आतंक स्थायी रूप भी ग्रहण कर लेता है, जिसके कारण व्यक्ति लगभग स्थायी रूप से संत्रास की विकृति का शिकार (victim of panic disorder) हो जाता है।

'चार्ल्स डार्विन' (Charls Darwin) ने अपनी पुस्तक–'आरिजिन ऑफ इमोशन' (Origin of Emotions) में 'संत्रास विकृति' (panic disorder) को **'दहशत की यंत्रणा'** (agony of terror) की संज्ञा दी है जो जनसमूह में उत्पन्न भयावह स्थितियों का प्रतिफल है इस तरह की स्थिति व्यक्ति की सामान्य मनोवैज्ञानिक अवस्था (normal state) को असामान्य अवस्था (abnormal state) में परिणत कर देती है।

10.5.1 नैदानिक स्वरूप या लक्षण (Clinical Picture or Symptoms)

'संत्रास' एक प्रकार की मानसिक विकृत (mental disorder) है जो चिंता (anxiety) एवं आशंका (apprehension) की उपज होती है। इसके लक्षण बहुआयामी (multifaceted) स्वरूप के होते हैं क्योंकि इस स्थिति में व्यक्ति शारीरिक और मानसिक दोनों तरह से अपने को बचाने (to defend) हेतु प्रतिक्रिया (reaction) करता है। अतः इस विकृति के शारीरिक एवं मानसिक दोनों अवस्थाओं का विवेचनात्मक वर्णन करना उपयुक्त होगा।

1. शारीरिक लक्षण (Physiological symptoms): **'वंड्रुजस्का'** (Wandruszka, 1950) 'दहशत की यंत्रणा' (agony of terror) अथवा 'संत्रास का आतंक' (panic fear) के कारण होने वाली लक्षणात्मक विशेषताओं (symptomatic characteristics) का विश्लेषण करते हुए बतलाया है कि–

"संत्रास के आतंक से भयभीत रोगी की आँखें भय के कारण या तो विस्फारित (wide open) अथवा बिल्कुल बंद (tight shut) रहती है, हृदय की धड़कन अनियमित रूप से तीव्र (दौरा पड़ने जैसा) हो जाती है, सांस रुक जाती है (the failing breath), रक्त मानो जम जाता है (freezing blood), शरीर पीलिया (Jaundice) के रोगी की तरह पीला पड़ जाता है, ठंडा पसीना निकलना (cold sweat), रोंगटे खड़ा होना (bristling of hair), शुष्क एवं गला का घुँटना (dry and strangled throat), प्रकंपन और शरीर का गतिहीन होना (shivering and paralysis of body), गला फाड़कर चिल्लाना (hoarse crying) एवं समस्त अंगों का दिवालियापन (bankruptcy of all organs) आदि के लक्षण देखे जाते हैं।"

उपर्युक्त शारीरिक लक्षणों से यह स्पष्ट प्रतीत होता है कि संत्रास की स्थिति से संपूर्ण शरीर प्रभावित होता है और कभी–कभी हृदय (heart) भी व्यक्ति का परित्याग कर देता है। अर्थात् व्यक्ति की मृत्यु हो जाती है।

2. मानसिक मनोदशा (Mental state): संत्रास से पीड़ित व्यक्ति की मनःस्थिति अशांत होकर जड़वत (mental inertia) हो जाती है। व्यक्ति उपर्युक्त सभी परिवर्तनों से भिज्ञ (aware) रहता है, लेकिन कुछ भी समझने में असमर्थ रहता है (unable to understand)। अभिप्राय यह है कि संज्ञानात्मक प्रक्रियाएँ (cognitive processes) विक्षुब्ध (disturbed) हो जाती है। व्यक्ति को ऐसा आभास होता है, मानो 'वह डूब रहा है' (he is sinking)। कभी–कभी संत्रास की स्थिति इतनी भयावह (dreaded) हो जाती है कि इस प्रकार की स्थिति को यानी भय को **'ड्रेड ऑफ आल द ड्रेड्स'** (dread of all the dreads) अर्थात् "सभी त्रासों (विभिषिकाओं) का त्रास (विभिषिका)" भी कहा जाता है।

इस संबंध में एक महत्वपूर्ण बात यह है कि रोगी जो अनेक प्रकार की शारीरिक एवं व्यवहारगत लक्षणों को प्रकट करते हैं, वे इस बात से अनभिज्ञ रहते हैं कि वे 'चिंता' (anxiety) के दौर से गुजर रहे हैं। बल्कि पूछने पर

वे आश्वस्त करते हुए 'चिंता' की बात को नकारते (deny) हैं। इस प्रकार, चिंता से उपजी 'संत्रास' की अवस्था में व्यक्ति की मनोदशा विरोधाभासी (paradoxical) स्वरूप की होती है। जो जितना ही अधिक चिंतित होता है, उसमें इस प्रकार का विरोधाभास अधिक पाया जाता है। संत्रास का अत्यंत प्रचंड दौरा (severe attacks of panic) पड़ने पर चेतना का क्षेत्र (field of consciousness) संकीर्ण (narrow) होकर शून्य पर पहुँच सकता है जिसके फलस्वरूप रोगी को चिंता का अनुभव बिल्कुल नहीं होता। जब इस प्रकार की दुश्चिंता चरम पर पहुँच जाती है, तब यह चिंता अचेतन (unconscious) स्तर पर होती है।

संत्रास की स्थिति में पेशीय तनाव (muscular tension) (जो संत्रास के रोगियों की सर्वाधिक विशिष्ट विशेषता होती है), के कारण व्यक्ति बेचैनी (restlessness) एवं तनाव (tenseness) का अनभुव करता है तथा इस बेचैनी एवं तनाव से राहत पाने की तलाश में नशीले पदार्थों—(औषधि या शराब) का सेवन करने लगता है तथा कभी–कभी बेरहमी से अपने को या दूसरों पर हिंसक (violent) आक्रमण भी कर सकता है। जैसे—वह कह सकता है ''एक वीर योद्धा की तरह मैं अपनी बाँहों के दर्द एवं तनाव से राहत पाने हेतु स्वयं अपना बाँह काट सकता हूँ।''

संत्रास की स्थिति में दुश्चिंता के तनाव से पीड़ित व्यक्ति 'निःसहाय' (helplessness) भावों का भी प्रदर्शन—खासकर स्वप्नों के माध्यम से करता है। जैसे—'एक कॉलेज का छात्र आतंक की चिंता से ग्रस्त था।' उसने R.T. Test के एक कार्ड पर यह अनुक्रिया व्यक्ति की—'एक छोटी उम्र के बालक की तरह दो व्यक्ति उसे झूले पर झुला रहे हैं।' कुछ ही समय बाद उसकी अनुक्रिया (response) बदल गई और कहा—"दो बंदर असहाय रूप से ऊपर हवा से नीचे की ओर गिर रहे हैं" इस प्रकार, आतंक के कारण असहाय होने की भावना से व्यक्ति निराशा और हताशा का अनुभव करता है।

10.5.2 कारण (Causes)

सामुदायिक या सांप्रदायिक दंगा (community or communal riots), आतंकी हमले (attacks by terrorists), उग्रवादियों के आतंक (panics of extremists), राजनीतिक मुद्दों से उत्पन्न विद्रोह (revolts due to political issues) आदि के कारण उत्पन्न आतंक से जनसमूह का प्रायः प्रत्येक व्यक्ति प्रभावित होता है, लेकिन सामान्यतः संत्रास या आतंक (panic) की स्थिति क्षणिक (temporary) होती है और शांति व्यवस्था पुनर्बहाल (restoration of peace) हो जाने के पश्चात् धीरे–धीरे (gradually) लोग सामान्य स्थिति (normal state) की ओर पनुर्वापसी करने लगते हैं। लेकिन कुछ व्यक्तियों में यह आतंक विकृत (disordered) यानी असामान्य स्वरूप (abnormal nature) का हो जाता है—इसके कई कारण हैं—

1. शारीरिक एवं मानसिक दुर्बलता (Physiological and mental weaknesses): बढ़ती उम्र (grown ages) अथवा शारीरिक रूप से अस्वस्थ (physiologically ill health) व्यक्ति में किसी प्रकार के आघात या सदमा के प्रति प्रतिरोधक क्षमता (resistance power) कमजोर पड़ जाती है। अतः ऐसे लोगों को दंगा (riot) या इसी प्रकार के अन्य जनसमूहों में उत्पन्न आतंक (panics) के कारण जो सदमा (shock) लगता है, उसका प्रतिरोध करने में शारीरिक एवं मानसिक दुर्बलता के कारण वे असमर्थ होते हैं। अर्थात् सदमा को बदाश्त करने (to tolerate the shock) की शक्ति कमजोर (weak) पड़ जाती है। फलस्वरूप, आतंक की स्थिति के कारण वे गंभीर रूप से मानसिक अवस्था यानी उच्चस्तरीय चिंता (hyper anxiety) के रोगी बन जाते हैं और 'संत्रास' (panic) का शिकार होते हैं।

2. व्यक्तिगत अनुभव (Personal experience): कुछ व्यक्तियों में आतंक या हादसे की यंत्रणा (agony of terror) का पूर्व अनुभव अत्यंत ही विभीषिकापूर्ण (terrifying) होती है जिसकी अनुभूतियाँ मानस पटल पर गहरी

पैठ बना लेती हैं। फलस्वरूप, वर्तमान में जब किसी आतंक की स्थिति उत्पन्न होती है तो पुरानी स्मृति का संस्मरण (reminiscence) उनके आतंक के भय को तीव्रतर बना देती है जिसके परिणामस्वरूप व्यक्ति इस विकार का गंभीर रोगी बन जाता है।

3. खतरा या जोखिम का प्रत्यक्षीकरण (Perception of danger or risk): 'संत्रास विकृत' (panic disorder) यानी आतंक के भय का प्रत्यक्षीकरण (perception) में वैयक्तिक विभिन्नता पाई जाती है। हालाँकि साधारणतः आतंक की परिस्थितियाँ खतरनाक (dangerous) होती हैं, फिर भी, कुछ व्यक्ति खतरा का प्रत्यक्षण अत्यांकित (excessive) रूप में करते हैं। फलस्वरूप, उसका भय भी उसी अनुपात में तीव्रतर होता है। अर्थात्, चूँकि खतरा का अनुभव भय और चिंतोत्पादक होती है, अतः खतरा का अनुभव जितना ही तीव्र होगा, भय और चिंता भी उतने ही प्रचंड होंगे जो व्यक्ति को असामान्य रूप से (abnormally) आतंकित (panicky) बनाने में सहायक होती है।

4. बाल्यावस्था की भयावह स्थितियों का अंतर्वेशन (Introjection of terrifying situations of childhood): 'संत्रास विकृति' (panic disorder) का यह एक अत्यंत ही महत्वपूर्ण मनोवैज्ञानिक कारण (most significant psychological factor) है। कुछ बच्चों को जीवन के आरंभिक वर्षों में ही अत्यंत भयावह स्थितियों का सामना करना पड़ता है। जैसे—सौतेले माता–पिता का उत्पीड़न (torturing by step parents), मैत्रीपूर्ण यानी स्नेहपूर्ण पारिवारिक संबंध का अभाव (lack of cordial family relationships), भयावह हादसे (terrifying shock) आदि। इस प्रकार की भयावह स्थितियों (terrifying situations) के दुःखद अनुभव बच्चों के अचेतन मन (unconscious mind) में दमित रहते हैं जो वर्तमान में किसी छोटी–मोटी या साधारण स्थितियों में आतंक की प्रतिक्रिया (panic reactions) के लिए पूर्व प्रवृत्त (predisposing) कारक होते हैं और व्यक्ति वर्तमान की आतंकित घटनाओं से प्रवाहित (precipitate) होकर तीव्रतर 'आतंक की प्रतिक्रिया' (panic reaction) उत्पन्न करती हैं। अर्थात् बाल्यावस्था का अनुभव बाद में चलकर 'आतंक की टीस' (panic of pain) का कारण बनता है जो 'हादसे की यंत्रणा' (agony of terror) के रूप में प्रकट होता है।

5. त्रुटिपूर्ण पालन-पोषण (Faulty rearing): बच्चों के पालन–पोषण (rearing) के क्रम में अनजाने में कुछ त्रुटियों के कारण व्यक्तित्व संबंधी त्रुटियाँ विकसित होती हैं, जैसे—पालन–पोषण में आश्रितता (dependency) की भावना प्रबलित करना (to reinforce) भयावह साहित्य के प्रति अभिरुचि को प्रोत्साहित करना (reinforcing interest in terrifying literature), डरावने सिनेमा या धारावाहिक देखना (viewing dreaded pictures or serials), डरावने किस्से कहानियाँ सुनाना (telling dreaded stories) आदि। इनके कारण भी अज्ञात भय व्यक्ति के अचेतन मन में दमित हो जाते हैं जो संत्रास संबंधी चिंता (anxiety related to panic) को उत्पन्न करते हैं।

6. माता-पिता के भय की मनोवृत्ति के साथ तादात्म्य (Identification with terrifying attitude of parents): आमतौर पर बच्चे अपने माता–पिता को ही अपना आदर्श या प्रतिमान (model) मानते हैं। अतः यदि माता या पिता अथवा दोनों में 'भय' की मनोवृत्ति विकसित होती है तो उनके बच्चे भी उस प्रकार की मनोवृत्ति को अर्जित (acquire) कर लेते हैं। अर्थात् बच्चे माता–पिता की मनोवृत्ति को 'आत्मसात' (imbide) कर लेते हैं जो बच्चों के जीवन का एक अंग बन जाता है। ऐसे माता–पिता अपने बच्चों के लिए त्रुटिपूर्ण प्रतिमान (defective model) होते हैं।

इस प्रकार, आतंक की चिंता (panic anxiety) अर्थात् संत्रास के कई कारण हैं। कई मामलों में कोई एक कारण ही नहीं अपितु सभी कारणों का सम्मिश्रण (combination) भी पाया जाता है अतः नैदानिक दृष्टि से सभी कारणों पर विचार करना उचित होता है ताकि चिकित्सकीय सहायता प्रभावी हो सके।

10.5.3 चिकित्सा या उपचार (Treatment of Therapy)

संत्रास की चिकित्सा में मनोगत्यात्मक दृष्टिकोण (psychodynamic approach) पर आधारित मनोविश्लेषणात्मक प्रविधि (psychoanalytic technique) सर्वाधिक उपयुक्त प्रविधि सिद्ध हो सकती है। साथ ही, अनुकूलन सिद्धांत पर आधारित व्यवहार परिमार्जन (behaviour techniques) अथवा अस्तित्ववादी प्रतिमान (existential model) पर आधारित 'स्व के अस्तित्व' (existence of self) को सबल (strong) बनाने की प्रविधियाँ भी प्रभावी (effective) हो सकती हैं।

इन विविध प्रविधियों के बारे में अध्याय 16 में विस्तार से वर्णन किया गया है।

10.6 चिंता न्यूरॉसिस (Anxiety Neurosis)

'न्यूरॉसिस' के विभिन्न प्रतिरूपों (patterns) में 'चिंता न्यूरॉसिस' (anxiety neurosis) एक अत्यंत ही सामान्य रोग है। चिंता न्यूरॉटिक्स' (anxiety neurotics) के सभी प्रतिरूपों में चिंता न्यूरॉसिस की तायदाद 30 से 40 प्रतिशत के आस–पास होती है।

सामान्य चिंता (Normal anxiety): चिंता वस्तुतः भय या आशंका (fear or apprehension) की उपज होती है। सामान्य मानव जीवन में होने वाली किसी भी प्रकार की हानि (loss), कठिन एवं उलझनपूर्ण परिस्थितियाँ (difficult and perplexing situations), आदर्श एवं प्रतिष्ठा की रक्षा (to preserve norms and prestige), व्यक्ति के कल्याण तथा सुरक्षा में उत्पन्न होने वाली बाधाओं की आशंका इत्यादि के कारण व्यक्ति स्वाभाविक रूप से भयभीत और चिंतित (afraid and anxious) होता है। वर्तमान समय में जिस गति से मानव जीवन (human life) का आधुनिकीकरण (modernisation) हो रहा है तथा उसके समक्ष अनेकानेक प्रकार की उलझनें आ रही हैं, कोई भी सामान्य व्यक्ति चिंता से मुक्त (free from anxiety) नहीं है। आज के समय में मानव का चिंतित (anxious), या आशंकित (apprehensive) होना एक सामान्य और स्वाभाविक प्रतिक्रिया (normal and natural reaction) है। अतएव, इस प्रकार की चिंता को 'सामान्य चिंता' की संज्ञा दी जाती है। जैसे—बच्चे की बीमारी, परीक्षा का भय, आर्थिक कठिनाइयाँ आदि से प्रायः प्रत्येक व्यक्ति चिंतित होता है। इसीलिए **'फिशर'** (Fisher) ने सामान्य चिंता (normal anxiety) के स्वरूप को स्पष्ट करते हुए कहा है—**"सामान्य चिंता उन कठिनाइयों के प्रति की जाने वाली प्रतिक्रिया है जो व्यक्ति की पहुँच से बाहर होती है और जिनका परिहार (परित्याग) करने में व्यक्ति असमर्थ रहता है।"**[3]

असामान्य चिंता (Abnormal activity): असामान्य चिंता का स्वरूप सामान्य चिंता से भिन्न होता है। यह अकारण (without any reason) होती है इसलिए यह दूषित यानी विकृत (morbid) होती है। इस दोष यानी विकृति (disorder) से पीड़ित व्यक्ति को यह समझ नहीं होता कि वह क्यों चिंतित है?

सामान्य और विकृत चिंता (normal and morbid anxiety) में दूसरा अंतर यह होता है कि सामान्य चिंता (normal anxiety) का कारण बाह्य (external) होता है, जैसे कि किसी प्रकार की क्षति (loss) या किसी प्रिय जन का बीमार होना। लेकिन, विकृत चिंता (morbid anxiety) का कारण व्यक्ति के अंदर विद्यमान भय (existing inner fear) की आशंका एवं व्यक्ति की व्यक्तिगत निराशा (personal frustration) होती है।

'न्यूरॉटिक चिंता' (neurotic anxiety) से पीड़ित रोगियों में आंतरिक भय (inner fear) से उत्पन्न लक्षण (symptoms) अपेक्षाकृत लंबे समय तक बना रहता है, लेकिन सामान्य चिंता (normal anxiety) क्षणिक (momentary or temporary) होती है।

---

3. "Normal anxiety is a reaction of unapproachable difficulties which the individual is unable to avoid."—Fisher

अस्तु, हम यह कह सकते हैं कि 'न्यूरॉटिक चिंता' (mental anxiety) व्यक्ति के आंतरिक या व्यक्तिगत अंतर्द्वंद्व एवं निराशाओं के प्रति की जाने वाली अपेक्षाकृत स्थायी प्रतिक्रिया है, जिसके बारे में व्यक्ति (यानी चिंतित व्यक्ति) को कोई स्पष्ट ज्ञान नहीं रहता।[4]

'न्यूरॉटिक चिंता' सही अर्थ में 'मुक्ताचारी स्वरूप' (free floating nature) का होता है। अर्थात् वह केवल विचारों की दुनिया में विचरण करता रहता है। **'वुल्पे'** (Wulpe) ने इसके स्वरूप को स्पष्ट करते हुए कहा है कि रोगी की चिंतोत्पादक उत्तेजना (anxiety arousing stimulus) अस्पष्ट (obscure), जटिल (complex) और व्यापक (pervasive) होती है। दूसरे शब्दों में इसे वस्तु विहीन (objectless) चिंता की भी संज्ञा दी जा सकती है।

10.6.1 नैदानिक स्वरूप या लक्षण (Clinical Picture of Symptoms)

'न्यूरॉटिक चिंता' (neurotic anxiety) के रोगियों में मानसिक एवं शारीरिक (mental and physiological) दोनों प्रकार के लक्षण पाए जाते हैं।

(i) मानसिक लक्षण (Mental symptoms): 'न्यूरॉटिक चिंता' से ग्रस्त व्यक्ति अपेक्षाकृत निरंतर तनाव (constant tension) की स्थिति में रहता है। चिंता (worry), एवं घबराहट की स्थिति सदैव बनी रहती है। अंतःपारस्परिक संबंधों में वह अति संवेदनशील (over sensitive) रहता है तथा विषाद (depression) या उदासीनता के भाव से परेशान रहता है। ऐसे रोगियों में संवेगात्मक प्रतिक्रिया (emotional reactions) की प्रधानता रहती है जिसकी अभिव्यक्ति आशंका (apprehension) विषादपूर्ण पूर्वाभास (gloomy foreboding), मृत्यु का भय, असुरक्षा की भावना और सामान्य आवेशों (general excitement) के रूपों में होती है। रोगी अपनी आशंका का कोई युक्तिपूर्ण प्रमाण या साक्ष्य देने में असमर्थ रहता है फिर भी, उसमें यह विश्वास बना रहता है कि निकट भविष्य में कोई बहुत बड़ी घटना घटने वाली है अथवा वह किसी असाध्य रोग (incurable disease) से पीड़ित है। भय और आशंका के कारण उसकी नींद गायब रहती है, एकाग्रचित्तता (concentration) की कमी और निर्णय लेने (decision taking) में कठिनाई होती है क्योंकि वह गलती होने की संभावना से भयभीत रहता है।

(ii) शारीरिक लक्षण (Physiological symptoms): शारीरिक लक्षणों में हृदय की धड़कन (palpitation of heart), पेशीय तनाव (muscular tension), हृदय रोग (cardiac disorder), चक्कर आना (giddiness), पाचन (digestion), एवं हार्मोन्स (hormones) की क्रियाओं में पेशीय परिवर्तन, शिथिलता (muscular inactivity) थकावट (fatigue), रक्तचाप में परिवर्तन (charges in blood pressure) इत्यादि मुख्य रूप से देखे जाते हैं।

'कून' और 'रेमण्ड' (Coon and Raymond) ने अपने अध्ययनों में पाया है कि इसके रोगी हृदय संबंधी रोगों की आशंका से पीड़ित रहते हैं तथा उनमें संवेगात्मक अस्थिरता (emotional instability), असहनशीलता (intolerance), चिंतन विकृति (thought disorder), पेशीय तनाव (खासकर गर्दन और बाँहों में), दस्त, बार–बार मूत्र त्याग एवं अनिद्रा के लक्षण पाए जाते हैं। वे पसीने–पसीने हो जाते हैं तथा घबराए हुए दिखते हैं। इन रोगियों में रक्तचाप, हृदय की धड़कनें आदि स्वतः संचालित शारीरिक प्रक्रियाओं की गड़बड़ी भी बिना किसी उपयुक्त कारण के देखी जाती है।

इस प्रकार स्पष्ट है कि 'न्यूरॉटिक चिंता' (neurotic anxiety) के रोगियों में निरंतर भय और चिंता की अभिव्यक्ति शारीरिक और मानसिक लक्षणों में होती है।

---

4. "Neurotic anxiety is a relatively permanent reaction to individual's inner or subjective conflicts and frustrations of which the individual is only dimly aware."

10.6.2 न्यूरॉटिक चिंता के प्रकार (Kinds of Neurotic Anxiety)

न्यूरॉटिक चिंता को मुख्यतः दो प्रकारों में बाँटा जाता है—

(क) तीव्र चिंता (acute anxiety) एवं

(ख) दीर्घकालिक चिंता (chronic anxiety)।

(क) तीव्र चिंता (Acute anxiety): जैसा कि इसके नाम से ही स्पष्ट है, न्यूरॉटिक चिंता के इस प्रकार के रोगियों में चिंता के जिन शारीरिक एवं मानसिक लक्षणों की चर्चा पहले की गई है, वे बड़े उग्र रूप में पाए जाते हैं। इसमें भय, आशंका एवं चिंता का दौरा (attack) बार–बार उग्र रूप में पड़ता है, जो कुछ सेकेण्ड से लेकर घंटों तक विद्यमान रहता है। प्रायः ऐसा दौरा (attack) अचानक शुरू होता है और धीरे–धीरे तीव्र से तीव्रतर होता जाता है और तब फिर शांत होने लगता है।

(ख) दीर्घकालिक चिंता (Chronic anxiety): कुछ लोगों में चिंता लगभग स्थायी रूप से निरंतर बनी रहती है। ऐसे रोगियों को दीर्घकालिक चिंता का रोगी (chronic anxiety patient) कहा जाता है। वे सदा भयभीत, चिंतित, व्यग्र और बेचैन रहते हैं, लेकिन इसका कोई स्पष्ट कारण वे नहीं बता पाते। कभी–कभी रोगी अपनी चिंता को युक्ति संगत प्रमाणित करने का भी प्रयास करता है और वह अपनी चिंता को किसी सामान्य वस्तु से स्थापित कर लेता है। अर्थात् उसकी चिंता का कारण मनगढ़ंत (concocted) होता है। अतः स्थायी रूप से निरंतर बिना किसी उपयुक्त कारणों के भय और चिंता से ग्रस्त रहना 'दीर्घकालिक चिंता' (chronic anxiety) कहलाता है।

10.6.3 कारण (Causes)

'न्यूरॉटिक चिंता' (neurotic anxiety) मूलरूप में व्यक्ति की आंतरिक उलझनपूर्ण एवं संघर्षात्मक परिस्थितियों के अनुभवों का प्रतिफल है जिसके कई कारण हैं। इनमें कुछ प्रमुख कारण निम्नलिखित हैं—

(i) माता-पिता का प्रभाव (Parental influences): व्यक्ति के समुचित विकास में माता–पिता की अपेक्षाओं (parental expectations) एवं पालन–पोषण की प्रणाली (child rearing practices) का सर्वाधिक महत्वपूर्ण स्थान होता है। बच्चों के लिए माता–पिता ही उनके प्रतिमान (models) होते हैं। अतः जिन बच्चों के माता–पिता स्वयं ही भय, आशंका, तनाव एवं दुश्चिंता में रहते हैं, वे अपने बच्चों के मस्तिष्क में भी चिंता (anxiety) का बीजारोपण (अनजाने में) कर देते हैं। यह बीजारोपण तादात्म्य (identification) की प्रक्रिया (process) द्वारा होती है। 'जेंकिन्स' (Jenkins, 1966, 1968, 1969) ने अपने अध्ययनों में पाया कि अधिकतर चिंताग्रस्त बच्चों की माताएँ स्वयं भी चिंता की विकृति (morbid anxiety) से पीड़ित थीं। यह भी देखा गया है कि चिंता विकृति से पीड़ित बच्चे प्रायः उन परिवारों से आते हैं जिनके माता–पिता अपने बच्चों के अति उच्चस्तरीय (excessively high level) अपेक्षाएँ (expectations) रखते हैं जो सही अर्थ में उनकी वास्तविक योग्यता (actual ability) के पार यानी बाहर (beyond) होती है। फलतः बच्चे जब अपने माता–पिता की उम्मीदों (hopes or expectations) पर खरे नहीं उतर पाते तो स्वाभाविक रूप से उनमें चिंता (anxiety), भय (fear) एवं आत्म आलोचना (self criticism) की भावना उत्पन्न होती है जो धीरे–धीरे दीर्घकालिक (chronic) और विकृत (morbid) स्वरूप का हो जाता है। अतः त्रुटिपूर्ण पारिवारिक वातावरण (faulty family environment) 'न्यूरॉटिक चिंता' (neurotic anxiety) का एक महत्वपूर्ण करण है।

(ii) लैंगिक इच्छा का दमन (Repression of sexual desires): फ्रायड के मनोगत्यात्मक दृष्टिकोण (psychodynamic approach) के अनुसार, 'न्यूरॉटिक चिंता' का एक महत्वपूर्ण कारण कामुक इच्छाओं (sexual desires), का दमन (repression) है। 'फ्रायड' (Freud) का मानना है कि जब किसी व्यक्ति की कामुक इच्छाएँ अधिक प्रबल रूप में उत्तेजित होती हैं और उनकी संतुष्टि नहीं हो पाती अथवा उनकी तृप्ति में किसी प्रकार की बाधा उत्पन्न होती है, जिसके परिणामस्वरूप उन्हें प्रकट (express) होने का अवसर नहीं मिलता है तब ऐसी इच्छाएँ चिंता (anxiety) में परिणत (convert) हो जाती है। ऐसा इसलिए होता है कि यौनेच्छाओं (sex desires) के अतृप्त रहने पर व्यक्ति आंतरिक रूप से मानसिक संघर्ष (mental conflict) की स्थिति में आता है, जिसका समाधान अचेतन रूप से (unconsciously) 'चिंता' के रूप में होता है। फ्रायड का यह विचार उनके अध्ययनों पर आधारित है। उदाहरण के लिए कोई व्यक्ति अपनी 'समलैंगिक इच्छा' (homosexual desire) का दमन (repression) करता है जो अत्यंत ही अनैतिक (highly immoral) तथा उसकी 'आत्म धारणा' (self concept) के बिल्कुल विरुद्ध है। थोड़े समय के लिए दमन की युक्ति से वह अपने को सुरक्षित (protect) करने में कामयाब हो सकता है, लेकिन, जैसा कि हम जानते हैं, दमन शायद ही पूरी तरह से इच्छा प्रवाह को दमित कर पाता है। फलस्वरूप, व्यक्ति समय–समय पर इन इच्छाओं के कारण उत्पन्न 'चिंता' की धधक (flare ups) का अनुभव करता है, यद्यपि वह स्वयं इस प्रकार की चिंता के कारणों को नहीं जान पाता है। इसके अतिरिक्त व्यक्ति के जीवन की स्थितियों में परिवर्तन, जैसे–किसी स्त्रैण पुरुष (infamate) से उसकी दोस्ती होती है और वह उसके समक्ष उपस्थित हो जाता है, तो इस स्थिति में सुरक्षाकारी दमन (repressive defenses) अत्यंत ही निर्बल हो जाती है जिसके परिणामस्वरूप तीव्र चिंता (intense anxiety) की स्थिति उत्पन्न होती है।

(iii) हीनता की भावना (Feeling of inferiority): 'एडलर' (Adler) के अनुसार न्यूरॉटिक चिंता (neurotic anxiety) का मुख्य कारण 'आत्म प्रकाशन' (self assertion) की स्वाभाविक प्रवृत्ति के दमन द्वारा उत्पन्न 'हीनता की भावना' (feeling of inferiority) है। उनका मानना है कि प्रत्येक व्यक्ति में 'आत्म प्रकाशन' की स्वाभाविक प्रवृत्ति होती है। लेकिन, त्रुटिपूर्ण अनुशासन (faulty discipline) के कारण अहं (ego) का समुचित विकास नहीं हो पाता जिसके कारण आत्म प्रकाशन की स्वाभाविक प्रवृत्ति दमित (repressed) हो जाती है और व्यक्ति 'हीन भावना' का शिकार होता है, जो चिंता (anxiety) का रूप धारण कर लेती है।

(iv) मानसिक संघर्ष एवं निराशा (Mental conflicts and frustrations): 'ऑकेली' (Okelly) के अनुसार 'न्यूरॉटिक चिंता' (neurotic anxiety) का संबंध मानसिक संघर्ष एवं निराशा से है यह संघर्ष (conflict) व्यक्ति के जीवन में किसी भी पहलू से संबंधित हो सकता है। **'गार्डन'** (Gardon) एवं **'मैकडूगल'** (McDougal) ने भी 'ऑकेली' के विचारों का समर्थन किया है। इनके अनुसार, दो संवेगों (emotions) के पारस्परिक अंतर्द्वंद्व एवं जीवन के किसी पहलू में निराशा (frustration) के भाव के कारण व्यक्ति चिंता से पीड़ित रहने लगता है।

(v) दोषपूर्ण सामाजिक संबंध (Faulty social relationships): व्यक्ति का सामाजिक जीवन अत्यंत ही कठिन एवं संगीन होता है। इसलिए सामाजिक समायोजन (social adjustment) की समस्या उत्पन्न होती है। सामाजिक समायोजन में जब किसी प्रकार की कठिनाई होती है अथवा समायोजन (adjustment) त्रुटिपूर्ण होता है तो व्यक्ति आंतरिक रूप से (internally) चिंतित (anxious) रहने लगता है। सामाजिक कुसमायोजन (social maladjustment) का एकमात्र कारण अंतःपारस्परिक संबधों (interpersonal relations) का खराब (poor) होना होता है। 'नव–फ्रायडवादी मनोवैज्ञानिकों' (NeoFreudian psychologists) के अनुसार व्यक्ति का यही पक्ष चिंता का सर्वाधिक महत्वपूर्ण कारण है। 'फ्रॉम' (Fromm) के अनुसार, अकेला होने का भाव (feeling of being alone), अप्रशंसा (unappreciation) एवं प्यार के अभाव का भाव (feeling of being unloved) दोषपूर्ण अंतःपारस्परिक संबंधों (defective interpersonal relationships) के कारण उत्पन्न कुंठा (frustrations) के भाव हैं, जो अंततः व्यक्ति को चिंता के रोग से ग्रस्त बना देते हैं। अतः दोषपूर्ण सामाजिक संबध 'न्यूरॉटिक चिंता' का कारण है।

(vi) चिंतोत्पादक निर्णय (Anxiety arousing decisions): 'न्यूरॉटिक चिंता' के स्वरूप एवं लक्षणों का वर्णन करने के क्रम में यहँ बतलाया गया है कि इसके मरीजों को निर्णय लेने में (decision taking) कठिनाई होती है। कुछ विशेष स्थितियों में जैसे–नैतिक मूल्यों (moral values) अथवा सुरक्षा एवं व्यक्ति के स्तर के संभावित सुरक्षा की हानि (possible loss of security and status) आदि के कारण तीव्र चिंता (acute anxiety) हो सकती है जिससे अनिर्णय (indecision) की स्थिति भी उत्पन्न हो सकती है।

इसी प्रकार न्यूरॉटिक चिंता के कुछ अन्यान्य कारण जैसे–किसी खतरनाक स्थिति से कुशलतापूर्वक निबटने में असफल होना, किसी पूर्व के आघातपूर्ण अनुभवों या परिस्थितियों की पुनर्सक्रियता (reactivation of prior trauma) आदि भी न्यूरॉटिक चिंता के कारण हो सकते हैं।

10.6.4 चिकित्सा या उपचार (Treatment and Therapy)

कुछ रोगी हल्की मात्रा में प्रशांतक दवाओं (mild tranquilizers) का सेवन कर थोड़ी राहत प्राप्त करते हैं। लेकिन इन दवाओं से मरीज के जीवन की आधारभूत शैली (basic lifestyle) में कोई बदलाव नहीं आता है। मनश्चिकित्सा की प्रविधियों द्वारा मनश्चिकित्सक (psychotherapist) का मूल उद्देश्य रोगी को वास्तविक (real) एवं काल्पनिक (imagined) खतरा (dangers) से अवगत कराना तथा उससे निबटने के प्रभावी तरीकों को सीखने के लिए प्रोत्साहित करना होता है। इस उद्देश्य की पूर्ति हेतु सामूहिक चिकित्सा (group therapy), संसूचन (suggestion), पुनर्शिक्षण (relearning), मनोविश्लेषण (psycho analysis) आदि प्रविधियाँ उपयोग में लाई जाती हैं। साथ–ही–साथ मरीज को सुखद और आरामदेह स्थितियों में रखा जाना उपयुक्त होता है ताकि वह अपनी निराशाओं (frustrations) के लिए स्वास्थ्यकर (healthy) सुरक्षात्मक मनोरचनाओं (defensive mechanisms) का उपयोग कर सकें। इन प्रविधियों का सविस्तार वर्णन आगे के अध्याय 16 में किया गया है।

10.7 दुर्भीति यानी अकारण भय की प्रतिक्रिया (Phobic Reaction)

'जैने' (Janet) ने उन्माद यानी हिस्टीरिया (hysteria) को छोड़कर 'न्यूरॉसिस' (neurosis) के विभिन्न प्रतिरूपों (patterns) को एक सम्मिलित नाम से संबोधित करते हुए एक नाम 'मनोदौर्बल्यता' अथवा 'चिंतामय विभ्रम' (psychasthenia) नाम दिया था। लेकिन, बाद के मनोवैज्ञानिक एवं मनश्चिकित्सक (psychologists and psychiatrists) सभी प्रतिरूपों को एक साथ संघटित करने का औचित्य नहीं मानते। इसीलिए न्यूरॉसिस के अलग–अलग प्रतिरूपों के लिए अलग–अलग नाम दिए गए हैं।

'मनोदौर्बल्यता' का अर्थ 'मन' या 'इच्छा' की दुर्बलता (weak mind or will) होता है। इस दुर्बलता का मुख्य कारण वंशगत (heredity) माना जाता था। 'जैने' (Janet) का मानना था कि वंशगत कारणों से व्यक्ति की 'इच्छा शक्ति' (will power) प्रभावित होकर कमजोर पड़ती है, इसलिए ऐसे लोग अकारण भय, कुछ कार्य करते रहने की बाध्यता (compulsiveness) अथवा दूसरे प्रकार के असंगत (irrelevant) व्यवहार करते हैं।

ऐसे ही असंगत (irrelevant) व्यवहार के एक प्रतिरूप को 'फोबिया' (phobia) कहते हैं जो किसी अहानिकर वस्तु या परिस्थिति के प्रति 'अयुक्तिक भय की प्रतिक्रिया' (irrational fear reaction to some harmless object or situation) है।

'फोबिया' (Phobia) शब्द की उत्पत्ति **ग्रीक** के **'फोबॉस'** (Phobos) शब्द से हुई है जिसका अर्थ भय (fear) अथवा डर (dread) होता है। मानस रोग विज्ञान (psychopathology) के संदर्भ में 'दूषित भय रोग' (morbid fear) को फोबिया कहते हैं।[1] इस प्रकार का भय अयुक्तिक (irrational) स्वरूप का होता है और रोगी स्वयं भी अपने भय की अयुक्तता (irrationality) के संबंध में भिज्ञ रहता है। इसके बावजूद भी वह अपने को उक्त

1. Morbid fear is what we call phobia.

भय से मुक्त (free) नहीं कर पाता है क्योंकि आंतरिक रूप से (internally) वह भय वाली वस्तु के प्रति चिंतित (anxious) रहता है। उसकी यह चिंता (anxiety) किसी खास वस्तु या परिस्थिति (object or situation) के साथ अनुकूलित (conditioned) होकर संलग्न (attached) हो जाती है। अतः 'फोबिया' (phobia) को 'अनुकूलित भय' (conditioned fear) की भी संज्ञा दी जाती है। अर्थात् उसका 'भय' अनुकूलन के सिद्धांत (principle of conditioning) से प्रभावित रहता है। इसीलिए इसे 'अनुकूलित भय' (conditioned fear) भी कहते हैं। इस भय से युक्त व्यक्ति अपनी आंतरिक चिंता (inner anxiety) से दूर होने अथवा बचाव करने (to avoid the state of inner anxiety) यानी उस पर काबू पाने (to over power) के उद्देश्य से भयोत्पादक वस्तु या परिस्थिति से बचने का प्रयास करता है। धीरे–धीरे यह स्थिति इतनी तीव्र (intense) हो जाती है कि आगे चलकर उक्त वस्तु या परिस्थिति के समतुल्य किसी दूसरी वस्तु या परिस्थिति से भी वह भयभीत होने लगता है।

बच्चों में इस प्रकार के भय की अवस्था एक सर्वसाधारण (common) बात है। शायद यही कारण है कि बच्चों में होने वाले इस प्रकार के 'अयुक्तिक भय' (irrational fear) को 'बाल्यावस्था की सामान्य न्यूरॉसिस' (childhood normal neurosis) कहा जाता है। लगभग 4 से 5 वर्ष के अधिकतर बच्चों में 'अंधेरा' (darkness), 'भूत' (ghost), 'पिशाच' (goblins), 'कीड़े मकोड़े' (bugs) आदि से आतंकित होने की घटनाएँ सर्वसाधारण रूप में पाई जाती हैं।

वयस्क व्यक्ति भी कुछ सर्वमान्य वस्तुओं या परिस्थितियों से भयभीत होना अर्जित (acquire) करते हैं, जैसे—मेघ गर्जन (thunder), बिजली चमकना (lighting), शव (corpses), कब्रिस्तान (cemetries or grave yards), साँप (snakes) आदि।

लेकिन, सामान्य भय (normal fear) से ग्रस्त व्यक्तियों के अतिरिक्त कुछ व्यक्ति विकृत स्वरूप (pathological nature) का भय भी अर्जित कर लेते हैं। ऐसे लोग यह मानते हैं कि जिस वस्तु या परिस्थिति से वे भयभीत होते हैं, वे हानिकर नहीं है तथा उनका भय अकारण (unreasonable) है। फिर भी, वे अपने डर पर काबू पाने (to over power) में असमर्थ रहते हैं और उनका भय संतुलन की सीमा से बहुत बढ़ जाता है, जैसे—नल के टेप से गिरते पानी से आतंकित होना, दाढ़ी बनाने वाले ब्लेड या उस्तरा (blade or razor) से आतंकित होकर दाढ़ी बढ़ा लेना, आग की लपट देखते ही भाग खड़ा होना आदि। कभी–कभी भय के आतंक से कुछ अन्यान्य प्रकार के लक्षण भी पनपने लगते हैं, जैसे—सिर में दर्द (headache) होना, आमाशय में गड़बड़ी (stomach upset) होना, चक्कर (dizziness) आना, असुरक्षा एवं हीनता का भाव (feeling of insecurity and inferiority) पनपना आदि।

'फोबिया' किसी भी उम्र, लिंग, स्तर, बौद्धिक क्षमता के व्यक्ति को हो सकता है। काफी ऊँचे एवं प्रतिभाशाली व्यक्तियों के ऐसे अनेक उदाहरण मिलते हैं जो किसी खास प्रकार की वस्तु से अकारण भयभीत रहते हैं। जैसे—एक नामी नेता छिपकली (lizard) से बहुत भयभीत होते हैं एक बार वे अपने शयन कक्ष में दीवार पर एक छिपकली देख ली। उसके बाद वे चिल्लाकर बाहर निकल गए और उस रात वे तब तक शयन कक्ष में प्रवेश नहीं कर पाए जब तक छिपकली को भगा नहीं दिया गया। लेकिन, इसके बावजूद भी वे भयभीत रहे। रात भर सो नहीं सके, रोशनी नही बुझाई तथा दरवाजा भी भीतर से बंद नहीं किया। एक अर्दली को दरवाजे के बाहर पहरे पर बिठा दिया।

इसी तरह, एक जर्मन के दार्शनिक (philosopher) को उस्तरा (razor) से भय होता था। फलस्वरूप उन्होंने दाढ़ी बढ़ा ली और कभी भी दाढ़ी बनवाने का प्रयास नहीं किया।

10.7.1 कुछ सर्वसामान्य फोबिया (Some Common Phobias)

'फोबिया' किनती तरह के होते हैं?—इसका निश्चित प्रकार बताना अत्यंत कठिन है। जिस प्रकार 'एलर्जी' (allergy) के कारण कुछ शारीरिक उपद्रव, जैसे—सर्दी, जुकाम, खट्टा खा लेने पर मिचली का होना आदि एलर्जी के कारण होते हैं, उसी प्रकार 'फोबिया' भी एक प्रकार की 'एलर्जिक कंडिशन' (allergic condition) है जो

किसी भी वस्तु या परिस्थिति से संबंधित (associated) हो सकता है। फिर भी, विभिन्न नैदानिक केंद्रों (clinical centres) में 'फोबिया' से ग्रस्त व्यक्तियों की पहचान के आधार पर कुछ सर्वसामान्य (some common) फोबिया की पहचान की गई है। इन सभी प्रकार के फोबिया जिस वस्तु से संबंधित रहते हैं, उसके ग्रीक भाषा के शब्द के साथ फोबिया शब्द को जोड़कर विशेष नाम दिए गए हैं। इस प्रकार से चिह्नित फोबिया के कुछ प्रकारों का संक्षिप्त विवरण नीचे प्रस्तुत किया जा रहा है—

1. **एक्रोफोबिया (Acrophobia):** ऊँचे स्थानों (high places), जैसे—पहाड़ के ऊँचे शिखर या चोटियों पर चढ़ना, हवाई जहाज से ऊँचे आसमान में सफर करना, ऊँचे स्थान पर बने मकान आदि से उत्पन्न असामान्य भय को 'एक्रोफोबिया' (acrophobia) कहते हैं।
2. **एइकमोफोबिया (Aichmophobia):** किसी तेज धार या नुकीली वस्तुओं (sharp and pointed objects) से होने वाले भय को 'एइकमोफोबिया' (aichmophobia) कहते हैं। ऐसे व्यक्ति के लिए ग्लास के टुकड़ों, रद्दी धातु के टुकड़ों (काँटी, पेंच इत्यादि), कैंची (scissors), नुकीली काँटी (nails), पेचकस आदि सभी वस्तुएँ भय कारक होती हैं। इस प्रकार के फोबिया से पीड़ित व्यक्ति सनकी स्वरूप (eccentric nature) का हो जाता है। गंभीर रूप से पीड़ित व्यक्ति कलम या पेंसिल का उपयोग करने से भी भयभीत होता है।
3. **एगरॉफोबिया (Agrophobia):** 'एगरॉ' (Agro) एक ग्रीक शब्द है जिसका अर्थ 'बाजार का स्थान' (market place) होता है। इस शब्द का उपयोग सर्वप्रथम 1873 में वैसे मरीजों के लिए किया गया जो खुले (open) या सार्वजनिक स्थान (public place) से संबंधित विकृत भय (morbid fear) से पीड़ित होते थे। इसका रोगी किसी खुले स्थान पर जाना नहीं चाहता, चौड़ी सड़कें भी देखकर भयभीत होता है। यह भय केवल अकेले की स्थिति में ही नहीं, अपितु किसी के साथ रहने पर भी होता है।
4. **एल्गॉफोबिया (Algophobia):** यह भी एक असामान्य भय है जिसमें रोगी अतितीव्र दर्द (extreme pain) का अनुभव करता है। इस तरह के मरीजों में दर्द का एहसास इतना तीव्र होता है कि स्पर्श मात्र भी असहनीय प्रतीत होता है। दर्द की अनुभूति प्रायः सिर या कमर में अधिक होती है।
5. **एस्ट्राफोबिया (Astraphobia):** दुर्भीति का यह रूप प्रायः घने बादल (dense clouds) अथवा मेघ गर्जन (thunder) से संबंधित रहता है। सामान्य व्यक्तियों की तुलना में इनका भय अतिरेक स्वरूप का होता है, वे कँपकपाने लगते हैं, कभी—कभी बेहोश होकर गिर भी जाते हैं।
6. **क्लॉस्ट्रोफोबिया (Claustrophobia):** किसी संकरे, तंग या बंद स्थानों में दम घुटने से मृत्यु हो जाने संबंधित विकृत भय (morbid fear) को क्लॉस्ट्रोफोबिया (claustrophobia) कहते हैं। इस प्रकार के फोबिया को सर्वप्रथम 1879 में पहचाना गया जो दूसरे किसी भी प्रकार के फोबिया की अपेक्षा सर्वाधिक सामान्य फोबिया है। इस प्रकार के रोगियों को हवाई जहाज, कार, रेलगाड़ी, बस इत्यादि प्रत्येक साधन तंग और दम घुटने जैसा प्रतीत होता है। इस प्रकार के रोगी कभी—कभी चलती गाड़ी से छलाँग लगाकर कूदने का भी प्रयास करते हैं (jumps out of the vehicle)। फलतः इनके लिए यात्रा करना जोखिमपूर्ण एवं मुश्किल होता है।
7. **कैटागेलफोबिया (Catagelphobia):** दूसरों द्वारा उपहास या खिल्ली उड़ाने (being rediculed by others) से संबंधित भयभीत रोगियों को 'कैटाजेल फोबिया' (catagelphobia) की श्रेणी में रखा जाता है।
8. **डेसिडोफोबिया (Decidophobia):** किसी विषय या समस्या (issue or problem) पर निर्णय लेने में भयभीत होना 'डेसिडोफोबिया' (Decidophobia) कहा जाता है। इस प्रकार के भय का मूलाधार पूर्व में लिए गए किसी निर्णय के कारण गंभीर परिणाम या बलाघातक अनुभव (stressing experience) होता है। इस प्रकार के फोबिया से पीड़ित व्यक्ति किसी साधारण—से—साधारण विषय पर भी निर्णय

करने से घबराता है। वह अविच्छिन्न ढँग से निरंतर (perpetually) उलझन की स्थिति (in a state of fix), कठिनाई एवं दुविधा में रहता है। जैसे—किसी पिता को अपनी पुत्री के विवाह के लिए किए गए निर्णय में जब धोखा होता है तो बाद में इस प्रकार का कोई भी निर्णय लेने में उसे भय होता है।

9. **डमोफोबिया (Demophobia):** यह भीड़ (crowd) से संबंधित भय की स्थिति है। ऐसे लोग व्यक्तियों के जमघट यानी घनी भीड़ (dense crowd) से इतना अधिक भयभीत या आतंकित होते हैं कि वे भीड़ को देखकर किसी अनिष्ट घटना की आशंका से ग्रस्त हो जाते हैं, और उक्त भीड़ वाले स्थान से दूर भाग जाने का प्रयास करते हैं। उदाहरणार्थ—यदि किसी लड़की को भीड़—भाड़ वाले स्थान में छेडखानी (molestation) का शिकार होना पड़ा है तो उस लड़की के अंतःमन यानी अचेतन (unconscious) मन में संचित अनुभव के कारण वर्तमान में किसी भीड़ को देखकर भय उत्पन्न होता है। ऐसे लोग प्रायः किसी मेला या उत्सव में भी जाना नहीं चाहते।

10. **गाइनोफोबिया (Gynophobia):** यह भाव स्त्रियों से संबंधित है। अर्थात् कुछ व्यक्ति स्त्रियों या महिलाओं से भयभीत या आतंकित होते हैं। इस प्रकार का भय बहुधा ऐसे पुरुषों या स्त्रियों में होता है जो या तो स्वयं नपुंसक (impotent) या नापाक होते हैं अथवा किसी महिला से प्रेम—प्रसंग, यौन समागम आदि में धोखे के शिकार होते हैं।

11. **हेमाटोफोबिया (Hematophobia):** 'हेमाटोफोबिया' से तात्पर्य बहते हुए खून की धारा (flow of blood) से उत्पन्न भय या आतंक से है। जैसे—यदि कोई व्यक्ति किसी व्यक्ति को अतिशय बहते हुए रक्त (profused bleeding) की अवस्था में मरते हुए देखता है तो उस व्यक्ति में इस तरह की दुर्भीति (phobic fear) होने की प्रबल संभावना रहती है।

12. **हाइड्रोफोबिया (Hydrophobia):** 'हाइड्रो' का अर्थ जल होता है। जब कोई व्यक्ति किसी जलाशय, तालाब, नदी, झरना या नल से बहते हुए पानी को देखकर असामान्य रूप से भयभीत होता है तो इस प्रकार के भय को 'हाइड्रोफोबिया' कहते हैं। दूरदर्शन के अनेक धारावाहिकों (serials) में इस प्रकार के अयुक्तिक भय के दृश्य दिखलाए जाते हैं।

13. **लालोफोबिया (Lalophobia):** कुछ लोगों को भाषण देने (in delivering or giving lectures) से असामान्य भय की स्थिति उत्पन्न होती है। इसे ही 'लालोफोबिया' (lalophobia) कहते हैं।

14. **लोकोमोशनफोबिया (Locomotionphobia):** यह बाहर घूमने जाने से संबंधित अयुक्तिक भय की स्थिति है। एक व्यक्ति प्रतिदिन प्रातः 5 बजे टहलने जाया करता था। एक रोज प्रातः टहलते समय उसके बगल से गुजरते हुए व्यक्ति को किसी अज्ञात व्यक्ति ने रिवाल्वर से गोली मारकर हत्या कर दी। इस घटना से वह इतना अधिक आतंकित और भयभीत हो गया कि वह टहलने जाना (morning walk) ही बंद कर दिया।

15. **माइसोफोबिया (Mysophobia):** 'माइसोफोबिया' के मरीज को गंदगी (dirt) एवं 'संदूषण' (contamination) का भय होता है। इसके लक्षण के रूप में बार—बार लंबे समय तक हाथ को साबुन से धोना, घर को दिन में कई बार धोना या पोंछना आदि देखे जाते हैं। इस प्रकार का भय वस्तुतः किसी व्यक्ति द्वारा कोई अपराध या पाप कर्म से संबंधित अंतःमन में बैठे विचारों के प्रतीक (symbol) होते हैं।

16. **मैनोफोबिया (Manophobia):** कुछ व्यक्ति एकांत स्थान (lonely place) पर छोड़ दिए जाने के भय से आक्रांत रहते हैं। यद्यपि, प्रायः प्रत्येक व्यक्ति में इस तरह का भय थोड़ा—बहुत पाया जाता है, लेकिन इस प्रकार के असामान्य भय से पीड़ित व्यक्ति बहुत ज्यादा चिंतित (anxious) और परेशान रहता है। 'फ्रायड' (Freud) ने एक युवती का उदाहरण दिया है। वह युवती किशोरावस्था में किसी

अजनबी द्वारा निर्जन स्थान में बलात्कार (rape) का शिकार हुई थी। इस घटना के बाद से वह युवती एकांत या निर्जन स्थान से अतिशय भयभीत रहने लगी और कालांतर में उसका भय विकृत स्वरूप (morbid nature) का हो गया। मनोविश्लेषण के बाद उसका यह भय दूर हो सका।

17. **नाइक्रोफोबिया (Nycrophobia):** लाश (corpse) को देखकर असामान्य रूप से भयभीत होना 'नाइक्रोफोबिया' कहलाता है। ऐसे व्यक्ति किसी के मृत शरीर को देखने के साथ ही मूर्छित हो जाते हैं, या पसीने निकलने लगते हैं। वे मूक भी हो जाते हैं। साथ ही शव से दूर भागने की प्रवृत्ति भी देखी जाती है। मनोगत्यात्मक दृष्टि से प्रायः किसी प्रिय व्यक्ति की जघन्य हत्या के कारण उत्पन्न भय का अचेतन में दमित आतंक इस प्रकार के फोबिया का मुख्य कारण होता है।

18. **नाइक्टोफोबिया (Nyctophobia):** अंधेरा या रात्रि से भयभीत होने की अवस्था को 'नाइक्टोफोबिया' कहते हैं। इस भय से ग्रस्त व्यक्ति रात्रि में बिना रोशनी के क्षण भर भी नहीं रह पाता। यहाँ तक कि अँधेरे में वह सो नहीं सकता। यदि अचानक बिजली गुल हो जाती है तो वह चिल्ला उठता है और आस–पास जो कोई भी रहता है, उससे लिपट जाता है।

19. **ऑक्लोफोबिया (Ochlophobia):** भीड़–भाड़ से संबंधित यह भी एक असामान्य स्वरूप की दुर्भीति अर्थात भय है जिसमें व्यक्ति भीड़–भाड़ वाले स्थानों में स्वयं के खो जाने के विचार (fear of being lost in a crowd) से आतंकित या भयभीत होता है।

20. **पैथोफोबिया (Pathophobia):** यह किसी रोग से संक्रमित हो जाने से संबंधित तीव्र भय की अवस्था है। ऐसे व्यक्ति व्यक्तिगत सफाई, विसंक्रामक (disinfect) दवाओं का उपयोग बहुत अधिक करते हैं। ऐसे मरीज अपने पास कुछ दवाओं का भंडार भी रखते हैं तथा हल्की–फुल्की परेशानियों से भी अतिशय घबराहट या प्रदर्शन करते हैं। बात–बात में डॉक्टर के पास दौड़ लगाने की इनकी आदत–सी बन जाती है तथा किसी दूसरे बीमार व्यक्ति के पास नहीं जाते क्योंकि इन्हें स्वयं संक्रमित हो जाने का भय रहता है। विवशता में यदि जाते हैं तो चेहरे पर नकाब (mask) लगा लेते हैं तथा वापस आकर स्नान करते हैं, कपड़े को विसंक्रमित करने का प्रयास करते हैं।

21. **पेकाटोफोबिया (Peccatophobia):** इस दुर्भीति यानी असामान्य भय से पीड़ित व्यक्ति किसी काल्पनिक अपराध (imagined crime) अथवा पाप कर्म (sinful act) से भयभीत होता है। साधारणतः देखा गया है कि यदि कोई अपराधी सजा भुगत चुकने के बाद किसी कुलीन व्यक्ति (noble person) के संपर्क में स्वयं कुलीन बनना चाहता है और अपराधी जीवन से संन्यास लेना चाहता है तो ऐसे व्यक्ति में 'पेकाटोफोबिया' (peccatophobia) के विकसित होने की प्रबल संभावना रहती है।

22. **फोबोफोबिया (Phobophobia):** किसी काल्पनिक वस्तु (imagined object) से आतंकित रहने की स्थिति को 'फोबोफोबिया' कहते हैं। प्रायः व्यक्ति अपने भय की वस्तु या परिस्थिति को बताने में असमर्थ रहता है क्योंकि उसके भय की काल्पनिक वस्तु उसकी चेतना में नहीं रहती है।

23. **फोनोफोबिया (Phonophobia):** कठोर, कर्कश और अप्रिय एवं तीव्र आवाज से भयभीत रहने की अवस्था 'फोनोफोबिया' कहलाती है। आमतौर पर औद्योगिक क्षेत्रों में काम करने वाले श्रमिकों (industrial workers), बम धमाके से किसी प्रिय जन की मृत्यु अथवा फोन पर बाहर से किसी प्रियजन के संबंध में आघातपूर्ण समाचार मिलने के फलस्वरूप 'फोनोफोबिया' के लक्षण विकसित होते हैं।

24. **पाइरोफोबिया (Pyrophobia):** आग या आग की लपटों से असामान्य रूप से भयभीत होने की अवस्था को 'पाइरोफोबिया' कहते हैं। इस प्रकार के भय के पीछे गत जीवन के दुर्दांत अनुभव होते हैं। इस प्रकार के असामान्य भय से पीड़ित महिलाएँ रसोई बनाना भी छोड़ देती हैं क्योंकि रसोई बनाते समय चूल्हे की आग से भय होता है। एक नवविवाहिता युवती माचिस से भी भयभीत होती थी क्योंकि एक

बार उसकी सास ने माचिस से उसकी साड़ी में आग लगाकर मारने की कोशिश की थी। इस हादसे के बाद वह युवती माचिस या सिगरेट के लाइटर की लौ से भी भयभीत रहने लगी।

25. **फोटोफोबिया (Photophobia):** यह भी एक प्रकार की दुर्भीति है जो तेज रोशनी से संबंधित है। इस प्रकार का भय प्रायः उन लोगों में अधिक विकसित होता है जो रंग अंधता (colourblindness) से पीड़ित होते हैं, लेकिन अन्य लोग भी इसका शिकार हो सकते हैं। खासकर, तेज रोशनी से चकाचौंध होकर किसी दुर्घटना का शिकार होने पर व्यक्ति 'फोटोफोबिया' से ग्रस्त हो सकता है। ऐसे लोग प्रायः रात में सड़कों पर चलने वाली गाड़ियों की तेज रोशनी से भयभीत होते हैं इसलिए रात्रि में वे सड़कों पर नहीं जाते।
26. **सिटोफोबिया (Sitophobia):** अतिभोजन कर लेने से संबंधित भय को 'सिटोफोबिया' कहते हैं। इस प्रकार की दुर्भीति से पीड़ित व्यक्ति प्रायः प्रीतिभोज में नहीं जाते क्योंकि उन्हें यह भय रहता है कि उन्हें ज्यादा भोजन करना पड़ेगा। यह असामान्य भय इतना अधिक बढ़ जाता है कि वे प्रायः अपना दैनिक भोजन भी क्रमशः घटाने लग जाते हैं और इस प्रकार अल्पाहारी बन जाते हैं जिसका कुप्रभाव उनके सामान्य स्वास्थ्य पर पड़ने लगता है।
27. **सिफिलोफोबिया (Syphilophobia):** सिफलिस (syphilis) रोग से पीड़ित व्यक्तियों के संपर्क से उन्हें यह भय होता कि वे भी इस रोग से संक्रमित हो जाएँगे। इसलिए वे इस रोग से ग्रस्त मरीजों की किसी भी वस्तु (तौलिया, भोजन का बर्तन, उसके द्वारा प्रयुक्त बाथरूप में जाने आदि) से परहेज करते हैं। हालाँकि सिफलिस एक छूत रोग (infectious disease) है जो 'स्पाइरॉचेटे' (spirochete) नामक सूक्ष्म जीवाणु के संक्रमण से होता है। इस जीवाणु का संक्रमण त्वचा (skin) के माध्यम से होता है। चूंकि यह एक संस्पर्शी (contiguous) रोग है, इसलिए सामान्य व्यक्ति भी संसर्ग से बचने का प्रयास करते हैं। लेकिन जब यह दुर्भीति यानी असामान्य भीति का रूप लेता है तो वह विकृत (morbid) दुर्भीति (phobia) कहलाता है।
28. **थानाटोफोबिया (Thanatophobia):** आशंकित मृत्यु के भय (apprehended death fear) को 'थानाटोफोबिया' कहते हैं। इस प्रकार की भीति प्रायः लंबे समय तक किसी रोग से ग्रस्त रोगियों अथवा बुरी आदतों के व्यसनियों (addicts) को अधिकतर होता है। अति दुर्बल या अति निर्धन भी इस प्रकार की भीति से ग्रस्त होते हैं। इस प्रकार का अतिशय भय गंभीर या प्रचड बलाघात (severe stress) भी है।
29. **टॉक्सोफोबिया (Toxophobia):** 'टॉक्सो' (toxo) 'टॉक्सिडेंट मोलेक्यूल' (toxident molecule) का संक्षिप्त रूप है जो जहरीला (poisonous) स्वरूप का होता है। कुछ लोग, खासकर व्यामोह के रोगी (delusion patients) किसी व्यक्ति द्वारा जहर देकर मार देने की आशंका से 'भयभीत' रहते हैं। इसे ही 'टॉक्सोफोबिया' कहते हैं। इस प्रकार की भीति से ऐसे लोग भी पीड़ित होते हैं जो किसी व्यक्ति पर अकारण शत्रुता (envy) का संदेह करते हैं। इसके अतिरिक्त जो किसी दूसरे व्यक्ति के साथ दुर्व्यवहार या जघन्य अपराध किए होते हैं, अथवा जो पति–पत्नी अथवा प्रेमी–प्रेमिका के बीच पारस्परिक विश्वास (transworthiness) का टूटना आदि परिस्थितियाँ भी इस प्रकार के भय से आक्रांत होते हैं।
30. **जेनोफोबिया (Xenophobia):** अजनबियों (strangers) से होने वाले विकृत स्वरूप के भय (morbid fear) को 'जेनोफोबिया' 'Xenophobia' कहते हैं। उदाहरणार्थ, यदि किसी किशोर उम्र की लड़की के साथ किसी अजनबी द्वारा बर्बरतापूर्वक बलात्कार की घटना से पीड़ित किशोरी में 'जेनोफोबिया' के विकसित होने की प्रबल संभावना रहती है जो आजीवन बरकरार रह सकती है। इस भीति से पीड़ित व्यक्ति किसी अजबनी को देखकर मूर्छित (faint) भी हो जाता है।

31. **जूफोबिया (Zoophobia):** यह भी एक प्रकार की दुर्भीति (phobia) है जिसमें व्यक्ति सभी प्रकार के पशुओं अथवा किसी पशु विशेष से असामान्य रूप से भयभीत होता है इस प्रकार की भीति यानी भयंकर भय, जैसे पशुओं या रेंगने वाले कीड़े से भी होता है जो सामान्यतः हानि नहीं पहुँचाते, जैसे—गाय, भैंस, घोड़ा, हाथी, तिलचट्टा आदि। इस प्रकार के भय का कारण भी गत जीवन की कुछ अप्रिय घटनाओं के अनुभव होते हैं।

यद्यपि ऊपर जिन दुर्भीतियों का वर्णन किया गया है, वे किसी–न–किसी मात्रा में सामान्य व्यक्तियों में भी पायी जाती हैं, जैसे—साँप (snake), मकड़ी (spider), भीड़ (crowd), पुल पार करना (crossing bridge), खुली खिड़कियाँ (open windows), अंधेरा (darkness) आदि। लेकिन सामान्य व्यक्तियों की एक सर्वनिष्ठ विशेषता यह होती है कि वे इस बात से भिज्ञ (aware) रहते हैं कि उनका भय अकारण और अयुक्तिक (unreasonable and irrational) है। फिर भी वे उनका भय काफी तीव्र स्वरूप का होता है जो परिस्थिति की वास्तविकता से परे होता है। अतः असंगत या विकृत स्वरूप के अस्वाभाविक भय को ही 'फोबिया' कहते हैं (unnatural and pathological or irrational fear is Phobia)।

10.7.2 फोबिया के नैदानिक स्वरूप या लक्षण (Clinical Picture or Symptoms of Phobia)

'फोबिया' (phobia) के रोगियों में शारीरिक एवं मानसिक (physiological and mental) दोनों प्रकार के लक्षण पाए जाते हैं—

(i) शारीरिक लक्षण (Physiological symptoms): अयुक्तिक भय यानी दुर्भीति (phobia) से आक्रांत व्यक्ति दुर्बलता (weaknesses) का शिकार होता है। वह बहुत अधिक कमजोरी की शिकायत करता है, चेहरा भी विदीर्ण (pale) दिखता है। अर्थात् देखने में फीका या मंद लगता है। सिरदर्द (headache) एवं पीठदर्द (backache) आमाशय तंत्र की गड़बड़ी (stomach upset), बहुत अधिक दस्त का होना (several motions) बार–बार चक्कर का आना (dizzy spells) हृदय की धड़कन का बढ़ना (increase in heart palpitation), भीतर से अंग–अंग चूर होने का (cracking up) अनुभव आदि शारीरिक लक्षण पाए जाते हैं।

(ii) मानसिक लक्षण (Mental symptoms)

(a) रोगी मानसिक रूप से बहुत ही ज्यादा डरा हुआ प्रतीत होता है। यहाँ तक कि दूसरों द्वारा समझाए जाने के बावजूद वह अपने को भयमुक्त (free from fear) नहीं कर पाता तथा चिंता और आशंका से अभिभूत रहता है। (he is overwhelmed by anxiety and apprehensions of some untoward happenings)।

(b) वह घबराया हुआ (nervous) प्रतीत होता है तथा भय वाली वस्तु से दूर रहने या बचने का प्रयास करता है। उसकी यह प्रतिक्रिया परिहार की प्रतिक्रिया (avoidant reaction) कही जाती है।

(c) वह अतिसंदेही (highly suspicious) रहता है। फलस्वरूप किसी पर भरोसा नहीं करता।

(d) ऐसे मरीजों का अयुक्तिक भय (irrational fear) सामान्यीकृत (generalised) स्वरूप का होता है।

अतएव, अयुक्तिक भय की अवस्था में शारीरिक एवं मानसिक—दोनों प्रकार के लक्षण देखे जाते हैं।

10.7.3 कारण अथवा मनोगत्यात्मकता (Causes or Psychodynamics)

'फोबिया' विशुद्ध रूप से (purely) मानसिक चिंता (mental anxiety) का ही एक प्रतिरूप है। इसलिए इसका कारण भी मानसिक कार्यों की गत्यात्मक विशेषताएँ (dynamic features of mental functioning) होती हैं। इसकी

उत्पत्ति अचेतन मन की आंतरिक प्रेरणाओं से संबंधित खतरा को आशंकाओं (threatening apprehensions of inner motives of unconscious) से होती है। अचेतन से ये प्रवाह (impulses) प्रारूपिक ढँग से (typically) किसी बाह्य अहानिकर वस्तुओं के प्रति संवेगों के विस्थापन (displacement of emotions towards unharmful external objects) के रूप में प्रकट या व्यक्त (manifest) होते हैं। अतः कहा जा सकता है कि दुर्भीति (phobia) वस्तुतः विस्थापन (displacement) की मनोरचनाओं की देन है। ये बाह्य वस्तु मौलिक अंतःप्रेरणा (original impulse) का प्रतीक (symbol) होता है। लेकिन, कभी–कभी भय वाली वस्तु बहुत अधिक प्रतीकात्मक (symbolic) न होकर मात्र उसका आंशिक प्रतिनिधित्व (part representation) करता है अथवा स्मृति को पुनर्जागृत (reminder) करने वाली भी हो सकती है।

कुछ मामलों में रोगी के गत जीवन के अनुभव (past life experience) भी प्रतिनिधि के रूप में विकृत भय (morbid fear) को उत्पन्न करते हैं। ऐसा इसलिए होता है कि रोगी अतीत की भयवाली वस्तु (feared object) के साथ तादात्म्य (identification) स्थापित कर लेता है, जो वर्तमान में 'दुर्भीति' (phobia) का कारण बनता है। यहाँ वस्तुतः अनुकूलन शिक्षण सिद्धांत (conditioning learning) महत्वपूर्ण होता है। इसी तरह परिहार शिक्षण (learning to avoid) का भी 'दुर्भीति' (phobia) के विकास में महत्वपूर्ण योगदान होता है।

10.7.4 चिकित्सा या उपचार (Treatment or Therapy)

यद्यपि बाल्यावस्था में दुर्भीति यानी 'फोबिया' प्रायः सामान्य रहता है जो उम्र एवं परिपक्वता के साथ–साथ स्वतः कम होने लगता है और कभी–कभी पूर्णतया दूर भी हो जाता है। लेकिन कुछ मामलों में बाल्यावस्था की भीति (phobic fear) वयः संधि (puberty) की अवस्था आने पर पुनः जागृत हो उठती है जो न्यूरॉसिस के रूप में परिणत हो जाता है। अतः मनश्चिकित्सकीय सहायता आवश्यक हो जाती है।

फोबिया की चिकित्सा हेतु व्यक्ति के गत जीवन के अनुभवों को जानना और उन पर से पर्दा हटाने (to uncover) का गहन प्रयास किया जाना अपेक्षित है। क्योंकि फोबिया का मूल स्रोत प्रारंभिक अवस्था (early state) अथवा अतीत के अनुभव (past experiences) होते हैं। इस कार्य में मनोविश्लेषणात्मक उपचार की प्रविधि (psychoanalytic therapeutic technique) ज्यादा प्रभावी हो सकती है। साथ ही, उपचार की अन्य प्रविधियाँ, खासकर अनुकूलन सिद्धांत पर आधारित प्रविधियाँ (techniques based on conditioning principles) भी उपयुक्त सिद्ध हो सकती हैं। लेकिन, इन दोनों प्रकार की प्रविधियों का उपयोग दक्ष, एवं अनुभवी चिकित्सक द्वारा की जानी चाहिए।

इसके अतिरिक्त 'वुल्पे' (Wulpe, 1958) द्वारा प्रयुक्त 'पारस्परिक अवरोध' (reciprocal inhibition) की प्रविधि भी फोबिया के उपचार में कारगर सिद्ध हुई हैं। इन प्रविधियों के बारे में सविस्तार वर्णन अध्याय 16 में किया गया है।

10.8 मनोग्रस्ति-बाध्यता न्यूरॉसिस (Obsessive Compulsive Neurosis)

'मनोग्रस्ति–बाध्यता' 'न्यूरॉटिक पैटर्न' (neurotic pattern) का एक अत्यंत ही सामान्य किंतु प्रधान रूप (form) है। विभिन्न अनुमानों के आधार पर सभी प्रकार के न्यूरॉटिक प्रतिरूपों में इस प्रतिरूप के मरीजों की तायदाद लगभग 15 से 25% के बीच है।

प्रारंभिक मनश्चिकित्सकों ने मनोग्रस्ति (obsession) एवं बाध्यता (compulsion) को दो अलग–अलग मानसिक रोगों में वर्गीकृत कर वर्णन करते थे। लेकिन, आधुनिक समय में मनश्चिकित्सकों की राय में वस्तुतः दोनों एक ही प्रकार के 'न्यूरॉसिस' (neurosis) के दो पहलू (aspects) हैं। किसी व्यक्ति में कभी एक पक्ष ज्यादा प्रधान होता है तो कभी दूसरा पक्ष। कभी–कभी दोनों पक्ष संतुलित रूप से एक ही व्यक्ति में समान मात्रा में भी पाए जाते

हैं। इसीलिए, आजकल इन दोनों को मिलाकर एक ही न्यूरॉटिक पैटर्न के अंतर्गत रखा जाता है। फिर भी इस प्रतिरूप के दोनों पक्षों के स्वरूप को भलीभाँति समझने के लिए अलग–अलग वर्णन करना उचित प्रतीत होता है।

(क) मनोग्रस्ति (Obsession): 'मनोग्रस्ति' (obsession) चिंतन अथवा विचारों की बाध्यता (compulsions of thoughts or ideas) को कहते हैं। इसका रोगी सदैव किसी भावी अशुभ या अनहोनी से संबंधित विचारों की चिंता से ग्रस्त रहता है। इसीलिए इसे 'मनोग्रस्ति' यानी 'मन' का ग्रसित होना कहा जाता है। इस प्रतिरूप के मरीजों के मन में सदैव अतार्किक (irrational) एवं असंगत (inconsistent) विचारों की श्रृंखला (chain) बनती रहती है। रोगी इन विचारों के असंगत या अतार्किक स्वरूप से परिचित रहता है तथा वह ऐसे विचारों की गिरफ्त से मुक्त भी होना चाहता है। लेकिन वह ऐसे विचारों पर नियंत्रण पाने में असमर्थ रहता है। फलस्वरूप विचारों के प्रवाहों (flow of ideas) से मुक्त (free) नहीं हो पाता। इस प्रकार के वैचारिक प्रवाह व्यक्ति की इच्छा के विरुद्ध उत्पन्न होते रहते हैं। **'पेज'** (Page, 1947, 1999) ने इसकी परिभाषा देते हुए कहा है–"मनोग्रस्ति वे विचार या चिंतन हैं, जो बार–बार स्वतः उत्पन्न होते रहते हैं तथा उस पर व्यक्ति का कुछ भी ऐच्छिक नियंत्रण नहीं रहता।"[5] इस परिभाषा से यह स्पष्ट होता है कि इस 'प्रतिरूप' का रोगी अनियंत्रित (uncontrolled) ढँग से बार–बार उत्पन्न होने वाले अवांछित (undesirable) सोच एवं विचारों की दुनिया (world of thoughts and ideas) में विचरण करता रहता है।

इसी तरह, 'फिशर' (Fisher, R.S.) ने भी इस प्रतिरूप का स्वरूप स्पष्ट करते हुए कहा है–"मनोग्रस्ति एक प्रकार की मानसिक या अप्रकट विशिष्ट स्वरूप की क्रिया है, जिसकी अतार्किकता को व्यक्ति समझता है किंतु उस पर थोड़ा या कोई नियंत्रण नहीं रख पाता।"[6]

उपर्युक्त दोनों परिभाषाओं में आधार पर मनोग्रस्ति की निम्नांकित विशेषताएँ (features) स्पष्ट होती हैं–

(i) मनोग्रस्ति एक मानस रोग है।

(ii) व्यक्ति के मनःस्तर पर बार–बार असंगत या अतार्किक विचार उत्पन्न होते रहते हैं।

(iii) व्यक्ति के मन में उत्पन्न विचार उसकी इच्छा के विरुद्ध होते हैं।

(iv) ऐसे विचारों, पर व्यक्ति का नियंत्रण नहीं रहता है।

इस प्रकार, 'मनोग्रस्ति' (obsession) से पीड़ित व्यक्ति के मन में उसकी इच्छा के विरुद्ध असंगत एवं अतार्किक विचार उत्पन्न होते रहते हैं जिससे बाध्य (compelled) होकर व्यक्ति प्रभावित होता रहता है। व्यक्ति के मन में उठने वाले विचार प्रायः किसी अशुभ संभावना या ऐसे विषयों से संबंधित होते हैं जिसके बारे में निश्चित उत्तर पाना मुश्किल होता है। जैसे–ईश्वर का अस्तित्व है या नहीं?, सत्य क्या है?, पारलौकिक जीवन कैसा होता है? इत्यादि। कुछ रोगी अक्षम्य पाप (unforgivable sins) के भय से संबंधित विचारों से ग्रस्त होते हैं।

(ख) बाध्यता (Copulsion): यह एक प्रकार की बाध्यकारी क्रियात्मक (यानी गतिवाही) अनुक्रिया (compelling motor response) है। जिस प्रकार 'मनोग्रस्ति' (obsession) में रोगी के मन के अवांछित विचारों की श्रृंखला चलती रहती है, उसी तरह बाध्यता का रोगी कोई अवांछित (undesirable) अतार्किक (irrational) एवं असंगत या अनर्गल क्रिया (absured activity) करने हेतु बाध्य (compelled) होता है। अर्थात्, रोगी किसी क्रिया विशेष को अपनी इच्छा के विरुद्ध बार–बार दुहराते रहने को विवश होता है। रोगी की यह बाध्य क्रिया (compulsive act) सामान्य व्यक्ति द्वारा की जाने वाली क्रिया के समान ही होती है, लेकिन जिस क्रिया को सामान्य व्यक्ति

5. Page, J.D. (1947, 199): Obsessions are spontaneously recurring ideas and thoughts over which the individual has no voluntary control.—Page, J.D. 1947 Abnormal Psychology, Tata McGraw Hill, p. 133.
6. Obsession is a mental or implicit activity of a fairly specific nature which the individual recognizes to be irrational over which he has little or no contol.—Fisher, R.S.

एक बार या दो बार करता है, उसी क्रिया को रोगी बार–बार दुहराता रहता है। जैसे–ताला ठीक से लगा रहने के बावजूद बार–बार निरीक्षण करना, टाई को बिना आठ–से दस बार बाँधे संतुष्ट नहीं होना, बार–बार साबुन से हाथ धोना, सदा अंगुली बजाते रहना, सड़क पर खड़ा होकर आती–जाती गाड़ियों का नंबर नोट करना इत्यादि। **'पेज'** (Page) ने इसकी परिभाषा देते हुए कहा है–**"किसी अनैच्छिक क्रिया को अनुष्ठान की तरह बार-बार दुहराए जाने के अप्रतिरोध्य मनोवेग को बाध्यता कहते हैं।"**[7]

उपर्युक्त परिभाषा के आधार पर बाध्यता की निम्नलिखित विशेषताएँ (features) स्पष्ट होती हैं–

(i) बाध्यता एक मनोवेग (impulse) है।

(ii) इसमें व्यक्ति किसी क्रिया विशेष को बार–बार दुहराता रहता है।

(iii) व्यक्ति द्वारा दुहराए जाने वाली अनुक्रिया अनैच्छिक (unwanted), अतार्किक (irrational) एवं असंगत स्वरूप की होती है।

(iv) इस पर व्यक्ति का कुछ भी नियंत्रण नहीं रहता। अतः यह अप्रतिरोध्य (irresistible) होता है।

संक्षेप में कहा जा सकता है कि 'बाध्यता' का रोगी किसी अवांछित (undesirable) क्रिया को बिना इच्छा के बार–बार करते रहने के लिए बाध्य या विवश होता है। हालाँकि रोगी उस क्रिया की अतार्किकता (irrationality), अनर्गलता (obscurity) एवं विचित्रता (pecularity) से अवगत रहता है।

मनोग्रस्ति एवं बाध्यता (obsession and compulsion) की उपर्युक्त व्याख्या से स्पष्ट होता है कि ये दोनों एक ही प्रकार के 'न्यूरॉटिक प्रतिरूप' के दो रूप (form) हैं। मनोगस्ति बोधात्मक या विचारात्मक (cognitive or ideational) बाध्यता है जिसकी अभिव्यक्ति केवल मानसिक विचारों के रूप में संज्ञानात्मक स्तर (cognitive level) पर होती है, जबकि 'बाध्यता' (compulsion) एक क्रियात्मक प्रतिक्रिया (motor reaction) है, जो विशेष प्रकार की क्रियात्मक चेष्टा के रूप में प्रकट होती है। कभी–कभी ये दोनों रूप एक ही व्यक्ति में पाए जाते हैं। वास्तविकता तो यह है कि व्यक्ति की 'क्रियात्मक बाध्यता' किसी–न–किसी प्रकार की 'वैचारिक बाध्यता' (ideational compulsion) से प्रभावित होकर ही विकसित होती है। जैसे–बार–बार साबुन से हाथ धोने की बाध्यता धार्मिक आस्था संबंधी विचारों अथवा वैयक्तिक स्वास्थ्य (personal hygiene) से संबंधित विचारों की बाध्यता से प्रभावित हो सकती है। इसी तरह अन्य बाध्यकारी क्रियाओं (compulsive acts) पर भी किसी–न–किसी प्रकार की वैचारिक बाध्यता से ही प्रभावित होती है।

लेकिन, प्रायः यह देखा जाता है कि एक ही रोगी में किसी समय 'मनोग्रस्ति' (obsession) का रूप अधिक प्रधान होता है तो किसी दूसरे समय में 'बाध्यता' (compulsion) का। जब मनोग्रस्ति की अवस्था प्रधान होती है तो रोगी भयभीत, उदास और चिंतित दिखता है, और जब बाध्यता अधिक प्रधान होती है तो व्यक्ति केवल किसी क्रिया विशेष को बार–बार दुहराता रहता है तथा उसकी क्रिया में व्यवधान होने पर बेचैन और परेशान होता है।

10.8.1 नैदानिक स्वरूप या लक्षण (Clinical Picture or Symptoms)

'मनोग्रस्ति–बाध्यता' (obsessive-compulsive) न्यूरॉसिस (neurosis) के रोगियों की पहचान निम्नांकित लक्षणों के आधार पर पहचान की जाती है–

(i) संदेह (Doubt): मनोग्रस्ति–बाध्यता न्यूरॉसिस शक्की प्रकृति (suspicious nature) के होते हैं। उनमें शुभ–अशुभ की आशंका संबंधी विचार पनपते रहते हैं और यही विचार उनमें शक पैदा करता है। ऐसे विचारों के कारण वे भयभीत रहने लगते हैं जो किसी संभावित अशुभ की आशंका के कारण होती है। रोगी में यह

7. Compulsions are irresistible impulses to perform certain unwanted acts of repetitive ritualistic nature.— Page, J.D.

आशंका किसी वास्तविक उत्तेजना या परिस्थिति (real stimulus or situation) के अभाव में पूर्णतः मानसिक रूप से सोचने–विचारने के फलस्वरूप होती है। इस प्रकार, रोगी केवल मानसिक रूप से किसी संभावित आशंका से संबंधित विचारों से बाध्य होकर (being compelled by the apprehensive thoughts) संदेह का शिकार होता है।

(ii) निरर्थक एवं अनावश्यक विचारों की पुनरावृत्ति (Repetition of meaningless and unnecessary ideas): 'मनोग्रस्ति' का अर्थ ही है–मानसिक विचारों से ग्रस्त होना (victim of ideas)। अर्थात् रोगी के मन में अवांछित (undesirable), अनर्गल (absurd), अनैच्छिक (unwanted) एवं निरर्थक (meaningless) विचारों का ताँता लगा रहता है और इस प्रकार वह अनर्गल विचारों की दुनिया में खोया रहता है। यद्यपि रोगी स्वयं मन में उत्पन्न ऐसे विचारों की निरर्थक प्रकृति से अवगत (aware) रहता है तथा उससे मुक्त होना चाहता है, लेकिन उसे सफलता नहीं मिलती और बरबस ऐसे विचार आते रहते हैं। रोगी के मन में उत्पन्न होने वाले विचारों के विषय में बहुधा शारीरिक अस्वस्थता (physical illness), अनैतिक क्रिया (immoral acts), आत्महत्या की चेष्टा (suicidal attempts), किसी नहीं सुलझने लायक समस्या (unsolvable problem) को सुलझाने से संबंधित होते हैं। जैसे–पुत्र के सिर पर प्रहार करने, पति के पेट में छुरा भोंकने, स्वयं की मृत्यु हो जाने, माँ को किसी ऊँचे स्थान से धक्का देकर गिरा देने, किसी भयावह रोग से आक्रांत होने जैसे विचार उत्पन्न होते हैं।

(iii) किसी क्रिया-विशेष की पुनरावृत्ति (Repetition of certain act): इस न्यूरॉटिक प्रतिरूप की एक खास विशेषता यह होती है कि व्यक्ति किसी क्रिया विशेष (particular act) को बार–बार बेवजह दुहराता रहता है। कुछ रोगियों में संवेगात्मक तनाव (emotional tension) की प्रचुरता रहती है जिसकी अभिव्यक्ति विचित्र क्रियाओं को बार–बार दुहराने की क्रिया के माध्यम से होती है। रोगी ऐसी क्रियाओं की असंगतता एवं आधारहीनता से भिज्ञ रहता है, फिर भी वह इन क्रियाओं को करने हेतु बाध्य होता है। 'जैने' (Janet) ने एक महिला रोगी का उदाहरण दिया है। उस महिला को यह संदेह हो गया था कि वह अपवित्र हो गई है। फलस्वरूप वह दिन में अधिकतर अपने स्नानागार (bathroom) में ही रहती थी, उसके सभी अंगों को दो महिलाएँ खूब मल–मलकर साफ करती थीं। इसी तरह एक महिला गंदगी और रोग जीवाणु के भय से ग्रस्त रहती थी। अतः वह बार–बार साबुन से हाथ धोती रहती थी। कुछ दिनों बाद उस महिला के हाथ की त्वचा सड़ गई और घाव हो गया।

क्रिया बाध्यता के रोगियों की एक विशेषता यह होती है कि किसी क्रिया को बार–बार दुहराते रहने के क्रम में यदि किसी प्रकार की बाधा उत्पन्न होती है तो वह क्षुब्ध, बेचैन, क्रुद्ध तथा चिड़चिड़ा हो जाता है। ऐसी बाध्य क्रियाओं (compulsive acts) में रुपया बार–बार गिनना, संख्या की बार–बार गिनती करना (numeromania), किसी चीज को चुराने की बाध्यता (kleptomania), आग लगाने की बाध्यता (pyromania) आदि के लक्षण देखे जाते हैं।

10.8.2 सामान्य और न्यूरॉटिक मनोग्रस्ति-बाध्यताकारी प्रतिक्रियाओं के बीच तुलना (Comparison between Obsessive and Compulsive Reactions of Normal and Neurotic)

प्रायः प्रत्येक व्यक्ति अपने सामान्य दैनिक जीवन में (in every day life) किसी–न–किसी प्रकार की बाध्य प्रतिक्रियाएँ (compulsive reactions) करता है। उदाहरण के लिए चलते समय दरारों पर ही जान–बूझकर पैर रखकर चलना, अंगुली में चाबी का छल्ला घुमाते हुए चलना, टहलते समय कुछ खास अंकों की गिनती करते रहना या देवता के स्मरण संबंधी श्लोकों को मन–ही–मन पढ़ना आदि। इसी तरह सामान्य जीवन में हम कभी–कभी शंका उत्पन्न करने वाले निराधार विचारों के भी शिकार होते हैं अथवा किसी स्वप्न के शुभकारी या अशुभ संकेतों पर मन–ही–मन वैचारिक चिंतन करते रहते हैं। लेकिन दैनिक जीवन के ये सामान्य वैचारिक एवं

क्रियात्मक (ideational and motor) बाध्यताएँ (compulsions) न्यूरॉटिक बाध्यताओं (neurotic compulsions) से भिन्न हुआ करती हैं। 'सामान्य स्वरूप की बाध्यताएँ' (normal compulsions) अपेक्षाकृत क्षणिक और यदा–कदा होती हैं, लेकिन बाध्यता की व्याधि से पीड़ित व्यक्ति निरंतर और लगभग स्थायी रूप से वैचारिक अथवा क्रियात्मक बाध्यता का शिकार होता है। इनमें निम्नलिखित मुख्य अंतर पाए जाते हैं—

(क) न्यूरॉटिक बाध्यता (neurotic compulsion) का रोगी अपेक्षाकृत बेचैनी की स्थिति में (in a state of restlessness) रहता है। रोगी यह समझता है कि उसके मन में बार–बार आने वाले विचार अथवा जिस क्रिया विशेष को वह बार–बार दुहराता रहता है, वे निरर्थक, अनैच्छिक और अवांछित तथा अतार्किक हैं। इसके बावजूद वह उन विचारों या क्रियाओं में उलझा रहता है। रोगी की इन क्रियाओं में यदि कोई बाधा या अड़चन आती है तो वह क्षुब्ध और बेचैन हो जाता है, उसकी नींद लुप्त हो जाती है तथा सदैव उद्विग्न एवं उग्र दिखता है। लेकिन सामान्य व्यक्तियों के साथ ऐसी बातें नहीं पाई जातीं।

(ख) प्रायः प्रत्येक व्यक्ति कभी–न–कभी संदेह (doubt) या शंका (suspension) का शिकार होता है। सामान्य व्यक्ति को कभी–कभी रात में सोते समय अचानक संदेह होता है कि घर का दरवाजा ठीक से बंद है या नहीं और वह बिस्तर से उठकर सभी दरवाजों की भलीभाँति जाँचकर निश्चित होता है। अर्थात् अपनी शंका का निवारण कर लेने के उपरांत उसकी बेचैनी शांत हो जाती है। लेकिन, न्यूरॉटिक बाध्यता के मामले में ऐसी बात नहीं पाई जाती। रोगी प्रायः प्रतिदिन 50 से 100 बार तक बार–बार दरवाजे की जाँच थकान अनुभव होने तक जारी रखता है। यहाँ रोगी बार–बार की इस क्रिया द्वारा अपने किसी अनसुलझे मानसिक संघर्ष (unresolved mental conflicts) को अभिव्यक्ति (manifest) करता है।

(ग) 'न्यूरॉटिक बाध्यता' (neurotic compulsions) के कारण सामाजिक दृष्टि से कभी–कभी बुरे परिणाम भी देखने में आते हैं। उदाहरणार्थ—आग लगने की बाध्यता (pyromania), वस्तु चुराने की बाध्यता (kleptomania) जैसी हरकतों को व्यक्तिगत लाभ के लिए नहीं किया जाता, अपितु यह मानसिक रूप से बाध्यता संबंधी विवशता है जिसके फलस्वरूप दूसरों की हानि होती है। असामान्य व्यक्ति इन हरकतों के माध्यम से किसी आंतरिक संघर्ष को प्रकट करता है। लेकिन, सामान्य व्यक्ति किसी आंतरिक संघर्ष के कारण नहीं, बल्कि किसी सुस्पष्ट व्यक्तिगत लाभ से उत्प्रेरित होकर सुनियोजित ढंए से इन क्रियाओं को करता है। वह किसी प्रकार की मानसिक व्याधि का शिकार नहीं होता है।

10.8.3 कारण (Causes)

मनोग्रस्ति–बाध्यता के कारणों के संबंध में यह स्पष्ट होना चाहिए कि किसी एक व्यक्ति में मनोग्रस्ति (obsession) अथवा बाध्यता (compulsion), दोनों में कोई एक पक्ष ही महत्वपूर्ण और प्रधान रूप से मुखर होता है। फिर भी, इन दोनों के कारण समान ही हैं। यहाँ यह भी सुस्पष्ट होना चाहिए कि दूसरे प्रकार की मनोव्याधियों में भी मनोग्रस्ति अथवा बाध्यता के लक्षण पाए जा सकते हैं जबकि उन व्याधियों के कारण भिन्न हो सकते हैं। एक तीसरी महत्वपूर्ण बात यह है कि मनोग्रस्ति–बाध्यता (obsessive-compulsive) के कारणों के संबंध में विद्वानों में मतैक्य नहीं है। फिर भी यहाँ कुछ महत्वपूर्ण कारणों का वर्णन किया जा रहा है।

(i) आनुवंशिकता (Heredity): यद्यपि 'मनोग्रस्ति या बाध्यता' (obsession or compulsion) की उत्पत्ति में 'आनुवंशिकता' का कितना महत्व है—इसके बारे में निश्चयतापूर्वक कुछ भी कहना मुश्किल है, फिर भी कुछ अध्ययनों के आँकड़ों से यह पता चलता है कि आनुवंशिकता भी इस प्रकार के 'न्यूरॉटिक प्रतिरूप' (neurotic pattern) को विकसित करने में महत्वपूर्ण स्थान रखता है। उदाहरण के लिए 'लेविस' (Lewis) ने इस प्रतिरूप

से पीड़ित 100 मरीजों का अध्ययन किया है और बताया है कि इस व्याधि से पीड़ित लोगों में केवल 18 रोगी ऐसे थे जिनके माता–पिता मानसिक रूप से स्वस्थ थे। शेष सभी रोगियों के माता–पिता 'न्यूरॉसिस' (neurosis) के किसी–न–किसी प्रतिरूप से ग्रस्त थे। हालाँकि उन्होंने यह भी महसूस किया कि इस व्याधि के विकास में अनुशासन की कठिनता अथवा शिथिलता का भी महत्वपूर्ण योगदान होता है। इसीलिए, उन्होंने आनुवंशिकता (heredity) के साथ–साथ पारिवारिक परिवेश (family environment) का महत्व स्वीकार किया है। पारिवारिक वातावरण की महत्ता इसलिए है कि यदि परिवार में माता–पिता या अन्य कोई निकट संबंधी किसी प्रकार की मानसिक व्याधि से पीड़ित होता है, तो बच्चे उनके साथ 'तादात्म्य' (identification) कर लेते हैं। फलस्वरूप, बालकों के अनुभव आगे चलकर वैचारिक या क्रियात्मक (मनोग्रस्ति–बाध्यता) के रूप में विकसित होता है।

(ii) मानसिक संघर्ष (Mental conflicts): व्यक्ति के मानसिक संघर्ष (mental conflict) के कारण उत्पन्न तनाव की स्थिति (tension state) इस व्याधि का महत्वपूर्ण मनोवैज्ञानिक कारण है।'फ्रायड' (Freud) के अनुसार मनोग्रस्ति–बाध्यता का सर्वाधिक महत्वपूर्ण कारण 'मानसिक द्वंद्व' ही है। उनके अनुसार व्यक्ति की कामुक अर्थात् "लैंगिक इच्छाओं के 'दमन' (repression of libidinal urges) के कारण मानसिक द्वंद्व की स्थिति उत्पन्न होती है जिसके समाधान (resolution) का प्रयास वैचारिक मंथन के माध्यम से अथवा बार–बार किसी क्रिया विशेष को करने के माध्यम से होता है। यही प्रयास धीरे–धीरे वैचारिक अथवा क्रियात्मक बाध्यता (obsessive or compulsive) संबंधी प्रतिक्रिया (reaction) के रूप में विकसित हो जाती है। उन्होंने इस संबंध में कामशक्ति के प्रतिगमन (regression of libido) एवं असंतुष्टि की भावना पर विशेष महत्व दिया है। उनके अनुसार, बार–बार हाथ धोने की बाध्यता बाल्यावस्था की 'हस्तमैथुन' (childhood masturbation) की प्रवृत्ति सांकेतिक क्रियाएँ (symbolic acts) है।" इसी तरह अन्य बाध्य क्रियाएँ भी सांकेतिक क्रियाएँ होती हैं, जो किसी–न–किसी प्रकार की असंतुष्ट दमित कामेच्छाओं (unsatisfied repressed libidinal urges) का प्रतिनिधित्व करती हैं।

(iii) स्थानापन्न क्रियाएँ (Substitute activities): कुछ मनोवैज्ञानिकों ने 'मनोग्रस्ति–बाध्यता' (obsession-compulsion) की व्याख्या स्थानापन्न क्रिया के आधार पर की है। इनका मानना है कि व्यक्ति दुःखद भावनाओं (unpleasant feelings) से स्वयं की रक्षा (to defend one self) हेतु किसी विचार या क्रिया विशेष को बार–बार दुहराकर करते रहने में अपने को उलझाए रखता है। किसी एक ही क्रिया या विचार में उलझे रहने के कारण व्यक्ति को अपनी दुखद भावनाओं पर विचार करने का अवसर नहीं मिलता। इस प्रकार वह इनसे मुक्त रहता है। धीरे–धीरे वह उसकी आदत बन जाती है जिसे वह बिना सोचे–समझे स्वतः करने लगता है। यद्यपि वह ऐसे विचारों या क्रियाओं की अनर्गलता से अवगत रहता है, फिर भी आदतवश वह उसे करता ही रहता है।

(iv) हीनता एवं असुरक्षा की भावना (Inferiority and insecurity feelings): 'एडलर' (Adler) ने 'न्यूरॉटिक मनोग्रस्ति एवं बाध्यता' (neurotic obsession and compulsion) का मुख्य कारण हीनता एवं असुरक्षा की भावना (feeling of inferiority and insecurity) बतलाया है। उनके अनुसार व्यक्ति जब हीनता की भावना से ग्रस्त होता है तो वह इसके कारण उत्पन्न तनाव को बाध्य क्रियाओं अथवा विचारों के माध्यम से अभिव्यक्ति यानी निष्कासन (outlet) करता है। ऐसा करने से उनका तनाव कम (reduce) होता है तथा श्रेष्ठता (superiority) का भाव उत्पन्न होता है जिससे हीनता की भावना की क्षतिपूर्ति (compensation) होती है। जैसे–बार–बार हाथ धोने की क्रिया द्वारा व्यक्ति स्वयं को साफ–सुथरा (clean) एवं पवित्र (sanctified) सिद्ध करने का प्रयास करता है जिससे श्रेष्ठता का भाव पनपता है और श्रेष्ठता का यह भाव हीनता की भावना की क्षतिपूर्ति करता है। इसी तरह रोगी असुरक्षा की भावना से भी बाध्यकारी क्रियाएँ करता है। बार–बार बंद ताले को देखना असुरक्षा की भावना के प्रति सुरक्षात्मक मनोरचना (defensive mechanism) है अथवा बार–बार हाथ धोना भी गंदगी एवं रोगजनक जीवाणुओं से बचने अर्थात् सुरक्षा का उपाय है।

(v) नियमित दैनिक चर्या एवं पुनरावृत्ति (Regularity and orderly daily routine and repetition): कुछ लोगों की दैनिक चर्या (daily routine) नियमित, क्रमबद्ध एवं सुव्यवस्थित स्वरूप की होती है जिसका पालन कठोरता के साथ किया जाता है। इस प्रकार की आदत बाद में चलकर मनोग्रस्ति–बाध्यता के लक्षणों को जन्म देती है। चूँकि व्यक्ति अपनी दैनिक चर्या के पालन में थोड़ी–सी चूक बर्दाश्त नहीं कर पाता अतः मामूली परिवर्तन या हेर–फेर भी उसके लिए बेचैनी का कारण बनता है। व्यक्ति की ऐसी आदतें बाद में चलकर बाध्यकारी विचारों या क्रियाओं के रूप में प्रकट होने लगती हैं।

इसी प्रकार व्यक्ति अपने बाल्यकाल में जिन क्रियाओं को बार–बार करता है, वे क्रियाएँ उसके जीवन के महत्वपूर्ण अंग बन जाते हैं जिसे बार–बार करने हेतु व्यक्ति विवश होता है। जैसे–बाल्यावस्था के कुछ खेलों को खेलते समय किसी संख्या या शब्द को बार–बार दुहराना पड़ता है, अथवा किसी खेल के कुछ नियमों का पालन करने हेतु किसी क्रिया विशेष को बार–बार दुहराना पड़ता है। व्यक्ति की ये क्रियाएँ आदत बन जाती हैं और वह ऐसी हरकतों को करने के लिए बाध्य (compelled) होता है।

यद्यपि, मनोग्रस्ति–बाध्यता के जिन कारणों का वर्णन ऊपर किया गया है, विद्वानों में सहमति का अभाव है। फिर भी इतना निश्चित है कि 'मानसिक संघर्ष' (mental conflict) एवं उससे उत्पन्न संवेगात्मक तनाव (emotional tension) इस रोग का मुख्य मनोवैज्ञानिक कारण है। साथ ही, व्यक्ति की लैंगिक इच्छाओं से संबंधित संघर्ष भी इस प्रकार के असामान्य प्रतिरूप का एक महत्वपूर्ण कारण है।

10.8.4 चिकित्सा या उपचार (Treatment or Therapy)

न्यूरॉटिक मनोग्रस्ति–बाध्यता के उपचार हेतु चिकित्सक को धैर्य रखते हुए रोगी की आवश्यक सूझ या समझ का विकास करने का यत्न करना अनिवार्य है। इसके लिए निम्न बिंदुओं पर ध्यान देने की जरूरत है–

(i) पीड़ित व्यक्ति में ऐसी सूझ (insight) का विकास कराया जाए ताकि वह विचार (thought) और क्रिया (action) में स्पष्ट अंतर का बोध हो सके। साथ ही उसमें इस बात की भी समझ हो कि जो विचार उसके मन में उत्पन्न होते हैं, वे सामान्य व्यक्तियों के मन में भी उत्पन्न होते हैं, ऐसा होने पर रोगी के व्यक्तित्व की पुनर्रचना (reconstruction of personality) आसान होती है।

(ii) रोगी में यह विश्वास उत्पन्न कराया जाना चाहिए कि वास्तविक (real) एवं काल्पनिक (imagined) खतरे (dangers) में अंतर होता है तथा भिन्न परिस्थितियों में अलग–अलग प्रतिक्रिया (reaction) अपेक्षित होती है।

(iii) रोगी की बाध्य प्रतिक्रियाओं (compulsive reactions) को आघात पहुँचाकर नियंत्रित (controlling by inducing shock) करने की चेष्टा की जानी चाहिए।

चिकित्सा के उपर्युक्त लक्ष्यों को प्राप्त करने हेतु मनोविश्लेषण (psychoanalysis), सम्मोहन (hypnosis), संसूचन (suggestion), साक्षात्कार (interview), आघात चिकित्सा (shock therapy) आदि प्रविधियाँ उपयोग में लाई जाती हैं। मनश्चिकित्सा की इन सभी प्रविधियों का सविस्तार वर्णन अध्याय 16 में किया गया है।

10.9 हिस्टेरिकल न्यूरॉसिस–रूपांतरण (Hysterical Neurosis—Conversion)

सभी मानसिक व्याधियों में 'हिस्टेरिया' यानी 'उन्माद' (hysteria) एक प्राचीन व्याधि है क्योंकि इस व्याधि की पहचान बहुत पहले 'हिप्पोक्रेटस' (Hippocrates) ने की थी। इस प्रकार, हिस्टेरिया नामक व्याधि से ही मानसिक रोगों के अध्ययन की शुरुआत मानी जाती है। साथ ही हिस्टेरिया के अध्ययन के सिलसिले में ही हिप्पोक्रेटस

(Hippocrates), फ्रायड (Freud), 'शरकॉट' (Charcot), जैने (Janet), मार्टिन प्रिंस (Martin Prince) आदि विद्वानों के नाम मानस रोग विज्ञान (psychopathology) के इतिहास में अमर हैं।

'हिस्टीरिया' (hysteria) ग्रीक शब्द 'हिस्टेरा' (Hystera) से व्युत्पन्न है। 'हिस्टेरा' का अर्थ 'यूटरस' (uterus) होता है। इसलिए प्राचीन दार्शनिकों का मानना था कि 'हिस्टीरिया' के लक्षणों की उत्पत्ति 'यूटरस' (uterus) के शरीर में इधर–उधर घूमने के कारण उत्पन्न (wandering of uterus about the body) होते हैं। इसी आधार पर यह भी माना जाता था कि यह औरतों की बीमारी है। कुछ इसी तरह का विचार 20वीं शताब्दी के प्रारंभ तक प्रचलित था। लेकिन प्रथम विश्व युद्ध (World War I) में जब कुछ सैनिकों में 'हिस्टीरिया' के लक्षण पाए गए तब उपर्युक्त प्राचीन विचारधारा खंडित हुई तथा आधुनिक दृष्टिकोण के अनुसार यह माना जाने लगा कि स्त्री एवं पुरुष दोनों इस प्रकार की बीमारी से आक्रांत हो सकते हैं। लेकिन आजकल भी यह देखा जाता है कि प्रायः स्त्रियाँ ही इस बीमारी से अधिकतर आक्रांत होती हैं। जिसका कारण स्त्रियों की लैंगिक जटिलता है। 'फ्रायड' के अनुसार, स्त्रियों का लैंगिक विकास (sexual development) पुरुषों की अपेक्षा अधिक जटिल स्वरूप का होता है। लड़कियाँ बाल्यावस्था में भग–शिश्न (clitoris) द्वारा ही लैंगिक आनंद (sexual pleasure) प्राप्त करती हैं लेकिन आगे चलकर योनि (vagina) द्वारा लैंगिक वासना की पूर्ति करती हैं। लेकिन, कुछ स्त्रियों की लैंगिक वासना की पूर्ति कतिपय कारणों से नहीं हो पाती, इसलिए स्त्रियाँ ही अधिकतर इस व्याधि का शिकार होती हैं।

'फ्रायड' (Freud) ने 'हिस्टीरिया' को 'रूपांतरित प्रतिक्रिया' (conversion reaction) कहा है जिसे 'रूपांतरित हिस्टीरिया' (conversion hysteria) या 'उन्माद' कहा जाता है। इनका मानना है कि व्यक्ति की दमित लैंगिक इच्छाएँ (repressed sexual desires) ही हिस्टीरिया के लक्षणों के रूप में रूपांतरित (convert) होकर प्रकट होती हैं। लैंगिक इच्छाओं के विचलन (deviation) अथवा दमित (repressed) होने के फलस्वरूप व्यक्ति मनोलैंगिक संघर्ष (psychosexual conflict) की स्थिति में रहता है जिसका समाधान (resolution) शारीरिक अस्वस्थता के लक्षण के रूप में रूपांतरित (convert) होकर किया जाता है। उदाहरणस्वरूप, हस्तमैथुन (masturbation) एक विचलित यौन क्रिया (deviant sexual act) है। इससे उत्पन्न मानसिक संघर्ष का समाधान हाथ में पक्षाघात (paralysis of hand) के रूप में हो सकता है।

लेकिन, आधुनिक मनोवैज्ञानिकों के अनुसार 'फ्रायड' का विचार सही नहीं है। आजकल हिस्टीरिया को 'पलायनवादी प्रवृत्ति' (escape tendency) का रूपांतरण (conversion) माना जाता है। अर्थात् व्यक्ति किसी कठिन या दुःखद परिस्थिति से पलायन (यानी बचने) करने हेतु शारीरिक रूप से बीमार होता है। अतः पलायन की प्रबल इच्छा ही शारीरिक अस्वस्थता के लक्षण के रूप में रूपांतरित होती है।

'जे.डी. पेज एवं डी.एस. पेज' ने इसकी परिभाषा देते हुए कहा है—

"उन्मादी प्रतिक्रिया वस्तुतः जीवन की कठिनाइयों के प्रति समायोजन की दृष्टि से होने वाली सहज या स्वाभाविक (spontaneous) और अनियोजित (unpremediated) चेष्टा है, जो शारीरिक अयोग्यता के रूप में पलायन की प्रवृत्ति को व्यक्त करती है।"[8]

कोलमैन (Coleman) के अनुसार, "हिस्टीरिया एक 'न्यूरॉटिक पैटर्न' है जिसमें बिना किसी प्रकार की अंगीय गड़बड़ी के कुछ शारीरिक अस्वस्थता के लक्षण देखे जाते हैं, अर्थात् व्यक्ति का मानसिक द्वंद्व शारीरिक लक्षणों में रूपांतरित हो जाता है।"[9]

उपर्युक्त दोनों परिभाषाओं में 'हिस्टीरिया' को मनोजनिक (psychogenic) व्याधि माना गया है जिसमें मानसिक संवेगात्मक संघर्षों का समाधान शारीरिक व्याधि के लक्षणों के माध्यम से होता है। इससे मरीज को दोहरा लाभ मिलता है—(क) रोगी शारीरिक व्याधि के कारण जीवन की वास्तविक कठिनाइयों का सामना करने

8. "Hysterical reactions are essentially spontaneous, unpremediated attempts to circumvent or adjust to life difficulties through flight in to in capacity"—J.D. Page and D.S. Page.
9. "Hysterical neurosis involve a neurotic pattern in which symptoms of some physical illness appear without any underlying organic pathology, i.e., The mental conflicts of the patients are converted into bodily symptoms."—Coleman, J.C.

से बच जाता है जिससे 'पलायन की पवृत्ति' (tendency to escape) संतुष्ट होती है। (ख) रोगी के मानसिक संघर्ष के कारण उत्पन्न तनाव और चिंता कम होते हैं। साथ ही, रोगी अपने परिवार एवं निकट के संबंधियों से अतिरिक्त सहानुभूति प्राप्त करता है जिसके फलस्वरूप रोगी के आहत मन को राहत मिलती है। संभवतः यही कारण है कि 'उन्माद' यानी हिस्टीरिया को व्यक्तित्व संबंधी विकार कहा जाता है तथा आधुनिक मनश्चिकित्सक (psychiatrists) इसे "हिस्टीरिऑनिक पर्सनालिटी 'डिस्आर्डर (histrionic personality disorder) अर्थात् अति नाटकीय व्यक्तित्व (over dramatic personality) की संज्ञा देते हैं।" (Patricia Casey and Brendan Kelly, 2007)

लेकिन रोगी का यह प्रयास अचेतन (unconscious) स्वरूप का होता है। अतः रोगी को अपनी बीमारी का कारण पता नहीं होता। इस व्याधि से आक्रांत लोगों में अधिकांशतः युवा उम्र (young age) के लोग आते हैं। उम्र के बढ़ने के साथ–साथ इस व्याधि से पीड़ित होने की संभावना अपेक्षाकृत कम होती जाती है। 'न्यूरॉसिस' (neurosis) से पीड़ित रोगियों में इनकी तायदाद 5 प्रतिशत के आस–पास होती है।

10.9.1 नैदानिक स्वरूप या लक्षण (Clinical Picture or Symptoms)

रूपांतरित हिस्टीरिया (conversion hysteria) के लक्षण किसी भी शारीरिक व्याधि (physiological disease) के लक्षणों के अनुरूप होते हैं, जैसे—लकवा या पक्षाघात (paralysis), दृष्टि संबंधी दोष (visual disorders), वाक् विकृति (speech disorder) इत्यादि। यहाँ इन लक्षणों को निम्न वर्गों में बाँट कर वर्णन किया जा रहा है—

(क) ज्ञानवाही विकृति के लक्षण (Symptoms of sensory disorder)

(ख) गतिवाही विकृति के लक्षण (Symptoms of motor disorder) एवं

(ग) अंतरावयव विकृति के लक्षण (Symptoms of visceral disorder)

अब इन सभी वर्गों के शारीरिक लक्षणों का वर्णन एक–एक कर किया जा रहा है—

(क) ज्ञानवाही विकृति के लक्षण (Symptoms of sensory disorder): 'रूपांतरित हिस्टीरिया' (conversion hysteria) के रोगियों में किन्हीं भी ज्ञानवाही क्रियाओं (sensory functions) की विकृति के रूप में प्रकट हो सकती है। इनमें से कुछ प्रमुख विकृतियाँ निम्नलिखित हैं—

(i) एनेस्थेसिया (anaesthesia), अर्थात् संवेदनशीलता (sensitivity) का लुप्त (loss) होना।

(ii) हाइपोस्थेसिया (hyposthesia), अर्थात आंशिक रूप से संवेदनशीलता का लुप्त (partial loss of sensitivity) होना।

(iii) हाइपोरस्थेसिया (hypersthesia), अर्थात् अति संवेदनशीलता (excessive sensitivity)।

(iv) एनैलजेसिया (analgesia), अर्थात् दुःख या दर्द की संवेदनशीलता का लुप्त (loss of sensitivity to pain) होना।

(v) पारस्थेसिया (paresthesia), अर्थात् किसी असाधारण (अपवादात्मक) स्वरूप की संवेदना का अनुभव करना जैसे—रोमांचित होने की संवेदना का अनुभव या सनसनाहट संवेदना (stinging sensation) का अनुभव होना।

इसी तरह दृष्टि (visual) एवं श्रवण संवेदना संबंधी भी कुछ विकृत लक्षण पाए जाते हैं जैसे—

प्रकाश की असहनीयता (photophobia), धुँधली दृष्टि (blurred vision), दोहरी दृष्टि (double vision), दृष्टि क्षेत्र का संकुचित होना (restricted visual field), दिन में दिखाई न पड़ना, रात में दिखाई न पड़ना आदि प्रमुख हैं।

श्रवण संबंधी संवेदना की विकृतियों में आंशिक या पूर्णरूप से बहरापन (partial or complete deafness), विभिन्न प्रकार की आवाजों के गुंजन का अनुभव, किसी अपूर्व वाणी (unique) को सुनने का अनुभव, इत्यादि विशेष रूप से देखे जाते हैं।

इनके अतिरिक्त स्पर्श संवेदना (touch sensation) संबंधी—सिहरन, रोमांच, या संवेदना शून्यता के लक्षण भी रूपांतर हिस्टीरिया के रोगियों में पाए जाते हैं।

(ख) गतिवाही विकृति के लक्षण (Symptoms of motor disorder): 'रूपांतर हिस्टीरिया' (conversion hysteria) के रोगियों में गतिवाही अवयवों (motor organs) की कार्यशीलता में भी विकार यानी विकृति (disorder) के लक्षण पाए जाते हैं। ये लक्षण भी शारीरिक रूप से अवयवी गड़बड़ियों के अनुरूप होते हैं, जैसे—पक्षाघात (paralysis) का लक्षण अधिकांश उन्माद (hysteria) के मरीजों में देखा जाता है। यह पक्षाघात प्रायः किसी अवयव विशेष तक ही सीमित रहती है, जैसे—किसी एक हाथ या पैर अथवा उसके किसी एक भाग में ही पक्षाघात का होना। कभी—कभी पक्षाघात का संबंध किसी कार्य विशेष तक ही सीमित रहता है। जैसे—लिखते समय हाथ की अंगुलियों में शक्तिहीनता का अनुभव करना। लेकिन उन्हीं अंगुलियों की सहायता से दूसरे कार्य को करना संभव होता है, जैसे—झोला टाँगना, वाद्य यंत्र बजाना, कार्ड छाँटने (card sorting) का काम करना आदि।

पक्षाघात के अतिरिक्त थरथराहट या प्रकंपन (tremor) अर्थात् स्नायविक प्रकंपन, सिकुड़न या चलने में झटका (twitches) का अनुभव करना भी हिस्टीरिया के सामान्य लक्षण हैं। चलने—फिरने संबंधी गतिवाही कार्यों में एक और लक्षण सामान्य रूप से पाया जाता है जिसे "ऐस्टेसिया—एबेसिया" (astasia-abasia) कहते हैं। इसमें रोगी बैठे हुए या लेटे हुए अपने पैरों को गतिशील रखने में (in moving legs) समर्थ रहता है, लेकिन जब खड़ा होता है या चलता है तो उसके पैर ठीक से काम नहीं करते। फलस्वरूप, उसकी चाल बेढंगी हो जाती है और वह कभी—कभी लड़खड़ाकर गिर भी जाता है।

हिस्टीरिया के रोगियों की वाक—इंद्रिय (speech-organ) की माँसपेशियों (muscles) की गति में भी विकृति के लक्षण देखे जाते हैं जिसके फलस्वरूप स्वरहानि (aphonia), गूँगापन (mutism) के लक्षण देखे जाते हैं। स्वरहानि (aphonia) की स्थिति में रोगी अत्यंत ही धीमी आवाज में (फुसफुसाहट की आवाज) में बोलने का प्रयास करता है, लेकिन गूँगापन की स्थिति में वह कुछ भी बोलने में समर्थ नहीं होता। वह मूक हो जाता है।

'उन्माद' (hysteria) के कुछ रोगियों में 'मिरगी' (epilepsy) के रोगियों की तरह पेशीय ऐंठन या सिकुड़न (convulsion or muscular seizure) के लक्षण भी पाए जाते हैं। लेकिन, वास्तविक मिरगी (real epilepsy) एवं हिस्टेरिकल मिरगी (hysterical epilepsy) में अंतर होता है। हिस्टेरिकल मिरगी में पेशीय ऐंठन का दौरा (attack) जब होता है तो रोगी घायल नहीं होता क्योंकि अचेतन रूप से (unconsciously) सुरक्षित स्थान और परिस्थिति का चयन करके ही दौरा के लक्षण प्रकट होते हैं। लेकिन वास्तविक मिरगी के रोगी में ऐसी बात नहीं पाई जाती। इसके अलावा, हिस्टीरिया के रोगियों की आँखों की पुतलियों की सहज क्रियाएँ (reflex actions) सामान्य रहती हैं जबकि वास्तविक मिरगी की स्थिति में आँखों की पुतलियों द्वारा सहज क्रियाएँ नहीं होतीं।

(ग) अंतरावयव विकृति के लक्षण (Symptoms of visceral disorder): हिस्टीरिया से पीड़ित व्यक्तियों में अंतरावयव (visceral organs) संबंधी विकार के लक्षण भी पाए जाते हैं। ये लक्षण भी विविध प्रकार के होते हैं। जैसे—सिर में दर्द (headache), गले का भारी होना (lump in the throat), खाँसी का होना (coughing spells), डकार का आना (belching), मिचली (nausea), वमन (vomiting) इत्यादि मुख्य लक्षण हैं। कुछ मरीजों में शारीरिक रोगों में लक्षण, जैसे—मिथ्या दमा (pseudoasthma), यक्ष्मा (tuberculosis), 'एपेंडिसाइटिस' (appendicitis) एवं मिथ्या गर्भधारण (pseudo pregnancy) इत्यादि के लक्षण भी बिना किसी शारीरिक आधार (organic basis) के पाए जाते हैं। रोगी को 'एपेंडिक्स' के स्थान पर दर्द की अनुभूति तो होती ही है, साथ—ही—साथ शरीर का तापमान भी सामान्य से बहुत अधिक बढ़ जाता है। इसी तरह यक्ष्मा के लक्षणों से युक्त हिस्टीरिया के रोगियों

में बार–बार खाँसना, वजन का कम होना, बार–बार ज्वर–बुखार (recurrent fever) का होना, रात में पसीना निकलना आदि वास्तविक यक्ष्मा के लक्षण पाए जाते हैं। मिथ्या गर्भधारण (pseudo pregnancy) में भी रजोधर्म (menstural cycle) का रुक जाना, तथा उदर में क्रमशः वृद्धि होना देखा जाता है। इस प्रकार, हिस्टीरिया के रोगियों में पाए जाने वाले उपर्युक्त लक्षण वास्तविक अवयवी रोगों में समान होते हैं। इसलिए कभी–कभी वास्तविक रोग एवं मिथ्या रोग (real and pseudo disease) में अंतर करना मुश्किल होता है।

10.9.2 वास्तविक और हिस्टीरिया के लक्षण में अंतर (Difference between Real and Hysterical Symptoms)

जैसा कि ऊपर बताया गया है कि वास्तविक अवयवी गड़बड़ी या विकृति के लक्षण (symptoms of real organic disorders) एवं हिस्टीरिकल विकृति के अवयवी लक्षणों (organic symptoms of hysterical disorders) में समानता देखी जाती है, इसलिए इनमें स्पष्ट अंतर करना मुश्किल होता है। बिना डॉक्टरी जाँच (medical examination) के वास्तविक और मिथ्या (pseudo) लक्षणों में अंतर नहीं समझा जा सकता है। हिस्टीरिया के रोगियों में पाए जाने वाले लक्षण वस्तुतः 'स्वांग' (simulation) होता है। इसीलिए इसे 'हिस्टीरिऑनिक' (hystrionic) अर्थात् पाखण्ड कहा जाता है।

डॉक्टरी परीक्षण एवं जाँच (medical examinations and tests) के अतिरिक्त कुछ मानदण्ड (criteria) भी हैं जिनके आधार पर वास्तविक एवं हिस्टेरिकल लक्षणों में अंतर स्पष्ट किया जा सकता है। ये मापदंड निम्नलिखित हैं–

(क) सामान्य शारीरिक अवयवों में विकृति आने पर रोगी प्रायः अपनी अस्वस्थता एवं अयोग्यता के कारण चिंतित और परेशान होता है, लेकिन रूपांतरण हिस्टीरिया (conversion hysteria) का रोगी अपनी शारीरिक विकार की स्थिति से चिंतित या पेरशान नहीं रहता। मानसिक रूप से वह लापरवाह या तटस्थ (unconcerned) दिखता है। **मुचा** (Mucha) एवं रेनहार्ट (Reinhardt, 1970) ने रूपातंर हिस्टीरिया के 56 रोगियों का अध्ययन किया और पाया कि इन रोगियों को अपनी शारीरिक अस्वस्था के लक्षणों के बारे में कोई चिंता नहीं थी।

(ख) हिस्टीरिया के रोगियों में लक्षण चयनात्मक स्वरूप (selective nature) के होते हैं, क्योंकि अधिकतर यह देखा जाता है कि अवयवी विकृति के लक्षण (symptoms of organic disorder) प्रायः उन अंगों (organs) से संबंधित होते हैं जो रोगी के मानसिक संवेगात्मक संघर्ष (mental emotional conflicts) से जुड़े (connected) होते हैं। जैसे–प्रेम व्यापार (love affairs) में विफल युवती की बाँह में दर्द का होना, रति–क्रिया से भयभीत रोगी के पैर में पक्षाघात का होना, संतान की इच्छुक महिला के पेट में दर्द का होना इत्यादि।

(ग) चूँकि हिस्टीरिया के रोगियों में शारीरिक व्याधि के लक्षण मिथ्या प्रकृति (pseudo nature) के होते हैं, इसलिए विकृत अंग (disorder organ) की वास्तविक कार्यक्षमता (real work capacity) सामान्य रहती है। अर्थात् उसमें वास्तविक कमजोरी या अयोग्यता (real weakness or incapacity) नही आती। इसीलिए एक रूपांतर हिस्टीरिया के रोगी के पैर में बैठे या लेटे रहने पर कोई गड़बड़ी नहीं होती, लेकिन खड़ा होने या चलने में गड़बड़ी देखी जाती है। वास्तविक रूप से व्याधिग्रस्त व्यक्तियों में ऐसी बात नहीं पाई जाती।

(घ) सम्मोहन (hypnosis) अथवा चेतन शून्यता (narcosis) की अवस्था में मनश्चिकित्सक (psychotherapist) द्वारा रोगी को संसूचित (suggest) कर उसके लक्षणों को दूर किया जा सकता है अथवा उसके स्थान में परिवर्तन लाया जा सकता है। लेकिन वास्तविक व्याधि के रोगियों के लक्षणों को संसूचन (suggestion) या सम्मोहन (hypnosis) के माध्यम से दूर नहीं किया जा सकता।

10.9.3 कारण (Causes)

रूपांतरण प्रतिरूप (conversion pattern) के विकास में सामान्यतः कुछ मानसिक प्रक्रियाओं की एक शृंखला (chain) बनती है जो इस प्रकार होती है—

(a) किसी अप्रिय परिस्थिति (unpleasant situation) से पलायन करने (to escape) की इच्छा उत्पन्न होती है। (b) अप्रिय परिस्थिति से बचने (to avoid) के उद्देश्य से क्षणिक तौर पर बीमार पड़ जाने की इच्छा (a fleeting wish to be sick) होती है। (c) किसी अतिरिक्त बलाघात (additional stress) की स्थिति में किसी तरह की शारीरिक अस्वस्थता होती है। हालाँकि व्यक्ति यह अनुभव करता है कि बलाघात की स्थिति और शारीरिक अस्वस्थता एक–दूसरे से असंबंधित (not related) हैं। यहाँ यह स्मरणीय होना चाहिए कि रूपांतर प्रतिरूप (conversion pattern) में अस्वस्थता के लक्षण प्रायः उन्हीं अवयवों से संबंधित होते हैं जो अंग पूर्व से ही किसी–न–किसी प्रकार से रुग्ण रहे हैं। ऐसे कुछ लक्षण व्यक्ति दूसरे माध्यमों से अर्जित (acquire) भी करता है, जैसे—समाचार पत्रों या पत्र–पत्रिकाओं में कुछ बीमारियों के लक्षण प्रकाशित होते रहते हैं अथवा व्यक्ति अपने परिवार या दूसरे निकट के संबंधियों में किसी अस्वस्थता के लक्षणों का निरीक्षण कर अर्जित कर लेता है। अध्ययनों से यह सिद्ध हुआ है कि कुछ प्रबलन (reinforcement) द्वारा शारीरिक तंत्रों (physiological mechanisms) की कार्य प्रणाली (functional system) में बदलाव लाया जा सकता है, फिर भी, इस संबंध में पर्याप्त जानकारी का अभाव है। लेकिन यह सत्य है कि शारीरिक क्रियाओं में बदलाव (alter) के फलस्वरूप हमारी मनोवैज्ञानिक आवश्यकताओं (psychological needs) की पूर्ति होती है।

रूपांतर हिस्टीरिया के विकास में आमतौर पर तीन प्रकार के कारकों का प्रभाव पड़ता है—

(क) व्यक्तित्व एवं भूमिका संबंधी कारक (Personality and role factor)

(ख) किसी खतरा का परिहार एवं उससे बचाव या सुरक्षा (Avoidance and defence against threat) एवं

(ग) वास्तविक रुग्णता से उत्पन्न अनुपूरक लाभ (Secondary gains steming from actual illness)

(क) व्यक्तित्व एवं भूमिका संबंधी कारक (Personality and role factor): सामान्य व्यक्ति भी यदा–कदा किसी गंभीर समस्या से बचने हेतु बीमार होने का स्वांग रचता है। ऐसे लोगों के व्यक्तित्व को क्या कहेंगे? प्रायः सभी व्यक्ति कभी–कभी किसी परिस्थिति से स्वयं को बचाने हेतु यह कहता है—"I don't feel like doing it. अथवा I don't feel up to it."। इन कथनों का सीधा अर्थ है, परिस्थिति विशेष का शारीरिक रूप से अच्छा नहीं महसूस करने के संदर्भ में परिहार (avoid) करना। रूपांतर (conversion) के रोगी भी कुछ इसी तरह की प्रतिक्रिया (reaction) प्रकट करते हैं। लेकिन, इनकी यह प्रतिक्रिया दैनिक जीवन की समस्याओं का सामना करने के क्रम में अचेतन रूप से (unconsciously) होती है।

दूसरे न्यूरॉटिक प्रतिरूपों (neurotic patterns) की तुलना में हिस्टीरिया प्रतिरूप (hysterical pattern) का रोगी अपेक्षाकृत अधिक संसूचनशील (highly suggestible) एवं स्वांगी (dramatic) होता है। इसीलिए इनके व्यक्तित्व को **'हिस्टीरिऑनिक व्यक्तित्व'** (histrionic personality) की संज्ञा दी जाती है। ऐसे लोग प्रायः जिन स्थितियों का प्रत्यक्षीकरण नहीं करना चाहते, उसके प्रति अतिउत्साह का दिखावा करते हैं किंतु उनकी अनुक्रिया ऊपरी यानी सतही (shallow) स्वरूप की होती है। इनके अंतःपारस्परिक संबंध (interpersonal relations) में छल योजना (manipulative) तथा दूसरों से अधिकाधिक अपेक्षा (over demanding) रखने की प्रवृत्ति देखी जाती है। (अलारकॉन—Alarcon, 973; चॉडॉफ—Chodoff, 1974) रूपांतर के महिला रोगियों के व्यक्तित्व के संबंध में यह भी पाया गया है कि वे कामुक दृष्टि से अति विमोहक (sexual seductive) प्रतीत होती हैं किंतु यौन संबंध बनाते समय मंदकामुकता (frigid sexuality) का परिचय देती हैं। इन दृष्टांतों से यह स्पष्ट कहा जा सकता है कि रूपांतर के रोगियों का व्यक्तित्व अत्यंत ही स्वांगी स्वरूप का होता है।

(ख) किसी खतरा का परिहार एवं बचाव या सुरक्षा (Avoidance and defense against threat): प्रारूपिक (typically) रूप से रूपांतर के कारण व्यक्ति किसी जोखिम भरा या खतरनाक बलाघातक स्थिति से अपना बचाव या परिहार करने का प्रयास करता है। जैसे एक युवक दो बार अलग–अलग अवसरों पर एक ही युवती से वैवाहिक रिश्ता हेतु विवाह की वेदी (altar) पर पहुँचने के ठीक पहले बेहोश (faint) हो जाया करता था। इसी तरह एक विधवा स्त्री की गंध संवेदना (smell sensation) लुप्त हो गई क्योंकि उसे ऐसा प्रतीत हुआ कि उसके कमरे में एक मीठी जहरीली गंध आती है जो उसके स्नेही पुत्र को मार डालने की साजिश से किसी ने छुपा कर रख दिया था। इस तरह व्यक्ति जब किसी जोखिमपूर्ण परिस्थिति से अपना बचाव करना चाहता है तो वह विविध प्रकार की शारीरिक व्याधि के लक्षणों का स्वांग रचता है।

(ग) वास्तविक रुग्णता से उत्पन्न अनुपूरक लाभ (Secondary gains steming from actual illness): कुछ मामलों में रूपांतर के लक्षण वास्तविक रोगावस्था (actual illness) के कारण भी विकसित होता है क्योंकि व्यक्ति को इससे अनुपूरक लाभ (secondary gain) होता है। उदाहरण के लिए यदि कोई व्यक्ति न्यूमोनिया (pneumonia) से पीड़ित होता है और उसे अपनी अप्रिय नौकरी से कुछ समय के लिए बचने का अवसर मिलता है तो उसकी यह बीमारी कुछ लंबे समय तक बनी रह सकती है, अथवा बार–बार 'न्यूमोनिया' का दौरा पड़ सकता है। इससे उसे अपनी अप्रिय नौकरी से कुछ ज्यादा समय तक विश्राम के बहाने बचने का अवसर मिलता है। यह बात दुर्घटना में घायल होने की स्थिति में भी लागू हो सकती है। उदाहरण के लिए एक महिला लगभग 15 वर्ष पहले दुर्घटनाग्रस्त हुई। दुर्घटना के कारण सिर में चोट पहुँची और अत्यधिक रक्तस्राव हुआ। लगभग 15 दिनों के उपचार के बाद वह ठीक हो गई और अस्पताल से छुट्टी भी हो गई। लेकिन आज भी वह महिला 'सिर दर्द', भारीपन आदि की शिकायत करती रहती है और घरेलू कार्यों से अपने को विमुख रखते हुए ज्यादा–से–ज्यादा आराम और सेवा लेने की इच्छा रखती है। उसके परिजन उसकी पेरशानी से स्वयं परेशान रहते हैं और बार–बार डॉक्टरी जाँच–पड़ताल करते रहते हैं।

किसी व्यक्ति के रूपांतर प्रतिरूप के पीछे चाहे जो भी विशिष्ट कारण हो, इतनी बात तो तय है कि इसमें व्यक्ति किसी अप्रिय परिस्थिति से बचने हेतु परिहार करने (to avoid) का अभिनय करने की प्रवृत्ति रखता है और उसकी यही प्रवृत्ति अचेतन रूप से उसे शारीरिक अयोग्यता या दुर्बलता का शिकार बनाता है। इससे उसकी असहनीय सांवेगिक क्षोभ (emotional disturbance) एवं उससे उत्पन्न चिंता (anxiety) से राहत (relief) मिलती है।

10.9.4 चिकित्सा या उपचार (Treatment or Therapy)

रूपांतरण हिस्टीरिया के लक्षणों को साधारणतः सम्मोहन (hypnosis) से दूर किया जा सकता है। साथ ही, कुछ औषधीय (drug) सलाह भी दी जा सकती है। लेकिन, कुछ मामलों में कुछ लंबे समय तक व्यापक रूप से चिकित्सा चलानी पड़ सकती है जिसमें चिकित्सक इन लक्षणों के विकास एवं उसे बरकरार रखने वाले कारकों को जानकर आवश्यक चिकित्सकीय सलाह देता है। इसके लिए 'मुक्त साहचर्य प्रविधि' (free association technique) एवं व्यवहार परिमार्जन (behaviour modification) प्रविधियाँ उपयुक्त होती हैं। इन प्रविधियों का विस्तृत वर्णन अध्याय 16 में किया गया है।

10.10 हिस्टेरिकल न्यूरॉसिस–मनोविच्छेदी (Hysterical Neurosis—Dissociative)

रूपांतरण (conversion) प्रतिरूप की ही तरह हिस्टीरिया के मनोविच्छेदी (dissociative) प्रतिरूप द्वारा भी व्यक्ति बलाघात का परिहार (avoid) करने का प्रयास करता है तथा अपनी आवश्यकताओं (needs) को संतुष्ट (gratify) करता है। परिहार एवं आवश्यकता संतुष्टि का तरीका ऐसा होता है कि व्यक्ति इस प्रकार के अस्वीकार्य

(unacceptable) व्यवहार की वैयक्तिक जवाबदेही से स्वयं को मुक्त रखता है अर्थात् अपनी जिम्मेवारी को नकारता (deny) है। इस प्रतिरूप की प्रमुख विशेषता–विस्मृति (amnesia), आत्म–विस्मृति (fugue) एवं बहु–व्यक्तित्व (multiple personality) होती है। ये प्रतिरूप वस्तुतः बहुत कम लोगों में पाए जाते हैं। एक अनुमान के अनुसार सभी न्यूरॉसिस (neurosis) के रोगियों में इनकी तायदाद लगभग–1 से 2% तक ही होती है।

10.10.1 मनोविच्छेदी हिस्टीरिया के नैदानिक स्वरूप या लक्षण (Clinical Picture or Symptoms of Dissociative Hysteria)

'हिस्टीरिया' के इस प्रतिरूप के लक्षणों में मानसिक लक्षण ही प्रधान रूप से पाए जाते हैं, जो निम्नलिखित हैं–

(क) विस्मृति एवं आत्मविस्मृति (Amnesia and Fugue): इस प्रतिरूप के न्यूरॉटिक्स (neurotics) की स्मृति लुप्त (loss of memory) हो जाती है अथवा क्षीण या दुर्बल (weak) हो जाती है। स्मृति का लोप आंशिक (partial) या पूर्ण (complete) दोनों हो सकता है। स्मृति लोप के कारण व्यक्ति अपने पूर्व अनुभवों (past experiences) का प्रत्याह्वान (recall) अथवा किसी परिचित व्यक्ति, वस्तु या स्थान को पहचानने (to recognize) में असमर्थ होता है। यद्यपि, 'स्मृति लोप' की घटना सामान्य व्यक्तियों में भी कुछ विशिष्ट परिस्थितियों, जैसे–मस्तिष्क में चोट लगने अथवा किसी शारीरिक व्याधि की अवस्था यानी सन्निपात की अवस्था (delirium state) में होती है। लेकिन, हिस्टेरिकल स्मृति लोप (hysterical amnesia) के लक्षण बिना किसी शारीरिक अवस्था या चोट के उत्पन्न होते हैं। इस प्रकार के स्मृति लोप की एक मुख्य विशेषता यह होती है कि पूर्व अनुभूतियों के स्मृति चिह्न (memory traces of past experiences) का क्षय (decay) नहीं होता, अपितु वे मस्तिष्क में स्मृति कोष्ठ (memory chamber) के निचले स्तर पर दब जाते हैं जिसके कारण उनका प्रत्याह्वान (recall) करने में रोगी असमर्थ रहता है। मस्तिष्कीय चोट (brain injury) अथवा सन्निपात (delirium) की अवस्था में व्यक्ति की धारणा शक्ति (retention power) में कमजोरी आती है जिसके कारण पूर्व अर्जित अनुभवों (acquired experiences of the past) के स्मृति अवशेषों की क्षति (loss) होती है अर्थात् उनका क्षय (decay) होता है। यही कारण है कि हिस्टीरिया के रोगियों की लुप्त स्मृति (lost memory) को सम्मोहन (hypnosis) द्वारा अथवा तंद्रा की अवस्था (narcosis state) में साक्षात्कार (interview) द्वारा रोगी के स्मृति दोष को दूर किया जा सकता है।

स्मृति लोप (amnesia) की ही तरह हिस्टीरिया के 'मनोविच्छेदी प्रतिरूप' (dissociative pattern) के रोगियों में आत्म–विस्मरण (fugue) का भी लक्षण पाया जाता है। यह भी एक प्रकार का स्मृति लोप ही है। इसमें रोगी स्वयं के परिचय (identity of the self) को भूल जाता है। अर्थात् वह स्वयं कौन है?, कहाँ रहता है?, क्या करता है? आदि सभी कुछ उसकी चेतना से बाहर चले जाते हैं कभी–कभी तो रोगी अपना घर, भी भूल जाता है और अन्यत्र कहीं जाकर रहने लगता है। यह रोगी अनजाने में करता है। कुछ समय बाद या तो अचानक उसकी स्मृति वापस आ जाती है अथवा उसके परिवार के सदस्य खोजबीन कर उन्हें वापस लाते हैं।

(ख) निद्राभ्रमण (Somnambulism): मनोविच्छेदी प्रकार के हिस्टीरिया (dissociative types of hysteria) के रोगियों में निद्राभ्रमण (somnambulism) के लक्षण भी पाए जाते हैं। अर्थात् निद्रावस्था में उठकर घर से बाहर घूमने निकल जाता है अथवा कोई कार्य करता है और कुछ समय बाद (लगभग 15 मिनट से आधा घंटा बाद) वह पुनः वापस आकर सो जाता है। प्रायः प्रातः जब नींद पूरी हो जाने के बाद उठता है तो उसे इस बारे में कुछ भी याद नहीं रहता। अर्थात् यह सब अचेतन रूप से (unconsciously) होता है निद्रावस्था में घूमने वाले रोगियों की आँखें अधखुली या पूर्णतः खुली रहती हैं। इस अवस्था में वह रास्ते में गड्ढे, ठोकर आदि बाधाओं से बचता है तथा आवाज देने पर सुनता है और जवाब भी देता है। लेकिन, यह सब वह अचेतावस्था (unconsciously) में ही करता है क्योंकि, प्रातः जब पूरी नींद हो जाने पर जागृत होता है तो उसे इन सभी के बारे में कुछ भी

ज्ञात नहीं होता। वह अपनी इस अवस्था पर आश्चर्य करता है तथा कभी–कभी घबराता भी है। कभी–कभी रोगी निद्रावस्था के कारण घायल भी हो जाता है।

(ग) मूर्छा एवं संवेगात्मक अस्थिरता (Fit and emotional instability): न्यूरॉसिस के इस प्रतिरूप के रोगियों में मूर्छा (faint) एवं संवेगात्मक रूप से अस्थिरता (emotional instability) के लक्षण भी पाए जाते हैं। रोगी अचानक से मूर्छित हो जाता है तथा थोड़े समय के लिए बेहोशी की हालत में पड़ा रहता है। रोगी प्रायः उसी समय मूर्छित होता है, जब कोई–न–कोई उसके आसपास मौजूद रहता है। अकेला रहने पर वह मूर्छित नहीं होता है। अर्थात् मूर्छित होने का लक्षण तब प्रकट होता है जब रोगी अपने को सुरक्षित (secured) अनुभव करता है। लेकिन, यह अचेतन रूप से होता है। रोगी अपनी इस स्वांगरूपी योजना से अनभिज्ञ रहता है। साधारणतः अचेतन रूप से होने वाली इस प्रकार की बेहोशी को भूत–प्रेत या जिन्न का प्रभाव माना जाता है। लेकिन, यह सही नहीं है। वस्तुतः रोगी जितनी देर बेहोश रहता है, उतनी देर वह अपनी आंतरिक संघर्ष, चिंता और तनाव से मुक्त रहता है। इस प्रकार, मूर्छा तनाव से सुरक्षा प्रदान करता है।

इसके रोगियों में संवेगात्मक अस्थिरता के लक्षण भी पाए जाते हैं। इसीलिए रोगी का व्यवहार सामान्य नहीं रहता। जैसे–रोगी कभी जोर से हँसता है, चिल्लाता है, या रोता है। उसमें दाँत पीसने, काटने, शरीर नोचने, झूमने व गाने इत्यादि क्रियाएँ भी प्रधान रूप से पाई जाती हैं।

(घ) द्वैध या बहुव्यक्तित्व (Double or multiple personality): द्वैध (double) या बहुव्यक्तित्व (multiple personality) मनोविच्छेदी मस्तिष्क (dissociative mind) का सूचक है। मनोविच्छेद की अवस्था (dissociation state) के कारण रोगी समय–समय पर दो या दो से अधिक भिन्न--भिन्न व्यक्तित्व का प्रदर्शन करता है। अर्थात् मस्तिष्क के विच्छेदन (dissociation) के कारण व्यक्ति एक, लेकिन मन अर्थात् उसका व्यक्तित्व दो या उससे अधिक होता है। फलस्वरूप, एक ही व्यक्ति एक समय में प्रसन्न, चिंतामुक्त, मजाकिया (fun loving) और सामाजिक व्यक्तित्व का प्रदर्शन करता है तो दूसरे क्षण वह गंभीर अध्यवसायी (studious), दुःखी और शांत एवं एकांत प्रिय रहता है। एक प्रकार के व्यक्तित्व द्वारा रोगी जो कुछ भी करता है, उसकी लेशमात्र भी स्मृति उसके दूसरे व्यक्तित्व को नहीं रहती। अर्थात् दोनों व्यक्तित्व एक–दूसरे से स्वतंत्र और अलग होते हैं। रोगी का एक व्यक्तित्व से दूसरे व्यक्तित्व में परिवर्तन की अवधि कुछ मिनटों से लेकर कुछ वर्षों तक की होती है।

कभी–कभी रोगी दो से अधिक तीन–चार तरह के व्यक्तित्व का भी प्रदर्शन करता है। इसे 'बहुव्यक्तित्व' (multiple personality) कहते हैं। बहुव्यक्तित्व में विभिन्न व्यक्तित्वों (different personalities) के बीच का संबंध अपेक्षाकृत जटिल एवं उलझनपूर्ण (complex and intriguing) होता है। **'गोडार्ड'** (Goddard) ने 'नॉर्मा–पॉली' (Norma Polly) नाम की एक लड़की का वर्णन किया है जो बाल्यावस्था से ही निद्राभ्रमण करती थी। वह थकी–थकी एवं उदास रहती थी 19वें वर्ष में उसका व्यक्तित्व दो भाग में विभक्त (split) हो गया और अलग–अलग नाम की लड़की–'नॉर्मा' (Norma) और 'पॉली' (Polly) के रूप में पहचानी जाने लगी। नॉर्मा के व्यक्तित्व गुण अच्छे (good traits of personality) स्वरूप की थी, जैसे अच्छा आचरण, बुद्धिमान, नम्र तथा आत्मनियंत्रित लड़की थी। लेकिन पॉली का व्यक्तित्व बुरा था। वह शरारती, उद्दंड, स्वार्थी और घमंडी लड़की थी। ये दोनों प्रकार के व्यक्तित्व एक–दूसरे के बारे में कुछ नहीं जानते थे। **'गोडार्ड'** के अनुसार जब वह लड़की **'नॉर्मा'** नाम के व्यक्तित्व के प्रभाव में रहती थी, तब वह घरेलू काम–काज में व्यस्त रहती थी तथा घरेलू कठिनाइयों एवं अपने उत्तरदायित्वों को निभाती थी। लेकिन, इन कठिनाइयों और उत्तरदायित्वों से छुटकारा पाने हेतु (to escape) वह 'पॉली' का व्यक्तित्व धारण कर लेती थी। द्वैध व्यक्तित्व (double personality) को लेकर आजकल कई फिल्में भी बनी हैं जिनमें नायक या नायिका अलग–अलग समय में एक–दूसरे से भिन्न भूमिका (role) का प्रदर्शन करते हैं। आम भाषा में ऐसी भूमिकाओं को 'द्वैध भूमिका' (double role) की फिल्में कहते हैं।

(ङ) हिस्टीरिया के रोगियों का व्यक्तित्व (Personality of hysterical patients): मनोविच्छेदी (dissociative) हिस्टीरिया के रोगी का व्यक्तित्व में पलायनवादिता (escapism) एवं आत्मकेन्द्रिता (egocentricity) का गुण पाया जाता है। साथ ही सहानुभूति (sympathy) का पात्र बनने का नाटकीय प्रयास इनके व्यक्तित्व का प्रधान गुण होता है। वस्तुतः विभिन्न लक्षणों का विकास दूसरों से सहानुभूति प्राप्त करने एवं जीवन की कठिनाइयों से छुटकारा पाने के उद्देश्य से ही होता है। इस दृष्टि से इनके व्यक्तित्व की विशेषताएँ बच्चों की विशेषताओं के समरूप होती हैं। जिस प्रकार बच्चे भोले–भाले (naive), अति संसूचनशील (highly suggestible) एवं आत्मकेन्द्रित (egocentric) होते हैं तथा सहानुभूति और प्यार की लालसा रखते हैं, उसी प्रकार 'मनोविच्छेदी हिस्टीरिया' का रोगी भी संसूचनशील (suggestible) निष्कपट और आत्मकेन्द्रित (egocentric) अर्थात् केवल अपने बारे में सोचता है। वह शारीरिक लक्षणों–बेहोशी, विस्मरण आदि द्वारा स्वयं को दया का पात्र बनाता है और इस प्रकार दूसरों की सहानुभूति (sympathy) के लिए लालायित रहता है। उसकी संवेगात्मक प्रतिक्रियाएँ (emotional reactions) प्रायः अपरिपक्व (immatured), आवेशपूर्ण (impulsive) एवं असंगत (inconsistent) होती है। किसी कार्य या उद्देश्य के विफल होने पर उसका स्वभाव झल्लाहटपूर्ण (temper-tantrum) हो जाता है तथा आघात (shock) के कारण वह अनियंत्रित हो जाता है। वह कृत्रिम रूप से हँसता है तथा अपने साहचर्य (association) के लोगों के प्रति घृणा एवं प्रेम–दोनों का मिश्रित भाव (ambivalent) रखता है। कभी–कभी वह आत्महत्या (suicide) का स्वांग भी रचता है। इस प्रकार, उसकी प्रतिक्रियाएँ नाटकीय (dramatic) स्वरूप की होती हैं।

10.10.2 कारण (Causes)

हिस्टीरिया के कारणों की सूची तैयार करना अत्यंत ही मुश्किल है क्योंकि इसके कारण व्यक्ति के जीवन से संबंधित अनेक प्रकार की उलझनें, कठिनाइयाँ, समायोजन की मांगें आदि हैं। साथ ही व्यक्ति का व्यक्तित्व भी महत्वपूर्ण है। फिर भी, इसके कुछ कारणों को निम्न वर्गों में बाँटकर समझा जा सकता है–

(क) मानसिक आघात (Mental shock): 'मानसिक आघात' हिस्टीरिया का एक प्रमुख कारण है। व्यक्ति अपने संपूर्ण जीवनकाल में कठिन एवं उलझनपूर्ण परिस्थितियों से गुजरता है। लेकिन अनेक अवसरों पर वह इन उलझनों में इस प्रकार फँस जाता है कि उससे छुटकारा पाना मुश्किल होता है जिसके कारण व्यक्ति संवेगात्मक तनाव (emotional tension) का अनुभव करता है तथा उसकी मानसिक स्थिति छिन्न–भिन्न हो जाती है जैसे–व्यक्ति अचानक कोई दुःखद समाचार सुनता है, व्यवसाय में भारी निराशा होती है, उसका दांपत्य जीवन अत्यंत ही असंतोषप्रद रहता है, किसी विशिष्ट लक्ष्य को प्राप्त करने में असफल होता है, इत्यादि अनेक ऐसी स्थितियाँ हैं जो मानसिक आघात (mental shock) का कारण बनती हैं और व्यक्ति के लिए ये निराशाएँ (frustrations) असह्य हो जाती है। इस प्रकार वह हिस्टीरिया का रोगी बन जाता है।

(ख) त्रुटिपूर्ण अनुशासन (Faulty discipline): व्यक्तित्व के समुचित विकास में अनुशासन (discipline) का काफी महत्वपूर्ण स्थान है। संतुलित एवं स्थिर व्यक्तित्व के विकास के लिए संतुलित स्वरूप का अनुशासन (balanced discipline) तथा अनुशासन में स्थिरता के साथ–साथ संतुलित ढँग का लचीलापन (balanced flexibility in the stability of discipline) अपेक्षित होता है। समुचित एवं स्वस्थ (proper and healthy) अनुशासन द्वारा बच्चों में आत्म नियंत्रण (self control) या संयम, संवेगात्मक स्थिरता (emotional stability) आदि गुणों एवं योग्यताओं (attributes and abilities) का विकास समुचित होता है। अति कठोर या अति शिथिल अनुशासन (too much rigid or too much relaxed discipline) के कारण व्यक्तित्व का समुचित विकास बाधित होता है। उसका व्यक्तित्व विच्छिन्न (dissociated personality) हो जाता है जो हिस्टीरिया के लक्षणों का कारण बनता है।

(ग) किशोर उम्र (Adolescent age): कुछ मनोवैज्ञानिकों का मानना है कि हिस्टीरिया प्रायः किशोरावस्था अथवा प्रारंभिक वयस्कावस्था (adolescence or early adulthood) की बीमारी है। खासकर, किशोरावस्था में व्यक्ति पूर्ण परिपक्व (fully matured) नहीं रहता। इसलिए इस उम्र में यदि कोई जटिल या नई परिस्थिति उत्पन्न होती है तो उसमें धैर्य और हिम्मत की कमी होती है। फलतः उपस्थित समस्या का समुचित रूप से समाधान (proper resolution) करने में विफल होता है। इन विफलताओं से उत्पन्न तनाव को दूर करने हेतु अथवा उसका पलायन करने हेतु हिस्टीरिया के लक्षण विकसित होते हैं। लेकिन, यह सब अचेतन रूप से होता है। 'हिस्टीरिकल' (Hysterical) लक्षणों के माध्यम से व्यक्ति को दोहरा लाभ मिलता है। प्रथमतः उसके मनःस्तर पर उत्पन्न चिंता और तनाव का निष्कासन (outlet) हिस्टीरिया के लक्षणों के माध्यम से होता है। इसे 'प्राथमिक लाभ' (primary gain) कहते हैं। द्वितीयतः व्यक्ति को जीवन की कठिनाइयों से मुक्ति मिलती है तथा दूसरों की सहानुभूति (sympathy) भी मिलती है। इस दूसरे लाभ को द्वितीयक लाभ (secondary gain) कहते हैं।

(घ) बहिर्मुखी व्यक्तित्व (Extrovert personality): कुछ मनोवैज्ञानिकों का मानना है कि बहिर्मुखी व्यक्तित्व हिस्टीरिया का प्रणत (prone to hysteria) होता है। अर्थात् बहिर्मुखी व्यक्तित्व वाले व्यक्ति को हिस्टीरिया से आक्रांत होने की संभावना अधिक प्रबल होती है। इसका कारण यह है कि बहिर्मुखी व्यक्तित्व वाले व्यक्ति बाह्य जगत के बारे में बहुत अधिक संवेदनशील (sensitive) होते हैं। उनके मन में जो भी विचार उत्पन्न होते हैं, उन्हें वे शीघ्रातिशीघ्र कार्यान्वित करने की मंशा (intention) रखते हैं। अतः उनके उद्देश्यों की साधारण विफलता भी उनके लिए असह्य (intolerable) होती है तथा मन सांवेगिक प्रवाहों (emotional impulses) से भर जाता है और वे हिस्टीरिया के रोगी बन जाते हैं।

(ङ) असंतुष्ट लैंगिक इच्छा (Unsatisfied sexual desire): 'फ्रायड' (Freud) ने हिस्टीरिया का मुख्य कारण असंतुष्ट लैंगिक इच्छा (unsatisfied sexual desire) बतलाया है। उनके अनुसार व्यक्ति की असंतुष्ट लैंगिक इच्छाएँ अचेतन में दमित हो जाती हैं जो बाद में हिस्टीरिया के लक्षण के रूप में प्रकट होती हैं।

(च) कुसमायोजन (Maladjustment): व्यक्ति अपने वातावरण की जटिल परिस्थितियों के साथ अनुकूल समायोजन (adjustment) प्राप्त करने में विफल होता है तो वह प्रायः हीनता, असुरक्षा एवं दोष की भावना से ग्रस्त रहने लगता है और व्यक्ति की यही भावना आगे चलकर हिस्टीरिया के लक्षणों में प्रकट होती है।

(छ) मंद बुद्धि (Low intelligence): **'हॉलिंगवर्थ'** (Hollingworth) के अनुसार 'मंदबुद्धि' (low intelligence) हिस्टीरिया का एक महत्वपूर्ण कारक तत्व है। उसने सैनिक रोगियों पर किए गए अध्ययनों के आधार पर इस मान्यता को संपुष्ट (confirm) किया है। उन्होंने पाया कि सेना में जो लोग तीव्र बुद्धि के थे वे प्रायः ऊँचे पदों पर थे, वे इस रोग से कम प्रभावित हुए। अतः कम बुद्धि वाले लोग ही इस बीमारी से ज्यादा ग्रसित होते हैं।

इस प्रकार स्पष्ट है कि 'मनोविच्छेदी हिस्टीरिया' (dissociative hysteria) के कई कारण हैं जिनमें कुंठा (frustration), कलह, विफलता, लैंगिक असंतुष्टि, कुसमायोजन इत्यादि प्रमुख हैं।

10.10.3 चिकित्सा या उपचार (Treatment or Therapy)

'हिस्टीरिया' की चिकित्सा में मनोविश्लेषण विधि बहुत ही उपयुक्त विधि सिद्ध हुई है। मनोविश्लेषणात्मक प्रविधियों द्वारा इस मर्ज की गहराई तक पहुँचा जा सकता है। अतः हिस्टीरिया को जड़ से निर्मूल करने में लाभकारी सिद्ध होता है। इसके अतिरिक्त सम्मोहन (hypnosis) पुनर्शिक्षण (relearning), संसूचन (suggestion) विधियाँ भी उपयोग में लाई जाती हैं। इन विविध चिकित्सा पद्धतियों का वर्णन अध्याय 16 में किया गया है।

10.11 रोगभ्रम न्यूरॉसिस (Hypochondrial Neurosis)

'रोगभ्रम न्यूरॉसिस' (hypochondrial neurosis) शारीरिक स्वास्थ्य के प्रति सक्रिय रूप से सचेत या सतर्क होने की अवस्था का प्रतिफल (pattern) है। इसका रोगी अपने शारीरिक स्वास्थ्य के प्रति पूरी तरह तन्मय (pre occupied) रहता है तथा विविध प्रकार के प्रकल्पित शारीरिक रोगों (presupposed physicological diseases) से अपने को आक्रांत समझता है। यद्यपि 'रोगभ्रम' (hypochondriasis) के लक्षण कई अन्य न्यूरॉटिक प्रतिरूपों (neurotic patterns) में भी पाए जाते हैं और विशुद्ध 'रोगभ्रम न्यूरॉसिस' से बहुत ही कम लोग पीड़ित होते हैं। न्यूरॉसिस के सकल (कुल) रोगियों में 'रोगभ्रम' (hypochondriachs) से पीड़ित रोगियों की तायदाद 5% के आसपास होती है। साथ–ही, पुरुषों की अपेक्षा महिलाएँ इस प्रतिरूप के न्यूरॉसिस से अधिकांश ग्रसित होती हैं (Kenyon, 1966; Binachi, 1973)।

10.11.1 नैदानिक स्वरूप या लक्षण (Clinical Picture or Symptoms)

'रोगभ्रम' के रोगियों की सर्वाधिक प्रमुख विशेषता शारीरिक कुस्वास्थ्य से संबंधित शिकायतों की अधिकता (multiplicity) होती है। साधारणतः (usually) ये शिकायतें किसी विशिष्ट शारीरिक व्याधि (physiological illness) के लक्षणों (symptoms) के साथ किसी तार्किक (logical) आधार पर संबंधित नहीं होते। रोगी आमतौर पर अपने को असहज या तकलीफ (uncomfortable) एवं कुछ अजीब तरह के (peculiar) संवेदना का अनुभव करता है। यह सांवेदिक अनुभव प्रायः आमाशय (stomach) अथवा छाती (chest), सिर (head) या जननांगों (genitals) के सामान्य क्षेत्र में फैला हुआ प्रतीत होता है। व्यक्ति अपनी तकलीफों का संक्षिप्त वर्णन करने में कठिनाई अनुभव करता है। ऐसे रोगी अपने आमाशय में दर्द का अनुभव व्यक्त कर सकते हैं जो आगे पूछने पर—कुतरने जैसी (gnawing) अथवा गर्मी की जलन (heat burning) जैसी संवेदनाएँ बताता है।

इस प्रतिरूप का रोगी अपने शारीरिक स्वास्थ्य के प्रति इतना अधिक सतर्क (alert) रहता है कि वे समाचार पत्रों या मेडिकल पत्रिकाओं में शारीरिक रोगों के बारे में प्रकाशित विवरणों को काफी दिलचस्पी लेकर पढ़ने का प्रयास करते हैं तथा अपने में वर्णित लक्षणों को ढूँढ़ने का प्रयास करते हैं।

रोगभ्रम के रोगियों में यह दृढ़ धारणा बैठी रहती है कि वे किसी गंभीर रोग से पीड़ित हैं तथा वे कभी भी ठीक नहीं हो सकते। वे अपने निकट के संबंधियों (परिवार के लोगों) से यह शिकायत भी रखते हैं कि वे इनकी तकलीफों पर अपेक्षित ध्यान नहीं देते तथा अच्छे डॉक्टर से दिखलाते नहीं हैं।

इन रोगियों की एक और खास विशेषता यह होती है कि यद्यपि रोगी अपने स्वास्थ्य के प्रति जितना अधिक सचेत और चिंता रखता है, उस अनुपात में वह उतना चिंतित या भयभीत नहीं दिखता जितना कोई वास्तविक रूप से किसी भयानक रोग से ग्रस्त व्यक्ति दिखता है। इसका कारण यह है कि रोगभ्रम के व्यक्ति के स्वास्थ्य में गिरावट नहीं आती है, वह तो केवल रोग से संबंधित लक्षणों के भ्रम में रहता है। लेकिन ऐसी भी बात नहीं है कि रोगभ्रम का रोगी बीमारी का बहाना (malingering) बनाता है। वह अपने इस विश्वास में पूर्णरूप से दृढ़ रहता है कि उसके लक्षण किसी–न–किसी बीमारी का प्रतिनिधित्व (representation) करते हैं। कुछ मामलों में वास्तविक अवयवी विकार (actual organic pathology) पर रोगभ्रम की प्रतिक्रिया (hypochondriacal reaction) अध्यारोपित (super imposed) होकर रोगी अपने लक्षण को बहुत ही अधिक बढ़ा–चढ़ाकर वर्णन करता है ताकि सबका ध्यान उसी पर केन्द्रित रह सके (so that he becomes the focal of attention)।

रोगभ्रम बहुधा पाचन एवं उत्सर्जन कार्य संबंधी विकार या विकृति से संबंधित होता है। बहुत से रोगी आंत्र गति का चार्ट भी बनाकर रखते हैं तथा वे कब्ज, आहार आदि के बारे में पूरा ब्योरा प्रस्तुत करते हैं। ऐसे लोग समाचार पत्र अथवा मेडिकल पत्रिकाओं में नवीनतम सूचनाओं को संजोकर रखता है तथा आराम पाने के लिए अधिकाधिक दवाओं का सेवन करता है। इसके बावजूद, इसके रोगी में सांवेगिक या गतिवाही अथवा अंतरावय रूपांतरण हिस्टीरिया के लक्षण नहीं मिलते हैं और न व्यामोह संबंधी कोई लक्षण मिलता है।

10.11.2 कारण (Causes)

यद्यपि, प्रायः हम सभी अपने स्वास्थ्य के प्रति सजग और सचेत रहते हैं। लेकिन, 'रोगभ्रम' (hypochondrias) से पीड़ित व्यक्ति अपने स्वास्थ्य के प्रति जो सचेत रहने की अवस्था का प्रदर्शन करते हैं, वह सामान्य चिंता से अतिशय मात्रा तथा विकृत स्वरूप (morbid nature) की होती है। ऐसा प्रतीत होता है मानो रोगभ्रम का व्यक्ति बीमारी की दुर्भीती (phobia of illness) अथवा मृत्यु हो जाने के भय से पीड़ित होकर शारीरिक अस्वस्थता के लक्षणों का वर्णन करता है। इस न्यूरॉटिक प्रतिरूप (neurotic pattern) के विकास के कई कारण हैं जिनमें निम्नलिखित प्रमुख हैं–

1. जीवन के आरंभिक वर्षों में शारीरिक क्रियाओं पर अतिरिक्त जोर (बल) देना (Over emphasis on body functions in early life)
2. नैराश्य जीवन की स्थितियाँ जो प्रवाही कारक के रूप में कार्य करती हैं (Disappointing life situations as a precipitating factor)
3. प्रबलन के माध्यम से रोगभ्रम की स्थिति का बरकरार रहना (Maintenance of hypochondrical pattern by reinforcement)।

1. जीवन के आरंभिक वर्षों में शारीरिक क्रियाओं पर अतिरिक्त जोर (बल) देना (Over emphasis on body functions in early life): जीवन के प्रारंभिक वर्षों में विविध प्रकार के अनुभव बाद में 'रोगभ्रम' के विकास में पूर्व प्रवृत्त (pre disposing) कारण के रूप में कार्य करते हैं। इनमें सर्वाधिक महत्वपूर्ण त्रुटिपूर्ण 'माता–पिता का प्रतिमान' (faulty parental model) एवं माता–पिता के लिए अतिशय महत्व रखता है। बच्चे ऐसे अनुभवों के कारण अपने शारीरिक स्वास्थ्य एवं प्रक्रियाओं के प्रति अति संवेदनशील (over sensitive) होते हैं जो 'रोगभ्रम' के विकास मे महत्वपूर्ण स्थान रखता है। माता–पिता यदि बच्चे के थोड़ा–सा छीकने, हल्की खाँसी होने अथवा पाचन क्रिया संबंधी हल्की तकलीफों के प्रति ज्यादा चिंतित होते हैं तो बच्चे भी इन गड़बड़ियों के प्रति आवश्यकता से अधिक महत्व देने लगते हैं जो आगे चलकर रोगभ्रम को प्रवृत्त करता है। एक तीसरी महत्वपूर्ण बात यह है कि जो बच्चे बाल्यावस्था में किसी तरह से ज्यादा अस्वस्थ रहते हैं तो ऐसे बच्चे परिवार में ध्यान का केन्द्र होते हैं। यह स्थिति उस बच्चे को भी रोगभ्रमी बनाता है जो आगे चलकर व्यक्त होने लगता है।

2. नैराश्य जीवन की स्थितियाँ जो प्रवाही कारक के रूप में कार्य करती हैं (Disappointing life situations as a precipitating factor): एक व्यक्ति जो पहले से ही रोगभ्रमोउन्मुख (predisposed to hypochondrical) होता है, वह लगभग 40 से 50 वर्ष की उम्र तक पहुँचते–पहुँचते रोगभ्रम के लक्षण को प्रकट करने लगता है। इसका कारण यह है कि इस उम्र तक उसे यह एहसास होने लगता है कि उसकी लगभग आधी जिन्दगी बीत चुकी है तथा अब तक की अपनी उपलब्धियों, विफलताओं, निराशाओं आदि का मूल्यांकन कर हतोत्साहित होता है। फलतः वह यह विचार करने पर मजबूर होता है कि अब उसका शरीर थक चुका है। यह सोच अनेक प्रकार के रोगभ्रम को विकसित करने में प्रवाही कारक (precipitating factor) के रूप में कार्य करता है। खास कर जब अपने व्यवसाय, जीवन की मूलभूत समस्याओं के समाधान में विफलता, असंतोषजनक पारिवारिक एवं दाम्पत्य रिश्ते, पुत्र/पुत्री का व्यवस्थापन आदि के कारण रोगभ्रम की स्थिति के पनपने की संभावना अधिक प्रबल होती है।

3. प्रबलन के माध्यम से रोगभ्रम की स्थिति का बरकरार रहना (Maintenance of hypochondrical pattern by reinforcement): जिस प्रकार रूपांतर हिस्टीरिया के रोगियों के प्रतिरूप उसे वातावरण की कठिन माँगों, समस्याओं से बचने का माध्यम बनता है, उसी तरह 'रोगभ्रम' प्रतिरूप के कारण भी व्यक्ति अनेक कठिन समस्याओं, दुःखद परिस्थितियों एवं बलाघातक स्थितियों से अपने को सुरक्षित रखता है। साथ–ही–साथ दूसरों

की सहानुभूति भी मिलती है तथा अनेक प्रकार से लोग उसे कार्यभार से मुक्त रखने का प्रयास करते हैं इस प्रकार व्यक्ति बीमार व्यक्ति की भूमिका में रहता है जो किसी–न–किसी प्रकार से प्रबलित होती रहती है। ऐसे लोगों को जवाबदेहीपूर्ण कार्यों से मुक्त रखने, तथा कोई महत्वपूर्ण उपलब्धि की प्रत्याशा नहीं की जाती। इस प्रकार उनका रोगभ्रम प्रतिरूप प्रबलित (reinforced) होता रहता है।

10.11.3 चिकित्सा या उपचार (Treatment or Therapy)

आमतौर पर रोगभ्रम से पीड़ित व्यक्ति चिकित्सा को जारी नहीं रख पाते क्योंकि जब चिकित्सक यह स्पष्ट कहता है कि उसे कोई बीमारी नहीं है, तब वह चिकित्सक के परामर्श पर ध्यान देने या उसकी सलाह को जारी रखने में रुचि नहीं रखता। अतः ऐसे रोगियों की चिकित्सा करना कठिन होता है। लेकिन यदि चिकित्सक रोगी की लंबी दास्तान को सुनते रहने का धैर्य रखता है तो रोगी चिकित्सा स्तरों को जारी रख सकता है तथा 'व्यवहार परिमार्जन' (behaviour modification) प्रविधि या अन्य नए चिकित्सकीय दृष्टिकोण द्वारा इस प्रतिरूप को नियंत्रित किया जा सकता है।

10.12 मनःस्नायु दुर्बलता न्यूरॉसिस (Neurasthenic Neurosis)

चिंता न्यूरॉसिस (anxiety neurosis) की ही तरह 'मनःस्नायुदुर्बलता' (Neuorasthenia) भी एक सामान्य न्यूरॉटिक प्रतिरूप (common neurotic pattern) है। इस प्रतिरूप में व्यक्ति निरंतर मानसिक और शारीरिक थकान का अनुभव करता है तथा रोगी सुस्त और उदास रहता है। पहले शारीरिक थकान के लक्षणों से युक्त रोगियों को स्नायविक दुर्बलता (neural weakness) से पीड़ित समझा जाता था। लेकिन 1980 में **'बीयर्ड'** (Beard) नामक अमेरिकी मनश्चिकित्सक (American psychiatrist) ने पहली बार 'न्यूरेस्थेनिया' शब्द का उपयोग किया जिसका अर्थ 'मनःश्रांति' अथवा 'तंत्रिकावसाद' होता है तथा इस प्रतिरूप से पीड़ित व्यक्ति को 'न्यूरॉस्थेनिक' (neurasthenic) यानी 'श्रांतमनाः' कहते हैं। इसके अंतर्गत शारीरिक एवं मानसिक थकान, सिर या पीठ का दर्द आदि लक्षणों से युक्त मानसिक रोग आते हैं। इसके रोगियों में थकान एवं पीड़ा संबंधी लक्षणों का अविर्भाव व्यक्तिगत उलझनपूर्ण समस्याओं (baffling personal problems) के प्रति की जाने वाली संवेगात्मक प्रतिक्रियाओं (emotional reactions) के कारण होता है। इसके रोगी का स्वभाव चिड़चिड़ा तथा कोई भी काम करने में शीघ्र ही थक जाता है। फलस्वरूप कार्य के प्रति अरुचि हो जाती है और वह सदैव आराम करने या सोने की इच्छा रखता है।

10.12.1 सामान्य थकावट एवं मनःस्नायुदुर्बलता के पीड़ित रोगियों की थकान में अंतर (Difference between General Fatigue and Neurasthenic Fatigue)

सामान्य थकावट एवं इस रोग की थकावट में मुख्य अंतर यह पाया जाता है कि सामान्य थकावट मानसिक या शारीरिक परिश्रम के कारण होती है, जबकि मनःस्नायुदुर्बलता की थकावट बिना पर्याप्त परिश्रम के होती है।

सामान्य थकान थोड़ा विश्राम कर लेने के बाद दूर हो जाती है जबकि इस न्यूरॉसिस के रोगी की थकान पर विश्राम का कोई प्रभाव नहीं पड़ता। रोगी पूरी रात विश्रामपूर्वक सोने के बाद भी सवेरे उठने पर थकान महसूस करता है।

सामान्य थकान का अनुभव व्यक्ति को कभी–कभी होता है, लेकिन इस न्यूरॉटिक पैटर्न के रोगी में थकावट का अनुभव निरंतर बना रहता है।

अतएव न्यूरॉसिस (neuorosis) के इस प्रकार के स्वरूप को संक्षेप में इस प्रकार से व्यक्त किया जा सकता है– ''मनःस्नायु दुर्बलता न्यूरॉसिस के उस प्रकार को कहते हैं जिसमें थकावट, पीड़ा और दर्द के अनुभव मुख्य रूप से पाए जाते हैं।''[10]

'न्यूरॉसिस' के इस प्रकार के मरीजों की तायदाद में मतैक्य का अभाव है। फिर भी, एक अनुमान के अनुसार सभी न्यूरॉटिक रोगियों में इनकी तायदाद 10 प्रतिशत के आस–पास आँकी गई हैं। मृदुल रूप में (in milder form) न्यूरॉसिस का यह प्रतिरूप युवा वयस्कों और विशेषकर निराश घरेलू महिलाओं में सबसे अधिक पाया जाता है।

10.12.2 नैदानिक स्वरूप या लक्षण (Clinical Picture or Symptoms)

न्यूरॉसिस के इस प्रतिरूप के निम्नलिखित प्रधान लक्षण हैं–

(क) अनिद्रा (Insomnia): इस प्रतिरूप के मरीजों में नींद की कमी पाई जाती है। वे शांतिपर्वूक सो नहीं पाते। कभी–कभी बहुत रात बीत जाने पर यदि नींद आती भी है तो बहुत जल्दी नींद खुल जाती है और फिर नींद नहीं आती। नींद के अभाव में वे बेचैन और अशांत दिखते हैं। इस तरह के कई विवाहित लोग बगल में सोई पत्नी को आराम से सोए देखकर जगा देते हैं तथा उस पर व्यंग्य कसते हैं कि तुम्हें हमारी कोई परवाह नहीं है, तुम बड़े आराम से निश्ंचित होकर सोती हो।

(ख) थकान की अनुभूति (Feeling of fatigue): इस न्यूरॉसिस का सर्वाधिक प्रधान लक्षण थकान की अनुभूति है। पर्याप्त विश्राम के बावजूद रोगी को थकान का अनुभव होता रहता है। थकान के कारण इस तरह के रोगी में मामूली मेहनत करने की भी क्षमता नहीं रह जाती। उसका किसी भी कार्य में मन नहीं लगता, इसलिए शीघ्र ही उसका ध्यान विचलित (distract) हो जाता है। रोगी अपनी थकान की शिकायत प्रायः सभी लोगों से करता है। उसकी यह थकान शारीरिक एवं मानसिक दोनों तरह की होती है।

(ग) दर्द और पीड़ा की अनुभूति (Feeling of pains and aches): इस प्रतिरूप के मरीजों में सिरदर्द (headache), पीठदर्द (backache) अथवा शरीर के अन्य भागों में दर्द (pain) की अनुभूति की भी प्रधानता रहती है। कभी–कभी तो उन्हें ऐसा अनुभव होता है जैसे उसकी गर्दन (neck) कंधा (shoulder) आदि की माँसपेशियों में गाँठ (knot) पड़ गई है जिससे असह्य पीड़ा होती है। कुछ रोगियों को खाना खाने में भी लंबा समय लगता है, क्योंकि वे भूख की कमी एवं निगलने में कठिनाई अनुभव करते हैं।

(घ) पाचनशक्ति का कमजोर होना (Poor digestion): 'मनःस्नायु दुर्बलता' के रोगियों में पाचनक्रिया संबंधी गड़बड़ी (disorder) के लक्षण भी पाए जाते हैं। रोगी की पाचन शक्ति कमजोर पड़ जाती है। फलस्वरूप अजीर्ण (indigestion), पेचिस (ambiosis), भूख की कमी (poor appetite) के लक्षण देखे जाते हैं। वे अपनी भूख और पाचनशक्ति को बढ़ाने के लिए तरह–तरह की दवाओं का भी आश्रय लेते हैं। उनमें भोजन के ठीक पहले या बाद में, वमन करने (vomiting), कब्जियत (constipation), डकारने (belching) इत्यादि की शिकायतें पाई जाती है।

(ङ) आत्मकेंद्रित तथा स्वार्थी होना (Egocentricity and selfishness): 'मनःस्नायु दुर्बलता' के रोगी अत्यंत स्वार्थी (selfish) एवं आत्मकेंद्रित (ego centric) प्रकृति के होते हैं। वे सदैव केवल अपने ही बारे में बातें करते हैं। दूसरों की कम सुनते हैं। इनका स्वभाव चिड़चिड़ा (irritating), झक्की (eccentric) और भावशून्य (apathetic) हो जाता है। वे हर समय अपने शारीरिक और मानसिक स्वास्थ्य की ही चिंता करते हैं तथा उसी के बारे में

10. "Neurasthenia is a form of neurosis in which the principle complaint is tiredness, aches and pains."

बातें करते हैं। दूसरों से बात करते समय अपनी शारीरिक तकलीफों का वर्णन बहुत बढ़ा–चढ़ाकर करते हैं। तथा अपनी व्याधियों के लिए बार–बार एक चिकित्सक से दूसरे चिकित्सक के पास दौड़ते रहते हैं। कभी–कभी ये रोगी दवा विक्रेताओं के पास भी नई–नई दवाओं के चक्कर में दौड़ते रहते हैं।

(च) असंतोषजनक सामूहिक जीवन (Unsatisfactory group life): इस न्यूरॉसिस से पीड़ित का सामूहिक जीवन (group life) असंतोष प्रद (unsatisfactory) रहता है। नकारात्मकता (negativism) के भाव की प्रधानता रहती है। फलस्वरूप, अपने व्यवहार से मित्रों को बार–बार खिझा देते हैं निरंतर अपने शारीरिक कष्टों का वर्णन, स्वार्थी स्वभाव, रूखे व्यवहार (morose outlook) एवं दूसरों की सहायता करने की अनिच्छा के कारण सामाजिक जीवन संतोषप्रद नहीं रहता। 'विस' एवं 'इंगलिश' (Weiss and English) के अनुसार इन रोगियों से उनके चिकित्सक भी चिढ़ जाते हैं, क्योंकि वे अनावश्यक उनका समय बर्बाद करते हैं तथा सलाह भी नहीं सुनते।

10.12.3 मनःस्नायु दुर्बलता के प्रकार (Kinds of Neurasthenia)

मनश्चिकित्सकों (psychotherapists) ने मनःस्नायु दुर्बलता को दो भागों में बाँटा है—

(क) तीक्ष्ण या संगीन मनःस्नायु दुर्बलता (Acute neurasthenia) एवं

(ख) दीर्घ या चिरकालिक मनःस्नायु दुर्बलता (Chronic neurasthenia)

(क) तीक्ष्ण या संगीन मनःस्नायु दुर्बलता (Acute neurasthenia): तीक्ष्ण मनःस्नायुविकृति का रोगी अपने को पूरी तरह 'जीर्ण–शीर्ण' (just rotten) समझता है। ऐसे रोगियों में अतिशय थकावट के अतिरिक्त और किसी प्रकार की मानसिक विकृति नहीं पाई जाती। ऐसे रोगी को नींद की कमी (poor sleep), थकावट (fatigue), भूख की कमी (poor appetite) आदि की शिकायत बराबर बरकरार रहती है तथा संवेगात्मक नियंत्रण (emotional control) का अभाव पाया जाता है। प्रायः अस्पतालों में रोगियों की सेवा करने वाली नर्सें (nurses) एवं घरेलू कार्यों में अति व्यस्त रहने वाली महिलाएँ इस न्यूरॉसिस से अधिकतर ग्रस्त होती हैं। कभी–कभी सैनिकों, कार्यालयों, उद्योग धंधों में व्यस्त रहने वाले भी इस रोग से पीड़ित होते हैं।

(ख) दीर्घ या चिरकालिक मनःस्नायु दुर्बलता (Chronic neurasthenia): इस प्रकार के मनःस्नायु दुर्बलता से पीड़ित व्यक्ति बराबर खिन्न रहता है तथा दर्द और थकान की अनुभूति से परेशान रहता है। उसकी थकान आराम करने पर भी दूर नहीं होती। वह चिड़चिड़ा, आत्मकेंद्रित (irritating and egocentric) तथा बेचैन (restless) दिखता है। शारीरिक थकान एवं दर्द के कारण प्रायः लैंगिक कार्य (sexual act) करने में भी असमर्थ रहता है। वह प्रायः हस्तमैथुन (masturbation) करता है, उसमें धातुक्षीणता के लक्षण भी देखे जाते हैं। इसीलिए वह अपने स्वास्थ्य के बारे में अधिक चिंतित रहता है। संवेगात्मक रूप से वह छोटी–छोटी बातों से भी उत्तेजित हो जाता है। व्यक्ति इस रोग के चंगुल में लगभग स्थायी रूप से फँसा रहता है।

10.12.4 कारण (Causes)

मनःस्नायु दुर्बलता (neurasthenia) को पहले स्नायुविक थकान (nerve fatigue) माना जाता था। लेकिन, आधुनिक समय में इसे वस्तुतः 'मनोवैज्ञानिक थकान' (psychological fatigue) माना जाता है क्योंकि पर्याप्त विश्राम करने के उपरांत भी व्यक्ति मानसिक एवं शारीरिक थकान का अनुभव करता है। इस प्रकार की प्रतिक्रिया के विकास में निम्नांकित मनोवैज्ञानिक कारक महत्वपूर्ण होते हैं—

(क) निराशा या कुंठा (Frustration): न्यूरेस्थेनिक प्रतिक्रिया (neurasthenic reaction) का एक सर्वाधिक महत्वपूर्ण कारण लंबे समय से निराशा (frustration), उत्साह में कमी (discouragement) एवं आशा का नहीं रहना (hopelessness) है। इन अनुभवों के कारण प्रेरणा (motivation) में कमी आती है तथा व्यक्ति हारा–थका अनुभव करता है। इस तथ्य को **'कैटेल' एवं 'स्कियर'** (Cattel and Schier) और **'गिलफोर्ड'** (Guilford) ने अपने अध्ययनों के आधार पर संपुष्ट किया है। इसके अतिरिक्त पारस्परिक ईर्ष्या (jealousy), प्रतिस्पर्द्धा (competition) एवं किसी लक्ष्य की प्राप्ति में विफलता (failure to achieve a goal) के कारण दोष की भावना (guilt feeling) होती है जो मानसिक संघर्ष एवं संवेगात्मक तनाव (mental conflict and emotional tension) उत्पन्न करता है। इससे व्यक्ति मानसिक एवं शारीरिक रूप से थकान का अनुभव करता है।

(ख) अतिलैंगिक संभोग (Excess sexual intercourse): कुछ मनश्चिकित्सकों के अनुसार इस न्यूरॉसिस का एक कारण अति संभोग (excessive intercourse) है। लेकिन, इस कारक पर सहमति का अभाव है क्योंकि जो लोग संयमित संभोग करते हैं वे भी न्यूरॉसिस के इस प्रतिरूप से ग्रस्त होते हैं।

(ग) कठिनाइयों से बचने की इच्छा (Will to escape difficult and painful situations): न्यूरेस्थेनिक न्यूरॉसिस (neurasthenic neurosis) का यह एक महत्वपूर्ण कारण है। 'वुल्फ' (Woulf) ने भी माना है कि कठिन एवं कष्टदायक परिस्थितियों से बचाव करने यानी उसका परिहार करने (to avoid or escape) की प्रवृत्ति मनःस्नायु दुर्बलता का कारण होता है। मनुष्य जब किसी परिस्थिति में विफल होता है तो उसका अपना मानसिक संतुलन बिगड़ जाता है। अतः उससे बचने के उद्देश्य से थकान (fatigue), और कार्य के प्रति अरुचि (disinterest) विकसित होती है।

(घ) हीनता की भावना (Feeling of inferiority): 'एडलर' (Adler) के अनुसार आत्म प्रदर्शन (self assertion) की इच्छा जब असंतुष्ट होती है तो व्यक्ति में हीनता का भाव विकसित होता है। इस प्रकार 'आत्म प्रदर्शन' एवं हीनता के भाव के बीच उत्पन्न मानसिक द्वंद्व ही व्यक्ति को मनःस्नायु दुर्बलता का शिकार बनाती है।

(ङ) संवेगात्मक तनाव (Emotional tension): मनोवैज्ञानिक दृष्टि से न्यूरॉसिस के इस प्रतिरूप का प्रमुख कारण संवेगात्मक तनाव है। कुछ परिस्थितियाँ ऐसी होती हैं जिनमें व्यक्ति बहुत अधिक संवेगात्मक तनाव का अनुभव करता है। इस प्रकार के अनुभव चिंतोत्पादक (anxiety arousing) होते हैं। इसी तरह किसी अप्रत्याशित घटना (unexpected incident) की आशंका से भी संवेगात्मक तनाव एवं चिंता होती है। इस प्रकार के तनाव एवं चिंता के बरकरार रहने के फलस्वरूप व्यक्ति थकान का अनुभव करता है तथा उदासी के भाव उत्पन्न होते हैं।

(च) आनुवंशिकता (Heredity): कुछ लोग इसे आनुवंशिकता की उपज मानते हैं। लेकिन बाद के अध्ययनों से यह पता चला है कि न्यूरेस्थेनिया वंशगत बीमारी नहीं है।

उपर्युक्त कारणों के अतिरिक्त कुसमायोजन (maladjustment) के कारण संवेगात्मक अनुभव व्यक्ति की मनःस्थिति को प्रभावित करती है जिसके कारण मनोविच्छेद (dissociation of mind) होता है। फलस्वरूप व्यक्ति थकान एवं अयोग्यता का अनुभव करता है। साथ ही, बाल्यावस्था के अनुभव, लैंगिक विकृतियाँ अंतर्मुखी व्यक्तित्त्व (introvert personality), आत्म मादकता (autointoxication), केंद्रीय स्नायुमण्डल की दुर्बलता (weakness of central nervous system), आलस्यता, पर्याप्त श्रम नहीं करना आदि भी न्यूरेस्थेनिक प्रतिरूप के कारण माने जाते हैं।

10.12.5 चिकित्सा या उपचार (Treatment or Therapy)

ऐसे रोगियों की चिकित्सा प्रायः कठिन होती है क्योंकि मरीज इस मर्ज का कारण शारीरिक दुर्बलता या व्याधि मानता है। कुछ लोग दवाओं का भी प्रयोग करते हैं, लेकिन दवाइयाँ कारगर नहीं होतीं।

मनोचिकित्सकीय प्रविधियों (psychotherapeutic techniques) में संसूचन (suggestion), पुनर्शिक्षण (relearning) एवं रोगी की सूझ–बूझ को विकसित करने हेतु परामर्शदायी (counselling) प्रविधियाँ उपयोग में लाई जाती हैं। इन प्रविधियों का विस्तार से अध्याय 16 में वर्णन किया गया है।

10.13 अवसादक न्यूरॉसिस (Depressive Neurosis)

'न्यूरॉसिस' का एक और प्रतिरूप भावात्मक पक्ष (affective aspect) से जुड़ा होता है। इसे 'प्रतिक्रियाशील अवसाद' (reactive depression) कहते हैं। यह व्यक्ति की चित्तवृत्ति (mood) का रोग है जिसमें व्यक्ति की चित्तवृत्ति 'नैराश्यवृत्ति' में परिवर्तित होती है और व्यक्ति दुःखी, उदासीन, जीवन से हताश (sad, despair and hopeless) रहता है। अर्थात् किसी प्रकार की क्षति (loss), असफलता (failures) अथवा अन्यान्य निराशाजनक परिस्थिति (frustrating or distressing situation) के प्रति व्यक्ति में उदासीनता के भाव की प्रधानता रहती है। यद्यपि, दुःखद या निराश करने वाली परिस्थिति में प्रायः सभी व्यक्ति थोड़े समय के लिए उदास और निराश होते हैं, परंतु इस न्यूरॉसिस से पीड़ित व्यक्ति में उदासीनता और निराशा के भाव अतिरंजित (exaggerated) स्वरूप के होते हैं तथा काफी लंबे समय तक रोगी उदासीनता एवं निराशा के भाव से ग्रसित होता है। रोगी में निराशा का भाव इतना अधिक प्रचंड (severe) होता है कि वह अनिश्चित काल तक अपने को जीवन से निराश और दुःखी अनुभव करता है।

रोगी में अवसादक भावना (depressing feeling) का उदय प्रायः किसी चिंतोत्पादक परिस्थिति (anxiety arousing situation) के कारण होता है जिसके प्रति रोगी अवसादक प्रतिक्रिया (depressive reaction) करता है। इसीलिए इसे 'प्रतिक्रियाशील अवसाद' (reactive depression) कहा जाता है। यह मर्ज बहुत ही अधिक व्यापक मर्ज हैं क्योंकि सभी प्रकार के न्यूरॉसिस से पीड़ित रोगियों में इनकी तायदाद लगभग 76% के आस–पास होती है। किंतु चिकित्सालयों में आने वाले रोगियों की संख्या बहुत कम होती है। अधिकतर रोगी सामान्य जीवन व्यतीत करते हैं। नैदानिक दृष्टि से इनकी बीमारी बहुत गंभीर नहीं होती। लेकिन निराशा के भाव का आगोश इतना प्रबल होता है कि ये अपने नैराश्य जीवन से ऊब कर आत्महत्या (suicide) तक कर लेते हैं। अतः ऐसे रोगियों के प्रति सतर्क रहने की जरूरत पड़ती है।

10.13.1 नैदानिक स्वरूप या लक्षण (Clinical Picture or Symptoms)

न्यूरॉटिक अवसादिक (neurotic depressive) रोगियों में निराशा, विषाद एवं जीवन की निस्सारता के भाव प्रधान रहते हैं। रोगी उत्साहहीन और खिन्न रहता है तथा उसमें धैर्य (patience) की कमी पाई जाती है। रोगी का संपूर्ण जीवन नैराश्यपूर्ण (pessimistic) हो जाता है तथा कोई भी काम करने में रुचि नहीं रहती। इस प्रकार के रोगियों में चिंता, जीवन के प्रति नकारात्मक मनोवृत्ति (negative attitude), अपशकुन (apprehensiveness) और शक (doubt) के लक्षण मुख्य रूप से पाए जाते हैं। साथ–ही–साथ आत्मविश्वास (self confidence), अभिरुचि (interest), क्रियात्मक क्षमता का स्तर (level of activity), एवं उपक्रम (initiative) में कमी आती है। इसके रोगी प्रायः नींद में कमी एवं एकाग्रचित्तता में कठिनाई की शिकायत करते हैं। हालाँकि इनके चिंतन प्रक्रिया (thought process) में किसी प्रकार की विकृति नहीं पाई जाती, फिर भी इन्हें नींद कम आती है तथा यदि नींद टूट जाती है तो पुनः सो नहीं पाते। अनेक रोगी किसी–न–किसी प्रकार की शारीरिक रुग्णता के लक्षणों के भी शिकार होते हैं। उनमें शारीरिक रोग से मुक्त होने की आशा का संचार नहीं होता। वे प्रायः यह समझते हैं कि उन्हें ऐसी बीमारी हो गई है कि अब वे अधिक दिनों तक जीवित नहीं रह सकते। इस भावना के कारण रोगी तनाव और बेचैनी की स्थिति में रहता है।

10.13.2 कारण (Causes)

हम में से प्रायः प्रत्येक व्यक्ति कभी–न–कभी किसी प्रकार की क्षति (loss), प्रियजन की मृत्यु (death of a loved one), नौकरी प्राप्त करने में विफलता (failure to get a job), नौकरी छूट जाने आदि कारणों से अवसाद (depression) की स्थिति में आते हैं। लेकिन 'न्यूरॉटिक अवसाद' की प्रतिक्रिया (neurotic depressive reaction) से प्रायः वे लोग प्रभावित होते हैं जिनका व्यक्तित्व (personality) ही पूर्वोद्यत (predisposed) होता है क्योंकि उनमें ऐसी बलाघातक स्थितियों (stressing situations) के प्रति सहनशीलता (tolerance) की कमी रहती है। उनमें अंतरात्मा की अनम्यता (rigidity of conscience) एवं दोष की भावना (guilt feeling) पाई जाती है। इस व्यक्तित्व वाले लोगों को इस रोग से ग्रस्त होने की संभावना बहुत अधिक होती है क्योंकि ऐसे लोग किसी भी निराशा के प्रति अतिरेक प्रतिक्रिया (over react) करते हैं तथा लचीलापन (resilience) का गुण नहीं पाया जाता। 'कैटेल' एवं 'स्कीयर' (Cattel and Schier) के अनुसार गत जीवन की कुछ परिस्थितियों में उत्पन्न निराशा के भाव के कारण असुरक्षा की भावना (feeling of insecurity) वर्तमान समय में किसी प्रकार की क्षति होने पर स्वाभाविक रूप से पुनः जागृत हो जाती है और व्यक्ति निराशा एवं अवसाद की चित्तवृत्ति (mood) से ग्रस्त हो जाता है। इसमें जीवन की बलाघातक परिस्थितियों (stressful situations) को सहने की क्षमता में कमी परिलक्षित होती है जो इस रोग के विकास का मुख्य कारण होता है।

कभी–कभी घृणा या इसी तरह के अन्य अवांछनीय भावों (undesirable feelings) के दमन (repression) के कारण भी अवसादी प्रतिक्रिया (depressive reaction) उत्पन्न होती है। जैसे—कोई व्यक्ति जब अपने किसी प्रिय व्यक्ति के प्रति घृणा या ईर्ष्या का भाव रखता है और उससे मुक्ति पाने की इच्छा रखता है तो उसके मन का यह भाव अवांछनीय होने के कारण दमित (repressed) हो जाता है। आगे चलकर यदि प्रियजन की मृत्यु हो जाती है तो उसे उसका मन कोसता है और वह यह सोचता है कि वर्तमान घटना का संबंध उसकी घृणा के भाव से उत्पन्न कुविचारों से है। फलतः वह अपने को दोषी समझ लेता है और अवसाद के भाव से ग्रस्त होता है।

कुछ मनोवैज्ञानिकों की राय है कि अवसाद की प्रतिक्रिया दूसरों की सहानुभूति, प्रेम एवं समर्थन प्राप्त करने का माध्यम होता है। अतः दूसरों की सहानुभूति पाने की इच्छा से प्रभावित होकर 'अवसादी व्यक्तित्व' (depressive personality) विकसित होता है।

इन सबके अतिरिक्त जीवन की आघातपूर्ण घटनाएँ (traumatic events of life), निरंतर मिलने वाली निराशाएँ, कठिन जीवन–यापन, एवं आर्थिक कमी भी अवसाद के विकास के महत्वपूर्ण कारण हैं।

10.13.3 चिकित्सा या उपचार (Treatment or Therapy)

अवसाद प्रतिक्रिया की चिकित्सा मनश्चिकित्सा की प्रविधियों द्वारा की जाती है। इनमें संसूचन (suggestion), पुनर्शिक्षण (relearning), मनोविश्लेषण आदि प्रविधियाँ लाभप्रद होतीं हैं। इन प्रविधियों का विस्तार से वर्णन अध्याय 16 में किया गया है।

10.14 सारांश (Summary)

1. 'न्यूरॉसिस' (neurosis) वस्तुतः प्रारंभिक अवस्था के दोषपूर्ण शिक्षण अथवा विकास की उपज होती है। यह एक साधारण या मृदुल (mild) एवं साध्य मानसिक विकार (mental disorder) है।
2. 'न्यूरॉटिक्स' (neurotics) की एक जीवन शैली (life style) होती है जिसकी दो प्रमुख विशेषताएँ—'न्यूरॉटिक न्यूक्लियस' (neurotic neucleus) एवं 'न्यूरॉटिक पैराडॉक्स' (neurotic paradox) होती हैं।

3. 'न्यूरॉटिक न्यूक्लियस' के तीन केंद्रीय पहलू होते हैं—(क) अपर्याप्तता का भाव एवं दुश्चिंता, (ख) समस्या का सामना करने के बजाय परिहार करना तथा (ग) आत्मपराजय संबंधी व्यवहार करना।
4. 'न्यूरॉटिक पैराडॉक्स' से तात्पर्य उस विरोधाभास से है जिसके कारण व्यक्ति एक ओर समायोजन की माँग के अनुरूप अपने को ढालने की स्वाभाविक प्रवृत्ति रखता है, साथ–ही–साथ वह न्यूरॉटिक प्रतिरूप से चिपका भी रहता है। संभवतः कुसमायोजित प्रतिरूप (यानी न्यूरॉटिक प्रतिरूप) से व्यक्ति इसलिए चिपका रहता है कि इस प्रतिरूप के कारण दूभर परिस्थितियों से उसे तात्कालिक राहत मिलती है।
5. यों तो न्यूरॉसिस के अलग–अलग प्रतिरूपों के कारण अलग–अलग हैं, किंतु कुछ कारण प्रायः सभी प्रतिरूपों में सामान्य रूप से पाए जाते हैं। ऐसे सर्वनिष्ठ कारणों में (i) चिंता और उस पर नियंत्रण पाने की असमर्थता, (ii) जन्मजात प्रतिरोध की क्षमता एवं (iii) सामाजिक एवं सांस्कृतिक कारण महत्वपूर्ण हैं।
6. इस अध्याय में आठ अलग–अलग प्रकारों के न्यूरॉटिक प्रतिरूपों का वर्णन किया गया है, जैसे—
   (i) 'संत्रास न्यूरॉसिस'—यह एक प्रकार की दहशत की यंत्रणा (agony of terror) है जिनके लक्षण बहुआयामी होते हैं।
   (ii) चिंता न्यूरॉसिस—असंगठित या प्रचंड चिंता की स्थिति जो किसी खास परिस्थिति या खतरा से संबंधित नहीं होता।
   (iii) दुर्भीति यानी फोबिया—विविध प्रकार की वस्तुओं या परिस्थितियों से डरना जिसे रोगी स्वयं अतार्किक एवं असंगत मानता है।
   (iv) मनोग्रस्ति बाध्यता (Obsessive compulsion)—यह एक प्रकार की वैचारिक एवं कार्यात्मक बाध्यता है जिसकी अतार्किकता से स्वयं परिचित होते हुए भी उसे बरकरार रखने हेतु विवश या बाध्य होता है।
   (v) हिस्टेरिकल न्यूरॉसिस (Hysterical neurosis)—इसके दो प्रकार हैं—रूपांतर हिस्टीरिया एवं मनोविच्छेदी हिस्टीरिया। रूपांतर हिस्टीरिया में व्यक्ति बिना किसी आंगिक गड़बड़ी के शारीरिक रुग्णता के लक्षणों को प्रदर्शित करता है, जैसे—पक्षाघात, श्रवण या दृष्टि की क्षति, मनोविच्छेदी हिस्टीरिया में विस्मरण, आत्मविस्मरण एवं बहुव्यक्तित्व जैसी प्रतिक्रियाएँ पाई जाती हैं।
   (vi) रोगभ्रम (Hypochondrical)—इस प्रतिरूप में रोगी को किसी शारीरिक रोग से ग्रस्त होने का भ्रम होता है।
   (vii) मनःस्नायु दुर्बलता (Neurasthenia)—इस प्रतिरूप में चिरकालिक थकान, दुर्बलता एवं उत्साह की कमी होती है।
   (viii) अवसादक न्यूरॉसिस (Depressive neurosis)—दीर्घकालिक उदासी, या विषाद की अवस्था जो आंतरिक संघर्ष, अंतःपारस्परिक क्षति अथवा वातावरण से प्राप्त धक्का (set back) से संबंधित होता है।
7. न्यूरॉसिस के प्रत्येक प्रतिरूप के कारण यद्यपि अलग–अलग हैं, फिर भी साधारण तौर पर सभी प्रतिरूपों में जैविक, आनुवंशिक एवं मनो–सामाजिक कारण मिले–जुले रूप में पाए जाते हैं।
8. न्यरॉसिस प्रतिरूपों की चिकित्सा प्रायः मनश्चिकित्सकीय प्रविधियों द्वारा की जाती है। कुछ मामलों में कुछ चिंता निरोधी, अवसाद निरोधी एवं प्रशांतक औषधियों का भी इस्तेमाल किया जाता है।

11

मनोविकृतियाँ : कार्यात्मक (Psychoses : Functional)

अध्याय रूपरेखा (Chapter Outline)

11.1 स्वरूप (Nature)

मनोविकृति (Psychosis) मुख्य मानसिक व्याधि (major mental disease) है जो संगीन (severe) स्वरूप का होता है। अर्थात् "संगीन व्यक्तित्व संबंधी विकृति को मनोविकृति कहते हैं।"[1] इस रोग से ग्रस्त व्यक्ति बिल्कुल विक्षिप्त और विच्छिन्न होता है। अतः उसमें आत्म संयम और सामाजिक संतुलन का अभाव पाया जाता है। वास्तविकता

1. "Severe personality disorder is psychosis".

के साथ इनका संबंध टूट जाता है तथा इनकी देख–रेख या उपचार के लिए अस्पताल में भर्ती करना आवश्यक होता है। इस प्रकार, 'मनोविकृति' (Psychosis) 'न्यूरॉसिस' (Neurosis) की तुलना में अधिक खतरनाक और गंभीर मानसिक व्याधि है। इनके रोगियों में स्वैरकल्पना (fantasy), भ्रम (illusion), विभ्रम (hallucinations), व्यामोह (delusions) इत्यादि की भरमार रहती है। साधारण बोलचाल की भाषा में इस प्रकार के रोगियों को पागल (insane) कहा जाता है, क्योंकि इनके व्यवहार विचित्र, बेढंगे (bizarre) एवं संवेगात्मक रूप से अति तीव्र होते हैं। इनके व्यक्तित्व के ज्ञानात्मक (cognitive), भावात्मक (affective) एवं क्रियात्मक (motor) पक्षों के बीच कोई समन्वय (coordination) नहीं रहता। ये अपनी देखभाल स्वयं करने योग्य नहीं रहते और न इन्हें सुधार की कोई चिंता होती है। इसलिए चिकित्सक को इनका पूरा सहयोग नहीं मिलता। इनके स्वरूप को सार संक्षेप में इस प्रकार व्यक्त किया जा सकता है–

"व्यक्ति के संज्ञानात्मक, संवेगात्मक एवं क्रियात्मक प्रक्रियाओं की तीव्र असामान्यता को मनोविकृति कहते हैं जो उसके व्यक्तित्व को पूर्णतः नष्ट या विक्षिप्त कर देती है तथा वास्तविकता से उसका संबंध टूट जाता है।"[2]

मनोविकृति (psychosis) के दो रूप होते हैं–(क) अवयवी मनोविकृति (Organic psychosis) एवं (ख) क्रियात्मक मनोविकृति (Functional psychosis)।

'अवयवी मनोविकृति' (organic psychosis) में स्नायुमंडल संबंधी गड़बड़ी (disorders of central nervous system) प्रधान रहती है। इस व्याधि का प्रधान कारण दुर्घटना के फलस्वरूप मस्तिष्क (brain) या स्नायुमंडल (nervous system) के किसी भाग का क्षतिग्रस्त (damage) होना होता है। 'क्रियात्मक मनोविकृति' (functional psychosis) में मानसिक विकृति (mental disorder) के लक्षण मुख्य रूप से प्रधान होते हैं। इसके कारण भी मनोजनित (psychogenic) होते हैं।

मनोवैज्ञानिक दृष्टि से क्रियात्मक मनोविकृति (functional psychosis) का विशेष महत्व है क्योंकि इसके कारण मनोवैज्ञानिक होते हैं तथा इसका संबंध व्यक्ति के जीवन के अनुभवों से रहता है। जब व्यक्ति की आधारभूत इच्छाएँ (basic urges) संतुष्ट नहीं होतीं तो उनसे उत्पन्न मानसिक तनाव (mental tension) उसके व्यक्तित्व को विच्छिन्न कर देता है। इस प्रकार, बिना किसी शारीरिक गड़बड़ी के मनोवैज्ञानिक कारणों से विकसित होने वाली व्याधियों के लक्षणों का मनोवैज्ञानिक महत्व होता है तथा ये लक्षण सामान्यतः पीड़ित व्यक्ति के लिए मितव्ययी (economical) अर्थात् लाभकारी होते हैं।

प्रस्तुत अध्याय में कार्यात्मक मनोविकृति (functional psychosis) के विभिन्न प्रकारों का वर्णन प्रस्तुत किया गया है।

11.2 मनोविकृति के सामान्य लक्षण (General Symptoms of Psychosis)

मनोविकृतियाँ (psychoses) कई रूपों की होती हैं तथा विभिन्न रूपों के विशिष्ट लक्षण (specific symptoms) होते हैं जिनका विशेष रूप से वर्णन सिलसिलेवार किया जाएगा। फिर भी, प्रायः सभी प्रकार के मनोविकृति रूपों (psychotic patterns) यानी रूपों (forms) में कुछ सामान्य (general) लक्षण पाए जाते हैं। **'जे.डी. पेज'** एवं **'डी.एस. पेज'** (J.D. Page and D.S. Page) ने विभिन्न प्रतिरूपों (patterns) के 500 रोगियों का अध्ययन कर निम्नलिखित सामान्य लक्षण (general symptoms) बतलाए हैं–

1. व्यवहारपरक लक्षण (Behavioural symptoms): सामान्यतः मनोविकृति (psychotics) के रोगियों के व्यवहार बेढंगे (bizarre), विचित्र (peculiar), झल्लाहटपूर्ण (annoying), रोगग्रस्त व्यक्ति एवं दूसरे दोनों के लिए हानिकर होते हैं।

2. "Psychosis is a severe abnormality of cognitive, emotional and motor process of the individual which completely distorts his personality and the contact with reality is lost."

2. संवेगात्मक एवं सामाजिक विक्षोभ (Emotional and social disturbance): मनोविकृति के रोगियों में संवेगात्मक विकृति (pathology) के लक्षण देखे जाते हैं। संवेगात्मक विक्षोभ (emotional disturbance) में उदासीनता या अवसाद की स्थिति (depression state), चिड़चिड़ापन (irritability), आशंका (apprehension), असगति (incongruity), संदेह (suspicious), आत्महत्या की प्रवृत्ति (suicidal trends), भावशून्यता (apathy) एवं उल्लास या गौरव (elation) के लक्षण मुख्य रूप से पाए जाते हैं। इन्हीं संवेगात्मक विक्षोभों के कारण रोगी में विध्वंसकारी प्रहार या हमला (distructive attack) करने की प्रवृत्ति भी देखी जाती है। रोगी का चरित्र सदाचार–निरपेक्ष (a-moral) तथा सामाजिक संबंध विच्छिन्न (distorted) अर्थात् विरूपित स्वरूप का होता है। फलस्वरूप मनोविकृति के रोगियों का सामाजिक जीवन असंतुलित (imbalanced) हो जाता है और समायोजन (adjustment) में विकृति आती है।

3. चिंतन की विकृति (Thought disorder): मनोविकृति से पीड़ित व्यक्ति की चिंतन प्रक्रिया (thought process) अस्तव्यस्त (disturbed) हो जाती है, जिसके कारण वह विभ्रम (hallucinations), व्यामोह (delusions), दुविधा (confusion), वैचारिक बाध्यता (obsessions) का शिकार होता है। विभ्रम और व्यामोह के लक्षण अधिकतर मनोविकृति के रोगियों (psychotics) में पाए जाते हैं। विभ्रम (hallucination) किसी असत् (nonexistent) वस्तु, व्यक्ति या परिस्थिति के अस्तित्व यानी उपस्थित अनुभव करने की मनोदशा को कहते हैं। इस लक्षण वाले रोगी भूत, प्रेत या किसी ऐसी अदृश्य शक्ति (invisible power) को देखते हैं। व्यामोह (delusion) एक प्रकार का विश्वास है जो कल्पना तरंगों द्वारा उत्पन्न होता है। अर्थात् यह एक काल्पनिक विश्वास (imaginary belief) है। इस लक्षण से युक्त व्यक्ति अपने को किसी महान पुरुष, पहुँचा हुआ फकीर या ईश्वर का दूत (messanger of God) मान लेता है। अतएव इस तरह का विश्वास विचित्र स्वरूप, असत्य एवं असंभव होता है। व्यामोह की स्थिति में रोगी किसी व्यक्ति द्वारा उसके विरुद्ध षड्यंत्र (conspiracy) करने या जान से मार डालने की छल योजना की भी शिकायत रखता है। कभी–कभी रोगी यह भी विश्वास करता है कि कई वर्ष पहले उसकी (रोगी की) मृत्यु हो चुकी है और अब केवल उसकी आत्मा (soul) वायुमंडल में विद्यमान है। अतः 'व्यामोह' (delusion) अयथार्थ (unreal) एवं अस्तित्वहीन (nonexistent) काल्पनिक विश्वास है, जो रोगी की विकृत चिंतन–प्रक्रिया का सूचक है।

4. वाक् विकृति (Speech disorder): मनोविकृति से पीड़ित रोगियों की वाक् (speech) संबंधी विकृति भी देखी जाती है। इनकी भाषा असंबंधित (incoherent) होती है तथा बोलने की योग्यता नष्ट हो जाती है। फलस्वरूप वे मूक (mute) प्रतीत होते हैं।

5. स्मृति दोष (Memory defects): मनोविकृति के रोगियों में स्मृति दोष भी पाया जाता है। रोगी को कुछ भी याद नहीं रहता अथवा स्मृति असंबंधित स्वरूप की हो जाती है। उसे किसी पूर्व की घटना को याद करने में बहुत कठिनाई होती है। रोगी कभी–कभी किसी अपर्याप्त घटना की स्मृति का विश्वासपूर्वक वर्णन करता है जो पूर्णतः अवास्तविक (unreal) होता है। इस प्रकार के दोष को 'मिथ्या रचना' (confabulation) कहते हैं। स्मृति संबंधी इस दोष (defect) को 'मिथ्या स्मृति' (paramnesia) भी कहा जाता है। इसके अतिरिक्त किसी पूर्व घटना का अयथार्थ (unreal) रूप में याद होना (retrospective falsification) अथवा कुछ अत्यंत प्रतिभाशाली व्यक्तियों में असाधारण प्रत्याह्वान (extraordinary recall) या अतिस्मृति (hypermensia) के लक्षण भी देखे जाते हैं।

6. मनोगतिक विकृति (Psycho-motor disorder): मनोविकृति (psychosis) के रोगी में क्रियात्मक अर्थात् गतिवाही क्रियाओं (motor activities) संबंधी विकृति के लक्षण भी प्रधान रूप से पाए जाते हैं। इनमें अति या न्यून क्रियाशील (hyper or hypo activity), रूढ़िगत या किसी खास रीति के अनुसार ही कोई कार्य करने आदि के लक्षण भी देखे जाते हैं। क्रियात्मक असंतुलन में माँसपेशी का संकुचन (muscle contraction), ऐंठन या मरोड़

(convulsion), अंगुलियों में स्पर्श–स्पंदन जैसी गति (tentacle like movements in fingers), प्रकंपन इत्यादि मुख्य मनोगतिक लक्षण (psycho-dynamic symptoms) मनोविकृति के रोगियों में पाए जाते हैं।

7. वास्तविकता से संबंध का विच्छेद (Losing contact with reality): मनोविकृति के रोगी का वास्तविकता से संबंध टूट जाता है। इसलिए उसे दिन–रात, उपस्थित–अनुपस्थित का ज्ञान नहीं रहता। उसकी स्वयं की एक अकेली और अनोखी दुनिया होती है। बाह्य जगत (external world) से उसका कोई संबंध नहीं होता।

8. सूझ का अभाव (Loss of insight): मनोविकृति के रोगियों में सूझ का अभाव रहता है। इन्हें न तो स्वयं की अवस्था का ज्ञान रहता है और न किसी भी परिस्थिति का अवलोकन करने की योग्यता रहती है। फलस्वरूप, ये किसी भी परिस्थिति का मूल्यांकन (evaluation) निर्णय (judgement) करने में असमर्थ होते हैं। सूझ के अभाव के कारण ही इनका व्यवहार असंगत एवं विचित्र होता है।

मनोविकृति (psychosis) के उपर्युक्त सामान्य लक्षणों से यह सुस्पष्ट होता है कि इस व्याधि से पीड़ित रोगी का व्यक्तित्व पूर्णरूप से असंतुलित और विच्छिन्न हो जाता है। अर्थात् इनकी संज्ञानात्मक (cognitive), क्रियात्मक (motor) एवं भावात्मक (affective) क्रियाएँ असंगत (inconsistent) एवं असंबद्ध (incoherent) हो जाती हैं तथा इनका वास्तविकता (reality) से कोई संबंध नहीं रह जाता।

11.3 व्यामोह के प्रकार (Kinds of Delusions)

'व्यामोह' (delusion) एक प्रकार का मिथ्या अर्थात् अयथार्थ विश्वास (false belief) है जिसे तार्किक रूप से अनर्गल (absurd) कहा जा सकता है तथा उसके विरुद्ध प्रमाण देने के बावजूद भी रोगी उसकी प्रतिरक्षा (defend) करता है। अर्थात् इस प्रकार का विश्वास अवास्तविक (unreal) विषयों से संबंधित होता है। व्यामोह जिन अवास्तविक विषयों से संबंधित होते हैं, उनके आधार पर इसके निम्नलिखित प्रकार के होते हैं—

1. संदर्भ का व्यामोह (Delusion of reference): संदर्भ (reference) के व्यामोह (delusion) में व्यक्ति यह अनुभव करता है कि दूसरे लोग सदैव उसी के बारे में बातें करते हैं अथवा उसके मन में तरह–तरह का झूठा प्रचार कर रहे हैं। अर्थात् उसके मन में सदा व्यक्तिगत महत्व के विचार आते रहते हैं। फलस्वरूप वह जब कभी भी किन्हीं दो लोगों को आपस में बातें करते देखता है, तो यही समझता है कि वे उसी के बारे में बातें कर रहे हैं।

2. प्रभाव का व्यामोह (Delusion of influence): प्रभाव के व्यामोह में रोगी को यह विश्वास बना रहता है कि उसका शत्रु (enemy) नाना प्रकार का प्रलोभन देकर उसे मोहना चाहता है अथवा उस पर प्रभाव जमाना चाहता है। इसलिए रोगी कभी–कभी अपने को किसी अदृश्य शक्ति (invisible power) या अलौकिक तरंग (supernatural waves) से प्रभावित भी समझता है। वह कहता है—"उसमें देवी की शक्ति आ गई है तथा वह जो कुछ भी बोलता या करता है वह दैविक शक्ति (divine power) के कारण बोलता या करता है।"

3. दंड का व्यामोह (Delusion of persecution): इस व्यामोह से पीड़ित रोगी सदा यह अनुभव करता है कि दूसरे लोग उसे तरह–तरह के कष्ट पहुँचाने की योजना बना रहे हैं। अर्थात् रोगी किसी निकट के व्यक्ति द्वारा भी अपमान करने, षड्यंत्र रचने या पीछा करने की कल्पना करता है तथा आगे चलकर उसकी यह कल्पना दृढ़ विश्वास (fixed belief) का रूप धारण कर लेती है। इस प्रकार रोगी दूसरे पर अपने विरुद्ध दुर्व्यवहार अथवा सुनियोजित साजिश करने का दोष आरोपित (project) करता है।

4. आत्मभर्त्सना का व्यामोह (Delusion of self-condemnatory): इस व्यामोह में रोगी अपनी आलोचना या भर्त्सना करता है। वह अपने को पापी, अपराधी, बुद्धिहीन, निर्धन और अयोग्य समझता है तथा अपने संबंधियों

से स्वयं को मार डालने का अनुरोध करता है। उसे अपना जीवन निरर्थक और महत्वहीन लगता है। रोगी अपने को किसी पाप का भागी अथवा दोषी समझता है।

5. रोगभ्रम का व्यामोह या पित्तोन्माद (Delusion of illness or hypochondriacal delusions): व्यामोह के इस प्रकार में रोगी किसी भयंकर रोग से पीड़ित होने की कल्पना करता है। दूसरे लोग उसके इस विश्वास को खंडित करने हेतु कितने भी प्रमाण दें, रोगी का विश्वास दृढ़ और स्थायी होता है। रोगी को प्रायः कैंसर, तपेदिक या अन्यान्य किसी ऐसे ही असाध्य रोग की शिकायत रहती है। कुछ रोगी कहते हैं, उसका खून पानी की तरह हो गया है, उसका मस्तिष्क गलता जा रहा है। इसी तरह पागल हो जाने, व्यक्तित्व में परिवर्तन आदि की शिकायतें भी इस लक्षण में देखे जाते हैं।

6. श्रेष्ठता या महानता का व्यामोह (Delusion of grandeur): महानता के व्यामोह में व्यक्ति अपने को कोई महान पुरुष, संसार का रक्षक अथवा किसी देवता का अवतार समझने लगता है। महानता का यह विचार निम्नलिखित में से किसी भी प्रकार का हो सकता है—

(क) कुछ व्यक्ति अपने को महान वैज्ञानिक (scientist) या आविष्कारक (inventor) समझते हैं तथा उन्हें ऐसा विश्वास होता है कि किसी बहुत बड़े आविष्कार की उनकी योजना किसी ने चुरा ली है।

(ख) किसी–किसी रोगी को यह विश्वास होता है कि कोई गणमान्य या महान पुरुष या महिला उससे प्रेम करता/करती है, लेकिन दूसरे लोगों के हस्तक्षेप के कारण उसे सफलता नहीं मिल रही है।

(ग) कुछ लोग अपने को महान संपत्तिशाली अथवा उच्च अधिकारी समझते हैं।

(घ) कुछ रोगी अपने को महान पैगंबर, धर्मप्रचारक, राष्ट्रनिर्माता, राजनीतिक अथवा दैवी अवतार समझते हैं।

7. शून्यवादी अथवा नाशवादी विचारों का व्यामोह (Nihilistic delusions): व्यामोह के इस प्रकार के रोगी अस्तित्ववाद (existentialism) में विश्वास नहीं रखते। उसे यह विश्वास होता है कि संसार में किसी भी चीज का अस्तित्व नहीं है। वह शून्य में रहता है, यहाँ तक कि उसका 'स्वयं' का कोई अस्तित्व नहीं है। उसकी मृत्यु कई वर्ष पहले हो चुकी है तथा उसकी आत्मा शून्य आकाश में वाष्प (vapour) या गैस के रूप में विचरण करती है।

यहाँ यह उल्लेख करना उचित होता कि प्रायः संदर्भ (reference), प्रभाव (influence), दंड (persecution) एवं आत्मभर्त्सना (condemnation) व्यामोह क्रियात्मक (functional psychosis) मनोविकृति के रोगियों में सामान्य रूप से पाए जाते हैं। लेकिन, श्रेष्ठता या महानता (grandeur), रोगभ्रम (hypochondriacal) एवं भाव शून्यता (nihilistic) व्यामोह भी आमतौर पर पाए जाते हैं। साथ ही रुचिकर बात यह है कि 'दंड का व्यामोह' प्रायः 'श्रेष्ठता या महानता' के व्यामोह से पहले विकसित होता है।

11.4 विभ्रम के प्रकार (Kinds of Hallucination)

विभ्रम (hallucination) एक प्रकार की मनोदशा है जिसमें व्यक्ति को किसी असत् यानी अनुपस्थित (nonexistent or not present) वस्तु, व्यक्ति या परिस्थिति को उपस्थित (present) रूप में सांवेदनिक अनुभव (sensory experience) होता है। विभ्रम संवेदी अवयवों से संबंधित होता है। उसी के अनुसार ये पाँच प्रकार के होते हैं, यथा—

1. श्रव्य विभ्रम (Auditory hallucinations): इस प्रकार का विभ्रम संवेदना से संबंधित होता है। रोगी कुछ ऐसी आवाजें सुनता है, मानो कोई उससे कह रहा हो कि "उसे क्या करना है?" उसके कर्मों (actions) पर टीका टिप्पणी (comment) या आलोचना कर रहा हो तथा यदि वह अपने कर्मों के लिए पछतावा नहीं करेगा तो दंड का भागी बनेगा।

2. दृश्य विभ्रम (Visual hallucinations): यह दृष्टि संवेदना से संबंधित विभ्रम है। रोगी को ऐसा प्रतीत होता है मानो स्वर्ग का कोई फरिश्ता या देवदूत (angels of heaven) उसके सामने है (अर्थात् देवदूत को वह देखता है) अथवा नरक (hell) के गड्ढे और प्रज्वलित आग को देखता है। यदि वह बंद कमरे में है तो उसे खुला आसमान और बादल भी दृष्टिगोचर होता है।

3. घ्राण विभ्रम (Olfactory hallucinations): यह घ्राण (olfactory) संबंधी सांवेदनिक विभ्रम है। रोगी को प्रायः जहरीली गैस की संवेदना होती है उसे ऐसा प्रतीत होता है, मानो उसके किसी दुश्मन ने उसके कमरे में जहरीली गैस छोड़ दी है।

4. स्वाद संबंधी विभ्रम (Gustatory hallucinations): यह स्वाद की संवेदना से संबंधित विभ्रम है जिसमें रोगी को खाने या कॉफी, चाय में जहर मिला दिया है क्योंकि स्वाद में जहर की संवेदना मिल रही है।

5. स्पर्श संबंधी विभ्रम (Tactual hallucinations): रोगी को ऐसा प्रतीत होता है कि उसके शरीर पर तिलचट्टा (cockroach) रेंग रहे हैं अथवा उसकी त्वचा के भीतर छोटे–छोटे खटमल (bugs) प्रवेश कर रेंग रहे हैं।

11.5 मनोविकृति के सामान्य कारण (General Causes of Psychosis)

वस्तुतः मनोविकृति के सामान्य कारणों के बारे में जानकारी का अभाव है। आम धारणा है कि 'मनोविकृति' का मूल कारण मनोवैज्ञानिक प्रक्रियाओं (psychological processes) में उत्पन्न विकार (pathology) अथवा सामाजिक–सांस्कृतिक परिवेश की गड़बड़ियाँ हैं। लेकिन आधुनिक मनश्चिकित्सक (psychotherapists and psychiatrists) आनुवंशिकता (heredity or genetic) एवं जैव रासायनिक (bio-chemical) कारणों के महत्व को भी स्वीकार करते हैं, क्योंकि आद्यतन शोधपरक अध्ययनों में इनके संबंध में यथेष्ट प्रमाण मिले हैं।

मनोविकृति सही अर्थ में बहुआयामी विकृति (multidimensional disorder) है जिसमें आनुवंशिकता (heredity), मस्तिष्कीय विकृति (brain pathology) अवयवी विकृति (organic disorders) के साथ–साथ प्रतिक्रियात्मक विकार (reactive disorder) भी होते हैं। अतः मनोविकृति के विभिन्न प्रकारों के कारण भी अलग–अलग होते हैं। इसके विकास में सामाजिक–सांस्कृतिक कारणों का भी महत्वपूर्ण योगदान होता है।

लेकिन, प्रायः सभी प्रकार की मनोविकृतियों में जैविक (biological), आंनुवंशिकी (genetic or heredity) एवं सामाजिक–सांस्कृतिक कारकों (factors) के अतिरिक्त मनोगत्यात्मक विकृति (pathology of psychodynamics) एवं व्यक्ति विशेष की विशेषताओं (characteristics of the individual) का अत्यंत ही महत्वपूर्ण स्थान है, क्योंकि मनोगत्यात्मक प्रणालियाँ एवं व्यक्तित्व संबंधी विशेषताएँ व्यक्ति के संज्ञानात्मक (cognitive), क्रियात्मक (motor) एवं भावात्मक (affective) प्रक्रियाओं की दिशा एवं गति को निर्धारित करने में महत्वपूर्ण कारक (important contributing factor) के रूप में कार्य करते हैं।

अतः संक्षेप में यह कहा जा सकता है कि मनोविकृति (psychosis) के सर्वसामान्य कारणों में आनुवंशिकता, जैविक एवं अवयवी विकृतियाँ, मस्तिष्कीय विकृति, मनोगत्यात्मक, के साथ–साथ व्यक्ति विशेष की व्यक्तिगत विशेषताएँ एवं सामाजिक–सांस्कृतिक कारकों का महत्वपूर्ण स्थान है। मनोविकृति के विभिन्न प्रकारों (different types of psychosis) का वर्णन करने के क्रम में मनोविकृति विशिष्ट (specific psychosis) से संबंधित विशिष्ट कारणों (specific causes) का वर्णन आगे किया जाएगा।

11.6 मनोविकृति के विभिन्न प्रकारों का वर्णन (Description of Different Types of Psychosis)

प्रस्तुत अनुच्छेद में कार्यात्मक मनोविकृतियों (functional psychosis) के अंतर्गत 'मनोविदालता' (schizophrenia), एवं 'स्थिर व्यामोह' (paranoid) तथा भावात्मक मनोविकृतियों (affective psychosis) के अंतर्गत द्विध्रुवीय अवसाद या उल्लास–अवसाद की मनोविकृति (bi-polar depression or manic-depressive psychosis) एवं एक ध्रुवीय अवसादों (unipolar depressions) का अलग–अलग वर्णन प्रस्तुत किया जा रहा है।

एक ध्रुवीय अवसाद के दो रूप (forms) विशेष रूप से पाए जाते हैं जिन्हें मनोविकृतिक विषाद या अवसाद (psychotic depression) एवं उलझन या अंतर्वलन अवसाद (involutional depression) कहते हैं। 'अंतर्वलन यानी उलझन अवसाद' के अंतर्गत तीन प्रकार के प्रतिरूपों के रोगी पाए जाते हैं जैसे–(a) उलझन अवसाद (involutional depression), (b) छद्म अवसाद (masked depression) एवं (c) डिस्थाइमिया (dysthymia)।

अब एक–एक कर उपरोक्त सभी प्रकारों का वर्णन प्रस्तुत किया जा रहा है–

11.6.1 मनोविदालता (Schizophrenia)

मनोविकृति (psychosis) के अनेक रूपों में 'मनोविदालता' (schizophrenia) एक अत्यंत ही व्यापक और प्रचलित मानस रोग है। इसकी व्यापकता इस बात से स्पष्ट हो जाती है कि विभिन्न मानसिक अस्पतालों (mental hospitals) में भर्ती होने वाले मरीजों में इनकी तायदाद 50 प्रतिशत के आस–पास होती है और अनेक रोगी बार–बार अस्पतालों में दाखिल होते रहते हैं।

'मनोविदालता' एक सामान्य नाम है, जिसके अंतर्गत बीहड़ या तीव्र रूप से विकृत मनोदशा (severely disordered mental state) तथा विछिन्न व्यक्तित्व (split personality) के रोगी आते हैं। इनका संपूर्ण व्यक्तित्व विघटित अर्थात् टुकड़ों में बँटा होता है। इसके कारण इनके व्यक्तित्व के समस्त तत्व (all components of personality) बिखर जाते हैं अर्थात् असंगठित (disorganised) हो जाते हैं। 'मनोविदाली' (schizophrenic) रोगियों में उपाहं (id), अहं (ego) एवं पराहं (super ego) के बीच समंजन नहीं रहता। इनमें सांवेगिक निर्बलता (emotional impoverishment), चिंतन की जीर्णता (dilapidation of thought), सामाजिक संबंध की दुर्बलता (weakness of social relationships), व्यामोह (delusion) और विभ्रम (hallucinations) की प्रधानता एवं व्यवहार में विचित्रता (pecularity of behaviour) के लक्षण देखे जाते हैं।

साधारणतः मनोविदालिता का प्रारंभ किशोरावस्था (adolescence) में ही हो जाता है जो वयस्कावस्था (adulthood) यानी 30-35 वर्ष की आयु तक क्रमशः गंभीर और पुराना होता जाता है। प्रायः रोग जब काफी पुराना हो जाता है तब यह असाध्य (incurable) स्वरूप का हो जाता है। अर्थात् चिकित्सकीय लाभ की संभावना अति दुर्बल हो जाती है।

'मॉरेल' (Morel) नाम के बेल्जियम मनश्चिकित्सक (Belgian Psychiatrist) ने 13 वर्ष के एक बालक का उदाहरण देते हुए इस प्रकार की बीमारी को 'डिमेंशिया पैराकॉक्स' (Dementia Paraecox) नाम दिया जिसका अर्थ 'मानसिक यानी बौद्धिक ह्रास' (mental or intellectual deterioration) होता है। लेकिन, स्विस मनश्चिकित्सक 'ब्ल्युलर' (Bleuler) ने 1911 में इसे 'स्किजोफ्रेनिया' (schizophrenia) नाम दिया जो आज भी इसी नाम से जाना जाता है।

'स्किजोफ्रेनिया' (schizophrenia) का अर्थ 'खंडित मनस्कता' यानी मानसिक विखंडन (split of mind) होता है। चूँकि व्यक्ति का मानस (mind) विखंडित या खंडित (split) होता है, इसलिए उसका वास्तविकता (reality) के साथ संबंध विक्षिप्त या टूट जाता है तथा उसकी सांवेगिक प्रतिक्रियाएँ वास्तविक परिस्थिति के प्रतिकूल होती हैं।

'मनोविदालता' (schizophrenia) का आक्रमण बाल्यावस्था में होता है तो कभी कुछ उम्र बीत जाने के बाद। लेकिन, 15 से 45 वर्ष की आयु में इस रोग से आक्रांत होने की संभावना अधिक होती है तथा सभी राष्ट्रों एवं संस्कृतियों में इस रोग से लोग पीड़ित होते देखे गए हैं।

11.6.1.1 नैदानिक स्वरूप या लक्षण (Clinical Picture or Symptoms)

'मनोविदालता' के रोगियों को लक्षण विशेष की प्रधानता के आधार पर आठ अलग–अलग प्रकारों में बाँटा जाता है। लेकिन मनोविदालता के ये प्रकार एक–दूसरे से बिल्कुल स्वतंत्र नहीं हैं। किसी–किसी रोगी में तो आठों प्रकार के लक्षण पाए जाते हैं। अतः यहाँ कुछ सामान्य लक्षणों (general symptoms) का ही वर्णन किया जा रहा है जो प्रायः सभी प्रकार के रोगियों में सामान्य रूप से पाए जाते हैं।

(क) प्रत्यक्षीकरण की अयोग्यता (Breakdown of perceptual flittering): रोगी की मानसिक संज्ञानात्मक प्रक्रिया पूर्णतः विच्छिन्न तथा असंबद्ध (non associated) हो जाती है। इसलिए संवेदी विवरणों (sensory details) को संगठित (organise) करने की योग्यता नहीं रहती। फलस्वरूप, प्रत्यक्षीकरण की योग्यता भी नही रहती। ऐसे रोगी किसी भी उपस्थित व्यक्ति, वस्तु या परिस्थिति का वास्तविक रूप (real form) में प्रत्यक्ष बोध करने या अपने अवधान केन्द्र (focus of attention) में लाने में समर्थ नहीं होते उसका ध्यान सदैव फड़फड़ाता (flitter) रहता है अर्थात् स्थिर नहीं रहता। वह प्रासंगिक (relevant) और अप्रासंगिक (irrelevant) में अंतर करने में अयोग्य (unable) रहता है। **'मैगी'** एवं **'चैपमैन'** (MacGhie and Chapman) ने एक रोगी का वर्णन किया है। रोगी चिकित्सक से कहता है–

"मैं एकाग्रचित्त नहीं हो सकता। ध्यान बँट जाता है जिससे मुझे परेशानी होती है। ऐसा लगता है जैसे कोई ट्रांसमीटर लगा हुआ है जिससे निकलने वाली आवाजों को मैं सुनता हूँ। लेकिन मेरा मन किसी एक प्रकार की आवाज पर टिक नहीं पाता।"

इसी प्रकार एक अन्य रोगी कहता है–"कभी मैं अच्छा अनुभव करता हूँ, लेकिन दूसरे क्षण मुझे ऐसा लगता है मानो सभी चीजें मेरी ओर ही आ रही हैं। मैं जो कुछ भी देखता हूँ, वह अनेक प्रतीत होता है। सभी चीजें अधिक चमकीली, सुनने में ऊँची आवाज तथा कोलाहलपूर्ण मालूम पड़ती है।"

उपर्युक्त रोगियों के बयान से स्पष्ट होता है कि मनोविदालता के रोगी में किसी उत्तेजना के विभिन्न संवेदी विवरणों को शीघ्रता से संगठित करने (organise) की मानसिक योग्यता अथवा विभिन्न अनुभवों को एक–दूसरे से अलग करके पहचानने या प्रत्यक्षीकरण करने की योग्यता विकृत या लुप्त हो जाती है। इसका कारण यह है कि सांवेदनिक विवरण (secondary details) सदैव परस्पर चल पूँजी की भाँति फड़फड़ाते (flitter) करते रहते हैं। अतएव संगठित आकृति (organised figure) मानस पटल पर नहीं उभर पाते।

(ख) चिंतन प्रक्रिया की विकृति या असंगठित होना (Disorders or disorganisation of thought process): मनोविदालता के रोगियों के चिंतन (thought) में व्यवस्था या क्रम (order) नहीं रहता, क्योंकि उनका चिंतन संगठित (organised) नहीं रहता। किसी विषय पर सोचते समय उसे ऐसा लगता है मानो उसके सोचने की क्रिया पर ताला लगा दिया गया हो (sense of being locked in)। ये किसी समस्या का समाधान (solving problem) या निर्णय करने (taking decision) में असमर्थ रहते हैं। इनकी चिंतन प्रक्रिया में विकृति का मुख्य कारण 'साहचर्य का अभाव' (lack of association) रहता है। इसीलिए इनके चिंतन में क्रम (order) नहीं रहता तथा चिंतन दिशाहीन (undirected) हो जाता है।

(ग) संवेगात्मक विकृति तथा आतंक की भावना (Emotional distortions and feeling of panic): संवेगात्मक प्रतिक्रिया (emotional reaction) की अनुपयुक्तता (impropriateness) इस रोग की प्रधान विशेषता होती है।

चूँकि इन रोगियों के संज्ञान (cognition) एवं चिंतन की प्रक्रिया (thought process) विकृत (pathological) होती है, इसलिए भावात्मक प्रक्रियाओं (affective processes) का विकृत होना अर्थात् विकार (distortion) का होना स्वाभाविक है, क्योंकि मस्तिष्क की इन तीनों प्रक्रियाओं में दूसरे के बीच अन्योन्याश्रय संबंध (interdependent relations) होता है। अतः किसी भी एक प्रक्रिया की विकृति इस संबंध को असंतुलित कर देती है। फलस्वरूप, समस्त मानसिक प्रक्रियाएँ—संज्ञानात्मक (cognitive), क्रियात्मक (motor) एवं भावात्मक प्रक्रियाओं (affective processes) में समन्वय का अभाव हो जाता है, अर्थात् विसंतुलित (imbalanced) हो जाता है, इन रोगियों में संवेगात्मक उदासीनता का लक्षण पाया जाता है। रोगी बाहरी वातावरण तथा दूसरे लोगों के प्रति उदासीन रहता है। उसके सुख एवं दुःख की भावना मंद पड़ जाती है। किसी निकट के संबंधी की मृत्यु, हानि या उत्सव, सफलता, लाभ आदि का कुछ भी प्रभाव नहीं पड़ता। उनकी प्रेम, घृणा, सहानुभूति आदि की भावनाएँ लुप्त हो जाती हैं। रोगी प्रायः शून्य आकाश में टकटकी लगाए रहता है तथा वह कोई भी काम ठीक से नहीं कर पाता। इस रोग से ग्रस्त रोगी आगे चलकर स्वयं अपने प्रति भी उदासीन हो जाते हैं। यहाँ तक कि यदि उन पर पर्याप्त निगरानी न रखी जाए तो वे भूख, प्यास और ठंड से मर भी मर सकते हैं। रोगी कभी–कभी भयंकर रूप से आतंकित प्रतीत होता है तथा वह एकांतप्रिय हो जाता है। उसकी अभिरुचियाँ मर जाती हैं।

(घ) विघटित व्यक्तित्व (Dissociated personality): मनोविदालता के रोगियों का व्यक्तित्व खंडित या विघटित होता है। उनकी संज्ञानात्मक (cognitive) क्रियात्मक (motor) एवं भावात्मक (affective) मानसिक प्रतिक्रियाओं (mental reactions) के बीच समन्वय (coordination) तथा एकरूपता (harmony) का अभाव रहता है। इस स्थिति को 'इंट्रासाइकिक एटेक्सिया' (Intra-psychic atexia)[3] कहते हैं जिसके कारण रोगी की सभी क्रियाएँ असंबद्ध (dissociated) हो जाती हैं। किसी प्रियजन की मृत्यु का शोक मनाते–मनाते रोगी सहसा हँसने, नाचने और गाने लगता है। 'ब्ल्युलर' (Bleular) ने एक ऐसी महिला रोगी का उदाहरण दिया है जो एक ही साथ शोकाकुल होकर फूट–फूट कर रोती तथा हँसती भी थी। इस प्रकार उसकी सांवेगिक प्रतिक्रिया (emotional reaction) उभयी (ambivalent) थी। उसने अपने प्रिय पुत्र की हत्या कर दी थी। वह अपने पति (जो उसके प्रिय पुत्र का पिता था) से घृणा करती थी। इसीलिए, एक साथ रोने और हँसने की क्रिया द्वारा पुत्र के प्रति प्रेम एवं पति के प्रति घृणा के भावों का प्रदर्शन एक साथ होता था।

(ङ) मानसिक ह्रास (Mental deterioration): मनोविदालता के रोगियों में मानसिक रूप से बौद्धिक ह्रास (mentally intellectual deterioration) का लक्षण पाया जाता है जो वस्तुतः बौद्धिक क्षमताओं का उपयोग नहीं करने के कारण होता है। इसके रोगियों में क्रियात्मक क्षमता (motor capacity) स्मरण (memory) की क्षमता, सीखने की योग्यता (ability to learn) इत्यादि में भी कमोबेश ह्रास के लक्षण दृष्टिगोचर होते हैं। इनके शब्द भंडार (vocabulary) में कमी नहीं होती, लेकिन शब्दों का उच्चारण करने, उपयुक्त शब्द का प्रयोग करने तथा अर्थपूर्ण वाक्यरचना जैसी क्रियाएँ असंगत एवं विकृत हो जाती हैं। इनमें बौद्धिक ह्रास अचानक नहीं, अपितु धीरे–धीरे क्रमशः होता है।

(च) व्यामोह (Delusions): 'मनोविदालता' के रोगियों में किसी–न–किसी प्रकार का व्यामोह (delusion) बराबर बना रहता है। इनमें दंड का व्यामोह (delusion of persecution) सबसे ज्यादा पाया जाता है। लेकिन ये अन्य प्रकार के व्यामोहों से भी मुक्त नहीं रहते। इनके मन में सदा यह विश्वास बना रहता है कि इनके अनेक शत्रु हैं जो सदैव इनके विरुद्ध किसी–न–किसी प्रकार की साजिश या षड्यंत्र (conspiracy) रचते रहते हैं। किसी–किसी रोगी में संदर्भ का व्यामोह (delusion of reference) यानी 'दूसरे लोग उसकी निंदा करते रहते हैं'—यह विश्वास भी पाया जाता है।

3. Intra-psychic atexia—अंतरंग मानसिक गति विभ्रम।

(छ) विभ्रम (Hallucinations): मनोविदालता के सभी प्रकार के रोगियों में विभ्रम (hallucination) सामान्य रूप से पाया जाता है। यह विभ्रम श्रव्य, दृश्य, स्पर्श, गंध और स्वाद में से किसी भी प्रकार का हो सकता है (विभ्रम के इन प्रकारों का संक्षिप्त वर्णन इस अध्याय के अनुच्छेद 4 में किया गया है)। लेकिन श्रव्य एवं दृश्य (auditory and visual) संबंधी विभ्रम अधिकतर रोगियों में पाया जाता है। ये रोगी प्रायः ईश्वर (God) या प्रेत–जिन्न आदि को देखते व आवाजें सुनते हैं अर्थात् देवी–देवताओं या किसी मृत व्यक्ति की आत्मा का दर्शन करते हैं। इसी तरह स्वाद संबंधी विभ्रम (tactual hallucinations) में रोगी को प्रत्येक खाद्य वस्तु का स्वाद विचित्र (peculiar taste) मालूम पड़ता है। घ्राण संबंधी विभ्रम में आस–पास से किसी दुर्गंध या विचित्र प्रकार की सुगंध का विभ्रम होता है। रोगी को यह भी भ्रम होता है कि उसका शत्रु बिजली के तार से या जहर देकर उसकी हत्या करना चाहता है।

(ज) व्यवहार संबंधी विकृति (Behavioural disorder): मनोविदालता के रोगियों का व्यवहार बेढंगा, बेतुका एवं असंगत (bizarre and inconsistent) होता है। व्यवहार में रूढ़िग्रस्तता अर्थात् एक ही साँचे में ढला हुआ (stereotyped) और आवेशपूर्ण (impulsive) होता है। कुछ रोगियों की शारीरिक मुद्रा (body posture) भी विचित्र (peculiar) स्वरूप की होती है, जैसे—एक ही पैर पर घंटों खड़ा रहना, हाथ को ऊपर उठाए रखना, सदा प्रणाम की मुद्रा बनाए रखना, बुदबुदाते (whispering) रहना इत्यादि। उसका शरीर अकड़ा और तना हुआ रहता है। रोगी का बिना किसी कारण के लंबे समय तक हँसते रहना, चलने में विकृति आदि व्यवहार संबंधी विचित्रताएँ (peculiarities) पाई जाती हैं।

(झ) वाक् विकृति (Speech disorder): मनोविदालता के अनेक रोगी गूँगे (mute) होते हैं अथवा स्पष्ट रूप से बोलने में कठिनाई होती है, इसलिए वे बहुत कम बोलते हैं। कम बोलने का कारण यह होता है कि रोगी अपने में ही बहुत ज्यादा तल्लीन रहता है (अंतर्मुखी, introvert) तथा सामाजिक जीवन में उसकी कोई रुचि नहीं रहती।

कुछ रोगी बहुत अधिक बातूनी (talkative) भी होते हैं। किंतु उनकी भाषा अव्यवस्थित (unsystematic), असंबद्ध (incoherent) तथा अप्रासंगिक (irrelevant) होती है। साथ ही, निरर्थक (meaningless), अतार्किक (illogical), अनियमित (irregular) एवं विचित्र विचारों वाले शब्दों से युक्त भाषा का उपयोग करते हैं। कभी–कभार मनोविदाली रोगी कुछ प्रतिभाशाली वाक्यों या शब्दों का भी प्रयोग करते हैं जिससे अद्भुत ज्ञान की झलक मिलती है। लेकिन जब उनके वाक्यों या शब्दों का ठीक से अर्थ निकालने का प्रयास किया जाता है तो वे घिसे–पिटे (platitudous) या नीरस मालूम पड़ते हैं। मनोविदालता के रोगी कभी–कभार नए शब्दों का निर्माण (nosologism) भी करते पाए जाते हैं लेकिन ऐसे नए शब्दों की उत्पत्ति का कोई सुराग नहीं मिलता तथा उसके अर्थ भी समझ से बाहर होते हैं। उसके अर्थ यदि कुछ होते भी हों तो केवल रोगी को ही ज्ञात हो सकते हैं।

(ञ) लिखावट की विचित्रता (Writing pecularities): रोगी की लिखावट में भी विचित्रता देखने को मिलती है। इनके वाक्य टूटे–फूटे और निरर्थक होते है अथवा किसी शब्द या वाक्य को बार–बार निरर्थक रूप से दुहराया जाता है। इनकी शैली में प्रायः पुनरावृत्ति (repetition), आडंबरपूर्ण (stiled) और असमतल (uneven) जैसी विशेषताएँ देखी जाती हैं। लिखते समय सांकेतिक प्रतीकों (symbols), संख्याओं, शब्दों आदि का प्रयोग मिले–जुले रूपों में जहाँ–के–तहाँ (hodge-podge) करते हैं तथा नए शब्दों का भी प्रयोग करते हैं जो निरर्थक होते हैं। उदाहरणस्वरूप एक महिला रोगी अपने पति को लिखती है—"मैं कुछ ... आपने अभी ... मेरा बच्चा ... तुम से— .... नहीं आयो—चुप रहो" उसके पति ने इस वाक्य का अर्थ इस रूप में लगाया—"तुम चुप हो, हमसे कब मिलोगे, मेरे बच्चे कहाँ हैं।"[4]

---

4. "'Is the, tame–always–tumin, anymo, taever'te me–tum time'—The patient in fact wanted to write—You don't come in anymore to see me. Come to See me". —Page, J.D.

(ट) शारीरिक लक्षण (Physiological symptoms): इस विकृति से पीड़ित रोगी का (विशेषकर रोग की प्रारंभिक अवस्था में) स्वास्थ्य ठीक नहीं रहता। इसका कारण पर्याप्त श्रम, भोजन एवं नींद का अभाव है। रोगी कमजोर और क्षीण (emaciated) होता है। उसके शरीर का तापमान भी अनियमित, अर्थात् कभी अत्यंत ठंडा और तो कभी अत्यधिक गर्म रहता है।

मनोविदालता के विभिन्न लक्षणों के संबंध में कुछ विशेष ध्यान देने योग्य बातें निम्नलिखित हैं—

(i) किसी एक ही रोगी में सभी लक्षणों का पाया जाना आवश्यक नहीं है।

(ii) एक ही लक्षण वाले विभिन्न रोगियों में भी स्पष्ट अंतर देखा जाता है।

(iii) रोगी का लक्षण अलग–अलग समय में परिवर्तित या परिमार्जित भी होता रहता है।

(iv) किसी व्यक्ति को यदि मनोविदालता का रोगी बता दिया जाए तो धीरे–धीरे उसमें ये लक्षण पनप सकते हैं।

11.6.1.2 मनोविदालता के प्रकार (Kinds of Schizophrenia)

अमेरिकन मनोचिकित्सक परिषद (American Psychiatrists Association—APA) ने विभिन्न प्रकार के मनोरोगों में मनोविदालता के विभिन्न प्रकारों की चर्चा की है, जो निम्नलिखित हैं—

(क) सरल मनोविदालता (Simple schizophrenia)
(ख) स्थिर–व्यामोह मनोविदालता (Paranoid schizophrenia)
(ग) कैटाटोनिक मनोविदालता (Catatonic schizophrenia)
(घ) हेबेफ्रेनिक मनोविदालता (Hebephrenic schizophrenia)
(ङ) बाल्यकालीन मनोविदालता (Childhood schizophrenia)
(च) मनोभावात्मक मनोविदालता (Schio-affective schizophrenia)
(छ) अविच्छिन्न मनोविदालता (Undifferentiated schizophrenia)
(ज) अवशिष्ट मनोविदालता (Residual schizophrenia)

अब एक–एक कर इनका वर्णन किया जा रहा है—

(क) सरल मनोविदालता (Simple schizophrenia): सरल मनोविदालता के रोगियों में बाहरी दुनिया (external world) के प्रति उदासीनता का भाव एवं रुचि का अभाव (lack of interest) रहता है। रोगी की भावनाएँ मृत हो जाती हैं तथा बाह्य जगत में अभिरुचि क्रमशः कम होती जाती है। इस रोग का आक्रमण अचानक नहीं, अपितु धीरे–धीरे होता है। रोगी लापरवाह हो जाता है। परीक्षा में असफल होने पर भी वह बिल्कुल प्रभावित नहीं होता। एकाग्रचित्तता (concentration) की क्षमता का अभाव पाया जाता है। इस रोग से प्रभावित व्यक्ति एकांतप्रिय होता है तथा मौन रहना पसंद करता है। उसे अपने परिवार एवं जिम्मेवारियों की कोई चिंता नहीं होती। वह चिड़चिड़े स्वभाव (irritating nature) का हो जाता है तथा अपने में इतना अधिक खोया रहता है कि दूसरों के बारे में कुछ भी नहीं सोच सकता। वह किसी प्रकार का सामाजिक संबंध नहीं रखना चाहता है तथा उसकी महत्वाकांक्षाएँ (ambitions) मर जाती हैं। रोगी का अधिकतर समय स्वैरकल्पना (fantasies) एवं दिवास्वप्न (day dreaming) में व्यतीत होता है। विपरीत लिंग (opposite sex) के प्रति भी वह अभिरुचि (interest) का प्रदर्शन नहीं करता, अर्थात् अभिरुचि कम हो जाती है। 'सरल मनोविदाली' (simple schizophrenics) रोगी परजीवी (parasite) होते हैं क्योंकि उन्हें अपने सामान्य दैनिक क्रियाकलापों के लिए भी दूसरों पर निर्भर करना पड़ता

है। इनमें 'व्यामोह' (delusion) या 'विभ्रम' (hallucination) का अभाव पाया जाता है। लेकिन, इस वर्ग के कुछ रोगियों में दंड व्यामोह (delusion of persecution) तथा श्रव्य संबंधी विभ्रम (auditory hallucinations) के लक्षण भी देखे जाते हैं।

(ख) स्थिर-व्यामोह मनोविदालता (Paranoid schizophrenia): मनोविदालता (schizophrenia) के इस प्रकार के रोगियों की संख्या भी बहुतायत होती है। विभिन्न मानसिक अस्पतालों में दाखिला लेने वाले मनोविदालता के कुल रोगियों में इनकी संख्या 50% के आस–पास होती है। इसके रोगियों में बेतुके (absurd), अतार्किक (illogical) एवं सदा बदलते रहने वाले व्यामोह (changeable delusions) के लक्षण महत्वपूर्ण रूप से पाए जाते हैं। ज्यादातर रोगी दंड व्यामोह (persecution delusion) अथवा संदर्भ व्यामोह (reference delusions) से ग्रस्त होते हैं। ऐसे रोगी अपने सहयोगियों या संबंधियों के प्रति संदेही (suspicious) रहते हैं। उन्हें यह संदेह होता है कि दूसरे लोग सदा उसकी निगरानी अथवा पीछा करते रहते हैं या जहर देकर मार डालना चाहते हैं। उसे आस–पास की वस्तुओं में बिजली का करेंट होने का संदेह होता है। किसी को आपस में बात करते देखता है तो उसे यह वहम होता है कि वे लोग उसी के बारे में बातें कर रहे हैं अथवा उसके विरुद्ध कोई साजिश रची जा रही है। ऐसे रोगियों को साधारणतः झक्की और शक्की कहा जाता है। शुरू–शुरू में इनके व्यामोह (delusion) सीमित और व्यवस्थित (limited and systematic) होते हैं लेकिन बाद में धीरे–धीरे ये असंबद्ध (incoherent), या बेतुके (absurd) स्वरूप के हो जाते हैं।

'स्थिर व्यामोह विदालता' (paranoid schizophrenics) के रोगियों में विभ्रम (hallucinations) के लक्षण भी पाए जाते हैं। ऐसे रोगी अपने को किसी अदृश्य शक्ति (invisible power) अर्थात् भूत–प्रेम या दैविक शक्तियों (divine powers) से घिरे पाते हैं। इस प्रकार के विभ्रम के कारण अनेक रोगी आत्महत्या या आक्रामक (aggressive) व्यवहार भी करते हैं। उदाहरण के लिए एक महिला रोगी को यह विभ्रम हो गया कि उसे चुड़ैल ने अपनी गिरफ्त में कर लिया है। एक दिन उसने अपने सारे वस्त्र जला डाले। यहाँ तक कि उसने अपने शरीर में भी आग लगा ली और प्रसन्नतापूर्वक बोली कि मेरे इन वस्त्रों के साथ सभी चुड़ैलें भी जल रही हैं। इस प्रकार भूत–प्रेत के विश्वास के फलस्वरूप उसमें आत्महत्या करने की प्रतिक्रिया का विकास हो गया था।

इसी तरह, जो रोगी किसी प्रकार की अलौकिक (supernatural) आवाजें सुनते हैं, उसे वे सत्य और दैविक आदेश (divine order) मान लेते हैं जिसके फलस्वरूप तोड़–फोड़ जैसी उग्र और विध्वंसकारी प्रतिक्रियाएँ करने लगते हैं।

यहाँ स्थिर व्यामोह (paranoid proper) एवं स्थिर व्यामोही मनोविदालता (paranoic schizophrenia) के बीच के अंतर को समझ लेना उचित होगा। स्थिर व्यामोह (paranoid proper) के रोगियों में व्यामोह (delusions) की प्रधानता रहती है, लेकिन उनका व्यक्तित्व अपेक्षाकृत संगठित (organised) रहता है। स्थिर व्यामोही मनोविदालता के रोगी के व्यामोह के साथ–साथ असंगठित व्यक्तित्व (distroted personality) के लक्षण भी देखे जाते हैं। इसलिए स्थिर व्यामोह (paranoid proper) का रोगी अपने बाह्य जगत के साथ संबंध कुछ अंशों में (partly) कायम रहता है जबकि स्थिर व्यामोही मनोविदालता (paranoid schizophrenia) के रोगी का बाह्य जगत के साथ साहचर्य (association) का पूर्ण अभाव रहता है।

(ग) कैटाटोनिक मनोविदालता (Catatonic schizophrenia): 'मनोविदालता' के दूसरे प्रकारों की तुलना में इस रोग के लक्षण आकस्मिक (abrupt) और अत्यंत ही नाटकीय (dramatic) ढंग से उत्पन्न होते हैं। इसके रोगी अचानक ही निष्क्रिय हो जाते हैं। ये बहुत कम बोलते हैं। इनकी मांसपेशियाँ कड़ी हो जाती हैं। कुछ रोगी लंबी अवधि तक विशेष प्रकार की शारीरिक मुद्रा में बिना हिले–डुले रहते हैं। ये आँखें बंद किए पड़े रहते हैं या एक ही पैर पर खड़े रहते हैं। इन रोगियों को कपड़ा पहनने, स्नान करने या अन्य दैनिक क्रियाकलापों के लिए दूसरों की मदद आवश्यक हो जाती है।

कैटाटोनिक (Catatonic) का अर्थ मांसपेशियों की शक्ति का कम होना (lessened muscle tone) होता है। इसके रोगियों में मांसपेशियों की निष्क्रियता (inactivity of muscles) का लक्षण प्रधान रूप में पाया जाता है। कुछ रोगियों में पेशीय निष्क्रियता के लक्षण क्रियात्मक यानी गतिवाही क्रिया (motor activity) की क्षमता में पूर्ण अभाव के रूप में देखी जाती है जिसे 'एकिनेसिया' (akinesia) कहते हैं। इस लक्षण वाले रोगी को 'कैटाटोनिक स्टूपर' (catatonic stupor) कहा जाता है। 'कैटाटोनिक स्टूपर' के कुछ रोगियों की गतिशीलता (movement) फूहड़ यानी बेतुका या बेढंगा स्वरूप (clumsy in nature) की होती है। इस प्रकार के लक्षण वाले रोगियों को 'पाराकिनेसिया' (parakinesia) कहा जाता है। इसलिए रोगी का व्यवहार भी अभद्र, बेतुका या बेढंगा हो जाता है। उदाहरण के लिए जब रोगी चलता है तो छलाँग (jump) लगाकर चलता है, पैरों को कुछ ऊँचा उठाकर चलता है या इसी तरह की दूसरी शारीरिक मुद्राओं का प्रदशन करता है। कोई–कोई रोगी बिल्कुल मूक (mute) हो जाता है, अर्थात् या तो वह बोलता ही नहीं है या धीरे–धीरे केवल बुदबुदाता है।

(घ) हेबेफ्रेनिक मनोविदालता (Hebephrenic schizophrenia): 'मनोविदालता' के रोगियों में अहं की विकृति (ego disorder) का लक्षण एक प्रधान लक्षण होता है। लेकिन मनोविदालता से पीड़ित विभिन्न रोगियों में अहं की विकृति के लक्षण में मात्रात्मक भिन्नता (difference in degree) पाई जाती है। 'अहं उपद्रव' या विकृति (ego disturbance) के सर्वाधिक गंभीरतम या प्रचंड रूप (severest form) को ही 'हेबेफ्रेनिक मनोविदालता' (hebephrenic schizophrenia) कहा जाता है। कुछ समय पहले तक मनोविदालता के इस प्रकार को 'रद्दी की टोकरी' (waste paper basket) माना जाता था। अर्थात् जिन रोगियों को सरल (simple) या स्थिर व्यामोही (paranoid schizophrenia) के रूप में निदान (diagnosis) संभव नहीं होता था उन्हें इस श्रेणी (category) का रोगी समझा जाता था तथा इनके स्वास्थ्य लाभ (recovery) की संभावना बिल्कुल ही नहीं रहती थी।

'हेबेफ्रेनिक' श्रेणी के मनोविदालता रोगियों में मनोविदालता के सामान्य लक्षणों (general symptoms) के अतिरिक्त, 'बचकाना व्यवहार' (childish behaviour) भी पाया जाता है। रोगी विभ्रम (hallucinations) से ग्रस्त तो रहता ही है, इनकी भाषा भी इतनी अधिक असंबद्धित (inconsistent) हो जाती है कि उन्हें समझना बिल्कुल ही संभव नहीं होता। इनका व्यक्तित्व भी पूरी तरह विछिन्न (split) हो जाता है क्योंकि मन की सभी गत्यात्मक शक्तियाँ (dynamic forces) यथा–अहं (ego), पराहं (super ego) अति दुर्बल (extremely weak) पड़ जाते हैं। फलस्वरूप, रोगी में उपाहं (id) की शक्ति (force) प्रचंड रूप धारण कर लेती है। यही कारण है कि रोगी का व्यवहार बचकाना स्वरूप (childish nature) का हो जाता है। मनोविज्ञान की भाषा में इस प्रकार के व्यक्तित्व संबंधी विकार (personality disorder) को 'व्यक्तित्व का प्रतिगमन' (personality regression) कहा जाता है।

इस रोग की शुरुआत (onset) प्रायः क्रमिक गति (gradually) से होती है। प्रारंभ में सरल या स्थिर व्यामोही (simple or paranoid schizophrenia) के लक्षण देखे जाते हैं, जो आगे चलकर 'हेबेफ्रेनिक' (hebephrenic) के रूप में परिणत हो जाते हैं। इनमें सांवेगिक दुर्बलता (emotional weakness), नींद की कमी (insomnia) खिन्नता (irritability), भाषा की विचित्रता (speech peculiarities) इत्यादि लक्षण मुख्य रूप से पाए जाते हैं। रोगी कभी हँसता है तो कभी रोता है जो रोगी के आंतरिक संघर्षों (internal conflicts) के प्रतीक होते हैं।

इन रोगियों में महानता या श्रेष्ठता का व्यामोह (delusion of grandeur) भी पाया जाता है। वे अपने को दुनिया का सर्वश्रेष्ठ वैज्ञानिक, दार्शनिक निर्माता या नेता समझते हैं। उन्हें किसी दैवीय शक्ति को देखने, किसी अनोखी गंध (unique smell) को सूँघने या अलौकिक आवाज (supernatural sounds) को सुनने का विभ्रम (hallucinations) होता है। रोगी का चेहरा (face) अत्यंत उदासीन लगता है।

(ङ) बाल्यकालीन मनोविदालता (Childhood schizophrenia): पहले के मनश्चिकित्सक (psychiatrists) इस बात से सहमत नहीं थे कि बच्चों में भी 'मनोविदालता की विकृति' (schizophrenic disorder) पाई जाती है। लेकिन, आधुनिक अध्ययनों द्वारा हाल ही में इस बात का पता चला है कि बच्चे भी इस बीमारी से ग्रस्त होते

हैं। बाल्यावस्था यानी किशोरावस्था के पूर्व के बालक जब इस रोग से ग्रस्त पाए जाते हैं तो उन्हें बाल्यकालीन मनोविदालता' (childhood schizophrenia) का रोगी माना जाता है। इनमें 'वयस्क मनोविदाली' (adult schizoids) रोगियों के प्रायः सभी सामान्य लक्षण (general symptoms) पाए जाते हैं।

(च) मनोभावात्मक मनोविदालता (Schio-affective schizophrenia): मनोविदालता के इस प्रकार में मनोविदालता (schizophrenia) एवं उल्लास–विषाद (manic-depression)—दोनों मनःस्थितियों (mental states) के लक्षण मिले–जुले रूप (mixed form) में पाए जाते हैं। आधुनिक मनश्चिकित्सक मनोविदालता के इस प्रकार को एक निरंतर (continuous) मापक इकाई पर रखते हैं जिसके प्रारंभिक छोर (initial end) पर सामान्य (normal) लोगों को रखा जाता है। इस छोर से आगे बढ़ने पर सामान्य व्यक्ति 'न्यूरॉसिस' (neurosis) का रोगी होता है, फिर वह 'उल्लास–विषाद' (manic-depressive) का रोगी बनता है और तब अंतिम छोर (end) पर उल्लास–विषाद की मानसिक विकृति 'मनोभावात्मक मनोविदालता' (schizo-affective) के रूप में परिणत होता है। इस क्रम को इस प्रकार भी समझा जा सकता है—

सामान्य से मनोभावात्मक मनोविदालता का क्रमिक विकास
(General Development from Normal to Schizoaffective Schizophrenia Disorder)

सामान्य व्यक्ति (Normal person)		न्यूरॉटिक (Neurotic)		चित्तवृत्ति की विकृति (Mood disorder)		मनोविदालता विकृति (Schizophrenic disorder)
सामान्य (Normal)	⟶	न्यूरॉसिस (Neurosis)	⟶	उल्लास–विषाद (Manic Depressive)	⟶	मनोभावात्मक मनोविदालता (Schizoaffective Schizophrenia)

उल्लास–विषाद (manic depressive) के रोगियों की प्रधान विशेषता बदलती हुई चित्तवृत्ति से संबंधित भावों का प्रदर्शन है। लेकिन मनोभावात्मक मनोविदालता (schizoaffective schizo phrenia) के भावों में बदलाव (change of moods) के साथ–साथ विभ्रम (hallucination), अयथार्थ विचार (unreal ideas) विघटन की शिकायत (complaints regarding disintegration) के कारण उत्पन्न चिंता की भावना (feelings of anxiety) एवं दोष की भावना (guilt feelings) भी पाई जाती हैं। इसी आधार पर इन दोनों प्रकार की मनोविकृतियों (psychoses) में अंतर किया जाता है। इन रोगियों में मुख्य रूप से 'प्रभाव का व्यामोह' (delusion of influence) पाया जाता है। अर्थात् रोगी को यह विश्वास रहता है कि दूसरे लोग अत्यंत रहस्यपूर्ण ढंग से उसे प्रभावित करना अथवा क्षति पहुँचाना चाहते हैं।

(छ) अविच्छिन्न मनोविदालता (Undifferentiated schizophrenia): 'मनोविदालता' के कुछ रोगियों के लक्षण इस प्रकार से मिले–जुले (mixed) रूप में पाए जाते हैं कि उनका निश्चित निदान (definite diagnosis) मुश्किल होता है। इसलिए इन्हें 'अविच्छिन्न मनोविदालता' (undifferentiated schizophrenia) की श्रेणी में रखा जाता है। अर्थात् इन्हें मनोविदालता के किसी एक प्रकार में वर्गीकृत (classify) करना संभव नहीं होता। ऐसे रोगियों को ही 'अविच्छिन्न मनोविदालता' (undifferentiated schizophrenia) से ग्रस्त रोगी कहा जाता है।

अभिन्न मनोविदालता के रोगियों को भी दो अलग–अलग प्रकारों में बाँटा जाता है—

(i) तीव्र अभिन्न मनोविदालता (acute undifferentiate schizophrenia) एवं

(ii) दीर्घकालिक अभिन्न मनोविदालता (chronic undifferentiated schizophrenia)

(i) तीव्र अभिन्न मनोविदालता (acute undifferentiate schizophrenia): इन रोगियों में 'मनोविदालता' के लक्षण अकस्मात् यानी अचानक (suddenly) उत्पन्न होते हैं तथा शीघ्र ही दूर भी हो जाते हैं। इनमें ये लक्षण प्रायः किसी–न–किसी प्रकार के तात्कालिक अर्थात् प्रवाही संवेगात्मक कारणों (immediate or precipitating emotional factors) के कारण उत्पन्न होते हैं, जैसे–युद्ध (war) में पराजय से उत्पन्न विक्षोभ, गर्भधारण या प्रसव पीड़ा का भय या इसी तरह की अन्य संवेगात्मक स्थितियाँ (emotional states) इत्यादि। इसके लक्षण अचानक प्रकट होते हैं (abruptly erupts) तथा कुछ समय बाद दूर भी हो जाते हैं। इसका रोगी आतंकित (panic) और घबराया हुआ (perplexed) दिखता है तथा वह स्तब्ध रहता है। वह लोगों से बेतुके प्रश्न करता है और जब कोई उसके प्रश्नों का उत्तर देता है तो वह उसे संदेह की दृष्टि से देखता है।

इन रोगियों में व्यक्तित्व लोप (depersonalisation) का भाव पाया जाता है तथा इनके व्यामोह एवं विभ्रम (delusions and hallucinations) अधिकतर यौन (sex) एवं धर्म (religion) के विषयों से संबंधित होते हैं।

(ii) दीर्घकालिक अभिन्न मनोविदालता (chronic undifferentiated schizophrenia): अभिन्न मनोविदालता का यह दूसरा रूप है। इनकी पहचान यानी निश्चित वर्गीकरण भी मुश्किल होता है, क्योंकि मनोविदालता के अन्य रूपों के लक्षण मिले–जुले रूप में (in mixed form) पाए जाते हैं। तीव्र (acute) और दीर्घकालिक (chronic) मनोविदालता में मुख्य अंतर रोग की अवधि (period of disorder) में है। पहले प्रकार (acute type) के रोगियों में मनोविदालता के लक्षण अचानक प्रकट होते हैं तथा कुछ समय बाद वे लुप्त (disappear) भी हो जाते हैं। रोग पुनर्वापसी (recurrence) प्रायः कुछ विलंब से होता है। लेकिन दीर्घकालिक रोगी (chronic patient) लगभग स्थायी रूप से मनोविदालित (schizoid) होते हैं, किंतु, इसके लक्षण कुछ इस प्रकार से मिश्रित रहते हैं कि 'मनोविदालता' के किसी मुख्य वर्ग में (major categories) में वर्गीकृत करना (to classify) मुश्किल होता है। इसीलिए इन्हें अविच्छिन्न मनोविदालता (undifferentiated schizophrenia) के दीर्घकालिक (chronic) श्रेणी में रखा जाता है। इन रोगियों में हिस्टीरिया (hysteria), मनोग्रस्ति (obsession), बाध्यता (compulsion) एवं शारीरिक अस्वस्थता की चिंता (hypochondrical anxiety) के लक्षण मिले–जुले रूपों में पाए जाते हैं। इसके अतिरिक्त चिंतन–विकृति (thoughts disorder), संवेग का ह्रास (loss of emotion), आत्म नियंत्रण एवं सूझ की कमी (loss of self-control and insight) आदि लक्षण भी पाए जाते हैं।

(ज) अवशिष्ट मनोविदालता (Residual schizophrenia): 'अवशिष्ट मनोविदालता' (residual schizophrenia) से पीड़ित रोगी की श्रेणी में ऐसे मनोविदाली (schizoid) रोगियों को रखा जाता है जो अस्पतालों में चिकित्सा के फलस्वरूप चंगे तो हो जाते हैं, लेकिन फिर भी 'मनोविदालता' के कुछ लक्षण विद्यमान रहते हैं। अर्थात् अस्पताल से छुट्टी मिलने के बाद (after being discharged from hospitals) जब रोगी अपने घरेलू एवं सामुदायिक जीवन (community life) में पुनः वापस होता है तो उस समय भी मनोविदालता के कुछ लक्षण शेष रह जाते हैं। इनकी चिंतन प्रक्रिया (thought process) संवेग (emotion) एवं सामान्य क्रियाकलापों (general activities) में कुछ विकार स्थायी रूप से बना रहता है। यद्यपि इस बीमारी के ये अवशिष्ट लक्षण (residual symptoms) पारिवारिक या सामाजिक जीवन (domestic or social life) में समायोजन (adjustment) की प्रक्रिया को उग्र रूप से बाधित नहीं करते, फिर भी, इनमें मनोविदालता के कुछ लक्षण शेष (residue) रह जाते हैं। अतः यदि इन मरीजों को उचित घरेलू वातावरण (proper home environment) रखा जाए तथा परिवार के सदस्यों का अवलंबन (support) प्राप्त हो तो इनका जीवन भी सामान्य व्यक्ति (normal people) की तरह व्यतीत हो सकता है।

मनोविदालता के इस प्रकार के रोगियों को अनेक मनोवैज्ञानिक भिन्न–भिन्न नामों से पुकारते हैं, जैसे–भ्रमणकारी या यायावर (ambulatory), सीमांत (borderline) अथवा छद्म न्यूरॉटिक (pseudo neurotic)

इत्यादि। इन रोगियों को सदैव अस्पतालों में रखना जरूरी नहीं होता, क्योंकि कुछ ही दिनों में ये चंगे होकर घरों में चले जाते हैं। फिर भी, इनमें मनोविदालता के कुछ लक्षण विद्यमान रहते हैं। इसीलिए, प्रायः यह समझा जाता है कि 'मनोविदालता' (schizophrenia) के रोगी पूर्णतः रोग मुक्त (completely freefrom disorder) नहीं होते, केवल इनके लक्षणों की गंभीरता (severity of symptoms) में कमी लाई जा सकती है।

11.6.1.3 कारण (Causes)

यद्यपि मनोविदालता (schizophrenia) के संबंध में बहुत बड़े पैमाने पर शोध अध्ययन हुए हैं, फिर भी इसके वास्तविक कारण (etiology) के संबंध में स्थिति सुस्पष्ट नहीं है। इस रोग के विकास में अनेक कारक तत्वों की संलिप्तता मानी जाती है। कुछ लोग जैविक कारणों–जिसमें आनुवंशिकता (heredity) एवं जैव रसायन (bio-chemical) कारक भी सम्मिलित हैं, को मुख्य जिम्मेवार कारक बतलाते हैं तो कुछ लोग मनोवैज्ञानिक एवं अंतःपारस्परिक संबंधों (psychological and interpersonal relations) पर बल देते हैं। इन कारकों के अंतर्गत दोषपूर्ण शिक्षण (faulty learning) एवं विकृत अंतःपारस्परिक प्रतिरूप (pathogenic interpersonal patterns), परिवार का प्रतिरूप (family pattern), अति प्रचंड बलाघात (excessive stress) की स्थिति में बिगड़ी मनोदशा को मौलिक रूप से दोबारा प्राप्त नहीं कर पाने की स्थिति (decompensation under excessive stress) एवं विकृत सामाजिक–सांस्कृतिक परिस्थितियाँ (pathogenic socio-cultural factors) आदि आते हैं। ये सभी कारक परस्पर एक–दूसरे से बिल्कुल असंबद्ध यानी एक–दूसरे से अलग नहीं हैं। अतः ये सभी कारक मनोविदालता को विकसित करने में थोड़े बहुत अंशों में योगदान (contribute) करते हैं। अतएव कहा जा सकता है कि ये सभी कारण परस्पर (mutually) अंतर्संबंधित (interrelated) होते हैं।

प्रस्तुत अनुच्छेद में इन सभी कारकों का अलग–अलग वर्णन किया जा रहा है–

(क) वंशानुक्रम (Heredity): अनेक मनश्चिकित्सकों (psychiatrists) की राय में 'मनोविदालता' (schizophrenia) से पीड़ित रोगियों की पारिवारिक पृष्ठभूमि में वैषम्यता (disproportion) पाई जाती है। फिर भी, मनोविदालता के अधिकतर रोगी बहुधा वैसी ही पारिवारिक पृष्ठभूमि से आते हैं जहाँ उनके माता–पिता दोनों अथवा दोनों में से कोई एक मनोविदालता के रोगी रहे हैं। अतः यह एक वंशगत रोग है जिसका बीज एक पीढ़ी से दूसरी पीढ़ी (one generation to another) वंशगत नियमों के तहत संचारित होता है। इसलिए जिनके माता–पिता या दोनों में कोई एक मनोविदालता से ग्रस्त है, उनके बच्चों में इस प्रकार की मनोविकृति के पनपने की संभावना प्रबल रहती है। इस बात की पुष्टि 'हेस्टन' (Heston, 1970) ने अपने अध्ययनों के आधार पर की है। उन्होंने पाया कि 45% बच्चे बड़े होने पर मनोविदाली व्यक्तित्व (schizoid personality) के हो गए, क्योंकि उनके माता या पिता–दोनों में कोई एक मनोविदालता रोग से ग्रसित थे। इसी तरह, 66% बच्चे और कुछ बड़े होने पर मनोविदालता के लक्षणों से युक्त पाए गए जिनके माता और पिता दोनों इस प्रकार की विकृति (pathology) से पीड़ित थे।

इस संबंध में कुछ जुड़वाँ बच्चे (twins) का भी अध्ययन किया गया और वंशानुक्रम के आधार पर सुसंगति दर (concordance rate) निश्चित की गई। 'कालमैन' (Kallmann; 1953, 1958) ने 1000 रोगियों का अध्ययन किया जिसमें 86% एकागी अर्थात् समरूपी जुड़वाँ (identical twins) में इस रोग का प्रकोप पाया। इसी तरह विषम जुड़वों (fraternal twins) यह अनुपात 14.5% सहोदरों में 14.2% तथा संबंधियों में 7.1% था। कुछ अन्य अध्ययनों में भी इस दर का प्रसार (range) समरूपी जुड़वाँ में 60 से 80% तथा विषम जुड़वाँ में 10 से 15% के बीच पाया गया। इस विषय पर किए गए अध्ययनों से यह सिद्ध होता है कि मनोविदालता विकृति (schizophrenia disorder) से पीड़ित किसी व्यक्ति के निकटतम संबंधियों में इस विकृति से पीड़ित होने की संभावना बहुत अधिक होती है।

उपर्युक्त अध्ययनों से प्राप्त प्रमाणों के बावजूद सभी मनश्चिकित्सक 'वंशपरंपरा' (heredity) को महत्वपूर्ण कारण नहीं मानते। उनका तर्क है कि आनुवंशिकता (heredity) या जननिक आधार (genetic basis) पर

निकटतम संबंधों के कारण सामाजिक संबंधों में भी निकटता होती है। इसलिए परिवार के किसी मनोविदाली रोगी (schizoid patient) के निकटतम संबंधी का सामाजिक शिक्षण (social learning) भी दोषपूर्ण (faulty) होता है जिसके कारण व्यक्ति कुसमायोजन (maladjustment) का शिकार (victim) होता है। उदाहरणार्थ **'बेरी-बेरी'** (beri-beri) एक शारीरिक रोग है जो विटामिन B_1 की कमी के कारण होता है। प्रायः यह देखा जाता है कि परिवार में यह रोग सभी सदस्यों में व्याप्त हो जाता है जिसका कारण विटामिन रहित भोजन की आदत होती है, न कि वंश परंपरा (आनुवंशिकता—heredity)। इसी तरह 'मनोविदालता' भी दोषपूर्ण पारिवारिक संबंधों के कारण होता है, न कि जननिक (genetic)।

(ख) शारीरिक कारण (Physiological factor): कुछ अध्ययनों में देखा गया कि कुछ रासायनिक द्रव्य अत्यंत अल्प मात्रा में भी जब रक्त में घुलते हैं तो इनके प्रभाव से मानसिक कार्यों में भारी परिवर्तन होता है। उदाहरणस्वरूप, लायसर्जिक एसिड (Lysergic Acid—LSD) अथवा मेसक्लाइन (Mescaline) नामक द्रव्य के कारण अस्थायी रूप से चिंतन की प्रक्रिया प्रभावित होती है तथा कुछ और भी ऐसे परिवर्तन देखे जाते हैं जिन्हें 'मनोविकृति व मॉडेल' (psychotic model) कहा जा सकता है। अध्ययनों से प्राप्त इन विवरणों से अनेक शोधकर्ता उत्साहित होकर 'इण्डोजेनस हैलुसिनोजेन' (endogenous hallucinogen) नामक रसायन के बारे में खोजबीन शुरू की। प्रायः प्रचंड बलाघात की स्थिति में यह रसायन शरीर में स्त्रावित (secretion) होता है जो संभवतः विभ्रममूलक (hallucinatory) अनुभव उत्पन्न करता है तथा चिंतन प्रक्रिया एवं अन्य मनोविदालक लक्षणों की उत्पत्ति में सहायक होता है।

इसी तरह कुछ अध्ययनों में मनोविदालता के रोगियों के वृहत् मस्तिष्कीय वल्क (cerebral cortex), जीव रसायन (bio-chemicals) एवं अंतःस्त्रावी अवयवों (endocrinology) में विकृत पाई गई जिसके आधार पर इस रोग के शारीरिक कारणों के संबंध में साक्ष्य मिलते हैं। लेकिन, बाद के अध्ययनों में इन तथ्यों के संबंध में यथेष्ट प्रमाण नहीं मिल पाए। **'मैकफॉर लैंड'** (McFarland), **'कैमरन'** (Cameron) एवं 'गोल्डस्टीन' (Goldstein) ने मनोविदालता के रोगियों में शारीरिक विकृत (physiological disorder) का होना मात्र एक संयोग (chance) माना है। अतः शारीरिक विकृति को मनोविदालता का प्रधान कारण नहीं माना जा सकता। **'लिंडस्ले'** (Lindsley) ने भी मनोविदालता, से पीड़ित और सामान्य व्यक्तियों के 'विद्युत–मस्तिष्कीय प्रवाह–आलेख' (Electro encephalogram—EEG) का विश्लेषणात्मक तुलना कर यह पाया कि इनके विद्युत–मस्तिष्कीय प्रवाह आलेख में कोई विशेष अंतर नहीं होता। अतः इस विकृति के कारण के रूप में शारीरिक कारकों के महत्व को स्वीकार नहीं किया जा सकता।

(ग) मनोवैज्ञानिक कारक (Psychological factors): आधुनिक मनोवैज्ञानिकों एवं मनश्चिकित्सकों (psychologists and psychiatrists) की राय में 'मनोविदालता' (schizophrenia) एक मनोजनित (psychogenic) विकृति है क्योंकि इस विकृति की उत्पत्ति मनोवैज्ञानिक कारणों से होती है। वस्तुतः मनोविदालता एक व्यूह रचना (strategy) है, जिसका लक्ष्य किसी असह्य (intolerable) संघर्षमय परिस्थिति (conflicting situation) के प्रति सुरक्षात्मक प्रतिक्रिया (defensive reaction) करना होता है। रोगी अपने जीवन की दूरूहपूर्ण परिस्थितियों के कारण निराश और गंभीर मानसिक संघर्ष (severe mental conflict) के दौर से गुजरता है। उसका यह संघर्ष बाह्य और आंतरिक (external and internal) दोनों वातावरणों से संबंधित होता है। रोगी की मनोदशा (mental state) की तुलना शतरंज (chess) के खेल में आखिरी शह, जिसे 'शहमात' (checkmate) कहते हैं, से की जा सकती है। शतरंज के खेल के अंत में ऐसी स्थिति आ जाती है, जिसमें शतरंज का बादशाह (King) चारों ओर से घिर जाता है तथा उसके बचने का कोई रास्ता नहीं होता और बादशाह मात यानी हार जाता है। इसी शहमात की तरह व्यक्ति जब जीवन की दूभर परिस्थितियों से मानसिक संघर्ष का शिकार होता है तो वह अपने को बीच मझधार में पाता है तथा दूभर परिस्थितियों के साथ समायोजन (adjustment) हेतु नए अनोखे ढंग का आविष्कार करता है, जो इस मानसिक रोग के विभिन्न लक्षणों के रूप में प्रकट होता है। व्यक्ति की यह मनोदशा उसके संपूर्ण व्यक्तित्व को विखंडित कर देती है तथा वह विभ्रम (hallucinations) और व्यामोह (delusions) के

गिरफ्त में आ जाता है। इसीलिए **'फ्रायड'** (Freud), **'एडलर'** (Adler), **'युंग'** (Jung), 'मेयर' (Mayer) आदि विद्वानों के अनुसार 'मनोविदालता' (schizophrenia) की जड़ में मानसिक संघर्ष (mental conflicts), हीनता की भावना (inferiority feelings), कामशक्ति की असंतुष्टि (frustrated libido), वातावरण के साथ कुसमायोजन (maladjustment with the environment), बार–बार की असफलताओं से उत्पन्न निराशा के भाव (frustrations due to frequent failures) इत्यादि होते हैं, जो विभिन्न प्रकार के व्यामोह (delusions), विभ्रम (hallucinations), भय (fear), शंका (doubt) आदि लक्षणों के माध्यम से प्रकट होते हैं।

(घ) बाल्यावस्था के आघातपूर्ण अनुभव (Traumatic experiences of childhood): 'मनोविदालता' के लक्षणों की उत्पत्ति में बाल्यावस्था की आघातपूर्ण परिस्थितियों का भी अत्यंत महत्वपूर्ण हाथ होता है। **'वाह्ल'** (Wahl) ने अपने एक अध्ययन में पाया कि मनोविदालता के कुल रोगियों में 41 से 58% ऐसे रोगी थे जो लगभग 15 वर्ष की आयु में ही माता या पिता (दोनों में से कोई एक, लेकिन अधिकतर पिता) से वंचित (deprived) हो चुके थे क्योंकि वे इन बच्चों को बेसहारा छोड़कर मर चुके थे अथवा तलाक (divorce) अथवा पारस्परिक विलगाव (separation) के कारण अलग रहते थे। इनमें 18% रोगी ऐसे थे जिनके माता और पिता दोनों से बाल्यावस्था में ही संबंध टूट चुके थे। ऐसे बच्चे हम उम्र (press) अथवा खेल के साथियों (playmates) के बीच अपने को अस्वीकृत (rejected) अनुभव करते थे तथा उनके उपहास का केन्द्र होते थे। कभी–कभी इन्हें मार–पीट की असहनीय पीड़ा का भी शिकार होना पड़ता था। इन परिस्थितियों के कटु अनुभवों के कारण व्यक्तित्व (personality) आंतरिक कुंठा और संघर्ष (internal frustration and conflict) से ग्रस्त रहता है जो आगे चलकर मनोविदालता के लक्षण के माध्यम से प्रकट होता है।

(ङ) यौन संबंधी कारक (Sexual factors): 'क्रेपलिन' (Kraeplin) के अनुसार, यौन ग्रंथि के उपद्रव के कारण पाचन क्रिया में मादक द्रव्य उत्पन्न होता है जो इस विकृति को उत्पन्न करने में सहयोग देता है। लेकिन, यह विचार बहुत दिनों तक मान्य नहीं रहा। 'फ्रायड' (Freud) ने व्यक्तित्व के समुचित विकास के लिए कामशक्ति (libido) के समुचित विकास पर बहुत अधिक बल दिया है। उनके अनुसार, सामाजिक एवं नैतिक प्रतिबंधों (social and moral restrictions) के कारण कामुक प्रवृत्तियाँ कुंठित होती हैं जिससे मानसिक द्वंद्व की स्थिति बनती है। इस द्वंद्व का समुचित सामान्य समाधान नहीं होने पर व्यक्ति में विकृति के लक्षण पनपते हैं। अतः ये प्रवृत्तियाँ मनोविदालता के कारण बनती हैं।

(च) त्रुटिपूर्ण या विकृत पारिवारिक वातावरण (Faulty or pathogenic family environment): संगठित व्यक्तित्व (organised personality) के विकास में पारिवारिक वातावरण (family environment) का अत्यंत ही महत्वपूर्ण स्थान होता है क्योंकि परिवार या उसका वातावरण व्यक्तित्व के विकास का प्राथमिक संस्थान (primary institution) होता है जहाँ बच्चों के व्यक्तित्व को एक निश्चित आकार के साँचे (templates) में ढाला जाता है। अतः स्पष्ट है कि पारिवारिक वातावरण जब अस्वस्थकर (unhealthy) होगा तो उक्त संस्थान में पलने वाले बच्चों का व्यक्तित्व भी बीमार होगा। परिवार का वातावरण यदि विकृत है तो स्वाभाविक है कि बच्चों का विकास भी विकृत स्वरूप (pathogenic nature) का होगा। इस संदर्भ में माता–पिता द्वारा अपनाई गई त्रुटिपूर्ण पालन–पोषण की प्रणाली (child rearing practice) अथवा माता–पिता के बीच के विकृत संबंध (pathological relationships) इसका मुख्य कारण होता है। अध्ययनों में यह देखा गया है कि जिन बच्चों के माता या पिता बच्चों के पालन–पोषण के क्रम में 'प्रभुता की मनोविकृति' (attitude of dominance) का प्रदर्शन (exhibit) करते हैं, अथवा बच्चों को अति सुरक्षा (over protection) प्रदान करते हैं, वे पूर्णरूप से परिपक्व (fully matured) नहीं हो पाते। परिणाम यह होता है कि जीवन की साधारण कठिनाइयाँ भी उनके लिए असहनीय हो जाती हैं। ऐसे बच्चे निरर्थक संवेगात्मक तनाव का शिकार होते हैं। वे साधारण कठिनाई को भीषण कठिनाई के रूप में प्रत्यक्षीकरण (perception) करते हैं। फलस्वरूप वे समायोजन की माँगों (adjustive demands) का अनुकूल ढंग

से सामना करने में असमर्थ होते हैं। ऐसे बच्चे अयोग्यता (inability) और अकुशलता (inefficiency) की भावना से ग्रस्त रहने लगते हैं जो धीरे–धीरे उनके संपूर्ण व्यक्तित्व को विघटित (split) यानी तोड़ देती है।

पारिवारिक वातावरण में माता–पिता के पारस्परिक दाम्पत्य जीवन में फूट (marital schism) अर्थात् विच्छेद अथवा टेढ़ापन (skewness) भी इस विकृति का महत्वपूर्ण कारण होता है। माता–पिता के बीच तनावपूर्ण संबंधों के कारण बालकों की उचित देखभाल (proper care) सहानुभूति (sympathy) स्नेह एवं प्रेम (love and affection) से वंचित (deprived) होना पड़ता है। फलस्वरूप बच्चे भय (fear), शंका (doubt) और असुरक्षा (insecurity) की भावना से ग्रस्त होते हैं। इस संबंध में 'सिगेल' (Siegel), 'लिड्ज' (Lidz), 'फ्लेक' (Fleck) ने अपने अध्ययनों के आधार पर विकृत पारिवारिक संबंध (pathogenic family relations) और मनोविदालता (schizophrenia) के बीच घनिष्ठ सहसंबंध (close correlation) बतलाया है।

(छ) त्रुटिपूर्ण शिक्षण (Faulty learning): कुछ मनोवैज्ञानिकों, खासकर व्यवहारवादी मनोवैज्ञानिकों ने त्रुटिपूर्ण शिक्षण (faulty learning) को ही मनोविदालता (schizophrenia) का मुख्य कारण बतलाया है। इनके अनुसार प्रत्येक बालक को विकास के क्रम में 'परनिर्भरता' (dependency) की स्वाभाविक शैशवकालीन प्रवृत्ति (infantile tendency) की जगह आत्मनिर्भर (self dependent) बनने की प्रवृत्ति विकसित करनी होती है। इसी तरह, प्रत्येक बालक को अनेक ऐसी अनुक्रियाएँ (responses) सीखनी होती हैं जो वयस्क (adult) होने पर सामान्य समायोजन (normal adjustment) के योग्य होती हैं तथा सामान्य वयस्क जीवन के लिए अपेक्षित होती हैं। लेकिन त्रुटिपूर्ण पारिवारिक एवं सामाजिक वातावरण के कारण कुछ बच्चे सही प्रतिक्रिया करना सीख नहीं पाते। फलस्वरूप, उनमें समायोजन योग्य अनुक्रियाओं का विकास नहीं हो पाता और वे मानसिक रोग का शिकार हो जाते हैं।

11.6.1.4 चिकित्सा या उपचार (Treatment or Therapy)

पहले ऐसा समझा जाता था कि 'मनोविदालता' (schizophrenia) एक असाध्य (incurable) मानसिक विकृति है अतः चिकित्सकीय सहायता से चंगा नहीं किया जा सकता। लेकिन, इस विषय पर गहन शोधपरक अध्ययनों (intensive research studies) के कारण हुई प्रगति के आलोक में अब इस रोग को साध्य (curable) माना जाने लगा है तथा उपयुक्त चिकित्सा की प्रविधि द्वारा रोगियों के विकृत लक्षणों (pathological symptoms) को दूर किया जा सकता है।

'मनोविदालता' के रोगियों की चिकित्सा रासायनिक चिकित्सा (chemotherapy) एवं मनोसामाजिक (psycho-social) दोनों प्रविधियों द्वारा की जाती है। रासायनिक चिकित्सा (chemotherapy) में **'फेनोथायाजिन'** या **'क्लोरोपोमाजिन'** (phenothiazine or chloroproazine) नाम की औषधियों (drugs) का प्रयोग किया जाता है। इन औषधियों द्वारा रोगी की उग्र एवं अशांत अवस्था को नियंत्रित किया जाता है। इसके अतिरिक्त रोगी की चित्तवृत्ति (mood) को सक्रिय (active) एवं उल्लासपूर्ण बनाने हेतु **'अवसाद निरोधी'** औषधियों (antidepressive drugs) का भी उपयोग किया जाता है। साथ में रोगी को चिंता मुक्त रहने के लिए **'चिंता निरोधी'** (anti anxiety) दवाओं का भी उपयोग किया जाता है। अधिकतर रोगियों को इन तीनों प्रकार की औषधियों का इस्तेमाल एक साथ करना होता है। इन दवाओं का नियमित ढंग से उपयोग करने पर रोगी को पर्याप्त लाभ मिलता है तथा इनके विकृत लक्षण दूर हो जाते हैं।

मनोसामाजिक चिकित्सा (Psycho-social therapy): यद्यपि औषधियों का उपयोग करने पर मरीज को लाभ मिलता है तथा उनके लक्षण भी दूर होते हैं, फिर भी, रोगी पूर्णरूप से स्वस्थ नहीं हो पाता क्योंकि आंतरिक मानसिक संघर्ष (internal mental conflicts) विद्यमान रहते हैं। इसलिए, मनोवैज्ञानिकों एवं सामाजिक कार्यकर्ताओं (psychologists and social workers) ने इनके व्यवहार परिमार्जन (behaviour modification) करने की आवश्यकता पर बल दिया है। इस उद्देश्य हेतु कुछ मनोसामाजिक प्रविधियों (psycho social techniques) का

भी अविष्कार किया गया है। इन प्रविधियों में वातावरण–चिकित्सा की प्रविधि (milieu therapy) का ज्यादातर उपयोग किया जाता है। इस विधि में संपूर्ण चिकित्सालय को 'चिकित्सा समुदाय' (therapeutic community) में परिणत कर दिया जाता है जहाँ रोगियों को परस्पर अंतःक्रिया (interpersonal interaction) द्वारा आत्मविश्वास (self confidence) और सामाजिक रूप से स्वीकृत व्यवहार करने हेतु प्रेरित किया जाता है।

इसके अतिरिक्त, मनोविश्लेषण (psychoanalysis), व्यवसाय चिकित्सा (occupational therapy), सामूहिक चिकित्सा (group therapy) आदि प्रविधियों का भी उपयोग किया जाता है। साथ–ही–साथ आवश्यकतानुसार आघात चिकित्सा (shock therapy), इन्सुलिन (insulin) एवं शल्य चिकित्सा (surgical therapy) इत्यादि का भी उपयोग किया जाता है। इससे इनके उपचार में काफी लाभ होता है तथा सफलता भी मिलती है। इन प्रविधियों के बारे में सविस्तार वर्णन अध्याय 16 में किया गया है।

11.6.2 स्थिर व्यामोह या संविभ्रम (Paranoia)

प्राचीन समय में ग्रीस एवं रोम के दार्शनिकों के बीच प्रायः हर प्रकार के मानस रोगों के लिए **'स्थिर व्यामोह'** यानी 'संविभ्रम' (Paranoia) शब्द का प्रचलन था। लेकिन आधुनिक समय में इस शब्द का सीमित उपयोग केवल ऐसे मानसिक रोगियों के संदर्भ में किया जाता है जो 'व्यामोह' (delusions) तथा वास्तविकता (reality) से संपर्क बनाए रखने में दुर्बल यानी विकृत लक्षणों से युक्त होते हैं। ऐसे मानसिक रोगों के लिए इस शब्द का उपयोग करने की परंपरा का प्रारंभिक श्रेय **'क्रेपलिन'** (Kraepline) को जाता है। ऐसे मानसिक विकृति से पीड़ित रोगियों के व्यामोह (delusions) में तार्किकता एवं सुव्यवस्थिता (logicity and systematization) पाया जाता है तथा उनके व्यक्तित्व का विघटन (disorganization) उतना गंभीर नहीं होता जितना एक मनोविदालता (schizophrenia) के रोगी के व्यक्तित्व में पाया जाता है।

आजकल दो प्रकार के स्थिर व्यामोही (paranoid) रोगियों की पहचान की गई है—

(क) स्थिर व्यामोह वास्तविक (Paranoia proper) एवं

(ख) स्थिर व्यामोह की अवस्था (Paranoia state)।

(क) स्थिर व्यामोह वास्तविक (Paranoia proper): इस प्रकार के रोगियों में व्यामोह (delusions) का विकास धीरे–धीरे होता है जो पेचीदा (intricate) स्वरूप का तो होता है किंतु वे तर्कसंगत (logical) एवं सुव्यवस्थित (systematised) ढंग के होते हैं। इस प्रकार के रोगियों में अधिकतर 'श्रेष्ठता' या 'महानता' का व्यामोह (delusion of grandeur) अथवा 'दंड' व्यामोह (delusion of persecution) अथवा 'संदर्भ' का व्यामोह (delusion of reference) अथवा 'रोगभ्रम' संबंधी व्यामोह (hypochondrical delusion) पाए जाते हैं। लेकिन व्यक्तित्व संबंधी विघटन (disorganisation of personality) की स्थिति प्रायः ठीक–ठाक (intact) ही रहती है। साथ ही, 'स्थिर व्यामोही' मनोविदालता (paranoid schizophrenia) के रोगियों की तरह विभ्रम (hallucinations) का भी अभाव पाया जाता है।

(ख) स्थिर व्यामोह की अवस्था (Paranoia state): इस प्रकार के रोगियों में व्यामोह अस्थायी अर्थात् क्षणभंगुर (transient) एवं परिवर्तनीय (changeable) स्वरूप के होते हैं। इनके व्यामोह में तार्किकता (logicity) एवं सुव्यवस्था (systematisation) का अभाव पाया जाता है तथा व्यक्तित्व का अपखंडन (fragmentation) अथवा बेतुकापन (bizarreness) भी नहीं पाया जाता है जैसा कि स्थिर व्यामोही मनोविदालता (paranoid schizophrenia) के रोगियों में पाया जाता है। 'स्थिर व्यामोह की अवस्था' (paranoia state) प्रायः व्यक्ति की किसी बलाघातक स्थिति (stressful situation) से जुड़ी होती है तथा क्षणिक (transient) स्वरूप की होती है। इस प्रकार का व्यामोह कुछ दूसरे प्रकार के मानसिक रोगों से ग्रस्त रोगियों में भी पाया जाता है।

प्रस्तुत अनुच्छेद में 'स्थिर व्यामोह वास्तविक' (Paranoia proper) का वर्णन किया जा रहा है जिसे प्रायः केवल स्थिर–व्यामोह या संविभ्रम (paranoia) के नाम से ही जाना जाता है। ऐसी मनोविकृतियों के रोगियों (psychotics) में 'व्यामोह' (delusions) की प्रधानता रहती है। इनके व्यामोह का विषय मुख्य रूप से दंड (presecution), श्रेष्ठता या महानता (grandeur) अथवा शारीरिक रोग से पीड़ित होने के भ्रम (hypochondriacal) से संबंधित होते हैं। यों तो प्रायः सभी सामान्य व्यक्तियों में भी व्यामोह पाया जाता है, लेकिन स्थिर व्यामोह के रोगियों का व्यामोह स्थायी रूप से सुव्यवस्थित (well systematised) होता है। अर्थात् इन रोगियों के व्यामोह सदैव एक ही तरह के होते हैं। रोगी अपने व्यामोह के पक्ष या समर्थन में निपुणतापूर्वक (skillfully) तार्किक आधार (logical basis) भी ढूँढ़ लेता है और उसी संदर्भ में अपने व्यामोह को सार्थक (meaningful) और तर्कसंगत रूप में वर्णन करता है। उदाहरण के लिए 'मिलनर' (Milner) ने एक 33 वर्षीय रोगी का वर्णन किया है। इस रोगी ने अपनी पत्नी के सिर पर हथौड़ा (hammer) मारकर हत्या कर दी थी। हत्या से पूर्व उसे यह विश्वास हो गया था कि उसकी पत्नी किसी विचित्र और घातक रोग से ग्रस्त है तथा उसने जान–बूझ कर उसे (रोगी, जो उसका पति था) भी इस रोग से संक्रमित (infect) कर दिया है, क्योंकि वह अपने पति से घृणा करती थी और उसके मर जाने की इच्छा रखती थी। रोगी ने अपने इस विश्वास के प्रमाण में निम्नलिखित कारण बतलाये—

(i) उसकी पत्नी ने विवाह के कुछ ही दिनों बाद रोगी का बीमा (insurance) करा दिया था।
(ii) एक युवा व्यक्ति की अचानक मृत्यु हो गई थी, जो उसकी पत्नी का विवाह से पूर्व का मित्र था।
(iii) उसकी पत्नी की बाल्यावस्था से ही उसके माता–पिता भी मूर्च्छा के रोग से पीड़ित थे। अतः रोगी को यह भी विश्वास था कि उसके सास और ससुर भी उसी रोग से पीड़ित थे, जिस रोग से उसकी पत्नी पीड़ित थी।

इस अपराध के कुछ समय पहले से ही रोगी को भोजन के स्वाद में कुछ विचित्रता (peculiarity) मालूम पड़ती थी जिसके कारण घटना के एक सप्ताह पूर्व से ही रोगी की छाती में दर्द और मुँह का स्वाद बिगड़ा हुआ मालूम पड़ने लगा था।

उपर्युक्त केस के उदारहण से स्पष्ट है कि स्थिर–व्यामोह का रोगी किसी–न–किसी प्रकार के सुव्यवस्थित (well systematised) एवं स्थिर (constant) व्यामोह से पीड़ित रहता है तथा अपने व्यामोह के समर्थन में मनगढ़ंत तर्क (pseudologic) भी गढ़ लेता है। इन रोगियों में विभ्रम (hallucinations) का अभाव पाया जाता है तथा इनके व्यक्तित्व का विभंजन (disorganisation) मनोविदालता (schizophrenia) की तुलना में कम होता है। इसलिए ये रोगी साधारण वार्तालाप, संवेगों के प्रदर्शन एवं आचरण में सामान्य दिखते हैं।

अस्पतालों में इन रोगियों की संख्या बहुत ही कम होती है। कुछ रोगियों में लगभग 1 से 2% रोगी ही अस्पतालों में भर्ती होते हैं। लेकिन सामान्य आबादी में इन रोगियों की संख्या कुछ अधिक होती है। प्रायः प्रत्येक समाज और समुदाय में 'उन्मादी समाज सुधारक' (fanatical reformer), स्वकल्पिक उपदेशक (eccentric prophet) 'कानूनी उत्पाती' (litigious nuisances), 'सनकी पत्र लिखने वाले' (crank letter writer) इत्यादि पाए जाते हैं। लेकिन, चूंकि इन रोगियों की सूझ (insight) आलोचनात्मक निर्णय की क्षमता (capacity of critical judgement), एवं आत्म नियंत्रण (self control) बहुत अंशों में सामान्य रहती है, इसलिए बहुत कम ही रोगी अस्पतालों में दाखिल हो पाते हैं।

11.6.2.1 नैदानिक स्वरूप या लक्षण (Clinical Picture or Symptoms)

स्थिर व्यामोह के रोगियों की पहचान उनके नैदानिक स्वरूप (clinical nature) के आधार पर की जाती है जो निम्नलिखित हैं—

(क) व्यामोह की प्रधानता[5] (Delusions): स्थिर व्यामोह यानी संविभ्रम (paranoid) के रोगियों में 'व्यामोह' (delusions) की प्रधानता पाई जाती है। व्यामोह किसी भी विषय (matter) से संबंधित हो सकते हैं क्योंकि यह एक प्रकार का झूठा विश्वास (false belief) होता है जिसकी विषयवस्तु (contents) कुछ भी हो सकती हैं। लेकिन, देखा गया है कि अधिकतर रोगियों में 'दंड का व्यामोह' (delusions of persecution) मुख्य रूप से पाया जाता है। वस्तुतः 'दंड व्यामोह' ही इस विकृति का केंद्रीय लक्षण (key symptom) है। दंड का विषय विभिन्न रोगियों में भिन्न होता है, परंतु उनका प्रतिरूप (pattern) लगभग स्थिर (constant) यानी एक जैसा (consistent) होता है। मरीज को यह दृढ़ विश्वास (rigid belief) बना रहता है कि उसके कोई संबंधी या मित्र या कोई गुप्त संस्था उसके पीछे पड़ी हुई है तथा उसे (रोगी को) हानि पहुँचाना चाहती है, अथवा उसके दुश्मन चारों ओर उसे बदनाम करते हैं या उसके नियोजकों (employer) और मित्रों को उसके विरुद्ध भड़काते हैं (turns them against him)। कभी–कभी उसे यह विश्वास होता है कि उसके निकट के लोग अर्थात् पत्नी, बच्चे, मित्र इत्यादि–सब लोग एकजुट हो गए हैं तथा केवल उसे 'अकेला' (singled out) छोड़ दिया है। उसे कभी–कभी यह भी विश्वास होता है कि उसके शत्रु उसके पत्र चुराकर पढ़ते हैं, उसके किसी मौलिक विचार (original idea) या रचना को चुराना चाहते हैं तथा उसकी छवि धूमिल करना चाहते हैं। इन खतरों से रोगी अपनी सुरक्षा के लिए अपना निवास सदा बदलता रहता है, घर के चारों ओर घेराबंदी (barricade) करवा लेता है। नौकरी पेशा का रोगी मिथ्या विश्वास (pseudo beliefs) से प्रभावित होकर बराबर एक नौकरी छोड़कर दूसरी नौकरी पकड़ता है, अपने उच्चाधिकारियों के पास अनर्गल शिकायतें (complaints) भेजता है तथा कल्पित रूप से (imagined) संभावित खतरों (probable dangers) से अपनी सुरक्षा की माँग भी करता है। एक प्रसिद्ध यूरोपियन मनिश्चिकित्सक (psychiatrists) ने इस विकृति से पीड़ित रोगियों में लक्षणों के विकास का क्रम इस प्रकार बतलाया है–रोगी अपने कल्पित शत्रुओं से पहले भागने का प्रयास करता है (he flees), फिर सुरक्षा के उपाय करता है (he defends) और अंत में उस पर आक्रमण करता है (he attacks)।

कुछ रोगी आक्रामक (aggressive) भी होते हैं। वे प्रायः अपने निकट के लोगों (बहन, भाई, पत्नी इत्यादि) के सम्मुख अपने विश्वास यानी व्यामोह को सत्य रूप में प्रमाणित करते हैं। फलस्वरूप वे सगे संबंधी भी रोगी के 'मिथ्या विश्वास' (pseudo belief) को सत्य स्वीकार कर लेते हैं। अर्थात् वे भी रोगी के विचारों से प्रभावित हो जाते हैं। उनके प्रभाव में आने वाले संबंधी प्रायः संसूचनशील (suggestible) एवं विनीत (submissive) होते हैं। इसे 'फॉलि एंडियूक्स' (folie andeux) कहते हैं जिसका अर्थ सतही मनोविकृति (superficial psychosis) होता है। अर्थात् इनके मनोविकारी लक्षण (psychotic symptoms) किसी आंतरिक मनोग्रंथि (internal complex) के कारण नहीं, अपितु रोगी के साथ निकट के साहचर्य के कारण केवल बाह्यरूप से (externally) दिखाई पड़ते हैं।

स्थिर व्यामोह के रोगियों में 'दंड का व्यामोह' (delusion of persecution) के अतिरिक्त 'ईर्ष्या का व्यामोह' (delusion of jealousy), 'श्रेष्ठता का व्यामोह' (delusion of grandeur), 'किसी रोग से पीड़ित होने' (hypochondriacal delusion), 'मुकदमेबाजी का व्यामोह' (litigious delusion) इत्यादि भी पाए जाते हैं।

(ख) स्थिर व्यामोह के रोगियों का व्यवहार (Behaviour of paranoid patients): इसके रोगियों के व्यवहार में कोई खास विकृति नहीं आती है। प्रायः जो रोगी जिस प्रकार के व्यामोह (delusion) से ग्रस्त होता है। वह उसी के अनुरूप व्यवहार भी करता है। उदाहरण के लिए जो रोगी मुकदमेबाजी के व्यामोह से ग्रस्त होता है (suffering from litigious delusions) वह उसका अधिकांश समय कानूनी सलाह (legal advise) एवं कचहरी का चक्कर लगाने में व्यतीत होता है। कुछ रोगी कभी–कभी उग्र हो जाते हैं और जिन पर उन्हें शक होता है, उन पर वे आक्रमण (attack) भी कर देते हैं। इन रोगियों में विभ्रम (hallucination) नहीं पाया जाता। विभ्रमयुक्त व्यामोह के रोगी को 'मनोविदालता' (schizophrenia) की श्रेणी में रखा जाता है। इस मनोविकृति में

5. विभिन्न प्रकार के ज्ञात व्यामोहों (delusions) का विस्तृत विवरण इस अध्याय के पृ. सृं. 298-299 पर दिया गया है।

संवेगात्मक उपद्रव (emotional disturbance) अथवा चिंतन संबंधी विकृति (thought disorders) के लक्षण भी बहुत कम पाए जाते हैं।

11.6.2.2 स्थिर व्यामोह के कारण (Causes of Paranoia)

अब तक के उपलब्ध साक्ष्यों एवं स्थिर व्यामोह के नैदानिक स्वरूप से यह स्पष्ट होता है कि यह मनोविकृति मनोजनित (psychogenic) कारणों से उत्पन्न होती है। इसलिए, जननिक (genetic) या जीव रसायन (bio-chemistry) अथवा शारीरिक कारणों से इसका कोई संबंध नहीं है। इसका कारण यह है कि ऐसे रोगियों के नैदानिक स्वरूप (clinical picture) का विश्लेषण करने पर शारीरिक या जैविक कारकों से संबंधित कोई साक्ष्य (evidence) नहीं प्राप्त होते। यह रोग विशुद्ध रूप से 'मनोजनित' (psychogenic) है, किंतु जिसमें सामाजिक अंतःसंबंधों की भी भूमिका पाई जाती है। अतएव स्पष्ट है कि 'स्थिर व्यामोह' (paranoia) मूलतः मनोसामाजिक (psychosocial) कारणों से उत्पन्न मानसिक विकृति है। मनोसामाजिक कारणों में निम्नांकित कुछ कारकों का संक्षिप्त विवरण यहाँ प्रस्तुत किया जा रहा है—

(क) व्यक्तित्व का विशिष्ट प्रकार (A particular kinds of personality type): 'स्थिर व्यामोह' (paranoia) की विकृति अचानक प्रकट नहीं होती। इस विकृति का विकास व्यक्तित्व के कुछ विशिष्ट गुणों (some specific attributes of personality) से होता है। प्रायः यह देखा गया है कि जो लोग पहले से ही संदेही (suspicious), चिड़चिड़े स्वभाव के (irritable nature), ईर्ष्यालु (jealous), आत्मकेंद्रित (ego centric), असाधारण रूप से संवेदनशील (morbidly sensitive) तथा महत्वाकांक्षी (ambitious) प्रकृति के होते हैं, उनमें इस विकृति से पीड़ित होने की संभावना अधिक प्रबल होती है। व्यक्ति की स्वभावगत विशेषताएँ जब निरंतर और स्थायी रूप से उसके व्यक्तित्व का अभिन्न अंग बन जाती हैं तो व्यक्ति में 'आत्म महत्व' (self esteem), 'अनम्यता' (rigidity) एवं 'अभिमान' अर्थात् अपने को बड़ा समझने (arrogancy) के भाव उत्पन्न होते हैं। इस भावना से उद्यत होकर वह दूसरों पर अपना 'प्रभाव जमाने की चाह' (longing to dominate others) रखने लगता है। ऐसे लोग अपनी श्रेष्ठता (superiority) स्थापित करने हेतु अपने अभिमान सूचक विचार दूसरों पर आरोपित (project) कर प्रकट करता है। ऐसे लोग बहुत ही अधिक संदेही (suspicious) प्रकृति के होते हैं। इसलिए अत्यंत मामूली सी आलोचना भी इनके लिए असह्य हो जाती है और वे अपनी मानहानि (insult) या दुर्व्यवहार (mistreatment) मान बैठते हैं। उनमें हँसी–मजाक के भाव (sense of humour) का अभाव रहता है। व्यक्तित्व की ये विशेषताएँ (attributes of personality) आगे चलकर 'व्यामोह' (delusion) में परिणत हो जाता है। अतएव, कहा जा सकता है कि स्थिर व्यामोह त्रुटिपूर्ण व्यक्तित्व के विकास का प्रतिफल होता है (paranoia is the outcome of faulty development of personality)।

(ख) विफलता एवं हीनता की भावना (Failure and inferiority): स्थिर व्यामोह से पीड़ित रोगियों के जीवन इतिहास (case history) का अवलोकन करने पर पता चलता है कि इन रोगियों के व्यावसायिक (occupational), सामाजिक (social), एवं दाम्पत्य जीवन (marital life) में विफलताओं एवं निराशाओं (failures and frustrations) की एक लंबी श्रृंखला होती है। अपनी विफलताओं के कारण व्यक्ति अवास्तविक लक्ष्य (unreal goal) एवं अवास्तविक विश्वास (unreal belief) के प्रति दृढ़ (rigid) हो जाता है जिसके फलस्वरूप व्यक्ति का सामान्य समायोजन (normal adjustment) विसंतुलित (imbalanced) हो जाता है। सामान्य जीवन की विफलताओं के कारण उसकी आत्ममहत्ता की भावना (feeling of self importance) कुंठित (frustrated) होती है और वह अपने को तिरस्कृत समझने लगता है, जिसका दोष वह दूसरों पर मढ़ता है। मनोविज्ञान की भाषा में रोगी में विफलता और हीनता की भावना के कारण उत्पन्न व्यामोह (delusion arising out of failure and inferiority feeling) को क्षति पूर्त्यात्मक (compensatory) या रक्षात्मक (defensive) प्रवृत्ति कहा जाता है।

(ग) लैंगिक कुसमायोजन (Sexual maladjustment): 'स्थिर व्यामोह' (paranoia) के रोगियों में समलिंगी कामुकता (homosexuality) को भी महत्वपूर्ण कारक तत्व के रूप में पहचाना गया है। **'फ्रायड'** (Freud) के मतानुसार, रोगी की अव्यक्त समलिंगी कामुक इच्छाओं (latent homosexual desires) की 'रक्षा' के लिए 'व्यामोह' (delusion) के लक्षण विकसित होते हैं। व्यक्ति अपनी इस अव्यक्त इच्छा को दमित (repress) करता है। अर्थात् वह इस इच्छा को चेतना (consciousness) में नहीं आने देता। लेकिन यह 'दमन' व्यक्ति में आंतरिक रूप से मानसिक संघर्ष (internally mental conflicts) उत्पन्न करता है जिससे अपना बचाव करने हेतु दूसरों को दोषी ठहराता है। अर्थात् उसका 'अहं' (ego) प्रक्षेपण (projection) की मनोरचना (mechanism) का उपयोग करता है और वह 'व्यामोह' (delusion) का शिकार होता है। उदारणार्थ—कोई व्यक्ति समजाति लैंगिकता में रुचि रखता है। वह जब किसी आकर्षक समलिंगी (same sex) व्यक्ति को देखता है तो उसमें उस व्यक्ति के प्रति प्यार की भावना का उदय होता है और वह कहता है—"मैं उससे प्यार करता/करती हूँ।" लेकिन कुछ सामाजिक एवं नैतिक प्रतिबंधों (social and moral restrictions) के कारण वह अपना यह विचार प्रकट नहीं कर पाता। अर्थात् अपने इस विचार को दमित (repress) कर लेता है। इसके कारण मानसिक संघर्ष (mental conflict) और तनाव (tension) उत्पन्न होता है। तब वह अपने इस प्यार की भावना को नकारता (deny) है और कहता है—"मैं उस आदमी को पसंद नहीं करता/करती हूँ।" रोगी इस विचार को प्रक्षेपित (project) कर कहता है—"वह मुझसे घृणा (hate) करता है तथा मुझे दंडित (persecute) करना चाहता है।"

'फ्रायड' ने स्थिर व्यामोह के इस कारण को पितृ प्रेम ग्रंथि (oedipus complex) का विपरीत दिशा में होना (inversion) माना है। अर्थात् पुत्र का माता से प्रेम संबंध न होकर पिता से प्रेम हो जाता है और माँ के साथ एकात्मीकरण या तादात्म्य (identification) हो जाता है जिसे वह प्रतिद्वंद्वी (rival) समझता है।

(घ) सहोदरों के साथ प्रतिद्वंद्विता (Sibling rivalry): **'फ्रायड'** (Freud) ने 1923 के आस–पास बाल्यावस्था में (in childhood) सहोदरों के प्रति पारस्परिक विरोध एवं शत्रुता की भावना (hostility feeling) को भी इस मानसिक रोग का कारण बतलाया था। बाल्यावस्था में प्रायः सभी बच्चे अपने सगे भाई या बहन के प्रति विरोध एवं शत्रुता का विचार या भाव रखते हैं। लेकिन उनके इन भावों के प्रकटीकरण को माता–पिता द्वारा रोका जाता है। इस प्रतिबंध के कारण बच्चे प्रतिक्रिया निर्माण (reaction for motion) की अहं सुरक्षा मनोरचना (ego defense mechanism) का सहारा लेते हैं। अतः ऊपर से वह प्रेम भाव का प्रदर्शन करने लगता है जबकि वास्तव में वह घृणा (hate) करता है। जब तक वह इस मनोरचना का सहारा लेता रहता है, उसमें 'प्रेम और घृणा के विरोधी भाव' (ambivalent feelings of love and hate) एक साथ रहते हैं। लेकिन बालक जब वयस्क (adult) हो जाता है और अपने सामान्य जीवन में किसी कुंठा (frustration) का शिकार होता है तो उसकी भावनाओं का 'प्रतिगमन' (regression) होता है और वह अपनी शत्रुता की भावनाओं (feelings of hostility) को प्रक्षेपित (project) करने लगता है। इस प्रक्षेपण (projection) को सत्य प्रमाणित करने हेतु 'युक्तिकरण' (rationalisation) की मनोरचना का सहारा लेता है। इस प्रकार विभिन्न रचनाओं (mechanisms) द्वारा व्यामोह (delusion) का विकास होता है।

(ङ) त्रुटिपूर्ण सामाजिक शिक्षण (Faulty social learning): 'नवफ्रायडवादी मनोवैज्ञानिक' (NeoFreudian psychologists) ने 'फ्रायड' (Freud) के विचारों से असहमति रखते हुए इस रोग की उत्पत्ति में त्रुटिपूर्ण सामाजिक शिक्षण (faulty social learning) को महत्वपूर्ण बतलाया है। इनके अनुसार, इस रोग का महत्वपूर्ण कारण सामाजिक संबंध स्थापित करने की अयोग्यता (inability to establish social relations) है जो दोषपूर्ण (faulty) सामाजिक शिक्षण (social learning) का प्रतिफल (outcome) है। कुछ बच्चे बाल्यावस्था में अपने को अत्यंत असुरक्षित (insecured) समझते हैं जो चिंता (anxiety) उत्पन्न करता है। इस चिंता के कारण उनमें सामाजिक संबंध स्थापित करने की योग्यता विकसित नहीं हो पाती। फलस्वरूप, दूसरों में विश्वास या आस्था का भाव विकसित नहीं हो पाता है। इसलिए वह न तो खुद अपने को अच्छी तरह समझ पाते हैं और न दूसरों को। जब

ये बच्चे युवावस्था में प्रवेश करते हैं और अपने लक्ष्यों (goals) को प्राप्त करने में विफल होते हैं तो वे बहुत अधिक आतंकित (panic striken) और सशंकित (suspicious) रहने लगते हैं। इस तनाव से बचने के लिए वे अवास्तविक लक्ष्य (unreal goal) की कल्पना करने लगते हैं और विफल होने पर इसका कारण दूसरों में ढूँढ़ते हैं। ऐसे लोगों में आत्म आलोचना (self criticism) या आत्म भर्त्सना सहने की क्षमता नहीं होती। फलतः वह अपनी विफलताओं को दूसरों पर आरोपित (project) करता है और इस प्रकार वह व्यामोह (delusion) से ग्रस्त होता है। अर्थात् व्यक्ति धीरे–धीरे वास्तविकता (reality) से दूर होता हाता है और दूसरों को दोषी मानने लगता है अथवा स्वयं को दूसरों से श्रेष्ठ और समाज सुधारक या उपदेशक या वैज्ञानिक होने की कल्पना में भ्रमण करने लगता है।

11.6.2.3 चिकित्सा या उपचार (Treatment or Therapy)

प्रारंभिक अवस्था (initial stage) में मनश्चिकित्सकीय उपचार (psychotherapeutic) प्रविधियों द्वारा स्थिर व्यामोह (paranoic) को चंगा किया जा सकता है। इनकी चिकित्सा में प्रायः व्यावसायिक चिकित्सा (occupational therapy), समूह चिकित्सा (group therapy), साक्षात्कार प्रविधि (interviews technique) आदि प्रविधियाँ उपयोग में लाई जाती हैं।

पुराने रोगी (chronic patients) में व्यामोह (delusion) अच्छी तरह सुव्यवस्थित (well systematised) हो चुके होते हैं। अतएव इनकी चिकित्सा अपेक्षाकृत कठिन होती है। ऐसे रोगियों के साथ चिकित्सा को घनिष्ठ एवं सौहार्दपूर्ण संबंध (rapport) बनाने में कठिनाई होती है। अतः रोगी को वास्तविक दृष्टिकोण से परिचित कराना संभव नहीं होता। अतएव, ऐसे रोगियों को चंगा नहीं किया जा सकता। लेकिन ऐसे रोगियों को अस्तपताल में भर्ती कराना आवश्यक होता है जहाँ चिकित्सक की देख–रेख में आघात चिकित्सा (shock therapy), इन्सुलिन चिकित्सा (insulin therapy) द्वारा नियंत्रित स्थिति (controlled state) में रखा जा सकता है। इन सभी चिकित्सा प्रविधियों का सविस्तार वर्णन अध्याय 16 में किया गया है।

11.6.3 भावात्मक मनोविकृतियाँ (Affective Psychoses)

मोटे तौर पर भाव (affect) और संवेग (emotion) समरूपी अर्थ वाले शब्द हैं। अतः भावात्मक मनोविकृति (affective disorder) का संबंध संवेगात्मक गड़बड़ियों यानी विकारों से है जिसमें सांवेगिक अनुक्रियाएँ (emotional responses) अतिशय (extreme) एवं अनुपयुक्त या असंगत (inappropriate) स्वरूप की होती हैं। इस श्रेणी के अंतर्गत शामिल विकृतियों के नैदानिक स्वरूप से यह स्पष्ट होगा कि इस प्रकार के रोगी में अति (extreme) उल्लास या उत्साह अर्थात् हर्षोन्माद (elation) स्वरूप की प्रतिक्रियाएँ अथवा अति अवसादी या विषादी (extreme depressive) स्वरूप की प्रतिक्रियाएँ पायी जाती हैं। इस अध्याय के पूर्व में कुछ ऐसी मानसिक विकृतियों का वर्णन किया गया है जिसमें चिंतन एवं प्रत्यक्षीकरण (thought and perception) जैसी प्रक्रियाओं में गड़बड़ी यानी विकार (pathology) की प्रधानता रहती है। लेकिन, यहाँ पर भावात्मक एवं संवेगात्मक (affective and emotional), जो वस्तुतः व्यक्ति की चित्तवृत्ति (mood) से संबंधित होती हैं, की असामान्यताओं (abnormalities) का वर्णन किया जाएगा। इन विकृतियों के कारण व्यक्ति की चित्तवृत्ति (mood) को या तो हर्षोन्मादी (elated) अथवा अवसादी या विषादी (depressive) स्वरूप प्रदान करती है। हर्षोन्मादी स्वरूप में व्यक्ति की चित्तवृत्ति उत्थापित (elevated) स्वरूप की होती है और वह अतिउत्साही, सक्रिय, उमंगी और प्रसन्न मुद्रा का भाव प्रदर्शन करता है। विषादात्मक अथवा अवसादी चित्तवृत्ति (depressive mood) में व्यक्त उदासीन, उत्साहरहित अथवा अत्यंत दुखी दिखता है।

इस प्रकार की विकृतियों के कई रूप (forms) होते हैं जैसे–

(i) द्विध्रुवीय विषाद (bipolar depression) अथवा उत्साह–विषाद की मनोविकृति (manic-depressive psychosis)

(ii) एक ध्रुवीय विषाद या अवसाद (unipolar depression)

(a) उलझन विषाद या अंतर्बलन विषाद (involutional depression)

(b) छद्म विषाद (masked depression)

(c) डिस्थामिया (dysthamia)

अब इन सभी चित्तवृत्तियों से संबंधित विकृति के रूपों का एक–एक कर वर्णन किया जा रहा है–

11.6.3.1 द्विध्रुवीय विषाद अथवा उत्साह-विषाद की मनोविकृति (Bipolar Depression or Mania-depressive Psychosis)

भावात्मक विकृति (affective disorders) का यह एक सबसे महत्वपूर्ण रूप है जिसमें व्यक्ति की चित्तवृत्ति (mood) बार–बार गंभीर रूप से (recurrently and severely) परिवर्तित होती रहती है। यह परिवर्तन उत्साह या उल्लास (elation) की अवस्था से अवसाद या विषाद (depression) की अवस्था और पुनः विषाद से उल्लास की अवस्था में बार–बार होता रहता है। इस प्रकार, व्यक्ति की चित्तवृत्ति झूलती (swing in mood) रहती है। इसे ही द्वि–ध्रुवीय (bipolar) अवसाद (depression) अथवा 'उत्साह–विषाद' की 'मनोविकृति' (manic-depressive psychosis) कहते हैं। इस 'द्विध्रुवीय विषाद' की स्थिति में चित्तवृत्ति (mood) के दोलन (swing) की दिशा अवसादी अवस्था (depressive phase) की ओर अधिक रहती है, लेकिन बीच–बीच में उत्साह की अवस्थाएँ (elation phase) भी देखी जाती हैं।

'उत्साह या उल्लास'–'अवसाद यानी विषाद' सही अर्थ में सांवेगिक भाव (emotional feelings) हैं जो बिना किसी उपयुक्त कारण के बदलते रहते हैं। रोगी कभी अति प्रसन्न (extremely happy) अर्थात् 'उत्थापित' (elevated) या उत्साहित होता है तो कभी अति दुःखी या उदास (extremely depressed) की अवस्था में होता है।

प्रारंभ में विद्वानों की यह धारणा थी कि अति प्रसन्न या उत्साह का अनुभव तथा दुःखी या उदासीन रहना (depression) दो अलग–अलग प्रकार की चित्तवृत्ति (mood) संबंधी विकृतियाँ (disorders) हैं। लेकिन, बाद के मनश्चिकित्सकों (psychiatrists) ने इन दोनों को एक ही प्रकार की विकृति का लक्षण माना है। 'बोने' तथा 'फालरेट' (Bonet and Falret) ने सबसे पहले इस भावात्मक या चित्तवृत्ति (affective or mood) विकृति (disorder) के स्वरूप को स्पष्ट करते हुए कहा कि दोनों एक ही प्रकार की विकृति के लक्षण हैं। लेकिन, उनसे भी पहले **'क्रेपलिन'** (Kraeplin) ने इस मानस रोग की व्याख्या करते हुए स्पष्ट किया था कि इस विकृति से पीड़ित रोगियों में उत्साह (elation) एवं अवसाद (depression) के भावों का आक्रमण वैकल्पिक रूप से (alternatively) रह–रह कर होता रहता है और इन दोनों अवस्थाओं (phases) के बीच में रोगी कभी–कभी सामान्य (normal) भी दिखता है। अर्थात् कभी अत्यधिक प्रसन्न रहना और कभी अत्यधिक उदास रहना–दोनों एक ही रोग के विरोधी लक्षण हैं। चित्तवृत्ति (mood) की इन दोनों अवस्थाओं (phases) को क्रमशः 'उत्साह की अवस्था' (manic phase) तथा 'विषाद की अवस्था' (depressive phase) कहा जाता है।

साधारणतः किसी एक ही रोगी में इन दोनों विरोधी अवस्थाओं का मिश्रण प्रायः कम ही देखा जाता है। अधिकतर रोगी या तो 'उत्साही' (manic) होते हैं अथवा 'विषादी' यानी 'अवसादी' (depressive)। इस प्रकार, चित्तवृत्ति संबंधी विकारों से ग्रस्त रोगियों को दो अलग–अलग प्रकारों (two independent kinds), अर्थात् 'उत्साही प्रकार' (manic type) एवं 'अवसादी प्रकार' (depressive type) में बाँटा जाता है। लेकिन जिन कुछ रोगियों में दोनों प्रकारों के लक्षण 'मिश्रित' (mixed) और वैकल्पिक (alternative) रूप में पाए जाते हैं, उन्हें 'मिश्रित प्रकार' (mixed type) का रोगी कहा जाता है।

विभिन्न मानसिक अस्पतालों से प्राप्त विवरणों से यह पता चलता है कि आधुनिक समय में 'उत्साही प्रकार' (manic type) के रोगियों की संख्या में गिरावट (decline) आयी है। दूसरी ओर विषादी यानी अवसादी प्रकार (depressive type) के रोगियों की संख्या अधिक होती जा रही है। उत्साह–विषाद रोग से ग्रस्त रोगियों की उम्र

लगभग 25 से 65 वर्ष के बीच की होती है। लेकिन 25 वर्ष से कम एवं 65 वर्ष से अधिक उम्र के लोग भी इस विकृति से पीड़ित हो सकते हैं। **'पोजनांस्की'** (Poznanski) एवं **'ज्रुल'** (Zrull) ने अपने 1970 के अध्ययन का हवाला देते हुए बतलाया है कि 'अवसादी प्रतिक्रिया' (depressive reaction) के लक्षण 3 वर्ष से 12 वर्ष के बालकों में तथा 85 वर्ष के बूढ़े लोगों में भी पाए जाते हैं। इस विकृति से पीड़ित लोगों में पुरुषों की अपेक्षा महिलाओं की संख्या कुछ अधिक होती है। महिला और पुरुष रोगियों का औसत अनुपात (average ratio) लगभग 3 : 2 है।

नैदानिक स्वरूप या लक्षण (Clinical picture or symptoms)

इस विकृति से पीड़ित रोगियों की मुख्य विशेषता उनकी चित्तवृत्ति (mood) के उत्साह (manic) या अवसाद (depression) की अवस्था होती है। अर्थात् रोगी कभी उत्साहित या प्रसन्न (elated) दिखता है तो कभी दुःखी या निरुत्साहित। इस प्रधान विशेषता के साथ–साथ कुछ अन्यान्य प्रकार के मनोवैज्ञानिक (psychological) एवं व्यवहार संबंधी (behaviour related) विकृति के लक्षण भी पाए जाते हैं जो निम्नलिखित हैं–

(क) प्रत्यक्षीकरण की अपर्याप्तता (Inadequacy of perception): चूँकि इन रोगियों की चित्तवृत्ति के भाव में असामान्यता रहती है, इसलिए किसी वस्तु, व्यक्ति अथवा परिस्थिति का प्रत्यक्षीकरण करने में ठीक से निर्णय नहीं कर पाते। इनके निर्णय वस्तु या परिस्थिति अथवा व्यक्ति के अनुरूप नहीं अपितु, समय विशेष में प्रभावी भावों (dominating affects) के अनुरूप होते हैं। अतः उत्साह अथवा अति प्रसन्नता की भावात्मक अवस्था (manic phase) में रोगी बहुत अधिक आशावादी (optimistic) हो जाता है, जिससे उसकी मानसिक चिंतन की प्रक्रिया भी तेज हो जाती है। इसीलिए अति उत्साह की अवस्था में वह अतिआशावादी (optimist) हो जाता है और उसका प्रत्यक्षीकरण (perception) भी अतिरंजित (exaggerated) रहता है। उसमें एकाग्रचित (concentrate) होने की क्षमता नहीं रहती। इसलिए उसका ध्यान जल्दी–जल्दी भंगित होता रहता है जिसके कारण उसके प्रत्यक्षीकरण में विसंगति (inconsistency) अथवा असंगति (disharmony) आती है। इन रोगियों में प्रत्यक्षीकरण में इन त्रुटियों के कारण ही व्यामोह और विशेषकर दंड–व्यामोह (delusion of persecution) या श्रेष्ठता यानी महानता का व्यामोह (delusion of grandeur) भी पाया जाता है।

इसी तरह अवसाद की अवस्था (depressive state) अर्थात् अति उदासीन भाव वाले रोगियों का प्रत्यक्षीकरण भी विकृत हो जाता है। ऐसे रोगी उदासीन होकर चुपचाप बैठे या लेटे रहते हैं। ये न कोई बात समझते हैं और न बातें करते हैं। ये अकेलापन (loneliness) का अनुभव करते हैं तथा किसी भी काम में रुचि नहीं दिखाते हैं। ये प्रायः निष्क्रिय (passive) रहते हैं। कुछ रोगी बात पूछने पर संक्षिप्त उत्तर देते हैं। इनमें उदासी का भाव इतना अधिक व्याप्त रहता है कि इन्हें दुनिया की सभी चीजें निस्सार प्रतीत होती हैं। इनमें आत्मभर्त्सना (self accusatory) और पित्तोन्माद व्यामोह (hypochondriacal delusion) की भरमार रहती है।

(ख) चेतना का लोप (Loss of consciousness): अति उत्तेजना (extreme elation) अथवा उदासीनता (sadness) की अवस्था में चेतना (consciousness) लुप्त हो जाती हैं। फलस्वरूप रोगी को समय, स्थान, परिस्थिति आदि का कोई ज्ञान नहीं रहता। वस्तुतः चित्तवृत्ति (mood) पर प्रबल विकृतिक आक्रमण (disordered attack) के कारण अचेतन की ग्रंथियाँ (unconscious complexes) चेतना (consciousness) पर इतनी अधिक हावी रहती हैं कि चेतना दब जाती है और रोगी अपने आस–पास के वातावरण से अनभिज्ञ (unaware) अथवा चेतनाविहीन हो जाता है।

(ग) मिथ्या निर्णय (False judgement): इस रोग से पीड़ित रोगियों में सही निर्णय करने की योग्यता नहीं रहती। रोगी वास्तविक (real) को अवास्तविक (unreal), सच को झूठ (true as false) और झूठ को सच (false as true) समझता है। ये रोगी मिथ्या विश्वास (false belief) से ग्रस्त होते हैं तथा उसी के अनुरूप निर्णय (judgement) करते हैं जो त्रुटिपूर्ण होता है। उत्साह की अवस्था में रोगी बिना सिर पैर की कल्पनाओं में डूबा रहता है। अवसाद की अवस्था में रोगी अत्यंत ही निराशा के भावों में विलीन रहता है। ऐसे रोगी आत्मभर्त्सना

(self accusation) संबंधी धारणाओं से ग्रस्त होते हैं। वह इस त्रुटि के लिए स्वयं अपने को ही दोषी (guilty) मानता है।

(घ) विभ्रम एवं व्यामोह (Hallucinations and delusions): 'उत्साह–विषाद' (manic depression) के रोगियों में विभ्रम (hallucinations) एवं व्यामोह (delusions) के लक्षण भी पाए जाते हैं। इन्हें ईश्वर की आवाज सुनने, बातचीत करने अथवा ईश्वर से साक्षात्कार होने, परियों से मुलाकात करने इत्यादि के विभ्रम होते हैं। उदासी की अवस्था वाले रोगियों को डंक मारने, किसी के शव या खोपड़ी को देखने अथवा भूत–प्रेत आदि के विभ्रम होते हैं। इसके रोगी प्रायः व्यामोह के भी शिकार होते हैं। ये व्यामोह प्रायः 'संदर्भ' (reference), 'दंड' (persecutory) या 'श्रेष्ठता' (grandeur) से संबंधित विषयों के होते हैं।

(ङ) यौन एवं संवेग से संबंधित लक्षण (Sexual and emotional symptoms): जिन रोगियों में 'उत्साह' की अवस्था की प्रधानता होती है, उनमें यौन संवेगों की बहुलता रहती है। अतः वे 'अतिकामुक' (oversexual) होते हैं तथा संतुष्टि (gratification) नहीं होने पर प्रतिक्रियात्मक व्यवहार (reactionary behaviour) करते हैं। ठीक इसके विपरीत अवसादी अवस्था (depressive phase) की प्रधानता रहने पर रोगी की कामुक इच्छा मंद पड़ जाती है। इनमें 'कामेच्छा' (sexual desire) को जागृत करना कठिन होता है। इसी तरह उत्साह की अवस्था में (in manic phase) रोगी अति प्रसन्न रहता है तथा उसे सदा सुख का ही बोध (eupheria) होता है। ये प्रचंड यानी ऊधमी (boisterous) और विनोदी (facetious) होते हैं लेकिन, व्यवहार कुशल नहीं होते (tactless)। अति विषाद की अवस्था में रोगी अति उदासीन, असहाय (hopeless) एवं जीवन में नीरसता का अनुभव करता है। ये इतने अधिक दुःखी होते हैं कि इन पर किसी प्रकार की सांत्वना (consolation) का कोई प्रभाव नहीं पड़ता। इनकी भूख मर जाती है तथा ये घोर निराशा के भावों से संतप्त रहते हैं। कभी–कभी इनकी भावात्मक मुद्रा तटस्थ (neutral) स्वरूप की होती है। अर्थात् किसी घटना के प्रति न तो वे प्रसन्न होते हैं और न दुःखी। किसी विनोदपूर्ण बात पर भी इनके चेहरे पर प्रसन्नता के चिह्न नहीं दिखते।

(च) मनोक्रियात्मक लक्षण (Psycho-motor symptoms): MDP[6] के रोगियों की मानसिक एवं शारीरिक क्रियाओं में भी असामान्यता के लक्षण देखे जाते हैं। उत्साह की अवस्था का रोगी अतिक्रियाशील (overactive) होते हैं। ये सदैव सक्रिय (active) रहते हैं। इनके मस्तिष्क में आने वाले विचारों की तरंगें आवेशपूर्ण क्रियाओं में प्रकट होती हैं। ठीक इसके विपरीत अवसादी रोगी (depressive patients) का मस्तिष्क खाली–खाली (blankness of mind) मालूम पड़ता है। अर्थात् उनके मन में प्रायः वैचारिक प्रवाह (तरंग) नहीं उठते। इसलिए इनकी क्रियाशीलता मंद या सुस्त पड़ जाती है। इसलिए ऐसे रोगी निष्क्रिय (passive) रहते हैं तथा केवल आराम (rest) करना पसंद करते हैं। उसे किसी भी बातचीत में क़ोई रुचि नहीं रहती तथा आत्महत्या (suicide) की प्रवृत्ति भी देखी जाती है। स्वभाव से भी वे चिड़चिड़े हो जाते हैं।

(छ) अन्य लक्षण (Other symptoms): MDP के रोगियों में किन्हीं उपस्थित वस्तुओं को यथार्थ रूप में (in real form) अनुभव करने (प्रत्यक्षीकरण करने) में असावधानी और भ्रम (carelessness and illusion) के लक्षण देखे जाते हैं। इनमें स्मृति संबंधी त्रुटियाँ भी पाई जाती हैं, जो मुख्यतः एकाग्रचित होने की अयोग्यता (inability to concentrate) और ध्यान भंग के कारण होती है। इन्हें भूख कम लगती है तथा नींद की कमी होती है। 'अवसाद' (depression) के कुछ रोगियों में अतिनिद्रा के लक्षण भी देखे जाते हैं।

6. उत्साह–अवसाद मनोविकृति (Manic Depressive Psychosis) को संक्षिप्त रूप में MDP कहते हैं जिसका प्रयोग कही–कही पर किया गया है।

उत्साह एवं विषाद के रोगियों के लक्षणों में अंतर
(Differences in the symptoms of manic and depressive patients)

लक्षण वर्ग समूह (Symptom Category)	उत्साही प्रतिरूप (Manic Pattern)	अवसादी प्रतिरूप (Depressive Pattern)
1. संवेगात्मक लक्षण (Emotional symptoms)	सदाबहार (eupheric), हर्ष के भाव (elated mood), सामाजिकता (sociability), किसी प्रकार के प्रतिरोध (restraint) या आलोचना (criticism) के प्रति अधिक उतावला (impatient) होना।	उदासी की मुद्रा, निराशा के भाव, समाज से विमुख रहना, और चिड़चिड़ापन।
2. संज्ञानात्मक लक्षण (Cognitive symptoms)	अवधान–विस्तार का सीमित या लघु होना (short attention span) सोचते रहना (racing of thought), विचारों की दुनिया में विचरना (flight of ideas), व्यवहार का आवेशपूर्ण होना, अपने प्रति धनात्मक (positive) दृष्टिकोण रखना, दूसरों पर दोष आरोपित करना एवं श्रेष्ठता के व्यामोह (delusion of grandeur) से ग्रस्त रहना।	चिंतन प्रक्रिया का मंद होना, शक एवं मनोग्रस्ति से पीड़ित रहना, अनिर्णय की स्थिति तथा किसी भी समस्या को खूब बढ़ा चढ़ा कर रखना, अपने बारे में निषेधात्मक (negative) विचार रखना, अपने को दोषी मानना, प्रायः अतिदारिद्रय, किसी रोग से पीड़ित अथवा दोष की भावना से संबंधित व्यामोहों का बाहुल्य।
3. क्रियात्मक लक्षण (Motor symptoms)	अतिसक्रियता, अति परिश्रम के बावजूद थकान का न होना, नींद की आवश्यकता नहीं अनुभव करना, कभी भूख की कमी तो कभी भूख ज्यादा लगना, अति कामुकता।	शारीरिक क्रियाओं में कमी होना, थकान की कमी, नींद की कमी, भूख की कमी और यौनेच्छा की कमी।

उत्साह-अवसाद मनोविकृति के प्रकार (Types of manic-depressive psychosis)

उत्साह (manic) एवं अवसाद (depression), दोनों अवस्थाओं के रोगियों में मात्रा का अंतर (difference in degree) पाया जाता है। इन दोनों प्रकार के रोगियों के विभिन्न मात्रात्मक प्रकारों का वर्णन अलग–अलग किया जा रहा है।

(क) उत्साह की अवस्था (Manic phase): उत्साह की अवस्था के रोगियों को निम्नलिखित तीन वर्गों में बाँटा जाता है–

(i) हल्के उत्साह की अवस्था (hypo mania)
(ii) तीव्र उत्साह की अवस्था (hyper mania)
(iii) उन्मत उत्साह की अवस्था (dilirious mania)

उपर्युक्त तीनों प्रकार के रोगियों के सामान्य लक्षण (general symptoms) समान होते हैं। केवल लक्षणों की तीव्रता (intensity) में अंतर पाया जाता है। रोगी की इन तीनों अवस्थाओं के अनुरूप संवेगात्मक (emotional), संज्ञानात्मक (cognitive) एवं क्रियात्मक (motor) क्रियाओं की उग्रता के लक्षणों का क्रमशः विकास होना आवश्यक

नहीं है। अर्थात् एक सामान्य व्यक्ति सीधे तीव्र उत्साह (hyper mania) अथवा अति उन्मत्त उत्साह (dilirious mania) की अवस्थाओं के लक्षणों को प्रदर्शित कर सकते हैं। कुछ रोगी हल्के (hypo) की अवस्था से तीव्र (hyper) या अति उन्मत्त (delirious) की अवस्था में प्रवेश करते हैं जबकि अनेक रोगी इस रोग की प्रारंभिक अवस्था, यानी हल्के उत्साह की अवस्था (hypo mania) में ही रहते हैं।

(ख) अवसादी अवस्था (Depressive phase): उत्साह की अवस्था (manic phase) की ही तरह अवसादी अवस्था (depressive phase) को भी अवसाद की मात्रा (degree of depression) के आधार पर निम्नलिखित तीन प्रकारों में बाँटा जाता है–

(i) सरल अवसाद की अवस्था (mild or simple depression)

(ii) तीव्र अवसाद की अवस्था (acute depression)

(iii) अति तीव्र अवसाद की अवस्था (stupor depression)।

अवसाद की अवस्था (depression phase) से ग्रस्त रोगियों की उपर्युक्त तीनों प्रकार के रोगियों के लक्षणों में भी केवल मात्रा (degree) का ही अंतर पाया जाता है। **'सरल अवसाद'** (mild or simple depression) की अवस्था में रोगी में उत्साह की कमी तथा शारीरिक एवं मानसिक क्रियाओं के मंद होने के लक्षण पाए जाते हैं। इनमें असफलता, पाप, दोष एवं निरसता के भाव प्रधान रहते हैं। **'तीव्र अवसाद'** की अवस्था (acute depression) में रोगी की मानसिक एवं शारीरिक क्रियाओं में बहुत अधिक ह्रास (increased retardation) हो जाता है। रोगी की निष्क्रियता (passivity) अधिक बढ़ जाती है और ये अपने को दूसरों से बिल्कुल अलग कर लेते हैं। इनमें दोष की भावना (guilty feeling) एवं अनुपयोगिता का भाव (feeling of worthlessness), अधिक मात्रा में व्याप्त रहता है। 'अतितीव्र अवसाद' (stupor depression) की अवस्था वाले रोगी में अवसाद एवं निराशा का भाव (depression and feeling of frustration) बहुत ही गंभीर रूप में (in a vary severe form) पाया जाता है। वह शय्याग्रस्त (bedridden) रहता है। रोगी बिल्कुल निष्क्रिय (inactive) एवं अप्रतिक्रियाशील (unresponsive) हो जाता है। अपने इर्द–गिर्द की घटनओं के प्रति उदासीन एवं भावशून्य रहता है। रोगी इतना अधिक अकर्मण्य रहता है कि उसे ट्यूब द्वारा भोजन देने की आवश्यकता पड़ती है एवं उसकी दैनिक उत्सर्जन–क्रिया (elimination process) की निगरानी भी दूसरों को ही करनी पड़ती है इनमें अद्भुत प्रकार की कल्पनाओं से युक्त विभ्रम (hallucinations) एवं व्यामोह (delusions), जो अधिकतर पाप (sin), पुनर्जन्म (rebirth), मृत्यु (death) आदि विषयों से संबंधित रहते हैं, की प्रधानता रहती है।

अस्तु, स्पष्ट है कि 'उत्साह एवं अवसाद' (mania and depression) से पीड़ित रोगियों में मात्रात्मक भिन्नता (difference in degree) पाई जाती है तथा इन सभी प्रकार के रोगियों में अति उत्साह एवं अति सक्रियता (extreme elation and over activity) अथवा घोर निराशा एवं उदासीनता और निष्क्रियता (inactivity) की प्रधानता रहती है।

उत्साह-अवसाद मनोविकृति के कारण (Causes of manic-depressive psychosis)

इस भावात्मक यानी चित्तवृत्ति (affective or mood) संबंधी मनोविकृति (psychosis) के कई कारण हैं जिनका वर्णन जैविक (biological), मनोवैज्ञानिक (psychological) एवं सामाजिक–सांस्कृतिक (socio-cultural) कारणों की श्रेणियों में किया जा रहा है।

(क) जैविक कारण (Biological factors): अनेक मनश्चिकित्सकों (psychiatrists) की राय में MDP जैविक कारणों से उत्पन्न मनोविकृति है। जैविक कारणों में आनुवंशिकता (heredity) एवं स्नायुविक (ligamental) और तंत्रिका क्रिया विज्ञान (neurophysiology) संबंधी तत्व शामिल हैं।

विभिन्न अनुसंधानों से यह स्पष्ट हुआ है कि इस रोग से पीड़ित रोगियों में अधिकतर रोगियों के अभिभावक (guardians) अथवा निकट के संबंधी भी इस रोग के शिकार होते हैं। **'स्लैटर'** (Slator) ने पाया कि इसके रोगियों की कुल आबादी (population) के 15% रोगी उन परिवारों से आते हैं, जिनमें भाई, बहन, माता–पिता इत्यादि भी इस रोग के रोगी होते हैं। इसी तरह हाल के कुछ अध्ययनों में इस रोग को उत्पन्न करने में आनुवंशिकता के महत्व सिद्ध हुए हैं। उदाहरण के लिए **'कालमैन'** (Kallmann) ने भी पाया कि MDP से पीड़ित रोगियों में समजातीय जुड़वाँ (identical twins) में सुसंगति दर (concordance rate) विषम जातीय जुड़वाँ (fraternal twins) की अपेक्षा बहुत अधिक (much higher) होती है। उन्होंने यह भी पाया कि जुड़वाँ में यदि एक MDP के जिस प्रतिरूप विशेष (specific phase) (अर्थात् उत्साही या अवसादी में से जिस भी विकृति से) का रोगी होता है, दूसरे में भी वही प्रतिरूप विकसित होता है।

इसी तरह कुछ मनश्चिकित्सकों ने शारीरिक गड़बड़ी को इस प्रकार विकृति (MDP) का कारण बतलाया है। इनके अनुसार, शरीर के विभिन्न आंतरिक अवयवों के उपद्रव के कारण व्यक्ति की पाचनक्रिया, रक्तचाप अथवा अंतःस्त्रावी ग्रंथियों (endocrine glands) के कार्यों में विकार उत्पन्न होता है जो MDP जैसी प्रतिक्रियाओं को उत्पन्न करने का कारण बनता है। उनका मानना है कि शरीर के विभिन्न अवयवों में स्नायविक कार्यशीलता (neural activity) जब प्रखर होती है तब अनेक प्रकार के रसायनों (chemicals) का स्त्राव होता है जिसके फलस्वरूप व्यक्ति अति उत्साहित, और जोशीला होता है। यह स्थिति उत्साही प्रतिरूप को विकसित करती है और व्यक्ति में उल्लास की अवस्था (manic phase) के लक्षण उत्पन्न होते हैं। लेकिन, कभी–कभी कुछ शारीरिक प्रक्रियाओं के कारण जैव रसायनों का स्त्राव बाधित (interference of bio-chemical substances) होता है जो अवसादी प्रतिरूप का कारण बनता है।

लेकिन MDP के विकास में केवल जैविक कारण ही महत्वपूर्ण नहीं है। यह एक मनोजनित विकृति है। अतः इसके मनोवैज्ञानिक कारण विशेष महत्व रखते हैं।

(ख) मनोवैज्ञानिक कारण (Psychological factors): 'मेयर' (Meyer) के अनुसार MDP जीवन की विषम परिस्थितियों के साथ क्षतिपूर्त्यात्मक (compensatory) एवं सुरक्षात्मक (defensive) प्रतिक्रिया है। अर्थात् रोगी अति उत्साह अथवा घोर निराशा के लक्षणों के माध्यम से जीवन की कष्टदायक एवं संघर्षात्मक परिस्थितियों से छुटकारा पाने अथवा उससे बचने का प्रयास करता है। **'रेनी'** एवं **'फाउलर'** (Rennie and Fowler) ने इस रोग से पीड़ित रोगियों के 'जीवन–इतिहास' (live history) में पाया कि 80% मरीज कठिन एवं दुरूह परिस्थितियों से कुसमायोजन (maladjustment) के परिणामस्वरूप इस रोग से पीड़ित थे। इसी प्रकार **'पाइकेल'** एवं उनके सहयोगियों Pykel et al., **'एरिटि'** (Arieti), **'किंग'** एवं **'पिटमैन'** (King and Pitman) इत्यादि अध्ययनकर्ताओं ने बताया कि साधारणतः किसी प्रियजन की मृत्यु (death of a loved one), सामाजिक संबंधों में विफलता (failures in social relations)—खासकर पति–पत्नी के पारस्परिक संबंधों का टूटना अथवा व्यक्ति की किसी महत्वपूर्ण कार्य में असफलता या क्षति इत्यादि कुछ ऐसे कारण हैं जो इस रोग के लक्षणों को विकसित करते हैं।

(ग) शारीरिक गठन एवं हीनता की भावना (Body built and feeling of inferiority): कुछ मनोवैज्ञानिकों ने शारीरिक गठन (body built) और हीनता की भावना (feeling of inferiority), आत्मसम्मान एवं आत्मसमर्पण में असंतुलन (imbalance between self assertion and self submission) को भी MDP का महत्वपूर्ण कारण बतलाया है। **'क्रेशमर'** (Kretschmer) ने शारीरिक बनावट के आधार पर व्यक्तित्व को तीन प्रकारों में बाँटा है—कृशकाय (asthenic), पुष्टकाय (atheletic) एवं स्थूलकाय (pyknic)। इनमें 'स्थूलकाय' (pyknik) प्रकार के व्यक्ति की चित्तवृत्ति (temperament) चक्रज (cycloid) स्वरूप की होती है। अर्थात् इनकी मनोदशा एवं चित्तवृत्ति (mental state and mood) सदा बदलती रहती है। अतः इस प्रकार के व्यक्तित्व के लोगों में MDP से ग्रस्त होने की संभावना अधिक रहती है।

'एडलर' (Adler) ने MDP की उत्पत्ति में आत्म–प्रतिष्ठा (self assertion) के भावों के दमन (repression) के फलस्वरूप उत्पन्न हीतना की भावना (inferiority feeling) को महत्वपूर्ण माना है। 'मैकडूगल' (McDougall) के अनुसार, यह रोग आत्मसम्मान एवं आत्मसमर्पण की भावनाओं के पारस्परिक असंतुलन के कारण उत्पन्न होता है।

(घ) लैंगिक इच्छाओं का प्रतिगमन (Regression of sexual desires): 'फ्रायड' (Freud) के अनुसार MDP का प्रधान कारण मन की मनोगत्यात्मक शक्तियों (psychodynamic forces) अर्थात् 'अहं' (ego), 'पराहं' (super ego) एवं उपाहं (id) के बीच विसंतुलन (imbalance) की स्थिति है। इस विसंतुलन के कारण उत्पन्न मानसिक तनाव (mental tension) से राहत प्राप्त करने के लिए 'अहं' (ego) द्वारा प्रतिगमन (regressions) की मनोरचना का उपयोग किया जाता है जिसमें व्यक्ति के 'अहं' (ego) की अक्षुण्णता बनी रहे (remain intact)। **'फ्रायड'** के अनुसार, 'उपाहं' (id) की प्रवृत्तियों (tendencies) पर 'पराहं' (super ego) का शासन रहता है जिसके कारण उपाहं (id) की शैशवकालीन (infantile) कामुक इच्छाओं (sexual desires) की पूर्ति बाधित होती है। 'अहं' (ego) इन इच्छाओं का 'प्रतिगमन' (regression) कर 'उपाहं' एवं पराहं (id and super ego) के बीच की संघर्षमय स्थिति का समाधान करता है। लेकिन, 'अहं' के इस सुरक्षात्मक उपाय यानी 'प्रतिगमन' के कारण व्यक्ति मानसिक रूप से खिन्न और उदासीन रहने लगता है जो आगे चलकर मानसिक रोग के रूप में प्रकट होता है और व्यक्ति MDP का रोगी बन जाता है।

(ङ) सामाजिक-सांस्कृतिक कारण (Socio-psychological causes): समाजशास्त्रियों (sociologists) का मानना है कि MDP का मुख्य कारण सामाजिक–सांस्कृतिक वातावरण (socio-psychological environment) है। यही कारण है कि किसी एक समाज में अवसाद (depression) से पीड़ित रोगियों की संख्या अधिक रहती है। जबकि दूसरे समाज में उत्साही (manic) रोगियों की। इस विभिन्नता का कारण सामाजिक आदर्शों (social norms) एवं मूल्यों (values) की भिन्नता है।

व्यक्ति जिस प्रकार के सामाजिक एवं सांस्कृतिक (socio-cultural) वातावरण में रहता है, उसी के अनुसार वह सामाजिक आदर्शों और मूल्यों (social norms and values) को ग्रहण (adopt) करता है। इस प्रकार, समाजीकरण की प्रक्रिया (socialisation process) द्वारा ऐसे अंतःपारस्परिक (interpersonal) संबंधों का विकास होता है जो समायोजन के योग्य (adjustable) होते हैं। अतः अंतःपारस्परिक संबंधों में होने वाली गड़बड़ी के कारण व्यक्ति की भावनाएँ कुंठित होती हैं जो इस मानस रोग के लक्षणों को विकसित करते हैं।

सामाजिक एवं सांस्कृतिक कारणों में अस्वस्थकर सामाजिक प्रथाएँ (unhealthy social rituals), परंपराएँ (traditions), आर्थिक विषमता (economic disparity), प्रियजनों से विछोह (separation from loved one), दोषपूर्ण सामाजिक शिक्षण (faulty social learning), परिवार के कटु संबंध (skewed family relations) इत्यादि प्रमुख हैं।

अस्तु, स्पष्ट है कि MDP के कारण अनेक हैं जो व्यक्ति के जैविक (biological), शारीरिक (bodily), मनोवैज्ञानिक (psychological) एवं सामाजिक–सांस्कृतिक वातावरणों (socio-psychological environments) से संबंधित होते हैं।

चिकित्सा या उपचार (Treatment or therapy)

'उत्साह की अवस्था' (manic phase) से ग्रस्त रोगियों की चिकित्सा प्रायः 'लिथियम कार्बोनेट' (Lithium carbonate) नामक द्रव्य (molecules) से बनी दवाओं द्वारा की जाती है। लेकिन, इस दवा का प्रयोग हानिकारक होता है, क्योंकि इससे दूसरे प्रकार की बीमारी होने का खतरा रहता है। अधिकतर चिकित्सक 'विद्युत–आघात चिकित्सा की विधि' (electric-shock therapy, EST) का उपयोग करते हैं। अवसाद की अवस्था (depressive phase) से पीड़ित रोगियों के लिए 'इमिप्रामाइन' (imipramine) नामक विषाद नाशक (anti depressant) औषधि का प्रयोग

किया जाता है। जिन मरीजों में अवसाद की मात्रा अपेक्षाकृत बहुत ज्यादा होती है और आत्महत्या करने की प्रवृत्ति (suicidal tendency) देखी जाती है, उन रोगियों पर विद्युत आघात (electric shock) चिकित्सा प्रविधि का भी प्रयोग किया जाता है।

MDP के रोगियों की चिकित्सा हेतु उपर्युक्त औषधियों एवं विद्युत आघात के साथ–साथ मनश्चिकित्सकीय (psychotherapeutic) प्रविधियों (techniques) का भी प्रयोग किया जाता है जिसमें समूह चिकित्सा (group therapy), संसूचन (suggestion) एवं पुनर्शिक्षण (relearning) आदि का उपयोग लाभकारी होता है।

उपर्युक्त चिकित्सा प्रविधियों का सविस्तार वर्णन आगे के अध्याय 16 में किया गया है।

11.6.4 एकध्रुवीय अवसाद (Unipolar Depression)

'एकध्रुवीय अवसाद' (unipolar depression) की सर्वाधिक महत्वपूर्ण विशेषता यह होती है कि रोगी की भावात्मक प्रक्रिया (affective process) में केवल अवसाद (only depression) के ही लक्षण पाए जाते हैं। अर्थात् रोगी की चित्तवृत्ति (mood) में उत्साह से अवसाद (from mania to depression) अथवा अवसाद से उत्साह (from mania to mania) की अवस्थाओं में बदलाव या परिवर्तन (switching) नहीं होता। रोगी मात्र एक ध्रुव (only onepolar) अर्थात् केवल अवसादी भावों (depressive feelings) में ही घिरा रहता है।

एकध्रुवीय अवसाद (unipolar depression) के भी दो रूप (forms) होते हैं—(क) मनोविकृतिक अवसाद (psychotic depression) एवं (ख) अंतर्बलन अवसाद (involutional depression)।

(क) मनोविकृतिक अवसाद (Psychotic depression): 'एकध्रुवीय अवसाद' (unipolar depression) के इस रूप (form) में व्यक्ति गंभीर रूप से अवसाद (severely depressed) की अवस्था में रहता है। वास्तविकता (reality) बिल्कुल बिखरी हुई (distorted) रहती है। रोगी को विभ्रम (hallucination) एवं व्यामोह (delusion) का अनुभव होता है। हालाँकि इस प्रकार के रोगी में मनोविकृति के लक्षण प्रत्यक्ष रूप में प्रकट नहीं भी हो सकते हैं, क्योंकि अवसादी भाव (depressive feelings) बहुत ही नीचे की गहराई में रहते हैं। फिर भी, अनेक अवसरों पर रोगी की स्थिति इतनी अधिक चिंतनीय हो जाती है कि उसे ट्यूब द्वारा पोषण आहार (tube feeding) देने की जरूरत पड़ती है, क्योंकि वह कुछ भी खाना नहीं चाहता है। एक तरह से रोगी पूर्णतया भावशून्य (stupor) होकर मोहभ्रम (delusion) की अवस्था में रहता है।

'न्यूरॉटिक अवसाद' (neurotic depression) एवं 'मनोविकृतिक अवसाद' (psychotic depression) में मुख्य अंतर यह है कि न्यूरॉटिक अवसाद की अपेक्षा मनोविकृतिक अवसाद काफी गहरा (deep) रहता है तथा इस प्रकार के रोगियों में मनोविकृतिक लक्षण (psychotic symptoms) देखे जाते हैं। दोनों प्रकार के अवसाद किसी–न–किसी प्रकार के वातावरणीय बलाघात (environmental stress) के कारण ही उत्पन्न होते हैं। लेकिन, मनोविकृतिक अवसाद में व्यामोह (delusion), विभ्रम (hallucination) एवं स्थिति भ्रांति यानी आत्मस्मृति (disorientation) के लक्षण देखे जाते हैं।

कारण (causes)

(i) मनोविकृतिक अवसाद (psychotic depression) के पीछे कुछ मानसिक आघात (सदमा—trauma) के अनुभव विशेष रूप से उत्तरदायी होते हैं।

(ii) प्रायः वृद्धावस्था के आघातपूर्ण अनुभव (traumatic experiences of old age) इस प्रकार की मानसिक विकृति को उत्पन्न करने में विशेष महत्व रखते हैं। इसका कारण यह है कि इस उम्र में बलाघात (stress) को बर्दाश्त करने (tolerate) की शक्ति काफी कमजोर हो जाती है। अतः प्रतिरोधी प्रतिक्रिया (resistance reaction) विफल रहती है।

(iii) कभी–कभी वृद्धावस्था का भाव (feeling of being aged) भी स्वयं में इस प्रकार की मानसिक अवस्था (state of mind) को उत्पन्न करता है। इसका कारण यह है कि व्यक्ति में अस्तित्व हीनता (nonexistence) का भाव तीव्र रूप से विकसित होता है। खासकर महिलाओं में यह अवस्था ज्यादा गंभीर रूप ले लेती है क्योंकि प्रायः वे मृत्यु या अस्तित्वहीनता के तथ्य (fact) को सहजता के साथ स्वीकार नहीं कर पाती हैं।

11.6.5 उलझन या अंतर्बलन (Involutional Depression)

यह भी एकध्रुवीय (unipolar) अवसाद (depression) है जिसे प्रायः 'इनवोल्युशनल मेलानकोलिया' (Involutional Melancholia) के नाम से जाना जाता है। इस प्रकार का अवसाद (depression) वस्तुतः जीवन में बदलाव (change of life—climacteric) के कारण उत्पन्न होती है जो लंबे समय तक (यदि उपचार न किया जाए तो) विद्यमान रह सकता है। चूँकि इस प्रकार का मानसिक विकार जीवन में बदलाव के कारण होता है, इसलिए प्रायः मध्य आयु की (middle age group) के लोग इससे ज्यादा प्रभावित होते हैं और प्रायः गंभीर अवसाद का कोई पहले का इतिहास भी नहीं होता। महिलाओं में अंतर्बलन अवसाद (involutional melancholia or depression) प्रायः 45 से 55 वर्ष की आयु में अचानक प्रकट होता है तथा पुरुषों में इसका विकास क्रमिक ढंग से (gradually) 55 से 65 वर्ष की उम्र में प्रकट होता है। इस प्रकार की विकृति हाल के वर्षों में बहुत कम देखने को मिलती है। अस्पतालों में आने वाले ऐसे रोगियों की संख्या 1 से 2% के बीच होती है।

अवसाद (depression) के दूसरे प्रकारों में जो नैदानिक स्वरूप (clinical picture) या लक्षण (symptoms) पाए जाते हैं। 'अंतर्बलन अवसाद' के रोगियों में भी प्रायः वे ही लक्षण पाए जाते हैं। अतः इनके नैदानिक स्वरूप अन्य अवसादों से भिन्न नहीं हैं।

फिर भी, इन रोगियों के कुछ महत्वपूर्ण लक्षणों का वर्णन यहाँ प्रस्तुत किया जा रहा है—

(i) **मनोवैज्ञानिक लक्षण (Psychological symptoms):** 'अंतर्बलन अवसाद' (involutional depression) अर्थात् उलझन संबंधी अवसादी स्थिति प्रायः अपने को निकृष्ट या दयनीयता (porry for oneself) के भाव से आरंभ होता है। इस प्रकार की अवस्था में क्रंदन (रोने) का बार–बार दौरा (spells of crying) भी पड़ता है। बेचैनी (restlessness), कार्यशक्ति का अभाव (lack of energy to work), आशंका (apprehension), चिंता (anxiety), अशांति अथवा घबराहट (uneasiness), थकावट (exhaustion), अनिर्णय (indecisiveness), मानसिक अप्रसन्नता (lack of amusement) आदि लक्षण देखे जाते हैं। ऐसे लोग प्रायः सामाजिक समूहन (social gathering) पसंद नहीं करते तथा उदासीन (despondent) रहते हैं। इनकी चिंता या आशंका अथवा भय (anxiety, apprehension or fear) के विषय अस्पष्ट (vague) रहते हैं। मनोवैज्ञानिक एवं दैहिक (psychological or physical) लचीलापन (elasticity) का अभाव रहता है। इस प्रकार के रोगी शारीरिक रोगों की भी शिकायत करते हैं (show hypochondriacal symptoms) तथा प्रत्येक घटना के लिए स्वयं को दोषी घोषित करते हैं। इस तरह की स्थिति कभी–कभी उन्हें आत्महत्या (suicide) करने के लिए भी प्रेरित करती है।

(ii) **शारीरिक लक्षण (Physical symptoms):** शारीरिक लक्षणों (physiological symptoms) में मानसिक दाब या चाप (mental pressure), मस्तिष्क में शून्यता या रिक्तता का भाव (emptiness in head), रक्त का सिर की ओर दौड़ना (rush of blood to the head), चक्कर आना (dizziness), नींद की कमी (poor sleep), भूख की कमी (lack of appetite), वजन का गिरना (loss of weight), हाथ–पैर में ठंडापन (coldness of hand and feet) आदि लक्षण पाए जाते हैं। जैसे–जैसे रोग की अवस्था गंभीर होती जाती है, शारीरिक दर्द (body pain) एवं किसी प्रकार की अस्वस्थता से आक्रांत होने (suffering) की शिकायत भी बढ़ती जाती है। रोगी इन शिकायतों से इतना बेचैन (restless) हो जाता है कि फर्श

पर वेगपूर्वक रौंदने लगता है (paces the floor), हाथों में ऐंठन (wringing of hand), नाखून काटने (nail cutting), चमड़ी नोचना (skin picking), कपड़ा फाड़ डालने (tearing the clothes) आदि हरकतें विकसित होती हैं।

(iii) **मनोविकृतिक लक्षण (Psychotic symptoms):** उलझन या अंतर्वलन अवसाद की स्थिति में व्यक्ति की मनोगत्यात्मक प्रक्रियाओं (psychodynamic processes) में भी कुछ असामान्यताएँ देखने को मिलती हैं। ऐसे लक्षणों में दंड का व्यामोह (delusion of presecution) प्रमुख हैं। इस प्रकार का रोगी सदैव अपनी निराशाओं का दोष दूसरों पर आरोपित या प्रक्षेपित (project) करता है। वे अपनी जिंदगी (life) को वर्णहीन (colourless) समझते हैं तथा अपनी निराशाओं की क्षतिपूर्ति (compensation) हेतु व्यामोह (delusion) का ही सहारा लेते हैं।

पुरुष रोगियों में प्रायः यौन समागम (sexual intercourse) की क्षमता का ह्रास देखा जाता है। फलस्वरूप वे ऐसा समझने लगते हैं कि उनकी युवावस्था भंगित हो गई है। इस तरह के मानसिक विचार के कारण व्यक्ति में शारीरिक शक्ति का अभाव (loss of energy) एवं शारीरिक सक्रियता (physical activity) में गिरावट के लक्षण देखे जाते हैं। इनकी चिंतन प्रक्रिया (thought process) में विकास के अवसर नगण्य प्रतीत होते हैं। पुरुष एवं महिलाओं—दोनों को ऐसा प्रतीत होने लगता है मानो उनका अवसान (death) सन्निकट है। ऐसे लोग मानसिक उलझनों में ही व्यस्त रहते हैं। विगत की विफलताओं एवं गलतियों तथा आगे बढ़ने के बंद रास्तों से संबंधित विचारों में अभिभूत (overwhelmed) रहना इनकी नियति रहती है। इन लोगों में आर्थिक कठिनाइयों (economical difficulties) एवं भविष्य की समस्याओं की उलझनों की भी भरमार रहती है।

11.6.6 छद्‌म अवसाद (Masked Depression)

एक ध्रुवीय (unipolar depression) का एक और रूप 'छद्‌म अवसाद' (masked depression) है। ऐसे रोगियों के अवसादी भाव (depressive feelings) अप्रकट अर्थात् छुपे हुए होते हैं। इस प्रकार के रोगियों के अवसादी भावों (depressive feelings) के नैदानिक स्वरूप (clinical picture) में मनोक्रियात्मक (psychomotor) लक्षण देखे जाते हैं और वास्तविक विषाद या अवसाद (real feelings of depression) अप्रकट होते हैं। छद्‌म अवसादियों (masked depressives) की व्यवहार संबंधी विकृतियों (behaviour disorders) के लक्षण मद्यपान (alcohols) या औषधीय व्यसनियों (drug addicts) के समान होते हैं। **'लेजे'** (Lesse, 1973) ने एक अध्ययन का हवाला देते हुए स्पष्ट किया है कि अवसाद से पीड़ित लगभग 1000 रोगियों की चिकित्सा के क्रम में 34% रोगियों की पहचान 'छद्‌म अवसाद' (masked depression) से पीड़ित के रूप में की गई।

'केलहॉल्ज' (Keilholtz) एवं **'लेजे'** (Lesse, 1975) के अनुसार 'छद्‌म अवसाद' (masked depression) के रोगियों के अवसादी भावों (depressive feelings) पर मनोक्रियात्मक लक्षणों (psychomotor symptoms) का पर्दा (curtain) रहता है। इसीलिए इनकी पहचान करने में दिक्कत होती है। व्यवहारवादियों का भी मानना है कि चूँकि इस प्रकार के रोगियों के अवसादी भाव व्यवहार के रूप में व्यक्त नहीं होते, इसलिए इनकी पहचान मुश्किल होती है। लेकिन, मनोगत्यात्मक दृष्टिकोण (psycho-motor view point) के अनुसार, इन रोगियों को सहज ढंग से पहचाना जा सकता है। इसका कारण यह है कि यदि रोगी के अंतःमन के भीतरी भाग—'अचेतन' (unconscious) को कुरेदा (digout) जाए तो यह स्पष्ट होगा कि ऐसे रोगियों के बाह्य रूप से प्रकट व्यवहार (externally explicit behaviour) प्रतिरूप को 'अचेतन' (unconscious) में संचित अवसादी भावों (depressive feelings) के स्थानापन्न लक्षण (substituted symptoms) के रूप में स्वीकार किया जा सकता है। इसलिए, 'अचेतन' में छुपे अवसादी भावों और संवेगों को जाना जा सकता है।

कारण (Causes)

उत्साह–अवसाद (MDP) के जिन कारणों की चर्चा पहले की गई है, एकध्रुवीय अवसाद (unipolar depression) के संदर्भ में भी लागू (apply) होते हैं। इनमें जननिक (genetic), जीव रसायन (bio-chemical), मनोसामाजिक (psycho-social) एवं मनोगत्यात्मक (psychodynamic) आदि कारणों का महत्वपूर्ण स्थान होता है। इन सभी कारणों का वर्णन द्विपक्षीय (bipolar) अवसाद (depression) के कारणों की चर्चा के सिलसिले में किया गया है। अतः इनकी पुनरावृत्ति करना यहाँ उचित नहीं है।

चिकित्सा एवं उपचार (Treatment and therapy)

एकध्रुवीय अवसाद (unipolar depression) के रोगियों के उपचार हेतु MDP के रोगियों की ही तरह कुछ अवसाद विरोधी औषधियों (antidepression drugs) मनश्चिकित्सा की विभिन्न प्रविधियाँ (different psychotherapeutic techniques), जैसे—स्वतंत्र साहचर्य (free association), सकारात्मक संज्ञानात्मक विकास (positive cognitive development) एवं संबद्ध प्रत्यावर्तन सिद्धांत (conditioning principles) पर आधारित प्रविधियों (techniques) का उपयोग किया जाता है। इन प्रविधियों का सविस्तार वर्णन आगे के अध्याय 16 में किया गया है।

11.6.7 डिस्थाइमिया या वृत्ताकार प्रकार (Dysthymia or Circular Type)

चित्तवृत्ति (mood) से संबंधित भावात्मक एवं संवेगात्मक (affective and emotional) विकृति का एक रूप 'डिस्थाइमिया' (Dysthymia) भी है। वस्तुतः यह उत्साह–अवसाद मनोविकृति (MDP) का ही एक प्रकार है जो वृत्ताकार (circular) स्वरूप का होता है। लेकिन MDP की अपेक्षा यह मृदुल (mild) ढंग का होता है जिसमें उत्साह या उल्लास एवं अवसाद या विषाद की स्थितियाँ (the state of elation or manic and depression) क्रमशः वैकल्पिक रीति से (alternatively) कुछ सामयिक अंतरालों (temporal intervals) पर शीघ्रता और अकस्मात् रूप से बार–बार (frequently) बदलती रहती है। अर्थात् इसमें उत्साह और अवसाद दोनों अवस्थाओं (phases) का सम्मिश्रण पाया जाता है। यह बदलाव प्रायः एक–आध मिनट से एक या दो दिनों के अंतर पर होता है। इसकी एक महत्वपूर्ण विशेषता यह होती है कि रोगी की चित्तवृत्ति (mood) में परिवर्तन यानी बदलाव बिना किसी बाह्य उत्तेजना (without any external stimulus) या बलाघातक दबाव (stressing pressure) के होता है। अर्थात् 'डिस्थाइमिया' (Dysthymia) का लक्षण अप्रेरित (unmotivated) होता है। ऐसे रोगियों की पहचान प्रायः दूभर (difficult) होती है तथा ऐसे रोगियों के 'हर्षोन्माद एवं अवसाद' की स्थितियाँ लंबी अवधि तक बरकरार रहती हैं (प्रायः वर्षों तक)। चूँकि इस वृत्ताकार (circular) प्रकार के रोगी साधारणतः अपने दैनिक सामान्य कार्यों में कठिनाई का अनुभव नहीं करते, इसीलिए इनकी पहचान कठिनाई से होती है।

सामान्यतः किसी विशेष परिस्थिति में कुछ विशिष्ट उत्तेजक परिस्थिति (some specific stimulating conditions) के रहने पर 'डिस्थाइमिया' (dysthymia) के लक्षण सामान्य लोगों में भी पाए जाते हैं। जैसे—जब किसी कनीय कर्मचारी (junior staff) को उसका वरीय अधिकारी (senior officer) डाँटता या फटकारता है तो थोड़े समय के लिए वह दुःखित होकर अवसादी चित्तवृत्ति (depressive mood) का प्रदर्शन करता है। लेकिन, कुछ ही क्षणों बाद पुनः वह उत्साहित होकर (being elated) अपनी अवसादी चित्तवृत्ति को छिपा लेता है और हर्षयुक्त व्यवहार द्वारा उक्त अधिकारी के गुस्सा को शांत करने का प्रयास करता है। सामान्य घरेलू जीवन में भी यदा–कदा व्यक्ति किसी बात पर दुःख और तुरंत हर्ष व्यक्त करता है। कभी–कभी घोर विपदा की स्थिति में भी व्यक्ति कभी दुःखित तो कभी हर्ष व्यक्त करता है। लेकिन, सामान्य अवस्था में चित्तवृत्ति का यह बदलाव किसी वाजिब कारण से प्रेरित होकर होता है तथा यह स्थायी नहीं होता। लेकिन, असामान्य व्यक्तियों में चित्तवृत्ति का यह परिवर्तन (swing of mood) बिना किसी कारण के होता है तथा उत्साह से विषाद एवं पुनः विषाद से

उत्साह की अवस्था में आगे–पीछे (swing) बार–बार होता रहता है जो उसके व्यक्तित्व का लगभग स्थायी गुण के रूप में विकसित होकर समायोजन संबंधी कठिनाइयाँ उत्पन्न करता है।

नैदानिक स्वरूप या लक्षण (Clinical picture or symptoms)

'डिस्थाइमिया' (dysthymia) के रोगियों का नैदानिक स्वरूप 'साइक्लोमिया' (cyclothymia) के रोगियों से मिलता–जुलता होता है। यह उत्साह–अवसाद (MDP) का ही नरम (mild) रूप की प्रतिक्रिया (reaction) है जिसमें व्यक्ति की चित्तवृत्ति (mood) बार–बार वैकल्पिक रीति से उत्साह से विषाद और पुनः विषाद से उत्साह के रूप में परिवर्तित (switch) होती रहती है।

उत्साह की अवधि (period of elation) में व्यक्ति अति सक्रिय (over active), उमंगी (enthusiastic), उच्चाकांक्षी (highly ambitious), आशावादी (optimistic) और जोशीला व्यवहार करता है। विषाद या अवसाद की अवधि (period of depression) में व्यक्ति का जोश ठंडा पड़ जाता है। वह निष्क्रिय (passive or inactive), दुश्चिंतित (anxious), निराशावादी (pessimistic) एवं व्यर्थता या तुच्छता (futility) के भावों से घिरा रहता है। व्यक्ति की चित्तवृत्ति (mood) में यह परिवर्तन प्रायः जल्दी–जल्दी और बार–बार बिना किसी कारण के होता रहता है। फलतः उसकी चित्तवृत्ति (mood) संदिग्ध (suspicious) और तरंगी यानी अनुमेय (unpredictable) स्वरूप की होती है। इसीलिए समायोजन संबंधी कठिनाइयाँ (difficulty in adjustment) उत्पन्न होती है।

कारण (Causes)

'डिस्थाइमिया' (dysthymia) मूलरूप से मनोवैज्ञानिक कारणों से उत्पन्न व्यक्तित्व संबंधी विकृति है। अतः इसका मुख्य कारण मनोवैज्ञानिक कुंठा एवं निराशा (psychological frustration) अथवा समायोजन संबंधी माँगों में प्राप्त असफलता (failures in meeting with adjustive demands) से उत्पन्न भावात्मक एवं संवेगात्मक (affective and emotional) प्रवाह हैं। परंतु रसियन मनश्चिकित्सक (Russian psychiatrist) 'पोर्टनॉव' एवं 'फेडोटॉव' (Portinov and Fedotov) के अनुसार **'रसियन टिक-बॉर्न इन्सेफेलाइटिस'** (Russian Tick-borne Encephalitis) के रोगियों में भी 'डिस्थाइमिया' (dysthymia) के संलक्षण (syndromes) पाए गए हैं। इस आधार पर इस रोग का एक कारण जैविक (biological) भी है।

'टिक–बॉर्न इन्सेफेलाइटिस' के रोगियों में एक विशेष प्रकार के 'वाइरस' (virus), जो मस्तिष्क में 'टिक्स' (ticks) यानी चेहरे में खिंचाव उत्पन्न करते हैं, द्वारा संचारित होता है। यह एक प्रकार का मौसमी रोग (seasonal disease) है। 'टिक लार्वा (tick larva) प्रायः जून के महीने के मध्य (middle of June) में विकसित होकर 'इमैगो' (imago) की अवस्था (stage) को प्राप्त करता है और इन्सेफेलाइटिस (encephalitis) के उद्‌भवन (incubation) की अवधि जून के मध्य से प्रारंभ होकर लगभग 10 से 12 दिनों तक की रहती है। यह एक प्रकार का गंभीर मस्तिष्कीय रोग है। मनश्चिकित्सकों ने इस रोग से पीड़ित रोगियों में भी 'डिस्थाइमिया' (dysthymia) के संलक्षण (syndromes) पाए हैं। ऐसे रोगियों की चित्तवृत्ति (mood) में क्रमशः उत्साह से अवसाद और पुनः अवसाद से उत्साह की अवस्था में बार–बार परिवर्तन का लक्षण पाया गया है। इसी आधार पर इसे जैविक रूप से (biologically) 'मस्तिष्कीय ज्वर' (brain fever) के साथ संबंधित किया गया है।

मनोवैज्ञानिक कारण (Psychological causes): मनोवैज्ञानिकों के अनुसार चित्तवृत्ति (mood) से संबंधित उत्साह–अवसाद (MDP) के इस रूप का कारण मनोवैज्ञानिक है। मनोगतिकी दृष्टिकोण (psychodynamic view point) के मतानुसार 'डिस्थाइमिया' (dysthymia) एक प्रकार की द्विध्रुवीय (bipolar) चित्तवृत्ति (mood) को प्रतिबिंबित (reflect) करता है। उत्साह की अवस्था (state of elation) में व्यक्ति थोड़े समय के लिए अपनी कुंठा या निराशा के भाव (feeling of frustration) से मुक्त होकर कृत्रिम रूप से आनंद विभोर होने का प्रयास करता है। अर्थात् वह 'बनावटी स्वर्गिक आनंदवाटिका' (artificial paradise) में विचरण करता है ताकि अंतर्निहित

अवसाद (depression) से छुटकारा मिल सके अन्यथा अवसाद की स्थिति में परिग्रहित (engulfed) होने का खतरा हो सकता है। इसीलिए उत्साह की अवस्था में रोगी अति सक्रिय, ऊँची आकांक्षा और उत्तेजनशील रहता है। लेकिन थोड़े समय के बाद अवसाद के बादल मंडराने लगते हैं और व्यक्ति अपने को अर्थहीन, व्यर्थ और दुःखों के सागर में तैरता हुआ समझने लगता है। इस प्रकार रोगी की चित्तवृत्ति (mood) जल्दी–जल्दी बार–बार परिवर्तित होती रहती है।

सामाजिक कारण (Sociological causes): 'डिस्थाइमिया' का उपद्रव सामाजिक कारणों से भी होता है। प्रतिस्पर्द्धा के बढ़ने के कारण अनेक अवसरों पर व्यक्ति सामाजिक दृष्टि से एक–दूसरे से अपने को जब दीन–हीन समझने लगता है तो प्रायः डिस्थाइमिया (dysthymia) के संलक्षण (syndromes) पनपने लगते हैं। खासकर सामाजिक वंचना (social deprivation), असफल दाम्पत्य जीवन (unsuccessful conjugal life) उपलब्धि में विफलता (failures in achievements), प्रेम में निराशा (frustrations in love affairs), अंतःपारस्परिक संबंधों का खराब होना (poor interpersonal relations) आदि कुछ ऐसी स्थितियाँ हैं जो 'डिस्थाइमिया' के कारण बनती हैं। अभिप्राय यह है कि प्रायः सामाजिक एवं अंतःपारस्परिक संबंधों से उत्पन्न निराशा 'डिस्थाइमिया' का महत्वपूर्ण कारण होता है।

चिकित्सा या उपचार (Treatment or therapy)

'डिस्थाइमिया' (dysthymia) के रोगियों के उपचार में प्रायः मनश्चिकित्सा की प्रविधियाँ—विशेषकर व्यावसायिक चिकित्सा प्रविधि (occupational therapy) लाभकर सिद्ध होती है। इस प्रकार का रोग स्वतः भी कुछ समय बाद ठीक हो जाता है। लेकिन, मनश्चिकित्सा के साथ–साथ औषधीय (drug therapy) चिकित्सा भी चलाने पर यह रोग जल्दी ठीक होता है। साथ–ही–साथ 32° से 36° सेन्टीग्रेड पर गर्म पानी से आधा घंटा का नियमित स्नान करने पर भी रोगी को बहुत अधिक आराम और राहत मिलती है और औषधीय निर्भरता (drug dependency) समाप्त हो सकती है।

11.7 द्विध्रुवीय एवं एकध्रुवीय अवसाद में अंतर (Differences between Biopolar and Unipolar Depressions)

द्विध्रुवीय (bipolar) एवं एकध्रुवीय (unipolar) विकृतियों में निम्नलिखित बिंदुओं पर भिन्नता (differences) पाई जाती हैं—

(i) द्विध्रुवीय अवस्था की स्थिति में चित्तवृत्ति (mood) उत्साह की अवस्था (state of elation) से अवसाद की अवस्था (state of depression) की ओर बदलती (switch) रहती है। अर्थात् चित्तवृत्ति (mood) झूलती (swing) रहती है। लेकिन, एकध्रुवीय (unipolar) अवसाद में चित्तवृत्ति (mood) में एक ही स्थिति बनी रहती है। अर्थात् रोगी सदैव उदासीन, खिन्न और निष्क्रिय (inactive) रहता है।

(ii) एकध्रुवीय अवसाद (unipolar depression) की स्थिति अपेक्षाकृत ज्यादा गंभीर (more severe) होती है जो प्रायः किसी–न–किसी बलाघातक परिस्थितियों (stressing situations) से संबंधित रहती है। जैसे—संपत्ति की हानि, प्रियजनों की मृत्यु, वैयक्तिक जीवन की विफलताएँ आदि। लेकिन द्विध्रुवीय अवसाद (bipolar depression) अपेक्षाकृत कम गंभीर (less severe) और प्रायः जैविक (biological), मनोवैज्ञानिक (psychological) या सामाजिक (social) कारकों से संबंधित होती है। मनोवैज्ञानिक कारणों में आंतरिक संघर्ष की स्थितियाँ प्रधान रहती हैं।

(iii) द्विध्रुवीय अवसाद (bipolar depression) के संबंध में आनुवंशिकता (heredity) से संबंधित होने के यथेष्ट प्रमाण मिले हैं जबकि एकध्रुवीय अवसाद के मामले में इस तरह के प्रमाणों का अभाव है।

(iv) द्विध्रुवीय अवसाद से किसी भी आयु वर्ग के लोग प्रभावित हो सकते हैं। लेकिन एकध्रुवीय अवसाद से बहुधा प्रौढ़ावस्था के लोग प्रभावित होते हैं। महिलाओं में इस रोग के आक्रांत होने की संभावना प्रायः 45 वर्ष (यानी रजोनिवृत्ति की उम्र) के आस–पास होती है, जबकि पुरुषों में यह उम्र 55 के बाद की होती है।

उपर्युक्त अंतरों के बावजूद दोनों प्रकार के रोगियों में मनोविकृतिक अवसाद (psychotic depression) के रोगियों में मनोविकृतिक अवसाद (psychotic depression) एवं अंतर्वलन अवसाद (involutional depression) के लक्षण पाए जाते हैं।

11.8 मनःस्नायुविकृति एवं मनोविकृति में अंतर (Differences between Psychoneurosis, i.e., Neurotic Disorders and Psychosis)

न्यूरॉसिस (neurosis) एवं मनोविकृति (psychosis) के स्वरूप को भलीभाँति स्पष्ट करने हेतु इनके बीच के अंतर को जानना उचित प्रतीत होता है, जो निम्नलिखित हैं—

(क) मनःस्नायुविकृति अर्थात् न्यूरॉसिस (neurosis) एक सरल यानी साधारण मानसिक व्याधि (simple mental disorder) है। न्यूरॉटिक्स प्रायः सामान्य व्यक्ति (normal people) की तरह व्यवहार करते हैं। इनका व्यक्तित्व भी सामान्य व्यक्तियों की तरह संगठित और सुव्यवस्थित (organized and systematized) रहता है।

मनोविकृति (psychosis) अपेक्षाकृत जटिल मानसिक व्याधि (mental disease) है जिसमें व्यक्तित्व असंगठित और व्यवस्थित (disorganised) and unsystematised) रहता है। इनका व्यवहार भी सामान्य व्यक्ति से पूर्णतः परे या भिन्न होता है।

(ख) न्यूरॉसिस के रोगियों के लक्षण अपेक्षाकृत अस्थायी (relatively transient) होते हैं तथा चिकित्सकीय सहायता मिलने पर शीघ्र दूर हो जाते हैं। इन रोगियों की मृत्युदर सामान्य होती है।

मनोविकृति से पीड़ित रोगियों के लक्षण तुलनात्मक रूप से लंबे समय तक बरकरार रहते हैं तथा पूरी तरह चंगा होने ही संभावना दुर्लभ होती है। ऐसे रोगियों की मृत्युदर भी अपेक्षाकृत ज्यादा होती है।

(ग) न्यूरॉसिस के रोगियों के संज्ञानात्मक (cognitive), भावात्मक (affective) एवं क्रियात्मक (motor) पक्षों का समन्वय अपेक्षाकृत मृदुल ढंग से बिगड़ता है। कभी–कभी तो इनके बीच का समन्वय बिल्कुल ही सामान्य प्रतीत होता है। इन रोगियों की मनोगत्यात्मक शक्तियों (psychodynamic forces) यथा—'अहं' (ego), पराहं (super ego) एवं उपाहं (id) की शक्तियों के बीच का संतुलन लगभग (relatively) कायम रहता है।

परंतु, मनोविकृति के रोगियों की संज्ञानात्मक (cognitive), भावात्मक (affective) एवं क्रियात्मक (motor) पक्षों का समन्वय बिल्कुल बिगड़ी स्थिति में होता है। इनकी मनोगत्यात्मक शक्तियों के बीच का संतुलन भी विखंडित (distorted) स्वरूप का होता है। इसीलिए, मानसिक तनाव (mental tension) अपेक्षाकृत अधिक प्रचंड (severe) रूप का होता है।

(घ) न्यूरॉटिक रोगियों (neurotic patients) का वास्तविकता से संबंध रहता है जबकि मनोविकृति से पीड़ित रोगियों का वास्तविकता (reality) से संबंध विच्छेद हो जाता है।

(ङ) न्यूरॉटिक्स की चिकित्सा के लिए मनश्चिकित्सा प्रविधियों (psycho therapeutic techniques) का उपयोग कारगर सिद्ध होता है। लेकिन मनोविकृति से पीड़ित रोगियों पर मनश्चिकित्सा की प्रविधियों

का अनुकूल प्रभाव नहीं पड़ता। इनकी चिकित्सा के लिए दूसरी प्रविधियों जैसे—आघात चिकित्सा (shock therapy), औषधीय चिकित्सा (drug therapy), शल्य चिकित्सा (surgical treatment) आदि का भी इस्तेमाल करना पड़ता है।

(च) न्यूरॉटिक्स (neurotics) को अस्पताल में भर्ती करना आवश्यक नहीं होता, लेकिन मनोविकृति के रोगियों को अस्पतालों में भर्ती करना आवश्यक होता है।

(छ) न्यूरॉसिस (neurosis) से पीड़ित रोगियों में आक्रामकता की प्रवृत्ति अपेक्षाकृत बहुत ही कम पाई जाती है। ये अपेक्षाकृत हानिकर नहीं होते। जबकि, मनोविकृति के रोगियों के व्यवहार में चिकित्सा के साथ-साथ आक्रामकता का गुण भी पाया जाता है। इसलिए, इनके व्यवहार हानिकर होते हैं।

(ज) न्यूरॉसिस से पीड़ित रोगियों में सूझ (insight) की कमी नहीं रहती। लेकिन मनोविकृति के रोगियों में सूझ का सर्वथा अभाव पाया जाता है।

11.9 सारांश (Summary)

1. संज्ञानात्मक (cognitive), भावात्मक (affective) एवं क्रियात्मक (motor) प्रक्रियाओं की तीव्र असामान्यता को 'मनोविकृति' (psychosis) कहते हैं।
2. मनोविकृति के दो रूप होते हैं—क्रियात्मक (functional) एवं अवयवी (organic)। चूँकि मनोवैज्ञानिक दृष्टि से क्रियात्मक स्वरूप की मनोविकृतियाँ (functional types of psychosis) विशेष महत्व की होती है, इसलिए इस अध्याय में मनोविकृति के इसी वर्ग की विकृतियों का वर्णन किया गया है।
3. मनोविकृति से ग्रस्त सभी प्रकार के रोगियों में कुछ सामान्य (general) लक्षण (symptoms) पाए जाते हैं, जैसे—व्यवहारपरक लक्षण (behavioural symptoms), संवेगात्मक एवं सामाजिक विक्षोभ (emotional and social disturbances), चिंतन संबंधी विकृति (thought disorders), वाक् विकृति (speech disorder), स्मृति दोष (memory defects), मनोगतिक विकृति (psycho-motor disorders), व्यामोह (delusions), विभ्रम (hallucinations)।
4. मनोविकृति के कुछ सामान्य कारण भी होते हैं। यद्यपि इनके सामान्य कारणों के बारे में पक्की जानकारी का अभाव है क्योंकि मनोविकृति वस्तुतः बहुआयामी कारणों (multidimensional) की उपज हाती है। इसके अंतर्गत जननिक (genetic), जैव रासायनिक (bio-chemical), मनोवैज्ञानिक प्रक्रियाओं की गड़बड़ी, सामाजिक एवं सांस्कृतिक कारक आदि सभी कारक शामिल हैं।
5. कार्यात्मक मनोविकृतियों के अंतर्गत मनोविदालता (schizophrenia), स्थिर व्यामोह (paranoia) एवं भावात्मक मनोविकृतियाँ (affective psychosis) प्रमुख हैं।
6. बीहड़ या तीव्र रूप से विकृत मनोदशा तथा विछिन्न व्यक्तित्व (split personality) के रोगियों को मनोविदालता (schizophrenia) के वर्ग में वर्गीकृत किया जाता है। इनके नैदानिक स्वरूप (clinical picture) में प्रत्यक्षीकरण की अयोग्यता (breakdown of perceptual flittering) संवेगात्मक विकृति (emotional distortions) व्यक्तित्व का विघटन (dissociation of personality), विभ्रम (hallucination), व्यामोह (delusion), व्यवहार संबंधी विचित्रता (peculiarity of behaviour) आदि प्रमुख विशेषताएँ पाई जाती हैं।
7. 'मनोविदालता' के कई प्रकार होते हैं जैसे—सरल मनोविदालता (simple schizophrenia), कैटाटोनिक (catatonic), हेबेफ्रेनिक (hebephrenic), बाल्यकालीन मनोविदालता (childhood schizophrenia) इत्यादि।

8. इन सभी प्रकार के मनोविदाली रोगियों के नैदानिक स्वरूप भिन्न–भिन्न होते हैं।
9. स्थिर व्यामोह (paranoia) भी एक संगीन मनोविकृति है लेकिन व्यक्तित्व का विघटन मनोविदालता की अपेक्षा कम पाया जाता है।
10. स्थिर व्यामोह के विषय प्रायः 'दंड' (persecution), महानता (grandeur), रोगभ्रम (hypochondriacal) आदि से संबंधित होते हैं। कुछ रोगियों में विभ्रम का लक्षण भी पाया जाता है।
11. स्थिर व्यामोह के कारणों में जैविक, मनोवैज्ञानिक एवं सामाजिक–सांस्कृतिक कारक महत्वपूर्ण होते हैं।
12. भावात्मक स्वरूप की मनोविकृतियों (affective psychoses) में चित्तवृत्ति (mood) संबंधी विकृतियाँ (disorders) आती हैं। इन विकृतियों के भी कई रूप हैं जैसे—द्विध्रुवीय अवसाद (bipolar depression) एवं एकध्रुवीय अवसाद (unipolar depression)।
13. एकध्रुवीय अवसाद के अंतर्गत उलझन या अंतर्वलन (involutional), छद्म विषाद (masked depression), एवं डिस्थाइमिया (dysthymia) से संबंधित चित्तवृत्ति की विकृतियाँ आती हैं।
14. द्विध्रुवीय अवसाद में उत्साह या हर्ष एवं अवसाद का मिश्रण भी पाया जाता है जो वृत्तीय (circular) स्वरूप का होता है।
15. मनोविकृति एवं न्यूरॉसिस के रोगी एक–दूसरे से कई अर्थों में भिन्न होते हैं। न्यूरॉसिस के रोगी सरल प्रकार की विकृति से ग्रस्त होते हैं जबकि मनोविकृति के रोगी गंभीर विकृति से ग्रस्त होते हैं।
16. मनोविकृति से पीड़ित रोगियों को अस्पताल में भर्ती करना आवश्यक होता है लेकिन न्यूरॉसिस के रोगियों को अस्पताल में भर्ती करना आवश्यक नहीं होता। ऐसे रोगियों को मनश्चिकित्सा की विभिन्न प्रविधियों द्वारा उपचार किया जा सकता है। परंतु मनोविकृति के रोगियों के लिए औषधीय चिकित्सा एवं शॉक चिकित्सा देने की आवश्यकता पड़ती है।

12

मनोदैहिक विकृतियाँ
(Psychosomatic Disorders)

अध्याय रूपरेखा (Chapter Outline)

12.1 स्वरूप (Nature)

Psycho का अर्थ 'मन' तथा Soma का अर्थ देह अथवा शरीर होता है। इस अर्थ में इस प्रकार की विकृतियाँ 'मनोशारीरिक' होती हैं। इस प्रकार की व्याधियों से पीड़ित व्यक्ति लंबे समय तक किसी–न–किसी प्रकार की दैहिक समस्या (somatic problem) से पीड़ित होता है जिसका कोई आंगिक (organic) अथवा जैविक (biological) आधार नहीं होता क्योंकि इस प्रकार की विकृतियाँ मूलतः 'मनोजनित' (psychogenic) होती हैं ऐसे लोग बार–बार चिकित्सक के पास जाते हैं लेकिन न तो चिकित्सकीय जाँच से कोई शारीरिक गड़बड़ी (physical disorder) का पता चलता है और न मेडिकल उपचार से कोई लाभ मिलता है। वस्तुतः ऐसे रोगियों की मनोवैज्ञानिक व्यथाएँ या समस्याएँ जैसे—असंतोष का भाव, कुंठा, द्वन्द्व, प्रेरणा या सांवेगिक उपद्रव आदि शारीरिक व्याधि के लक्षणों के रूप में व्यक्त होते हैं क्योंकि मनोवैज्ञानिक समस्याओं के कारण स्वतः संचालित स्नायुमण्डल (autonomic nervous system—ANS) प्रभावित होकर इसके द्वारा संचालित अवयवों (organs) की कार्यशीलता (functions) कुप्रभावित होती है और व्यक्ति शारीरिक व्याधि के लक्षणों से परेशान रहता है। अस्तु, ''किन्हीं मनोवैज्ञानिक कारणों से उत्पन्न शारीरिक अस्वस्थता (physical illhealth) की स्थिति को मनोदैहिक विकृति (psychosomatic disorder) कहते हैं।''

मनोदैहिक उपद्रवों के दो उपनाम (subnames) भी हैं 'अमेरिकन मनश्चिकित्सक संघ' (APA) ने इस प्रकार के उपद्रवों के लिए 'मनःशारीरिक उपद्रव' (psychophysiological disorder) कहा है। कुछ देशों में इस

प्रकार की विकृति को 'कार्टिकोविसरल' (carticoviceral) के नाम से जाना जाता है। लेकिन, यहाँ 'मनोदैहिक विकृति' (psychosomatic disorder) शब्द का ही उपयोग किया गया है जो दूसरे उपनामों के पर्यायवाची (synonym) हैं।

'किस्कर' (Kisker) के अनुसार "मनोदैहिक उपद्रव उस अवस्था को कहते हैं जिसमें स्वतः संचालित स्नायुमंडल से संबंधित शारीरिक लक्षण मनोवैज्ञानिक कारणों से प्रभावित होकर उत्पन्न होते हैं।"[1]

इस परिभाषा से मनोदैहिक उपद्रवों की निम्नांकित विशेषताएँ स्पष्ट होती हैं–

(a) मनोदैहिक उपद्रव में शारीरिक रोगों के लक्षण विकसित होते हैं।
(b) इसका कारण मनोवैज्ञानिक होता है।
(c) इससे शरीर के ऐसे ही अंग प्रभावित होते हैं जो ANS द्वारा संचालित और नियंत्रित होते हैं।

अतः स्पष्ट है कि मनोवैज्ञानिक कारणों से उत्पन्न शारीरिक व्याधि या रोग के लक्षण को मनोदैहिक विकृति कहते हैं।

12.2 मनोदैहिक रोग और रूपांतर विकृति में अंतर (Differences between Psychosomatic and Conversion Disorders)

रूपांतर यानी रूपांतर हिस्टीरिया (conversion or conversion hysteria) एवं मनोदैहिक विकृति (psychosomatic disorder) दोनों मनोजनित (psychogenic) विकृतियाँ हैं। अर्थात् दोनों प्रकार की विकृतियाँ मानसिक संघर्षों एवं मनोवैज्ञानिक कारणों की उपज हैं तथा दोनों में मानसिक संवेगात्मक उपद्रव (mental emotional disturbances) का रूपांतरण (conversion) शारीरिक अंगों की विकृति (physiological organ disorders) के लक्षणों के रूप में होता है। लेकिन इस समानता (similarity) के बावजूद इन दोनों प्रकार की विकृतियाँ एक–दूसरे से भिन्न हैं। 'रूपांतर हिस्टीरिया' (conversion hysteria) में मानसिक संघर्ष (mental conflict) या संवेगात्मक तनाव (emotional tension) केन्द्रीय स्नायुमंडल (central nervous system—CNS) द्वारा संचालित एवं नियंत्रित ज्ञानवाही (sensory) या गतिवाही (motor) अंग (organs) प्रभावित होते हैं। अर्थात् संवेगों या संघर्षों का रूपांतरण इन्हीं अंगों में होता है। लेकिन मनोदैहिक विकृति (psychosomatic disorders) में मानसिक संघर्षों एवं संवेगात्मक तनाव का रूपांतरण स्वतः संचालित स्नायुमंडल (autonomic nervous system—ANS) के प्रभावाधीन अवयवों या अंगों में होता है जिसके कारण इन अंगों की कार्यशीलता प्रभावित होती है। दूसरे शब्दों में रूपांतर हिस्टीरिया के रोगियों में मनोवैज्ञानिक कारणों से ज्ञानेन्द्रियों (sensory organs) एवं माँसपेशियों (muscles) के विकृति (disorder) के लक्षण विकसित होते हैं–जबकि मनोदैहिक विकृति में शरीर के महत्वपूर्ण आंतरिक अवयवों (internal organs), जैसे–हृदय, आँत, अंतःस्रावी ग्रंथियाँ (endocrine glands) इत्यादि की कार्यशीलता विकृत (disordered functioning) हो जाती है।

12.3 नैदानिक स्वरूप (Clinical Picture)

मनोदैहिक स्वरूप की विकृति में शारीरिक संतुलन (physiological balance) जिसे 'होमियोस्टैटिक संतुलन' (homeostatic balance) कहते हैं, विसंतुलित (imbalanced) हो जाती है। फलस्वरूप, इस विकृति से पीड़ित रोगियों के अंतरावयवों (internal organs) की बनावट एवं कार्यवाही में परिवर्तन के लक्षण देखे जाते हैं। दूसरे

1. "Psychophysical disorders are conditions in which physical symptoms related to the autonomic nervous systems are caused or influenced by psychological events."—'Kisker'

प्रकार की असामान्यताओं (abnormalities) यानी मानस रोगों (mental psychopathologies) के कुसमायोजित व्यवहार (maladaptive behaviour) की प्रधानता रहती है। लेकिन मनोदैहिक रोगों में शारीरिक कष्ट एवं असंतुलित शारीरिक क्रिया होती है। जैसे—हृदय की धड़कन में परिवर्तन (changes in heart beat), रक्तचाप में परिवर्तन (changes in blood pressure), आमाशय तंत्रिका विकार (gastro-intestinal disorders), सिर में दर्द (headache) इत्यादि। मनोवैज्ञानिक कारणों से शारीरिक अवयवों में इस प्रकार के परिवर्तन प्रायः अत्यंत नाटकीय ढंग से (dramatically) एकाएक होते हैं और जब संवेगात्मक तनाव दीर्घकालिक (chromic) स्वरूप का हो जाता है तब ये विकृतियाँ (disorders) भी असाध्य (incurable) और जटिल (complex) हो जाती है। कभी–कभी शारीरिक लक्षण इतने उग्र रूप के होते हैं कि रोगी की अचानक मृत्यु भी हो जाती है। इस प्रकार की मृत्यु की घटनाएँ प्रायः अप्रत्याशित (unexpected) एवं बिना किसी स्पष्ट कारण (without any clear cause) के होती हैं। कुछ मनोवैज्ञानिकों ने जादू या मंतर द्वारा मृत्यु की घटनाओं (voodoo death) का उल्लेख किया है। इसी तरह बिना किसी उपयुक्त कारण के सैनिकों एवं सामान्य नागरिकों में भी मृत्यु की घटनाएँ देखने को मिलती हैं। इनमें कुछ लोगों में पहले से ही शारीरिक लक्षण पाए जा सकते हैं, परंतु अधिकतर लोगों में किसी प्रकार का शारीरिक विकार नहीं रहता। अतः इस प्रकार से एकाएक बिना किसी शारीरिक दोष के मृत्यु की घटनाओं के मनोवैज्ञानिक कारणों से संबंधित किया जा सकता है, जिसके कारण हृदय की गति एकाएक रुक जाती है और व्यक्ति की मृत्यु हो जाती है।

विभिन्न अध्ययनों में देखा गया है कि व्यक्ति जब संवेग की अवस्था में होता है, या किसी प्रकार की चिंता, भय या मानसिक संघर्ष की स्थिति में होता है तो उसके हृदय की गति, नाड़ी की गति, आँत की गति आदि में परिवर्तन होते हैं। लेकिन, जैसे ही संवेगात्मक तनाव कम होता है, शरीर के इन अवयवों की स्थिति भी सामान्य हो जाती है। परंतु यदि व्यक्ति निरंतर चिंता या भयग्रस्त रहने लगता है तब धीरे–धीरे वह इन लक्षणों का पुराना मरीज (chronic patient) हो जाता है।

12.4 मनोदैहिक रोगों के प्रकार (Types of Psychosomatic Disorders)

अमेरिकन मनश्चिकित्सक संघ (American Psychiatrist Association—APA) द्वारा मानसिक रोगों के वर्गीकरण (classification of mental disorders) से संबंधित रिपोर्ट के अनुसार मनोदैहिक रोगियों को निम्नलिखित दस प्रकारों में बाँटा जाता है—

1. हृदय वाहिका विकृतियाँ (Cardiovascular disorders)
2. आमाशय तंत्र की विकृति (Gastro intestinal disorder)
3. श्वसन विकृतियाँ (Respiratory disorders)
4. त्वचा संबंधी विकृतियाँ (Skin disorders)
5. जनन–मूत्र विकृतियाँ (Genito urinary disorders)
6. अंतःस्त्रावी विकृतियाँ (Endocrine disorders)
7. स्नायविक एवं खोपड़ी संबंधी विकृतियाँ (Muscuoskeletal disorders)
8. हेमिक एवं लिंफेटिक विकृतियाँ (Hemic and lymphatic disorders)
9. ज्ञानेन्द्रियों से संबंधित विकृतियाँ (Cognitive disorders)
10. अन्यान्य प्रकार की मनोदैहिक विकृतियाँ (Psychosomatic disorders of other types)

अब आगे उपर्युक्त में से कुछ प्रमुख मनोदैहिक विकृतियों के बारे में संक्षेप में वर्णन किया जा रहा है–

1. हृदयवाहिका विकृतियाँ (Cardiovascular disorders)

'हृदयवाहिका विकृतियाँ' (Cardiovascular disorders) मनोदैहिक विकृतियों (Psychosomatic disorders) में सर्वाधिक सामान्य (common) विकृति है। इसका कारण यह है कि संवेगात्मक तनाव या प्रतिबल (emotional tension or stress) के प्रति हृदय सर्वाधिक संवेदनशील (sensitive) अवयव (organ) है। सामान्य अवस्था में (in a normal state) अर्थात् सांवेगिक रूप से शांत अवस्था में हृदय की धड़कन (heart beat) सामान्य तथा नियमित रहती है, नाड़ी की गति सम (यानी बराबर) रहती है, रक्तचाप (blood pressure) अपेक्षाकृत सामान्य रहता है तथा अंतरावयवों (visceral organs) में रक्त की आपूर्ति (blood supply) भी सामान्य रहती है। इसलिए हृदय (heart) सुचारू रूप से कार्य करता है। लेकिन, संवेगात्मक तनाव या उपद्रव (emotional tension or disturbance) की स्थिति में अंतरावयवों की रक्तवाहिनी नलिकाओं (blood vessels) में संकुचन (contraction) होता है इसके कारण शरीर के धड़ (trunk) और हाथ–पैर (limbs) की मांसपेशियों में रक्त का प्रवाह (flow of blood in muscles) अवरुद्ध होता है। यह एक आपातकालीन स्थिति (emergency situation) होती है, जिससे निबटने हेतु इन मांसपेशियों में पहुँचाने वाली रक्त नलिकाओं (blood vessels) में अधिक मात्रा में रक्त का संचार होने लगता है जिसके लिए हृदय को अधिक श्रम करना पड़ता है। इसके कारण हृदय की धड़कन (heartbeat) बढ़ जाती है, हृदय की गति में जल्दी–जल्दी उतार–चढ़ाव (rapid fluctuations) की स्थिति आती है, धमनियों की दीवारों में तनाव की स्थिति (tension of arterial walls) उत्पन्न होती है। इतना ही नहीं, अपितु प्रायः हम सबको यह पता रहता है कि हृदय जीवन के लिए सबसे अधिक महत्वपूर्ण अवयव है, इसलिए हृदय में मामूली तकलीफ या शिकायत भी हृदय रोग संबंधी चिंता से हम ग्रस्त होते हैं (we become anxious about heart disease)। इस चिंता के कारण हृदय की विकृति और अधिक बढ़ जाती है। यही कारण है कि चिकित्सक भी रोगी को हृदय संबंधी गड़बड़ी की जानकारी देने से परहेज करते हैं।

साधारणतः यह देखा जाता है कि संवेगात्मक तनाव या दबाव (emotional stress) जब समाप्त हो जाता है तो हृदय संबंधी उपद्रव भी शांत हो जाते हैं। लेकिन, अनेक रोगियों में बार–बार संवेगात्मक तनाव और उसके कारण हृदय की कार्यवाही में भी परिवर्तन होता है और आगे चलकर ये उपद्रव दीर्घकालिक (chronic) स्वरूप के हो जाते हैं और व्यक्ति पुराना हृदय रोगी हो जाता है।

हृदयवाहिका की विकृति (cardiovascular disorders) के अंतर्गत हाइपरटेंशन यानी रक्तचाप में वृद्धि (hyper tension i.e., increase in blood pressure), हृदय की गति में वृद्धि (tachy cardia), हृदय रक्त धमनी की विकृति (coronary diseases), छाती में दर्द (anginal syndrome) आदि विकार आते हैं, जो मनोजनित (psychogenic) होते हैं। इन विकारों का संक्षिप्त वर्णन किया जा रहा है–

(i) हाइपरटेंशन अथवा उच्च रक्तचाप (Hypertension or high blood pressure): कुछ व्यक्ति शारीरिक कारणों से 'हाइपरटेंशन' के रोगी होते हैं। इन शारीरिक कारणों में गुर्दे (kidney) का विकृत होना, हृदय की बड़ी धमनी का संकुचित होना अथवा किसी प्रकार की औषधि का सेवन करना आदि प्रमुख हैं। लेकिन, अधिकतर रोगियों में बिना किसी स्पष्ट शारीरिक कारण के रक्तचाप (blood pressure) में वृद्धि के लक्षण पाए जाते हैं। ये लक्षण निःसंदेह मनोवैज्ञानिक कारणों से उत्पन्न होते हैं। इस संबंध में किए गए अध्ययनों से यह स्पष्ट पता चला है कि रक्तचाप में वृद्धि संवेगात्मक तनाव (emotional stress) के कारण होता है। **'वोल्फ'** (Wolf), **'डेविस'** (Davis), **'इन्स'** (Innes), **'फिनर्टी'** (Finnerty), **'स्टम्लर'** (Stamler) इत्यादि मनोवैज्ञानिकों ने अपने अध्ययनों में पाया कि संवेगात्मक तनाव के कारण उत्पन्न चिंता (anxiety), भय (fear), घृणा (hatred), निराशा (frustration) आदि भावों के दमन (repression) के फलस्वरूप भी हृदय की कार्यवाही प्रभावित होती है तथा रक्तचाप (blood pressure) सामान्य से ऊपर की ओर बढ़ता है। इस तरह के रोगी ऊपर से तो शांत

और नम्र दिखते हैं, लेकिन उनके भीतर इन संवेगों के तनाव शारीरिक विकार (physiological pathology) के रूप में प्रकट होते हैं। इसी तरह निष्क्रिय (inactive) व्यक्ति भी उच्च रक्तचाप का शिकार होता है। निष्क्रिय व्यक्ति प्रायः 'परनिर्भर' (dependent) होते हैं और उनका माता–पिता के साथ दृढ़ संवेगात्मक संबंध होता है। वे असुरक्षा की भावना (feeling of insurity) से ग्रस्त होकर उच्च रक्तचाप के मरीज बन जाते हैं।

(ii) हृदय की गति में वृद्धि (Tachycardias): यह भी एक प्रकार की मनोदैहिक उपद्रव है। इस उपद्रव से ग्रस्त व्यक्ति के हृदय में धड़कन की शिकायत मुख्य रूप से पाई जाती है। यानी उनका हृदय जोरों से धड़कने लगता है। साथ–ही–साथ उसकी धड़कन में अनियमितता (irregularity) एवं धड़कन में तेजी से उतार–चढ़ाव (fluctuations) पाया जाता है। कभी–कभी ऐसे रोगी बेहोश (faints) भी हो जाते हैं। इस तरह के रोगियों में संवेगात्मक तनाव संबंधी अवस्था का मुख्य हाथ होता है। आमतौर पर क्रोध एवं भय की स्थिति के कारण हृदय की गति में वृद्धि के लक्षण देखे जाते हैं। जब व्यक्ति हृदय की गति से भिज्ञ होता है, तो वह चिंता करने लगता है जो रोगी में इस लक्षण को स्थायी बनाने में सहायक होती है। इस प्रकार व्यक्ति 'टैकिकार्डिया' (Tacycardia) का रोगी हो जाता है।

(iii) हृदय-धमनी की विकृति (Coronary diseases): यह एक संगीन और मुख्य हृदय संबंधी रोग (heart disease) है। आजकल, इस रोग से मरने वालों की संख्या बहुत अधिक देखी जा रही है। हालाँकि, साधारणतः इस तरह की बीमारी के कारण शारीरिक होते हैं, लेकिन नए अनुसंधानों से यह पता चला है कि इस बीमारी के मनोवैज्ञानिक कारण भी हैं। इस प्रकार के रोगियों के जीवन इतिहास (life history) का अवलोकन करने पर यह पता चला है कि ऐसे रोगियों का गत जीवन (past life) अत्यंत ही चुनौतीपूर्ण (challenging) एवं संवेगात्मक उथल–पुथल (emotional ups and downs) से भरा रहा है। इस रोग से पीड़ित व्यक्ति की धमनियों में रक्त जम जाता है। इसलिए जरूरी मात्रा में इन धमनियों द्वारा रक्त का संचार नहीं हो पाता है और तंतु (tissues) नष्ट हो जाते हैं। संवेगात्मक तनाव के कारण धमनियों के रक्त जम जाने अथवा थक्का हो जाने के कारण छाती में दर्द के संलक्षण (anginal syndrome) भी देखे जाते हैं।

'मेयरफ्रिडमैन' (Mayer Friedman) एवं 'रोजेनमैन' (R. Rosenman) ने अपने शोध अध्ययनों में पाया कि उनके हृदय रोगियों के व्यक्तित्व संबंधी गुण (personality traits) एक जैसे ही थे, जैसे–आकांक्षी (ambitious), महत्वाकांक्षी या अतिशय शक्ति की आकांक्षा रखना (striving for high power), प्रतिस्पर्धा (competition) की भावना, उच्चस्तरीय उत्तेजनशीलता अर्थात् जिन्हें धीमा होने या शांत होने में कठिनाई होती है, आदि शीलगुण पाए गए। इन शीलगुणों से युक्त व्यक्तियों के व्यक्तित्व को 'टाइप ए व्यक्तित्व' (Type A Personality) में रखा जाता है। टाइप बी (Type B) के शीलगुण टाइप ए के विपरीत होते हैं। अतः हृदयवाहिका संबंधी विकृति को टाइप ए के साथ सह–संबंधित माना गया है।

2. आमाशय तंत्र की विकृति (Gastro intestinal disorder)

संवेगात्मक तनाव (emotional tension) अथवा अचेतन मानसिक संघर्ष (mental conflicts of unconscious) का प्रकाशन पाचन संस्थान (digestive system) के माध्यम से भी होता है। पाचन संस्थान (disgestive system) द्वारा पाचन संबंधी तीन प्रमुख कार्य होते हैं–भोजन को पचाना (digestion of food), पचे हुए भोजन का अवशोषण (absorption of digested food) एवं निस्सारण की क्रिया (excerative function)। इन कार्यों का संचालन स्वतः (automatic) होता है जो स्वतः संचालित स्नायुमंडल (autonomic nervous system—ANS) के अधीन होता है। अतः कोई भी ऐसी स्थिति जिससे ANS की क्रियाएँ प्रभावित होती हैं, स्वतः रूप से (automatically) पाचन संबंधी क्रियाओं (digestive functions) को भी प्रभावित करती हैं। इसके प्रभाव के कारण पाचन तंत्र की सभी क्रियाएँ अस्त–व्यस्त हो जाती हैं और इस प्रकार व्यक्ति आमाशय तंत्र की विकृति (gastro-intestinal disorders) से पीड़ित होता है। चूँकि स्वतः स्नायुमंडल (ANS) हमारे अंतरावयवों (visceral organs) की क्रियाओं के बीच

संचार व्यवस्था को व्यवस्थित और नियंत्रित करता है, इसका सीधा संबंध हमारे आमाशय तंत्रों के साथ होता है। हमारे संवेग स्वतः स्नायुमंडल के माध्यम से आमाशय तंत्र में भी संचारित होते हैं। इसीलिए यह स्वाभाविक है कि सांवेगिक उपद्रव आमाशय तंत्र तक संचारित (communicate) होकर उसकी क्रियाओं को भी अस्त–व्यस्त करते हैं। इस प्रकार संवेगों और आमाशय के बीच घनिष्ठ संबंध होता है।

आमाशय तंत्र की विकृतियों के अंतर्गत आँत का घाव (ulcer), शोथ (colitis), आँव (mucus), पेचिश (dysentry), कब्जियत (constipation), अँतड़ी क्षोभण संलक्षण (irritative bowel syndrome—IBS) इत्यादि प्रमुख विकृतियाँ (disorders) आती हैं जो शारीरिक कारणों के साथ–साथ मनोवैज्ञानिक कारणों से भी विकसित होती हैं।

'बिउमॉण्ट' (Beaumont) ने बहुत से रोगियों का लगातार 8 वर्षों तक अध्ययन किया और बताया कि संवेगात्मक परिवर्तनों के परिणामस्वरूप आमाशय से निकलने वाले पाचक रस (stomach juice) में परिवर्तन होते हैं जिसके कारण पाचन क्रिया प्रभावित होती है। इसी तरह 'स्टेन' एवं उनके सहकर्मियों (Sten et al.) ने भी पाचन–क्रिया से संबंधित रस स्रावों पर मानसिक संघर्ष के प्रभाव का निरीक्षण किया है। इन अध्ययनों के परिणामों से यह तथ्य संपुष्ट होता है कि आमाशय तंत्र में विकृति के लक्षण संवेगात्मक तनाव के कारण उत्पन्न होते हैं तथा वृद्धि भी होती है। यही कारण है कि क्रोधी व्यक्ति अथवा मानसिक चिंता से ग्रस्त व्यक्ति की पाचन क्रिया प्रायः गड़बड़ रहती है तथा आगे चलकर अति तीव्र कब्जियत (acute constipation) से पीड़ित होता है।

3. श्वसन विकृतियाँ (Respiratory disorders)

संवेगात्मक तनाव एवं भय का प्रभाव श्वसन तंत्र (respiratory mechanisms) की क्रियाओं पर भी पड़ता है। श्वसन एक जीवनोपयोगी क्रिया है जो सामान्यतः अनैच्छिक (involuntary) स्वरूप की होती है। लेकिन, व्यक्ति जब चाहे, इसे अपनी इच्छानुसार नियंत्रित भी कर सकता है। नियंत्रण की क्षमता को व्यक्ति अभ्यास द्वारा प्राप्त करता है।

बहुधा देखा जाता है कि व्यक्ति जब किसी संवेगात्मक परिस्थिति से घिरा होता है, अथवा किसी प्रकार की चिंता से ग्रस्त होता है तो उसे दम घुटने (suffocation) जैसा अनुभव होता है तथा उसके फेफड़े (lungs) पर काफी दबाव पड़ता हुआ महसूस होता है। व्यक्ति की ये स्थितियाँ श्वसन संबंधी विकृति (respiratory disorder) की सूचक होती हैं। इस प्रकार की विकृतियों के कई प्रतिरूप (pattern) हैं, जैसे—दमा (asthma), श्वसनी ऐंठन (bronchial spasms), 'हे फीवर' (hay fever) फेफड़े की टी.बी. (Pulmonary tuberculosis), सामान्य सर्दी (common cold) इत्यादि। इनमें दमा (asthma) एक सामान्य किंतु सर्वाधिक मुख्य रोग है। इससे पीड़ित रोगियों की संख्या अधिक होती है। इस बीमारी का वर्णन यहाँ किया जा रहा है—

श्वसनी दमा (Bronchial asthma): चिकित्साशास्त्री इस रोग का वर्णन अति प्राचीन समय से ही करते आ रहे हैं। प्रायः जब श्वसन मार्ग (respiratory canal) में किसी तरह की रुकावट (restrictions) होती है तो व्यक्ति को सामान्य रूप से साँस लेने में कठिनाई होती है। यह कठिनाई ही 'दमा' (asthma) के आक्रमण का संकेतक होता है। लेकिन कुछ लोगों में श्वसन संबंधी कठिनाइयों की शिकायत उस समय होती है जब धूल (dust), धुआँ (smoke) अथवा सर्द हवा लगती है। अस्थमा यानी दमा का आक्रमण तीव्र (acute) या साधारण (mild)—दोनों रूपों का होता है।

दमा के अनेक कारण हो सकते हैं, लेकिन इसका सर्वाधिक कारण एलर्जी (allergy) होती है। 'एलर्जी' एक प्रकार का संवेदनशीलता (sensitivity) का गुण है जिसके परिणामस्वरूप व्यक्ति के शरीर के जीवित कोश (living cells) अथवा ऊतक (tissues) एलर्जीक वस्तु या परिस्थिति (allergic object or situation) के उपस्थित होने पर अधिक सक्रिय रूप से प्रतिक्रिया (relatively more active reaction) करने लगते हैं। इस सक्रिय प्रतिक्रिया के कारण 'हिस्टामिन' (histamine) अथवा इसी प्रकार के अन्य रासायनिक द्रव्य (chemical substsance) का स्राव अधिक मात्रा में होने लगता है जिसके कारण श्वसन नली अथवा फेफड़ों की मांसपेशियों में कष्ट का अनुभव होता है। रोगी की इस अवस्था को नियंत्रित करने हेतु 'ऐंटिहिस्टामिन' (antihistamine) दवाओं का उपयोग

किया जाता है जिससे रोगी के कष्टप्रद लक्षण का शमन होता है और रोगी को राहत मिलती है। कोई रोगी किस चीज से एलर्जिक है, इसका पता लगाना प्रायः मुश्किल होता है। अनेक मामलों में इसे आनुवंशिकता (heredity) अथवा शारीरिक रचना (body constitution) के साथ संबंधित किया जाता है। लेकिन इस विचार से सभी चिकित्साशास्त्री सहमत नहीं होते।

इस प्रकार की बीमारी का दूसरा कारण किसी प्रकार के संक्रामक रोग (infectious disease) की अवस्था भी मानी जाती है। लेकिन इस रोग से पीड़ित बहुत से ऐसे रोगी भी होते हैं जिनमें न तो कोई 'एलर्जिक एजेंट' (allergic agent or allergent) महत्वपूर्ण होता है और न किसी संक्रामक रोग से प्रभावित होने संबंधी कोई प्रमाण मिलता है। फिर भी, उनमें दम फूलने, अर्थात् साँस लेने में कठिनाई का अनुभव होता है। इस तरह के रोगी आंतरिक रूप से अस्वस्थ (internally ill) होते हैं, अर्थात् इन रोगियों में आंतरिक संवेगात्मक संघर्ष (internal emotional conflict) उत्तेजना का काम करता है, जिसकी प्रतिक्रिया के रूप में श्वसन संबंधी उपद्रव होते हैं। इस तरह का उपद्रव बाल्यावस्था अथवा उसके बाद किसी भी उम्र में हो सकता है।

'पर्सेल' (Purcell), **'मुसेर'** (Muser), **'मिकलिक'** (Miklich) इत्यादि ने अपने अध्ययनों को उद्धृत करते हुए इस रोग के संवेगात्मक पक्ष के महत्व को स्पष्ट किया है। इन अध्ययनकर्ताओं का मानना है कि जिन रोगियों में इस रोग के जैविक कारण (biological causes) के स्पष्ट प्रमाण मिलते हैं, उनमें भी सांवेगिक मनोदशा (emotional mental state), जैसे—चिंता (anxiety), भय (fear), जीवन से हताश अनुभव (feelings of despair) करना या दुःख (distress) अनुभव करना इस रोग को बढ़ाने में सहायक होते हैं। अतः जैविक कारणों से भी रुग्ण व्यक्तियों के उपचार हेतु उनकी संवेगात्मक स्थिति को भी नियंत्रित करने की आवश्यकता पर बल दिया जाता है। यह देखा गया है कि ये रोगी जब प्रसन्न, चिंता मुक्त या भय रहित रहते हैं तो उनके दमा की प्रतिक्रिया अपेक्षाकृत नियंत्रण में रहती है तथा शीघ्रता से स्वास्थ्य पुनर्लाभ प्राप्त करते हैं।

इसी तरह किसी एलर्जेंट के उपस्थित रहने या नहीं रहने पर भी संवेगात्मक तनाव का इस रोग के साथ घनिष्ठ संबंध (close relationship) पाया गया है। **'नैप'** (Knapp, 1969) ने एक ऐसे ही रोगी का उदाहरण दिया है जिसका विगत जीवन (past life) तनावपूर्ण रहा है तथा पारस्परिक संबंध भी बिगड़े हुए थे। अब जब कभी भी वह अपने विगत जीवन के बारे में सोचता था, उसे इस रोग के कष्ट का अनुभव होने लगता था। इस उदाहरण से स्पष्ट है कि 'दमा या अस्थमा' का मनोवैज्ञानिक पहलू (psychological aspect) से घनिष्ठ संबंध रहता है। अतः दमा शारीरिक रोग के साथ–साथ मनोवैज्ञानिक रोग भी है।

दमा (asthma) के बारे में मनोविश्लेषणवादियों (psychoanaylsts) ने भी व्याख्या प्रस्तुत की है। इनके अनुसार इस तरह की विकृति का संबंध रोगी की शैशवावस्था (infancy) में उत्पन्न भय (fear) या आतंक (terror) के साथ होता है। इसका रोगी अपनी माँ (mother) पर बहुत अधिक निर्भर करने लगता है। लेकिन वह अपनी इस निर्भरता (dependency) से क्षुब्ध (resented) भी रहता है। इसलिए वह अपनी आत्मनिर्भरता को स्वीकार नहीं कर पाता है। उसकी माँ के प्रति प्रेम और घृणा मिले–जुले भाव (ambivalent feelings or attitude) रहते हैं। व्यक्ति की यही मनोदशा (mental state) उसकी श्वसन संबंधी कठिनाइयाँ (breathing difficulties) अथवा दमा के रूप में प्रकट होती हैं। अतः मनोविश्लेषणात्मक दृष्टिकोण के आधार पर भी दमा के मनोवैज्ञानिक पक्ष के संबंध में प्रमाण मिलते हैं।

दमा के कुछ अन्य रूप भी होते हैं। लेकिन इन सभी रूपों का वर्णन करना यहाँ अभीष्ट नहीं है।

4. त्वचा संबंधी विकृतियाँ (Skin disorders)

त्वचा को अति बारीक रक्त नालिकाओं (very find blood vessels) द्वारा रक्त की आपूर्ति (blood supply) होती है। इसलिए त्वचा भी संवेगात्मक भावों के प्रकाशन का एक माध्यम है। त्वचा और विभिन्न संवेगों के बीच एक संबंध को हम अपने दैनिक जीवन में भी व्यक्त करते रहते हैं, जैसे—लज्जा से चेहरे पर गुलाबी रंग छा जाना (blush with shame), क्रोध से चेहरे की त्वचा का सुर्ख होना (flush with anger), भय से चेहरा पीला पड़ना

(pale with fear), पानी–पानी होना अथवा पसीना निकलना (to get into cold sweat) अति संवेदनशील होना यानी पतली चमड़ी का होना (thin skinned) निर्लज्ज यानी मोटी चमड़ी का होना (thick skinned) इत्यादि। इस प्रकार की अभिव्यक्तियों से विभिन्न प्रकार के संवेगों का हमारी त्वचा से संबंधित होना स्पष्ट होता है।

इसी प्रकार हम त्वचा की विभिन्न विशेषताओं के बारे में भी धनात्मक (positive) या निषेधात्मक (negative) मूल्यांकन (evaluation) करते हैं, जैसे त्वचा का मुलायम या कड़ा होना, रोएँदार या बिना रोएँ का (hairy or hairless) होना इत्यादि। व्यक्ति जब कभी भी त्वचा की विशेषता विशेष (specific characteristics) का वर्णन करता है, उस समय वह संबंधित संवेगात्मक भावों का भी अनुभव करता है। अतएव स्पष्ट है कि त्वचा और विभिन्न संवेगों के बीच के संबंधों से हम सब भलीभाँति परिचित हैं। इसलिए हमारे संवेगों का प्रभाव त्वचा पर पड़ता है, यह तथ्य स्वतः सिद्ध होता है।

'एक्जिमा' (eczema), हाइव्स (hives), एक्नेवलगरिज (acne vulgaris), अर्टिकेरिया (urticaria) इत्यादि त्वचा के मुख्य रोग हैं जो 'मनोदैहिक विकृति' (psychosomatic disorder) के रूप में भी पनपते हैं। इनमें से कुछ का संक्षेप में वर्णन किया जा रहा है–

(क) एक्जिमा (Eczema): 'एक्जिमा' (eczema) एक सामान्य एवं संक्रामक त्वचा रोग है। यह देखने में भी भद्दा मालूम पड़ता है। इसलिए, एक दूसरे से शारीरिक निकटता बनाने से परहेज किया जाता है तथा पारस्परिक संबंधों में दूरियाँ आती हैं। इसका प्रभाव इस रोग से प्रभावित व्यक्ति की आत्मधारणा (self concept) पर भी पड़ता है और व्यक्ति हीनता (inferiority) या कुरूपता की भावना से ग्रस्त होता है।

(ख) एक्नेवलगरिज (Acne Vulgaries): साधारण बोल–चाल की भाषा में इसे किशोरकालीन फुंसी या बर्रे (adolescent pimples) कहते हैं। यह भी एक प्रकार की त्वचा संबंधी विकृति है जो किशोरावस्था में व्यक्ति के चेहरे पर फुंसी के रूप में प्रकट होते हैं तथा चेहरे के स्वरूप को विकृत कर देते हैं। साधारणतः इसे यौनग्रंथि (gonal) की उपज माना जाता है। अर्थात् किशोर उम्र में बालकों या बालिकाओं द्वारा हस्तमैथुन (masturbation) के फलस्वरूप यौन ग्रंथि बहुत ज्यादा कार्यशील रहती है जिसके फलस्वरूप त्वचा संबंधी यह विकृति उत्पन्न होती है। परंतु मनोवैज्ञानिक दृष्टि से यह एक संवेगात्मक रोग है। मनोवैज्ञानिकों का मानना है कि विषम लिंगी के साथ यौन संबंध (heterosexual contact) के अविकसित संवेगों (undeveloped or underdeveloped emotions) का प्रकाशन इस प्रकार की त्वचा विकृति (disfiguring of skin) के माध्यम से होती है। किशोर उम्र के बालक या बालिकाएँ अपने यौन संवेगों को सामाजिक अवरोधों (social inhibitions) के कारण चेतन रूप से उस पर नियंत्रण (check or control) रखने की चेष्टा करते हैं। इस स्थिति में उनके अचेतन मन में माता–पिता के प्रति विद्रोह की भावना (rebellion feelings) पनपती है, लेकिन चेतन रूप से (consciously) वे आज्ञाकारी और कर्तव्य परायण बने रहने का प्रयास करते हैं। किशोर उम्र की यही मनोदशा (mental state) चुपचाप (silently) त्वचा की विकृति के रूप में प्रकट होती है (expressed by silent disfiguring through skin erruptions)।

5. जनन मूत्र विकृतियाँ (Genito urinary disorders)

जनन–मूत्र तंत्र (genito urinary system) एक शारीरिक संरचना है, किंतु इसकी कार्यशीलता संवेगात्मक तत्वों (emotional elements) पर निर्भर करती है। अति प्राचीन समय से ही हम यह मानते रहे हैं कि यौन–इच्छा (sexual desire) को संवेगात्मक उत्तेजनाओं (emotional stimuli) द्वारा जागृत या दमित किया जा सकता है। अर्थात् इस शारीरिक अवयव की कार्यशीलता संवेगात्मक तत्वों से संबंधित होती है।

इस अवयव से संबंधित विकृतियों (disorders) में मासिक धर्म संबंधी विकृति (menstrual disorders), नपुसंकता (impotency), पीड़ायुक्त मूत्र क्रिया (painful urination), गर्भपात (abortion), बार–बार पेशाब करने की इच्छा (micturition) आदि प्रमुख हैं। इन सभी प्रकार की विकृतियों का अलग–अलग वर्णन करना यहाँ अभीष्ट नहीं है।

6. अंतःस्रावी विकृतियाँ (Endocrine disorders)

अंतःस्रावी ग्रंथियों (endocrine glands) की कार्यशीलता का संवेग के साथ गहरा संबंध है। इन ग्रंथियों का संचालन स्वतः संचालित स्नायुमंडल (autonomic nervous systems—ANS) द्वारा होता है। अतः इन ग्रंथियों का संवेग द्वारा प्रभावित होना स्वाभाविक है। उदाहरण के लिए थायरायड ग्रंथि (thyroid glands) की अति सक्रियता (over activity), चिंता (anxiety) और आक्रामक प्रवृत्ति (aggressive tendency) को प्रकट करती है। अर्थात् थायरॉयड ग्रंथि की अतिक्रियाशीलता के फलस्वरूप व्यक्ति की चिंता और आक्रामक प्रवृत्ति कम या समाप्त हो जाती है। इसी तरह मधुमेह (diabetes) भी संवेगात्मक पहलू से संबंधित होता है। व्यक्ति जब अपने दैनिक जीवन की निराशाओं के कारण कुंठित रहने लगता है। व्यक्ति इस कुंठा के कारण पराश्रित (depenedent) हो जाता है जो उसकी संवेगात्मक स्थिति को दर्शाता है। इस स्थिति में उसके रक्त में चीनी (glucose) की मात्रा को बढ़ा देती है जो यदि अधिक समय तक बरकरार रहती है तो व्यक्ति मधुमेह का रोगी बन जाता है। इसी तरह किसी शारीरिक रुग्णता, दुर्घटना आदि से व्यक्ति संवेगात्मक रूप से भयभीत या चिंतित होता है। उस समय भी रक्त में ग्लूकोज की मात्रा बढ़ जाती है जिसे मेडिकल साइंस की भाषा में "टेंशन इंड्यूस्ड डायबिटीज" (tension induced diabetes) कहते हैं।

इसी तरह कुछ अन्यान्य प्रकार की मनोदैहिक विकृतियाँ भी मनोजनित स्वरूप की होती हैं जो किसी–न–किसी प्रकार के संवेगात्मक एवं मानसिक संघर्षों से संबंधित होती हैं। लेकिन उन सभी मनोदैहिक विकृतियों का वर्णन करना यहाँ अभीष्ट नहीं है।

12.5 कारण (Causes)

मनोदैहिक रोगों के विकास में जैविक (biological), मनोवैज्ञानिक (psychological) एवं सामाजिक (social) जीवन के सभी पक्षों का महत्वपूर्ण प्रभाव पड़ता है।

(क) जैविक कारण (Biological causes)

मनोदैहिक रोगों के विकास में कई प्रकार के जैविक तत्वों का महत्वपूर्ण स्थान होता है, जैसे—जन्म से संबंधित कारक (genetic factors) अथवा आनुवंशिकता (heredity), स्वतः संचालित अवयवों की प्रतिक्रियाएँ (reactions of the autonomic organs), अतंरावयवों की क्रियाओं में विसंतुलन (inharmonious funcntions of the viceral organs), दैहिक दुर्बलता (somatic weaknesses) इत्यादि प्रमुख हैं। इनका वर्णन संक्षेप में किया जा रहा है—

(i) जन्म से संबंधित कारण अथवा जननिक कारक (Factors relating to birth or genetic factors): **'सोलोमन'** (Soloman, 1969) ने जोड़ों में सूजन एवं दर्द (arthritis) से पीड़ित रोगियों के रक्त में गठिया से संबंधित तत्व (rheumatoid factors) पाया, जिसे इस रोग की उत्पत्ति का मुख्य कारण बतलाया है। इसी तरह **'नेकेलस'** (Nechels, 1970), ने भी अलसर (ulcer) से पीड़ित रोगियों के रक्त में जन्मजात दोष पाया है। इन दोनों शोधकर्ताओं के अनुसार व्यक्ति के रक्त में पाए जाने वाले दोषों के कारण दैहिक व्याधियों के होने का खतरा बहुत अधिक रहता है क्योंकि इस दोष के कारण मानसिक असंतुलन की स्थिति उत्पन्न होती है जो दैहिक व्याधि के रूप में प्रकट होती है। यही कारण है कि जिन लोगों में इस प्रकार के दोष पाए जाते हैं उन्हें मनोवैज्ञानिक रूप से सुस्वस्थ रहने की सलाह दी जाती है।

(ii) स्वतः संचालित प्रतिक्रियाएँ (Autonomic reactions): प्रत्येक मनुष्य के जीवन में अनेक प्रकार की दबावपूर्ण परिस्थितियाँ उत्पन्न होती रहती हैं जिनके प्रति सांवेगिक प्रतिक्रिया करने में वैयक्तिक विभिन्नता पाई जाती है। कुछ लोग अनैच्छिक उत्तेजनाओं (aversive stimuli) के प्रति सहनशील (tolerant) होते हैं जबकि कुछ लोग बहुत अधिक व्यग्र (upset) होते हैं। अनैच्छिक उत्तेजनाओं के प्रति संवेगात्मक प्रतिक्रिया की यह विभिन्नता

उनके व्यक्तित्व का अहम हिस्सा बन जाता है जो अनेक प्रकार की मनोदैहिक विकृतियों को विकसित करती है। उदाहरण के लिए जो लोग मामूली बलाघात या दबाव के प्रति भी उग्र रूप से संवेगात्मक प्रतिक्रिया करते हैं उनमें 'हाइपरटेंशन' (hypertension) की विकृति से पीड़ित होने की संभावना प्रबल होती है। **'वोल्फ'** (Wolf, 1980) ने इसी आधार पर लोगों के व्यक्तित्व को दो वर्गों में बाँटा है—(a) 'आमाशयी प्रतिक्रियावादी' (stomach reactor) एवं (b) 'नाड़ी प्रतिक्रियावादी' (pulse reactor)। यह वर्गीकरण मनोदैहिक रूप से विकृत अवयवों यानी अंगों के आधार पर किया गया है। अर्थात् जो लोग आमाशय की विकृति से ग्रस्त होते हैं उन्हें 'आमाशयी प्रतिक्रियावादी' (stomach reactor) कहा जाएगा और जो लोग नाड़ी दोष से पीड़ित हों उन्हें 'नाड़ी प्रतिक्रियावादी' (pulse reactor) कहा जाएगा।

(iii) दैहिक दुर्बलता (Somatic weakness): कुछ लोग जन्मजात रूप से किसी अंग–विशेष की दुर्बलता से ग्रस्त होते हैं। फिर कुछ लोग रुग्णावस्था अथवा किसी प्रकार के पूर्व दबावों (prior stress) के कारण पहले से ही किसी अंग–विशेष की दुर्बलता का शिकार होते हैं। इन दोनों स्थितियों के कारण भविष्य में जब कभी भी उनका किसी दबाव का सामना होता है तो पहले से दुर्बल अंग के विकृत होने की संभावना बहुत अधिक बढ़ जाती है। इसका कारण यह है कि पहले से ही जो अंग विशेष कमजोर रहता है, उस अंग की प्रतिरोधात्मक क्षमता (resistance power) क्षीण हो जाती है। इस कारण किसी संवेगात्मक तनाव को सहने की क्षमता कमजोर रहती है अतः किसी दबाव या बलाघात से उस अंग के प्रभावित होने की प्रबल संभावना रहती है। उदाहरण के लिए यदि किसी व्यक्ति की पाचनक्रिया जन्म से ही कमजोर हो तो उस व्यक्ति में आमाशय की विकृति (gastro intestinal upset) से ग्रस्त होने की संभावना उस समय बढ़ जाती है जब वह क्रोध, भय या चिंता की स्थिति में होता है। इसी तरह श्वसन रोग (respiratory disease) से ग्रस्त रोगी का फेफड़ा (lungs) कमजोर हो जाता है। अतः जब कभी वह किसी उत्तेजक स्थिति (existing state) में आता है तब वह श्वसन विकृति से पीड़ित होता है।

इसी प्रकार, किसी कारणवश यदि स्वतः संचालित अवयव (corticovisceral organs) पहले से ही प्रभावित हो तब यह तंत्र भी दुर्बल हो जाता है जिसके फलस्वरूप भविष्य में किसी दबावपूर्ण परिस्थिति अथवा संघर्षमय स्थिति उत्पन्न होती है तो मनोदैहिक विकृति से आक्रांत होने की संभावना बढ़ जाती है।

(ख) मनोवैज्ञानिक कारक (Psychological factors)

प्रायः सभी मनश्चिकित्सक मनोदैहिक विकृतियों के विकास में मनोवैज्ञानिक कारणों के महत्व को स्वीकार करते हैं जिसकी व्याख्या भिन्न–भिन्न मनोवैज्ञानिकों ने अपने–अपने ढंग से की है। आमतौर पर ऐसा देखा जाता है कि यदि कोई व्यक्ति किसी प्रकार की शारीरिक बीमारी से ग्रस्त होता है और आगे चलकर किसी प्रकार के मानसिक संघर्ष, चिंता अथवा संवेगात्मक तनाव की स्थिति में आता है तो वह उन्हीं लक्षणों (उस समय के शारीरिक रोग से पीड़ित अवस्था के लक्षण) को पुनः विकसित कर अपने को तनाव से मुक्त रखने का प्रयास करते हैं। इस प्रकार मनोदैहिक विकृतियाँ एवं संघर्षात्मक (emotional and conflicting) परिस्थितियों के प्रति एक सुरक्षात्मक मनोरचना (defensive mechanism) का काम करती हैं।

मनोवैज्ञानिक तत्वों में **'फ्रायड'** (Freud) ने अचेतन के संघर्ष (unconscious conflicts) के महत्व पर प्रकाश डाला है। इनके अनुसार मनोदैहिक विकृतियाँ अचेतन के संघर्षों का प्रतीक (symbol) होती हैं। इन विकृतियों द्वारा अचेतन संघर्षों के तनाव से उत्पन्न चिंता की स्थिति का समाधान किया जाता है तथा दैहिक रोगों द्वारा अचेतन की प्रेरणाएँ संतुष्ट होती हैं।

कुछ लोग मनोदैहिक विकृतियों का संबंध व्यक्तित्व के प्रकार से भी मानते हैं। 'एफ. डनबर' (F. Dunbar, 1943, 1945) ने स्पष्ट किया है कि व्यक्तित्व की कुछ विशिष्टताएँ विशेष प्रकार के मनोदैहिक रोगों से संबंधित होती हैं। उदाहरणार्थ दृढ़ (rigid), अतिसंवेदनशील (highly sensitive) एवं किसी प्रकार की आंतरिक प्रेरणा के भाव (internal hostility) के गुण वाले व्यक्ति उच्च रक्तचाप (high blood pressure) से पीड़ित होते हैं।

स्पष्ट है कि व्यक्ति के जीवन की परिस्थितियों के दबाव एवं व्यक्तित्व की विशेषताएँ इस रोग की उत्पत्ति में महत्वपूर्ण योगदान देते हैं।

(ग) सामाजिक कारण (Social causes)

हाल के मनोवैज्ञानिकों एवं समाजशास्त्रियों ने अपने शोध अध्ययनों के आधार पर यह निष्कर्ष निकाला है कि मनोदैहिक विकृतियों के विकास में हमारी सामाजिक परिस्थितियाँ, अंत:पारस्परिक संबंधों का भी महत्वपूर्ण योगदान होता है। इन तथ्यों से मनश्चिकित्सक भी सहमति रखते हैं। सामाजिक कारकों में घरेलू वातावरण (family environment), पारस्परिक संबंध (interpersonal relationships), सामाजिक दबाव (social pressures), वंचना (deprivation), गरीबी (poverty) एवं सामाजिक विकृतियाँ (social pathologies) महत्वपूर्ण होते हैं। इन सभी प्रकार की सामाजिक परिस्थितियों (social situations) का प्रभाव व्यक्ति के संवेगात्मक नियंत्रण (emotional control) पर पड़ता है जो स्वतः संचालित स्नायुमण्डल–ANS) की कार्यशीलता को प्रभावित करता है। इससे इस संस्थान द्वारा विभिन्न अवयवों के रक्त रसायन (blood chemistry), अंत:स्राव (secretion of hormones) एवं सामाजिक तनावों (social tensions) के प्रति समायोजन (adjustment) हेतु अतिरिक्त ऊर्जा (additional energy) उत्पन्न करने की प्रक्रियाओं में परिवर्तन होता है। अतः मनोदैहिक विकृतियाँ (psychosomatic disorders) इन्हीं परिवर्तनों के प्रतिफल होते हैं।

अस्तु, स्पष्ट है कि मनोदैहिक विकृतियों के विकास में हमारे जीवन के कई कारक तत्वों का प्रभाव पड़ता है।

12.6 चिकित्सा या उपचार (Treatment or Therapy)

मनोदैहिक विकृतियों के उपचार के लिए मनोवैज्ञानिक (psychological) एवं दैहिक (physiological) दोनों स्तरों पर चिकित्सकीय प्रबंधन (therapeutic management) करने की आवश्यकता होती है। दैहिक स्तर पर अवयव विशेष के शारीरिक लक्षणों को कम करने एवं दूर करने का प्रयास किया जाता है जिसके लिए कुछ औषधियों (drugs) का नियमित रूप से सेवन करने, आवश्यकतानुसार शल्य प्रविधियों का उपयोग करने अथवा जीवन शैली (life style) में आवश्यक सुधार लाने (reforming the life style) आदि की सलाह दी जाती है। मनोवैज्ञानिक स्तर पर रोगी के संवेगात्मक उपद्रवों (emotional disturbances) को नियंत्रित करने तथा रोगी में आत्मविश्वास (self confidence) एवं आत्म महत्व (self esteem) की भावना का संचार किया जाता है।

इस प्रकार, मनोदैहिक रूप से पीड़ित रोगियों की चिकित्सा में मनोवैज्ञानिक एवं शारीरिक–दोनों प्रकार की प्रविधियाँ उपयोग में लाई जाती हैं। उपचार की कुछ प्रमुख प्रविधियों का थोड़ा विस्तार से आगे अध्याय 16 में वर्णन किया गया है।

12.7 सारांश (Summary)

1. मनोदैहिक विकृति या उपद्रव (psychosomatic disorder) शरीर की ऐसी व्याधियों को कहते हैं जो प्रत्यक्ष रूप से शारीरिक रोगों के लक्षण के रूप में प्रकट होते हैं लेकिन, इनके वास्तविक कारण मानसिक या मनोवैज्ञानिक होते हैं। अर्थात् मनोवैज्ञानिक कारणों (psychological causes) से शारीरिक अवयवों में होने वाले विकार या विकृति (disorders of body organs) को 'मनोदैहिक विकृति' (psychosomatic disorder) कहते हैं।
2. मनोदैहिक विकृतियों की निम्नांकित कुछ विशेषताएँ होती हैं—
   — मनोदैहिक स्वरूप की विकृतियों में शारीरिक बीमारियों के लक्षण विकसित होते हैं।

- इनके कारण मनोवैज्ञानिक अथवा मानसिक होते हैं।
- इसमें शरीर के ऐसे अंग प्रभावित होते हैं जिनका संचालन एवं नियंत्रण स्वतः संचालित स्नायुमंडल (autonomic nervous system—ANS) द्वारा होता है।

3. रूपांतर हिस्टीरिया एवं मनोदैहिक विकृतियों, दोनों में मनोवैज्ञानिक कारणों से उत्पन्न विकृतियाँ शारीरिक अवयवी विकृतियों के लक्षण के रूप में रूपांतरित (convert) होती हैं। लेकिन इनमें मुख्य अंतर यह है कि रूपांतर हिस्टीरिया (conversion hysteria) में मनोदशाओं की विकृतियाँ (mental disorders) केन्द्रीय स्नायुमंडल (CNS) के नियंत्रणाधीन अवयवों में विकृति के लक्षण उत्पन्न या विकसित होते हैं, जबकि मनोदैहिक विकृतियों में ANS के नियंत्रणाधीन अवयवों में विकृति के लक्षण उत्पन्न या विकसित होते हैं।
4. मनोदैहिक विकृतियों में शारीरिक संतुलन अर्थात् 'होमियोस्टैसिस' (homeostasis) बिगड़ जाता है जिसके कारण व्यक्ति की अंतरावयवों (visceral organs) की संरचना एवं कार्यवाही में परिवर्तन के लक्षण देखे जाते हैं। अन्य प्रकार की असामान्यताओं में कुसमायोजित व्यवहार की प्रधानता रहती है, जबकि मनोदैहिक विकृतियों में रोगी शारीरिक कष्ट से पीड़ित रहता है, जैसे–छाती में दर्द, आमाशय में अल्सर की पीड़ा, सिर में दर्द आदि।
5. मनोदैहिक विकृतियाँ जिन–जिन अवयवों (organs) से संबंधित होती हैं, उसी के अनुसार उनके अलग–अलग प्रकार होते हैं जैसे–
   - हृदयवाहिका विकृतियाँ (cardiovascular disorders)
   - आमाशय तंत्र की विकृति (gastro intestinal disorders)
   - श्वसन–विकृतियाँ (respiratory disorders)
   - त्वचा संबंधी विकृतियाँ (skin disorders)
   - जनन मूत्र विकृतियाँ (genito urinary disorders)
   - अंतःस्रावी विकृतियाँ (endocrine disorders)
   - स्नायविक एवं खोपड़ी संबंधी विकृतियाँ (musculoskeletal disorders)
   - हेमिक एवं लिंफेटिक विकृतियाँ (hemic and lymphatic disorders)
   - ज्ञानेन्द्रियों से संबंधित विकृतियाँ (cognitive disorders)
   - अन्यान्य प्रकार की विकृतियाँ (other types of disorders)
6. मनोदैहिक रोगों के विकास में कई कारण महत्वपूर्ण होते हैं जिन्हें जैविक (biological), मनोवैज्ञानिक (psychological) एवं सामाजिक (social)–तीन वर्गों में बाँटा जाता है।
7. मनोदैहिक विकृतियों से पीड़ित रोगियों की चिकित्सा शारीरिक एवं मनोवैज्ञानिक–दोनों स्तरों पर की जाती है। अतः इन दोनों प्रकार की प्रविधियों का उपयोग किया जाता है।

खण्ड V

चारित्रिक विकृतियाँ
(Character Disorders)

13

व्यक्तित्व एवं चारित्रिक विकृतियाँ (Personality and Character Disorders)

अध्याय रूपरेखा (Chapter Outline)

13.1 स्वरूप (Nature)

प्रस्तुत अध्याय में व्यक्तित्व के कुछ ऐसे प्रतिरूपों (personality patterns) एवं व्यवहारों (behaviours) के बारे में वर्णन किया जाएगा जो दूसरों की कीमत पर अनीतिपूर्ण स्वरूप के आचरण (unethical conduct) होते हैं। इस प्रकार के आचरण किसी प्रकार के मानसिक रोग (mental disease) यथा न्यूरॉसिस अथवा मनोविकृति (neurosis or psychosis) अथवा मनोदैहिक विकृतियों (psychosomatic disorders) से भिन्न होते हैं। मानसिक रोग या विकृतियाँ वस्तुतः किसी प्रकार की दुश्चिंता से मुक्त होने की चाह के कारण सुरक्षात्मक मनोरचनाओं अथवा व्यक्तित्व संबंधी विघटन के फलस्वरूप पनपती हैं, जबकि व्यक्तित्व अथवा आचरण संबंधी विकृतियाँ व्यक्तित्व के असामान्य अथवा समुचित विकास के अभाव का प्रतिफल होती हैं।

प्रस्तुत अध्याय में फिलहाल 'समाजविरोधी व्यक्तित्व' (antisocial personality), 'बाध्य जुआरी' (compulsive gambler), 'अपराध एवं बाल अपराध' (crimes and juvenile delinquency) संबंधी व्यवहारों के साथ–साथ यौन विचलन (sexual deviations) का वर्णन किया जा रहा है। यद्यपि 'मद्यपान एवं मादक द्रव्य व्यसन' (alcohol and drug addiction) भी चरित्र संबंधी दुराचरण के ही रूप हैं। लेकिन इनका वर्णन अलग से अगले अध्याय में किया जाएगा।

प्रत्येक समाज में कुछ ऐसे व्यक्ति होते हैं जो प्रत्यक्ष रूप से (apparently) बिल्कुल ही सामान्य (normal) दिखते हैं, लेकिन वे समाज विशेष के स्वीकृत नियमों (accepted laws), आदर्शों (norms) एवं मूल्यों (values) का उल्लंघन (disobey) कर विपरीत या भिन्न (contrary or different) आचरण करते हैं। चूंकि इनके आचरण समाज विरोधी (antisocial) स्वरूप के होते हैं, इसलिए इन्हें 'समाज विरोधी व्यक्तित्व' (anti-social personality) कहते हैं। इनके आचरण (conduct) व्यक्तित्व की विकृति (disorder of personality) को इंगित करते हैं जो जीवन भर (life long) कुसमायोजन (maladjustment) का कारण बनता है। ऐसे आचरण वाले व्यक्तियों में आत्मनियंत्रण (self restrain) का पूर्ण अभाव रहता है। इसलिए ये बिना सोचे–समझे बार–बार बुरे यानी 'समाज विरोधी' व्यवहार करते हैं। इसके परिणामस्वरूप इनका अंतःपारस्परिक संबंध (interpersonal relationships) बिगड़ जाता है तथा ये कुसमायोजन (maladjustment) के शिकार होते हैं।

यद्यपि, सामान्य जीवन में भी अनेक लोग यदा–कदा अपनी वैयक्तिक प्रतिष्ठा (individual prestige), आर्थिक लाभ (financial gains) अथवा इसी तरह के अन्य उद्देश्यों से प्रेरित होकर छोटी–बड़ी समाज विरोधी प्रतिक्रियाएँ (anti-social reactions) करते हैं। लेकिन ऐसे सामान्य लोगों को 'समाज विरोधी' (anti-social) की श्रेणी में नहीं रखा जाता है। इसका कारण यह है कि ऐसे लोग अपने गलत यानी समाज विरोधी कृत्यों (anti-social acts) के बारे में अवगत (aware) रहते हैं तथा इसके लिए उन्हें दोष की भावना (guilt feeling) और पछतावा (repentence) भी होता है। इसलिए वे ऐसे आचरणों की पुनरावृत्ति से परहेज करते हैं। अर्थात् पुनः आचरणों को नहीं करने का निर्णय भी लेते हैं। लेकिन, जिनका व्यक्तित्व विकारी (pathological) होता है, वे सदैव गलत आचरण करते रहते हैं। अर्थात् गलत व्यवहारों को बार–बार दुहराते रहते हैं। जिसके लिए न तो उन्हें कोई पछतावा (repentence) होता है और न दोष की भावना (guilt feeling) ही होती है। वास्तविकता तो यह है कि उनके गलत आचरण किसी–न–किसी रूप से प्रबलित (reinforced) होती रहती है। फलतः वे इस प्रकार के गलत आचरण अर्थात् अनीतिक आचरण (unethical conduct) करना सीख अर्थात् अर्जित (acquire) कर लेते हैं।

अस्तु, 'व्यक्तित्व की विकृति' (personality disorder) से अभिप्राय आचरण संबंधी ऐसी विकृतियों से है, जिनके कारण व्यक्ति समाज विरोधी कृत्यों को बार–बार बिना किसी पश्चाताप या दोष की भावना से करता रहता है।[1]

व्यक्तित्व संबंधी विकृति के अंतर्गत अनेक प्रकार की चारित्रिक विकृतियाँ आती हैं जो वस्तुतः किसी मानसिक रोग के लक्षण नहीं होते लेकिन, इनके आचरण स्वयं के लिए और पूरी सामाजिक व्यवस्था के लिए हानिकर और समस्यामूलक होते हैं, जैसे—झूठ बोलना (to speak lie), चोरी करना (stealing), मदिरापान करना (use of alcohol), यौन दुराचरण (sex perversions), अपराधी व्यवहार (criminal behaviour) इत्यादि। अतः इन आचरण ों के बारे में मनोवैज्ञानिक अध्ययन कर इनकी विकृतियों को दूर करने की दिशा में प्रयास किए गए हैं तथा आगे भी प्रयास करने की आवश्यकता है।

'व्यक्तित्व विकृति' (personality disorder) एवं 'चारित्रिक विकृति' (character disorder) के स्वरूप में सूक्ष्म अंतर (subtle difference) पाया जाता है। 'व्यक्तित्व विकृति' मूल रूप से व्यक्तित्व संबंधी ऐसी विकृतियों को कहते हैं जो व्यक्तित्व के असामान्य विकास के प्रतिफल होते हैं। इनमें अपरिपक्वता (immaturity) संवेगात्मक अस्थिरता (emotional instability), अपने अनुभवों से कोई लाभ उठाने की अयोग्यता (inability to profit

1. By personality disorder or conduct disorder we mean those pathological patterns of behaviour owing to which the individual does the antisocial act repeatedly without any feeling of guilt or remorse.

from experience), आवेशमय व्यवहार (impulsive behaviour) निषेधात्मक मनोवृत्ति (negative attitude) आदि विशेषताएँ पाई जाती हैं। व्यक्तित्व संबंधी ये कमियाँ आगे चलकर न्यूरॉटिक या मनोविकृति जैसी मानसिक बीमारियों में परिणत हो सकती हैं।

'चारित्रिक विकृतियाँ या दोष' (character disorders) के अंतर्गत आचरण संबंधी अनेक प्रकार के दोष पाए जाते हैं। इसीलिए, ऐसी विकृतियों को 'चारित्रिक दोष' (character defect) भी कहा जाता है। इनके आचरण सामाजिक रूप से हानिकर या अहितकर (harmful) होते हैं तथा इनमें सदाचार (conscience) का अभाव पाया जाता है। इनका व्यवहार अपराधी (criminal) अथवा बाल–अपराधी (juvenile delinquent) स्वरूप का हो जाता है और नैतिक रूप से उन्हें पतित समझा जाता है। ऐसे लोगों को 'समाजविकारी व्यक्तित्व' (social pathic personality) की संज्ञा दी जाती है क्योंकि इनके आचरण से सामाजिक व्यवस्था में गड़बड़ी या विकृति आती है। जिस समाज में इस प्रकार के आचरण का बोलबाला (dominance) होता है, वह समाज भी 'समाज विकारी' (socio pathic) हो जाता है।

लेकिन ये दोनों प्रकार की विकृतियाँ व्यक्तित्व संबंधी विकृतियाँ ही हैं तथा दोनों व्यक्तित्व के असामान्य विकास के ही प्रतिफल होते हैं।

13.2 व्यक्तित्व एवं चारित्रिक विकृतियों के प्रकार (Forms of Personality and Character Disorders)

जैसा कि पहले भी संकेत किया गया है, व्यक्तित्व संबंधी अथवा चरित्र संबंधी विकृतियों के अंतर्गत अनेक प्रकार की विकृतियाँ आती हैं। जिनकी निश्चित सूची बनाना मुश्किल है। फिर भी, मोटे तौर पर इनके विभिन्न रूपों (forms) को निम्नांकित प्रकारों में बाँटा जा सकता है—

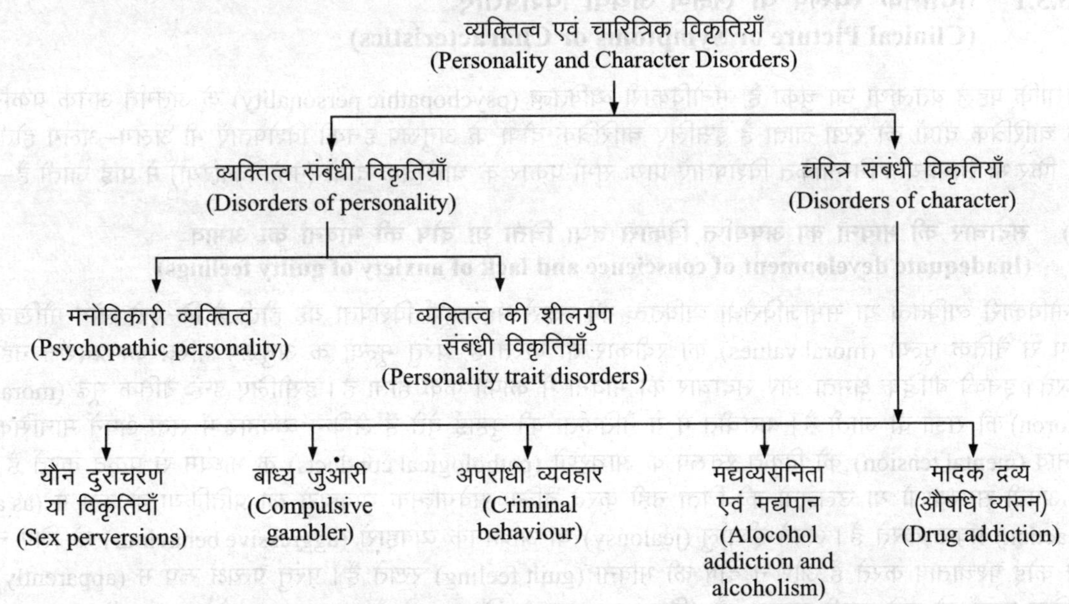

अब उपर्युक्त सभी प्रकारों की व्यक्तित्व संबंधी विकृतियों (मद्यपान व्यसन एवं मादक द्रव्य व्यसन को छोड़कर) का एक–एक कर आगे वर्णन किया जा रहा है।

13.3 व्यक्तित्व संबंधी विकृतियाँ (Disorders of Personality)

प्रायः 'समाजविरोधी' (anti-social) एवं 'मनोविकारी व्यक्तित्व' (psychopathic personality) एक–दूसरे के बदले पर्याय शब्द के रूप में उपयोग में लाए जाते हैं। व्यक्तित्व संबंधी विकृति के इस रूप को और भी कई नामों से जाना जाता है, जैसे–(i) नैतिक मूढ़ता (moral imbecility), (ii) गठन संबंधी मनोविकारी हीनता (constitutional and psychopathic inferiority), (iii) मनोविकारी व्यक्तित्व (psychopathic personality), (iv) समाज विकारी व्यक्तित्व (sociopathic personality) एवं समाज विरोधी व्यक्तित्व।

ऐसे मनोविकारी व्यक्तित्व की श्रेणी में सिद्धांतहीन व्यापारी (unprincipled businessman), धोखेबाज वकील (shyster lawyers), मिथ्या डॉक्टर यानी नीम–हकीम चिकित्सक (quack doctors) छँटे हुए बाल एवं वयस्क अपराधी (assorted delinquents or criminals), ढोंगी साधु या धर्म प्रचारक (high presssure evangelists), वेश्या (prostitutes), पाखंडी या ठग (imposters), कुटिल राजनीतिज्ञ (crooked politicians), दवा का अवैध धंधा करने वाला (drug pushers) आदि को रखा जा सकता है।

'मनोविकारी व्यक्तित्व' (psychopathic personality) से ग्रस्त लोगों के बारे में निश्चित अनुपात बताना मुश्किल है, क्योंकि क्लिनिसियन्स के संपर्क में ऐसे लोग प्रायः नहीं आ पाते। कुछ थोड़े लोग जब पकड़े जाते हैं तथा उनकी मनोदशा की जाँच करना आवश्यक होता है तब ऐसे लोगों को क्लिनिसियन्स या मनोचिकित्सकों के यहाँ भेजा जाता है। फिर कुछ लोगों को जेलों में नजरबंद कर दिया जाता है। लेकिन, अनेक लोग स्वतंत्रतापूर्वक बाहर सामाजिक वातावरण में ही रहते हैं। फिर भी ऐसा माना जाता है कि प्रायः प्रत्येक समाज में ऐसे लोगों की बड़ी जमात होती है तथा इनमें अधिकतर युवा वर्ग के पुरुष ही होते हैं। बूढ़े या महिलाओं की संख्या अपेक्षाकृत कम होती है।

13.3.1 नैदानिक स्वरूप या लक्षण अथवा विशेषताएँ (Clinical Picture or Symptoms or Characteristics)

जैसाकि पहले बतलाया जा चुका है, मनोविकारी व्यक्तित्व (psychopathic personality) के अंतर्गत अनेक प्रकार के चारित्रिक दोषों को रखा जाता है इसलिए चारित्रिक दोषों के अनुरूप इनकी विशेषताएँ भी अलग–अलग होती हैं, फिर भी सामान्यतः निम्नांकित विशेषताएँ प्रायः सभी प्रकार के चारित्रिक दोषों (मनोविकारियों) में पाई जाती हैं–

(i) सदाचार की भावना का अपर्याप्त विकास तथा चिंता या दोष की भावना का अभाव (Inadequate development of conscience and lack of anxiety of guilty feelings)

मनोविकारी व्यक्तित्व या समाजविरोधी व्यक्तित्व की सबसे महत्वपूर्ण विशेषता यह होती है कि ऐसे लोग मौखिक रूप से नैतिक मूल्यों (moral values) को स्वीकार तो करते हैं, परंतु मूल्यों के अनुरूप चरित्र का प्रदर्शन नहीं करते। इनकी बौद्धिक क्षमता और सदाचार की भावना में काफी फर्क होता है। इसीलिए इन्हें नैतिक मूढ़ (moral moron) की संज्ञा दी जाती है। बातचीत में ये नैतिकता की दुहाई देते हैं लेकिन व्यवहार में सदा अपने मानसिक तनाव (mental tension) को विकृत स्वरूप के आचरणों (pathological conducts) के माध्यम से प्रकट करते हैं। ये अपनी समस्याओं या उलझनों की चिंता नहीं करते बल्कि संवेगात्मक व्यवहारों को प्रतिक्रिया के रूप में (as a reaction) प्रकट करते हैं। अपने ईर्ष्यालु (jealousy) या आक्रामक व्यवहारों (aggressive behaviour) के लिए न तो कोई पश्चाताप करते हैं और न दोष की भावना (guilt feeling) रखते हैं। परंतु प्रत्यक्ष रूप में (apparently) नैतिक मूल्यों के प्रति गहरी आस्था और निष्ठा का भाव प्रदर्शित करते हैं। इस प्रकार, वे नाटकरूपी आस्था या निष्ठा की आड़ में अपने चारित्रिक दोषों को छिपाने या उस पर पर्दा डालने में सफल होते हैं।

(ii) अनुत्तरदायी एवं आवेशपूर्ण व्यवहार तथा निराशाओं की सहनशीलता में कमी
(Irresponsible and impulse behaviour and low frustration tolerance)

'मनोविकारी व्यक्तित्व' वाले व्यक्ति का व्यवहार आवेशपूर्ण (impulsive) होता है तथा उत्तरदायित्व (responsibility) की भावना का अभाव पाया जाता है। ये दूसरों के अधिकारों, जरूरतों अथवा हितों का ख्याल नहीं करते। सदा झूठ का अवलंबन लेते हैं। परंपरा, रीति–रिवाज, आदि की परवाह नहीं करते। इसीलिए ये सामाजिक मानदंडों का उल्लंघन करते हैं। फलतः इनका व्यवहार 'समाज विरोधी' (anti social) हो जाता है। ये सदा वर्तमान तथा तात्कालिक लाभ (immediate gain) पर ही ध्यान देते हैं। भूत या भविष्य (past or present) की हकीकतों (realities) के बारे में लेशमात्र भी विचार नहीं करते अथवा उसकी उपेक्षा करते हैं। इनके लक्ष्य (goal) भी वर्तमान (present) तक ही सीमित होते हैं। फलस्वरूप दूरगामी उद्देश्य का निर्धारण नहीं कर पाते।

(iii) इनमें दूसरों को प्रभावित करने, उनसे लाभ उठाने तथा अपनी त्रुटियों को दूसरों पर प्रक्षेपित करने की योग्यता रहती है।
(They possess the ability to impress upon and exploit others, and to project the blames for their own defects)

मनोविकारी व्यक्तियों का व्यक्तित्व प्रायः आकर्षक (attractive), मनमोहक (charming) एवं पसंद करने लायक होता है। इनमें किसी से भी मित्रता स्थापित करने की कला होती है। इसलिए, शीघ्र ही किसी का विश्वास जीतकर उसके साथ मित्रवत् संबंध बना लेते हैं। इनका स्वभाव मृदुल (sweet) और विनोदपूर्ण (humorous) होता है तथा आशावादी (opportunistic) दृष्टिकोण का प्रदर्शन करते हैं। यदि कभी इनकी चारित्रिक त्रुटियाँ प्रकट हो जाती हैं अथवा पकड़े जाते हैं तो अविलंब खेद (regret) प्रकट करते हैं लेकिन वास्तव में पश्चाताप (repent) नहीं करते। ये दूसरों की मजबूरियों, कमजोरियों या जरूरतों को आसानी से जान जाते हैं तथा उसका लाभ उठाने में थोड़ी भी हिचक नहीं होती। जैसे किसी बेरोजगार युवक की मजबूरियों को भाँप कर उसे रोजगार मुहैया कराने हेतु आश्वस्तकर रुपए ऐंठना। ये अपनी त्रुटियों के लिए सहजतापूर्वक कोई–न–कोई युक्ति या तर्क ढूँढ़ लेते हैं तथा दूसरों को अपनी त्रुटियों के लिए जिम्मेदार बताने में निपुण होते हैं।

(iv) अच्छा पारस्परिक संबंध बनाए रखने में अयोग्य होते हैं
(Unable to maintain good interpersonal relationships)

'मनोविकारियों' की एक महत्वपूर्ण विशेषता यह भी होती है कि ये आसानी से किसी को भी मित्र तो बना लेते हैं, लेकिन उसका निर्वाह करने अथवा मित्रता को बनाए रखने में अयोग्य होते हैं। अर्थात् ये किसी के भी साथ गाढ़ी मित्रता नहीं रखते। इनमें उत्तरदायित्वपूर्ण (responsible) होने का गुण नहीं पाया जाता तथा अत्यधिक स्वार्थी (selfish), आत्मकेंद्रीत (egocentric) प्रकृति के होते हैं। इनका व्यवहार झगड़ालू (quarrelsome), कृतघ्नपूर्ण (ungrateful) और असहानुभूतिपूर्ण (non cooperative) होता है। ये पश्चाताप भी नहीं करते। ये दूसरों के प्रेमपूर्ण व्यवहार को नहीं समझ पाते। फलतः दूसरों के साथ प्रेमपूर्ण संबंध नहीं बना पाते। इनमें व्यक्तित्व संबंधी विसंतुलन (personality imbalance or disbalance) के कारण आचरण संबंधी कुछ ऐसी भी विकृतियाँ आ जाती हैं, जो इनके समायोजन (adjustment) की प्रक्रिया पर भी बुरा प्रभाव डालती हैं, जैसे–किसी महत्वपूर्ण कार्य या वायदे को अचेतन रूप से भूल जाना (to forget an important work or promises unconsciously), बहाना बनाकर किसी कार्य को न करना, दीर्घसूत्री बनना, दूसरों पर सदा शक (doubt) करना, दाम्पत्य जीवन में अविश्वासी होना इत्यादि। कभी–कभी ये अपने व्यवहार की इन विसंगतियों को महसूस भी करते हैं तथा सुधार लाने का वायदा (promise to reform or mend) भी करते हैं लेकिन इतने विवश होते हैं कि इनमें सुधार की संभावना बहुत ही कम दिखती है।

(v) प्रभुत्व को अस्वीकार करना तथा अनुभवों से कोई लाभ नहीं प्राप्त करना (Rejection of authority and inability to profit from experience)

'मनोविकारी' का व्यवहार ऐसा होता है, मानो समाज के नियम, आदर्श, मूल्य आदि इन पर लागू नहीं होते। ये सदा नियमों को तोड़ते रहते हैं तथा नियमों के प्रतिकूल आचरणों के परिणामों की चिंता या परवाह नहीं करते। फलस्वरूप इस व्यक्तित्व के व्यक्ति अपराधजन्य कृत्यों (criminal acts) में भी संलग्न (involve) हो जाते हैं। ये जानबूझकर कोई पेशेवर अपराधी (professional criminal) नहीं होते। लेकिन, मानसिक उलझनों एवं अस्थिर संवेगों के अधीन होकर अपराध कर बैठते हैं। ऐसे लोग इन कृत्यों के लिए मिलने वाली सजा और कष्टों को जानते हुए भी अपराध करने के लिए विवश होते हैं।

(vi) अन्य विशेषताएँ (Other characteristics)

मनोविकारी (psychopathic) व्यक्तियों के व्यवहार और व्यक्तित्व संबंधी कुछ अन्य विशेषताएँ भी पाई जाती हैं, जैसे—आवेशी होना (to be impulsive), अपरिपक्व व्यवहार (immatured behaviour), संवेगात्मक अस्थिरता (emotional instabilty), इच्छित कल्पना (wishful fantasy), लज्जा, भय और चिंता से मुक्त (freedom shame, fear and anxiety) रहना इत्यादि।

13.3.2 कारण (Causes)

आज व्यवहार के जिस प्रतिरूप (pattern of behaviour) को 'समाज विरोधी' (anti-social) या 'मनोविकारी' (psychopath) की संज्ञा देते हैं, वस्तुतः व्यवहार के ये प्रतिरूप मानव सभ्यता के अति प्राचीन समय से ही विद्यमान रहे हैं, लेकिन इनके कारणों के बारे में निश्चयपूर्वक कुछ भी कहना संभव नहीं है, क्योंकि, इनके व्यक्तित्व को मनोविकारी साँचे में ढालने के प्रभावी कारकों के बारे में अब भी पर्याप्त जानकारी का अभाव है। वैज्ञानिकों द्व ारा हाल के कुछ अध्ययनों से यह विदित होता है कि सभी प्रकार के समाज विरोधी व्यवहारों का एक ही कारण नहीं होता। साथ–ही–साथ यह भी देखा गया है कि एक ही प्रकार के समाजविरोधी व्यवहार (anti-social behaviour) विभिन्न व्यक्तियों में अलग–अलग कारणों से विकसित होते हैं। अर्थात् इनके कारणों में वैयक्तिक विभिन्नता पाई जाती है। फिर भी, मोटे तौर पर 'मनोविकारी व्यक्तित्व' (psychopathic personality) के कुछ कारणों पर प्रकाश डाला जा रहा है जो निम्नलिखित हैं—

(i) नाड़ी-दैहिक एवं अनुकूलता (Neurophysiology and conditioning ability)

मनोविकारी व्यक्तित्व (psychopathic personality) में पाए जाने वाले आवेश (impulsiveness), व्यवहार का अचानक प्रस्फुटित होना (sudden acting out) तथा अनुशासन के प्रति सहन–शक्ति का अभाव (intolerance of discipline) आदि लक्षण जीवन के प्रारंभिक वर्षों (अर्थात् बाल्यावस्था) में ही प्रकट होने लगते हैं। इसलिए, अनेक शोधकर्ताओं (researchers) का विचार है कि इसका प्रधान कारण स्नायुमंडल (nervous system) के अवरोधात्मक (inhibitory) एवं उत्तेजक (excitatory) प्रक्रियाओं का विसंतुलन होता है। **'स्टॉट'** (Stott, 1962) ने इस संबंध में जन्मजात आघात (congenital injury) के कारण स्नायुमंडल (nervous system) के उच्च अवरोधात्मक केन्द्रों (higher inhibitory centres) में विकृति की घटनाओं का उल्लेख किया है, जिनके कारण मनोविकारी होने की संभावना रहती है। इसका कारण यह है कि अवरोधात्मक प्रक्रियाओं (inhibitory processes) में गड़बड़ी आने पर व्यक्ति में आंतरिक नियंत्रण (internal control) की क्षमता नहीं रह जाती है। लेकिन, 'रॉबिंस' (Robbins, 1967) ने इ.इ.जी. (EEG—electroencephalogram) का विश्लेषण कर इस संभावना को अस्वीकार किया है, क्योंकि इन्होंने पाया कि मानसिक दुर्बलता (mentally retarted) के शिकार और क्षतिग्रस्त मस्तिष्क (damaged brain) वाले व्यक्तियों में मस्तिष्कीय बनावट संबंधी दोष (structural defects of brain) रहने पर भी मनोविकारी व्यक्तित्व (psychopathic personality) के कोई लक्षण नहीं पाए जाते।

'आइजेंक' (Eysenck, 1960) के अनुसार, मनोविकारी व्यक्तित्व से ग्रस्त लोगों में अनुकूलन (conditioning) की क्षमता मंद रहती है। फलतः, ये सामान्य रूप से सामाजिक शिक्षण (normal social learning) के लिए आवश्यक अनुकूलित प्रतिक्रिया (conditioning reaction) अथवा व्यवहार को अर्जित करने में (to acquire) विफल रहते हैं और यही कारण है कि उनमें सदाचार (conscience) का विकास नहीं हो पाता। **'हेयर'** (Hare, 1968) ने भी अपने अध्ययनों में इससे मिलते–जुलते परिणाम प्राप्त किए हैं। इन्होंने पाया कि मनोविकारी व्यक्तियों में सामान्य भय या चिंता (normal fear or anxiety) का अभाव रहता है तथा ये दंड (punishment) अथवा अहितकर उत्तेजनाओं (noxious stimuli) से कुछ भी सीख नही पाते। अतः स्पष्ट है कि अनुकूलता का गुण (attribute of conditioning) नहीं रहने के कारण इनका व्यक्तित्व मनोविकारी (psychopathic) या समाज विरोधी (anti-social) हो जाता है।

(ii) उत्तेजित होने की अभिलाषा (Stimulation seeking)

कुछ विद्वानों का मत है कि चूंकि मनोविकारी व्यक्तित्व (psychopathic personality) वाले व्यक्ति का अपने ऊपर कोई नियंत्रण नहीं रह जाता है, इसलिए वे सदा परिवर्तनशील (vary) होते रहते हैं और हर समय किसी–न–किसी प्रकार से उत्तेजित होते रहने की लालसा रखते हैं। फलस्वरूप, इनकी महत्वाकांक्षा (ambition) स्थिर (stable) नहीं रहती और ये किसी एक महत्वाकांक्षा पूरी किए बिना ही दूसरी ओर मुड़ जाते हैं। **'हेयर'** (Hare, 968), **'फेंज'** (Fenz, 1971) का मानना है कि उत्तेजित होने की लालसा के कारण ही मनोविकारी व्यक्तित्व का अपने ऊपर नियंत्रण का अभाव रहता है तथा निषेधात्मक उत्तेजना के रहने पर भी उनमें 'समाज विरोधी' कृत्य (anti-social acts) के प्रति अरुचि (aversion) नहीं होती। इसीलिए, इनका आचरण 'समाज विरोधी' होता है।

(iii) प्रारंभिक सामाजिक वंचना (Early social deprivation)

सामाजिक वंचना (social deprivation) भी 'समाज विरोधी' अर्थात् 'मनोविकारी व्यक्तित्व' (anti-social or psychopathic personality) का एक महत्वपूर्ण कारण है। विशेषकर जब बच्चे अपनी माँ से वंचित होकर देखभाल (care), सेवा सुश्रूषा (nursing), प्यार (love), स्नेह (affection) एवं संपर्क सुख (contact comfort) से वंचित (deprived) होते हैं तब इनका अंतःपारस्परिक संबंध (interpersonal relationships) एवं सामाजीकरण की अन्यान्य प्रक्रियाएँ (other processes of socialization) मनोविकारी स्वरूप (psychopathic nature) की हो जाती हैं। **'बैरेज'** एवं दूसरे लोगों (Beres and others) ने अपने अध्ययन में पाया कि जो बच्चे किसी कारण कम उम्र में ही अपने माता–पिता (parents) या समाज से तिरस्कृत या उनके प्यार से वंचित होते हैं, दुर्व्यवहार का शिकार (victim of maltreatment) होते हैं अथवा आर्थिक कमजोरी के कारण सामान्य सुविधाओं से वंचित होते हैं, उनमें सदाचार के भाव का विकास मंद पड़ जाता है। वे दूरगामी लक्ष्यों (long-term goals) को सुनिश्चित करने में विफल होते हैं तथा न तो स्वयं किसी का प्रेम और स्नेह प्राप्त करते हैं और न किसी को प्रेम और स्नेह दे सकते हैं। इस प्रकार वे समाज विरोधी प्रवृतियों (anti-social tendencies) को सहज रूप से अपना लेते हैं और अंततः 'समाजविरोधी व्यक्तित्व' (anti-social personality) के हो जाते हैं।

(iv) त्रुटिपूर्ण प्रतिमान एवं शिक्षण (Faulty models and learning)

माता–पिता तथा बच्चों के बीच अथवा बच्चों और परिवार के दूसरे सदस्यों के बीच की त्रुटिपूर्ण अंतःपारस्परिक क्रियाएँ (faulty interpersonal interactions) भी मनोविकारी व्यक्तित्व (psychopathic personality) के विकास में महत्वपूर्ण योगदान होता है। इस प्रकार की परिस्थितियों में बच्चों के पालन–पोषण के दरम्यान त्रुटिपूर्ण शिक्षण (faulty learning) होता है, क्योंकि उनके समक्ष वयस्क व्यक्ति की भूमिका (role) एवं उत्तदायित्व (responsibility)

के प्रतिमान (model) अच्छे नहीं रहते। उदाहरण के लिए जिनके माता–पिता स्वयं झूठ बोलते हों, दूसरों की चीजों को अपनाने की लालसा रखते हों, खराब अंतःपारस्परिक संबंधों पर जानबूझ कर पर्दा डालने की कोशिश करते हों, उनके बच्चे भी इन प्रवृत्तियों को अनुकरण द्वारा सीख लेते हैं, जो उनके भावी व्यक्तित्व की स्थायी विशेषता हो जाती है। इसी तरह यदि बच्चे पड़ोस के बच्चों के साथ झगड़ा करते हैं और उनके माता–पिता अपने बच्चे के पक्ष में उनकी बुराइयों पर पर्दा डालते हैं तो इस प्रकार बच्चों की बुरी आदतें प्रबलित (reinforced) होती हैं और इस प्रकार बच्चों में गलत आचरण का विकास होता है और यही गलत आचरण 'समाज विरोधी व्यवहार' (anti-social behaviour) का रूप धारण कर लेता है।

(v) सामाजिक विघटन (Social disorganisation)

समाज (society) की असामान्य स्थिति (abnormal situation) भी 'समाज विरोधी' या 'मनोविकारी व्यक्तित्व' के विकास का एक महत्वपूर्ण कारण है। समाज के आदर्शों (norms) एवं नियमों (laws) एवं मूल्यों (values) की परंपरा को बनाए रखने में सामाजिक व्यवस्था की सुदृढ़ता महत्वपूर्ण होती है। लेकिन, जब किसी कारणवश सामाजिक व्यवस्था में उथल–पुथल होती है तो उसकी आधारभूत संरचना में बिखराव आता है। फलस्वरूप, सामाजिक परंपरा, नियम, आदर्श या मूल्य भी बदलने लगते हैं। यह बदलाव वस्तुतः विकृत स्वरूप का होता है जो सामाजिक विघटन (social disorganisation) की अवस्था का सूचक होता है। इससे सामाजिक शांति व्यवस्था टूट जाती है तथा अनियमितता (irregularity), अराजकता (anarchism) एवं अस्थिरता (instability) का वातावरण उत्पन्न होता है। इन स्थितियों में व्यक्ति परंपरागत आदर्शों का त्याग कर बदलती परिस्थिति में अपने को समायोजित (adjust) करने के उद्देश्य से नए तरीकों की खोज करने लगता है और इस प्रकार वह 'समाज विरोधी' व्यवहारों या आचरणों को अपनाने लगता है। अतः सामाजिक व्यवस्था में उथल–पुथल अथवा अस्तव्यस्त होने की स्थिति भी समाजविरोधी व्यक्तित्व के विकास में महत्वपूर्ण योगदान देती है। ऐसी परिस्थितियों में विकासशील बच्चों का समाजीकरण सुव्यवस्थित ढंग से नहीं होता। वे संवेगात्मक रूप से अपरिपक्व (emotionally immature), आवेशी (impulsive), अनुत्तरदायी (irresponsible) एवं दुराचारी (unethical) हो जाते हैं तथा आक्रामक प्रवृत्तियाँ (aggressive tendencies) अपना लेते हैं, जो मनोविकारी या समाजविरोधी व्यक्तित्व की प्रमुख विशेषता होती है।

इस प्रकार हम देखते हैं कि मनोविकारी व्यक्तित्व के विकास के अनेक कारण हैं जिनमें उपर्युक्त वर्णित कुछ महत्वपूर्ण कारण हैं।

13.3.3 चिकित्सा या उपचार (Treatment or Therapy)

चूंकि 'मनोविकारी' या 'समाज विरोधी व्यक्तित्व' किसी प्रकार के मानस रोग यानी मानसिक विकृति के लक्षण प्रकट नहीं होते हैं, इसलिए वे चिकित्सा के उद्देश्य से किसी मानसिक आरोग्यता की शरण में प्रायः नहीं पहुँचते। ऐसे लोग सामान्य व्यक्ति की तरह अपने समाज में ही रहते हैं और यदा–कदा जब वे पकड़े जाते हैं तो उन्हें प्रायः जेलों में रखा जाता है जहाँ न्यायालय द्वारा घोषित सजा भुगतने के बाद पुनः अपने समाज में ही वापस आ जाते हैं। अतः इनके व्यवहार में परिमार्जन या सुधार लाने हेतु किसी उपचारात्मक प्रविधि (therapeutic technique) के सफल प्रयोग संबंधी विवरण नहीं के बराबर उपलब्ध हैं।

'मनोविकारी व्यक्तित्व' की चिकित्सा में एक महत्वपूर्ण कठिनाई भी है। मनोविकारी व्यक्तित्व (psychopathic personality) के विकास का इतिहास व्यक्ति के विकास की अवधि के वातावरण (environment of developmental period) से जुड़ा रहता है। अतः इनमें सुधार लाने (अर्थात् चिकित्सा करने हेतु) इनकी संपूर्ण जीवन शैली (life style) में परिवर्तन लाना आवश्यक होता है जो एक अत्यंत ही मुश्किल काम है। फिर भी, कुछ विद्वानों ने मनश्चिकित्सकीय प्रविधियों (psychotherapeutic techniques) का प्रयोग कर इनके गलत आचरणों में सुधार लाने

का प्रयास किया है तथा कुछ हद तक उन्हें सफलता भी मिली है। लेकिन, **'बैने'** (Banay), **'लिंडर'** (Linder), **'थॉर्न'** (Thorne) आदि ने इन प्रविधियों का उपयोग प्रभावकारी नहीं पाया।

व्यवहारवादी मनोवैज्ञानिकों (behaviourist psychologists) के अनुसार व्यवहार परिमार्जन (behaviour modification) प्रविधियों का उपयोग लाभकारी (beneficial) बतलाया है (इस विधि का संक्षिप्त विवरण अध्याय 16 में किया गया है।

'बंदुरा' (Bandura) ने 'व्यवहार–नियंत्रण प्रविधि' (behaviour control technique) को समाज विरोधी आचरणों (anti-social conducts) में सुधार लाने (to reform) की दिशा में एक प्रभावी प्रविधि की चर्चा की है जो वस्तुतः शिक्षण सिद्धांत (learning principle) पर आधारित प्रविधि है। इस प्रविधि का उपयोग निम्नलिखित तीन क्रमों में किया जाता है–

(i) सबसे पहले 'समाज विरोधी व्यक्ति' (anti-social individual) के समक्ष एक अच्छा प्रतिमान (good model) प्रस्तुत किया जाता है। आदर्श प्रतिमान की भूमिका में सुधारक या चिकित्सक (reformer or the therapist) स्वयं रहता है अथवा कोई दूसरा व्यक्ति (चिकित्सक का सहयोगी) होता है जो आदर्श आचरण (good conduct) प्रदर्शित करता है और समाज विरोधी व्यक्ति को इस प्रतिमान के आचरणों का अनुकरण कर सीखने हेतु प्रेरित किया जाता है। जैसे–जैसे समाज विरोधी व्यक्ति मॉडेल के अच्छे आचरणों को सीखता जाता है, उसे क्रमशः बढ़ती हुई मात्रा में पुरस्कृत (reward in increasing order) भी किया जाता है।

(ii) इसके बाद समाज विरोधी व्यक्ति को मॉडल की अनुपस्थिति में (in absence of the model) आदर्श आचरण (good conduct) स्वयं करने के लिए कहा जाता है तथा क्रमशः अपने अच्छे व्यवहारों का मूल्यांकन (evaluation) करने एवं स्वयं को उसके अनुसार पुरस्कृत करने को भी कहा जाता है। अर्थात् व्यक्ति स्वयं अपने अच्छे आचरणों का मूल्यांकन कर स्वयं को पुरस्कृत (self rewarded) भी करता है। इस प्रकार, अपने व्यवहार करने, व्यवहार का मूल्यांकन करने तथा तदनुरूप पुरस्कृत करने का कार्य मॉडेल से व्यक्ति स्वयं पर क्रमशः स्थानांतरित (transfer) कर दिया जाता है।

(iii) जब व्यक्ति उपयुक्त एवं अपेक्षित व्यवहार स्वयं करने लगता है तब भौतिक पुरस्कार (material reward) धीरे–धीरे हटा लिया जाता है और इस प्रकार वह प्रतीकात्मक पुरस्कार (symbolic reward) द्वारा उचित व्यवहार करना सीख लेता है तथा उसके गलत आचरण नियंत्रित हो जाते हैं।

उपर्युक्त रीति से उपचार का मुख्य उद्देश्य समाज विरोधी व्यक्ति में 'स्व नियंत्रण' (self control) विकसित करना होता है, ताकि उनमें किसी बाह्य उत्तेजना (external stimulus) से नियंत्रित (controlled) होने की आवश्यकता न पड़े। ऐसा होने से व्यक्ति स्वतः सदाचार की भावना से निर्देशित (self directed by conscience) हो सकेगा। इस प्रकार व्यक्ति स्वयं अपने अंतःकरण द्वारा निर्देशित होकर सदाचारपूर्ण एवं सामाजिक रूप से हितकर व्यवहार करने लगेगा।

बहुधा यह भी देखा जाता है कि अनेक समाज विरोधी या मनोविकारी (anti-social or psychopaths) 40 वर्ष की उम्र के बाद स्वतः सुधर जाते हैं। ऐसा संभवतः इनकी जैविक प्रेरणाओं (biological drives) के कमजोर पड़ने अथवा अपने गलत आचरणों की बुराइयों एवं दुष्परिणामों की सूझ (insight) एवं सामाजिक अनुकूलता के संचयी प्रभावों (cumulative effects) के कारण होता है। ऐसे लोगों को 'मुरझाए हुए मनोविकारी' (burned out psychopaths) कहते हैं। 40 की उम्र के पहले तो वे अत्यंत ही खतरनाक (dangerous) होते हैं तथा समाज में आतंक उत्पन्न करते हैं। इनमें कुछ ऐसे भी होते हैं जो 40 की उम्र के बाद भी नहीं सुधरते और समाज के लिए सदैव खतरा बने रहते हैं तथा लोग आतंकित रहते हैं।

संक्षेप में हम कह सकते हैं कि समाज विरोधी व्यक्तियों में सुधार लाने हेतु किसी विशिष्ट चिकित्सा प्रविधि की उपयोगिता संबंधी यथेष्ट प्रमाण तो प्राप्त नहीं हो सके हैं, लेकिन व्यवहार–परिमार्जन संबंधी प्रविधियाँ कुछ हद तक प्रभावी सिद्ध हो सकती हैं। साथ–ही–साथ इस दिशा में आगे अनुसंधान करने की आवश्यकता है।

13.4 व्यक्तित्व की शीलगुण संबंधी विकृतियाँ (Personality Trait Disorders)

व्यक्तित्व संबंधी विकृतियों (personality disorders) के अंतर्गत मनोविकारी या समाजविरोधी (psychopath or anti-social) व्यक्तित्व के अलावा कुछ दूसरे प्रकार की विकृतियाँ भी आती हैं जो व्यक्तित्व के शीलगुणों (traits of personality) से संबंधित होती हैं। अतः इन्हें 'व्यक्तित्व की शीलगुण संबंधी विकृतियाँ' (personality trait disorders) कहते हैं। 'अमेरिकन मानश्चिकित्सक संघ' (American Psychiatrist Association—APA) ने अपने मैनुअल (manual) में ऐसी 15 प्रकार की विकृतियों की सूची जारी की है जिनके बारे में संक्षिप्त वर्णन यहाँ किया जा रहा है—

(i) स्थिर व्यामोही व्यक्तित्व (Paranoid personality)

इनकी प्रमुख विशेषताएँ—संदेही (suspiciousness), अतिसंवेदनशीलता (hypersensitivity), दृढ़ता (rigidity), ईर्ष्यालु (envying) आत्म प्रतिष्ठा का भाव तथा अपनी असफलताओं या त्रुटियों के लिए दूसरों को दोषी ठहराने की प्रवृत्ति (tendency to blame others for own failures) एवं संदर्भ के व्यामोह से पीड़ित रहना (suffering from reference delusion) है। व्यक्तित्व संबंधी इस रूप का व्यक्ति मूलतः संदेही (suspicious) प्रकृति का होता है। साथ ही, इनमें अति संवेदनशीलता (hypersensitivity), दृढ़ता (rigidity) एवं अति आत्म प्रतिष्ठा (excessive self importance) का भाव रहता है। अपनी असफलताओं के लिए प्रायः दूसरों को दोषी मानता है तथा संदर्भ के व्यामोह (delusion of reference) से पीड़ित होता है। ऐसे लोग दूसरों से प्रगाढ़ सांवेगिक संबंध (emotional relationship) बनाने अथवा उसे बनाए रखने में प्रायः विफल रहते हैं। ऐसे व्यक्ति सदा दूसरों की व्यंग्योक्ति (sarcasm) एवं फटकार (invective) से बचने का प्रयास करते हैं।

सामान्य व्यक्तियों में भी उपरोक्त लक्षणात्मक विशेषताएँ (symptomatic characteristics) पाई जाती हैं, लेकिन व्यक्तित्व संबंधी विकृत व्यक्ति में उपरोक्त लक्षण स्थायी तथा निरंतर स्वरूप (permanent and continuous nature) के होते हैं जबकि सामान्य व्यक्तियों में ये लक्षण यदा–कदा और वह भी क्षणिक समय के लिए दृष्टिगोचर होते हैं। यद्यपि ऐसे लोग कुछ सीमा तक (marginally) समायोजन बनाए रखने में सफल भी होते हैं, लेकिन ये एकांत में रहना पसंद करते हैं तथा दो–चार लोगों से भिन्नता भी बनाए रख सकते हैं। ये प्रायः विवाह नहीं करते अथवा यदि करते भी हैं तो उसका निर्वाह सफलतापूर्वक कर सकने में विफल होते हैं।

(ii) अस्थिर चित्त (अवसादी) व्यक्तित्व (Cyclothymic (depressive) personality)

इसमें 'उत्साह–विषाद' का मृदुल यानी साधारण रूप (milder form of manic depressive reactions) देखा जाता है। ऐसे व्यक्ति वैकल्पिक ढंग से (alternatively) कभी उत्साही चित्त (elated mood) तो कभी अवसादी चित्त (depressive mood) का प्रदर्शन करते हैं। उत्साह की अवस्था में वह उत्साहपूर्ण (enthusiasm), आकांक्षा वाला (ambitious), आशावादी (optimistic) सक्रिय एवं शक्तिशाली (active and energetic) दिखता है। अवसाद की अवस्था में वह उदासीन, चिंतित (worried), शक्तिहीन (low energy), निराशावादी (pessimistic) एवं अपने को व्यर्थ समझता है। इनके चित्त में यह परिवर्तन या झूलन (swing) बिना किसी प्रकार की बलाघाती परिस्थिति (without any stressing situation) के होता रहता है। अर्थात् चित्तवृत्ति (mood) का यह परिवर्तन स्वतः बिना किसी कारण से होता रहता है।

(iii) मनोविदलनाभ व्यक्तित्व (Schizoid personality)

व्यक्तित्व के इस रूप के व्यक्तियों के व्यवहार में एकांतप्रियता (seclusiveness), तीक्ष्ण संवेदनशीलता (over sensitivity), प्रतियोगिता से दूर भागने (avoidance of competition) अथवा घनिष्ठ संबंध स्थापित करने से दूर भागने (avoiding establishing close interpersonal relationships) एवं आत्म केंद्रित (ego centric) होने के गुण पाए जाते हैं। ऐसे व्यक्तियों में आमतौर पर दिवास्वप्न (day dreaming) और काल्पनिक चिंतन (autistic or imaginative thinking) की भरमार रहती है। हालाँकि इनमें वास्तविकता को समझने की सूझ रहती है, फिर भी वे बलाघातक परिस्थितियों (stressing situations) से दूर रहने की प्रतिक्रिया व्यक्त करते हैं।

'मनोविदलनाभ व्यक्तित्व' (schizoid personality) के व्यक्ति साधारणतः आमने–सामने (face to face) के संबधों में संतुष्टि का अनुभव नहीं करते। इसी विशेषता के कारण इन्हें कभी–कभी 'बंद व्यक्तित्व' का व्यक्ति (shut-in personality) भी कहा जाता है। इनकी मित्रता बहुत कम लोगों से रहती है तथा जिससे रहती भी है, वे इनके बारे बहुत ही कम जानकारी रखते हैं। अपने जान–पहचान के थोड़े से लोगों के बीच ये विषम अथवा विचित्र (peculiar) व्यक्ति के रूप में जाने जाते हैं। यदा–कदा इस प्रकार के व्यक्ति असाधारण बौद्धिक क्षमता (exceptional intellectual capacity) का भी परिचय देते हैं। इस प्रकार की प्रखरता (brilliancy) के बावजूद ऐसे लोग एकांत जीवन (isolated life) व्यतीत करना पसंद करते हैं तथा अप्रीतिकर (unhappy) रहते हैं। इसीलिए इन्हें 'एकांतप्रिय व्यक्ति' (seclusive person) भी कहा जाता है।

'मनोविदलनाभ व्यक्तित्व' (schizoid personality) के आरंभिक लक्षण (initial symptom) प्रायः बाल्यावस्था (childhood) में ही दृष्टिगोचर होने लगते हैं। बच्चों की एकांतप्रियता तथा एकांतप्रियता में खलल पड़ने (disturbance in the seclusiveness) के कारण बच्चों में उत्पन्न क्षोभ या चिड़चिड़ापन (irritability) से व्यक्तित्व में इस प्रकार की विकृति के आरंभिक संकेत मिलते हैं।

साधारण मनोविदलनाभ (mild schizoid) प्रायः अपने वातावरण के साथ सामान्य रूप से समायोजनशील (normally adaptive) रहते हैं। लेकिन, जब विकृति गंभीर रूप की होती है तो चिकित्सकीय सहायता आवश्यक हो जाती है।

(iv) विस्फोटक व्यक्तित्व (Explosive personality)

इनके व्यवहार में वाचिक (verbal) अथवा क्रियात्मक (active) रूप से आक्रामक (aggressive) क्रोध की प्रतिक्रियाएँ पाई जाती हैं। ये बरबस बरस पड़ते हैं। इनका बरबस बरस पड़ना (outburst) स्पष्टतः सामान्य लोगों से भिन्न स्वरूप का होता है तथा बाद में ये इसके लिए पश्चाताप (repent) भी करते हैं। सामान्य भाषा में ऐसे लोगों को अति क्रोधी अथवा अति प्रतिक्रियावादी (over reactive) कहा जाता है। इनके अचानक तीव्र रूप से बरस पड़ने (intensive outburst) के कारण ही इन्हें सामान्य लोगों से 'परे' या भिन्न समझा जाता है।

चूंकि ऐसे लोगों के व्यवहार में क्रोध एवं विद्रोह (anger and rebel) करने की प्रवृत्ति पाई जाती है, इसीलिए इन्हें आक्रामक व्यक्तित्व (aggressive personality) का व्यक्ति भी कहा जाता है। ऐसे लोग जीवन की प्रत्येक निराशा को अपमान (affront) के रूप में लेते हैं जिसके कारण इनकी प्रतिक्रियाओं (reactions) में क्षोभशीलता (irritability), गुस्सा, विस्फोटकता (outburstness) के गुण पाए जाते हैं तथा इनका व्यवहार विध्वंसक (destructive) स्वरूप का होता है।

'विस्फोटक व्यक्तित्व' के व्यक्तियों के व्यवहार प्रतिरूपों (behaviour patterns) में भिन्नताएँ (differences) भी पाई जाती हैं। इस समूह (group) की विकृति का एक रूप निष्क्रिय आक्रामकता (passive aggressiveness) भी है। इस रूप की विशेषता यह होती है कि ये विद्रोह (rebel) निष्क्रिय (inactive) अर्थात् अकर्मण्य ढंग से करते हैं, जैसे–हठ करना (to be stuborn), प्रतिरोध करना (to resist), रूठना (to be sullen), विद्वेषपूर्ण व्यवहार करना (to behave spitefully) आदि। व्यवहार के इन प्रतिरूपों को नकारात्मक तरीके का आक्रामक व्यवहार (aggressive behaviour in a negative way) की श्रेणी में रखा जाता है।

(v) मनोग्रस्ति बाध्यता व्यक्तित्व (Obsessive compulsive personality)

इस प्रकार के व्यक्ति के व्यवहारों में अपने कर्तव्य एवं सदाचार के आदर्शों (duties and norms of conscience) के प्रति दृढ़ता (ridigity) का गुण पाया जाता है जो अतिशय स्वरूप का होता है। ये अपने कर्तव्यों (duties) के प्रति इतने अधिक सचेत (conscious) रहते हैं कि थोड़ी देर के लिए भी आराम नहीं करते। इनमें साधारण रूप की मनोग्रस्ति–बाध्यता (obsessive compulsive) के लक्षण पाए जाते हैं जिसके कारण आगे चलकर इस मनोरोग से पीड़ित भी होते हैं।

(vi) उन्मादी व्यक्तित्व (Hystrical personality)

उन्मादी व्यक्तित्व संबंधी विकृति में अपरिपक्वता (immaturity), उत्तेजनात्मकता (excitability), संवेगात्मक अस्थिरता (emotional instability) एवं स्वनाटकीयता (self dramatization) की विशेषता प्रमुख होती है। ये प्रायः आत्म केंद्रित (self centred) होते हैं। इनकी 'स्वनाटकीयता' (self dramatization) का मुख्य उद्देश्य दूसरों के ध्यान को अपनी ओर आकर्षित करना (to attract the attention of others) होता है। ये सदैव दूसरों से अपने व्यवहारों की स्वीकृति की चाहत भी रखते हैं।

(vii) कृशकाय व्यक्तित्व (Asthenic personality)

इस प्रकार की विकृति में साधारण रूप की मनःस्नायु दुर्बलता (neurasthenia) के लक्षण पाए जाते हैं। व्यक्ति की कार्यशक्ति (work energy) में कमी आती है तथा शीघ्र ही थकान का अनुभव करता है। उसमें उत्साह की कमी तथा वह शारीरिक एवं संवेगात्मक दबाव के प्रति अतिसंवेदनशील (over sensitivity to physical and emotional strain) रहता है।

(viii) निष्क्रिय आक्रमण व्यक्तित्व (Passive aggressive personality)

इनमें निष्क्रियता (passivity) एवं आक्रामकता (aggressiveness)–दोनों तरह की विशेषताएँ पाई जाती है। इनके आक्रामक व्यवहार प्रायः उग्र रूप के नहीं होते, अपितु जान–बूझकर (knowingly) अपने को अकुशल (inefficient) बतलाकर बाधा उपस्थित (obstruct) कर, तथा दीर्घसूत्रता (procrastination) एवं बच्चों की तरह हठ (pouting) द्वारा अपनी आक्रामकता (aggressiveness) को व्यक्त करते हैं। इनके व्यवहार में घृणा या द्वेष के भाव के संकेत मिलते हैं, लेकिन उन्हें प्रकट करने का साहस नही होता। इनके व्यवहार के ये प्रतिरूप प्रायः इनके अंतःपारस्परिक संबधों (interpersonal relations) अथवा कार्य संस्थानों (institutional relationships) में प्राप्त निराशाओं से संबंधित होते हैं।

(ix) अपूर्ण या अपर्याप्त व्यक्तित्व (Inadequate personality)

इनके व्यवहार में दबावपूर्ण या बलाघातों (pressures or stress) जैसी स्थितियों में अप्रभावकारी (ineffective) प्रतिक्रिया (reaction) की विशेषता पाई जाती है। खासकर, संवेगात्मक (emotionally), बौद्धिक (intellectual), सामाजिक (social), भौतिक (physical), माँगों (demands) के प्रति ये प्रभावहीन प्रतिक्रयाएँ (ineffective reactions) करते हैं। ऐसे व्यक्ति मानसिक रूप से दुर्बल (mentally retarded) अथवा शारीरिक रूप से अयोग्य (physically deficient) नहीं होते। फिर भी ये सही निर्णय करने अथवा अच्छी तरह समायोजित होने में विफल होते हैं।

(x) आश्रित व्यक्तित्व (Dependence personality)

साधारणतः जन्मोपरांत प्रत्येक व्यक्ति आश्रितावस्था (state of dependency) से क्रमशः स्वतंत्रावस्था (state of independence) को प्राप्त करता है। इस तरह, प्रत्येक व्यक्ति सामान्यतया स्वतंत्र विचार रखने लगता है तथा स्वतंत्र रूप से निर्णय लेने में सक्षम होता है। लेकिन, त्रुटिपूर्ण पालन–पोषण (rearing) अथवा विकास के क्रम में कुछ विशेष परिस्थितियों के कारण स्वतंत्रता (independence) का विकास बाधित होता है। फलस्वरूप, व्यक्ति

वयस्क होने पर भी साधारण–से–साधारण कार्यों या निर्णय लेने के लिए अपने माता–पिता या दूसरे लोगों पर निर्भर करने लगता है। इस प्रकार के व्यक्तित्व (personality) को ही 'आश्रित व्यक्तित्व' (dependence personality) कहा जाता है।

इस प्रकार के व्यक्ति में बच्चों की तरह दूसरों से लिपटने या चिपके रहने की प्रवृत्ति (tendency to cling to others) पाई जाती है। वे किसी प्रकार के उत्तरदायित्व (responsibility) से भागते हैं अथवा लेना नहीं चाहते, स्वयं निर्णय लेने की क्षमता का अभाव पाया जाता है, वे प्रायः चिंतित दिखते हैं (shows anxiety) तथा व्यवहार निष्प्रभावी (ineffectual) होता है। खासकर जहाँ व्यक्तिगत उपक्रम (personal initiative) जरूरी (desired) हो, वहाँ वे स्वयं कोई उपक्रम (initiative) नहीं करते हैं।

(xi) चिंता परिहार (Anxious avoidance)

कुछ लोग चिंता से भागने अथवा उससे अपने को बचाने हेतु कुछ असामान्य प्रतिक्रियाएँ (abnormal reactions) अर्जित (acquire) कर लेते हैं। इसे ही 'चिंता परिहार' (anxiety avoidance) कहते हैं। इनकी ये असामान्य प्रतिक्रियाएँ (abnormal reactions) बार–बार प्रतिबलित (reinforced) होते रहने के कारण उनके व्यक्तित्व का स्थायी शीलगुण (personality traits) के रूप में विकसित हो जाता है और इस प्रकार, यह गुण व्यक्ति के व्यक्तित्व को विकृत स्वरूप प्रदान करता है।

इस शील गुण का व्यक्ति मूलतः (basically) अपने को 'अयोग्य' (incapable) समझता है। फलतः वह सामान्य दैनिक जीवन की साधारण समस्याओं के जोखिमपूर्ण (risky) होने की आशंकाओं से पीड़ित होता है। वह उसे संकटपूर्ण (critical) समझता है जिससे चिंतित (anxious) होकर सुरक्षात्मक मनोरचनाओं (defensive mechanisms) का सहारा लेना की प्रतिक्रिया (reaction) करता है। नतीजतन वह पराजित या हारा हुआ (self defeating) जैसा हो जाता है जो उसके सामान्य वैयक्तिक जीवन के विकास के लिए बाधक होती है इस व्यक्तित्व का व्यक्ति अंतःपारस्परिक संबंध को बनाए रखने अथवा स्थापित करने में विफल होता है उसका 'आत्मजीवन' (self life) दुःखमय (unhappy) अथवा असंतुष्ट (dissatisfied) रहता है।

'चिंता परिहार' (anxious avoidance) को असामान्य व्यक्तित्व की श्रेणी में इसलिए रखा जाता है कि जीवन के जिन दबावों (pressures), या बलाघातों (stresses) से एक सामान्य व्यक्ति कुशलतापूर्वक (effectively) निबटने (to cope with) के लिए तैयार रहता है, चिंतित नहीं होता अथवा घबराता नहीं है, ऐसी समस्याओं से भी इस तरह का व्यक्ति दूर भागने की प्रतिक्रिया (avoidant reaction) करता है।

इस तरह व्यक्ति अत्यंत ही उच्चस्तरीय (high degree) आशंकाओं (apprehension), तनाव (tension) एवं दुःख (unhappiness) से ग्रस्त रहता है। उसे अच्छी नींद (good sleep) नहीं आती तथा प्रायः चिंतित (anxious) एवं अवसादी मुद्रा (depressive mood) में दिखता है। साथ ही, उसमें आमाशय या अन्यान्य शारीरिक रोगों के लक्षण विकसित होते हैं।

(xii) मनोविच्छेदी व्यक्तित्व (Dissociative personality)

'मनोविच्छेदी व्यक्तित्व' एक विरल (rare) किस्म का प्रतिक्रियात्मक प्रतिरूप (reaction pattern) है जिसमें व्यक्ति की स्वयं की पहचान (self identity) धुंधली (dim) हो जाती है। फलतः वह कौन है?, कहाँ रहता है?, क्या काम करता है? इत्यादि व्यक्तिगत पहचान संबंधी विवरण (personal identity details) भ्रांतिपूर्ण (confused) अथवा विस्मृत (forgotten) हो जाते हैं। इस तरह की अवस्था को 'स्मृति लोप' (amnesia) कहते हैं। व्यक्ति की यह अवस्था अल्पकालिक (short lived) अथवा कुछ लंबे समय तक (प्रायः कुछ घंटे, दिन, सप्ताह या महीना) भी जारी रहती है। 'स्मृति लोप' (amnesia) द्वारा व्यक्ति वास्तविकता के दुःखद पक्षों (painful aspects of reality) से अपने को अलग रखने एवं चिंता के कारण उत्पन्न तनाव (tension) का परिहार करने अथवा उसे कम करने (to reduce) का अचेतन प्रयास (unconscious effort) करता है।

'मनोविच्छेदी व्यक्तित्व' की दूसरी महत्वपूर्ण विशेषता स्वयं को लुप्त करना (fugue) है। अर्थात् व्यक्ति चेतनहीन अवस्था में (in nonconscious state) अचानक कहीं चला जाता है और अपना नाम, व्यवसाय आदि सब कुछ बदल लेता है। इस प्रकार की लुप्तावस्था (state of being fugued) एक सामान्यीकृत प्रतिक्रिया (generalized reaction) है जिसमें व्यक्ति के संपूर्ण अनुभव क्षेत्र (entire area of life experiences) सम्मिलित हो जाते हैं। 'स्मृतिलोप' (amnesia) की अवस्था का अनुसरण शारीरिक रूप से (physically) स्वयं को लुप्त करने की अवस्था द्वारा होता है। (is followed by fugue)।

'मनोविच्छेदी व्यक्तित्व' (dissociative personality) की तीसरी प्रमुख प्रतिक्रिया 'बहुव्यक्तित्व' (multipersonality) के रूप में प्रकट होती है। अर्थात् व्यक्ति के व्यक्तित्व का केंद्रीय घटक (central component)—'स्व' (self) की मौलिकता द्विगुणी (दोहरा—duplicate) अथवा बहुगुणी (multiple) रूप में बँट जाता है, जो वैकल्पिक ढंग से (alternatively) अलग–अलग प्रकार के व्यक्तित्व का बोध कराते हैं। ऐसे लोग प्रायः विचित्र (peculiar) व्यक्ति के नाम से जाने जाते हैं। दैनिक जीवन में इस प्रकार के लोगों से यदा–कदा हमारी मुलाकातें भी होती हैं, जो क्षण–प्रतिक्षण अपना विचार (idea) या व्यवहार (behaviour) बदलते रहते हैं। जैसे—कोई व्यक्ति अपनी पत्नी को एक क्षण–विशेष में भरपूर स्नेह देता है और दूसरे ही क्षण क्रूरतापूर्वक निर्दयी व्यवहार करता है। इस प्रकार के व्यक्ति का व्यवहार निश्चित नहीं रहता। वे कभी किसी बात का समर्थन करते हैं तो तुरंत विरोध भी करने लगते हैं। इसलिए, वे किसी भी परिस्थिति का डटकर सामना करने का साहस (courage to stand up) नहीं रखते।

'मनोविच्छेद' (dissociation) का यह अत्यंत ही 'अतिशयकारी' (extreme) रूप है। यह स्थिति आंतरिक विरोधी स्वरूप की प्रेरणाओं (inner cotradictory nature of motives), स्व की पहचान एवं भूमिका (self identity and roles) के कारण आती है। व्यक्ति बहु (multiple) या द्वितीयक (double) व्यक्तित्व के द्वारा वैकल्पिक रीति के माध्यम से विरोधी स्वरूप की प्रत्येक प्रेरणा को संतुष्ट करने का प्रयास करता है।

(xiii) सीमा रेखा का व्यक्तित्व (Border line personality)

व्यक्तित्व की समायोजनशीलता (personality adjustivity) वातावरणीय माँगें (environmental demands) एवं व्यक्तित्व के संघटकों (components of personality) की आनुपातिक उपयुक्तता (proportional adequacy) पर निर्भर करती है। समायोजन की कुशलता एवं अकुशलता (effectiveness and ineffectiveness of adjustment) के बीच कोई दृढ़ विभाजक रेखा (hard dividing line) नहीं खींची जा सकती। व्यक्तित्व की समायोजनशीलता (adjustability) एवं कुसमायोजनशीलता (maladjustability) की विशेषताओं को एक निरंतर मापनी (continuum scale) पर मात्रात्मक भिन्नता (difference in degree) के अनुसार वितरित (distribute) कर दर्शाया जा सकता है। इस मापनी के ठीक मध्य यानी बीच (centre) में जनसंख्या के अधिकतर लोगों का समूह (cluster of majority) होता है। जिन्हें आमतौर पर सामान्य रूप से समायोजी व्यक्तित्व (normally adjustable personality) की श्रेणी में रखा जाता है। इस केन्द्र के दाहिनी ओर (at the right side) मात्रानुसार क्रमशः बढ़ते हुए कुशलतापूर्वक समायोजनशील (effectively adaptive) व्यक्तियों को रेखांकित कर सकते हैं। ठीक इसी तरह केन्द्र की बाईं ओर मात्रानुसार क्रमशः घटते हुए अकुशल व्यक्तित्व (in effective adaptive personality) को रखा जा सकता है, जैसा कि चित्र 13.1 में दिखाया गया है।

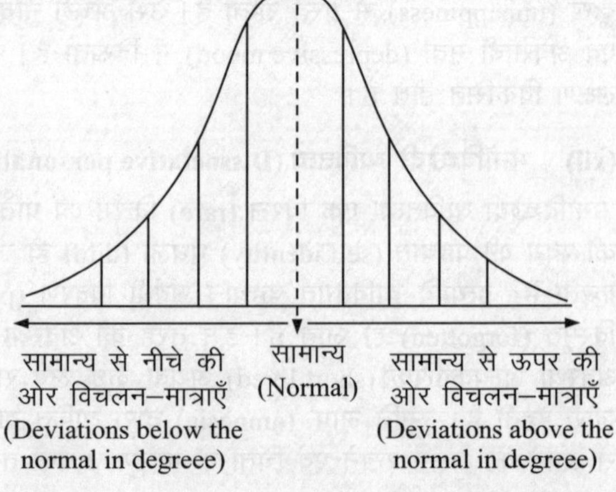

चित्र 13.1 'सामान्य एवं सामान्यता' से विचलन की मात्राएँ।

ऊपर के चित्र के केन्द्र में सामान्य रूप से समायोजनशीलन (normally adapted) व्यक्तित्व को दिखलाया गया है जिसका प्रसार दोनों तरफ के तीर के निशान द्वारा दिखलाया गया है। केन्द्र की इस प्रसार सीमा तक के व्यक्ति के व्यक्तित्व में सामान्य रूप से समायोजन की योग्यता रहती है। लेकिन, इन सीमाओं से दोनों दिशाओं में क्रमशः मात्रात्मक रूप से अभियोजनशीलता (adaptability) का विचलित स्वरूप (deviant form) लक्षित होता है। केन्द्र से दाईं तरफ का विचलन क्रमशः बढ़ते हुए अथवा उच्च रूप के प्रभावशाली (effective) समायोजन का सूचक है, जबकि दाईं तरफ का विचलन क्रमशः घटते हुए अथवा गंभीर रूप से कुसमायोजन (maladjustment) का सूचक है।

सामान्य समायोजन (normal adjustment) के दोनों तरफ के प्रसार बिंदु या रेखा (range point or line) पर अवस्थित (situated) लोग सीमांत या सीमारेखा (border line) व्यक्तित्व रखते हैं। इनमें वातावरण के दबाव (stress) से प्रभावित होने पर विचलित होने की (to deviate) उच्च संवेदनशीलता (high sensitivity) पाई जाती है। अतः असामान्य (abnormal) होने की प्रबल संभावना (high probability to be abnormal) रहती है। यदि इस सीमांत बिंदु (border point) पर अवस्थित व्यक्तियों का जीवन दबाव या बलाघात रहित (without stress) रहता है। अथवा उससे निबटने के भरपूर संसाधन (adequate resources) उपलब्ध रहते हैं, अर्थात् उससे निबटने में सक्षम (capable) हैं तो समायोजन की दिशा में उनकी कुशलता (effectiveness in the direction of adjustment) या तो उत्तरोत्तर (successively) बढ़ती जाती है अथवा स्थिर रहती है (either increases or remain stable)।

व्यक्तित्व के निरंतरता मापक (continuum scale of personality) पर उपस्थित ऐसे ही लोगों को 'सीमा रेखा का व्यक्तित्व' (border line personality) कहते हैं। ऐसे लोगों का व्यक्तित्व सकारात्मक (positive) अथवा निषेधात्मक (negative) किसी भी दिशा में (in any direction) वातावरण की माँगों (environmental demands) से प्रभवित होकर उन्मुख (oriented) हो सकता है।

(xiv) आवेशी व्यक्तित्व (Impulsive personality)

व्यक्तित्व संबंधी विकृति (personality disorder) का एक और प्रतिरूप (pattern) आवेश की प्रकृति (impulsive nature) है। यह वस्तुतः व्यवहार में संवेगात्मकता (emotionally) की अवस्था है जिसमें व्यक्ति किसी अवास्तविक लक्ष्य (unreal goal) को प्राप्त करने हेतु अपारंपरिक (non conventional) व्यवहार करता है। ऐसे व्यक्तियों में उतावलापन (hastiness) की विशेषता सर्वाधिक प्रधान रूप में पाई जाती है। ऐसे लोग बहुधा वर्तमान में ही जीवन का सर्वस्व समझते हैं तथा वर्तमान सुख (present pleasure) के सिद्धांत द्वारा ही इनका व्यवहार निर्देशित (directed) होता है। ये भविष्य के परिणाम की चिंता बिल्कुल नहीं करते। इस व्यक्तित्व के लोगों की एक और विशेषता यह होती है कि ये 'विचलित यौन व्यवहार' (deviant sexual behaviour) में अभिरुचि रखते हैं जो सामाजिक मान्यताओं के विपरीत होते हैं यानी विरुद्ध होते हैं। इनमें निर्णय करने की क्षमता (capacity to take decisions) अत्यंत ही दुर्बल (poor) होती है तथा आवेशपूर्ण व्यवहार (impulsive behaviour) करते हैं। फलस्वरूप, इनका जीवन खुशहाल नहीं रहता, दिनचर्या (routine), अनियमित एवं अस्तव्यस्त रहती है तथा अपने निवास का स्थान सदैव बदलते रहते हैं। नौकरी में भी एक जगह ठीक से टिक नहीं पाते। इनका जीवन वस्तुतः हाजिर जवाबी (by wits) अथवा दूसरों की बदौलत (support by others) ही चलता है। ये अपने आवेश पर संयम या नियंत्रण नहीं रख पाते। अतएव, व्यवहार के माध्यम से संवेगों का प्रकाशन अत्यंत ही सहज ढंग से अपने–आप (spontaneously) होता है।

(xv) व्यक्तित्व की अन्यान्य विकृतियाँ (Other personality disorders)

इस श्रेणी के अंतर्गत अपरिपक्व (immatured) एवं निष्क्रिय रूप से आश्रित (passive dependent) व्यक्तित्व को शामिल किया जाता है। यहाँ यह उल्लेखनीय होना चाहिए कि विकृत व्यक्तित्व (disordered personality) के

विभिन्न प्रकार स्पष्ट रूप से एक–दूसरे से भिन्न नहीं होते। इन सभी प्रकारों के नैदानिक स्वरूप (clinical picture) यानी लक्षण (symptoms) एक–दूसरे से मिलते–जुलते स्वरूप के होते हैं।

13.4.1 चिकित्सा या उपचार (Treatment or Therapy)

व्यक्तित्व की शीलगुण संबंधी विकृतियों की चिकित्सा हेतु प्रायः व्यवहार–परिमार्जन (behaviour modification techniques) का उपयोग किया जाता है। इन प्रविधियों का सविस्तार वर्णन अध्याय 16 में किया गया है।

13.5 चारित्रिक विकृतियाँ (Character Disorders)

चारित्रिक विकृतियाँ भी समाज विकारी (sociopathic) विकृतियों (disorders) की ही श्रेणी में आती हैं क्योंकि इनके व्यवहार प्रतिरूप भी सामाजिक नियमों, आदर्शों एवं मूल्यों (social laws, norms and values) के विपरीत होते हैं तथा चारित्रिक रूप से विकृत व्यक्तियों को समायोजन संबंधी कठिनाइयों (adjustment difficulties) का सामना करना पड़ता है।

चारित्रिक विकृति के अंतर्गत आचरण संबंधी अनेक त्रुटियाँ आती हैं। असामान्य व्यवहार के इस प्रतिरूप को चारित्रिक दोष (character defect) भी कहा जाता है। इसके अंतर्गत यौन दुराचरण (sex perversions), अपराधी/बाल अपराधी व्यवहार (criminal/delinquent behaviours), बाध्य जुआरी (compulsive gambler), मद्य व्यसनिता एवं मद्यपान व्यसन (alcoholism and alcoholic addiction), मादक द्रव्य व्यसन (drug addiction) आदि प्रमुख व्यक्तित्व संबंधी अथवा आचरण संबंधी त्रुटियाँ (character defects) आती हैं।

'चारित्रिक विकृतियाँ' (character disorder) वस्तुतः व्यक्तित्व–संबंधी विशेषताओं को इंगित करती हैं जो व्यक्ति के मानसिक जगत के संघर्षों (conflicts of mental world) एवं तनावों (tensions) का संकेत देती हैं। इस अर्थ में चारित्रिक विकृतियाँ मानसिक विकृति का ही एक रूप है। परंतु, अन्य मानसिक विकृतियों यथा न्यूरॉसिस, मनोविकृति अथवा मानसिक दुर्बलता से यह विकृति भिन्न स्वरूप की है। मानसिक रोगों (न्यूरॉसिस या मनोविकृति एवं दूसरे मानसिक रोग) में व्यक्ति की संज्ञानात्मक (cognitive), क्रियात्मक (motor) एवं भावात्मक (affective) प्रक्रियाओं में विकृति आती है, जिसके कारण इन प्रक्रियाओं में समन्वय (coordinate) का अभाव पाया जाता है। लेकिन, चारित्रिक दोषों में ये बातें नहीं पाई जातीं। चारित्रिक दोष वाले व्यक्ति बिल्कुल सामान्य (totally normal) होते हैं तथा इनका व्यक्तित्व भी सुसंघटित (well integrated) होता है। इनमें केवल आत्मनियंत्रण (self control) और सदाचार की भावना (conscience) का अभाव रहता है। इसीलिए, इनके मानसिक संघर्ष और निराशाएँ बरबस चरित्र संबंधी दोषों के रूप में प्रकट होते हैं। इस प्रकार, मनोवैज्ञानिक दृष्टि से चरित्र संबंधी दुर्गुणों से व्यक्ति के मानसिक संघर्षों (mental conflicts), तनावों (tensions) एवं संवेगात्मक अनुभवों (emotional experiences) के बारे में संकेत (signal) मिलते हैं जिनके बारे में अध्ययन कर इन्हें दूर करने अथवा कम करने के उपाय किए जाते हैं।

अब इन चारित्रिक विकृतियों के कुछ महत्वपूर्ण रूपों (important forms) का वर्णन एक–एक कर किया जा रहा है।

13.5.1 यौन दुराचरण या विकृतियाँ (Sexual Perversions)

13.5.1.1 स्वरूप (Nature)

मनोविकारी अथवा चारित्रिक विकृतियों के विभिन्न प्रतिरूपों (different patterns of psychopathic or character disorders) में यौन विचलन (sexual deviations) अथवा विकृत यौन–व्यापार (pathological sex practices)

एक अत्यंत ही महत्वपूर्ण एवं ज्वलंत समस्या है। यह ज्वलंत समस्या इसलिए है कि सामाजिक दृष्टिकोण से यह अत्यंत ही संवेदनशील समस्या है जो दिन–प्रतिदिन बढ़ती जा रही है तथा इसके कारण सामाजिक दुर्व्यवस्था उत्पन्न होती है क्योंकि इससे समाज के नैतिक आदर्शों (moral norms) का हनन होता है।

सामान्य रूप से यौनेच्छाओं (sexual desires) की पूर्ति हेतु परस्पर दो विपरीत लिंग (opposite sex) वाले व्यक्ति अपनी जननेन्द्रियों (sex organs) को एक–दूसरे से मिलाकर मैथुन क्रिया (coitus) करते हैं। परंतु कुछ लोग इस सामान्य प्रतिरूप से परे एवं भिन्न तरीकों से यौन आनंद प्राप्त करते हैं। जैसे–कुछ लोग समजातीय अर्थात् अपने ही लिंग के दूसरे व्यक्ति के साथ संभोग (intercourse) करते हैं, कुछ लोग जननेंद्रियों की जगह शरीर के दूसरे भाग यानी अंग को ही यौन क्रिया का आधार बना लेते हैं तो कुछ लोग मुर्दों के साथ यौन क्रिया करते हैं। यौन क्रिया के इन विचलित रूपों (deviated forms) को ही 'यौन विचलन' (sexual deviations) अथवा 'यौन विकृति' (sexual perversions) कहते हैं।

13.5.1.2 यौन विकृति के प्रकार (Kinds of Sexual Perversions)

यौन विकृति सामान्यतः दो प्रकार की होती हैं–

(क) काम आधार संबधी विकृतियाँ (Perversions related to sex objects) एवं

(ख) काम उद्देश्य संबंधी विकृतियाँ (Perversions related to sex aims)

(क) काम आधार संबंधी विकृतियाँ (Perversions related to sex objects): यौन विकृति के इस रूप की मुख्य विशेषता यह होती है इसमें यौन संतुष्टि (sexual satisfaction) का आधार–अंग (sex objects) बदल जाता है। सामान्यतः पुरुष अपने शिश्न (penis) एवं स्त्रियाँ अपनी गुप्तांग (vagina) को ही आधार–अंग (sex object) के रूप में उपयोग में लाती हैं।

लेकिन, व्यक्ति जब इन निर्धारित अंगों की जगह गुदाद्वार (anus), मुँह (mouth), मुर्दा (corpse) इत्यादि को काम इच्छा का आधार (object of sex desire) बनाता है तो उसका यह आधार सामान्य से परे या भिन्न कहलाएगा तथा इन आधारों द्वारा यौन संतुष्टि की क्रिया 'विकृत यौन क्रिया' (perverted sexual act) कही जाएगी। इसके अंतर्गत निम्नलिखित मुख्य प्रतिरूपों की विकृतियाँ प्रधान हैं–

(i) फेटिशिज्म (Fetishism)

(ii) लैंगिक गुदाद्वार विकृति (Sexual analism)

(iii) हस्तमैथुन (Masturbation)

(iv) मुख–लिंग विकृति (Sexual oralism)

(v) समजाति लैंगिकता (Homosexuality)

(vi) पशुलैंगिकता (Beastility or zoophilia)

(vii) शव लैंगिकता (Necrophilia)

(viii) बाल लैंगिकता (Paedophilia or infantile sexuality)

(i) फेटिशिज्म (Fetishism): यह एक अत्यंत ही सामान्य वर्ग का यौन विचलन (sexual deviation) है जो प्रायः युवा वर्ग के पुरुषों में अधिकतर पाया जाता है। इस प्रकार की विकृति में व्यक्ति दूसरे व्यक्ति के प्रति आकर्षित नहीं होता, अपितु उसके शरीर के किसी अंग विशेष (towards a part of the body of the person), जैसे–पैर (legs), बाँह (arms) इत्यादि अथवा व्यक्ति का प्रतिनिधित्व करने वाली कोई वस्तु, जैसे–जूते (shoes), दस्ताना

(gloves), बटुआ (purse), अधोवस्त्र (undergarments) आदि को ही काम (sex) संबंधी प्रेरणा का मुख्य आधार बनाते हैं। शरीर के अंग विशेष अथवा वस्तु–जो इस विकृति से ग्रस्त व्यक्तियों के लिए यौन आधार (sex object) बनते हैं–को ही 'फेटिश' (fetish) कहते हैं। यों तो शरीर का कोई भी भाग या अंग 'फेटिश' हो सकता है लेकिन, बहुधा पैर (foot), कंधा (shoulder), जूते (shoes), मोजे (socks), अधोवस्त्र (undergraments) अथवा इसी तरह की शरीर के साथ घनिष्ठ रूप से संबंधित वस्तुएँ ही ऐसे विकृत व्यक्तियों के लिए काम वासना उत्पन्न करने तथा काम संतुष्टि (sexual gratification) के आधार होते हैं। कभी–कभी समाचार पत्रों में स्त्रियों की पैंटी (panty) अथवा ब्रेसियर्स (brassiers) के चुराए जाने के समाचार पढ़ने को मिलते हैं तथा जब चुराने वाले पकड़े जाते हैं तो उनके पास से ऐसी वस्तुएँ प्रचुर मात्रा में बरामद होती हैं। 'फेटिश्ट्स' (fetistists) आमतौर पर इन वस्तुओं को स्पर्श कर, सूंघकर, चखकर अथवा अपने शरीर से चिपकाकर कामोत्तेजित (sexually excited) होते हैं और तब हस्तमैथुन (masturbation) की क्रिया कर–अपनी पिपासा को संतुष्ट करते हैं तो यह फेटिशिज्म कहलाएगा। मनोविश्लेषकों (psychoanalyst) के अनुसार साधारणतः 'फेटिश' (fetish) यौन अवयव का प्रतीक (symbol) होता है। 'फ्रायड' (Freud) ने कुछ मामलों का विश्लेषण कर यह स्पष्ट किया है कि 'जूता' (shoes) स्त्रियों की जननेंद्रिय (sex organ) का एक सुंदर प्रतीक है।

कुछ अध्ययनों से यह भी पता चलता है कि समजाति लैंगिकता (homosexuality) और 'फेटिशिज्म' (fetishism) में बहुत कुछ समानता पाई जाती है। हालाँकि जब तक व्यक्ति के पास फेटिश रूप वस्तुएँ रहती हैं, तब तक न तो वह सामान्य यौन व्यापार से संलग्न होता है और न प्रत्यक्ष रूप से समजाति लैंगिकता का ही प्रदर्शन करता है।

'फेटिशिज्म' की विकृति अधिकतर पुरुषों में पाई जाती है। लेकिन कुछ स्त्रियाँ भी इस विकृति से ग्रस्त मिलती हैं। सामान्य व्यक्तियों (normal individuals) में भी 'फेटिशिज्म' का गुण कुछ हद तक देखा जाता है। जैसे–अपनी प्रियतमा की आँखों को टकटकी लगाकर देखते रहना, उसकी तस्वीर को बार–बार चूमना (kissing), उसके द्वारा भेंट स्वरूप दिए गए रूमाल से प्राप्त सेंट की गंध से उत्तेजित होना आदि सामान्य स्तर के 'फेटिशिज्म' के ही द्योतक हैं। इस तरह के सामान्य 'फेटिशिज्म' का गुण स्त्रियों में भी पाया जाता है।

मनोविश्लेषणवादी मनोवैज्ञानिकों (psycho analysts) के अनुसार, फेटिशिज्म का एक प्रधान कारण बधियाकरण से संबंधित भय (castration fear) है। फेटिश वस्तुएँ स्त्री जाति के शिश्न (penis) से संबंधित काल्पनिक अचेतन विचारों का प्रतिनिधित्व करती है (fetish represents the unconscious idea of the imagined female penis)। फेटिश व्यक्ति प्रायः वे होते हैं जो स्त्री जाति के जननेंद्रिय के स्वरूप से घबराए हुए या भयभीत रहते हैं। वे यह मान लेते हैं कि स्त्रियों के शिश्न का बधियाकरण हो गया रहता है। अतः उनके साथ मिलने पर स्वयं के बधिया हो जाने का भय से ग्रस्त रहते हैं। यही कारण है कि फेटिश वस्तुओं को ही काम–संतुष्टि का आधार बनाते हैं।

(ii) लैंगिक गुदाद्वार विकृति (Sexual analism): इस विकृति से ग्रस्त व्यक्ति स्त्रियों के गुप्तांग (vagina) के स्थान पर गुदाद्वार (anus) का उपयोग संभोग क्रिया (intercourse activity) के लिए करता है। समजाति लैंगिकता (homosexuality) में भी गुदाद्वार का ही उपयोग किया जाता है लेकिन, इसमें यौन क्रिया के दोनों सहभागी (partners) समजाति लिंग के होते हैं जबकि लैंगिक गुदाद्वार विकृति (sexual analism) में दोनों सहभागी विपरीत लिंग (opposite sex) के होते हैं। फिर भी गुप्तांग की जगह गुदाद्वार का उपयोग किया जाता है। अर्थात् यहाँ यौन क्रिया हेतु जननेंद्रियों (genitals) के रूप में अस्वाभाविक अवयव (unnatural organ)–गुदाद्वार (anus) को चुना जाता है।

इसके कारण के संबंध में **'फ्रायड'** (Freud) ने मनोलैंगिक विकास के क्रम में (in the process of psychosexual development) स्थिरीकरण (fixation) एवं प्रतिगमन (regression) के आधार पर व्याख्या की है। वस्तुतः इस विकृति का विकास समजाति लैंगिकता (homosexuality) की प्रवृत्ति से होता है। इसलिए समजाति लैंगिकता के कारण भी इस विकृति की पृष्ठभूमि में रहते हैं।

(iii) हस्तमैथुन (Masturbation): यह एक प्रचलित विकृति (perversion) है। लगभग प्रत्येक व्यक्ति (स्त्री या पुरुष) अपने जीवन काल की किसी–न–किसी अवधि या अवस्था में हस्तमैथुन (masturbation) द्वारा काम–इच्छा (sexual desire) की पूर्ति करता है। 'हस्तमैथुन' एक तरह से यौन व्यापार (sex practice) का विचलित रूप (deviation form) है जिसमें व्यक्ति अपने जननेंद्रिय (sex organ) को स्वयं उत्तेजित (excited) कर लैंगिक आनंद (sexual pleasure) प्राप्त करता है। अर्थात् इसमें लैंगिक सुख की प्राप्ति के लिए किसी सहभागी (partner) की आवश्यकता नहीं पड़ती। किशोर उम्र के लोगों में यह सर्वाधिक प्रचलित यौन–व्यापार (sex practice) है। लेकिन जब यह व्यापार (practice) चिरकालिक (prolonged or chronic) एवं नियमित (regular) हो जाता है, तब इसकी गणना विकृत रूपों (disordered form) में की जाती है।

'हस्तमैथुन' के संबंध में एक आम धारणा यह है कि इसका अत्यंत ही बुरा प्रभाव व्यक्ति के शारीरिक स्वास्थ्य पर पड़ता है, जैसे–कमजोरी (weakness), नपुंसकता (impotency) आदि। लेकिन इस संबंध में यथेष्ट प्रमाण नहीं हैं। यह बहुत अंशों में व्यक्ति की मनोवृत्ति (attitude) पर निर्भर करता है। लेकिन, यह सही है कि यह असामान्य व्यक्तित्व (abnormal personality) को इंगित करता है। अंतर्मुखी व्यक्तित्व (introverted personality), मानसिक चिंता (mental anxiety) एवं कुसमायोजन (maladjustment), इस प्रकार की यौन विकृति के विकास में महत्वपूर्ण स्थान रखते हैं। 'फ्रायड' (Freud) ने इसकी व्याख्या आत्मप्रेम (narcissism), मानसिक संघर्ष (mental conflict), स्थिरीकरण (fixation) एवं प्रतिगमन (regression) के आधार पर की है।

इसके कारणों (causes) के संबंध में भी अनेक विचार हैं। इनमें चुस्त पोशाक (tight clothes), जननेंद्रिय में खुजली की बीमारी (ring worn or itching in or near sex organs), गर्मी–सुजाक जैसी बीमारियों से बचने की प्रवृत्ति या मनोवृत्ति (attitude or tendency of safety against syphilis and other skin infections) आत्मप्रेम एवं बुरी संगत (narcissism and bad company) इत्यादि महत्वपूर्ण हैं।

(iv) मुख लिंग विकृति (Sexual oralism): इस प्रकार की यौन विकृति में मुँह (mouth) को जननेंद्रिय (sex organ) के रूप में उपयोग किया जाता है। यों तो चुंबन (kissing) का उपयोग मुख लैंगिकता (oral sexuality) के रूप में प्रायः प्रत्येक व्यक्ति करता है। अतः यह एक सामान्य यौन–व्यापार (normal sexual practice) है। लेकिन जब मुँह को ही 'शिश्न' (penis) और गुप्तांग (vagina) संपर्क का प्रधान अवयव (main object of sexual contact) होता है तो यह विकृत यौन व्यापार (perverted sexual practice) कहा जाता है।

इसके कारणों के संबंध में मतैक्य (agreement) नहीं है। कुछ लोग इसे संबंध–प्रत्यावर्तन (conditional reflex) की उपज मानते हैं। 'डेविड लैवी' (David Lavy) के अनुसार, ''बाल्यावस्था में अपर्याप्त स्तनपान (under sucking or breast feeding) इस विकृति का कारण होता है।''

(v) समजाति लैंगिकता (Homosexuality): "जब एक ही लिंग–जाति के दो सदस्य एक–दूसरे के प्रति यौनेच्छा से आकर्षित होकर परस्पर यौन व्यापार करते हैं तो इसे समजाति लैंगिकता कहते हैं।"[2]

'समजाति लैंगिकता' (homosexuality) के भी तीन रूप होते हैं–(क) सक्रिय (active), (ख) निष्क्रिय (passive) एवं (ग) मिश्रित (mixed)।

'समजाति लैंगिकता' (homosexuality) के ये रूप यौन क्रिया में संलग्न सहभागियों (indulged partners) की भूमिका (role) के अनुसार होते हैं। इस क्रिया में संलग्न जो सहभागी (partner) संभोग (intercourse) करता है, उसे सक्रिय समजाति लैंगिक (active homosexual) कहते हैं और जो सहभागी (partner) संभोग (intercourse) करवाता है, उसे निष्क्रिय समजाति लैंगिक (passive homosexual) कहते हैं। कुछ ऐसे भी समजाति लैंगिक (homosexuals) होते हैं जो समय–समय पर इन दोनों भूमिकाओं को निभाते हैं अथवा संलग्न होते हैं। उन्हें मिश्रित समजाति लैंगिक (mixed homosexual) कहते हैं।

---

2. "Being sexually attracted to and indulging in sexual activities by the members of the same sex is called homosexuality".

स्पष्ट है कि सामान्य लैंगिक क्रियाओं (normal or natural sexual activities) में दो विपरीत लिंग वाले सदस्य (members of two opposite sex) परस्पर स्वाभाविक जननेंद्रियों (natural sex organs) का उपयोग कर संभोग यानी रति क्रिया (intercourse) करते हैं जबकि, समजाति लैंगिकता (homosexuality) में विपरीत लैंगिक सदस्यों की जगह समान लैंगिक जाति के दो सदस्य यौन व्यापार (sexual affairs) के सहभागी बनते हैं तथा अस्वाभाविक शारीरिक इंद्रियों (unnatural physical organs) का उपयोग करते हैं। इस प्रकार यहाँ 'काम का आधार' (sex object) स्वाभाविक से अस्वाभाविक में (from natural to unnatural) बदल जाता है।

आम धारणा यह है कि केवल पुरुष ही समजाति लैंगिक (homosexual) होते हैं। लेकिन, यह धारणा सही नहीं है। **'कैथेराइन' वी. डेविस** (Catherine B. Davis), **'किन्से'** (Kinsey), **'बीगेल'** (Bigel) इत्यादि ने अपने अध्ययनों द्वारा यह सिद्ध किया है कि 20 से 50% स्त्रियाँ भी समजाति लैंगिक (homosexual) होती हैं। इनमें अनेक स्त्रियाँ तो पुरुषों के साथ सहवास या संभोग बिल्कुल नहीं करतीं। परन्तु, इनका यौन–आचरण (seuxal conduct) बिल्कुल गुप्त रहता है। इसलिए प्रकट रूप से समजाति लैंगिक स्त्रियों (homosexual females) के बारे में पर्याप्त आँकड़े नहीं मिलते। हाल ही में अनेक समजाति लैंगिक पुरुष एवं स्त्रियाँ प्रकट रूप में अपने 'समजाति लैंगिकता' को कानूनी मान्यता प्रदान करने हेतु संघर्षशील भी देखी गई हैं। समाचार पत्रों से भी अनेक ऐसे समाचार प्रकाश में आए हैं जहाँ स्त्रियों ने 'समजाति वैवाहिक जीवन' (homosexual married life) अपना लिया हैं। इस तरह यह स्पष्ट है कि पुरुषों के साथ–साथ स्त्रियाँ भी 'समजाति लैंगिक' व्यापार में संलग्न होती हैं।

समजाति लैंगिकता (homosexuality) के कई कारण हैं, जैसे—असामान्य मनोलैंगिक विकास (abnormal psychosexual development), हीनता की भावना (feeling of inferiority), समजाति लैंगिक प्रेमियों द्वारा पालन–पोषण (rearing by homosexuals), विपरीत लिंगी का अभाव (lack of opposite sex partner), शारीरिक बीमारियाँ (somatic diseases) इत्यादि।

(vi) पशु लैंगिकता (Beastility or zoophilia): इसमें यौन दुराचरण संबंधी ऐसी सभी विकृतियाँ आती हैं जिनमें पशु (animals or beasts) ही कामेच्छा (sexual desires) का आधार होता है। इसके अंतर्गत पशुओं की यौन क्रिया को देखने (watching animals in the act of sexual coitus), जानवरों के रोएँ (furs) को सहलाने, पशुओं को कामोत्तेजित कर स्वयं कामोत्तेजित होने (being sexually excited by exciting animals) इत्यादि, लैंगिक अभिरुचियों (sexual interests) की गणना 'पशुलैंगिकता' की श्रेणी में की जाती है। अनेक अवसरों पर ऐसे मामले भी प्रकाश में आए हैं कि व्यक्ति अपने पालतू जानवरों (pet animals) जैसे—कुत्ता के शिश्न का उपयोग रति क्रिया के लिए स्त्रियाँ करती हैं।

अनेक समाजों (societies) में इस तरह के आचरणों के लिए कड़ी सजा का भी प्रावधान है। कहीं–कहीं पर तो ऐसे आचरण के लिए मृत्यु दंड तक की सजा भी दी जाती है। इस प्रकार की विकृतियाँ, मनोविकृति से ग्रस्त (suffering from psychotic disorders) अथवा मंद बुद्धि (feeble minded) व्यक्तियों में अधिकतर पाई जाती है।

इसके कारणों में दमन (repression), संघर्ष (conflicts), शारीरिक दोष (physical defects) इत्यादि महत्वपूर्ण हैं। **'किन्से'** (Kinsey) ने अपने अध्ययन में पाया कि पशुशाला (farms) में काम करने वाले बालक इस विकृति के शिकार हो जाते हैं।

(vii) शव लैंगिकता (Necrophilia): इस विकृति से पीड़ित व्यक्ति शव (corpse) को ही अपना लैंगिक पात्र (sexual partner) बनाते हैं और उनसे संभोग क्रिया करते हैं। यद्यपि, इस प्रकार की विकृति के उदाहरण अत्यंत ही कम मिलते हैं, फिर भी इस तरह की कुछ घटनाएँ यदा–कदा घटित होती हैं, यौन विकृति (sex perversion) का यह सर्वाधिक वीभत्स (extreme morbid form of disorder) है। यह देखा गया है कि यौन विकृति के इस

प्रतिरूप वाले व्यक्ति सबसे पहले किसी महिला को जान से मार देते हैं (kills her) और तब उसके मृत शरीर के साथ यौन संपर्क साधते हैं। इस प्रकार वे दोहरा अपराध (double crime) करते हैं जो विरलतम से भी विरल (rarest of the rares) हैं। वे जान से मारने का कृत्य इसलिए करते हैं कि वे यह समझते हैं कि जब तक वह जीवित रहेगी, उसकी यौन पिपासा का विरोध करेगी। इसलिए पहले उसे जान से मार देता है और तब ऐसी हरकतें करता है। कुछ ऐसे भी उदाहरण देखने को मिले हैं कि श्मशान घाटों में लावारिस स्त्रियों के शव के साथ भी यौन क्रिया करते हैं अथवा तालाब या नदी में तैरते शव को भी खींचकर किनारे कर उसके साथ यौनेच्छा की पूर्ति करते हैं। इस प्रकार यह विरलतम से भी विरल प्रकार की यौन विकृति है।

'शव लैंगिक विकृति' (necrophilia) से बहुधा ऐसे लोग प्रभावित होते हैं जो सामान्यतः यौन–पिपासा के भूखे (sexually starved) होते हैं। अतः इस प्रकार के अतिवीभत्स (extremely detest or abhoring) विकृति के शिकार होते हैं।

(viii) बाल लैंगिकता (Homosexuality): इसमें यौन क्रिया (sexual act) का आधार (object) बदल जाता है। सामान्य तौर पर संभोग की क्रिया परिपक्व लैंगिक सहभागियों (matured sex partners) के बीच की जाती है। लेकिन, जब कोई परिपक्व व्यक्ति (स्त्री या पुरुष) किसी अपरिपक्व बालक या बालिका के साथ मैथुन की क्रिया करता है तो उसे 'बाल लैंगिकता' (paedophilia) कहते हैं। इस तरह के लोग समलैंगिक (homosexual) अथवा विपरीत लैंगिकता (hetrosexual) दोनों तरह के होते हैं।

अधिकतर बाल लैंगिक (paedophiliac) नपुंसकता (impotency) से ग्रस्त होते हैं। वे परिपक्व (matured) यौन पात्रों (sex partners) के साथ रतिक्रिया में सफल नहीं हो पाते। इनमें से कुछ प्रदर्शनकारी प्रेमी (exhibitionistic) होते हैं। वे लड़कियों के स्कूलों के आस–पास मँडराते हैं तथा बच्चियों को अपनी जननेंद्रियाँ (sex organs) दिखलाते हैं। ऐसे प्रदर्शनकारी बाल लैंगिक (exhibitionistic paedophiliac) उन्हें कोई क्षति नहीं पहुँचाते, लेकिन मानसिक आघात के कारण बनते हैं। लेकिन ऐसे लोग कभी–कभी छोटे बालकों के साथ समलैंगिक व्यापार करने हेतु उन्हें, कभी–कभी डराकर या मारपीट कर अथवा अन्यान्य तरीके से घायल कर देते हैं। कभी–कभी जान से मार डालने की घटना भी होती है। इस तरह यौन विकृति का यह प्रतिरूप अपराधजन्य क्रियाओं को जन्म देता है।

इस प्रकार की यौन विकृति के कारणों में मनोलैंगिक विकास की अवस्था में किसी प्रकार की रुकावट या बाधा, मातृ–पितृ प्रेम ग्रंथि (oedipus complex or electra complex) इत्यादि महत्वपूर्ण हैं।

(ख) काम उद्देश्य-संबंधी विकृतियाँ (Perversions related to sexual aims): लैंगिक विकृति के इस प्रकार में काम इच्छा (seuxal desire) का उद्देश्य (aim) बदल जाता है। अर्थात् लैंगिक पात्र के साथ वीभत्स तरीकों द्वारा विशिष्ट प्रकार के लैंगिक सुख प्राप्त करता है। यौन विकृति के इस प्रकार के अंतर्गत निम्न प्रकार की विकृतियाँ प्रमुख हैं–

(i) परपीड़न (Sadism)
(ii) आत्म या स्व पीड़न (Masochism)
(iii) अंग प्रदर्शन (Exhibitionism)
(iv) नग्न प्रदर्शन (Voyeurism or scopophilia)
(v) विलंगी वस्त्र धारण रति (Tranvestism)
(vi) पुरुष एवं स्त्री अतिकामुकता (Satyriasis and nymphomania)

(i) परपीड़न (Sadism): अनेक लोगों में एक आम प्रवृत्ति देखी जाती है कि वे यौन आनंद प्राप्त करने हेतु अपने लैंगिक सहभागी पात्र को अत्यंत पीड़ा (pain) पहुँचाते हैं। इसमें व्यक्ति का उद्देश्य संभोग करना नहीं

होता अपितु पीड़ा पहुँचाना होता है। इसमें विकृत व्यक्ति निर्दयी हो जाता है और अपने लैंगिक पात्र को अतिशय पीड़ा पहुँचाता है। जैसे—दाँतों से काटना (teeth biting), नाखून से नोचना, नंगा कर कोड़े से मारना, गुप्तांगों को सिगरेट से दागना आदि। कभी—कभी व्यक्ति असाधारण रूप से निर्दयी हो जाता है और वह अपने लैंगिक पात्र की हत्या भी कर डालता है।

इस विकृति के प्रधान कारणों में 'हीनता की भावना' (feeling of inferiority), 'स्नायु तनाव' (nerve tension), 'ग्रंथियों में दोष' (defects in glands), 'आक्रामक प्रवृत्ति' (aggressive tendency) इत्यादि महत्वपूर्ण हैं।

(ii) आत्म या स्वपीड़न (Masochism): काम उद्देश्यों संबंधी यौन विकृति का यह प्रतिरूप परपीड़न (sadism) के ठीक विपरीत है। इस विकृति से ग्रस्त व्यक्ति अपने आपको ही कष्ट पहुँचाकर लैंगिक आनन्द की प्राप्ति करता है। यद्यपि सामाजिक दृष्टि से स्वपीड़न (masochism) का उतना अधिक महत्व नहीं है। लेकिन, मनोवैज्ञानिक दृष्टि से इसका बहुत अधिक महत्व है क्योंकि यह विकृति व्यक्ति के व्यक्तित्व एवं चरित्र संबंधी त्रुटियों की संकेतक होती है जो मानसिक स्वास्थ्य से संबंधित होता है। इस प्रकार की विकृति के तीन रूप हैं—

(a) कामुक स्वपीड़न (erotogenic masochism)
(b) स्त्रैण स्वपीड़न (faminine masochism) एवं
(c) नैतिक स्वपीड़न (moral masochism)

कामुक स्वपीड़न (erotogenic masochism) में व्यक्ति अपने लैंगिक सहभागी पात्र (sexual partner) को स्वयं को मारने, नोचने, दाँत काटने आदि का निर्देश देता है और इस प्रकार स्वयं को पीड़ाजनक स्थिति में रखकर लैंगिक आनंद प्राप्त करता है।

स्त्रैण स्वपीड़न (faminine masochism) केवल स्त्रियों (females) में पाया जाता है। इस विकृति से ग्रस्त स्त्रियाँ तरह—तरह से स्वयं को कष्टकारक स्थिति में रखकर यौन सुख प्राप्त करती हैं।

नैतिक स्वपीड़न (moral masochism) में व्यक्ति में लैंगिक भाव (sexual feeling) नहीं पाया जाता है। इसमें कष्ट सहने में आत्म संतुष्टि मिलती है। लगातार सप्ताहों तक उपवास करने, काँटों पर सोने, एक पैर पर खड़ा रहने इत्यादि द्वारा कष्ट उठाने में उसे नैतिक संतुष्टि मिलती है। जैसे—एक महिला अपने बच्चों, पति एवं अन्य परिवार के किसी भी सदस्य से स्पर्श तक नहीं कराना चाहती है। वह अकेले प्रतिदिन एक शाम का स्वयं बनाया हुआ भोजन करती है। जाड़ा, गर्मी या बरसात—प्रत्येक मौसम में जमीन पर चटाई बिछाकर सोती है। तकिया का उपयोग नहीं करती। हर मौसम में प्रातः ठीक चार बजे स्नान करती है, गर्म कपड़े नहीं पहनती, बिना जूता या चप्पल के पैदल ही चलती है। वैसे घर का सारा काम करती है। लेकिन अपना काम स्वयं करती है। किसी से कोई मदद भी नहीं लेती। उस महिला का यह आचरण 'नैतिक स्वपीड़न' का ही एक प्रतिरूप है।

(iii) अंग प्रदर्शन (Exhibitionism): अंग प्रदर्शन (exhibitionism) एक ऐसा यौन संबंधी आचरण (sexual conduct) है जिसमें व्यक्ति अपने जननेंद्रियों (sex organs) को दूसरों के सामने प्रदर्शित करने की प्रवृत्ति रखता है तथा इससे उसे परम यौन आनंद का अनुभव होता है। यह एक अत्यंत ही आम आचरण है। प्रायः स्त्री—पुरुष किसी—न—किसी रूप में अपने यौन गुप्तांगों (sex organs) का प्रदर्शन करने की प्रवृत्ति रखते/रखती हैं तथा इससे उन्हें यौन सुख का अनुभव होता है। स्त्रियों में यह प्रवृत्ति चिपके वस्त्रों अथवा महीन कपड़ों की आड़ में कामोत्तेजक अंगों का प्रदर्शन करने के रूप में प्रकट होता है। इसी तरह पुरुषों द्वारा स्त्रियों को आते देखकर पेशाब करना, भी अंग प्रदर्शन का ही एक उदाहरण है। अनेक युवतियाँ घर की खुली खिड़कियों के सामने खड़ी होकर वस्त्र पहनती हैं जिससे उनके अंग पड़ोस के दूसरे घर के युवकों को दिखते हैं। इसी तरह खुली छत पर भीगे बालों को सुखाना भी अंग प्रदर्शन का ही उदाहरण है।

कुछ मनोवैज्ञानिकों ने इस प्रकार के व्यवहारों की व्याख्या 'बाध्यता' (compulsion) के आधार पर की है। **'विटजिग'** (Witzig) के अनुसार अपरिपक्वता, सजालुपना और विनीत प्रकृति के लोग बहुधा ऐसे व्यवहार प्रतिरूपों का प्रदर्शन करते हैं। कुछ दूसरे मनोवैज्ञानिकों के अनुसार उदात्तीकरण (sublimation), दमन (repression), हीनता की भावना (inferiority feeling), अनुकरण (imitation) आदि इसका महत्वपूर्ण कारण होता है।

(iv) नग्न दर्शन रति (Voyeurism or scopophilia): नग्न दर्शन रति में व्यक्ति दूसरों को नंगा (nude) और संभोग करते हुए देखकर लैंगिक सुख प्राप्त करता है। अनेक अवसरों पर वह दूसरों को नग्नावस्था अथवा संभोग क्रिया देखकर स्वयं हस्तमैथुन (masturbation) का लैंगिक सुख प्राप्त करता है। इस तरह के विचारयुक्त यौन व्यवहार स्त्री व पुरुष—दोनों में पाए जाते हैं। कुछ लोगों में यह विकृति इतनी तीक्ष्ण (severe) स्वरूप की होती है कि वे इसका पेशा (profession) करने को बाध्य या विवश होते हैं। ऐसे लोग कम उम्र के किशोर एवं किशोरियों को बलपूर्वक पकड़कर संभोग करने के लिए मजबूर करते हैं तथा स्वयं नंगा होकर उन्हें वैसा करते देखते हैं। ऐसे लोग प्रायः स्वयं अपने रूम की दीवारों पर नग्न फोटो चिपकाकर रखते हैं, 'हॉट फिल्म' (hot films) बार—बार देखते हैं, बाथ रूम में स्त्रियों को अथवा पुरुषों को नंगा होकर स्नान करते हुए देखते हैं। ये सभी 'नग्न दर्शन रति' के उदाहरण हैं।

इस विकृति के भी अनेक कारण हैं जिनमें बाल्यावस्था की आदतों की पुनरावृत्ति (repetition of childhood habits), बधियाकरण चिंता (castration anxiety), संभोग द्वारा यौनानंद प्राप्त करने की अयोग्यता (incapability to get sexual pleasure through intercourse) आदि प्रमुख हैं।

(v) विलिंगी वस्त्र धारण रति (Transvestism): 'विलिंगी वस्त्र धारण' (transvestism) भी एक यौन आचरण है जो सामान्य भी है लेकिन किसी—किसी में यह विकृत स्वरूप का आचरण हो जाता है। इस प्रकार के आचरण में पुरुष स्त्रियों के कपड़े—ब्रेसियर, साड़ी इत्यादि पहनकर तथा स्त्रियाँ पुरुषों की पोशाक, जैसे—पैंट, शर्ट इत्यादि पहनकर लैंगिक सुख प्राप्त करती हैं। प्रायः वे जैसा ड्रेस पहनते हैं वैसा ही व्यवहार भी करते हैं जैसे—मर्द औरतों के वस्त्र पहनकर औरतों जैसा व्यवहार करते हैं तथा स्त्रियाँ पुरुषों के ड्रेस पहनकर पुरुषों जैसा व्यवहार करती हैं। हाल ही में एक भारतीय पुलिस सेवा के उच्चाधिकारी ने अपने को कृष्ण की प्रेमिका राधिका का वस्त्र धारण कर अपने को राधिका की तरह शृंगार करने, उसकी ही तरह नाचने कृष्ण की मूर्ति के साथ गले लगने जैसे व्यवहार करने लगे। यहाँ तक कि उन्होंने अपनी ब्याहता पत्नी का भी परित्याग कर दिया और अंततः उन्हें नौकरी से भी हाथ धोना पड़ा। प्रायः यह भी देखा गया है कि इस विकृति से पीड़ित व्यक्ति अपने यौन (sex) के अनुरूप वस्त्र पहनने पर कष्ट का अनुभव करते हैं। **'हैवलॉक एलिस'** (Havelock Ellis) ने इसे 'इयोनिज्म' (eonism) की संज्ञा दी है। 'इयोनिज्म' एक प्रकार का एडवेंचर है जिसमें कोई व्यक्ति वर्षों तक लगातार स्त्री का रूप धारण कर रहता है।

(vi) पुरुष एवं स्त्री अतिकामुकता (Satyriasis and nymphomania): अतिकामुकता (promiscuity) वस्तुतः असामान्य यौन प्रणोदन (abnormal sex derive) से संबधित विकार है जिसमें स्त्री या पुरुष दोनों अस्थायी तौर पर सदैव किसी—न—किसी के साथ अर्थात् मुक्त रूप से (freely) यौन संबध (sexual relationship) बनाने हेतु आतुर रहते हैं। अतिकामुकता (promiscuity) जब पुरुषों द्वारा प्रदर्शित की जाती है तो उसे 'सैटिरियासिस' (Satyriasis) कहते हैं और जब अतिकामुकता (promiscuity) स्त्रियों में पाई जाती है तो उसे 'निम्फोमैनिया' (nymphomania) कहते है। स्त्री या पुरुषों में पाई जाने वाली अतिकामुकता वेश्यावृत्ति (postitution) से भिन्न होती है क्योंकि वेश्यावृत्ति का मुख्य उद्देश्य अर्थोपार्जन (to earn money) होता है जो अतिकामुकता में नहीं पाई जाती। सही अर्थ में 'अतिकामुकता' एक प्रकार का यौन संबंधी विकार या विकृति (pathology or perversion) है जिसमें पुरुष या स्त्री किसी भी सहभागी पात्र (partner) के साथ स्वेच्छापूर्वक यौन संबंध कायम करते हैं। इनमें

कामुक होने की प्रवृत्ति इतनी प्रबल होती है कि वे सदैव अपनी काम पिपासा की संतुष्टि से ही संबंध रखते हैं। वे अपने यौन सहभागी (sex partner) को मात्र काम पिपासा की संतुष्टि का माध्यम समझते हैं, उनसे वास्तविक प्रेम नहीं करते। अनेक लोगों में अतिकामुकता एक रोग (disease) के रूप में परिलक्षित होता है तथा चिकित्सा के क्रम में ऐसे रोगियों को 'अव्यक्त समजाति लैंगिक' (latent homosexual) करार दिया जाता है। ऐसे रोगी सदा यह सिद्ध करने की चेष्टा करते हैं कि वे बुढ़ापा या रुग्णावस्था में भी यौन क्रिया करने में पूरी तरह समर्थ हैं। इस संबध में एक ऐतिहासिक पात्र 'कैसानोवा' (Casanova—a historical figure) को 'अतिकामुक' व्यक्ति के रूप में उद्धृत किया जाता है।

अतिकामुकता की विकृति जिन स्त्रियों में पाई जाती है, उन्हें 'निम्फोमैनिक' (nymphomanic) कहते हैं। इस तरह की स्त्रियाँ संभोग (intercourse) के प्रति अतिलोलुप रहती हैं। इनकी कामलोलुपता इतनी अधिक रहती है कि समाज में इन्हें 'व्यभिचारी' की संज्ञा दी जाती है। ऐसी स्त्रियाँ लगातार कई पुरुषों के साथ रति क्रिया में भाग लेती हैं। इन स्त्रियों में वस्तुतः काम उदासीनता (frigidity) का भाव पाया जाता है और इस प्रकार के यौन का वास्तविक सुख या हर्षोन्माद (eurpheric pleasure) प्राप्त करने में विफल रहती हैं। इन स्त्रियों में पुरुष वर्ग के प्रति घृणा का भाव भी पाया जाता है। स्त्रियों में कामलोलुप्ता की प्रवृत्ति बाल्यावस्था में ही पनपती है। मनोविश्लेषकों के अनुसार पुरुष वर्ग के प्रति बाल्यावस्था में उत्पन्न घृणा के भाव और उससे संबधित मानसिक संघर्ष एवं तनाव का दमन (repression) इस विकृति का प्रमुख कारण है।

कुछ अन्य यौन विकृतियाँ (Some other sex perversions): उपर्युक्त वर्णित यौन क्रिया संबंधी विकृतियों के अतिरिक्त कुछ और भी विकृतियाँ होती हैं जो सामाजिक परंपरा एवं हित (social welfare and traditions) के विपरीत आचरण होते हैं। उदाहरण के लिए बलात्कार (rape) यानी जबरन किसी के साथ यौन समागम करना, एक ही कुल के स्त्री–पुरुषों, अर्थात् संगे–संबधियों के साथ यौन समागम करना (incest), सामाजिक रूप से वर्जित यौन व्यापार (sex taboos) इत्यादि। ये विकृतियाँ सामाजिक यौन अपराध (social sex crime) की श्रेणी में आती हैं क्योंकि इनसे सामाजिक नियमों का उल्लंघन होता है। लेकिन, इस प्रकार की विकृतियाँ भी मनोवैज्ञानिक दृष्टि से असामान्य (abnormal) व्यवहार हैं जिनके मनोवैज्ञानिक कारण होते हैं।

13.5.2 यौन संबंधी दुर्बलताएँ (Sexual Inadequacies)

यौन संबंधी आचरणों (sexual conducts) के अध्ययन का प्रारंभ 'अल्फ्रेड किन्से' (Alfred Kinsey) के कार्यों से माना जाता है जिन्होंने ईसाई धर्म के अनुसार नैतिक रूप से वर्जित यौन संबंधी व्यवहारों का अध्ययन कर 1948 में 'पुरुषोचित मानवीय यौन व्यवहार' नामक रचना प्रकाशित की तथा कुछ ही वर्षोपरांत 1953 मे 'स्त्रियोचित मानवीय यौन' व्यवहार नामक रचना का प्रकाशन हुआ। इन अध्ययनों के पश्चात् पुनः 'विलियम मास्टर्स' (William Masters) एवं 'वर्जिनिया जॉनसन' (Virginia Johnson) ने क्रमशः 1966, 1970 एवं 1975 में व्यापक पैमाने पर यौन संबंधी व्यवहारों की विकृतियों (pathologies), एवं दुर्बलताओं (inadequacies) पर अध्ययन किया है जिसके कारण यौन संबंधी व्यवहारों के विविध प्रतिरूपों के बारे में पर्याप्त जानकारी प्राप्त हो सकी है।

प्रस्तुत अध्याय के पिछले अनुच्छेद (section) में यौन संबंधी दुराचरण के विभिन्न प्रतिरूपों का वर्णन किया गया है। ये दुराचरण वस्तुतः समाज को दूषित करते हैं अतः इनके बारे में सम्यक जानकारी और चिकित्सकीय प्रबंधन द्वारा समाज के प्रदूषण को रोका जा सकता है। लेकिन प्रस्तुत अनुच्छेद में यौन व्यवहार संबंधी कुछ दुर्बलताओं (weaknesses) यानी कमियों या असमर्थताओं (inadequacies) का वर्णन किया जाएगा। इन दुर्बलताओं से सामाजिक व्यवस्था तो प्रदूषित (polluted) नहीं होती, है लेकिन इन दुर्बलताओं के कारण व्यक्ति के मानसिक स्वास्थ्य (mental health) पर बुरा प्रभाव पड़ता है तथा उसका स्वयं का एवं पारिवारिक जीवन (family life) दोनों प्रभावित होते हैं।

यौन संबंधी व्यवहार की दुर्बलताएँ (inadequacies of sexual behaviour) मुख्यतः 5 प्रकार की होती हैं यथा—

(i) पुरुषों की नपुंसकता (Male impotency)

(ii) पतन संबंधी अक्षमता (Ejaculatory incompetency)

(iii) स्त्रियों की यौनानंद संबंधी निष्क्रियता (Female orgasmic dysfunction)

(iv) स्त्री योनी का संकुचन (Vaginismas) एवं

(v) पीड़ायुक्त रति क्रिया (Dyspareunia)

(i) पुरुषों की नपुंसकता (Male impotency): यौन संबंधी निष्क्रियता को नपुंसकता कहते हैं। नपुंसकता की स्थिति में व्यक्ति या तो अपने शिश्न (penis) को पूरी तरह उन्नत करने (to erect) में विफल होता है अथवा शिश्नदुर्बल यानी अधूरे ढंग से उन्नत होता है। फलस्वरूप, व्यक्ति शिश्न की उन्नत अवस्था (erection state) को पूरी संतुष्टि तक बरकरार रखने में असमर्थ होता है और इस प्रकार पूर्ण यौन आनंद से वह वंचित रह जाता है। यह अवस्था दो तरह की होती है—**प्राथमिक** (primary) एवं **द्वितीयक** (secondary)। नपुंसकता की **प्राथमिक अवस्था** (primary state) में व्यक्ति कभी भी, किसी भी प्रकार से उत्तेजित (stimulate) करने के बावजूद अपने शिश्न को उन्नत (erection of penis) करने में असमर्थ होता है। फलतः वह यौन संबंध बनाने में विफल रहता है। **द्वितीय अवस्था** (secondary state) में व्यक्ति में पूर्व में शिश्न को उन्नत करने तथा पतन करने में सफलता का इतिहास तो रहता है, लेकिन वर्तमान में वह इन यौन संबंधी क्रियाओं में विफल होता है।

(ii) पतन संबंधी अक्षमता (Ejaculatory incompetency): यह जननेंद्रिय की गड़बड़ी संबंधी (dysfunction of sex organs) विकार है। अर्थात् यौन संबंधी अवयव (sex organs) ठीक से काम नहीं करते। यह अक्षमता भी दो रूपों (forms) की होती है—**'अपरिपक्व पतन'** (immatured ejaculation) एवं **'मंद पतन'** (retarded ejaculation)। पहले प्रकार की अक्षमता में व्यक्ति शिश्न की उन्नत अवस्था यौन परमानंद की क्रिया में शीघ्र ही ठंडा पड़ जाता है और व्यक्ति शीघ्र ही पतन कर शांत हो जाता है। इस प्रकार न तो स्वयं और न यौन क्रिया का सहभागी—दोनों में किसी को भी यौन आनंद की पूरी संतुष्टि नहीं मिलती। इसके फलस्वरूप 'हीनता की भावना' (feeling of inferiority) से ग्रस्त होकर मानसिक रूप से अस्वस्थ होता है। पतन संबंधी अक्षमता का दूसरा प्रतिरूप ठीक उल्टा होता है। इसमें व्यक्ति बहुत देर तक प्रयास करने के बावजूद पतन (ejaculation) की अवस्था को प्राप्त नहीं कर पाता है तथा इससे दोनों सहभागियों (partners) को कष्ट (difficulty) होता है। हालाँकि कभी–कभी पुनउत्तेजना (restimulation or reexcitation) के फलस्वरूप वह पतन (ejaculation) की सीमा को प्राप्त करने में सफल होता है। लेकिन दोनों ही स्थितियों में आनंद कम और कष्ट ज्यादा होता है।

(iii) स्त्रियों की यौन आनंद संबंधी निष्क्रियता (Female orgasmic dysfunction): स्त्रियों में भी यौन क्रिया से संबंधित परम आनंद की अवस्था (orgasm) को प्राप्त करने संबंधी निष्क्रियता यानी गड़बड़ी (dysfunction) होती है जिसके कारण वह परम आनंद से वंचित रहती हैं। यह भी एक प्रकार की नपुंसकता है तथा इसके भी दो रूप होते हैं। इसके प्राथमिक रूप को **'यौन उदासीनता'** (sexual frigidity) कहते हैं जिसमें स्त्रियों में कामुकता के भाव का अभाव रहता है। अतएव वे यौन समस्या के प्रति उदासीन (frigid) रहती हैं। हर तरह से कामोत्तेजित (erotic excitement or stimulation) करने के बावजूद उनमें यौन जागृति (sexual aroused) का अभाव पाया जाता है। अतएव, उन्हें एवं उनके सहभागी पुरुष (partner male) दोनों को यौन आनंद से वंचित रहना पड़ता है और इस प्रकार उनका यौन जीवन (sex life) नीरस हो जाता है। 'ऑर्गजमिक डिसफंक्शन' (orgasmic dysfunction) का एक दूसरा प्रतिरूप भी कुछ स्त्रियों में देखा जाता है। इस दूसरे प्रतिरूप में

स्त्रियाँ कुछ विशेष परिस्थितियों में ही यौन उत्तेजना (sexual stimulation) का अनुभव करती हैं तथा अन्य परिस्थितियों में वे उत्साहहीन रहती हैं। इसीलिए इसे 'परिस्थितिक यौन आनंद संबंधी निष्क्रियता' (situational orgasmic dysfunction) कहते हैं। उदाहरण के लिए कुछ स्त्रियाँ ऐसी होती हैं जो अपने पति के समक्ष बिल्कुल उत्साहहीन (frigid) रहती हैं लेकिन किसी दूसरे अजनबी को देखकर कामोत्तेजित (sexually aroused) होकर मोहित होती हैं।

ये दोनों प्रकार की यौन क्रिया संबंधी निष्क्रियता (dysfunction) वस्तुतः मनोजनित (psychogenic) होती है।

(iv) स्त्री योनि का संकुचन (Vaginisimas): यह भी यौन आनंद संबंधी अक्षमता की स्थिति है। इनमें स्त्री योनी (vagina) के प्रवेश द्वार की मांसपेशियाँ अनैच्छिक रूप से (involuntarily) अर्थात् स्वतः संकुचित होकर अत्यंत संकरा (narrow) हो जाता है। इस प्रकार शिश्न का प्रवेश (penetration) बाधित होता है। फलस्वरूप संभोग क्रिया नहीं हो पाती। इसी स्थिति को 'स्त्री योनि का संकुचन' (vaginismus) अथवा सिकुड़न कहते हैं। कुछ ऐसे मामले देखे गए हैं जिसमें जो स्त्रियाँ यौन उदासीनता (sexual frigidity) से पीड़ित होती हैं उनमें यौन सिकुड़न की स्थिति भी देखी जाती है जो संभवतः बलात्कार जैसी आघातपूर्ण अनुभवों (traumatic experiences of rape) से अनुकूलित (conditional) होती हैं। कुछ दूसरी औरतें ऐसी भी होती हैं जो कामुक रूप से अनुक्रियाशील (sexually responsive) तो होती हैं फिर भी योनि के संकुचन जैसी स्थिति का शिकार होती हैं। यद्यपि इस तरह की स्थितियाँ कम देखने को मिलती है, फिर भी अनेक स्त्रियाँ इस प्रकार की दुर्बलता या अक्षमता (incompetency) से पीड़ित होती हैं।

(v) पीड़ाजनक रति (Dyspareunia): यह भी यौन क्रिया संबंधी एक दुर्बलता है जो स्त्रियों और पुरुषों—दोनों में पाई जाती है। इस तरह की दुर्बलता में मैथुन की क्रिया पीड़ाजनक—(प्रायः असहनीय) होती है। इस स्थिति का आधार अवयवी (organic) होता है जो किसी प्रकार की बीमारी के संक्रमण (infection) अथवा जननेंद्रिय (sex organ) में रचनात्मक गड़बड़ी के कारण होता है। लेकिन कभी–कभी इसके मनोवैज्ञानिक पक्ष भी होते हैं जैसे गर्भधारण करने और प्रसव पीड़ा से उत्पन्न भय, धार्मिक कारणों से यौन समागम को पाप समझ इससे बचने की प्रवृत्ति आदि इस प्रकार की अयोग्यता के मनोवैज्ञानिक पक्ष हैं।

13.5.2.1 कारण (Causes)

यौन संबंधी दुर्बलता वस्तुतः यौनेच्छा एवं जननेंद्रिय (genital organs) की कार्यात्मकता (functions of genitals) —दोनों अनेक अवयवी (organic) एवं मनोवैज्ञानिक कारणों (psychological factors) से प्रभावित होती हैं। अवयवी कारणों में जननेंद्रिय की क्षति या हानि (injury), बीमारी (disease), थकावट (fatigue), अति शराब पीना (excessive drinks), मादक द्रव्यों का व्यसन (drug addiction), प्रशांतक दवाओं का सेवन (use of tranquilizers) आदि महत्वपूर्ण कारक तत्व हैं जो यौन क्रिया की क्षमता को कमजोर करते हैं।

विभिन्न अध्ययनों से यह स्पष्ट हुआ है कि सामान्यतः 60 वर्ष की उम्र से पूर्व पुरुषों में नपुंसकता (impotency) नहीं होती और यदि ऐसा होता है तो निश्चित है कि कोई–न–कोई मनोवैज्ञानिक कारण है। किन्से (Kinsey) एवं उनके सहयोगियों ने एक अध्ययन में पाया है कि मुश्किल से 25% लोग ही 70 वर्ष की आयु से पहले नपुंसक होते हैं तथा उनके मामलों में भी मनोवैज्ञानिक कारण ही महत्वपूर्ण होते हैं।

हाल के कुछ अध्ययनों से भी इस बात का खुलासा हुआ है कि प्रायः 80 और 90 दशक के पुरुष एवं स्त्रियाँ भी यौन क्रिया व्यापार (affairs) में समर्थ होते या होती हैं। फिर भी कुछ लोगों का यह सामर्थ्य दुर्बल होता है जिसके कुछ निम्नांकित सामान्य कारण हैं—

1. त्रुटिपूर्ण शिक्षण (Faulty learning): कुछ आदिम समाजों में परिवार के बड़े बुजुर्ग युवा वर्ग के लड़के एवं लड़कियों को उनके विवाह के ठीक पहले यौन संबंधी आवश्यक तरीकों (sexual techniques) के बारे में दिशा

निर्देश देने का प्रचलन है। लेकिन, हमारे समाज में विवाहोत्तर यौन समागम एक आवश्यक पक्ष होते हुए भी इस संबंध में कोई दिशा–निर्देश देने का प्रचलन प्रायः नहीं है। यह सब संयोग (chance) पर ही छोड़ दिया जाता है। फलस्वरूप अनेक दंपति यौन जीवन में असंवेदनशीलता (insensitivity), अक्षमता (incompetency) एवं अप्रभावी यौन क्रिया संबंधी तरीकों (ineffective sex techniques) का परिचय देते हैं जिसके कारण यौन क्रिया संबंधी दुर्बलता पनपती है–(कपलान–Kaplan, 1974)। हमारे समाज में समाजीकरण की प्रक्रिया के दरम्यान लड़के एवं लड़कियाँ–दोनों को प्रायः यह बतलाया जाता है कि यौन समागम जैसे व्यवहार गंदे (dirty), पाप कर्म (sinful act) हैं तथा कामुकता (eroticism) वस्तुतः अच्छी चीज नहीं है। अतः इससे परहेज करना चाहिए। इस प्रकार से किशोर उम्र के लड़के और लड़कियों में यौन संबंधों के बारे में घृणा और नफरत के भाव बैठ जाते हैं जो विवाहोपरांत भी यौन–समागम की क्रिया को बाधित कर उसे कमजोर बनाते हैं।

2. भय एवं चिंता (Fear and anxiety): अनेक लोगों को भय होता है कि वे शायद यौन संबंध ठीक से नहीं बना सकते क्योंकि इनके शिश्न या योनि बहुत ही छोटे हैं, अथवा कमजोर हैं। साथ ही कुछ औरतों में भी गर्भधारण एवं प्रसव पीड़ा संबंधी भय एवं चिंता व्याप्त होती है। इन चिंताओं के कारण भी सामान्य रति क्रिया में दुर्बलता या अक्षमता आती है। **'कूपर'** (Cooper, 1969) ने 50 ऐसे ही मरीजों पर अध्ययन कर पाया कि इनमें से 90% केसेज में यौन संबंधी विविध प्रकार की अयोग्यता का प्रधान कारण चिंता (anxiety) था। इसी तरह अयोग्यता की भावना (feeling of incompetency), हीनता की भावना (feeling of inferiority) का भी यौन संबंधी दुर्बलता के विकास में महत्वपूर्ण योगदान होता है।

3. अंतःपारस्परिक संबंध से संबंधित समस्याएँ (Interpersonal relational problems): अंतःपारस्परिक संबंधों से संबंधित समस्याएँ भी अनेक प्रकार की यौन संबंधी दुर्बलताओं के कारण होते हैं। अंतःपरस्पर सांवेगिक निकटता (emotional closeness) के अभाव में नपुंसकता (impotency) अथवा कामुक ठंडापन (frigidity) जैसी दुर्बलता उत्पन्न हो सकती है। उदाहरण के लिए मान लें कि कोई व्यक्ति किसी को प्रेम करता है। लेकिन उसे यह पता चलता है कि जिसे वह प्रेम करता है वह सहभागी शारीरिक या मनोवैज्ञानिक रूप से उससे घृणा करता या करती (repulsive) अथवा ईर्ष्या (jealousy) रखता या रखती है तथा विरोधी है। इस तरह के एकतरफा प्यार में एक पक्ष दूसरे पक्ष को बहुत कुछ देता है लेकिन कुछ भी प्राप्त नहीं करता तथा दूसरा पक्ष केवल प्राप्त करता है कुछ देता नहीं है। ऐसी स्थिति के कारण कामुक उत्तेजना में गड़बड़ी आ सकती है। इसी तरह स्त्रियाँ यौन दुर्बलता का शिकार होती हैं जब उनका यौन साथी सांवेगिक निकटता की जगह दूरी बनाकर रहता है। स्त्रियों में जिनके यौन सहभागी कामुक रूप से मूढ़ होते हैं (sexually moron partners) अथवा संभोग की क्रिया में अधिक उतावले होते हैं अथवा खुरदरे (rough) तरीके अपनाते हैं, के कारण भी 'कामुक ठंडापन' (frigidity) विकसित होता है। इसी तरह दुःखी वैवाहिक जीवन भी यौन दुर्बलता का महत्वपूर्ण कारण होता है क्योंकि ऐसी स्थितियों में यौन के सहभागी पात्रों (sex partners) के बीच आनंद एवं यौन संबंधी परमानंद (pleasure or orgasm) का अनुभव नहीं होता है जो यौन क्रिया को मंद करती है।

4. अन्यान्य कारण (Other factors): इसी तरह कुछ अन्यान्य परिस्थितियाँ भी काम संबंधी सक्षमताओं को प्रभावित करती हैं। जैसे–महिला या पुरुष की अति व्यस्तता के कारण यौन समागम की क्रिया का बाधित होना, पुरुष या महिला का दूसरों के साथ का यौन व्यापार (sex affair), पारस्परिक तालमेल का अभाव आदि।

इस प्रकार हम देखते हैं कि यौन दुर्बलता के शारीरिक या अवयवी (physiological or organic) दोषों के अतिरिक्त अनेक मनोसामाजिक कारण भी होते हैं।

13.5.2.2 चिकित्सा या उपचार (Treatment or Therapy)

यौन संबंधी दुर्बलताओं की चिकित्सा में चिकित्सक को बड़ी सावधानी बरतनी होती है तथा लचीली मनोवृत्ति

रखनी पड़ती है। इस संबंध में 'मास्टर्स एवं जॉनसन' (Masters and Johnson), कपलान (Kaplan, 1974, 1975) ने कुछ प्रविधियों का उपयोग किया है।

इन प्रविधियों में दुर्बलता के शिकार पुरुषों या महिलाओं की मनोवृत्तियों में परिवर्तन लाने के साथ–साथ उनके बीच संवाद (communication), भावना (feelings) में भी परिवर्तन लाना जरूरी होता है। साथ–ही–साथ यौन क्रिया संबंधी गलत धारणाओं को हटाने तथा सांवेगिक लगाव को बढ़ाने के भी उपाय किए जाते हैं ताकि यौन जीवन के महत्व पर प्रकाश डाला जा सके। इसके लिए मनश्चिकित्सकीय सहायता के साथ–साथ सामाजिक चिकित्सा (socio therapy) एवं समूह चिकित्सा (group therapy) की प्रविधि का उपयोग लाभकारी होता है। सामाजिक एवं समूह चिकित्सा में व्यक्ति अपनी यौन संबंधी समस्याओं को खुलकर विचार–विनिमय (exchange of views) द्वारा मानसिक धारणाओं एवं भावों को प्रकट करता है। इससे गलत धारणाएँ स्वतः समाप्त हो सकती हैं। इसके अतिरिक्त व्यावसायिक चिकित्सा (occupational therapy) भी उपयुक्त होती है। इन प्रविधियों के बारे में सविस्तार वर्णन अध्याय 16 में किया गया है।

13.5.3 जुए की बाध्यता (Compulsive Gambling)

'जुआ' (gambling) एक प्रकार का 'संयोग खेल' (chance game) है जिसमें व्यक्ति किसी खेल या घटना (event) को दाँव (wagering) पर अर्थात् बाजी लगाता है। इस संयोग खेल में दाँव पर लगाने वाले सहभागियों (partners) के जीतने या हारने (to win or be defeated) की संभावना कुछ अंशों में संयोग पर निर्भर करती है। वर्तमान समय में रुपया विनिमय का सर्वाधिक प्रचलित साधन है। अतः आधुनिक समय में बाजी की 'हार–जीत' विनिमय रुपयों में किया जाता है। इस प्रकार, 'जुआ' धनोपार्जन का भी एक माध्यम (means to earn wealth) हो गया है। कुछ समाजों में अनाज (grains), हीरों के दाने (beats) नोट (currency) इत्यादि का भी उपयोग जुए में किया जाता है।

13.5.3.1 नैदानिक स्वरूप (Clinical Picture)

हमारे समाज में जुए के अनेक रूप (form) पाए जाते हैं, जैसे–ताश का खेल (games of cards), घुड़दौड़ (hourse race), संख्याओं का खेल (number games), पासे का खेल (play of dice), शराब की बाजी का दौर (bingo) इत्यादि। इन खेलों में भाग लेने वालों की तायदाद का सही अनुमान लगाना तो मुश्किल है, लेकिन अकेले अमेरिका में इसकी संख्या 50 लाख से ऊपर अवश्य है तथा इन खेलों के माध्यम से खरबों रुपयों का हर वर्ष हस्तांतरण (transfer) होता है।

कुछ लोग अपने खाली समय (जब वे किसी कार्य में नहीं लगे रहते) में समय व्यतीत करने हेतु जुआ खेलते हैं। अभिप्राय यह है कि व्यक्ति अपने खाली समय में निष्क्रियता (inactivity) की अवस्था को मनोरंजनार्थ (for the sake of entertainment) जुआ खेलकर सक्रियता (activity) की अवस्था को प्राप्त करने का प्रयास करते हैं। इससे उन्हें दोहरा लाभ मिलता है–प्रथमतः व्यक्ति निष्क्रियता की अवस्था (state of inactivity) के कारण तनाव (tension) एवं अनर्गल सोच–विचार (meaningless ideas) से मुक्त होता है। अतः उसे मानसिक संतुष्टि और आनंद (mental satisfaction and pleasure) मिलता है। द्वितीयतः व्यक्ति जुए रूपी आनंददायक क्रिया (pleasurable activity) में व्यस्त होकर रिक्त समय की भरपाई करने में उपयोग करता है। इससे निष्क्रियता के कारण उत्पन्न उदासीनता के भावों का परिहार (avoid) करता है। इस प्रकार के जुए का खेल सामाजिक मनोरंजन के निरपराध रूप (harmless form) माने जाते हैं। अर्थात् इनसे किसी प्रकार की हानि नहीं होती। परंतु कुछ लोग इसके व्यसनी (addict) हो जाते हैं, जो उनके चारित्रिक दोष (character disorder) का सूचक होता है। ऐसे लोग जुआ खेलने को विवश होते हैं। उनमें आत्म नियंत्रण (self control) बिल्कुल नहीं रहता। फलतः वे अपना सारा कारोबार छोड़कर सदा जुआ खेलने में ही समय व्यतीत करते हैं। वे किसी प्रकार के

उपयोगी या रचनात्मक कार्य में कोई अभिरुचि नहीं रखते। ऐसे लोगों को प्रायः 'जुआरी' की संज्ञा दी जाती है क्योंकि सदैव जुए के नशे में रहते हैं। इससे इनका व्यक्तिगत (personal), पारिवारिक (family) और सामाजिक (social) जीवन छिन्न–भिन्न हो जाता है। यहाँ तक कि ये अपनी सारी चल–अचल संपत्ति (movable-unmovable property) भी गँवा देते हैं। इससे भी आगे ये अपनी पत्नी, बच्चों आदि को भी दाँव पर लगा देते हैं। इस प्रकार, इनकी बाध्यता (compulsion) का परिणाम अत्यंत ही बुरा होता है। परिवार एवं पेशे की उपेक्षा (neglect of family and profession) एवं नाजायज ढंग से जुए को जारी रखने हेतु धन प्राप्त करने की प्रवृत्ति भी पनपती है। अतएव स्पष्ट है कि जुआ की बाध्यता (compulsive gambling) व्यक्ति विशेष के साथ–साथ संपूर्ण समाज के लिए भी अत्यंत हानिकर होता है। अस्तु, केवल समय बिताने के लिए कभी–कभी जुआ खेलना मनोरंजन की श्रेणी में आता है, जबकि जुआ की विवशता या बाध्यता मनोरंजन का विकृत रूप होता है जो व्यक्ति और समाज दोनों के लिए अहितकर होता है।

जहाँ तक बाध्य जुआरियों (compulsive gamblers) की बौद्धिक क्षमता का प्रश्न है, इनकी बौद्धिक क्षमता औसत से अधिक होती है। जुए की लत अधिकतर कालेज में प्रवेश लिए हुए व्यक्तियों की उम्र के आस–पास के उम्र के लोगों को लगती है। वयस्क जुआरी (adult gamblers) अधिकतर शादीशुदा व्यक्ति होते हैं तथा उनकी सामाजिक एवं आर्थिक स्थिति अपेक्षाकृत बेहतर होती है। ऐसे लोग प्रायः जिम्मेवार व्यक्ति होते हैं। यह भी देखा गया है कि पुरुषों की अपेक्षा महिलाएँ इस प्रकार की बाध्यता (compulsion) से कम ग्रस्त होती हैं। हाल के अध्ययनों से यह भी पता चला है कि ग्रामीण क्षेत्रों (rural areas) की तुलना में शहरी क्षेत्रों (urban areas) में बाध्यता का यह रूप (जुआ की बाध्यता) अधिक व्यापक है। इसका कारण इन दोनों क्षेत्रों की जीवन शैली (lifes tyle) में अंतर होना है। शहरी क्षेत्रों में 'धनोपार्जन' (earning of wealth) की प्रेरणा अपेक्षाकृत अधिक सबल होती है। इसलिए, धनोपार्जन के अनेक अवैधानिक (illegal) तरीकों में जुए का भी महत्वपूर्ण स्थान होता है जिसकी ओर प्रायः किशोरावस्था के लड़के शीघ्र आकर्षित हो जाते हैं। कुछ मनोवैज्ञानिकों का यह भी मानना है कि इस व्यसन द्वारा व्यक्ति की शक्ति प्रेरणा (power motive) संतुष्ट होती है क्योंकि बाजी लगाना या दाँव लगाना शक्ति परीक्षण की स्थिति उत्पन्न करता है जिसमें बाजी जीतने वाला बाजी की रकम पाकर हारे हुए पर अपना प्रभुत्व (dominance) जमाता है तथा अपने को उससे अधिक शक्तिशाली समझता है।

13.5.3.2 कारण (Causes)

'जुआ' (gambling) के संबंध में क्रमबद्ध अध्ययन (systematic study) बहुत ही कम हुए हैं। अतः इनके कारणों के संबंध में अथवा इस प्रकार की बाध्यता के विकास में सहायक कारकों के बारे में पर्याप्त जानकारी का अभाव है। 'जुए की बाध्यता' (compulsive gambling) वस्तुतः एक सीखी गई या अर्जित (learnt or acquired) अनुक्रिया (response) है जिससे छुटकारा पाना प्रायः मुश्किल होता है। बहुधा 'बाध्य जुआरी' (compulsive gambler) जब पहली बार जुए के खेल में शरीक होता है और बाजी जीतता है तो वह इसे अपना अच्छा भाग्य (good luck) मान लेता है। **'बोलेन' एवं 'बॉयड'** (Bolen and Boyad) ने इस प्रारंभिक विजय को 'प्रबलन' (reinforcement) का माध्यम बतलाया है। यह प्रबलन उसे आगे भी जुआ खेलने के लिए प्रबलित करता है और इस प्रकार वह धीरे–धीरे जुए की बाध्यता का शिकार होता है। जुआरी को यह विश्वास होने लगता है कि जुआ के माध्यम से वह शीघ्र ही एक धनी व्यक्ति बन जाएगा। अतः उसे अपने जीवनयापन हेतु आगे कोई काम करने की जरूरत नहीं पड़ेगी। फलस्वरूप कभी–कभी लगातार बाजी हार जाने के बावजूद लोभवश जुआ खेलना जारी रखता है और इस प्रकार धीरे–धीरे बाजी लगाने हेतु अपनी सारी जमा पूँजी भी दाँव पर लगा देता है और अपने परिवार के भरण--पोषण की अवहेलना करता है, गबन करता है अथवा कर्ज लेता है। इन स्थितियों में वह कुसमायोजन (maladjustment) का शिकार होता है।

मनोविश्लेषकों के अनुसार, जुआरी का व्यक्तित्व अपरिपक्व (immatured), द्वेषपूर्ण (hostile), निष्क्रिय रूप से आश्रित (passive dependent), विद्रोही (rebellion), मनोग्रस्ति से पीड़ित (suffering from obsession), अंधविश्वासी

(superstitious), और आवेशपूर्ण क्रियाएँ (impulsive) करने वाला होता है। कुछ लोग इसे बाध्यकारी न्यूरॉटिक (compulsive neurotic) भी कहते हैं।

जुआ खेलने की बाध्यता (compulsive gambling) का एक और प्रधान कारण पारी (turn) से आने वाले लाभों द्वारा प्राप्त प्रबलन (intermittent reinforcement) भी है। **'रॉस्टन'** (Rosten) ने अपने अध्ययनों में पाया है कि कभी–कभी बाजी जीतने के फलस्वरूप पुनः जीतने की लालसा (temptation) से प्रेरित होकर बार–बार जुआ खेलने की लत का विकास होता है।

'जुए की बाध्यता' के विकास में सामाजिक कारण भी महत्वपूर्ण होते हैं। इन सामाजिक कारणों में पारस्परिक संबंधों का कमजोर होना, अनुशासन की कमी एवं सामाजिक प्रतिबंध का ढीला होना विशेष रूप से महत्वपूर्ण है। इस संबंध में यह भी उल्लेखनीय है कि जिन व्यक्तियों का पारस्परिक वातावरण दूषित होता है और जहाँ परस्पर कलह एवं अशांति की स्थिति रहती है, उन घरों के किशोरों में यह बाध्यता आसानी से विकसित होती है। अतः पारिवारिक वातावरण का दूषित होना भी जुए की बाध्यता का एक प्रधान कारण है।

13.5.3.3 चिकित्सा या उपचार एवं रोकथाम (Treatment or Therapy and Prevention)

जुए की बाध्यता से पीड़ित व्यक्तियों के उपचार के संबंध में कोई विशेष जानकारी उपलब्ध नहीं है क्योंकि, अभी इस क्षेत्र में वैज्ञानिक अध्ययनों की कमी है। फिर भी, कुछ व्यक्तियों पर सुधार के प्रयास मनोवैज्ञानिकों द्वारा किए गए हैं। **'बॉयड' एवं 'बॉलेन'** (Boyd and Bolen, 1970) में ऐसे बाध्य व्यक्तियों पर सामूहिक चिकित्सा (group therapy) की विधि को उपयोगी पाया है। इन्होंने 8 ऐसे जुआरियों की चर्चा की है, जिनमें से समूह चिकित्सा सत्र के फलस्वरूप 3 ने जुआ खेलना बिल्कुल ही छोड़ दिया और शेष 5 व्यक्तियों ने जुआ खेलना लगभग छोड़ दिया।

इनकी इस आदत को छुड़ाने में अरुचि प्रविधि (aversion therapy) भी लाभप्रद सिद्ध हुई है। इसी तरह अन्य प्रविधियाँ, जैसे–संसूचन (suggestion), पुनः शिक्षण (relearning), विरोधी प्रचार (counter propganda) आदि प्रविधियों का उपयोग भी लाभप्रद सिद्ध हो सकता है।

रोकथाम (Prevention): जुए की बाध्यता वैयक्तिक तथा सामाजिक–दोनों तरह की विकृति (personal as well as social pathology) है। अतः इस विकार को फैलने से रोकने हेतु अवरोधक उपाय (inhibitory measures), जैसे–कानूनी रोकथाम (legal prevention), पकड़े जाने पर दंड का प्रावधान, सामाजिक निंदा, इसके बुरे परिणामों के बारे में प्रचार प्रसार द्वारा लोगों को जागृत करना, नैतिक शिक्षा (moral education) आदि का सहारा लिया जाना चाहिए। इन उपायों द्वारा इस प्रकार के विकार की व्यापकता को नियंत्रित करने में पर्याप्त सहायता मिल सकती है।

13.5.4 अपराधी व्यवहार (Criminal Behaviour)

13.5.4.1 स्वरूप (Nature)

अपराध एक सामाजिक समस्या है, क्योंकि इससे संपूर्ण समाज और राष्ट्र की हानि होती है। मानव जीवन के इतिहास में अपराध की घटनाएँ सदा से होती आ रही हैं जिस पर नियंत्रण पाने, लगाम लगाने के उपाय समय–समय पर किए जाते रहे हैं। इसके बावजूद आपराधिक घटनाएँ दिन–प्रतिदिन बढ़ती जा रही हैं और आज भी संपूर्ण विश्व के समक्ष यह एक अत्यंत ही तल्ख समस्या बनी हुई है। हालाँकि प्रत्येक समाज और राष्ट्र में इसे नियंत्रित करने हेतु कानूनी प्रावधान हैं तथा अपराधियों को दंडित करने की भी व्यवस्था है। इसके बावजूद आपराधिक घटनाएँ होती रहती हैं। इस संबंध में किए गए अनुसंधानों के आधार पर अपराध के मनोवैज्ञानिक

पक्षों (psychological aspects of crimes) पर प्रकाश डाला गया है तथा अपराधियों के व्यवहार में सुधार लाने हेतु दंड से ज्यादा सुधारात्मक उपायों (corrigible measures) पर जोर दिया गया है।

सामान्यतः (generally) समाज विरोधी और कानूनों की अवहेलना करने वाले व्यवहार को ही 'अपराधी व्यवहार' (criminal behaviour) कहा जाता है। इसके अंतर्गत चोरी करना (stealing), झूठ बोलना (telling lie), मार–पीट करना, व्यभिचार करना, लूट–पाट करना, सामान्य सामाजिक व्यवस्था के नियमों को तोड़ना इत्यादि व्यवहार आते हैं। अपराधी व्यवहार को प्रायः दो वर्गों में बाँटा जा सकता है–(क) **महापातकी व्यवहार** (fetonies) तथा (ख) **आवारागर्दी संबंधी व्यवहार** (misdemeanour behaviour)। 'महापातकी' श्रेणी के अपराधियों का व्यवहार शैतान की तरह होती है जिसे साधारणतः 'महादुष्ट' कहा जाता है। ऐसे अपराधी अत्यंत ही जघन्य अपराध जैसी घटनाओं जैसे–हत्या (क्रूरतम हत्या) को अंजाम देते हैं। आवारागर्दी श्रेणी में अपराधी प्रायः बुरे व्यवहार करने वाले होते हैं। जैसे लड़कियों से छेड़–छाड़ करना, किसी के साथ मार–पीट कर लेना, चोरी करना, आज्ञा का उल्लंघन करना, सामाजिक रीति रिवाजों, नियमों के विरुद्ध चलना आदि।

'अपराध' समय (time) और स्थान (place) के अनुसार बदलता रहता है। व्यवहार का एक ही रूप किसी समय एवं समाज विशेष में सामाजिक व्यवहार माना जाता है तो दूसरे समाज या समय में समाज विरोधी (anti social) कहा जाता है। उदाहरणार्थ सार्वजनिक रूप से चुंबन की क्रिया (kissing act) पश्चिमी संस्कृतियों (western societies) में सामान्य और सामाजिक व्यवहार माना जाता है जबकि भारतीय समाज में यह आपत्तिजनक माना जाता है। इसी तरह, एस्किमो (Eskimo) जाति की संस्कृति में अतिथियों के सम्मान में लोग अपनी स्त्रियों को उनके हवाले कर देते हैं। ऐसा न करने पर अतिथि का अपमान समझा जाता है। वेश्यावृत्ति के संबंध में भी ऐसी ही बात है। कुछ संस्कृतियों में वेश्यावृत्ति समाज द्वारा स्वीकृत होती है, जबकि अन्य जगहों में इसे अपराध की संज्ञा दी जाती है। इसी तरह कुछ संस्कृतियों में विवाह के पूर्व यौन समागम एक दुराचरण माना जाता है जबकि दूसरी संस्कृतियों में यौन दुराचरण की श्रेणी में नहीं रखा जाता। आधुनिक समय में भारत में भी विवाह से पूर्व यौन संपर्क माँग तेजी से बढ़ रही है तथा इसके सामाजिक स्वीकृति हेतु प्रयास किए जा रहे हैं यद्यपि ऐसे प्रयास अभी खुले रूप में सामने नहीं आए हैं।

अपराध के संबंध में उपर्युक्त विरोधी तथ्यों के बावजूद कुछ ऐसे अपराध होते हैं जो प्रायः सभी समाजों एवं संस्कृतियों में अपराध समझे जाते हैं जैसे–हत्या करना, चोरी करना या डकैती करना, पॉकेटमारी करना, बलात्कार करना, तस्करी करना इत्यादि। अपराध के इन कृत्यों को अपराध इसलिए कहा जाता है कि इन कृत्यों के कारण समाज के दूसरे लोगों के हितों ही हानि होती है तथा सामाजिक नियमों एवं आदर्शों का उल्लंघन होता है। अतः अपराध की परिभाषा इन शब्दों में भी जा सकती है–

"सामाजिक नियमों, आदर्शों, मानदण्डों एवं कानूनी प्रतिबंधों के प्रतिकूल ऐसे आचरण जो सामाजिक कल्याण या हित की दृष्टि से हानिकारक होते हैं–को अपराध कहते हैं।"[3]

13.5.4.2 बाल अपराध (Juvenile Delinquency)

बाल अपराध भी एक प्रकार का अपराधी व्यवहार है जो कानूनी रूप से अवयस्क बालकों या बालिकाओं द्वारा किए जाते हैं। कानूनी रूप से (legally) 18 वर्ष की आयु से नीचे के बच्चों द्वारा किए जाने वाले आपराधिक व्यवहार (criminal behaviours) को बाल अपराधी (juvenile delinquent) की श्रेणी में रखा जाता है तथा इनके द्वारा किए गये अपराधी कृत्य को बाल अपराध व्यवहार (juvenile delinquent behaviour or simply delinquent behaviour) कहा जाता है। अतः दोनों के व्यवहार प्रतिरूप (behaviour pattern) एक जैसे ही होते हैं। अर्थात् अवयस्क (non adult) और वयस्क (adult) व्यक्तियों के अपराधी व्यवहारों (criminal behaviours) के प्रतिरूप

3. "Those conduct which are harmful from the point of view of social welfare and go against the rules, norms, standards and legal restrains of the society are called criminal behaviours."

समान (similar) होते हैं। अंतर केवल इनकी उम्र में पाया जाता है। अतः अवयस्क अपराधी को 'बाल अपराधी' (delinquent) तथा वयस्क अपराधी को अपराधी (criminal) की संज्ञा देते हैं। बाल अपराधी वस्तुतः मानसिक तौर पर अपरिपक्व होते हैं। अतः न्यायपालिका इनके कसूर (offences) को अबोधावस्था में किया गया कसूर मानता है जबकि वयस्क अपराधी परिपक्व होते है अतः यह मान लिया जाता है कि वे अपने आपराधिक व्यवहार के लिए खुद जिम्मेवार हैं, जिसका बोध उन्हें हैं, फिर भी वे अपराध करते हैं। साथ ही, वयस्क अपराधियों की जमात में अनेक ऐसे भी अपराधी होते हैं जो पेशेवर (professional) किस्म (type) के होते हैं।

अवयस्क अपराधी और वयस्क अपराधी में एक और अंतर यह पाया जाता है कि बाल अपराधियों के व्यवहार में सुधारात्मक उपायों द्वारा सुधार (reform) लाया जा सकता है जबकि वयस्क अपराधी के व्यवहार में सुधार लाना मुश्किल होता है।

मनोवैज्ञानिक दृष्टि से बाल अपराधी एवं अपराधी में एक और अंतर यह है कि बाल अपराधी प्रायः असंगठित (unorganized) होते हैं तथा अनियोजित (unplanned) और बिना किसी प्रकार के लाभ को ध्यान में रखे अपराधजन्य कृत्य कर बैठते हैं। जैसे–नदी में नहाते समय अपने साथियों के साथ हँसी–मजाक के दरम्यान किसी साथी को डुबा देना, खेल–खेल में रेल की पटरी पर पत्थर रखकर भाग जाना, निरुद्देश्य ढंग से किसी के साथ मार–पीट कर लेना इत्यादि। लेकिन अपराधी अपराधजन्य कृत्य जान–बूझकर सुनियोजित ढंग से (knowingly in a planned manner) और किसी–न–किसी प्रकार के लाभ के उद्देश्य से करते हैं। बहुतेरे अपराधी संगठित (organised) भी रहते हैं।

13.5.4.3 अपराधी व्यवहार के कारण (Causes of Criminal Behaviour)

यद्यपि अपराधी व्यवहार की जड़ में बाल अपराधी होने का इतिहास भी मिलता है। फिर भी अनेक वयस्क अपराधियों के जीवन वृत्त (life history) में बाल अपराधी होने के संकेत नहीं मिलते हैं। लेकिन, इन दोनों प्रकार की श्रेणियों के अपराधी व्यवहारों के कारण लगभग समान हैं। अतः प्रस्तुत अनुच्छेद में वर्णित कारक बाल अपराध के संदर्भ में भी लागू होते हैं।

अपराधी व्यवहारों के कारणों के संबंध में मतैक्य का अभाव है। अनेक लोगों ने इनके अलग–अलग कारणों पर बल दिया है। यहाँ कुछ महत्वपूर्ण कारणों का संक्षेप में वर्णन किया जा रहा है–

(i) आनुवंशिकता (Heredity): 20वीं शताब्दी के प्रारंभिक वर्षों के अनुसंधानकर्ताओं ने अपराधी व्यवहारों की व्याख्या आनुवंशिकता द्वारा प्राप्त विशेषताओं के आधार पर की है। इनमें 'लैम्ब्रासो' और उनके अनुयायियों (Lomobroso and his followers) के नाम विशेष रूप से उल्लेखनीय हैं। अनुसंधान के इस दल को 'इटैलियन स्कूल ऑफ क्रिमिनॉलॉजी' (Italian School of Criminology) के नाम से जाना जाता है। इनके अनुसार, अपराधी जन्मजात होते हैं (criminals are cogenital) जन्म के समय ही इनके शरीर में कुछ दागी विशेषताएँ (stigmatizing features) पाए जाते हैं, जैसे–ललाट का छोटा होना, सिर की असाधारण बनावट, आँखों में विलक्षणता कान का आगे की ओर उभार (protruding ears) आदि विशेषताओं को क्रूरता (savage man) का चिह्न (sign) माना जाता है। जिसके आधार पर इन्हें सामान्य लोगों से भिन्न रूप से आसानी से पहचाना जा सकता है। इन चिह्नों से युक्त बच्चों में किशोर उम्र अथवा व्यस्क होने पर अपराधी प्रवृत्ति (criminal tendency) के पनपने की प्रबल संभावना रहती है। इस संबध में और भी कई लोगों ने अनुसंधान किए हैं जिन्होंने शुक्राणुओं (chromosomes) के असामान्य स्वरूप (abnormal nature) से संबंधित महत्वपूर्ण तथ्य संकलित किए हैं, लेकिन, इस संबंध में निश्चयात्मक रूप से किसी निष्कर्ष पर पहुँचने हेतु अभी और भी गहन अध्ययन (intensive study) की आवश्यकता है।

(ii) बीमारियाँ (Diseases): कुछ विशिष्ट प्रकार की बीमारियाँ भी अपराधी प्रवृत्ति के पनपने में सहायक होती हैं। उदाहरणार्थ—मस्तिष्क शोथ (encephalitis) एक ऐसी मस्तिष्कीय बीमारी है जिसमें रोगी के बचने (to survive) की संभावना बहुत ही कम रहती है। लेकिन, यदि संयोगवश कोई बच जाता है तो उसमें अपराध की प्रवृति पनपने लगती है। ऐसा व्यक्ति प्रायः शारीरिक रूप से अयोग्य हो जाता है जो आगे चलकर आवेश (impulse) एवं आक्रामक (aggressive) प्रवृत्ति को विकसित करता है क्योंकि स्वभावतः वह चिड़चिड़ा (irritative) हो जाता है। चिड़चिड़ापन के कारण विकसित आक्रामकता एवं आवेशी व्यवहार अपराधी व्यवहार के रूप में परिणत होने लगता है। मनोवैज्ञानिकों का मानना है कि रोगी वस्तुतः अपनी कार्यक्षमता (capacity to work) की कमी की क्षतिपूति (to compensate) करने के उद्देश्य से अपराधजन्य कृत्यों (criminal acts) का सहारा लेता है।

(iii) विघटित घर या परिवार (Broken homes or family): विघटित घर या परिवार से तात्पर्य 'टूटे परिवार' (broken home) से है जहाँ पारस्परिक लड़ाई—झगड़ा और अशाति का वातावरण सदैव बना रहता है। इस तरह के पारिवारिक माहौल बच्चों के समुचित विकास के लिए अनुकूल नहीं होते। फलस्वरूप बच्चे शांति की तलाश में भटक कर कुसंगति के चंगुल में फँस जाते हैं और अपराधी व्यवहार अर्जित करते हैं। अतएव पारिवारिक विघटन अपराधी व्यवहार और खासकर बाल अपराध की प्रवृत्तियों के पनपने का चरागाह बनता है। टूटे परिवार के अंतर्गत माता—पिता के बीच अलगाव (separation), तलाक (divorce), पारस्परिक कलह (interpersonal pugnacity), घर के मुखिया की मृत्यु, अनैतिक जीवन (unethical life) आदि आते हैं। **'जॉनसन'** (Johnson) ने अपने एक अध्ययन में पाया कि बाल—अपराधियों के समूह में 52 प्रतिशत बच्चे विघटित परिवारों में पले थे (eared)। इसी तरह **'हेली'** (Healy), **'ब्रोनर'** (Broner) एवं अन्य लोगों ने भी बालकों को अपराधोन्मुख (crime oriented) बनाने में विघटित परिवार के महत्व पर प्रकाश डाला है।

विघटित परिवार के अतिरिक्त पारिवारिक विकृति (pathological family), जैसे—माता—पिता का बालकों के साथ दुर्व्यवहार (misbehaviour by parents), तिरस्कृत बच्चे (rejected children) अति स्नेह तथा अति सुरक्षा का माहौल (over affective and over protective environment), दोषपूर्ण अनुशासन (faulty discipline), माता—पिता का सौतेला व्यवहार (step parenting) आदि भी अपराध की प्रवृत्तियों के जन्म देने में महत्वपूर्ण स्थान रखते हैं।

(iv) सामाजिक कारण (Social factors): पारिवारिक वातावरण स्वयं में एक सामाजिक पक्ष है। लेकिन पारिवारिक वातावरण के अतिरिक्त भी कुछ अन्यान्य सामाजिक कारक अपराध एवं बाल अपराध के विकास में महत्वपूर्ण योगदान करते हैं। इन सामाजिक कारणों में बुरी संगत (bad company), दोषपूर्ण शिक्षा (faulty education), बुरे पड़ोसी (bad neighbours), मनोरंजन के साधनों की कमी (lack of recreational means), अश्लील साहित्य (pornographic literature), सिनेमा (Cinema), दूरदर्शन के अपराध संबंधी धारावाहिकों (criminal serials of TV), आर्थिक विषमता (economic disparity), सामाजिक वंचना (social deprivation), सामाजिक कुरीतियाँ (malsocial practices), आदि अनेक ऐसे कारक हैं जो बालकों एवं वयस्कों—दोनों को अपराधोन्मुख (crime oriented) बनाने में महत्वपूर्ण होते हैं।

(v) मनोवैज्ञानिक कारण (Psychological causes): अपराध एवं बाल अपराध के मनोवैज्ञानिक कारण भी होते हैं। मानसिक संघर्ष (mental conflicts) एवं संवेगात्मक तनाव (emotional tension) भी बालकों या वयस्कों के आचरण को अपराधी स्वरूप के साँचे में ढालते हैं। मनोवैज्ञानिक कारणों में सामान्य बुद्धि की कमी (low general intelligence), संवेगात्मक अस्थिरता (emotional instability), मानसिक रोग से ग्रसित होना (suffering from mental disorders) एवं मनोविकारी व्यक्तित्व (psychopathic personality) विशेष रूप से महत्वपूर्ण होते हैं।

अपराध के उपर्युक्त वर्णित कारणों के आलोक में यह स्पष्ट रूप से कहा जा सकता है कि बाल—अपराध या अपराध को कोई एक कारण नहीं, अपितु यह एक बहु—कारकीय गोचर (multidimensional phenomenon)

है। अर्थात् इस प्रकार की प्रवृतियाँ कई करणों की उपज होती हैं तथा इसके सभी कारणों को जानना–समझना आवश्यक होता है ताकि आवश्यक सुधारात्मक (reformation) उपाय किए जा सकें–

13.5.4.4 अपराधी व्यवहार का उपचार एवं सुधार के उपाय (Treatment and Reformatory Measures of Criminal Behaviours)

चाहे बाल अपराध (juvenile delinquency) हो अथवा अपराध (crime), इनके व्यवहारों के परिमार्जनार्थ (to modify) अथवा सुधार (reform) लाने हेतु इसके आधारभूत कारणों (basic causes) को जानना नितांत आवश्यक होता है। जो अपराधी किसी प्रकार के मानस रोग (psychopathologies) से ग्रस्त हों, उनकी चिकित्सा मानसिक अस्पतालों (mental hospitals) में कराई जानी चाहिए। अस्पतालों (hospitals) में कई प्रकार की चिकित्सा प्रविधियाँ (therapeutic techniques) का उपयोग अपराधियों की अवस्था, सहनशक्ति एवं अन्य सुविधाओं के अनुसार किया जाता है। प्रायः यह देखा गया है कि मानस रोगों से ग्रस्त अपराधी चिकित्सा के फलस्वरूप चंगा होने के बाद स्वतः सामान्य सामाजिक नियमों के अनुसार आचरण करने लगते हैं। अर्थात् उनकी अपराधी प्रवृत्ति लुप्त हो जाती हैं।

अपराधियों एवं बाल अपराधियों के व्यवहार में सुधार के लिए सामुदायिक वातावरण (community environment) में भी कुछ उपाय किए जाते हैं जिनमें निम्नांकित उपाय महत्वपूर्ण हैं–

1. कानूनी सजा या दंड (legal punishment)
2. सुधार गृह में पुनर्वास का व्यवस्था (rehabilitation in reformatory homes)
3. उचित शिक्षा का प्रसार (expansion of proper education)
4. आध्यात्मिक उपदेश (spiritual preachings)
5. आर्थिक विषमता दूर करना (removing economic disparity)
6. अश्लील साहित्य के प्रकाशन तथा बुरी फिल्मों/धारावाहिकों के निर्माण पर प्रतिबंध (restrictions on publications of pornographic literature and production of bad films/serials)
7. किसी उपुयक्त व्यवसाय का प्रशिक्षण (training in a proper trade or occupation)
8. असामाजिक कृत्यों के विरुद्ध जागरूकता विकसित करना (developing awareness against anti social acts)
9. आवश्यक मनोरंजन के साधनों की व्यवस्था (arranging necessary means of recreation)
10. सामाजिक एवं भौतिक वातावरण में सुधार लाना (reforming social and physical environment) इत्यादि

उपर्युक्त उपायों (measures) को व्यापक ढंग से अपनाने पर अपराध एवं बाल अपराध की घटनओं को बहुत कुछ रोका (prevent) और सुधारा (reform) जा सकता है।

13.6 सारांश (Summary)

1. व्यक्तित्व एवं चारित्रिक विकृतियाँ (personality and character disorders) व्यक्तित्व (personality) तथा आचरण (conduct) से संबंधित त्रुटि या दोष (defects) को कहते हैं। ऐसे लोगों को प्रायः मानसिक रोगियों की श्रेणी में नहीं रखा जाता है, किंतु, चूंकि इनकी आचरण, व्यवहार एवं व्यक्तित्व संबंधी विशेषताएँ सामान्य (normal) लोगों से भिन्न या परे हाती हैं, अतः मानस रोग विज्ञान (psychopathology) के

विषय हैं, अतएव इनके मनोवैज्ञानिक पक्षों (psychological aspects) का अध्ययन करने की आवश्यकता प्रतीत होती है।

2. व्यक्तित्व संबंधी विकृतियाँ (disorders of personality) प्रायः दो प्रकार की होती हैं—(क) मनोविकारी (समाज विरोधी) व्यक्तित्व (psychopathic or anti social personality) एवं (ख) व्यक्तित्व के शीलगुण संबंधी विकृतियाँ (personality trait disorders)।
3. मनोविकारी (समाजविरोधी) व्यक्तित्व के लोगों का व्यवहार या आचरण समाज के नियमों के विपरीत होते हैं तथा इनके व्यवहार समाज के दूसरे लोगों के लिए अहितकर होते हैं। इसीलिए इन्हें समाज विरोधी (anti social) कहते हैं। इस प्रकार के व्यक्तित्व में आवेश की प्रधानता (impulsiveness), संवेगात्मक अस्थिरता (emotional instability), अपरिपक्वता (immaturity), संदेहशील चरित्र (suspicious character) इत्यादि विशेषताएँ पाई जाती हैं। वे अपने जीवन के अनुभवों से कुछ नहीं सीखते। इनमें आत्म संयम (self restrain) एवं दूसरों पर विश्वास की कमी पाई जाती है।
4. शीलगुण संबंधी विकृति (trait disorder) में व्यक्तित्व की विशेषताओं में विकृति के लक्षण पाए जाते हैं। इनके व्यक्तित्व की विशेषताओं में विकृति के लक्षणों के अनुसार ही अलग–अलग प्रकारों में बाँटा जा सकता है। जैसे—स्थिर–व्यामोही व्यक्तित्व (paranoid personality), मनोविदलनाभ व्यक्तित्व (schizoid personality), विस्फोटक व्यक्तित्व (explosive personality), मनोग्रस्ति–बाध्यता व्यक्तित्व (obessive-compulsive personality), उन्मादी व्यक्तित्व (hysterical personality), कृशकाय व्यक्तित्व (aesthenic personality), निष्क्रिय आक्रामक व्यक्तित्व (passive aggressive personality), अपूर्ण या अपर्याप्त व्यक्तित्व (inadequate personality), एवं अन्यान्य विकृतियाँ (other disorders)।
5. चारित्रिक दोष (character defects) भी मानसिक (मनोवैज्ञानिक) उपद्रव (disturbance) के ही सूचक होते हैं। इन दोषों (defects) के माध्यम से व्यक्ति अपने मानसिक संघर्षों, तनावों, संवेगात्मक अवस्थाओं, निराशाओं आदि को प्रकट करता है। इन दोषों से युक्त व्यक्तियों के व्यक्तित्व में अनेक प्रकार की विकृतियों (disorders) के लक्षण देखे जाते हैं तथा वे सामाजिक व्यवस्था एवं नियमों का उल्लंघन करते हैं इसीलिए समाजविरोधी व्यक्ति (anti social personality) कहा जाता है। कुछ लोग इन्हें समाज विकारी व्यक्तित्व (sociopathic personality) भी कहते हैं क्योंकि इनके चरित्र संबंधी दुराचरण से समाज की हानि होती है।
6. चारित्रिक विकृतियाँ कई प्रकार की होती हैं। जिनमें यौन दुराचरण या विकृतियाँ (sex perversion), जुए की बाध्यता या बाध्यजुआरी (compulsive gamber), अपराधी एवं बाल अपराधी व्यवहार (criminal and delinquent behaviour) का वर्णन प्रस्तुत अध्याय में किया गया है। इसके अतिरिक्त मद्यपान व्यसन (alcoholic addiction) एवं मादक द्रव्य व्यसन संबंधी चारित्रिक दोष का वर्णन अगले अध्याय में किया गया है।
7. **यौन विकृतियाँ:** यौन दुराचरण अर्थात् यौन विकृति एक महत्वपूर्ण वैयक्तिक (individual) एवं सामाजिक (social) समस्या है। यौन विकृति वस्तुतः सामान्य यौन क्रिया से विचलित क्रिया (deviation sexual practices) है। इससे व्यक्ति के त्रुटिपूर्ण विकास का संकेत मिलता है तथा व्यक्ति का सामान्य समायोजन (normal adjustment) मुश्किल होता है। साथ–ही–साथ यह सामाजिक दुर्व्यवस्था (social disorder) एवं नैतिक आदर्शों (ethical norms) के पतन का कारण बनता है।
8. यौन विकृति का तात्पर्य सामान्य प्रचलित तरीकों से भिन्न या परे तरीकों द्वारा यौन सुख प्राप्त करने से संबद्ध व्यवहार से है। अर्थात् यौन क्रिया के विचलित व्यवहार को ही यौन विकृति या दुराचरण (sexual perversion) कहा जाता है।

9. यौन विकृति के विभिन्न प्रतिरूपों को सामान्यतः दो वर्गों में बाँटा जाता है—(क) काम आधार संबंधी विकृतियाँ (perversions related to sex perversions) एवं (ख) काम उद्देश्य संबंधी विकृतियाँ (perversions related to sexual aims)।
10. काम–आधार संबंधी यौन विकृतियों के अंतर्गत यौन व्यापार के ऐसे प्रतिरूपों को शामिल किया जाता है जिसमें व्यक्ति काम संबंधी सामान्य आधार अंग (normal sex object) की जगह किसी अन्य अंगों (objects) को यौन सुख प्राप्ति का आधार बनाता है जैसे—गुदाद्वार (anus), मुँह (mouth) आदि। ऐसी विकृतियों में समजाति लैंगिकता (homosexuality), लैंगिक गुदाद्वार विकृति (sexual analism), पशुलैंगिकता (beastility or zoophilia), हस्तमैथुन (masturbation), शव लैंगिकता (necrophilia) आदि महत्वपूर्ण विकृतियाँ हैं।
11. काम उद्देश्य संबंधी विकृति में व्यक्ति की कामुक इच्छा का उद्देश्य असामान्य हो जाता है। वह लैंगिक पात्र के साथ वीभत्स (cruel) तरीकों द्वारा विशिष्ट प्रकार का लैंगिक सुख प्राप्त करता है जैसे—परपीड़न (sadism), स्वपीड़न (masochism), अंग प्रदर्शन (exhibitionism), नग्न प्रदर्शन (scopophilia or voyeurism), विलिंगी वस्त्र धारण (transvestism), पुरुष एवं स्त्री अति कामुकता (satyriasis and nymphomania) इत्यादि प्रमुख काम उद्देश्य संबंधी विकृतियाँ हैं।
12. यौन संबंधी कुछ महत्वपूर्ण दुर्बलताएँ भी मनोजनित होती हैं, जैसे—नपुंसकता, स्त्रियों में यौन ठंडापन, पीड़ाजनक रति आदि। यद्यपि इनके कारण अवयवी भी हो सकते हैं, किंतु अनेक अवसरों पर इनके मनोवैज्ञानिक कारण भी होते हैं।
13. **जुए की बाध्यता (Compulsive gambling):** जुआ संयोग के खेल को कहते हैं जिसमें व्यक्ति किसी खेल या घटना को दाँव पर लगाता है तथा जीतने पर लाभान्वित और हारने पर हानि का भागीदार होता है।
14. जुए का खेल कुछ लोग समय बिताने (timepass) के लिए खेलते हैं लेकिन कुछ लोगों को इसकी ऐसी लत लगती है कि वे हर समय जुआ खेलने के लिए बाध्य (compelled) होते हैं। परिणामस्वरूप जुआ के खेल में वे अपना सब कुछ हार जाते हैं और अंततः सामाजिक एवं आर्थिक रूप से छिन्न–विछिन्न हो जाते हैं।
15. जुए की बाध्यता के वास्तविक कारण बताना मुश्किल है। लेकिन यह सही अर्थ में सीखी गई अनुक्रिया है जिसे व्यक्ति शीघ्र धनी (rich) बनने की प्रबल इच्छा एवं संगति के कारण सीखता है।
16. इस बाध्यता का उपचार मनोवैज्ञानिक चिकित्सा प्रविधियों द्वारा किया जाता है जिसमें सामूहिक चिकित्सा विधि (group therapy) विशेष रूप से लाभप्रद होती है।
17. इस बाध्यता को रोकने के लिए कानूनी सजा एवं अवरोधात्मक उपायों (inhibitory measures) को प्रभावकारी ढंग से लागू किया जाना चाहिए।
18. **अपराधी व्यवहार (Criminal behaviour):** अपराधी व्यवहार अपराधजन्य कृत्यों को कहते हैं इसके अंतर्गत वे सभी व्यवहार प्रतिरूप आते हैं जिनसे सामान्य सामाजिक नियमों का उल्लंघन होता है तथा समाज के दूसरे लोगों की हानि होती है। जैसे—चोरी करना, डाका डालना, हत्या करना, बलात्कार करना आदि।
19. **अपराध और बाल अपराध (Crime and juvenile delinquency):** बाल अपराध भी अपराधी कृत्य (criminal act) है, लेकिन कानून की दृष्टि से इन्हें बाल अपराध इसलिए कहते हैं कि ये अपराध अल्प वयस्कों (बालकों) द्वारा (जिनकी उम्र कानूनी ढंग से निर्धारित रहती है) किए जाते हैं यह उम्र 18 वर्ष

या उससे कम होती है। लेकिन जब वही अपराध कृत्य 18 वर्ष के ऊपर के व्यक्तियों द्वारा किए जाते हैं तो उसे अपराधी (criminal) कहते हैं। इन दोनों प्रकार के अपराधियों की सजा भिन्न होती है। बाल अपराधियों को प्रायः सुधार गृहों (reformatory homes) में रखा जाता है।

20. अपराधी व्यवहार के कई कारण होते हैं, जैसे—आनुवंशिकता (heredity), बीमारियाँ (diseases), विघटित परिवार (broken homes), सामाजिक एवं मनोवैज्ञानिक कारण (socio-psychological causes) इत्यादि।
21. अपराधियों की प्रवृत्तियों में सुधार लाने हेतु आधारभूत कारणों का पता लगाना जरूरी होता है। जो व्यक्ति किसी मानसिक बीमारी से ग्रस्त रहने के कारण अपराध करते हैं, उनकी चिकित्सा मानसिक आरोग्यशालाओं में कराई जानी चाहिए। बाल अपराधियों को सुधार गृहों में रखा जाना चाहिए तथा प्रशिक्षण एवं मागदर्शन द्वारा उनके व्यक्तित्व का विकास कराया जाना चाहिए।
22. अपराध की प्रवृत्तियों के निवारणार्थ कानूनी सजा (legal punishments), सुधार गृहों में पुनर्वास की व्यवस्था (rehabilitation in reformatory homes), आध्यात्मिक उपदेश (spiritual economic disparities), अश्लील साहित्य के प्रकाशन एवं बुरी फिल्मों के निर्माण पर रोक आदि उपाय किए जाने चाहिए।

14

मद्यव्यसनिता एवं मद्यपान व्यसन
(Alcoholism and Alcohol Addiction)

अध्याय रूपरेखा (Chapter Outline)

14.1 मद्यपान सेवन एवं मद्यपान व्यसन का स्वरूप (Nature of Alcoholism and Alcohol Addiction)

'एल्कोहल' यानी शराब का उपयोग आधुनिक समय में सभ्यता स्तर एवं गर्व की बात (symbol of civilisation and pride) मानी जाती है। नतीजा यह है कि इसका प्रचलन दिन–प्रतिदिन बढ़ता जा रहा है। यद्यपि स्वास्थ्य

की दृष्टि से ऐसे पेय पदार्थों का सेवन प्रतिबंधित है, फिर भी इसके व्यसनियों या असक्तों की तादाद बढ़ती जा रही है।

'मद्यपान सेवन' (alcoholism) के दो रूप हैं–(क) नियमित रूप से एक निश्चित मात्रा में शराब का सेवन एवं (ख) शराब का अधिकाधिक मात्रा में सेवन (अर्थात् बिना मदिरा पान के नहीं रहना)। पहले प्रकार के लोगों को मदिरा सेवी (alcoholic) जबकि को दूसरे प्रकार के लोगों को मद्यपान व्यसनी (alcohol addict) कहते हैं। प्रतिदिन अधिकाधिक मद्यपान व्यसनी आगे चलकर शारीरिक (physiological) एवं मनोवैज्ञानिक (psychological) 'चाह' से विवश होकर दिन–रात शराब के नशे में डूबे रहने लगते हैं। फलस्वरूप, वे किसी–न–किसी प्रकार की व्याधि जैसे–सिरोसिस (cerrhosis), मद्यपान मनोविकृति (alcohol psychosis), अथवा स्नायुमंडल संबंधी गंभीर बीमारी से ग्रस्त होते हैं।

मद्यपान सेवियों (alcoholics) की एक महत्वपूर्ण विशेषता यह होती है कि वे अपने जीवन की उलझनों (life hassels) से निबटने हेतु मद्यपान को ही उपयुक्त माध्यम के रूप में चयन करते हैं। इस प्रकार, मद्यपान को इस प्रकार परिभाषित किया जा सकता है–''मद्यपान व्यसनिता दीर्घकालिक एवं नियमित रूप से अत्यधिक मात्रा में मद्यपान करने की अवस्था को कहते हैं जिसमें व्यक्ति मद्यपान को अपनी समस्याओं से निबटने के लिए अधिक पसंद करता है।''[1]

इस परिभाषा के आलोक में मद्यपान व्यसनिता की निम्नलिखित विशेषताएँ स्पष्ट होती हैं–

(i) मद्यपान व्यसनिता अधिक मात्रा में मद्यपान की चाह की अवस्था होती है।
(ii) इस अवस्था का विकास चिरकालिक एवं नियमित रूप से अधिकाधिक (more and more) मद्यपान करने के कारण उत्पन्न होती है।
(iii) मद्यपान को व्यक्ति समस्याओं के समाधान का उपयुक्त माध्यम के रूप में पसंद करता है।

14.2 मद्यपान व्यसनिता की अवस्थाएँ (Phases of Alcoholism)

'मद्यपान व्यसन' (alcohol addiction) की अवस्था वस्तुतः क्रमिक गति (gradually) से विकसित होती है। कुछ लोग कभी–कभार मदिरा का सेवन करना आरंभ करते हैं जो शनैः–शनैः नियमित आदत और व्यसन के रूप में विकसित होता जाता है। इस व्यसन के विकास की विभिन्न अवस्थाओं को **'जेलिनेक'** (Jellinek) ने निम्नांकित चार अवस्थाओं में बाँटा है–

(i) प्राक् मद्यप अवस्था अथवा लक्षणात्मक मद्यसेवी (Prealcoholic phase or symptomatic drinking)
(ii) प्रारम्भिक अवस्था (Prodormal stage)
(iii) संगीन अवस्था (Critical stage) एवं
(iv) मद्यव्यसनिता की अवस्था (Stage of alcoholism) अथवा दीर्घकालिक मद्यसेवी (Chronic alcoholic)।

(i) प्राक् मद्यप अवस्था अथवा लक्षणात्मक मद्यसेवी (Prealcoholic phase or symptomatic drinking)

मद्यपान सेवी सर्वप्रथम सामाजिक प्रचलन के अनुसार ही शराब पीना आरंभ करते हैं। वे उन परिस्थितियों को ढूँढ़ने का प्रयास करते हैं जहाँ वे बिना किसी प्रकार के सामाजिक प्रतिबंध (social restrains) के शराब का सेवन कर सकें क्योंकि इससे अपने तनाव या भय (tension or fear) को भूलकर काल्पनिक आनंद (imaginary pleasure) की दुनिया में खो जाते हैं। धीरे–धीरे उनकी तनाव की सहनशीलता (tolerance) दुर्बल पड़ने लगती

1. "Alcoholism refers to a condition of chronic and regular excessive drinking that becomes preferred way of solving problems."

है जिससे बाध्य होकर शराब पीने लगते हैं और क्रमशः शराब की मात्रा में वृद्धि होने लगती है तथा नियमित रूप से शराब पीने लगते हैं जो आगे चलकर 'आदत' (habit) बन जाती है। इसे ही प्राक् मद्यप की अवस्था (prealcoholic stage) अथवा लक्षणात्मक मद्यपान (symptomatic drinking) कहते हैं।

(ii) प्रारंभिक अवस्था (Prodormal stage)

प्राक् मद्यप अवस्था (prealcoholic stage) में व्यक्ति जब नियमित और अधिक मात्रा में शराब का सेवन करने लगता है, तब भी उसके व्यवहार सामान्य (normal) ही रहते हैं तथा उसके मित्र या अन्य निकट संबंधी उसमें किसी प्रकार की असामान्यता (abnormality) नहीं देखते। लेकिन, क्रमशः कुछ समय बाद उसमें असामान्य लक्षण (abnormal symptoms) दिखने लगते हैं। मद्यपान सेवियों की इसी अवस्था को 'प्रारंभिक अवस्था' (prodormal stage) कहते हैं। किसी पार्टी में जब तक प्राक् मद्यप अवस्था (prealcoholic stage) का शराबी एक पेग शराब समाप्त करता है, तब तक प्रारंभिक अवस्था का शराबी दो–तीन पेग शराब पी चुका होता है। इतना ही नहीं, अपितु बाद में भी वह छिपकर कुछ और शराब पीने का प्रयास करता है। इस अवस्था के मद्यसेवियों (alcoholics) में चुराकर पीने (sneaking drinks), पीने में तल्लीनता (pre occupation with drinking), गट–गट पीना (gulping drinks), शराब पीने का प्रसंग का तिरस्कार करना (avoidance of reference to drinking), स्मृति लोप (amnesia), दोष भाव (guilt feelings) इत्यादि लक्षण देखे जाते हैं। मद्यसेवियों की यह दूसरी अवस्था है।

(iii) संगीन अवस्था (Critical stage)

मद्यपान की यह तीसरी अवस्था है। इस अवस्था के व्यक्तियों का मदिरापान पर कोई नियंत्रण नहीं रहता। थोड़े समय के लिए उसमें यह दुविधा की स्थिति रहती है कि वह और शराब ले अथवा नहीं, लेकिन जब तक उसकी चेतना (consciousness) रहती है, वह शराब लेना बंद नहीं करता। उसके इस व्यवहार के कारण उसके अभिभावक, नियोजक मित्र आदि का ध्यान उसकी ओर आकर्षित होता है और वह इनसे बचने के लिए लंबी अवधि तक गायब रहने लगता है। इस अवस्था के मद्यसेवियों में शराब पीने की इच्छा इतनी प्रबल रहती है कि उसे सामान्य सामाजिक नियम, समय या परिस्थिति का भी ध्यान नहीं रहता और वह इनका उल्लंघन कर शराब पीता है। 'संगीन अवस्था' का शराबी धीरे–धीरे समाज, परिवार या मित्र से दूर होने लगता है। इससे उसे भारी नुकसान उठाना पड़ता है। कभी–कभी उसे अपने व्यवसाय या नौकरी से भी वंचित होना पड़ता है तथा परिवार के लोगों से लड़ाई करनी पड़ती है। इस अवस्था के शराबी को पौष्टिक भोजन (nutritious food) नहीं मिल पाता जिसके कारण वह अस्वस्थ रहने लगता है, फिर भी शराब पीना नहीं छोड़ता। वह छिपकर शराब पीने लगता है। वह अपने इस आचरण की युक्तिसंगत (rational) व्याख्या या कारण भी बताता है। इस प्रकार, वह अपनी शराब पीने की आदत को युक्तिपूर्ण दलीलों द्वारा छिपाने का प्रयास करता है। उसमें आक्रामकता (aggressiveness), निरंतर पश्चाताप (persistent remorse) अविवेकीपूर्ण प्रतिरोध (unreasonable resentment), नियंत्रण का अभाव (loss of control) एवं स्वास्थ्य में गिरावट (deterioration of health) इत्यादि लक्षण पाए जाते हैं।

(iv) मद्यव्यसनिता की अवस्था अथवा चिरकालिक मद्यसेवी (Stage of alcoholic or chronic alcoholic)

मद्यव्यसनिता की यह चौथी और सबसे अंतिम अवस्था है। इस अवस्था का विकास लंबे समय से नियमित और अत्यधिक मात्रा में शराब पीने के कारण होता है। इस अवस्था का शराबी बिल्कुल झुक (bend) जाता है तथा शराब को अपनी जिंदगी का एक अंग मान लेता है। वह किसी काम का नहीं रह जाता तथा समाज में वह निंदा की दृष्टि से देखा जाता है। शराब के कारण उसकी आर्थिक स्थिति इतनी खराब हो जाती है कि दो जून का भोजन भी दुर्लभ हो जाता है। फलस्वरूप, वह कई प्रकार के शारीरिक रोगों का शिकार होता है। उसमें मानसिक विकृतियों (mental disorders) के लक्षण भी देखने को मिलते हैं जिसे 'मद्यसारिक मनोविकृति' (alcoholic psychosis) कहते हैं। इस अवस्था के शराबियों की शीघ्र मृत्यु हो जाती है। इनमें पीने की बाध्यता

(compulsion to drink), शारीरिक कंपन (physiological tremor), मनोशारीरिक अवरोध (psychomotor inhibitions), नैतिक पतन (ethical detrioration), पूर्ण हार स्वीकार करना (acceptance of complete defeat) इत्यादि मुख्य विशेषताएँ पाई जाती हैं।

14.3 मद्यपान का सामान्य प्रभाव (General Effects of Alcoholism)

जैसा कि पहले बतलाया जा चुका है, मद्यपान आधुनिक समय का एक रिवाज–सा हो गया है। इसका एक महत्वपूर्ण कारण यह है कि जो लोग शराब के शौकीन होते हैं, उन्हें नशे की स्थिति में उष्णताजन्य संवेदना (sense of warmth) या उत्साह का अनुभव होता है और वे अपने को अच्छी हालत में (in a state of well being) पाते हैं। चित्तवृति की इस अवस्था में उनकी दुःखद या कष्टप्रद वास्तविकताएँ छिप जाती हैं। इस प्रकार, उनमें आत्ममहत्ता (self esteem) एवं 'योग्यता' की भावना बढ़ती है।

परंतु, सही अर्थ में 'मद्यपान' उत्तेजित करने वाली वस्तु नहीं होती। इसका प्रभाव उत्तेजना को कम करने (depresent) के रूप में पड़ता है। इसका नशा मस्तिष्क (brain) को सुस्त अर्थात् चेतना शून्य कर देता है। फलस्वरूप अवरोधात्मक नियंत्रण (inhibitory control) ढीला पड़ जाता है। इसके कारण व्यक्ति का व्यवहार अनियंत्रित यानी अप्रतिबंधित हो जाता है। इसलिए विगत काल की सांवेगिक अनुक्रियाएँ (emotional responses) बिना रोक–टोक के प्रकट होती हैं। नशे के कारण गतिवाही क्रियाओं (motor activities) के समन्वय (co-ordination) में भी कमी आती है। व्यक्ति में भला–बुरा, ऊँच–नीच आदि में अंतर करने तथा ठंडा, गर्म, दर्द आदि अनुभव मंद पड़ जाते हैं। मद्यपान के सामान्य प्रभाव (general effects) के बारे में **'मैक्लिलैंड'** (McClelland, 1971) ने अपना विचार प्रस्तुत करते हुए कहा है कि मद्यपान सेवी क्रमशः अयथार्थ (unreal), किंतु आनंद (pleasure) की दुनिया में प्रवेश करता है जिसमें क्षणिक रूप से उसकी चिंताएँ दब जाती हैं (anxieties are supressed)। इन्हें शक्ति की भावना (feeling of power) का अनुभव होता है। इसलिए ये संवेगात्मक रूप से उत्तेजित (emotionally excited) अनुभव करते हैं, लेकिन इनकी बौद्धिक (intellectual) एवं क्रियात्मक कार्यशीलता (motor functions) विकृत (pathological) अर्थात् रुग्ण होती है।

मद्यव्यसनिता (alcoholism) के उपर्युक्त प्रभावों के विरुद्ध कुछ लोग, खासकर सामान्य मद्यसेवी (general alcoholic) इसके अच्छे यानी सकारात्मक (positive) प्रभावों की चर्चा करते हैं। मद्यपान के गुणकारी प्रभावों के संबंध में रोम के एक प्रसिद्ध कवि **'होरेस'** (Horace) ने लिखा है–

"यह रहस्यों को प्रकाशित या प्रकट करता है; आशाओं को निश्चयी और दृढ़ बनाता है; कायरों को साहसी बनाता है; चिंतित मन को भार–मुक्त कर आराम देता है; 'कला' को निर्देशित करता है; आनंददायक पेय से भरे गिलास ने किसे नहीं वाक्पटु बनाया है? किसे नहीं गरीबी की चुभन से मुक्त रखा है तथा आराम पहुँचाया है?"[2]

लेकिन, वास्तविकता इससे परे है। शराब या मद्यपान के बुरे परिणाम भी होते हैं। इस संबंध में जापान की एक लोकोक्ति है–"पहले व्यक्ति शराब को पीता है, फिर शराब ही शराब को पीती है और तब अंत में शराब आदमी को ही पी जाती है।"[3] अतः अब शराब या मद्यसेवन के बुरे परिणामों का वर्णन आगे किया जा रहा है–

(i) मद्यव्यसनिता का व्यक्तित्व पर पड़ने वाला प्रभाव (Effects of alcohol on personality)

मद्यपान (excessive drinkings) लंबे समय (चिरकालिक) तक अधिक मात्रा में करते रहने के परिणामस्वरूप 'मानसिक अपराध' (mental inhibitions) ढीले पड़ जाते हैं; निर्णय करने की क्षमता विकृत हो जाती है तथा नशे में धुत व्यक्ति का संवेगात्मक एवं क्रियात्मक नियंत्रण (emotional and motor control) लुप्त हो जाता है। आत्म

2. "It discloses secrets; ratifies and confirms our hopes; thrusts cowards forth to battle; eases the anxious mind of its burden; instructs in arts. Whom had not a cheerful glass made eloquent?, Whom not—quite free from pinching poverty?"
3. "First the man takes a drink, then the drink takes a drink and then drink takes the man."

मूल्यांकन (self evaluation) की योग्यता भी बिगड़ जाती है तथा व्यक्ति अयथार्थ आत्मकल्पनाओं (unrealistic self image) के बीच विचरण करने लगता है। उसमें दूसरों के प्रति आदर की भावना नहीं रह जाती तथा सूझ (insight) एवं सांवेगिक स्थिरता (emotional stability) का अभाव पाया जाता है।

मद्यपान की आदत के फलस्वरूप व्यक्तित्व संबंधी विकृतियों (personality disorders) के अतिरिक्त व्यक्ति का पारस्परिक संबंध (interpersonal relationship) भी बिगड़ जाता है। प्रायः यह देखा जाता है कि नियमित रूप से प्रतिदिन भारी मात्रा में शराब पीने के कारण परिवार के सदस्यों के बीच हमेशा कलह का वातावरण बना रहता है तथा भयंकर झगड़े होते हैं। मित्रों, नियोजकों, सहकर्मियों और कभी–कभी पुलिस के साथ भी संघर्ष की स्थिति उत्पन्न होती है। इस प्रकार उनका सामाजिक समायोजन (social adjustment) कठिन हो जाता है। फलतः मद्यसेवी (alcoholic) कुसमायोजन (maladjustment) के शिकार होते हैं।

(ii) शारीरिक प्रभाव (Physiological effects)

मद्यपान व्यसनी (alcohol addicts) उन्हें कहते हैं जो प्रायः प्रतिदिन अधिक मात्रा में शराब पीते हैं। इसका नतीजा यह होता है कि उनके रक्त में 'इथानॉल' (ethanol) अथवा 'इथाइल अल्कोहल' (ethyl alcohol) नाम के मादक द्रव्य की मात्रा बढ़ जाती है जिससे स्नायुमंडल (nervous system) प्रभावित होता है। मादकता (intoxication) के कारण स्नायविक समन्वय (muscular coordination) बिगड़ जाता है। बोल–चाल एवं दृष्टि (speech and vision) भी विकृत स्वरूप की हो जाती है। विचार एवं चिंतन प्रक्रिया भी अव्यवस्थित स्वरूप की हो जाती है। दीर्घकालिक व्यसनी (chronic addicts) के स्नायुतंतुओं का संतुलन बिगड़ जाता है जिसके कारण प्रकंपन, झिन–झिनी, लकवा या पक्षाघात, रक्तचाप आदि जैसी बीमारियाँ होती हैं। कुछ मामलों में मस्तिष्क बिल्कुल क्षतिग्रस्त हो जाता है और व्यक्ति की मृत्यु भी हो जाती है।

यद्यपि मदिरा किस प्रकार मस्तिष्क पर कार्य करती है, इस संबंध में यथेष्ट जानकारी का अभाव है। फिर भी साधारणतः इसके बहुत सारे शारीरिक प्रभाव देखे जाते हैं। इनमें एक सर्वसाधारण प्रवृत्ति यह देखी जाती है कि व्यक्ति की लैंगिक उत्कंठा बढ़ती है लेकिन लैंगिक निष्पादता (sexual performance) निम्न (low) होती हैं। 'शेक्सपीयर' (Shakespeare) ने 'मैकबेथ' (Macbeth) में एक जगह लिखा है–"शराब प्रकोपित और अप्रकोपित करता है। यह इच्छा (लैंगिक इच्छा) को प्रकोपित करता है किंतु निष्पादता को लुप्त करता है।"[4] अनेक मद्यसेवियों में एक–दूसरे प्रकार का गोचर (phenomenon) भी देखने को मिला है। इसे 'पूर्ण अंधकार' (blackout) की संज्ञा दी जा सकती है। अर्थात् व्यक्ति स्मृति धीरे–धीरे अलक्षित (lapse of memory) होना। इसमें व्यक्ति के प्रत्याह्वान (recall) की प्रक्रिया बुरी तरह कुप्रभावित होती है। एक और तीसरा गोचर भी देखने को मिलता है जिसे मदिरापान का पश्चात् प्रभाव यानी 'हैंगऑवर' (hangover) कहते हैं। इसमें सिर दर्द (headache), मिचली (nausea) एवं थकान (fatigue) का अनुभव होता है।

(iii) मद्यपान निर्भरता एवं गिरावट (Alcohol dependency and deterioration)

यद्यपि, अनेक अनुसंधानकर्ताओं का मत है कि अत्यंत अल्प मात्रा में भी यदि शराब का सेवन किया जाए तो यह खतरनाक रूप से व्यवस्थित जहर (dangerous systematic poision) का काम करता है। लेकिन आधुनिक शोधकर्ताओं का निष्कर्ष है कि हल्के मात्रा में शराब का नियमित सेवन करने पर कोई विशेष कुप्रभाव नहीं पड़ता। लेकिन, जो लोग नियमित रूप से अधिक मात्रा में शराब पीते हैं उन पर इसका कुप्रभाव निश्चित रूप से पड़ता है। शराब पीने पर इसका 5 से 10% अंश हमारे श्वास, पेशाब एवं पसीना से बाहर निकलता है और शेष को शरीर पचाता है (body assimilates)। पचाने संबंधी क्रिया (process of assimilation) लीवर (liver) द्वारा किया जाता है। लेकिन जब अधिक मात्रा में शराब शरीरस्थ (ingested) होता है तब लीवर पर अधिक जोर पड़ता

4. "Alcohol provokes and unprovokes. It provokes the desire, but it takes away the performance."—Shakespeare, Macbeth

है जिसके परिणामस्वरूप लीवर अनपलट (irreversible) ढंग से गंभीर रुग्णावस्था को प्राप्त करता है। इसके परिणामस्वरूप 'लीवर सिरॉसिस' (liver cerrhosis) जैसी बीमारी हो सकती है जिसमें लीवर के छोटे–छोटे जीवित तत्व (liver cells) मर जाते हैं जिसे 'पुर्नजीवित' करना प्रायः संभव नहीं होता। इसी तरह वृक्क संबंधी विकृति (nephrological pathologies) भी होती है। हृदय की धमनियों में जमाव हो सकता है जिससे हृदयवाहिनी बीमारियाँ (cardiovascular diseases) पनपती हैं। दूसरी महत्वपूर्ण बात यह है कि शराब में उच्च कैलोरी पाई जाती है अतः शराब के अति सेवन के फलस्वरूप अन्न की भूख मर जाती है (appetite for other food is reduced)। लेकिन शराब पोषण मूल्य (nutritional value) नहीं होता। अतएव शराबी कुपोषण का भी शिकार होता है। साथ ही, चूंकि शराब के सेवन से पोषक तत्वों का उपयोग करने की शारीरिक क्षमता या योग्यता नष्ट होती है, अतः यह कमी किसी प्रकार के विटामिन द्वारा भी नहीं पूरी की जा सकती। अत्यधिक मात्रा में मदिरा का सेवन करने के फलस्वरूप श्वेत रक्त कण (white blood cells) की क्रिया भी प्रभावित होती है। अतः विभिन्न प्रकार के संक्रमणों की प्रतिरोधक क्षमता में भी गिरावट आती है। नतीजा यह होता है कि मद्यसेवियों का स्वास्थ्य बिगड़ जाता है। साथ ही मद्यसेवी असाधारण थकान, अति संवेदनशीलता एवं अवसाद से भी पीड़ित होते हैं।

14.4 मद्यव्यसनिता से संबंधित मनोविकृतियाँ (Psychoses Associated with Alcoholism)

मद्यपानता के प्रभाव के संबंध में ऊपर जो वर्णन किया गया है, उससे यह स्पष्ट होता है कि मद्यपानता का प्रभाव व्यक्ति के संपूर्ण व्यक्तित्व (मन और शरीर) पर पड़ता है। शराब की लत जिसे लग जाती है, वह शराब न मिलने पर बेचैन (restless) हो जाता है और शराब पीते–पीते एक ऐसी अवस्था में पहुँच जाता है कि उसकी चेतना (consciousness) बिल्कुल नष्ट हो जाती है। फलस्वरूप उसमें धीरे–धीरे कुछ इस स्वरूप के वैकारिक लक्षण (pathological symptoms) विकसित होने लगते हैं जो मानस रोगों (psychopathologies) के लक्षणों के समान होते हैं। इसे ही 'मद्यसारिक मनोविकृति' (alcoholic psychosis) कहते हैं।

मद्यसारिक मनोविकृति के निम्नलिखित प्रकार होते हैं—

(i) विकृत मादकावस्था (Pathological intoxication)
(ii) कंपोन्माद (Delirium tremens)
(iii) तीव्र विभ्रमावस्था (Acute hallocinosis)
(iv) कॉर्सकोफ मनोविकृति (Korsakoff psychosis) एवं
(v) चिरकालिक मद्यसारिक ह्रास (Chronic alcoholic deterioration)

इनके बारे में एक–एक कर आगे वर्णन किया जा रहा है—

(i) विकृत मादकावस्था (Pathological intoxication)

मद्यव्यसनी (alcohol addicts) लोगों में लगभग 10 प्रतिशत व्यसनी (addicts) विकृत मादकावस्था (pathological intoxication) से ग्रस्त होते हैं। इनकी मुख्य विशेषता मादक द्रव्यों की सहनशक्ति में गिरावट के लक्षण होते हैं। अर्थात् शराब की थोड़ी मात्रा भी इनके व्यवहार को उग्र या विकृत रूप दे देती है। इनके व्यक्तित्व की प्रमुख विशेषताओं में 'मादक उन्माद' (intoxicated rage), कभी–कभी आक्रामक व्यवहार (aggressive behaviour), अपराध की प्रवृत्ति (homicidal tendency) तथा मानसिक दुविधा (mental confusion) होती है। नशा समाप्ति के बाद नशे की हालत में किए गए व्यवहारों की स्मृति नहीं (amnesia) रह जाती।

'विकृत मादकावस्था' के लक्षण कुछ लोगों में शराब की अल्पमात्रा से ही दृष्टिगोचर होने लगते हैं जबकि अधिकतर लोगों में शराब की अत्यधिक मात्रा में लेने पर ये लक्षण दृष्टिगोचर होते हैं। इस संबंध में सामान्यतः ऐसा माना जाता है कि ये लोग पहले से ही किसी प्रकार की मानसिक विकृति से ग्रस्त होते हैं, उनमें विकृत मादकावस्था के लक्षण खासतौर पर विकसित होते हैं क्योंकि मदिरा विकृति को उभारने में सहायक होती है। उदाहरणार्थ—मिरगी (epilepsy), उन्माद (hysteria), मनोविदालता (schizophrenia) अथवा किसी प्रकार के मस्तिष्कीय आघात (brain injury) से ग्रस्त मानसिक रोगियों में मदिरा की सहनशक्ति कम हो जाती है। अतएव थोड़ी मात्रा में मदिरापान करने पर नशे की अवधि में मनोविकृत्ति के लक्षण प्रकट होते हैं।

(ii) कंपोन्माद (Delirium tremens)

'कंपोन्माद' में दो तरह की विकृतियाँ एक साथ उत्पन्न होती हैं। यह अवस्था लंबे समय तक मद्यपान करने के कारण उत्पन्न होती है। इस अवस्था के रोगियों में बेचैनी (restlessness), नींद की कमी (insomnia), क्रियात्मक असमन्वय (motor incordination) एवं हाथ–पैर में प्रकंपन (tremors) आदि के लक्षण विकसित होते हैं। कुछ लोगों का विचार है कि यह अवस्था लंबे समय तक मद्यपान करने के बाद मद्यपान का परित्याग (withdrawal of alcohol) के कारण भी उत्पन्न होती है। इसके अलावा, आघात और तेज बुखार की स्थिति में भी इस तरह के लक्षण मद्यसेवियों (alcoholics) में उत्पन्न होते हैं। इस स्थिति के दो प्रधान लक्षण होते हैं—(a) शारीरिक लक्षण (physiological symptoms) एवं (b) मानसिक लक्षण (mental symptoms)।

(a) शारीरिक लक्षण (Physiological symptoms): मद्यसेवियों की इस अवस्था में बेचैनी (restlessness) और संशयालु (suspicious) रहने की स्थिति देखी जाती है। इन्हें नींद नहीं आती तथा भूख नहीं लगती (lack of sleep and loss of appetite) है। इनमें अतिसंवेदनशीलता (hypersensitivity) के लक्षण भी देखे जाते हैं। साथ ही सिरदर्द (headache), चिंता (anxiety), भय (fear), एवं मांसपेशियों में ऐंठन (muscular seizures), प्रकंपन (tremors) इत्यादि लक्षण भी देखे जाते हैं।

(b) मानसिक लक्षण (Mental symptoms): इस अवस्था के रोगी अति संसूचनशील (hyper suggestive) होते हैं तथा विभ्रम (hallucinations) से ग्रस्त होते हैं। इन्हें गतिशील चूहे, साँप, कुत्ते, हाथी इत्यादि घातक जानवरों के बिंब दिखाई पड़ते हैं। श्रवण विभ्रमों (auditory hallucinations) में चेतावनी भरी आवाजों को सुनना प्रधान है। इन विभ्रमों के कारण रोगी उत्तेजित (excited) होता है तथा वह सहायता के लिए चिल्लाने या अपनी रक्षा हेतु भागने की प्रतिक्रियाएँ करता है। इनमें अति तीव्र रूप से डरने की प्रवृत्ति भी देखी जाती है। भय के इस रूप को अतिभय (the horror) कहते हैं।

इस प्रकार मद्यसेवी रोगियों में प्रकंपोन्माद की स्थिति लगभग एक सप्ताह तक रहती है जिसके बाद वह गाढ़ी निद्रा में सो जाता है तथा जागृत होने पर इसके कुछ लक्षण लुप्त हो जाते हैं और कुछ शेष रह जाते हैं। वह कुछ समय के लिए शराब पीना बंद कर देता है। कुछ अध्ययनों में यह भी पाया गया है कि ऐसे रोगी के हृदय (heart) एवं जिगर (liver) खराब हो जाते हैं। फलस्वरूप शीघ्र ही उसकी मृत्यु हो जाती है। इसके रोगी बहिर्मुखी व्यक्तित्व (extroverted personality) के होते हैं।

चिकित्सा (Treatment): इन रोगियों को एकांत और प्रकाशहीन जगह पर रखा जाना चाहिए जिससे वे शांतिपूर्वक रह सकें। नींद की गोलियाँ देकर नींद की कमी को पूरा किया जाना चाहिए तथा गर्म पानी से स्नान कराया जाना चाहिए। इसके अतिरिक्त पौष्टिक भोजन (nutritious diet) और 'विटामिन बी' (vitamin B) का सेवन भी इनकी चिकित्सा में लाभप्रद सिद्ध होता है।

(iii) तीव्र विभ्रमावस्था (Acute hallucinations)

मद्यसेवी रोगियों की इस अवस्था में श्रवण संबंधी विभ्रम (auditory hallucinations) विशेष रूप से पाए जाते हैं। जो व्यक्ति पहले से ही मनोविदालता (schizophrenia) के रोगी होते हैं उनमें मद्यपान सेवन के कारण इस प्रकार के लक्षण विकसित होने की संभावना अति प्रबल होती है। विभ्रम के अतिरिक्त इनमें कंपोन्माद (dilirium tremens) के रोगियों की तरह नींद की कमी (insomnia), दृश्य प्रतिमाओं की अति संवेदनशीलता (visual hyper sensitivity) चिंता (anxiety) आदि लक्षण भी पाए जाते हैं।

श्रवण संबंधी विभ्रम में रोगी प्रायः दूसरों को अपने बारे में बातें करते हुए सुनता है। उसे ऐसा भास होता है जैसे कोई उसे धमकी या चेतावनी दे रहा है अथवा उसे बुला रहा है।

इसके रोगियों में भ्रम (illusion), संसूचनशीलता (suggestivity), बेचैनी (restlessness) इत्यादि के लक्षण नहीं पाए जाते। इनमें रोग का आक्रमण कुछ लंबी अवधि का होता है। इन लक्षणों से मुक्त होने के बाद रोग की अवधि की घटनाओं की स्मृति रोगी को रहती है तथा इनका व्यक्तित्व अंतर्मुखी (introvert) होता है।

इनके रोगी प्रायः खतरनाक होते हैं। वे स्वयं अपने लिए अथवा दूसरों—दोनों के लिए घातक होते हैं। इसलिए, इन पर पूरी निगरानी रखना जरूरी होता है। इस कारण ऐसे रोगियों को अस्पताल में भर्ती करना जरूरी होता है। सही अर्थ में इनकी चिकित्सा थोड़ी मुश्किल होती है। निगरानी और सामान्य शारीरिक उपद्रवों को शांत रखने हेतु दवाओं के उपयोग के अलावा और किसी प्रकार की चिकित्सा व्यवस्था के बारे में कोई विशेष खोज अभी तक नहीं की जा सकी है। प्रायः यह देखा गया है कि मद्यसेवन से वंचित रहने तथा सामान्य औषधि का सेवन करने पर कुछ सप्ताहों में रोगी चंगा (cure) हो जाता है। लेकिन यदि वह पुनः मद्यपान करने लगे तो उसमें मनोविकृति के लक्षण पुनः उभरने लगते हैं। कुछ लोग जो स्वस्थ नहीं हो पाते उनमें मनोविदलनाभ की (schizophrenic) विशेषताएँ विकसित हो जाती हैं।

(iv) कॉर्सकोफ मनोविकृति (Korsakoff psychosis)

मद्यसारिक मनोविकृति (alcoholic psychosis) का इस प्रकार का उल्लेख सर्वप्रथम रूस के मनश्चिकित्सक 'कॉर्सकोफ' (Korsakoff) ने 1987 में किया था। इसलिए, इसे उन्हीं के नाम से जाना जाता है। इसके रोगी में स्मृति दोष (memory defect) का होना सबसे प्रधान विशेषता होती है। खासकर रोगी हाल की घटनाओं को तुरंत भूल जाता है। जैसे भरपेट भोजन करने के बाद भी उसे तुरंत भूख लग जाती है क्योंकि वह भूल गया है कि अभी थोड़ी देर पहले उसने भोजन किया है। वह समाचार पत्र अच्छी तरह पढ़ता है, लेकिन समाचार पत्र में वर्णित घटनाओं को वह तुरंत ही भूल जाता है। वह किसी डॉक्टर के पास कई बार जा चुका होता है। फिर भी, जब कभी उस डाक्टर के पास जाता है, उसे लगता है कि वह पहली बार दिखलाने आया है। वह घर, चित्र, आकृति आदि किसी भी चीज को देखता है, तुरंत भूल जाता है। लेकिन बीमारी से पहले की घटनाओं की स्मृति बनी रहती है। कुछ रोगी अपनी इस कमजोरी (भूलने की कमजोरी) से अवगत रहते हैं जिसे वे छिपाने के उद्देश्य से मनगढ़त बातों का सहारा लेते हैं। इन रोगियों में भी कंपोन्माद (delirium tremors), विभ्रम (hallucinations) और संवेगात्मक अस्थिरता (emotional instability) के लक्षण पाए जाते हैं।

इस प्रकार के रोग का आक्रमण (attack) अति तीव्र प्रकार के मद्यसेवियों द्वारा दीर्घकालिक मद्यपान (chronic drinking) के परिणामस्वरूप होता है। प्रायः इस अवस्था का विकास कंपोन्माद (delirium tremens) के बाद होता है तथा इसका एक प्रधान कारण पौष्टिक आहार की कमी एवं विटामिन बी की कमी होता है। पुरुषों की अपेक्षा महिलाओं में इस रोग का आक्रमण अधिक होता है।

इसके रोगी को पूर्ण विश्राम, पौष्टिक एवं विटामिनयुक्त आहार, मद्यपान का परित्याग, मालिश एवं व्यायाम करना चाहिए। इन उपायों के बाद रोगी कुछ महीनों बाद चंगा (cure) हो जाता है।

(v) चिरकालिक मद्यपान का ह्रास (Chronic alcoholic deterioration)

एक लंबे अरसे तक अधिक मात्रा में मद्यपान करते रहने के कारण व्यक्ति का व्यक्तित्व असंगठित (personality disorganised) हो जाता है तथा उसका व्यवहार चिड़चिड़ा, आवेशपूर्ण क्रूरता (impulsive brutality), स्मृति दोष (memory impairment) बहुत अधिक शक्की (exaggerated suspiciousness), इच्छा शक्ति में कमी (loss of will power), महत्वाकांक्षा का अभाव (less of ambition), परिवार, मित्र आदि की उपेक्षा एवं उनके साथ अभद्र व्यवहार, सामाजिक उत्तरदायित्व की भावना की परवाह नहीं करना इत्यादि विशेषताओं से युक्त होता है। पुराने मद्य–व्यसनी में शारीरिक विकृतियों के कुछ लक्षण भी दृष्टिगोचर होते हैं, जैसे–चेहरे पर धब्बे का होना, प्रकंपन का होना, कमजोरी मालूम पड़ना, रोगी रहना, लिवर में सिरोसिस का होना इत्यादि।

14.4.1 मद्यव्यसनिता एवं मद्यपान व्यसन के कारण (Cases of Alcoholism and Alcohol Addiction)

मद्यव्यसनिता एवं मद्यपान की समस्याओं को अब कुसमायोजित व्यक्तित्व (maladjusted personality) का ही एक रूप (form) या प्रतिरूप (pattern) माना जाने लगा है। इस प्रतिरूप के विकास के कारक तत्वों को निम्नलिखित तीन मुख्य वर्गों में बाँटा जा सकता है–

(i) जैविक (biological)
(ii) मनोवैज्ञानिक (psychological) एवं
(iii) सामाजिक (social)

(i) जैविक कारण (Biological causes)

व्यक्ति शौक अथवा आधुनिक समय के सभ्य समाज कहे जाने वाले लोगों के प्रचलित रिवाज (fashion) के कारण शराब का सेवन प्रारंभ करता है, लेकिन धीरे–धीरे इसकी लत लग जाती है। नतीजा यह होता है कि वह नियमित रूप से और अधिकाधिक मात्रा में शराब पीने लगता है क्योंकि शराब पीने से उसे आराम और आनंद का अनुभव होता है। इसीलिए अधिक मात्रा में और दिन–प्रतिदिन शराब पीने की लालसा बढ़ती जाती है। यदि वह कुछ समय बाद शराब का परित्याग करना भी चाहता है तो परित्याग के परिणाम (withdrawal effects) प्रकट होने लगते हैं। इसका कारण यह है कि लगातार शराब पीने के फलस्वरूप शरीर की कोशिकाएँ (cells) मद्य पदार्थों के साथ अनुकूलित (conditions) यानी समयोजित (adjusted) हो जाती है। अतः शराब का परित्याग करने पर रक्त में मादक द्रव्यों (intoxicating agents) का स्तर (level) कम हो जाता है। इसलिए शरीर की कोशिकाओं में मदिरा की चाह (craving for alcohol) बढ़ जाती है, शरीर से पसीना निकलने लगता है, चक्कर (giddiness) और मूर्छा, वमन, बुखार, सीने में दर्द, ऐंठन, विभ्रम इत्यादि उपद्रव (disturbances) होने लगते हैं। इस प्रकार शरीर मादक द्रव्यों पर आश्रित (dependent) हो जाता है। अतः ऐसे व्यक्ति के लिए शराब एक शारीरिक प्रणोदन यानी आवश्यकता (physiological drive) हो जाती है। शराब की एक–एक बूँद उसकी इस शारीरिक आवश्यकता की पूर्ति में सहायक होती है। फलतः शराब का प्रत्येक घूँट उसे बार–बार मद्यपान करने की ओर प्रेरित (motive) करता है। इस तरह मद्यपान व्यसनी (alcohol addicts) की शारीरिक आवश्यकता की पूर्ति के रूप में शराब का एक–एक घूँट प्रबलन (reinforcement) का काम करता है जिससे उसे शराब पीने की लत या आदत लग जाती है। इस तथ्य को **'बंदुरा'** (Bandura, 1969) ने स्पष्ट करते हुए कहा है–

"... इस प्रकार, व्यक्ति जब शारीरिक रूप से मादक द्रव्यों पर आश्रित रहने लगता है तब वह कष्टकर शारीरिक उपद्रवों या प्रतिक्रियाओं से छुटकारा पाने तथा इनकी पुनरावृत्ति न हो, दोनों उद्देश्यों से अधिक–से–अधिक मात्रा में शराब पीने के लिए बाध्य होता है।"[5]

कुछ लोग 'मद्यव्यसनिता' को वंशगत भी बताते हैं, लेकिन इस संबंध में प्रामाणिक साक्ष्यों का अभाव है। यद्यपि, बहुधा यह देखा गया है कि जिनके घरों में माता–पिता या अन्य कोई बड़े लोग (elderly persons) 'मद्यसेवी' (alcoholic) होते हैं, उनके बच्चों में भी इसकी आदत लग जाती है। परंतु, यह मूलरूप से निरीक्षण (observation) एवं अनुकरण (imitation) द्वारा अर्जित (acquired) अर्थात् सीखी गई (learnt) आदत होती है। यहाँ वंशानुक्रम (heredity) की कोई भूमिका नहीं है।

(ii) मनोवैज्ञानिक कारण (Psychological factors or causes)

जिस प्रकार व्यक्ति शारीरिक रूप से मद्यपान पर निर्भर करने लगता है, उसी प्रकार उसमें मनोवैज्ञानिक निर्भरता (psychological dependency) भी पाई जाती है। मद्यपान के फलस्वरूप व्यक्ति अपने गमों, तनावों और निराशा के भावों से राहत का अनुभव करता है। इस प्रकार उसे मनोवैज्ञानिक संतुष्टि (psychological satisfaction) और आराम मिलता है। इसलिए, बिना शराब के व्यग्र या बेचैन (restless) रहता है।

कुछ अध्ययनों में यह भी पाया गया है कि जो व्यक्ति सामान्यतः विद्रोही (rebellion), आवेशी (impulsive), नकारात्मक मनोवृत्ति (negative attitude) के और अनियंत्रित (uncontrolled) होते हैं, वे मद्यपान व्यसनी (alcohol addict) हो जाते हैं। **'कॉमबेरी'** (Combery), **'जोन्स'** (Jones), **'मैककॉर्ड' एवं 'मैककॉर्ड'** (McCord and McCord), **'विनोकुर'** (Winokur) इत्यादि कुछ मनोवैज्ञानिकों ने 'मद्यव्यसनिता' को पारिवारिक वातावरण एवं निकट के मित्रों की संगति द्वारा अर्जित व्यवहार (acquired behaviour) माना जाता है। अतः मद्यपान का पारिवारिक प्रचलन एवं मद्यसेवी मित्रों (alcoholic friends) की संगति भी इस व्यसन का मुख्य कारण है।

इनके अतिरिक्त, पारिवारिक वातावरण (पारिवारिक अंशाति, माता–पिता का बच्चों पर नियंत्रण का अभाव, पारस्परिक कलह, संबंधों का बिखरना, अशिक्षा इत्यादि) भी इस व्यसन का कारण है।

(iii) सामाजिक कारण (Social causes)

'मैककॉर्ड' एवं **'मैककॉर्ड'** (McCord and McCord) ने अपने एक अध्ययन में पाया कि मद्यव्यसनिता का संबंध सही अर्थ में सांस्कृतिक वातावरण (cultural environment) एवं सामाजिक स्तर (social status) में रहता है। **'सिसिन'** एवं **'कालहॉन'** (Cisin and Calahan, 1970) ने भी अपने अध्ययनों में यह पाया कि शहरी क्षेत्रों में रहने वाले लोगों की तुलना में ग्रामीण क्षेत्रों के निवासियों में इसकी व्यापकता कम होती है। इन्होंने यह भी पाया कि व्यक्ति में अपने इर्द–गिर्द के लोगों के अनुकरण की प्रवृत्ति प्रबल होती है। इसलिए जब गाँव में रहने वाला कोई व्यक्ति शहर में रहने लगता है तो अपने आस–पास के लोगों की देखा–देखी वह भी शराब पीना शुरू कर देता है।

'मद्यव्यसनिता' के सामाजिक कारणों में व्यक्ति के पेशे (professions) का भी महत्वपूर्ण स्थान होता है। विशेषकर कुछ पेशे (occupations) ऐसे होते हैं, जिनमें दूसरों की आवभगत हेतु शराब एवं अच्छे व्यंजनों का उपयोग अपरिहार्य होता है, जैसे—आर्थिक रूप से अत्यधिक मुनाफा करने वाली कंपनियों के ग्राहकों को आकर्षित करने हेतु अथवा राजनीतिज्ञों या उच्चाधिकारियों के सम्मान में शराब का आयोजन इन दिनों व्यापक रूप से किया जाता है। साथ ही श्रमिक वर्ग के कामगरों में भी शराब पीने का प्रचलन बहुत जोरों पर है। अतः इन परिस्थितियों के कारण भी मद्यव्यसनिता की आदत का विकास होता है।

5. "...after the person thus becomes physically dependent on alcohol, he is compelled to consume large quantities of liquor both to alleviate distressing physical reactions and to avoid their recurrence."

अस्तु स्पष्ट है कि मद्यव्यसनिता का कोई एकल कारण (single factor) नहीं है, अपितु यह जैविक, मनोवैज्ञानिक एवं सामाजिक कारकों का प्रतिफल है।

14.4.2 मद्यव्यसनिता एवं मद्यपान व्यसन की चिकित्सा (Treatment of Alcoholism and Alcohol Addiction)

मद्यव्यसनिता (alcoholism) एक जटिल मानसिक विकृति (complex mental disorder) है। अतः इसकी चिकित्सा किसी एक प्रविधि द्वारा करना संभव नहीं है। इसकी चिकित्सा हेतु (i) औषधीय चिकित्सा (medical treatment), (ii) अरुचि चिकित्सा विधि (aversion therapy), (iii) मनोसामाजिक चिकित्सा प्रविधि (psycho social therapeutic techniques) आदि सभी वर्ग की चिकित्सा प्रविधियों का सहारा लिया जाता है। 'मद्यव्यसनिता' की चिकित्सा का मूल उद्देश्य रोगी को पुनर्लाभ (recovery) देना होता है। अर्थात् रोगी को इसकी लत लगने से पूर्व की अवस्था को प्राप्त करने में सहायता प्रदान करना होता है। इसलिए, रोगी की शारीरिक या मानसिक चाह (physiological or mental cravings) अथवा आवश्यकता (need) को नियंत्रित करना चिकित्सा का मुख्य ध्येय होता है।

उपचार की कुछ प्रमुख प्रविधियों की चर्चा एक–एक कर आगे की जा रही है–

(i) औषधीय चिकित्सा (Medical treatment): 'मद्यव्यसनिता' व्यक्ति की तीव्र मादकता की अवस्था (a state of acute intoxication) होती है। अतः चिकित्सा का सर्वोपरि उद्देश्य मादकता को दूर करना (de-toxification) होता है। अर्थात् रोगी के शरीर में विद्यमान हानिकारक मादक द्रव्यों (harmful in toxicating agents) को दूर किया जाना चाहिए। जिसमें शराब का परित्याग करने पर संभावित शारीरिक उपद्रव न हो। इसके लिए 'क्लोरडाइजेपॉक्साइड' (chlordiasepoxide) नाम की दवा का उपयोग किया जाता है। इसके परित्याग के फलस्वरूप होने वाले लक्षण जैसे–प्रकपन एवं उन्माद शारीरिक ऐंठन, झिन–झिनी आदि शांत रहते हैं और रोगी परित्याग की चिंता (withdrawal anxiety) एवं तनाव से भी आराम अनुभव करता है।

कुछ लोग प्रशांतक दवाओं (tranquillizing drugs) का भी उपयोग करते हैं, लेकिन इससे स्थायी लाभ नहीं मिलता।

(ii) अरुचि चिकित्सा विधि (Aversion therapy): प्रारंभिक औषधीय चिकित्सा के बाद 'मद्यव्यसनिता' से पीड़ित व्यक्तियों में मद्यपान के प्रति अरुचि (aversion) का विकास करना जरूरी होता है। इसके लिए औषधि (drugs), विद्युत आघात (electric shock) एवं इसी तरह दूसरी निवर्तक (deterrent) प्रविधि का उपयोग किया जाता है। कुछ लोग **'इमेटिन हाइड्रोक्लोराइड'** (emetin hydrochloride), जो एक प्रकार की क्षारीय औषधि (emetic drug) है, की सूई लगाते हैं। इस सूई (injection) के फलस्वरूप व्यक्ति को वमन (vomiting) या मिचली (nausea) होने लगती है। वमन होने के ठीक पहले रोगी को शराब पीने के लिए दी जाती है जिससे रोगी में शराब के रंग, गंध और स्वाद से वमन की प्रवृत्ति बढ़ जाती है तथा इस प्रकार उससे अरुचि (aversion) होने लगती है। अनुकूलन सिद्धांत (conditioning principle) पर आधारित इस प्रविधि का उपयोग बार–बार दुहराया जाता है। बार–बार दुहराए जाने के फलस्वरूप रोगी शराब से घृणा करने लगता है और पीने की आदत क्रमशः छूटती जाती है। इसका कारण यह है कि निवर्तक उत्तेजना (deferment stimulus) तत्काल निषेधात्मक प्रबलन (negative reinforcement) के रूप में कार्य करती है अर्थात् मद्यपान की अनुक्रिया (drinking response) में बाधा या अवरोध उत्पन्न करती है। इसी तरह 'डाइसल्फेरिन' (disulpherin) का भी उपयोग शराब पीने के तुरंत बाद किया जा सकता है। इस औषधि के फलस्वरूप रोगी बेचैनी (restlessness) का अनुभव करने लगता है जिससे वह पुनः मद्यपान की ओर प्रवृत्त नहीं होता।

इन दिनों 'विद्युत आघात' (electric shock) का भी उपयोग किया जाता है। **'वोग्लर'** एवं अन्य लोगों (Vogler *et al.* 1970) ने अपने एक अध्ययन में पाया कि मद्यव्यसनिता के रोगी के मद्यपान करते समय यदि

विद्युत आघात (electric shock) पहुँचाया जाए और इनका वमन कराकर निष्काषित करने पर आघात पहुँचाना रोक दिया जाए तो रोगी में मद्यपान के प्रति अरुचि हो जाती है और वह इस आदत के चंगुल से मुक्त हो जाता है। लेकिन, इस संबंध में अभी यथेष्ट प्रमाण का अभाव है। अतः इस प्रविधि के दूरगामी प्रभावों (long range effects) के बारे में निश्चयात्मक रूप से कुछ भी कहना उचित नहीं होगा।

(iii) मनोसामाजिक चिकित्सा प्रविधि (Psycho social techniques): मद्यपानता के रोगियों की चिकित्सा प्रायः वैयक्तिक ढंग से (individually) की जाती है। फिर भी, इनकी चिकित्सा में सामूहिक वातावरण (group environment) का भी महत्वपूर्ण योगदान होता है। इसके लिए सामूहिक चिकित्सा प्रविधि (group therapy techniques) रोगी के वातावरण में सुधार (improvement in the environment), अंतःपारस्परिक संबंधों को सकारात्मक दिशा में विकसित करने (development of interpersonal in positive direction), धार्मिक आस्था बढ़ाने (increasing faith in religion) एवं सामाजिक तथा धार्मिक कार्यों में तल्लीन रखने (involvement in social and religious activities) का प्रयास लाभकारी होता है। इससे रोगी के पुर्नःसमायोजन (readjustment) स्थापित करने, तनाव और चिंता पर विजय पाने और निराशाओं व असफलताओं का उदात्तीकरण (sublimation) में पर्याप्त सहायता मिलती है।

मद्यपानसेवियों (alcoholics) को कुशल व्यक्ति की देख–रेख में मद्यपान की आदतों को 'टाटा–बाय–बाय' करने हेतु प्रशिक्षित (trained) भी किया जा सकता है। प्रशिक्षण की इस प्रविधि को 4 D's का नाम दिया जाता है। अर्थात् D = decision, D = defer, D = delay एवं D = determination। अभिप्राय यह है कि इस आदत के आदती को पहले निर्णय (decision) लेने का प्रशिक्षण देना चाहिए, फिर भी मदिरा की ललक रहे तो इच्छा को टालने (defer) (जैसे—आज नहीं—कल) अभी नहीं बाद में (delay) तथा अंततः दृढ़ रूप से संकल्प (determination) का प्रशिक्षण देकर उस संकल्प का अनुपालन करने का प्रशिक्षण दिया जाना चाहिए। इस प्रकार कुशल एवं प्रतिष्ठित व्यक्ति की देखरेख में क्रमशः 4 डॉक्टर्स (4 D's) द्वारा भी शराब की लत छुड़ाई जा सकती है।

14.5 मादक द्रव्य (औषधि व्यसन) अथवा निर्भरता (Drug Addiction or Dependency)

14.5.1 स्वरूप (Nature)

'मद्यपान व्यसन' (alcohol addiction) की ही तरह मादक औषधि व्यसन (drug addiction) भी है। जिस तरह कुछ लोग शराब या मदिरा पर निर्भर (depend) करते हैं, उसी तरह कुछ व्यक्ति 'मादक औषधियों' (drugs) पर भी आश्रित होते हैं। मादक द्रव्य औषधि व्यसनी (drug addicts) प्रायः अपने जीवन की समस्याओं से ऊब कर नशीली दवाओं का सहारा लेते हैं। इसके बिना वे यथार्थ जीवन नहीं जी सकते। लेकिन कुछ लोग शौकिया भी इन नशीले पदार्थों का सेवन करते हैं जो बाद में उनकी आदत बन जाती है। खासकर किशोर उम्र के लोग इसका उपयोग शौक के लिए ही करना प्रारंभ करते हैं जो बाद में इनकी आदत बन जाती है। इससे उन्हें आनंद और आराम का अनुभव होता है। लेकिन, बार–बार इसका उपयोग करते रहने पर व्यक्ति इन मादक द्रव्यों का सेवन करने हेतु विवश या बाध्य (compelled) होता है। व्यक्ति की यही बाध्यता उसे नशीली दवाओं पर निर्भर बना देती है। धीरे–धीरे उसमें इसकी मात्रा बढ़ाते रहने की प्रवृत्ति पनपती है, क्योंकि पुरानी मात्रा में पूरा नशा का अनुभव नहीं होता। इसका कुप्रभाव उसके मानसिक एवं शारीरिक (mental and physiological) क्रियाओं पर पड़ता है। इसीलिए, नशीली दवाओं को 'मनःक्रियात्मक औषधि' (psycho-motor drugs) कहते हैं।

यहाँ नशीली दवाओं के व्यसन एवं आदत के बीच अंतर जानना महत्वपूर्ण है। नशीली दवाओं के सेवन एवं आदत में मुख्य अंतर निम्नांकित हैं—

(i) मादक द्रव्य सेवन की आदत में इनकी मात्रा निश्चित रहती है, लेकिन इनकी लत यानी व्यसन होने पर सेवन की मात्रा क्रमशः बढ़ती जाती है।

(ii) आदत में सेवन करने वाले व्यक्ति को केवल मनोवैज्ञानिक संतुष्टि (psychological satisfaction) का अनुभव होता है, जबकि व्यसनी (addicts) को इसकी चाह (carving) मानसिक और शारीरिक, दोनों रूपों में होती है।

(iii) आदत को अपेक्षाकृत आसानी से छुड़ाया जा सकता है, लेकिन व्यसन को छुड़ाया जाना बहुत ही मुश्किल (प्रायः असंभव) होता है।

(iv) आदत के फलस्वरूप व्यक्ति में किसी प्रकार की मनोविकृति (psychosis) के लक्षण नहीं विकसित होते, लेकिन व्यसन की स्थिति में मनोविकृति के लक्षण विकसित होते हैं।

(v) आदती को मादक औषधियों की चाह व्यसनी की तुलना में कम तीव्र होती है। अतः आदती को इसके न मिलने पर उतनी बेचैनी नहीं होती जितनी बेचैनी व्यसनी (addict) को होती है।

(vi) आदती की इच्छा शक्ति (will power) नियंत्रित और सीमित होती है। व्यसनी की इच्छा शक्ति पर कोई नियंत्रण नहीं रहता।

(vii) आदत का परित्याग करने पर किसी विशेष उपद्रव (disturbance) के लक्षण उत्पन्न नहीं होते, लेकिन व्यसन का परित्याग करने पर परित्याग संबंधी उपद्रव (withdrawal effect) के लक्षण उत्पन्न होते हैं।

14.5.2 मादक औषधि-निर्भरता या व्यसन की परिभाषा (Definition of Drug Dependency or Addiction)

विश्व स्वास्थ्य संगठन (World Health Organisation—WHO) की मादक औषधियों से संबंधित एक समिति ने मादक औषधि निर्भरता या व्यसन (drug dependency or addiction) की परिभाषा इस प्रकार की है—

"मादक औषधि–व्यसन नियतकालिक अथवा दीर्घकालिक मादकता की अवस्था को कहते हैं, जो व्यक्ति और समाज के लिए अहितकर होता है तथा जिसकी उत्पत्ति बार–बार नशीली दवा (प्राकृतिक या कृत्रिम दवा) के सेवन के फलस्वरूप होती है।"[6]

विश्व स्वास्थ्य संगठन (WHO) की समिति ने इस व्यसन की निम्नलिखित तीन प्रमुख विशेषताओं को भी स्पष्ट किया है—

(क) नशीली दवाओं के सेवन को जारी रखने की तीक्ष्ण अभिलाषा या इच्छा (बाध्यता) तथा इन्हें येन–केन प्रकारेण प्राप्त करने की चेष्टा करना।

(ख) दवा की मात्रा को बढ़ाते रहने की प्रवृत्ति का होना।

(ग) इन दवाओं के प्रभावों के लिए मानसिक या कभी–कभी शारीरिक रूप से आश्रित रहना।

कुछ लोग नशीली दवाओं पर आधारित रहने के व्यसन को दवाओं के दुरुपयोग करने का व्यसन (drug abuse) भी कहते हैं। इसका कारण यह है कि कुछ खास तरह की शारीरिक अवस्थाओं (physiological states) अथवा बीमारी (disease) की अवस्था में चिकित्सक के निर्देश पर मादक औषधियों का उपयोग किया जाता है। लेकिन, जब व्यक्ति बिना इनकी आवश्यकता अथवा चिकित्सक की सलाह से इन दवाओं का इस्तेमाल करता है तो यह नशीली दवाओं का दुरुपयोग (abuse) ही कहा जाएगा।

6. "A state of periodic or chronic intoxication, detrimental to the individual and society, produced by repeated consumption of drug (natural or synthetic) is called drug dependency."

किसी भी उम्र या लिंग के व्यक्ति इस व्यसन का शिकार हो सकते हैं, लेकिन प्रायः किशोर उम्र (adolescent age) के लोगों में इसका प्रचलन अधिकतर देखा जाता है।

मादक औषधियों के व्यसनियों (drug addicts) के नैदानिक स्वरूप (clinical picture), नशीली दवा का प्रकार (kind of drug), मात्रा (quantity), सेवन की अवधि, शारीरिक एवं मानसिक मेक–अप (make-up) इत्यादि के अनुसार अलग–अलग होते हैं।

इसलिए इन दवाओं के प्रभावों का अलग–अलग वर्णन करना उपुक्त होगा।

14.5.3 मादक द्रव्यों (औषधियों) के प्रकार एवं उनके प्रभाव (Kinds of Drugs and their Effects)

1. अफीम एवं अफीम से बनी औषधियाँ (Opium and its derivatives)

अफीम (opium) तथा इससे बनी औषधियों (drugs) का सेवन करने का प्रचलन बहुत पुराना है। अफीम एक प्रकार का मिश्रण (mixture) है जिसके उपयोग का इतिहास लगभग 5000 वर्ष पुराना है। इस मिश्रण में करीब 18 प्रकार के नाइट्रोजन (nitrogen) युक्त पदार्थ मिश्रित रहते हैं। जिन्हें 'अल्कालॉयड' (alkaloid) कहते हैं। 1805 में किए गए एक अध्ययन से यह पता चला कि 10 से 15% अल्कालॉयड (alkaloid) की मात्रा स्वाद में तीखी (bitter in taste) होती है तथा शक्तिशाली निद्राकारी (narcotic or sedative) और दर्द निवारक (pain reliever) होती है। इसलिए इसे 'मॉरफाइन' (morphine) कहा जाता है जो ग्रीस (Greece) के 'मॉर्फोस' (Morphos) नामक निद्रा के देवता के नाम पर है। अतः 'मॉरफाइन' (morphine) एक प्रकार की निद्राकारी औषधि (narcotic drug) है। 1856 से डाक्टरी सूई लगाने हेतु एक उपकरण 'सिरिंज' (syringe) का निर्माण हुआ। इस सिरिंज द्वारा द्वितीय विश्व युद्ध के घायल सैनिकों के साथ–साथ पेचिश से ग्रस्त सैनिकों को भी मॉरफाइन (morphine) की सूई लगाई जाती थी। इस औषधि के फलस्वरूप सैनिक इसके व्यसनी (addict) हो गए क्योंकि इस सूई के प्रभाव से वे उल्लासपूर्ण उन्माद (euphoric) की अवस्था का अनुभव करते थे। इसीलिए, उस जमाने में यह सैनिकों का रोग (soldier's illness) के नाम से जाना जाता था।

वैज्ञानिकों (scientists) के अनुसार अफीम (opium) एवं इससे बनी औषधियों (drugs) में दो प्रकार के गुण वाले तत्व पाए जाते हैं—एक प्रकार के तत्व का गुण दर्द या किसी प्रकार की पीड़ा से आराम देना होता है। अर्थात् यह पीड़ानाशक होता है। दूसरे तत्व में व्यसनी (addict) बनाने का गुण पाया जाता है। इसलिए कुछ समय तक लगातार सेवन करते रहने के फलस्वरूप व्यक्ति आराम और आनंद पाने हेतु औषधि रूपी द्रव्य पर निर्भर करने लगता है।

इस द्रव्य का निद्राकारी प्रभाव (narcotic effect) पड़ता है तथा व्यक्ति उल्लसित (elated) अनुभव करता है।

अफीम से बनी और भी कई प्रकार की औषधियाँ (drugs) हैं जैसे—'हेरोइन' (heroin), 'कोडाइन' (codein), 'मेथाडोन' (methadone) आदि। इन मादक द्रव्यों के सेवन के कई तरीके हैं जैसे—सिगरेट, चरस, गाँजा आदि का धुआँ लेकर (by smoking), खाकर (by eating), सूई द्वारा (by injection) इत्यादि। प्रारंभ में व्यक्ति इन दवाओं का उपयोग मात्र अनुभव प्राप्त करने अथवा डॉक्टरी सलाह (doctor's advise) के अनुसार किसी पीड़ानाशक (pain relieving) दवा के रूप में करता है। लेकिन आगे चलकर जब वह इसका सेवन नियमित रूप से करने लगता है, तब वह इसके अंकुश में फँस जाता है (he becomes hooked)। अर्थात् वह इसका व्यसनी (addict) हो जाता है।

प्रभाव (Effect): इन मादक औषधियों का प्रभाव व्यक्ति की शारीरिक एवं मानसिक दोनों प्रक्रियाओं पर पड़ता है।

(i) शारीरिक प्रभाव (Physiological effects): अफीम (opium) या अफीम से बनी औषधियों के व्यसन के प्रभावों के स्पष्ट प्रमाण हमें तब मिलता है जब इनका व्यसनी इनका परित्याग या परिहार करता है। इसके

परित्याग के फलस्वरूप कुछ असामान्य लक्षण (abnormal symptoms) उत्पन्न होते हैं जैसे–नाक या आँख से एक प्रकार का तरल रसस्राव (discharge of fluid), पुतली का बड़ा होना (dilation of pupils), पेशीय संकुचन (twitching of muscles), पसीना निकलना (sweating), रक्तचाप का बढ़ना (increase in blood pressure), शरीर का तापमान बढ़ना (increase in body temperature), वमन (vomiting) एवं शरीर से जल का निकलना (dehydration) इत्यादि असामान्य लक्षण उत्पन्न होते हैं। ये लक्षण इतने गंभीर रूप से उत्पन्न होते हैं कि कभी–कभी एकाएक मादक द्रव्य का सेवन छोड़ देने पर व्यक्ति की मृत्यु भी हो जाती है। इससे यह स्पष्ट होता है कि अफीम के व्यसनी व्यक्ति (addicted person) का शरीर–रसायन (body chemistry) इन द्रव्यों पर निर्भर (depend) करता है। इसीलिए उनके लिए यह एक शारीरिक आवश्यकता (physiological need) हो जाती है।

(ii) मानसिक/मनोवैज्ञानिक प्रभाव (Mental or psychological effects): वस्तुतः अफीम (opium) के प्रति शारीरिक व्यसन (physiological addiction) मनोवैज्ञानिक आवश्यकता (psychological need) के कारण ही होता है। इंगलैंड (England) में साधारणतः ऐसा कहा जाता है कि अफीम व्यसनी को सामान्य अनुभव करने में सहायक होती है। अफीम के कारण व्यक्ति अपने को सामान्य इसलिए समझता है कि इससे उसकी आवश्यक या प्राथमिक जैविक आवश्यकताओं (primary biological needs) की पूर्ति होती है। इससे भोजन, प्यास और यौन संबंधी आवश्यकताओं की संतुष्टि प्रतीत होती है। व्यक्ति किसी प्रकार की शारीरिक या मानसिक पीड़ा का अनुभव नहीं करता। उसकी चिंताएँ (anxiety) कम हो जाती हैं तथा वह तनाव (tension) से मुक्त रहता है। उसकी आक्रामक प्रवृत्तियाँ (aggressive tendencies) सुस्त पड़ जाती हैं।

अफीम के व्यसनी व्यक्ति में दिवास्वप्न (day dreaming), व्यामोह (delusions) एवं दूसरों में विश्वास या आस्था न रखने के लक्षण भी देखे जाते हैं।

2. विभ्रांति उत्पादक (Hallucinogen)

मादक औषधि द्रव्य (addictive drugs) के इस वर्ग के अंतर्गत भी कई प्रकार की औषधियाँ (drugs) आती हैं, लेकिन इनमें एल.एस.डी. (LSD) अर्थात् 'लाइसर्जिक एसिड डाइएथिलामाइड' (Lyseric acid diethylamide–25) सबसे महत्वपूर्ण है। इस प्रकार की औषधियों के फलस्वरूप व्यक्ति में विभ्रम (hallucination) उत्पन्न होता है।

(i) एल.एस.डी. (LSD): एल.एस.डी. (LSD) एक स्वादहीन (tasteless) और गंधहीन (odourless) उजले रंग का चूर्ण होता है। यह राई (rye) नामक तेलहन के पौधों पर लगी फफूँद (fungus growth) से बनता है। कृत्रिम तरीके से इसे दूसरे रासायनिक द्रव्यों (chemicals) के साथ मिलाकर कैप्सूल (capsul) या टेबलेट्स (tablets) के रूप में बनाया और बेचा जाता है।

इसका नियमित रूप से सेवन करने वाले व्यसनी (addicts) के सहानुभूतिक स्नायुमंडल (sympathetic nervous system) पर अधिक प्रभाव पड़ता है। नमक के एक दाने (one grain of salt) से भी कम मात्रा का LSD मादकता की अवस्था (state of intoxication) को उत्पन्न करने के लिए पर्याप्त होता है। मादकता की अवस्था को प्राप्त करने पर व्यक्ति अनोखी–अनोखी चीजें एवं दृश्यों को देखता है। अर्थात् वह विभ्रम (hallucination) का शिकार होता है जो प्रायः हर आठ घंटे पर बदलते रहते हैं। इसका सेवन करने पर व्यक्तित्व की हानि (depersonalisation) और विलगाव (detachment) के अनुभव होते हैं। इसका मानसिक और शारीरिक प्रक्रियाओं पर पड़ने वाला तीक्ष्ण प्रभाव (intense effect) सेवन के 2 से 4 घंटे के बीच सर्वाधिक रहता है। सहानुभूति स्नायुमंडल के प्रभावित होने के फलस्वरूप हृदय की गति में वृद्धि (increase in heart beat), रक्तचाप का बढ़ना (increase in blood pressure), पसीना (perspiration), मांसपेशियों के आकार में वृद्धि (augmentation of muscle tone) साँस की गति का तेज होना (faster rate of respiration) इत्यादि शारीरिक उपद्रव होते हैं। जैसे–जैसे

LSD का प्रभाव बढ़ता जाता है, व्यक्ति का दृश्य प्रत्यक्षीकरण (visual perception) तीक्ष्ण (intense) होता जाता है। वह अनेक प्रकार की अप्राकृतिक (unnatural) एवं अयथार्थ (unreal) वस्तुओं, आकृतियों आदि का अनुभव करता है। धीरे–धीरे वह अपने को संपूर्ण मानवता के साथ जुड़ा हुआ अनुभव करने लगता है। अर्थात् उसे यह व्यामोह (delusion) होने लगता है कि मानवता का अस्तित्व (existence of humanity) उसी पर निर्भर करता है।

यह जरूरी नहीं है कि LSD का प्रभाव सदा आनंददायक ही होता है। कभी–कभी यह डरावना (horrowing) और आघातपूर्ण (traumatic) अनुभव भी उत्पन्न करता है।

(ii) मरिजुआना (Marijuana): 'मरिजुआना' (Marijuana) भी एक प्रकार का विभ्रांति उत्पादक (hallucinogen) द्रव्य है। लेकिन, LSD की तुलना में इसके प्रभाव का स्वरूप (nature), अवधि (duration) और इसकी तीव्रता (intensity) में अंतर होता है।

'मरिजुआना' 'हेम्प' (hemp) अथवा कनाबिस (Canabis) नाम के पौधों के फूल से बनाया जाता है। इसके पौधे प्रायः बड़े आकार के होते हैं लेकिन मरिजुआना निर्मित अवस्था में घास की पत्ती की तरह होता है। इसीलिए इसे एक विशेष प्रकार की घास के नाम से पुकारा जाता है। जैसे–लववीड (love weed), इंडियन हे (Indian hay), जॉय स्मोक (joy smoke), लाफिंग ग्रास (laughing grass), रीफर (reafer), हशीश (hashish), हाश (hash) इत्यादि नामों से पुकारा जाता है। इन द्रव्यों को धुएँ के रूप में लिया जाता है तथा कभी–कभी खाया भी जाता है।

मरिजुआना के लगातार सेवन से नाड़ी की गति का बढ़ना (increase in pulse rate), आँखों का लाल होना (reddish eyes), मुँह और गले का सूखना (dryness of the mouth) इत्यादि शारीरिक परिवर्तन होते हैं। कुछ अंशों में बौद्धिक (intellectual) और गति संबंधी क्रियाएँ (motor activities) भी प्रभावित होती हैं।

इसका प्रभाव व्यक्तित्व (personality) एवं मानसिक क्रियाओं (mental activities) पर भी पड़ता है। व्यक्ति में समय (time) और दूरी (distance) का प्रत्यक्षीकरण (perception) करने की योग्यता नहीं रहती। उसमें स्थिर व्यामोह (paranoia), उल्लासोन्माद (euphoria) संसूचनशीलता (suggestibility) इत्यादि लक्षण भी देखे जाते हैं।

'मरिजुआना' के दीर्घकालिक प्रभावों के संबंध में वैज्ञानिकों के बीच मतैक्य (agreement) नहीं है। कुछ लोग इसे बहुत अधिक हानिकर द्रव्य नहीं मानते, लेकिन इस संबंध में अभी पर्याप्त तथ्य प्रकाश में नहीं आ सके हैं। अतः निर्णय के रूप में कुछ कहा नहीं जा सकता।

कुछ अन्य मादक द्रव्य (Some other intoxicating drugs)

उपर्युक्त औषधीय द्रव्यों (drugs) के अतिरिक्त अन्यान्य भी कई प्रकार के मादक द्रव्य इस्तेमाल किए जाते हैं। इनमें नींद की दवाइयाँ (sedative drugs) के रूप में 'बारबिटरेट' (barbiturate) विशेष रूप से प्रचलित औषधि है। साथ ही चित्तवृत्ति (mood) को प्रभावित करने वाली उत्तेजक औषधियाँ (stimulating drugs) जैसे–'एम्फेटामाइन्स' (amphetamines), 'कोकेन' (cocaine), 'बेंजड्रीन' (benzedrine), 'डेक्सड्रीन' (dexedrine), मेथेड्रिन (methedrine) इत्यादि का सेवन भी बड़े पैमाने पर किया जाता है। इन औषधीय द्रव्यों का सेवन प्रायः उदासी (sadness), खिन्नता (depression), कमजोरी (weakness) और अनैच्छिक निद्रा (involuntary sleep) को कम करने के लिए किया जाता है। इन औषधियों का निर्माण वस्तुतः चिकित्सा से संबंधित उपयोग (medical use) के लिए किया जाता है, लेकिन इनके दुरुपयोग (abuse) भी होते हैं। इनके अत्यधिक सेवन से भूख की कमी होती है तथा कालांतर में लीवर खराब (liver damage) होता है।

इसी तरह और भी कई प्रकार की मादक औषधियाँ (intoxicating drugs) बाजारों में मिलती हैं जिनका नियमित सेवन करने के फलस्वरूप लोग व्यसनी (addicted) होते हैं।

कामचलाऊ (tentative) रूप से कुछ प्रचलित मादक औषधियों के नाम नीचे की तालिका में दिखाए गए हैं–

मनोक्रियात्मक औषधियाँ जिनके दुरुपयोग का प्रचलन है (Psycho Active Drugs which are Commonly Abused)

औषधियों का वर्गीकरण (Drug classifications)	औषधियाँ (Drugs)	इनका उपयोग (Usage)	चिकित्सकीय उपयोग (Medical usage)	सहनशक्ति (Tolerance)	शारीरिक निर्भरता (Physiological dependent)	मनोवैज्ञानिक निर्भरता (Psychological dependency)
1. बेचैनी और पीड़ा को शांत करने वाली औषधियाँ (Sedative drugs)	(i) Alcohol (Ethanol)	तनाव को कम करता है सामाजिक अंतःक्रिया में सहायक होता है। (Reduces tension, facilitates social interaction. "blot out"	नहीं (No)	हाँ (Yes)	हाँ (Yes)	हाँ (Yes)
	(ii) Barbitrate (iii) Nembutal (Pentobarbital) (iv) Seconal (Secobarbital) Veronal (Barbital) (v) Tuinal (Secobarbital and amobarbital)	तनाव को कम करता है आराम और नींद का उद्यत करने वाला। (Reduce tension induce relaxation and sleep)	हाँ (Yes)	हाँ (Yes)	हाँ (Yes)	हाँ (Yes)
2. उत्तेजक औषधियाँ (Stimulant drugs)	(i) Amphetamines Benzedrine (Amphetamine) (ii) Dexedrine (Dextro amphetamine) (iii) Methedrine (Methamphetamine)	सचेत होने की भावना तथा विश्वास को बढ़ाता है। (Increase feelings of alertness and confidence) थकान के अनुभव को कम करता है लंबे समय तक जागृत रखता है। (Decrease feelings of fatigue stay awake for long periods)	हाँ (Yes)	हाँ (Yes)	नहीं (No)	हाँ (Yes)
	(iv) Cocaine (Coca)	थकान के भाव को कम करता है सहनशीलता को बढ़ाता है यौन प्रणोदन को उत्तेजित करता है। (Decrease feelings of fatigue increase endurance stimulate sex drive)	नहीं (No)	नहीं (न्यूनतम) (No) (Minimum)	नहीं (No)	हाँ (Yes)

मनोक्रियात्मक औषधियाँ जिनके दुरुपयोग का प्रचलन है (Psycho Active Drugs which are Commonly Abused)

	औषधियों का वर्गीकरण (Drug classifications)	औषधियाँ (Drugs)	इनका उपयोग (Usage)	चिकित्सकीय उपयोग (Medical usage)	सहनशक्ति (Tolerance)	शारीरिक निर्भरता (Physiological dependent)	मनोवैज्ञानिक निर्भरता (Psychological dependency)
3.	निद्राकारी औषधियाँ (Narcotic drugs)	(i) Opium and its derivatives (ii) Morphine (iii) Codein (iv) Heroin (v) Methadone (Synthetic narcotics)	शारीरिक दर्द निवारक आराम, स्वैर कल्पना उद्यत करता है। (Alleviates physical pain induce relaxation, pleasant reverie) चिंता और तनाव निवारक। (Alleviates anxiety and tension)	हाँ हैरोइन को छोड़कर (Yes) (except heroin)	हाँ (Yes)	हाँ (Yes)	हाँ (Yes)
			हैरोइन निर्भरता की चिकित्सा। (Treatment of Heroin dependence)	हाँ (Yes)	हाँ (No)	हाँ (Yes)	हाँ (Yes)
4.	मन को उल्लसित करने वाली एवं विभ्रमकारी औषधियाँ (Psychodelics and Hallucinogenic drugs)	(i) Cannabis (ii) Marijuana (iii) Hashish (iv) Mescaline (Peyote) (v) Psilocybin (Psychogenic mushrooms) (v) LSD (Lysergic acid diethylamide-25)	चित्तवृत्ति, सोच एवं व्यवहार में परिवर्तन को उद्यत करने वाला 'मनोदशा विस्तारक' (Induces change in mood, thought and behaviour "Mind expansion") चिंता और तनाव निवारक। (Alleviates anxiety and tension) हैरोइन निर्भरता की चिकित्सा। (Treatment of Heroin dependence)	नहीं (अनुसंधान कार्य छोड़कर) (No) (except research)	नहीं (सहनशक्ति का पलटाव संभव) (मारिजुआना) (No) (Possible reverse tolerance) (Marijuana)	नहीं (No)	हाँ (Yes)
5.	अल्प प्रशांतक (Minor tranquilizers)	(i) Librium (Chlordiazepoxide hydrochloride) (ii) Miltown (Meprobamate) (iii) Valium (Diazapam) (iv) Others e.g., Compoz (Scopolamine)	तनाव और चिंता को शांत करता है। आराम तथा नींद को उद्यत करने वाला। (Alleviates tension and anxiety, induce relaxation and sleep)	हाँ (Yes)	हाँ (Yes)	हाँ (Yes)	हाँ (Yes)

नोट: यह सूची अपने आप में पूर्ण नहीं है क्योंकि इस सूची में आद्यतम विकसित औषधियों को सम्मिलित नहीं किया जा सका है। जैसे–'रिटानिन' (Ritanin) एक बहुप्रभावी औषधि है। इसी तरह की औषधियाँ कम प्रचलित हैं, उन्हें भी शामिल नहीं किया गया है जैसे ग्लू (glue), पेंट थिनर (paint thinner), गैसोलिन (gasolin), नेलपॉलिश मिटाने वाला (nail polish remover), इत्यादि जो बहुत ही खतरनाक हैं।

14.5.4 मादक द्रव्यों के व्यसनी होने के कारण (Causes of Drug Addiction)

'मादक औषधियों' (intoxicating drugs) के सेवन तथा उन पर निर्भर होने (dependency upon) के विशिष्ट कारणों (specific causes) के बारे में निश्चयता के साथ कुछ भी कहना मुश्किल है, क्योंकि इस संबंध में किए गए अध्ययनों से कोई स्पष्ट संकेत नहीं मिलते। फिर भी, अनुसंधानकर्ताओ (researches) के बीच इस बात पर मतैक्य है कि कुसमायोजित व्यक्तित्व (maladjusted personality) एवं सामाजिक तथा सांस्कृतिक कारक (socio-cultural factors) इसके विकास में महत्वपूर्ण होते हैं। यहाँ इन सभी महत्वपूर्ण कारकों को तीन मुख्य वर्गों में बाँटकर वर्णन किया जा रहा है–

(i) जैविक कारक (Biological factors)

(ii) मनोवैज्ञानिक कारक (Psychological factors) एवं

(iii) सामाजिक–सांस्कृतिक कारक (socio-cultural factors)

(i) जैविक कारक (Biological factors)

बीमारी के समय की बेचैनी (restlessness) की अवस्था तथा दर्द से आराम के लिए चिकित्सक (medical doctors) प्रायः निद्राकारी औषधियों (narcotic drugs) के सेवन की सलाह देते हैं। इसी तरह किसी प्रकार की दुर्घटना (accident) के कारण आघात पहुँचने अथवा ऑपरेशन (operation) के समय भी इन औषधियों का प्रयोग किया जाता है। लेकिन अधिकांश रोगी इन औषधियों का उपयोग जरूरत के अनुसार एक निश्चित अवधि और मात्रा में ही करते हैं। जब वे चंगा हो जाते हैं तब इन औषधियों का सेवन बंद कर देते हैं। फिर भी, कुछ लोग इन्हीं बीमारियों की पृष्ठभूमि (background) में इस तरह की औषधियों का उपयोग बिना वास्तविक आवश्यकता (real need) के भी जारी रखते हैं जो आगे चलकर व्यसन (addiction) का रूप ले लेता है। यह भी देखा गया है कि जो लोग शारीरिक अस्वस्थता (physical illhealth) की पृष्ठभूमि में इन औषधियों का सेवन जारी रखते हैं, उनके व्यक्तित्व में भी विकृति (disorder of personality) पाई जाती है और इस विकृति के कारण ही वे इस प्रकार की मादक औषधियों (intoxicating drugs) के सेवन में लीन रहते हैं। उनमें अपरिपक्वता (immaturity), निराशा या कुंठा की सहनशीलता की कमी (low tolerance to frustration), वास्तविकता से बच निकलने की प्रवृत्ति (tendency to evade reality) इत्यादि व्यक्तित्व संबंधी कमियाँ या त्रुटियाँ पाई जाती हैं जिसके कारण वे मादक द्रव्यों (औषधियों) (intoxicating drugs) द्वारा उत्पन्न काल्पनिक उल्लास (imaginary state of elation) एवं आनंद (pleasure) की दुनिया में रहने के लिए प्रेरित (motivated) होते हैं। इसीलिए बीमारी के बाद भी वे औषधियों का सेवन जारी रखते हैं।

इस संबंध में यह भी देखा गया है कि जो व्यक्ति इन औषधियों के उत्पादन (production), बिक्री (sale) अथवा आपूर्ति (supply) जैसे व्यवसायों (occupations) में रहते हैं, वे आसानी से इन औषधियों के व्यसनी हो जाते हैं। खासकर, डॉक्टर, नर्स अथवा दवा बेचने वाले व्यवसायी इन औषधियों के व्यसनी होते देखे गये हैं। ये व्यावसायिक मात्र जिज्ञासावश (out of curiosity) इन दवाओं का उपयोग प्रारंभ करते हैं और धीरे–धीरे इनके आनंद प्रभावों के अधीन होकर व्यसनी हो जाते हैं। साथ ही, मादक द्रव्य (औषधि) से संबंधित व्यवसाय के अधिकतर लोग अमूमन इन औषधियों का सेवन कार्य की अधिकता के कारण उत्पन्न थकान (fatigue), वातावरण के दबाव (stress), या तनाव से बचने की दृष्टि से करते हैं, क्योंकि उनमें दबावपूर्ण परिस्थितियों को सहने की शक्ति कम होती है। ऐसे लोग शारीरिक रूप से मादक औषधियों (intoxicating drugs) पर निर्भर (depend) करते हैं।

(ii) मनोवैज्ञानिक कारक (Psychological factors)

मादक औषधियों के सेवन की आदत का विकास अधिकांश लोगों में व्यक्तित्व संबंधी त्रुटियों (personality defects) अथवा विकृति (disorders) के परिणामस्वरूप भी विकसित होती है। 'गिलबर्ट' एवं 'लैम्बार्डि' (Gilbert and Lambardi, 1967) ने अपने एक तुलनात्मक अध्ययन में पाया कि इन द्रव्यों के व्यसनी (addict) और जो व्यसनी नहीं हैं (non addicts) के व्यक्तित्व संबंधी मनोविकारी शीलगुणों (pathological traits of personality) में अंतर पाया जाता है। व्यसनी (addicts) प्रायः अवसादी (depressive), तनाव (tension), असुरक्षा (insecurity) एवं अयोग्यता की भावना (feeling of inadequacy) के शिकार होते हैं। इनके अंतःपारस्परिक संबंध (interpersonal relationships) भी अस्थायी (temporary) और उदासपूर्ण होते हैं।

इसी तरह **'ग्रेशेन'** (Greshen, 1968) ने भी पाया कि हैरोइन (heroin) नामक मादक द्रव्य के लगभग सभी व्यसनी मनोविकारी व्यक्तित्व (disordered personality) के होते हैं।

उपर्युक्त अध्ययनों से प्राप्त परिणामों के आलोक में यह स्पष्ट रूप से कहा जा सकता है कि मादक द्रव्य के अधिकांश व्यसनी विकृत चरित्र (disordered character) के शिकार होते हैं वे वातावरण की वास्तविकताओं एवं माँगों के अनुरूप समायोजन (adjustment) में विफल होते हैं जिससे उत्पन्न निराशा के भावों एवं तनावों से अपने को मुक्त रखने हेतु मादक द्रव्यों का सहारा लते हैं और जब उन्हें इसकी लत लग जाती है तब वे इन मादक द्रव्यों से उत्पन्न मादकता (intoxication) पर निर्भर करने लगते हैं। अर्थात् वे इसके व्यसनी (addict) हो जाते हैं।

(iii) सामाजिक-सांस्कृतिक कारक (Socio-cultural factor)

मादक द्रव्यों के सेवन तथा उसकी निर्भरता सामाजिक वातावरण द्वारा भी प्रोत्साहित अथवा प्रबलित (reinforced) होता है। किसी–किसी संस्कृति में इन द्रव्यों का प्रचलन बहुत अधिक है। उदाहरणार्थ–'मियो' (Meo) नामक जन–जाति (tribes) के लोगों में मद्यपानता (use of alcohol) का प्रचलन बहुत अधिक है। लेकिन, बहुत ही नियंत्रित और संयमित रूप से लोग इसके व्यसनी (addict) होते हैं। इस संस्कृति में मदिरा की जगह मादक द्रव्यों का प्रचलन ज्यादा है। इस जन–जाति के लोगों के लिए अफीम (opium) की खेती एक महत्वपूर्ण धनोपार्जन (earning) का साधन है। इसलिए, इनकी संस्कृति में अफीम का सेवन बिना किसी रोक–टोक के होता है। फलतः यहाँ के लोग इसके व्यसनी (addict) होते हैं।

इसी तरह आर्थिक एवं सामाजिक स्तर (socio-economic status) भी इस व्यसन का प्रेरक तत्व है। बहुधा देखा जाता है कि उच्च सामाजिक एवं आर्थिक वर्ग के लोगों में यह व्यसन अधिक प्रचलित रहता है। इसका कारण यह है कि उनके पास पैसे अधिक हैं तथा सामाजिक प्रभाव भी अधिक होता है। अतः वे आसानी से मँहगे मादक द्रव्यों को अपने लिए उपलब्ध करा सकते हैं। इसीलिए, निम्न वर्ग के लोगों की अपेक्षा उच्च वर्ग में इसका प्रचलन अधिक है।

सार संक्षेप यह है कि मादक औषधि व्यसन पर जैविक, मनोवैज्ञानिक एवं सामाजिक तथा सांस्कृतिक कारकों का प्रभाव पड़ता है। अतः ये तीनों कारक महत्वपूर्ण हैं।

14.5.5 मादक द्रव्य व्यसन का निवारण एवं चिकित्सा (Prevention and Treatment of Drug Addiction)

मादक द्रव्यों (intoxicating drugs) का सेवन विश्व के प्रायः सभी देशों में तेजी से बढ़ रहा है। इस प्रकार यह एक विश्व–व्यापी (global) गोचर (phenomenon) है। आजकल इनका सेवन किशोरावस्था के लड़के और लड़कियों (adolescent boys and girls) में द्रुत गति से बढ़ रहा है। अतः यह एक गंभीर सामाजिक समस्या

(serious social problem) का रूप ले चुका है जिसके निवारण (prevention) एवं जो लोग इसके व्यसनी हो चुके हैं, उनकी चिकित्सा करने की सख्त आवश्यकता है। इसके निवारण अर्थात् रोकथाम (prevention) के लिए हम निम्नांकित कुछ उपायों का सहारा ले सकते हैं—

1. मादक औषधि द्रव्यों को गैरकानूनी घोषित करना (Declaring intoxicating drug illegal)

मादक द्रव्यों का सेवन, बिक्री और उत्पादन को यदि गैरकानूनी घोषित किया जाए तो कानूनी अड़चनों के कारण तथा कानूनी दंड के प्रावधानों (punishment provisions) के भय के कारण इसका प्रचलन स्वतः नियंत्रित होकर कम हो जाएगा। लोगों में इसके सेवन की प्रवृत्ति प्रतिबंधित (restricted) होगी, खुले बाजारों में बिक्री भी नियंत्रित होगी तथा उत्पादक भी इसका सीमित उपयोग भर ही उत्पादन कर सकेंगे। इस प्रकार ऐसे द्रव्य आसानी से उपलब्ध नहीं हो सकेंगे। फलतः इसके प्रचलन में गिरावट आएगी। इस दिशा में समाज सुधारकों (social reformers) एवं राष्ट्रीय स्तर पर शासकों की पहल की जरूरत है।

2. इनके बुरे परिणामों से लोगों को अवगत कराना (Making people aware of its damaging effects)

शिक्षा के प्रचार एवं प्रसार तथा जागरूकता अभियान चलाकर मादक औषधियों के बुरे परिणामों से लोगों को अवगत कराना भी इस व्यसन के प्रचलन को नियंत्रित या रोकने में बहुत महत्व रखता है। खासकर, जिन्होंने इन द्रव्यों का सेवन अभी हाल ही में किया है, उन्हें इसके बारे में शिक्षित करना अत्यावश्यक है। ऐसा करने से व्यक्ति मादक द्रव्यों का सेवन करने से भयभीत होगा। अतः इच्छा या लालसा को नियंत्रित कर सकेगा और अंततः इसका उपयोग करना छोड़ देगा। फलतः उसे इसकी लत नहीं लगेगी।

इसके अतिरिक्त मादक औषधियों के प्रचार एवं विज्ञापनों को भी प्रतिबंधित किया जाना चाहिए ताकि ऐसे उत्पादों के बारे में ज्यादा लोग नहीं जान सकें।

चिकित्सा (Treatment): 'मादक द्रव्य व्यसन' (drug addiction) एक प्रकार की बाध्यता (compulsion) है जिससे व्यसनी को मुक्त कराने हेतु चिकित्सकीय प्रबंधन (therapeutic management) आवश्यक होता है।

इनकी चिकित्सा हेतु विशेष प्रकार की औषधियों (drugs) का सेवन कराया जाता है ताकि व्यसनी को परित्याग के दुष्परिणामों (withdrawal effects) को नियंत्रण में (under control) रखा जा सके। इसका परित्याग अचानक अथवा एकाएक (sudden) नहीं कराया जाना चाहिए, अपितु क्रमिक यानी उत्तरोत्तर ढंग से होना चाहिए।

परित्याग की प्रक्रिया पूरी हो जाने के बाद व्यसनी को अपने वास्तविक वातावरण में अनुकूल समायोजन (adjustment) की दिशा में भी पहल की जानी चाहिए। इसमें संसूचन (suggestion), समूह–चिकित्सा (group therapy), पुनर्शिक्षण (relearning) इत्यादि मनश्चिकित्सा की प्रविधियाँ उपयोग में लाई जा सकती है। इन प्रविधियों का थोड़ा विस्तार से वर्णन आगे अध्याय 16 में किया गया है।

14.6 सारांश (Summary)

1. मद्यव्यसनिता हमारे आधुनिक समाज का एक रिवाज–सा बन गया है। जो लोग इसके प्रेमी होते हैं वे इसके गुणकारी और लाभकारी होने के संबंध में दलीलें देते हैं। लेकिन सही अर्थ में यह हमारे समाज की एक अत्यंत ही तल्ख समस्या है।
2. इसका सेवन शौक के रूप में प्रारंभ किया जाता है और व्यक्ति इसके प्रभावाधीन आराम (relaxed) और आनंद (pleasure) का अनुभव करता है। नतीजा यह होता है कि व्यक्ति इसका सेवन दिन–प्रतिदिन नियमित रूप से तथा अधिक मात्रा में करने लगता है। अतः उसे इसकी लत लग जाती है। मद्यपान

की यही अंतिम अवस्था मद्यव्यसनिता (alcohol addiction) कही जाती है क्योंकि इस अवस्था में व्यक्ति मदिरा पर निर्भर करने लगता है।

3. मद्यव्यसनिता की अवस्था में मद्यपान करना व्यक्ति के लिए शारीरिक एवं मनोवैज्ञानिक आवश्यकता (physiological and psychological need) हो जाती है। अतः व्यसनी येन–केन–प्रकारेण इसका सेवन करने हेतु विवश या बाध्य (compelled) होता है, अन्यथा इसके परित्याग के फलस्वरूप व्यक्ति अत्यंत ही असहनीय कष्ट और पीड़ा का अनुभव करने लगता है।
4. मद्यपान व्यसन (alcohol addiction) की चार मुख्य अवस्थाएँ होती हैं—(क) प्राक् मद्यप अवस्था (pre alcoholic phase), (ख) प्रारंभिक अवस्था (prodormal stage) (ग) संगीन अवस्था (critical stage) एवं (घ) चिरकालिक मद्य सेवन की अवस्था (chronic alcoholic stage)।
5. मद्यव्यसनिता का कुप्रभाव व्यक्ति के व्यक्तित्व एवं शरीर दोनों पर पड़ता है लंबे समय तक नियमित रूप से अधिक मात्रा में मदिरा–सेवन के फलस्वरूप व्यक्ति में निर्णय करने की क्षमता विकृत हो जाती है तथा उसकी क्रियात्मक एवं संवेगात्मक नियंत्रण (motor and emotional control) भी लुप्त हो जाता है। फलतः उसका सामाजिक संबंध भी बिगड़ जाता है तथा वह कुसमायोजन का शिकार होता है।
6. मद्यव्यसनी व्यक्तियों के रक्त में मद्य पदार्थ की मात्रा बढ़ जाती है जिससे स्नायुमंडल प्रभावित होता है और व्यक्ति का स्नायविक समन्वय बिगड़ जाता है। कालांतर में वह प्रकंपन, झिनझिनी, लकवा, उच्च रक्तचाप इत्यादि खतरनाक शारीरिक रोगों से ग्रस्त रहने लगता है।
7. उपर्युक्त प्रभावों के अतिरिक्त मनोविकृति से संबंधित भी अनेक लक्षण विकसित होते हैं। जैसे—कंपोन्माद (delirium tremens), तीव्र विभ्रमावस्था (acute hallucinosis), आक्रामक व्यवहार (aggressive tendency), स्मृति लोप (amnesia) इत्यादि।
8. मद्यव्यसनिता कुसमायोजित व्यक्तित्व (maladjusted personality) का ही एक रूप होता है जो जैविक (biological), मनोवैज्ञानिक (psychological) एवं सामाजिक (social) कारणों से प्रभावित होकर विकसित होता है।
9. ऐसे व्यसनियों की चिकित्सा हेतु औषधीय चिकित्सा (medical treatment), अरुचि पद्धति (aversion method), एवं मनोसामाजिक प्रविधियाँ (psycho-social techniques) उपयोग में लाई जाती है।
10. मादक औषधियों (intoxicating drugs) का व्यसन भी मद्यव्यसनिता (alcoholic addiction) का ही एक रूप है। इसमें व्यक्ति नशीली वस्तुओं का उपयोग करता है तथा अपने मानसिक संघर्षों के तनाव से मुक्ति पाने, चिंता और भय से मुक्त रहने एवं काल्पनिक आनंद पाने हेतु मादक द्रव्यों पर आश्रित रहने लगता है। ऐसे मादक द्रव्यों में अफीम (opium), हैरोइन (heroin), कोडाइन (codein), मेथाडॉन (methadone), एल.एस.डी. (LSD), मारिजुआना (marijuana) इत्यादि प्रमुख हैं जिनका सेवन आजकल बड़े पैमाने पर हो रहा है।
11. इन मादक द्रव्यों के प्रभाव भी व्यक्ति के संपूर्ण व्यक्तित्व पर (यानी, उसके शरीर और मन दोनों पर) पड़ता है। इन द्रव्यों के सेवन करने के कारण भी जैविक (biological), मनोवैज्ञानिक (psychological) एवं सामाजिक–सांस्कृतिक (socio-cultural) हैं।
12. मादक द्रव्य सेवन के प्रचार एवं प्रसार को रोकने हेतु कानूनी प्रतिबंध, शिक्षा का व्यापक प्रचार एवं प्रसार, जागरूकता अभियान जैसे उपाय किए जा सकते हैं। व्यसनी व्यक्तियों की चिकित्सा में औषधीय चिकित्सा (drug therapy) के साथ–साथ समूह चिकित्सा, संसूचन एवं पुनर्शिक्षण की प्रविधियों का उपयोग लाभकारी होता है।

खण्ड VI

चिकित्सकीय प्रबंधन
(Therapeutic Management)

15

मनश्चिकित्सा
(Psychotherapy)

अध्याय रूपरेखा (Chapter Outline)

15.1 स्वरूप (Nature)

'चिकित्सा' यानी 'थिरैपी' (therapy) एक तकनीकी शब्द है जो मानसिक विकारों से ग्रस्त रोगियों या कुसमायोजित (maladjustment) व्यक्तियों की सहायता, पुनर्समायोजन (readjustment) अथवा मानसिक स्वास्थ्य को पुनर्बहाल (restore) करने हेतु विशेषज्ञों (experts) द्वारा किया जाने वाला प्रयास है। इस प्रयास में रोगी और विशेषज्ञ (चिकित्सक–therapist) के बीच एक 'सौहार्दपूर्ण' अंतर्वैयक्तिक संबंध' (rapport) स्थापित होता है। फलस्वरूप, दोनों संयुक्त रूप से रोगी के पुनर्समायोजन (readjustment) एवं आत्मनिर्भर (self dependent) बनाने तथा कार्यक्षमता में अभिवृद्धि करने के लक्ष्य को प्राप्त करने में सहभागी बनते हैं।

मानसिक रोगियों की चिकित्सा विभिन्न दृष्टिकोणों या विचारधाराओं द्वारा निर्देशित होती है। इस कार्य में विशेषज्ञ एक कार्यदल (team) के रूप में भी कार्य करते हैं, जैसे—मनश्चिकित्सक (psychotherapist), मनोवैज्ञानिक (pschologist), सामाजिक कार्यकर्ता (social worker), मेडिकल डॉक्टर (medical doctor) तथा जरूरत के अनुसार पैथोलॉजिस्ट (pathologist) आदि के दल (team) मनोरोगियों के उपचार में सहयोगी बनते हैं। इनकी चिकित्सा वैयक्तिक रूप से, परिवार के सभी सदस्यों के साथ संयुक्त रूप से अथवा रोगियों को समूह (group) रूप में रखकर की जाती है। चिकित्सा की विभिन्न प्रक्रियाओं को विभिन्न दृष्टिकोणों के संदर्भ में अपनाई जाती है। कभी–कभी रोगी की चिकित्सा उसके जीवन साथी (life partner) के साथ भी करनी पड़ती है। ऐसा इसलिए किया जाता है कि रोगियों की समायोजन (adjustment) संबंधी समस्याएँ पूरे परिवार से जुड़ी रहती हैं।

साधारणतः किसी अस्वस्थ व्यक्ति को औषधि (medicines) का सेवन कराकर पुनः स्वस्थ करने की प्रक्रिया को 'उपचार' (treatment) अथवा चिकित्सा करना कहते हैं। शारीरिक रूप से बीमार लोगों की चिकित्सा हेतु प्रायः औषधि (medicines), शल्य (surgery), मालिश (massage), शारीरिक व्यायाम (physical exercise), आराम (rest) अथवा आहार नियमन (dietary regulation) जैसी प्रविधियों का इस्तेमाल किया जाता है। लेकिन, मनोरोगियों या असामान्य व्यक्तियों के लिए मनोवैज्ञानिक प्रविधियों (psychological techniques) या साधनों का उपयोग किया जाता है जिसे मनश्चिकित्सा (psychotherapy) कहते हैं। दूसरे शब्दों में कहा जा सकता है कि जिन मनोवैज्ञानिक तरीकों द्वारा व्यक्तित्व संबंधी उलझनों, ग्रंथियों अथवा गुत्थियों को सुलझाया जाता है अथवा कुसमायोजी व्यवहारों को समायोजी व्यवहारों में परिणत किया जाता है, उन्हें ही मनश्चिकित्सा कहते हैं। 'पेज' (Page) ने इसे परिभाषित करते हुए कहा है—

"मनोवैज्ञानिक प्रविधियों द्वारा व्यक्तित्व संबंधी विकृतियों की चिकित्सा करने को मनश्चिकित्सा कहते हैं।"[1]

संक्षेप में मनश्चिकित्सा की निम्नांकित विशेषताएँ होती है—

(i) मनश्चिकित्सा द्वारा मानसिक रोगियों का उपचार किया जाता है।

(ii) मनश्चिकित्सा की प्रविधियाँ मनोवैज्ञानिक स्वरूप की होती हैं।

(iii) मनश्चिकित्सा द्वारा व्यक्तित्व संबंधी विकारों तथा सांवेगिक उपद्रवों को दूर या कम करने का प्रयास किया जाता है।

अस्तु, स्पष्ट है कि मनश्चिकित्सा का संबंध 'मानसिक स्वास्थ्य' (mental health) के साथ है, जिसका मूल उद्देश्य मनोवैज्ञानिक प्रविधियों द्वारा मानसिक स्वास्थ्य का पुनर्लाभ (recovery) कराना तथा रोग रोधक (prophylaxis) दोनों हैं।

15.2 कुछ महत्वपूर्ण सावधानियाँ (Some Important Precautions)

मनश्चिकित्सा की कई प्रणालियाँ (systems) हैं। इन प्रणालियों का उपयोग करते समय कुछ सावधानियों को बरता जाना महत्वपूर्ण होता है जो निम्नांकित हैं—

1. "Psychotherapy may be defined as treatment of personality disorders by psychological procedures"—James, D. Page

(i) चिकित्सा प्रारंभ करने से पूर्व सेवार्थी (client) एवं चिकित्सक के बीच उत्साहवर्द्धक एवं सौहार्दपूर्ण संबंध (rapport) जरूर बनना चाहिए।

(ii) चिकित्सा के विभिन्न सिद्धांतों में निहित नियमों का क्रमबद्ध ढंग से पालन किया जाना चाहिए।

(iii) चिकित्सा की प्रणाली का उपयोग केवल प्रशिक्षित (trained) चिकित्सकों द्वारा ही की जानी चाहिए, अन्यथा लाभ की जगह हानि उठानी पड़ सकती है।

(iv) रोगी और चिकित्सक के बीच केवल रोगी ही मुख्य केन्द्र होना चाहिए।

(v) रोगी और चिकित्सक के बीच उत्साहवर्द्धक संबंध (rapport) का विकास केवल मानवीय स्तर (humanity level) पर ही होना चाहिए। संवेगात्मक संबंध का पनपना अवांछनीय (undesirable) है। अतः चिकित्सक को इस पर ध्यान देना चाहिए।

15.3 मनश्चिकित्सा का उद्देश्य (Aims of Psychotherapy)

सामान्यतः 'मनश्चिकित्सा' का मुख्य उद्देश्य रोगी के व्यक्तित्व को परिपक्व (mature) बनाना, सामर्थ्य (competence) एवं 'आत्मबोध' (self actualisation) को विकसित करना होता है जिसमें रोगी अपने वास्तविक वातावरण (real environment) के साथ अच्छी तरह समायोजन (adjustment) स्थापित कर सके। इस सामान्य उद्देश्य की प्राप्ति के लिए मनोचिकित्सक कुछ विशिष्ट उद्देश्यों (specific objectives) पर अपना ध्यान केंद्रित करता है जो निम्नलिखित हैं—

(i) रोगी में उनकी समस्याओं और व्यवहार की विकृति की सूझ को बढ़ाना (To increase insight into patient's problem and behaviour disorder)।

(ii) रोगी में मानसिक संघर्ष के समाधान की क्षमता को विकसित करना (To develop capacity to resolve the handicapping or disabling conflicts)।

(iii) अवांछित आदतों और प्रतिक्रिया प्रतिरूपों से मुक्त करने हेतु रोगी के व्यवहार में परिवर्तन या परिमार्जन लाना (Changing or modifying the undesirable habits or reaction patterns)।

(iv) रोगी के पारस्परिक संबंधों एवं अन्य क्षमताओं में सुधार लाना (Improving the interpersonal relationships or other competencies of the patients)।

(v) रोगी के स्वयं या उसके आस–पास के वातावरण के संबंध में मिथ्या विचारों अथवा मान्यताओं को परिमार्जित करना। (Modifying the inaccurate ideas or assumptions about oneself and his world)।

(vi) रोगी को वातावरण की वास्तविकताओं के साथ समायोजन करने योग्य बनाने में सहयोग करना (To help the patient to adjust with the realities of his environment)।

(vii) आत्मबोध को सुस्पष्ट करना (better delineation of one's self identity)।

(viii) रोगी में सुधार के लिए उनके संकल्प को प्रोत्साहित करना (Reinforcing patient's resolve for betterment)।

(ix) रोगी के सांवेगिक दबाव को कम करना (Lessening emotional pressure)।

(x) निर्णय लेने की प्रक्रिया को सहज बनाना (Facilitating decision making)।

(xi) रोगी में सृजनात्मक क्षमताओं को प्रोत्साहित करना (Reinforcing the creative abilities in the patient)।

संक्षेप में कहा जा सकता है कि 'मनश्चिकित्सा' का मूल उद्देश्य मानवीय पीड़ा (human distress) को दूर करना और प्रभावपूर्ण व्यवहार कौशलों (effective behaviour skills) को प्रोत्साहित या पोषित (fostering) करना होता है।

यहाँ यह भी उल्लेखनीय है कि 'मनोरोगों' का प्रधान कारण जीवन की जटिल (complex) एवं दुर्गम (difficult) परिस्थितियों के साथ अनुकूल समायोजन का नहीं हो पाना होता है। अतः चिकित्सा की कोई भी विधि तब तक पूर्णरूप से सफल नहीं हो सकती, जब तक कि उसके वातावरण में परिवर्तन न लाया जाए। लेकिन, ऐसा करना संभव नहीं है। इसलिए 'मनश्चिकित्सा' द्वारा उपरोक्त वर्णित उद्देश्यों को प्राप्त करना अत्यंत ही कठिन है। फिर भी, मनश्चिकित्सक यदि दक्ष (efficient), पूर्णरूप से प्रशिक्षित (fully trained) और अनुभवी (experienced) है तो रोगी को बहुत अंशों में पुनर्समायोजन (readjustment) योग्य बना सकता है।

15.4 चिकित्सकीय संबंध (Therapeutic Relationship)

'मनश्चिकित्सा' (psychotherapy) की सफलता का सर्वाधिक महत्वपूर्ण घटक चिकित्सक (therapist) एवं सेवार्थी (client) के बीच का पारस्परिक संबंध होता है। इस प्रकार के संबंध को 'चिकित्सात्मक मैत्री या संधि' (therapeutic alliance) कहते हैं यह मैत्रीपूर्ण या संधि संबंध न तो परस्पर परिचय मात्र (mere introductory) होता है और न स्थायी (permanent)। वस्तुतः यह संबंध एक प्रकार का 'चिकित्सात्मक समझौता' या 'अनुबंध' (therapeutic contract) होता है। इस संबंध के दो महत्वपूर्ण अंग (components) होते हैं—सेवार्थी (client) एवं चिकित्सक (therapist) जो सही अर्थ में चिकित्सा सत्र के सहभागी (partner) होते हैं। अर्थात् मनोरोगी चिकित्सक के समक्ष अपनी समस्या बताकर उसकी सहायता प्राप्त करने की इच्छा रखता है और चिकित्सक सेवार्थी को अपनी सहायता प्रदान करने हेतु सहमति प्रदान करता है। इस प्रकार, एक–दूसरे के साथ आभारपूर्ण और गहरा (thankful and deep) संबंध विकसित होता है। यद्यपि यह संबंध गहरे स्तर पर विकसित होता है, लेकिन, इस संबध की सीमित अवधि (limited duration) होती है। जब चिकित्सक को ऐसा प्रतीत होता है कि सेवार्थी (client) को अपनी 'सूझ' (insight) हो चुकी है और वह अपनी समस्या का भलीभाँति हल कर व्यथा (distress) से मुक्त हो सकता है तो यह संबंध समाप्त कर दिया जाता है।

इस प्रकार के संबंध की कुछ महत्वपूर्ण विशेषता होती है, जैसे—इस संबंध में उच्च स्तर का विश्वास और आश्वस्तता (highlevel trust and confidence) की विशेषता पाई जाती है। अर्थात् सेवार्थी को यह दृढ़ विश्वास होता है कि उसकी समस्या के समाधान का दायित्व चिकित्सक पर है जो समस्या का निराकरण करने में दक्ष और निपुण है। इस प्रकार सेवार्थी अपने को भारमुक्त (unburdened) समझता है। चिकित्सक भी इस विश्वास को स्वीकार कर (by accepting) 'समानुभूति' (empathy) और उमंग के साथ (by warmth) सेवार्थी को उत्साहित (encourage) करता है। चिकित्सक सेवार्थी के प्रति सकारात्मक दृष्टिकोण (positive regard) एवं श्रद्धा रखता है तथा उसकी समस्या के प्रति समानुभूतिक भाव (empathetic feeling) रखता है। 'समानुभूति' और 'सहानुभूति' (empathy and sympathy) में अंतर होता है। 'सहानुभूति' में दया या करुणा का भाव पाया जाता है लेकिन, दूसरों के कष्ट या व्यथा का भाव सहानुभूति रखने वाले में नहीं रहता है। ठीक इसके विपरीत 'समानुभूति' में व्यक्ति दूसरों के कष्टों को स्वयं अपना कष्ट समझता है। समानुभूति का अर्थ ही है—दूसरों की अनुभूति के अनुरूप यानी समान स्वयं अनुभव करना। समानुभूति और सहानुभूति के भाव 'बौद्धिक समझ' (intellectual understanding) से भी भिन्न है। बौद्धिक समझ 'तटस्थ' (neutral) भाव को कहते हैं। अर्थात् इसमें भाव की शून्यता (coldness) पाई जाती है। अर्थात् इसमें न तो समानुभूतिक और न ही सहानुभूतिक भाव उत्पन्न होता है।

'समानुभूति' (empathy) की विशेषता के कारण ही 'चिकित्सकीय संबंध' संवर्धित (enrich) होता है जिससे रोगी के स्वस्थ होने की संभावना प्रबल होती है क्योंकि समानुभूति स्वास्थ्य संवर्धन (health healing) को सहज बनाता है।

15.5 मनश्चिकित्सा के चरण (Stages of Psychotherapy)

लगभग सभी चिकित्सा प्रणालियों में कम–से–कम तीन चरण (stages) होते हैं–

(i) प्राथमिक अवस्था (Initial stage)

(ii) मध्य की अवस्था (Middle stage) एवं

(iii) समापन की अवस्था (Terminal stage)

(i) प्राथमिक अवस्था (Initial stage)

चिकित्सा का प्रारंभ रोगी (patient) और चिकित्सक (therapist) के बीच प्रथम संपर्क से होता है जो प्राथमिक महत्व (primary significance) का होता है। इस अवस्था में विकास और आशा के संबंध की स्थापना, रोगी की समस्याओं को जानना और समझना, चिकित्सा की औपचारिक सूचनाएँ, जैसे–चिकित्सा के व्यय, स्थान, समय, सत्र, चिकित्सा के स्वरूप एवं रोगी के संकल्प को पुष्ट करना, चिकित्सा विधि का चयन आदि महत्वपूर्ण कार्य होते हैं।

(ii) मध्य की अवस्था (Middle stage)

चिकित्सा की प्राथमिक अवस्था वस्तुतः चिकित्सा की तैयारी (preparedness) की अवस्था होती है जिसमें चिकित्सा की रूपरेखा (blue print) का निर्धारण किया जाता है। दूसरी अवस्था में चिकित्सा सत्र प्रारंभ किया जाता है। चिकित्सा सत्र की अवधि में चिकित्सक रोगी की प्रेरणाओं एवं अपेक्षाओं को समझते हुए रोगी के भरोसे एवं विश्वास को बलिष्ठ (strong) करने का प्रयास करता है जिसमें चिकित्सक की अहम भूमिका होती है।

(iii) समापन की अवस्था (Terminal stage)

यह मनश्चिकित्सा की अंतिम अवस्था (last stage) होती है। मनश्चिकित्सकीय सहायता के फलस्वरूप जब निर्धारित लक्ष्य की प्राप्ति हो जाती है तो रोगी पहले की तुलना में अधिक समायोजी (adjustable) होता है। वह गत (past) की अपेक्षा वर्तमान (present) में रहता है तथा भविष्योन्मुख (future oriented) होता है इस अवस्था को प्राप्त करते ही क्रमशः (gradually) अर्थात् अचानक नहीं (not abruptly) चिकित्सा सत्र समाप्त कर दिया जाता है।

लेकिन, चिकित्सा सत्र समापन के बाद भी आवधिक ढंग से (periodically) अनुसरण क्रिया (follow-up-actions) की जानी चाहिए ताकि यह सुनिश्चित किया जा सके कि रोगी ने चिकित्सा की अवधि में जो कुछ भी लाभ प्राप्त कर सका है वह उसके वास्तविक जीवन में भलीभाँति ढंग से उपयोग में आ रहा है या नहीं?

15.6 मनश्चिकित्सा की कुछ महत्वपूर्ण प्रविधियों का वर्णन (Description of Some Major Psychotherapeutic Techniques)

प्रस्तुत अनुच्छेद में विभिन्न 'चिकित्सकीय प्रणालियों' (therapeutic systems) के अंतर्गत कुछ महत्वपूर्ण प्रविधियों का वर्णन प्रस्तुत किया जा रहा है जो निम्नलिखित हैं–

1. मनोविश्लेषणात्मक विधि (Psychoanalytic method)
2. सम्मोहन (Hypnosis)
3. व्यवहार परिमार्जन (Behaviour modification
4. संसूचन (Suggestion)

5. सामूहिक चिकित्सा विधि (Group therapy)
6. अनिर्देशात्मक चिकित्सा पद्धति (Non directive therapy)
7. व्यावसायिक चिकित्सा विधि (Occupational therapy)
8. मनःअभिनय (Psychodrama)

अब इन सभी चिकित्सा प्रविधियों (techniques of treatment) का वर्णन एक–एक कर किया जा रहा है–

15.6.1 मनोगत्यात्मक यानी मनोविश्लेषण विधि (Psychodynamic or Psychoanalysis Method)

मनोगत्यात्मक चिकित्सा का प्रारंभ 1880 में 'डॉ. सिगमंड फ्रायड' (Dr. Sigmund Freud) के अध्ययन से हुआ है। इन्होंने मनोरोगियों की चिकित्सा के लिए मनोविश्लेषणात्मक प्रविधि (psychoanalytic technique) प्रस्तावित की है। यह एक विस्तृत (extended), क्रांतिकारी (revolutionary) और सुव्यवस्थित (well systematized) सिद्धांत भी है। बाद में 'फ्रायड' के शिष्यों एवं कुछ अन्य लोगों ने भी इस परंपरा को आगे बढ़ाया है। मनोगत्यात्मक चिकित्सा की प्रविधि (psychodynamic therapeutic techniques) भी 'मनोविश्लेषणात्मक सिद्धांत पर ही आधारित है। इसीलिए चिकित्सा की इस प्रविधि के जनक के रूप में 'फ्रायड' का नाम लिया जाता है।

'मनोगत्यात्मक प्रविधि' इस मान्यता पर आधारित है कि मानसिक समस्याओं की उत्पत्ति के पीछे बाल्यावस्था के अनुभवों (childhood experiences) का मुख्य हाथ होता है। विकासशील बालकों को जब किन्ही मानसिक आघातों (mental shocks) अथवा अवांछित आवेगों (undesirable impulses) को उत्तेजित (stimuli) करने वाली परिस्थितियों का सामना करना पड़ता है, तो ये आघातपूर्ण अनुभव (shocking experiences) अचेतन (unconscious) स्तर पर दमित (repressed) कर दिए जाते हैं। लेकिन, इन दमित आवेगों (repressed impulses) की चेतनाभिव्यक्ति (conscious expression) की संभावना बनी रहती है। रोगियों की मानसिक शक्तियों या ऊर्जा (energy) की अधिकतम मात्रा इन्हीं आवेगों को दमित करने में व्यय (खपत) होती है। नतीजन, विशाल और जटिल वातावरण की वास्तविकताओं (realities of wide and complex environment) के साथ प्रभावी ढंग से समायोजन (effective adjustment) करने हेतु बहुत ही कम मात्रा में ऊर्जा (energy) उपलब्ध होती है। फलस्वरूप, व्यक्ति कुसमायोजन (maladjustment) का शिकार होता है। अतः यदि रोगी को ऐसे दमित विचारों, प्रवाहों तथा आवेगों (repressed ideas, impulses) के बारे में अंतर्दृष्टि (insight) प्राप्त हो तो वह इनसे जुडे कष्टों से मुक्त (free) हो सकता है। मनोगत्यात्मक यानी मनोविश्लेषणात्मक प्रविधि इसी विश्वास पर आधारित है।

इस प्रविधि के स्वरूप को समझने के लिए इसकी विभिन्न अवस्थाओं (stages) पर दृष्टिपात करना उचित होगा जो निम्नलिखित हैं–

(i) प्रारंभिक अवस्था (Preliminary stage)
(ii) प्रतिरोध की अवस्था (Stage of resistance)
(iii) स्वप्नों का विश्लेषण (Interpretation of dreams)
(iv) स्थानांतरण की अवस्था (Stage of transference)
(v) समापन की अवस्था (Stage of termination)

(i) प्रारंभिक अवस्था (Preliminary stage)

यह अवस्था वास्तविक चिकित्सा शुरू करने से पहले की अवस्था होती है। इस अवस्था में चिकित्सक सेवार्थी (client) अर्थात् रोगी के साथ दो–तीन बार प्रारंभिक बातचीत (preliminary talk) कर यह सुनिश्चित करता है

कि इस चिकित्सा विधि द्वारा रोगी का उपचार कहाँ तक संभव है। इसके लिए सेवार्थी (client) को साक्षात्कार (interview) के लिए बुलाया जाता है तथा उसकी व्यथा (distress) से संबंधित विवरण यानी विकृति के लक्षणों का खाका तैयार किया जाता है। साथ ही चिकित्सा में लगने वाले समय एवं खर्च से सेवार्थी को अवगत कराया जाता है। इससे चिकित्सक को यह अनुमान लगाना आसान हो जाता है कि रोगी इलाज का खर्च वहन करने हेतु तैयार है या नहीं? साथ ही यह संकेत भी प्राप्त होता है कि रोगी इस चिकित्सा के लिए इच्छुक है या नही? इस प्रकार, प्रारंभिक वार्तालाप (preliminary talk) का मूल उद्देश्य चिकित्सा का उद्देश्य (aim), लागत (cost), समय या अवधि (period or duration) एवं चिकित्सा से संबंधित अन्य आवश्यक बातों से स्वयं तो परिचित होता ही है, साथ ही सेवार्थी (client) अथवा उसके परिजनों को भी अवगत कराना होता है। इस प्रारंभिक वार्तालाप के बाद जिन रोगियों को चिकित्सार्थ चयन (select) किया जाता है उसे एक निश्चित स्थान और समय पर नियमित रूप से चिकित्सार्थ आने का निर्देश (direction) दिया जाता है और तब वास्तविक चिकित्सा की प्रक्रिया आरंभ की जाती है।

चिकित्सा सत्र की शुरुआत (Beginning of therapeutic session): प्रारंभिक अवस्था के बाद चिकित्सा सत्र (therapeutic session) की शुरुआत की जाती है। 'मनोविश्लेषण' करने हेतु एक नियत कमरा होता है। कमरे में मंद प्रकाश (dim light) रखा जाता है। अर्थात् मनोविश्लेषण कक्ष (room) 'सेमिडार्क' (semi dark) रहता है। रोगी को आराम से एक कोच (coach) पर लेटने को कहा जाता है तथा रोगी का ध्यान इधर–उधर विचलित न हो, इस उद्देश्य से कम–से–कम, अति आवश्यक सामान ही रखा जाता है। चिकित्सक भी रोगी की पीठ के पीछे इस प्रकार बैठता है, जिसमें वह रोगी की नजर से ओझल रह सके। कुछ मनोविश्लेषक 'वन वे ग्लास स्क्रीन' (one way glass screen) की व्यवस्था करते हैं ताकि चिकित्सक रोगी को देख सके किंतु रोगी चिकित्सक को नहीं देख पाए। इस तैयारी के साथ–साथ चिकित्सक रोगी को अपने स्नेह और सहानुभूति से मोहने का प्रयास करता है ताकि रोगी 'आत्मीयता' का अनुभव कर सके और चिकित्सक के निर्देशों का निःसंकोच ढंग से पालन कर सके। इस प्रकार, सौहार्दपूर्ण संबंध (rapport) स्थापित करने के बाद रोगी को स्वतंत्रतापूर्वक (freely) और बेहिचक (without any reluctance) मन में आने वाले विचारों को व्यक्त (express) करने का निर्देशन दिया जाता है। उसे यह स्पष्ट रूप से निर्देशित किया जाता है कि उसके मन में आने वाले विचार या बातें सार्थक हों या निरर्थक, नैतिक हो या अनैतिक, सामाजिक हो या असामाजिक, वास्तविक हो या अवास्तविक, भले ही वे विचार उसकी कल्पना हो, सबको वह निःसंकोच कहता जाए। रोगी और चिकित्सक के बीच सौहार्दपूर्ण संबंध विकसित होने के कारण सेवार्थी (client) निःसंकोच अपनी बातों, भावनाओं, संवेगों, विचारों, कल्पनाओं आदि को व्यक्त करने लगता है और चिकित्सक उसे सुनता रहता है अथवा रिकॉर्डिंग करता है। साथ ही वह रोगी की भाव–भंगिमा, एवं अन्यान्य गतिविधियों का अप्रत्यक्ष रूप से (ओझल होकर) निरीक्षण भी करता जाता है। यदि रोगी बीच–बीच में कुछ प्रकट करने में संकोच करता है या कठिनाई का अनुभव करता है तो चिकित्सक उसकी सहायता तथा उसे प्रेरित करता है। मनोविश्लेषणात्मक चिकित्सा पद्धति में प्रयुक्त इस प्रविधि (tecnhique) को 'स्वतंत्र साहचर्य प्रविधि' (free association technique) कहते हैं। स्वतंत्र–साहचर्य की इस प्रक्रिया में रोगी के अचेतन स्तर पर (at unconscious level) विचार, भाव या अनुभव चेतन स्तर (conscious level) में आते हैं। फलस्वरूप रोगी अपने अचेतन की गहराई में (at deep level) बैठे उन विचारों या इच्छा प्रवाहों से अवगत होता है, जो उसकी व्यक्तिगत समस्याओं से संबंधित होते हैं। मनोविश्लेषण की यह पहली अवस्था है।

(ii) प्रतिरोध की अवस्था (Stage of resistance)

'स्वतंत्र साहचर्य' की प्रक्रिया के बीच में कभी–कभी प्रतिरोध विकसित होता है जिससे स्वतंत्र साहचर्य में विराम या रुकावट की स्थिति आती है। इस स्थिति के उत्पन्न होने पर रोगी अपने मन के अवांछनीय (undesirable) विचारों अथवा अनुभवों को व्यक्त करना नहीं चाहता, फलस्वरूप वह या तो एकाएक चुप हो जाता है अथवा

जानबूझ कर कुछ बनावटी बातें करने लगता है। इसे ही 'प्रतिरोध' (resistance) कहते हैं। 'प्रतिरोध' की यह स्थिति चेतन (conscious) और अचेतन (unconscious) दोनों तरह से हो सकती है। जब रोगी जान–बूझकर (deliberately) किसी सूचना विशेष को गुप्त रखता है अथवा प्रकाशित नहीं करता है और कुछ मनगढंत या बनावटी बातें करता है तो उसे 'चेतन प्रतिरोध' (conscious resistance) कहते हैं। लेकिन जब रोगी 'स्वतंत्र साहचर्य' के क्रम में अचानक (suddenly) विचारों या भावों को प्रकट करना बंद कर देता है, अर्थात् चुप हो जाता है अथवा किसी महत्वहीन या अति साधारण विचारों का प्रत्याह्वान (recall) करता है, चिकित्सा सत्र की निर्धारित समय सारिणी को भूलकर 'अनुपस्थित' होता है या चिकित्सा सत्र में देर से आता है तो ये सब 'अचेतन प्रतिरोध' (unconscious resistance) के संकेत देते हैं। चिकित्सा की दृष्टि से 'प्रतिरोध' की यह अवस्था महत्वपूर्ण होती है। अतः चिकित्सक इन 'प्रतिरोधों' का बार–बार सामना करते हुए विजयी होने का प्रयास करता है। अर्थात् रोगी को बार–बार प्रतिरोधक विचारों को प्रकट करने हेतु उत्साहित करता है तथा उन संवेगों (emotions), भावों (feelings) या लज्जा इत्यादि को जानने का प्रयास करता है जो रोगी के अचेतन मन की गहराई में छिपे होते हैं। लेकिन यह कार्य आसान नहीं है। चिकित्सक के समक्ष इस स्थिति से गंभीर समस्या उत्पन्न हो जाती है, जिसका समाधान करने में उसे बड़ी परेशानी उठानी पड़ सकती है। वह रोगी को तरह–तरह से प्रोत्साहित (encourage) करता है तथा उससे घनिष्ठ संवेगात्मक संबंध की स्थापना कर रोगी का विश्वासपात्र बनना पड़ता है। यह मनोविश्लेषण की दूसरी महत्वपूर्ण अवस्था है।

(iii) स्वप्नों का विश्लेषण (Interpretation of dreams)

स्वतंत्र साहचर्य (free association) के क्रम में रोगी अपने कुछ स्वप्नों (dreams) का भी वर्णन करता है और चिकित्सक उसकी व्याख्या (interpretation) करता है। 'फ्रायड' का मानना है कि स्वप्न अचेतन में जाने का 'राजकीय मार्ग' (royal road) है। स्वप्न में रोगी जो कुछ भी व्यक्त (express) करता है, वे स्वप्नों के 'व्यक्त विषय' (manifest contents) होते हैं। ये व्यक्त विषय अचेतन (unconscious) के अनुभवों के प्रतीक (symbols) होते हैं। अतः स्वप्नों के व्यक्त विषयों की व्याख्या या विश्लेषण कर 'गुप्त' यानी अचेतन में दबे या छिपे 'अव्यक्त विषयों' (latent contents) को जानना चिकित्सा की दृष्टि से महत्वपूर्ण होता है। स्वप्नों के विश्लेषण द्वारा अचेतन के भावों, प्रेरणाओं, विचार प्रवाहों को जानकर रोगी के वर्तमान क्लेश के संबंधों में 'सूझ' (insight) को विकसित करने में चिकित्सक रोगी की मदद करता है। मनोविश्लेषण (psychoanalysis) की यह तीसरी अवस्था है।

(iv) स्थानांतरण की अवस्था (Stage of transference)

'स्वतंत्र साहचर्य' के सत्र (sessions) प्रायः लंबे होते हैं जो नियमित रूप से (regularly) महीनों चलते हैं। इस प्रकार, रोगी और चिकित्सक के बीच परस्पर अंतःक्रिया (mutual interactions) के पर्याप्त अवसर मिलते हैं। इस अंतःक्रियात्मक संबंध के फलस्वरूप रोगी और चिकित्सक के बीच एक प्रकार का संवेगात्मक यानी भावात्मक संबंध (emotional or affective relationship) विकसित होता है। कभी–कभी यह संबंध नाजुक स्थिति (delicate situation) उत्पन्न करता है क्योंकि रोगी अपने अचेतन में दमित घृणा अथवा प्रेम के भाव, कामुक प्रवृत्तियों (libidinal tendencies) आदि को चिकित्सक (therapist) पर स्थानांतरित (transfer) करने लगता है। घृणा (hostility) एवं प्रेम या स्नेह (love or affection) के ये भाव प्रायः रोगी की बाल्यावस्था में पारिवारिक सदस्यों–विशेष रूप से माता–पिता, अथवा शिक्षक के प्रति विकसित भाव होते हैं जो मनोविश्लेषक के प्रति स्थानांतरित होकर प्रकट होने लगते हैं। इसका कारण यह है कि पारस्परिक भावात्मक संबंधों के कारण रोगी विश्लेषक (analyst) को ही अपनी घृणा अथवा प्रेम का पात्र मान बैठता है और अचेतन में दमित संवेगात्मक एवं भावात्मक प्रवाहों को उसकी ओर प्रदर्शित करने लगता है। इस प्रकार की नाजुक स्थिति के प्रति चिकित्सक यानी विश्लेषक को सतर्क एवं सावधान रहने की जरूरत होती है ताकि वह इस प्रकार की स्थिति के प्रति तटस्थ (neutral) होकर अनुमति बोधक मनोवृत्ति (permissive attitude) के साथ निष्पक्षतापूर्वक (biasfree) रोगी की सहायता कर सके।

चिकित्सा की इस अवस्था को 'अंतरण तंत्रिका ताप' (transference neurosis) भी कहा जाता है। चिकित्सा की दृष्टि से पूर्ण से विकसित 'अंतरण तंत्रिका ताप' (transference neurosis) की अवस्था लाभकारी होती है, क्योंकि इस अवस्था से चिकित्सक को रोगी के 'अंतःमानसिक संघर्षों' (intrapsychic conflicts) के वास्तसिक रूप को समझने में मदद मिलती है।

यह स्थानांतरण दो स्वरूपों का होता है—(क) धनात्मक या सकारात्मक स्थानांतरण (positive transference) एवं (ख) निषेधात्मक या नकारात्मक स्थानांतरण (negative transference)।

धनात्मक या सकारात्मक स्थानांतरण (positive transference) में रोगी अचेतन के धनात्मक संवेगों, यथा प्रेम, स्नेह एवं संवेगात्मक लगाव की प्रतिक्रियाओं (reactions of love, affection and emotional attachment or closeness) को चिकित्सक के प्रति प्रदर्शित करता है। निषेधात्मक या नकारात्मक स्थानांतरण (negative transference) की स्थिति में रोगी अपनी अचेतन की घृणा, विरोधी भाव, एवं संवेगात्मक विलगाव (hostile, ambivalent and emotional detachment or separation) की प्रतिक्रियाओं का प्रदर्शन चिकित्सक की ओर करता है। ये दोनों स्थितियाँ चिकित्सक के लिए कठिन होती हैं तथा उसे संयम और धैर्य रखते हुए तटस्थ होकर चिकित्सा सत्र को जारी रखना पड़ता है। चूंकि स्थानांतरण के माध्यम से रोगी के अचेतन में दमित संवेगात्मक भावों पर प्रकाश पड़ता है, अतः चिकित्सक तटस्थ एवं अनुमतिबोधक मनोवृत्ति (neutral and permissive attitude) के साथ ऐसे भावों को प्रकट करने में सहयोग देता है ताकि वह रोगी द्वारा स्थानांतरित भावों के उद्गम स्रोत (originating source) और महत्व (significance) को जान सके। इस बोध के फलस्वरूप स्थानांतरित भाव (transferred feelings) और उससे संबंधित कुसमायोजित व्यवहार (maladjusted behavour) दूर होते हैं।

'धनात्मक स्थानांतरण' (positive transference) में रोगी चिकित्सक को श्रद्धा, स्नेह या प्रेम की नजर से देखता है तथा उसी के अनुरूप अपने भावों को प्रदर्शित करता है। इससे ऐसा वातावरण बनता है जिसमें रोगी अपने को सुरक्षित (secured) समझता है और अचेतन के भावों को प्रकट करने हेतु प्रोत्साहित (encouraged) होता है। ठीक इसके विपरीत नकारात्मक स्थानांतरण (negative transference) में रोगी चिकित्सक से घृणा करने लगता है। वह चिकित्सक के पास आने से कतराने लगता है तथा आक्रामक प्रवृत्तियों (aggressive tendencies) का प्रदर्शन भी करता है।

चिकित्सक इन स्थितियों में अपने को पूर्णतया निर्लिप्त (uninvolved) रखते हुए उसके भावों के प्रकटीकरण की प्रक्रिया को सहज बनाने का प्रयास करता है। इस प्रयास में वह रोगी के लिए विश्वसनीय (trustworthy) बनने की कोशिश करता है तथा रोगी की घृणा से संबंधित भावों को स्पष्ट करता है। जैसे—वह कहता है—"अभी आप अपना क्रोध हम पर उतार रहे हैं, लेकिन क्या आप सोच सकते हैं कि आप ऐसा क्यों कर रहे हैं? इस प्रकार, रोगी द्वारा चिकित्सक के प्रति प्रेक्षित (projected) व्यवहार को चिकित्सक रोगी के प्रति प्रतिक्षेपित (counter projection) करने को कहता है तथा इस प्रकार वह रोगी की 'सूझ' (insight) को विकसित करने का प्रयास करता है।"

इसी तरह धनात्मक स्थानांतरण (positive transference) में भी चिकित्सक अपने को निर्लिप्त (uninvolved) रखते हुए रोगी की धनात्मक प्रतिक्रियाओं (postive reactions) का विश्लेषण करता है तथा रोगी को यह विश्वास दिलाता है कि उसके द्वारा प्रदर्शित भाव उसी के 'अचेतन मन' (unconscious mind) के भाव हैं। साथ ही उसे आश्वस्त करता है कि उसकी स्मृतियाँ साधारण स्मृतियाँ (ordinary memories) हैं जो प्रायः सभी लोगों में पाई जाती हैं। अतः उसे भयभीत होने की कोई आवश्यकता नहीं हैं। मनोविश्लेषण की यह चौथी अवस्था है।

(v) समापन की अवस्था (Stage of termination)

चिकित्सा का उद्देश्य पूरा हो जाने के बाद चिकित्सा सत्र समाप्त किया जाता है। सत्र की समाप्ति का निर्णय चिकित्सक को सावधानीपूर्वक लेना पड़ता है। समापन इस बात पर निर्भर करता है कि रोगी में 'सूझ' का विकास

हुआ है या नहीं। सूझ के विकास संबंधी लक्षणों को 'वर्किंग थ्रू' (working through) की प्रक्रिया द्वारा प्राप्त किया जाता है। अतः वर्किंग थ्रू क्या है? (What is working through process?), यह जान लेना आवश्यक है।

'वर्किंग थ्रू (Working through): पहले संकेत दिया जा चुका है कि मनोविश्लेषणात्मक विधि (psychoanalytic method) से चिकित्सा के विभिन्न सत्रों में स्वतंत्र साहचर्य' (free association) एवं स्वप्नों (dreams) द्वारा व्यक्त किए गए भावों, विचारों, इच्छा प्रवाहों, प्रेरणाओं एवं संवेगों का विश्लेषण (analysis) अर्थात् व्याख्या (interpretation) की जाती है। इस प्रकार, व्याख्या मनोविश्लेषणात्मक विधि का साधन (means) है जिसके द्वारा रोगी के अचेतन प्रवाहों (unconscious impulses) को ज्ञात किया जाता है और रोगी में इन ज्ञात किए गए विषयों (contents) की 'सूझ' विकसित करने का प्रयास किया जाता है। अतः 'व्याख्या' (interpretation) रोगी की अवस्था में ये परिवर्तन लाने का एक आधारभूत मूल तंत्र (fundamental mechanism) है।

'व्याख्या' (interpretation) की दो प्रमुख मनोविश्लेषणात्मक प्रविधियाँ (psychoanalytic techniques) हैं—(क) सामना करना (confrontation) एवं (ख) स्पष्टीकरण (clarification)।

(क) **सामना करना (Confrontation):** इस तंत्र द्वारा चिकित्सक रोगी को कुछ मानसिक पक्षों (mental aspects) के साथ मुकाबला करने (to confront) की आवश्यकता पर बल देता है। चिकित्सक ऐसे आवश्यक तत्वों को चिह्नित कर रोगी को बताता है जिसका सामना करना जरूरी होता है।

(ख) **स्पष्टीकरण (Clarification):** यह उस प्रक्रिया को कहते हैं जिसमें चिकित्सक अस्पष्ट (vague) अथवा दुविधाजनक (confusing) घटनाओं को सुस्पष्ट ढंग से रोगी के समक्ष प्रस्तुत करता है। स्पष्टीकरण करने हेतु घटनाओं के महत्वपूर्ण विवरणों (important details) को महत्वहीन (unimportant) विवरणों से अलग छाँटकर विशेष ढंग से प्रस्तुत किया जाता है।

'व्याख्या' सही अर्थ में एक सूक्ष्म (fine) प्रक्रिया है तथा सर्वोच्च महत्व का होता है। इसे चिकित्सा का 'शिखर' (pinacle) कहा जाता है। चिकित्सक 'स्वतंत्र साहचर्य' (free association), 'स्वप्न विश्लेषण' (dream analysis), 'स्थानांतरण' (transference) एवं 'प्रतिरोध' (resistance) की अवस्थाओं में 'अचेतन' (unconscious) की जिन विषयवस्तुओं (contents) को प्राप्त करता है, उनका उपयोग कर अचेतन के द्वंद्वों (conflicts), अतृप्त भावों (unsatisfied feelings), विचारों (ideas), प्रेरणाओं (motives) आदि को समझने का प्रयास करता है। साथ ही चिकित्सक रोगी को इन विषयों से अवगत (aware) करा कर उसमें समस्या के प्रति 'अंतर्दृष्टि' यानी 'सूझ' को विकसित करने का प्रयास करता है। 'सामना' या 'मुकाबला' (confrontation) एवं 'स्पष्टीकरण' (clarification) के तंत्रों (mechanisms) का बार–बार उपयोग करते हुए चिकित्सा की प्रक्रिया (therapeutic processs) को जारी रखने को (continuance) ही 'वर्किंग थ्रू' (working through) की प्रक्रिया कहते हैं जो रोगी को अपनी समस्या के स्रोतों (sources) को समझने यानी 'सूझ' (insight) को विकसित करने में सहायक होती है।

'वर्किंग थ्रू' की प्रक्रिया द्वारा 'सूझ' का विकास अचानक नहीं होता, अपितु यह एक क्रमिक प्रक्रिया (graded process) है। इस प्रक्रिया में बार–बार अचेतन की स्मृतियाँ (unconscious memories) चेतन स्तर पर एकीकृत (integrated) रूप में 'चेतन बोध' (conscious awareness) कराती हैं। 'चेतन बोध' की प्रक्रिया चिकित्सा के पूरे सत्रों (sessions) में चलती रहती है और धीरे–धीरे रोगी में समस्या के प्रति बौद्धिक एवं सांवेगिक समझ (intellectual and emotional understanding) विकसित होने लगती है। 'बौद्धिक समझ' को 'बौद्धिक सूझ' या 'अंतर्दृष्टि' (intellectual insight) भी कहते हैं। सांवेगिक समझ का अर्थ विगत समय की किसी सांवेगिक घटना (emotional event) के कारण 'अयुक्तिक सांवेगिक प्रतिक्रिया' (irrational emotional reaction) में परिवर्तन लाने की इच्छा (willingness) से है।

अतएव उपर्युक्त 'अंतर्दृष्टि' (insight) यानी सूझ या समझ का विकास ही चिकित्सा सत्र समापन है। लेकिन चिकित्सक को चिकित्सा सत्र के समापन से पहले यह अच्छी तरह सुनिश्चित कर लेना चाहिए कि 'सूझ' का विकास भलीभाँति ढंग से हो गया है और अब वह 'सुस्वस्थ' है। साथ ही, चिकित्सा सत्र को क्रमिक रूप से धीरे–धीरे समाप्त (terminate) करना चाहिए।

मनोविश्लेषण विधि का मूल्यांकन (Evaluation of psychoanalytic method)

1. इस विधि द्वारा गहरी (deep) और सघन (intensive) चिकित्सा संभव है क्योंकि मनोरोगियों की समस्याओं का निराकरण जड़ (root) से किया जाता है। स्वतंत्र साहचर्य एवं स्वप्न विश्लेषण द्वारा अचेतन की जड़ में बैठे इच्छा प्रवाहों को कुरेदकर चेतन स्तर पर लाने के प्रयास के फलस्वरूप ही गहरी चिकित्सा करना संभव होता है जो दूसरी चिकित्सा प्रणालियों की तुलना में इस विधि की सर्वाधिक महत्वपूर्ण विशेषता है।
2. मनश्चिकित्सा (psychotherapy) की दूसरी विधियों की तुलना में यह विधि मनोरोगों के कारणों का निराकरण करता है जो अचेतन (unconscious) में संचित रहते हैं। अतः इस विधि द्वारा मनोरोग के कारणों को भी दूर किया जाता है केवल लक्षणों (symptoms) को ही नहीं। अतः यह विधि 'सतही' (superficial) नहीं, अपितु 'गहन' विधि है। इसलिए इस विधि द्वारा रोगी को क्षणिक नहीं, स्थायी लाभ मिलता है।
3. मनोविश्लेषणात्मक विधि एक प्रामाणिक (standard) चिकित्सा प्रणाली भी है, क्योंकि इसके पक्ष में अनेक प्रामाणिक प्रमाण मिले हैं।

इस विधि की उपर्युक्त खूबियों के बावजूद इसकी कुछ कमियाँ भी हैं जिनके कारण इस विधि का उपयोग बड़े पैमाने पर नहीं हो पा रहा है। ये कमियाँ निम्नाकिंत हैं—

1. इस विधि का उपयोग क्षेत्र सीमित (limited) है। प्रायः बच्चे, बूढ़े या संगीन रूप से मनोव्याधि के रोगियों पर इस प्रविधि का सफल प्रयोग संभव नहीं होता। इसका कारण यह है कि इनका पर्याप्त सहयोग प्राप्त करना मुश्किल होता है। बच्चों और बूढ़े व्यक्तियों में बौद्धिक क्षमता का अभाव (बच्चों में) अथवा अवनति (बूढ़ों एवं संगीन मनोरोगियों में) के कारण उनमें पर्याप्त 'सूझ' (insight) विकसित करना कठिन होता है।
2. यह विधि लंबे समय तक चलने वाली विधि है। साथ ही साथ खर्चीली (expensive) भी है। अतः रोगियों, उनके परिजनों एवं चिकित्सकों को भी धैर्य और संयम रखना जरूरी होता है। यह संयम और धैर्य लंबे समय तक बरकरार रखना प्रायः संभव नहीं होता। साथ ही आर्थिक रूप से कमजोर (economically weak) लोग इस विधि के भारी–भरकम खर्च का वहन कर सकने में असमर्थ होते हैं।
3. इस विधि का प्रयोग करने से पहले चिकित्सक को स्वयं अपना विश्लेषण करा लेना आवश्यक होता है। ऐसा न होने पर कभी–कभी यह विधि हानिकर भी सिद्ध होती है।
4. इस विधि का संचालन केवल प्रशिक्षित (trained) और कुशल (efficient) चिकित्सकों द्वारा ही हो सकता है। ऐसे चिकित्सकों की भारी कमी के कारण इस विधि का सफल संचालन नहीं हो पाता। इसीलिए यह विधि व्यापक रूप से प्रचलित नहीं हो सकी है।

उपर्युक्त त्रुटियों या कमियों के बावजूद इस विधि की उपयोगिता को कम आँकना उचित नहीं है। इस विधि द्वारा गहन चिकित्सा की संभावना एवं स्थायी लाभ का गुण सर्वोपरि महत्व का है। साथ ही अनुसंधान कार्यों के संदर्भ में भी यह एक अत्यंत ही उपयोगी विधि सिद्ध हुई है, क्योंकि इस विधि पर किए गए शोध अध्ययनों के

कारण मनोरोगियों की चिकित्सा के क्षेत्र में नए–नए तथ्य प्रकाश में आए हैं तथा नई उत्कृष्ट चिकित्सा प्रविधियों का विकास हो रहा है। इस प्रकार, मानस रोग विज्ञान (psychopathology) के क्षेत्र में विकास की दृष्टि से इस विधि का अत्यंत ही महत्वपूर्ण योगदान (contribution) है।

15.6.2 सम्मोहन विधि (Hypnosis Method)

'सम्मोहन विधि' (hypnosis method) 'मेसमर' (Mesmer) के 'मेसमरिज्म' (Mesmerism) की एक प्रशाखा (offshoot) है, जिसका सर्वप्रथम उपयोग 'ब्रेड' (Braid) माहेदय ने किया। लेकिन, कतिपय कारणों से उनके जमाने में यह प्रविधि प्रचलित न हो सकी। 'ब्रेड' के बाद 'शॉरकॉट' (Charcot) ने हिस्टीरिया (hysteria) के रोगियों के चिकित्सार्थ इस विधि का उपयोग किया और आधुनिक समय में 'हिप्नोसिस' चिकित्सा का उपयोग एक प्रमुख विधि के रूप में किया जाने लगा है। इसीलिए 'क्लेइन' (Klein) का मानना है—"आधुनिक समय में मनोरोगियों की चिकित्सा हेतु प्रयुक्त प्रायः सभी चिकित्सा प्रणालियों में 'सम्मोहन' का उपयोग किसी–न–किसी रूप में आवश्यक रूप से किया जाने लगा है।"[2]

सम्मोहन का अर्थ (Meaning of hypnosis)

'सम्मोहन' (hypnosis) वस्तुतः कृत्रिम ढंग से उत्पन्न की जाने वाली 'मोहावस्था' यानी 'भाव–समाधि की अवस्था' (state of trance) को कहते हैं। इस अवस्था में आने पर व्यक्ति 'संसूचनशील' (suggestible) हो जाता है। फलतः सम्मोहित व्यक्ति (hypnotized individual) चिकित्सक के निर्देशो (instructions) का बेहिचक पालन करने लगता है क्योंकि उसकी तर्कशक्ति (logical power) सुप्त या लुप्त हो जाती है। इसलिए वह 'सम्मोहक' (hypnotizer) की बातों का पालन करने हेतु विवश होता है।

'सम्मोहन' का मूल उद्देश्य रोगी की चेतनावस्था (conscious state) को इस प्रकार से बदल देना होता है कि उसका ध्यान बिल्कुल चयनात्मक स्वरूप (selective nature) का हो जाए और बिना सोचे–विचारे अपने ध्यान को चिकित्सक द्वारा दिए जाने वाले संसूचनों (suggestions) पर ही केंद्रित रख सके। सम्मोहन की अवस्था को प्राप्त करने पर व्यक्ति स्वयं के मानसिक अवरोधों (mental inhibitions), जैसे—आलोचना शक्ति, समीक्षात्मक शक्ति, सोच–विचार आदि से मुक्त (free) रहता है। इसीलिए वह अपना ध्यान 'सम्मोहन' (hypnotizer) द्वारा कही गई बातों पर स्थिर (fixed) रखता है और वह उसके सभी प्रकार के निर्देशों का अक्षरशः पालन करता है। रोगी में इस अवस्था को प्राप्त करने हेतु सम्मोहक कई तरह की प्रविधियों का उपयोग करता है। लेकिन इनमें रोगी को शिथिल (relax) अवस्था में लाना अथवा उसे गंभीर रूप से निद्रावस्था (sleeping state) में लाने की तरकीबें ज्यादा प्रचलित हैं। रोगी को 'सम्मोहित' (hypnotize) करने हेतु चाहे जिस तरह के तरीके के उपयोग किए जाएं, निम्नांकित कुछ तत्व प्रायः सभी प्रविधियों में पाए जाते है—

(i) रोगी का सहयोग प्राप्त करना तथा उसके मानसिक डर को दूर करना।

(ii) रोगी को आरामदेह और सुखद स्थिति में बैठाना या सुलाना ताकि वह पूर्णरूप से विश्राम (relax) यानी शिथिलता की अवस्था में आ सके।

(iii) रोगी के अवधान केंद्र (focus of attention) को संकुचित करना तथा उसके अवधान को निर्दिष्ट स्थान के बिंदु पर केंद्रित करने हेतु प्रेरित करना, जैसे—किसी चमकीली वस्तु पर टकटकी लगाकर देखते रहने हेतु कहना या केवल सम्मोहक की बातों पर ध्यान केंद्रित करने के लिए कहना।

(iv) प्रबलित संसूचन (reinforced suggestion) द्वारा रोगी की क्रियाओं और विचारों को निर्देशित करना।

2. "In modern times hypnosis is essentially used by almost every therapeutic systems"—Klein

यहाँ यह स्मरणीय होना चाहिए कि प्रत्येक रोगी को सम्मोहित नहीं किया जा सकता और न ही हर प्रकार के व्यक्ति (रोगी) को गाढ़े रूप में (deeply) सम्मोहित किया जा सकता है। अर्थात् व्यक्तियों की कुछ वैयक्तिक विशेषताओं या गुणों में अंतर होने के कारण सम्मोहन की प्रभावशीलता में अंतर होता है। अतःचिकित्सक को किसी रोगी को सम्मोहित करने से पूर्व इस तथ्य को ध्यान में रखना चाहिए।

एक उल्लेखनीय बात यह है कि सम्मोहन विधि की सफलता सम्मोहन की प्रगाढ़ता (depth of hypnotism) पर बहुत कुछ निर्भर करता है। आधुनिक अध्ययनों से यह सिद्ध हुआ है कि "प्रगाढ़ सम्मोहन की स्थिति चिकित्सा की दृष्टि से अधिक उपयोगी होता है।"[3]

चिकित्सकीय दृष्टिकोण से सम्मोहन की अवस्था में घटित कुछ महत्वपूर्ण गोचर
(Some important phenomenon during hypnotic state)

सम्मोहन की अवस्था में घटने वाली निम्नलिखित कुछ घटनाएँ या गोचर (phenomenon) चिकित्सा की दृष्टि से महत्वपूर्ण होती हैं—

(i) विगत अनुभूतियों की स्मृतियों का प्रत्याह्वान (Recall of the experiences of the past memories)
(ii) आयु प्रतिगमन (Age regression)
(iii) स्वप्नों का आगमन (Dream inducing)
(iv) पश्चात् सम्मोहनात्मक संसूचन (Post hypnotic suggestion)

इन गोचरों (phenomenon) का वर्णन आगे किया जा रहा है—

(i) विगत अनुभूतियों की स्मृतियों का प्रत्याह्वान (Recall of the experiences of the past memories): सम्मोहन की अवस्था मे विगत जीवन की दमित (repressed) अर्थात् भूली हुई स्मृतियाँ और संवेग (memories and emotions) का पुनःस्मरण (recall) सहज ढंग से होता है। इससे रोगी के अचेतन (unconscious) में दमित अतृप्त इच्छाओं (unsatisfied desires), मानसिक संघर्षों (mental conflicts) आदि का विश्लेषण (analysis) करने में चिकित्सक को पर्याप्त मदद मिलती है। साथ ही, रोगी के अंतर्द्वंद्वों (conflicts) निष्कासन (outlet) का मार्ग भी प्रशस्त होता है

(ii) आयु प्रतिगमन (Age regression): सम्मोहन की अवस्था में यदि रोगी को यह संसूचित (suggest) किया जाए कि फिलहाल वह मात्र 8 वर्ष का बालक है तो रोगी सम्मोहक (hypnotizer) की बात को सत्य मान लेता है तथा वह 8 वर्ष के बालकों जैसा व्यवहार करने लगता है। इस गोचर से सम्मोहक यानी चिकित्सक को रोगी के मानसिक प्रतिगमन (mental regression) की स्थिति का पता लगाने में सहायता मिलती है।

(iii) स्वप्नों का आगमन (Dream inducing): सम्मोहन की अवस्था में रोगी को किसी खास विषय से संबंधित स्वप्न देखने का निर्देश दिया जाता है जिसका रोगी वस्तुतः अनुभव करने लगता है। अर्थात् रोगी निर्देशित विषय से संबंधित कोई स्वप्न देखता है। इन निर्देशित स्वप्नों का विश्लेषण कर चिकित्सक रोगी के अंतर्द्वंद्वों (internal conflicts) की खोज करता है जो चिकित्सा की दृष्टि से महत्वपूर्ण होता है।

(iv) पश्चात् सम्मोहनात्मक संसूचन (Post hypnotic suggestion): सम्मोहन की अवस्था में सम्मोहन रोगी को जो कुछ भी परामर्श (guidance), निर्देश (instructions), भाव, विचार इत्यादि देता है, उसका प्रभाव सम्मोहन के

3. "Deeper the hypnotic state, better the result."

बाद भी रहता है, हालाँकि रोगी को इसके उद्‌गम स्रोत (originating source) का पता नहीं रहता। उदाहरण के लिए यदि सम्मोहन की अवस्था में रोगी को यह संसूचित किया जाए कि उसे शराब की इच्छा नहीं है और न इसकी जरूरत ही है तो रोगी की सम्मोहन तंद्रा टूटने के बाद भी उसमें इस प्रकार के संसूचन (suggestion) का प्रभाव बना रहता है। लेकिन यह प्रभाव क्षणिक होता है। किंतु यदि सम्मोहन का सत्र (hypnosis session) लगातार और नियमित रूप से कुछ लंबे समय तक जारी रखा जाए तो इस प्रकार का प्रभाव कुछ स्थायी हो सकता है।

'सम्मोहन' के उपर्युक्त वर्णन से यह स्पष्ट है कि सम्मोहन की अवस्था सही अर्थ में सम्मोहक (hypnotizer) के संसूचनों (suggestions) का परिणाम होता है। इसके फलस्वरूप, रोगी की मानसिक चेतना (mental consciousness) एवं उसके क्रियात्मक क्षेत्र (motor field) सम्मोहक के निर्देशों के अनुरूप होने लगता है।

मूल्यांकन (Evaluation)

चिकित्सकीय दृष्टि से सम्मोहन विधि एक महत्वपूर्ण विधि कही जाएगी। विशेषकर हिस्टीरिया के रोगियों (hysterical patients) में चिकित्सा की इस विधि का चमत्कारिक (amazing) प्रभाव देखा गया है। सम्मोहन की अवस्था में रोगी की आलोचनात्मक या समीक्षात्मक योग्यता (critical abilities) पूरी तरह शिथिल पड़ जाती है। फलस्वरूप रोगी अचेतन की दमित इच्छा प्रवाहों का पुनःस्मरण करने में सफल होता है। इस प्रकार के अचेतन अनुभवों की चेतनाभिव्यक्ति (conscious expression) होने पर चिकित्सक अपने संसूचन (suggestion) द्वारा रोगी को चंगा (cure) करने में कामयाब (successful) होता है।

हिस्टीरिया के रोगियों के अतिरिक्त 'फोबिया' (phobia), 'व्यसन' (addictions) अथवा इसी तरह के अन्यान्य व्यक्तित्व एवं चारित्रिक दुर्बलताओं (personality and character disorders) के उपचार में भी सम्मोहन विधि एक सफल चिकित्सा विधि मानी जाती है।

लेकिन, इस विधि की कुछ महत्वपूर्ण कमियाँ short comings भी हैं जो निम्नलिखित हैं—

सम्मोहन विधि द्वारा मानसिक रोगों का जड़ से निराकरण करना संभव नहीं हैं क्योंकि इसका प्रभाव सतही और क्षणिक होता है। अतः रोग के लक्षणों का पुनः आविर्भाव (reoccurrence) संभव है।

इस विधि द्वारा सभी प्रकार के रोगियों की चिकित्सा संभव नहीं है। विशेषकर मनोविकृति (psychosis) से पीड़ित रोगियों की चिकित्सा में यह विधि असफल रही है।

वैयक्तिक विभिन्नता के कारण चूंकि सभी व्यक्तियों यानी रोगियों को सम्मोहित (hypnotize) करना संभव नहीं होता इसलिए इस विधि द्वारा सभी रोगियों की चिकित्सा करना संभव नहीं होता। खासकर जो दृढ़ इच्छाशक्ति (will power) रखते हैं, अति विवेकी हैं, अथवा जिनकी आलोचनात्मक शक्ति प्रबल है, उन्हें सम्मोहित करना दुष्कर होता है। इस प्रकार, इस विधि की उपयोगियता सीमित (limited use) है।

कुछ मनश्चिकित्सकों का यह भी मानना है कि किसी रोगी को जब बार–बार सम्मोहन के दौर से गुजरना होता है तो वह अपना स्वाभिमान (self respect) खो देता है। फलस्वरूप वह सामान्य जीवन के प्रायः प्रत्येक क्षेत्र में परनिर्भर (dependent) रहने लगता है। इस प्रकार उसका व्यक्तित्व दुर्बल हो जाता है।

सम्मोहन विधि का कुशल संचालन पूर्णरूप से प्रशिक्षित (fully trained) एवं निपुण सम्मोहक या चिकित्सक पर निर्भर करता है। दक्षता एवं निपुणता के अभाव में इस विधि का उपयोग लाभ के बजाय हानिकर सिद्ध हो सकता है।

इस विधि की उपर्युक्त कमियाँ वस्तुतः विधि के दोष या अवगुण (demerits) नहीं हैं अपितु इन कमियों से इस विधि की सीमाओं (limitations) का संकेत मिलता है। इन सीमाओं को ध्यान में रखते हुए यदि इस विधि का उपयोग चिकित्सात्मक उद्देश्यों (therapeutic objectives) के लिए किया जाए तो इसकी महत्ता सुस्पष्ट होगी। विशेषकर न्यूरॉसिस के रोगियों, की चिकित्सा में यह एक सफल विधि सिद्ध हुई है।

15.6.3 संसूचन विधि (Suggestion Method)

चिकित्सा प्रविधि (therapeutic technique) के रूप में 'संसूचन' (suggestion) का उपयोग अति प्राचीन समय से किया जाता रहा है। प्राचीन समय के धार्मिक गुरु, पादरी, मुल्ला, उपदेशक, पंडित, प्रवचनकर्ता आदि द्वारा व्यक्ति को मानसिक रूप से प्रभावित करने (to exert influence) एवं आचरण और व्यवहार (conduct and behaviour) संबंधी त्रुटियों या कमियों को दूर कर आवश्यक परिमार्जन (modification) की सलाह दी जाती है तथा व्यक्ति उनकी सलाह को स्वीकार कर अपने आचरण (conduct) या व्यवहार (behaviour) को संशोधित करता था। इसी प्राचीन परंपरा का 'परिमार्जित रूप' (modified form) **'संसूचन की चिकित्सा विधि'** (suggestion method) है जो आधुनिक समय के अनेक मनश्चिकित्सकों द्वारा कुसमायोजित व्यवहार को समायोजनशील (adaptive) व्यवहार में परिवर्तित करने हेतु उपयोग में लाया जाता है।

चिकित्सक पहले रोगी की समस्या को समझने और परखने का प्रयास करता है, फिर उसका अपने में तथा अपना उसमें विश्वास पैदा करता है। इस प्रकार सेवार्थी (client) यानी रोगी और चिकित्सक के बीच एक घनिष्ठ (close) अंतःपारस्परिक (interpersonal) सौहार्दपूर्ण संबंध (rapport) की स्थापना की जाती है तथा चिकित्सक के प्रति सेवार्थी की आस्था विकसित होती है (client develops trust in therapist)। इस संबंध के फलस्वरूप सेवार्थी (client) की आलोचनात्मक शक्ति (critical ability) सुसुप्त अथवा दमित (repressed) हो जाती है और वह संसूचनशील (suggestible) यानी संसूचन ग्रहणशील हो जाता है। इस अवस्था को प्राप्त होने के बाद चिकित्सक सेवार्थी की समस्याओं का समाधान एवं कुसमायोजित व्यवहार (maladaptive behaviour) में सुधार लाने का कुछ उपाय बतलाता है अर्थात् उन उपायों को अमल में लाने की राय देता है। चूंकि सेवार्थी (client) चिकित्सक के प्रति आस्थावान रहता है, इसलिए वह उसके द्वारा सुझाए गए उपायों या तरीकों को अमल में लाने का प्रयास करता है और इस प्रकार धीरे–धीरे उसकी व्याधि के लक्षणों में सुधार दिखने लगता है और इस प्रकार वह रोगमुक्त होकर सुसमयोजित व्यवहार (welladjusted behaviour) करने लगता है।

संसूचन की प्रक्रिया दो तरह की होती है–(क) प्रत्यक्ष संसूचन (direct suggestion) एवं (ख) आत्म या अप्रत्यक्ष संसूचन (auto or indirect suggestion)।

(क) प्रत्यक्ष संसूचन (Direct suggestion)

इस प्रकार के संसूचन (suggestion) में चिकित्सक (therapist) की भूमिका प्रधान रहती है चिकित्सक प्रत्यक्ष रूप से सेवार्थी को चिंता मुक्त रहने, संवेगों पर नियंत्रण एवं उन्हें संयमित रखने, तथा अंतःपारस्परिक प्रिय संबंधों (inter personal affectionate relations) को विकसित करने से संबंधित विचारों या उपायों द्वारा सेवार्थी को प्रभावित करता है। इस प्रकार, सेवार्थी चिकित्सक से प्रभावित होकर उसके द्वारा सुझाए गए तरीकों को अमल में लाने का प्रयास करता है और धीरे–धीरे उसके व्यवहार में सुधार आने लगते हैं।

(ख) आत्म या अप्रत्यक्ष संसूचन (Auto or indirect suggestion)

संसूचन का यह तरीका अप्रत्यक्ष (indirect) स्वरूप का है। इसमें सेवार्थी (client) अर्थात् रोगी की भूमिका प्रधान रहती है। इसमें चिकित्सक सेवार्थी को किसी प्रकार के 'सूत्र' (formulae) का इस्तेमाल करने की सलाह देता है और जब वह उस 'सूत्र' को अपने वास्तविक जीवन में (in real life) उपयोग में लाने लगता है तो उसमें सुधार के लक्षण (symptoms of improvement) दृष्टिगोचर होने लगते हैं। जैसे–यदि सेवार्थी को यह कहा जाए कि वह प्रतिदिन प्रातः उठने पर यह वाक्य बार–बार दुहराए–"मैं कल की अपेक्षा आज बेहतर अनुभव कर रहा हूँ।" अब यदि सेवार्थी (client) प्रतिदिन इस सलाह पर अमल करने लगे तो धीरे–धीरे वह सचमुच अपने 'स्वयं' को हर दिन अपेक्षाकृत बेहतर अनुभव करने लगेगा और इस प्रकार, इस 'सूत्र' की कामयाबी पर स्वयं भरोसा करने लगेगा और अंततः वह व्याधिमुक्त अनुभव करने लगेगा।

मूल्यांकन (Evaluation)

'संसूचन' (suggestion) एक साधारण किंतु महत्वपूर्ण चिकित्सा प्रविधि है। साधारण रूप के मनोरोगियों पर इस प्रविधि का उपयोग आसान और लाभकारी है। संगीन रोगियों पर भी इस प्रविधि का उपयोग एक सहयोगी (supportive) विधि के रूप में लाभकारी सिद्ध हो सकती है। इस प्रकार, यह प्रविधि साधारण (mild) एवं संगीन (major) दोनों प्रकार के रोगियों के लिए उपयोगी है। लेकिन, इसमें कुछ कमियाँ भी हैं जो निम्नांकित हैं–

(i) इस विधि द्वारा रोगी को तात्कालिक लाभ तो मिलता है, किंतु स्थायी नहीं। अतः यह एक क्षणिक रूप से लाभकारी विधि है क्योंकि अनेक रोगी कुछ समय बाद पुनः बीमार हो जाते हैं।

(ii) यह एक 'सतही' विधि के रूप में ही लाभकारी होता है जो अत्यंत साधारण प्रकार के मनोरोगियों की असामान्यता को दूर करने में समर्थ हो सकता है। लेकिन, संगीन रूप से मनोरोगियों पर 'संसूचन' का उपयोग करना संभव नहीं है। अतः इसकी उपयोगिता अत्यंत ही सीमित है।

15.6.4 व्यवहार परिमार्जन चिकित्सा (Behaviour Modification Therapy)

व्यवहार परिमार्जन एक चिकित्सकीय प्रणाली (therapeutic system) है जो कई प्रविधियों (techniques) का एक समुच्चय (bunch) है। ये सभी प्रविधियाँ शिक्षण क्रिया (learning) से संबंधित प्रयोगों द्वारा प्रतिपादित सिद्धांतों (theories) एवं नियमों (principles or laws) पर आधारित हैं। ये प्रविधियाँ 'व्यवहारवाद' (behaviourism) की उपज हैं जिसकी शुरुआत 1860 के आसपास शुरू हुई। इन दिनों असामान्य व्यवहार (abnormal behaviour) अर्थात् व्यवहार के कुसमायोजित प्रतिरूपों (maladaptive patterns) को सामान्य यानी समायोजी प्रतिरूप (adaptive pattern) प्रदान करने हेतु इन प्रविधियों का उपयोग बड़े पैमाने पर किया जाने लगा है। इन प्रविधियों के विकास का मुख्य श्रेय रूसी शरीरशास्त्री (Russian physiologist) 'आई.वी. पैवलव' (I.V. Pavlov) को जाता है, जिन्होंने संबंध प्रत्यावर्तन (conditioning) सिद्धांत यानी प्राचीन अनुकूलन सिद्धांत (classical conditioning theory) का प्रतिपादन किया है। आगे चलकर **'स्कीनर'** (Skiner) द्वारा प्रतिपादित 'क्रिया–प्रसूत अनुबंध' (operant conditioning) सिद्धांत को भी 'व्यवहार चिकित्सा प्रणाली' (behaviour therapeutic system) के लिए आधार बनाया गया। इन सिद्धांतों पर आधारित चिकित्सा प्रविधियों की मुख्य मान्यताएँ निम्नांकित हैं–

(क) मनोरोग अथवा व्यक्तित्व संबंधी असामान्यता (personality related abnormalities) वस्तुतः कोई रोग (diseases) नहीं है, अपितु त्रुटिपूर्ण या दोषपूर्ण (faulty) शिक्षण–प्रक्रिया (learning process) का प्रतिफल है जो किसी–न–किसी प्रकार से प्रबलित होती रहती है।

(ख) व्यक्ति जब जीवन की विविध समस्याओं के साथ समायोजी प्रतिक्रिया या अनुक्रिया (adaptive responses) को अर्जित (acquire) करने में विफल होता है तो वह कुसमायोजी अनुक्रिया (maladaptive responses) को अर्जित कर लेता है।

उपर्युक्त मान्यताओं (assumptions) से यह स्पष्ट विदित होता है कि व्यवहारवादी मनोवैज्ञानिकों (behaviourist psychologists) के अनुसार **'व्यक्त व्यवहार का विकृत रूप'** (disordered form of expressed behaviour) ही चिकित्सकों के लिए मुख्य ध्यान का केंद्र (focus of attention) होना चाहिए, न कि वैयक्तिक भावनाएँ (personal feelings), आंतरिक अवस्थाएँ (internal states) अथवा अचेतन निर्धारक (unconscious determinants)। चिकित्सा की इस प्रणाली में मनश्चिकित्सक वातावरण (environments) के ऐसे तत्वों या कारकों (factors) पर अपना ध्यान केंद्रित (focus) करते हैं जो किसी आदत–अनुक्रिया (habit response) को क्रियाशील (activate) करते हैं। चिकित्सक का उद्देश्य वातावरण के ऐसे कारकों, जिनके कारण 'विकार युक्त अनुक्रिया' (pathological respones) का विकास हुआ है को परिमार्जित (modify) करना अथवा उन अवस्थाओं (conditions) में परिवर्तन

लाना होता है, जिनसे ऐसी अनुक्रियाएँ पोषित (nurtured) होती हैं। इस प्रकार वातावरण के उन कारकों जो विकृत व्यवहारों को विकसित अथवा पोषित करते हैं, में परिमार्जन (modification) लाकर रोगी को नए समायोजी व्यवहारों को सीखने हेतु प्रोत्साहित या प्रबलित (encourage or reinforce) करना ही चिकित्सकीय प्रणाली का मुख्य ध्येय होता है। इनका विश्वास है कि यदि विकृत व्यवहार के कारक तत्वों को परिमार्जित (modify) किया जाए तो विकारयुक्त व्यवहार अप्रबलित (non-reinforced) होकर लुप्त हो जाएँगे तथा उसके स्थान पर नए समायोजी व्यवहार विकसित हो सकेगा।

चिकित्सा की तैयारी या चिकित्सा की विधि (Preparation for treatment or method of treatment)

'व्यवहार परिमार्जन' द्वारा चिकित्सा की शुरुआत आवश्यक तैयारी से होती है। इसके लिए सेवार्थी (client) यानी रोगी का साक्षात्कार (interview) लिया जाता है। साक्षात्कार की प्रक्रिया द्वारा मनोवैज्ञानिक व्यथा (psychological distress) से पीड़ित व्यक्ति के व्यवहार प्रतिरूपों (behaviour patterns) का विश्लेषण (analysis) करना होता है। इस विश्लेषण में तीन बातें सुनिश्चित की जाती हैं—

(i) दुष्क्रियात्मक व्यवहारों की पहचान करना (Identifying the malfunctioning behaviour)

(ii) ऐसे व्यवहारों के पूर्ववर्ती कारकों का पता लगाना (Identifying the antecedent factors)

(iii) पोषक तत्वों, अर्थात् जिन कारकों के कारण ऐसे व्यवहार बरकरार रहते हैं, का पता लगाना (Identifying the nurturing factors i.e., the factors due to which such behaviours are maintained)

(i) दुष्क्रियात्मक व्यवहार (Malfunctioning behaviour): ऐसे व्यवहार जिससे सेवार्थी (client) को व्यथा (distress) या क्लेश होता है। अर्थात् त्रुटिपूर्ण सीखे गए व्यवहार (faulty learnt behaviour) ही दुष्क्रियात्मक व्यवहार होते हैं।

(ii) पूर्ववर्ती कारक (Antecedent factors): वे कारक जो त्रुटिपूर्ण व्यवहार के कारण (causes) होते हैं। अर्थात् जिन कारक तत्वों के कारण सेवार्थी में दुष्क्रियात्मक व्यवहार (malfunctioning behaviour) विकसित होते हैं।

(iii) संपोषक कारक (Maintaining or nurturing factors): वे कारक जिनके द्वारा त्रुटिपूर्ण व्यवहार परिचालित (operate) होते हैं। अर्थात् जो दुष्क्रियात्मक व्यवहार को पोषित (nurture) या प्रबलित (reinforce) करते हैं।

साक्षात्कार के फलस्वरूप सेवार्थी (client) को व्यथित करने वाले व्यवहारों (distressing behaviours) का पता हो जाने तथा उनके पूर्ववर्ती एवं संपोषक कारकों (antecedent and nurturing factors) का पता लगा लेने के बाद 'चिकित्सा पैकेज' (therapeutic package) का चयन किया जाता है। चिकित्सा का मूल उद्देश्य त्रुटिपूर्ण व्यवहार को दूर कर उसके स्थान पर समायोजी व्यवहार का शिक्षण कराना होता है। इस उद्देश्य की प्राप्ति दो तरह के परिचालनों (operations) द्वारा होती है—

(क) **'पूर्ववर्ती परिचालन'** (antecedent operation) द्वारा किसी घटना की पूर्व की स्थितियों में बदलाव या हेर-फेर (manipulation) किया जाता है। जिसमें व्यवहार नियंत्रित हो सके। यह बदलाव व्यवहार के प्रबलक (reinforcer) के मूल्य को बढ़ाकर या घटा कर किया जा सकता है, जिसके 'विशिष्ट परिणाम' होते हैं। इसे 'व्यवस्था परिचालन' (establishing operation) भी कहते हैं।

(ख) **परिणामी परिचालन** (consequent operation) में 'वांछित समायोजी व्यवहार' (desirable adjustive behaviour) को प्रशंसित (praise) कर प्रोत्साहित यानी प्रबलित (reinforce) किया जाता है।

इसे एक उदाहरण से समझें—एक बालक डिनर लेने में दिक्कत करता है। यहाँ व्यवस्था परिचालन के रूप में चाय के वक्त के भोज्य पदार्थों की मात्रा को घटाना हो सकता है ताकि डिनर के समय की भूख में बढ़ोत्तरी हो तथा डिनर व्यवहार को प्रोत्साहित करने के उद्देश्य से प्रबलन मूल्य को प्रशंसा द्वारा बढ़ाया जा सकता है।

व्यवहार परिमार्जन चिकित्सा की प्रविधियाँ (Techniques of behaviour modification treatment)

'व्यवहार परिमार्जन' (behaviour modification) की कई प्रविधियाँ (techniques) हैं जिनका उपयोग कुछ नियमों–सिद्धांतों के तहत किया जाता है। लेकिन सभी प्रविधियों के उद्देश्य समान हैं जैसे—

(i) सेवार्थी (client) यानी मनोरोगी के उद्वेलन स्तर (arousal level) को कम (reduce) करना।
(ii) प्राचीन अथवा क्रिया प्रसूत अनुबंध (classical or operant conditioning) द्वारा भिन्न–भिन्न प्रबलन प्रसंगों या संदर्भों के तहत व्यवहार में वांछित परिवर्तन (desired change) यानी बदलाव लाना।
(iii) यदि आवश्यक हो तो प्रतिनिधिमूलक स्थानापन्न शिक्षण (vicarious learning) का प्रयोग करना।

व्यवहार परिमार्जन में प्रयुक्त कुछ महत्वपूर्ण एवं प्रचलित प्रविधियाँ निम्नांकित हैं—

(i) सरल विलोपन (Simple extinction)
(ii) क्रमबद्ध असंवेदीकरण (Systematic desensitisation)
(iii) अंतः विस्फोटात्मक चिकित्सा (Implosive therapy)
(iv) दृढ़ग्राही चिकित्सा (Assertive therapy)
(v) विरुचि चिकित्सा (Aversive therapy)

इन प्रविधियों का वर्णन एक–एक कर संक्षेप में किया जा रहा है—

15.6.4.1 सरलविलोपन (Simple Extinction)

हम अपने सामान्य दैनिक जीवन में प्रायः अनुभव करते हैं कि जब कोई व्यवहार प्रोत्साहित नहीं होता, अर्थात् प्रतिबलन (reinforcement) मिलना बंद हो जाता है तो व्यवहार कुछ समय बाद लुप्त (disappear) हो जाता है। इसका अर्थ यह हुआ कि प्रोत्साहन या प्रबलन के अभाव में व्यक्ति (अन्य प्राणियों में भी) कोई व्यवहार स्थायित्व (stability) प्राप्त नहीं करता। इसी प्रकार किसी कुसमायोजित व्यवहार प्रतिरूप (maladaptive behaviour pattern) को प्रोत्साहित करने वाले तत्वों (reinforcing agents) को हटा देने या बंद कर देने पर सेवार्थी (client) यानी रोगी का वह विकारयुक्त व्यवहार (pathological behaviour) भी लुप्त (disappear) हो जाता है। यह प्रविधि पैवलव (Pavlov) के अनुबंधन सिद्धांत (conditioning therapy) के 'विलोपन नियम' (extinction principle) पर आधारित है। यह प्रविधि उन परिस्थितियों में विशेष रूप से लाभकारी सिद्ध होती है, जिसमें दुष्क्रियात्मक व्यवहार (dysfunctional behaviour) दूसरों द्वारा अनजाने में प्रबलित (reinforced) होते हैं। जैसे–यदि किसी नटखट बालक के व्यवहारों के प्रति उनके माता–पिता (parents) लापरवाह अथवा अनजान (careless or ignorant) रहते हों, तो उनके माता–पिता की यह लापरवाही बालक के नटखट व्यवहार को अनजाने में (unknowingly) प्रबलित करती है। अतः ऐसे बच्चों के नटखटपूर्ण व्यवहार (naughty behaviour) प्रतिरूप में परिमार्जन (modification) लाने हेतु माता–पिता का ध्यानाकर्षण आवश्यक हो जाएगा। इसीलिए बच्चों में अच्छी आदतें विकसित करने, क्रोध, भय, प्रेम और ईर्ष्या के संवेगात्मक भावों को संयमित और नियंत्रित करने और बुरी आदतों का त्याग करने हेतु माता–पिता का बच्चों के प्रति सचेत (conscious) और सजग (alert) रहना जरूरी होता है। लापरवाह माता–पिता के सजग हो जाने पर बच्चों के नटखट व्यवहारों को जिस अज्ञात स्रोत (unknown source) से प्रबलन (reinforcement) मिलता था, वह बंद हो जाएगा। साथ ही बच्चों में अच्छे व्यवहार

प्रतिरूप प्रबलित होने लगेंगे और इस प्रकार धीरे–धीरे नटखट बच्चे अच्छे बच्चों के गुण को सीख यानी अर्जित कर लेंगे।

'व्यवहार परिमार्जन' का यह सरलतम प्रविधि (simplest technique) हैं। किंतु इस प्रविधि द्वारा कुसमायोजित व्यवहार (maladaptive behaviour) प्रतिरूप को परिमार्जित (modify) करना कठिन होता है। इसका कारण यह है कि कुसमायोजित व्यवहार प्रतिरूप एक लंबे समय से नियमित रूप से प्रबलित होते रहे हैं, फलस्वरूप ये 'अभ्यस्त व्यवहार' (habitual behaviour) हो जाते हैं, एक प्रचलित लोकोक्ति है—'पुरानी आदतों का त्याग दूभर होता है' (old habits die hard)। अर्थात् ऐसे व्यवहार प्रतिरूपों को आसानी से परिवर्तित करना एक दुष्कर कार्य (difficult task) होता है। इसीलिए **'वुल्पे'** (Wulpe, 1969) ने इन व्यवहारों को समाप्त करने हेतु प्रबलनकारी तत्वों (reinforcing agents) को एकाएक या अचानक (abruptly) तथा पूर्णरूप से हटा देने (complete cessation) की आवश्यकता पर बल दिया है। सेवार्थी (client) के दुष्क्रियात्मक व्यवहारों (dysfunctional behaviours) को विलुप्त (disappear) करने के साथ–साथ समायोजी व्यवहार (adaptive behaviours) को प्रोत्साहित (encourage) भी किया जाता है जो 'धनात्मक प्रबलन' (positive reinforcement) के रूप में कार्य करता है। **'आयलॉन'** एवं **'माइकेल'** (Ayllon and Michael, 1959) ने एक मनोरोगी का उदाहरण उद्धृत करते हुए बतलाया है कि मनोविकृति (psychosis) से पीड़ित रोगियों के 'वार्ड' (ward) की नर्सों (nurses) को यह निर्देश दिया गया कि वे रोगियों के व्यामोहयुक्त कथनों (delusional statements) पर बिल्कुल ध्यान न दें। अर्थात् उसकी उपेक्षा (ignore) करें। तथा सामान्य कथनों (general statements) पर ध्यान दें तथा प्रोत्साहित (encourage) भी करें। अर्थात् रोगी जब भी व्यामोह (delusion) करें तो उसकी बातों को नर्स अनसुनी (unheared) कर दे, तथा सामान्य बातचीत में रुचि दिखाए तथा प्रोत्साहित यानी प्रशंसा भी करे। ऐसा करने पर वार्ड के प्रायः सभी रोगियों के व्यामोही व्यवहारों में भारी कमी आई तथा सामान्य एवं समायोजनशील व्यवहारों का विकास होने लगा।

15.6.4.2 क्रमबद्ध असंवेदीकरण (Systematic Desensitisation)

'व्यवहार परिवर्तन' की यह दूसरी प्रमुख प्रविधि है जो सर्वाधिक व्यापक और प्रचलित है। इस प्रविधि का उपयोग प्रायः 'फोबिया' (phobia—दुर्भीति या अकारण भय) एवं चिंता (anxiety) से संबंधित अन्य मनोविकारों (psychic disorder) की चिकित्सा हेतु किया जाता है। इस प्रविधि की मुख्य मान्यता यह है कि कोई भी व्यक्ति एक ही समय में शांत (relaxed) और चिंतित (anxious) दोनों नहीं रह सकता। अतः जब रोगी शांत या शिथिल अवस्था में (in relaxation) हो, उस समय क्रमशः बढ़ते हुए क्रम में चिंतोत्पादक उत्तेजना (anxiety arousing stimulus) प्रस्तुत किया जाए, तो रोगी की शांत अवस्था धीरे–धीरे चिंता उत्पन्न करने वाली परिस्थिति पर विजय पा लेती है। इस प्रकार रोगी चिंतोत्पादक उत्तेजनाओं के प्रति 'असंवेदीकृत' (desensitised) हो जाता है। इस प्रविधि का मूल आधार 'संबंध प्रत्यावर्तन का सिद्धांत' (conditioning principle) है। इस प्रविधि की यह भी मान्यता है कि व्यक्ति में कुसमायोजित व्यवहार किसी उत्तेजना के साथ संबंधित अर्थात् अनुबंधित हो जाने (being conditioned) के कारण विकसित होता है। अतः इन अनुबंधित प्रतिक्रियाओं (conditioned reactions) को यदि अअनुबंधित (deconditioning) कराकर समायोजी व्यवहार (adaptive behaviour) को विकसित किया जाता है। इस प्रविधि का उपयोग सबसे पहले **'वाटसन'** एवं **'रेनर'** (Watson and Raynor) ने **अलबर्ट** (Albert) नामक बालक के भय (phobia) को दूर करने में किया था। 'जोन्स' (Jones) ने भी पीटर (Peter) नाम के एक बालक पर इस प्रविधि का उपयोग किया था। बाद में 'वुल्पे' (Wulpe) ने इस विधि का उपयोग कई रोगियों पर किया। 'वुल्पे' के अनुसार इस प्रविधि का उपयोग निम्नलिखित चार चरणों में किया जाना चाहिए—

(i) साक्षात्कार (Interview)

सबसे पहले चिकित्सक (therapist) रोगी के साथ साक्षात्कार (interview) करता है और अंतर्वैयक्तिक सौहार्दपूर्ण संबंध (rapport) की स्थापना एवं चिंता के स्रोतों (sources of anxiety) का पता लगाता है।

(ii) विश्राम के लिए प्रशिक्षण देना (Training to relax)

साक्षात्कार के बाद आरंभिक कुछ सत्रों (sessions) में रोगी को शांत एवं विश्रामावस्था में (in relaxed state) रहने का प्रशिक्षण दिया जाता है। इस प्रशिक्षण में लगभग 6-7 सत्र लग जाते हैं और इन सभी सत्रों में रोगी को चिंतोत्पादक परिस्थिति (anxiety arousing situation) की उपस्थिति में शांत (relaxed) रहने का निर्देश दिया जाता है। उसने अपनी मांसपेशियों (muscles) को धीरे–धीरे संकुचित करने (to contract) एवं ढीला करने (to relax) हेतु प्रशिक्षण दिया जाता है। यह प्रक्रिया पूर्णरूप से शिथिलता की अवस्था प्राप्त करने तक जारी रखा जाता है। कभी–कभी रोगी को विश्रामावस्था में लाने हेतु समाधि (meditation), सम्मोहन (hypnosis), विश्रांतक औषधियाँ (sedative medicines) इत्यादि उप प्रविधियाँ (sub techniques) भी उपयोग में लाई जाती हैं।

(iii) चिंता शृंखला का निर्माण (Constructing of anxiety Hierarchies)

प्रारंभिक साक्षात्कार के आधार पर चिंतोत्पादक उत्तेजना (anxiety producing stimulus) अत्यंत साधारण से अत्यंत ऊँचे स्तर की एक पदानुक्रम शृंखला (hierarchical series) तैयार कर ली जाती है। मोटे तौर पर समान अंतर (equal interval) रखते हुए 20 से 25 की संख्या में चिंतोत्पादक दृश्यों के चित्र अथवा कुछ कथनों (statements) की सूची तैयार की जाती है। जैसे–छिपकली से डरने वाले व्यक्ति के लिए पदानुक्रम स्थितियों का प्रसार (range of hierarchical situations) 30 फीट की दूरी से दिखाई पड़ने से लेकर अत्यंत निकट दिखाई पड़ने तक का हो सकता है यथा–30, 25, 20, 15, 5, 1 फीट की दूरियाँ।

इसी तरह एक दूसरा उदाहरण देखें। मान लें कोई महिला रोगी अपने पति के प्रति 'ईर्ष्या' के भाव से ग्रसित हो तब उससे सामान्य वार्तालाप (general conversation) द्वारा उन सभी परिस्थितियों के बारे में जानकारी प्राप्त की जाएगी जिनसे रोगी चिंतित होती है। इस वार्तालाप के क्रम में यह भी जानकारी हासिल की जाएगी कि किन परिस्थितियों में रोगी कितना अधिक या कम चिंतित होती है। संभव है, उसकी चिंता उस समय सबसे अधिक होती हो जब वह अपने पति को किसी बार (bar) या क्लब (club) में किसी सुंदर युवती के साथ हँसकर बातें करते हुए देखती हो। इससे कम चिंता उस समय होती हो जब वह अपने पति को कार्यालय की किसी सहयोगी महिला या सेक्रेट्री की प्रशंसा करता हुए देखती है और सबसे कम चिंता उस समय होती हो जब वह अपने पति को किसी युवती पर टकटकी लगाए हुए देखती है। अब इन तीनों परिस्थितियों को उनके अधिमान मूल्य (value) के अनुसार क्रमशः सूचीबद्ध कर लेने के बाद ही असंवेदीकरण (de-sensitisation) की प्रक्रिया आरंभ की जाएगी।

(iv) असंवेदीकरण सत्र (Desensitizing sessions)

जब रोगी में विश्रामावस्था (relax state) की आदत का निर्माण हो जाता है और चिंता शृंखला का निर्माण कर लिया जाता है तब असंवेदी सत्र (desensitizing session) प्रारंभ किया जाता है। यह कई सत्रों की एक निरंतर प्रक्रिया (continuous process of several sessions) होती है। प्रत्येक सत्र में जब रोगी शांत अवस्था में होता है तो उसे चिंता उत्पन्न करने वाली परिस्थिति की कल्पना (imagine) करने को कहा जाता है अथवा उसके सामने कम चिंतोत्पादक परिस्थिति को प्रस्तुत किया जाता है। चिंतोत्पादक उत्तेजनाओं (anxiety arousing stimuli) को क्रमशः बढ़ते हुए क्रम में (in increasing order) तब तक प्रस्तुत किया जाता है जब तक रोगी घबराहट से चिंतातुर होकर रुकने को नहीं कहता। यही प्रक्रिया बार–बार (repeatedly) प्रत्येक सत्र में दुहराई जाती है। इस प्रकार रोगी धीरे–धीरे चिंतोत्पादक उत्तेजना की उपस्थिति के प्रति असंवेदी (desensitise) होने लगता है। चिकित्सा सत्र तब तक जारी रखा जाता है जब तक रोगी पूर्णरूप से उक्त उत्तेजना के प्रति 'असंवेदी' (desensitised) नहीं हो जाता। अर्थात् भय या चिंतामुक्त होने तक असंवेदीकरण का विधान (procedure of desensitisation) जारी रखा जाता है।

साधारणतः असंवेदीकरण सत्रों (desensitising sessions) की अवधि 15 से 30 मिनट की होती है तथा सप्ताह में 2 से तीन बार इन सत्रों की पुनरावृत्ति (repetition) की जाती है। चिकित्सा सत्रों की पूरी अवधि कितनी लंबी होगी, यह रोगी तथा उसके मर्ज की गंभीरता पर निर्भर करता है।

15.6.4.3 अंतःस्फोटात्मक चिकित्सा (Implosive Therapy)

यही भी 'असंवेदीकरण प्रविधि' (desensitising technique) का ही एक 'रूप' (form) है। इस प्रविधि में रोगी के समक्ष वह परिस्थिति उत्पन्न की जाती है जिसमें रोगी सर्वाधिक चिंतित या भयभीत होता है। इस प्रविधि में क्रमशः कम मूल्य से बढ़ते हुए क्रम में अधिकतम मूल्य की उत्तेजना नहीं प्रस्तुत की जाती, अपितु सबसे अधिक मूल्य वाली उत्तेजना को प्रस्तुत किया जाता है तथा रोगी को इस तरह के अधिकतम मूल्य वाली उत्तेजना परिस्थिति में तब तक रखा जाता है जब तक रोगी की चिंता या भय स्वतः (automatically) कम या समाप्त नहीं हो जाती। चिकित्सा की इस प्रविधि का मुख्य उद्देश्य रोगी को यह अनुभव कराना होता है कि सर्वाधिक चिंतोत्पादक स्थिति भी अधिक समय तक नहीं रहती तथा ऐसी परिस्थितियाँ भी सहनीय (tolerable) होती हैं। इस प्रकार, रोगी जब बार–बार अतिशय चिंतोत्पादक परिस्थिति की कल्पना करता है, अथवा उसका सामना करता है तो धीरे–धीरे उसे यह एहसास होने लगता है कि सर्वाधिक गंभीर या संगीन चिंताजनक परिस्थिति से भी उसे न तो कोई हानि (loss) होती है और न ऐसी स्थितियाँ सदैव बनी रहती हैं। अतः चिंता या भय करना निरर्थक है। इस सोच का विकास होने पर रोगी स्वतः अपने को चिंता या भय से मुक्त अनुभव करने लगता है और इस प्रकार वह चंगा हो जाता है। अर्थात् चिंता या भय करने की जगह चिंता या भय नहीं करने की आदत का निर्माण होता है।

15.6.4.4 दृढ़ग्राही प्रशिक्षण (Assertive Training)

इस प्रविधि का उपयोग प्रायः ऐसे रोगियों पर किया जाता है जिनका पारस्परिक संबंध (interrelations) चिंता या सांवेगिक अस्थिरता (anxiety and emotional instability) के कारण बिगड़े होते हैं अथवा समायोजनशील संबंधों (adaptive relations) की स्थापना में बाधा यानी अवरोध (obstacle) उत्पन्न होता है।

चिकित्सक सेवार्थी (client) यानी रोगी से पहले सामान्य वार्तालाप की बैठक में पारस्पनिक अंतर्वैयक्तिक संबंध (rapport) कायम करता है और जब संबंध उनके बीच पारस्परिक आस्था का रूप ग्रहण कर लेता है तब चिकित्सक सेवार्थी को यह विश्वास दिलाता है कि उसका व्यवहार किन कारणों से असंगत (inconsistent) या कुसमायोजित (maladaptive) रूप का हुआ है। साथ ही, रोगी में 'प्रभुत्व' (dominance) की भावना का विकास कराया जाता है, ताकि रोगी में 'आत्मविश्वास' (self confidence) एवं 'आत्ममहत्ता' (self esteem) के भाव उत्पन्न हो सके और रोगी 'दृढ़ग्राही' (assertive) बन सके। 'वुल्पे' एवं 'लजारस' (Wulpe and Lazarus) के अनुसार, रोगी और चिकित्सक के बीच वार्तालाप के फलस्वरूप उसकी चिंता में कमी आती है और रोगी में 'दृढ़ग्राही अनुक्रियाएँ' (assertive respones) पनपने लगती हैं। इन 'दृढ़ग्राही अनुक्रियाओं' को सबल रूप से विकसित करने हेतु चिकित्सक रोगी को प्रोत्साहित और प्रबलित (encourage and reinforce) भी करता है ताकि रोगी अपने वास्तविक जीवन में भी (in his real situation) में भी दृढ़ता की अनुक्रियाओं (assertive responses) को व्यक्त (express) कर सकें।

'दृढ़ग्राही प्रतिक्रियाओं' (assertive reactions) को विकसित करना सरल और आसान नहीं है। लेकिन, **'वुल्पे'** का मानना है कि रोगी को प्रशिक्षण (training) और पूर्वाभ्यास (rehearssal) द्वारा दृढ़ग्राही (assertive) बनाया जा सकता है। इसके लिए चिकित्सक को रोगी में चिंता उत्पन्न करने वाले व्यक्ति के रूप में तथा रोगी को दृढ़ग्राही व्यक्ति के रूप में भूमिका अदा करनी पड़ सकती है। इसे 'भूमिका अदा करने की प्रविधि' (role playing technique) कहते हैं। इस प्रविधि द्वारा चिंता से संबंधित उत्तेजना (anxiety related stimulus) का संबंध विच्छेद (de-conditioning) किया जाता है। दृढ़ग्राही प्रशिक्षण (assertive training) के लिए रोगी के समक्ष

कार्टून (cartoon) फिल्म (film), तस्वीरें (pictures), वीडियो टेप (video tape) इत्यादि का उपयोग किया जाता है। इन साधनों (means) द्वारा रोगी के समक्ष दृढ़ग्राही प्रतिक्रियाओं (assertive reactions) के नमूने पेश किए जाते हैं। जिसमें दो प्रकार के व्यक्ति होते हैं। इनमें एक रोगी की समस्याओं को व्यक्त करता हुआ दिखता है और दूसरा उन परिस्थितियों में दृढ़ग्राही प्रतिक्रियाएँ (assertive reactions) करता हुआ प्रतीत होता है। बाद में रोगी को भी समान तरह की परिस्थितियों में ऐसी ही प्रतिक्रियाएँ (reactions) करने का अभ्यास कराया जाता है।

इस प्रकार के प्रशिक्षण में रोगी को कुसमायोजित व्यवहार का परित्याग कर नए समायोजी व्यवहार का पर्याप्त प्रशिक्षण दिया जाता है। प्रशिक्षण के दरम्यान वांछित अनुक्रिया या प्रतिक्रिया (desired response or reaction) को प्रबलित (reinforce) भी किया जाता है जिसमें रोगी द्वारा वांछित अनुक्रिया के दोहराए जाने की संभावना (probability) सबल (stronger) हो सके। नए समायोजी व्यवहार के अर्जन (acquisition) में पहले थोड़ी नरमी बरती जाती है, लेकिन बाद में सख्ती से करने को कहा जाता है। साथ ही रोगी को नंए समायोजी व्यवहार के प्रति दृढ़ता बनाए रखने के लिए प्रशिक्षित और प्रोत्साहित किया जाता है।

15.6.4.5 विरुचि चिकित्सा (Aversive Therapy)

चिकित्सा की इस प्रविधि का उपयोग प्राचीन समय से ही होता आ रहा है। अंतर केवल इतना है कि प्राचीन समय में यह प्रविधि अपरिष्कृत रूप (crude form) की होती थी। प्राचीन समय के लोग किसी अवांछित आचरण के लिए विविध प्रकार के दंडात्मक उपाय का उपयोग कर व्यक्ति में उस तरह के आचरण के प्रति विकर्षण या विरुचि (aversion) उत्पन्न करते थे। आज भी विकासशील बालकों की उद्दंडता अथवा बुरी लतों को सुधारने हेतु किसी–न–किसी प्रकार से दंडित (punish) किया जाता है। यह विधान इस मान्यता पर आधारित है कि यदि किसी क्रिया (activity) या व्यवहार से व्यक्ति को कष्ट होता है अथवा दंड का भागी बनता है तो उस क्रिया या व्यवहार के प्रति उसमें अरुचि उत्पन्न होती है। फलस्वरूप, व्यक्ति के लिए वह क्रिया या व्यवहार 'मूल्यहीन' (valueless) हो जाती है, इसलिए वह ऐसे व्यवहारों को नहीं करना सीखता है।

आधुनिक समय में भी इसी मान्यता के आधार पर परिष्कृत रूप में (in a modified form) **'विरुचि चिकित्सा प्रविधि'** (aversive therapy) का उपयोग किया जाता है। इस प्रविधि में यह दंड (punishment) कुसमयोजित व्यवहार (maladaptive behaviour) को प्रोत्साहित करने वाले तत्व को दूर करके यानी हटाकर (by removing the positive reinforcer) अथवा अरुचि उत्पन्न करने वाली उत्तेजना (aversive stimuli) को उपस्थित कर दिया जाता है। इसके लिए विद्युत आघात (electric shock) अथवा विशेष प्रकार की दवा (drug) का उपयोग किया जाता है। इन उत्तेजनाओं को प्रस्तुत करने का मुख्य उद्देश्य रोगी की व्यवहार विकृतियों (behaviour disorders) को प्रोत्साहित करने वाले प्रबलक उत्तेजनाओं (positive reinforcers) के मूल्य (value) को घटाना (devalue) होता है ताकि रोगी उनके प्रति आकृष्ट (attract) न हो सके और इस तरह ऐसी उत्तेजनाओं के प्रति उसमें अरुचि या विरुचि (aversion) उत्पन्न हो सके।

इस प्रविधि का सबसे पहले **'कांटोरोविक'** (Kantoroviche, 1930) ने मद्यपान (alcohol) की लत (habit) को छुड़ाने के लिए उपयोग किया था। रोगी के सामने शराब की बोतल प्रस्तुत करने पर जैसे ही रोगी उसे लेने के लिए आगे बढ़ता था, अथवा लालच की दृष्टि से देखता था, उसके शरीर में बिजली का करेंट लगाया जाता था। इसी तरह शराब की गंध अथवा स्वाद की कल्पना करने पर बिजली से आघात पहुँचाया जाता था। इस प्रक्रिया को बार–बार दोहराते रहने के फलस्वरूप, रोगी ने धीरे–धीरे शराब की उपस्थिति को 'आघात' (shock) के साथ संबंधित यानी अनुबंधित (conditioned) कर लिया। फलस्वरूप शराब के प्रति आकर्षण (attraction) की जगह विकर्षण यानी विरुचि (aversion) होने लगा और अंततः उसकी शराब की आदत छूट गई।

साधारणतः इस प्रकार के संबंध प्रत्यावर्त्तन (conditioning) को 'अरुचि अनुबंधन' (aversive conditioning) कहा जाता है। लेकिन कुछ मनश्चिकित्सक (psychotherapist) इसे 'यांत्रिक तिरस्कार चिकित्सा' (instrumental avoidance therapy) भी कहते हैं। इसका कारण यह है कि इस प्रविधि में अवांछनीय प्रतिक्रियाओं या व्यवहार

(undesirable behaviour or reaction) को दूर करने हेतु किसी दूसरे प्रकार की सबल उत्तेजना (stronger stimuli) का सहारा लेना पड़ता है जो एक साधन (instrument) के रूप में कार्य कर पूर्व की अनुबंधित उत्तेजना (previously conditioned stimuli) के प्रति विरुचि (aversion) उत्पन्न करती है। **लॉवास** (Lovas), **'वोग्टलिन'** (Voegtlin), जेम्स (James) आदि चिकित्सकों (therapists) ने भी मद्यव्यसनिता (alcohol addiction), लैंगिक विकृतियाँ (sexual perversions), बाध्यता (compulsion), विभ्रम (hallucinations) इत्यादि विकृत लक्षणों (disordered symptoms) को दूर करने में 'विरुचि चिकित्सा' (aversive therapy) का सफलतापूर्वक उपयोग किया है। अरुचिकर उत्तेजना (aversive stimuli) के रूप में वमन कराने वाली दवाओं (vomiting drugs), विद्युत आघात (electric shock) अथवा सामाजिक आलोचना (social criticism) आदि का भी उपयोग किया जाता है।

'व्यवहार परिमार्जन' (behaviour modification) की उपर्युक्त वर्णित प्रविधियों के अतिरिक्त कुछ और भी प्रविधियों का उपयोग किया जाता है जैसे—

'रोगियों की प्रतिक्रियाओं को वांछित दिशा में रूपीकृत करना' (shaping response in a desired direction), प्रतिमान के रूप में वांछित प्रतिक्रियाएं प्रदर्शित कर अनुकरण करना (demonstrating and imitating the desired respones), सांकेतिक मितव्ययिता की प्रविधि (token economy) इत्यादि प्रविधियाँ प्रमुख हैं। इन सभी प्रविधियों के मूल उद्देश्य संगत एवं सुसमायोजी व्यवहारों के लिए सुनियोजित ढंग से धनात्मक प्रोत्साहन देना अथवा प्रबलित करना होता है ताकि वांछित प्रतिक्रियाएँ सबल रूप में विकसित हो सकें।

मूल्यांकन (Evaluation): आधुनिक मनश्चिकित्सक उपचार की अन्य विधियों यथा, 'मनोविश्लेषण' (psychoanalysis), 'सम्मोहन' (hypnosis) अथवा दूसरी विधियों की अपेक्षा 'व्यवहार परिमार्जन प्रणाली' (behaviour modification system) के अंतर्गत विभिन्न प्रविधियों (techniques) को अधिक महत्व देते हैं क्योंकि ये प्रविधियाँ ज्यादा कुशल और उपयोगी सिद्ध हुई हैं। इन प्रविधियों की उपयोगिता के निम्नलिखित कुछ कारण महत्वपूर्ण हैं—

(i) दूसरी विधियों की अपेक्षा यह अपेक्षाकृत संक्षिप्त विधान वाली विधि (precised procedure) है। चिकित्सक सेवार्थी के समस्या सूचक व्यवहारों (जिसे परिमार्जित किया जाना है) की पहचान पहले ही कर लेता है तथा व्यवहार परिमार्जन की प्रविधि विशेष (specific modification technique) भी तय कर ली जाती है। इस प्रकार, रोगी के दूरस्थ अतीत (remote past) में जाने की आवश्यकता नहीं पड़ती। अतएव बहुत ही कम समय में रोगी के कुसमायोजित व्यवहार का परिमार्जन कर समायोजी व्यवहार (adaptive behaviour) की आदत का निर्माण करा दिया जाता है।

(ii) इस प्रविधि से चिकित्सा मितव्ययी होती है। अर्थात् समय (time) खर्च (expenditure) एवं सहयोगी कार्यकर्ताओं (assisting personnel) की भारी बचत होती है। अर्थात् कम समय, खर्च एवं सहयोगी कर्मचारियों से इस विधि द्वारा चिकित्सा सफलतापूर्वक की जा सकती है।

(iii) यह विधि स्पष्टतः शिक्षण सिद्धांत पर आधृत है, जो यांत्रिक (mechanical) स्वरूप की है। अतः इस विधि को उपयोग के लिए विशेषज्ञ या विशिष्ट रूप से दक्ष चिकित्सक की जरूरत नहीं पड़ती। थोड़े से प्रशिक्षण के बाद कोई भी व्यक्ति इन प्रविधियों का प्रयोग आसानी से कर सकता है।

लेकिन इस विधि की कुछ सीमाएँ भी हैं। इस विधि की उपयोगिता सभी प्रकार के रोगियों के लिए नहीं है। कुछ विशेष प्रकार के संगीन मनोरोगियों, जैसे—मनोविदालता (schizophrenia), अतितीव्र अवसाद (very severe depression) जैसे रोगियों की चिकित्सा व्यवहार परिमार्जन द्वारा संभव नहीं है। इस प्रणाली की विभिन्न प्रविधियों का भी उपयोग अलग—अलग प्रकार के रोगों के अनुसार किया जाता है। अतएव किस प्रकार के मनोरोगी के लिए कौन सी प्रविधि उपयुक्त होगी—इसका निर्णय काफी सोच—विचार कर किया जाना चाहिए। इस कार्य के लिए विशेषज्ञता (expertism) की आवश्यकता पड़ती है अन्यथा चिकित्सकीय प्रयास विफल हो सकता है।

15.6.5 सामूहिक चिकित्सा पद्धति (Group Therapeutic Method)

द्वितीय विश्व युद्ध के जमाने में सेना के अनेक जवान मनोरोग से ग्रस्त होने लगे थे। दूसरी ओर उस समय मनश्चिकित्सकों की भारी कमी थी। इस तरह की संकटकालीन स्थिति से निबटने हेतु मनश्चिकित्सकों ने सामूहिक चिकित्सा पद्धति (group therapy) का प्रयोग करना शुरू किया। इस प्रकार, चिकित्सा की इस विधि की शुरुआत उसी जमाने में मानी जाती है।

सामूहिक चिकित्सा पद्धति वस्तुतः अपने आप में कोई स्वतंत्र चिकित्सकीय विधि (independent therapeutic system) नहीं है, अपितु, मनोविश्लेषण, सम्मोहन, व्यवहार परिमार्जन जैसी प्रमुख विधियों का उपयोग सामूहिक परिस्थिति में (in a group situation) किया जाता है। अतः ''सामूहिक चिकित्सा पद्धति से तात्पर्य मनश्चिकित्सा की किसी एक विधि का एक साथ एक से अधिक मनोरोगियों के उपचार के लिए उपयोग में लाने से हैं।''[4]

सामूहिक चिकित्सा विधि वस्तुतः एक प्राचीन चिकित्सा विधि है जिसमें दो–चार या पाँच मनोरोगियों का छोटा समूह (small group) बना लिया जाता था। मनोरोगियों की उम्र (age), आवश्यकता (need), क्षमता (potentiality) एवं चिकित्सा प्रविधियों का चयन कर उपयोग किया जाता था। इस परंपरागत (traditional) विधि के विभिन्न रूप आज भी उपयोग में लाए जाते हैं, उदाहरणार्थ 'डिडैक्टिव सामूहिक चिकित्सा' (didactive group therapy) को लें जिसका उपयोग प्रायः मद्यपान की आदतों वाले रोगियों पर किया जाता है। रोगियों के समक्ष सामूहिक रूप से इसके बुरे प्रभावों से संबंधित तथ्यों (facts) को व्याख्यान (lecture), फिल्म (film), विडियो टेप (video tape) या इसी प्रकार के अन्य तरीकों द्वारा इसके कुप्रभावों के प्रति जागरूक कर इनका परित्याग करने हेतु अंतःप्रेरित किया जाता है।

मनःअभिनय (Psychodrama)

यह भी सामूहिक चिकित्सा विधि का ही एक रूप है जो अभिनय करने की प्रविधि (role playing technique) पर आधारित है। इसमें रोगी को रंगमंच जैसी परिस्थिति में अपनी समस्याओं (problems), संवेगों (emotions) एवं अन्यान्य मानसिक विकारों को एक–दूसरे के सामने व्यक्त करने का अवसर प्राप्त होता है। चूंकि रोगी रंगमंच की स्थिति में अपने संवेगों, भावों, मनोवृत्तियों, समस्याओं आदि को दूसरे के सामने प्रकट करता है, इसलिए, उनका व्यवहार वास्तविक जीवन (real life) की तरह होता है। रोगी अपने समूह को प्रायः सभी लोगों को एक जैसी समस्या से घिरा हुआ पाता है। इससे उसे यह सकून मिलता है कि उसकी समस्या केवल उसकी निजी समस्या नहीं है, अपितु दूसरे लोगों की समस्याएँ भी उसके समान ही हैं। इससे रोगी में आत्मविश्वास (self confidence) और आत्मसंतोष (self satisfaction) की भावना का विकास होता है, जिसके परिणामस्वरूप रोग के लक्षण दूर होने लगते हैं। खासकर, अंतःपारस्परिक संबंधों (interpersonal relations) के सुधार में इस प्रकार की चिकित्सा का बेहतर प्रभाव पड़ता है।

'मनःअभिनय' (psycho-drama) की प्रविधि में रोगी की भूमिका कभी मात्र दर्शक श्रोता (merely and audience) अथवा कभी रंगमंच पर अभिनय करने वाले पात्र (role playing character) के रूप में बदलता रहता है। इन दोनों प्रकार की स्थितियों में चिकित्सा की यह प्रविधि लाभप्रद होती है। अंतःपारस्परिक संबंधों में सुधार एवं सांवेगिक चिंता के स्तर में कमी लाने की दृष्टि से मनःअभिनय की प्रविधि विशेषरूप से लाभकारी होती है।

सामूहिक मुठभेड़ चिकित्सा (Group encounter therapy)

सामूहिक चिकित्सा प्रविधि के रूप में सामूहिक मुठभेड़ (Group encounter) भी एक महत्वपूर्ण और प्रचलित प्रविधि (technique) है। इसमें समूह के प्रत्येक सदस्य को एक विशेष प्रकार की परिस्थिति में रखा जाता है

4. "By group therapy we mean, the application of the psychotherapeutic devices for the treatment of more than one psychologically disturbed persons in group."

जहाँ वे बिना किसी प्रकार के नियंत्रण या प्रतिबंध के परस्पर खुलकर अपनी समस्याओं पर बातचीत करते हैं। इस प्रकार की परिस्थिति में मनोरोगियों को यह अनुभव करने का अवसर प्राप्त होता है कि किस प्रकार समूह के दूसरे सदस्यों को तथा समूह के सदस्य व्यक्ति विशेष—यानी एक—दूसरे को प्रभावित (influence) करता है। इस तरह की स्थिति में चिकित्सक प्रायः समूह के रोगियों की नजर में ओझल रहता है लेकिन वह उनकी गतिविधियों पर नजर रखता है तथा जरूरत पड़ने पर वह रोगी को अपनी समस्या प्रकट करने हेतु प्रेरित या प्रोत्साहित भी करता है। चिकित्सा की इस प्रविधि के विकास का इतिहास लगभग गत 40 वर्षों का है। मुठभेड़ की स्थिति में रोगी समूह के दूसरे रोगियों से यथार्थ रूप में (in real form) मिलता है, जहाँ विभिन्न प्रकार की क्रियाएँ (activities) होती हैं जैसे—शारीरिक व्यायाम (physical exercise), खेल (play), मालिश (massage), नंगे रूप में मिलना (meeting in nude), प्रभुत्वस्थापन (assertiveness), चेतना के विकास का प्रशिक्षण (awareness training), जीवन नियोजन इत्यादि। इन क्रियाओं में समूह के प्रत्येक रोगी की सहभागिता होती है तथा इसके परिणामस्वरूप रोगी के व्यक्तिगत विकास (personal growth) एवं उत्थान का मार्ग प्रशस्त होता है। इससे उनमें आत्मबोध (self concept), समन्वय (co-ordination), मौलिकता (originality) इत्यादि का विकास उच्च अंशों (higher degree) में होता है।

सामूहिक चिकित्सा प्रणाली में प्रायः 6 से 12 सदस्यों का समूह निर्मित किया जाता है। समूह की गतिविधियों के संचालन की जिम्मेवारी प्रायः एक या दो नेता के नेतृत्व में होता है। चिकित्सा की इस विधि का मुख्य उद्देश्य परस्पर विचारों का आदान—प्रदान (give and take) की प्रक्रिया को प्रोत्साहित (encourage) करना होता है ताकि 'सामाजिक वास्तविकता' (social reality) की 'सूझ' (insight) का विकास हो सके। इसके लिए 'ट्रेनिंग ग्रुप टेकनिक' (training group technique) अथवा 'टी—समूह' (T-group) का उपयोग किया जाता है। इस प्रविधि का मुख्य लक्ष्य परस्पर एक—दूसरे का दूसरे पर पड़ने वाले प्रभावों, भावनाओं आदि की समझ विकसित करना होता है। साथ ही समूह में सम्मिलित रोगी आवश्यकतानुसार समूह के सदस्यों के साथ सामंजन (adjustment) के लिए अपने व्यवहारों को मोड़ना (moulding) भी सीखते हैं—ताकि दूसरे सदस्यों के साथ उनका सामंजन सुखद हो तथा एक—दूसरे के प्रति मानवीय संबंध स्थापित हो सके। इस प्रकार, उनमें समायोजन की योग्यता का विकास होता है।

सामूहिक चिकित्सा पद्धति में कुछ और भी प्रविधियाँ उपयोग में लाई जाती हैं, जैसे—पुनःशिक्षण (relearning), भूमिका अभिनय (role playing) समूह विश्लेषण (group analysis) इत्यादि। लेकिन इन सभी प्रविधियों का वर्णन करना यहाँ अभीष्ट नहीं है।

मूल्यांकन (Evaluation): समूह चिकित्सा विधि के मुख्य गुण (merits) एवं दोष (demerits) निम्नलिखित हैं—

गुण (Merits)

(i) इस विधि में समूह के सदस्यों द्वारा सामाजिक वास्तविकता (social realities) का स्वरूप स्पष्ट होता है। अतएव रोगी में वास्तविकता का बोध विकसित कराने की दृष्टि से यह एक उपयोगी विधि है।

(ii) सामूहिक वातावरण रोगियों अंतःपारस्परिक संबंधों के विकास एवं सुधार की दृष्टि से विशेष महत्व रखता है।

(iii) समूह के प्रत्येक सदस्य एक—दूसरे की सांवेगिक अभिव्यक्तियों (emotional expressions) के सहभागी (partner) होते हैं। अतः संवेगात्मक तनावों (emotional tensions) के निष्कासन (outlet) में मदद मिलती है जो चिकित्सकीय दृष्टिकोण से महत्वपूर्ण होता है।

(iv) समूह के सदस्य अपनी सदस्यता को बरकरार रखने की चाहत रखते हैं। इसलिए वांछित प्रतिक्रियाओं (desired responses) को उनके मौलिक रूप से बनाए रखने का प्रयास करते हैं। इसके लिए वे सहजरूप से विकसित ऐसी प्रतिक्रियाओं को बार—बार दोहराते हैं जो धीरे—धीरे पूर्णरूप से अच्छी

तरह सुस्थापित हो जाती है। इस प्रकार, रोगी वांछनीय (desirable) एवं समायोजी व्यवहार (adaptive behaviour) करने लगता है और उसकी अवांछनीय एवं कुसमायोजी व्यवहार लुप्त हो जाते हैं।

दोष (Merits)

(i) इस विधि से एक ही साथ कई रोगियों की चिकित्सा की जाती है। अतः चिकित्सक के लिए एक ही साथ कई रोगियों पर ध्यान देना व्यावहारिक रूप से मुश्किल होता है। इस स्थिति में वैयक्तिक रूप से उपयुक्त चिकित्सकीय देख–रेख (individual therapeutic care) दुर्बल (weak) होती है।

(ii) इस विधि का सफल प्रयोग सभी रोगियों पर संभव नहीं है। इस विधि की सफलता रोगी के स्वभाव (nature) एवं उसके रोग की गंभीरता (severity of disorder) पर निर्भर करती है। कुछ रोगी ऐसी प्रकृति के होते हैं जो समूह को भंगित अथवा इसके संचालन की प्रक्रिया को अवरुद्ध (rebellious), दुःखदायी (trouble maker) और भ्रमणकारी (vagrant) रोगी की चिकित्सा में इस विधि का सफल प्रयोग संभव नहीं होता।

15.6.6 अनिर्देशित अथवा रोगी केंद्रित चिकित्सा पद्धति (Non-directive or Client Centred Therapy)

चिकित्सा की इस प्रविधि में एक ऐसे वातावरण का निर्माण किया जाता है जिसमें रोगी स्वयं अपने 'आत्मबोध' यानी 'स्व की पहचान' (self identity) को विकसित करने तथा मानसिक गुत्थियों को सुलझाने में सक्षम होता है। इस प्रकार यह विधि 'मानवीय दृष्टिकोण' (huministic viewpoint) पर आधारित है। इस विधि के विकास का श्रेय 'कार्ल रोजर्स' (Carl Rogers) को दिया जाता है।

चिकित्सा की यह विधि 'रोगी केंद्रित' (client centred) है क्योंकि इस विधि में रोगी या सेवार्थी (client) की ही भूमिका (role) प्रधान रहती है। रोगी स्वयं अपनी चिकित्सा की प्रक्रियाओं (processes) का संचालन एवं निर्देशन करता है। चिकित्सक की भूमिका निष्क्रिय (passive) रहती है, क्योंकि चिकित्सा की अवधि में चिकित्सक किसी प्रकार का विचार प्रकट नहीं करता। 'रोजर्स' (Rogers) का यह मानना है कि प्रत्येक व्यक्ति में विकास (growth) एवं परिपक्वता (maturity) की क्षमता विद्यमान रहती है जिसका उपयोग वह चिकित्सा के क्रम में 'सूझ' (insight) के विकास एवं रचनात्मक क्रियाओं (constructive activities) के लिए कर सकता है। चिकित्सक स्वयं भी मूलरूप से रोगी पर ही भरोसा करता है। चिकित्सक न तो किसी प्रकार का मार्गदर्शन (guidance) देता है और न रोगी द्वारा प्रकट की गई मनोवृत्तियों (attitude), भावनाओं (feelings) अथवा संवेगों (emotions) के अर्थ को ही स्पष्ट करता है। चिकित्सक कोई प्रत्युत्तर भी नहीं देता है। अर्थात् रोगी स्वयं चिकित्सा सत्र का प्रारंभ (initiation) संचालन (conduction) एवं समापन (termination) करता है। चिकित्सा प्रक्रिया के दरम्यान रोगी द्वारा प्रकट किए गए विचारों या भावनाओं को चिकित्सक ज्यों–का–त्यों स्वीकार कर लेता है और रोगी इन विचारों या भावनाओं का जो अर्थ बताता है, उसे भी स्वीकार कर लेता है। अर्थात् चिकित्सा की इस विधि में–'चिकित्सक विशेषज्ञ होता है' (therapist is the expert)–इस तरह के विचार को नकारा (deny) जाता है। चिकित्सक केवल एक सहयोगी के रूप में कार्य करता है ताकि रोगी स्वयं अपने बारे में 'समझ' (understanding the self) का विकास कर सके। इसीलिए इस विधि को 'अनिर्देशित' (nondirective) अथवा रोगी केंद्रित (client centred) चिकित्सा विधि की संज्ञा दी जाती है।

मूल्यांकन (Evaluation)

चिकित्सा की यह विधि कुसमायोजित व्यवहारों के लिए विशेष महत्व रखती है। चूंकि इस विधि में रोगी की सक्रिय भूमिका होती है, इसलिए रोगी में 'आत्ममहत्व' (self esteem) एवं 'आत्मविश्वास' (self confidence) की

भावनाओं का सहज विकास संभव है। इससे रोगी में अपनी समस्याओं को स्वयं सुलझाने एवं संवेगों को संयमित करने की क्षमता का विकास होता है।

लेकिन, चिकित्सा की यह विधि दूसरी विधियों की तुलना में कठिन है। खासकर गंभीर रोगियों की चिकित्सा में यह विधि लाभदायक नहीं है क्योंकि गंभीर रोगी पूर्णतः विक्षिप्त होते हैं। अतः वे चिकित्सा सत्र की प्रक्रिया में सक्रिय भूमिका का निर्वाह नहीं कर सकते।

15.6.7 व्यावसायिक चिकित्सा विधि (Occupational Therapy)

मनश्चिकित्सा की प्रमुख विधियों में 'व्यावसायिक चिकित्सा' (occupational therapy) का भी अत्यंत ही महत्वपूर्ण स्थान है। इस विधि में मनोरोगियों की अस्वस्थ मनोदशा में सुधार लाने हेतु रोगी को उसकी योग्यता (ability), क्षमता (capacity) एवं आवश्यकता (need) के अनुरूप उसे किसी व्यवसाय (occupation) या रोजगार में लगाया जाता है। वास्तविकता तो यह है कि मानसिक रूप से बीमार व्यक्ति किसी प्रकार के व्यवसाय से वंचित (deprived) रहता है। व्यवसाय के अभाव के कारण रोगी बाहरी रूप से निष्क्रिय (inactive or passive) रहता है। लेकिन, अंदर–ही–अंदर वह आत्मकेंद्रित (self centred) होकर अपने विगतकाल की दुखद एवं कष्टदायी अनुभूतियों की स्मृति में सोया रहता है। अतः उसका बाह्य जगत से ध्यान हटकर उसकी व्यक्तिगत समस्याओं की ओर केंद्रित हो जाता है। इससे उसकी मानसिक गुत्थियाँ एवं उलझनें और भी गंभीर और जटिल हो जाती हैं।

लेकिन, जब रोगी किसी व्यवसाय में लग जाता है तो उसका ध्यान अपनी समस्याओं से हटकर व्यवसाय से संबंधित कार्यों पर जाता है। इस प्रकार बाह्य रूप से उसे सक्रिय रहने का अवसर प्राप्त होता है। फलस्वरूप, विगत काल के दुखद एवं कष्टदायी अनुभवों के आवृत्तिकरण (recitation) का अवसर नहीं या कम मिलता है। जो चिकित्सकीय दृष्टि से महत्वपूर्ण होता है। साथ ही, किसी व्यवसाय या रोजगार में लगे रहते हैं (जैसे–चर्खा चलाना, चित्रकारी करना, मूर्तियाँ बनाना, बुनाई का काम करना, टाइप करना, भोजन बनाना इत्यादि) रोगी के आंतरिक संवेगों की अभिव्यक्ति (manifestation) भी होती है और कार्य में सफलता की अनुभूति होने पर संतोष, आत्मबल और आत्मविश्वास की भावनाएँ प्रबल होती हैं। इसके फलस्वरूप रोगी यह समझने लगता है कि वह सुस्त या बेकार (निकम्मा) नहीं है, अपितु वह अपने में कुछ करने की क्षमता का अनुभव करता है। इन अनुभवों के परिणामस्वरूप रोगी धीरे–धीरे अपनी प्रवृत्तियों पर सामाजिक सीमाओं के अनुरूप नियंत्रण करने तथा बाह्य जगत की अपेक्षाओं के अनुरूप अपने व्यवहारों का संचालन करने योग्य हो जाता है।

मूल्यांकन (Evaluation): मनःचिकित्सा की यह एक महत्वपूर्ण विधि है जिसका उपयोग प्रायः सभी मानसिक अस्पतालों में किया जाता है। इस विधि के कुछ महत्वपूर्ण लाभ निम्नलिखित हैं–

(i) रोगी में अयोग्यता के भाव (feeling of inability) को दूर करने का यह एक सक्षम माध्यम है।

(ii) इस विधि द्वारा रोगी में रचनात्मक योग्यताओं (constructive abilities) के विकास का अवसर मिलता है जो उसके व्यक्तित्व को संगठित रूप प्रदान करने में महत्वपूर्ण होता है।

(iii) व्यावसायिक चिकित्सा रोगियों के आंतरिक संघर्षों एवं संवेगात्मक भावों के निष्कासन (outlet) का बेहतर साधन होता है। इससे विकारयुक्त मनोदशाओं में सुधार की संभावना बढ़ती है।

परंतु, अनेक मनश्चिकित्सकों की राय में यह एक सतही विधि (superficial method) है क्योंकि इस विधि द्वारा मनोरोगों के कारणों का निराकरण नहीं होता। यह केवल विकृति के लक्षणों में सुधार लाता है और वह भी क्षणिक रूप से अधिक–से–अधिक इस विधि द्वारा रोगी को जीविका–अर्जन (livelihood earning) के योग्य बनाया जा सकता है तथा उसके विकृत लक्षणों को नियंत्रण में रखा जा सकता है।

15.6.8 मनःअभिनय (Psychodrama)

'मोरेनो' (Moreno, 1945) ने इस विधि के उपयोग की शुरुआत की जो सामूहिक चिकित्सा विधि (group therapy) का ही एक रूप (form) है।

इस विधि में रोगी स्वयं मंच (stage) पर अपने व्यक्तिगत जीवन का अभिनय करता है जिसके माध्यम से अपने सांवेगिक अनुभवों (emotional experiences), मानसिक प्रवृत्तियों (mental tendencies) एवं अंतर्द्वंद्वों (conflicts) को अभिव्यक्त (manifest) करता है। 'मोरेनो' (Moreno) के अनुसार मनःअभिनय (psychodrama) में भाग लेने वाले पात्र निम्नलिखित होते हैं–

(क) प्रधान अभिनेता (Protagonist)
(ख) निर्देशक (Director)
(ग) सहायक पात्र (Auxiliary egoes) एवं
(घ) श्रोता या दर्शक (audience)

(क) प्रधान अभिनेता (Protagonist): नाटक का प्रधान अभिनेता रोगी स्वयं होता है जिसे अपने जीवन की समस्याओं अथवा कठिनाइयों से संबंधित भूमिका (role) करने हेतु प्रोत्साहित किया जाता है।

(ख) निर्देशक (Director): निर्देशक की भूमिका में मुख्य चिकित्सक (chief therapist) रहता है, जिसकी देखरेख में मनःअभिनय (psychodrama) का संचालन होता है।

(ग) सहायक पात्र (Auxiliary egoes): सहायक पात्र मुख्य अभिनेता को अपनी भूमिका का निर्वाह करने में सहायता प्रदान करते हैं। ये पात्र सहायक चिकित्सा कर्मचारी अथवा अन्य मनोरोगी होते हैं। ये पात्र मुख्य अभिनेता के समक्ष उन परिस्थितियों का चित्रण करते हैं, जिन परिस्थितियों में वह (यानी मुख्य अभिनेता) अभिनय करने में कठिनाइयाँ अनुभव करता है। जैसे–यदि मुख्य अभिनेता (protagonist) को पिता की भूमिका दी गई हो और उसे इस भूमिका का अभिनय करने में दिक्कत मालूम पड़ती है तो सहायक पात्रों में से कोई एक 'पत्नी' (wife) या माँ (mother) की भूमिका और कोई बालक की भूमिका का अभिनय करने लगेगा। इस प्रकार, सहयोगी पात्रों की मदद से मुख्य अभिनेता को अपनी भूमिका का अभिन्य करने में सहूलियत होती है।

(घ) श्रोता या दर्शक (Audience): मनःअभिनय (psychodrama) के श्रोता या दर्शक (audience) की भूमिका में अन्य मनोरोगियों को रखा जाता है।

'मनःअभिनय' में रोगी (अर्थात् मुख्य अभिनेता—protagonist) को स्वतः अपने–आप अभिन्य करने का अवसर दिया जाता है जिसमें वह स्वाभाविक ढंग से (naturally) अपने संवेगों को प्रकट कर सके। इस प्रकार, वे स्वतंत्रतापूर्वक अपने अचेतन (unconscious) में दमित (repressed) संवेगों, इच्छा प्रवाहों अथवा भावों का सफलतापूर्वक प्रदर्शन कर सकें। मंच पर पात्र को कब, किस तरह का संवाद (dialogue) बोलना है, इसके लिए किसी प्रकार का अनुबोध (prompting) नहीं दिया जाता। इस तरह, जिस प्रकार स्वतंत्र सहचर्य (free association) में रोगी स्वतंत्रतापूर्वक दमित संवेगों को प्रकट कर साहचर्य स्थापित करता है, उसी तरह इस प्रविधि में भी वह स्वतंत्रतापूर्वक अपने संवेगात्मक भावों का प्रदर्शन करता है।

मूल्यांकन (Evaluation)

मनःअभिनय (psychodrama) मनोरोगियों की चिकित्सा की एक उपयोगी विधि है। विशेषकर जो रोगी चिकित्सा की किसी दूसरी विधि में सक्रिय भाग (active participation) नहीं ले सकता उन्हें यदि मनःअभिनय के सत्रों

(sessions) में केवल दर्शक या श्रोता (audience) के रूप में रखा जाए तो धीरे–धीरे वे स्वयं मुख्य अभिनेता (protagonist) की भूमिका का अभिनय करने हेतु तैयार हो जाते हैं।

लेकिन, इस विधि की सफलता इस बात पर निर्भर करती है कि रोगी को उसकी इच्छा एवं अभिरुचि के अनुरूप अभिनय दिया गया है या नहीं। अर्थात् रोगी की अभिरुचि, उसकी प्रवृत्ति एवं इच्छा का ध्यान रखते हुए ऐसे अभिनय का चुनाव करना आवश्यक है जिसमें रोगी अपने संवेगों का खुलकर प्रदर्शन कर सके।

कुछ आलोचकों का विचार है कि इस विधि द्वारा मनोरोगों का निर्मूल होना कठिन है। इस विधि द्वारा केवल सतही चिकित्सा ही संभव है। अतः इस विधि का उपयोग केवल एक सहायक विधि के रूप में ही करना श्रेयष्कर होगा।

[**नोट**: उपरोक्त वर्णित मनश्चिकित्सा की प्रविधियों के अतिरिक्त इन दिनों संज्ञानात्मक चिकित्सा (cognitive therapy) एवं जेस्टाल्ट चिकित्सा (gestalt therapy) का भी उपयोग किया जाता है। इन चिकित्सा प्रविधियों के बारे में पुस्तक के अंत में एपेंडिक्स D एवं E पृ. सं. 487 एवं 489 पर देखें।]

15.6.9 मनश्चिकित्सा प्रविधियों का सामान्य मूल्यांकन (General Evaluation of Psychotherapeutic Techniques)

मानस रोगों से पीड़ित अनेक मनोरोगियों को मनश्चिकित्सकीय सहायता की जरूरत होती है। लेकिन, मनश्चिकित्सकों द्वारा प्रयुक्त प्रविधियों में एकरूपता (uniformity) नहीं है। प्रायः यह देखा जाता है कि किसी एक ही प्रकार के मनोरोगी की चिकित्सा अलग–अलग मनश्चिकित्सक भिन्न–भिन्न प्रकार की विधियों द्वारा करते हैं। जैसे मनोविदालता (schizophrenia) से पीड़ित रोगी की चिकित्सा कोई मनश्चिकित्सक मनोविश्लेषणात्मक विधि (psycho-analytic method) द्वारा करते हैं तो दूसरा व्यवहार परिमार्जन प्रणाली (behaviour modification system) का उपयोग करते हैं। यह विभिन्नता मनश्चिकित्सकों के सैद्धांतिक दृष्टिकोणों (theoretical viewpoints) में मतभेद के कारण पाई जाती है। लेकिन, इस विभिन्नता के बावजूद प्रायः सभी मनश्चिकित्सक इस बात पर सहमत दिखते हैं कि मनोरोगियों को मनश्चिकित्सा द्वारा संतोषप्रद लाभ (satisfactory benefit) मिलता है क्योंकि—

(i) मनश्चिकित्सकीय सहायता के फलस्वरूप मनोरोगियों में यह विश्वास जागृत होता है कि उनकी सांवेगिक उपद्रव (emotional disturbance) से संबंधित समस्याएँ या कष्ट यानी व्यथा केवल उनकी ही नहीं, बल्कि, उन्हीं की तरह अन्य लोग भी समान तरह के क्लेश या व्यथा से पीड़ित हैं। साथ ही, मनश्चिकित्सक (psychotherapist) के परामर्श (counselling) के क्रम में उनमें यह विश्वास भी पैदा होता है कि उनका रोग ठीक हो सकता है तथा वे भी चंगा होकर दूसरे सामान्य लोगों की तरह अपना जीवन जी सकते हैं। चिकित्सा की दृष्टि से इस प्रकार का विश्वास महत्वपूर्ण होता है।

(ii) मनश्चिकित्सक (psychotherapist) अथवा परामर्शदात्री (counsellor) के साथ कुछ समय तक संपर्क में रहने के फलस्वरूप रोगी को अपनी कमजोरियों (weaknesses) या अयोग्यताओं (inabilities) को दूर करने में महत्वपूर्ण सहयोग प्राप्त होता है।

(iii) चिकित्सा के क्रम में मनोरोगी को एहसास होने लगता है कि उसके मानसिक संघर्षों (mental conflicts) के समाधान के वैकल्पिक रास्ते (alternative ways) हैं, लेकिन वैयक्तिक व्यवहार की दृढ़ता के कारण वह सही मार्ग का चयन करने में असमर्थ रहता है।

(iv) चिकित्सकीय सहायता के फलस्वरूप मनोरोगी समायोजन के नए तरीकों को सीखने में सक्षम होता है। अतः समायोजी व्यवहार एवं समायोजनशील गुणों का विकास होता है जो असामान्यता में सुधार की दिशा का सूचक है।

(v) मनश्चिकित्सा का एक और लाभ यह है कि मनोरोगी के अंतःपारस्परिक संबंधों (interpersonal relationships) में सुधार होता है। इससे रोगी एक नई तरह के सामाजिक जीवन (social life) जीने की कला सीखता है।

मनश्चिकित्सा से रोगियों को मिलने वाले उपर्युक्त लाभों के बावजूद, चिकित्सा की इन पद्धतियों के महत्व के संबंध में परस्पर विरोधी विचार हैं। वस्तुतः मनश्चिकित्सकीय पद्धतियों की सफलता एवं उपयोगिता कई बातों पर निर्भर करती है जैसे—विकृति या असामान्यता का स्वरूप (nature of disorder or abnormality), प्रकार (type), चिकित्सक की सूझ—बूझ (insight or understanding of the therapist), सही निदान (correct diagnosis), सेवार्थी एवं उसके परिजनों सहयोग (cooperation of the client and his family members), चिकित्सा का उपयुक्त वातावरण (proper environment of the treatment) चिकित्सा के प्रति जागरूकता (awareness towards the treatment) इत्यादि। अंतःमनश्चिकित्सा की प्रविधियों द्वारा रोगियों के मानसिक स्वास्थ्य में सुधार होता है या नही? इसका निर्णय गहन रूप से शोध कार्यों (intensive research works) द्वारा ही संभव है। इस दिशा में मनश्चिकित्सक (psychotherapists), मनोवैज्ञानिकों (psychologists) एवं सामाजिक कार्यकर्ताओं (social workers) द्वारा अनेक कार्य किए गए हैं और आगे भी शोध कार्य चल रहे हैं।

यदि समग्रता में (as a whole) देखा जाए तो मनश्चिकित्सकीय पद्धतियों से सेवार्थी को इतना लाभ तो अवश्य मिलता है कि उनकी मनोदशाओं (mental states) एवं विकृति के लक्षणों (symptoms or disorders) में शीघ्र ही सुधार की प्रक्रिया दृष्टिगत होने लगती है जिससे उनके चंगा होने की संभावना बढ़ जाती है। खासकर साधारण ढंग के मानस रोगों जैसे न्यूरॉटिक विकृतियाँ (neurotic disorders), चारित्रिक दोष (character orders), मद्यपान या मादक द्रव्य व्यसन (alcohol and drug addictions), बाल अपराध (delinquencies) आदि विकारों में मनश्चिकित्सा अत्यंत ही लाभकारी सिद्ध हुई हैं। लेकिन गंभीर मानस रोगों जैसे—मनोविदालता (schizophrenia), स्थिर व्यामोह (paranoia) या अतितीव्र स्वरूप के अवसाद (acute depression), मस्तिष्कीय कारणों से उत्पन्न होने वाली विभिन्न प्रकार कि विकृतियाँ (disorders due to brain damage) इत्यादि की चिकित्सा हेतु कुछ अन्य क्षेत्रों की चिकित्सकीय पद्धतियों का भी अपनाया जाना आवश्यक होता है। ऐसी पद्धतियों में दैहिक चिकित्सा प्रणालियाँ (somatic therapeutic systems) महत्वपूर्ण हैं। जिनके बारे में आगे चर्चा की जा रही है—

15.7 दैहिक चिकित्सा (Somatic Therapy)

मनोरोगियों की चिकित्सा हेतु भिन्न—भिन्न दृष्टिकोणों (approaches) के आधार पर कई प्रकार की प्रविधियों का विकास हुआ है। इनमें मनश्चिकित्सकीय प्रणालियों (psychotherapeutic systems) का विकास इस दृष्टिकोण पर किया गया कि मनोरोगी वस्तुतः असंतुलित मनोदशा (imbalanced mental state) से ग्रस्त होते हैं अतः उनकी मनोदशा को संतुलित (balance) दिशा में मोड़ने (to turn) का प्रयास किया जाना चाहिए। इसलिए इनके मनोवैज्ञानिक पक्षों (psychological aspects) को ध्यान में रखकर कई प्रकार की मनोवैज्ञानिक प्रद्धतियों का विकास हुआ। इनमें कुछ प्रचलित मनश्चिकित्सा की विधियों का वर्णन पहले किया जा चुका है।

लेकिन, पिछले लगभग 60 दशकों से मनोरोगियों के व्यवहारों की चिकित्सा हेतु 'मेडिकल मॉडेल' (medical model) का उपयोग तेजी से होने लगा है। यह मॉडेल इस मान्यता पर आधारित है कि मानसिक बीमारियाँ (mental disorders) अंशतः जैविक कारणों (biological causes) से उत्पन्न होती हैं। अतः जैविक (biological) दोषों को नियंत्रित कर मानसिक बीमारियों पर काबू पाया जा सकता है। अनेक मेडिकल चिकित्सक मनोरोगों को शारीरिक रोगों के समानांतर (parallel) भी मानते हैं। इस विचार से भी मेडिकल चिकित्सकों की रुचि इस क्षेत्र में बढ़ी है और 'मेडिकल साइंस' (medical science) की एक स्वतंत्र शाखा (independent branch) के रूप में 'साइकेट्री' (psychiatry) का उदय होता है।

दैहिक चिकित्सा की पद्धति (somatic system of treatment) इसी मेडिकल मॉडेल की देन है जिसकी उपयोगिता को मनश्चिकित्सक (psychotherapists) भी स्वीकार करते हैं। खासकर गंभीर रूप से मनोरोगियों की चिकित्सा (जैसे–मनोविकृति या जैविक कारणों से उत्पन्न मनोविकृतियाँ) हेतु इसकी उपयोगिता सबसे महत्वपूर्ण है। प्रस्तुत अनुच्छेद (section) में ऐसी ही कुछ प्रविधियों का वर्णन आगे किया जा रहा है–

दैहिक प्रविधियों के प्रकार (Forms of Somatic Therapy)

आजकल मनोरोगियों के चिकित्सार्थ मनश्चिकित्सा (psychotherapy) के अतिरिक्त निम्नलिखित प्रकार की दैहिक प्रविधियों का भी उपयोग किया जाता है–

1. औषधि चिकित्सा (Pharmaco therapy)
2. आघात चिकित्सा (Shock therapy)
3. मनःशल्य चिकित्सा (Psychosurgery therapy) एवं
4. अन्य प्रविधियाँ (Other techniques)

अब इन चिकित्सा प्रविधियों का वर्णन एक–एक कर किया जा रहा है–

15.7.1 औषधि चिकित्सा (Pharmaco Therapy)

लगभग पिछली शताब्दी के मध्य से व्यवहार संबंधी असामान्यताओं के चिकित्सार्थ रासायनिक द्रव्यों (chemicals) के योग से बनी औषधियों (drugs) का प्रचलन प्रारंभ हुआ जो इन दिनों व्यापक रूप से उपयोग में लाया जाने लगा है। इस प्रणाली की शुरुआत 1950 के आस–पास हुई और विशेष रूप से प्रशांतक दवाओं (tranquillizing drugs) का उपयोग किया जाने लगा। 1960 के दशक में विवाद यानी अवसाद (depression) की अवस्था को नियंत्रित (control) करने हेतु कुछ अन्य दवाओं का भी आविष्कार हुआ जो अवसाद प्रतिरोधी (anti depressant) दवा के नाम से जाना जाता है। आधुनिक समय में कई प्रकार की मनोविकृति प्रतिरोधी दवाओं (antipsuchotic drugs) का भी आविष्कार हुआ है जो बाजारों में उपलब्ध हैं और मनोरोगियों–खासकर मनोविकृति से पीड़ित रोगियों की चिकित्सा हेतु उपयोग में लाए जाते हैं। इन दिनों सैकड़ों प्रकार की औषधियाँ बाजार में उपलब्ध हैं जिनका उपयोग रोगी को प्रशांत करने (to tranquillize), अवसाद की अवस्था को नियंत्रित करने (to control depressive state), रोगी को चिंतामुक्त रखने (anti anxiety) एवं अन्यान्य प्रकार की मनोविकृतिक लक्षणों को नियंत्रित करने (to control symptoms of psychic disorders) के लिए किया जाता है। चिकित्सा की यह विधि 'रसायन चिकित्सा' (chemotherapy) के नाम से भी जाना जाता है, क्योंकि इन औषधियों का निर्माण विशेष प्रकार के रासायनिक द्रव्यों (chemical elements) के योग से होता है। रोगी की अवस्था (उम्र, रोग की भयंकरता, स्वरूप इत्यादि), सहनशीलता (tolerance) एवं अन्यान्य बातों पर विचार करते हुए रासायनिक औषधियों का चयन कर उसके शरीर में मौखिक रूप से (orally) अथवा सूई (injection) द्वारा प्रवेश कराया जाता है। इन रासायनिक औषधियों के प्रभाव के फलस्वरूप रोगी के स्नायुमंडल (nervous system) एवं शरीर के अन्य अवयवों (other organs) की कार्यशीलता (activities) नियंत्रित होती है, जिससे विकृति (disorder) के लक्षण भी नियंत्रित होते हैं।

इन औषधियों के नियमित सेवन से रोगी या तो चंगा हो जाता है अथवा उसके रोग की भयंकरता में कमी आती है। इन दवाओं को निम्नलिखित तीन वर्गों में बाँटा जा सकता है–

(i) प्रशांतक औषधियों (drugs that tranquillize)
(ii) चिंतारोधी औषधियाँ (anti anxiety drugs) एवं
(iii) चित्तवृत्ति को प्रभावित करने वाली औषधियाँ (drugs that influence mood)

15.7.1.1 प्रशांतक औषधियाँ (Drugs that Tranquillize)

उत्साह–अवसाद (manic depressive), मनोविदालता (schizophrenia), स्थिर व्यामोह (paranoia) इत्यादि मनोविकृतियों से पीड़ित रोगियों को सामान्यतः दो प्रकार की प्रशांतक औषधियाँ (tranquillizing drugs) का सेवन कराया जाता है–(i) 'फेनोथायजिन' (phenothiazine), एवं (ii) 'राउवोल्फिया' (rauwolfia)। इनके व्यावसायिक नाम (trade names) क्रमशः 'क्लोरप्रोमाजाइन' (chloropromazine) एवं 'रेसरप्राइन' (reserprine) हैं। 'क्लोरप्रोमाजाइन' 'हाइपोथैलेमस' (hypothalamus) को प्रभावित करता है, जबकि 'फेनोथायजिन' (phenothizine) मस्तिष्क के 'रेटिक्यूलर एक्टिवेटिंग सिस्टम–आर.एस.ए.)' (reticular activating system—RAS) पर प्रभाव डालता है। इन औषधियों के फलस्वरूप रोगी की संवेगात्मक उग्रता (emotional excitement) में कमी आती है तथा वह शांत (relaxed) और आराम अनुभव करता है।

15.7.1.2 चिंतारोधी औषधियाँ (Antianxiety Drugs)

मानसिक चिंता मनोरोग का एक सामान्य लक्षण है। इसे 'दुश्चिंता' भी कहते हैं। दुश्चिंता को कम करने अथवा उपचार के लिए प्रायः शामक दवाओं (sedative medicine) का उपयोग किया जाता है। साथ ही, रोगी को विश्राम (आराम) करने की सलाह दी जाती है। लेकिन, इन दिनों आधुनिक हल्की मात्रा की दवाओं का आविष्कार हुआ है जिनका उपयोग चिंता शामक के रूप में किया जाता है। इन दवाओं में 'मिलटाउन' (Miltown), 'लिब्रियम' (Librium), 'वेलियम' (Valium), इत्यादि रासायनिक द्रव्यों से बनी दवाओं का उपयोग किया जाता है।

कभी–कभी मनोदशा की हलचल की स्थिति में रहने के कारण रोगी को निद्रा की कमी का अनुभव होता है और वह बेचैनी (restlessness) का अनुभव करता है। इन स्थितियों में मानसिक विश्राम (mental rest) की जरूरत रहती है। इस स्थिति के लिए 'जोलेक्स' (zolex), ट्राइका (trika), अल्प्रेक्स (Alprex) आदि औषधियाँ उपयोग में लाई जाती हैं।

15.7.1.3 चित्तवृत्ति को प्रभावित करने वाली औषधियाँ (Drugs that Influence Mood)

अवसाद–मनोविकृति से पीड़ित रोगियों की चित्तवृत्ति (mood) सामान्य करने हेतु अवसादरोधी दवाओं का उपयोग किया जाता है। इन औषधियों में 'इमिपारामिन' (imiparamine), 'लिथियम' (lithium) इत्यादि रासायनिक द्रव्यों से बनी औषधियों का उपयोग किया जाता है।

मूल्यांकन (Evaluation): औषधियों के आविष्कार के फलस्वरूप आधुनिक समय में मनोविकृति या अन्यान्य मानसिक विकारों के लक्षणों से पीड़ित मनोरोगियों की चिकित्सा पहले की अपेक्षा आसान हो गई है। इन दवाओं का उपयोग रोगी अपने घरों पर भी कर सकता है। अतः उन्हें अस्पतालों में रखना जरूरी नहीं होता।

औषधीय चिकित्सा की कुछ सीमाएँ भी हैं। अनेक रोगियों में दवाओं की प्रतिक्रियाएँ (reactions) भी देखी जाती हैं। अतः इन औषधियों का इस्तेमाल बिना किसी डाक्टरी सलाह के नहीं किया जाना चाहिए। साथ ही, कभी–कभी इन दवाओं का दुरुपयोग भी देखा जाता है। अनेक लोग ऐसी दवाओं का उपयोग की आदत विकसित कर लेते हैं अथवा आत्महत्या की नीयत से भी कुछ लोग ऐसी दवाओं का उपयोग करते हैं। अतः ऐसी दवाओं की सामान्य एवं सुलभ उपलब्धता पर नियंत्रण रखना जरूरी होता है।

15.7.2 आघात चिकित्सा (Shock Therapy)

'दैहिक चिकित्सा' का एक रूप (form) 'आघात चिकित्सा' (Shock therapy) भी है। इस प्रविधि का उपयोग प्रायः मनोविकृति (psychosis) से पीड़ित रोगियों के लिए किया जाता है। विशेषकर जो रोगी उपद्रवी या आक्रमणकारी (aggressive) प्रवृत्ति के होते हैं उन्हें नियमित करने हेतु इसका उपयोग आवश्यक हो जाता है। इस प्रविधि में

रोगी के मस्तिष्क में रासायनिक द्रव्यों (chemicals) या विद्युत आघात (electric shock) पहुँचाकर उसे रोगमुक्त या शांत करने हेतु उपयोग किया जाता है। आघात के फलस्वरूप रोगी की विगत अनुभूतियाँ निर्बल या कमजोर पड़ जाती है, जिससे मानसिक तनाव (mental tension) में कमी आती है तथा रोगी शांति और आराम का अनुभव करता है।

यह आघात तीन तरह से पहुँचाया जाता है–

(i) इंसुलिन आघात चिकित्सा (Insulin Shock Therapy—IST)

(ii) मेट्राजोल चिकित्सा (Metrazole Therapy—MT) एवं

(iii) विद्युत आघात चिकित्सा (Electrick Shock Therapy—EST)।

15.7.2.1 इंसुलिन आघात चिकित्सा (Insulin Shock Therapy—IST)

आघात चिकित्सा (shock therapy) की इस प्रविधि का विकास संयोगवश (by chance) माना जाता है। ऑस्ट्रिया (Austria) के चिकित्सक 'डॉ. सकेल' (Dr. Sakel) ने 1932 में निरीक्षण के क्रम में यह पाया कि अनेक मनोरोगी भोजन के प्रति अरुचि रखते हैं। इन रोगियों की भूख बढ़ाने के उद्देश्य से (with a view to increase appetite) इंसुलिन (insulin) देने की बात सोची। इस क्रम में इन्होंने देखा कि इंसुलिन की सूई देने के कारण रोगी के रक्त में चीनी की मात्रा (level of sugar—glucose) कम हो जाती है और रोगी शिथिल हो जाता है। सकेल ने रोगी में इस परिवर्तन को मनोरोगियों के उपचार का महत्वपूर्ण संकेत समझा और इन्होंने इंसुलिन का आघात देकर रोगियों की चिकित्सा शुरू की।

इस प्रविधि को आई.सी.टी. (ICT) अर्थात् 'इंसुलिन कॉमा थेरापी' (Insulin coma therapy) भी कहा जाता है। इस विधि में रोगी की मांसपेशी में इंसुलिन नामक रासायनिक औषधि (chemical drug) की सूई (injection) लगाई जाती है। पर्याप्त मात्रा में इंसुलिन की सूई लगाने पर रोगी के रक्त में ग्लूकोज यानी चीनी की मात्रा घट जाती है। फलस्वरूप रोगी तंद्रा (somnolence) की अवस्था में आने लगता है। उसकी चेतना (consciousness) समाप्त होने लगती है और वह घोर निद्रा यानी कॉमा (coma) की स्थिति में पहुँच जाता है। रोगी की यह शिथिलता धीरे–धीरे आघात (shock) का रूप धारण कर लेती है जिसकी पहचान कुछ शारीरिक लक्षणों, जैसे–मांसपेशियों में खिंचाव या सिकुड़न का होना, मिरगी की तरह ऐंठन (convulsion or seizure) के लक्षण प्रकट होने लगते हैं। रोगी का शरीर या तो बिल्कुल शुष्क (dry) हो जाता है अथवा बहुत अधिक पसीना निकलने लगता है (perspires profusely)। चेहरे की आकृति बिगड़ जाती है [मुँह का ऐंठ जाना या टेढ़ा हो जाना (grimaces)]। रोगी की इन अवस्थाओं को पुनः सामान्य (normal) बनाने हेतु उसके रक्त में ग्लुकोज की आपूर्ति की जाती है। उसे मुँह द्वारा राइल्स टयूब (Ryle's tube) की मदद से अथवा नस (vain) द्वारा ग्लुकोज दिया जाता है। चिकित्सा की इस प्रक्रिया को सप्ताह में तीन से पाँच बार दोहराया जाता है और लगभग दस हफ्ते तक चिकित्सा चलाई जाती है।

मूल्यांकन (Evaluation): शुरू–शुरू में आघात की इस प्रविधि का उपयोग मनोविदालता (schizophrenia) के रोगियों पर किया जाता था। लेकिन बाद में चलकर इस प्रविधि का उपयोग भावात्मक विकारों (affective disorders) के रोगियों जैसे अवसाद (depression) के रोगियों के लिए भी किया जाने लगा। परंतु **'शिपले' एवं 'कैंट'** (Shipley and Kant) के अनुसार, भावात्मक विकारों से पीड़ित रोगियों के लिए यह प्रविधि उपयुक्त नहीं है। अतएव, आधुनिक चिकित्सकों (therapists) एवं मनोचिकित्सकों (psychiatrists) की राय में इंसुलिन आघात चिकित्सा (IST) का उपयोग केवल मनोविदालता के कुछ प्रकारों, जैसे–कैटाटोनिक (catatonic) समूह के रोगियों के लिए ही उपयोगी है। मनोविकृति के दूसरे प्रकारों के लिए नहीं। साथ ही, इस प्रविधि का उपयोग विशेष परिस्थिति में तथा कुशल एवं दक्ष चिकित्सकों की देख–रेख में ही की जानी चाहिए। देख–रेख

करने वाले चिकित्सकों के दल में मेडिकल ब्रांच के किसी फिजिशियन (physician) का होना भी बेहतर होगा, क्योंकि कभी–कभी इंसुलिन के घातक परिणाम भी होते हैं। अतः इसके उपयोग में पर्याप्त सावधानी का बरतना आवश्यक होता है।

15.7.2.2 मेट्राजोल चिकित्सा (Metrazole Therapy—MT)

इंसुलिन चिकित्सा के तुरंत बाद 'मेडुना' (Meduna) ने चिकित्सा का एक सरल तरीका निकाला। उन्होंने रोगी की मांसपेशी में मेट्राजोल (Metrazol) की सूई लगाकर ऐंठन (seizure or convulsion) के लक्षण उत्पन्न करने का तरीका उपयोग में लाया। रोगी को आराम से लेटाकर उसकी बाँह की मांसपेशी में मेट्राजोल की लघुमात्रा सूई द्वारा प्रवेश कराया जाता है। इस सूई (injection) के कुछ ही सेकेंड बाद रोगी की चेतना लुप्त हो जाती है और उसके संपूर्ण शरीर में ऐंठन (seizure) के लक्षण उत्पन्न होने लगते हैं। यह ऐंठन कुछ मिनटों (एक या दो मिनट) तक रहता है। इस विधि को दिन में एक बार या एक दिन बिताकर कुछ सप्ताहों तक चलाया जाता है।

मूल्यांकन (Evaluation): यद्यपि चिकित्सा की इस प्रविधि का आविष्कार मुख्य रूप से मनोविदालता (schizophrenia) के रोगियों की चिकित्सा हेतु किया गया था, लेकिन बाद में इसका उपयोग भावात्मक विकृतियों, खासकर अवसाद के रोगियों के लिए भी उपयोग में लाया जाने लगा। अवसाद (depression) से पीड़ित ऐसे रोगी जिनमें आक्रामक प्रवृत्तियाँ (agressive tendencies) की प्रधानता होती थी, में यह विधि ज्यादा लाभप्रद प्रमाणित हुई।

परंतु 'मेट्राजोल' के उपयोग के संबंध में अनेक आपत्तियाँ उठाई गई हैं। पहली आपत्ति यह उठाई गई कि मेट्राजोल की सूई लगाने के तत्क्षण ही (जब तक रोगी की चेतना पूर्णतः लुप्त यानी बेहोश नहीं हो जाता) रोगी को बहुत अधिक भय या डर लगता है। अतः इस भय के कारण अनेक रोगी इसकी सूई लेने से भागते हैं। कई अवसरों पर चिकित्सक को बल भी प्रयोग करना पड़ता है।

दूसरी आपत्ति यह है कि पर्याप्त सावधानी यदि न बरती जाए तो इस औषधि के परिणामस्वरूप ऐंठन के कारण रीढ़ की हड्डी टूट सकती है अथवा विभिन्न जोड़ों की हड्डियाँ फिसल सकती हैं।

15.7.2.3 विद्युत आघात चिकित्सा (Electric Shock Therapy—EST)

आजकल 'मेट्राजोल' चिकित्सा की जगह विद्युत प्रवाह (electric current) द्वारा आघात पहुँचाने का तरीका उपयोग में लाया जाता है जो मेट्राजोल चिकित्सा की पूरक विधि है। इस विधि से चिकित्सा का मुख्य श्रेय इटली के चिकित्सक **'सरलेटी' एवं 'बिनी'** (Cerleti and Bini) महोदय को जाता है।

इस विधि से चिकित्सा प्रारंभ करने से पहले रोगी को तैयार कराया जाता है। चिकित्सक इस बात की पड़ताल कर लेता है कि कहीं रोगी का पेट भरा हुआ तो नहीं है, उसने मल–मूत्र का परित्याग कर लिया है तथा किसी प्रकार की अप्राकृतिक चीज तो उसने नहीं खाई है इत्यादि, इन सभी बातों से आश्वस्त हो जाने के बाद रोगी को आराम से बिस्तर पर लिटा दिया जाता है तथा सहयोगी कर्मचारियों (परिचारिका आदि) की उपस्थिति में रोगी के मस्तिष्क में एलेक्ट्रोड (electrode) द्वारा विद्युत प्रवाह (electric current) प्रवेश कराया जाता है। विद्युत प्रवाह के साथ ही रोगी की चेतना लुप्त होने लगती है और उसमें मिरगी के रोगी की तरह पेशीय ऐंठन (muscular seizure or convulsion) के लक्षण उत्पन्न होते हैं। यह ऐंठन लगभग 1 से 2 मिनट तक रहती है रोगी बेहोशी की अवस्था जब टूटती है अर्थात् वह जागृत होता है तो जागृत अवस्था में चिकित्सा से संबंधित बातों की स्मृति नहीं रहती। इस विधि को इ.सी.टी. अर्थात 'इलेक्ट्रो कन्वल्सिव थिरेपी' (Electro Convulsive Therapy—ECT) भी कहते हैं।

मूल्यांकन (Evaluation): आघात के उपर्युक्त दोनों तरीकों में ई.सी.टी. (ECT) का तरीका आसान और बेहतर है क्योंकि, इसमें पेशीय ऐंठन (muscular seizure) बहुत तीक्ष्ण और संगीन (very acute and severe) नहीं होता तथा उसे अपेक्षाकृत आसानी से नियंत्रित (control) भी किया जा सकता है। इस विधि में रोगी को किसी प्रकार का भय या आशंका नहीं होती तथा इसमें मृत्यु होने की भी आशंका नहीं होती। इस विधि का उपयोग हर उम्र के रोगियों पर किया जा सकता है तथा किसी दूसरे प्रकार के शारीरिक रोगियों (जैसे हृदय संबंधी रोगियों) अथवा गर्भवती महिलाओं पर भी विद्युत आघात पहुँचाया जा सकता है। इसका कारण यह है कि इस विधि में जो ऐंठन या संकुचन होता है वह सामान्य मिरगी के रोगियों की तरह होता है जिसका किसी प्रकार के शारीरिक रोगों से कोई संबंध नहीं होता। साथ ही इसकी ऐंठन सहनीय (tolerable) मात्रा की होती है।

ECT भी मेट्राजोल की ही तरह भावात्मक मनोविकृति से ग्रस्त रोगियों के लिए अधिक लाभकारी सिद्ध होता है। अन्य प्रकार के मनोविकृति के रोगियों के लिए यह प्रविधि ज्यादा लाभकर नहीं है।

15.7.2.4 आघात चिकित्सा की व्याख्या (Explanation of Shock Therapy)

आघात चिकित्सा (shock therapy) किस प्रकार मनोरोगियों की विकृतियों (disorders of psychic patients) को दूर करने में प्रभावी होती है, इस संबंध में मनोवैज्ञानिकों (psychologists) एवं शरीरशास्त्रियों (physiologists) ने अपने–अपने पक्षों में संदर्भों में व्याख्या प्रस्तुत की है तथा दोनों क्षेत्रों की दृष्टि में चिकित्सा की प्रभावशीलता (effectiveness) स्वीकार की है। इन दोनों दृष्टिकोणों पर आधारित व्याख्याएँ इस प्रकार हैं—

(क) मनोवैज्ञानिक दृष्टिकोण से आघात के फलस्वरूप रोगी की विगत स्मृतियाँ (past memories) कुछ दुर्बल या क्षीण (weak) होती हैं। फलतः उसे विगत काल की दुखद स्मृतियों की चेतना नहीं रहती और वह शीघ्रता से वास्तविकता (realities) की ओर वापस लौटने में समर्थ होता है। साथ–ही–साथ शारीरिक आघात के कारण रोगी का अकारण भय और उसकी चिंता भी निर्मूल हो जाती है। अतः रोगी के विकृति के लक्षण दूर हो जाते हैं और उसमें चेतना का पुनर्निर्माण या पुनः संगठन (reconstruction or reorganisation of consciousness) होता है। इसके अतिरिक्त चूंकि अस्पतालों में चिकित्सा की अवधि में परिचारिकाएँ (nurses) एवं दूसरे कर्मचारी रोगी की देखभाल (care) पूरी सतर्कता (alterness) एवं ध्यानपूर्वक करते हैं, इसलिए रोगी में संतोष का भाव एवं दूसरों के प्रति आस्था के अंकुर पनपते हैं जो उनके वास्तविक जीवन में अंतःपारस्परिक संबंधों को सकारात्मक दिशा (positive direction) प्रदान करने में मददगार होता है। इससे उनके अंतःपारस्परिक संबंधों में सुधार आता है।

(ख) शरीरशास्त्रियों (physiologists) के अनुसार, कृत्रिम ढंग से आघात पहुँचाए जाने के फलस्वरूप 'स्नायुमंडल' (nervous system) की असामान्यताएँ बिखर (shattered) जाती हैं तथा अवयवी विष (organic toxication) दूर हो जाता है। इसका परिणाम यह होता है कि स्नायुकोषों की चंचलता अथवा उत्तेजना (nerve cell irritation) भी शिथिल पड़ जाती है और रोगी की भावात्मक उग्रता मंद पड़ जाती है।

उपर्युक्त दोनों व्याख्याएँ सैद्धांतिक पूर्व कल्पनाएँ (theoretical speculations) हैं, जबकि चिकित्सा प्रामाणिक (empirical) स्वरूप की होती है। जहाँ तक 'आघात चिकित्सा' (shock therapy) के दुष्परिणामों का प्रश्न है, यह देखा गया है कि आघात के कारण रोगी के बृहत मस्तिष्क के कोश (cell of cerebrum) नष्ट होते हैं तथा हाल की घटनाओं की स्मृति भी नष्ट होती है। कभी–कभी रोगी की मृत्यु भी हो जाती है, यद्यपि इसकी संभावना बहुत ही कम रहती है। इंसुलिन द्वारा आघात पहुँचाए जाने पर मृत्यु की संभावना अपेक्षाकृत अधिक रहती है जबकि EST में इसकी संभावना बहुत ही कम रहती है।

अतएव 'आघात चिकित्सा' का निर्णय अत्यंत आवश्यक स्थिति में ही लिया जाना चाहिए।

15.7.3 मनःशल्य चिकित्सा (Psychosurgery Therapy)

आधुनिक समय में मनोरोगियों की मनोविकृतियों (psychopathologies) की चिकित्सा शल्य चिकित्सा (surgical treatment) द्वारा भी किया जाने लगा है। खासकर क्रियात्मक मनोविकृति (functional psychosis) से पीड़ित रोगियों की चिकित्सा में यह प्रविधि मुख्य रूप से उपयोग में लाई जाती है। इस विधि के जनक 'मोनिज' (Moniz) महोदय हैं। जिन्होंने 1935 में पुर्तगाल के 'लिसबॉन' नामक शहर में इस विधि के मनोरोगियों की चिकित्सा की शुरुआत की। बाद में **'फ्रीमैन'** एवं **'वाट्स'** (Freeman and Watts) ने अमेरिका में इस विधि को प्रचलित किया। इस विधि में रोगी की दोनों कनपटियों (temples) में छेद (hole) किया जाता है। इस छेद (hole) को एक शल्य चाकू (surgical knife) द्वारा भेद कर (by incising) मस्तिष्क के अग्रखंड (frontal lobe) में थैलेमस (Thalamus) से जोड़ने वाले तंतु (fibroid tracts) को काट कर संबंध विच्छेद (dissociate) कर दिया जाता है। मस्तिष्क के अग्रखण्ड (frontal lobe) द्वारा आचरण संबंधी क्रियाएँ होती हैं और 'थैलेमस' (thalamus) संवेग (emotions) का मुख्य केंद्र होता है। अतः इन दोनों के संबंध विच्छेद हो जाने पर संवेगात्मक उपद्रवों (emotional disturbances) के कारण होने वाली आचरण संबंधी विकृतियाँ दूर हो जाती हैं। शल्य की इस क्रिया को 'प्रि–फ्रांटल लेबॉटॉमि' (pre-frontal labotomy) कहते हैं। इस शल्य क्रिया का आधार यह है कि कुछ खास प्रकार की मनोविकृतियों (psychoses) के **'कारण'** (causes) मस्तिष्क के अग्र भाग (frontal areas of the brain) में स्थित कुसमयोजित कोशों (maladaptive cells) में पाए जाते हैं। इन्हें पृथक (isolate) कर देने पर रोगी चिंता और संवेगात्मक अवरोधों (worries, anxieties and emotional inhibitions) से मुक्त हो जाता है और इस प्रकार वह चंगा हो जाता है।

मूल्यांकन (Evaluation): यद्यपि इस विधि द्वारा मनोरोगियों के चंगा होने संबंधी कुछ प्रमाण प्राप्त हुए हैं, फिर भी कुछ चिकित्सक शल्य चिकित्सा की कटु आलोचना करते हैं। उनकी मुख्य आपत्ति (objection) यह है कि शल्य क्रिया द्वारा थैलेमस से संबंध विच्छेद कर देने के परिणामस्वरूप भविष्य में रोगी की अनेक प्रकार की क्रियाएँ उत्तरोत्तर ढंग से (progressively) नष्ट (lost) हो जाती है। जैसे–रोगी की संवेदनशीलता (sensitivity), सूझ (insight), 'स्व' की जागरूकता (self awareness) और निर्णय (judgement) एवं इसी तरह की अन्य उच्चस्तरीय मानसिक क्रियाएँ (higher level mental activities)।

उपर्युक्त विरोधों के बावजूद इस क्षेत्र में दिन–प्रतिदिन अनुसंधान कार्य हो रहे हैं और नई–नई प्रविधियों का विकास हो रहा है। इन अनुसंधान कार्यों का ही परिणाम है कि इन दिनों संपूर्ण मस्तिष्क का ऑपरेशन कर सूक्ष्म–से–सूक्ष्म केन्द्रों को भी भेदा जा सकता है जिससे शरीर के विभिन्न अवयवों के विकृत तंतु (pathological tissues) काट कर अलग किए जा सकते हैं और रोगी की असामान्यता दूर की जा सकती है।

15.7.4 दैहिक चिकित्सा की अन्य प्रविधियाँ (Other Techniques of Somatic Treatment)

मनोरोगों की चिकित्सा में वर्णित प्रविधियों के अतिरिक्त और भी कई प्रविधियाँ उपयोग में लाई जाती हैं जो वर्णित प्रविधियों की सहायक (auxiliary) प्रविधियों के रूप में उपयोग में लाई जाती हैं। उदाहरण के लिए नींद की कमी को दूर करने हेतु नींद की गोलियाँ (sleeping piles), दर्द निवारक के रूप में एनालजिन या एस्पिरिन की गोलियाँ (analgin or aspirin tablets) उपयोग में लाई जाती हैं। इस प्रकार, असामान्यता के लक्षणों को दबाकर रोगी को विश्राम और शांत, एवं चिंता मुक्त रखने का प्रयास किया जाता है।

इन रोगियों को गुनगुने या शीतल पानी से स्नान (bathing with warm or cold water) करवाकर भी चिकित्सा की जाती है। इसे हाइड्रॉथिरेपी (hydrotherapy) कहते हैं। नियमित और खास ढंग से नित्य स्नान करने पर रोगी ताजगी (freshness) और शांति का अनुभव करता है। इससे रोगी का मानसिक तनाव (mental tension) भी दबा रहता है। निरंतर अभ्यास (continuous practice) के फलस्वरूप रोगी धीरे–धीरे शांत, प्रसन्न और तरोताजा बने रहने की आदत विकसित कर लेता है। इस प्रकार उसकी असामान्यता के लक्षण दूर हो जाते हैं।

मालिश (massage), धूप का सेवन (sunbath), शारीरिक और मानसिक व्यायाम (physical and mental exercise), योग (yoga) प्राणायाम (Pranayam) आसन इत्यादि प्रविधियाँ भी मनोरोगियों के उपचारार्थ उपयोग में लाई जाती हैं। इन सभी प्रविधियों का उपयोग मानसिक एवं शारीरिक दोनों तरह की चिकित्सा प्रविधियों के लिए महत्व रखते हैं। इन प्रविधियों का महत्व रोगियों की चिकित्सा एवं सामान्य लोगों के मानसिक स्वास्थ्य (mental health) को बनाए रखने (to maintain)—दोनों दृष्टियों से महत्वपूर्ण हैं।

15.8 सामुदायिक चिकित्सा केंद्र (Community Therapeutic Centres)

आधुनिक समय में मनोरोगियों के उपचार हेतु विकेंद्रीकृत (decentralized) सामुदायिक चिकित्सा केंद्र (community therapeutic centres) खोलने पर विशेष बल दिया जा रहा है। ये सामुदायिक केंद्र प्रायः व्यक्ति के अपने समुदाय (community) एवं पारिवारिक वातावरण (family environment) के निकट के इलाकों में ही स्थापित किए जाते हैं। ऐसे केंद्रों में कई लाभ हैं जैसे—

(क) रोगी का अपने परिवार एवं समुदाय से संबंध बना रहता है। इससे रोगी के शीघ्र चंगा होने की प्रबल संभावना रहती है।

(ख) परिवार के सदस्यों को रोगी की चिकित्सा के लिए दूर–दराज के इलाकों के अस्पतालों या आरोग्यशालाओं में जाने की परेशानी नहीं उठानी पड़ती। फलस्वरूप वे अपने घरेलू एवं रोजमर्रे के कार्यों में बिना हेर–फेर किए एवं बिना बाधा के रोगी की चिकित्सा करवा सकते हैं।

(ग) रोगी की चिकित्सा चूँकि उनके समुदाय एवं पारिवारिक वातावरण के बीच होती है, इसलिए उन्हें उनके सामुदायिक वातावरण के साथ पुनर्समायोजित (readjust) होने में उत्पन्न कठिनाइयों का सामना नहीं करना पड़ता। अतः पुनः बीमार पड़ने (relapse) की संभावना अपेक्षाकृत कम रहती है।

(घ) चिकित्सकीय खर्च के अलावा अन्यान्य खर्च (जैसे—बाहर रहने, आने–जाने, भोजन आदि की व्यवस्था करने इत्यादि) का बोझ परिवार के लोगों पर नहीं पड़ता। इस प्रकार, आर्थिक बोझ अपेक्षाकृत कम होता है। अर्थात् चिकित्सा की व्यवस्था मितव्ययी (economical) होती है।

पश्चिमी देशों, खासकर अमेरिका में ऐसे अनेक सामुदायिक केंद्र स्थापित हुए हैं जिसमें बहिरंग (outdoor) चिकित्सा, अंतरंग (indoor) चिकित्सा, मार्गदर्शन केंद्र (guidance clinics), परामर्श केंद्र (counselling centres) आदि हर तरह के केंद्र शामिल हैं। साथ ही कुछ ऐसे केंद्र भी स्थापित हुए हैं जो आंशिक आरोग्यशाला (partial hospital centres) के रूप में कार्य करते हैं। इनके अतिरिक्त, पेशेवर क्लिनिसियन्स (professional clinicians) भी अपने निजी क्लिनिक्स (private clinics) में मानसिक रोगियों की देख रेख करते हैं।

यह अत्यंत ही खेद की बात है कि भारतवर्ष में (in India) ऐसे केंद्रों की भारी कमी है। इसका परिणाम यह है कि भारत जैसे गरीब देश में मानसिक रोगियों के उपचार की व्यवस्था व्यापक नहीं हो सकी है। नतीजा यह है कि आज भी अनेक रोगी झाड़–फूँक, जादू–टोना या अंधविश्वासों (superstitions) पर आधारित वैकल्पिक चिकित्सकों जो सही अर्थ में ढोंगी साधु या धर्मप्रचारक (high pressure evangelists) या पाखंडियों (imposters) के चक्कर में पड़कर विविध प्रकार से ठगे जाते हैं तथा दूसरी ओर दुर्व्यवहारों (maltreatments) के शिकार होकर शेष जीवन व्यतीत करने हेतु विवश या बाध्य (compelled) होते हैं। फलतः उनकी बीमारी में कोई सुधार तो नहीं ही होता, साथ ही वे परिवार या अपने समुदाय के लिए बोझ (burden) बने रहते हैं। अतः यहाँ भी

ऐसे केंदों की स्थापना की सख्त आवश्यकता है जिसके लिए सरकार एवं समाजसेवी संस्थाओं (social service institutions) को आगे बढ़ना होगा तथा इस उत्तरदायित्व को निभाना होगा।

सामुदायिक केंद्रों (community centres) द्वारा चिकित्सकीय सुविधाओं के मूल उद्देश्य निम्नलिखित हैं—

(i) इस प्रकार के सुविधा केंद्रों का मूल उद्देश्य समाज के सभी वर्गों के लोगों को अच्छी चिकित्सा सुविधाएँ उपलब्ध कराना होता है।

(ii) दूसरा महत्वपूर्ण उद्देश्य रोगियों के कष्टों का निवारण करना तथा चिकित्सा के आर्थिक बोझ को कम करना होता है।

(iii) इन केंद्रों का यह भी उद्देश्य होता है कि चिकित्सा की सुविधा इतनी व्यापक बना दी जाए कि व्यक्तित्व विकृति (personality disorder) से संबंधित समस्याओं के निवारणार्थ यथेष्ट प्रगति हो सके और आम लोगों (common people) को इन कष्टों से छुटकारा मिल सके।

15.9 सारांश (Summary)

1. कुछ मनोवैज्ञानिक तरीकों का उपयोग कर किसी व्यक्ति की व्यक्तित्व एवं सांवेगिक क्षुब्धता की स्थिति को नियंत्रित एवं दूर करने के उपायों को मनश्चिकित्सा (psychotherapy) कहते हैं।
2. मनश्चिकित्सा करते समय कुछ सावधानियों का बरता जाना आवश्यक होता है जैसे—
   (i) रैपोर्ट की स्थापना (establishment of rapport)।
   (ii) चिकित्सा के विभिन्न सिद्धांतों के निहित नियमों का क्रमबद्ध ढंग से उपयोग करना।
   (iii) चिकित्सा का उपयोग केवल दक्ष एवं प्रशिक्षित चिकित्सकों द्वारा किया जाना।
3. मनश्चिकित्सा की कई प्रविधियाँ हैं जिनमें निम्नलिखित प्रमुख हैं—
   (i) मनोविश्लेषणात्मक विधि (psychoanalysis method)।
   (ii) सम्मोहन (hypnosis)।
   (iii) संसूचन (suggestion)
   (iv) व्यवहार परिमार्जन (behaviour modification)।
   (v) सामूहिक चिकित्सा विधि (group therapy)।
   (vi) अनिर्देशात्मक चिकित्सा (non-directive therapy)।
   (vii) व्यावसायिक चिकित्सा (occupational therapy)।
   (viii) मनःअभिनय (psychodrama)।
4. कुछ दैहिक (somatic) विधियाँ भी हैं जैसे—
   (i) औषधि चिकित्सा (pharmacotherapy)।
   (ii) आघात चिकित्सा (shock therapy)।
   (iii) मनःशल्य चिकित्सा (psychosurgery)।
   (iv) अन्य प्रविधियाँ (other techniques)।
5. उपर्युक्त सभी प्रविधियों में कुछ गुण और दोष या सीमाएँ हैं। कौन–सी विधि अधिक उपयुक्त है, यह रोग के स्वरूप, रोग की तीक्ष्णता (acuteness) एवं संगीनावस्था (severity), रोगी की अवस्था, चिकित्सक

की कुशलता एवं आवश्यक साधनों की उपलब्धता पर निर्भर करता है। अतः इन सभी बातों पर विचार करने के बाद ही उपयुक्त चिकित्सा प्रविधि का निर्णय लेना चाहिए।

6. न्यूरॉसिस की चिकित्सा हेतु आमतौर पर मनश्चिकित्सा की विभिन्न प्रविधियों का उपयोग लाभकारी सिद्ध होता है जबकि मनोविकृति से पीड़ित रोगियों की चिकित्सा में दैहिक चिकित्सा प्रविधियों के साथ सहायक विधि के रूप में मनश्चिकित्सा की प्रविधियों का उपयोग लाभकारी होता है।
7. इन दिनों मनोरोगियों की चिकित्सा के प्रचार एवं प्रसार को बढ़ाने के उद्देश्य से सामुदायिक चिकित्सा केंद्र (community therapeutic centres) खोलने की दिशा में कार्य किए जा रहे हैं। लेकिन भारतवर्ष में ऐसे केंद्रों की भारी कमी है।

खण्ड VII

बौद्धिक दुर्बलता
(Intellectual Deficiency)

16

मानसिक दुर्बलता या मंदता
(Mental Retardation or Deficiency)

अध्याय रूपरेखा (Chapter Outline)

16.1 स्वरूप एवं परिभाषा (Nature and Definition)

मानसिक विकास के अधोसामान्य (subnormal) अवस्था को मानसिक दुर्बलता या मंदता (mental retardation) कहते हैं। पहले इसे मस्तिष्क की 'शक्तिहीनता' अर्थात् 'मानसिक कमजोरी' के रूप में जाना जाता था, जिसका अर्थ बुद्धि का ह्रास या कमी (deficiency of intellect) होता है। तकनीकी भाषा में इस प्रकार के बौद्धिक ह्रास को 'एमेंशिया' (amentia) कहा जाता है। 'एमेंशिया' का शाब्दिक अर्थ 'बिना दिमाग के' (without mind) होता है। लेकिन मानसिक दुर्बलता को 'एमेंशिया' यानी 'बिना दिमाग का' कहना उचित प्रतीत नहीं होता। इसका कारण यह है कि किसी भी जीवित मनुष्य के 'बिना दिमाग के' होने की बात अकल्पनीय (unimaginable) है।

बिल्कुल 'जड़बुद्धि' (blathering idiot) में भी दिमाग का थोड़ा अंश जरूर रहता है। अतएव कोई भी व्यक्ति बिना दिमाग के (without mind) नहीं हो सकता।

सही अर्थ में मानसिक दुर्बलता मानसिक विकास की उस अवस्था को कहा जाता है जो सामान्य स्तर (normal level) से कम यानी नीचे (अधो) की अवस्था होती है।

बौद्धिक न्यूनता (या दुर्बलता अथवा मंदता) के निदान के लिए 'अमेरिकन एसोसिएशन ऑन मेंटल रिटार्डेशन' (American Association on Mental Retardation—AAMR, 1992) एवं अमेरिकन साइकियाट्रिक एसोसिएशन (American Psychiatric Association—APA) ने कुछ नैदानिक पद्धतियों (diagnostic methods) का निर्धारण किया है। इन पद्धतियों के मानदंडों के आधार पर मानसिक दुर्बलता 'अधो सामान्य मानसिक अवस्था' (subnormal mental state) होती है। कुछ लोग इसे 'क्षीणमनस्कता' (feeble mindedness) की भी संज्ञा देते हैं। ये दोनों पर्यायवाची शब्द हैं जो वस्तुतः सामान्य या औसत बुद्धि की मात्रा से कम मात्रा को इंगित करते हैं। इसके अंतर्गत 'अल्प बुद्धि' (low intelligence) के तीन स्तर (levels) आते हैं—'मूर्ख' (moron), 'मूढ़' (imbecile) एवं जड़ (idiot) बौद्धिक क्षमता के व्यक्ति आते हैं। बौद्धिक क्षमता के इन स्तरों का निर्धारण मनोवैज्ञानिकों द्वारा विकसित बौद्धिक परीक्षणों (intelligence tests) द्वारा किया जाता है। इसी तरह मानसिक दुर्बलता का एक और पर्यायवाची शब्द—'मानसिक ह्रास' अथवा 'मानसिक मंदता' अथवा 'मानसिक पिछड़ापन' (mental backwardness) आदि कई शब्द प्रयोग में लाए जाते हैं जिसका निर्धारण बुद्धि परीक्षणों द्वारा सामान्य या औसत बुद्धि मापकर किया जाता है। 'ब्राउन' (Brown) ने मानसिक न्यूनता (mental deficiency) के बदले 'हाइपोफ्रेनिया' (hypophrenia) शब्द का उपयोग किया है। इनके अनुसार मानसिक रूप से दुर्बल (mentally weak) या कमजोर व्यक्ति की मानसिक बुद्धि की मात्रा सीमित (limited) हो जाती है। अतः बुद्धि का विस्तार जब औसत स्तर से नीचे के स्तर पर आकर रुक जाता है अथवा विकास अवरुद्ध होता है व्यक्ति की बौद्धिक क्षमता निम्न (hypo) ही रह जाती है। फलतः वह 'औसत' क्षमता वाले व्यक्तियों के समूह या समाज में बेमेल (unmatched), अर्थात् अनुपयुक्त हो जाता है।

ट्रेडगोल्ड (Tradgold) ने मानसिक दुर्बलता (mental retardation) की व्याख्या 'मेडिकल दृष्टिकोण' (medical point of view) से की है। इनका मानना है कि "मानसिक दुर्बलता 'मस्तिष्क के सीमित विकास' (limited development) की अवस्था को कहते हैं, जिसके फलस्वरूप व्यक्ति पूर्णरूप से परिपक्व (matured) होने पर भी वातावरण के साथ समायोजन करने अथवा समुदाय की माँगों (community demands) की पूर्ति करने में असमर्थ रहता है तथा बिना किसी बाह्य अवलंबन (support) या दूसरों की देख–रेख के अपने स्वतंत्र अस्तित्व (independent existence) का निर्वाह करने में अयोग्य रहता है।"

इस प्रकार, 'ट्रेडगोल्ड' (Tradgold) ने मानसिक दुर्बलता के संबंध में दो तरह की बातों पर जोर दिया है—(क) मानसिक विकास की सीमित अवस्था (limited developmental state of mind) एवं (ख) सामाजिक समायोजन की अयोग्यता (inadequacy of social adaptation)।

मानसिक दुर्बलता के उपर्युक्त स्वरूप के आलोक में कई विद्वानों, जैसे—'ट्रेडगोल्ड' (Tradgold), पेज (Page), स्ट्रेंज (Strange) आदि लोगों ने अपने–अपने शब्दों में परिभाषित करने का प्रयास किया है। लेकिन, आधुनिक समय में 'अमेरिकन मनश्चिकित्सक संघ' (American Psychiatric Association—APA) द्वारा प्रस्तावित परिभाषा ही अत्यधिक मान्य है। इस संघ के अनुसार—

"मानसिक दुर्बलता अधोसामान्य बौद्धिक कार्यक्षमता को कहते हैं, जिसकी उत्पत्ति विकास की अवस्था में होती है तथा जिसका संबंध शिक्षण एवं सामाजिक समायोजन या परिपक्वता अथवा दोनों में ह्रास से है।"[1]

उपर्युक्त परिभाषा एवं स्वरूप से यह स्पष्ट है कि बौद्धिक न्यूनता में केवल बौद्धिक क्षमता में कमी नहीं आती, अपितु इनमें शिक्षण निर्योग्यता (learning disability), सामाजिक समायोजन संबंधित कमियाँ एवं स्वयं

1. "Subnormal general intellectual functioning which originates during the developmental period and is associated with impairment of either learning and social adjustment or maturation or both."—American Psychiatrist Association—APA

की देख–भाल की अक्षमता की स्थिति भी देखी जाती है। इसीलिए ऐसे बच्चों को 'चुनौतिग्रस्त' (mentally challenged) कहा जाता है।

16.2 मानसिक दुर्बलता की सामान्य विशेषताएँ (Common/General Characteristics of Mental Retardation or Deficiency)

प्रस्तुत अनुच्छेद (Section) में मानसिक मंदता की चंद विशेषताओं (characteristics) का समग्र रूप से (over all) वर्णन प्रस्तुत किया जा रहा है जो प्रायः मानसिक मंदता की न्यूनता के सभी प्रकारों में कमोबेश पाई जाती हैं, ये विशेषताएँ निम्नांकित हैं–

(i) सीमित बुद्धि (Limited intelligence)

मानसिक दुर्बलता या न्यूनता का सबसे प्रधान लक्षण औसत या सामान्य लोगों से बुद्धि की मात्रा कम होना है। इसे निम्न बुद्धि भी कहते हैं। बुद्धि की मात्रा कम (न्यून) होने से तात्पर्य बुद्धि के विकास की गति (rate of speed of intellectual development) का धीमा (slow) होना अथवा न्यून अर्थात् किसी स्तर विशेष (particular minimal level) से आगे विकास के रुक जाने से है।

(ii) शारीरिक न्यूनता (Organismic inferiority)

मानसिक रूप से दुर्बल व्यक्तियों (बालकों) का शारीरिक विकास भी सामान्य से नीचे के स्तर पर अवरुद्ध होता है जैसे नाटा कद (short statured) का होना, पैर छोटे (small legs), सिर बड़ा (big head), चमड़ी मोटी एवं पीली (thick and yellowish skin), होंठ भद्दा (indecent leaps), आँखों में विचित्रता (pecularities in eyes) इत्यादि।

इसमें संज्ञानात्मक एवं संवेगात्मक (cognitive and emotional) क्षमताओं का विकास भी देर से और बहुत ही मंद गति से होता है। इनमें भाषा संबधी त्रुटियाँ भी पाई जाती हैं।

(iii) सामाजिक अयोग्यता (Social disabilities)

मानसिक न्यूनता से ग्रस्त बच्चों में सामाजिक समायोजन की अयोग्यता (inability in social adaptability) से संबंधित लक्षण भी पाए जाते हैं। इनकी बुद्धि का स्तर इतना न्यून रहता है कि वे सामाजिक (social) और असामाजिक (unsocial) अथवा समाजविरोधी (antisocial) में अंतर नहीं कर पाते इनमें उचित–अनुचित, भला–बुरा, उपयोगी–अनुपयोगी, आदि ज्ञान का अभाव रहता है। इसीलिए ऐसे बालक, चोरी, यौन अपराध या अन्यान्य तरह के असामाजिक व्यवहार की ओर भी प्रवृत्त होते हैं। इनमें आत्मसंयम (self restraint), आत्मरक्षा (self protection), आत्मविश्वास (self confidence) आदि का अभाव पाया जाता है। ये परावलंबी (dependent) होते हैं। इस प्रकार सामाजिक समायोजन (social adaptability) विसंतुलित (disharmonious) होता है।

(iv) जीविका उपार्जित करने की अयोग्यता (Disability in earning livelihood)

मानसिक न्यूनता से ग्रस्त लोगों में अपनी जीविका (livelihood) उपार्जित करने की क्षमता नहीं रहती। फलस्वरूप वे अपने परिवार या समाज पर बोझ बने रहते हैं। कुछ लोगों की मानसिक मंदता तो इतनी अधिक होती है कि वे अपनी दैनिकचर्या–खाना–पीना, मल–मूत्र का परित्याग आदि जैसे साधारण कार्यों के लिए भी दूसरों पर आश्रित रहते हैं।

(v) शिक्षा संबंधी अयोग्यता (Inadequacy of education)

इनमें शैक्षणिक पिछड़ापन (educational backwardness) के लक्षण पाए जाते हैं। अर्थात् वे किसी प्रकार के औपचारिक (formal) या अनौपचारिक (informal) शिक्षा ग्रहण करने में असमर्थ होते हैं अथवा किसी कार्य को करने हेतु प्रशिक्षण (training) प्राप्त करने में पिछड़े रहते हैं। इसका मुख्य कारण बुद्धि की कमी है। इनकी बुद्धि इतनी कम होती है कि इन्हें शिक्षित या प्रशिक्षित करना प्रायः असंभव होता है।

(vi) सीमित प्रेरणा संवेग (Limited motivation and emotions)

मानसिक रूप से दुर्बलों की प्रेरणा शक्ति (motivational power) एवं संवेग (emotions) अत्यंत सीमित होते हैं। प्रभुत्व (dominance) अथवा लक्ष्य प्राप्ति (attainment of goal) की कामना नहीं रहती। ऐसे लोग खाने–पीने, सोने या अन्यान्य शारीरिक आवश्यकताओं (needs or drives) की पूर्ति के लिए उत्सुक या बेचैन (curious or restless) नहीं दिखते। इनकी सामान्य खुशी, घृणा, भय, आश्चर्य आदि भावों की अभिव्यक्ति भी मंद पड़ जाती है। इनमें सांवेगिक एवं प्रेरणात्मक तीव्रता पशुओं से भी कम मात्रा की होती है।

(vii) अन्य मानसिक क्रियाएँ (Other mental functions)

मानसिक दुर्बलता से ग्रस्त लोगों में शैक्षिक क्षमता के अभाव के साथ–साथ दूसरी मानसिक क्रियाएँ भी सीमित होती हैं, जैसे—अवधान विस्तार (span of attention) स्मृति विस्तार (memory span), विभेदीकरण (differentiation) एवं सामान्यीकरण (generalization) की योग्यता, चिंतन प्रक्रिया (thought processes) संज्ञानात्मक क्षमता (cognitive capacities) इत्यादि सीमित होते हैं।

(viii) व्यक्तित्व (Personality)

मानसिक रूप से दुर्बल व्यक्ति अंतर्मुखी (interoverted) व्यक्तित्व तथा असामान्य रूप से विनम्र प्रकृति के होते हैं। इनकी चित्तवृत्ति (mood) उदासीन (depressive or bad) छवि की होती है। छल, कपट, धोखा देने जैसे गुणों का अभाव पाया जाता है। ये कभी–कभी बुद्धि की कमी एवं समझ योग्यता के अभाव के कारण असामाजिक (unsocial) कार्य भी कर बैठते हैं।

इस प्रकार स्पष्ट है कि मानसिक रूप से दुर्बल लोगों में बुद्धि की कमी के साथ–साथ सामाजिक समायोजन, शिक्षा ग्रहण करने की क्षमता एवं व्यक्तिगत देख–रेख की योग्यता का भी अभाव पाया जाता है।

16.3 मानसिक दुर्बलता एवं मानसिक क्षय (रोग) में अंतर (Differences between Mental Retardation and Mental Decay or Diseases)

मानसिक दुर्बलता या मानसिक क्षय अर्थात् मनोरोग, दोनों 'मनोविकृति' की श्रेणी में आते हैं तथा इन दोनों प्रकार की मनोविकृतियों (mental disorders) में प्रायः अंतर स्पष्ट करना मुश्किल होता है। इसका कारण यह है कि अनेक मनोरोगों में सांवेगिक उपद्रव के साथ–साथ बुद्धि की हीनता यानी न्यूनता के लक्षण भी पाए जाते हैं, जैसे—'मनोविदालता' (schizophrenia) एवं स्थिर व्यामोह (paranoia) जैसे रोगियों में संवेगात्मक असंतुलन (emotional disharmony) एवं व्यक्तित्व और व्यवहार संबंधी विकृतियों के साथ–साथ बौद्धिक क्षमता (intellectual capabilities) में भी गिरावट देखी जाती है। इनके अतिरिक्त इन दोनों प्रकार की मनोविकृतियों (mental disorders) में सामाजिक समायोजन संबंधी विकृतियाँ (disorders of social adjustment) भी पाई जाती हैं तथा पुनर्लाभ (recovery) की संभावना भी क्षीण होती है। इस प्रकार, इनके बीच बहुत कुछ समानताएँ (similarities)

पाई जाती हैं। लेकिन, इन समानताओं के बावजूद इनके लक्षण (symptoms), कारण (causes), स्वरूप (nature) एवं पुनर्लाभ का पूर्वानुमान (prognosis) इत्यादि में इनके बीच अंतर पाए जाते हैं जो निम्नलिखित तालिका 16.1 में दर्शाए गए हैं।

तालिका 16.1 मानसिक दुर्बलता एवं क्षय रोग में अंतर
(Differences between Mental Retardation and Mental Decay)

	मानसिक दुर्बलता (Mental Retardation)	मानसिक क्षय (रोग) [Mental Decay (Disease)]
1.	मानसिक दुर्बलता (mental retardation) में बौद्धिक योग्यताओं का विकास न्यून स्तर पर (at low level) ही रुक जाती है, अर्थात् आगे विकसित नहीं होती।	मानसिक क्षय या रोग में बुद्धि का विकास रुकता नहीं है अपितु वह पूर्णता से अपूर्णता की ओर वापस आता है, इसीलिए मानसिक क्षय में बुद्धि की मात्रा सामान्य से कम हो जाती है।
2.	मानसिक दुर्बलता प्रायः जन्मजात (inborn) होती है। जन्म के समय अथवा कुछ समय बाद से ही मानसिक न्यूनता के लक्षण दृष्टिगोचर होने लगते हैं।	मानसिक क्षय में ऐसी बात नहीं पाई जाती। मानसिक क्षय जन्मजात (inborn) नहीं अपितु अर्जित (acquired) होती है क्योंकि इसका विकास जन्म के बाद मनोसामाजिक (psycho social) कारणों से होता है।
3.	चूँकि मानसिक दुर्बलता में बौद्धिक क्षमताओं का विकास सामान्य से न्यून स्तर पर रुक जाता है, अर्थात् समुचित विकास नहीं हो पाता, इसलिए मानसिक क्षमता सीमित हो जाती है।	मानसिक क्षय की स्थिति में मानसिक क्षमताओं की कार्यशीलता असंतुलित होती है। बौद्धिक क्षमता इस उपद्रव के कारण ही पूर्णता से अपूर्णता की ओर प्रतिगमित (regress) होती है।
4.	मानसिक दुर्बलता से ग्रस्त व्यक्तियों की बुद्धि सामान्य से कम स्तर पर ठहर जाती है। अर्थात् उससे आगे विकसित नहीं हो पाती। इस विकास के अवरोधन के कारण ही व्यवहार भी सामान्य से परे होता है।	मानसिक क्षय (decay) की अवस्था में बुद्धि पूर्णरूप से विकसित रहती है लेकिन मनोरोगी असंतुलन की स्थिति के कारण उसका सदुपयोग नहीं कर पाता है फलतः व्यवहार संबंधी विकृतियाँ देखने को मिलती हैं।
5.	मानसिक दुर्बलता में कई प्रकार के शारीरिक एवं मानसिक अयोग्यता के लक्षण देखे जाते हैं। इसलिए इन्हें स्पष्ट रूप से पहचाना जा सकता है।	मनोरोग में यह आवश्यक नहीं है। खासकर न्यूरॉसिस के रोगियों को तो कभी–कभी स्पष्ट रूप से पहचानना भी मुश्किल होता है।
6.	मानसिक दुर्बलता में व्यक्तित्व का विघटन (splitting of personality) अपेक्षाकृत कम होता है। इस दृष्टि से इन्हें सामान्य लोगों से अलग श्रेणी में रखा भी नहीं जा सकता।	मानसिक रोगियों, जैसे—मनोविदालता (schizophrenia) स्थिर व्यामोह (paranois) के रोगियों का व्यक्तित्व आंशिक या पूर्णरूप से विघटित होता है।
7.	मानसिक रूप से दुर्बल व्यक्तियों में अपराध की प्रवृत्ति अपेक्षाकृत अधिक प्रबल रूप से देखी जाती है क्योंकि इनमें उचित–अनुचित, अच्छा–बुरा आदि की समझ नहीं होती।	मानसिक रोग से प्रायः ऐसी बात नहीं पाई जाती। हाँ, कुछ गंभीर मनोरोगियों द्वारा अपराध होने की संभावना रहती है लेकिन इनके कारण भिन्न होते हैं।
8.	मानसिक दुर्बलता से पीडितों में विभ्रम (hallucination), व्यामोह (delusions), बहुव्यक्तित्व (multipersonality) आदि के लक्षण नहीं पाए जाते हैं।	मानसिक रोगियों में खासकर मनोविकृति (psychosis) के मनोरोगियों में ये लक्षण मुख्य रूप से पाए जाते हैं।

(क्रमशः)

तालिका 16.1 मानसिक दुर्बलता एवं क्षयरोग में अंतर (क्रमशः)
(Differences between Mental Retardation and Mental Decay)

	मानसिक दुर्बलता (Mental Retardation)	मानसिक क्षय (रोग) [Mental Decay (Disease)]
9.	मानसिक दुर्बलता मुख्य रूप से आनुवंशिकता (heredity), जन्म के समय का आघात एवं चोट (birth injury), मानसिक आघात (mental shock), सिफलिस (syphilis) आदि कारणों से होता है।	मानसिक क्षय (decay) या रोग में मुख्य रूप से वातावरण से उत्पन्न संघर्ष (conflicts) और तनाव (tension) ही कारण के रूप में कार्य करते हैं। आनुवंशिकता या अन्यान्य कारण कोई विशेष महत्व नहीं रखता।
10.	मानसिक दुर्बलता से पीड़ित व्यक्ति में आत्मनिर्भरता (self dependency) का अभाव रहता है। अतः स्वयं की देखभाल एवं उत्तदायित्व का निर्वाह करने में अयोग्य होता हैं।	कुछ गंभीर रूप के मानसिक रोगियों को छोड़कर शेष मनोरोगी अपनी देखभाल करने, उत्तरदायित्वों के निर्वहन में सक्षम होते हैं। अतः आत्मनिर्भर भी होते हैं।
11.	मानसिक दुर्बल व्यक्तियों की शारीरिक रचना (body structure) विकृत एवं भद्दी होती है।	मनोरोग या क्षय से ग्रस्त व्यक्तियों में ऐसी बात नहीं पाई जाती। इनका शारीरिक गठन बिल्कुल सामान्य व्यक्तियों की तरह होता है।
12.	मानसिक रूप से दुर्बल व्यक्तियों में शिक्षा ग्रहण करने की योग्यता का अभाव रहता है। कोई–कोई मानसिक दुर्बलों को मात्र अक्षर या अंक ज्ञान प्राप्त करने में भी असमर्थ होते हैं।	मनोरोगियों में ऐसी बात नहीं पाई जाती। इनमें शिक्षा ग्रहण की योग्यता रहती है। इसीलिए इन पर 'पुनर्शिक्षण' (relearning) की प्रविधि का उपयोग संभव होता है।
13.	मानसिक रूप से दुर्बल व्यक्तियों का उपचार मुश्किल होता है। इसीलिए इन्हें पुनर्वास (rehabilitation) की आवश्यकता होती है।	मानसिक क्षय या रोग से ग्रस्त व्यक्तियों की चिकित्सा की जा सकती है जिसके फलस्वरूप उन्हें पुनः सामान्य (normal) बनाया जा सकता है।

उपर्युक्त तालिका में वर्णित तथ्यों से यह स्पष्ट होता है कि 'मानसिक दुर्बलता' (mental retardation) एवं मानसिक क्षय (mental decay) यानी रोग (diseases) में अनेक अंतर हैं जिनके आधार पर इन दोनों प्रकार विकृतियों को आसानी से एक–दूसरे से पृथक (differentiate) किया जा सकता है।

16.4 मानसिक दुर्बलता का वर्गीकरण (Classification of Mental Retardation)

'मानसिक दुर्बलता' (mental retardation) के वर्गीकरण के कई आधार (basis) हैं। इनमें निम्नांकित दो आधार प्रमुख हैं–

(क) बुद्धि की मात्रा का आधार (Degree of intelligence basis) एवं

(ख) नैदानिक आधार (Clinical basis)

इसके अतिरिक्त ट्रेडगोल्ड (Tradegold) ने भी अपने ढंग से अलग वर्गीकरण (classification) प्रस्तुत किया है।

अब उपर्युक्त सभी आधारों पर मानसिक दुर्बलता के विभिन्न प्रकारों का अलग–अलग वर्णन किया जा रहा है–

16.4.1 बुद्धि की मात्रा के आधार पर मानसिक दुर्बलता के प्रकार (Types of Mental Retardation on the Basis of Degree of Intelligence)

प्रामाणिक बुद्धि परीक्षणों (standard intelligence tests) द्वारा बुद्धि की मात्रा (degree of intelligence) को मापकर मानसिक दुर्बलता को विभिन्न श्रेणियों या वर्गों की दुर्बलता में बाँटा जाता है। इस प्रकार के वर्गीकरण का मूल आधार (main basis) 'मानसिक आयु' (mental age) होता है जिसके द्वारा 'बुद्धि लब्धि' (Intelligence quotient—I.Q.) निकाला जाता है। सैद्धांतिक रूप से (theoretically) 100 अंकों की बुद्धि लब्धि (I.Q.) को औसत (average) माना जाता है। लेकिन व्यावहारिक दृष्टि से 90–110 के बीच के सभी अंकों की बुद्धि लब्धि (I.Q.) को सामान्य या औसत बुद्धि (average intelligence) की श्रेणी में ही रखा जाता है। अब I.Q. 90 से जितना ही कम होगा, व्यक्ति की मानसिक दुर्बलता भी उतनी ही अधिक होगी। इस आधार पर मानसिक दुर्बलता को प्रायः तीन श्रेणियों में—'मूर्ख' (moron), 'मूढ़' (imbecile) और 'जड़' (idiot) बाँटा जाता है। इन तीनों प्रकार के मानसिक दुर्बल व्यक्तियों की बुद्धि लब्धि (I.Q.) का प्रसार (range) इस प्रकार का होता है।

तालिका 17.2 मानसिक दुर्बलता के विभिन्न प्रकारों में बुद्धि लब्धि का प्रसार
[Range of I.Q. Among Different Types of Mentally Retarded (MR[2])]

मानसिक दुर्बलता के विभिन्न प्रकार (Different Types of Mental Retardation)	मानसिक आयु [Mental Age (MA)]	बुद्धि लब्धि का प्रसार (Range of I.Q.)
मूर्ख (Moron)	8 वर्ष या उससे अधिक	50–69
मूढ़ (Imbecile)	6–7 वर्ष	20–49
जड़ (Idiot)	3 वर्ष से कम	20 से कम

आधुनिक समय में मानसिक दुर्बलता का उपर्युक्त वर्गीकरण (classification) प्रचलन में नहीं है। इसका कारण यह है कि प्रायः मूर्ख (moron), मूढ़ (imbecile) एवं जड़ (idiot) शब्दों के अर्थ निंदनीय रूप में लिए जाते हैं। अतः इन संबोधनों में संवेगात्मक भाव (emotional feelings or affects) संबद्ध (associated) हो जाते हैं। अतः आधुनिक मनोवैज्ञानिक विभिन्न मात्राओं की दुर्बलताओं को दूसरी तरह से वर्णन करते हैं।

आधुनिक समय का वर्गीकरण (Modern times classification)

आधुनिक समय में मानसिक दुर्बलताओं को बुद्धि की मात्रा के आधार पर निम्नलिखित पाँच प्रकारों में बाँटा जाता है—

(क) सीमावर्ती या सीमारेखा की मानसिक दुर्बलता (Borderline mental retardation)

(ख) साधारण मानसिक दुर्बलता (Mild mental retardation)

(ग) मध्यम मानसिक दुर्बलता (Moderate mental retardation)

(घ) गंभीर मानसिक दुर्बलता (Severe mental disorders) एवं

(ङ) अति गंभीर मानसिक दुर्बलता (Profound mental retardation)

2. MR = Mental Retardation.

(क) सीमावर्ती या सीमारेखा की मानसिक दुर्बलता (Borderline mental retardation): मानसिक दुर्बलता के इस प्रकार के व्यक्ति की बुद्धि लब्धि (I.Q.) औसत I.Q. प्रसार के न्यूनतम अंक के आस–पास की होती है। इन की बुद्धि लब्धि का प्रसार (range of I.Q) 68-83 के बीच रहती है अतः इन्हें न तो मानसिक दुर्बलता की स्पष्ट श्रेणी में रखा जाता है और न ही स्पष्ट रूप से सामान्य (औसत) बुद्धि की श्रेणी में। इसीलिए इन्हें 'सीमावर्ती' (borderline) मानसिक दुर्बलता की श्रेणी में रखा जाता है। चूँकि, इनकी बुद्धि की मात्रा औसत से थोड़ी कम होती है, इसलिए सामान्य लोगों की अपेक्षा इनमें सीखने की गति (rate of learning) मंद या सुस्त होती है। जटिल (complex), कठिन (difficult) समस्याओं को सुलझाने, विचारों को समझने अथवा उनको ग्रहण करने आदि की योग्यता औसत से कम होती है। साथ ही, ये जो कुछ भी सीख पाते हैं उसका उपयोग समान तरह की समस्या या परिस्थिति में नहीं कर पाते क्योंकि सामान्यीकरण की योग्यता (ability to generalize) का अभाव पाया जाता है। शिक्षण संबंधी अयोग्यता (learning disability) मुख्य रूप से वाचिक शिक्षण (verbal learning) से संबंधित होती है। चूकि इनमें सीखने की योग्यता मंद होती है, इसलिए धारण क्रिया (retention activity) भी प्रभावित होती है, फलतः स्मृति संबंधी निर्योग्यता (disability) भी पाई जाती है।

लेकिन, इनकी सामान्य क्रियात्मक क्षमता या योग्यता (motor ability) लगभग सामान्य रहती है तथा अपने परिवार या समाज के साथ समायोजन संबंधी (adjustment related) कोई खास समस्या नहीं रहती। फिर भी, सामान्य बुद्धि के लोगों की तुलना में इन्हें दूसरे लोगों की सहायता की आवश्यकता पड़ती है।

(ख) साधारण मानसिक दुर्बलता (Mild mental retardation): इनकी बुद्धि लब्धि (I.Q.) 52-67 के बीच होती है। मानसिक रूप से दुर्बल व्यक्तियों के समूह में इनकी तादाद 89% के आस–पास होती है तथा मानसिक आयु 8 से 11 वर्ष की उम्र के बालकों के बराबर रहती है। अर्थात् वयस्क होने पर भी इनकी बौद्धिक योग्यता 8 से 11 वर्ष के बालकों के अनुरूप ही रहती है। इनमें सामाजिक समायोजन (social adjustment) की योग्यता किशोरों के स्तर पर सिमट जाती है। सामान्यतः मस्तिष्क संबंधी विकृति (brain pathology) अथवा दूसरे प्रकार की शारीरिक विसंगतियाँ (physical anomalies) के लक्षण दृष्टिगोचर नहीं होते लेकिन, दूसरों की निगरानी (vigilance) आवश्यक होती है। इसका कारण यह है कि बुद्धि की मात्रा कम होने के कारण ये कुछ भी कर सकते हैं क्योंकि इन्हें इनके परिणामों की समझ नहीं होती। यदि समय पर, अर्थात् प्रारंभिक अवस्था (initial stage) में ही इनकी पहचान कर ली जाए तो माता–पिता के सहयोग (parental cooperation) एवं विशेष प्रकार के शिक्षण कार्यक्रामों (special learning programme) द्वारा इन्हें सामाजिक समायोजन (social adjustment) एवं साधारण शैक्षणिक एवं व्यावसायिक कौशलों (academic and occupational skills) को अर्जित (acquire) करने योग्य बनाया जा सकता है ताकि कुछ हद तक वे आत्मनिर्भर (self dependent) हो सकते हैं।

(ग) मध्यम मानसिक दुर्बलता (Moderate mental retardation): बुद्धि की मात्रा की अल्पता में यह तीसरी श्रेणी की अल्पता है जिसमें I.Q. का स्तर साधारण स्तर की मानसिक दुर्बलता से ग्रस्त रोगियों से न्यून श्रेणी (low level) की होती है। इनके I.Q. का प्रसार प्रायः 35-51 के बीच की होती है तथा मानसिक आयु 4 से 7 वर्ष की उम्र के बच्चों के बराबर की होती है। इनमें सीखने की क्षमता अल्प होती है। अधिक–से–अधिक इनमें कुछ बोलने या अक्षर ज्ञान तक की योग्यता विकसित हो सकती है। इनमें शारीरिक विकृति के लक्षण भी देखे जाते हैं। इनकी शारीरिक बनावट बेडौल या भद्दा (clumsy), और कुरूप (ugly) होता है। इनमें क्रियात्मक समन्वय (motor coordination) का अभाव पाया जाता है। इस प्रकार के कुछ दुर्बल व्यक्ति (retarded persons) आक्रामक एवं बैरी प्रकृति (aggressive and hostile nature) के भी होते हैं (यद्यपि ऐसे लोगों की संख्या बहुत ही कम होती है)। लेकिन आश्चर्यजनक रूप से (surprisingly) प्रत्यक्षतः वे मिलनसार (affable) व्यक्तित्व का प्रदर्शन करते हैं। ये प्रायः शून्यमयता अर्थात् खोखलापन या रिक्तता (vacuousness) की शिकायत भी करते हैं।

प्रारंभिक अवस्था में ही निदान होने पर माता–पिता के सहयोग एवं प्रशिक्षित करने हेतु आवश्यक साधनों का उपयोग कर कुछ हद तक (to an extent) इन्हें अपनी देख–रेख करने (personal care) योग्य बनाया जा सकता है।

(घ) गंभीर मानसिक दुर्बलता (Severe mental retardation): मानसिक दुर्बलता का अपेक्षाकृत यह गंभीर (severe) रूप होता है, क्योंकि इनकी बुद्धि की मात्रा बहुत ही कम होती है। इनकी I.Q. का प्रसार 20-35 के बीच होती है तथा बोलने (speech) एवं क्रियात्मक योग्यता (motor ability) भी गंभीर रूप से दुर्बल प्रकार की होती है। इनमें ज्ञानवाही (sensory) एवं गतिवाही (motor) क्रियाओं से संबंधित त्रुटियाँ भी पाई जाती हैं, जैसे–दृष्टि (visual) एवं श्रवण (auditory) संबंधी त्रुटियाँ। इस प्रकार की दुर्बलता से ग्रस्त व्यक्ति प्रायः व्यक्तिगत सफाई (personal cleanliness), कपड़ा पहनने (clothing himself), भोजन आदि कार्यों के लिए भी दूसरों पर निर्भर (dependent) होते हैं। अपने को धूप, वर्षा आदि बाहरी खतरों से नहीं बचा पाते। इनमें पढ़ने–लिखने की क्षमता का तीक्ष्ण अभाव पाया जाता है। फिर भी, यदि इन्हें प्रशिक्षित (trained) किया जाए तो ये सरल कार्य, जैसे–पशुओं को खिलाना, पत्थर चुनना, झाड़ू देना आदि कार्य कर सकते हैं। मानसिक दुर्बलता के कुल रोगियों में इनकी तादाद 4-5% रहती है।

(ङ) अति गंभीर मानसिक दुर्बलता (Profound mental retardation): मानसिक दुर्बलता का यह सर्वाधिक संगीन रूप या प्रकार है। इनकी I.Q. 20 से नीचे (0-20) रहती है। ये अति साधारण कार्य करना भी नहीं सीख सकते क्योंकि इनमें सीखने की क्षमता का लगभग पूर्ण अभाव पाया जाता है। इनमें शारीरिक दोष एवं कमजोरियाँ भी पाई जाती हैं। ये प्रायः पतले और दुबले होते हैं। ये न तो स्वयं खाना खा सकते हैं और न कपड़ा ही पहन सकते हैं। ये प्रायः अस्वस्थ भी रहते हैं। इनका शारीरिक गठन (body constitution) सुडौल नहीं होता तथा गूंगापन (mutism), बहरापन (deafness), पेशीय संकुचन एवं ऐंठन (muscular convulsion and seizure) इत्यादि विशेषताएँ पाई जाती हैं। इनके पैर छोटे और बड़े होते हैं, पेट बड़ा होता है, इनमें किसी रोग के जीवाणुओं के प्रति प्रतिरोधक क्षमता (resistance power) का अभाव पाया जाता है। फलस्वरूप इनकी मृत्यु भी शीघ्र ही हो जाती है।

16.4.2 मानसिक दुर्बलता के नैदानिक प्रकार (Clinical Types of Mental Retardation)

जैविक (biological) या शारीरिक (physiological) कारणों से उत्पन्न मानसिक दुर्बलता को नैदानिक प्रकार (clinical types) कहते हैं। चिकित्साशास्त्र (medical science) के कुछ वैज्ञानिकों ने मानसिक दुर्बलता से ग्रस्त व्यक्तियों को चिकित्सकीय व्यवस्था द्वारा सामान्य के करीब लाने में महत्वपूर्ण योगदान किया है। नैदानिक आधार पर मानसिक दुर्बलता के अनेक प्रकार हैं जिनमें निम्नलिखित कुछ प्रकार महत्वपूर्ण हैं–

(क) मंगोलिज्म (Mangolism)
(ख) लघुशीर्षता एवं दीर्घशीर्षता (Microcephaly and Macrocephaly)
(ग) जलशीर्षता (Hydrocephaly)
(घ) फेनिलकेटोन्यूरिया (Phenyleketonuria—PKU) एवं
(ङ) बौनापन (cretinism)

(क) मंगोलिज्म (Mangolism)

मानसिक दुर्बलता (mental retardation) के इस प्रकार का पता सबसे पहले 'लैंगडॉन डॉउन' (Langdon Down) ने 1886 में लगाया था। इसीलिए, दुर्बलता के इस प्रकार को उनके नाम से संबंधित कर 'डॉउन सिंड्रोम'

(Down's Syndrome) के नाम से भी जाना जाता है। इस प्रकार के दुर्बल व्यक्तियों की बुद्धि लब्धि (I.Q.) 25 से 50 के बीच होती है। इस प्रकार ऐसे लोग वस्तुतः मूढ़ (imbecile) की श्रेणी में आते हैं। इनकी आँखों की बनावट प्राचीन समय के मंगोलियन जाति से मिलती है इसीलिए इन्हें 'मंगोल' (Mongol) कहा जाता है।

इनके सिर छोटे और गोल, आँखें धँसी हुई, नाक छोटी और चपटी, कद नाटा, हाथ छोटे लेकिन मोटे, जीभ लंबी तथा उस पर गहरी दरारें (fissures) होती हैं। इनकी मानसिक आयु (mental age) 6-7 वर्ष तक की होती है। इनकी ज्ञानवाही और गतिवाही (sensory and motor) क्षमताओं में कोई खास विकृति नहीं देखी जाती, लेकिन इन क्षमताओं का विकास विलंब (late) से होता है। ये साधारण काम करके अपनी जीविका चला सकते हैं लेकिन, कठिन काम नहीं कर सकते। इनमें भाषा का विकास भी देर से होता है। कुछ मंगोल तो पूर्णरूप से परिपक्व होने पर भी ठीक से बोल नहीं पाते अर्थात् असमर्थ होते हैं। इनका व्यक्तित्व (personality) देखने में हँसमुख, खुशमिजाज और शिष्ट प्रतीत होता है। आधुनिक समय में 'ऐंटीबॉयटिक्स' (antibiotics) का आविष्कार होने के फलस्वरूप इन्हें पूर्ण परिपक्व होने तक जीवित रखा जा सकता है। पहले इनकी आयु बहुत ही कम होती थी और अधिकतर मंगोल श्वास संबंधी रोगों (respiratory diseases) के शिकार होकर जल्दी ही मर जाते थे।

इस प्रकार की दुर्बलता के कारण के संबंध में विद्वानों के बीच मतभेद है। शुरु–शुरू में इसे वंशगत (heredity) माना जाता था। लेकिन, बाद के अध्ययनों से पता चला कि यह वंशगत नहीं होता क्योंकि मुश्किल से 100 में से किसी एक घर में ही इस प्रकार के बच्चे जन्म लेते हैं तथा उनके दूसरे सहोदर (भाई–बहन) मानसिक रूप से दुर्बल नहीं होते। कुछ लोग इसे विशेष प्रकार की ग्रंथि (gland) की विकृति (pathology) या विसंतुलन (imbalance) से संबंधित मानते हैं। 'बेंडा', 'बेंडा' एवं 'फारेल' (Benda, Benda and Farell) ने इस प्रकार की दुर्बलता (retardation) को 'पिटयूटरी ग्लैंड' (pitutory gland) से संबंधित किया है। इसी तरह, फ्राँस के वैज्ञानिक 'लेजेयुन' (Lejeune), 'टर्पिन' (Terpin), 'गाउदिर' (Gauthier) इत्यादि ने इस संबंध में 'क्रोमोसोम्स' (Cromosomes) के विसंतुलन से संबंधित किया है। इनके अनुसार, 'मंगोल' (Mongol) बच्चों में 47 क्रोमोसोम्स पाए जाते हैं जबकि सामान्य लोगों में इसकी संख्या 46 होती है।

कारण चाहे जो भी हों, इतनी बात तो तय है कि 'मंगोलिज्म' (Mangolism) के अंकुर बच्चे के जन्म से पूर्व में (in the pre-netal stage) में ही पनपने लगते हैं जो मानसिक रूप से दुर्बलता के शिकार होते हैं।

(ख) लघुशीर्षता एवं दीर्घशीर्षता (Microcephaly and Macrocephaly)

इस प्रकार की मानसिक दुर्बलता मस्तिष्क के क्रैनियल विसंगति (cranial anomaly) से संबंधित है। 'लघुशीर्षता' (microcephaly) से ग्रस्त बच्चों का सिर बहुत ही छोटा होता है। सामान्य (normal) की अपेक्षा इनका सिर बहुत ही छोटे होते हैं जिनकी परिधि (circumference) 17" (इंच) से अधिक नहीं होती तथा वे देखने में भी कुछ विचित्र (peculiar) प्रतीत होते हैं। यहाँ तक कि इनके कुछ भाग भी गायब रहते हैं, अर्थात् सिर के विकास में कुछ भाग छुटे रहते हैं। ये प्रायः प्रसन्नचित्त (happy) और सजग (alert) दिखते हैं। इनका ध्यान जल्दी–जल्दी एक वस्तु से दूसरी वस्तु पर टिकता है। अर्थात् इनमें एकाग्रचित्तता (concentrate) का अभाव पाया जाता है। इनका I.Q. 25 के आस–पास या उससे भी कम होता है। इस प्रकार के व्यक्ति बहुत कम (rare) मिलते हैं। तथा इनकी आयु भी बहुत कम होती है। इनकी चिकित्सा प्रायः असंभव है।

'दीर्घशीर्षता' (macrocephaly) में सिर का आकार सामान्य से बहुत बड़ा होता है। इसका कारण यह है कि इनके सिर में जो भाग छुटे रहते हैं उनके स्थान पर अवलंबरूपी तंतुओं (support tissues) का विकास हो जाता है जिसे 'गिलयल' (glial) कहते हैं। इन अवलंब तंतुओं के अति विकास के कारण मस्तिष्कीय कोशों (brain tissues) का विकास अवरुद्ध होता है। इसीलिए, ऐसे व्यक्तियों का सामान्य विकास नहीं हो पाता। इनके विकास का भी कोई स्पष्ट कारण ज्ञात नहीं होने के कारण इनकी भी चिकित्सा संभव नहीं होती। ऐसे मामले भी दुर्लभ (rare) ही होते हैं।

(ग) जलशीर्षता (Hydrocephaly)

लघु (micro) एवं दीर्घ (macro) शीर्षता की ही तरह 'जलशीर्षता' (hydrocephaly) भी क्रैनियल विसंगति (cranial anomaly) का ही परिणाम है। ऐसे शिशुओं के मस्तिष्क में एक प्रकार का मस्तिष्कीय जलद्रव (fluid) असामान्य मात्रा में एकत्र हो जाते हैं। इसे 'सेरेब्रो–स्पाइनल फ्लयूड' (cerebro-spinal fluid) कहते हैं। इससे मस्तिष्क का आकार (size) बड़ा हो जाता है। इनका I.Q. 'जड़' (idiot) या मूढ़ (imbecile) के बराबर होती है (20-25 के बीच)। हाथ या पैर लकवाग्रस्त होता है। ये या तो बड़ा सिर के साथ ही जन्म लेते हैं अथवा जन्मोपरांत सिर बड़ा होने लगता है।

इनमें दुर्बलता (retardation) के लक्षण स्नायुओं के क्षतिग्रस्त (neural damage) की मात्रा पर निर्भर करता है इनका सिर क्रमशः बड़ा होता जाता है लेकिन चेहरा (face) सामान्य ही रहता है।

इस प्रकार की दुर्बलता जन्मजात सिफलिस (syphlis), आघात (shock), मस्तिष्कीय चोट (brain injury), ट्यूमर आदि के कारण होती है।

(घ) फेनिलकेटोन्यूरिया (Phenyleketonuria—PKU)

यह एक प्रकार का कोशनिर्माण से संबंधित विकृति का प्रतिफल है। इस प्रकार के शिशुओं का जन्म प्रायः 20,000 शिशुओं में एक के अनुपात (ratio) में होता है। जन्म के समय तो ये प्रायः सामान्य (normal) ही प्रतीत होते हैं। लेकिन, इनमें एक प्रकार के इंजाइम (enzyme) का अभाव रहता है जिसके कारण प्रोटीनयुक्त भोजन फेनिलएलानिन (phenylalanine) नाम के एमिनो एसिड (amino acid) पदार्थ में परिवर्तन नहीं होता। अर्थात् इनका अवशोषण (absorption) नहीं हो पाता। फलस्वरूप, 'फेनिलएलानिन' शरीर में अधिक होने लगता है और रक्त के साथ संचारित होकर मस्तिष्क को क्षतिग्रस्त करता है जो शिशु को मानसिक रूप से दुर्बल बनाता है। इस प्रकार की दुर्बलता के लक्षण प्रायः 6 से 7 महीने में दिखने लगते हैं। इससे पहले भी शिशुओं में वमन (vomiting), विचित्र प्रकार की गंध (peculiar smell), शैशवकालीन एक्जिमा (infantile Eczema), ऐंठन (seizure) आदि के लक्षण देखे जाते हैं। इनमें पहला लक्षण मानसिक दुर्बलता (mental retardation) का ही प्रकट होता है जो मध्यम (moderate) से गंभीर (severe) दुर्बलता के बराबर होता है। अर्थात् इनकी I.Q. 25 से 50 के बीच की होती है। क्रियात्मक समन्वय का अभाव (lack of motor coordination) एवं मस्तिष्कीय चोट से संबंधित स्नायु संबंधी विकृति (neurological pathology relating to brain injury) के लक्षण भी प्रकट होते हैं। इनकी आँखों और त्वचा के रंग पीले (pale) पड़ जाते हैं। इनके बालों के रंग भी बदल जाते हैं।

कुछ अध्ययनों में यह भी पाया गया है कि PKU के रोगियों का कोई निकट का संबंधी भी PKU का शिकार होता है।

PKU के निदान के लिए वैज्ञानिक तरीके निकल आए हैं। अतः उचित समय पर इनका निदान (diagnosis) संभव है। चिकित्सक इन्हें कम मात्रा में फेनिलएलानिनयुक्त भोजन की सलाह देते हैं। प्रारंभिक अवस्था (6-7 वर्ष की आयु) में ही चिकित्सकीय सहायता द्वारा इन शिशुओं में थोड़ा सुधार लाया जा सकता है। इनकी बौद्धिक क्षमता में ह्रास (deficiency) 6 माह की अवधि से 6 वर्ष तक की अवधि में लगभग पूरा हो जाता है। अतः प्रारंभिक अवस्था में ही चिकित्सा के फलस्वरूप इनकी बौद्धिक क्षमता में गिरावट को रोका जा सकता है। इस तरह इनकी बौद्धिक क्षमता सामान्य से थोड़ी कम स्तर तक रह सकती है। लेकिन संयमित आहार (restricted diet) के बावजूद अनेक शिशु इस दुर्बलता के शिकार बन जाते हैं।

(ङ) बौनापन (Creatinism)

यह अंतस्त्रावी ग्रंथी (endocrine glands) के विसंतुलन (imbalance) के कारण होता है। इस श्रेणी की मानसिक दुर्बलता के व्यक्तियों की 'थायरॉयड ग्लैंड' (thyroid gland) का या तो पूर्ण विकास नहीं होता अथवा किसी

तरह से चोट पहुँचने के कारण ग्रंथि क्षतिग्रस्त (damage) हो जाती है जिसके परिणामस्वरूप इस ग्रंथि का स्त्राव अत्यंत ही अल्प मात्रा में होता है।

इनमें कुछ विशिष्ट लक्षण पाए जाते हैं जिनके आधार पर इन्हें दूसरी प्रकार की दुर्बलताओं से अलग किया जाता है। इनकी I.Q. 25 के आस–पास होती है। इनका कद नाटा (dwarf like) होता है। इनकी ऊँचाई मुश्किल से 3 फुट के आस–पास होती है। इनके पैर थोड़ा झुके हुए होते हैं तथा रीढ़ भी थोड़ी झुकी हुई (bended spine) होती है। फलस्वरूप ये कुबड़े दिखते हैं। इनका सिर बड़ा, नाक चपटी, होंठ मोटे और भद्दे, गर्दन मोटी लेकिन छोटी, त्वचा मुरझाई हुई ढीली–ढाली रहती है। इनकी आँखों की पलकें भी मोटी रहती हैं जिससे ऐसा लगता है, मानो ये नींद में हैं, इनका पेट भी आगे की ओर निकला होता है तथा यौन (sex) का विकास भी अवरुद्ध हो जाता है। बुद्धि और संवेगात्मक विकास सीमित होता है। इनमें क्रियात्मक क्षमताओं का विकास भी देर से होता है। लगभग 5 वर्ष से पहले ये चलने–फिरने, उठने–बैठने में असमर्थ होते हैं। परिपक्व (matured) होने पर भी ये प्रायः पैर घसीट कर ही चलते हैं। सात आठ साल की उम्र के बाद थोड़ा बोलना शुरू करते हैं, लेकिन इनका विकास अवरुद्ध रहता है।

पहले बताया जा चुका है कि बौनापन श्रेणी की मानसिक दुर्बलता थॉयरॉयड ग्रंथि के अर्धविकास अथवा क्षतिग्रस्त होने के कारण होती है। 'थॉयरॉयड ग्रंथि' (thyroid gland) से स्त्रावित होने वाला 'थॉयरॉक्सिन' (thyroxin) की अल्प आपूर्ति के कारण ऐसे बच्चे जन्म लेते हैं। थॉयरॉक्सिन का पर्याप्त स्त्राव 'आयोडिन' (iodine) युक्त भोजन पर निर्भर करता है। प्रारंभिक अवस्था में ही थॉयरॉक्सिन की सुई देने पर बौनापन (dwarfness) तथा कुछ अन्यान्य शारीरिक विकृति के लक्षण कम या दूर हो जाते हैं लेकिन इनकी बौद्धिक क्षमता में कोई खास सुधार नहीं होता।

16.4.3 ट्रेडगोल्ड का वर्गीकरण (Tradgold's Classification)

'ट्रेडगोल्ड' ने मानसिक दुर्बलता (mental retardation) का वर्गीकरण दो मुख्य प्रकारों में किया है–(क) 'प्राथमिक मानसिक दुर्बलता' (primary mental retardation) एवं (ख) 'द्वितीयक मानसिक दुर्बलता' (secondary mental retardation)।

(क) 'प्राथमिक मानसिक दुर्बलता' (Primary mental retardation)

'ट्रेडगोल्ड' (Tradgold) के अनुसार 'प्राथमिक मानसिक दुर्बलता' (primary mental retardation) वंशगत (hereditary) अर्थात् एक पीढ़ी से दूसरी पीढ़ी में स्थानांतरित होती रहती है। लगभग 80% मानसिक रूप से दुर्बल शिशु इसी श्रेणी में आते हैं। इसका मुख्य कारण यह है कि गर्भाधान के समय (during conception) बीज कोशों (germ cells) में किसी प्रकार का असंतुलन या अन्यान्य त्रुटि होती है जो उनके जैविक माता–पिता (biological parents) से भ्रूण (fetus) में संचारित (transmit) होता है तथा इसी कारण से मानसिक रूप से दुर्बल (mentally retarded) शिशु का विकास और जन्म होता है। फलस्वरूप, इनका मानसिक विकास (mental development) सुस्त और सीमित हो जाता है। 'गोडार्ड' (Goddard) ने अपने अध्ययनों द्वारा इस बात की पुष्टि की है। इन्होंने अपने अध्ययनों में पाया कि मूर्ख श्रेणी (moron category) के संबंधियों के बीच 'प्राथमिक मानसिक दुर्बलता' (primary mental retardation) से ग्रस्त लोग बहुतायत संख्या में पाए जाते हैं। जड़ और मूढ़ (idiot and imbecile) की श्रेणी के दुर्बल शिशुओं में भी कुछ के संबंधी प्राथमिक दुर्बलता (primary retardation) के शिकार होते हैं, लेकिन, इनकी संख्या अपेक्षाकृत कम होती है। इन्होंने यह भी पाया कि इस श्रेणी के दुर्बल शिशुओं में अनेक 'जीन्स' (genes) के संयोग होते हैं।

(ख) 'द्वितीयक मानसिक दुर्बलता' (Secondary mental retardation)

मानसिक रूप से दुर्बल शिशुओं में द्वितीयक श्रेणी (secondary category) के मानसिक दुर्बलों (mentally retarded) की तायदाद 20% के आस–पास होती है। इनकी मानसिक दुर्बलता वंशगत (hereditary) नहीं, अपितु ठीक जन्म से कुछ पहले, अथवा जन्म के बाद अथवा ठीक जन्म लेने के समय किसी कारणवश मस्तिष्कीय चोट या आघात (brain injury or shock) द्वारा अर्जित (acquire) की जाती है। अर्थात् यद्यपि ये जन्मजात (congenital) होते हैं, फिर भी किसी बाहरी आघात (external shock) या चोट (injury) इसका मुख्य कारण होता है। इसीलिए इन्हें 'द्वितीयक दुर्बलता' (secondary retardation) कहते हैं। इनमें बुद्धि की मात्रा (degree of intelligence) का अल्प (minimise) यानी अधोसामान्य (subnormal) होना दो बातों पर निर्भर करता है–(i) मस्तिष्क का कितना भाग क्षतिग्रस्त हुआ है (range of damage), एवं (ii) जन्म से पूर्व (prenatal), जन्मोपरांत (post natal) एवं जन्म के समय (at birth) की अवस्था। वैज्ञानिक अध्ययनों से इस बात के स्पष्ट साक्ष्य मिले हैं कि शिशु के जन्म के पूर्व (prenatal) एवं ठीक जन्म के समय (at birth) की अवस्था की मस्तिष्कीय चोट या आघात (injury or shock) अधिक घातक यानी संकटपूर्ण (dangerous) होता है। **'लैंडिस'** (Landis) ने जड़ (idiot) एवं मूढ़ (imbecile) को इसी श्रेणी में रखा है।

कुछ वैज्ञानिक 'ट्रेडगोल्ड' (Tradgold) के इस वर्गीकरण (classification) से सहमत नहीं है। इनका कहना है कि 'मानसिक दुर्बलता' के लक्षणों के आधार पर कौन–सा लक्षण वंशगत (hereditary) और कौन जन्मजात रूप से अर्जित है (innately acquired)–इसका निर्णय करना कठिन है। अतः इस प्रकार का वर्गीकरण सही नहीं है।

'लेविस' (Lewis) ने भी मानसिक दुर्बलता को दो प्रकारों में बाँटा है–(i) **उपसांस्कृतिक** (sub-cultural) एवं (ii) **विकारात्मक** (pathological)।

(i) उपसांस्कृतिक मानसिक दुर्बलता (sub-cultural mental retardation) से ग्रस्त व्यक्ति सामान्य से अधिक भिन्न नहीं होते। ये प्रायः सामान्य की सीमारेखा (borderline) में आते हैं। इनमें कोई शारीरिक लक्षण दिखलाई नहीं पड़ते, यदि कोई त्रुटि होती भी है तो वह अति सूक्ष्म होती है, इसीलिए इन्हें सामान्य से भिन्न करना मुश्किल होता है।

(ii) परंतु, विकारात्मक (pathological) प्रकार के मानसिक रूप से दुर्बल (mentally retarded) सामान्य से स्पष्टतः भिन्न प्रतीत होते हैं। इनमें शारीरिक विकृति (physiological pathology) के लक्षण स्पष्ट रूप से देखे जा सकते हैं।

वस्तुतः यदि सूक्ष्मता से विचार किया जाए तो 'ट्रेडगोल्ड' (Tradgold) अथवा 'लेविस' (Lewis) में से किसी का भी वर्गीकरण (classification) संतोषप्रद प्रतीत नहीं होता। अतएव मानसिक दुर्बलता का बुद्धि की मात्रा (degree of intelligence) एवं नैदानिक (clinical) आधार ही सर्वाधिक मान्य और प्रचलित (widely accepted and popular) वर्गीकरण है।

16.5 मानसिक दुर्बलता के कारण (Causes of Mental Retardation)

मानसिक दुर्बलता (mental retardation) के कारणों के बारे में स्पष्ट और निश्चित रूप से कुछ भी कहना कठिन है। कुछ मामलों में दुर्बलता के स्पष्ट कारण मालूम पड़ते हैं तो कुछ के कारण अस्पष्ट (vague) प्रतीत होते हैं इसके अतिरिक्त कुछ ऐसे भी दुर्बल व्यक्ति हैं जिनके कारण अज्ञात (unknown) हैं।

मानसिक दुर्बलता के विभिन्न प्रकारों के वर्णन के क्रम में कुछ प्रकारों के कारणों के बारे में संकेत दिए गए हैं। जिससे यह स्पष्ट विदित होता है कि इसके कारणों के सिलसिले में विद्वानों के बीच मतैक्य नहीं है।

वस्तुतः मानसिक दुर्बलता 'बहुकारकीय गोचर' (multifaceted phenomenon) है। लेकिन, सुविधा के लिए यहाँ इसके विभिन्न कारणों को निम्नांकित तीन प्रमुख दृष्टिकोणों (main approaches) के आधार पर वर्णन किया जा रहा है—

(क) बहुजननीय दुर्बलता (Polygenic retardation)
(ख) मनो–सामाजिक दुर्बलता (Psycho-social retardation) एवं
(ग) जैविक दोष (Biological deficit)

16.5.1 बहुजननीय दुर्बलता (Polygenic Retardation)

अधिकतर मानसिक रूप से दुर्बल (mentally retarded) लोगों में कोई विशिष्ट शारीरिक कारण (specific physiological causes) स्पष्ट नहीं होता। ऐसे दुर्बल व्यक्तियों को प्रायः प्राथमिक (primary), शारीरिक गठन संबधी (constitutional) वंशगत (hereditary) एवं जननीय (genetic) दुर्बलता (retardation) की संज्ञा दी जाती है। इससे यह विदित होता है ये दुर्बलताएँ किसी–न–किसी प्रकार के जन्मजात कारकों (congenital factors) की प्रतिफल होती हैं। इस संबध में अधिकाश मनोवैज्ञानिक अनुवंशिकता (heredity) को ही प्रधान कारण मानते हैं। उनके अनुसार, जिनके माता–पिता (parents—either of) मानसिक दुर्बलता के शिकार होते हैं, उनके बच्चे भी इससे ग्रस्त होते हैं। इस संबध में **'गोडार्ड'** (Goddard) ने **'कालिकाक'** (Kalikak) परिवार का अध्ययन कर आनुवंशिकता के महत्व को सिद्ध किया है। 'कालिकाक' (Kalikak) सही अर्थ में काल्पनिक नाम (imaginary name) है जो **'मार्टिन'** (Martin) नाम एक सैनिक परिवार को दिया गया है। 'मार्टिन' ने 'अमेरिका की क्रांति' (The American Revolution) के जमाने में मानसिक रूप से दुर्बल (mentally retarded) एक लड़की के साथ अवैध यौन संबंध स्थापित कर लिया था। उससे उत्पन्न लड़के से परिवार धीरे–धीरे बढ़ने लगा और इस प्रकार इनकी एक अलग जमात बन गई, जिसे 'कालिकाक जाति' (Kalikak race) का नाम दिया गया। इस जाति के प्रायः सभी बच्चे मानसिक रूप से दुर्बल (mentally retarded) थे। बाद में 'मार्टिन' (Martin) ने एक दूसरी महिला से भी शादी की जो मानसिक रूप से दुर्बल नहीं थी और उससे भी परिवार का सिलसिला चला। छह पीढ़ियों बाद इस परिवार के 490 बच्चे हुए और प्रायः सभी बच्चे मानसिक रूप से स्वस्थ एवं औसत या उससे अधिक बुद्धि के थे।

इसी तरह **'रोजनॉफ'** (Rosanoff) और **'जुडा'** (Juda) ने भी समजातीय (identical) एवं असमान (fraternal) जुड़वे बच्चों (twin children) पर अध्ययन करके यह सिद्ध किया है कि मानसिक दुर्बलता का सर्वाधिक महत्वपूर्ण कारण आनुवंशिकता (heredity) है।

लेकिन, कुछ विद्वानों का मत यह है कि मानसिक दुर्बलता के संबध में आनुवंशिकता के बारे में जो विवरण प्राप्त हुए हैं, उनमें एक महत्वपूर्ण बात यह है जो परिवार गंदे स्थानों में (slum), आर्थिक तंगहाली से ग्रस्त (economically poor) और घने आबादी वाले इलाकों (densely populated areas) में रहते हैं, उन्हीं परिवारों में पुश्त–दर–पुश्त (generation to generation) मानसिक रूप से दुर्बलता के शिकार लोग पाए जाते हैं।

दूसरी महत्वपूर्ण बात यह है कि इन परिवारों में जन्मे बच्चों में दुर्बलता की मात्रा (degree of retardation) भिन्न होती है जबकि उनकी वंश परंपरा का इतिहास एक ही है। अब प्रश्न यह उठता है कि बुद्धि की न्यूनता (deficiency) किसी में कम और किसी में अधिक क्यों होती है?

उपर्युक्त आपत्तियों के संदर्भ में यही कहा जा सकता है कि मानसिक दुर्बलता का एक प्रधान कारण आनुवंशिकता (heredity) संभव है, लेकिन, इसके और भी कारण होते हैं जिनकी उपेक्षा नहीं की जा सकती।

16.5.2 मनो-सामाजिक दुर्बलता (Psycho-social Retardation)

(i) वंचना (Deprivation)

इन दिनों मानसिक दुर्बलता के कारक तत्व के रूप में मनोवैज्ञानिक (psychological) एवं सामाजिक (social) कारकों पर बहुत अधिक जोर (emphasis) दिया जा रहा है। कुछ लोगों का मत तो यह भी है कि आनुवंशिकता (heredity) या जैविक (biological) कारकों का अपेक्षाकृत कोई खास महत्व नहीं है। मनोवैज्ञानिकों का मत यह है कि मानसिक विकास (mental development) वातावरण (environment) से संबंधित तत्वों पर बहुत अधिक निर्भर करता है। जिसके अभाव में बच्चे अपने को वंचित (deprived) अनुभव करते हैं जो सांवेगिक रूप से (emotionally) कुंठा (frustration) का कारण बनता है। इस 'कुंठा' के कारण मानसिक विकास अवरुद्ध (inhibited) अथवा मंद या सुस्त होता है। मनोवैज्ञानिकों के मतानुसार जिस प्रकार शरीर में विटामिन (vitamin) अथवा अंतःस्रावी हार्मोन्स (endocrine hormones) की कमी अथवा न्यूनता (deficiency) के फलस्वरूप व्यक्ति किसी प्रकार के रोग से संक्रमित (infected) हो जाता है, उसी तरह बच्चे भी मनोवैज्ञानिक दबावों (psychological stresses) से प्रभावित होकर मानसिक दुर्बलता (mental retardation) का शिकार होते हैं। इस संबंध में किए गए शोध अध्ययनों से इस बात की पुष्टि होती है कि शिशु के माता–पिता से वंचित (deprived from parents) रहने पर शिशु का विकास एक मानसिक रूप से दुर्बल (mentally deficient) व्यक्ति के रूप में होता है। इस तरह की बात माता (mother) से वंचित (deprived) होने पर विशेष रूप से देखी जाती है। यह वंचना (deprivation) माता–पिता की मृत्यु (death of parents), तलाक (divorce) कटु संबंध (uncongenial relationships) के साथ–साथ सामाजिक एवं आर्थिक स्तर का निम्न होना (low socio-economic status), घरों में बड़ी जमात का होना (crowded homes) इत्यादि के कारण होती है। ऐसे घरों से आने वाले बच्चों को स्कूल में भी बुद्धिहीन या निर्बुद्ध (retarded or deficient) कहा जाता है, क्योंकि उनकी आकृति (appearance), बोलने–चालने का ढंग (speech), पारिवारिक पृष्ठभूमि (family background) आदि के आधार पर भी मानसिक रूप से दुर्बल (mentally deficient) समझा जाता है तथा उनमें से अधिकतर बच्चों के बौद्धिक परीक्षणों के प्राप्तांकों में भी निर्बुद्धता (deficiency) के प्राप्तांक (scores) मिलते हैं।

इसका कारण यह है कि ऐसे वातावरण के बच्चे शैक्षणिक (educational) एवं बौद्धिक कार्यों (intellectual activities) में असफल होने की आशंका (apprehensions of being unsuccessful) से ग्रस्त होते हैं। अतएव उनमें असफलता की मनोवैज्ञानिक कुंठा (psychological frustrations) बहुत ज्यादा होती है। इस सिलसिले में अमेरिका के मनोवैज्ञानिकों के एक दल (team of psychologists) ने (1980) में व्यापक अध्ययन अभियान चलाया। यह अध्ययन 10000 अमेरिकन निवासियों के प्रतिदर्श (sample) पर किया गया जिसमें केवल 19% बच्चे मानसिक रूप से दुर्बल (mentally retarded) पाए गए, जबकि समान आकार के निग्रो (Negro) जाति के (अर्थात् काले अमेरिकन) लोगों में यह औसत 67% था।

इसी तरह की बातें गंदी बस्तियों में रहने वाले लोगों के संबंध में भी पाई गई हैं। इस बात की पुष्टि **'हर्ले'** (Hurley), 'स्क्रीमशॉ' (Scrimshaw) एवं मानसिक दुर्बलता समिति (mental deficiency committee) के अध्यक्ष द्वारा 1970 की रिपोर्ट से भी होती है।

(ii) वंचना बौनापन (Deprivation dwarfism)

वंचना बौनापन (deprivation dwarfism) से तात्पर्य सामाजिक एवं आर्थिक रूप से वंचित परिवारों (socio-economically deprived families) से है जो अपने को मनोवैज्ञानिक रूप से (psychologically) 'बौना' (dwarf) मान लेते हैं। अतः इसे 'मनोवैज्ञानिक वंचना' (psychological deprivation) भी कह सकते हैं। ऐसे परिवारों में वे परिवार आते हैं, जहाँ आर्थिक तंगहाली के साथ–साथ मद्यपान (use of alcohol), यौन असंगति (sex incompatibility), मारपीट (beating), बीमारी (illness), बेरोजगारी (unemployment) एवं अनचाहे बच्चों के जन्म (unwanted pregnancy) आदि का वातावरण होता है।

इस तरह के परिवारों में जन्म लेने वाले बच्चों का शारीरिक विकास भी किसी–न–किसी कारण से रुक जाता है तथा वे घरेलू परिस्थितियों से चिंतित और दुखी होते हैं। प्रायः यह देखा गया है कि ऐसे घरों के शिशुओं को यदि 2 वर्ष की आयु में ही अलग रखकर पालन–पोषण (rearing) किया जाए तो उनकी शारीरिक एवं मानसिक विकास की प्रक्रिया में उत्थान (spurts in the process of physical and mental growth) होने लगता है। ऐसा करने पर इन बच्चों में बुद्धि की मात्रा में बढ़ोत्तरी होती है जिससे उनमें कम–से–कम सामान्य या औसत मात्रा की बौद्धिक क्षमता का विकास होता है। इससे स्पष्ट होता है कि ऐसे बच्चों की मानसिक दुर्बलता (mental retardation) वास्तविक न होकर अवास्तविक अर्थात् मनोवैज्ञानिक थी। 2 वर्ष की आयु में ही बच्चों में मानसिक दुर्बलता के लक्षण दृष्टिगोचर होने लगते हैं—जैसे—लज्जाशीलता (shyness), आवेशों पर नियंत्रण रख पाने की क्षमता का अभाव (inability to control temper), भूख की व्यग्रता एवं भोजन की लोलुपत्ता (insatiable hunger), इत्यादि।

यहाँ एक प्रश्न यह उठता है कि मनोवैज्ञानिक रूप से मानसिक दुर्बलता के साथ–साथ शारीरिक विकास क्यों अवरुद्ध होता है? इसके वास्तविक कारण के संबंध में अभी तक कोई ठोस प्रमाण प्राप्त नहीं हो सके हैं। अतः शारीरिक न्यूनता (physical deficiency) के कारण अज्ञात (unknown) हैं। कुछ लोगों का मानना है कि इस प्रकार के परिवारों में चिंता की स्थिति बराबर बनी रहती है जिससे पाचन क्रिया (digestive function) ठीक से नहीं हो पाती और इसीलिए शारीरिक विकास भी प्रभावित होता है। एक विचार यह भी है कि किसी–न–किसी रूप से इसका संबंध पीयूष ग्रंथि (pituitary gland) से स्रावित होने वाले हार्मोन्स (hormones) से है जो इस प्रकार के वातावरण में पूर्णरूप से विकसित नहीं हो पाता।

कारण जो भी हो, चूँकि इसके बारे में पूरी जानकारी का अभाव है अतः और आगे अनुसंधान (research) की जरूरत है। लेकिन, इतनी बात तो अवश्य है कि 'मनोवैज्ञानिक वंचना' (psychological deprivation) के कारण बौद्धिक क्षमताओं का विकास निश्चित रूप से अवरुद्ध होता है।

16.5.3 जैविक दोष (Biological Defects)

यद्यपि 'मानसिक दुर्बलता' अधिकतर मामलों में आनुवंशिकता (heredity) अथवा जननिक (genetic) कारणों से होती है, लेकिन, जैविक न्यूनता (biological deficiency) भी इसका एक महत्वपूर्ण कारण होता है। इसके अंतर्गत क्रोमोजोम्स का विसंतुलन (chromosome imbalance) किसी प्रकार की बीमारी अथवा चोट के कारण मस्तिष्क का क्षतिग्रस्त होना (brain damage due to disease or injury), शारीरिक रसायन में त्रुटि या दोष का होना (defects in body chemistry) एवं विकासात्मक दोष (developmental defects) जैसी कुछ ऐसी परिस्थितियाँ होती हैं जिनके कारण बौद्धिक क्षमताएँ (intellectual capabilities) सीमित हो सकती हैं।

(i) क्रोमोजोम्स का विसंतुलन (Chromosome imbalance)

मानसिक दुर्बलता के एक विशिष्ट प्रकार (specific type of mental deficiency) का पता 1950 के आस–पास चला जिसे 'डाउन्स सिंड्रोम' (Down's Syndrome) अथवा 'मंगोलिज्म' (Mongolism) कहते हैं। 'लेज्यून' एवं उनके सहयोगियों (Lejeun et al.) ने 1959 में मानसिक रूप से दुर्बलों का अध्ययन कर यह पता लगाया कि ऐसे बच्चों में 23 जोड़े यानी 46 शुक्राणुओं (chromosomes) की जगह 47 अर्थात् (23 and odd) शुक्राणु (chromosomes) पाए जाते हैं जो विसंतुलित 'क्रोमोजोम्स' (chromosomes) के द्योतक हैं। विज्ञान की भाषा में इसे 'ट्रायज्मी' (Trisomy) कहा जाता है। इसी आधार पर मानसिक दुर्बलता का एक कारण शुक्राणुओं (chromosomes) का असंतुलन (imbalance) माना जाता है तथा यह भी पाया गया है कि इस विसंतुलन के कारण मानसिक दुर्बलता साधारण से लेकर गंभीर रूपों तक की हो सकती है।

शुक्राणुओं में असंतुलन की स्थिति दूसरी तरह से भी संभव है, जैसे–'मोजासिज्म' (mosacism) एवं 'ट्रांसलोकेशन' (translocation)। 'मोजायेसिज्म' की स्थिति में शुक्राणु पच्ची की आकृति (mosaic pattern) की हो जाती है जबकि 'ट्रांसलोकेशन' में शुक्राणु की सामान्य स्थिति (location) में बदलाव आता है। यद्यपि ये स्थितियाँ प्रायः दुर्लभ (rare) होती हैं, लेकिन शुक्राणु में किसी भी तरह से असंतुलन होने पर मानसिक दुर्बलता यानी मानसिक विकास अवरुद्ध होता है।

(ii) मस्तिष्क का क्षतिग्रस्त होना (Damage to the brain)

मानसिक दुर्बलता का एक महत्वपूर्ण कारण मस्तिष्क का क्षतिग्रस्त (damage to the brain) भी बतलाया जाता है। यह क्षति जन्म के पूर्व (prenatal), जन्म के समय (at birth) अथवा जन्म के तुरंत बाद (postnatal) तीनों अवस्थाओं में से किसी भी अवस्था में हो सकती है। कुछ लोग इसे जन्माघात (birth trauma) भी कहते हैं। इन तीनों में से किसी भी स्तर पर शिशु को आघात पड़ने पर मानसिक विकास की प्रक्रिया सीमित हो सकती है। जन्म के पूर्व (prenatal) अवस्था या स्तर में जन्माघात होने की संभावना प्रायः दुर्बल रहती है। लेकिन ठीक जन्म के समय (at birth) अथवा जन्मोपरांत तात्कालिक (immediately during post natal) आघात पहुँचने की संभावना अपेक्षाकृत अधिक रहती है। इस आघात के लक्षण शिशुओं में तत्काल देखे जा सकते हैं, जैसे–श्वसन संबंधी कठिनाइयाँ (respiratory difficulties), ऐंठन (seizure), स्तनपान संबंधी कठिनाइयाँ (sucking difficulties) इत्यादि। हल्के आघात की स्थिति में ये लक्षण तत्काल नहीं भी प्रकट हो सकते हैं, लेकिन जन्म के कुछ समय बाद दुर्बलता के लक्षण दिखाई पड़ने लगते हैं। जन्म के समय में आघात भ्रूण की असामान्य स्थिति (abnormal position), उलटी स्थिति में जन्म लेना (reversed birth position) अथवा शल्य क्रिया (surgical operation) या इसी तरह के अवरोधों के कारण होते हैं। ये आघात शिशु के कोमल मस्तिष्क को क्षतिग्रस्त कर देते हैं जिसके परिणामस्वरूप उसमें दुर्बलता की स्थिति होती है।

इस सिलसिले में **'संक्रामक रोग'** (infectious disease) या **'सिफलिस'** (syphilis) का भी महत्वपूर्ण योगदान रहता है। खासकर गर्भावस्था (pregnancy) में माता–पिता को इन रोगों से ग्रस्त होने की स्थिति में गर्भ में पलते शिशु के मस्तिष्क में आघात पहुँचने की संभावना बहुत अधिक रहती है। लेकिन, कुछ मामलों में जन्म के बाद 'टायफायड' (typhoid), चेचक (smallpox) या इसी तरह के अन्य संक्रामक रोगों से ग्रस्त शिशुओं के मस्तिष्क में **'वायरस'** (viruses) का विकास द्रुत गति से होने लगता है जिससे वे मानसिक दुर्बलता के शिकार होते हैं।

(iii) शरीर रसायन में दोष (Defects in body chemistry)

मानसिक दुर्बलता (mental retardation) का एक और जैविक कारण (biological cause) शरीर रसायन (body chemistry) में दोष का होना बताया जाता है। 1970 के आस–पास तक मेडिकल साइंस (medical science) के क्षेत्र में किए गए शोधों द्वारा कम–से–कम 50 प्रकार के शरीर रसायन संबंधी दोषों का पता लगाया जा चुका था जो मानसिक दुर्बलता के कारण होते हैं। इन त्रुटियों में कोश निर्माण संबंधी त्रुटियाँ विशेष रूप से महत्वपूर्ण होती हैं। इसी तरह विभिन्न प्रकार की ग्रंथियों (glands) से स्रावित होने वाले रसायनों (hormones), जैसे–थॉयरॉयड ग्रंथि (thyroid glands) से स्रावित हॉर्मोन्स की कमी या न्यूनता होने पर मानसिक दुर्बलता होती है।

(iv) विकासात्मक दोष (Developmental defects)

कुछ ऐसे मामले भी देखे गए हैं जिनमें विकास से संबंधित दोषों के कारण मस्तिष्क का विकास समुचित ढँग से नहीं हो पाता जिसके कारण मानसिक दुर्बलता (mental deficiency) होती है। ऐसा देखा गया है कि कुछ शिशुओं का जन्म अविकसित मस्तिष्क के साथ होता है। अर्थात् उनमें सभी अवयव विद्यमान नहीं रहते। ऐसे शिशु मानसिक दुर्बलता से ग्रस्त होते हैं। इन दोषों के कारण लघुशीर्षता (microcephaly) दुर्बलता अथवा जलशीर्ष (hydrocephaly) दुर्बलता मुख्य रूप से होती है।

मानसिक दुर्बलता के उपर्युक्त वर्णित कारणों से यह स्पष्ट होता है कि मानसिक दुर्बलता के अनेक कारण हैं, कोई एक कारण नहीं।

16.6 उपचार या चिकित्सा एवं निरोध (Treatment and Prevention)

मानसिक दुर्बलता (mental retardation) का उपचार यानी चिकित्सा (treatment) करना एक अत्यंत ही दुष्कर (difficult) कार्य है। वास्तविकता तो यह है कि मानसिक दुर्बलता से ग्रस्त व्यक्तियों का पूर्णरूप से उपचार करना संभव ही नहीं है। इसका कारण यह है कि अभी तक ऐसी कोई भी विधि या प्रविधि प्राप्त नहीं की जा सकी है, जिसका उपयोग कर किसी की सीमित बौद्धिक क्षमता को बढ़ाया जा सके। फिर भी वैज्ञानिकों के निरंतर प्रयास के फलस्वरूप मानसिक रूप से दुर्बल शिशुओं को जन्म लेने से रोका (prevent) जा सकता है तथा विशेष प्रकार के प्रशिक्षण द्वारा उन्हें कुछ हद तक आत्मनिर्भर (self dependent) बनाया जा सकता है। ऐसे उपायों को मोटे तौर पर दो मुख्य वर्गों (categories) में बाँटा जा सकता है—

(क) निरोधात्मक प्रविधियाँ (Preventive techniques)

(ख) आरोग्यकर प्रविधियाँ (Curative techniques)

(क) निरोधात्मक प्रविधियाँ (Preventive techniques)

निरोधात्मक प्रविधियाँ उन प्रविधियों को कहा जाता है जिनका उपयोग कर मानसिक दुर्बलता को फैलने से रोका जा सकता है। इसके लिए 'संतति निग्रह' (birth control) की प्रविधियाँ अपनाई जाती हैं। जो निम्नलिखित हैं—

(i) बंध्याकरण (Sterlization): आजकल गर्भनिरोध का सर्वाधिक सरल और विधि के रूप में 'बंध्याकरण' (sterlization) की प्रविधि प्रचलित है जिसका उपयोग बड़े पैमाने पर होने लगा है। यह एक प्रकार की शल्यक्रिया (surgical operation) है जिसमें महिलाओं के गर्भाशय (uterus) में संतानोत्पत्ति से संबंधित शक्तियों को विनष्ट कर दिया जाता है। अतः मानसिक रूप से दुर्बल (mentally retarted) महिलाओं की संतान उत्पन्न करने वाली शक्ति को यदि विनष्ट कर दिया जाए तो मानसिक रूप से दुर्बल शिशुओं के जन्म को रोका जा सकता है और इस प्रकार ऐसे व्यक्तियों के प्रसार को भी नियंत्रित किया जा सकता है। इसके लिए 'बंध्याकरण' की प्रविधि (sterlization technique) सर्वोत्तम सिद्ध हो सकती है।

गर्भनिरोध यानी 'संतति निग्रह' की एक दूसरी प्रविधि 'वेसेक्टॉमी' (vasectomy) भी प्रचलन में है। यह भी एक शल्य विधि (surgical method) है जिसमें पुरुष के वीर्य को ले जाने वाली नाड़ी के एक भाग को काट कर हटा दिया जाता है। यह प्रविधि बंध्याकरण (sterlization) से भी सरल और कारगर प्रविधि है। इस प्रविधि द्वारा भी मानसिक दुर्बलता से ग्रस्त व्यक्तियों द्वारा मानसिक रूप से दुर्बल शिशुओं के जन्म लेने वाली संभावना को रोका जा सकता है।

उपर्युक्त प्रविधियों के अतिरिक्त गर्भनिरोधक कृत्रिम दवाओं, जेली, कॉपर आदि का भी उपयोग करके मानसिक रूप से दुर्बल शिशुओं के जन्म लेने की संभावनाओं पर नियंत्रण पाया जा सकता है।

(ii) गर्भपात (Abortion): यद्यपि बंध्याकरण एवं संतति निग्रह से संबंधित अन्य प्रविधियों द्वारा मानसिक रूप से दुर्बल शिशुओं के जन्म लेने की संभावना को रोका जा सकता है, फिर भी, किसी कारणवश यदि संतति निग्रह के उपाय संभव न हों तो मानसिक दुर्बलता से ग्रस्त महिलाओं का गर्भपात (abortion) करा दिया जाना चाहिए ताकि मानसिक रूप से दुर्बल शिशुओं के जन्म लेने की संभावना को रोका जाए। कुछ लोगों का तो यह भी मानना है कि अनेक अवसरों पर कुछ महिलाएँ विवाह से पूर्व ही गर्भवती (pregnant) हो जाती हैं। ऐसी महिलाएँ सामाजिक भय, तिरस्कार की चिंता एवं अन्यान्य रूप से मानसिक तनाव की पीड़ा का अनुभव करती हैं। उनकी

इस मानसिक चिंता या पीड़ा का प्रभाव गर्भ में पल रहे शिशुओं पर भी पड़ता है जिससे मानसिक रूप से दुर्बल शिशुओं के जन्म की संभावना रहती है। अतः ऐसी स्थिति में भी गर्भपात (abortion) कराना आवश्यक हो जाता है। अब तो ऐसे मामलों में गर्भपात कानूनन भी वैध माना जाने लगा है।

(iii) अन्य निरोधात्मक विधियाँ (Other preventive methods): मानसिक दुर्बलता के कारणों की चर्चा करते समय इस बात की भी चर्चा की गई है कि मानसिक दुर्बलता सिफलिस (syphilis), जन्म आघात (birth injury) अथवा किसी प्रकार के संक्रामक रोग (infectious disease) से ग्रस्त होने की स्थिति में भी मानसिक रूप से दुर्बल शिशुओं के जन्म लेने की संभावना रहती है। अतः डाक्टरी चिकित्सा द्वारा इन अवस्थाओं पर नियंत्रण पाने के प्रयास द्वारा भी ऐसे शिशुओं के जन्म लेने की संभावना को नियंत्रित किया जा सकता है।

(ख) आरोग्यकर प्रविधियाँ (Curative techniques)

यद्यपि यह सही है कि मानसिक दुर्बलता से ग्रस्त व्यक्तियों की सीमित बौद्धिक क्षमता को बढ़ाना संभव नहीं है, फिर भी कुछ ऐसे उपाय किए जा सकते हैं जिनके द्वारा मानसिक रूप से दुर्बल बालकों को कुछ हद तक आत्मनिर्भर (self dependent) बनाया जा सकता है तथा वे साधारण कार्यों को कर सकने में समर्थ हो सकते हैं। इस सामर्थ्य के फलस्वरूप उन्हें किसी साधारण व्यवसाय में लगाकर जीविकोपार्जन (livelihood) करने योग्य बनाया जा सकता है। इस प्रकार उनमें कुछ सुधार (reform) लाया जा सकता है। अतः ये प्रविधियाँ वस्तुतः रोगनाशक (curative) नहीं अपितु 'सुधारात्मक प्रविधियाँ' (reformatory techniques) होती हैं। ये प्रविधियाँ निम्नलिखित हैं—

(i) पार्थक्यता (Segregation): मानसिक रूप से दुर्बल बच्चों को सामान्य बच्चों से अलग रखना पार्थक्यता (segregation) कहलाता है। कुछ विद्वानों का मत है कि मानसिक दुर्बलता से ग्रस्त बच्चों को सामान्य बच्चों से अलग रखना चाहिए। ऐसा करने के तीन फायदे हैं—(i) मानसिक दुर्बलता से ग्रस्त बच्चों पर अधिकाधिक ध्यान देना संभव हो सकेगा। (ii) ऐसे बच्चों के लिए विशेष प्रकार की शिक्षा एवं प्रशिक्षण (education and training) देने में सहूलियत होगी। (iii) सामान्य बुद्धि वाले बच्चों एवं व्यक्तियों से अलग रहने पर मानसिक दुर्बलता से ग्रस्त शिशुओं में 'हीनता की भावना' (feeling of inferiority) की संभावना बहुत ही कम होगी और इन्हें स्वाभाविक समायोजन में मदद मिलेगी।

इस प्रकार, इन बच्चों को अलग रखकर इनमें कुछ सुधार लाया जा सकता है। इसके लिए सरकार एवं सामाजिक संगठनों (social organizations) द्वारा सामाजिक संस्थानों की स्थापना की जाती है। इन संस्थाओं में मानसिक दुर्बलता से ग्रस्त शिशुओं को रखा जाता है तथा इन्हें प्रशिक्षित (trained) भी किया जाता है। ऐसी संस्थाओं को प्रायः 'मानसिक दुर्बलता संस्थान' (School or institution or homes for mentally retarded) कहा जाता है। पाश्चात्य देशों (western countries) में ऐसी अनेक संस्थाएँ हैं। दुभाग्य से हमारे देश में ऐसी संस्थाओं की भारी कमी है। अतः संस्थाओं में मानसिक रूप से दुर्बल बच्चों की देख–रेख (care), शिक्षा (education), एवं प्रशिक्षण (training) आदि के लिए विशेष रूप से प्रशिक्षित व्यक्ति होते हैं, जो इनकी सहायता करते हैं। इन संस्थाओं में रहने वाले ऐसे बच्चों—जो विशेष प्रकार के प्रशिक्षण के फलस्वरूप साधारण कार्य या व्यवसाय करने योग्य हो जाते हैं—को व्यवसाय आदि में लगाने का भी प्रबंध किया जाता है।

(ii) माता-पिता को शिक्षित करना (Educating the parents): प्रायः यह देखा जाता है कि माता–पिता अपनी संतान की कमजोरियों को स्वीकार नहीं करते अथवा यदि स्वीकार करते भी हैं तो मानसिक रूप से दुर्बल बच्चों की देख–रेख में उचित ध्यान नहीं देते। ये दोनों ही स्थितियाँ ठीक नहीं हैं। अतः आवश्यकता इस बात की है कि माता–पिता को शिक्षित किया जाए जिससे वे शैशवावस्था में ही अपनी संतान की दुर्बल मानसिकता को पहचान सकें और उसमें सुधार हेतु उचित देख–रेख का प्रबंध कर सकें। माता–पिता के स्नेहपूर्ण व्यवहार, उचित देख–रेख एवं शिक्षा द्वारा मानसिक दुर्बलता से ग्रस्त बच्चों में पर्याप्त सुधार लाया जा सकता है।

(iii) घरेलू प्रशिक्षण (Home training): माना जाता है कि घर (home) यानी परिवार ही बच्चों के लिए प्राथमिक पाठशाला (primary school) होती है। अतः घर में ही मानसिक दुर्बलता से ग्रस्त बच्चों को साधारण कार्यों को करने, बोलने–चालने खाने–पीने, कपड़ा पहनने और छोटे–मोटे व्यावसायिक धंधे करने हेतु प्रशिक्षण का प्रबंध किया जाना चाहिए। घरेलू वातावरण में माता–पिता के प्यार (love) एवं स्नेह (affection) के कारण मानसिक दुर्बलता से ग्रस्त बच्चों को दिए जाने वाले प्रशिक्षण का स्थायी एवं अच्छा प्रभाव (permanent and good effect) पड़ता है। अतः मानसिक रूप से दुर्बल शिशुओं को घर पर ही साधारण कार्य करने का प्रशिक्षण दिया जाना चाहिए।

(iv) स्कूल प्रशिक्षण (School training): साधारण रूप से मानसिक दुर्बल बच्चों को स्कूल भेजा जा सकता है, लेकिन इनके लिए स्कूल में अलग से शिक्षा देने की व्यवस्था होनी चाहिए। इसके दो फायदे हैं। पहला लाभ तो यह है कि मानसिक रूप से दुर्बल बच्चों पर अपेक्षाकृत विशेष ध्यान दिया जाना संभव हो सकेगा। दूसरा लाभ यह है कि सामान्य बच्चों के समूह में शिक्षा ग्रहण करने की अयोग्यता के कारण मानसिक रूप से दुर्बल बच्चों को हीनता की भावना (inferiority feeling) से बचाया जा सकता है। स्कूलों में ऐसे बच्चों की शिक्षा के लिए विशेष प्रकार की पाठ्यपुस्तक, सिलेबस, रुटिन आदि की व्यवस्था की जानी चाहिए ताकि ऐसे बच्चों में क्रियात्मक सहयोग (motor coordination), भाषा (language), व्यक्तित्व संबंधी शील गुणों (personality traits) इत्यादि का विकास सहज ढँग से हो सके। ऐसा होने पर मानसिक रूप से दुर्बल बच्चे कुछ हद तक लाभान्वित हो सकते हैं।

(v) वातावरण में सुधार (Environmental improvement): यह सर्वविदित है कि वातावरण का अत्यंत ही महत्वपूर्ण प्रभाव बच्चों की मानसिक क्षमताओं के विकास पर पड़ता है। वातावरण में सुधार से तात्पर्य बच्चों में वंचना (deprivation) की स्थिति से बचाने से है ताकि बच्चे मानसिक दुर्बलता से ग्रसित न हो सकें। इस सुधार के अंतर्गत गंदी बस्तियों के वातावरण में सुधार (improving slum areas), मद्यपान पर नियंत्रण (controlling the use of alcohol), जीविका का प्रबंध (arrangement of livelihood), सामाजिक मान–सम्मान (social recognition and respect) आदि उपाय आते हैं। इसके लिए सामाजिक जागरूकता (social awakening) की जरूरत है।

(vi) डाक्टरी चिकित्सा (Medical treatment): मानसिक दुर्बलता की स्थिति को डाक्टरी चिकित्सा (medical treatment) द्वारा भी सुधारा जा सकता है। विशेषकर बौनापन (cretinism) जैसी मानसिक दुर्बलता की स्थिति को 'थॉयरॉक्सिन' (thyroxin) की सुई द्वारा सुधारा जा सकता है क्योंकि इस प्रकार की दुर्बलता का मुख्य कारण थॉयरॉयड (thyroid) नामक ग्रंथि की दुर्बलता या अपूर्ण विकास के कारण 'बौनापन' (cretinism) जैसी दुर्बलता होती है। इसी तरह PKU (Phenylketonuria) नाम की दुर्बलता को भी मेडिकल ट्रीटमेंट द्वारा सुधारा जा सकता है। अतएव डॉक्टरी चिकित्सा द्वारा भी मानसिक दुर्बलता को सुधारा जा सकता है।

(vii) अन्य प्रविधियाँ (Other treatment techniques): मानसिक दुर्बलता से ग्रस्त व्यक्तियों के चिकित्सार्थ आहार संयम (control of diet), विशेष प्रकार का आहार (special diet), व्यावसायिक चिकित्सा (occupational therapy), संरक्षण (supervision) इत्यादि प्रविधियाँ भी उपयोगी हैं। खासकर PKU नाम की दुर्बलता में ये प्रविधियाँ विशेष रूप से लाभकारी होती हैं।

मानसिक दुर्बलता से ग्रस्त व्यक्तियों की चिकित्सा एवं निरोध (treatment and prevention) से संबंधित जिन उपायों का ऊपर वर्णन किया गया है, उससे स्पष्ट है कि इनकी चिकित्सा दुर्बलता के कारणों के संदर्भ में की जाती है तथा इनकी दुर्बलता की पहचान भी कारणों के संदर्भ में ही की जाती है। साथ ही इनकी दुर्बलता की पहचान समय पर हो और प्रारंभिक अवस्था (initial stage) में ही इसके संभावित कारणों को जान कर उपयुक्त रोकथाम एवं सुधारात्मक उपाय किए जाने चाहिए।

16.7 सारांश (Summary)

1. मानसिक विकास की प्रक्रिया (process of mental development) का सामान्य से नीचे के स्तर पर) (at lower level) ही सीमित हो जाने तथा आगे विकास के अवरुद्ध होने की स्थिति को ही 'मानसिक दुर्बलता' (mental retardation) कहा जाता है।
2. इनकी प्रमुख विशेषताओ में बुद्धि की मात्रा का सीमित होना (limited intelligence), शारीरिक न्यूनता (physical deficiency), सामाजिक अयोग्यता (social inability or inadequacy), शैक्षणिक अयोग्यता (educational inadequacy) इत्यादि महत्वपूर्ण हैं।
3. मानसिक दुर्बलता एवं मानसिक क्षय या रोग (mental decay or disorder) में अंतर है। मानसिक दुर्बलता जन्मजात होती है जबकि मानसिक क्षय जन्म के पश्चात् संवेगात्मक उपद्रव के कारण होती है। मानसिक दुर्बलता में बौद्धिक क्षमता सीमित अर्थात् सामान्य से निम्न स्तर पर रुक जाती है जबकि मानसिक रोगियों की बुद्धि सामान्य स्तर की होती है। मानसिक रोगियों का उपचार संभव है जबकि मानसिक दुर्बलता का उपचार संभव नहीं है, केवल उनमें थोड़ा सुधार लाया जा सकता है। इसके अतिरिक्त अन्य और भी अंतर पाए जाते हैं।
4. मानसिक बुद्धि के विभिन्न प्रकारों को कई आधारों पर वर्गीकरण (classification) किया जाता है, जैसे—बौद्धिक क्षमता का आधार, नैदानिक आधार एवं ट्रेडगोल्ड का विशिष्ट वर्गीकरण।
5. बौद्धिक क्षमता यानी बुद्धि की मात्रा (degree of intelligence) के आधार पर मानसिक दुर्बलता का वर्गीकरण सीमारेखा (borderline), साधारण (mild), मध्यम (moderate), गंभीर (severe) एवं अति गंभीर (profoundly severe) प्रकारों में किया जाता है।
6. नैदानिक आधार (clinical basis) पर मानसिक दुर्बलता को मंगोलिज्म (mangolism), बौनापन (cretinism), लघु एवं दीर्घ शीर्षता (micro and macrocephaly), जलशीर्षता (hydrocephaly) एवं फेनिलकेटोन्यूरिया (phenylketonuria—PKU) प्रकारों में वर्गीकृत किया जाता है।
7. इसके अतिरिक्त 'ट्रेडगोल्ड' (Tradgold) ने मानसिक दुर्बलता को प्राथमिक (primary) एवं द्वितीयक (secondary) प्रकारों में बाँटा है।
8. मानसिक दुर्बलता के अनेक कारण संभव हैं जिन्हें तीन मुख्य वर्गों में रखा जा सकता है—(क) आनुवंशिकता (heredity) मनोवैज्ञानिक एवं सामाजिक वंचना (psychological deprivation) एवं जैविक (biological) कारक।
9. मानसिक दुर्बलता से ग्रस्त व्यक्तियों का पूर्ण उपचार तो संभव नहीं है, फिर भी इनके प्रसार को रोका जा सकता है। इसके लिए संतति निग्रह (birth control) के उपाय, जैसे—बंध्याकरण एवं अन्य गर्भनिरोधक प्रविधियाँ उपयोग में लाई जा सकती हैं।
10. मानसिक रूप से दुर्बलों की स्थिति में भी थोड़ा सुधार लाया जा सकता है। इसके लिए पार्थक्यता (segregation), माता–पिता की शिक्षा (educating parents), वातावरण में सुधार (environmental reforms), स्कूल प्रशिक्षण (school training), डाक्टरी चिकित्सा (medical treatment), आहार संयम (control of diet), व्यावसायिक चिकित्सा (occupational therapy), संरक्षण (supervision) आदि प्रमुख हैं।

परिशिष्ट
(Appendices)

परिशिष्ट 'ए' **DSM IV वर्गीकरण प्रणाली**
(DSM IV Classification System)

परिशिष्ट 'बी' **अवधान की न्यूनता सह अतिसक्रियता संलक्षण**
(Attention Deficiency with Hyper Activity Syndrome—ADHAS)

परिशिष्ट 'सी' **पश्चात् अभिघाती प्रतिबल (बलाघात) मनोविकृतियाँ**
(Post Traumatic Stress Disorders—PTSD)

परिशिष्ट 'डी' **संज्ञानात्मक चिकित्सा**
(Cognitive Therapy)

परिशिष्ट 'इ' **विक्टर फ्रैंकेल की अस्तित्ववादी चिकित्सा (लोगो चिकित्सा)**
(Victor Frankel's Existential Therapy (Logo Therapy)

परिशिष्ट 'एफ' **वैकल्पिक चिकित्सा**
(Alternative Therapy)

परिशिष्ट 'ए'
(Appendix A)

DSM IV वर्गीकरण प्रणाली
(DSM IV Classification System)

A. सामान्यतः शैशवावस्था, बाल्यावस्था या किशोरावस्था में पहली बार पहचाने गए मनोविकार (Disorders Usually First Diagnosed in Infancy, Childhood or Adolescence)

- मानसिक मंदता (Mental retardation)
- सीखने संबंधी विकार (Learning disorder)
- क्रियात्मक कौशल संबंधी विकार (Motor skill disorders)
- संचार संबंधी विकार (Communication disorders)
- व्यापक विकासात्मक विकार (Pervasive developmental disorders)
- ध्यान में कमी तथा ध्वंसात्मक व्यवहार संबंधी विकार (Attention deficit and disruptive behaviour disorder)
- शैशवावस्था या प्रारंभिक बाल्यावस्था के पोषण एवं भोजन संबंधी विकार (Feeding and eating disorders of infancy or early childhood)
- टिक मनोविकार (Tic disorders)
- निरसन मनोविकार (Elimination disorder)
- शैशवावस्था, बचपन या किशोरावस्था के अन्य मनोविकार (Other disorders of infancy, childhood or adolescence)

B. उन्माद, मनोभ्रंश, स्मृति हानि एवं अन्य संज्ञानात्मक विकार (Hysteria, Dementia, Amnesia and Other Cognitive Disorders)

- उन्माद (Hysteria)
- मनोभ्रंश (Dementia)
- स्मृति संबंधी विकार (Amnestic disorders)
- अन्य संज्ञानात्मक विकार (Other cognitive disorders)
- सामान्य मानसिक स्थिति के कारण उत्पन्न मनोविकार जो अन्यत्र वर्गीकृत नहीं हैं (Mental disorders due to general mental conditions not elsewhere classified)

C. मादक पदार्थ संबंधी विकार (Substance Related Disorders)

- मद्य सेवन संबंधी विकार (Alcohol use disorders)
- एम्फैटेमाइन संबंधी विकार (Amphatemine related disorders)
- कैफिन संबंधी विकार (Caffein related disorders)
- कैनबिस संबंधी विकार (Cannabis related disorders)
- कॉकिन संबंधी विकार (Cocaine related disorders)
- हॉलसिनॉजेन संबंधी विकार (Hallucinogen related disorders)
- निकोटिन संबंधी विकार (Nicotine related disorders)
- ओपियम संबंधी विकार (Opium related disorders)
- इनहेलेन्ट संबंधी विकार (Inhalant related disorders)

D. मनोविदालता एवं अन्य विकृतियाँ (Schizophrenia and Other Psychotic Disorders)

- मनोविदालता (Schizophrenia)
- मनोविदालता रूप के विकार (Schizophrenia form disorder)
- मनोविदालता प्रभावी विकार (Schizophrenia effective disorders)
- व्यामोही विकार (Delusional disorders)
- संक्षिप्त मनोविकृतियाँ (Brief psychotic disorders)
- अंशधारित मनोविकृतियाँ (Shared psychotic disorders)

E. मनोभाव संबंधी विकृतियाँ (Mood Disorders)

- अवसादी विकार (Depressive disorders)
- द्विध्रुवीय विकार (Bipolar disorders)

F. चिंता मनोविकार (Anxiety Disorders)

- एगरोफोबिया रहित संत्रास मनोविकार (Panic disorders without Agrophobia)
- एगरोफोबिया–बिना संत्रास के (Agrophobia—without panic)
- एगरोफोबिया सहित संत्रास (Panic with Agrophobia)
- विशिष्ट दुर्भीति (Specific phobia)
- सामाजिक दुर्भीति (Social phobia)
- मनोग्रस्ति–बाध्यता विकार (Obsessive–compulsive disorder)

- पश्चात् सदमा प्रतिबल या बलाघात विकार (Post traumatic stress disorder)
- प्रचंड प्रतिबल या बलाघात संबंधी विकार (Acute stress disorder)
- सामान्यीकृत चिंता मनोविकार (Generalized anxiety disorder)

G. दैहिक रूप के मनोविकार (Somato form Disorders)

- कायाकरण मनोविकार (Somatisation disorders)
- अविभेदित दैहिक रूपी विकार (Undifferentiated somato form disorders)
- रूपांतर मनोविकार (Conversion disorders)
- पीड़ा विकार (Pain disorders)
- हाइपोकांड्रियासिस (Hypochondriasis)
- बॉडी डिस्मॉरफिक विकार (Body dismorphic disorder)

H. काल्पनिक स्वरूप के विकार (Fictitious Disorders)

- मनोविच्छेदी विकार (Dissociative disorders)
- मनोविच्छेदी एमनेसिया (Dissociative amnesia)
- मनोविच्छेदी पहचान विकार (Dissociative fugue)
- व्यक्तित्व लोप विकार अथवा निर्वैयक्तिकरण विकार (Depersonalisation disorder)

I. यौन एवं लिंग की पहचान संबंधी विकार (Sexual and Gender Identity Disorder)

- यौन संबंधी अक्षमता (Sexual dysfunction)
- कामेच्छा संबंधी विकार (Sexual desire disorders)
- यौन उद्वेलन विकार (Sexual arousal disorders)
- यौन क्रिया संबंधी विकार (Orgasmic disorders)
- यौन कष्ट संबंधी विकार (Sexual pain disorders)
- पैराफिलिया (Paraphilias)
- लिंग पहचान संबंधी विकार (Gender identity disorders)

J. भोजन संबंधी विकार (Eating disorders)

- एनोरेक्सिया नरवोसा (Anorexia Nervosa)
- बुलीमिया नरवोसा (Bulimia Nervosa)

K. निद्रा संबंधी विकार (Sleep Disorders)

- प्राथमिक निद्रा विकार (Primary sleep disorders)
- अनिद्रा विकार (Dyssomnias)
- पारासोम्निया (Parasomnias)

L. आवेग नियंत्रक विकार–अन्यत्र अवर्गीकृत (Impulse Control Disorders—Elsewhere Not Classified)

- सविरामी विस्फोटी विकार (Intermittent explosive disorder)
- क्लेप्ट्रोमैनिया (Kleptomania)
- पाइरोमैनिया (Pyromania)
- जुआ व्यसन संबंधी विकृति (Pathological gambling)
- ट्राइकोटिलोमैनिया (Trichotillomania)

M. समायोजन संबंधी विकार (Adjustment Disorders)

- समायोजन विकार (Adjustment disorders)

N. व्यक्तित्व संबंधी विकार (Personality Disorders)

- आशंकित व्यक्तित्व विकार (Paranoid personality)
- मनोविदालक व्यक्तित्व विकार (Schizoid personality disorder)
- मनोविदालक सदृश व्यक्तित्व विकार (Schizotypal personality disorder)
- समाज विरोधी व्यक्तित्व विकार (Anti-social personality disorder)
- सीमारेखीय व्यक्तित्व विकार (Border-line personality disorder)
- उन्मादी व्यक्तित्व विकार (Histrionic personality disorder)
- परिहार व्यक्तित्व विकार (Avoidant personality disorder)
- आश्रित व्यक्तित्व विकार (Dependent personality disorder)
- मनोग्रस्ति–बाध्यता व्यक्तित्व विकार (Obsessive-compulsive personality disorder)

परिशिष्ट 'बी'
(Appendix B)

अवधान की न्यूनता सह-अतिसक्रियता संलक्षण (Attention Deficiency with Hyper Activity Syndrome—ADHAS)

कुछ बच्चे अतिसक्रिय अर्थात् गतिशील होते हैं लेकिन इनके अवधान (attention) का विस्तार (span of attention) बहुत सीमित (औसत से कम) होता है तथा अवधान सहज ही भंगित (easily distracted) होता रहता है। ऐसे बच्चे अनेक अवसरों पर समस्यामूलक बच्चे (problematic children) के रूप में जाने जाते हैं क्योंकि इनकी अतिसक्रियता माता–पिता (parents) के साथ–साथ स्कूल में शिक्षकों या शिक्षिकाओं के लिए भी समस्याएँ खड़ी करते हैं। इनकी चंचलताएँ इतनी अधिक होती हैं कि स्कूलों में भी अपने साथियों के बीच इनकी चंचलताएँ चर्चा का विषय बन जाती हैं। शिक्षकों के पढ़ाते समय भी वे अपना ध्यान स्थिर नहीं रख पाते। हर समय उछल–कूद, और विविध प्रकार की गतिविधियाँ करते रहते हैं जो अर्थहीन प्रकार की गतिविधियाँ होती हैं। इनका ध्यान इधर–उधर शीघ्रता से बदलता रहता है।

प्रायः सभी देशों के प्राथमिक स्कूल स्तर के बच्चों में इनकी अच्छी–खासी तायदाद पाई जाती है (गेट्ज–Getz, 1974; सॉलॉमन–Soloman 1972)। उच्च सक्रियता संलक्षण (hyper activity syndrome) लड़कियों की अपेक्षा लड़कों में अधिक पाई जाती है।

नैदानिक स्वरूप (Clinical Picture)

ऐसे बच्चों के नैदानिक स्वरूप में अतिशय पेशीय गतिविधियाँ (excessive muscular activities) की ही प्रधानता रहती है, लेकिन साथ में कुछ अन्य विशेषताएँ भी पाई जाती हैं, जो निम्नलिखित हैं—

- अवधान विस्तार का छोटा होना (short-span of attention)
- अवधान का सुगमता से विचलन (easy distraction of attention)
- आवेगशीलता (impulsiveness)
- गति संबंधी समन्वय की कमी (poor motor coordination)
- निराशा को बर्दाश्त करने की क्षमता की कमी (low frustration tolerance)
- सांवेगिक अस्थिरता (emotional instability)
- चित्तवृत्ति में बदलाव (changeable mood)

- अतिसंवेदनशीलता (hypersensitivity)
- अवरोध अभाव (lack of inhibition)

जहाँ तक बुद्धि का प्रश्न है, औसत बुद्धि वाले बच्चों की तुलना में इनमें कोई भिन्नता नहीं देखी जाती। लेकिन, इनकी विविध प्रकार की गतिविधियाँ बहुत अधिक रहती हैं। ऐसी गतिविधियों में लगातार बातें करते रहना, दूसरों के मना करने पर भी नहीं रुकना तथा इनकी गतिविधियों में अपरिपक्वता (immaturity) की झलक मिलती है। ऐसे बच्चे चिंतित (anxious) नहीं होते यद्यपि, इनकी अतिसक्रियता (over activity), बेचैनी (restlessness) और अवधान के भटकाव (distraction of attention) को 'चिंता' (anxiety) के रूप में समझा जाता है, लेकिन ऐसा समझना गलत है। स्कूलों में ऐसे कुछ बच्चों का प्रदर्शन खराब होता है खास कर मुख्य विषयों (principal subjects) में इनका निष्पादन संतोषप्रद नहीं होता जैसे—लिखने, पढ़ने, गणित की समस्याओं को हल करने में इनकी अतिसक्रियता (over activity) बाधक होती हैं। लेकिन यदि इनके अवधान को नियंत्रित किया जाए तो इनका निष्पादन (performance) बेहतर हो सकता है।

कारण (Causes)

इस संलक्षण के लघु रूप में 'अतिगतिशीलता' (hyperkinetic) कहा जाता है जिसके विकास में वंशानुक्रम (heredity) अथवा क्रोमोजोम (chromosomes) संबंधी विषमता या दोष के साथ किसी प्रकार के साहचर्य (association) के बारे में अभी तक कोई जानकारी उपलब्ध नहीं है। लेकिन, समय से पूर्व जन्मे बच्चों में इस तरह के संलक्षण (syndrome) पाए गए हैं। ऐसे अधिकतर बच्चों के कोमल स्नायविक संकेतों (soft neurological signs) से यह स्पष्ट हुआ है कि इनमें गति समन्वय संबंधी प्रत्यक्षण (perceptual motor coordination) दुर्बल होता है 'सैटरफील्ड एवं अन्य' (Satterfield *et al.*, 1974) ने भी अतिसक्रिय (over active) बच्चों के EEG[1] में औसत से अधिक (more than average) असामान्यता पाई है। इन परिणामों के आलोक में ही ऐसे बच्चों को 'न्यूनतम मस्तिष्कीय दुष्क्रिया' (minimal brain dysfunction—HBD) से पीड़ित समझा जाता है। लेकिन ये साक्ष्य अपर्याप्त हैं अतः यह निष्कर्ष निकालना कि अतिसक्रिय बालक मस्तिष्कीय प्रक्रियाओं (brain processes) में किसी प्रकार के बदलाव (alterations) अथवा अनियमितता (irregularities) से ग्रस्त होते हैं—गलत होगा।

अतिसक्रियात्मक संलक्षण (over activity syndrome) वस्तुतः अविशिष्ट (non specific) लक्षण है जो चिंतित (anxious), अवसादी (depressive) मनोविदाली (schizoid) एवं आत्मविमोही (autistic) बच्चों के साथ-साथ मस्तिष्कीय क्षति (brain damage) अथवा न्यूनतम मस्तिष्कीय दुष्क्रिया (minimal brain dysfunction) वाले बच्चों में भी पाया जा सकता है। यद्यपि MBD की अवधारणा (concept) विवादास्पद (controversial) है। इस संबंध में अनेक शोधकर्ताओं द्वारा कोई ठोस प्रमाण नहीं प्राप्त किया जा सका है।

कुछ मनोवैज्ञानिकों का मत है कि परिवार में प्रतिबलात्मक परिस्थितियाँ (stressing situations in the family) के कारण बच्चों में सांवेगिक उपद्रव (emotional upset) अथवा चिंता (anxiety) से अतिसक्रियता संबंधी संलक्षण संबंधित हो सकते हैं।

सही अर्थ में इसके वास्तविक कारण के बारे में निश्चयपूर्वक कुछ भी नहीं कहा जा सकता। इसका कारण यह है कि इस प्रकार के संलक्षण के कुछ भी कारण संभव हैं, जैसे—बच्चे के जन्म के समय किसी प्रकार से मस्तिष्क में क्षति का होना, मस्तिष्कीय कोशों के पारस्परिक समन्वय में कमी, अथवा पारिवारिक वातावरण।

1. EEG—Electro encephalogram.

उपचार या चिकित्सा (Therapy or Treatment)

यद्यपि अतिसक्रियता के संलक्षणों की पहचान लगभग 150 वर्ष पूर्व ही हो चुकी थी, लेकिन इसकी चिकित्सा हेतु अभी तक कोई विशिष्ट चिकित्सा प्रविधि का विकास नहीं हो पाया है। ऐसे अतिसक्रिय बच्चों (over active children) को मेडिकल विज्ञान के वैज्ञानिकों द्वारा मस्तिष्कीय उत्तेजक रसायनों (cerebral stimulant chemicals) का इस्तेमाल कर अतिसक्रियता को नियंत्रण में लाने हेतु सलाह दी जाती है। लेकिन, इनके कुछ दुष्परिणामों के संदर्भ में अतिसावधानी बरतनी चाहिए।

मनश्चिकित्सकों ने ऐसे बच्चों के उपचारार्थ 'व्यवहार परिमार्जन तकनीक' (behaviour modification technique) का उपयोग कर अच्छी सफलता प्राप्त की है। इस तकनीक में बच्चों को न्यूनतम गलती करने पर लगातार प्रबलित किया जाता है तथा उनके लिए विशेष प्रकार की शिक्षण सामग्री का भी उपयोग किया जाता है। लेकिन आवश्यकतानुसार कुछ औषधियों का भी उपयोग किया जाता है। इसमें माता–पिता, मेडिकल डाक्टर स्कूल के शिक्षक एवं मनश्चिकित्सक—सबका सहयोग अपेक्षित होता है।

अनेक अतिसक्रिय बच्चों की अतिसक्रियता स्वतः 'टीनएज' (teenage) में पहुँचने पर लुप्त भी हो जाती है।

परिशिष्ट 'सी'

(Appendix C)

पश्चात् अभिघाती प्रतिबल (बलाघात) मनोविकृतियाँ (Post Traumatic Stress Disorders—PTSD)

मानव जीवन में कभी–कभी अनेक ऐसे अवसर आते हैं जब व्यक्ति घोर संकट की स्थिति से गुजरता है। युद्ध (war), युद्ध के नजरबंद कैदी (prisoner of war), आतंकवादियों का आक्रमण (terrorist's attack), उग्रवादियों का खतरा (menace), प्राकृतिक आपदाएँ (natural calamity), महाविपत्ति (catastrophe) आदि कुछ ऐसी ही घटनाएँ हैं। इन स्थितियों में एक सबल एवं सुस्थिर व्यक्तित्व (strong and stable personality) का व्यक्ति भी क्षणिक रूप से मानसिक बीमारी का शिकार होता है। लेकिन, इन मनोविकारों से अनेक लोग कुछ समय बाद पुनर्लाभ (recover) प्राप्त कर लेते हैं। जैसे भयंकर दुर्घटना अथवा युद्ध क्षेत्र में उत्पन्न मानसिक दुश्चिंता आदि स्थितियों में व्यक्ति कुछ समय बाद चंगा हो जाता है। लेकिन, कुछ लोगों में इन घटनाओं के स्मृतिशेष (residuals) घटना के बाद के दिनों में (कभी–कभी वर्षों बाद तक) बने रहते हैं; जिसके कारण दुश्चिंता (anxiety), अवसाद (depression), जड़ता, भय या आतंक आदि की मनोदशा बरकरार रहती है। ऐसे लोग सदैव तनाव और अनिद्रा का अनुभव करते हैं। एकाग्रता (concentration) में कमी आती है और बार–बार कुछ ऐसे स्वप्न देखते हैं जिसमें आघात या हादसे के तत्व के संकेत रहते हैं। अर्थात् वे 'सदमा' (shock) से उबर नहीं पाते। व्यक्ति की इसी दशा को PTSD कहते हैं जिसमें आघात से संबंधित विचार एवं दृश्य बार–बार उभरते रहते हैं। इस प्रकार व्यक्ति की **'सामना करने की दुर्बलशैली'** बार–बार उभरने वाले विचारों, दुःस्वपनों, मनोग्रस्ति आदि में प्रकट होती है। इसे ही PTSD कहते हैं जो 'विलंबित प्रतिबल प्रतिक्रिया' (delayed stress reaction) हैं। इनके शिकार व्यक्ति में घटनाओं के सांवेगिक स्मरण (emotional memories), एकाग्रता में कमी, अतिशय चौंकाने की अनुक्रिया, अपराध बोध के लक्षण देखे जा सकते हैं। कभी–कभी व्यक्ति मूक (mute) भी हो जाता है तथा भावशून्यता के लक्षण भी दिखते हैं।

चिकित्सकीय सहायता (Therapeutic Help)

पुनः आश्वासन (reassurance), उचित आराम (proper rest) और आवश्यकतानुसार प्रशांतक विश्राम (sedative rest) का उपयोग ऐसे रोगियों के लिए लाभकारी सिद्ध होता है। साथ ही रोगी के साथ पारस्परिक संवाद भी 'इन–बिल्ट मैकेनिज्म' (in-built-mechanism) की तरह काम करता है जिससे रोगी राहत और आराम का अनुभव करता है साथ ही, व्यवहार चिकित्सा प्रणाली की असंवेदी प्रविधि (desensitizing technique) का उपयोग भी लाभकारी सिद्ध होता है।

परिशिष्ट 'डी'
(Appendix D)

संज्ञानात्मक चिकित्सा
(Cognitive Therapy)

संज्ञानात्मक दृष्टिकोण (cognitive approach) के अनुसार मानस रोग या विकृतियाँ मानसिक संज्ञानात्मक प्रक्रियाओं की विकृति का प्रतिफल होती हैं। अतः इनका उपचार संज्ञानात्मक प्रक्रियाओं की पुनर्रचना (reconstruction of cognitive processes) कर किया जाना चाहिए। इस दिशा में 'अलबर्ट एलिस' (Albert Elis) ने 'विवेकी भावोत्तेजक चिकित्सा प्रविधि' (Rational Emotive Therapy—RET) की रूपरेखा प्रस्तावित की है। इस प्रविधि में रोगी के कुसमायोजित व्यवहार (maladaptive behaviour) के पीछे लंबे समय से चलती आ रही 'अविवेकी विश्वास प्रणाली' (irrational belief system) की तहकीकात कर उसके स्थान पर विवेकपूर्ण विश्वास प्रणाली (rational belief system) स्थापित करने का प्रयास किया जाता है। लंबे अरसे से चली आ रही अविवेकी विश्वास की प्रणाली (irrational belief system) व्यक्ति की मनोवैज्ञानिक व्यथा (psychological distress) की 'पूर्ववर्ती कारक' (antecedent factor) होती है जिसे हटाकर यदि विवेकपूर्ण विश्वास स्थापित किया जाए तो व्यथा (distress) को दूर किया जा सकता है। इस प्रकार इस प्रविधि में चिकित्सा का केंद्रीय बिंदु (central focus) पूर्ववर्ती घटना होती है जिसके परिणाम यानी व्यथा (distress) के बीच मध्यस्थता (mediate) करने वाले अविवेकपूर्ण विश्वास (irrational belief) होता है जिसकी चिकित्सा का प्रयास किया जाना चाहिए। संज्ञानात्मक चिकित्सा को 'संज्ञानात्मक व्यवहार चिकित्सा' (cognitive behaviour therapy—CBT) भी कहते हैं।

'एलिस' (Elis) द्वारा प्रस्तावित चिकित्सा की प्रणाली का आरंभ ABC विश्लेषण से होता है, जिसमें—

A. Stands for Antecedent events (अर्थात् पूर्ववर्ती कारक या घटना)
B. Stands for Belief system (अर्थात् विश्वास प्रणाली) एवं
C. Stands for Consequent (अर्थात् परिणाम)।

चिकित्सा की यह प्रविधि (RET) सर्वाधिक लोकप्रिय है। इसमें रोगी की विचार प्रक्रियाओं को बदलने का प्रयास किया जाता है जो कुसमयोजित व्यवहार (maladaptive behaviour) के मूल में रहती है। इस प्रणाली के समर्थक यह मानते हैं कि बहुत से लोग अवास्तविक (unreal) विश्वास और पूर्णतावादी मूल्यों के पोषक होते हैं। फलतः उनका व्यवहार भी इन्हीं पोषित मूल्यों और विश्वासों के अनुरूप होता है जो असफलता एवं निराशा का कारण बनता है, जैसे—यदि कोई माँ यह समझती है कि उसका पुत्र सदैव उसकी बातों को मानता है तथा माँ के पक्ष में वह अपनी पत्नी का भी तिरस्कार कर सकता है। सोचने या समझने का यह ढँग आवस्तविक हो सकता है। फलतः यह निराशा का कारण हो सकता है। स्वस्थ व्यक्ति वही हो सकता है जिसकी सोच तर्कसंगत और वास्तविकता से जुड़ी हो। अतः ऐसे निराश रोगियों की सोच को विवेकी पूर्ण वास्तविकता से संबंधित रूप में बदलना आवश्यक होता है। अतः RET प्रणाली द्वारा रोगी को संतोषप्रद एवं सुखी या खुशहाल जीवन में बाधक सोच, विचार, सांवेगिक प्रतिक्रियाएँ आदि को पुनर्गठित या पुनर्रचित (reconstruct) करने का प्रयास किया

जाता है ताकि रोगी में आत्म–अवमूल्यन (self-devaluation) की जगह आत्म–महत्व (self worth) की भावना का सहज विकास संभव हो सके।

यहाँ यह स्पष्ट होना चाहिए की RET की चिकित्सा प्रणाली में ABC का विश्लेषण करने हेतु सेवार्थी (client) यानी रोगी का साक्षात्कार (interview) करने पर उसके अतार्किक (irrational) विश्वास के समर्थन में तथ्यपरक प्रमाण (factual evidence) न भी मिले, क्योंकि ऐसे विश्वासों में 'must' यानी अवश्यमेव और 'should be' यानी होना चाहिए कि विशेषता पाई जाती है, जैसा कि ऊपर के उदाहरण में निहित है।

RET की प्रविधि में चिकित्सक सेवार्थी (client) के अतार्किक विश्वास (irrational belief) का खंडन (refute) करता है। खंडन की प्रक्रिया में अ–निर्देशित (non directed) ढँग से सेवार्थी (client) यानी रोगी के प्रति संदेह या चुनौती यानी कुछ कुछ प्रश्न खड़े किए जाते हैं। इसके फलस्वरूप सेवार्थी (client) थोड़ा गहरे रूप में अपने विश्वास पर पुनर्विचार करने हेतु प्रेरित होता है और अतार्किक विश्वास की जगह तार्किक सोच एवं विश्वास सुस्थापित होने लगता है। इसके परिणामस्वरूप सेवार्थी की व्यथा (client's distress) में सकारात्मक सुधार (positive improvement) होने लगता है।

ऑरन बेक की प्रविधि (Aron Beck's Technique)

संज्ञानात्मक चिकित्सा (cognitive therapy) की एक दूसरी प्रविधि **'ऑरन बेक'** (Aron Beck) ने विकसित की है जो अवसादी (depressive) मनोविकार (psychic disorder) में काफी प्रभावी सिद्ध हुई है। अवसाद के रोगियों में 'अवसादजनक' (depressogenic) तत्वों (elements) का बीजारोपण परिवार एवं समाज द्वारा बाल्यावस्था के अनुभवों में ही हो जाता है। इससे 'बीजकोश की रूपरेखा' (core schema) का विकास होता है। इस रूपरेखा में व्यक्ति का व्यवहार प्रतिकूल और उसका विश्वास (behaviour pattern and his belief) दोनों शामिल रहते हैं। उदाहरणार्थ, कोई व्यक्ति अपनी बाल्यावस्था में अपने माता–पिता की अवहेलना का शिकार हुआ है, तो उसमें एक बीजकोशीय रूपरेखा (core schema) इस प्रकार विकसित हो सकती है–'मुझे कोई पसंद नहीं करता', 'मुझे कोई नहीं चाहता' आदि। ऐसे विचारों से स्वभावतः निषेधात्मक विचार (negative ideas) पनपेंगे जो 'संज्ञानात्मक रचना' (cognitive structure) को विरूपित (distort) करते हैं। इसे 'दुष्क्रियात्मक संज्ञानात्मक संरचना' (dysfunctional cognitive structure) कहते हैं। इसके कारण सामाजिक वास्तविकता (social reality) के संज्ञान में त्रुटि (error in cognition) उत्पन्न होती है। इस प्रणाली में अवसादी रोगियों (depressive patients) से अवसादजनक तत्वों (depressogenic elements) को जानने के लिए रोगी से मैत्रीपूर्ण ढँग से अनुपयोगी विचारों या विश्वासों से संबंधित सीधा प्रश्न (pointed questions) किया जाता है तथा रोगी को वैकल्पिक ढँग से सोचने हेतु चिकित्सक निर्देशन (instructions) देता है। ये प्रश्न अत्यंत ही नम्र और किसी भी प्रकार से भय रहित ढँग के होते हैं, लेकिन ऐसे प्रश्न रोगी की नकारात्मक (negative) सोच एवं विश्वास के प्रतिवादी स्वरूप को (counteracting nature) के होते हैं। जैसे–पूछा जा सकता है–'सभी लोग आपको स्नेह दें, यह क्यों जरूरी है?, 'सफलता से आप क्या अर्थ लगाते हैं'।

ऐसे प्रश्न सेवार्थी (client) को अपने स्वाभाविक नकारात्मक भावों के विपरीत दिशा में सोच विकसित करने के लिए उत्तेजना (stimulus) के रूप में कार्य करते हैं और इस प्रकार रोगी अपनी दुष्क्रियात्मक संज्ञानात्मक रूपरेखा (dysfunctional cognitive schema) में परिवर्तन लाता है। चिकित्सा का मूल उद्देश्य संज्ञानात्मक पुनर्रचना (cognitive restructuring) की प्राप्ति होती है जो चिंता और अवसाद (anxiety and depression) के भाव को कम करने में सहायक होता है।

परिशिष्ट 'इ'
(Appendix E)

विक्टर फ्रैंकेल की अस्तित्ववादी चिकित्सा (लोगो चिकित्सा)
(Victor Frankel's Existential Therapy (Logo Therapy))

विक्टर फ्रैंकेल (Victor Frankel) एक मनश्चिकित्सक (psychiatrist) एवं स्नायुरोग विशेषज्ञ (neurologist) थे। इन्होंने 'लोगो चिकित्सा' (Logo therapy) नामक एक प्रविधि प्रस्तावित की है। 'लोगोस' (Logos) एक ग्रीक शब्द है जिसका अर्थ 'आत्मा' (soul) होता है। अतः लोगो चिकित्सा का अर्थ 'आत्मा की चिकित्सा' (treatment of the soul) होता है। यह एक अर्थ निर्माण (meaning making) की प्रक्रिया है। इस प्रक्रिया में जीवन के लिए घातक परिस्थितियों में भी जीवन को अर्थपूर्ण (meaningful life) रूप में विकसित किया जाता है। जब व्यक्ति जीवन के 'आध्यात्मिक सत्य' (spiritual truth) को जानने की उत्सुकता रखता है तो उसकी यही उत्सुकता जीवन में अर्थ ढूँढ़ने का आधार बनती है। 'फ्रैंकेल' यह भी मानते हैं कि जिस प्रकार मूल प्रवृत्यात्मक प्रवृत्तियों (instinctual tendencies) का संचय अचेतन (unsconscious) में होता है, ठीक उसी प्रकार आध्यात्मिक अचेतन (spiritual unconscious) भी है जिसमें स्नेह, प्रेम, सौंदर्य की भिज्ञता (aesthetic awareness), जीवन के मूल्य (values of life) आदि का संचय होता है। जब जीवन की समस्याएँ, जीवन अस्तित्व के भौतिक, मनोवैज्ञानिक या आध्यात्मिक पक्षों के साथ आसक्त या बँध (attached) जाती है। तब 'चिंता न्यूरॉसिस' (anxiety neurosis) उत्पन्न होती है।

'फ्रैंकेल' (Frankel) के अनुसार चिंता के विकास में अर्थहीनता की आध्यात्मिकता की प्रमुख भूमिका होती है। इसीलिए इसे 'अस्तित्ववादी चिंता' (existential anxiety) भी कहते हैं। अर्थात् 'न्यूरॉटिक चिंता' (neurotic anxiety) का उद्‌गम आध्यात्मिक चिंता (spiritual anxiety) से होता है। अतः 'लोगो चिकित्सा' का मुख्य लक्ष्य जीवन की विषम परिस्थितियों के बावजूद जीवन को अर्थपूर्ण बनाना होता है। चिकित्सक सेवार्थी (client) को अपने जीवन में अर्थ ढूँढ़ने हेतु (to search meaning in life) प्रोत्साहित (encourage) करता है।

लोगो चिकित्सा में चिकित्सक खुले ढँग से सेवार्थी (client) की भावनाओं में भागीदार बनता है। इसमें तात्कालिकता (immediacy) एवं वर्तमान (present) पर मुख्य जोर दिया जाता है जो रोगी को जीवन में अर्थ ढूँढ़ने की प्रक्रिया में सहायक होता है।

परिशिष्ट 'एफ'
(Appendix F)

वैकल्पिक चिकित्सा
(Alternative Therapy)

मनोरोगियों के चिकित्सार्थ मनश्चिकित्सा (psycho therapy) एवं औषधि चिकित्सा (drug therapy) के अतिरिक्त कुछ अन्य प्रकार की चिकित्सा प्रविधियाँ भी आधुनिक समय में प्रचलन में हैं। ऐसी प्रविधियों में देशज चिकित्सा (indigenous therapy) सर्वाधिक प्रचलित है।

प्राचीन भारतीय दर्शन, आयुर्वेद एवं दूसरे साहित्यिक ग्रंथों में चिकित्सा की कई तरह की प्रक्रियाओं का वर्णन है। 'अथर्ववेद', चरक संहिता, सुश्रुत संहिता, अष्टांग संग्रह, योग सूत्र, बौद्ध तथा जैन साहित्य में अनेक तरह के मनोजनित (psychogenic) एवं दैहिक (physiological) रोगों के उपचार की प्रक्रियाओं का वर्णन मिलता है। इन प्रविधियों पर शोधपरक पुनर्खोज (research) की आवश्यकता है। उपचार की ऐसी ही कुछ प्रचलित प्रविधियों का वर्णन यहाँ किया जा रहा है—

(i) योग (Yoga)

'योग' भारत की एक प्राचीन क्रियात्मक विचारधारा है जिसका प्रयोग शारीरिक और मानसिक रोगों के निवारणार्थ किया जाता है। 'योग' को सही अर्थ में स्वास्थ्य एवं कल्याण की 'पोषक' (nurturant) एवं बढ़ावा देने (promotor) वाली क्रिया कहा जाता है।

'पतंजलि' के अनुसार—योग चित्त और मन की वृत्तियों को निरुद्ध (restrain) करता है। इसका उद्देश्य मानसिक वृत्तियों को प्रतिबंधित करना होता है। संस्कृत में योग का अर्थ मानसिक वृत्तियों को इस प्रकार बाँधना होता है जैसे कोई दंपति प्रणय सूत्र में एक—दूसरे से बँध जाते हैं। अर्थात् मानसिक विचारों, वृत्तियों आदि को प्रतिबंधित और नियंत्रित कर व्यक्तिगत 'आत्म' या 'स्व' (individual or self) को सार्वभौम या ईश्वर से मिलाने के साधन को 'योग' कहते हैं। पतंजलि ने अपनी पुस्तक—'योगसूत्र' (Yogasutra) में मनुष्य के व्यक्तित्व एवं स्वास्थ्य विकास के लिए आठ प्रकार के मार्ग (अष्टांग मार्ग) बतलाए हैं, जो निम्नलिखित हैं—

(क) 'यम': 'यम' का अर्थ व्यवहार को प्रतिबंधित करना होता है। इसे अहिंसा (non violence), सत्य (truth), अस्तेय (चोरी न करना), ब्रह्मचर्य एवं अपरिग्रह का पालन कर प्राप्त किया जा सकता है। अर्थात् व्यवहार को सही और स्वस्थ दिशा प्रदान करने हेतु दूसरों को किसी प्रकार से (शारीरिक या वाचिक) हानि न पहुँचाना (अहिंसा का पालन), झूठ नहीं बोलना (सत्य का पालन), चोरी या किसी वस्तु का दुरुपयोग (abuse) न करना (अस्तेय का पालन), यौन जीवन की अशुद्धता से परहेज करना (ब्रह्मचर्य का पालन) एवं आवश्यकता से अधिक धन लोलुप नहीं होना (अपरिग्रह का पालन) योग क्रिया का पहला चरण है।

(ख) 'नियम': योग का दूसरा प्रमुख चरण नियम है। इसमें व्यक्ति को सदाचार का पालन (good or moral conduct) करना होता है। इस चरण को प्राप्त करने के पाँच सूत्र हैं—(i) शौच की पवित्रता (आंतरिक और बाह्य शरीर की शुद्धि), (ii) संतोष, (iii) तप उपवास, (व्रत या अन्य तरीकों से कष्ट के प्रति सहनशीलता विकसित करना), (iv) स्वाध्याय (आत्मा—परमात्मा के संबंध में आध्यात्मिक मनन द्वारा ज्ञान प्राप्त करना) एवं (v) ईश्वर प्रणिधान (सर्वशक्तिमान सत्ता—ईश्वर में समर्पण)। ये नियम 'पंचसूत्र' के नाम से जाने जाते हैं। इनका पालन करने से व्यक्ति की आत्मा विकार रहित होकर शुद्ध होती है।

(ग) 'आसन': आसन का अर्थ है शारीरिक मुद्राओं (body postures) के विभिन्न रूपों का अभ्यास। इन मुद्राओं का अभ्यास करने से 'मन' और 'शरीर' स्थिर होते हैं तथा विभिन्न अवयवों (organs) की निष्क्रियता (inactivity) समाप्त होती है। आसन द्वारा सुसुप्त अवयवों को सजग और कार्यशील (functional) बनाया जाता है। आसन की मुद्रा अभ्यास रहित (effortless) उतने ही समय तक रहनी चाहिए जिसमें व्यक्ति सहज और आराम ढँग से रह सके। ये आसन तीन प्रकार के होते हैं—गहन ध्यानस्थ होने की तत्परता, शरीर को खींचने या फैलाने वाले (stretching) एवं विश्रामदायक (relaxor)।

(घ) 'प्राणायाम': प्राणायाम श्वसन नियमन (respiratory regulation) की तकनीक को कहते हैं। शारीरिक दृष्टि से गहन और लंबा सांस खींचना (inhalation), उसे एक नियंत्रणाधीन समय (प्रायः अल्पावधि) के लिए रोके रखना तथा पुनः समगति से छोड़ने (expiration) की पूरी प्रक्रिया को प्राणायाम कहते हैं। प्रारंभ में सांस को रोकने की क्रिया से बचा जाता है, क्योंकि यह एक जोखिम भरा चरण होता है। प्राणायाम की तकनीक सरल से जटिल स्तर की है। इसका मुख्य उद्देश्य स्वायत्त तंत्रिका तंत्र (autonomic nervous system—ANS) पर नियंत्रण करना, हृदय एवं फेफड़ों की क्रियाओं की निष्क्रियता दूर करना तथा मानसिक गतिविधियों पर नियंत्रण प्राप्त करना होता है।

(ङ) 'प्रत्याहार': प्रत्याहार विशुद्ध रूप से मनोवैज्ञानिक तकनीक है जिसमें इंद्रियों से मन को अनासक्त (detach) यानी हटाने का प्रयास किया जाता है। यह एक जटिल अभ्यास है जिसमें व्यक्ति ज्ञानेन्द्रियों से प्राप्त सांवेदनिक प्रवाहों (sensory impulses) के प्रति अनासक्त (detached) या चेतन रहित होता है। इस स्थिति की प्राप्ति दैनिक और नियमित अभ्यास द्वारा ही संभव है। इसके माध्यम से इंद्रियों को बाह्य या भीतरी उत्तेजनाओं (external or internal stimuli) से इच्छानुसार हटा लेने (voluntarily withdrawal) का प्रयास किया जाता है। इस प्रकार के प्रयास से सीखी गई या अनुबंधित अनुक्रियाओं (learnt or conditioned responses) को निषेध करने की योग्यता (ability to negate) या क्षमता विकसित होती है। इससे मानसिक क्लेश या पीड़ा से राहत मिलती है तथा विवेक जागृत और सक्रिय होता है।

(च) 'धारणा': धारणा का अर्थ मानसिक स्थिरता है जो इंद्रियों पर विजय पाने के बाद प्राप्त होती है। इससे मानसिक विचलन या भटकाव (deviation or shifting of mind) नियंत्रित होता है। मानसिक विचार और व्यवहार में सुसंगति और स्थिरता आती है।

(छ) 'ध्यान': यह धारणा की अवस्था से एक चरण (step) ऊपर की अवस्था है जिसमें मानसिक एकाग्रता (mental concentration) का अभ्यास किया जाता है। इस अवस्था में मन को एक लंबे समय तक रिक्त या खाली रखकर किसी एक बिंदु पर केंद्रित किया जाता है।

(ज) 'समाधि': यह मन की किसी वस्तु के साथ मिलन की अवस्था है। इसलिए इसे 'एकत्व' (unionism) होने की अवस्था भी कहते हैं। जैसे—आत्मा का परमात्मा के साथ 'एकाकार' होना। समाधि के चरमोत्कर्ष (highest apex) में समाधिस्थ व्यक्ति एकाकार होने की चेतना (consciousness of unionism) को भी भूल जाता है जिसे 'परम समाधि' की प्राप्ति कहा जाता है।

'प्रत्याहार', 'धारणा', 'ध्यान' और 'समाधि' वस्तुतः एक–दूसरे से अलग की अवस्थाएँ नहीं हैं, अपितु क्रमशः बढ़ते हुए क्रमों की एक ही अवस्था है जिसे समाधि की अवस्था के चरण कह सकते हैं। इसकी कई तकनीकें हैं जिसका अभ्यास दक्ष और प्रशिक्षित (efficient and trained) योग गुरुओं की देख–रेख में ही किया जा सकता है। योगाभ्यास की सर्वाधिक मनोवैज्ञानिक विशेषता यह है कि इससे संज्ञानात्मक प्रक्रियाएँ (cognitive processes) परिष्कृत (refined) होती हैं तथा मानसिक और शारीरिक रूप से (mentally and physically) सकारात्मक (positive) स्वास्थ्य (health) की प्राप्ति संभव है। योग के विभिन्न चरणों को नीचे दिखाया गया है–

योग के चरणों के आरोही क्रम
(Ascending Series of the Steps of Yoga)

समाधि	राजयोग	8.	उच्च चेतना
ध्यान		7.	मनन
धारणा		6.	एकाग्रता
प्रत्याहार		5.	संग्राहकों को अंदर खींचना
प्रणायाम	हठयोग	4.	श्वास के व्यायाम
आसन		3.	शरीर की स्थितियाँ
नियम		2.	व्यवहार तथा
यम		1.	मनोवृत्ति के साथ कार्य

(ii) ध्यानस्थ अवस्था (State of Meditation)

'ध्यानस्थ' (meditation) होने की अवस्था भी मनोवैज्ञानिक दृष्टि से मनोविकार (psychic disorder) की चिकित्सा की एक महत्वपूर्ण भारतीय विधि है। इसकी कई तकनीकें हैं जिसमें चेतनापूर्वक (consciously) असंगत यानी अनाप–सनाप के विचार मंथन अथवा अप्रासंगिक चिंतन (irrelevant thought) से हटकर मानसिक एकाग्रता का प्रयास किया जाता है। इस दृष्टि से यह अवधान (attention) को केंद्रीभूत (focus) करने की एक प्रक्रिया है जिसकी तीन श्रेणियाँ (categories) होती हैं–

(क) क्षेत्र पर ध्यान केंद्रित करना (focus on the field)। इसे ही सतर्कतापूर्वक ध्यानस्थ होना (mindful meditation) कहते हैं।

(ख) ध्यानस्थ क्षेत्र की किसी विशिष्ट वस्तु (सूक्ष्म केन्द्र) पर ध्यान केंद्रीकृत करना, जिसे एकाग्रचित ध्यानस्थ होने की अवस्था (concentration meditation) कहते हैं तथा

(ग) मननशील ध्यानावस्था (contemplating meditation)।

ध्यानस्थ होने की यह तकनीक 'विपासना' (vipasana) है। इसमें किसी एक विचार को ध्यान केंद्र में स्थापित कर चित्त से उक्त विचार का मानसिक प्रेक्षण (mental observation) करना होता है तथा थक जाने पर उसका परित्याग किया जाता है। इस दृष्टि से मननशील ध्यानावस्था थोड़ी भिन्न है। मननशील ध्यानावस्था (contemplating meditation) में मानस पटल को विस्तृत करते हुए उस विस्तृत क्षेत्र में किसी बृहद आत्मा, जैसे–ईश्वर, उत्कृष्ट

हितैषी या गुरु के प्रति अपने को समर्पित करने का भाव रहता है। विचारपूर्ण और सतर्कतापूर्ण ध्यान के तत्व शामिल रहते हैं। इसके तीन प्रक्रिया स्तर हैं—(a) ध्यान को केंद्रित करना, (b) उदारता रखना तथा (c) पूछना।

यहाँ स्पष्ट होना चाहिए कि ध्यान, जिज्ञासा, और अंतर्दृष्टि के नियमित और क्रमिक अभ्यास से उच्चस्तरीय ज्ञान का विकास जिसे 'प्रज्ञा' (wisdom) कहते हैं, संभव है। अतः इसे उन्नत करने की जरूरत है। ध्यानस्थ होने के अभ्यास के फलस्वरूप व्यक्ति में जागृति (awakening) आती है तथा प्रकृति की सत्यता (truth of nature) तक पहुँचने का मार्ग प्रशस्त होता है। अतः यह उदारशीलता (openness), चेतना (awareness) एवं सूझ (insight) को प्राप्त करने का अवसर प्रदान करता है।

इस बात के यथेष्ट प्रमाण मिले हैं कि ध्यानावस्था से मानसिक और शारीरिक स्वास्थ्य में वृद्धि होती है। 'शापिरो' एवं 'वाल्स' (Shapiro and Walsh, 1984) द्वारा अंतर्ज्ञान ध्यानावस्था (Transcendential Meditation—TM) तकनीक का प्रयोग कर देखा गया कि अमेरिका जैसे व्यस्ततम देश के निवासियों में इस तकनीक का अभ्यास करने के फलस्वरूप उनके स्वास्थ्य एवं ज्ञान दोनों में प्रशंसनीय उन्नति (appreciable progress) हुई। दैहिक क्रियाओं में शांति, प्रसन्नता में बढ़ोत्तरी, सुगठित होने का भाव, समानुभूति (empathy), स्ववास्तविकीकरण (self actualisation) आदि के लक्षण पनपते हुए पाए गए। इस बात के प्रमाण मिले हैं कि दुश्चिंता (anxiety), मद्यपान व्यसन (alcoholism and alcohol addiction), अनिद्रा (insomnia) अति तनाव (excessive tension) आदि को नियंत्रित करने में यह तकनीक काफी लाभप्रद सिद्ध हुई है।

यद्यपि इन अध्ययनों में कुछ सीमाएँ रही हैं, फिर भी 'ध्यानावस्था' और 'आरोग्यता' के बीच के घनिष्ठ संबंध को नकारा नहीं जा सकता।

(iii) विपासना मेडिटेशन (Vipasna Meditation)

यह मानसिक रूप से सावधानी आधारित मेडिटेशन (mindfulness based meditation) की तकनीक है जिसमें अवधान (attention) को केंद्रित करने हेतु कोई मूर्त वस्तु (concrete object) या आकार नहीं होता। व्यक्ति निष्क्रिय रूप से विविध प्रकार की शारीरिक संवेदनाओं एवं विचारों को चेतना (consciousness) में आते और जाते हुए अनुभव करता है।

(iv) सुदर्शन क्रिया योग (Sudarshan Kriya Yog—SKY)

योग की इस तकनीक को अत्यधिक मात्रा में वायु संचार तकनीक (hyper ventilation technique) भी कहते हैं। यह प्रणायाम का ही एक रूप (form) है जिसमें बहुत गहरी सांस लेने और छोड़ने की क्रिया की जाती है। जैसे—अनुलोम–विलोम, कपालभाती इत्यादि। यह काफी लाभकारी, कम लागत वाली तथा कम जोखिम वाली तकनीक है। प्रतिबल या बलाघात (stress), चिंता (anxiety), पश्चात् अभिघाती प्रतिबल विकृति (Post traumatic stresss disorder—PTSD), प्रतिबल से संबंधित मनोरोग (stress related psychic disorder), द्रव्य व्यसन (drug addiction or substance abuse), अपराधियों के पुनर्वास (rehabilitation of criminals) आदि में 'सुदर्शन क्रिया योग' (SKY) काफी उपयोगी सिद्ध हुआ है।

निमहांस (NIMHANS) अर्थात् 'नेशनल इन्स्टीट्यूट ऑफ मेंटल हेल्थ एण्ड न्यूरो साइंस' (National Institutes of Mental Health and Neuro Science—NIMHANS) में किए गए शोधों से यह सिद्ध हुआ है कि 'सुदर्शन क्रिया योग' (SKY) द्वारा अवसाद के रोगियों (depressive patients) को बहुत लाभ मिलता है क्योंकि इस योग से अवसाद में बहुत कमी आती है। इसी तरह मद्यपान सेवी (alcoholics) भी SKY के अभ्यास द्वारा व्यसन का परित्याग करने के साथ–साथ प्रत्याहार प्रभाव (withdrawal effects) के रूप में भी लाभकारी होता

है। इस योग का प्रभाव अनिद्रा को दूर करने में भी देखा गया है। योग द्वारा सोने का समय नियमित होता है तथा नींद की गुणवत्ता (quality of sleep) में भी सुधार होता है।

(v) 'कुंडलिनी योग'

यू.एस.ए. में 'कुंडिलिनी योग' (Kundalini Yoga) को भी मानसिक रोगों के उपचार में प्रभावशाली पाया गया है। इस योग में प्राणायाम (Paranayama) के साथ–साथ मंत्रोच्चार (chanting of mantras) को संयुक्त कर अभ्यास किया जाता है। नॉनलिनियर साइंस–कैलिफोर्निया विश्वविद्यालय, सन डियागो–यू.एस.ए. (Nonlinear Science—University of California, San Diego—USA) में एक अध्ययन में पाया गया कि कुंडलिनी योग क्रिया मनोग्रस्ति–बाध्यता (obsessive compulsive) के उपचार में काफी लाभप्रद होती है।

(vi) 'जेन' (Zen)

'महायान बुद्धिज्म' दर्शन यह मानता है कि प्रबुद्धता (enlightenment) की प्राप्ति ध्यान, स्वचिंतनशीलता एवं अंतर्बोध (intuition) द्वारा सहज ढँग से हो सकती है। आस्था एवं श्रद्धा–भक्ति (devotion) की तुलना में भी आत्मचिंतन एवं अंतर्बोध की प्रक्रिया श्रेष्ठ है। इस प्रक्रिया का अभ्यास मुख्य रूप से चीन, जापान, कोरिया एवं वियतनाम में किया जाता है। इस क्रिया को 'जेन बुद्धिज्म' (Zen Buddhism) भी कहा जाता है।

'जेन' 'धर्माभ्यास' (Dharma practice) एवं 'अनुभवयुक्त प्रज्ञा' (experiential wisdom) पर बल देता है जिसका बोध ध्यानस्थ मनन (meditation) के रूप में होता है। इसे 'जाजेन' (Zazen) कहते हैं। दूसरे शब्दों में ज्ञान से परिपूर्ण जाग्रतावस्था की प्राप्ति कह सकते हैं। इस प्रकार का ज्ञान महात्मा बुद्ध को हुआ था। इस प्रकार, यह तकनीक धार्मिक साहित्य को पढ़कर ज्ञानार्जन करने एवं सैद्धांतिक ज्ञानार्जन–दोनों को नकारते हुए 'स्व अनुभव' द्वारा बोध की प्राप्ति की वकालत करता है।

लेखक अनुक्रमणिका
(Author Index)

विषय अनुक्रमणिका
(Subject Index)